KNOW-HOW im Internet

Reisetips und Neuigkeiten
ngen nach Redaktionsschluß
hop und Sonderangebote
hrende Links zu über 100 Ländern

www.reisebuch.de

reisebuch.de

und

reise-know-how.de

sse des Verlags:
nn@aol.com

Voelker • Wiegers • Carle
BikeBuch USA/Canada

It must be heaven or America

Stefan Voelker • Raphaela Wiegers • Clemens Carle

BikeBuch
USA/Canada

**Nordamerika für Tourenradler
und Mountainbiker**

IMPRESSUM

Stefan Voelker • Raphaela Wiegers • Clemens Carle

BikeBuch USA/Canada

erschienen im
REISE KNOW-HOW Verlag

© Helmut Hermann
Untere Mühle
D - 71706 Markgröningen

2., aktualisierte Auflage 8/2004

ISBN 3-89662-389-3

Alle Rechte vorbehalten
Printed in Germany

eMail des Verlags: rkhhermann@aol.com
Websites von REISE KNOW-HOW:
www.reise-know-how.de • www.reisebuch.de

Gestaltung u. Herstellung
Umschlagkonzept: M. Schömann, P. Rump
(Realisierung Carsten C. Blind)
Inhalt, Karten: H. Hermann & C. Blind
Druck: Wilhelm & Adam, Heusenstamm. Bindung: Keller, Fulda
Fotos: Bildnachweis s. Anhang

Dieses Buch ist erhältlich in jeder Buchhandlung in
Deutschland, Österreich, Schweiz, Niederlande und Belgien
Bitte informieren Sie Ihren Buchhändler über
folgende Bezugsadressen:
D: PROLIT GmbH, Postfach 9, 35461 Fernwald
sowie alle Barsortimente
CH: AVA-buch 2000, Postfach 27, 8910 Affoltern
A: Mohr Morawa Buchvertrieb GmbH, Postfach 260, 1101 Wien
NL und B: Willems Adventure, Postbus 403, 3140 AK Maassluis
Wer im Buchhandel trotzdem kein Glück hat, bekommt
unsere Bücher auch über unsere Büchershops im Internet (s.o.)

Wir freuen uns über Kritik, Kommentare und Verbesserungsvorschläge.
Alle Informationen und Daten in diesem Buch sind mit größter Sorgfalt
gesammelt und vom Lektorat des Verlags gewissenhaft bearbeitet und
überprüft worden. Da inhaltliche und sachliche Fehler nicht ausgeschlossen
werden können, erklärt der Verlag, dass alle Angaben im Sinne der Produkt-
haftung ohne Garantie erfolgen und dass Verlag wie Autor keinerlei Verantwortung und Haftung für inhaltliche und sachliche Fehler übernehmen.
Die Nennung von Firmen und ihren Produkten und ihre Reihenfolge
sind als Beispiel ohne Wertung gegenüber anderen anzusehen. Qualitäts-
angaben sind rein subjektive Einschätzungen von Autorenseite.

VORWORT

Nach langer Pause zwischen der 1. und 2. Auflage sind wir von Reise Know-How froh darüber, mit dem neuen USA/Canada BikeBuch nun endlich wieder einen umfassenden Radreiseführer für Nordamerika vorlegen zu können. Basierend auf Text und Konzept der Autorin der 1. Auflage, **Raphaela Wiegers,** wurde das Buch aktualisiert, ergänzt und überarbeitet von USA-Radler **Stefan Voelker.** Raphaelas Vorwort zur ersten Auflage soll auch der zweiten vorangestellt werden:

„Bloß nicht nach Nordamerika!" hieß einst unsere Devise. Aber, wenn man mit zwei Hunden im Gepäck durch fremde Kontinente radeln will und zudem über das Alter des ganz leichtfüßigen Wagemutes knapp hinaus ist, schrumpft der Globus angesichts politischer Unruhen, unkalkulierbarer Gesundheitsrisiken oder – ganz banal – der Quarantänebestimmungen. Aus dem „Bloß nicht nach Nordamerika!" wurde bald ein **„Warum eigentlich nicht Nordamerika?"** das wir bis heute noch nicht eine Sekunde bereut haben. Zwei Jahre lang ließen wir uns von Wind und Wetter, Lust und Laune 35.000 km (das waren sogar 10.000 km mehr als bei unserer ersten Radreise durch Südamerika) über den traumhaft schönen Kontinent treiben. Auf unserem Zufalls-Zick-Zack-Kurs lernten wir fast jede erdenkliche Seite der Neuen Welt kennen.

Als Team gehören wir beide noch zu der seltener werdenden Spezies simpler Reiseradler *(Homo pedalicus antiquarius),* für die Radreisen nicht nur Aufbruch ins Unbekannte, sondern auch Abschied von alten Sicherheiten bedeutete. Wohnung auflösen, Hausrat verkaufen und ganz neu anfangen, das gehörte für uns wie selbstverständlich dazu. Heute wollen immer mehr Leute nicht gleich aussteigen, sondern lediglich aktiv reisen. And what's wrong with that? Warum denn nicht mit Kreditkarte im Gepäck über den großen Teich hüpfen statt sich auf Europas überfüllten Straßen zu nerven? Warum nicht mit Sport und Spaß ein Stückchen American Way of Life kennenlernen, statt an Mittelmeerstränden zu grillen? Es muss ja nicht gleich die ganz große Weltreise sein.

Langzeitradler entwickeln allerdings eine eigenwillige, manchmal etwas schrullige Sicht der Dinge. Da gibt es eine Menge an Gedanken, die einen Kurzzeitradler nun wirklich völlig kalt lassen. Keine Bange. Dieses Buch ist alles andere als einseitig auf Lifestyle-Biker ausgelegt. Es kommen auch eine Menge weiterer Amerika-Rad-Traveller hier zu Wort, die ein bisschen aus ihrem Nähkästchen plaudern. Zum Teil kennen wir uns nur per Telefon oder über Geschichten und Infos, die wir bei der Arbeit an diesem Buch ausgetauscht haben. Aber in einem Punkt sind wir uns einig: Cycling in America is great! Es gibt keinen anderen Kontinent der Erde, der besser und problemloser zum Radfahren geeignet ist.

Im Land der unbegrenzten Möglichkeiten herrscht Vielfalt in allen Bereichen, und gerade das garantiert, dass jeder Typ von Reiseradler auf seine Kosten kommen kann. Ganz gleich, ob du auf Low-budget-Basis für längere Zeit von einem Ausstieg aus dem Alltagstrott träumst, ob du Ferienradler bist mit Lust auf Neues oder ob du als aktivitätshungriges Mitglied des Biker-Jet-Sets einfach ein cooles Wochenende über heiße Championship-Mountainbike-Trails heizen willst – mit etwas Geschick und diesem Buch kannst du in den USA und Canada genau die Reise realisieren, die deinen Wünschen entspricht.

Vor Dir liegen 624 Seiten Bike-Know-How zum Schnuppern, Träumen und Planen – ein fantastischer Kontinent wartet auf euch! Cycling America means being a part of it. In diesem Sinne – *get your wheels turning, hit the road, do your Rock 'n' Road-Tour, have fun and see you soon.*

All the best, Raphaela

How to use this book

Abschnittsweise hatte ich bei der Arbeit an diesem Buch das Gefühl, dass ich garantiert irgendwann den Überblick verlieren werde. Dieser Kontinent ist riesig. Allein für Auto- fahrer einen Reiseführer zu schaffen ist ein schwieriges Unterfangen. Amerika für Rad- fahrer übersichtlich zu strukturieren, erschien mir mitunter unmöglich. Zig Konzepte habe ich ausprobiert, zig Konzepte verworfen. Die jetzt vorliegenden fünf Teile setzten sich letztendlich durch. Sie werden euch den nordamerikanischen Kontinent Stück für Stück näherbringen.

Teil I: Reisevorbereitungen

Diese drei Kapitel beziehen sich überwiegend noch auf die alte Welt. Ihr erfahrt alles über die Vorbereitung eures Radtrips: Wie Rad und Radler rüberkommen, welchen Pa- pierkram ihr erledigen müsst, welche Ausrüstung ihr braucht und wo ihr sie kauft.

Teil II: Amerika für Biker

Zehn Kapitel USA für Einsteiger und Fortgeschrittene! Alles über euren Alltag vor Ort: Kontakte knüpfen, Szene treffen, Infos aufspüren, Telefonieren, Unterkommen, Essen fassen, Wege finden, Karten und Straßen, Naturwunder und wilde Tiere, Wetter und Helfer in der Not. Kurz: How to get along!

Teil III: Reiseteil – On the Road USA

9 große Routen und Touren, Rad-Regionen und Mountainbike-Trails zu und durch die schönsten Fleckchen der „lower 48" und **Hawaii.** Mit Streckenvorschlägen, Kilometer- angaben, Attraktionen, lohnenswerten Abstechern, City-Infos und vielen wichtigen Tips.

Teil IV: On the Road Canada und Alaska

4 große Routen und Touren, Rad-Regionen und Mountainbike-Trails in den Top- Gebie- ten Canadas und Alaskas. Wieder mit Streckenvorschlägen, Kilometerangaben, Attrak- tionen, lohnenswerten Abstechern, City Infos und vielen wichtigen Tips.

Teil V: Staaten-Index USA und Canada

Jedes Fleckchen der USA ist erlebenswert, aber es wäre unfair, zu behaupten, alle Ge- biete seien gleich attraktiv. Im Staaten-Index sind sie dennoch alle vertreten, alle Staa- ten der USA und alle Provinzen Kanadas, auch die, die im Reiseteil etwas kurzgekommen sind. Ihr findet in diesem Teil des Buches die *nut's 'n' bolts,* die wichtig- sten Informationen knapp und übersichtlich auf einen Blick. Dazu gehören: Attraktio- nen, Geographie, Klima, Straßennetz, wichtige Anschriften, etc.

In den Karten wurden in *fett-kursiv* oder *kursiv* möglichst alle jene Orte und Plätze aufgeführt (sofern es der Maßstab erlaubte), die im Text und im Strecken-Routing er- wähnt oder von Bedeutung sind. So kann man die Reiserouten von Ort zu Ort nachver- folgen. Auf welcher Seite die zum Kapitel gehörenden Karten sich befinden, ersieht man aus den Kartenhinweisen in den Kopfzeilen des Buches. In den Karten stehen dann an den Rändern Seitenverweise für Anschlusskarten. Die seitlichen Griffmarken erlauben einen schnellen Zugriff auf die 12 großen Touren.

Der Anhang bringt Überblick in den Blätterwald. Dort findet ihr ein Rad mit den engli- schen Namen seiner Teile und weitere engl. Begriffe ums Rad. Es wird euch vor Ort oft helfen, ob beim Fachsimpeln oder im Pannenfall. Im Glossar werden spezielle US-/Ca- nada-Wörter, Begriffe und Abkürzungen erklärt. Die Co-Autoren und Fotografen werden im Autorenverzeichnis vorgestellt. Und schließlich macht das Ortsverzeichnis es leicht, gezielt Städte und Orte aufzuschlagen.

Inhalt
Teil I: Reisevorbereitungen

Teil II: Amerika für Biker

Teil III: Reiseteil – On the Road USA

Der US-Reiseteil besteht aus neun großen Routen und Rad-Regionen, der Canada-Teil aus vier (s. dort):

1. Coast to coast: Transamerica, Big Cities, Parkways

2. Der Süden: Sonne, Wasser, Wüsten. Florida nach California.

3. Rocky Mountains: Trails, Nationalparks, Indianerland

4. Southwest: Canyons, Cowboys, Kakteen

5. Far West: Frisco, Felsendome, Feuertaufe.
Die Extremtour

6. Pacific Coast: Strände, Wälder, Highway 101.
Vancouver – San Diego

7. Hawaii: Beachlife, Surfing, Tanz auf dem Vulkan. Island-Hopping.

8. Atlantic Coast: Seashores, Bluegrass, History
Florida nach Maine

9. Neuengland: Colonial-Villages, Indian Summer, Yankees

Teil IV: On the Road Canada und Alaska

1. Canada-West: Prärien, Mountains, Totempfähle

2. Yukon und Alaska: Rad-Abenteuer zur Last Frontier

3. Canada-East: Lakes, Rivers, French Canadians

4. Maritimes: Inseln, Lobster, Einsamkeit

Teil V: Staaten-Index USA und Canada

Anhang

TEIL I

REISEVOR-
BEREITUNGEN

KAP. 1:

BIKING USA & CANADA –
Reisetraum von der Traumreise

**Einstim-
mung**

Die Vereinigten Staaten von Amerika – fünfzig sind es an der Zahl – haben seit ihrer Gründung im Jahre 1776 schon immer für weltweite Schlagzeilen gesorgt. Anders als der nördliche Nachbar Canada, der gerne ruhig und gelassen mit dem Renommee eines grenzenlosen Outdoortummelplatzes mit einem Übermaß an unberührter Natur daherkommt, sorgen die USA stets für ihr Image als nicht zu übersehender *Global Player* in sämtlichen Belangen. Selten geht es dabei um's Fahrradfahren!

Wer aber schon mal ‚drüben' war, herkömmlich mit Auto oder Gruppenreise, der hat eine Ahnung davon bekommen, dass in diesem Kontinent viel mehr drin steckt als Hollywood, BigMac, Country-Mucke von Carlene Carter und GI-Truppenpräsenz in fernen Ländern. Fernweh stillen, sich selbst intensiv erleben und das Fahrradfahren zum Abenteuer machen: viele radelnde Globetrotter wissen, in keinem anderen Erdteil lässt es sich so unkompliziert und erlebnisreich radeln wie hier.

Bike-Highlights Nordamerikas

Ganz gleich, ob du nun per Rad deine Tante in Wisconsin besuchen willst, die absolute Extremtour durch die Wüste planst oder vom gemütlichen Fahrrad-Ferientrip an der Küste träumst – Spannung und Spaß sind garantiert, wenn du auf zwei Rädern ein weiteres Stück des Globus kennenlernen willst. Nur vergiss nicht: Mit den USA und Canada nimmst du gleich einen neuen Kontinent in Angriff. Mit deiner letzten Tour um den Bodensee oder in Südfrankreich kannst du deinen Amerikatrip nicht vergleichen. Allein der US-Staat Texas ist schon größer als Deutschland! Selbst mit zwei Jahren und 35.000 km haben wir nur einen Teil Nordamerikas, wenn auch einen recht großen, erradelt. Auch du wirst Schwerpunkte setzen müssen. Amerikas Highlights sind keine absoluten Geheimtips mehr, aber nicht alles, was touristisch interessant ist, ist auch radelnswert. Unsere Hitliste würde so aussehen (Reihenfolge beliebig):

Southwest: Canyons, Cowboys, Kakteen
Rocky Mountains: Trails, Nationalparks, Indianerland
Coast-to-Coast: Sonne, Wasser, Wüsten. Florida nach California.
Maritimes: Inseln, Lobster, Einsamkeit
Canada-West: Prärien, Mountains, Totempfähle
Yukon und Alaska: Rad-Abenteuer zur Last Frontier
Pacific Coast: Strände, Wälder, Highway 101. Vancouver – San Diego
Neuengland: Colonial-Towns, Indian Summer, Yankees
Atlantic Coast: Seashores, Bluegrass, History. Von Florida n. Maine

Du willst nicht radeln wo alle hinwollen? Betrachte die Vorschläge in diesem Buch als Empfehlungen, die du mit eigenen Ideen beliebig abändern kannst. Jeder Radler hat seine eigenen Vorlieben. Jede Route hat ihre eigenen Reize, jede hat ihre eigenen Schwierigkeiten. Manche sind ideal für Einsteiger, andere setzen Erfahrung voraus. Es gibt geballte Ansammlungen von fantastischen Landschaften, aber das Alltagsgesicht eines

Landes kann für Radler viel liebenswerter und erlebenswerter sein als die herausgeputzte Schokoladenseite. Die Kapitel im Reiseteil und der Überblick im Staaten-Index machen mit diesen und anderen Aspekten vertraut, damit du auswählen kannst, was für dich das Richtige ist.

Radreisen ganz individuell

Radreisen ist für mich die schönste Art zu reisen. Ein Grund dafür ist, dass mir nichts vorgegeben wird, dass ich an jeder Kreuzung im Prinzip ganz individuell und spontan entscheiden kann, in welche Richtung ich abbiege. Deshalb arbeite ich meine Routen am liebsten selbst aus, verknüpfe die Dinge miteinander, die mir Spaß machen werden. Meist plane ich spontan vor Ort und nur ganz grob im Vorfeld. So zu reisen ist zweifellos die optimale Erfahrung. Aber es gibt nur, wenn man genug Zeit zur Verfügung hat. Wer wenig Zeit hat, braucht mehr Hilfe bei der Planung, bei wenig Zeit sollte alles möglichst reibungslos gehen.

Ziel und Zeit, Atlanten
Wenn du deine eigene Route ausarbeitest, so ist auch die Reise von Beginn an deine Reise. Individuelle Planung ist natürlich mit etwas Mühe verbunden, aber die wird sich immer mehr mit Vorfreude mischen. Verschaff' dir zunächst nur einen groben Überblick, gehe am Anfang nicht gleich zu sehr ins Detail. Was du brauchen wirst, sind einigermaßen taugliche Straßenkarten, die dir helfen, eine grobe Vorstellung zu bekommen, Relationen und Distanzen abzuschätzen. Sich die meist kostenlosen State Highway Maps aus den USA schicken zu lassen, kostet jede Menge Porto. Für die Planung zu Hause empfehle ich den Kauf eines *Rand McNally USA-Atlas* oder die deutsche Übersetzung desselben von Hallwag (www.hallwag.com).

Informationen über brauchbare Bücher und Infomaterial findest du weiter unten in „Amerika-Radreisen – ganz ohne Planungsstress" und „Bücher, Karten, Internet". Details zum US-Kartenangebot und Kartenmarkt s. KAP. 7, Stichwort „Atlas, Maps and Gazetteers".

Kilometer : Tage = Radreise?
„Wieviel Meilen radelt ihr denn so am Tag?" Wann immer wir ein Schwätzchen hielten, tauchte diese Frage auf. Anfangs war ich versucht, meine Philosophie in die Antwort miteinzubringen: Dass ich gerade deshalb per Rad reise, weil ich der Welt der Statistiken, des Leistungszwangs und der Durchschnittswerte für eine Weile entkommen will. Meine Ansichten waren aber nicht so sehr gefragt. Später gab ich auf diese Standardfrage die Standardantwort: „Zwischen 8 und 80 Meilen!" Zahlen – selbst paradoxe – helfen, viele Dinge in den Griff zu kriegen.

Während einer Radreise ist jeder Tag anders, auch wenn sich vieles wiederholt. Was spielt nicht alles mit: die Landschaft, die Berge, die Jahreszeit, das Tageslicht, der Wind, das Wetter, die Straße, der Verkehr, die Leute, deine Pläne, dein Gepäck, deine Muskeln und deine Laune. An Tagen, an denen du es eilig hast, hält dich wahrscheinlich ein Platten auf, und wenn du über reichlich Zeit verfügst, schiebt dich hurtig ein hilfreicher Rückenwind. Kann man dabei in Durchschnittswerten denken?

Radreisen heißt nicht nur „da sein" sondern „kennenlernen". Wer viele Kilometer schafft, sieht deshalb nicht unbedingt mehr. Ein Muss von 100 km pro Tag – für mich wäre das Stress, für andere ist es nicht einmal eine Herausforderung. Deshalb gebe ich im Reiseteil Kilometer an, nicht Tage.

Rechne den etwaigen Zeitbedarf lieber selbst aus, deiner Selbsteinschätzung entsprechend. Diese Einteilung könnte als Richtschnur dienen:

gemütlicher Radler – ca. 50 km pro Tag
forscher Radler – ca. 75 km pro Tag
sportlicher Radler – ca. 100 km pro Tag
leistungsorientierter Radler – ca. 125 km pro Tag

Miles and more ...

Kartenkilometer sind lückenhaft. Du darfst gut und gerne 10% aufschlagen für die Fahrt zum nächsten Supermarkt, die Anreise zum Zeltplatz oder zum Haus eines Bekannten, der dich spontan eingeladen hat. Plane deshalb lieber großzügig als knapp. Noch ein Wort zu den heutigen Radcomputern: sie bieten zumeist eine Wahlmöglichkeit zwischen der Einheit Kilometer und Meilen. Als Einzelreisender wirst du als Gewohnheitstier sicher die Einstellung ‚km' favorisieren und die Angaben der US-Straßenschilder im Kopf umrechnen. Als Gruppe empfiehlt es sich bei Vorhandensein mehrerer Distanzzähler beide Einheiten abzudecken.

Kürzere Trips

Ferienzeit und Reisekasse werden schon in etwa festlegen, welche Routen und Regionen für dich als Nordamerika-Bikeziele überhaupt in Frage kommen. Wer in Wochen rechnet, entscheidet sich wahrscheinlich am besten für einen Loop durch eine begrenzte Region oder für ein Stück Küste. Vancouver – San Francisco, das kriegt man locker in 4 Wochen hin, eine Neuenglandreise je nach Länge in noch kürzerer Zeit. Ebenso reichen ein paar Wochen durchaus für Rundreisen durch Arizona, den Südwesten von Texas, die Parks in Utah oder die Strecke von Calgary nach Edmonton durch die kanadischen Rockies. Per Rad kann man sowieso nie alles sehen, aber was man sieht, hat man wirklich „erfahren".

Coast-to-coast-Touren erfordern je nach Route mindestens 2 bis 3 Monate, eher mehr. Aber was spricht dagegen, den Spaß auf zwei Jahre zu verteilen? San Francisco – Kansas City dieses Jahr, Kansas City – New York im nächsten oder übernächsten – wäre doch prima, oder?

„Bike-Zapping" –
mit Rad und anderen Transportmitteln

„Zeit sparen" kannst du auch, indem du auf andere Verkehrsmittel umschaltest bzw. umsteigst. Das geht mit Bus, Bahn, Jet, Auto, oder per Anhalter. Nachstehend eine Übersicht dieser Reisealternativen. Vorab: *In allen öffentlichen Überland-Verkehrsmitteln wird das Fahrrad nur in einer Bikebox verpackt mitgenommen!* Oft kann man sie gegen einen kleinen Obolus im nächsten Bike-Shop erstehen.

Rad und Bus

„Greyhound-Busse" sind die preiswerteste Art des Langstreckentransportes in Nordamerika. Sie verkehren zwischen allen großen Städten der USA und Canadas. In Städten halten sie an speziellen Busbahnhöfen oder Greyhound Depots, die manchmal in der Innenstadt, manchmal in Außenbezirken liegen. Auf dem Land ersetzt oft eine Tankstelle oder die Post die Haltestelle. Das Unternehmen ist grundsätzlich bereit, Fahrräder zu transportieren, schreibt aber vor, dass sie in einer Box verpackt sein müssen. Kosten je nach Strecke 15–25 $ extra. Ticketbestellung unter www.greyhound.com, Ermäßigung bei Vorausbuchung.

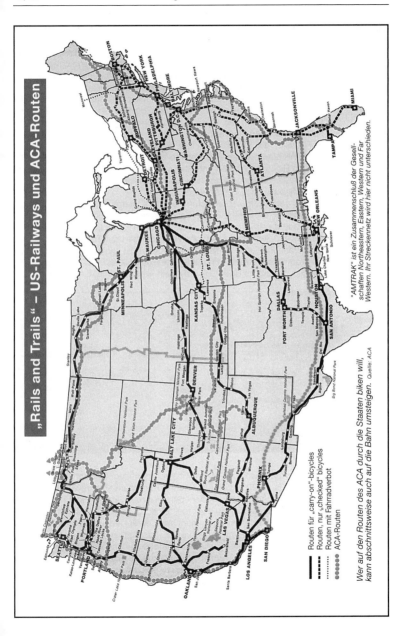

„Rails and Trails" – US-Railways und ACA-Routen

Routen für „carry-on"-bicycles
Routen, nur „checked" bicycles
Routen mit Fahrradverbot
ACA-Routen

"AMTRAK" ist ein Zusammenschluß der Gesellschaften Northeastern, Eastern, Western und Far Western. Ihr Streckennetz wird hier nicht unterschieden.

Wer auf den Routen des ACA durch die Staaten biken will, kann abschnittsweise auch auf die Bahn umsteigen. Quelle: ACA

Rad und Zug

Wer statt des Busse die AMTRAK (www.amtrak.com) nimmt, reist bequemer, aber auch teurer. Die glorreichen Tage von Union-Pacific und anderen Eisenbahnlinien sind vorüber, seit schnellere Verkehrsmittel Einzug hielten. Entsprechend wurde auch in den USA das Eisenbahnnetz gehörig abgebaut, und es sind wesentlich mehr Frachtzüge darauf unterwegs als Personenzüge. Ein großer Nachteil des Bahntransports liegt in der unübersichtlichen Anordnung des Schienennetzes, das zudem nicht den Namen „Netz" verdient. Wer z.B. per Zug von San Antonio, TX, nach Denver, CO, reisen will, muss in Springfield, IL, umsteigen und ist insgesamt 48 Stunden unterwegs.

Für alle, die parallel zu einer Bahnroute vorankommen wollen, ist AMTRAK eine bequeme Alternative zum Bus. Wer z.B. von Chicago (Illinois) in Richtung Westen unterwegs ist, kann problemlos zwischendurch auf die AMTRAK umsteigen: Der Southwest Chief fährt täglich via Kansas City, Missouri nach Los Angeles.

Was den Radtransport betrifft, so steht allerdings nicht fest, dass das Rad mit dir im selben Zug unterwegs sein wird („carry-on"). Eventuell musst du es ein, zwei Tage zuvor aufgeben („checken"). Auch AMTRAK besteht mit Ausnahme weniger Verbindungen auf Transportkartons. Da das Transport- und Preissystem leider nicht einheitlich ist, sollte der Fahrradtransport rechtzeitig unter der Hotline 1-800-USA-RAIL abgeklärt werden. Details im Buch „USA by Rail" von John Pitt, 5. Auflage 2003.

■ The lonesome rail biker …

Rad und Flugzeug

Der inneramerikanische Markt wird von den Fluggesellschaften heiß umkämpft, bis zu 90% des öffentlichen Personenverkehrs zwischen nordamerikanischen Cities werden per Flugzeug abgewickelt. Günstig für dich, denn so kannst du eventuell einen preiswerten Zwischenflug einschieben. Die Kosten liegen manchmal unter denen eines AMTRAK-Tikkets! Du siehst zwar nichts von der Landschaft zwischen dir und deinem Zielpunkt, sparst aber Zeit. Für Inlandflüge gelten allerdings knappere Gepäcklimits als bei Transatlantikflügen. Das Rad muss in aller Regel in einer Box verpackt als Zusatzgepäck deklariert und als solches bezahlt werden. Mit 30 $ bist du mindestens dabei, Preisvergleiche lohnen sich! Übrigens: Die Sicherheitsvorschriften der Fluggesellschaften haben seit September 2001 einen immens hohen Stellenwert erhalten, sprich: es könnte auch mal länger dauern und Extrawünsche sind immer zu bezahlen. Wo früher noch leichte Übergrößen beim Gepäck toleriert wurden, wird heute abkassiert. – Weiteres zur Anreise per Flugzeug s. im KAP. 2.

Rad per UPS oder FedEx

Die Frachtfirmen UPS (www.ups.com, United Parcel Service) und FedEx (www.fedex.com, Federal Express) bieten in ihrem Mutterland auch das Versenden von Fahrrädern an. Für 30 $ (4 Werktage) reist dein Bike quer über den gesamten Kontinent und ist dabei versichert. Voraussetzung: Richtige Verpackung (es gibt Maximalmaße für die Box) und eine Kontaktadresse am Zielort. Viele Radläden bieten Verpackungs- und Montagedienste an. Beispiel: Du gibst dein Rad in einem Bike-Shop in Chicago ab und kriegst es fertig montiert in einem anderen Shop in San Francisco wieder. Der Service hat seinen Preis. Ein paar Scheinchen musst du schon abdrücken in jedem der Läden.

Wer mehr über den UPS-Service wissen will, besorgt sich am besten die „Cyclists' Yellow Pages" vom ACA (s. u.), die Serviceleistungen, Versicherungsbestimmungen und alle entsprechenden Radläden detailliert auflisten.

Spar-Pässe

AMTRAK und Greyhound bieten ausländischen Touristen spezielle Pässe für verschiedene Geltungsbereiche an, die das Reisen erheblich verbilligen. Diese Pässe müssen allerdings schon vor Reiseantritt erworben werden und sind immer auf einen bestimmten Gültigkeitszeitraum beschränkt. Die o.g. Homepages listen sämtliche Spar-Pässe auf. Zwei Beispiele: Bei AMTRAK kostet ein Rail-Pass für die Gesamt-USA 550 $ zur Sommersaison und ist maximal 30 Tage gültig. Greyhound bietet den sog. „North America Discovery Pass" mit einer Laufzeit von bis zu 60 Tagen an, z.B. für USA und Canada für 609 $. Auch dieser Pass muss mind. drei Wochen im voraus gebucht werden.

Eine tolle Einrichtung für Städte- und Rucksacktouristen. Für Radfahrer scheint mir das Angebot weniger geeignet. Hinter dem Radreisen steckt doch auch irgendwo eine besondere Philosophie, was Wahrnehmung und Geschwindigkeit betrifft. Gegen einen sinnvollen Zwischentransport ist sicherlich nichts einzuwenden. Aber wer in kurzer Zeit ständig von einem Ort zum anderen hüpfen will, sollte doch lieber gleich per Auto oder Flugzeug reisen und nicht per Rad.

Rad und Auto

Leihwagen: Dein Fahrrad per Leihwagen über längere Strecken hinweg zu befördern, das kannst du dir von vornherein aus dem Kopf schlagen. Alle Autovermieter sind regional gebunden und verlangen extrem hohe Kfz-Rückführungsgebühren. Günstiger kommst du per Drive-a-way weiter, dann brauchst du nur die Benzinkosten zu bezahlen.

„Drive-a-way": „Drive away" nennt man das Überführen von Fahrzeugen von einem Ort zum anderen. Es gibt in den USA und Canada spezielle Unternehmen, die das organisieren. Sie finden sich in den „Yellow Pages" unter „Automobile Transporters & Driveaway Companies", im Internet z.B. www.autodriveaway.com. Voraussetzungen: Du bist 21 Jahre alt und kannst eine Kaution (mit Kreditkarte!) hinterlegen, die bei Ablieferung des Wagens zurückerstattet wird. Bei der Anfrage nicht unbedingt dein Rad erwähnen. Wichtig ist, dass man sich die Verträge genau anschaut. Was steht drin zum Punkt Reparaturen unterwegs? Was in Bezug auf Unfälle und Versicherung? Für Sightseeingtouren kannst du die Fahrzeuge nicht benutzen, da du mindestens 400 Meilen, also ca. 640 km pro Tag, zurücklegen musst.

Per Anhalter: Mit dem Fahrrad trampen ist eine praktische Alternative für kürzere Distanzen. Pick-up Trucks, Kleintransporter mit offener Ladefläche, sind in den USA sehr beliebt und praktisch für diesen Zweck, denn du kannst das Rad einfach hinten auf die Ladefläche hieven. Die Fahrer sind wahrscheinlich eher bereit, einen Radler mitzunehmen als einen regulären Tramper. Aufgrund einiger brutaler Zwischenfälle hat sich die Bereitschaft, einen „ride" zu gewähren, in den letzten Jahren generell verschlechtert. Trampen ist auch von deiner Seite aus Vertrauenssache. Ich täte es grundsätzlich nur in absoluten Notfällen.

Tip: Um Stärke und Überlegenheit zu demonstrieren, hat es sich je nach Situation und Gegenüber bewährt, in unerwartet unsicheren Situationen so ganz nebenbei zu erwähnen, dass man daheim in Germany dem Beruf des Soldaten oder Polizisten nachgeht und damit ‚ich-weiß-mich-zu-wehren' signalisiert. Man wird euch hoffentlich nicht auf die Probe stellen ...

Mitfahrgelegenheit: An Anschlagbrettern in Universitäten und Colleges werden immer Mitfahrgelegenheiten – lifts – angeboten. Vielleicht ist etwas Passendes für dich dabei. Über den Radtransport kann man ja sicherlich reden.

AMERIKA-RADREISEN – Ganz ohne Planungsstress

US-amerikanische Radclubs

ACA

Der wohl bestimmt bekannteste Radler-Club der USA ist der ACA (www.adv-cycling.org). Die **A**dventure **C**ycling **A**ssociation wurde 1974 als gemeinnütziger Verband unter dem Namen „Bikecentennial" gegründet, als sich zu Anlass des anstehenden 200jährigen Bestehens der USA Radler aus allen Staaten zusammenschlossen: zur ersten „Coast to coast"-Tour, auf dem von Mitgliedern ausgearbeiteten Trans America Bicycle Trail. Der Erfolg dieser Veranstaltung und die Nachfrage all jener, die auf Spuren von Bikecentennial die USA durchqueren und kennenlernen wollten, ermutigte die Initiatoren, mit dem Programm fortzufahren. Weitere Routen wurden zusammengestellt und kartographiert. Der ehemalige Zusammen-schluss begeisterter Radfahrer hat sich mit den Jahren zu einem florierenden Unternehmen der Fahrradreisebranche gemausert. Marketinggesetzen entsprechend bekam das Kind 1994 einen neuen Namen und heißt seitdem **„Adventure Cycling Association"** – kurz ACA genannt.

Das Angebot

Inzwischen liegen ACA-Karten für 30.500 Meilen / 48.800 km auf dem nordamerikanischen Kontinent vor. Jährlich werden Reisegruppen organisiert, die mit Führung auf ACA-Routen unterwegs sind, und ein Versandhandel hilft unterwegs liegengebliebenen Radlern mit Ersatzteilverschickung und mit einem speziell auf das Tourenradeln abgestimmten Warenangebot, wie z.B. extra stabilen Laufrädern mit 48 Speichen.

Welcome to the Club!

Für alle, die viel auf Material des ACA-Programms zurückgreifen wollen, lohnt es sich, rechtzeitig vor Reisebeginn dem Verband beizutreten. Die

Mitgliedschaft ist nicht an Nationalitäten gebunden. Für Interessierte aus Übersee beträgt der Jahresbeitrag derzeit 45 $. Dafür bekommt man einiges geboten: Vorzugspreise bei Bestellungen, 9x jährlich die Mitgliedszeitschrift „Adventure Cyclist Magazine", das Heft „Cyclists' Yellow Pages", eine wahre Fundgrube voller wichtiger Anschriften für Tourenradler, Teilnahmemöglichkeit an organisierten Spezialtouren, uneingeschränkten Zugang zum Online-Archiv und Discounts beim Radtransport durch spezielle Vertragspartner. Surft einfach mal rein bei www.adv-cycling.org und entscheidet selbst, ob euch das Programm zusagt. Tip: die Cyclists' Yellow Pages sind seit Neuestem auch Online für *Non Members* einsehbar.

League of American Bicyclists

Die „League of American Bicyclists" (LAB, www.bikeleague.org) gibt jährlich einen speziellen „Almanac" heraus, der ähnlich wie die „Cyclists' Yellow Pages" eine Sammlung von Info-Adressen enthält.

Radfahrclubs, Behörden und Privatpersonen, die Routenauskunft erteilen usw. sind darin ebenso aufgeführt wie eine Hitliste der Radfahrattraktionen der einzelnen US-Staaten. Auch die weiteren Leistungen gleichen denen des ACA.

International Mountain Bicycling Association

Die größte Mountainbike-Organisation in den USA ist die International Mountain Bicycling Association (IMBA, www.imba.com). Die IMBA fördert den Bau neuer und den Erhalt bestehender Biketrails, Mitglieder erhalten zweimonatlich die „IMBA Trail News" und jährlich ein „IMBA Member Handbook".

Tip

Wenn du vor Ort Kontakt oder Informationen suchst, steuerst du am besten den nächsten Fahrradladen an. Nicht alle Ladenbesitzer sind selbst begeisterte Radler, aber viele. In guten Bike-Shops liegen immer Informationsbroschüren aus über Clubs, regionale Routen und Trails oder Veranstaltungen.

Radreise-Bücher aus USA und Deutschland

In den USA gibt es ein riesiges Angebot an Büchern für Radfahrer und Radreisende, darunter auch detailliert ausgearbeitete Radrouten in Buchform. Alles was auf dem amerikanischen Markt erhältlich ist, wird aufgeführt in den schon erwähnten „Cyclists' Yellow Pages" des ACA. Die Werke werden in Kurzbeschreibungen vorgestellt. Eine bewertende Aussage nimmt der ACA nicht vor. Vorsicht also! Manches ist wirklich hilfreich, anderes ist Müll. Oft ist nur der verlockende Titel ansprechend (ein Schmunzler: „How to Shit in the Woods" von Kathleen Meyer in der Kategorie *Camping* ...). Alle Bücher, die z.B. Touren beschreiben, stellen oft nur Wochenendausflüge zwischen 6 und 60 Meilen Länge dar. Ein Verlag für solche Radführer ist z.B. „The Countryman Press (www.countryman-press.com). Sicherer ist es, man kauft US- Publikationen vor Ort und nur, wenn man sich die „Werke" vorher anschauen kann. Internet-Buchhändler wie www.amazon.com stellen die Bücher meist mit einer Kurzbeschreibung vor, Leser können hier auch Wertungen abgeben, oder tippe ein paar Stichwörter in eine Suchmaschine wie www.fireball.de oder www.google.de ein.

Bestellungen in den USA Wer bewährtes, vielleicht hier im BikeBuch oder vom ACA empfohlenes Material in den USA bestellen will, muss davon ausgehen, dass zusätzlich zum hier angegebenen Preis Kosten für Porto und Verpackung in Rechnung gestellt werden (bei www.amazon.com z.B. mind. 9 $ für eine Lieferung in wenigstens 11 Tagen, wer mehrere Bücher auf einen Schwung bestellt, fährt natürlich günstiger).

Voraussetzung ist eine Kreditkarte, aber die ist für einen USA-Aufenthalt ohnehin unabdingbar.

Buchbezugsquellen Bücher des amerikanischen Outdoor-Verlags „The Mountaineers", www.mountaineers.org (und anderer deutscher und internationaler Globetrotter-Verlage mehr, auch Karten) kann man in Deutschland bekommen bei: **Karten Schrieb, Schwieberdinger Str. 10/2, 71706 Markgröningen**, Tel. 07145/26078, E-Mail: karten.schrieb@t-online.de, Homepage: www.karten-schrieb.de.

Eine Liste mit Landkartenspezialisten (Buchhandlungen) findet man in dem Buch „Fernreisen auf eigene Faust", Hans Strobach, Reise Know-How, Reihe PRAXIS.

Eine gute Adresse ist auch www.findmybook.de: Buchtitel eingeben und schon wird die günstigste Bezugsquelle inkl. Versandkosten angezeigt. Online-Bestellung ist möglich. Selbst aktuelle ebay-Auktionen für gebrauchte Exemplare werden herausgesucht.

Bücher mit Reiserouten

Gute englische Bücher Eine umfassende Sammlung von Cross-Country Bicycle Trips wie etwa „Bicycling across America" von Robert Winning wurde unter www.hc-ba.us/bibliography.html zusammengestellt. Weitere englischsprachige Literatur im Ride Guide der einzelnen Kapitel im Reiseteil.

Deutsche Radbücher Auf dem deutschen Buchmarkt gibt es eher Reiseberichte, auf deren Spuren man auch radeln kann, nachdem man sich die entsprechenden Informationen selbst aus dem Text herausgesucht hat:

Christian E. Hannig: „Mit dem Fahrrad durch Alaska – 5000 km durch das Land der Bären", Frederking & Thaler 1993.

Werner Kirsten: „Westcoast-Story – Auf dem Pacific Highway nach Süden", Frederking & Thaler 1992. Eine Radreise von Vancouver auf dem Highway 101 bis zur mexikanischen Grenze. Guter Erlebnisbericht mit Tips zur Durchführung.

Stefan und Tobias Micke: „Biker's Barbecue – Die Wiederentdeckung Amerikas", Orac Verlag 2000. Eine Radtour von Boston nach San Francisco, bemüht locker geschrieben und polarisierend (für unseren Geschmack wurde die Gastfreundschaft der Amerikaner doch ziemlich überstrapaziert ...).

Claude Marthaler: „Durchgedreht" – 7 Jahre im Sattel, Reise Know-How 2002, ISBN 3-89662-305-2 (Abschnitt Alaska bis Mexiko). Claudes „Velosophie" muss man einfach gelesen haben!

Für die wiedererweckte Route 66 und die attraktive Pazifikküste gibt es inzwischen auch zwei sehr hilfreiche deutschsprachige Reisebegleiter mit genauen Hinweisen zu Distanzen, Sehenswertem und Serviceeinrichtungen:

Thomas Schröder: „Cycling 66 – Mit dem Fahrrad von Chicago nach

L.A.", Biber Verlag 1995. Schöner, reich bebilderter Erlebnisbericht mit genauem Roadbook der historischen Route.

Thomas Schröder: „Go South!", Kettler Verlag 2000. Mit dem Fahrrad auf dem Pacific Coast Highway von Seattle nach San Diego; kombiniert Erlebnisbericht mit Roadbook. Bezug der Bücher: www.bikeamerica.de oder Tel./Fax (07150) 4463.

Organisierte und kommerzielle Radreisen

Wer hinsichtlich der Routen- und der Zeitplanung von vornherein sichergehen will, der schließt sich am besten einer organisierten Rad-Gruppenreise an.

Vorteil: Die Vorarbeit haben andere geleistet. Du hast einen festen Fahrplan mit arrangierter Unterkunft am Abend, du kannst genau abschätzen, wie lange die Tour dauern wird und hast zudem noch Gesellschaft von anderen begeisterten Tourenradlern.

Nachteil: Du kannst nicht frei entscheiden, sondern musst dich der Gruppenleitung und dem Etappenplan unterordnen, egal ob die Beine müde sind, egal ob's stürmt oder schneit. Manche der Tourenpakete sind zudem ganz schön teuer. Angebote gibt es für jeden Typ und für jeden Geldbeutel.

Beispiele für Tourenpakete

„Selfcontained" Du transportierst dein Gepäck selbst und bekommst nur Hinweise zur Route und zum nächsten Übernachtungsplatz. Wie und mit wem du die Tagesetappe radelst oder zurücklegst, was und wo du isst, ist deine Sache. Wer will, kann sich auch eine Zeitlang von der Gruppe trennen und kehrt an einem ausgemachten Punkt zu den anderen zurück. Die Kosten beziehen sich dann auf die Übernachtung und die Gruppenleitung. Zu dieser Sorte gehören die ACA-Touren. Diese Rad-Gruppenreisen führen quer durch die USA, auf dem „National Bicycle Trails Network". Eine Gruppe besteht meist aus 8 bis 14, manchmal auch 25 Leuten, Durchschnittsalter etwa 30 Jahre. Einige Tourenbeispiele (weitere unter www.adv-cycling.org/tours, Preise werden sich sicherlich erhöht haben): „Transamerica", von Virginia nach Oregon, 4248 Meilen, 93 Tage, 3200 $. „Southern Tier", von San Diego (Kalifornien) nach St. Augustine (Florida), 3160 Meilen, 65 Tage, 2300 $. „North Star", von Missoula (Montana) nach Anchorage (Alaska), 3300 Meilen, 77 Tage, 2800 $.

„SAG" – van supported („SAG" – Support And Gear-Touren): Ein Begleitfahrzeug fährt das Gepäck durch die Lande, die Gruppenleiter radeln zum Teil mit, einer fährt mit einem Servicewagen hinterher und sammelt alle Teilnehmer auf, die lieber per Auto weiterfahren wollen. Die Gruppenbetreuer sorgen für die Verpflegung. Du brauchst abends nur noch dein Zelt aufzubauen. Ein solches Angebot fällt logischerweise teurer aus.

Exclusiv Nobeltouren für „credit-card-cyclists", bei denen dein Essen im Restaurant schon bereitsteht, das Gepäck selbstverständlich abends im nächsten Hotel wartet und ein Servicewagen mit medizinischer Betreuung die Gruppe begleitet, Teilnehmer aufliest oder auch Wehwehchen behandelt. Über Preise sprechen Teilnehmer dieser Kategorie nicht.

**US-Veran-
stalter**

Kommerzielle Radreise-Veranstalter – „Tour Operators" – gibt es in den USA jede Menge, und es werden sowohl nationale als auch internationale Touren (z.B. nach Mexiko, Guatemala, Belize, Canada und weltweit) angeboten. Buchbar sind überdies Mountainbike-, Abenteuer- oder Luxus-Radtouren (wo man nur noch seine Kreditkarte und ein Rennrad braucht). Anzeigen finden sich im „Adventure Cyclist Magazine", eine Adressenauflistung vieler, auch teurer Tour Operators, steht in den „Yellow Pages" oder auf der Website der „League of American Bicyclists" unter www.bikeleague.org/linkstouring.htm. Ein Beispiel: „Backroads" hat ein riesiges (amerikanisches und internationales) Angebot, Infos unter www.backroads.com.

**US- und Ca-
nada-Veran-
stalter in D,
A, CH**

Mittlerweile tummeln sich auch zahlreiche deutschsprachige Veranstalter auf dem US-/Canada-Markt. Wie etwa West-Canada Bike Tours, Klaus Gattner, Tel. CAN (250) 359-5032, Webpage: www.kanada-bike.com, der die Kettle Valley Railway in British Columbia zum Gruppenbiken anbietet. „Valhalla Tours", Tel. D (02102) 155783, Webpage: www.valhalla-tours.de, ist immer gut für einen Leckerbissen im Westen der USA oder Canada. Des weiteren studiert die Anzeigen in den diversen deutschen Radmagazinen.

Fellow-Biker

Wer nicht allein durch die USA radeln will, sich aber auch nicht den Zwängen einer Rad-Gruppenreise unterwerfen will, findet im Lande genügend Möglichkeiten, einen *fellow biker* jeden Alters und für jedmögliche Tour zu finden. Im Adventure Cyclist Magazine der ACA stehen Companion-Anzeigen, dort könnt ihr Partner bzw. Mitfahrer suchen oder selbst eine Anzeige aufgeben (dies auch als Ideenanstoß, die USA mit einem/einer amerikanischen Biker/in kennenzulernen ...).

Wer Spaß an Gruppenreisen hat und noch nicht weiß, wo er mitfahren will, sollte von der ACA den „Calendar Of Bike Rides And Events" anfordern. Darin sind Hunderte von Touren, *state by state,* mit Zeitpunkt, Routen, Teilnehmerzahl etc. aufgelistet. Doch auch in den „Yellow Pages" und auf Websites, wie bspw. http://peteandedbooks.com/brides stehen Dutzende von *bike events* aller Art, von MTB-Rennen, Frauen-, Fun- und Familientouren, gemütlichen Tages- und Wochenendfahrten mit Barbecues, Cross-Country bis hin zu Massenveranstaltungen und internationalen Rennen. Dort bei einem Treffen mitzufahren ist sicher eine sehr gute Möglichkeit, die USA und das Radfahren in den USA kennenzulernen. Meist wird ein geringe Startgebühr erhoben (... wolltest du nicht immer schon mal deine Tante in Oklahoma besuchen?)

Neben dem *RAAM* (Race Across America), dem äußerst harten und längsten Profi-Straßenrennen der Welt von der West- zur Ostküste ist die größte und verrückteste Tour das (internationale) *RAGBRAI,* Abkürzung für „Des Moines Register's Annual Great Bicycle Ride Across Iowa". Des Moines ist die Hauptstadt von Iowa, und die größte Zeitung dort heißt Register. Jedes Jahr Ende Juli quer durch Iowa, über 7000 Teilnehmer allen Alters, eine einwöchige, 800 km lange Spaß-Tour, sehr frühzeitige Anmeldung ist nötig! Die Teilnehmer werden dann durch Los ermittelt. Der Begleitpulk an Verpflegung, Mechanikern, Gepäcktransportern, Toilettenwagen, Hamburger-Buden etc. zählt über 2000 Leute! Auskunft auf der Website www.ragbrai.org, dort könnt ihr euch die Anmeldeformulare herunterladen.

♥ STORY
von
Raphaela
Wiegers

Eine „Backroads-Story"

Auf dem Rastplatz auf halber Höhe des Sunwapta Passes am Icefields Parkway hatten wir eine kleine Verschnaufpause nötig. Ein Van mit ein paar Rädern auf dem riesigen Fahrraddachgepäckträger und einem roten Anhänger mit der Aufschrift „Backroads" parkte nahe der Aussichtsplattform neben uns. Zwei Männer in Radlershorts stiegen aus, um Fotos zu knipsen.

„Sieht aus, als würden wir gleich in eine Radsportgruppe geraten. Sollen wir mal fragen, ob sie unser Gepäck, Hunde inklusive, auch ganz sportlich den Pass rauffahren?" spöttelte Harald.

Bei der Abfahrt überholten sie uns dann, die Backroads-Radler: Ein Schwarm aus metallicblauen Tourinrädern mit roten Reisetäschchen auf dem hinteren Gepäckträger.

Gruppen umgeben sich mit einer Aura von Geschlossenheit. Gruppenreisende grüßen Einzelreisende erfahrungsgemäß nicht. Um so erstaunter waren wir, als sich Jeff zu uns gesellte, sein Tempo unserem gemütlichen Treten anpasste und uns mit einem ganzen Berg Fragen überschüttete. Jeff war Kanadier, und einer der Gruppenleiter der organisierten Radlertruppe, die gerade an uns vorbeigerauscht war.

„Musst du nicht bei den anderen bleiben?" erkundigte ich mich nach einer Weile.

„Nein, nein", lachte er. „Die Jungs sind in Ordnung, die können bestens allein auf sich aufpassen. Dies ist die Spitzengruppe. Die anderen, die weit zurückhängen, um die müssen wir uns später wahrscheinlich kümmern."

„Wie lange braucht ihr von Banff bis Jasper?" wollte ich wissen.

„Sieben Tage. Heute abend gibt es den Luxusstop im Hotel mit Abschiedsfeier. Gut für uns. Kein Camping. Kein Kochen."

Jeff war darüber offensichtlich erfreut.

„Morgen geht es bis Jasper. Dort fahren wir noch kurz zum Sportzentrum duschen und dann geht es ab zum Flugplatz."

„Sag mal, gibt es hier an der Strecke irgendwo noch Brot zu kaufen?" unterbrach ich ihn, weil mir einfiel, dass unsere Vorräte etwas knapp waren.

„Könnt ihr von uns haben", erklärte Jeff großzügig, und so radelten wir gemeinsam zum Hotel. Der rote Anhänger stand im Hof und wurde gerade ausgeladen, natürlich von den anderen Gruppenleitern. Dafür werden sie ja bezahlt. Die „Sportlergruppe" schaute geduldig zu, wir fassten mit an. Hinter all den schweren Reisetaschen mit dem Gepäck der Radler tauchten riesige Kühlboxen und Lebensmittelregale auf, aus denen Jeff als „Lohn" für unsere Hilfe nicht nur Brot, sondern noch ein paar weitere Köstlichkeiten hervorzauberte.

„Na, dann werde ich mal unsere Schnecken einsammeln", rief Tom, der zweite im Betreuungsteam, als der Hänger leer war und kramte den Autoschlüssel hervor.

„Wie viele sind das denn üblicherweise?" will ich wissen.

„Kommt drauf an. Mal zwei, mal drei. Aber die sind lustig, denn sie können wenigstens herzhaft über sich lachen. Die anderen, die sich im Van den Pass raufkarren lassen, oben aufs Rad steigen, nur noch den Hang runterrollen und Dir abends stundenlang erzählen, was für einen irre sportlichen Tag sie hinter sich haben – das sind die Typen, die mir echt auf die Nerven gehen."

ERST DENKEN, DANN LENKEN –
Planung ist die halbe Miete

Prima Klima! – Reisezeit im Überblick

Der Wettergott spielt Radlern stets besonders übel mit, denn auf dem Bike bist du ihm ziemlich schutzlos ausgeliefert, Tag für Tag. In Europa ist das Wetter nicht immer gut, zeigt sich aber überwiegend harmlos. In den USA ist das Wetter oft harmlos, aber ebenso oft auch gnadenlos.

■ *Raindrops keep falling on my head …*

Dort agieren Naturgewalten direkter und brutaler, als wir es trotz der Wetterereignisse der letzten Jahre in Europa kennen. Dies gilt sowohl für die vielerorts extreme Sommerhitze als auch für die starke Kälte im Winter, für schwere Regenfälle und Überschwemmungen, die extrem kreislaufbelastende Schwüle und die immer wieder auftretenden, verheerenden Wirbelstürme, Blizzards und Sandstürme. Nehmt das Wetter in den USA ernst! Ganz grob für die Reiseplanung ein Klimaüberblick hier an dieser Stelle. Weiteres übers Wetter im KAP. 11 „Vom Regen in den Trockner – Wetter extrem" und im Staaten-Index (Teil V).

Wann kann man wo am besten radeln?

Winter: Auch wenn es selbst im Norden im Winter durchaus ab und zu ein paar warme Tage gibt, so gilt generell, dass man per Rad im Winter besser nur im äußersten Süden der USA unterwegs sein sollte. Florida, die Golfküste sowie Texas, New Mexico, Arizona und Kalifornien haben dann ein gemäßigt warmes, relativ trockenes Klima. Jedoch gilt das für alle diese Staaten wirklich nur im südlichsten Teil.

    Frühjahr: Das frühe Frühjahr ist die beste Zeit für den Südwesten. In den Tälern ist es warm, im Gebirge frisch, aber die Pässe sind schneefrei. Alle, die eventuell Touren ins sonst trockene Hinterland unternehmen wollen, können noch mit genügend Wasser rechnen. Auch wer die Atlantikküste abradeln will oder Coast-to-Coast auf einer Route in der südlichen Hälfte des Kontinents plant, sollte im Frühjahr starten.

    Sommer: Die warmen Monate sind die richtige Zeit für die Pacific Coast, die Rocky Mountains, den Icefields Parkway (Canada), Touren von, nach und in Alaska, die Region rund um die großen Seen sowie den Osten Canadas mit Quebecs Norden und Neufundland. Alle nördlichen Cross-Country Touren startet man am besten im frühen Sommer. Im Spätsommer sind Neuschottland und Maine sehr schön.

    Herbst: Der frühe Herbst ist wegen der Laubfärbung die perfekte Reisezeit für New England und Nova Scotia (Neuschottland). Spätestens

Mitte Oktober wird es dort kalt, von einem Tag auf den anderen. Dann lässt es sich nur noch gut aushalten in Südkalifornien, im Flachland von Utah und Arizona und in den Staaten am Golf von Mexico.

Wann radelt man wo besser nicht?

Winter: Meide alle Regionen nördlich der Linie San Francisco – Atlanta. Auch weiter südlich kann es kurzfristig lausig kalt werden und in allen Gebirgen musst du mit Schnee rechnen, selbst an der Grenze zu Mexiko.

Frühjahr: In allen Regionen der nördlichen Rockies im Westen liegt noch Schnee und Neuengland und Ost-Canada ersticken in Matsch und in Wolken beißender Insekten.

Sommer: Unerträglich heiß ist es überall südlich der Linie San Francisco – Atlanta. Auch weiter nördlich, vor allem in vegetationsarmen niedrigen Regionen wie den Plaines, ist es eigentlich *zu* heiß, die Temperaturen erreichen Spitzenwerte bis 40 °C. In den Südstaaten der Atlantikküste herrscht Hurricanestimmung im Spätsommer und im frühen Herbst.

Herbst: Alles was weiter nördlich liegt als die Linie Vancouver-Quebec City hat schon vor Herbstanfang die ersten Nachtfröste hinter sich. In den Höhenlagen der Gebirge blockiert oft Schnee die Pässe und entlang der gesamten Pazifikküste nördlich von San Francisco regnet es fast ununterbrochen.

♥ STORY von Michael Giefer

Wir haben Februar. Es ist kalt und wir liegen in unseren warmen Schlafsäcken. Hoch am Sternenhimmel über Arizona steht der Vollmond. Sein weißes Licht taucht die Sonora-Wüste in ein Schattenreich. Irgendwo in der Ferne singen Kojoten. Es ist unsere erste Nacht im Freien und obwohl wir müde sind vom ersten Radtag, der uns raus aus Phoenix brachte, können wir nicht schlafen. Zu neu sind die Geräusche in der für uns völlig fremden Umgebung. Arizona klingt nach Hitze, Wüste und „Wildem Westen". Tatsächlich fallen die Temperaturen im wunderschönen Catalina State Park nachts auf 10 °C unter Null. Tagsüber aber wärmt die Sonne, wir fahren in kurzer Hose und Trikot.

Saisonzeiten

Wenn es etwas gibt, um das die Amerikaner die Europäer beneiden, so sind es die vielen arbeitsfreien Tage. Normale Arbeitnehmer haben in den USA meist nur Anspruch auf 2 Wochen Urlaub im Jahr. Entsprechend geht es hoch her, wenn ein langes Wochenende ins Haus steht. Am Memorial Day (Ende Mai), 4. Juli und Labour Day (Anfang September, s.a. „Feiertage") ist alles unterwegs. Die Schulferien dauern von Memorial Day bis Labour Day. Der große Reiseboom von Familien mit Kids beschränkt sich aber meist auf die Monate Juli und August. Dann ist es vor allem in den National Parks ziemlich voll und Zeltplätze sind oft schon morgens ausgebucht. Das passiert in einigen Regionen auch zu „Spring Break", wenn Colleges und Universitäten ihre Frühlingsferien haben. Achtung daher auch gegen Ende März / Anfang April.

„Hauptsaison" bedeutet nicht automatisch, dass du dann besser zu Hause bleibst, aber stell dich ein auf höheren Andrang auf Straßen und Zeltplätzen rund um alle Feriengebiete zu dieser Zeit. An Wochenenden, wenn die neuen Urlauber eintreffen und die alten noch nicht abgereist sind, kommt es am ehesten zu Engpässen. Abseits der viel zitierten „besten Reisezeiten" reisen wir am liebsten zur „noch machbaren" Zeit, wenn das Klima vielleicht weniger stabil ist, aber die Leute freundlicher sind, die Straßen leerer und die Attraktionen weniger umzingelt.

„Drum prüfe, wer sich radelnd bindet ...“ – Reisepartner

♥ STORY   **von den Weltumradlern Susi Bemsel und Daniel Snaider**

Bereits bei den Reisevorbereitungen wurde uns eine Frage besonders häufig gestellt: „Meint ihr, dass das zu zweit gut geht?" Wir hatten eher Fragen erwartet wie: „Und das ganze Zeug soll mit aufs Fahrrad?" Da kommt man dann schon ins Grübeln. Wahrscheinlich können sich viele Menschen nicht vorstellen, mit einem Partner über einen längeren Zeitraum 24 Stunden am Tag, Tag für Tag und Nacht für Nacht, gemeinsam zu verbringen, ohne dass das ganze in einem Fiasko endet. In Anbetracht der hohen Scheidungs- und Singlerate in unserer Gesellschaft wohl eine berechtigte Frage ...

■ *Daniel – brake on Continental Divide*

Erst mal die gute Nachricht: Wir sind nun seit 18 Monaten unterwegs und bis jetzt hat es geklappt! Für Pessimisten: Es liegt noch ein gutes Stück vor uns! Natürlich ist es verdammt viel Zeit, die man zusammen verbringt. Man steht jeden Tag zusammen auf, frühstückt gemeinsam, packt gemeinsam zusammen, quält sich gemeinsam den nächsten Berg hinauf und genießt danach zusammen die Abfahrt ... – und das Tag für Tag, Woche für Woche, Monat für Monat.

Während einer dreiwöchigen Tour ist es leichter, über die Fehler und Launen des Partners hinwegzusehen. Umgekehrt ist es für den Einzelnen leichter, sich auf einer kürzeren gemeinsamen Reise zusammenzureißen und eventuelle „sonderbare Verhaltensweisen" zu verstecken. Auf einer wochen- oder monatelangen Tour ist das aber unmöglich und irgendwann kommt es doch ans Tageslicht, dass ER eigentlich keine Ahnung vom Einstellen der Gänge hat und SIE heimlich einen viel zu schweren Liebesroman mitschleppt, anstatt den freien Platz mit Lebensmitteln aufzufüllen. Hinzu kommen die Meinungsverschiedenheiten, die bei der Vielzahl von Entscheidungen nun mal auftreten, wenn man zu zweit unterwegs ist. Und das meist in den Augenblicken, wo man es gar nicht brauchen kann. Es gibt einfach Schöneres, als nach einem harten Radeltag, wenn man total erschöpft nur in den Schlafsack kriechen und seine Ruhe haben möchte, darüber diskutieren zu müssen, wo jetzt tatsächlich das „Kopfende" des Zeltes liegt. Unstimmigkeiten und Konflikte sind vorprogrammiert und nicht zu vermeiden.

Im Grunde ist man aber auf einer gemeinsamen Radtour nicht rund um die Uhr beieinander (es sei denn, man ist mit einem Tandem unterwegs) und es

■ Susi –
licking big
icecream

finden sich immer wieder Möglichkeiten, sich aus dem Weg zu gehen. Vor allem in den Pause-Tagen, bei uns meist in größeren Ortschaften. Radeln muss schließlich auch jeder für sich alleine und das einige Stunden am Tag. Nebeneinander fahren ist sowieso kaum möglich. Wenn man mal etwas Abstand vom anderen braucht, ist es vielleicht zu überlegen, ob man nicht einige Kilometer am Tag getrennt radelt. Auch um einfach mal sein Tempo zu fahren. Wir jedoch fahren meist im kurzen Abstand hintereinander, nur selten ist die Distanz größer als der Sichtabstand. Beim Strampeln ist jeder von uns sowieso in seiner eigenen (Gedanken-) Welt. Oft stundenlang radeln wir ohne ein Wort zu sprechen hintereinander her. Das ist auch eine Art von „Alleinsein", und für uns ist es Abstand genug. Auf der anderen Seite ist es toll, sich über gemeinsam Erlebtes auszutauschen und über Eindrücke, aber auch über grundsätzliche Dinge sprechen zu können.

Nach einer gewissen Zeit auf Tour spielte sich bei uns automatisch eine gewisse Routine ein. Und das ist gut so. Viele – oft zu viele – neue Eindrücke und Erlebnisse prasseln Tag für Tag auf uns ein. Da wirkt ein wenig Routine sehr beruhigend. Routine bedeutet Gewohnheit und der Mensch ist nun mal ein „Gewohnheitstier". Komischerweise genau so, wie es das klischeebelastete Mann-Frau-Bild aufzeigt. Ist da womöglich doch was dran? Wir hatten damit aber kein Problem, warum auch?

So zaubert Susi abends das Abendessen (als Radlermenu meist Spaghetti mit Ketchup und Salat), während Daniel sich ums Zelt und dessen Einrichtung kümmert. Daniel wiederum ist zuständig für Reparatur und Ersatzteile aller Art, während Susi die gewaschene Wäsche zum Trocknen über den Baum hängt. Und während Susi alle Arten von Verhandlungen und das „Abchecken" der Unterkünfte übernimmt, ist Daniel für Karte und Kompass verantwortlich.

Das Zauberwort heißt Arbeitsteilung, und wenn beide mitziehen, kann es vieles einfacher machen. Es gibt einfach Dinge, die man besser kann als der andere oder auf die man keinen „Bock" hat, und man froh ist, wenn der andere sie übernimmt. Zu zweit reisen bedeutet sich zu ergänzen. Egal ob Mann und Mann, Frau und Frau, oder „mixed". Im letzteren Fall am intensivsten. Auch im Umgang mit den Menschen. Es ist einfach so, dass es in den verschiedenen Situationen besser ist, wenn eine Frau das Gespräch oder die Verhandlungen führt als ein Mann, oder eben umgekehrt. Auch haben wir das Gefühl, dass die Leute in Anwesenheit einer Frau weniger misstrauisch sind und viel offener mit einem umgehen. Wir sind nicht sicher, ob wir je so viele Einladungen unterwegs bekommen hätten, wenn Susi nicht dabei gewesen wäre ...

Fest steht, dass man sich gegenseitig sehr gut kennen lernen wird ... – wie reagiert der andere auf ungewohnte Situationen, kann ich mich im Notfall voll auf ihn verlassen, welche Schwächen bzw. Stärken besitzt er? Spätestens nach einigen gemeinsamen Radelwochen wird es kaum noch Geheimnisse geben. Gemeinsam unterwegs sein ist auf jeden Fall ein Test. Egal ob für eine freundschaftliche Beziehung oder mehr noch für eine Partnerschaft.

Ein Rezept oder totsichere Tips, wie man eine gemeinsame Fahrradreise „übersteht", gibt es nicht. Weder für Freunde noch für Partner. So manch einer hat die gemeinsam angefangene Tour schon alleine zu Ende gebracht ...

Vor- und Nachteile

Mit oder ohne Partner auf die Rad-Tour - darauf gibt es sicherlich so viele Meinungen und Ratschläge, wie Radfahrer zu diesem Thema. Nachfolgende „pro & contra"-Fakten und Erfahrungen erleichtern evtl. deine Entscheidung – oder erschweren sie noch mehr.

Wer schon alleine, zu zweit oder mit noch mehreren Radtouren gemacht hat, wird die Vor- und Nachteile des Allein- oder Gemeinsam-Reisens kennen: alleine brauchst du keine Rücksicht auf andere zu nehmen, es gibt keine langwierigen Entscheidungsdiskussionen, du selbst bestimmst Tempo, Tag und Richtung. Fernab der Heimat findest du viel eher Kontakt zu Einheimischen, wirst öfters angesprochen und eingeladen. Dafür ist man aber auch in weniger schönen Situationen allein und immer auf sich selbst angewiesen, kann keine Freude und kein Leid teilen oder in Notfällen auf die Hilfe des Radelpartners zählen (die Einsamkeit kommt meist dann, wenn es dunkel wird ...).

Radelt man zu zweit, fährt nicht nur immer ein Stück Heimat mit, sondern vieles ist auch leichter, nicht nur die geteilte Ausrüstung, auch das Alltagsmanagement: während der eine z.B. bei den Rädern bleibt, kann der andere sich um Einkäufe, Auskunft, um den Check-In im Campground etc. kümmern. Allein zahlst du für die Übernachtungen immer mehr als zu zweit, musst deine Probleme selbst lösen und wirst an der Kasse im Wal-Mart ganz schön nervös, wenn du dein Rad draußen nicht mehr im Blick hast.

Ist die Entscheidung, ob „solo" oder zu zweit bzw. zu mehreren zu fahren gefallen, heißt dies jedoch nicht, dass damit unterwegs auch alle Probleme gelöst sind! Persönliche Konflikte - egal ob allein oder zu zweit fahrend - werden unterwegs nicht ausbleiben, denn du stehst vor faszinierenden, aber auch niederschmetternden Erlebnissen und Eindrücken. Dein bisher festgefügtes Bild von dir oder von deinem Partner, selbst im bisher optimalen Fall einer Beziehung, wird sich verändern, weil auf einer Strapazentour gewohnte Ansichten und Wertmaßstäbe zerbrechen. Nicht dass der große Krach ‚on the road' auch das Ende der Beziehung bedeuten muss. Manchmal kann es aber sinnvoll sein, eine solche Tour eben gerade nicht mit dem Lebenspartner zu unternehmen. Wer allerdings tatsächlich eine Langzeitradtour als Hochzeitsreise plant, kann davon ausgehen, dass die Ehe ein Leben lang hält, wenn sie die Radreise übersteht.

Zu zweit

Ob solo oder zu zweit ist natürlich für all diejenigen kein Thema mehr, die von vornherein schon gemeinsam Radtouren gefahren sind, die als alte Radelkumpels, als Freund und Freundin oder als Paar auf eine long-distance-Tour gehen wollen. Mit gelegentlichen Konflikten und Spannungen wird man leben, sie aushalten müssen, so wie auch im richtigen Leben, in Freund- und Partnerschaften. Doch unter vorher nie erlebten Schwierigkeiten und Stresssituationen können selbst langjährige Partnerschaften zerbrechen, es gibt täglich zu viele wichtige Dinge (Tagespensum, Route, Ruhetage), über die Meinungsverschiedenheiten entstehen können oder über die man gar in ernsthaften Streit geraten kann.

Um mögliche Spannungen möglichst klein zu halten, sollten absehbare Konfliktfelder entschärft werden, z.B. sollten beide in der Rad-Technik, beim Kochen etc. fit sein – wenn immer nur eine Person die „Platten" repariert, kann leicht Frust entstehen.

Unterschiede in der Leistungsfähigkeit können unterwegs gleichfalls belastend werden – während der eine noch 20 km weiter radeln will, ist der andere schon fix und fertig, und er quält sich nur noch, um damit „Gemeinsamkeit" zu demonstrieren. Unterschiedliche Leistungsgrenzen müssen akzeptiert und durch Kooperation ausgeglichen werden. Tröstlich für „Schwächere": letztendlich sind es unterwegs weniger Konditionsprobleme, sondern meist Probleme mentaler, psychischer Natur, die zu Differenzen führen, z.B. vorher nicht genügend ausdiskutierte Reisevorstellungen und Reiseerwartungen.

Manche(r) überschätzt aber nicht nur seine Leistungskraft, sondern auch seine Leidensfähigkeit, und sitzt man erst einige Tage im Dauerregen im Zelt, schmerzen Hintern und Knochen, kann man nachts vor Hitze nicht mehr schlafen, gibt es tagelang nichts mehr richtiges zu essen, hat der Durchfall einen geschwächt usw., dann ist es mit der Toleranz und der Kompromissbereitschaft gegenüber dem anderen schnell vorbei.

Spätestens an solchen Tagen wird aus einer Tour eine Tortur und ein Machtkampf, wer sich durchzusetzen vermag. Jede Person reagiert unter körperlichen und psychischen Strapazen anders bzw. sie zeigt erst dann ihren wahren Charakter. Doch wer kennt sich und sein Verhalten unter Extrembelastungen, wenn man noch nie welche wirklich durchlitten hat?

Reisepartnersuche

„Suche Radelpartner(in) für Coast-to-Coast-Tour New York - Los Angeles im nächsten Frühjahr. Wer hat Lust? Bin 27, m, Telefon ..."

So oder ähnlich lauten sie, die Anzeigen für Reisepartner in den Rad- und Outdoor-Zeitschriften sowie auf Bike-Websites, die wohl immer meist dann veröffentlicht werden, wenn die Suche im näheren Freundes- und Bekanntenkreis für eine gemeinsame Radreise ergebnislos blieb (auch der ADFC, www.adfc.de) vermittelt Reisepartner. Es gibt auch Vermittlungsbüros, s. Anzeigen in Radzeitschriften, oder auf Websites).

Anzahl und Auswahl an möglichen Reisepartnern sind abhängig vom Zielgebiet und der veranschlagten Reisedauer: Je extremer (und teurer) die Reise, desto kleiner die mögliche Resonanz.

Ideal ist, wenn es irgendwo jemanden gibt, der die gleichen Fernweh-Träume träumt, der zu einem passt und den man dann auch noch findet. Das Kennenlernen und die Vorbereitung funktionieren um so besser, je näher man beieinander wohnt. Nur in vielen Gesprächen und durch intensiven Gedankenaustausch kann geklärt werden, was jeder von der Reise erwartet und welche Gründe und Hintergründe Motivation für die geplante Tour sind.

Ob man dann auch praktisch zusammenpasst, kann sich nur auf Test- und Probefahrten zeigen, die unbedingt unternommen werden sollten, ehe man sich gemeinsam auf die lange Meile entlang der Pazifikküste oder durch den heißen Süden von Texas macht.

Sei darauf gefasst, dass die anfängliche Euphorie, endlich einen Pedalfreund gefunden zu haben, noch in der Vorbereitungsphase oder bei der Testfahrt am Rhein mit anschließender Bodenseeumrundung immer kleiner werden kann und schließlich auseinanderbricht. Dann ist viel Zeit und sind auch Kosten investiert worden, und du kannst wieder von vorne anfangen (während der festgelegte Abfahrtstermin immer näherrückt ...). Deshalb bei langdauernden Unternehmungen mit der Reisepartnersuche nicht nur Monate, sondern ein bis zwei Jahre vorher beginnen.

Eventuell kann der Partner auch direkt in den USA oder Canada gefunden werden. Dazu die Reisepartneranzeigen im „Adventure Cyclist Magazine", dem Magazin des amerikanischen Fahrradclubs „Adventure Cycling Association" durchsehen, oder dort eine Anzeige aufgeben. Vielleicht kommt es einem amerikanischen Tour-Partnersuchenden gerade recht, durch einen „fellow tourer" aus Germany seine deutschen Sprachkenntnisse verbessern zu können, während du auf eurer gemeinsamen Tour nebenher dein Englisch perfektionieren kannst.

Vorbereitung zu zweit

Potentielle Radelpartner sollten von Beginn an ihre Reise zusammen planen und erarbeiten. Mit ihm (oder ihr) auch einige Zeit verbringen, nur so lernt man mögliche Reibungspunkte, Marotten, gute und fiese Eigenarten des anderen wirklich kennen und kann sie besprechen, bevor sie sich später zu nicht mehr auszuräumenden Differenzen steigern.

Konfliktpunkte unterwegs können auch unterschiedliche Ansprüche bezüglich der Qualität der Unterkünfte, des Essens etc. werden, was wiederum vom Reiseetat des einzelnen abhängt. Es ist keine gute Basis, wenn ein Partner über wesentlich mehr Reisemittel verfügt und sich immer mehr leisten kann als der andere.

Sind die „Tests" dann gut verlaufen, sollte man sich trotzdem – wie oben schon angeführt – nicht der Illusion hingeben, dass dann auch unterwegs alles harmonisch verlaufen wird. Wenn zwei zusammen fahren, verringert sich die Ausrüstung bzw. man braucht vieles nur einmal mitzuführen. Doch könnte es nicht auch so kommen, dass ihr euch bei eurer geplanten Alaskareise schon nach zwei Tagen nicht mehr versteht? Und was dann mit dem gemeinsam angeschafften Zelt, dem Kocher, den gemeinsamen Objektiven für eure Kameras etc.? So verlockend es ist, die Ausrüstung zu teilen, bei einer langen Tour solltest du die Ausrüstung so planen, dass notfalls auch jeder für sich allein weiterradeln kann.

Alleinfahrer

Alleinfahrer sind meist eingefleischte (und oft auch eigensinnige) Individualisten, Typen, denen die Unabhängigkeit und die Selbstbestimmung über alles geht. Es sind Zweirad-Abenteurer, die jede schwierige Situation meistern und die sich durchzusetzen wissen. Unsicherheiten und Ängste lassen sie erst gar nicht an sich heran. Insbesondere Welt-Tourer sind überwiegend Solofahrer, entweder schon alleine gestartet oder sie haben sich unterwegs von ihrem Partner getrennt.

Wer auf einer Nordamerikatour alleine fahren will, sollte sich ehrlich prüfen: kann ich gut Englisch (und ggf. Französisch für Ostkanada), kann ich totale Einsamkeit aushalten, bin ich zäh und willensstark genug, meine Tour von Anfang bis zum Ende durchzuziehen? Andererseits kann man sich erst durch eine Soloreise letztendlich auch „selbsterfahren" – bei vielen ein wichtiger Motivationsaspekt.

Zu diesem Thema eine sehr gute Buchempfehlung: „Durchgedreht - Sieben Jahre im Sattel". Der Autor Claude Marthaler beschreibt äußerst intensiv und spannend, was man nicht nur auf der Straße, sondern auch mit sich selbst auf einer Weltreise alles erleben kann.

Allein fahren zu gefährlich?

Bei der Überlegung, ob man zu zweit oder alleine losfahren soll, spielt meist auch der Sicherheitsaspekt eine Rolle. Zu zweit auf eine Wüstentour durch Nevada oder durch die Vororte von Chicago zu gehen mag auf den ersten Blick „sicherer" erscheinen, doch ihr solltet euch von diesem Gedanken nicht allzu sehr vereinnahmen lassen. Wer oder was soll dann „sicherer" sein, was wird dann nicht passieren? Auch zu zweit kannst du genauso krank werden oder einen Unfall erleiden. Sicherheit *durch* einen anderen schließt nämlich auch Verantwortung *für* den anderen mit ein! Wenn ein Partner krank wird, muss der andere gleichfalls pausieren, und bei einem Unglück muss auch der Nichtbetroffene meist gleichfalls auf Heimreise gehen. Um so größer die Gruppe, desto mehr kann kaputt gehen, desto mehr Teilnehmer können auch krank werden.

Resümee   Man sieht: eine „richtige" Antwort auf „Allein oder zu zweit"-fahren gibt es nicht. Ob einsam oder zweisam oder Gruppe – die Reise kann so oder so für den oder die Beteiligten glücklich oder unglücklich verlaufen.

Bist du unschlüssig, ob alleine oder zu zweit oder findet sich kein passender Reisepartner, würden wir raten: fahr alleine los. Alles andere ergibt sich unterwegs. Du bist ganz bestimmt nicht der einzige, der mit seinem Drahtesel z.B. eine der ACA-Routen abspult.

Oder warum nicht so planen: zusammen losfahren, solange „es geht". Aus anfänglichen Greenhorns werden mit der Zeit nämlich selbstbewusste, erfahrene Tourenprofis, und erfahrungsgemäß wächst dann die Neigung, nun auch mal alleine fahren zu wollen. Eine solche Ausgangsidee macht dann unterwegs eine Trennung leichter, ohne Zorn und Traurigkeit. Oder: rechnet fest mit einer Trennung – und seid überrascht, wenn ihr es dann doch nicht tut. Als Test kann man ja einige Zeit getrennt radeln, sich dann wieder treffen und erst dann die endgültige Entscheidung treffen.

Letzter Tip: Und wer keinen menschlichen Partner findet oder keinem Vertrauen mag, der nimmt vielleicht seinen Hund mit auf die Reise! Dazu mehr weiter unten.

Frau mit dem Bike alleine unterwegs – ja oder nein?

Amerika und Europa haben sich kulturell von jeher gegenseitig beeinflusst. Der verwandte Lebensstil macht es auch Frauen erheblich leichter, auf eigene Faust alleine durch die USA zu reisen. Es gibt kaum frauenspezifische Regeln, die man abweichend vom normalen Verhalten tagtäglich beachten muss.

Um als Frau alleine eine Amerika-Radtour zu machen, braucht es zwar etwa Mut, doch in erster Linie auch einen gesunden Menschenverstand. Selbstsicherheit und Sprachkenntnisse sind wichtig. Für eine solche Art der Reise spricht die Tatsache, dass die USA und auch ihr nördlicher Nachbar sich Toleranz und Anerkennung der Individualität eines jeden einzelnen auf die Fahnen geschrieben haben; eine alleinreisende Frau, auch wenn sie unmotorisiert daher kommt, wird nicht weiter die Gemüter erregen. Anmache ist außerhalb von Treffpunkten wie Bars und Kneipen eher selten. Der Dresscode, wenn es einen solchen in Bezug auf Freizeitkleidung hier überhaupt gibt, spiegelt die im Vergleich zu Europa eher prüde Grundeinstellung wider: „Oben ohne" am öffentlichen Badestrand und das BH-lose Umherlaufen sind, vor allem für Alleinreisende, tabu.

Vergewalti-
gung   Was unterscheidet eine alleinreisende Frau von einem alleinreisenden Mann? In Wirklichkeit nicht viel, in den Köpfen zuviel. Das Problem, das alleinreisende Frauen härter trifft, sind Männer. Weibliche Singles mögen

männlichen Beschützerdrang hervorrufen. Genausogut können sie Machoverhalten auslösen. Sicherheiten gibt es nicht.

Amerika hat die höchste Vergewaltigungsrate der Welt, heißt es. Amerika ist aber auch eines der Länder, in dem Statistiken zu diesem Thema erhoben werden, das anderswo erst gar nicht untersucht wird. Vergewaltigung – *rape* – ist für Frauen ein Schreckgespenst und verdrängen kann man die Angst davor nicht. Passieren, denke ich, kann das jedoch überall, wenn du an die falschen Typen gerätst. Auch zu Hause ist die Gefahr nicht geringer. Alle, die länger mit dem Rad unterwegs waren, werden bestätigen, dass man lernt, in zwiespältigen Situationen seinen Gefühlen zu gehorchen. Du reagierst zunehmend sensibel auf gute oder schlechte „vibrations". Sie werden viele deiner Entscheidungen beeinflussen, und das ist richtig und gut so.

Angst ist kein guter Reisepartner. Vorsicht ebenso wie Vertrauen sind wichtige Begleiter.

Network für Frauen Frauen, die alleine reisen, sind durchaus keine Seltenheit in den USA. Dementsprechend gibt es auch verschiedene Verbände, die sich speziellen Problemen radfahrender Frauen widmen. Manche nehmen sich leider eher modischer, medizinischer oder technischer als sozialer Fragen an.

Women's Mountain Bike and Tea Society (www.wombats.org) und Women's Exercise Network (http://womensexercisenetwork.com) sind zwei Adressen, an die ihr euch wenden könnt bezüglich weiterer Informationen. Andere spezielle Frauenclubs sind aufgeführt in den „Yellow Pages" des ACA.

Auf den Hund gekommen – Radreisen mit Vierbeinern

Findest du, dass dein Gepäck nicht schwer genug, die Herausforderung nicht groß genug und deine Verrücktheit nicht extrem genug ist? Dann kommst du vielleicht auf die Idee, dein Lieblingstier mit auf die Reise zu nehmen. Wir konnten es nicht lassen und nach durchweg positiven Erfahrungen auf 25.000 km mit Rad und Hund in Südamerika waren wir fest überzeugt, dass eine Reise mit Hunden durch die USA das reine Vergnügen wäre. Wir sind nicht die einzigen, die mit „pet" auf große Tour gehen. Trotzdem, die Tiernarren sind die absolute Minderheit.

Die Einfuhr von ausgewachsenen Haustieren in die USA oder Canada ist kein Problem, siehe www.usembassy.de/travel/d42_5.htm. Auch Grenzübertritte in die Nachbarländer klappen reibungslos, wenn die Papiere in Ordnung sind. Benötigt wird lediglich ein Tollwut-Impfnachweis, nicht jünger als vier Wochen, nicht älter als ein Jahr und ein aktuelles amtsärztliches Gesundheitszeugnis. Eine Ausnahme macht der tollwutfreie US-Bundesstaat Hawaii: hier ist zusätzlich eine 120-tägige Quarantäne vorgeschrieben.

Ob es Sinn macht, Vierbeiner mit auf eine Radreise zu nehmen, das mag jeder selbst entscheiden. „Was Sie sich zumuten, können sie wohl auch ihrem Hund zumuten", so fasste es unser Veterinär zusammen. Sicher ist, dass ein Tier, ganz gleich ob im Körbchen oder im Trailer, mitbestimmendes Element der Reise wird. Es schafft eine Menge netter Kontakte, aber auch jede Menge massiver Einschränkungen und Probleme unterwegs, die deinen Radleralltag prägen werden.

Unsere Er-fahrungen

Tiere dürfen in National Parks der USA nicht ins Backcountry und gene-rell nicht in öffentliche Gebäude. Viele City Parks haben ebenfalls Hunde-verbot. Willst du wandern, ausruhen oder etwas besichtigen, brauchst du also jemanden, der den Hund beaufsichtigt.

Wilde Tiere und Haustiere vor Ort werden dein Tier wahrscheinlich nicht mögen. Im Nordwesten kann es zu Problemen mit Bären bzw. mit ihretwegen nervösen Rangern kommen. Und die Horden von Pitbulls, Dobermännern und anderen Wachhunden, die gerne Radler ankläffen und verfolgen, kriegen sich angesichts eines tierischen Begleiters im Ge-päck kaum wieder ein.

Viele Motels nehmen keine Haustiere auf, andere sperren sie in spezi-elle Boxen, andere berechnen einen Aufpreis für die Zimmerreinigung, wieder andere behandeln dich wie jeden anderen Gast. Nasse Radler ha-ben es manchmal schwerer, ein Zimmer zu finden, doch nasse Radler mit triefendem Hund haben kaum Chancen. Auf Zeltplätzen müssen Tiere rund um die Uhr angeleint sein und beaufsichtigt werden. Das kann in Stress ausarten. Und in Restaurants, Supermärkte und ins Kino kannst du Tiere natürlich auch nicht mitnehmen.

Öffentliche Verkehrsmittel transportieren Haustiere nur in Transportbo-xen, wenn überhaupt. Mit Problemen ist es grundsätzlich verbunden, auch auf Fährschiffen, besonders in Canada. Boxen benötigst du auch für Flüge. Es ist nicht leicht, sie längerfristig am Flughafen unterzustellen. Also musst du sie wegwerfen oder verschenken; Leihboxen sind teuer und werden sowieso nur bei Returntickets zur Verfügung gestellt. Und wohin mit der Box, wenn du in Miami startest und von Vancouver aus zu-rückfliegen willst? Manche Airlines haben Pauschalreisetarife für Hunde, andere berechnen den üblichen Kilopreis für Gepäckübergewicht. Ein teures Vergnügen. Nahrungsnachschub und medizinische Versorgung ist unterwegs hingegen absolut kein Problem. Tierarztbesuche sind meist sogar preiswerter als zu Hause.

♥ STORY von Roland Hächler

9500 Kilometer auf zwei Rädern und vier Pfoten durch Nordamerika

Vorbereitungen: Noch Tage vor dem Start bin ich total unsicher: 42 kg Schlit-tenhund in 18 kg Anhänger, 62 kg Biker auf 15 kg Fahrrad plus 40 kg Gepäck – was macht da wohl zuerst schlapp? Ist es das aus Hundeflugbox und Kinder-anhänger zusammengebastelte Gefährt für Sitka, ist es das Alubike von Wheeler oder doch – am wahrscheinlichsten – bin ich es selbst?

Natürlich möchte ich zu allererst Spaß haben, die Natur genießen, aber mich reizt auch die Herausforderung. Sitka kann es wieder mal nicht erwarten: sie liegt schon Tage vorher im Anhänger! Wenigstens eine, die sich gut vorbe-reitet ...

Ein Hund als Reisebegleiter ist nicht gerade billig: Allein der Flug für einen 42 kg Hund kann one way so viel kosten wie für Herrchen/ Frauchen das Retour-Ticket. Unbedingt den Hund bei der Buchung anmelden (beschränkte Anzahl) und schriftlich bestätigen lassen. Das erste Hotel gleich übers Internet buchen und nach einem etwaigen Aufpreis für den Vierbeiner fragen, denn in Großstädten verlangen bessere Hotels Zuschläge von bis zu 50 $. Dann sollte man abklären, ob ein Hund auch im Airport-Shuttle erlaubt ist, sonst gibt's schon bei Ankunft die erste „sorry, no dogs!"-Überraschung.

Für Vierbeiner ist ein Fahrradanhänger sicherlich die bequemste und sicher-ste Art, eine lange Radreise zu unternehmen. Da die Liegefläche der Kinderan-hänger für einen größeren Hund zu eng ist, kam ich auf die Idee, die auch für den Flug nötige Hundebox auf einem Gestell mit Rädern zu befestigen. Man hat die Wahl zwischen drei verschiedenen Anhängerdeichseln: die Seitenbefestigung (weniger stabil, Achtung bei Rechtskurven), die Sattelbefestigung (hohe Belastbarkeit, Gepäckträger jedoch nur eingeschränkt nutzbar) und die Einradanhänger (werden direkt am Schnellspanner des Hinterrads befestigt). Der Anhänger ist bei allen Varianten leicht zu entfernen. Generell ist das Fahren mit Anhänger eine angenehme Sache, es sei denn, die Fracht bewegt sich zu sehr. Auch wird man mit größerem Gefährt besser wahrgenommen. Die meisten Nordamerikaner sind geduldige Autofahrer. Sie ließen mir auch bei Four-Way-Stops oder Spurwechseln den Vortritt, zudem wechselten Trucks auf dem Freeway zum Überholen wenn möglich auf die linke Spur.

Am Anhänger solltet ihr auf jeden Fall noch reflektierendes Klebeband und zusätzlich einen Wimpel anbringen.

■ *Roland Hächlers Hund Sitka, Richtung Las Vegas*

On The Road

Die ersten zehn Tage sind schon vorbei und alles läuft viel besser als befürchtet. Von Vancouver aus machen wir einen kurzen Abstecher nach Sydney auf Vancouver Islands und von dort schippern wir mit der Fähre durch die San Juan Islands in die USA. Die Einreise verläuft so einfach wie noch nie.

Die Holzindustrie ist ein Hauptwirtschaftszweig hier, das macht sich auch auf der Straße bemerkbar. Die Logging Trucks werden uns bis runter nach Kalifornien begleiten. Also Rückspiegel beachten und Lenker festhalten, um bloß nicht in den Graben befördert zu werden. Letzteres füge ich mir eines Tages in Eigenregie zu, indem ich bei einer Autobahneinfahrt zu spitz nach rechts einschwenke, die Anhängerkupplung das Hinterrad blockiert und ... hoppla, Ausflug ins Grüne! Mensch, Hund und Material bleiben jedoch unversehrt.

Wir sind nun kurz vor San Francisco und haben viele schöne aber auch anstrengende Radlertage hinter uns. Besonders gut hat mir die Fahrt durch die gigantischen Redwoods auf der Avenue of Giants gefallen. Meinen anfänglichen Trainingsrückstand habe ich durch das zermürbende Auf und Ab des Highway 1 schon lange wettgemacht. Mit gestählter Beinmuskulatur geht's nun also auf die „Straßen von San Francisco". Nach San Francisco kann ich mich zwei Tage lang ein wenig erholen, denn bis Monterey ist die Westküste recht flach. Hier nun treffe ich auch viel mehr heimische Radfahrer an. Manchmal ist es dann geradewegs ein Spießrutenlauf, um nicht alle hundert Meter zum Beantworten von Fragen aufgehalten zu werden. Ich bin nun richtig froh, nach dem hektischen Großstadtabschnitt wieder an der wilden Küste zu sein. Hinter fast jeder Kurve genieße ich phantastische Ausblicke auf den Pazifik oder auch auf die nächste Steigung. Ich habe das Gefährt nun bestens im Griff und rase die Abfahrten mit bis zu 60 km/h hinunter. Hoffentlich wird's Sitka nicht schlecht!

Was liegt näher, als Amerika gleich komplett zu durchqueren? Die Routenwahl fällt leicht, denn in den Wintermonaten bleibt nur der Süden.

Jetzt spinnt Herrchen aber doch, muss sich Sitka gedacht haben. Die schöne Westküste runter mit vielen Bäumen, Stränden, Meer und grünen Wiesen zum reinpinkeln ... da macht Hund ja noch gern mit. Aber nun hinaus in die trostlose Wüste. Diese saublöden Stacheln, wo ich mit meinen zarten Pfötchen drauftrete. Hoffe nur, Herrchen kriegt auch welche ab oder zumindest sein Gefährt. So gibt es immer wieder schöne Pausen. Bin nur froh, dass ich als Mädchen keine Bäume brauche zum Geschäft erledigen. Wie würden das nur meine männlichen Verehrer machen? Aber mal ganz ehrlich unter uns Hunden: so eine Fahrradreise ist auch für mich eine lustige und spannende Sache. Es ist nicht nur das Liegen im Anhänger, alle Viere von sich gestreckt und die Landschaft an sich vorbei ziehen lassen. Ich genieße einfach auch das Zusammensein mit dem Chef in der freien Natur, tagelang nur wir beide und sonst gar nichts. Trotzdem muss ich sagen, nicht für alle meine vierbeinigen Freunde wäre das was. Immerhin muss ich doch jeden Tag ein paar Stunden ruhig sitzen. Ihr glaubt nicht, wie Herrchen gleich ausflippt, wenn ich meinen eingeschlafenen Hintern ein wenig bewege. Auch für die weniger reisebegeisterten Hundchen ist das nichts, jeden Tag irgendwo anders sein Gebiet zu markieren. Für mich als Schlittenhund ist das kein Thema, habe ich doch das Umherziehen im Blut.

Sitka hat schon von Anfang an kapiert: bei langen Anstiegen muss sie raus und „eingeklemmt" zwischen Rad und Straßenrand laufen, so auch beim Anstieg auf der I-15 zum Mountain Pass (4700 ft) mitten in der Mojave Wüste. Eigentlich eine lockere Sache, aber wenn wie bei uns im Windchen aus Osten weht und es wie in zahllosen Wild-West Filmen die runden Büsche über die Straße bläst, dann kann es schon mal länger dauern.

In Prim, einem typischen Nevada-Dorf, gibt es drei Casinohotels – no dogs! – und einen Campingplatz – no tents! –, also geht's wieder hinaus in die Wüste. Die trockene Bachbettröhre kommt da gerade recht. Platz genug, um das Innenzelt aufzustellen und gemütlich Pasta zu kochen.

Da ich immer noch ein wenig pessimistisch in Bezug auf mein Material bin, wähle ich auch durch Arizona die kürzeste Route. Ich orientiere mich an der I-10 und fahre mangels Alternativen auch gleich auf dem Freeway. Die gelegentlichen Frontage Roads sind meist in zu schlechtem Zustand. Ich benutze sie nur, um Sitka ein paar Kilometer laufen zu lassen.

Jetzt ist es passiert: Nach rund 6000 km brechen in Florida gleich zwei Speichen im Hinterrad! In meiner Naivität habe ich natürlich nicht an Ersatz gedacht. Zum Glück bin ich nicht irgendwo in der Wüste gestrandet, sondern am Hwy 90. Als ich ein wenig hilflos am Straßenrand stehe, weckt das die Aufmerksamkeit einer älteren Dame. Ich schildere ihr mein Problem und frage zugleich, ob es im nächsten Dorf einen Radladen gibt. „Wieso bis dorthin fahren?" fragt sie, winkt sogleich ihren Mann herbei und wie selbstverständlich folge ich ihm in seinen Schuppen. Er packt sein Werkzeug aus, improvisiert ein wenig und bald ist das Laufrad wieder einsatzbereit. Zudem habe ich gemerkt, dass man so etwas auch selbst reparieren kann und rüste mich nun mit den entsprechenden Ersatzteilen aus. Meine Pannenstatistik erhöht sich tatsächlich stetig: So habe ich mittlerweile ein Plastikteil der Kupplung ersetzt und der Rahmen des Trailers ist ebenfalls gebrochen. Schon dabei war ich auf die Hilfsbereitschaft der Bevölkerung angewiesen und wurde nie nie enttäuscht. Wer sich nicht wie ich nur auf sein Glück verlassen will, sollte von Anfang an auch für den Trailer ein Paar Speichen, Schläuche und andere Ersatzteile mitführen.

Seit Vancouver haben wir nun fast 7000 km abgestrampelt, die letzten Kurven und noch mal eine Brücke, dann haben wir es geschafft: die Atlantikküste ist erreicht! Wie viele Male in der Einöde Texas habe ich davon geträumt, wie es ist, endlich die Ostküste zu erreichen. Nun sind wir da und ... na ja, okay, klar freue ich mich, ist es doch etwas, was nicht jeder schafft! Aber schon geht's nach den obligatorischen Fotos weiter Richtung Norden. Spätestens jetzt ahne ich, dass ich radelsüchtig bin ...

■ *Geschafft!*
Die Atlantikküste
in Florida ist
erreicht!

Tips

Grundsätzlich gilt für ganz Nordamerika ein Haustierverbot in Restaurants (Gartensitzplätze meist erlaubt), Einkaufscenter, öffentlichen Gebäuden und mit wenigen Ausnahmen in allen öffentlichen Verkehrsmitteln. Verlässliche Informationen, in welchen Städten Hunde in Bussen erlaubt sind gibt es höchstens vor Ort oder auf den Homepages der städtischen Verkehrsbetriebe.

Die Bevölkerung dagegen ist Hunden gegenüber eher aufgeschlossen. Autostops sind eine gute Möglichkeit, Radlerhindernisse zu überwinden. Ich möchte behaupten, „Mann" mit freundlichem Hund hat bessere Chancen mitgenommen zu werden als ohne. Vielleicht gilt das Sprichwort: „Wer Tiere mag, der mag auch Menschen"? So leiste ich mir einen „Lift" auf der Interstate 10 zwischen Houston und Louisiana Border, denn hier hat es keinen Seitenstreifen. Wir stehen keine 10 Minuten am Straßenrand, als Gary, ein Trucker aus New York, anhält und wir Bike und Anhänger auf dem leeren Sattelschlepper deponieren.

Problemlos kann man auch ein Auto mieten – solange man nicht nachfragt, ob Hunde erlaubt sind. Campervermietungen dagegen akzeptieren nur selten Haustiere.

USA: In den Nationalparks sind Haustiere nur auf Campingplätzen erlaubt, aber nicht auf Wanderwegen und im Hinterland. Hingegen „müssen" im Westen teils Hunde mitgenommen werden, da sie wegen der Hitze nicht im Auto verbleiben dürfen. Fast unbeschränkte Freiheiten findet man in den National Forests und National Recreation Areas. Die Vorschriften der State Parks variieren von Staat zu Staat, mit Ausnahme von New Jersey und Pennsylvania waren auf unserer Route Vierbeiner auf allen Campingplätzen erlaubt.

Canada: In den Nationalparks sind Hunde an der Leine auf Trails und Campingplätzen zugelassen, jedoch nicht bei Übernachtungen im Hinterland, was bei der Bärenpopulation nur zu verständlich ist. Die weitverbreiteten Provincial Parks sind mit wenig Ausnahmen hundefreundlich.

Die Motelketten Motel 6, Redroof Inn und La Quinta erlauben generell Hunde, wobei in den Broschüren etwas von kleinen Hunden steht. Ich bekam trotzdem immer ein Zimmer. Kleiner Trick: beim Einchecken behaupten, man habe angerufen und es wurde gesagt, auch große Hunde seien willkommen. Darüber hinaus gibt es jede Menge Motels in Familienbesitz, hier gilt es einfach freundlich zu sein, denn meist kommt man so oder so ins Gespräch wegen der Reise und manche sehen es sogar als Ehre an, dass man ihr Hotel ausgewählt hat.

Auch wenn es allein schon wegen dem zusätzlichen Ballast wahrlich nicht einfach ist, mit Vierbeinern in Nordamerika auf Reisen zu gehen, war ich doch immer froh, Sitka dabei gehabt zu haben. Sei es als nicht widersprechende Gesprächspartnerin, als organischer Ofen in vielen kalten Nächten oder als Fahrradschloss und Versicherung auf Campingplätzen oder vor Einkaufszentren.

Noch ein letzter Tip: die Bücher über das Reisen mit Hund sind meist für Radreisende nicht sonderlich informativ. Viel besser ist die Website www.dogfriendly.com mit Informationen über Hotels, Strände, Parks, Vergnügungsparks u.v.a.m.

Der „home manager" – heimatliche Stallwache

Auch wenn du deinen Schreibtisch weit hinter dir lässt, zu Hause geht der Papierkram weiter, wenn auch auf Sparflamme. Zumindest bei einer längeren Reise brauchst du jemanden, der dir die Post nachschickt, der sich auskennt in deinen Unterlagen für Krankenversicherung und Kontoführung, der Filme in Empfang nimmt, unterzeichnungs- und entscheidungsberechtigt ist und dich in allen Not- und Zweifelsfällen tatkräftig unterstützt. Also eine ganz wichtige Person, die dir auch dein Reiseabenteuer gerne gönnt. Der Kreis der Leute, auf die man sich wirklich verlassen kann, ist meistens nicht so groß. Denk also rechtzeitig darüber nach!

Berichtet ihr auf einer Homepage über eure Reise, solltet ihr auch einen Administrator bestimmen, der die Website pflegt, neue Berichte und Digitalfotos einarbeitet und bei allen technischen Problemen eingreifen kann. Er sollte auch eine komplette Liste aller E-Mail-Adressen eurer Freunde und Bekannten haben, damit er ggf. Rundmails verschicken kann.

Reisetagebuch, Visitenkarten, Fahrtenbuch – mobil office

Im Reisetagebuch wird alles Wichtige notiert. Das können sein: die heimatlichen Adressen und E-Mail-Adressen aller Bekannten (ggf. für die Rundmails), die Konsulate und Botschaften mit Telefonnummern und E-Mail-Adressen (siehe: www.auswaertiges-amt.de), aber auch die Adressen von Radfahrverbänden und ggf. von deutschsprechenden Ärzten. Auch die Rahmennummer, die Nummern von Pass, Ausweisen, Tickets und Reiseschecks gehören dazu, die heimatlichen Telefon- und Fax-Nummern ebenso wie die Sperr-Telefonnummern eurer Kreditkarten (bei Verlust Sperre auch über's Internet möglich!). Im Tagebuch stehen auch Notizen über eure belichteten Filme. Um das Ganze wirklich perfekt zu machen, solltest du bereits zu Hause alle relevanten Daten in einer Datei auf deinem E-Mail-Konto ablegen. Die lässt sich dann bei Verlust oder Diebstahl ganz einfach im nächsterreichbaren Internetcafé ausdrucken.

Wichtig sind auch Visitenkarten. Kommen immer gut als Gastgeschenk an, wenn sonst nichts zur Hand ist. Nehmt genügend davon mit – am besten gleich als netter Entwurf mit einem Rad oder eurer Route drauf.

Rechenklasse zur Reisekasse –
Hilfen zur Budget-Kalkulation

Die Zeiten, in denen man vermögend sein musste, um sich einen USA-Trip leisten zu können, sind vorbei. Was eine Radreise kostet, hängt ab von der Art, wie man sie gestaltet. Wer nur in Motels logiert und in Restaurants speist, kann rasch viel Geld ausgeben. Wer zeltet und selbst kocht, lebt nicht viel teurer als daheim. Wer wiederum alleine reist, reist teurer als Paare oder Gruppen.

Meine Schätzungen an nötiger „Reisekohle" gehen von einem „no dope" Radler aus, der allein reist:

Mini Budget: ca. 20 $ pro Tag. Du zeltest überwiegend „wild", steuerst nur selten einen Campground an (z.B. nur in National Parks oder für einen „Instandhaltungstag") und kochst selbst.

Economic Budget: ca. 30 $ pro Tag. Du zeltest immer auf Campgrounds oder kehrst in Jugendherbergen ein, kochst selbst, isst jedoch auch mal im Restaurant.

Generous Budget: ca. 55 $ pro Tag. Du hast ein Zelt dabei, schläfst aber des öfteren in Motels oder YMCA-Häusern, kalte Mahlzeiten bereitest du hin und wieder selbst zu, aber mindestens einmal am Tag gönnst du dir ein gutes Essen im Restaurant.

Luxury Budget: ab 80 $ pro Tag aufwärts. Du hast nur die drei K's dabei (Kleidung, Kamera, Kreditkarte), schläfst grundsätzlich in Motels und kehrst für alle Mahlzeiten irgendwo ein.

Dazu kommen noch die Kosten für Flug, Krankenversicherung, eventuelle Reparaturen und Eintrittsgebühren. Die Preise in Canada liegen etwa auf gleichem Niveau wie in den USA. Manches ist dort billiger, anderes ist teurer. Wer in Kanadischen Dollar denken will, rechnet einfach ca. 40% dazu.

Kasse auf-bessern unterwegs
Ab und zu jobben? Erlaubt ist das als Tourist in den USA und Canada selbstverständlich nicht, aber möglich schon. Gerade in Touristenzentren, in denen zu Saisonzeiten Massenandrang herrscht, sieht man oft Schilder an Motels und Läden „Help wanted". Spitzenlöhne kannst du nicht erwarten, und mancher wurde nach getaner Arbeit auch schon mit dem Hinweis „Ich habe einen guten Bekannten bei der „Immigration" um seinen Lohn geprellt! Willst du den wirklich kennenlernen? Erwischt werden heißt, für ein paar Jahre des Landes verwiesen werden. Das ist Pech, aber Pech hat nicht jeder. Fest einplanen sollte man Einkünfte durch Arbeit allerdings nicht. Sie ergeben sich höchstens zufällig und sporadisch. Auf Chancen bei der Ernteeinbringung in irgendwelchen Regionen brauchst du nicht zu schielen. Für diese Jobs stellt man heute fast nur Mexikaner ein, egal ob in Canada oder Kalifornien.

Bücher, Karten, Internet –
wo Nachsehen und Nachschlagen?

Der Markt schwappt nur so über mit allgemeinen Reiseführern für die USA. Die meisten beschreiben Sehenswürdigkeiten, andere haben sich spezialisiert auf Übernachtungen, andere erklären historische Zusammenhänge. Die wenigsten geben konkrete Hilfen für den Aufenthalt vor Ort. Statt gleich in die Buchhandlung zu stratzen und zu kaufen, was dort gerade vorrätig ist, verschaff dir lieber erst einmal in der Bücherei einen Überblick. Dort findest du auch in alten Zeitschriften (wie Geo-Special) jede Menge guter Hinweise.

Reiseführer Die einzigen Nordamerika-Reiseführer, die ich wirklich empfehlen kann, sind die **Hans-Grundmann-Bücher.** Zufällig sind auch sie bei der Verlagsgruppe Reise Know-How erschienen (RKH-Verlag Grundmann), doch ich will keine verlagsinterne Lobhudelei veranstalten. Sie sind wirklich empfehlenswert. Obwohl für Autofahrer geschrieben, enthalten sie eine Fülle von aktuellen Informationen, die auch für Radler wichtig sind. Sie heißen: „USA-Canada", „Canadas großer Westen mit Alaska", „Durch den Westen der USA", „Canadas Osten, USA Nordosten". Vorsicht bei allen Informationen, die Entfernungen, Dauer, schöne Campgrounds etc. betreffen! Was ein Autofahrer problemlos ansteuert, erreicht ein Radler oft mit Mühen nicht.

Moon Publications, Chico, USA (www.moon.com) hat hervorragende „Travel Handbooks" zu zahlreichen US-Bundesstaaten, besonders empfehlenswert, falls nur bestimmte Bundesstaaten beradelt werden sollen.

Besonders für Sparsame und Schnäppchenjäger geeignet ist der amerikanische Führer „Let's go USA" von D. Cody Dydek, der alljährlich neu aufgelegt wird und besonders für Junggebliebene und Studenten konzipiert ist. Das Buch ist in den größeren Buchhandlungen Nordamerikas meistens vorrätig (oder über www.amazon.de zu bestellen) und eine Fundgrube für günstige Unterkünfte, Restaurants, Treffpunkte, preiswerte Mietwagen und Details zu öffentlichen Verkehrsmitteln. Streckenbeschreibungen fehlen jedoch. Sehr hilfreich, wenn man längere Zeit vor Ort bleibt.

Radzeitschriften wie „aktiv Radfahren" oder „RADtouren" veröffentlichen Reisepartner-Anzeigengesuche für bestimmte Länder oder Touren. Diese Radler nach durchgeführter Tour anrufen (da die Reisen oft lange vorgeplant werden, muss man dazu in älteren Heften nachsehen) und sich so aktuelle Infos aus erster Hand verschaffen.

Infos speziell für Radfahrer Jeder Staat der USA hat einen speziellen „State Bicycle Coordinator", an den man sich wenden kann, wenn es um radfahrspezifische Auskünfte geht. Meist ist es ein dafür abgestellter Mitarbeiter des Transportministeriums (DOT, **D**epartment **o**f **T**ransportation), der je nach persönlichem Engagement und regionalen Vorgaben viel oder wenig mit Informationen zu deiner Radreise beitragen kann. Für alle, die Lust haben, dort Material, wie eventuell vorhandene Karten oder spezielle Broschüren anzufordern, sind die Adressen im Staaten-Index aufgelistet.

Karten Für die Grobplanung reichen der „Rand McNally USA Road Atlas" oder die Karten hier im BikeBuch aus. Wer mit ACA-Karten reisen will, der lässt sie sich besser vorab nach Deutschland schicken (s.o., ACA). Alle andere Karten besorgst du besser vor Ort (s. Kapitel 7, Stichwort „Atlas, Maps & Gazetteers").

Die für Radfahrer am besten geeigneten Karten werden von Radclubs gemacht, sie zeigen in der Regel empfehlenswerte Routen, Steigstrecken, Campingplätze etc. Mit etwas Erfahrung kann man aber auch aus einfachen Autokarten viel herauslesen: autofreie Straßen finden sich eher in dünn besiedelten Gebieten, viele enge Kurven deuten auf große Höhenunterschiede hin, Straßen entlang von Eisenbahnlinien, Flüssen, Seen und am Meer sind meist ohne große Steigungen.

Auch renommierte Karten haben Fehler, meist stimmen die Meilen-/Kilometerangaben nicht, der Straßenverlauf ist falsch oder neue Straßen fehlen noch. Man sollte sich also nicht voll auf sie verlassen! Touristische Karten, die als sogenannte „Flyer" zu Werbezwecken ausgegeben werden, sind eher als Skizzen einzuordnen und taugen in der Regel nicht zum Radfahren. Ausnahme: die im KOA-Gesamtverzeichnis („Kampground of America") abgedruckten Karten sind für schwach besiedelte Gebiete wie etwa Nevada durchaus verwendbar.

Wer's ganz genau wissen will, nimmt die Sammlungen von County-Karten, die DeLorme (www.delorme.com) unter dem State-Namen (z.B. „Alaska Atlas & Gazetteer") veröffentlicht. Zu bestellen bei www.kartenschrieb.de. Es sind stabile Paperbackatlanten nahezu DIN A 3 groß, mit äußerst detaillierten farbigen Karten, die auch mit groben Höhenlinien aufzeigen, wie es um Steigungen bestellt ist. Daneben enthalten sie Hinweise zu Campgrounds, speziellen Radrouten, Trails und Sehenswürdigkeiten. Der Preis ist fair für gut ein Kilo sinnvoll bedrucktes Papier.

Fahrrad-Zeitschriften
„RADtouren", 6x jährlich, RADtouren-Verlag. Tips und Tricks rund ums Rad, Fahrrad- und Zubehörtests, viele Radreiseberichte, www.radreisemagazin.de.

„aktiv Radfahren", 6x jährlich, Bielefelder Verlagsanstalt. Alles rund ums Rad, auch kritische Themen, Fahrradtests, manchmal Radreiseberichte, http://zeuss.bva-bielefeld.de/aktivrad.

„Radwelt", die Mitgliederzeitschrift des ADFC. 6x jährlich. Für Alltagsradler, Rad- und Zubehörtests, Tourenberichte, www.radwelt-online.de.

„Bike", Delius-Klasing-Verlag. Alles über Mountainbikes und das Biken. Touren-Berichte. Monatlich. www.bike-magazin.de.

USA: Bicycling (11x jährlich), Box 13, Emmaus, PA, 18099-0013, USA, www.bicycling.com.

Internet
Vorbemerkung: Jeder Versuch, hier auch nur ansatzweise einen Überblick über das Angebot an Reiseinformationen, Tourenberichten, Diskussionsforen, Anbieteradressen und Partnersuchmöglichkeiten im World Wide Web zu geben, ist zum Scheitern verurteilt ... gebt ein oder besser zwei Suchbegriffe in eine Suchmaschine ein und ihr bekommt Hunderte, wenn nicht Tausende von Websitevorschlägen. Empfohlen seien die Suchmaschinen www.google.de, www.fireball.de, www.altavista.de, u.a.

Bikeevents und Touren weltweit listen die Websites www.bicycletour.com und www.globetrotter.org auf. Ein schier unglaubliches Verzeichnis von nordamerikanischen Bike-Webadressen, staatlichen Stellen, Bikeclubs, -karten und -berichten findet man auf der privaten US-Webpage http://www.iit.edu/~jfazio/bicycling/index.html.

Auf der Website des Dachverbandes der USA-Fremdenverkehrsämter, www.usa.de, könnt ihr Prospekte und Info-Material bestellen, Links führen zu Fluggesellschaften, Mietwagenfirmen u.v.a.m. Weitere Websites (mit kommerziellem Hintergrund) sind z.B. www.magazinusa.com, www.usatourist.com, www.usatipps.de und – sehr informativ – www.lonelyplanet.com. Auch die Website der US-Botschaft listet unter www.us-botschaft.de/usa/reisen.htm einige Links, klickt auf der interaktiven USA-Karte einen Bundesstaat an, und ihr erhaltet speziellere Links.

Eine deutsche Suchmaschine für die USA und Canada ist www.nord-amerika-suche.de. Wer Kartenmaterial auf dem PC-Bildschirm nicht gleich als unhandlich abtut, der holt sich was er braucht bei www.mapquest.com/maps.

Ob z.B. der Ort Groom, Texas, neben seinen 587 Einwohnern auch ein *Dairy Queen* Restaurant besitzt, erfährst du bei www.yellow.com, den Gelben Seiten. Gib hier ,Grocers' (Lebensmittelladen) ein und schon weißt du, ob Kleinkleckersdorf mitten in der Wüste New Mexicos eine eisgekühlte Cola und sonstigen Kaloriennachschub für dich bereithält. Beim Suchwort ,bike dealer' wird dir gezeigt, wo du Hilfe für dein geschundenes Fahrrad bekommst. Und unter der Kategorie ,internet providers' oder ,access providers' werden dir die Internetcafés aufgelistet. Natürlich nur die, die für diesen Service bezahlt haben.

Bikepages

Für Radler besonders interessant sind die Websites der nationalen Radorganisationen. Sie geben Einblick in die Verbandsarbeit, stellen Touren vor und helfen mit zahllosen Links zu Bikeshops, Tour Operators etc. bei der Planung oder Durchführung eines USA-Trips weiter: „Adventure Cycling Association" (www.adv-cycling.org), „League of American Bicyclists" (www.bikeleague.org) oder „International Mountain Bicycling Association" (www.imba.com). Die Website des Online-Buchversenders „Pete & Ed Books" in Indianapolis (www.peteandedbooks.com/blinks.htm) enthält eine Vielzahl von Links zu allen Themen rund ums Rad, wirklich empfehlenswert! Das „Open Directory Project" listet ebenfalls eine Fülle von Webadressen auf unter http://dmoz.org/Sports/Cycling. Nur zwei Beispiele für private Linksammlungen: die „WWW Bicycle Lane" (www.bikelane.com) und „Mike's Mega Bicycle Links" (http://mikebentley.com/bike/). Die Infosite www.pedaling.com hilft allen Unentschlossenen mit Tourenvorschlägen, die man sich ganz individuell nach Tagesform und weiteren Kriterien aus der Datenbank heraussuchen lassen kann. Zu jeder Tour bekommt man noch weitere Websites geliefert. „Your Guide to Outdoor Recreation & Active Travel – GORP" ist zwar eine kommerziell ziemlich überladene Website, aber unter www.gorp.com/gorp/activity/biking/bik_guid.htm könnt ihr eine interaktive USA-Karte aufrufen und dann für jeden Bundesstaat allerlei Infos über Routen und Karten bis hin zu für Radler gesperrte Highways abrufen.

Internet-Berichte

Im Netz tummeln sie sich alle: Reiseberichte von deutschsprachigen Radlern, die ihren Traum vom Land der unbegrenzten Straßenkilometer, Off-Road-Pisten und Downhillpassagen wahr gemacht haben und – teils gespickt mit tollen Fotos und Vor-Ort-Tips – ihre Tour veröffentlichen. Z.B. www.bikefreaks.de, www.bikedoll.de, www.bikesite.de, www.bicycling.de oder www.bicycletraveller.de. www.reiseberichte.com ist eine hervorragend aufgemachte Sammeladresse für Reiseberichte aller Art, darunter auch vieler Biketrips. Deutschsprachige Amerika-Berichte werden bei www.bikesport.de/veloweb/amerika.html und – hier auch in englisch – bei www.cyclingsearch.de gesammelt. Es finden sich im Netz auch Roadbooks von solchen, die noch unterwegs sind und über einen Homemanager alle paar Tage den Tourenbericht vervollständigen. Wer will, kann über E-Mails Kontakt aufnehmen und so seine Lust auf die eigene Reise steigern.

Reisesendungen im Fernsehen

Alle öffentlichen und privaten Fernsehsender bringen täglich Reisesendungen mit Themen aus aller Welt (Reiseregionen, Länderporträts, Abenteuerberichte u.a.). Zwar ganz selten speziell für Radreisende, dennoch für Nordamerika meist recht informativ. Unter der Adresse www.reisepreise.de/reise-tv/index.html kann man das Tagesprogramm aller Sender einsehen.

Die richtigen Reiseführer

Vermeidet banale, biedere, uninformative Bücher, die nur Sehenswürdigkeiten aufzählen und die in der Regel auf Pauschaltouristen zugeschnitten sind. Reiseführer für Individualreisende sind konkreter, detaillierter und aktueller (im Impressum nachsehen – viele Auflagen sind ein Qualitätsmerkmal). Für Radfahrer wichtig sind billige Unterkünfte und Restaurants, Treffpunkt-Hotels der Rucksackreisenden und natürlich Streckenbeschreibungen. Doch diese finden sich meist nur in Reiseführern für Auto- oder Motorradfahrer. Preisangaben sind in der Regel bei allen Führern nur Anhaltswerte, rechnet immer mit höheren Kosten. Da wo man am längsten bleibt, braucht man den genauesten Führer.

Bei längeren Touren durch viele Staaten bzw. Provinzen ist es wegen Gewicht und Volumen kaum möglich, für alle Regionen gesonderte Reiseführer mitzuführen. Man kopiert sich das Wichtigste und Informativste aus mehreren Führern heraus (evtl. auch verkleinern oder mal die Schere ansetzen) und stellt so einen ganz speziellen für seine Reiseroute zusammen. Bei einer langen Tour kann man auch für jede Region einen Führer vorbereiten und diesen dann sich von zuhause nachschicken lassen (aber erst später kaufen, damit man die neueste Auflage hat). Man kann aber auch noch unterwegs Reiseführer kaufen, z.B. über www.amazon.com, Lieferung und Bezahlung über eine Adresse in den USA oder Canada.

KAP. 2:

PAPIERKRIEG –
Reiselust am Schreibtisch

Einreiseformalitäten – daheim und unterwegs

Aufenthalt bis drei Monate

Ob du ein Visum für die USA brauchst, hängt von drei Faktoren ab: deiner Nationalität, der beabsichtigten Dauer deines Aufenthaltes und vom Besitz eines Rückflugtickets. Reisende mit einem deutschen, österreichischen oder Schweizer Pass dürfen sich bis zu drei Monate ohne Visum in den USA und/oder Canada aufhalten. Es kann sein, dass du bei Einreise dann ein entsprechendes Rückflugticket vorzeigen musst. Wenn du zunächst kein Rückflugticket kaufen willst, brauchst du daher auf jeden Fall ein Visum. Andernfalls lässt dich auch die Fluggesellschaft gar nicht erst an Bord. Wichtig für alle Europäer, die ohne Visum in die USA einreisen: die US-Regierung verlangt seit Ende 2003 den maschinenlesbaren Reisepass. Dies ist der rote Europapass mit eingestanzter Passnummer auf jeder Seite und ohne jegliche handschriftliche Einträge. Kinderausweise oder entsprechende Einträge in den Reisepässen der Eltern werden für visafreies Reisen in die USA nicht mehr akzeptiert. Der Pass muss noch 6 Monate über den geplanten Aufenthalt hinaus gültig sein. Zukünftig soll dieses System mit biometrischen Angaben, wie etwa speziellen Passfotos und gescannten Fingerabdrücken, ergänzt werden. Aktuelle Informationen zu den Einreisebestimmungen für die USA und Canada mit zahlreichen Links finden sich auf den Internetseiten des Auswärtigen Amtes (www.auswaertigesamt.de).

Tip: Fertige dir Kopien deiner Unterlagen wie Pass, Flugticket, Führerschein an und deponiere sie geschützt in einer wasserdichten Folie jeweils einmal in die Sattelstütze, in einer Packtasche, in der nicht die Originale sind und bei deinem Homemanager.

Mehr als drei Monate Mit einem Visum – zu beantragen bei den US-Konsulaten – darf man bis zu einem halben Jahr bleiben. Im Zuge der Terrorbekämpfungsmaßnahmen in den USA wurden die Anforderungen weiter verschärft, die Bearbeitungsgebühr pro Visum beträgt nun – hoppla! – 90 Euro und der Antragsteller wird zum persönlichen Gespräch in's Konsulat geladen. Den Gesprächstermin muss man vorab unter einer teuren 0190er-Hotline (s.u.) vereinbaren. Männer zwischen 16 und 45 Jahren müssen zusätzlich das Formular DS 157 ausfüllen. Und ein Haken soll nicht unerwähnt bleiben: das Visum garantiert nicht die Einreise in die USA!

Im Visumsformular erklärst du, dass du eine Radreise planst, was den hohen Zeitbedarf rechtfertigt. Wer kein geregeltes Einkommen nachweisen kann, muss damit rechnen, dass er irgendwie nachweisen muss, wie der Aufenthalt finanziert werden soll. Nötig sind eine Arbeitsbescheinigung, die letzten drei Lohnabrechnungen mit Auszügen, die beweisen, dass das Gehalt auch auf deinem Konto eingegangen ist und eine Anmeldebescheinigung des Rathauses. Aber es kommt noch besser: Die Visum-Bearbeitungsgebühr darf weder online noch durch eine Bank im Ausland beglichen werden, der Überweisungsbeleg muss den Originalstempel der Bank tragen.

Eine legale Aufenthaltsverlängerung nach Einreise in den USA ist so gut wie unmöglich. Die US-Konsulate in Deutschland in Berlin (zuständig für norddeutsche und neue Bundesländer) und Frankfurt/M (zuständig für Hessen, NRW und süddeutsche Bundesländer) nehmen Anträge auf Verlängerung, die aus den USA gestellt werden, nicht entgegen. Wer länger als seine genehmigte Zeit in Nordamerika bleiben will, kann es notfalls mit der Aus- und wieder Einreise nach/von Mexiko versuchen. Dieser Trick, ähnlich wie das Hin- und Herwechseln zwischen Canada und USA, wurde aber mittlerweile von der Immigration erkannt und wird zumeist unterbunden. Als zuverlässige Methode der legalen Aufenthaltsverlängerung scheidet er aus.

„Multiple Entry"-Visa berechtigen zur mehrmaligen Einreise. Nähere Auskünfte erteilt der Visa Informationsdienst der US-Botschaft unter (teuren) 0190-Nummern: Tel. 0190-85005800 (Tonband) und Tel. 0190-850055 (persönlich). Viel günstiger und auch informativer ist ein Blick auf deren Websites www.usembassy.de/visa oder www.us-botschaft.de, für Österreich www.usembassy.at und für die Schweiz www.usembassy.ch. Visa-Antragsformulare lassen sich hier gleich herunterladen.

In Canada geht das alles, auch über 90 Tage, in der Regel ohne Antrag: die Immigration gewährt bei Bedarf weitere drei Monate. Hier kennt man kein Visum, ein Aufenthalt über 180 Tage ist jedoch nicht vorgesehen.

Einreiseformalitäten unterwegs

Tourist-Card

Nicht die Botschaft, sondern der Beamte, der dir bei der „Immigration" am Ankunftsflughafen gegenübersteht, entscheidet, wie lange du dich im Land aufhalten darfst. Die Formalitäten fangen schon im Flugzeug an. Dort bekommst du einen Zettel, in den du neben deinen Daten auch deine feste Adresse in den USA eintragen sollst. Natürlich hast du keine, aber das behalt für dich. Trag irgend eine Adresse ein, die des Hotels, das in deinen Flugunterlagen auftaucht, die einer Jugendherberge (das Wort Jugendherberge aber nicht erwähnen) oder die eines Freundes/ Tante irgendwo. Keiner wird nachfragen, solange etwas eingetragen ist.

Einreise

Reihe dich nach der Landung ein in eine der Warteschlangen für „Non-Residents", am besten in die, wo der Beamte einen heiteren und freundlichen Eindruck macht. Sollte dein Outfit wegen der bevorstehenden Radtour nicht dem des Otto-Normal-Touris entsprechen, dann bist du eine durchaus interessante Person. Ggf. wirst du schon von auf- und abgehenden Immigration Officers angesprochen, während du noch in der Warteschlange stehst. Einfach so, nach dem Zufallsprinzip. Gib dich locker, erzähle möglichst die Wahrheit und habe keine Bedenken, wenn dein Englisch am ersten Tag noch nicht so flüssig rüberkommt. Das gilt natürlich auch für das Kurzinterview, wenn du dann am Einreiseschalter vortrittst. Der Beamte und seine Fragen z.B. nach deiner Finanzsituation, nach deinen Übernachtungsplätzen oder deiner Route zum weit entfernten Rückflugairport sind kein Witz und auch keine Routineübung. Am Ende kann er/sie deine Aufenthaltsdauer empfindlich nach unten schrauben oder dich zum Intensivgespräch in die nächste Kabine beordern! Normalerweise bekommst du aber ohne Probleme die Erlaubnis für 3/6 Monate Aufenthalt in Form eines Stempels und der eingehefteten Tourist-Card („Departure Record"), die du im Flugzeug ja bereits selbst ausgefüllt hast.

Auch dein nicht ganz dem Üblichen entsprechendes Gepäck – ein Fahrrad, welches irgendwo am Airport von dir zusammengebaut wird – kann die Aufmerksamkeit des Sicherheitspersonals auf sich ziehen. Scheue dich nicht, jemanden nach einer Entsorgungsmöglichkeit des Fahrradkartons zu fragen oder sonstwie ein Gespräch zu führen. Motto: wer sich unterhält und offen gibt, hat nichts zu verbergen!

Abstecher in Nachbarländer

Grenzwechsel hinüber nach Canada oder Mexiko sind kein Problem. In beiden Ländern bekommst du problemlos drei Monate Aufenthaltserlaubnis. Die Wiedereinreise in die USA ist unproblematisch für alle, die noch eine gültige Tourist-Card oder ein „multiple Entry"-Besuchervisum vorweisen können.

Cash or Credit? – Das liebe Geld

Kreditkarten

Kreditkarten sind bei einer USA- und Canadareise ein „Muss"! Am verbreitetsten sind Euro/MasterCard und VISA; American Express genießt geringere Akzeptanz. Und da der Dollar so leicht zu fälschen ist (bzw. war), gelten in den USA Bargeldzahlungen über 100 $ schon als unüblich.

Kreditkarten helfen nicht nur bei der Bargeldbeschaffung, sondern sind fast immer Bedingung für Vorausbuchungen, Reservierungen, das

Mieten von Leihwagen, Kanus usw. und – wichtig! wichtig! – eine Behandlung im Krankenhaus! Wer eine Kreditkarte besitzt, ist automatisch kreditwürdig. Wer keine besitzt, ist nahezu suspekt und muss seine finanzielle Glaubwürdigkeit beweisen: Kautionen hinterlegen, Sicherheiten vorweisen, Überweisungen vornehmen usw. Also, verschiebt die Datenschutzdiskussion auf ein andermal und schließt euch dem Trend im Gastland an. Alles, was du brauchst, kannst du mit der Karte bezahlen. Auch Bargeld von einer Bank (cash advance) oder am Geldautomaten (ATM für **A**utomatic **T**eller **M**achine), beides gegen Gebühr, ist möglich. Bei der Bank wird zusätzlich die Vorlage eines Ausweises (ID – „ai-di") also Pass, Personalausweis oder Führerschein erbeten. Beim ATM ist die Geheimnummer vonnöten. Selbst eine EC-Karte kann bei Kenntnis der Geheimnummer am Geldautomaten eingesetzt werden. Jede Barentnahme am Automaten verursacht mind. 3% der ausgezahlten Summe an Kosten. Bei Unterschreitung einer Mindestsumme gibt's stattdessen eine fixe Gebühr. Die Rufnummer der Kartengesellschaft zum Sperren der Kreditkarte für den Notfall nicht vergessen!

Zahlungen mit der Karte wird deine heimische Kreditkartenorganisation mehrheitlich nach dem Devisenbriefkurs plus 1–1,5 % abrechnen. Dafür wird erst später abgerechnet, meist einmal monatlich.

Cash Only

Bei einigen Campingplätzen muss man die Übernachtungsgebühren bar in einem Umschlag deponieren und in einen kleinen Kasten am Eingang einwerfen. Auch manche Billigtankstellen und unabhängige Kleinst-Supermärkte akzeptieren nur Bares.

Reservierungen u. Ersatzteile per Karte

Die Vorgehensweise ist in der Regel wie folgt: Du rufst bei einem Geschäft, Hotel etc. an (bei Jugendherbergen am besten zwischen 19 Uhr und 22 Uhr), gibst deinen Namen an und erklärst kurz deinen Wunsch (Reservierung oder benötigtes Ersatzteil). Man wird dich nach der Nummer deiner Kreditkarte und dem „expiration date" (Gültigkeitsdatum/Verfallsdatum) fragen. Wenn der befragte Kreditkarten-Computer diese Daten akzeptiert, ist das Geschäft perfekt und du bist deine Sorgen los.

Notkredit

Wer noch keine Kreditkarte bekommen kann, kann sich vielleicht an Eltern oder gute Freunde um Hilfe für Notfälle wenden. Was man braucht ist Name, Nummer und Verfallsdatum. Nicht im Falle eines Krankenhausaufenthaltes, aber wenigstens bei Reservierungen und dringender Ersatzteilbeschaffung kann man sich so helfen. Vergesst aber nicht, bei der Bestellung von Ersatzteilen euren eigenen Namen unter c/o (care of) auch anzugeben. Sonst händigt man euch das gute Stück nicht aus.

Reiseschecks

Wer keine Kreditkarte bekommen kann oder will, erwirbt am besten für den Großteil seiner Barschaft Reiseschecks. Sie sollten von vornherein auf US- bzw. CAN-Dollar ausgestellt werden. Vor Ort braucht man sie so nicht erst einzuwechseln, sondern kann sie überall wie Bargeld benutzen. Kleinere Beträge wie 20 $ oder 50 $ werden lieber gewechselt als große (100 $). Auch hier wird des öfteren eine ID, also ein Ausweis verlangt.

Bargeld

Bargeld macht mich immer kribbelig, weil ich ständig auf der Hut sein muss, es nicht zu verlieren oder zu verlegen. „Cash" ist nicht versichert wie Reiseschecks oder Kreditkarte. Das Risiko ist also höher. Nie mehr als unbedingt nötig, sagten wir uns daher. Noten in kleineren Beträgen sind grundsätzlich praktischer als große Scheine. Wir stießen aber nie auf die oft erwähnten Schwierigkeiten, die angeblich einigen Reisenden widerfuhren, die versuchten 100-$-Noten zu wechseln.

Die amerikanischen Geldscheine sind zu Beginn gewöhnungsbedürftig und es passiert schnell, dass man den falschen Schein über den Tisch schiebt. Sie haben alle exakt die gleiche Größe, sind vorne grau, hinten grün und es kommt schnell zu Verwechselungen und auch mutwilligen Täuschungen. Also aufpassen und einmal mehr hingucken! Es gibt Noten zu 100, 50, 20, 10, 5 und 1 Dollar. Wenn man sich über Preise unterhält, ist übrigens meist nicht von Dollar die Rede, sondern von „bucks". Auch die Münzen haben besondere Namen: „quarter" = 25 Cent; „dime" = 10 Cent; „nickel" = 5 Cent, wobei der Quarter zur Verwendung in sämtlichen Automaten in z.B. Telefonzellen oder Waschsalons die beliebteste ist.

Tip   Eine ausgewogene Mischung zwischen Bargeld, Reiseschecks und Einsatz der Kreditkarte ist immer noch die beste Lösung. Übrigens: im Internet-Zeitalter kann man auch von unterwegs von jedem PC aus sein Konto verwalten – Voraussetzung ist ein Online-Konto bei einer Direkt-Bank (oder Homebanking). PIN- und TAN-Nummern nicht vergessen und Sicherheitsaspekte beachten!

Geld /
Scheckauf-
bewahrung   Am besten verteilt am Körper, in den Packtaschen und im Fahrrad (Notgeld z.B. im Sattelstütz- und im Lenkerrohr oder unter dem Doppelboden der – wasserdichten – Packtaschen). Brustbeutel sind verbreitet, stören jedoch beim Radeln. Besser ist evtl. ein Schulterhalfterbeutel, ein Hüftgurt, ein Geldgürtel oder eine Hosen-Innentasche. Ausstatter-Läden bieten viele Versionen an, z.B. den großzügigen *Document Organizer* von Eagle Creek und die *Stand By Gürteltasche* von VAUDE, die sowohl am Gürtel als auch durch einen Nackengurt am Körper getragen werden können. Beim Kauf auf das Material des Beutels achten, es sollte hautfreundlich sein (Baumwolle). Aber macht euch keine falschen Hoffnungen: Alle diese Verstecke sind sehr wohl bekannt. Geld und Dokumente lassen sich auch gut in den durchsichtigen, weichen Ortlieb-Dokumentenbeuteln/Kartentaschen aufbewahren. Gibt es in verschieden Größen, absolut wasserdicht und scheuerfest.

Krankenversicherung – ein Muss!

Dass Arztkosten in den USA schwindelerregende Höhen erreicht haben, hat sich längst herumgesprochen. Aber weißt du auch, dass kein Arzt und kein Krankenhaus verpflichtet ist zu behandeln, wenn du nicht bezahlen kannst? Ins Krankenhaus zu müssen ist schlimm genug. Sich dann auch noch um Versicherungsfragen kümmern zu müssen oder gar abgewiesen zu werden ist Horror!

Eine Reise nach Nordamerika sollte deshalb nie ohne umfassenden Krankenversicherungsschutz angetreten werden. Den besitzen automatisch nur unbegrenzt Privatversicherte, deren Kassen weltweite Kostendeckung gewähren. Die gesetzlichen Krankenkassen übernehmen in Canada oder den USA anfallende Behandlungskosten nicht einmal teilweise. Aber selbst, wer privat krankenversichert ist und glaubt, keine Auslandszusatzversicherung zu benötigen, sollte den Geltungsbereich seines Vertrages genau prüfen, um Überraschungen zu vermeiden.

Auslands-Krankenversicherungen kann man im Reisebüro beim Tik-ketkauf abschließen oder man lässt sich von Versicherungsgesellschaf-ten im Vorfeld der Reiseplanung entsprechende Unterlagen zusenden. Wichtig ist, dass man einen Vollschutz ohne Begrenzung abschließt. Auch der Rücktransport nach Hause im Falle einer ernsten Erkrankung sollte gesichert sein.

Die Kosten sind immer abhängig von der Reisedauer. Manche Versi-cherungen differenzieren bei der Prämienfestsetzung auch nach den be-reisten Ländern oder gar zwischen Männern und Frauen. Bis zu zwei Monaten ist eine solche Versicherung sehr preiswert, bei mehr als vier Monaten wird es teuer. Wie in allen Bereichen ist auch hier ein Kosten-vergleich angezeigt. Für eine aktuelle Übersicht aller Anbieter solltest du auf die Homepage des Verbandes der privaten Krankenversicherung e. V. (www.pkv.de) gehen, dort sind alle Mitglieder mit Anschrift, Tel./Fax-Nummer und Leistungsspektrum aufgeführt. Dann die Versicherungen anrufen oder anfaxen und aktuelle Unterlagen anfordern.

Wenn du keine Kreditkarte für das Vorstrecken der Krankenhaus- oder Arztkosten besitzt, ist es ratsam, eine schriftliche Bestätigung zu haben, dass die Kasse im Falle eines Krankenhausaufenthaltes die Deckung der Kosten übernimmt. Für die spätere Erstattung in der Heimat sind im Ori-ginal eine Kostenquittung und ein detaillierter Krankheits-/Behandlungs-bericht (Namen, Arzt, Krankenhaus, Diagnose, Ort, Datum, Behandlung etc.) notwendig. Je vollständiger die Unterlagen, desto besser.

Gesundheitsvorsorge: Spezielle Impfungen für die USA und Canada sind nicht erforderlich. Ein Tetanusschutz sollte jedoch grundsätzlich vorhanden sein.

Mit dem Rad im Flieger – Nordamerika-Flüge

Preiswerte Flüge in die USA kann man das ganze Jahr über bekommen. Es lohnt sich, die entsprechenden Anzeigen in örtlichen und auch über-regionalen Tageszeitungen miteinander zu vergleichen. Viele der auf Flug-tickets spezialisierten Reisebüros unterbieten sich nahezu gegenseitig. Das Internet mit ein paar Suchbegriffen wie etwa „Flug USA" gefüttert bietet euch ein abendfüllendes Programm. Probiert auch www.reise-prei-se.de, www.fliegen-sparen.de und www.billiger-reisen.de. Beim Ticket-kauf im Internet sollte geprüft werden, ob für Rückfragen eine Telefon-nummer angegeben, eine Rechnung ausgestellt und wie bezahlt wird.

Kauf des Tickets **Wichtig!** Neben dem Preis fürs Ticket gleich von vornherein erkundigen, welche Vorschriften für das Gepäck bestehen. Je nach Fluggesellschaft kommen dabei nämlich eventuell Extrakosten dazu, die eure Preiskalku-lation ganz schön durcheinanderbringen können (siehe auch Abschnitt Gepäck).

Bei den besonders günstigen Tickets handelt es sich in der Regel um Charterflüge, die an bestimmte Flugtermine und Airports gebunden sind. Häufigste US-Ziele sind Los Angeles, San Francisco, Chicago, New York und die Airports in Florida. Viele Billigflüge starten aus europäi-schen Nachbarländern aus. Luxemburg, Brüssel und Amsterdam – wer in der Nähe wohnt, für den ist der Flughafen dort manchmal leichter zu er-reichen als ein deutscher Terminal. Oft sind Zubringerflüge von Deutsch-land aus sogar im Preis enthalten und der einzige Mehraufwand für das billigere Ticket besteht im Umsteigen bzw. in eventuellen Wartezeiten. Erkundigt euch bei Zubringerflügen, ob auch für den Flug innerhalb Europas für euch die Transatlantik-Gepäckbedingungen gelten! Insbesondere die Sache mit dem Fahrrad klären und den Transport schriftlich auf dem Flugticket vermerken lassen.

Billigflüge bedeuten oft häufiges Umsteigen. Grad mit Rad im Gepäck kann das Probleme bringen. In US-Großstädten gibt es meist mehrere Flughäfen. Eventuell startet dein Anschluss-Flugzeug nicht vom internationalen, sondern vom nationalen Airport, zu dem Passagiere und Koffer per Bus gebracht werden. Sperriges Gepäck nehmen die Busse aber nicht mit. Du musst dann unter Zeitdruck eine alternative Transportmöglichkeit für dich und dein Rad organisieren. Der manchmal nur knappe Preisaufschlag für einen Direktflug kann dir diesen Ärger ersparen. Jedoch bedeutet Direktflug widerum nur, dass das Ziel ohne Umsteigen, aber unter Umständen mit zeitraubenden Zwischenlandungen angeflogen wird. Lediglich Nonstop-Flüge garantieren den Transport ohne Flugunterbrechung.

Wenn Start und Zielpunkt der geplanten Route weit auseinanderliegen, kauft ihr am besten von vornherein einen Gabelflug mit unterschiedlichen Start- und Zielstädten (z.B. Anflug: Seattle, Rückflug: Los Angeles), sonst müsst ihr vor Ort ein Zubringerticket erwerben.

Last-Minute Flüge sind nur etwas für abgebrühte Traveller mit guten Nerven und viel Spielraum, was die Zeitplanung angeht. Startklar sein und cool warten, bis ein preiswertes Ticket zum gewünschten Flugziel angeboten wird oder aus den Angeboten einen Flughafen auswählen und erst im Anschluss die gewünschte Reiseroute festlegen – das ist zwar billig, aber nicht jedermanns Sache.

Fahrräder als Fluggepäck

War die Mitnahme eines Rades im Flugzeug früher eine recht umständliche und frustrierende Prozedur, so sind die Airlines internationale Bike-Traveller inzwischen gewöhnt.

Unterschiede je nach Flug und Airline: Am besten das Fahrrad im Rahmen des normalen Reise-Freigepäcks einchecken, wobei das kg-Limit in der Regel auf Transatlantikflügen in die USA/Canada zwei Gepäckstücke mit je 32 kg beträgt. Meistens wird das Rad aber als übergroßes, sperriges Gepäck deklariert (weil Länge + Höhe + Breite über dem Limit von 158 cm liegt) und somit sind Pauschalen zwischen 30 und 50 Euro einmalig für Hin- und Rückflug zusammen fällig. Vorteil: du kannst dann noch 2 x 32 kg plus Handgepäck mitführen!

Manche Fluggesellschaften erlauben nur 20 kg Freigepäck und zählen das Rad bereits als eines der Gepäckstücke. Das reicht natürlich hinten und vorne nicht. Eventuell hilft „poolen". Dazu müsstest du dich mit anderen Passagieren zusammentun, die nur wenig Gepäck haben. Was sie weniger auf die Waage bringen, gilt als Spielraum für dich.

Für Fahrräder besteht fast immer Voranmeldepflicht. Unbedingt die Kosten vergleichen – nicht dass das Billig-Ticket mit einem Fahrrad teurer kommt als der Flug mit einem Linienflug, wo das Rad evtl. kostenlos befördert worden wäre!

Abzuraten ist, sein Rad als *unbegleitetes Fluggepäck* (unaccompanied baggage) aufzugeben, dieses Gepäck wird nach Kilogramm und Entfernung abgerechnet. Es ist zwar günstiger als bezahltes Übergepäck oder Luftfracht, doch es wird selten auf dem gebuchten Flug befördert, es muss fast immer ein oder zwei Tage vorher aufgegeben werden.

Transport-
verpackun-
gen

Soll man das Rad verpackt aufgeben? Bezüglich der Verpackung bzw. dem Auseinanderbauen des Rades gibt es bei den Airlines keine generellen Vorschriften, jede handhabt es anders. Viele (europäischen) Airlines verlangen, besonders bei Nordamerika-Flügen, dass das Rad verpackt aufgegeben wird (sonst wäre es nicht versichert, sagen sie, was keinen Sinn macht). Dazu stellen sie Kartons bereit (bei manchen gibt es sogar spezielle feste Fahrradboxen oder eine Plastikabdeckung), die je nach Linie eine Gebühr oder auch nichts kosten. Beim örtlichen Radhändler kann man sich eine stabile Fahrrad-Box oder einen Radversandkarton besorgen und auf die erforderlichen Maße zuschneiden (für Tourenräder mit Gepäckträger braucht ihr meist zwei Kartons). Hohlräume mit sperrigen Ausrüstungsgegenständen (bevorzugt Zelt und Schlafsack) ausfüttern.

Spezielle Radverpackungstaschen und Radkoffer gibt es in verschiedenen Ausführungen in Radgeschäften und im Rad-Versandhandel, sind aber meist auf die knapperen Maße eines Rennrades oder Mountainbikes abgestimmt. Dann müsst ihr viele Teile wie Schutzbleche und Gepäckträger zusätzlich demontieren. Und was macht man mit dem (teuren) Radkoffer am Ankunftsort? Mit einer Do-it-yourself-Lösung fährt man wesentlich billiger, muss aber beim Rückflug je nachdem einen neuen Karton organisieren.

Bei einem Abflug von Deutschland bzw. Mitteleuropa wird meist verlangt, den Sattel und die Pedale abzunehmen und den Lenker um 90 Grad zu verdrehen. Pedale nie nach innen anschrauben, beim Rückwärtsschieben beschädigen sie unweigerlich die Rahmenrohre! Die Kette muss gereinigt oder abgedeckt sein, scharfe Kanten sind zu entschärfen. Manche Airlines wollen auch, dass das Vorderrad ausgebaut und im Rahmendreieck befestigt wird. Dann sollte man allerdings die Gabel mit einem Holzklotz oder einer speziellen Transportsicherung vor Beschädigungen schützen. Und alle Airlines verlangen, die Luft aus den Reifen zu lassen, aus „Sicherheitsgründen", obwohl moderne Fahrradreifen sehr wohl den Unterdruck in der Frachtkabine aushalten würden. Senkt den Luftdruck nur teilweise ab, das schützt die Felgen vor der ruppigen Behandlung bei der Be-/Entladung.

Beim Einchecken Werkzeuge zum Auseinandernehmen und Packband bereithalten. Am Abflugtag mit dem Rad frühzeitig am Schalter sein! Es kann manchmal auch vorkommen, dass verlangt wird, dass man das Rad einen Tag oder Flug vorher aufzugeben hat.

Wie gesagt: Alles vorher mit der Fluglinie bzw. dem Reisebüro abklären und sich alles möglichst schriftlich bestätigen bzw. im Buchungscomputer vermerken lassen, damit es beim Einchecken nicht zu Meinungsverschiedenheiten mit dem Personal kommt.

Fahrrad ver-
packen

Grundsatz: Das Fahrrad sollte trotz Verpackung noch als solches zu erkennen sein, sonst wird es evtl. weniger vorsichtig behandelt als ein unverpacktes Fahrrad. Wenn nötig, kann man den Lack bzw. Rahmenrohre unverpackter Räder gut mit Heizungs-Isolierschläuchen aus Schaumstoff schützen (Armaflex, mit „Reißverschluss", erhältlich in Baumärkten oder beim Installateur), günstiger ist Luftpolsterfolie und eine Rolle Paketklebeband.

Schalthebel und Schaltwerk würde ich zusätzlich durch einen starken Karton schützen, Zerbrechliches abmontieren (Radcomputer, Rückspiegel). Die Packtaschen und das restliche Gepäck in großen, billigen Nylontaschen verpacken oder zusammenschnüren. Manche Airlines halten auch Behälter für viele Einzelgepäckstücke bereit, danach fragen. Namensaufkleber am Rad und Angabe des Zielflughafens nicht vergessen! Achtung, Diebstahlsgefahr bei leicht zu öffnenden Packtaschen!

Fahrrad in Karton-Box packen

Vorderrad herausnehmen und unter das Rahmen-Dreieck legen, drauf achten, dass die Speichen nicht verdrückt werden. Die Gabel nach hinten drehen. Alle hervorstehenden Teile abmontieren und mit Klebeband am Rahmen sichern. Wellpappe zwischen scheuergefährdete Stellen schieben. Vor Entfernen des Sattels Sitzhöhe markieren. Luft nur wenig herauslassen. Zum Schluss Ersatzteile, Wasserflaschen, Schuhe, die leeren Packtaschen, Schlafsack, Zelt etc. in die freien Zwischenräume stecken. Je enger das Rad im Karton verpackt wird, desto sicherer wird es transportiert. Auf belastbare Tragelöcher des Kartons achten oder einen Tragegriff anbringen, den Karton mit „Fragile - handle with care" beschriften.

Doch wie bereits gesagt – der Aufwand des vollständigen Verpackens wird nur in den seltensten Fällen notwendig sein oder verlangt werden.

Luft aus den Reifen lassen? Das hängt davon ab, ob der Gepäckraum eines Flugzeugs unter Druckausgleich steht oder nicht (beruhigend zu wissen: selbst vollaufgepumpte Reifen würden ihren erhöhten Eigendruck in einer Gepäckkabine auch ohne Druckausgleich gut aushalten). Es ist also nicht nötig, Luft aus den Reifen zu lassen, höchstens ein wenig, doch keinesfalls ganz.

Sonderschalter

Räder gelten als Sperrgut. Sie werden nicht über die regulären Transportbänder abgefertigt. Jeder Flughafen hat einen Sonderschalter, meist lediglich eine spezielle Tür zum Gepäckabfertigungsraum, durch die das Rad bei Reiseantritt abgegeben wird. Beim Check-in wird man dir sagen, wo's langgeht. Am Zielflughafen befindet sich der entsprechende Platz normalerweise in der Nähe der Koffer-Förderbänder und hat einen Hinweis wie „Oversized Baggage".

Allgemeine Gepäckinfo für die Ausreise aus den USA

Seit Januar 2003 gibt es in den USA ein neues Gesetz, welches erlaubt, dass alle aufgegebenen Gepäckstücke bei der Ausreise geöffnet und gegebenenfalls durchsucht werden. Der Passagier ist dabei nicht anwesend. Erst bei eurer Ankunft in Deutschland werdet ihr ein Avis über die erfolgte Gepäckdurchsuchung vorfinden. Die Gepäckstücke, die von der TSA (**T**ravel **S**ecurity **A**dministration) nicht geöffnet werden können, werden aufgebrochen!

Die TSA übernimmt keine Haftung für den dabei entstandenen Schaden oder den Verlust von Eigentum. Deshalb: Gepäckstücke nicht verschließen und keine Wertsachen im auszugebenden Gepäck deponieren, da auch Versicherungen nicht für eventuelle Schäden aufkommen.

KAP. 3:

MIT SACK UND PACK –
Die Ausrüstung

Es gibt Tourenradler, die lehnen alles Technikgeplänkel ab und reisen mit einer wahren Antiquitätenshow schon seit Jahren durch die Lande. Andere verbringen Monate mit der Auswahl und Zusammenstellung des optimalen Materials, für sie das A und O. Eines steht fest: Nicht nur du, auch dein Material muss eine Menge aushalten. Wer für ein paar Wochen radelt, ist nie so abhängig und anfällig wie der, der viele Monate auf der Straße sein wird. Und wer gar an Jahre denkt, der kann davon ausgehen, dass er selbst beim edelsten Material Schwachstellen entdecken wird.

Materialschäden sind halb so schlimm, wichtig ist, dass man die Ausrüstung möglichst leicht reparieren kann, wenn etwas nicht mehr funktionieren will. Unter diesem Aspekt gilt ein Grundsatz für so ziemlich alle Kaufentscheidungen: Je weniger Schnick-Schnack, desto weniger Ärger. Material und Verarbeitung sollten gut sein, Konzept und Design durchdacht und funktionell. Nachfolgend einige Tips für die USA-Bikereise.

Kaufrausch, aber wo – zu Hause oder vor Ort?

Pro und Contra

Bikes, Radzubehör und Neuentwicklungen Made in USA füllen bei uns meterlang die Regale vieler Ausrüstungs- und Fahrradläden, doch fast immer zu schwindelerregenden Preisen. „Alles viel billiger drüben!" behaupten diejenigen, die drüben tourten oder einkauften, und was läge da näher, als die gesamte Ausrüstung vor Ort zu kaufen? Sparen ist gut, aber man muss auch andere Dinge bedenken.

Du landest in L.A. und weißt genau was du willst: *nur dieses bestimmte Rad,* und *nur jene High-End* Komponenten, das Zelt und den Super-Schlafsack. Gleich nach der Ankunft schnappst du dir die Gelben Seiten, einen Stadtplan und greifst zum Telefon im Motel. Du rufst zig Läden an, und sechs haben das, was du dir wünschst. Nichts wie hin. Aber wie? Die Shops liegen irgendwo an Shopping Plazas über die City und Trabantenstädte verteilt, und öffentlicher Nahverkehr in LA ist schlapp. Leute kennst du keine, also Leihwagen. Das Geld dafür und fürs Telefon ist schon mal weg. Mindestens ein Tag wird eh vergehen, bevor das Rad reisefertig und abholbereit ist. Und dann – die Rechnung! Sie ist viel höher, als du ausgerechnet hattest. Diese dummen Taxes! Du hattest glatt vergessen, dass es bis zu 12% Aufschlag durch Verkaufssteuern gibt.

Weiter zum Ausrüstungsladen. Die haben, was du brauchst, wenn auch nicht genau die Marken, die du willst. Egal. Du packst den Kram ins Auto, fährst zum Motel. Immerhin. Du hast Geld gespart, ein tolles Rad und eine gute Ausrüstung zu einem noch immer günstigen Preis. Auf geht's!

Nach ein paar Tagen merkst du, dass der Sattelschnellverschluss sich dauernd löst, das linke Pedal verdächtig knarrt und der Kocher gefährlich leckt. Ärgerlich! Reklamieren!? Vergiss es! Wer opfert solchen Kleinigkeiten schon seine Radreise und kehrt nach L.A. zurück?

Ehrlich, ich bin kein Pessimist, aber des öfteren reingefallen. Es ist vielleicht etwas preiswerter, aber u.U. auch ganz schön stressig, seine Ausrüstung erst vor Ort zu kaufen. Ob du dir das antun willst, musst du selbst entscheiden.

Test vor der Reise Mir persönlich ist noch etwas besonders wichtig: Ich will mein Material kennenlernen, bevor ich damit auf Reisen gehe. Für große Basteleien unterwegs bin ich zu ungeduldig. Deshalb habe ich das ganze Rad zu Hause in seine Einzelteile zerlegt, gereinigt, gefettet und erneut montiert. Und das war eine gute Idee, denn die Späne, die ich in Tret- und Steuerlagern fand, hätten unterwegs garantiert rasch Schaden angerichtet. Das Fett war auch eher willkürlich verteilt. Dann bin ich täglich ein bisschen gefahren. Nicht aus Trainingsgründen, sondern um mich an das neue Rad zu gewöhnen. Die Sattelposition stimmte nicht und die Züge verstellten sich dauernd. Kleinigkeiten, aber ich war froh, dass ich mich damit unterwegs nicht mehr befassen musste. In den ersten Tagen stürmt eh mehr Neues auf mich ein, als ich verdauen kann.

Das ist meine Meinung. Du siehst das vielleicht anders und außerdem sind Wartungs- und Reparaturarbeiten deine „Leidenschaft"? Einen Gefallen solltest du dir beim Kauf eines Bikes vor Ort aber auf jeden Fall tun: Nimm einen „eingerittenen" Sattel von zu Hause mit!

Günstiger Start für Shopper Wenn du wirklich erst vor Ort einkaufen willst, so wähle eine geeignete Ankunftsstadt aus. Los Angeles z.B. oder Houston sind absolut ungeeignet. In Vancouver, Seattle, New York und San Francisco hingegen hast du ein leichteres Spiel. Der öffentliche Nahverkehr ist gut ausgebaut, entsprechende Ausrüstungsläden sind vorhanden und außerdem leicht zu erreichen. Kläre schon von zu Hause aus via Internet (www.yellow.com), welche Shops in deiner Ankunftsstadt welches Sortiment anbieten. Ggf. direkt anrufen.

Empfehlenswerte Läden *Recreational Equipment Inc.* **(REI)** hat über 50 Läden in allen Großstädten der USA, auch viele an der Westküste. Katalog und Adressen von REI, Sumner, WA 98352-0001, www.rei.com. Viele der Läden haben auch einen Bicycle-Express-Versand, wichtig zu wissen bei schnell benötigten Ersatzteilen! Kreditkarte erforderlich!

In **Canada** ist Vancouver als Shopping-Start zu empfehlen. Beste Adresse für den Kauf von Ausrüstung in Vancouver ist der Laden der „Mountain Equipment Coop", 130 West Broadway (zwischen Manitoba St. und Columbia St.), Tel (604) 872-7858, www.mec.ca.

Outdoor Equipment Die Zahl der Leute, die in den USA First Class Outdoor Equipment kaufen und verwenden, ist vergleichsweise gering. Viele stiefeln durchs wildeste Hinterland mit viel Enthusiasmus und völlig antikem Material. Bewohner der alten Welt sind für Perfektionismus in diesem Bereich offensichtlich anfälliger. Wer einen bestimmten Artikel sucht wird daher unter Umständen enttäuscht sein, weil es schwerer ist, ihn in den USA selbst zu bekommen als in Europa. Die Preisunterschiede sind im allgemeinen nicht so extrem, dass man sich auf zuviel Aufwand einlassen sollte. Leichtgewichtskocher, Thermarest-Liegematten und Zelte sind billiger. Aber gerade auf dem Sektor Zelte liegt der Standard dessen, was im allgemeinen in den Läden erhältlich ist, weit hinter europäischen Maßstäben zurück. Fahrradpacktaschen und Radfahrkleidung kauft man besser und in der Regel auch günstiger daheim. Die Auswahl in Europa ist größer.

Bike-Export – Import Einige „Traumbikes" sind jenseits des großen Teiches spottbillig im Vergleich zu dem unverschämten Preis, der bei uns dafür verlangt wird. Das Herz aller Ausrüstungsfetischisten schlägt da natürlich höher. Beim nächsten Mal fliegen sie mit einem alten Dreigangrad im Gepäck über den großen Teich, damit ein Fahrrad in den Flugpapieren vermerkt ist. Vor Ort verschenken sie das alte Schätzchen und widmen sich der neuen Liebe aus Alu oder Chrommolybdän. Das neue Rad muss natürlich ein wenig strapaziert werden, damit es gebraucht aussieht. Die Rahmennummer wird unkenntlich gemacht. Was bleibt ist die Hoffnung, dass man beim Zoll daheim damit durchkommt, was allmählich immer schwieriger wird. Ggf. will man einen Kaufbeleg aus der Heimat sehen, dann kommst du natürlich in Erklärungsnot.

Brauch ich? – Brauch ich nicht!

Vorbemerkung
Heutzutage ist die Typenvielfalt und das Angebot von Rädern, Komponenten und Radzubehör eigentlich unüberschaubar, und für einen Neuling ist es sehr schwierig, den richtigen Weg durch den Velo-Dschungel zu finden. Die Straßenverhältnisse in den USA sind eigentlich so, dass man mit jedem reisetauglichen Rad eine längere Tour antreten kann. Für welches Rad man sich am Ende entscheidet, hängt von individuellen Vorlieben ab. In diesem Kapitel finden sich nun keine langatmigen Rad- und Zubehör-Tests und auch keine theoretische Abhandlungen, sondern praktische, selbst-„erfahrene Erfahrungen" von Tour-Experten. Folgender aktualisierter Beitrag stammt vom Langzeitradler F.-J. Ahl.

Welches Rad?
Heinz Helfgen ist 1951 mit einem Dreigang-Rad zweieinhalb Jahre lang um die Erde gefahren, weil er der Zuverlässigkeit der Kettenschaltungen von damals nicht traute. Kettenschaltungen der oberen Preisklassen sind heute zuverlässiger als das damalige Material, haben jedoch noch nicht das Optimum an Zuverlässigkeit erreicht. Wer aber einmal mit vierundzwanzig oder mehr Gängen auf Tour war, nimmt lieber mehr Ersatzteile mit und schont seine Knie, die schwerer instand zu setzen sind.

Rad und Rahmen
Rahmenmaterial: Heute meist aus Aluminium unterschiedlicher Legierungen. Bedenken sollte man, dass Alu-Rohre mit großem Durchmesser und dünner Wandstärke sehr empfindlich sind und beispielsweise beim Transport im Flugzeug oder auf dem Lkw eindellen können. Gestandene Toureros empfehlen meist Stahlrahmen, da man sie im Falle eines Bruches besser schweißen kann ... das war vielleicht früher der Fall, aber moderne Stahlrohre sind aus Gewichtsgründen so dünn gezogen, dass sie ein nicht sehr versierter Schweißer beim ersten Versuch durchbrennt! Oder der Stahl wird an der neuen Schweißnaht wegen zu hoher Temperatur dann so spröde, dass er bald wieder brechen wird. Gute Alurahmen sind unbeladen knüppelhart, Pistenfahrten ohne Gepäck werden zur Tortur. Erst mit weiterer Beladung entwickeln sie das von vielen Fernradlern als angenehm empfundene „weiche" Fahrverhalten, ohne deshalb gleich zum „Flattern" zu neigen. Bei Stahlrahmen hochwertigen „CrMo"-Stahl vorziehen, evtl. konifiziert, d.h. mit dickeren Wandstärken an den Rohrenden (wo die höchsten Belastungen auftreten), für Extrem-Belastungen auch in „oversized" erhältlich. Auf saubere Verarbeitung (Schweißnähte, „Raupenform") achten! Geschliffene und verspachtelte Schweißnähte sehen ästhetisch aus, können aber auch mangelhafte Arbeit kaschieren. Der Hinterbau des Rahmens und die Gabel müssen ausreichend Platz für breitere Reifen haben.

Entscheidend ist die Rahmengröße, die von den eigenen Körpermaßen abhängig ist. Gemessen wird die Innenbeinlänge (ohne Schuhe und Hose) und mit 0,65 multipliziert. Dieses Maß ist der wichtigste Anhaltspunkt für die Rahmenhöhe (Abstand von Mitte Tretlager bis Oberkante Sitzrohr – das gilt aber nur bei waagrechtem Oberrohr!). Im Zweifelsfall einen etwas niedrigeren Rahmen wählen und mit dem ja verstellbaren Sattelrohr auf das Ideal-Maß bringen. Gute Fahrradläden haben zum Messen auch ein Positionsmessgerät, denn für einen wirklich passgenauen Rahmen spielen weitere Faktoren eine Rolle: das Verhältnis Oberkörper zur Beinlänge, die Länge der Arme, die Schulterbreite, die bevorzugte Sitzposition. Ein solchermaßen angepasster Rahmen fühlt sich an wie aus einem Guss, die Vorbaulänge, Lenkerhöhe und -breite, die Rahmenlänge und -höhe stimmen dann. Gute Rad- bzw. Rahmenhersteller bieten Rahmen zumindest in Abstufungen von zwei Zentimetern an.

Ein einfachere Methode zum Ermitteln der Rahmenhöhe: Wenn man im Rahmen steht, sollten zwischen Schritt und Oberrohr mindestens 2 bis 3 Zentimeter Luft bleiben. Bei MTBs etwa 4 bis 8 Zentimeter (nur bei waagrechtem Oberrohr!).

Das Mountain-Bike

Das MTB ist das Moderad schlechthin. Die MTB-Welle hat für einen Technik- und Qualitätsschub gesorgt, der nur zu begrüßen ist. Man bekommt gute Bremsen, stabile Rahmen und Felgen, gedichtete Lager und umfangreiche Schaltungen, sobald man einen gewissen Mindestbetrag investiert. Wobei diese Schaltungen nicht nur Vorteile haben: Wegen des umfangreichen Ritzelpakets hinten stehen die kettenseitigen Speichen steiler, brauchen mehr Spannung und sind somit bruchgefährdeter. Außerdem erschwert die mangelnde Modellkonstanz der Japaner die Ersatzteilversorgung. Wenn man einen neuen Schalthebel für seinen 8fach-Schaltkranz braucht, kann es passieren, dass es nur noch 9fach-Schalter gibt, man muss also Ritzelpaket und Kette umrüsten und kaufen, kaufen, kaufen ...

Die neuesten Sperenzien, wie vollgefederte Räder („Fullies"), elektronische Schaltungen und was ihnen noch so einfallen mag, bringen vor allem mehr Gewicht und Anfälligkeit, für Radreisende jedoch keine erkennbaren Vorteile. Insbesondere die schicken, ultraharten Rahmen rütteln einen schon auf schlechtem Asphalt ordentlich durch, während Reiseradler, die sowieso kaum im Stehen fahren dürften oder es nicht auf Spurts anlegen, diese Steifigkeit nicht brauchen, da sie in der richtigen Untersetzung mit rundem Tritt im Sitzen fahren. Zudem nehmen die Speichen bei beladenem Bike das Radeln im Stehen übel: sie brechen an der Kassettenseite gerne weg.

MTB-Stabilität hat ihren Preis – nämlich **zehn Prozent mehr Energieaufwand** für dieselben Fahrleistungen gegenüber den anderen aufgeführten Radtypen! Einige schwören auf das MTB, andere lehnen es als Reiserad radikal ab. Man kann es aber mit ein paar Tricks reisetauglich machen:

Die **Lenker** bei MTBs sind meist zu breit. Griffbreite = Schulterbreite kann man mit einer Eisensäge erreichen. Leicht nach hinten gebogene Griff-Enden sind vorzuziehen, da man bei geraden Enden die Arme zu stark verdreht und sich somit verspannt. Anstatt der modischen, aber durchaus sinnvollen „Hörner", montiert man besser einen gleichartig geformten Lenker aus einem Stück (leichter und billiger), mit leicht nach innen gebogenen Enden. Man muss aber die ganze Sitzposition (Vorbau) an die seitliche Griffhaltung anpassen, sonst wird es *nicht* gemütlicher.

Der Lenker muss nicht immer gerade stehen. Meiner ist ein paar Millimeter nach links gedreht. Seit das so ist, habe ich keine Schulterschmerzen mehr. Bei Rechtshändern greift (normalerweise) der linke Arm etwas kürzer (bei Linkshändern natürlich umgekehrt.) Mir ist das nach 27 Lebensjahren auch erst am Rad aufgefallen. Ähnliches gilt für den Sattel. Dass mein linkes Bein etwas kürzer ist, sehe ich am einseitig eingefahrenen Ledersattel.

Ein **Sattel** aus dickem Kernleder, ob gefedert oder nicht, ist nach der Einfahrzeit immer noch am komfortabelsten. Die meisten Vielfahrer schwören auf „eingerittene" Kernledersättel (ohne Federung, da sonst Kraft verloren geht). Robuster sind sie bei entsprechender Pflege auch. Was bei einem Ledersattel nur ein Kratzer ist, ist bei anderen Sätteln ein Riss, der das Innenleben offenlegt. Wer seinen Sattel vor der Tour noch ca. 1000 km lang einfahren kann (und das sollte man immer), sollte einen Ledersattel nehmen, wer nicht, einen guten Gelsattel, der möglichst noch nach orthopädischen Kriterien ausgeformt sein sollte.

Die Sitzstellung kann man bei MTBs gut einstellen, wenn ein passender Vorbau und eine Sattelstütze eingebaut sind. Vielleicht hast du einen Händler, der dir das Rad auf deine Maße einstellt. Ein guter Händler macht das schon beim Kauf im Austausch. Die Nachrüstung wird sonst teuer.

Je aufrechter man sitzt, desto besser sollte der Sattel federn, und je weiter man sich nach vorne neigt, desto dämpfender sollten die Griffpolster sein. An den Griffenden sollte man keine „Form-Loch-Noppengriffe" benutzen. Dicke, mittelharte Moosgummigriffe (z.B. Grab-On) polstern am besten und geben den besten Halt.

Das Trekking-Rad

Ist das Fernweh-Bike schlechthin. Ein Zwitter zwischen Sport- bzw. Straßenrad und Mountain-Bike, wobei Trekking-Räder eigentlich nur für die High-Tech-Ausführung des früheren Sportrades sind. Bis auf die Laufräder gilt dasselbe wie für die MTB-Technik. Es ist der Radtyp, auf den viele warteten, denn Trekking steht als Synonym für universelles Radfahren auf Asphalt, Feldwegen, Pisten, mit und ohne viel Gepäck.

Die Schnelligkeit liegt zu einem guten Teil an der 28er Bereifung, die in Nordamerika übrigens als Größenangabe „seven hundred" läuft. Zuweilen sind auch die Bezeichnungen „622" oder „635" für's 28er Laufrad geläufig.

Für harte, lange Touren ist der „Schwalbe Marathon" unschlagbar – pannenfest und langlebig. Pannenfestigkeit bezieht sich nicht nur auf die Lauffläche. Ein Schnitt in die Reifenschulter, und es gibt seitliche Blasen. Durch den stabilen Aufbau ist der „Schwalbe Marathon" schwerer zu montieren, und auch kein ausgesprochener Leichtlaufreifen. Schneller sind die modernen Mäntel wie Continental „TravelContact" oder Panaracer „Tour Guard". Der „Marathon" verträgt maximal fünf bar, bevor er einen Höhenschlag bekommt, weil er einseitig aus der Felge rutscht, die anderen bis zu maximal sieben bar. Dieser Druck- und Reifenunterschied macht ca. eineinhalb Gänge an Geschwindigkeit aus. Der Komfort ist bei den hohen Drücken gering. Ganz schmale Reifen unter 28 mm sind anderen Zwecken vorbehalten. Reifenbreiten für 28er Felgen gibt es bis 47 mm, wobei allzu breite Reifen ein zügiges Vorankommen erschweren. Grenzen setzt meist die Rahmenbreite (nicht vermessen, ausprobieren!). Mit einer Reifenbreite von 32 mm kommt man noch gut über gelegentliche Schotterwege oder andere unbefestigte Strecken.

Prinzipiell gibt es von den vorgenannten Typen auch einige mit Reiserad-Geometrien, d.h. langer Hinterbau, damit der Schwerpunkt der Packtaschen *vor* die Hinterachse kommt (sonst fängt das Rad an zu schlingern), ohne dass die Füße daran stoßen (bei großen Füßen und kurzem Hinterbau kann es dabei zu Problemen kommen). Ein langer Radstand sorgt für einen sauberen Geradeauslauf. Gepäck vorne unten macht auch aus dem nervösesten Kurvenflitzer eine gemächliche Fuhre.

Reise- und Rennräder

Das Reiserad mit 28er Laufrädern ist das Langstreckenrad schlechthin. Durch den langen Radstand hat es einen satten Geradeauslauf. Wechselnde Griffstellungen am Randonneur-Lenker verhindern Verkrampfungen. Gegen hochgezogene Schultern, abgeknickte Handgelenke und andere Haltungsfehler oder gegen eine nicht korrekte Anpassung hilft aber kein noch so gutes Rad!

Bezüglich der Ausstattung gilt das gleiche wie das bei den anderen Radtypen gesagte, nur sollte man auf ein Dreifach-Kettenblatt achten, da sonst die ganz kurzen Untersetzungen, wie z.B. 24-32, nicht erreicht werden können.

Rennräder wurden vor der MTB-Welle und werden z.T. auch heute noch als Berg- und Reiseräder benutzt, teils mit modifizierten Übersetzungen (bis zu vier Kettenblätter). Sie haben meist wenig Anlötsockel für die Gepäckträgerbefestigungen.

Kaufempfehlungen

Für den Neukauf gilt generell: Qualität gibt es ab 750 Euro. Finger weg von Angeboten aus dem Baumarkt oder Discounter! Mit 1000 Euro für das nackte Rad (ohne Gepäckträger, Licht u.a.) ist man gut dabei. Ab dieser Preisklasse kann man nicht mehr viel verkehrt machen, da sich die Ausstattungs- bzw. Qualitätsstandards innerhalb der einzelnen Preisklassen angeglichen haben. Wenn das eine Rad bessere Bremsen hat, hat das andere den besseren Rahmen, die besseren Felgen o.ä.

Preiswertere Ausstattungen brauchen einfach mehr Pflege, vor allem wegen der schlechteren Abdichtung. Und eines muss das Rad sein, wenn man weit entfernt ist vom Ersatzteilnachschub: zuverlässig, zuverlässig, zuverlässig. Ein unnötiges Sicherheitsrisiko, gerade in entlegenen Gebieten wie z.B. auf dem Alaska Highway im Yukon, darf nicht sein.

Ersatzteile / Wartung

Je schmäler die Kette (d.h. je mehr Gänge), desto eher muss man sie auswechseln. Zudem halten sie auf normalen Straßen ohne Sand und Staub wesentlich länger. Ausgeleierte Ketten verschleißen die Zahnräder stärker, diese dann wiederum die neue Kette usw. Alles zusammen auswechseln kostet bei 24 bis 27 Gängen gut über 150 Euro. Also lieber drei Ketten mitnehmen, wenn's sein muss, und die dann alle 700 bis 800 km auswechseln. Es gibt kleine Kettenverschleißlehren für unterwegs, z.B. die von Wippermann. Öl – und noch stärker Fett – zieht Sand und Staub an und vermengt sich mit diesen zu einer Schmirgelpaste, die den Stahl verschleißt. Aber wenn man gar nicht ölt, schaltet der Antrieb nicht mehr richtig und quietscht, als wäre ein Kanarienvogel in die Kette geraten.

■ *... wie geht die Sache schnell wieder ...?*

Das kann ganz schön nerven auf Strecken ohne allzu viele ablenkende Verkehrsgeräusche ... Am besten jeden Tag reinigen. Da bieten sich diese Reinigungsmaschinen mit Zahnrädern und Bürsten an (z.B. der „Barbieri Chain Cleaner" für unterwegs). Die Kette nur einmal durchziehen, um den Schmutz anzulösen, und dann mit einem Lappen abwischen, sonst wird nicht nur der Dreck gelöst, sondern auch das Fett in den Rollen, was wiederum den Verschleiß beschleunigt. Alles ganz leicht mit speziellem Kettenöl (wenig staubanziehend) ölen, indem man einen Lappen tränkt und die Kette einreibt.

Ersatzspeichen unbedingt vor der Reise ausprobieren! Nicht schätzen, abmessen oder dranhalten, sondern ausprobieren! Ich hatte eineinhalb Jahre die falschen Ersatz-Speichen dabei, die ich schon beim Radkauf vom Händler bekam. Dasselbe gilt für alle Werkzeuge: Ausprobieren, ob's passt, und vor allem damit umgehen lernen. Gute Lichtanlage und Reflektoren mitnehmen. Nachtfahrten habe ich, besonders auf einsamen, öden Straßen, häufig gehabt. Ein Schaltungsschutz hält viel von der hinteren Schaltung ab, wenn ich mir die Schrammen an meinem so anschaue.

Checkliste   Je nach Rad und Reise und Gegend z.B. Kurbelabzieher, Gabelschlüssel dazu, Tretlagerwerkzeug. Konusschlüssel für Radlager, Schlüssel zum Kontern, Kompaktwerkzeug, z.B. von Park-Tools, Minoura, Topeak u.v.a.

Reisetaugliche Ritzelabzieher braucht man, um Speichen auf der Kettenseite, wo sie meistens brechen, zu wechseln. Für Hyperglide den „Hyper-Cracker". Schraubkränze kriegt man mit dem großen Geschirr, mit Ketten und Hebeln auf.

> Kette(n)/Kettenverschleißlehre
> Kettenöl/Kettenreiniger
> Kettennietdrücker/Kettenglieder, für Hyperglide den Spezialniet
> Flickzeug/Reifenheber (drei Stück)
> Speichen (mit Nippeln)
> Speichenschlüssel
> Schläuche
> Ventile
> Bindedraht/Kombizange
> Klebeband
> Einstellanleitungen (falls man es nicht auswendig weiß)
> Putzlappen/Waschpaste
> Taschenmesser
> Bremsgummis
> Schrauben
> Kabelbinder
> Brems- und Schaltzüge, evtl. Schraubnippel
> Birnen/Kabel
> evtl. (Falt-)Mantel, evtl. Ausweichprofil
> Fett

Diese Aufzählung ist eine Gesamtliste. Es ist unsinnig, für alle Reparaturen entsprechende Werkzeuge und Ersatzteile mitschleppen zu wollen. Sprecht mit einem guten Fahrradmechaniker über mögliche Schwachpunkte und Bruchstellen an Rad und Komponenten (gefährdet sind z.B. Schaltungshebel aus Kunststoff). Wer sein Rad selbst zusammenbaut, kann durch die Wahl richtiger Komponenten Werkzeug sparen (es gibt z.B. Steuersätze für gewindelose Gabeln, die sich auch mit einem Inbus-Schlüssel lösen bzw. anziehen lassen). Überwacht „on the road" mit technisch geschulten Augen und Ohren die Radmechanik, so kann mancher drohende Defekt schon vorher erkannt und manche Reparatur vermieden werden. Und improvisieren lässt es sich unterwegs fast immer.

Diverse Tips Metallbremshebel an MTBs reflektieren das Sonnenlicht konzentriert und können die Fingerrücken an einem Tag schon ernsthaft verbrennen (dann ist man aber sowieso mit der falschen Griffhaltung gefahren).

Die Mountainbike-Lähmung ist bei Ärzten ein bekanntes Phänomen: Ein Kribbeln oder ein taubes Gefühl in den Fingern. Da hilft dann nur noch pausieren, bis es vergeht. Bei Langstreckenfahrern, die mit dem Daumen unter ihren Lenker fassen und die keine Handschuhe tragen, werden die Nerven auf der Handinnenfläche gequetscht. Dass mir das noch nicht passiert ist, liegt daran, dass ich (nicht in der Stadt!) eine flache Faust mache und mich auf dem Ballen abstütze. Außerdem trage ich immer Handschuhe, die es anscheinend nur in undezenten Farben gibt. Handschuhe ganz aus Leder leiern so aus, dass sie keinen Halt mehr geben. Ledergriffflächen mit Elastik-Handrücken sind kühler als Handschuhe ganz aus Kunststoff, lassen sich aber nicht so gut waschen und vor allem trocknen. Für das Futter im Schritt bei gepolsterten Radhosen gilt dasselbe wie für die Handschuhe. Nur bräuchte man unterwegs zwei Lederhosen, da diese auch in der Wüste lange zum Trocknen brauchen. Ich habe allerdings mit Kunstledereinsatz seit Jahren keinerlei Beschwerden.

Wer mit Jeans oder ähnlichen Hosen fahren will, weil die Radhosen so „seltsam" aussehen, soll sich dünne Stoffhosen zulegen, da die dicken Jeansnähte stark scheuern und drücken. Untendrunter gehören Radunterhosen mit einem Einsatz ohne Naht oder mit Flachnähten (neuerdings gibt es ausgewachsene Radhosen mit Jeansaufdruck, mit denen man schon fast „angezogen" aussieht ...).

Ich fahre in leichten Nylontrekkingschuhen mit einer relativ steifen Sohle. So habe ich zum Laufen auch gleich ein paar Schuhe. Ein paar Flip-Flops aus Schaumstoff als Dusch- und Hausschuhe nehme ich auch mit.

Packriemen Für die Zusatztasche gefüllt mit frischem Obst, zur Taschensicherung und für vieles andere mehr empfehle ich ein halbes Dutzend (man verliert sie) gewebte **Nylon-Packriemen.** Gummi-Expander geben Erschütterungen immer elastisch nach, d.h., das Gepäck arbeitet sich in Richtung Straße. Außerdem können sie beim Packen übel ins Auge schnalzen. Ich verlor meine Phototasche auf dem hinteren Träger am ersten Tag einer Tour dreimal (mit zwei Expandern), mit einem Packriemen später nie mehr (davon abgesehen kostete die Transportvariante hinten auf dem Träger mehrere verbogene und gebrochene Filter. Man nimmt für den Fotokram besser die Lenkertasche).

Mal was ganz anderes: Mit einem Tandem durch Arizona

**Von
Michael
Giefer**

Es ist schon ein Unterschied, ob du mit zwei Rädern oder gemeinsam mit einem Tandem unterwegs bist. Aber man gewöhnt sich schnell an das Tandemfahren und die gemeinsamen Absprachen und Rücksichtsnahme, ohne die man auf einem Tandem nicht zurecht kommen würde. Der größte Vorteil, besonders für Paare, liegt darin, dass man eng zusammen radelt, sich nicht verlieren kann und sich sogar während der Fahrt recht bequem, jedoch abhängig von Verkehr und Wind, unterhalten kann.

■ *Mit dem
Tandem durch
Arizona*

Wer sich für ein Tandem entscheidet, hat sich unweigerlich auch für geringeres Gepäck entschieden. Schließlich kann es nur mit einem Gepäckträger und einem Lowrider ausgestattet werden. Soll mehr Gepäck transportiert werden, bietet sich ein Anhänger an. Nach Meinung vieler Tandemfreunde sowieso die sinnvollste Gepäcktransportlösung, da der Luftwiderstand der Fuhre dann nur geringfügig erhöht wird. Auch bei starkem Seitenwind bietet ein Anhänger geringere Anfälligkeit. Nachteile sind die enorme Länge, der zusätzliche Rollwiderstand und das relativ hohe Eigengewicht des Anhängers. Der sollte auch mit einem auffälligen bunten Wimpel für die anderen Verkehrsteilnehmern markiert werden.

Wir sind auf unserer Reise durch Arizona mit dem bewährten „Fünftaschensystem" gut gefahren. Lediglich einmal haben wir starke Seitenwindböen zu spüren bekommen. Der Lenker sollte deshalb stets in der Hand des schweren bzw. stärkeren Radlers sein. Zwei gleichstarken Radlern bietet das Tandem auf ebener Strecke durch den einmaligen Fahrt- und Windwiderstand ein Plus an Schnelligkeit. Man müht sich halt nur einmal gegen den Wind und hat hierbei zwei gleichstarke „Motoren" an Bord. Ungleichen Paaren bietet es die Möglichkeit, die Kraft entsprechend der Leistungsfähigkeit aufzuteilen: Der Schwächere ermüdet nicht so schnell, der Stärkere dagegen etwas eher. Grundsätzlich können so jedoch mehr Kilometer zurückgelegt werden als mit zwei Solorädern. Bergab ist man theoretisch aufgrund des höheren Gewichts schneller. Aber die Angst, sich gemeinsam hinzulegen, fährt den Berg mit hinab ...

Da die Kurbeln miteinander verbunden sind, müssen die Tandemfahrer ihre Trittfrequenz aufeinander abstimmen. Ausruhen und die Beine locker baumeln lassen geht da für den Hintermann nicht. Trittpausen müssen abgesprochen werden. Auch wenn ihr euer Gesäß einmal entlasten wollt gilt: Beide gehen gleichzeitig aus dem Sattel und hören auf zu treten. Etwas Probleme bereitet der beliebte Wiegetritt am Berg. Auch dies muss gut abgesprochen werden. Ist der Hintermann jedoch deutlich leichter als der Vordermann, kann dieser getrost sitzen bleiben und den Führenden im Wiegetritt arbeiten lassen. Hier am Berg ist man natürlich nicht so schnell unterwegs wie auf einem normalen Rad.

Für den hinteren Sattel bietet sich eine gefederte Sattelstütze an, da der Sozius nicht so schnell aus dem Sattel gehen kann und der Rahmen an dieser Stelle nicht sonderlich nachgibt. Grundsätzlich ist das Abfedern durch Arme und Beine bei einem Tandem problematisch. Anfangs machte ich öfters den Fehler, bei Hindernissen wie niedrigen Bordsteinen nach gewohnter Manier aus dem Sattel zu gehen und das Hindernis mit Armen und Beinen abzufedern bzw. den Lenker hochzureißen. Daniela sah die Hindernisse nie und war jedes Mal zu Recht geschockt, wenn ich mich ruckartig aus dem Sattel bewegte. Durch die enorme Tandemlänge (ca. 2,5 m) federt es in der Mitte ohnehin ganz gut.

Das Tandem bietet also viele Vorteile, hat aber auch einige Nachteile. Für harte Einsätze wie z.B. schlechte Pisten würde ich ein normales MTB immer dem Tandem vorziehen. Ebenfalls, wenn ich mit einem Mann reisen würde. Für ungleiche Paare ist es jedoch ideal.

Unser Tandem der Marke HaPé ist aus Aluminium und wiegt mit Lowrider und Gepäckträger unter 20 kg. Wir bremsen mit Magura HS 66, fahren 36 Loch Downhillfelgen (Ambrosio DH 26) mit 2 mm Speichen, Shimano XT Naben, Shimano Tandemkurbelsatz mit dicker Tandemkette sowie Schwalbe Marathon-Reifen. Shimano Deore Kurbel, XT Schaltwerk und Umwerfer sorgen für sauberes Schalten. Lowrider und Gepäckträger sind von Tubus. Auf unserer Tandemtour durch Arizona hatten wir inklusive Radtaschen ein Grundgepäck von 23 kg.

■ Heißes Biwak

Welche Technik und welches Zubehör?

Von Clemens Carle

Der wichtigste Entscheidungs-Grundsatz beim Kauf eines Rades, bei den Komponenten und der Ausrüstung sollte sein: Bewährtes und Herkömmliches hat Vorrang vor Neuem. Je länger und ausgefallener die Tour und die Route, desto wichtiger. Keinen markigen Werbesprüchen aufsitzen. Wenn die Hitze in der Wüste die Zunge festklebt und das Hirn ausdörrt, der Hunger und der Gegenwind einen zur Verzweiflung bringt, dann hilft auch kein XX-Rohr und keine YY-Schaltung weiter ... Jedes Rad ist nur so gut wie sein Fahrer. Doch wir leben halt im Zeitalter des Technik-Fetischismus.

■ *„American Cyclery" – spare parts unterwegs*

Felgen und Speichen

Standard-(Alu-)Hohlkammerfelgen würde ich gegen stabilere mit geösten Speichenlöchern austauschen. Bei sehr hohem Gepäckgewicht breitere Felgen („Downhill-Felgen") nehmen. Welches Kastenprofil nun das beste ist, darüber lässt sich unter Radlern am Lagerfeuer trefflich streiten: Ob V-Profil, doppelt geöst, mit Verstärkungsrohren, keramikbeschichtet oder hartanodisiert – jeder hat da seine eigenen Erfahrungen gemacht. Wert gelegt werden sollte auf abgedrehte (= plangefräste) Flanken – um das Bremsruckeln am Felgenstoß zu vermeiden – und ggf. auf einen „Verschleißindikator": Das können in die Flanken eingearbeitete Stifte sein, die bei einem bestimmten Flankenabrieb zum Vorschein kommen und ein Ruckeln verursachen. Im Extremfall können zu dünne Felgenflanken schlagartig aufreißen, bei Bergabfahrten sind dann böse Stürze programmiert. Edelstahlfelgen sind „out", deren Bremsverhalten bei Nässe ist lebensgefährlich! Ausreichend breites Felgenband aufspannen. Laufräder sind nur (dauer-)stabil, falls die Handarbeit stimmt (billige Massenfelgen werden maschinell eingespeicht). Zentrierte Laufräder werden dabei nochmals von Hand abgedrückt und nachzentriert. Falls frisch eingespeichte Felgen nach ein paar hundert Kilometern stark schlagen, wurde geschludert, und man kann sich auf Probleme einstellen. Speichenspannung regelmäßig durch Anschlag nach Gehör (etwa gleiche Tonhöhe) prüfen. Gerissene **Speichen** gleich ersetzen, sonst brechen evtl. noch mehr. Es gibt auch flexible 1.-Hilfe-Speichen, sie sind leicht und schnell montierbar, gerade wegen ihrer Flexibilität aber keine Lösung für Gepäckradler und/oder miese Pisten.

Ob 2,0 mm oder 2,34 mm Speichen, ob Doppeldickend mit 1,8 oder 1,5 mm, ob 3- oder 4fach gekreuzt – alles kann stabil oder instabil sein, denn die Handarbeit entscheidet. Früher waren 48-Loch Naben das Nonplusultra unter Reiseradlern, auch heute werden noch 40-Loch Naben statt normal 36 als die stabilere Variante verkauft. Verschiedene Speichenlängen vorne und hinten und im hinteren Laufrad rechts und links beachten!

Sehr wichtig: Laufräder vor der Reise (und unterwegs) immer sauber zentriert halten! Bei Speichenbruch Speiche wie gesagt immer sofort ersetzen und das Laufrad neu zentrieren (durch Spannen und Entspannen).

Reifen   Continental, Michelin, Schwalbe, Corratec, IRC u.a. Firmen fertigen diverse Qualitätsreifen für Ferntouren. Bewährt haben sich für Langstrecken besonders der Schwalbe „Marathon" (hohe Durchschlagsfestigkeit, dafür etwas höherer Rollwiderstand), der Continental „TravelContact". Vom „Marathon" gibt es verschiedene Ausführungen, die sich in Profil und Karkassenaufbau unterscheiden: „Marathon" als Allround-, „Marathon XR" als Gelände- und „City Marathon" als Semislickversion. Alle haben einen Kevlar-Pannenschutzgürtel. Ein Traum für Langstreckenfahrer mit Platzproblemen ist die Faltversion des „Marathon XR". Reifenoberfläche regelmäßig nach Dornen, Glassplittern etc. absuchen und entfernen. Bei manchen muss man auch die Laufrichtung beachten. Fast alle Ferntouren erfordern möglichst breite Reifen, mindestens 37 mm!

Die Lebensdauer von Fahrradreifen ist sehr unterschiedlich: Weltreisende berichten von Laufleistungen von durchschnittlich 5000 bis 6000 Kilometer – das können also einmal nur 1000 km, das andere mal 10.000 km oder gar 15.000 km sein! Sie hängt auch stark vom richtigen Luftdruck und vom Gewicht (Fahrrad, Gepäck, Radler) ab.

Schläuche /   Schläuche aus Polyurethan sind abzulehnen, sie können sich mit der Zeit
Ventile /   zersetzen. Zwei Stück sind das Minimum, im Fall einer Panne erspart
Luftpumpe   man sich das Flicken unterwegs. Evtl. können sog. „Anti-Platt-Bänder", die zwischen die Innenseite des Reifens und des Schlauchs eingelegt werden, vor zuviel Pannen schützen. Oft läuft der Reifen dann aber nicht mehr rund – ausprobieren! Und die Bänder können mit der Zeit die Schläuche aufritzen. Gewichtsoptimierte „Light"-Schläuche rollen besser, sind aber auch pannengefährdeter, gerade bei Verwendung der „Anti-Platt-Bänder".

Ventile: Blitz-Ventile (Dunlop) sind heute nicht mehr so verbreitet, sie sind schwerer aufzupumpen und nur selten richtig dicht. Gebräuchlicher sind Autoventile *(schrader valve)* oder die französischen Sclaverand-Ventile *(presta valve)*. Auto- und Sclaverandventile haben verschiedene Durchmesser (8,5 bzw. 6,5 mm), für Felgen mit 8,5 mm-Ventilloch gibt es Reduzierstücke. Felgen mit 6,5 mm-Loch keinesfalls aufbohren, Bruchgefahr! V-Felgen mit höherem Kasten („Aero-Felgen") erfordern manchmal extralange Ventile.

Ventiladapter ermöglichen Luftzapfen an allen möglichen Luftpumpen. Wegen Diebstahlgefahr muss die Luftpumpe am Rad gesichert werden, oder man wählt eine kleinere, die auch in den Packtaschen verstaut werden kann. Auch hier auf eine (stabilere) Metallausführung achten, mit ausklappbarem T-Griff pumpt es sich leichter (z.B. die SKS T-Zoom oder Blackburn AS-1 Airstick).

Schaltung Bei Kettenschaltungen eine dem Tourcharakter und der Topografie angepasste Abstufung von Zahnkränzen und Kettenblättern wählen (z.B. 24/36/46 und Ritzelpaket 12–32 Zähne). Bei den Ritzeln gibt es praktisch nur noch Kassetten-Systeme. Bei Hinterradnaben sind gedichtete, wartungsfreie Industrie- bzw. Rillenkugellager die richtigen.

Kette Schaltungsketten sind generell kurzlebiger als Ketten für Nabenschaltungen. Über die Lebensdauer einer Fahrradkette wird sehr unterschiedlich berichtet, als Faustregel gilt aber eine Lebensdauer von mind. 5.000 km. Kann die Kette deutlich vom Kettenblatt mit den Fingern abgehoben werden, sollte beides, Kette und Ritzelsatz, gewechselt werden.

Seit den seligen Shimano-„Uniglide"-Zeiten Ende der 1980er-Jahre hat die Schaltfähigkeit mit jeder Entwicklungsstufe zwar zu-, die Haltbarkeit aber gleichzeitig abgenommen. Denn damit die Kette bei den Schaltvorgängen besser von einem Ritzel zum nächsten klettert oder fällt, wurde hier an den Zähnen gefeilt, da noch eine Einkerbung angebracht, die Zähne verloren immer mehr Material und sind auch nur noch in einer Richtung einsetzbar (die „Uniglide"-Ritzel konnte man noch drehen, sobald sie abgenutzt waren!). **Mit dem Ritzelverschleiß steigt auch der Kettenverschleiß, man muss heute seine Kette viel früher wechseln!** Ersatzketten entsprechend eurem Schaltsystem (7-, 8- oder 9fach) auswählen, achtet auf gehärtete Bolzen und vergesst den Kettennietdrücker nicht (sollte zum Kettenmodell passen).

Siliconöl auf der Kette, wie manchmal empfohlen, mag weniger Schmutz bzw. Sand und Staub auf Wüstenstrecken anziehen, doch es ist in erster Linie ein Gleit- oder Trennmittel, kein Schmiermittel. Es gibt auch Teflon-Schmiermittel. Wer keine Öl- und Fetthandlung mitschleppen mag, verwendet unterwegs am besten zähes Auto-Getriebe-Öl oder sonstiges Motorenöl, an jeder Tankstelle erhältlich. Auch das zur Hautpflege entwickelte Neo-Ballistol ist geeignet. Eine alte Zahnbürste ist bestens geeignet zum Kettenreinigen (auch Pfeifenreiniger). Wer (beim Bergauffahren) so richtig in die Pedale steigt, verzieht eher die Kette.

Tretlager / Pedale Tretlager sollten am Tourbeginn neu und gekapselt sein, also ein gedichtetes, wartungsfreies Industrie- bzw. Rillenkugellager wählen. Als Kurbeln Alu-Tretkurbeln (längere für längere Beine, kürzere für kürzere Beine) mit verschraubter Vierkantbefestigung (oder Vielverzahnung) und wechselbaren 4- bzw. 5-Stern Kettenblättern wählen. Zumindest das kleinste Kettenblatt sollte aus Stahl sein.

Bei Pedalen muss jeder selbst entscheiden, ob er mit Sicherheitspedalen fahren will, was wiederum abhängig ist von Strecken und Straßen. Dann braucht ihr aber ein zusätzliches Paar Schuhe für Stadtrundgänge oder Trekkingtouren. Auch für gelegentliche Schiebeeinlagen auf Passstraßen sind diese Schuhe ungeeignet (die Kunststoff-Adapterplatten unter der Schuhsohle verschleißen schnell und beeinflussen die Auslöseverhalten der Sicherheitspedale negativ). Es gibt unterschiedliche Systeme (Shimano, Look, Time u.a.) und entsprechende Schuhadapterplatten. Eine Alternative wären Pedalhaken und -riemen, dann könnt ihr mit euren normalen Schuhen radeln und die Pedalhaken ggf. für rauhe Überland-Touren auch einmal abschrauben. Nur hochwertige Pedale wählen, mit Alu-Grundkörper, gedichteten Lagern und gezahnten Metallstegen (bessere Griffigkeit).

5. Lenker / Bremsen

Breit ausladende, gerade Lenker vermitteln das Gefühl bequemer, sicherer Radbeherrschung, doch mit ihnen verspannt man sich schnell. Ein Lenker sollte etwa so breit sein wie die Schultern des Fahrers sein. Ideal finde ich Lenker, die verschiedene ergonomische Griffpositionen zulassen. Gegebenenfalls braucht eure Lenkertasche dann aber einen zusätzlichen Adapter, ausprobieren. Einen geraden Lenker zumindest mit „Hörnchen" aufrüsten. Auch hier gibt es verschiedene Varianten: gerade Ausführungen (nur *eine* zusätzliche Griffposition) und geschwungene Ausführungen (mindestes zwei zusätzliche Griffpositionen). Aus Sicherheitsgründen (Bruchgefahr) nur hochwertige Alu-Lenker wählen. Nach schweren Stürzen sollte der Lenker immer ausgetauscht werden. An die modischen Triathlon-Lenker kann man keine Lenkertasche mehr hängen. Lenkerumhüllungen sind wichtig, um Stöße abzufedern, doch bei zu harten Hüllen oder ganz ohne kann es evtl. zu tauben Fingern kommen, wenn man die Griffe (auf Rüttelpisten) zu fest umklammern muss ... Gut sind auch Lenkerbänder aus atmungsaktivem Kork, während sich Überzüge aus Neopren innerhalb weniger Monate durch Schweiß und Sonne zersetzen. Bei geraden Lenkern habe ich mit den Biogrip-Griffen sehr gute Erfahrungen gemacht.

Man unterscheidet zwischen Steuersätzen für gewindelose Gabeln (sog. „Ahead-Steuersätze"), und den herkömmlichen für Gabeln mit eingeschnittenem Gewinde. Beide funktionieren gut, die herkömmlichen kann man später noch ein wenig in der Höhe variieren. Wichtig ist, dass der Steuersatz hochwertig (gedichtet) ist, Walzen-/Nadellager verteilen den Druck besser auf die Laufflächen als Kugellager, besonders langlebig sind gekapselte Präzisionsrillenkugellager („cartridge"). Eine Konterung per Inbusschraube erleichtert das Nachjustieren (Steuersatz regelmäßig auf zuviel Spiel kontrollieren!).

Bremsen: „V-Brakes" bremsen wesentlich besser als hochwertige Cantileverbremsen und sind ebenso wartungsarm. Auch mit Hydraulikbremsen (von Magura) haben Reiseradler sehr gute Erfahrungen gemacht, hier entfällt zusätzlich die Reibung durch den Schaltzug. Scheibenbremsen können nur an entsprechenden (verstärkten) Gabeln und Naben montiert werden, sie sind technisch kompliziert, problematisch ist auch die Wärmeableitung, falls mit Radtaschen gefahren wird (Fahrtwind als Kühlung fehlt). Bremsgummis müssen auf die Felgen (Alu, mit/ohne Anodisierung, Keramikbeschichtung) abgestimmt sein und halten in der Regel sehr lange.

Sattel

Der Sattelschnabel muss genügend schmal sein, dass die Oberschenkel nicht scheuern können. Sättel mit weicher Sitzfläche sind zwar für Anfänger verführerisch bequem, reiben aber bei längeren Tagesetappen bald unangenehm. Die schon erwähnten Gel-Sättel, ein eingearbeitetes Polster, das den Sattel weicher macht, sind gut für jene, die Hosen ohne Ledereinsatz fahren wollen. Auch gefederte Sattelstützen sind mittlerweile wartungsarm und bieten durchaus einen Extra-Komfort. Frauen sollten auf jeden Fall einen anatomisch angepassten Damensattel wählen (breitere, kürzere Sitzfläche), und er sollte auch einen großen Längsverstellbereich nach vorne haben, um eine optimale Sitzposition zu erreichen! Ob die orthopädischen Sättel mit ihren Einbuchtungen oder Löchern wirklich so effektiv sind wie von der Werbung versprochen, hängt von der eigenen Anatomie ab. Sattelkauf ist – leider – Risikokauf, in guten Radläden wird man euch aber einen Sattel für den Proberitt ausleihen.

Ledersättel muss man vor Feuchtigkeit und Nässe schützen (dazu eine ganz normale Plastiktragetasche drüberstülpen, gut eigen sich auch Duschhauben), und sie müssen vor dem ersten Gebrauch innen und außen mit speziellem Sattelfett eingerieben werden (damit das Fett besser einziehen kann, den Sattel am besten eine Viertelstunde in einen ca. 50 Grad warmen Backofen legen. Den Sattel anschließend mit der Hand kräftig walken. Dann ist er reif zum „Einreiten", viel Spaß auf den ersten 1000 schmerzhaften Kilometern ...). Auch später ab und zu fetten.

Qualitätssättel fertigen: Brooks, Idéale, Avocet, Selle Italia, Lepper, Specialized, Terry, Vetta u.a.

6. Gepäckträger

Auch wenn er viel teurer ist – ich würde bei einem langen, harten Kontinental-Trip immer einen CrMo-Träger (von Tubus u.a.) vorziehen, der ist im Falle eines Bruches jederzeit schweißbar. Fast immer berichten Velo-Weltenbummler, dass ihre Alu-Träger früher oder später brachen. Gute Gepäckträger haben nur wenige Schrauben, die sich lockerrütteln können. Auf alle Fälle muss ein Gepäckträger drei Streben haben, gegen das Schwingen der Taschen am besten eine davon als Taschenabstützung nach hinten ausgezogen. Spannungsfrei montieren!

Die hohen **Vorderrad-Gepäckträger** widersprechen einem tiefen Schwerpunkt, deshalb kommen am Vorderrad fast immer nur Low-Rider in Betracht. Einige Modelle sind auch für Federgabeln geeignet.

Gepäckträger und Gepäcktaschen müssen aufeinander abgestimmt sein, einmal in den Größen und dann in der Art der Befestigung. Hochwertige Radtaschen haben auf der Rückseite einen verstellbaren Kunststoffhaken, der in eine Strebe des Gepäckträgers eingehängt wird und schwingungsfreien Sitz gewährleistet. Für heftige Pisten zusätzliche Gummi-Spannbänder anbringen. CrMo-Träger haben größere Rohrdurchmesser als die aus Alu, je nachdem muss man bei der Gepäckträgerumrüstung auch andere Taschenhaken wählen.

7. Gepäcktaschen

Nur die universellen, paarweise erhältlichen Seitentaschen kommen für Touren-Profis in Frage. An den Packtaschen sollte bei einer langen Tour nicht gespart werden. Noch vor dem endgültigen Kauf den Sitz der Taschen auf dem eigenen Gepäckträger und die Fersenfreiheit testen. Von Dreifachtaschen ist abzuraten, weil damit der Platz auf dem Gepäckträger belegt ist.

Packtaschen müssen robust und sollten *möglichst wasserdicht* sein, was vom Material der Taschen und der Verarbeitung abhängig ist. Bei Tourenradlern haben sich die wasserdichten Radtaschen von Ortlieb und VAUDE bewährt; auch Low-Rider gehören mit zum Sortiment. Mittlerweile sieht man auch schon amerikanische und neuseeländische Biker damit touren. Diese Taschen bestehen aus verschweißtem und ein-/beidseitig beschichtetem Polyestermaterial (Lkw-Planen), haben abgeschrägte Seiten (Fersenfreiheit), eine stabile Rückenplatte und ein sehr komfortables, durchdachtes Befestigungssystem. Die einseitig beschichteten Modelle aus Cordura bleichen zwar bei starker Sonnenstrahlung schnell aus, sind aber nach unserer Erfahrung ebenso haltbar und dauerhaft wasserdicht wie die schwerere Ausführung. Vorbei sind damit die Zeiten, als alles Nässeempfindliche zweifach in Plastikbeutel eingepackt werden musste und die Feuchtigkeit merkwürdigerweise doch immer ein Schlupfloch fand ...

Verschlüsse Bewährt haben sich Taschen mit Abdeckklappen und Schnappverschlüssen, ein zusätzlicher Kordel-(Tanka)Verschluss unter der Deckelklappe schützt den Inhalt vor Staub. Mit einem Rollverschluss sind Taschen am dichtesten. Ortlieb und VAUDE haben beide Systeme im Programm, so kann sich jeder Radler sein Modell heraussuchen. Bedenkt vor dem Taschenkauf, dass nur der Rollverschluss (falls er mindestens dreimal gerollt ist) auch bei kurzem Untertauchen, wie es bei Flussdurchquerungen schon einmal vorkommen kann, wasserdicht ist! Reiß- und Klettverschlüsse sind nicht dauerhaft haltbar und haben an (guten) Radtaschen nichts zu suchen.

Packta-
schen-
Befestigung Sehr wichtig ist die schnelle, rutschfeste und sichere Befestigung auf dem Gepäckträger (je weniger Riemchen und Haken man braucht, desto besser), und natürlich auch schnelles Abladen. Unten werden die neueren Modelle mit einem Kunststoffhaken in eine Gepäckträgerstrebe eingehängt, das verhindert Klappern und Schwingen, oben kommen Klemm- oder Rastsysteme zum Einsatz. Bei üblen Holperpisten sollte man die Taschen mit einem zusätzlichen Gummizug mit Haken sichern. **Tip:** Da die Radtaschen mit einem einzigen kräftigen Zug an der Trageschlaufe vom Rad gelöst werden können, sollte man in diebstahlgefährdeten Regionen und Großstädten zusätzliche Schnallgurte anbringen.

Lenkerta-
sche Unverzichtbar auf einer langen Strampeltour ist eine qualitativ gute, robuste Lenkertasche – man braucht sie für den Fotoapparat, die Karte, die täglichen Kleinutensilien, den Energieriegel. Immer wenn man sich vom Rad entfernt, nimmt man dabei die Lenkertasche mit, die dann zur Schultertragetasche wird.

Lenkertaschen müssen ohne Gefummel schnell abzunehmen und wieder einhängbar sein (Rastsysteme), und sie sollten wasser- und staubdicht sein. Klettbefestigungen taugen nichts, Bügelbefestigungen verbiegen bei größerem Gewicht leicht. Außerdem sollte die Tasche etwas ausgesteift sein, damit man sie besser be- und entladen kann und sie sollte auch während der Fahrt leicht mit einer Hand zu öffnen sein. Ordnung im Innern erreicht man mit (flexiblen) Unterteilungen, von Tatonka, Ortlieb und VAUDE gibt es dazu auch gut gepolsterte Kameraeinsätze. Eine wasserdichte Klarsichttasche oben für die Karte ist praktisch, zumindest das Ortlieb-Material hält auch jahrelanger Sonneneinstrahlung stand (vergilbt aber mit der Zeit).

Was sonst
noch? **Radständer** sind wichtig und unverzichtbar, um das Rad schnell hinstellen zu können. Standfestigkeit immer mit vollem Gepäck testen. Einbeinständer werden meist am Hinterbau angebracht, solche aus Aluminium können sich (wegen der ungünstigen Hebelverhältnisse) verbiegen oder, beim Umfallen des Rads, brechen. Besser sind stählerne, z.B. die CrMo-Ausführung von Hebie, oder ein Zweibeinständer aus Alu, der unter dem Tretlager montiert wird.

Lichtanlage: Vorschriften für Sicherheitseinrichtungen an Fahrrädern – darüber brauchst du dir in Nordamerika keine Sorgen zu machen. Kein Polizist wird dich anhalten, wenn du ohne vorgeschriebene Reflektoren oder Lichtanlage fährst. Aber einige Sicherheitseinrichtungen sind einfach sinnvoll. Hochwertige *Seitendynamos* haben viel von ihrem kraftraubenden Image verloren, dank neuer Rotortechnik und Kugellagerung erreichen sie heute den Wirkungsgrad eines guten Nabendynamos und können auch bei Stollenreifen bedingt eingesetzt werden. Auf verschlammten oder verschneiten Pisten sind aber *Nabendynamos* wie die von Shimano erste Wahl, zumal der Wirkungsgrad bei den neuesten Modellen weiter gesteigert werden konnte.

Wer sich nicht vor ausgepowerten Batterien fürchtet, der verzichtet auf einen Dynamo und verwendet eine LED-Stirnlampe. Die ersetzt im Gepäck gleichzeitig auch die Taschenlampe. Stirnlampen sind besonders praktisch, weil sie immer automatisch dorthin leuchten, wo man Licht braucht und beide Hände frei bleiben. Nachteil: Das helle Licht lockt Insekten an, die sich mit Wonne auf dein Gesicht stürzen werden. Statt Rücklicht dann besser ein rotes Diodenlicht. Diese flackernden Sicherheitsleuchten, die viel mehr Aufmerksamkeit erregen als ein normales Schlusslicht, schaltet man bei Bedarf per Knopfdruck an. Sie schlucken wenig Energie, angeblich 500 Std. Betriebszeit bei 2 AA-Batterien.

Sicherheit   Ein *Spiralkabelschloss* zum Anketten des Rades. Länge so wählen, dass auch beide Laufräder gesichert werden können; achtet auf leichte Handhabung und geringes Gewicht. Ein guter, vibrationsfreier Rückspiegel ist sehr nützlich und notwendig, wenn es z.B. durch die Straßenschluchten von Manhattan geht. Es gibt auch kleine Spiegel für den Helm oder die Brille, sie sollten aber nicht zu stark verkleinern. Bei einem Helm auf geringes Gewicht und gute Durchlüftung achten.

In den USA sieht man oft Radler (vor allem bei Gruppenreisen oder mit Trailer im Schlepp) mit einer überlangen, orangeroten Signalfahne. Die Wimpel haben den Vorteil, dass man schon von weitem auch hinter Hügelkuppen gesehen wird, sind aber ein Handicap bei Wind. Auf jeden Fall machen sie mehr Sinn als diese lächerlichen roten Abstandhalter. Mancher Tourenradler fährt halt lieber mit Fahne, promillefrei versteht sich.

Radler aus Canada bevorzugen Signalwesten mit einem reflektierenden Leuchtdreieck. Die Westen aus Netzstoff sind angenehm zu tragen. Ob du dir zusätzliche Sicherheitseinrichtungen vor Ort zulegen und an Körper oder Rad anbringen willst, bleibt deine Entscheidung. Aber wenn du in den USA ohne Helm fährst, erklärt dich jeder garantiert für verrückt!

Sonstiges   Ein *Fahrradcomputer* ist nützlich, falls man nach dem km-Logbuch eines Radführerbuchs fährt. Außerdem macht es einfach Spaß, zu sehen, wieviel Kilometer man heute wieder geschafft hat, wie hoch die Spitzengeschwindigkeit auf der Passabfahrt war etc. Es gibt High-Tech-Geräte mit Höhen- und Pulsfrequenzmessung und -zig Funktionen, für die man ein kleines Handbuch braucht. Achtet darauf, dass nach einem Batteriewechsel die Gesamtkilometer programmierbar sind! Und Ersatzbatterie nicht vergessen. Ob ein drahtloses Gerät fernreisetauglich ist, bleibt dahingestellt. Zumindest brauchen Sender und Empfänger zusätzliche Batterien, die auch als Ersatz mitgenommen oder irgendwo wieder aufgetrieben werden müssen.

Schutzbleche sollten so breit sein, dass auch sehr breite Reifen Platz haben, und wegen Spritzwasser müssen sie am Rad weit genug hinten runtergehen. Viele Radbauer glauben, durch gekürzte, sog. „Trekking-Schutzbleche", für ein sportlicheres Erscheinungsbild ihres Fahrrades sorgen zu müssen, darunter leidet aber die Funktion.

Rad- und Reparatur-Tips

Morgens (oder in langen Mittagspausen) das Bike checken: Bremsen, Schaltung, Speichen, lockere Schrauben usw.

Kabel am Rad mit klarem Fugen-Silikon oder Kabelbinder befestigen.

Um nicht allzuviele Schlüsselweiten und Schlüssel nötig zu machen, würde ich alle Schrauben am Rad auf möglichst wenige Größen vereinheitlichen. Schrauben sichern: es gibt Selbstsichernde mit einem Plastikeinsatz im Gewinde.

Handschuhe aus dünner Plastikfolie ersparen die Reinigung der Hände bei Reparaturen an Kette und Schaltwerk (oder vor Schmutzarbeiten die Hände gut eincremen, dann lassen sie sich nachher besser sauberkriegen).

Wenn an der Schaltung nach einem Sturz so ziemlich alles hinüber und fahren mit Gängen nicht mehr möglich ist: Schaltung abbauen und Kette mit Nietendrücker oder Durchschlag auf passende Länge kürzen (jetzt weißt du auch, wie es früher war, als man noch ohne Gangschaltung fuhr ...).

Wenn der Reifen abgefahren ist, einen Gummiflicken in entsprechender Größe in den Schlauch einlegen (aus einem alten Autoschlauch herausschneiden, für den Notfall welche dabeihaben, mit immer reichlich Gewebeband). In der allergrößten Not kann man einen Reifen auch mit Gras ausstopfen!

Flickzeug: vergiss die selbstklebenden Made-in-USA-Patches, die sekundenschnell deinen Schlauch wieder dicht machen, im Bikeshop immer ganz vorne liegen und vom unerfahrenen Angestellten als „best choice" angepriesen werden. Beim nächsten Temperaturwechsel pfeift die Luft wieder durch das gleiche Loch und du musst wieder ran!

Welche Campingausrüstung?

Generelle Überlegungen

Ein Zelt (und einen Kocher) mitzunehmen ist meist sehr sinnvoll, wenn ihr zu zweit reist und möglichst lange unterwegs sein wollt. Dann lässt sich in der Regel auch einiges an Geld für Unterkünfte und Restaurants sparen. Ein weiterer Vorteil eines Zeltes ist die Unabhängigkeit beim Schlafen, d.h., man kann täglich wählen, ob man sich eine Unterkunft sucht oder lieber abends in sein Zelt kriecht. Außerdem ist das Platz- und Schlafproblem bei einem evtl. Gastgeber mit einem Zelt im Gepäck schnell gelöst (sofern ein Garten vorhanden).

Gegen die Mitnahme einer Campingausrüstung spricht eigentlich nur das Gewicht und das Packvolumen, was ein Problem werden kann, wenn man alleine fährt. Wie auch bei vielen anderen Ausrüstungsgegenständen werdet ihr erst unterwegs täglich und stündlich an das Ladegewicht eures Packesels erinnert. Knallt erstmals die mörderische Sonne Kaliforniens auf euer Haupt und ihr habt mit den Pässen der Sierra Nevada eine innige Hassliebe aufgebaut, fliegt so manches in die nächste Litter Box, von dem man vor der Abreise noch dachte, es wäre unverzichtbar. Rechnet die Anschaffungskosten einer Campingausrüstung gegen die Differenz der Übernachtungspreise „Motel – Zeltplatz" und entscheidet, ob die Investition lohnt. Wer in 4 Wochen nur dreimal sein Iglu auspackt, braucht sich keins zu kaufen und es erst recht nicht mitzuschleppen.

Zelt

Beim Zelt vor allem auf stabile Alustangen (gute Legierung) und erstklassige Reißverschlüsse achten. Auch gute Belüftung ist wichtig und, falls ihr viel wild campen wollt, eine dezente Farbe, die sich der Landschaft anpasst (am besten dunkelgrün).

■ *My tent is my castle …*

Ein Moskitonetz vor dem Ausgang ist ein Muss! Zwei Eingänge machen ein Zelt schwerer, der Nutzen ist aber größer als das Zusatzgewicht. Falls der Wind dreht oder mal einer der Reißverschlüsse streikt, kann man den zweiten Eingang benützen. Außerdem sind die Belüftungsmöglichkeiten besser und die Kondenswasserbildung ist leichter zu regulieren. Selbsttragende Zelte haben den Vorteil, dass man sie auch auf schwierigen Böden problemlos aufstellen kann, sowie unter Schutzdächern, in Garagen, Picknickhütten etc. An Regentagen lernt man das schätzen. Bei einem anderen Zelttyp muss man sich halt stets Befestigungen einfallen lassen. Das Festknoten der Leinen an Bäumen, Steinen, Sträuchern, Bänken usw. gibt fast jedem Zelt genug Halt. Unser Hilleberg hat alles mitgemacht, durch- und dichtgehalten.

Matten

Schaumstoffmatte oder eine kombinierte Schaumstoff-Luftmatratze? Eine Empfindlichkeits- und Geldbeutel-Entscheidung, denn nichts ist perfekt. *Schaumstoffmatten* sind leichter und wesentlich preiswerter. Sie rutschen nicht, sind immer auf Anhieb warm, lassen sich ruck-zuck zusammenrollen und müssen nie geflickt werden. Allerdings sind sie etwas sperriger, geben Unebenheiten direkter an den Rücken weiter und verschleißen schneller. An stärker strapazierten Stellen werden sie mit der Zeit hauchdünn. Aber bis dahin dauert es eine ganze Weile, und in den USA kann man in jeder Stadt eine neue Matte bekommen.

Selfinflating pads, wie „Therm-a-rest", Metzeler, Ortlieb u.ä. gleichen Bodenunebenheiten so gut aus, dass man sie gar nicht mehr spürt. Man kann sie individuellen Vorlieben entsprechend hart oder weich aufpusten, das Packmaß ist (bei den Therm-a-Rest „Lite" und „ProLite") günstiger und bei guter Behandlung halten sie länger. Allerdings sind sie teuer (ca. 85 $ in den USA) und schwerer. Die Oberfläche ist immer „berührungskalt", man muss jeden Morgen die Luft herausdrücken und extra Flickzeug dabeihaben. Ein übersehener Dorn reicht aus, und vorbei ist es mit dem Schlafkomfort.

Schlafsack   Auch hier sollte das Gewicht bzw. ein geringes Packmaß im Vordergrund
stehen. Sofern die Radtour durch kalte Gegenden führt, ist ein Schlafsack mit hoher Wärmedämmung nötig. Je weiter nördlich man sich vorwagt und je höher die Regionen liegen, die man bereisen will, um so
wärmer muss der Schlafsack sein. Im Yellowstone National Park zum
Beispiel sind Temperaturen von weniger als 5 °C nachts im Juli durchaus üblich, während man zur gleichen Zeit in den Plains von South Dakota
bei mehr als 20 °C nachts überhaupt nichts von einem Schlafsack wissen
will. Beide Regionen liegen auf dem gleichen Breitengrad.

Die Hersteller geben Temperaturbereiche an (die aber mit Vorsicht zu
genießen sind). Trockene (!) Daunenschlafsäcke dämmen sehr gut, doch
sie sind feuchtigkeitsempfindlich, einmal nass geworden, brauchen Daunenschlafsäcke sehr lange zum Trocknen. Deshalb solche nicht im Freien
benützen und wasserdicht verpacken! Daunenschlafsäcke gibt es auch
mit imprägnierten Daunen oder wind- und wasserdichtem Außenstoff, die
sollen dann weniger feuchtigkeitsempfindlich sein. Beim Daunen/Federn-
Verhältnis auf das *Gewichtsverhältnis* und nicht auf das Volumenprozent-
verhältnis achten! Das Gewichtsverhältnis sagt aber nichts über die tat-
sächliche Qualität der Daune aus, deshalb geben viele Hersteller nun
zusätzlich die Bauschfähigkeit („fillpower") in Kubik-inches an. Gute Füllungen haben ab 550 Kubik-inches. Probeliegen nicht vergessen.

Regnet es auf eurer Tour voraussichtlich des öfteren (wenn man das
vorher immer so genau wüsste ...) oder wird es sehr feuchtheiß (Mississippi Delta), sind Füllungen aus Kunstfasern besser (Hohlfasern wie
Hollofil, Quallofil-7 oder Terraloft, Endlosfasern wie Polarguard 3D). Diese
Fasern nehmen nur wenig Feuchtigkeit auf, isolieren auch noch im nassen Zustand, trocknen schneller und bleiben schimmelfrei. Die meisten
Fernradler ziehen solche Schlafsäcke vor.

Und noch ein Tip: Viele Schlafsäcke gibt es in verschiedenen Längen.
Zu lange sind immer fußkalt, da das zu große Volumen von den Füßen
nicht erwärmt werden kann: entweder Fußraum mit trockener Kleidung
auspolstern oder mit einem Gurt abbinden.

Kocher   Kocher – ja oder nein? Das ist ein Thema für Grundsatzdiskussionen. Ich
gehöre zu den Befürwortern, weil ich gerne möglichst unabhängig von
Versorgungseinrichtungen reise, weil mir Restaurantessen selten
schmeckt und oft nicht bekommt. Außerdem liebe ich es, mich mal zwischendurch für einige Zeit von der Zivilisation zu verabschieden. Für längere Aufenthalte im „backcountry" ist ein Kocher unverzichtbar. Und
außerdem – ein Morgen ohne heißen Kaffee, das wäre für mich ein
schlechter Start. Ich kann auf vieles verzichten, aber irgendwo sind es
gerade angesichts der oft harten Strapazen einer Radreise die kleinen
Dinge, die einen wieder aufbauen.

Wer nur kurze Zeit reist, wird vielleicht anders darüber denken und
braucht das alles nicht. Wer seine Tour zudem städtenah gestalten will,
der kann auch ohne Kocher auskommen. Um „Hungerstrecken" zu vermeiden, stellt man sich bei Bedarf halt auf „kalte Küche" ein.

Welcher   Für die USA die zweifellos günstigste Lösung ist ein Kocher, der mit „re-
Kocher?   gular unleaded" arbeitet, mit normalem Bleifrei-Benzin, das man für wenige Cents pro Liter an jeder Tankstelle bekommt. Die Kosten für einen
neuen „unleaded"-Brenner hat man bald wieder raus, wegen des günsti-

gen Brennstoffs. Dagegen wird Reinbenzin nur in Kanistern zu einer Gallone (ca. 3,6 l) verkauft (andere Camper bitten, einen Liter aus ihrem Kanister zu verkaufen; aber außerhalb der Hauptsaison trifft man meist nur Wohnmobile, und die kochen mit Gas).

Zum „Tanken" und als Reserve braucht man eine Sicherheitsflasche. Wer sie neu kauft, eine mit Aufdruck „Fuel Bottle" wählen. Vor allem in Canada gelten strenge Vorschriften für Benzincontainer und mancher Tankwart, der so eine Flasche zum ersten Mal in seinem Leben sieht, traut dem Braten nicht. Ein Minitrichter verhindert Kleckern beim Umfüllen. Bei längeren Touren auch ein Reparaturset incl. Ersatzdüse nicht vergessen.

Brennspiritus (dehydrated alcohol) ist ebenso wie die Campinggaskartuschen nur schwer zu bekommen (letztere nur in speziellen Outdoor-Läden, eher in Canada als in den USA).

Zur Küchenausrüstung gehören noch ein Schweizer Armeemesser, ein Schneidebrettchen, Besteck, Plastiktasse und ein Topfset. Am besten Edelstahl oder eine Titanlegierung (Alu schmiert) mit großem Topf, in dem man problemlos eine Riesenportion Spaghetti kochen kann. Eventuelle Hohlräume kann man mit Kleinkram ausstopfen.

Wasser und Mücken   „Giardia lamblia" heißt der Parasit, der alles Wasser im Hinterland bevölkert und mit heftigen Darmbeschwerden sowie anderen Gesundheitsattacken für unangenehme Reiseerinnerungen sorgt. Wer Oberflächenwasser als Trinkwasser benutzt, muss es grundsätzlich entkeimen, auch wenn die Quelle noch so jungfräulich aussieht. Wasserentkeimer auf Silberionenbasis (z.B. „Micropur Classic") reichen zum Abtöten der Protozoen nicht aus, Mittel auf Jodbasis heißen *Iodine* oder *Halazone*, schmecken widerlich und wirken nicht immer hundertprozentig. Beste Wahl bei klarem Wasser und geschmacksneutral sind Mittel auf Silberionen-Chlor-Basis wie „Micropur Forte", bei Touren durchs Backcountry und bei trübem Wasser allerdings sind Wasserfilter vorzuziehen. Das Wasser abzukochen ist zeitaufwendig und auf Dauer teuer.

In heißen Regionen reicht die Kapazität der Trinkflaschen nicht aus. Zum Transport des kostbaren Nasses hat sich ein 4-l-Ortlieb-Wassersack bewährt, der kaum Platz wegnimmt, wenn er nicht im Einsatz ist. (Weiteres zum Thema Wasser siehe unter „Hitze und Körper", KAP. 11, und „Sekt oder Selters", KAP. 12).

Anti-Mückenmittel heißen „Muskol" oder „Cutter". In Gegenden mit fast permanentem Mückenalarm wie Alaska gibt's recht hohe Konzentrationen zu kaufen, die aber auch deine Haut und Kleidung nicht verschonen.

Welche Kleidung und wieviel?

Einer der Vorteile des Reisens in den USA ist die allgemein lockere Haltung gegenüber jeglicher Kleiderordnung. „No shoes, no shirt, no service", dieses Schild, das an vielen Ladentüren hängt, ist der einzige Hinweis auf die allgemein gültigen Grenzen. Keiner schaut dumm, wenn man in Radlershorts oder mit Regenstulpen durch den Supermarkt stiefelt oder im Restaurant Platz nimmt. Trotzdem wird es Situationen geben, bei denen du dich in deinen Lycrashorts nicht passend gekleidet fühlst. Wir hatten für solche Fälle eine Kombination aus Sporthose (Mischgewebe) und passendem langärmeligen Hemd/Top dabei. Diese Kluft kannst du zudem bei Cityausflügen und als Schutzkleidung bei abendlichen Insekten-Großangriffen gut gebrauchen. Sehr praktisch und sinnvoll ist auch eine „Zip-Hose", denn durch die abtrennbaren Hosenbeine verfügt man über eine zusätzliche kurze Hose (Gewichtsersparnis!).

Wähl deine Kleidung nicht nur nach der Optik aus, sondern nach der Funktion. Vor allem die oft krassen Temperaturschwankungen setzen Maßstäbe für das, was an Fummeln in die Packtaschen gehört.

Das bewährte „Zwiebelprinzip" hat sich herumgesprochen: mehrere „Schalen" unterschiedlicher Bekleidungsstücke (Unterhemd, T-Shirt, Hemd, Pullover, Jacke) sind besser und praktischer als nur wenige, dicke Kleidungsstücke, müssen aber hinsichtlich der Materialeigenschaften sinnvoll kombiniert werden. Ein feuchtigkeitsspeicherndes T-Shirt hat da nichts verloren. Nicht nur deshalb setzen sich Kunstfasern im Bereich der Sportbekleidung immer mehr durch und trotz anfänglicher Skepsis haben wir damit gute Erfahrungen gemacht. Die Sachen sind leicht, hautsympathisch, waschmaschinentauglich, trocknen schnell und halten was aus. Die Klimaeigenschaften sind gut und mehrere Lagen schützen ausreichend auch an kühlen Tagen.

Und für den Kopfbereich inklusive Hals haben sich die Stretch-Schläuche, z.B. von Pro-Feet, bewährt. Piraten- und Saharatuch oder einfache Mütze, Stirnband oder Halstuch, alles ist möglich mit einem solchen Schlauch.

Was gegen Regen

Unbedingt ins Gepäck gehört Wind- und Regenschutzkleidung. Egal ob Goretex oder beschichtetes Nylon, schwitzen muss man in allem, was auf dem Markt ist. Guter Schnitt, erstklassige Ventilationsmöglichkeiten, Tragekomfort (Netzfutter haben sich bewährt), grelle Farbe (Sicherheit), angenehmes Packmaß und geringes Gewicht sind wichtiger als die ultimative High-Tech-Faser (letztere kann man außerdem nur mit Spezialwaschmittel reinigen, das man in den USA nur in größeren Flaschen bekommt). Warme Handschuhe und ein Schutz für die Ohren bei Abfahrten sind ebenso wichtig wie dünne Sonnenschutzkleidung für heiße Tage (auch Canada hat sein Ozonloch!).

Radlshorts sollten ein Synthetik-, kein Rehlederpolster haben. Waschen wird man nämlich meist in Waschsalons und echtes Leder nimmt solche Behandlung übel. Außerdem trocknen Synthetikpolster schneller.

Vorschlagsliste

2 Radhosen kurz
1 Radhose lang
1 Short
1 Trekkinghose lang (für „gesellschaftliche Auftritte" und gegen Mückenüberfälle), besser: Zip-Hose, dann keine Shorts erforderlich
1 lange Skiunterhose oder Lycrapants
1 Regenhose
2 T-Shirts mit kurzem Arm oder Radtrikot
1 Shirt/Trikot mit langem Arm
1 Faserpelzjacke
1 Regenjacke
1 Bluse / Hemd passend zur Trekkinghose (gleicher Einsatzbereich wie die Hose und zusätzlich Sonnenschutz für die Arme)
Unterwäsche (am besten aus modernen, hautfreundlichen Kunstfasern zur Schweißableitung) / Socken

1 Gürtel (darf auch mit Klettverschluss sein)
1 Paar Sport- oder Trekkingschuhe, 1 Paar Flip-Flops, Regenstulpen
Handschuhe, Stirnband, Badezeug, Sonnenbrille, evtl. Schirmkappe, Helm

Mit dieser Minimalausstattung kommt man in allen gemäßigten Zonen gut über die Runden, vor allem dank der Waschsalons. Innerhalb einer Stunde ist alles sauber, getrocknet und wieder einsatzbereit. Wer nach Alaska radelt oder andere Extremreisen im hohen Norden plant, der sollte seine Kleidung um eine weitere warme Garnitur erweitern. Nach Regengüssen und begleitender Kälte freut man sich, noch etwas Trockenes zum Anziehen in den Packtasche zu finden.

Persönliche Sachen dürfen nicht fehlen, wie
• Kulturbeutel
• Mini-Reiseapotheke (mit Pflaster, Mullbinde, Aspirin, Vaseline und evtl. ein Antibiotikum)

Nützlicher Kleinkram

Einige Sachen haben sich besonders bewährt. Man muss sie nicht über den großen Teich fliegen sondern kann sie bei Bedarf vor Ort kaufen.
• Pinzette
• Tagebuch, Stift, Leuchtmarker f. Landkarten, Bücher, kl. Übersetzungscomputer Englisch/Deutsch
• wasserfester Stift (zum Markieren und Schreiben auf Rahmen, Schläuchen, Plastikfolien, Päckchen)
• zwei leichte, stabile Plastikplanen (eine als Zeltunterlage, eine zum Abstellen der Packtaschen, wenn es matschig ist, als rasches Regendach bei Gewitterschauern, als Sitzfläche im Zeckengras, als Unterlage bei Reparaturen etc.)
• 25 Meter Bärenleine (nur im Bärenland)
• Plastiktüten mit Schnellverschluss in div. Größen (USA: „zip-bags")
• Bauchtasche mit Reißverschluss oder Daypack/kleiner Rucksack

Brillen- und Kontaktlinsenträger

Moderne weiche Kontaktlinsen sind ideal für die Zeit auf dem Rad. Beschlagen, Verschmieren, Verregnen, das Rumgehampel beim Wechsel auf Sonnenbrille, ..., alle negativen Randerscheinungen der Brille sind Schnee von gestern. Und sollte die Linse wirklich mal verrutschen, dann habt ihr ja euren Fahrradspiegel für den Check-Up. Monatslinsen für tagsüber haben sich bewährt, die kommen ohnehin oft aus US-Produktion und so gibt es auch sämtliche Pflegemittelchen in jedem besser sortiertem Supermarkt. Für den Fall der Fälle natürlich die Brille mitnehmen!

Fotografieren

Wir haben Radler getroffen, die lediglich eine Wegwerfkamera dabei hatten und andere, deren Taschen prall gefüllt waren mit Bodies, Objektiven und Stativ. Moderne elektronische Kameras sind handlich und funktionieren nur mit Batterien. Bei manchen Kameras kann man über einen Bodenansatz, wie z.B. bei der Nikon F 80, für die üblichen Mignon-(AA) Batterien nachrüsten. Autofocus hat natürlich Vorteile, man ist einfach schneller.

Reguläre Filme für Papierabzüge bekommt man überall und preiswert in jedem Drugstore, Supermarkt etc. Das Angebot an Diafilmen ist jedoch wesentlich geringer, noch am besten für Kodak-Filme. Wer mit „exotischem" Material wie Fuji Velvia arbeitet, bekommt diese nur in guten Fotogeschäften oder Labors in den Großstädten. Und diese Raritäten haben ihren Preis! Dia-Fotografen sollten auf jeden Fall soviel wie möglich von ihrer Filmsorte von zu Hause mitnehmen, das ist billiger. Die Entwicklung von Diafilmen ist in den USA im Filmpreis nie eingeschlossen!

Wer nur für kurze Zeit unterwegs ist, nimmt seine Filme zum Entwickeln am besten wieder nach Hause zurück. Wer lange reist und gerne schon unterwegs ein paar Resultate sehen möchte, sollte sich vor Ort ein gutes (Profi-)Labor aus den Gelben Seiten des Telefonbuches heraussuchen. Labors, die sich mit Hinweisen wie „Professional Lab" oder „Custom Lab" schmücken, sind Schnellabors auf jeden Fall vorzuziehen. Die Päckchen mit Filmen, die wir per Post nach Deutschland geschickt haben, sind alle unversehrt angekommen. Am sichersten in speziellen Filmtüten versenden.

Unbelichtete und besonders belichtete Diafilme vor Hitze bewahren! Den Vorrat am besten tief unten in den Packtaschen zwischen der Wäsche oder im Schlafsack eingewickelt verstauen.

Digital-Kamera: Mittlerweile gibt es sehr gute, reisetaugliche Digital-Kameras, die – einen entsprechend üppigen Speicher vorausgesetzt – mehrere hundert Bilder „schaffen". Die Qualität der Fotos ist hervorragend und größter Vorteil die Möglichkeit, vom nächsten Internetcafé aus die Aufnahmen per E-Mail nach Hause zu schicken. USB-Kabel, Kamera-Treiber und Bildbearbeitungsprogramm (auf CD) nicht vergessen! Digitalkameras sind aber „Energiefresser" und müssen regelmäßig zum Laden ans Stromnetz.

Hier einige wichtige Ratschläge für gute Fotos von eurer Radreise:

Gut macht sich immer das Rad mit Wegweisern („Albuquerque: 232 miles"), mit Ortsschildern mit Einwohnerzahl, Höhenangabe und zuweilen auch Gründungsjahr, mit Pässe-Schildern (Name, Höhenangabe), mit Nationalpark-Schildern usw., also von allen Motiven, die eure Anwesenheit dokumentieren. Bei Landschaftsaufnahmen das Rad miteinbeziehen: Blick durch das Vorderrad, „Schuss" über den Lenker, nach hinten über den Gepäckträger etc. Bei total „wahnsinnigen" Motiven (z.B. Bärenmutti mit ihren Jungen kreuzen vor euch die Straße) immer den Radlenker als Vordergrund miteinbeziehen, sonst glaubt euch das später niemand ...

Alleinradler sollten ein kleines (Klemm-)Stativ dabeihaben, um sich selbst ins Bild zu setzen, oder man muss des Wegs kommende Personen bitten, einen zu fotografieren. Wichtiger als „Pausenbilder" sind Fotos, auf denen man fahrend drauf ist. Mitradler mittels „Mitziehtechnik" fotografieren (Kamera gleichmäßig mitschwenken und mit längerer Zeit, ca. 1/15 sec., auslösen).

Allen ernsthaft fotografierenden Radlern sei das Büchlein „Reisefotografie", Helmut Hermann, Reise Know-How, Reihe PRAXIS, empfohlen.

TEIL II
AMERIKA FÜR BIKER

BIKES IN TUNNEL
WHEN LIGHTS FLASH
SPEED 30

PUSH
BUTTON
BEFORE
ENTERING
TUNNEL

KAP. 4:

USA FÜR EINSTEIGER –
How to get along

♥ STORY
von
Stefan
Voelker

How to make friends

Gerade als ich mein Flickzeug aus der untersten Ecke der Packtasche herauskrame, stoppt eine alte Limousine neben mir. Ein noch älterer Herr steigt aus. Mit einem Lächeln auf den Lippen kommt er auf uns zu und fragt, was denn passiert sei und ob wir Hilfe bräuchten. „Wenn es Probleme gibt, kann ich euch ja auch im Auto mitnehmen, der Kofferraum ist bestimmt groß genug für eure Räder." Wir lehnen dankend ab: „Ist nichts Gravierendes, nur eine kleine Panne, ein Loch im Schlauch."

Der ältere Herr will jetzt natürlich alles über uns und die Tour erfahren und erzählt so nebenbei auch ein bisschen von sich: „Ich habe auch schon einmal eine Bustour durch Europa gemacht. Am Rhein hat es mir besonders gut gefallen. Aber da war keine Zeit für längere Stops und schon gar keine für Kontakte zur Bevölkerung. Und das fand ich sehr schade", stellt er mit einem Seufzer fest. „Ja, einige Zeit lang hab' ich in Dallas, Texas, gelebt, aber das war viel zu hektisch. Da ist es hier in Erick, im Westen Oklahomas, schon viel angenehmer. Allein das Autofahren ist viel stressfreier." Auch will er wissen, wie es uns in dem Ort gefallen hätte, immerhin hat er uns an der Tankstelle aufbrechen sehen und sei uns extra nachgefahren. „Radfahrer sieht man hier so selten. Könnt ihr nicht einen Moment warten, ich will ein Foto machen?" Und schon ist er weg, eine Antwort auf seine Frage wartet er erst gar nicht ab.

Nach der Fotosession passiert etwas wirklich Überraschendes: der ältere Herr bittet uns, doch mal eben zum Wagen mitzukommen. „Meine Mutter sitzt auf dem Beifahrersitz und will euch Europäern einfach mal die Hand schütteln, just to wish you all the best and, you know, just to make new friends." Dieser Aufforderung kommen wir natürlich mit Interesse nach, denn die Mutter dieses Herrn muss doch schon einige Jahre älter sein als die erste Asphaltdecke der Route 66. Und das ist sie dann auch!

Ohne dass wir ihr genaues Alter erfahren, haben wir beim Händeschütteln gehörig Respekt vor der knochigen und zerbrechlichen Hand, die wir da umklammern. Ich denke in diesem Augenblick an all' die Geschichten und Mythen rund um die Route 66, die ich in Vorbereitung dieser Fahrt gelesen und erfahren habe. Und ich mache mir bewusst, dass diese Frau hier schon lange erwachsen war, als der motorisierte Ansturm nach Westen entlang dieser Lebensader begann.

Noch lange denke ich an diese Begegnung mit dem Sohn, der mein Opa hätte sein können, und an seine Mutter, der wir mit ein paar Worten und einem Händedruck sicher eine Freude gemacht haben. Die kleinen Dinge des Lebens bereiten einem zuweilen die größte Genugtuung und Zufriedenheit ...

■ *Stefan*
Voelker vor
Asphaltkennzeichen „Route 66"

**Leichte
Kontakte**

Kontakte knüpfen? Das ist total einfach. Das war eine der schönsten Erfahrungen für uns in den USA. Man kommt auf dich zu. Man will mit dir reden. Und andersrum? Wenn du auf Leute zugehst, wird man dich freundlich behandeln. Reden, plaudern, Witze machen – Freude an Kommunikation ist wichtig in den USA. Alle sind neugierig und lieben es, über Reisen zu plaudern. Wer also seine Ruhe haben will und es nicht leiden kann, ständig angesprochen zu werden, der fährt besser woanders hin!

Europäer beurteilen Amerikaner so gerne als oberflächlich und naiv. Aber gerade die Einfachheit in der Sicht der Dinge ist es, die den Alltag so leichtmacht. „Are you having fun?" Spaß haben ist grundsätzlich das Wichtigste. Bloß nicht sich aufregen über Kleinigkeiten! Lieber lacht man darüber und sucht sich heraus, was Positives zu entdecken ist. Hat man den guten Aspekt gefunden, schlägt die Stimmung gleich um in Begeisterung. Strohfeuer oft, doch aus dem Augenblick wird immer das Beste gemacht. Es fällt leicht, Amerikaner zu mögen.

**Gastfreund-
schaft**

Gastfreundschaft genießen, das ist, als hätte man plötzlich in einer sonst fremden Welt ein Zuhause und viele Freunde. Für mich persönlich ist es eigentlich die wichtigste Erfahrung beim Reisen und ich lasse gerne ein Stück aufregender Landschaft sausen, wenn ich statt dessen einen tieferen Einblick in die Lebensweise der Menschen gewinnen kann. Gastfreundschaft beginnt für mich dort, wo andere Menschen versuchen, mir eine Freude zu machen – sei es eine freundliche Geste, sei es eine Tasse Kaffee oder gar eine Einladung zu Bett und Dusche. Je besser der Kontakt zu den Leuten vor Ort ist, um so mehr Freude habe ich unterwegs.

Um Kontakte zu knüpfen, musst du allerdings zunächst einmal den Menschen nahekommen, und das ist nicht immer ganz leicht im voll organisierten, auto-orientierten Nordamerika. Wo trifft man sich? Auf den Straßen rollt man in Blechkisten nebeneinander her. Fußgänger gibt es kaum. Wenn du um Auskunft bittest, schickt man dich zur Tourist Information. Fragst du nach einem Zeltplatz und spielst auf die große Wiese neben dem Haus an, so schickt man dich freundlich zum nächsten RV-Park, dem Platz, der dafür vorgesehen ist. Alles verläuft in geregelten Bahnen, auch der Umgang miteinander. So beschränken sich Begegnungen auf Zufälle und Plätze, an denen die Menschen herauskommen aus der Isolation ihrer Blechkisten und ihrer klimatisierten Häuser. Vor Supermärkten, Tankstellen, auf Campingplätzen und Wanderwegen, dort finden Kontakte statt. Dort gewinnst du am ehesten das Gefühl dafür, wie liebenswert Amerikaner sein können, wie gerne sie sich selbst durch den Kakao ziehen und wie schrecklich leicht sie für alles zu begeistern sind.

Für manche Regionen, besonders in denen, die für Touristen weniger interessant sind, hatten wir so viele Einladungen, dass wir sie unmöglich alle wahrnehmen konnten. In anderen Regionen gab es fast keinerlei Kontakte. Man glaubt es kaum, wie unterschiedlich die Menschen verschiedener Staaten in ihrer Aufgeschlossenheit Radreisenden gegenüber sind. Übernachtungsmöglichkeiten in Motels, Jugendherbergen und auf Campingplätzen gibt es reichlich, und wer genug Geld hat und diese Plätze mag, braucht sich in den USA über einen Schlafplatz nicht den Kopf zu zerbrechen. Uns sind diese Plätze ein wenig zu anonym und besonders in Städten habe ich gerne Kontakt zu jemandem, der sich vor Ort auskennt.

Sprache – verstehen und verstanden werden

Kommunikation läuft über Sprache und Gesten. Amerikanische Gesten stimmen im Wesentlichen mit den europäischen überein. Gesprochen hingegen wird Englisch. Ein Amerikaner, der sich mit dem Attribut „bilingual" – zweisprachig – schmücken kann, ist selten und genießt bei seinen Landsleuten besondere Achtung. Die meisten sprechen eine einzige Sprache, nämlich Englisch und irgendwie erscheint es ihnen selbstverständlich, dass alle, die ihr Land besuchen, es ebenfalls tun. Ein paar Brocken Englisch sollte man deshalb mindestens können, wenn man die USA und Canada bereisen will. Da vieles auf Selbstbedienung ausgelegt ist, kommt man auch mit geringen Sprachkenntnissen durch, aber wer Leute kennenlernen und Spaß haben will, sollte etwas mehr als das Nötigste beherrschen. Also gönnt euch im Zweifelsfall vor der Reise ruhig einen Anfänger- oder einen Auffrischungskursus in Englisch bei der VHS.

Aussprache in den USA und Canada

Eigentlich ist das amerikanische Englisch besser zu verstehen als britische, da es breiter, gedehnter gesprochen wird. In den ersten Tagen war ich ausreichend damit beschäftigt, überhaupt Sätze auf die Reihe zu bekommen und Sprachbetrachtung interessierte mich herzlich wenig. Besonderheiten in der Aussprache fielen mir gar nicht auf. Höchstens dieses permanente „Ma'm", das die Südstaatler einschoben. Als ich mich auf einem Dorf in Ost-Texas bei zwei urigen Gestalten nach dem Weg erkundigte, stand ich dann zum ersten und auch zum einzigen Mal auf dem Schlauch. Die beiden Burschen hatten echt Spaß daran, mich hochzunehmen und sprachen local-slang vom Feinsten, luden uns dann auf ein Bier ein und übersetzten die Streckenerklärung im Anschluss ins reine. In ländlichen Gebieten von Texas kann es also lustig werden und garantiert, wenn du dich mit farbigen Städtern unterhältst: „They can give you a fucking hard time!"

Dass sich die kanadische Aussprache von der amerikanischen unterscheidet, merkte ich zum ersten Mal, als ich eine Nachrichtensendung hörte und unwillkürlich dachte, die Queen persönlich läse die Neuigkeiten vor. Sonst merkt man Unterschiede kaum.

French Canadians

In der Provinz Québec, in einigen Ortschaften Ontarios sowie in allen Siedlungen mit „Acadians" (Neuschottland, Louisiana) triffst du auf Leute, die Französisch sprechen, doch ein Französisch, das selbst die Franzosen kaum verstehen. Viele werden dir erzählen, wie unhöflich diese „Québequois" doch seien, die sich wahrhaftig weigern, Englisch zu reden. Meist liegt es daran, dass diese Touristen sich zu fein sind, auch nur ein einziges Wort Französisch zu sprechen, und sei es nur „bitte", „danke", „ja" oder „nein". Wenn ich mit meinem miserablen Französisch versuchte, einen Satz zu bilden, hatten alle sofort Mitleid, und schalteten augenblicklich von sich aus auf Englisch um. Abseits der Touristenpfade in der Provinz Québec trifft man jedoch auch heute noch auf abgeschiedene Dörfer, in denen ausschließlich Französisch gesprochen wird.

American Knigge – Höflichkeit ist Trumpf

„How are you today?" – „Did you find everything?" – „Oh, you're welcome!"

Gleich am ersten Tag fiel mir auf, wie überaus höflich Amerikaner im Umgang miteinander sind. Das gefiel mir und treudoof habe ich vor allem dieses „How are you today?" aufrichtig mit einem Resumee meiner augenblicklichen Gefühle beantwortet. Später wurde ich stutzig. Als mir wieder einmal eine Kassiererin diesen Satz wie im Halbschlaf entgegenlallte, erkundigte ich mich: „Wollen sie das wirklich wissen oder müssen Sie das sagen?"

Sie musterte mich skeptisch, bevor sie antwortete: „Wir müssen. Aber Spaß macht es uns nicht."

„Aha!" dachte ich und antwortete seitdem stets mit einem „Thanks, fine."

Verwirrt hat mich anfangs auch das permanente „Excuse me!". Zuerst habe ich mich immer umgedreht, weil ich dachte, es sei jemand gemeint, der hinter mir steht. Das war es nicht. Wo immer im allerweitesten Sinne deine Bewegungsfreiheit eingeengt wird, wirst du es hören. Ob in den Gängen im Supermarkt, beim Eintreten durch dieselbe Tür, selbst bei bloßer Behinderung deines Blickes – „excuse me" ist immer dabei.

Floskeln helfen auch hinweg über die erste Scheu beim Kennenlernen. „Nice to meet you." – „Glad to see you." – „How are you doing?" Lernst du jemanden kennen oder wirst du mit Freunden von Freunden bekannt gemacht, gehört solch ein Sprüchlein einfach dazu. Weniger ernst nimm das „See you!" beim Abschied, das selten eine Verabredung bedeutet, sondern nicht mehr ist als ein „Tschüss!" – „Have a good day!" meint ebenfalls „Auf Wiedersehen!", und in Texas ersetzt ein lautstarkes „Y'all wanna be careful!" (Pass auf dich auf!) das förmliche „good bye".

Meeting Places – Treffpunkte für Zugereiste

Ist euch schon aufgefallen, dass ich offensichtlich meine meisten Erfahrungen in Supermärkten gesammelt habe? Lacht nicht! Es ist typisch amerikanisch.

Supermärkte und vor allem Shopping-Malls, die riesigen, überdachten Einkaufshöllen sind in den USA und Canada die Treffpunkte und Kommunikationszentren Nr. 1. Dorthin geht man nicht nur zum Einkaufen, sondern auch um Leute und Freunde zu treffen. Neben den Boutiquen gibt es in den Gängen der Malls viele Snack Bars, Eisdielen, Pizzerias, Fast food-Plätze und Coffee Shops, die fast einen Hauch von Straßencafé haben, angenehmer vielleicht sogar, denn im Innern des Malls gibt es keinen Autoverkehr.

Wenn wir Leute kennengelernt haben, dann geschah es wirklich meist beim Einkaufen (ob Supermarkt oder Fahrradladen), auf der Post, an Tankstellen, auf Campgrounds, vor Museen und an Aussichtspunkten, an den wenigen Stellen halt, wo Amerikaner mal ausnahmsweise zu Fuß unterwegs sind und nicht wie sonst abgeschottet in ihren Blechkisten sitzen. Besonders gefreut haben wir uns immer, wenn Leute, die zuvor an uns vorbeigebraust waren, auf dem Seitenstreifen standen und auf uns warteten, weil sie neugierig geworden waren.

Kneipen-szene

Lounges – amerikanische Kneipen, haben vor allem auf dem Lande den Charme einer Eisdiele mit Plastikpolstern und Resopaltischen. Dennoch – es gibt Bier vom Fass. Wir, als Wildcamper und Städtemeider, haben uns selten dort aufgehalten und sie nicht als Anlaufstelle genutzt. Die Typen, die tagsüber mit glasigen Augen über ihrem Bier meditieren sind nicht unbedingt die Kontakte, auf die ich aus bin.

Aber in größeren Städten gibt es das eine oder andere gemütliche Café, das man gerne ansteuert. Fahrradläden und -Clubs, die Univiertel in Städten, Büchereien, Kirchen und Cafés in kleineren Orten sind erfahrungsgemäß sicherere Punkte, um Kontakte zu knüpfen. Andere Traveller trefft ihr am ehesten in Jugendherbergen, YMCA- oder YWCA-Häusern und in Nationalparks.

Nachtleben

Abends durch die erleuchteten Straßen downtown bummeln, mal hier mal da reinschauen und gemütlich ein Bierchen trinken – vergiss es! Du wirst in den USA selten Gelegenheit dazu haben. Völlig sachkompetent bin ich bei diesem Thema zugegebenermaßen nicht, denn wenn ich ehrlich bin, bestand mein Nachtleben überwiegend aus Lagerfeuer und Schlafsackaktivitäten, weniger aus „Kulturkonsum mit Kneipenbesuch".

Aber auch wenn wir abends mit Freunden per Auto in Städten unterwegs waren, sah das Nachtleben in den Staaten immer völlig anders aus. Die Stadtzentren der Cities sind nach Büroschluss meist wie ausgestorben und jeder meidet sie aus Sicherheitsgründen. Kinos befinden sich in Malls oder sind als Kinocenter in eigenen Gebäuden untergebracht. Was immer man nach Einbruch der Dunkelheit unternimmt, man steuert das Ziel direkt per Auto an, läuft höchstens die paar Schritte vom Parkplatz zum Treffpunkt. Das wär's.

„hang outs"

Daneben gibt es Punkte, an denen man sich per Auto trifft, einen Sixpack oder zwei auf dem Rücksitz, und der Abend ist gerettet. Diese „hang outs" sind außerordentlich beliebt, bei Pärchen ohne Bleibe und Männergruppen jeden Alters. Vor allem auf dem Land, wo es sonst keinerlei Freizeitalternativen und nette Treffpunkte gibt, sind Freiluftparties sehr beliebt. Man(n) trifft sich auf Feldwegen, in abgelegenen Parks oder auf Rastplätzen am Highway. Wenn du irgendwo mitten in der Wildnis sechs Bierdosen und mehr auf einem Schlag neben der Fahrbahn liegen siehst, weißt du Bescheid. Oft fährt man auch einfach ins Blaue hinein und stoppt irgendwo am Straßenrand oder „cruised" im Auto so herum.

Warum ich die „hang-outs" so ausführlich beschreibe? Vor allem wenn du wild campst, solltest du diese Plätze meiden. Manchmal werden auch

■ *Schießwut ...*

Waffen mitgebracht und angeschickert wird in der Gegend herumgeballert. Uns hat es gereicht, dass einmal in der Dunkelheit Kugeln an unserem Zelt vorbeipfiffen. Danach haben wir Plätze mit Spuren von Saufgelagen geflissentlich gemieden.

Telefonieren – manchmal gar nicht einfach

„Just give me a call!" Das ist meistens eine Einladung, die man zusammen mit der in die Hand gedrückten Visitenkarte ausspricht. In Fremdsprachen zu telefonieren ist nicht jedermanns Sache. Man sieht sein Gegenüber nicht und nicht jeder ist am Telefon gut zu verstehen. Umgang mit dem Fernsprecher erleichtert den Alltag erheblich, denn Telefonieren ist eine Leidenschaft im Kontinent von AT&T, Bell, Sprint u.a. An jeder Tankstelle, vor jedem Shopping Center, selbst per Funktelefon vom Auto aus im dichtesten rush-hour Verkehr – wo ein Fernsprecher ist, da wird er auch benutzt. Telefonieren, mit allen in Verbindung stehen, das gehört mit zum amerikanischen Lebensgefühl.

Gleich vorab: Völlig durchschaut habe ich das System des Selbstwählens (dial direct) auch in zwei Jahren nicht. Meine Lieblingstaste war die „0" für Operator. Gut, dass es die gibt. Nach den ersten Verwirrspielen am Hörer habe ich mich gleich von vornherein an das Fräulein oder den Herrn vom Amt gewandt.

Es gibt ein paar Fallen, die ich beschreiben kann. Aber alle Probleme hat man damit noch nicht im Griff. Telefonieren in den USA von öffentlichen Telefonen ist für Europäer sicherlich etwas kompliziert. Keine Probleme gibt es von Privatanschlüssen.

■ *Mitten in der Landschaft: „Phone From Car" – vom Sattel aus ist natürlich auch erlaubt ...*

Richtiges Wählen

In den USA gibt es verschiedene Telefongesellschaften, die miteinander konkurrieren. Je nachdem in welchem Staat du dich aufhältst und welcher Telefongesellschaft der Apparat gehört, von dem aus du anrufen willst, gelten unterschiedliche Regeln, zumindest für Ferngespräche. Und immer wenn ich mir den Gang der Dinge gemerkt hatte, klappte er beim nächsten Mal nicht mehr! Also – „operator".

Area Code

Canada und die USA bilden telefonisch eine Einheit. Jede Provinz bzw. jeder US-Staat besitzt eine dreistellige Vorwahl, den *Area Code,* einige dicht besiedelte US-Staaten und Canada-Provinzen mehrere davon. Dieser Vorwahl folgt die siebenstellige Rufnummer.

Bei Gesprächen über den regionalen Area Code muss eine „1" vorweggewählt werden. Ob du dich im Bereich derselben Vorwahl befindest, kannst du am Apparat ablesen, von dem aus du anrufst. (Jeder öffentliche Fernsprecher in den USA hat eine eigene Nummer, die außen am Apparat ablesbar ist. Wenn du diese Nummer durchgibst, kannst du dich auch an genau diesem Fernsprecher anrufen lassen! Das lohnt allerdings nur bei direktem Rückruf und wenn möglichst keine Warteschlange hinter dir steht).

Je nachdem, ob du per Karte oder bar, per Durchwahl oder mit Operator telefonierst, gelten unterschiedliche Zahlenkombinationen für einen Anruf nach Europa. Zugang zum internationalen Netz bekommt man in der Regel durch die Wahl von 01 oder 011, dann folgt die Landeskennzahl: Für Deutschland 49, für Österreich die 43 und die 41 für die Schweiz. Danach unsere Ortskennzahlen ohne die „0" und schließlich die Apparatenummer wählen.

Neben der Buchstabenzuordnungen bei den Zifferntasten – genau wie bei unseren Handys und zunehmend auch Hausapparaten – sind für den Umgang der „Star-Key" (= Sterntaste) und der „Pound-Key" (= Rautetaste) von Bedeutung.

Collect Call Wenn du dich bei Freunden in den USA melden sollst, so werden sie dir wahrscheinlich sagen „call collect". Das solltest du auch tun, wenn du keine Karte besitzt. Bei einem Collect Call zahlt der Empfänger, falls einverstanden, die Gebühren. Deshalb wird man dich nach deinem Namen fragen, bevor die Verbindung hergestellt wird. Meist reicht es, wenn du einfach eine „9" vor die gewünschte Ziffernfolge setzt. Damit ist der Anruf automatisch als Collect Call registriert.

Collect Calls sind auch nach Europa möglich, aber sie sind dreimal so teuer wie ein reguläres Gespräch. Anruf dafür bei der Vermittlung (es meldet sich Frankfurt, also deutsche Stimme) unter 1-800-292-0049 (Österreich: -0043, Schweiz: -0041). Bewährt für das Übersee-Gespräch hat sich folgende Vorgehensweise: Hörer abheben, obige gebührenfreie Nummer wählen und vermitteln lassen, Nummer des Fernsprechers, an dem man steht, an die Lieben daheim durchgeben, wieder auflegen und zurückrufen lassen. Denn bei den meisten deutschen Telefonverträgen ist heutzutage ein Ferngespräch in die USA und Canada im Vergleich zu einem nach Polen oder in die Türkei spottbillig. Oft unterschreiten die Gebühren die Kosten für ein Gespräch Hamburg-München!

Mit Münzen In nordamerikanischen Münzfernsprechern (Pay-Phones) ist die direkte Durchwahl, national wie international, nicht ohne weiteres möglich. Internationale Ferngespräche lassen sich nur mit Hilfe eines Operators führen, sofern der Anrufer keine Calling oder Phone Card besitzt.

Telefonieren mit Münzen ist echt grauenvoll. Die größte Münze, die ein Münzfernsprecher schluckt, ist ein Quarter, also 25 ct. Für ein Überseegespräch braucht man einen ganzen Sack voll. Außerdem unterbricht dann immer der Operator und meldet seine Geldwünsche für die nächsten Gesprächsminuten an.

Mit Calling oder Phone Cards Bis vor einiger Zeit war eine Calling Card der amerikanischen Gesellschaften AT&T, Sprint oder MCI die optimale Methode zur Vermeidung hoher Telefonkosten für Ferngespräche innerhalb Amerikas wie auch für

Anrufe in die Heimat. Die Gesprächskosten werden dabei über die Kreditkarte abgerechnet.

Noch einfacher ist es nun dank der überall (Supermärkte, Tankstellen, Hotels etc.) zu kaufenden Phone Cards. Dabei sind die Minutenpreise aber unterschiedlich und auch recht hoch, zudem kann mit einer z.B. in New York City gekauften Karte in Ohio schon nicht mehr telefoniert werden, weil es sich dort um eine andere Telefongesellschaft handeln könnte. Die Handhabung ist relativ einfach: (kostenlose) 800-Nummer anwählen, Codenummer der Karte und Rufnummer wählen; das Restguthaben wird in der Regel angesagt.

Phone Cards vorher kaufen: Über's Internet erhältlich ist die Phone Travel Card (eine Prepaid Phone Card) von World Line, www.worldline.de. Mit dieser Karte im Wert von z.B. 15 Euro kann für 0,30 Euro/min von Canada und USA aus nach Hause telefoniert werden.

Mit Kreditkarte

Dort, wo Karten eingeschoben werden können, lässt sich auch direkt mit normaler Kreditkarte telefonieren. Das ist ein ebenso teures Vergnügen wie Long-Distance-Calls vom Motelzimmer aus. Lasst euch nicht mit dem Werbespruch „Free local calls" locken: die sind zwar o.k. zum Ranklingeln des ortsansässigen Pizzaservice, die Gebühren für ein Ferngespräch gilt es aber besser vorher zu klären, sonst drohen böse Überraschungen. Die kann es auch beim Anwählen von 1-900-Nummern geben ... Dagegen gehen die Kosten der Servicelines mit den Vorwahlen 1-800, 1-888, 1-877 oder 1-866 immer zu Lasten des Angerufenen; auch bei Pay Phones schaltet sich hierbei kein Operator ein.

Handy

Seien wir doch mal ehrlich: Ohne Handy gehen die meisten heute nicht mehr aus dem Haus und manche Gewohnheiten möchte man auch in den Urlaub mitnehmen, zumal sie ein Stück (vermeintlicher) Sicherheit oder Heimat versprechen. In den USA und Canada funktionieren nur Tri-Band-Handys für den US/Canada-Mobilfunk-Standard. Diese Geräte könnt ihr auch in Europa beim hiesigen Mobilfunkanbieter anmieten, oder ihr schaut mal bei www.telecom.de rein. Bei Mobiltelefonaten aus dem Ausland fallen allerdings erhebliche Gebühren an, denn zu den Gebühren des heimischen Providers (für alle(!) ankommenden und ausgehenden Gespräche sowie Mailboxabfragen) kommen noch die des nordamerikanischen *Roaming*-Partners des eigenen Mobilfunknetzbetreibers hinzu. Ohne Roaming (d.h. ohne Übernahme der heimischen Telefonnummer) sind die Gesprächsgebühren mit einem Miethandy preiswerter.

Aufgrund der geringeren Bevölkerungsdichte in Nordamerika ist die Netzabdeckung nicht vergleichbar mit der in Deutschland und wenn ein Netz vorhanden ist (siehe dazu unter www.gsmsite.de), dann hängt sicher auch ein „normales" Münztelefon an der übernächsten Hauswand. Ferner an die Akkus denken: auch wenn die Dinger heutzutage schon recht lange durchhalten, irgendwann brauchen sie frischen Saft aus der Steckdose, und so was gibt's – und da müsst ihr schon Glück haben – oft nur im Toilettenhäuschen der Campingplätze. Tag/Nacht-Temperaturwechsel sorgen für zusätzlichen vorzeitigen Leistungsverlust der Akkuzellen.

Übrigens: „Handy" ist ein deutsches (Un-)Wort, die Amerikaner sagen cell(ular) phone oder mobile phone.

E-Mail – manchmal einfacher als Telefonieren

von Burghard Bock/ Marburg

Unterwegs mal im Internet zu surfen und E-Mails zu empfangen/zu versenden, ist auf Reisen in Nordamerika relativ einfach. Dazu legt man sich noch in der Heimat ein kostenloses E-Mail-Account an, besonders beliebt bei Travellern sind web.de, gmx.de oder hotmail.com. Damit kann man Mails von der eigenen Adresse abholen lassen und weltweit von jedem Internet-Computer aus bearbeiten. Bestimmt einen Account-Manager – das sollte günstigstenfalls auch euer Reisekoordinator sein –, der regelmäßig sein E-Mail-Postfach nach neuen Mails durchschaut. Legt eine Datei mit den Details aller wichtigen Dokumente an, das können auch gescannte Seiten aus eurem Reisepass u.ä. sein. Bei Verlust oder Diebstahl fordert ihr die Datei(en) an und druckt sie aus.

In den USA findest du Internetcafés oder zumindest einen Computer mit Internetzugang in den meisten Hostels, auf dem Campus von Colleges und Universitäten, und (immer seltener) sogar gratis in öffentlichen Bibliotheken. Rechne mit Onlinegebühren von 6–8 $/Stunde. Viele Campingplätze rüsten mittlerweile mit Anschlussbuchsen für Notebooks nach. Es gibt kein spezielles Cybercafé-Verzeichnis für die USA und Canada, dazu verläuft die Entwicklung viel zu rasant. Auch Online-Verzeichnisse wie bspw. www.netcafes.com, www.netcafeguide.com oder www.cybercafe.com listen nur die Cafés, die für diesen Service bezahlen. Die beste Info-Quelle sind andere Touristen, die wissen auch meist, welche Cybercafés gar Scanner bzw. CD-Brenner und USB-Anschlüsse für Digital-Kameras zur Verfügung stellen. Einfach die Digital-Kamera anstöpseln und die Bilder auf euer E-Mail-Account laden geht nicht, denn bestenfalls stellt dir der Provider 12 MB kostenlosen Speicher zur Verfügung. Du musst die Bilder auf CD brennen. Um Ladezeiten zu minimieren, solltest du Urlaubsbilder an Freunde komprimieren, das erfordert eine Bildbearbeitungssoftware, die nicht in jedem Internetcafé vorhanden ist (auf CD mitbringen und fragen, ob man sie installieren darf).

Tip: An öffentlichen Zugängen die Liste der besuchten Internet-Seiten und ggf. genutzte Speicher besser löschen.

Buchtips: „Internet für die Reise" und „Kommunikation von unterwegs" (Einsatz von Laptops, Notebooks, Digital-Kameras, Mobiltelefon u.a.m.) beide Reihe PRAXIS, Reise Know-How.

Post verschicken – Post bekommen

Vor unserer Reise hatte ich in mehreren Büchern gelesen, dass die amerikanische Post sehr unzuverlässig arbeite, vor allem was die Zustellung von Päckchen betrifft. Wir haben in zwei Jahren nicht eine einzige schlechte Erfahrung gemacht. Alles was wir abgeschickt haben, ist angekommen. Alles was uns zugeschickt hat, oft unter „General delivery" (postlagernd) ist ebenfalls eingetroffen. Wenn deine Taschen also langsam anschwellen unter der Last der Souvenirs, Karten etc., steure ruhig das nächste Postamt an und wirf Ballast ab.

Post verschicken

Auf den Postämtern gibt es einzelne „pre-stamped envelopes", was günstiger ist, als einen 100er Pack im Laden zu kaufen. Kartons für Päckchen kann man in „Mail & Package"-Läden kaufen, die es meist in Shopping Centers gibt. Sie bieten auch UPS (teuer), FedEx und Fax-Dienste an und sie haben meist sieben Tage in der Woche geöffnet. Oder halte Ausschau nach einer Angestellten im Supermarkt, die gerade Waren auspackt. Verseht Päckchen mit unentwickelten Filmen mit dem Vermerk: „Films – Do not X-Ray".

Wichtig: Im Amerikanischen heißt das Postamt „post office". Doch Briefe, Pakete, Päckchen etc. ist die „mail", nicht die „post"! Und wenn es in Zeitschriften z.B. heißt: „Include SASE", soll man seiner Anfrage/ Bestellung einen Freiumschlag beifügen („**S**elf **A**dressed **S**tamped **E**nvelope"). Die Ziffern 1 und 7 weichen von unserer Schreibweise ab. 1 schreibt man wie „I" und die 7 ohne Querstrich. Es kam öfter zu Verwirrungen mit unserer 1, die für eine 7 gehalten wurde.

Das Datum schreibt man in anderer Reihenfolge als bei uns, nämlich Monat, Tag, Jahr und mit Querstrich oder Schrägstrich voneinander getrennt. 12-25-06 oder 12/25/06 ist Weihnachten 2006.

Post bekommen

Am unkompliziertesten ist es natürlich, wenn du dir deine Post an die Adresse von Freunden in den USA schicken lassen kannst, wo du dann bei Ankunft neben alten Bekannten auch eine geballte Ladung an Neuigkeiten vorfindest. Wenn du keine feste Adresse angeben kannst, greif getrost auf „General Delivery" zurück. Suche dir dazu auf der Karte einen Ort aus, der an einer Strecke liegt und von dem du annehmen kannst, dass du ihn in einem absehbaren Zeitpunkt erreichen wirst. Rechne mit 10–14 Tagen Postlaufzeit. Der Ort sollte nicht zu groß sein, aber auch nicht zu winzig. Zu kleine Orte haben keine General Delivery Abteilung, was bedeutet, dass du deine Post in der nächst größeren Stadt abholen musst. Adressiert eure Post in Großstädten an das Main Post Office und vergesst nie die richtige Postleitzahl (ZIP-Code – in den USA fünfstellig, in Canada eine sechsstellige Buchstaben-Ziffern-Kombination). Manchmal folgt nach einem Bindestrich noch eine weitere Zahl, das ist die Nummer des Postschließfachs („Post Office Box" – POB oder P.O. Box). In jedem Postamt liegen Verzeichnisse mit allen ZIP-Codes aus.

Brief an den Postmaster

Postsendungen unter General Delivery werden zwei Wochen lang aufbewahrt. Wenn abzusehen ist, dass ihr später eintrefft, an den Chef des Postamtes, den „postmaster", schreiben: *„Dear postmaster, please hold all mail for Mr. Mustermann for pick up by me upon my arrival (we are travelling by bicycle)."* Erwähnt ruhig, dass ihr mit dem Fahrrad unterwegs seid und nicht so exakt sagen könnt, wann ihr eintrefft, aber die Briefe gewiss abholen werdet, das verfehlt seine Wirkung nie. In kleineren Orten brauchte ich nur den Helm aufzuhalten, schon klangen mir beim Betreten des Schalterraumes die Worte entgegen ... „Sie müssen die Radlerin aus Deutschland sein."

Die Anschrift für Briefe an dich sollte so aussehen:

Rosi Radler
General Delivery
Soundsostadt, Soundsostaat + ZIP-Code
USA

Die Anschrift auf dem Brief an den „postmaster":

US-postmaster
Soundsostadt, Soundsostaat + ZIP-Code (z.B. Austin, TX 78748)

Die Postgebäude sind übrigens meist leicht zu finden, dank der Nationalflagge im Vorgarten.

KAP. 5:

AMERIKA IST ANDERS –
Der kleine Unterschied

**von
Helwig
Lenz**

Widersprüche und Kontraste in der Ami-Gesellschaft fallen einem Touristen aus Europa sehr viel deutlicher auf als den Amerikanern selbst: Da ist der Gegensatz zwischen Schwarzen (Afro-Amerikanern) und Weißen, zwischen unvorstellbarer Armut und protzigem Reichtum, zwischen unbeschreiblichem Schmutz und fast bis zur Sterilität übertriebener Sauberkeit, zwischen Liberalität und prüdem Puritanismus, zwischen Freiheitsliebe und Obrigkeitshörigkeit. Diese Kontraste erlebt man häufig auf engstem Raum. Nun sollten wir auf keinen Fall der typisch deutschen Versuchung unterliegen, dieses „Chaos" nach unseren Maßstäben zu bewerten oder gar mit teutonischer Gründlichkeit zu ordnen. „Take it easy!"

„Stars and Stripes" – die Liebe zur Nation

In vielen Vorgärten hat der Fahnenmast seinen festen Platz, neben noblen Rosen ebenso wie neben Gartenzwergen. Kleine Schildchen mit den Landesfarben stecken im Rasen. Man bekennt Farbe und je nach Regierungspolitik wechseln die Parolen. Doch während wir zu Hause gerne mal ein kritisches Witzchen über unseren Kanzler reißen, erfüllt der Anblick des Präsidenten die meisten Amerikaner zunächst einmal mit purem Patriotismus. Alle sind irgendwie stolz auf ihr Amerika. Du hast da deine ganz persönliche Ansicht zur Rolle der USA in Weltpolitik und UNO? Dann behalt sie für dich! Gespräche über Politik führen leicht zu Missverständnissen. Sei vorsichtig mit solchen Themen! Heb' sie dir auf für Leute, die du sehr gut kennst oder warte, bis du die USA etwas besser kennst. Am besten ziehst du dich in Gesprächen ganz amerikanisch aus der Affäre, mit einem der Allerweltskommentare wie „oh, really?", „well, isn't that something" oder „sounds interesting". Damit widmest du deinem Gegenüber Aufmerksamkeit, ohne ins Thema einsteigen zu müssen.

„God bless you" – die Liebe zur Religion

Religion ist für viele Amerikaner sehr wichtig. Sie prägt Moral wie Verhalten und man bekennt sich öffentlich. Manchmal nimmt das komische Züge an und verblüfft. Ob Gospel-Kirche oder Episkopale, ob Erschauern im heiligen Geist, ob protestantisch prüde oder voll im Trend als Buddhist – Religionsfreiheit wird ernst genommen in den USA, so ernst, dass es in manchen Orten mehr Kirchen als Häuser gibt. Kirchen haben eine wichtige soziale Funktion in einem Land, in dem das Wohlfahrtsnetz große Löcher hat. So haben viele religiöse Menschen die Nächstenliebe auf ihre Fahnen geschrieben. Es hat mir stets Achtung eingeflößt, wenn ein Mensch sein Leben friedfertig an religiösen Prinzipien ausrichtet.

„Sex and Drugs and ..." – was man nicht mag

Prüderie   Amerikaner sind prüde. Nacktheit ist anstößig. Sowohl auf Titelseiten von Zeitschriften als auch am Strand. Frau geht nicht oben ohne und unten ohne höchstens Kinder bis drei. FKK ist eine europäische Erfindung und wird erst allmählich als etwas nicht Kriminelles akzeptiert. Pack die Badesachen ein und nimm es, wie es ist. Rumschmusen in aller Öffentlichkeit ist nicht verpönt, aber auch nicht üblich. Für so etwas hat man schließlich Autos. Verhütung fällt nicht unter die Tabus. Kondome gibt es in jedem Drugstore und auch oft im Supermarkt.

Marihuana   Drogen sind nicht meine und hoffentlich auch nicht deine Welt. Drogenszene ist immer zwielichtig und gefährlich. Egal wo auf der Welt, man hält sich besser raus. Marihuana gilt nicht als harte Droge. Verrückt, aber wir haben viele Radler getroffen, aus den USA und aus Europa, die sich gerne mal ein Marihuana-Zigarettchen gönnten. Mary-Jane-Rauchen ist sowohl in den USA als auch in Canada weit verbreitet, ohne Spur von Heimlichkeit ... Verzicht stärkt den Charakter und du läufst nicht Gefahr, so angeturnt zu sein, dass man dir Geld oder Papiere stehlen kann.

Alkohol   Dasselbe gilt auch für Spontanfeten mit Alkohol in Mengen. Besser du bleibst nüchtern und gehst kein Risiko ein. In vielen Staaten und Counties haben die Amis übrigens ein sehr gespaltenes Verhältnis zum Alkohol. Oft ist Alkoholkonsum in der Öffentlichkeit nicht nur verpönt, sondern strafbar. Das sind die Zonen der „Papiertütenschlürfer". Not macht erfinderisch: Wer Alk trinkt, wickelt Flachmann oder Dose „echt unauffällig" in eine Papiertüte ein.

„Nature will finish it!" – Umweltbewusstsein auf amerikanisch

**von
Helwig
Lenz**

Das Umweltbewusstsein hat in den USA erst relativ spät eingesetzt. Generell lässt sich sagen, dass die Amerikaner sehr viel stärker auf die Selbstheilungskräfte der Natur setzen als wir Mitteleuropäer. So hat es nach dem großen Brand im Yellowstone National Park im Jahr 1988, bei dem fast die gesamte westliche Hälfte des Parks ein Raub der Flammen wurde, keine Neuanpflanzungen gegeben. „Nature will care for it!"

Man geht sehr großzügig mit Grund und Boden um. Auf manchen Farmen kann man Generationen von Mähdreschern und sonstigen Landmaschinen bewundern, alle in unterschiedlichen Stadien des Verfalls. Nur die einsatzbereiten Geräte werden vor der Witterung geschützt. In Kalifornien habe ich vier Straßen- bzw. Eisenbahnbrücken nebeneinander gezählt. Nur noch eine davon war in Betrieb. Die übrigen lässt man an Ort und Stelle verrotten. „Nature will finish it!"

Auf der anderen Seite werden bei Umweltverschmutzung oft harte Strafen verhängt. Das gilt vor allem für National Parks, aber auch für einige Bundesstaaten. „Don't trash!" Sonst drohen Geldbußen bis zu 300 $!

In diesem Zusammenhang sei auch eine typisch amerikanische Einrichtung erwähnt. Oft werden dir Straßenschilder mit der Aufforderung „ADOPT A HIGHWAY" auffallen. Dies ist der amerikanische Versuch, die Straßen ohne öffentliche Gelder sauber zu halten. In einigen Gegenden klappt das auch ganz gut. Geboren wurde die Idee in New York City, als die Stadt praktisch pleite war und für die Instandhaltung der Straßen kein Geld hatte. Man wollte Privatleuten ein Stück Straße verkaufen, um sie so zu Ausbesserungsarbeiten zu verpflichten. Ein Reinfall. Aber die Idee wurde von vielen Bundesstaaten aufgenommen und in abgeänderter Form realisiert. Firmen und Privatleute verpflichten sich heute auf freiwilliger Basis zur Säuberung einzelner Highway-Abschnitte. Als Anerkennung – und wohl auch als Druckmittel – siehst du nun überall im Lande Schilder, auf denen deren Namen vermerkt sind. Dieses System sagt einiges aus über die amerikanische Einstellung gegenüber ihrem Staat: Selbstverantwortung und Eigeninitiative werden höher eingeschätzt als bei uns und sind immer dann gefragt, wenn der Staat nicht helfen kann oder will.

■ *„Adopt a
Highway …"*

„Have a safe trip!" – geh' auf Nummer sicher!

„Wird es besser? Wird es schlechter? Seien wir ehrlich! Leben ist immer lebensgefährlich". (Kästner)

Gefahren

Horrorgeschichten aus Florida geistern durch die Presse. Überfälle auf Touristen häufen sich. Ein Riesenland. Vergiss nicht die Relation! Mal abgesehen von Großstädten und Ballungsgebieten kannst du durch die USA recht unbesorgt reisen. Überfälle – und dann auf Radfahrer – sind unwahrscheinlich. Pack deine Wertsachen in die Lenkertasche und nimm sie mit, wenn du das Rad abstellst. Wenn dir das zu auffällig ist, so versteck sie irgendwo im Gepäck, aber so dass du drankommst, wenn du sie brauchst.

Dein eigentlicher Hauptfeind hat vier Reifen, jede Menge PS und soviel oder sowenig Verstand wie sein Fahrer. Die Gefahr, während deiner Radreise von einem Auto angefahren zu werden, ist zig mal höher als das Risiko, durch den Biss einer Klapperschlange, die Attacke eines Bären oder durch die Kugel aus einer Waffe zu sterben. Witzigerweise lösen die letzten drei Vorstellungen die meisten Ängste aus. An die Gefahr durch Autos hat man sich gewöhnt.

Während Truckdriver meist professionell agieren und zum Überholen gar die Spur wechseln, ist bei den omnibusgroßen, breiten Mobil Homes besondere Vorsicht angebracht. Besonders zahlreich sind sie in der Nähe von National Parks. Ihre Fahrer sind oft frischgebackene Rentner, die ihren neuen Brummer noch nicht richtig beherrschen, oder es sind nur Freizeit- oder Mietwagenfahrer, die gleichfalls ihre Geschwindigkeit, ihre Wagenbreite, eine kurvige Bergstraße und einen plötzlich auf der rechten Seite auftauchenden Radfahrer nicht mehr unter „einen Hut" bringen.

Durch vorausschauendes Verhalten kannst du viele Gefahrsituationen entschärfen. Vorsicht auf verkehrsreichen Straßen, wenn du direkt in die Sonne fährst – also frühmorgens nach Osten oder abends in westlicher Richtung – dann werden die Autofahrer gleichfalls stark geblendet und könnten dich übersehen!

■ *Truckdriver und Biker – David und Goliath*

Gefahren drohen in engen, langen und schlecht ausgeleuchteten **Tunnels**. Seht zu, dass man euch auch von hinten sehen kann (Reflektoren, Diodenrücklicht). Wenn die Durchfahrt für Radfahrer unzulässig ist, lasst es lieber bleiben; notfalls ein Fahrzeug anhalten, das Rad aufladen und mit diesem durchfahren. In sehr verkehrsreichen und langen Tunnels droht Abgas-Vergiftungsgefahr!

Ein stiller Feind aller Radler sind in Längsrichtung geschlitzte **Gullydeckel**, vor allem in den Großstädten. Beachte den rückwärtigen Verkehr, wenn du ihnen ausweichst. Ein Rückspiegel kann nicht nur in dichtem Straßenverkehr lebenswichtig sein, sondern auch dann, wenn man wegen Windgeräuschen oder einer die Ohren bedeckender Mütze von hinten herannahende Autos nicht mehr hört. Wenn man zu zweit fährt, kann man so auch eher Blickkontakt halten.

Hunde

Radfahrer sind immer wieder das Ziel von Hundeangriffen. Ein Radfahrer weckt den Jagdinstinkt von Hunden, sie stürzen euch nach, versuchen zu beißen. Es gibt mehrere Reaktionsmöglichkeiten: Schnell davonfahren (sofern möglich), oder stoppen (gegenüber der Angriffsseite absteigen), sie anbrüllen, und dabei ganz langsam weiterschieben bzw. w. fahren, den Hund dabei nicht aus den Augen lassen, weiter beruhigend auf ihn einreden. Wer Hunde vom Rad aus abwehren will, muss einen schnell greifbaren Stock oder ein paar passende Steine dabei haben – sehr gut ist eine Reitpeitsche, weniger eine Zeltstange oder die Luftpumpe. Oft helfen auch ein paar gezielte Spritzer aus der (Plastik-)Wasserflasche (eine gute Wasserpistole dabeizuhaben wäre wohl auch nicht schlecht). Wenn nötig, den Fuß auf der Angriffsseite hochziehen, doch Vorsicht, Sturzgefahr! Beißangriffe lassen sich auch noch mit einem Reizgasspray (CS-Gas oder Pfefferspray, das man evtl. sowieso zur Eigenverteidigung mitführt) abwehren (dabei aber die Windrichtung bedenken; während dem Pedalen sind die Sprays nutzlos, und in heißen Gegenden wegen der Erhitzung auch nicht ganz gefahrlos).

Bei Hundeattacken muss man wissen, dass Hunde fast immer zur Bewachung von Häusern, Grundstücken und Besitz gehalten werden. Je weniger Besitz, je ärmlicher die Lebensverhältnisse, desto aggressiver die Hunde. Vorsicht bei fest installierten Mobile Homes am Stadtrand der kleineren Gemeinden, die fast immer „bewacht" werden. In den Oststaaten, und hier in Gegenden mit nicht gerade der besten Nachbarschaft, wünscht man sich zuweilen den passenden „Hundeflüsterer" herbei, der die Horde in Schach hält.

Hunde können tollwutinfiziert sein, deshalb keinen ran lassen! Und weil Hunde – insbesondere diejenigen, die draußen gehalten werden – fast immer auch voller Parasiten und Krankheitserregern sind, keinen streicheln oder euch lecken lassen.

Waffen

Ob im „Wilden Westen" oder im „Zivilisierten Osten" – Waffen gehören zum Alltag in den USA. Mann geht nicht ohne. Meist wirst du ihnen begegnen in Form einer Sammlung in irgendeinem Schrank. Oder demonstrativ präsentiert im Heckfenster eines Pick-up Trucks. Alles harmlos. Meistens – aber nicht grundsätzlich. 95% der Amerikaner gehen sehr vernünftig mit Waffen um. Es reicht, wenn du auf einen Vertreter der restlichen 5% triffst.

Jagdzeit

Gefährlich wird es, wenn Kinder oder Betrunkene mit Waffen herumspielen. Die unglückliche Kombination von beidem nennt sich in den USA „hunter" – Jäger – und ist mit äußerster Vorsicht zu genießen. Wild zelten während der Jagdsaison – und irgendwo in den USA ist fast immer „hunting season" – wird ungewollt zum Abenteuerurlaub. Von stiller Pirsch kann nicht die Rede sein. „Deer hunting" – Rehjagd – hat zum Beispiel den Charakter einer Truppenübung. Pick-up Trucks mit Hochsitzen auf der Pritsche walzen durchs Unterholz. Die Fahrer der Wagen kommunizieren lautstark per CB-Funk. Die Jäger tragen Tarnanzüge, was sonst, und sitzen, Gewehr und Bierdose im Anschlag, auf ihrem Thron. Da es jahrein jahraus unter diesen Bedingungen zu zahlreichen Jagdunfällen kommt, versucht man den Schaden zu verringern, indem man alle Jäger zwingt, orangefarbene Leuchtwesten zu tragen.

Derart auffällige Jagdgesellschaften wirst du kaum verpassen. Dadurch sind sie fast schon wieder ungefährlich. Aber wenn auf Kleintier, wie Squirrels (Eichhörnchen) geschossen wird (Dezember bis Januar in Louisiana, z.B.), wird es schon mal ungewollt ungemütlich. Wir erfuhren wie es klingt, wenn Projektile haarscharf am Zelt vorbeipfeifen. Liegen bleiben und tief durchatmen, hieß unser erfolgreiches Lösungskonzept. Es war Nacht, und wer dann schießt, muss betrunken sein, dachten wir und zogen es vor, unsere Anwesenheit nicht per Licht kundzutun.

Nach offiziellen Jagdzeiten kannst du dich bei National Forest- und BLM- Büros erkundigen. Auf Privatland darf der Besitzer allerdings jagen, wann immer er will. In National Parks und State Parks ist das Mitführen von Waffen verboten. Dort dürfen nur die Ranger schießen.

Law and Order

In Filmen sind amerikanische Cops oft zwielichtige Gestalten. Wir haben sie nur höflich und sehr hilfsbereit erlebt. Auf der Straße hatten wir Kontakt mit ihnen nur bei unerlaubtem Fahren auf Interstate Highways, wo man uns lediglich bat, beim nächsten Exit abzufahren. Ansonsten haben wir häufig ihre Hilfe gesucht.

Sie waren unsere Rettung in Pannen- und Krankheitsfällen, als die Highway Patrol großzügig Taxi spielte. Viele Sheriffs lernten wir in den Nicht-Touri-Staaten kennen, wie Kansas oder Iowa, wo sie zuständig sind für die Erlaubnis, im City-Park zu zelten. Außerdem haben sie – wie banal – meist den Schlüssel für die Klos und Waschräume dort.

♥ STORY von Helwig Lenz

Vor mir liegt Providence, die Hauptstadt des Bundesstaates Rhode Island. Vier Highways werden auf einen Interstate verengt und wie durch einen Flaschenhals über zwei große Brücken geführt. Davor und dahinter steuern jeweils riesige Kreisel die Verkehrsströme. Fußgänger- und Fahrradwege? Fehlanzeige! Also stürze ich mich in dieses Chaos wie in einen Wasserstrudel, in der Hoffnung, in ruhigerem Fahrwasser wieder ausgespuckt zu werden, - wohl wissend, dass ich mich auf verbotenem Terrain bewege. Aber ein Umfahren dieses Engpasses hätte zusätzliche 35 Meilen bedeutet. Kurz bevor ich das rettende Ufer in Form der richtigen Ausfahrt erreiche, stoppt mich die Polizei. Ein riesiger „Cop" entsteigt dem Polizeiauto und kommt auf mich zu. Seine gesamte Ausrüstung, bestehend aus Colt, Gummiknüppel, Handschellen, Funkgerät etc. baumelt um den Bauch, was seine ohnehin beachtliche Leibesfülle noch vergrößert. Er mustert mich wie einen aus einer Irrenanstalt ausgebrochenen Geisteskranken. Zunächst werde ich ernsthaft belehrt, dass es streng verboten sei, im Bundesstaat Rhode Island einen Interstate Highway mit dem Fahrrad zu befahren. Dann droht er mir ein „ticket" (Strafmandat) in Höhe von 100 $ an. Ich mime den völlig orientierungslosen, hilflosen, dummen Ausländer, nenne ihn so oft wie möglich „Officer" und „Sir" und bitte ihn, mich aus dieser Verkehrshölle zu befreien, in die ich ungewollt geraten sei. Offensichtlich habe ich meine Rolle sehr überzeugend gespielt, denn seine anfängliche Grimmigkeit schmilzt wie Butter in der Sonne. So kommt es, dass ich als einzelner Radfahrer von einem Streifenwagen mit Blaulicht vom Highway und auch noch durch mehrere Abfahrtskreisel eskortiert werde. Von einem „ticket" ist keine Rede mehr, als er mir zum Abschied zuruft: „Take care – and don't enter interstates!"

Man sollte dieses Erlebnis nicht zur Grundlage eigener Rechtsbrüche in den USA machen, aber ein Appell an die Hilfsbereitschaft lohnt immer!

„It's the law!"

Dieser Satz hat mich mitunter genervt, denn er tauchte immer dann auf, wenn wir eine etwas flexiblere Gesetzesauslegung gerne erhofft hätten. Keine Chance in den USA. Beispiele: Der Sanitäter, der sich weigerte, Harald das wegen seiner lebensgefährlichen Wespenallergie eventuell erforderliche Adrenalin zu spritzen, weil er dazu nicht berechtigt war. It's the law! Die Pilot-Wagenfahrerin, die uns verbieten wollte, per Fahrrad durch eine Baustelle zu fahren, weil sie nicht für einen möglichen Unfall haften wollte. It's the law! Der Ranger, der uns nicht mit den Hunden auf die Wanderwege lassen wollte. It's the law! usw.

Prozesse um hohe Entschädigungssummen im Bereich der Haftpflicht sind in den USA an der Tagesordnung und die Horrorvision eines jeden Bürgers. So wie die Gesetze sind, haftet der Rancher, wenn seine Kuh dir auf den Fuß tritt, selbst wenn du ohne Erlaubnis auf seinem Grund und Boden zeltest, denn er hätte ein Schild aufstellen müssen, das grundsätzlich auf diese Gefahr hinweist. Diese Rechtssprechung lässt viele davor zurückschrecken, jegliche Verantwortung zu übernehmen. Nimm also Ablehnungen daher nicht persönlich. Sie sind oft ein Resultat aus Angst und Verunsicherung bzw. Folge solcher Gesetze.

„Melting Pot USA" – die Menge der Minderheiten

Probleme

Der alte Spruch vom „großen Schmelztiegel USA" entspricht nicht ganz der Realität. Wo so viele ethnische Gruppen aufeinandertreffen und zusammenleben, bleiben Spannungen nicht aus. Ein gewisses Problembewusstsein hat man entwickelt bezüglich der Konflikte zwischen Schwarzen und Weißen, sowie zur Lage der Ureinwohner in den Indianerreservaten. Aber die Schuld an Finanzmiseren sucht man auch in den USA immer eher bei unbeliebten Bevölkerungsgruppen als bei der Wirtschaft. So schimpfen viele auf die Mexikaner, andere auf die Asiaten oder Inder im Lande.

Europäern sind die gängigsten US-Spannungen bekannt: Probleme mit den Schwarzen und Indianern, den unzähligen illegalen mexikanischen Immigranten. Man unterstellt den Amis ja gerne ein übertriebenes Sendungsbewusstsein. Doch manchmal konnte ich mich des Eindrucks nicht erwehren, dass Europäer gern mit einer Art Wiedergutmachungstrauma reisen: Ich will den Schwarzen, den Indianern oder Mexikanern aber zeigen, dass ich sie achte und dass ihr Schicksal nicht mit meinem Einverständnis so erbärmlich war oder ist ...

Begegnungen

Chancen zur Begegnung mit Randgruppen ergeben sich dann und wann spontan. Zuerst wirst du vielerorts mit Erschrecken ein dir vielleicht unbekanntes Maß an Armut registrieren. An der Pacific Coast stolperst du immer wieder über all die „Homeless people", Amerikas Tippelbrüder mit Hab und Gut im Einkaufswagen. In den Südstaaten hast du viel Kontakt zu Schwarzen, wirst aber ihre tiefe Skepsis und Zurückhaltung bemerken. In den Touristenzentren des Westens triffst du sie hingegen höchstens vereinzelt an. Soziale Lage und wohl auch die Wünsche der Afro-Amerikaner spiegeln sich nicht in Form von Reisefieber wieder.

Vorurteile der einzelnen Lager haben sich über Jahrzehnte hinweg verhärtet und schlagen in Großstädten, zusammen mit Drogen- und Bandenkriminalität, in oft nackte Gewalt um. Besser, du meidest als Fremder die Stadtviertel, die als gefährlich bekannt sind, es sei denn, du kennst jemanden, der dort wohnt gut und er begleitet dich. Vor allem nach Einbruch der Dunkelheit kannst du sonst in ernsthafte Schwierigkeiten kommen.

Verhalten in Indianerreservaten

Vergiss Winnetou und die alten Karl-May-Geschichten. Indianer haben längst den Wigwam gegen Reihenhaus mit Klimaanlage eingetauscht und ihr Pferd gegen einen Pick-up Truck. In einigen Staaten und Gegenden haben sie das Exklusivrecht zum Betreiben eines Casino erhalten, eine durchaus respektable Einnahmequelle. Sie sind US-Bürger unter eingeschränkter Selbstverwaltung und haben diese verdammt schwierige Aufgabe vor sich, irgendwie ihre Traditionen und Werte durch die Zeiten der Medienberieselung und des ungehemmten Konsums hindurchzuretten. In den letzten Jahren ist in dieser Hinsicht so einiges passiert, was Hoffnung macht.

Nur wenige Traveller haben Zeit, Gelegenheit, genug Wissen und Einfühlungsvermögen, über in Jahrhunderten entstandene Vorurteile hinweg wirklich Kontakt zu Indianern aufzunehmen. Das ist ein Reiseprojekt für sich. Deine Begegnungen beim Radeln

■ *… Winnetou ist weit …*

werden oberflächlich bleiben. Du wirst einkaufen, essen, übernachten und dabei mit einem Navajo, Hopi oder Apachen sprechen, wie schon zig mal während deiner Reise mit anderen Amerikanern in ähnlichen Situationen. Das Leben in den Reservaten folgt, oberflächlich betrachtet, denselben Regeln wie außerhalb.

Was auf jeden Fall anders ist: Alle besonderen Aktivitäten bedürfen der Zustimmung des Stammes. Er bestimmt, was auf seinem Territorium erlaubt ist und was nicht. Wer eine Expedition über Navajo-Land zur Rainbow Bridge unternimmt und dabei im Hinterland campt, braucht eine spezielle Genehmigung. Wer auf Asphaltstraßen radelt und auf regulären Zeltplätzen oder in Motels übernachtet, braucht sie nicht. Wild zelten ist in Indianerreservaten immer genehmigungspflichtig. Wir hatten keine Erlaubnis und haben uns halt nicht erwischen lassen.

Verhalten im Indian Country

Nicht ohne Erlaubnis fotografieren. Keine Vogelfedern aufheben, sie haben heiligen Charakter. Keine Tonscherben aufsammeln, die oft im Zusammenhang mit rituellen Handlungen ausgelegt werden. Keinen Alkohol in die Reservate mitnehmen. Händedruck und Blickkontakt sind „weiße" Verhaltensweisen, die wenig Gegenliebe finden. Wer mehr über geschichtliche Hintergründe oder richtiges Benehmen wissen möchte, kann nachlesen im Indianer-Kapitel des „USA/Canada"-Reiseführers von H. Grundmann und im Alaska-Radbuch von C. Hannig.

KAP. 6

NEED SOME HELP? –
Hilfreiches auf dem Weg durch Amerika

„Need some help?" den Satz wirst du häufig hören. Hilfsbereitschaft wird großgeschrieben in den USA. Du wirst es manchmal nicht glauben können, was man dir anbietet, ob im Falle einer Panne oder im Rahmen einer Einladung. Großzügigkeit ist bei den Amis nicht nur ein Wort, sondern eine Charaktereigenschaft. Neben der spontan gewährten privaten Hilfe gibt es auch spezielle Institutionen, die sich um Touristen kümmern. Gewiss wirst du häufig Gebrauch davon machen.

Tourist-Information – Infos aller Art vor Ort

Sei es in der Pampa von Dakota, in den Sagebrushweiten von Wyoming oder in der Creosotesteppe von Südtexas – Touristeninformation muss sein. Längst haben auch die verschlafensten Örtchen entdeckt, dass es irgend etwas gibt, was Reisende anlocken könnte, vorausgesetzt, man bringt sie auf die Idee dazu. Die bunten Prospekte, die wir oft gleich kiloweise in die Hand gedrückt bekamen, leiteten stets eine erheiternde Lesestunde ein. Alles trieft nur so vor Selbstlob und Superlativen. „Nicht glauben. Lachen!" heißt die Devise beim Studium dieser Broschüren.

Welcome Center

An den Haupteinfahrtsstraßen in Nähe der Staatengrenzen gibt es stets sogenannte „Welcome Center", das sind gut bestückte Informationsstellen, die Material über alle Attraktionen des gesamten Staates vorrätig haben. Die Mitarbeiter sind in der Regel sehr gut geschult, bewundernswert freundlich und äußerst hilfsbereit. Sie telefonieren für dich, suchen Informationen heraus, nehmen mitunter Reservierungen vor und vieles mehr. Dort bekommst du auch stets eine freie „State Highway Map", manchmal selbst die von Nachbarstaaten. Frag immer nach einem Campingführer. Es gibt Broschüren über öffentliche und private Zeltplätze, die nicht immer vollständig sind, aber oft weiterhelfen. Leider findet man „Welcome Center" meist nur an besonders verkehrsreichen Straßen, die man als Radler bewusst meidet. Wer keine Möglichkeit hat, eines anzusteuern, kann auf regionale Fremdenverkehrsvereine ausweichen, die es gleich im ersten größeren Ort hinter der Grenze gibt. Achtet auf Schilder wie „Tourist-Office" oder „Tourist-Information" oder erkundigt euch nach der „Chamber of Commerce", der örtlichen Handelskammer.

Chamber of Commerce

Die gibt es eigentlich in jedem Ort mit mehr als 2000 Einwohnern und allen Countysitzen (*Commerce* wird auf der ersten Silbe betont). Es wäre nicht Amerika, hätten nicht längst einige kluge Köpfe erkannt, dass man mit dem Informationsdurst der Reisenden gute Geschäfte machen kann. Souvenirläden, Restaurants, Reiseveranstalter oder auch Motels locken mit großen Schildern „Tourist-Information" nur zu gerne mögliche Kunden an! Ein bisschen Skepsis kann bei solchen Plätzen nicht schaden. Mitunter sind es aber wirklich Leute, die sich vor Ort gut auskennen und die unabhängig vom eigenen Geschäft Auskunft erteilen.

State Bicycle Coordinator

Und dann gibt es für Radfahrer in den einzelnen Staaten noch eine ganz besondere Einrichtung, den „State Bicycle Coordinator". Er gibt mehr oder weniger engagiert Auskunft darüber, welche Strecken, Ziele und Dinge für Radfahrer in seinem Staat besonders lohnenswert sind, welche

Interstate-Abschnitte ggf. für Radler geöffnet sind u.v.m. Die Bicycle-Coordinator-Adressen für jeden US-Bundesstaat stehen in den „Cyclists' Yellow Pages" des ACA und im Teil V dieses Buches im Staaten-Index.

Pounds, Miles and Gallons – Hilfe in „Maßen"

Amerikanische Maßeinheiten sorgen für die perfekte Verwirrung. Wenn der Tankwart dir Rechenaufgaben stellt, wenn er sagt, dass es nur noch 18 Meilen sind. Wenn du 200 g Aufschnitt kaufen willst und die Verkäuferin beim besten Willen nicht versteht, was du willst. Und bist du nun beeindruckt oder nicht, dass ein Pass in Colorado 12.000 Fuß hoch ist? Und das freundliche Rentnerehepaar nebenan behauptet, in Arizona habe es jetzt 106 Grad Hitze! In Gebrauchsanweisungen tauchen ständig „Tassen" auf und erst nach ein paar „Pint" Bier hast dann endlich auch du das Gefühl, dass das mit den 16 „oz" eigentlich ganz einfach ist. Umrechnungstabellen findet man in jedem Reiseführer. Wenn ich ehrlich bin, haben sie mir nicht viel geholfen, weil ich Rechenformeln gleich wieder vergesse. Im Lauf der Zeit habe ich mir für manche Größen ein paar Eselbrücken gebaut, die mir geholfen haben und die vielleicht auch euch eher weiterhelfen als Tabellen (diese Angaben sind natürlich ungenau!).

Temperaturen Temperaturen werden in Grad Fahrenheit gemessen. Zieh vom Fahrenheitwert 30 ab und teile den Rest durch zwei, dann hast du ungefähr Grad Celsius. Für Mathefreaks: Die genaue Formel lautet (°F-32):1,8 = °C.

Beispiel: Fahrenheit in Celsius: 106 Grad Fahrenheit: 106-30 = 76; 76:2 = 38 Grad Celsius. Dass es in Wirklichkeit 41 °C sind kannst du ja später im stillen Kämmerlein ausrechnen oder du schlägst gleich 10% drauf.

Und wenn du erzählen willst, wie warm es im Sommer in Deutschland ist? Beispiel: Celsius in Fahrenheit: 20 Grad Celsius: 20 x 2 = 40; 40 + 30 = 70 Grad Fahrenheit, ungefähr.

Gewichte ounces, abgekürzt oz.: 1 oz. ist etwa 30 g
pound, abgekürzt lb.: 1 lb. [libra] ist 450 g
Nun zum Aufschnitt:
1/2 lb (half of a pound), ca. 250 g
1/3 lb (third of a pound), ca. 150 g
1/4 lb (quarter of a pound), ca. 100 g

Hohlmaße 12 oz ca. 0,33 ml (normale Dose Bier, Cola etc.)
1 pint (sprich: „peint") = 16 oz, ca. 1/2 Liter
1 quart = 32 oz, ca. 1 Liter
1 pitcher = 64 oz, ca. 2 Liter (große Kanne Bier vom Fass in einer Kneipe)
1 gallon = 128 oz, ca. 4 Liter (Benzinmaß)

Längenmaße 1 inch (in.), ca. 2,5 cm (das „Zoll" beim Fahrrad)
1 foot (ft.; Mz. auch „feet"), ca. 30 cm
1 yard (yd.), ca. 90 cm
1 mile (mi.), ca. 1,6 km; km x 0,6 = Meile

Let's have a party – Fest- und Feiertage

Feste und Festivals gibt es reichlich in den USA. Bei einem so riesigen Land haben sie natürlich eher regionalen Charakter, und was wann wo los ist, kann man den bunten Broschüren entnehmen, die man bei der Tourist Information bekommt. *Nationwide* werden gefeiert:

4. Juli, Independence Day: Unabhängigkeitstag, mit vielen Stars & Stripes, Paraden, Feuerwerken und Coolerboxen voll mit Six-Packs. Einer der Tage, an denen du allerhöchstens vormittags oder in der Wildnis radfahren solltest. Schau dir lieber die farbenprächtigen Paraden an und trink mit. Fällt der 4. Juli auf einen Samstag oder Sonntag, wird am folgenden Montag nicht gearbeitet.

31. Oktober, Halloween: Man kann das Fest nicht verpassen, weil Wochen zuvor alle Gärten mit kürbisköpfigen Figuren und Gruselgestalten dekoriert werden. Eigentlich kommt es unseren Karnevals- oder Fastnachtsfeiern sehr nahe. Vor allem die Kinder verkleiden sich und ziehen mit dem Motto „trick or treat" (Gebt uns eine Belohnung, sonst wischen wir euch eins aus) von Haus zu Haus, um Süßigkeiten zu sammeln.

Thanksgiving Day: das Familienfest Nr. 1 auf dem nordamerikanischen Kontinent fällt auf den letzten Donnerstag im November. Zu Thanksgiving (wichtiger als Weihnachten) treffen sich nach Möglichkeit alle Familienmitglieder im Hause der Eltern zum Truthahnfuttern.

Memorial Day (letzter Montag im Mai) und **Labor Day** (1. Montag im September) sind die beiden langen Wochenenden, die als Auftakt bzw. Abschluss der allgemeinen Reisesaison gelten. Vor allem sind es lange Wochenenden, und alles was Räder hat drängt hinaus in die Natur. Oft ist dann alles ausgebucht. Stell dich auf den totalen Massenansturm ein.

Andere Fest- und Feiertage

Etwas ist völlig anders an Feiertagen in den USA: Die Situation, dass bis auf Polizei, Krankenhauspersonal, Taxifahrer und Notdienste wirklich alle frei haben gibt es eigentlich nicht. Ich habe es nur einmal erlebt, auf dem Land in Utah, dass an einem Feiertag alle Geschäfte geschlossen waren. In Städten findet man immer, auch an Weihnachten, einen Supermarkt und jede Menge Lädchen, die geöffnet haben.

Alle öffentlichen Institutionen, Banken und Geschäfte im Innenstadtbereich sind jedoch zu. Das gilt an folgenden Feiertagen:

01.01. – Neujahr   **Martin Luther King Day** (3. Mon. im Jan.)
President's Day (3. Mon. im Feb.)   **Memorial Day** (lztr. Mon. im Mai)
04.07. – Independence Day   **Labor Day** – (1. Mon. im Sept.)
Columbus Day (2. Mon. im Okt.)   **11.11.** Veterans Day
25.12. – Weihnachten (nur ein Tag. Auch Ostern nur ein Feiertag!)

In Canada entfallen Martin Luther King's, President's, Memorial, Independence u. Columbus Day. Weiteres dazu siehe „Feiertage in Canada" im Teil IV.

Time after time – Zeitzonen

KAP. 7:

ON THE ROAD –
Unterwegs in den USA und Canada

Drive like hell – Automania

Ein Ami ohne Auto ist wie ein Fisch ohne Fahrrad. Weltbild, Lebensgefühl – alles hängt davon ab. Diese Blechkiste mit vier Gummireifen ist das Symbol für Freiheit, Unabhängigkeit und Prestige. „Freedom to move" – dafür zöge man in den Krieg. Kritik am Automobil ist jenseits des großen Teiches nicht populär, und Umweltbewusstsein insbesondere in bezug auf Straßen- und Luftverkehr steckt noch immer in den Kinderschuhen.

Das Autofahren hat dabei ganz offensichtlich Suchtcharakter. Man fährt nicht, um irgendwo anzukommen, man fährt, um zu fahren. Das genügt. Aussteigen gehört dabei selten zum Programm. Die Welt wird am liebsten durch die Windschutzscheibe erlebt und bestaunt. Das Leben als „drive-thru" – the American Dream.

Das klingt bissig und das soll es auch. Denn diese Mentalität ist überaus gefährlich, und gepaart mit Sturheit, Dummheit oder Alkohol macht sie dir das Radlerleben auf Amerikas Straßen manchmal unerwartet schwer.

Radler und Autofahrer

Radreisende, die freiwillig auf das Auto verzichten, sind für die meisten US-Bürger Exoten, Abenteurer mit dem Touch des liebenswerten Spinners. Die Ansichten darüber, wie man solche Spinner im Straßenverkehr behandeln sollte, sind jedoch ebenso unterschiedlich, wie sie es beim Thema Umgang mit Außenseitern in Deutschland wären.

■ *... er hat Sehnsucht nach seinem Bike ...*

Das Verhalten der amerikanischen Autofahrer gegenüber Radfahrern im Straßenverkehr variiert demnach auf folgender Bandbreite:

Zurufe: von aufmunternder Anfeuerung mit erhobenem Daumen („You're almost there!!") bis zur öffentlichen Beschimpfung mit erhobenem Mittelfinger („Get your ass off the road!!")

Fahrstil: von abwartendem Bremsen oder Umfahren in weitem Bogen („Have a safe trip!") bis zum mutwilligen Abdrängen von der Fahrbahn („Do you feel like a rabbit?")

Geschwindigkeit

Der Traum eines jeden Autofans in den USA heißt „Deutsche Autobahn". Da gibt es Straßen auf dieser Welt, auf denen man so schnell fahren darf, wie man will. Immer wieder wird man doch darauf ansprechen. In den USA fiel zwar die Höchstgeschwindigkeitsgrenze Ende 1995 (damals 65 Miles oder 104 km/h) und es ist seither den Bundesstaaten überlassen, sie festzulegen. Aber die neuen Höchstgrenzen auf den Interstates, den Ami-Autobahnen, sind auch nicht viel höher, meist 70 bis 75 Meilen (112 bis 120 km/h), auf Landstraßen 55 Meilen (88 km/h).

Eigentlich sollte man meinen, dass das Radfahren in den USA deshalb auch geruhsamer wäre. Denkste! Denn im Ortsverkehr gilt Tempo 30 (48 km/h) bis 45 (72 km/h), und das ist für radelnde Verkehrsteilnehmer verdammt noch mal zu schnell.

Schlechte Nachricht

Höchstgeschwindigkeiten werden sowieso nur da eingehalten, wo auch kontrolliert wird, und wir haben keine einzige Geschwindigkeitskontrolle gesehen. Wer rasen will, rast. Und während man in Europa wegen eines Radfahrers noch gelegentlich auf die Bremse tritt, so ist dies in den USA ungewöhnlich. Autos haben generell Vorfahrt und Radfahrer stören nur. Sie sind im Weg. Auch wenn es eng wird, wird man dich daher eher überholen als abbremsen. Nicht selten brettert man so haarscharf an dir vorbei, dass du eine Gänsehaut bekommst. Wir waren mitunter total genervt. Nicht, dass man uns häufig vorsätzlich gefährdet hätte. Radfahrer als Verkehrsteilnehmer sind einfach so selten, dass das Fahrverhalten nicht darauf eingestellt ist. Niemand kennt deine Verletzlichkeit. Niemand ahnt, dass eine starke Windböe ausreicht, um dich aus dem Tritt zu bringen. Bei zu wenig Seitenabstand kann das dein Ende sein.

■ *... watch your speed ...!*

Klingt eher abschreckend als verlockend? Es gibt unterwegs gute Tage und schlechte Tage . Es gibt harmlose Regionen und grauenvolle. Das ist nun mal so. Ich finde, es wäre Betrug an euch, die Verkehrssituation in den USA zu verniedlichen. Face the facts. Schau den Tatsachen ins Auge und stell dich drauf ein. Damit hast du den wichtigsten Schritt getan.

Gute Nachricht

Neben der Radlerhölle gibt es auch Radlerparadiese in den USA. Wir sind Strecken gefahren, die so ruhig und einsam waren, dass wir dachten, wir seien allein auf der Welt. Unsere Erfahrungen sollen euch ja gerade dabei helfen, Gefahren aus dem Weg zu gehen, soweit das möglich ist.

Probleme gibt es halt dort, wo es eng wird. Und in weiten Regionen ist das selten der Fall. Außerhalb der Ortschaften entkrampft sich meistens die Lage. Die Abstände zwischen Fahrzeugen werden größer. Der Raum für Manöver reicht aus. Wenn genug Platz ist, werden viele Autofahrer ausweichen und dich respektieren. Auch auf zweispurigen Straßen ohne Seitenstreifen radelt es sich dann gut. Viele Straßen haben shoulders (Seitenstreifen), mal schmale, mal extrabreite, und du bist allen Kummer los. Wo es aber eng und voll wird, muss du immer erheblich vorsichtiger sein als in Europa! Ein guter Außenspiegel ist unerlässlich, damit du aufziehende Gefahren erkennen und rechtzeitig ausweichen kannst.

Don't drink and drive

Die Verkehrsdichte ist, abgesehen von Ballungsräumen, in den USA und Canada wesentlich geringer als in Europa. Die Zahl der angetrunkenen Autofahrer jedoch um ein Vielfaches höher. Besoffen Auto fahren gilt in den USA bis auf weiteres noch als „männlich" (s. dazu auch „hang outs").

Highway-Connection –
Straßennetz und Straßentypen

Die großen, (mindestens) vierspurigen Verbindungsstraßen, die quer durch die USA oder durch einen Staat laufen, heißen **Interstate Highways.** Sie sind vergleichbar mit unseren Autobahnen. Auf ihnen rollt der Fernverkehr durchs Land und sie haben sehr breite Seitenstreifen (shoulders). Und man darf auf diesen breiten Streifen – erstaunlicherweise – in einigen Staaten auch als Radler fahren (steht auf Schildern vor jeder Auffahrt). Das macht dann aber nicht besonders viel Spaß, ist aber in einigen Regionen angesichts mangelnder Alternativen (z.B. im südlichen Nevada) unvermeidbar. Auch im Süden von New Mexico z.B. gibt es keine andere Verbindungsstraße von Ost nach West. Wer von El Paso nach Tucson radeln will, muss entweder riesige Umwege in Schleifen machen oder eben auf die Interstate gehen.

■ *Verirrt im Straßenschilderwald ...*

Der Müll, der sich auf den Seitenstreifen angesammelt hat, ist eine lästige Begleiterscheinung. Radkappen, Ölfilter, stinkende Hundekadaver, Glasscherben und zerfetzte Lkw-Reifen: letztere haben ein feines, eingearbeitetes Gewebe aus dünnen Metalldrähten unter ihrem Gummimantel, an dem man sich hervorragend die eigenen Reifen aufstechen kann. Manchmal fragst du dich, wozu das landesweite Programm ‚Adopt a Highway' eigentlich gut sein soll, für die Müllbeseitigung scheint es jedenfalls nichts zu taugen.

Erlaubt ist das **Autobahn-Radeln** meist in jenen Staaten, die nur leicht besiedelt sind, der Verkehr schwach ist oder das Straßennetz sehr weitmaschig ist. Die Einschränkungen beziehen sich meist auf das Verbot in und um Großstädte oder wenn zur Interstate genausogut eine Ausweichstraße benutzt werden könnte. Denn parallel zu den Interstates oder **Freeways** (das sind kreuzungsfreie Autobahnen jeden Typs, man hat „freie Fahrt") verlaufen fast immer sogenannte **Frontage Roads,** das sind solche Ausweichstraßen (oder z.B. auch Servicestrecken zu Raststätten).

Bei der Richtungs-Orientierung auf Interstates ist übrigens die Numerierung in Verbindung mit der Himmelsrichtung wichtiger als die Angabe von Ortsnamen, wie wir es von unseren Autobahnen gewohnt sind. Ganz einfach: Interstates mit geraden Nummern (I-80) verlaufen in Ost-West-

Richtung, mit ungeraden Nummern in Nord-Süd-Richtung. Dreistellige Ziffern mit gerader Anfangszahl (430) führen um eine Stadt herum, mit ungerader Anfangszahl in die Innenstadt.

Überraschend am Freeway-System sind jedoch Auf- und Ausfahrten auch auf der linken Seite! Bei Fahrbahnüberquerung und dichtem Verkehr für einen Radfahrer ein Horror! In Colorado führen sogar offizielle „Bike Routes" über die Interstate 70!

Wo das Radfahren auf den Interstates nicht erlaubt ist, stehen Verbotsschilder. Für Begegnungen mit der Polizei gilt: Wer sich nicht auskennt oder sich irrt, wird ermahnt und gebeten, die Interstate bei der nächsten Ausfahrt zu verlassen. Informationen über die Interstates bekommt man beim *Department of Transportation* (DOT), Büros gibt es in allen Hauptorten der Counties. Die Homepage *der Federal Highway Administration* listet unter ‚related links' die Webadressen aller DOTs auf: http://ops.fhwa.dot.gov.

Die **US-Highways** oder **State Highways** sind die weiteren Hauptverkehrsadern (eine Autostraße, egal welchen Typs, nennen die Amerikaner immer einen Highway, ein begrifflicher Unterschied zur „Road" existiert nicht). Für Autofahrer sind High- oder Freeways manchmal gebührenpflichtig („Toll" = Gebühr bzw. Maut). Dann heißen sie *Turnpikes, Cause-, Express-* oder *Parkways* (ein Parkway ist eigentlich eine kommerzfreie Straße durch Parks oder durch Wohngebiet, also gut zum Radeln).

■ *Bikers Freiheit im Westen*

Highways sind der Straßenalltag des Tourenradlers in den USA. Leider lässt sich über die Qualität dieser Straßen keine allgemeingültige Aussage machen. Mal sind sie zweispurig, mal drei- oder auch vierspurig. Mal mit Seitenstreifen, mal ohne, mal mit exzellentem Belag, das andere mal eine Rumpelpiste. Das Gemeine an diesen Straßen ist, dass sie meist gerade dort schlecht werden, wo man es am wenigsten gebrauchen kann. Während man z.B. in Wyoming in Regionen, in denen man stundenlang kein Auto sieht, auf glatten, breiten Seitenstreifen radeln kann, kämpft man in der Nähe des Yellowstone National Parks, wo ein Wohnmobil dem anderen folgt, auf den Signalstreifen am Rande der engen holprigen Fahrbahn ums Überleben. Auf einsamen Strecken hat man in die Seitenstreifen manchmal auch Querrillen eingefräst, damit ein eingenickter Autofahrer durch die Vibrationen wieder aufwacht, bevor er von der Straße schießt. Für einen Radler sind diese Rillen kaum auszuhalten!

America's Byways sind der Überbegriff für alle *National Scenic Byways* und *All-American Roads*. Das sind Straßen, die wegen ihrer historischen, kulturellen, archäologischen oder einfach landschaftlichen Sehenswürdigkeiten als herausragend eingestuft wurden und auch für Radler überaus interessant sind. Manche Byways sind für Lkw gesperrt, hier können Radler gar auf „Bicycles-Only"-Campgrounds übernachten, andere unterscheiden sich in nichts von einem „normalen" Highway. Aber immer gibt es Karten und Auskünfte in den Visitor Centers vor Ort oder im Internet („National Scenic Byways Online", www.byways.org). Versucht, diese Byways in eure Route einzuplanen, hier präsentiert sich Amerika auf dem Tablett!

County Roads sind zweispurige Landstraßen, vergleichbar mit unseren Kreisstraßen (ein County ist ein Verwaltungsbezirk, ähnlich unserer Landkreise). *Farm-* oder *Ranchroads* verlaufen durchs Hinterland und sind meist nur Anliegern bekannt, werden nicht vom Durchgangsverkehr benutzt. Das ist *cyclists paradise,* hier lässt sich noch das ländliche Amerika entdecken! Je nach Besiedlungsdichte sind auch sie asphaltiert oder gut befestigt. Man braucht aber schon County-Maps, um sie aufzuspüren (vgl. KAP. 7 „Atlas, Maps and Gazetteers").

Forest Roads sind Forstwirtschaftswege in den National Forests, wo es ein dichtes Netz davon gibt und auf denen meist wenig Verkehr herrscht. Die Hauptwege sind mit einem ausgezeichneten Schotterbelag versehen oder gar asphaltiert. Wer ein geländetüchtiges Rad hat, kann so manche Abkürzung nutzen (vgl. auch „Camping im National Forest"). Problematisch werden sie, wenn gerade Holzfällarbeiten (logging) in der Nähe stattfinden und die Holztrucks an dir vorbeirasen. Wer diese Straßen benutzen will, tut gut daran, sich vorher in einer Ranger Station nach den augenblicklichen Bedingungen zu erkundigen.

Gravel Roads sind Schotterstraßen, die bei Trockenheit furchtbar staubig und bei Nässe sehr rutschig werden. Die niedrigste Straßenart sind dann die *Dirt Roads*, bessere Feldwege, die bei Nässe schnell zu Schlammstrecken werden können. Die *Passstraßen* sind im Westen der USA gut ausgebaut und im Vergleich zu Alpenpässen harmlos. In langgezogenen Steigungen von selten mehr als 10% schlängeln sie sich die Berge hinauf. Gut als Ausdauertraining und moderat im Kräfteverschleiß.

■ *Vorsicht bei Cattle Guards (New Mexico)*

Cattle Guards! Bei den riesigen Weideflächen in den USA verzichten die Ranger an Nebenstrecken mitunter auf Zäune entlang der Fahrbahn. Dann sollen sog. „Cattle Guards", Gitter aus dicken Metallrohren, die über die gesamte Fahrbahn verlaufen, das Vieh am Verlassen des Ranchgebiets hindern. Gelbe, rautenförmige Schilder, die auf der Spitze ihres Vierecks stehen, weisen in der Regel rechtzeitig auf diese Radlerfallen hin. Dann heißt es bremsen. Diese Roste sind teuflisch. Man schmiert darauf tierisch schnell ab und die harten Schläge ruinieren die stabilste Felge. Wer Bike und Knochen liebt, schiebt.

✖ Off-Road Wirklich off-road radeln heißt eigentlich querfeldeinradeln. Mit Gepäck über einsame Trails heizen, das ist eher Kost für Extremradler. Off-road fing *für uns* dort an, wo wir abseits der asphaltierten Highways auf Schotterpisten, Erdstraßen, Feld- oder auch Radwegen unterwegs waren – mit voller Ausrüstung. Das waren mitunter die tollsten Strecken und ich kann nur jeden, der ein geländetaugliches Rad fährt, ermutigen, es mal auszuprobieren.

Wetterfallen: Wichtig ist allerdings, dass ihr euch vorher ein bisschen Gewissheit über die Wetterlage verschafft. Gutgewalzte Erdstraßen sind bei Trockenheit besser zu befahren als jeder Asphalt. Bei Regen sind sie die Hölle! Das Biken kannst du umgehend vergessen, und selbst schiebend kommst du kaum noch voran. Der weiche Lehm pappt wie Kaugummi an den Reifen, blockiert das Laufrad im Nu an Gabel und Bremsen. Wer mit Schutzblechen fährt, ist dann ganz arm dran. Du sitzt in der Falle, bis die Straßenoberfläche wieder angetrocknet ist, und das kann dauern. Vorsicht also!

Allwetter-Straßen: Drohen Wolkengüsse, fährt man höchstens auf „hard packed gravel" oder „all weather surface". Das sind gut ausgebaute Schotterpisten, die einen Regenguss vertragen und selbst bei anhaltender Nässe relativ problemlos befahrbar sind. Etwas Dreck spritzt immer hoch.

■ *Oft sind die beschwerlichsten Wege auch die schönsten ...*

♥ **STORY
von
Helwig
Lenz**

Ich kann es kurz machen: Es war ein arger Tag, im nachhinein der lausigste meiner gesamten Tour! Bei Nieselregen ging es los. Nach 2 Meilen befand ich mich mitten in der grau-grünen Wellenmeer der Prärie im Osten Montanas. Es ging ständig bergauf und bergab – und zwar heftig (z.T. über 12%). Das Auge suchte nach Orientierungspunkten – und fand außer Telegraphenmasten und Zaunpfählen keine. Die Amerikaner bezeichnen diese von Touristen gemiedene Gegend als „big empty", und keine Bezeichnung könnte passender sein. Mitten in dem Nichts näherte ich mich einer verlassenen Baustelle. Der Asphaltbelag war entfernt worden, man fuhr auf planiertem Sand. Das dachte ich, bis ich eines Besseren belehrt wurde: Der Belag bestand aus einem lehmigen Tongemisch, von den Einheimischen „gumbo" genannt. Nach kaum 20 Metern waren beide Räder blockiert. Ich musste das Rad entladen, die Laufräder herausnehmen und dann die Einzelteile über die 500 m der Baustelle tragen, weil das Fahrrad wegen der wie Klebstoff haftenden Lehmklumpen auch ohne Packtaschen zu schwer war. Fahrrad, Packtaschen und ich selber waren von oben bis unten lehmverschmiert. Hinter der Baustelle haben ich uns dann mühsam vom „gumbo" befreit. Es gab kein Wasser, keinen Stock, rein gar nichts zum Reinigen, außer einem kleinen Schraubenzieher aus meinem Werkzeug. Nach knapp zwei Stunden war ich wieder einigermaßen fahrbereit. Erst nach Erreichen des Tagesziels nach weiteren 40 Meilen konnte ich Fahrrad und Ausrüstung gründlich vom Lehmkleister befreien. Dazu waren ein Wasserschlauch und weitere drei Stunden Arbeit nötig.

Eine Empfehlung für alle „Long-Distance-Biker" in den USA: Bevor ihr euch auf Diskussionen über die Durchfahrtsmöglichkeiten mit dem Baustellenpersonal einlasst, fragt einfach, ob sie euch auf einem (immer vorhandenen) Pick-up durch die Baustelle transportieren können. Das ist meistens erfolgreicher als Diskussionen oder waghalsige Fahrmanöver.

■ *Zerfallene Häuser an der Route 66*

Radfahrregeln – einiges ist anders

Die Regel „Rechts-vor-links" gilt nicht in den USA! Bei Kreuzungen ohne Schilder hat der Vorfahrt, der zuerst kommt. An Stop-Schildern wird immer angehalten – auch wenn es mitten in der Wüste ist – und die Autofahrer tun das auch. An Kreuzungen mit „Four-Way-Stops" fährt derjenige zuerst weiter, der zuerst die Kreuzung erreicht hat, dies gilt auch für Radfahrer.

Rechtsabbiegen bei Rot ist bei freiem Querverkehr erlaubt (sofern durch ein Schild nicht ausdrücklich verboten). Stehende Schulbusse dürfen nicht überholt werden. Autofahrer zeigen manchmal Richtungsänderungen oder ihren Halt auch durch Handzeichen aus dem Fenster an.

Einen Helm aufsetzen? Trotz Hitze? In Amerika üblich und sinnvoll!

Cityfieber – Radfahren in Großstädten

Ich bin im Ruhrgebiet aufgewachsen, Deutschlands dichtestem Ballungsraum. Cities schrecken mich nicht und ans Radfahren im Asphaltdschungel bin ich gewöhnt. Trotzdem waren die Großstädte in den USA gewöhnungsbedürftig. Neu war vor allem ihre unglaubliche Flächenausdehnung. Diese endlosen Vororte mit ihrer ewigen Mischung aus Villen, adretten Einfamilienhäusern, schmuddeligen Mobile Home Parks, Industriegebieten und Shopping Center! Auf der Karte lässt es sich oft nicht ausmachen, wie weit diese Ballungsräume ihre Ableger in die Umgebung hinausstrecken. Es gibt Städte, bei denen hast du das Gefühl, du kannst eine Woche lang radeln und bist noch immer nicht draußen!

Jede City hat ihre Schattenbezirke, Gebiete, die man als Tourist besser meidet. Tagsüber selten problematisch, kannst du jedoch in Teufels Küche kommen, wenn du dich nach Einbruch der Dunkelheit dorthin verirrst oder in zu abgelegene Distrikte gerätst. Wenn man etwas vorausplant, kann man böse Überraschungen vermeiden.

■ Durch die Straßenschluchten von New York

Tips für Cities

Auf speziellen Bike-Route-Karten, wie es sie zum Beispiel in Oregon und Arizona gibt, sind auch für Radler günstige Routen für eine Stadtdurchfahrt aufgeführt. Wenn es keine Spezialkarte für Radler gibt, helfen fürs erste die grob skizzierten Stadtpläne auf der Rückseite der Official State Highway Maps. Die Tourist-Info-Center, die detaillierte Pläne vorrätig haben, erreichst du oft zu spät. Sie befinden sich immer an großen Highways, auf denen du wahrscheinlich nicht fährst, oder downtown, und bis dahin musst du ja erst einmal kommen. Bist du erst einmal in der Stadt, kannst du häufig im Radladen richtige Radwegnetzkarten erhalten.

Was weitere Hilfe bei der Anfahrt betrifft: vielleicht findest du eine Karte in der Bücherei einer Kleinstadt vor der Großstadt und kannst sie kopieren. Oder schau nach, ob du in einem Drugstore oder bei einer Tankstelle einen Blick auf die City Map werfen kannst. Oft helfen auch die Yellow Pages, die Telefonbücher der öffentlichen Fernsprecher, nach denen man auch bei Tankstellen fragen kann. Viele enthalten grobe Stadtpläne, die hilfreich sind. Auch ein kleiner Surfstopp im nächsten Internetcafé bringt oft die nötige Erkenntnis, z.B. über www.mapquest.com. Die Kartenausschnitte lassen sich bis zum kleinsten Hinterhof heranzoomen.

Die mehrspurigen Freeways sind im Citybereich für Radfahrer fast immer gesperrt. Konzentriere dich lieber auf einen US- oder State Highway, der dir eine gute Einfahrtsmöglichkeit in die Stadt bietet. Es ist auch immer besser, schon im Voraus zu wissen, wo man übernachten kann, welche Zeltplätze (Campingführer), Jugendherbergen oder Motels in Frage kommen (Angaben dazu findest du im Reiseteil).

Nature's finest – Radfahren in den National Parks

Amerikas Nationalparks sind die Lieblingsspielwiesen der Nation. Die schönsten Regionen des Landes wurden glücklicherweise rechtzeitig unter Schutz gestellt, um die Natur vor der Zerstörung zu bewahren. Damit wurden sie zugleich attraktivstes Reiseziel der meisten Urlauber aus dem In- und Ausland. Ein Ferienparadies also? Mitnichten. Mutter Erde wird in den National Parks zunehmend zu Tode geknutscht vom Massenandrang all der Zivilisationsflüchtlinge per Auto, Campmobilen, Rad und Wanderschuh. Will man den schlimmsten Schaden abwenden, so bleibt nur, klare Regeln für alle Besucher aufzustellen und die Einhaltung strikt zu kontrollieren.

■ *Banff National Park in Canada: Einsamkeit zwischen Jasper und Banff*

Eintrittsgebühren   National Parks kosten Eintritt. Je nach Größe und Beliebtheit des Parks können das 1 – 10 $ pro Radler sein. Der Eintritt berechtigt zu einem Aufenthalt im Park von sieben Tagen. *National Park Passport* (50 $) heißt die beliebte Jahreskarte für sämtliche National Parks und berechtigt für 12 Monate ab dem Ausstellungsdatum zum freien Eintritt in alle Parks. Auch den „alten" *Golden Eagle Passport* gibt es weiterhin, für 65 $ kannst du noch weitere Einrichtungen des National Park Systems besuchen. Lohnt sich das für Radler? Kommt darauf an, wie lange ihr unterwegs seid, ob allein oder zu zweit und wie viele Parks ihr ansteuern wollt. Ein weiterer Vorteil: seid ihr verheiratet (oder tut so), dann gilt der Pass für euch beide.

Biken   Radfahren darf man in allen National Parks auf den Straßen und Wegen, die auch für Autos freigegeben sind. Größere Parks verfügen auch über spezielle Radwege meist in Campgroundnähe, die höchstens für ein Verdauungsründchen ausreichen. Zunehmend werden bestimmte Wald- oder Feuerwehrwege markiert und für Mountainbiker freigegeben.

■ *Die giganti-sche Astoria-Brücke über den Columbia River in Oregon*

Brücken –
haben Tücken

Viele Brücken sind so eng, dass man sie für Radfahrer einfach sperrt. Sollen die doch woanders hinfahren. Das ist oft leichter gesagt als getan. Manchmal hilft es, den Daumen hochzustrecken und auf einen freundlichen Pick-up Fahrer zu warten, der eine Mitfahrgelegenheit anbietet (sicherlich wärst du auch allein auf die Idee gekommen, dass du als Gegenleistung das Bezahlen der eventuell anstehenden Mautgebühr übernimmst).

Die Mehrzahl der Brücken in den USA ist allerdings für Radler offen, und auf welch ein gefährliches Spiel du dich bei ihrer Überquerung einlässt, merkst du oft erst, wenn du auf halber Strecke bist und dir nur noch die Flucht nach vorn bleibt. Dshalb, wenn z.B. in einer Stadt mehrere Brücken zur Auswahl stehen, erkundige dich vorher bei Einheimischen – am besten bei einheimischen Radlern –, welche am besten per Rad zu bewältigen ist.

Viele Brücken haben eiserne Dehnungszähne, die oft weit auseinanderklaffen und eine böse Falle darstellen. Langsam fahren schont Rad und Nerven, denn wie groß die Lücken sind, siehst du erst aus der Nähe. Zugbrücken über Schifffahrtswege haben oft im mittleren Teil einen breiten Eisenrost anstelle einer asphaltierten Fahrbahndecke. Diese Gitter sind glitschig wie Schmierseife. Besser schieben als radeln, wenn es eine Möglichkeit gibt. Manche Brücken haben Öffnungszeiten, heißt: Radler dürfen sie benutzen, aber nicht immer und nicht überall. Dazu gehören z.B. die Golden Gate in San Francisco oder die Mid Hudson Bridge zwischen Highland und Poughkeepsie in New York State. Öffnungszeiten sind entweder angeschlagen oder vorher erfragen (Details im Reiseteil).

■ *Gefährliche Dehnungszähne einer Brücke über den Ohio River*

♥ STORY Heaven's Gate oder die Brücke von Baton Rouge

Alle Brücken über den Mississippi sind als hohe Bögen konstruiert, so dass große Frachtschiffe genug Platz haben, den Unterlauf des Flusses zu befahren. Doch allzu viele Brücken über den Ol' Man River gibt es nicht. In Baton Rouge, immerhin die Hauptstadt Louisianas, sind es genau zwei. Eine davon ist eine für Radler gesperrte Interstate, bleibt also nur noch US 190. Das ist keine einzelne Brücke, sondern ein ganzes Geflecht von Stahltrassen mit unübersichtlichen Auf- und Abfahrten, das wie eine steile Achterbahn den Fluss überspannt. Ungeachtet dessen rasen die Autos so schnell es geht über die Fahrbahn, die natürlich weder Seitenstreifen noch Bürgersteig hat. Louisianas Brücken sind durchweg veraltet und so gefährlich, dass die ACA-Route z.B. aus Sicherheitsgründen durch den Norden des Landes weit ab von allen touristischen Attraktionen rund um New Orleans verläuft.

Während ich an der Steigung darum kämpfe, trotz des geringen Tempos nicht ins Trudeln zu geraten, blicke ich immer wieder in den Rückspiegel, in dem ich zu meinem Entsetzen einen kontinuierlichen Strom von Fahrzeugen sehe. Kaum ein Fahrer hält sich an die vorgeschriebenen 88 km/h und die meisten brettern mit knappen 15 cm Seitenabstand an mir vorbei. Ich kann ihre Nähe förmlich spüren. „Ein Schlenker, und du bist weg vom Fenster", denke ich und schaue immer wieder nervös in meinen Rückspiegel, auch um zu sehen, wie es Harald wohl ergeht. Der hat mit dem schweren, lebhaften Hund auf dem hinteren Gepäckträger noch ein paar Schwierigkeiten mehr zu bewältigen.

Aufgepasst! Diese verflixten Dehnungsfugen! An den Stellen, wo die einzelnen Brückenelemente zusammengefügt sind, klaffen eiserne Zähne so weit auseinander, dass auch ein „fat tire" mühelos darin steckenbleibt. Ich reiße den Lenker herum, der Reifen quietscht und balanciert mit lieber Not über die Lücke ohne festzuklemmen. Nur ein Gedanke sitzt in meinem Kopf: Hoffentlich kommen wir hier heile durch. Diese Mischung aus Anspannung, Angst und Konzentration macht mich immer fertig. Blick in den Spiegel. Harald trudelt heftig. Panik! Stürzt? Nein. Nach einem riesigen Schlenker Richtung Fahrbahnmitte kriegt er das Rad wieder unter Kontrolle. Nichts passiert!

Hinter ihm fährt schon seit einiger Zeit ein Müllauto, der Fahrer hat aufgepasst und abgebremst. Tränen schießen mir in die Augen. Diese drei Meilen Brücke erscheint endlos und besonders graut mir vor dem Scheitelpunkt, der mich samt Rad aus dem Blickfeld des von hinten anrollenden Verkehrs verschlucken wird. Eine Highway Patrol rast vorbei. Auch die schneller als 88 km/h. Sie verschwenden keinen Gedanken daran, uns zu beschützen. Blick in den Spiegel. Harald kämpft. Hinter ihm fährt noch immer das Müllauto. Endlich, ich habe den Scheitelpunkt erreicht. Keine Gefahr von hinten. Alle überholen den schleichenden Lastwagen, weichen daher auf die linke Spur aus. So schnell es geht, fahre ich bergab, schere aus am Ende der Brücke, wo eine breite Sicherheitszone mir Raum dazu gibt. Blick nach hinten. Harald holt auf. Noch immer kriecht das Müllauto hinter ihm her. Warum überholt der nicht? Die linke Spur ist längst frei. Plötzlich begreife ich, was vor sich geht. Nicht weil er muss, sondern weil er will, schleicht er über die Fahrbahn. Er hat Haralds Beinahesturz gesehen und beschlossen, uns Rückendeckung zu geben. Langsam kriechend begleitet er Harald bis zum Ende der Trasse. Unverhofft ein Freund in der Hölle. Voller Dankbarkeit applaudiere ich dem Fahrer. Mit einem freundlichen Lachen blitzen die weißen Zähne auf, im pechschwarzen Gesicht unseres Schutzengels.

Heaven's Gate – Tor zum Himmel – haben wir sie getauft, die Brücke von Baton Rouge. Sie gab uns, was Mississippibrücken betrifft, den Rest. Wenn wir den Fluss überqueren wollten, wichen wir von nun an auf Fähren aus.

Tunnel – Reise in die Dunkelheit

Neben Brücken können auch Tunnel einen Radler das Fürchten lehren. Allzuviele gibt es davon in den USA nicht und als Paradebeispiel für radfahrfreundliche Anlagen gelten die Tunnel in Oregon entlang der Pacific Coast Bicycle Route. Dort befindet sich an längeren Tunnels, die man durchradeln muss, eine Warnanlage, die du vorher betätigst. Blinkzeichen teilen den Autofahrern mit, dass ein Radler im Tunnel unterwegs ist. Wenn du noch Licht anmachst oder ein flackerndes Sicherheitslicht hinten sichtbar befestigst, bist du dort sicherer als außerhalb. Überall dort, wo Tunnels für Radfahrer gesperrt sind (z.B. im Zion National Park in Utah), gibt es jedoch Shuttle-Services, organisierte Mitfahrgelegenheiten, oder eine andere zumutbare Methode für's Weiterkommen.

Men at work – die Baustellenfalle

Unangenehme Wartezeiten können auch an Baustellen entstehen, die in den USA und Canada meist **nicht** durch Ampeln oder Umleitungen, sondern durch Flaggenmänner/frauen oder **Pilot-Cars** gesichert sind. Erstere zeigen bei kleineren Verkehrsbehinderungen durch STOP oder SLOW an, ob du fahren kannst oder warten musst. Bei größeren Baustellen fahren Pilotfahrzeuge der Autoschlange voraus, weil nur sie die richtige Ausweichroute kennen (und auch um das Tempo angemessen zu gestalten). Was für Autos sinnvoll ist, hilft Radlern noch lange nicht weiter. Da das Pilotcar sowieso nicht auf die Radler wartet, habe ich des öfteren versucht, eine Ausnahme für uns durchzusetzen, denn die Wartezeiten können bei Großbaustellen mehr als 30 Minuten betragen, und wenn ich sowieso auf der Strecke mir selbst überlassen werde und mit Gegenverkehr rechnen muss, kann ich doch auch sofort starten, dachte ich. In der Regel sind wir nicht auf allzuviel Flexibilität beim Sicherheitspersonal gestoßen (vgl. „Law and Order"). In Utah bedurfte es einmal endloser Diskussionen mit den Verantwortlichen und eines Wutausbruchs meinerseits, ehe man uns überhaupt erlaubte, eine Großbaustelle per Rad zu passieren. Anders in Montana und Canada, dort winkte man uns meistens einfach durch.

■ *Lotse durch Baustrecken: Pilot Car*

Atlas, Maps and Gazetteers –
Überblick im Kartendschungel

Je mehr Straßen in einem Land, desto wichtiger sind Karten! Und Amerika hat wahnsinnig viele Straßen! Für Vorab-Planungen kann man sich schon zuhause den Rand McNally Straßenatlas USA (erhältlich in Buchhandlungen) oder eine sonstige gute USA-Straßenkarte zulegen. Kartenbezug von oder in den USA: das Heft „Cyclists' Yellow Pages" der Adventure Cycling Association (ACA) listet die Bezugsquellen, nämlich die *Departments of Transportation* (DOT) und die *Departments of Highways and Public Transportation* für alle *State Highway Maps,* für *County Highway Maps* und für *Bike Route Maps* der einzelnen amerikanischen Bundesstaaten auf. Im wesentlichen sind es drei Kartentypen, die für eine Radtour durch die USA nötig sind:

State Highway Maps

Alle Staaten der USA geben eine detaillierte State Highway Map heraus, auf der alle Haupt-, Neben- und auch County-Straßen verzeichnet sind. In den USA werden die State Maps von Tourist-Büros – wenn man z.B. in einen neuen Staat kommt – von den obengenannten Departments oder vom *State Department of Tourism* kostenlos abgegeben (der Sitz dieser Stellen ist fast immer die Hauptstadt des Bundesstaates). Für Radfahrer sind diese Karten recht brauchbar und, mal abgesehen von den touristischen Superlativen mit denen sich jeder Staat lobt, auch recht informativ und zuverlässig in ihren Angaben. Man bekommt sie auch bei den „Chambers of Commerce", den örtlichen Handelskammern.

Kommerzielle Highway Maps eines Staates (z.B. von Rand McNally, Gousha oder DeLorme) sind im Vergleich zu den offiziellen Karten graphisch oft übersichtlicher gestaltet. Vorteil ist, dass man sie zur Planung der weiteren Route gleich vorab erwerben kann. Man bekommt sie an Tankstellen und im Buchhandel, manchmal auch in Supermärkten und Drugstores für wenige Dollar.

Brauchbar sind auch die State Maps des „Triple A". Mitgliedern europäischer Autoclubs werden sie kostenlos überlassen.

County Highway Maps

Die State Highway Departments geben auch *County Maps* heraus, die jede Straße und jeden Weg eines Countys zeigen. Es gibt sie in den Maßstäben 1 inch und 1/4 inch (= 1 Mile). Letzterer Maßstab ist für eine detaillierte Routenplanung voll ausreichend. Sie kosten zwischen 1 und 4 Dollar das Stück. Sie sind nur nötig, wenn ihr einen Staat intensiv und länger bereisen wollt.

American Atlas and Gazetteer

Das sind die besten Kartenwerke für Reiseradler! Prinzipiell handelt es sich bei den Gazetteer um eine Sammlung von County Maps zu einem Bundesstaat, die leider nur als „Kompaktpaket" (Gewicht ein Kilo!) im DIN A 3 Format angeboten werden. Es gibt sie als Farb- oder Schwarzweiß-Drucke. Die farbigen Versionen umfassen auch topografische Angaben. Auf ihnen sind Radfahr-Routen, Campgrounds, *outdoor recreation,* schöne Wegstrecken, Trails, historische Punkte u.a. mehr aufgeführt. Für alle 50 Bundesstaaten, Bezug: DeLorme Mapping Co. (www.delorme.com). Sie lohnen sich am ehesten, wenn man sich für längere Zeit in einem Staat aufhält, weniger, wenn man ihn nur auf möglichst direktem Wege durchqueren will. Unterwegs kann man sie natürlich auch kaufen, man muss manchmal etwas herumfragen. Versucht es im Buchhandel, bei Radläden, Outdoor-Ausrüstungsgeschäften, in Karten- oder Souvenirläden. Tip: Oft sind sie – und County Maps – in Leih- und Universitätsbüchereien vorrätig, wo man dann die Blätter der Regionen, die man durchradeln will, fotokopieren kann. Auch Reiseführer gibt es da.

Ihr könnt sie auch – und Karten aller Nationalparks in den USA und Canada – im Bestellbuchhandel bzw. Karten und Reiseführer bei Schrieb (www.karten-schrieb.de) bekommen.

Bike Route Maps, Bicycle Touring Maps

Viele US-Staaten (z.B. Arizona, Kalifornien, Kentucky, Minnesota, New Hampshire, North Carolina, Oregon, Washington, Wisconsin) geben auch spezielle Radkarten heraus (z.B. mit Auskünften über Steigungsstrecken und Straßen mit Seitenstreifen), oder Listen mit empfehlenswerten Rad-Routen ihres Staates. Diese Radrouten verlaufen dann entweder bereits existierender Straßen oder sie führen über extra angelegte „Bike Paths" bzw. „Bike Ways". Dazu gibt es meist noch einen *State Bicycle Guide.* Wer noch mehr wissen will, der wendet sich an den *State Bicycle Coordinator,* dieser Mann oder diese Frau kann dir bei allen fahrradspezifischen Fragen und Problemen, Routen und Karten eines Staates weiterhelfen.

Und es gibt immer noch mehr Karten: National Forest Maps sind detaillierte Karten der Forstaufsichtsbezirke mit Meilenraster. Gut für Ausflüge ins Hinterland (in den Büros der Forstverwaltung). Sie hängen oft auch in Schaukästen dort oder bei der Chamber of Commerce. Man kann sie aber auch schon im voraus online bestellen auf der Website www.fs.fed.us/links/nfs.html (Bundesstaat und Region anklicken).

Topografische Karten zeigen das Land in großem Maßstab mit Höhen und Tiefen und der natürlichen Beschaffenheit (Flüsse, Sümpfe, Wüsten etc.), für Radfahrten sind sie aber wegen oftmals fehlender (Neben-)Straßen nur in Verbindung mit einer County Map brauchbar. Man bekommt sie bei vielen Outdoor Equipment Stores und in den oben erwähnten Geschäften.

Stadtpläne kann man wie andere kommerzielle Karten überall kaufen oder bei der Tourist Information bekommen. Manche Großstädte bieten auch Extrakarten mit Radwegenetz an, San Francisco bspw. einen empfehlenswerten Stadtplan, in dem alle Straßen mit mäßigen Steigungen farbig gekennzeichnet sind. Tip: wenn kein Laden in der Nähe ist, versucht es bei *realtors,* das sind die zahlreichen Grundstücksmakler.

Karten von *National Parks* bekommt man beim Eintritt in einen Park, diese sind stets sehr detailliert und reichen für den Aufenthalt völlig aus.

ACA-Maps sind die Radkarten vom ACA für die Überland-Routen durch die USA. Sie sind äußerst genau und aktuell, zeigen alles, was für Radfahrer wichtig zu wissen ist (z.B. Höhenprofile). Es gibt sie für die vom ACA ausgearbeiteten Radtouren durch Amerika, und für jede Strecke benötigt man zwischen einer und zwölf Karten. Wegen ihres Detailreichtums sind sie manchmal ziemlich verwirrend, auch weil sie nicht immer nach Norden ausgerichtet sind und unterschiedliche Maßstäbe haben. Sie kosten ca. 15 teure Dollar das Stück, für Mitglieder und bei Abnahme eines ganzen Routensets gibt's aber Rabatt.

Traffic Flow Maps sind Spezialkarten für Radfahrer, sie zeigen das Verkehrsaufkommen von Straßen im Einzugsbereich von Großstädten. Als Reisekarten sind sie verzichtbar.

Karten für Off-Road Biker

Mountain-Biking ist in den USA äußerst beliebt, doch gibt es keine so ausgereiften Karten für diese Gruppe von Radlern, wie z.B. für Renn- oder Tourenradler. Wenn du vor Ort MTB-Touren ins Hinterland unternehmen willst, so bist du, was Informationen angeht, in der Regel im örtlichen Mountainbike-Laden besser bedient als im Tourist Office. Im Bike Shop liegen immer irgendwelche Info-Blätter über die in der Umgebung vorhandenen Trails aus. Erkundige dich danach, ob die Routen markiert sind. Oft bedarf es noch zusätzlich einer Karte, wenn du dich nicht in der Wildnis verirren willst. Die oben beschriebenen „State Atlas & Gazetteers" helfen oft weiter, genügen aber nicht immer.

KAP. 8:

OFF-ROAD –
abseits der Highways und querfeldein

Weg von der Straße! Weg vom Lärm und Gestank der Autos! Wann immer wir konnten, haben wir Asphalt gemieden. Es ist ein völlig anderes, befreiendes Erlebnis mit dem Rad abseits des Verkehrs auf Pisten oder Pfaden unterwegs zu sein. Gelegenheiten dazu gibt es in den USA und Canada reichlich.

■ *MTB-Festival in Lajitas, Texas*

Wo darf man?

Besonders der Westen lockt mit weiträumigen „public land"-Gebieten, Ländereien unter der Aufsicht einer öffentlichen Behörde. All die Schotterstraßen, die durch die riesigen National- oder Staats-Forstgebiete führen, alle Trails durch BLM-Land sind offen für Mountainbiker. Besonders rund um Skigebiete und in der Nähe öffentlicher Erholungsgebiete gibt es zahlreiche Wege und Pfade, die speziell markiert wurden für die rasch wachsende Zahl der Fat tire-Fans. Ganz weg von motorisierten Fahrzeugen kommt man leider auch off-road nicht immer. Manch schöne Piste muss man mit Allradfahrzeugen teilen, und wo die nicht mehr fahren können, steigt Mann um aufs ATV (All Terrain Vehicle). Mit dieser laut lärmenden Mischung aus Motorrad und Geländewagen kann man prima querfeldein fahren, besonders an Wochenenden und langen Sommerabenden sind sie im Einsatz.

Wo darf man nicht? Zwei Bereiche des riesigen Besitzes an Public Land sind für Off-road Freunde tabu: Die sog. „Wilderness areas" (Naturschutzgebiete) und fast alle Territorien, die der Nationalpark-Verwaltung unterstehen.

In National Parks ist das Mountainbiken nur erlaubt auf Pisten, die auch für motorisierte Fahrzeuge freigegeben sind. Auf allen Trails, die durch das Hinterland führen (nebenbei: „hinterland" wurde ins Englische übernommen. Man kann aber auch hören: „in the boonies", „in the sticks"), ist das Biken nur erlaubt, wenn es einen eindeutigen Hinweis darauf gibt. Die Ranger geben euch gerne Auskunft, dazu sind sie da. Vorsicht ist angebracht, wenn Strecken mit Schildern als Privatbesitz gekennzeichnet sind. Tafeln mit Sprüchen wie „Private Property", „No Trespassing" oder „Keep Out" lassen Ärger erwarten. Solche Wege sollte nur benutzen, wer vorher um Erlaubnis gebeten hat.

■ *... und nun?*

„Rails-to-Trails" – Radeln auf alten Eisenbahnstrecken

Rails-to-Trails Conservancy ist in den USA eine Organisation, die stillgelegte oder stillzulegende Eisenbahntrassen der Nutzung als Radfahr- und Freizeit(Wander)wege zuführt. Eisenbahnstrecken haben nahezu keine Steigungen und sind damit ideal fürs Familienradeln. Ausnahmen sind lediglich alte Minenstrecken, die hinauf in die Berge führen wie bei Park City in Utah. Asphaltiert garantieren die „rails-to-trails"-Pisten immer optimales Fahren. Auf dem mitunter weichen, roten Granitkies kommt man mit Gepäck allerdings nicht so gut voran.

Die Rails-to-Trails Conservancy bietet kein geschlossenes Netz an, sondern lediglich Strecken, die in über 500 Streckenabschnitte unterschiedlicher Länge über 44 Staaten verstreut sind. Auf den Official Highway Maps werden sie inzwischen oft angegeben. Je nach Staat ist die Benutzung frei oder gebührenpflichtig.

In dem Guide „1000 Great Rail-Trails", The Globe-Pequot Press, sind die schönsten aufgelistet. Mit Karten, Trail-Länge, Beschreibung und Nutzungsmöglichkeit, bis jetzt insgesamt nahezu 24.000 km in allen Bundesstaaten. Wer also Lust verspürt, die USA auf aufgegebenen Eisenbahnstrecken zu erkunden – gerade Mountainbiker –, sollte sich dieses Buch oder einen der anderen Regionalführer schicken lassen. Bestellinformationen online unter www.traillink.com, „Trail Guidebookes". Hier findet ihr auch eine Suchmaschine für alle nationalen Rail-Trails! Adresse der Organisation: Rails-to-Trails Conservancy, 1100 17th St. NW, 10th Floor, Washington, D.C. 20036, USA (www.railtrails.org). Super-Infos auch bei www.railserve.com/Rails_to_Trails.

Mountainbike-Mekkas und MTB-Trails –
wo findet man sie?

Unter knallblauem Himmel über feuerrot leuchtende Riesenrocks heizen – nur du und dein Bike und die Desert-Sun! Über Pisten am Rand gigantischer Canyons preschen und mit klopfendem Herzen dem hohlen Klang der Schottersteinchen lauschen, die dein Reifen auf die Reise in den Abgrund schickt. Allein mit Wind und Wolken in endlosen Weiten grandioser Wüsten, wie einst John Wayne. Wahnsinn. Es gibt da ein paar Plätze in den USA, deren Bild du niemals mehr vergisst ...!

Mann, wo ist das? Colorado? Utah? Arizona? Irgendwo im Südwesten, soviel steht fest. Hier sind sie, die Hits unter den Fat-tire-Trails. Long Distance oder Single Track, alles was du willst, alles vom feinsten!

Long Distance Mountainbike Trails

Kokopelli's Trail

Ein nach Florida umgezogener Ex-Bürger Colorados erzählte mir zum ersten Mal von den tollen Touren, die man im Ländereck von Colorado-New Mexico-Arizona-Utah unternehmen könne. Ich war ganz Ohr und merkte mir besonders einen Namen: Kokopelli's Trail.

Als wir Anfang Mai in Moab ankamen, war ich ganz wild darauf, mehr darüber zu erfahren. Ich nahm mir alle Broschüren vor, die in den Regalen der Bike-Shops auslagen, brauchte sie jedoch nur flüchtig zu studieren – und aus war der Traum. Der erste Blick fiel auf die Fotos. Alle Fahrräder, die dort abgebildet waren, hatten lediglich Tagesgepäck dabei. Täschchen, groß genug für einen Snack – nicht mehr. Einem verbalen Begeisterungsausbruch über die Schönheit des Trails auf den ersten Seiten folgte die Ernüchterung in Form des Abschnitts über die Wasserbeschaffung entlang der Strecke: „Wasser ist entlang der gesamten Strecke nur sporadisch zu erwarten, abhängig von Jahreszeiten und Niederschlägen, meist aber gar nicht. Wir empfehlen dringendst einige Punkte der Strecke zuvor mit dem Auto anzufahren, um dort Wasserdepots einzurichten". Typisch amerikanisch, an Leute ohne Auto hat mal wieder keiner gedacht. Für „Nur-Radler" ist der 128 mi/204 km lange Trail von Moab (UT) nach Grand Junction (CO) also nicht so ganz leicht zu realisieren, und wenn, dann eher Ende März, weniger im Wonnemonat Mai, der in dieser Region bereits sehr heiß und knochentrocken ist. Trailbeschreibung: www.cyberwest.com/cw08/v8adwst1.html

Tabeguache Trail

Der Tabeguache Trail ist die Fortsetzung des Kokopelli's Trails von Grand Junction nach Montrose, 142 mi/227 km über das Uncompahgre Plateau. Die Bedingungen des Kokopelli's Trails gelten im Wesentlichen auch hier. Infos unter: www.co.blm.gov/gjra/tabeguache.htm

San Juan-Hütten-Trail

Die Strecke führt durch den San Juan National Forest aus den 4000er Bergen Colorados rund um Telluride hinab in die Wüste Utahs bei Moab.

White Rim Trail

Ein weiterer Traum-Trail, der in aller Mountainbiker-Munde ist, ist der White Rim Trail im Canyonlands National Park, ebenfalls in der Region von Moab (www.utahmountainbiking.com/trails/whiterim.htm). Die Strecke führt über 103 Meilen/165 km auf einer Schotterpiste durch bizarre Felsformationen mit einem phantastischen Blick über die vom Colorado River modellierte Landschaft. Beste Zeit sind Februar und Anfang März.

■ *Südlich von Moab, Lisbon Valley*

Der Trail steht nicht nur bei Bikern, sondern auch bei 4-wheel-drive Fans hoch im Kurs. Für teures Geld bieten Veranstalter Biketouren auf dieser eigentlich für Jeeps konzipierten Strecke an. Sie wissen auch, warum sie solche Preise verlangen können. Ohne Begleitfahrzeug ist nichts zu machen. Mit Gepäck ist es eine Reise von drei bis vier Tagen. Die Steigungen sind zum Teil so krass, dass man auch ohne Packtaschen das Gefühl hat, mit dem Rad hintenüberzukippen. Und Gepäck muss sein, denn selbst mit leerem Bike ist die Rundtour nicht in einem Tag zu schaffen.

Trinkwasser gibt es im gesamten Island-in-the-Sky Abschnitt des Canyonland National Park nicht. Man muss seinen Vorrat aus dem ca. 80 km entfernten Moab oder dem benachbarten State Park herankarren. Fast unmöglich, einen Viertagesvorrat für eine heiße Region heranzuschaffen und über Holperpisten mitzuführen.

Survival Kit   Vor lauter Vorfreude solltet ihr auf keinen Fall vergessen, dass gerade im Backcountry ein Mindestmaß an Vorsicht angebracht ist. Die tollsten MTB-Rundtrips machen deshalb Spaß, weil sie eine beachtliche Höhendifferenz überwinden. Während man noch im Tal bei wolkenlosem Himmel im dünnen Shirt schwitzte, wird es einige hundert Meter höher bereits empfindlich kühl. Und – ich kann euch das nicht oft genug erzählen – die Wetterumschwünge in den USA kommen schnell und verdammt gewaltig! Jahr für Jahr gibt es zahlreiche Tote wegen unvorhergesehener Temperaturstürze! Warme Kleidung gehört deshalb immer ins Gepäck, wie auch ausreichend Wasser und Verpflegung. Die Trails sind meistens, aber eben nicht immer gut markiert, und ihr wäret nicht die ersten, die sich verirren. Also, Hänsel und Gretel von heute, per MTB im Hinterland unterwegs, sind smart und nehmen auch ein kleines Survival-Paket mit (Notproviant, Mehrzweckmesser, Streichhölzer und Rettungsdecke), halt alles was man braucht, um mindestens eine unvorhergesehene Übernachtung unter freiem Himmel schadlos zu überstehen.

Trail-Hitliste der USA – 10 MTB-Pisten vom Feinsten

Zum Einstimmen und als groben Überblick über die Regionen, wo es sich lohnt, Ausschau zu halten, hier eine Liste mit 10 der beliebtesten (nicht unbedingt der bekanntesten) Off-road Strecken in den USA:

Colorado

1. Trail-Nr. 401, Crested Butte

Ein 26 Meilen/42 km-Rundtrip. Ausgangspunkt ist der Mount Crested Butte mit einer Höhe von ca. 3000 m. Im Verlauf des Trails geht es in steilen Anstiegen rauf auf fast 4000 m, und als Belohnung gibt es ein paar atemberaubende Downhillpassagen. Auskünfte vor Ort: Crested Butte Chamber of Commerce; im Internet: www.mtbr.com/trails/

2. Hermosa Creek, Durango

Ein 20 Meilen/32 km One way! Gepriesen als einer der schönsten Trails rund um Durango mit vielen Kehren, steilen Passagen, luftigen Abfahrten, packenden Seitenhängen, dickem Nadelwald, gnadenlosen Felsen und dem permanenten Gegurgel des nahen Gebirgsbaches. Das Ganze bewegt sich auf 2200 m bis 2900 m Höhe, recht human also für Colorado. Startpunkt ist Hermosa Park, nahe dem Purgatory Skigebiet. Merke: Der Startpunkt liegt ziemlich weit außerhalb von Durango, und das heißt: Du brauchst eine Mitfahrgelegenheit. Auskunft vor Ort: San Juan National Forest, Tel. (970) 247-4874, www.fs.fed.us/r2/sanjuan.

New Mexico

3. Windsor Trail, Santa Fe

Ein 35 Meilen/56 km-Rundtrip oder eine 14 Meilen/23 km-Einbahnstrecke bergab, je nachdem, ob du per Auto oder per Rad zum Trailhead fährst, der direkt am Parkplatz des Santa Fe Skigebiets liegt. Per Rad musst du dich über County- und Forststraßen von Santa Fe (2000 m) aus auf eine Höhe von 3400 m hinaufarbeiten, bevor du die Abfahrt genießen kannst. Die allerdings ist ein reines Vergnügen mit vielen Kehren durch Pinienwald, trockene Yuccahänge, Espenhaine und ca. 20 Bachdurchquerungen des Tesuque Creek. Auskunft vor Ort: Santa Fe National Forest, Tel. (505) 438-7840, www.fs.fed.us/r3/sfe.

Utah

4. Skyline Trail, Ogden

Ein 20 Meilen/32 km-Rundtrip. Dieser Trail liegt weit weg vom Mountainbike-Zentrum Moab in der weniger bekannten Wasatch Range, ca. 65 km nördlich von Salt Lake City. Der Trail beginnt in North Ogden Divide und klettert über steile Kehren in rauhem, ungeschütztem Terrain rauf zum Ben Lommond Peak (3230 m) mit phantastischer Aussicht auf die steilen Hänge der umliegenden Berge. Die Abfahrt ist vergleichsweise erholsam. Es geht auf schmalen Pfaden durch den Kiefernwald hinab in den Cold Canyon des Ogden Valley. Trailbeschreibung: www.fs.fed.us/wcnf/unit/ogden/skyline.htm.

Washington

5. Serpentine Trail Lake Cavanaugh Loop, Mount Vernon

Ein ca. 15 Meilen/24 km-Rundtrip. Der Trailhead liegt 14 mi/22 km entfernt von dem Ort Mount Vernon, ca. 120 km nördlich von Seattle. Ein Trail sowohl für Neulinge als auch für alte Hasen, mit kurzen Steigungen und Dips, das technische Können verlangen, mit vielen Baumwurzeln, Pfützen und einer gehörigen Portion Schlamm. Erfordert einige Erfahrung auf schlüpfrigem Untergrund. Auskunft im Bikeshop vor Ort: Mountains Northwest, 217 S 1st St., Mount Vernon, Tel. (360) 336-1645.

Idaho

6. South Fork – Greenhorn Trail, Ketchum

Ein 15 Meilen/24 km-Rundtrip. Idaho ist nicht gerade das berühmteste Mountainbike-Pflaster, aber es bietet eine Menge an Möglichkeiten für Off-roader. Im Sawtooth National Forest sind eine Menge Mehrzwecktrails angelegt worden, die auch zum Mountainbiken ideal sind. Dieser Trail beginnt 18 mi/29 km westlich des Ortes Ketchum. Die ganze Strecke bewegt sich auf einer Höhe zwischen 2200 m und 2700 m, auf und ab sind insgesamt nahezu 1500 m Höhendifferenz zu bewältigen, aber nicht an einem Streifen, sondern häppchenweise in Schritten von höchstens 150 m Höhengewinn an einem Stück. Die meiste Zeit radelst du mit Panoramablick auf den Hyndman Peak, einen beeindruckenden Viertausender. Der Trail ist nur im Juni und Juli empfehlenswert. Im Spätsommer wird es in Idaho erbärmlich staubig. Auskunft vor Ort: Sawtooth National Forest, Tel. (208) 662-5371, www.fs.fed.us/r4/sawtooth.

Montana

7. Alpine Trail, Kalispell

Ein 20,5 Meilen/33 km one way Single Track Trail. Einer der härtesten Mountainbike-Trails überhaupt, wegen seiner Länge und des Höhengewinns von insgesamt fast 3300 m. Aber nur etwas für Leute mit Auto und Freunden, die dich abholen. Der Start liegt südöstlich von Creston am Ende der Forstwirtschaftsstrecke Nr. 5390. Die Strecke führt erst hinauf zum Strawberry Lake, dann über mehrere Gebirgsketten von ca. 2500 m und immer wieder hinab in die Täler dazwischen. Entlang der Great Bear Wilderness Area radelst du durch Bärenland (!), bevor der Weg nach Columbia Falls abfällt. Den Trail zurückzuradeln ist allein zeitlich unmöglich. Wer ihn fahren will, muss sich in Columbia Falls abholen lassen. Auskunft vor Ort: Glacier Cyclery in Whitefish, Tel. (406) 862-6446, www.glaciercyclery.com.

California

8. Mr. Toad's Wild Ride, South Lake Tahoe

Ein 13 Meilen/21 km Ride mit Beginn und Ende auf Asphalt, dann Wald, und einem Herzstück auf herausfordernden Pfaden an den steil abfallenden, felsigen Hängen der kargen Berge rund um Lake Tahoe. Der Trailhead liegt direkt in South Tahoe, der alten CA 89 folgend. Die Tour ist ziemlich verwirrend angelegt, mit vielen nicht gut markierten Abzweigungen. Man braucht schon ein Trail-Info um sich zurechtzufinden. Kernstücke sind der berühmte Lake Tahoe Rim Trail im El Dorado National Forest und Saxon Creek Trail, ein tückischer downhill-Abschnitt nur für Könner. Keine falsche Scham. Du bist nicht der einzige, der die einschüchternden Passagen lieber schiebt. Auskunft vor Ort: Sierra Ski & Cycle Works, Tel. (866) 592-9846, www.laketahoeskiing.com/skishopad.cfm/ca09/23232.htm.

Pennsylvania

9. Blue Marsh Lake, Reading

Ein 14 Meilen/22 km Rundtrip. Der Trailhead liegt 6 Meilen nordwestlich von Reading, wo das U.S. Army Corps of Engineers rund um den Blue Marsh Lake ein Netz von Trails und Erholungswegen angelegt hat. Dramatische Höhengewinne darfst du natürlich nicht erwarten in Pennsylvania. Dieser Trail stellt eher Ansprüche an Geschicklichkeit, enthält einige schwindelerregende Hangpassagen und steile Dips. Das Terrain wechselt zwischen dichtem Wald und Weideland mit fast ständigem Blick auf den See. Abschnittsweise muss man sich den Weg mit eventuellen Reitern und Fußgängern teilen. Auskunft vor Ort: Blue Marsh Lake, 1268 Palisades Drive, Leesport, Tel. (610) 376-6337.

North
Carolina

10. Left Loop, Tsali Trail
Ein 12 Meilen/19 km Loop. Trailhead auf dem „Pferdeparkplatz" der Tsali Recreation Area. Der Trail durch den Nantahala National Forest gehört zu den schönsten im Osten der Vereinigten Staaten und bietet feine Ausblicke auf die Great Smokies, den südlichsten Gebirgszug der Appalachen. Der Schwierigkeitsgrad bezieht sich mehr auf technische Geschicklichkeit, weniger auf Ausdauer oder Höhengewinn. Das „Left Loop Death Maneuver", eine 60 cm Sprungschanze mit einem Landeplatz aus Steinen, so groß wie Helme, wartet auf dich und dein trickreiches Können. Dann geht es weiter über klebrigen Lehmboden. Nach starken Regenfällen bleib zu Hause „or you get your bike caked". Auskunft vor Ort: Visitors Information Center of the Travel and Tourism Authority, Freecall 1-800-470-3790 oder Tel. (828) 479-3790.

...und dann gibt es natürlich noch den berühmten **Slickrock Trail in Moab,** UT, den **Bolinas Ridge Trail** bei San Francisco und viele, viele mehr.

Guidebooks Um euch eine Vorstellung zu geben, wo Geländefahren möglich ist, hier eine Auswahl von Mountainbike-Führern, alle mit Trails, Karten, Fotos. Die Bücher sind bei der ACA oder im Bestellbuchhandel erhältlich, in Moab/Utah hat z.B. auch jeder Bike Shop eine Auswahl an Guidebooks.
Canyon Country Mountain Biking, von Barnes & Kuehne, Canyon Country Publications, Moab; 23 Trails in Südost-Utah, in Arches, Canyon Rims, Island Area, La Sals, The Maze, Needles etc. – *Mountain Bike Guide to Colorado,* von L. Stoehr; 30 Touren. – *Mountain Bike Adventures In The Northern Rockies,* von McCoy, The Mountaineers Books; 44 Touren in Yellowstone, Sun Valley, Jackson Hole u.a. – *Mountain Bike Adventures In The Four Corners Region,* von McCoy, The Mountaineers Books; Moab Slickrock, Grand Canyon, Santa Fe, Taos, Superstition Mountains in Arizona. – *Above and Beyond Slickrock,* von Campbell, Wasatch Publishers, Salt Lake City; Führer zu den populärsten Mountain Bike Trails in Südost-Utah, 40 Trails in 11 verschiedenen Gebieten. – Eine Info-Stelle und Touren-Organisation für Moab und Canyonlands-Touren: Rim Tours, 1233 S. US 191, Moab, www.rimtours.com. Bei www.paloaltobicycles.com/best_resources/guidebooks.html findet sich eine Sammlung interessanter MTB-Bücher, sortiert nach den einzelnen US-Staaten.
Der amerikanische Verlag „The Mountaineers Books" hat noch eine ganze Reihe weiterer MTB- und Roadbike-Guides im Programm (www.mountainersbooks.org). Darüber hinaus gibt es noch viele „Special Events" mit Bezeichnungen wie „Fat Tire Bike Week", „Iron Horse Bicycle Classic", „Off-Road Stage Race" u.ä. mehr. Wer mal an einem teilnehmen will: in den „Yellow Pages" stehen alle mit Datum, Anmeldung und Beschreibungen.
Alles rund ums MTB (Trail Guides, Fotos, Festivals, Diskussionsforen, Links etc.) bspw. unter www.webmountainbike.com, www.mtbonline.net, www.altrec.com/cycle oder www.dirtworld.com (sehr übersichtliches Trail-Verzeichnis und Essays wie: ‚Shaking Loose the *Wanderlust'*). Die „Internet Bicycling Hub" (www.cycling.org) wendet sich an Touren- und Mountainbiker gleichermaßen. „The Internet's mountain bike park" (http://mtb.live.com) ist eine riesige Linksammlung, auch speziell zum Mountainbiking rund um San Francisco.
Die „Women's Mountain Bike and Tea Society – WOMBATS" (www.wombats.org) organisiert Events und Diskussionsforen „for ladies only". Adresse: WOMBATS, P.O.Box 757, Fairfax, CA 94978, USA.

Mountainbike-Clubs – biken mit Freunden

In allen Regionen, in denen Mountainbiken populär ist, gibt es auch Clubs von Leuten, denen es Spaß macht, am Wochenende mit anderen gemeinsam durch die Lande zu brettern. Kontakt zu diesen Clubs bekommst du unterwegs über Bike-Shops oder über die örtliche Chamber of Commerce. Ein paar E-Mails an das ein oder andere Vereinsmitglied (Adressen über die Websites der Clubs) im Vorfeld deiner Tour ist eine gute Chance, rechtzeitig aktuelle Informationen zu bekommen. Die Leute freuen sich garantiert und helfen gerne weiter, wenn Europäer gerade in ihrem Revier radeln wollen. **Tip**: Wenn du dich mit ortsansässigen Mountainbikern zusammentust, kannst du wahrscheinlich auch mit ihrer Hilfe deine Transportprobleme zu entfernteren Trailheads lösen.

KAP. 9:

IM HAUS, IM ZELT ODER DRAUSSEN – Übernachten unterwegs

Wer den ganzen Tag in den Pedalen gestanden hat, braucht sich über Schlaf selten Gedanken zu machen. Wo ihr eure Nächte verbringt, das hängt allerdings von Vorlieben, vom Geldbeutel und wahrscheinlich auch des öfteren vom Wetter ab. Hier eine Übersicht über die vielen Möglichkeiten. Zunächst Schlafen unter festen Dächern, Indoor.

Indoors unter Dach und Fach – wo finde ich ein Bett?

Hotels und Motels

Während Campen die billigste und flexibelste Form des Übernachtens in den USA ist, mag ab und zu ein Zimmer und ein Bett auch dem härtesten Long-Time-Biker eine nicht unwillkommene Abwechslung sein. Doch Motels kosten mindestens ab 40 Dollar aufwärts die Nacht, Motor Inns und Hotels wesentlich mehr. Mit am preiswertesten ist die „Motel 6"-Kette. Und wohin mit deinem Gefährt? Immer mit auf's Zimmer, du reinigst natürlich vorher eventuell verdreckte Laufräder und wirst ja nicht gerade mit dem Bettlaken die Kette säubern wollen ...

Die „B & B", die Bed- und Breakfast-Unterkünfte bei Privatpersonen, sind in den USA nicht gerade billig. Die Website www.traveldata.com bietet eine Suchfunktion für B & B's in ganz Nordamerika. Das Buch „Let's go USA" ist eine Fundgrube für preiswerte Unterkünfte in Städten,

■ *Motels mit Budget-Preisen*

Restaurants, öffentliche Verkehrsmittel, Sehenswürdigkeiten, Unterhaltung, Treffpunkte usw. Alljährlich neu, führt fast jede Buchhandlung in den USA, auch in Deutschland in großen Buchhandlungen erhältlich, oder im Internet bei www.amazon.de.

■ *Wigwam-Hotel, Holbrook, Arizona*

Und dann sind da noch die Bettenburgen in der Wüste: Wer es sich für wenig Geld so richtig gut gehen lassen will, der macht z.B. eine Casinohotel-Tour durch Nevada oder z.B. New Mexico, wo einige Spielstätten mit integriertem Hotelbetrieb ausschließlich von Indianer-stämmen betrieben werden. In Casinohotels kannst du dich im King-Size-Bed aalen, ein all-you-can-eat Buffet reinschaufeln, ein gepflegtes Wohlfühlbad nehmen und das alles für einen vergleichsweise geringen Preis. Aber verfalle nicht dem Rausch der Automaten, sonst geht der Deal zwar für die Casinobetreiber auf, aber deine Reisekasse ist platt.

Youth Hostels

Die amerikanischen Jugendherbergen (AYH-Federation) sind nicht so zahlreich wie in Europa, es gibt etwa 130, die meisten finden sich entlang der Pazifikküste in Kalifornien und Washington, in den Colorado-Rockies, in Ohio und Michigan und in den New England States. Sie kosten für Mitglieder zwischen 10 und 15 $ pro Nacht und Bett im Schlafsaal (keine Altersbeschränkung), haben auch meist Kochgelegenheit. Gut, um andere Traveller zu treffen. In Cities wie San Francisco, San Diego oder Boston liegen sie näher am Zentrum als jedes Motel, so dass du von dort aus die Umgebung per Rad oder öffentlichem Nahverkehr erkunden kannst. Vorausbuchungen (mit Kreditkarte Master/Eurocard oder VISA) fast immer notwendig! Das Buch „Hostelling North America" bekommt man in Buchhandlungen oder beim DJH-Verband in 32756 Detmold, Postfach 1455, Tel. 05231/7401-0. In den USA: „North American Hostel Handbook" bei jedem Hostel in den USA oder auch in Reisebuchhandlungen. Websites: www.hiayh.org oder www.hostels.com mit einer kompletten Liste aller Hostels, Suchfunktion, einem Verzeichnis sonstiger Discounts bei Vorlage des Hostelausweises u.v.a.m.

Außer den AY-Hostels gibt es auch noch ca. 100 HH („Home Hostels", Privatunterkünfte, telefonische Anmeldung immer notwendig) und SA („Supplementals Accommodations", Ergänzungsunterkünfte). Näheres in den genannten Büchern. Weitere Unterkunftsmöglichkeit ähnlich den Youth Hostels bieten die Häuser der American Association of International Hostels (AAIH), das sind Herbergen unter freier Trägerschaft, die vor allem Häuser im Westen der USA haben (ab ca. 12 $). Adresse: AAIH, 19 West, Phoenix St, Flagstaff AZ 86002.

Rund 600 Hostels in den USA und Canada (Juhes, Backpackers, unabh. Hostels) listet „The Hostel Handbook", von John Williams, 722 St. Nicholas Avenue, New York, NY 10031. Erhältlich in den USA in allen Buchhandlungen oder online unter www.hostelhandbook.com (hier auch Updates, Links etc.).

Weitere Websites mit Hostelverzeichnissen usw.: www.hostelsofamerica.com, (ca. 60 Hostels) und www.thebackpacker.net.

YMCA und YWCA

Die *Y's,* wie die CVJM in den Staaten genannt werden, bieten vor allem in den Großstädten Übernachtungsplätze. Diese Unterkünfte sind teurer als Youth Hostels, doch billiger als ein Hotel. Während bei den YMCA auch

■ *YMCA in Bethlehem, Pennsylvania*

Mädchen und Paare unterkommen können, heißt es bei den YWCA (Young Womens Christian Association) „ladies only" ... Adressen und Infos bei: *YMCA of the USA,* www.ymca.net (Suchfunktion für rund 2400 Häuser, u.v.m.). *YWCA of the USA,* www.ywca.org (Suchfunktion für 313 Häuser etc.).

Fragt vorher nach, ob dort auch Durchreisende übernachten können, denn einige Y's sind lediglich Fitness-Studios oder Begegnungsstätten und keine Herbergen. Deutsche CVJMs verschicken gegen Gebühr gleichfalls einen Adressen-Katalog: CVJM-Reisen, Im Druseltal 8, 34131 Kassel, www.cvjm.de.

Studentenwohnheime

Wer zur Ferienzeit (Juni – Sept.) durch die USA reist, kann in den dann leerstehenden Studenten-Wohnheimen vieler Universitäten unterkommen (University Residences). Kosten ca. 14 bis 26 $, meist mit Frühstück und inkl. Uni-Einrichtungen. Gut, um Leute zu treffen und dann evtl. auch privat unterzukommen. Meist nicht für Einzelnächte. Das Verzeichnis „US- and Worldwide Travel Accommodations Guide" ist zu bekommen beim „Campus Travel Service", POB 8355, Newport Beach, CA 92660. Noch günstiger sind *College dormitories,* und über ein College verfügt fast jede amerikanische Mittelstadt. Auch in Häusern von Studentenverbindungen besteht manchmal die Möglichkeit, günstig zu übernachten.

Touring Cyclist Hospitality Directory

Dieses Directory ist wohl der beste Tip für kostengünstiges Übernachten für USA-Radler. Es kann dort weiterhelfen, wo keine privaten Kontakte entstanden sind. Es ist eine Liste von Radfahrern, die andere Radfahrer bei sich zuhause aufnehmen und ihnen einen einfachen Schlafplatz, eine Dusche oder einen Camp-Platz anbieten. Voraussetzung ist, dass du ein paar Tage zuvor anrufst oder mailst und nachfragst, ob dein Besuch willkommen ist oder ob überhaupt jemand zuhause ist. Die Liste bekommt nur, wer sich auch auf seine nationale Liste setzen lässt und damit ein ADFC-Dachgeber wird. Auskunft beim ADFC, Postfach 10 77 47, 28077 Bremen, www.adfc.de. Auf dem gleichen Prinzip beruht „The ‚members-only' Warm Showers List (WSL)" des Franco-Kanadiers Roger Gravel. Kalt- und Warmduscher können sich auf „The ‚public' World Wild Web Shared Warm Showers List (WWWSWSL)" unter www.rogergravel.com/wsl/vh_for_a.html informieren und auch in die Liste eintragen lassen.

SERVAS

Servas ist eine Organisation, bei der du lt. Selbstdarstellung „nach Bewerbung und Vorstellung Mitglied werden kannst und bei der du anschließend Adressen von gastfreundlichen Menschen in über 70 Ländern anfordern darfst". Auch hier kann nur teilnehmen, wer selbst bereit ist, Reisende aufzunehmen. Kontaktadressen und Infos in Deutschland von: SERVAS Germany, Birkenweg 30d, 21629 Neu Wulmstorf. Die Anschriften der regionalen Koordinatoren und weitere Infos über die Anmeldeprozedur und die Folgekosten findet man auf der Website www.servas.de.

Outdoors as a happy camper – wo kann ich zelten?

Campen, das ist *der* Freizeitspaß in den USA und, anders als bei uns, gibt es eine Menge Leute, die ausschließlich auf Zeltplätzen leben. Und vor allem dank der vielen reiselustigen Rentner, die oft das ganze Jahr über mit ihren RV's dem angenehmsten Klima auf der Spur sind, ist das Netz öffentlicher und kommerzieller Zeltplätze bestens ausgebaut. Wer für die Dauer der Radreise ein Zelt sein Zuhause nennt, wird selten Probleme haben, einen Platz für seine Übernachtung zu finden.

Kommerzielle Zeltplätze

Die USA und Canada mit dem Rad zu bereisen heißt in erster Linie auch Campen, und in ganz Nordamerika, besonders in den touristischen Regionen und in den Nationalparks, gibt es überall Campgrounds. Sie gehören entweder privaten Betreibern (*Commercial Campgrounds,* z.B. *KOA, Red Arrow*), und sie sind meist immer komfortabler und teurer als die *Public Campgrounds,* die man in den städtischen, staatlichen oder nationalen Park- und Freizeit-Einrichtungen findet.

Angelegt sind die Campgrounds zwar überwiegend als Stellplätze für RVs (*Recreation Vehicles,* Camper/Wohnmobile, mit *full-hookup*-Anschlüssen), doch haben sie immer auch ein schönes Stück Rasen, auf denen Backpacker, Motorrad- und Fahrradtourer unterkommen können. Ein Picknicktisch und eine Feuerstelle gehören zu jedem Platz.

Das „Woodall's The Campground Directory" ist ein umfassendes Nachschlagwerk über alle Plätze in den USA und Canada, darüber hinaus gibt es viele weitere Regionalführer. Der amerikanische ADAC, der „Triple-A" (AAA), gibt auch (regional gegliederte) Campingführer heraus, in erster Linie gleichfalls für motorisiert Reisende gedacht.

Für Biker mit einem Zelt ist folgender Campground Guide empfehlenswert: „Woodall's The Tenting Directory: North America Edition", Woodall Publications Corp., www.woodalls.com, (ca. 13 $).

Doch einen schweren Campingführer auf einem Rad mitzuschleppen ist kaum sinnvoll. Es ist besser, entsprechende Karten mitzuführen, auf denen auch Campgrounds verzeichnet sind, schon deshalb, weil auf genügend genauen Karten auch noch kleinere Plätze verzeichnet sind, die nicht in Campingführern stehen.

Die Übernachtungspreise der Plätze orientieren sich an der Ausstattung, und wenn sie zudem im Umfeld von touristischen Attraktionen oder in Stadtnähe liegen, wird kräftig hingelangt, besonders bei den privaten. In der Regel zahlst du deinen Campground nicht nach Personenanzahl, sondern durch Belegung einer „Site", d.h., es kostet für eine oder 6 Personen dasselbe.

■ *Camping-Cabins*

Tips: Es lohnt sich daher, nach anderen Leuten Ausschau zu halten, mit denen man den Zeltplatz und die Kosten teilen kann. Lasst euch auch von „Campground full"-Schildern nicht abschrecken, sondern bietet den Leuten eines schon besetzten Platzes Kostenteilung an. Auf den privaten Plätzen könnt ihr meist, auch ohne zu übernachten, eine Dusche nehmen (evtl. gegen geringe Gebühr). Außerdem kann man einkaufen oder die Waschsalons benützen. Fragt einfach.

Public Campgrounds

Die öffentlichen Zeltplätze heißen *National Parks Campgrounds*, *National Forest (NF-)Campgrounds*, *State Park Campgrounds*, *Bureau of Land Management (BLM-)Campgrounds*, *Corps of Engineers Campgrounds* (meist sehr einfach, oft bei Stauseen), *County Campgrounds*, und innerhalb von Städten sind es die *City-* bzw. *Municipal Campgrounds*.

Zu den empfehlenswerten gehören die (überwiegend einfachen) *National Park Campgrounds,* die meist sehr schön in der Natur eingebettet sind (bezahlt wird fast durchweg durch „self-registration", d.h., ihr notiert eure Platznummer auf einem speziellen Umschlag und werft ihn zusammen mit dem Geldbetrag in eine Box; einmal am Tag schaut dann ein Ranger vorbei). Eine Übersicht über alle National Parks bieten die Websites www.us-national-parks.net oder www.llbean.com/parksearch. Wegen einem City- bzw. Municipal Campground bei der City Hall (Rathaus) oder bei der Chamber of Commerce nachfragen.

Oft haben uns die *State Park Campgrounds* aber besser gefallen als ihre großen Brüder in den National Parks: Sie sind kleiner, überschaubarer, meist ebenso wunderschön gelegen, nicht teurer und häufig besser ausgestattet (heiße Duschen!). Meist füllten sie sich schon um die Mittagszeit, man sollte also früh einen Platz reservieren und dann den State Park erkunden.

Einfache, billige Plätze verwaltet auch das *BLM,* es gibt sie hauptsächlich in Kalifornien, Oregon, Washington, Arizona, New Mexico u. Alaska.

Informationen über NF- und BLM-Campgrounds stehen in den Karten, die in den Büros beider Verwaltungen und oft auch in Tourist Offices ausliegen. Alle NF-Campgrounds in den USA beschreibt der „Coleman National Forest Campground and Recreation Directory", Globe Pequot Press, weitere gibt es zu einzelnen Regionen. Offizielle Homepage der National Forests: www.fs.fed.us.

Alle Nationalparks verfügen über Zeltplätze, die in ihrer Ausstattung meist einfach sind (Toilettenhäuschen und kaltes Wasser). Die Preise liegen zwischen 7 $ und 12 $. Gratis sind dort für Wanderer *Walk-in Campgrounds,* gelegen an Hiking Trails, man braucht lediglich ein Permit, das am Parkeingang ausgestellt wird.

Reservierung zum Campen ist – vor allem in den Saisonmonaten – wegen des hohen Andrangs fast immer nötig. Einige– jedoch niemals alle – Sites bestimmter US-Nationalparks können nur über ein spezielles Reservierungssystem gebucht werden: http://reservations.nps.gov verrät dir wie. Oder es existiert das „first come – first serve"-Prinzip, auf gut deutsch: Wer zuerst kommt, mahlt zuerst. Reservierungen gibt es dabei nicht. Im Vorfeld langer Wochenenden stellen manche Ausflügler deshalb schon *eine Woche* zuvor ihr Zelt auf, um sich ihren Platz zu sichern. Näheres über Nationalparks in Reiseführern oder www.nps.gov/parks.html.

Übrigens: Es scheint nur so, dass Nationalparks in erster Linie für Auto-Touristen mit ihren Wohnmobilen gemacht sind, denn abseits der üblichen Straßen erschließen sich für Wanderer und Radfahrer auf Trails noch ganz andere Parkansichten! Infos jedesmal bei den Visitor Centers an den Parkeingängen. Das Buch „Cycling U.S. Parks – Scenic Bicycle Tours in the National Parks" von Jim Clark stellt 50 Touren in 30 Nationalparks vor und gibt zumindest einen Eindruck, was die NP's für Biker bieten.

Hiker-Biker Sites – wo Radler stets willkommen sind

In den Staaten entlang der Pazifikküste, also in Kalifornien, Oregon und – seltener – in Washington gibt es Hiker-Biker Sites, Gruppenzeltplätze für Radler und Wanderer, auf denen pro Person abgerechnet wird. Preis je nach Staat 3 bis 6 $. Oft sind diese Campsites ruhig, schön und nahe an Waschräumen angelegt, manchmal sind sie lieblos abseits irgendwo im Matsch und Müll („undeveloped campgrounds"). Besser nicht zuviel erwarten, doch eine sehr gute Möglichkeit, um amerikanische „fellow biker" kennenzulernen und Erfahrungen auszutauschen! Für Einzelreisende eine kostengünstige Alternative, für Gruppenradler sind meist die „normalen" Sites die bessere Wahl. Hiker-Biker Sites gibt es auch in State-, Forest- und Nationalparks, z.B. im Yosemite Park, am Grand Canyon oder beim Lake Tahoe. Als zusätzliche Unterkunftsmöglichkeit bieten sich in den Parks auch des öfteren Cabins an, mietbare Holzhütten von primitiv bis komfortabel.

■ *Herrliches Hiker-Biker-Camp am Lake Mead*

Wild Camping – Übernachtungsplätze stand by

Sein Zelt einfach irgendwo entlang der Strecke aufschlagen? Einige erfüllt allein der Gedanke mit Panik, andere schwören drauf! Wir haben lieber wild gezeltet als auf Campgrounds, und dafür waren nicht nur Kostengründe ausschlaggebend. Als Entscheidungshilfe nachstehend einige Vor- und Nachteile:

■ *Home, sweet home …*

Vorteile

So großzügig die Zeltplätze in den USA auch angelegt sind, sie sehen sich alle irgendwie ähnlich. Ganz gleich ob an der Pazifikküste oder in den Rocky Mountains, immer sollten wir auf eine von grünen Büschen und schattigen Bäumen begrenzte Parzelle mit Picknicktisch und Grillrost starren. Wild campen war für uns die große Freiheit. Wir haben es genossen, den Tag mit oft phantastischer Aussicht auf Berge oder Ozean ausklingen zu lassen, die garantiert kein Zeltplatz bietet. Kein Zeltnachbar störte uns, der abends um 11 mit seiner Grillparty beginnt oder morgens um zwei aus der Stadt zurückkehrt. Unsere „wilden Nächte" waren garantiert ruhig und erholsam. Außerdem waren wir unabhängig von irgendwelchen Pflichtetappen.

Nachteile

Als Preis dafür fuhren wir oft lange Zeit Wasser- und Lebensmittelvorräte mit uns herum. Ein paar Kilo extra also und auf den Komfort einer abendlichen Dusche mussten wir verzichten. Dafür hat man schweißgebadet in der Wildnis besten Kontakt mit Insekten, Gelegenheit zum Studium der unterschiedlichsten Arten.

Spielregeln

Achte darauf, dass du als Wildcamper möglichst nicht gesehen wirst. Warte eine Verkehrslücke ab, bevor du von der Straße abbiegst. Lehn das Rad irgendwo im Gebüsch getarnt an und nimm das Umfeld zunächst zu Fuß unter die Lupe. Mancher Platz sieht auf den ersten Blick so toll aus und entpuppt sich dann doch als Reinfall. In den Wildnis- und Waldgebieten der USA ist es kein Problem, einen Zeltplatz für eine oder zwei Nächte zu finden, und, sofern nicht ausdrücklich Verbotsschilder prangen, man verstößt damit nicht gegen Gesetze. Ansonsten jedoch sind die USA eingezäunt, und man kann sich in der Regel am Abend nicht gleich neben die Straße schlagen. Vor allem ist in den USA die Respektierung von Privatbesitz wichtig, und wo immer Besitz als solcher ausgewiesen ist, vorher fragen (sonst kann schon mal der Sheriff auftauchen!). Eigentum hat in den Staaten einen weitaus höheren Stellenwert als bei uns, und so mancher reagiert sauer, wenn man ohne Erlaubnis seinen Grund und Boden betritt.

Besonderen Bestimmungen unterliegt das Campieren in Indianerreservaten (z.B. im Monument Valley), da muss man vorher die Indianerbehörde verständigen. Schilder weisen rechtzeitig darauf hin!

Wildcamping in dichtbesiedelten Regionen ist kein leichtes Spiel, wo wir neben Kirchen (die haben meist einen schönen Rasen, und das Pfarrhaus ist meist gleich neben der Kirche), bei Feuerwachen, auf Sportanlagen (immer eine gute Möglichkeit) und auf zum Verkauf stehenden Grundstücken landeten.

In dünnbesiedelten Regionen hingegen ist es weniger problematisch ein Plätzchen zu finden um das Zelt aufzubauen. Im Westen der USA z.B. gibt es viele Ländereien, die im Besitz der öffentlichen Hand sind, sogenanntes „public land". Meist sind diese Gebiete dem National Forest Service oder dem Bureau of Land Management unterstellt. Auf all diesen Grundstücken darf man in der Regel ohne besondere Erlaubnis sein Zelt aufschlagen. Tip: Wegen Tieren vorsichtig sein! Keine Lebensmittel liegen lassen, auch wenn ihr nicht im „Bear Country" unterwegs seid!

Wie beliebt auch unter Amerikanern solche Wildcampingplätze sind, zeigen zahlreiche Feuerstellen, die man bereits fertig eingerichtet allerorten vorfindet (und leider auch der liegengelassene Müll). Ein Grund mehr, wenigstens den eigenen Abfall wieder mitzunehmen und keine unnötigen Spuren zu hinterlassen, auch wenn die nächste Mülltonne manchmal 50 Meilen weit weg ist. Getreu dem alten US-Outdoorspruch: „Take only pictures. Leave only footprints."

Feuer zu machen ist im übrigen grundsätzlich gestattet, wo es nicht ausdrücklich verboten ist. Amerikas Preis für diese Freiheit besteht in zahlreichen großflächigen Waldbränden, die dann durch die Medien gehen. Wenn es stürmt oder wenn du das Feuer nicht ersticken kannst, verzichte lieber auf den abendlichen Hauch von Wildnisromantik. Konservendosen und Glasflaschen verbrennen nicht. Lass sie nicht wie andere in der Feuerstelle liegen, sondern nimm sie wieder mit.

Besondere Vorsicht ist auf diesen Wildcampingplätzen geboten, wenn Jagdzeit herrscht. Wenn das Wild zum Abschuss freigegeben wird, verwandelt sich „public land" in die Spielwiese schießwütiger Freizeitjäger, und man hat mitunter den Eindruck, versehentlich in ein Truppenmanöver geraten zu sein. Unter diesem Aspekt ist eigentlich grundsätzlich Vorsicht geboten. Amerika hat lockere Waffengesetze, und so manches angetrunkene Männerklübchen zieht sich abends aufs unbewohnte Land zurück, kippt dort angesichts fehlender Kneipen ein paar Dosen Bier, und wenn man so richtig guter Laune ist, demonstriert man Männlichkeit bevorzugt mit Schusswaffen. In solchen Situationen wird gerne geballert, nur so zum Spaß, keiner will dir etwas tun, aber wenn niemand weiß, dass du dort zeltest, kann man schon mal in ein unerwartetes Kreuzfeuer geraten. Schützen kann man sich, indem man Plätze meidet, an denen leere Bierdosen und Patronenhülsen auf nächtliche Ausflügler hinweisen.

Wild in Cityparks oder Fairgrounds in (größeren) Städten zu campen ist in den USA wegen zwielichtiger Gestalten oder Umtriebe nicht ratsam und auch verboten, wenn es nicht ausdrücklich erlaubt ist.

Zwei weitere Websites, die viele (kostenpflichtige bzw. kostenlose) Plätze aufführen, sich allerdings primär an „RV'ler" wenden, sind www.gocampingamerica.com/main.html und http://freecampgrounds.com.

Body check – Körper- und Klamottenpflege

Duschen

Wer oft wild zeltet, wird keine Gelegenheit auslassen, eine Dusche zu bekommen. Kostenlos duschen kann man in allen öffentlichen Anlagen, die zu Stränden gehören und über Duschen verfügen. In gebührenpflichtigen State Parks kann man die Campgroundduschen für den Tageseintritt (day-use) benutzen. Auch auf privaten Campgrounds kann man gegen Entgelt die Sanis ansteuern. Vernünftige Angebote liegen bei zwei Dollar pro Person. Manche Zeltplätze verlangen mehr, weil sie eigentlich keine Duschgäste wollen. Auch bei Motels kann man fragen. Wenn, dann klappt das aber nur vormittags, solange die Zimmer noch nicht saubergemacht sind. Auch an Truckstops gibt es showers. Kostenlos sind sie jedoch nur für Trucker, die dort ja für viel Geld tanken. Fragen lohnt sich außerdem bei Fitness-Studios und an Feuerwachen.

Manchmal bekommt man ja auch von netten Leuten eine Dusche angeboten. Am besten, du erwähnst bei Bedarf, wie viele nette Leute du schon getroffen hast, die dich zum Duschen eingeladen haben. Damit bringst du dein Gegenüber am ehesten auf die gute Idee, es auch zu tun.

Wäsche waschen

Da man beim Duschen oft auch ans Wäschewaschen denkt – waschen von Hand ist out, Waschsalons sind in! Du bist im Land der Laundromats. Elektrotrockner sind Energieverschwendung? Bestimmt. Aber wenn man unterwegs ist, lernt man den Schnellservice schätzen. Etwas mehr als eine Stunde, und dein Wäscheproblem ist gelöst, egal wie das Wetter ist. Du brauchst nicht viel Kleidung herumzufahren, wenn du weißt, dass die Reinigung kein Problem ist.

Waschmittel kann man oft als Einmalpäckchen aus einem Automaten ziehen. Auf Campingplätzen werden die Mini-„Tide" eher im Laden angeboten. Wenn nicht, habe ich einfach Mitbenutzer des Waschsalons gebeten, mir etwas von ihrem Waschpulver zu verkaufen. Ein kleiner Hinweis auf unsere Fahrräder und alle verstanden, warum ich kein eigenes Paket Waschpulver besaß. Meist wurde mein Angebot, für die Dosis zu zahlen, überaus entrüstet abgelehnt.

■ *Selbst ist der Mann …*

WILDLIFE – das wilde Leben hautnah

Touristenattraktion Bär

Teddybären. Gummibärchen. Ich mag beides. Aber eigentlich waren wir gar nicht weiter versessen darauf, richtige Bären zu Gesicht zu bekommen. Mit zwei Hunden im Gepäck sieht man Begegnungen dieser Art nicht allzu gelassen entgegen. Vier Monate fuhren wir in den USA durch Bärengebiet, doch immer, wenn irgendwo Bären gesichtet worden waren, kamen wir zu spät und mussten uns mit entzückten Gesichtern, ehrfürchtigen Kommentaren und einer Wolke von Auspuffgasen zufriedengeben. Denn wo ein Bär auftaucht, ist ein Verkehrsstau unvermeidbar.

■ Bär in freier Wildbahn ...

Mit der Zeit übermannte mich das Gefühl, dass mir eine der Haupttouristen-Attraktionen Amerikas vorenthalten bliebe. Ich wollte endlich eine Belohnung dafür, dass ich allabendlich meine Lebensmittel, Koch- und Körperpflegeutensilien hoch in einen Baum zog. Ich wollte vor mal einen Bären sehen, aus gebührender Distanz, versteht sich.

Hysterie oder Gelassenheit?

Lange bevor wir einen Bären zu Gesicht bekamen, bekamen wir Ärger ihretwegen. An Warnschilder, Broschüren mit Horrorgeschichten, Aufkleber auf Campingtischen und „food-locker" hatten wir uns rasch gewöhnt. Doch die Ranger im Glacier National Park in Montana gerieten bei unserem Anblick in Panik. „Mit den Hunden im Zelt können Sie hier nicht übernachten", hieß es, „das ist viel zu gefährlich. Hunde locken Bären an." Der Hinweis, dass wir schon einige Wochen in Bärenland unterwegs seien und selbst den berüchtigten Yellowstone National Park mit Hunden im Zelt überlebt hatten, half nicht die Bohne. Unsere Nachbarn, zwei nette alte Damen aus Arizona, halfen uns aus der Patsche. Sie luden unsere Köter über Nacht in ihr Auto ein.

Bald darauf trafen wir auf der kanadischen Seite des International Peace Parks ein, im Waterton National Park, der gewiss nicht nur die Grenze, sondern auch einige Bären mit dem Glacier National Park teilt (oder gibt es für Bären vielleicht doch Passkontrollen?). Gewarnt durch die Vorfälle auf der amerikanischen Seite fragte ich, ob es Probleme gäbe wegen der Hunde. Hunde müssen an die Leine, erfuhr ich. Klar. „Und wegen der Bären gibt es keine Schwierigkeiten?" wollte ich wissen. „Wegen der Bären?" Die Dame sah mich erstaunt an. „Bären sind doch nicht auf dem Zeltplatz hier, sondern höchstens im Hinterland. Und Hunde halten Bären doch sowieso auf Abstand."

Ich war überrascht, das zu hören und beruhigt. Wir stutzten allerdings, als ein Nachbar auf dem Zeltplatz einen Sack mit seinen Lebensmitteln in einen Baum hinaufzog. „Die Rangerin hat uns versichert, auf den Zeltplatz kämen die Bären nicht", erwähnte ich beiläufig, als wir uns unterhielten. „So, so", nickte der Nachbar. „Das ist ja interessant. Allerdings, vor knapp einer Stunde war noch einer hier. Da vorne neben dem roten Zelt lief er über die Wiese. Der Warden (Ranger) kam und hat ihn verjagt. Also bevor der Bär heute nacht noch mal vorbeischaut und mich mitsamt dem Zelt ausräumt, ziehe ich meine Lebensmittel lieber in den Baum."

Kanadier, das merkten wir gleich, gehen die Dinge gelassener an. Dort gibt es so viele Bären, dass sie es sich auch gar nicht erlauben können, bei jedem in Panik zu geraten. Innerhalb von zwei Wochen liefen uns fünf Bären über den Weg. Noch öfter sahen wir Bärenspuren, vernahmen ihre Geräusche in der Nähe unseres Zeltes und fanden nicht selten ihre Fußspuren neben unserer Nylonhütte in Matsch und Sand. Vier der Begegnungen verliefen völlig unproblematisch, denn Bären sind eigentlich menschenscheu. Unsere vorerst letzte Begegnung Auge in Auge mit einem Bären verlief eher glimpflich. Ich möchte sie erzählen als Hinweis darauf, dass man die Sache mit Meister Petz wirklich tierisch ernst nehmen muss.

■ *Du bist im Bären-Land!*

♥ STORY   **Besuch von Meister Petz**

Der Platz, an dem wir kurz vor Einbruch der Dämmerung unser Zelt aufbauten, war mies. Wir hatten schönere, wilde Zeltplätze gesehen und begutachtet. Doch waren sie beim Bärencheck, den wir grundsätzlich hielten, alle durchgefallen. An einem hatten wir Kot gefunden, ein anderer lag an einem tosenden Bach, wieder ein anderer war umringt von reifen Beeren. Alles dies sind Ecken, die man geflissentlich meiden sollte, wenn man keine unangenehmen Überraschungen erleben möchte. Dieser Platz nun lag neben einem Bahngleis, war völlig unromantisch und langweilig. Nicht der geringste Hinweis auf Bären. Was sollte sie auch anlocken im trostlosen Gestrüpp um uns herum.

Es war schon spät. Hundemüde schoben wir uns rasch neben dem Zelt ein paar Brote rein. Unbedacht. Sonst hatten wir aus Vorsicht immer gut 100 Meter vom Zelt entfernt gegessen.

Im niedrigen Buschwerk um uns herum gab es keine Möglichkeit, die Lebensmitteltaschen über Nacht zu sichern. Der einzige Baum weit und breit stand etwa 10 Meter von unserem Zelt entfernt. Es war eine uralte Zeder und ihre recht kümmerlichen Äste setzten etwa auf einer Höhe von 8 Metern an. Zu hoch, um daran die Packtaschen aufzuhängen.

Entlang der Eisenbahn standen Strommasten, mit dicken Nägeln als Kletterhilfe versehen. An den höchsten von ihnen, vielleicht drei Meter hoch, befestigten wir unsere Fronttaschen, in denen wir alles, was nur im entferntesten Gerüche abgeben könnte, untergebracht hatten.

Der Schlaf war nicht gerade erquickend. Ich verfluchte die Canadian Pacific Railroad Company und ihre verdammten, langen Züge, die mich unbarmherzig aus dem Schlaf kreischten und den Boden einem Erdbeben gleich erzittern ließen. Dennoch musste ich eingenickt sein.

„Ein Bär! Die Packtaschen!" Das Geräusch, das mich aus den Träumen riss – morgens kurz nach Einsetzen der Dämmerung –, war ein anderes. Es knackte im Gebüsch, und zwar gewaltig. Daneben vernahm ich eine Mischung aus Grunzen und Schnauben, die es mir kalt den Rücken runterlaufen ließ. „Ein Bär! Die Packtaschen", schoss es mir durch den Kopf. Ich richtete mich auf und schaute durch die kleine Belüftungsklappe oben am Zelteingang. Ein riesengroßes, pechschwarzes Ungetüm machte sich an der Zeder zu schaffen. Die Packtaschen hingen gleich daneben, unversehrt an ihrem Platz.

Unser Wachhund hatte nun auch endlich mitbekommen, dass etwas im Busche war. Sofort gab er seine nervös hektischen Jagdkläffer zum besten. Damit war auch Harald wach. Auf sein „Was ist?" sagte ich bloß „Ein Bär." Den Rest sah er sich selbst an, während ich erfolglos versuchte, diesen unmöglichen Hund zum Schweigen zu bringen, denn ich war mir noch immer nicht sicher, wie Bären denn nun wirklich auf Hunde reagieren.

„Mein Gott, was können die Biester springen", meinte Harald nahezu fasziniert. Das schwere Tier entfernte sich immer aufs neue einige Meter vom Baum, drehte sich dann ruckartig um und sprang nach kurzem Anlauf an den Stamm, den es mit ein, zwei zusätzlichen Zügen weiter hinaufkletterte, bis die Vorderpranken fast die untersten Zweige erreicht hatten. Unfassbar, mit welcher Geschicklichkeit und Kraft dieser riesige Fleischkloß sich wie aus dem Stand in die Lüfte erhob und seine Masse behende den Baumstamm hinaufmanövrierte.

Unsere Hilflosigkeit machte uns nervös. In unserem Zelt mit nur einem Ausgang, der in Richtung Bär zeigte, saßen wir wie in einer Mausefalle. „Gib dem Bär Raum, mindestens 100 Meter", heißt es in all den klugen Büchern, die wir gelesen hatten. Der Bär gab uns knappe 10 Meter. Die Hunde machten einen Höllenlärm, und Meister Petz hatte sich, nachdem er mit Blick auf unser Zelt hin- und hergelaufen war, schon mehrmals auf die Hinterbeine gestellt und seine Nase aufgeregt in unsere Richtung schnuppern lassen. Schlotternd vor Angst machten wir uns mit einem gegenseitigen „Nun tu doch was!" Mut.

Man soll ja Krach machen. Unser Kochgeschirr, mit dem wir hätten Krach machen können, hing am Elektromast. Harald kramte eine Trillerpfeife aus der Lenkertasche hervor und pustete aus Leibeskräften. Die Hunde jaulten. Ich sang, und das schreckt normalerweise jeden ab. Der Bär war jedoch nicht im geringsten beeindruckt von unseren Darbietungen. Offensichtlich interessierten wir ihn nicht, noch nicht … doch zunehmend versetzte mich der Gedanke in Panik, dass er seine Meinung mit fortschreitender Zeit eventuell ändern könnte.

Was ich zuvor so sehr verflucht hatte, brachte uns dann die Erlösung. Mit unheimlichem Getöse rollte der nächste Zug heran, Räder kreischten, die grellen Scheinwerfer der Lok strahlten die Zeder an, die Erde bebte. Das war selbst dem Bär zuviel. Er ergriff die Flucht. Wir auch. Beim Abbau unterboten wir unsere persönliche Bestleistung. In zehn Minuten hatten wir gepackt und machten uns, noch immer zitternd, aber mit viel Lärm aus dem Staub. Erst als wir an der Straße ankamen, meinte Harald: „Verdammt, ich habe vergessen, ein Foto zu machen. Aber so wie ich geschlottert habe, hätte ich es verwackelt."

Tatsachen über Meister Petz –
Verbreitung und Begegnung

Verbreitung Einst gab es Bären überall auf dem amerikanischen Kontinent bis hinab nach Mexiko. In ihrem natürlichen Lebensraum sind sie heute jedoch so eingeschränkt, dass man inzwischen trotz Schutzmaßnahmen („bear recovery zones") zumindest um die Bestände der weniger vermehrungsfreudigen Grizzlybären fürchten muss. Das Vorkommen von Meister Petz beschränkt sich auf die „letzten Bastionen der Wildnis". In den USA spricht man von einem Bestand von ca. 400.000 Schwarzbären und 900 bis 1000 Grizzlybären, in Canada sind es mehr. Grizzlybären leben ausschließlich in begrenzten Territorien der Rocky Mountains, etwa von Yellowstone National Park (ca. 250 Stück) an nördlich bis hinauf nach Alaska (wo die Bärenpopulation insgesamt am dichtesten ist). Im nordöstlichen Montana an der Grenze zu Canada, im sog. Northern Continental Divide Ecosystem mit dem Glacier NP als Zentrum, leben einige Hundert Grizzlies, weitere verteilen sich auf die Northern Cascades in Washington und die Selkirk Mountains von Nord-Idaho nach Canada.

Schwarzbären streunen durch den Yosemite National Park und andere waldreiche Regionen der Sierra Nevada und der Rockies. Im Osten trifft man auf sie entlang der Appalachians bis hinab zu den Great Smokies in North Carolina und in allen großen Waldgebieten nördlich der Linie Minnesota – New York State. Bärenwarnungen sahen wir sogar im Big Bend National Park in Texas und auf der Mogollon Rim im Herzen Arizonas.

Chancen einer Begegnung Wer auf stark befahrenen Straßen unterwegs ist, muss schon ziemliches Glück haben, überhaupt einen Bären zu sehen. Wie alle wilden Tiere sind sie scheu. Sie lauern auch nicht hinter einem Busch und warten darauf, anzugreifen. Meist werden sie durch falsches Verhalten erst dazu gebracht, aggressiv zu reagieren. Ein angreifender Bär ist eine große Gefahr, ganz gleich ob Grizzly oder Schwarzbär. Grizzlies gelten als angriffslustig und unberechenbar. Soweit wir mit Bären zu tun hatten, haben sie sich immer defensiv verhalten, selbst als unser Hund einen von ihnen nachstellte. Aber es sind auch schon Camper offenbar grundlos in ihren Zelten angefallen worden. Ein Verhalten, das Bärenkennern immer wieder Rätsel aufgibt.

Gast im Land der Bären Betrachte die Sache so: Du bist zu Gast im Land der Bären. Sie sind stärker, und wer ihre Regeln nicht einhält, zieht den kürzeren. Es gibt nur einen Weg, Probleme zu vermeiden: Sorge dafür, dass nichts in deinem Verhalten eine Konfrontation mit Bären heraufbeschwört.

Wir haben vor und während unserer Reise viele Bücher zu diesem Thema gewälzt und dabei erfahren, wie und woran man die Arten unterscheidet und welche Reaktion wann angebracht ist. Das, was uns am deutlichsten auffiel, war, wie sehr sich alle Autoren bei Verhaltensempfehlungen für den Ernstfall widersprechen! Also lieber vorbeugen!

Bären wollen ihre Ruhe haben. Deshalb halten sie sich bevorzugt im Hinterland auf. Dort, wo man beim Wandern oder beim Mountainbiken auf Trails auf ihr Territorium vordringt, ist extreme Vorsicht geboten und beim Zelten generell. Die meisten Zwischenfälle mit Bären beim Zelten treten übrigens nicht bei den eher vorsichtigen Campern im Backcountry auf, sondern bei den nachlässigen Campern auf regulären Zeltplätzen.

Bären, die schon erfolgreich an einem Ort nach Lebensmitteln Ausschau gehalten haben, kommen wieder. Diese Bettelbären werden dann weitaus unangenehmer als die noch nicht von den Auswirkungen der Zivilisation verdorbenen, und zu guter Letzt bleibt nichts anderes übrig, als sie zu erschießen.

Bärenstarke Kontakte – was man alles falsch machen kann

Es gibt drei Bereiche, in denen Menschen und Bären besonders häufig und konfliktreich aneinandergeraten: Missachtung der Hoheitsgebiete, Erregung der Muttergefühle und Futterneid.

Hoheitsgebiete

Das ist der klassische Biker-Bären Konflikt. Ein Mountainbiker fegt auf einem „singletrack" sportlich um eine Kurve und rauscht in einen Grizzly, der bis dahin friedlich Beeren pflückte. Der Bär mag das nicht und holt den Mountainbiker vom Rad.

Wenn es ein netter Bär ist und der Mountainbiker reagiert klug, er stellt sich z.B. tot, so beißt der Bär ihn in die Schulter und das ganze geht glimpflich aus (Jasper NP, Sommer 92). Ist der Bär weniger gut drauf und der Mountainbiker macht Fehler, bewirft z.B. einen Grizzly mit Steinen, so frisst der Bär ihn auf. Das ist absolut keine witzige Pointe, sondern eine wahre Horrorstory (Jasper, Sommer 93). Ignoriert der Biker die Warnhinweise der Ranger und fährt mitten durch ein stark frequentiertes Bärengebiet, dann langt der Bär schon mal zu und der Attackierte überlebt nur aufgrund der schnellen Hilfe, die sein Kompagnon herbeiholen konnte (Canmore, Sommer 2000).

Frage: Kann man sich davor schützen? Gegenfrage: Muss man mit dem Rad durchs Hinterland heizen in Gegenden, wo es viele Bären gibt?

Verhaltenshilfen

Für alle, die es nicht lassen wollen, wenigstens ein paar Hinweise:

Bären mögen es nicht, wenn sie eingeengt werden. Sie reagieren empfindlich und unter Umständen mit Angriff, wenn man ihnen zu nahe kommt.

• Informiere dich vor Ausflügen ins Hinterland, ob es Bärenwarnungen gegeben hat, egal ob auf dem Trail selbst oder in seiner Nähe. Die Ranger/Warden-Stations, die Angestellten der Visitor Center und die Ranger/Wardens geben darüber Auskunft. An den Wegen selbst werden gelbe Warnschilder aufgehängt. Meide Trails mit Bärenwarnung.

• Fahre vorausschauend. Wenn die Strecke unübersichtlich ist, muss man die Geschwindigkeit herabsetzen, auch wenn es grad noch so'n toller downhill ist.

• Ich mag es eigentlich lieber, wenn es im Hinterland leise ist. Aber im Bärenland ist das nicht das richtige Verhalten. Sing oder brüll, auch wenn es mit den Liedertexten hapert, aber mach dich bemerkbar. Gib dem Bär die Chance, dass er dich hört und sich verkrümeln kann. Die vielfach empfohlenen Bärenglöckchen am Fahrradsattel geben nur kläglich schwache Geräusche von sich. Dann schon lieber ein Miniradio mit Hardrock. Auch Bärenpfeifen halte ich nur für bedingt tauglich. Kann ein Bär sie von einem Murmeltier unterscheiden?

Muttergefühle

Du kommst räumlich zwischen eine Bärin und ihre Jungen. Eine Bärenmutter wird immer ihr „cub" vor dir beschützen wollen. Für diesen Fall gelten dieselben Vorsichtsmaßnahmen wie beim Hoheitskonflikt. Bärinnen mit Jungen sind allerdings besonders sensibel und neigen schneller zum Angriff, als männliche Bären, die überrascht werden.

Futterneid Du gerätst zwischen einen Bären und sein Futter, oder du bist der Besitzer des Futters, das der Bär will. Diese Kategorie ist die vermeidbarste Ursache für Zwischenfälle mit Bären. Bären sind immer hungrig und haben wesentlich sensiblere Sinne als Menschen. Sie nehmen Gerüche über große Distanzen hinweg noch äußerst intensiv und appetitanregend wahr.

Deshalb bewahre *nie* Lebensmittel im Zelt auf. Auch kein Kaugummi, kein Shampoo, keine Seife, Zahnpasta etc. Bären sind keine Gourmets. Sie finden alles lecker, was riecht. Am besten, man versiegelt geruchsintensive Lebensmittel in den überall erhältlichen Zip Loc- oder Zipperstorage bags (Reißverschluss-Plastikbeuteln), Qualität Heavy Duty (manche Leute stecken vorsichtshalber auch ihre Socken abends hinein, in eine Extratüte, versteht sich ...).

Koche niemals *im,* aber auch nicht *am* Zelt! Vermeide alles, was Lebensmittelreste (alles krümelt!) oder intensive Gerüche in der Nähe des Schlafplatzes verbreitet. Ein vernünftiger Sicherheitsabstand für alle geruchsintensiven Aktivitäten beträgt 100 m, besser mehr. Stell dich beim Kochen entgegen der Windrichtung auf, damit sich möglichst wenig Essensgerüche in Haar und Kleidung verfangen.

Zeltplatz-check im Bärenland Ganz wichtig ist es auch bei wildem Camping, den Zeltplatz vorher möglichst genau zu kontrollieren. Mach eine Runde durch die Umgebung und halte Ausschau nach verdächtigen Spuren:
- Liegt irgendwo in der Nähe ein verrottender Tierkadaver (Reh, Waschbär o.ä.), der einem Bär als Nahrung dienen könnte?
- Siehst du große Kothaufen, manchmal rötlich angehaucht und von vielen Samenkörnern durchsetzt?
- Liegen irgendwo verfaulte Baumstämme mit Ameisenbauten? Zeigen sie oder andere Bäume in der Umgebung Krallen- oder Kratzspuren?
- Wachsen viele reife Beeren in der Nähe? Davon ernähren sich Bären nämlich überwiegend.
- Gibt es einen tosenden Bach oder Wasserfall, der verhindern könnte, dass du den Bären oder der Bär dich hört?
- Gibt es Bäume, die geeignet sind, die Packtaschen mit Nahrung daran hochzuziehen?

Nahrungs-sicherung Auf Campingplätzen, wo viele Wanderer und Radler campen, gibt es „food locker", also Plätze, an denen man seine Lebensmittel sicher aufbewahren kann. Oft sind es Metallkisten, manchmal richtige kleine Häuser mit Spinds oder Schließfächern. Sollten keine Einrichtungen vorhanden sein, so fragst man am besten einen Nachbarn mit Auto, ob er die Lebensmitteltasche bitte mit in seinen Kofferraum packt. Zur Not kann man die Taschen auch in den Waschräumen verstauen.

Wildcamper brauchen unbedingt 15–30 m Schnur (4 mm Boots- oder Wäscheleine z.B.). Knote einen Stein an einem Ende fest und wirf ihn über einen stabilen Ast, der mindestens 3 m, besser 4 m vom Boden entfernt ist. Ziele mit dem Stein so, dass die Schnur etwa anderthalb Meter oder mehr vom Baumstamm weghängt. An das Ende mit dem Stein knotest du deine Lebensmitteltaschen, ziehst sie hoch bis unter den Ast und verknotest das freie Ende am Stamm. Glaube mir, es ist gar nicht so leicht, einen geeigneten Baum für ein solches Vorhaben zu finden. Falls der Abstand vom Stamm nicht eingehalten werden kann, knote vor dem Hochziehen ein zweites Stück Seil an der Packtasche fest. Mit Hilfe dieses Seiles kannst du nach dem Hochziehen die Tasche vom Stamm wegziehen. Auch das zweite Seil wird dann an einem Baumstamm gesichert. Der „Futterbaum" sollte mehr als 100 m vom Zelt entfernt sein. Bei Bäumen mit zu dünnen Ästen bringt man die Schnur zwischen zwei Bäumen an.

Übrigens: Nicht nur die Nahrung gehört in den Baum, sondern auch der Müll. Das Ausbrennen von Konservendosen, das noch immer so beliebt ist, hat zu hässlichen Blechbergen im Hinterland geführt. „Pack it in. Pack it out!" – nimm wieder mit, was du gebracht hast, heißt die Devise!

Bärentip für Frauen

Er ist nicht auszurotten, die Sache mit dem Bärentip für Frauen, dieser Hinweis der männlichen Survival-Autoren, der mir die Haare zu Berge stehen lässt: „Frauen sollten während ihrer Menstruationsphase auf keinen Fall im Bärenland zelten". Wie habe ich bloß diese sechs Monate überlebt, die ich ausschließlich im Zelt schlafend im Bärenland unterwegs war? Wie viele Frauen sind wohl außer mir pro Jahr auf Trails im Hinterland der betroffenen Gebiete unterwegs, ohne dass es zu Zwischenfällen kommt? Wurde der Bär befragt, was ihn anlockte oder fand man lediglich keine andere Erklärung?

Ich will hier nicht Dinge lächerlich machen, die ernst zu nehmen sind. Monatsblutungen werden geruchsintensiv, wenn das Blut mit Sauerstoff in Kontakt gerät. Gerüche locken Bären an. Wer nur Binden benutzen will, die stets auch parfümiert sind, der zieht besser ins Hotel. Wer Tampons benutzt (nachts vorsichtshalber eine Nummer größer als üblich), unterbindet die Geruchsbildung weitgehend. Sorgfältiges Waschen versteht sich von selbst. Hinzu kommt das Entsorgungsproblem. Entweder ihr verbrennt die Tampons rückstandfrei im Lagerfeuer oder ihr entsorgt sie wie auch den übrigen Müll oben im Baum. Und probiert es mal mit Enthaltsamkeit. Sex bringt Düfte mit sich, auf die jeder Bär steht.

Bleib mir vom Pelz! – Abwehrmittel gegen Bären

Abwehrsprays

Wir hatten für den Fall der Fälle noch ein Chilispray dabei, das angreifende Bären zum Abzug bewegen soll. Gekauft hatten wir es in einem Fahrradladen in Colorado.

Ehrlich gesagt hatte das Spray für uns mehr die Funktion eines Beruhigungsmittels. Die Reichweite beträgt 3 bis 5 m und selbst bei coolstem, genauestem Zielen auf die Nase erscheint mir ein erfolgreicher Einsatz aus dieser Distanz mehr als unwahrscheinlich. Wenn ein Bär so nahe kommt, ist mir ihm garantiert nicht mehr zu spaßen! So ein Mittel sollte keinesfalls dazu verleiten, sich überlegen zu fühlen. Bären sind trotz ihrer enormen Körpermasse blitzschnell. Bei einem ernsten Zwischenfall hast du Sekunden, um das Spray herauszuholen, zu entsichern, die Windrichtung zu checken, damit du dich nicht selbst außer Gefecht setzt, deine Position gegebenenfalls zu verändern und zu zielen. Nicht einmal nach wochenlangem Training bekäme ich das hin. Wir haben später versucht, angreifende Hunde mit dem Spray abzuwehren. Selbst das ging schief.

Verhaltens-
regeln

Ein paar Abwehrmaßnahmen, die von fast allen Bärenspezialisten empfohlen werden:

• Wenn du unverhofft auf einen Bären stößt, bleibe auf jeden Fall zunächst stehen. Renn um Himmels Willen nicht davon und bewege dich extrem langsam. So gibst du dem Bären die Chance zum Rückzug, die er nach Möglichkeit wahrnehmen wird. Kommt er dennoch weiterhin auf dich zu, wink langsam, die Arme über dem Kopf kreuzend, damit du größer wirkst. Keine Reaktion? Lege behutsam eines deiner Kleidungsstükke zwischen ihn und dich und versuche vorsichtig, dich rückwärtsgehend zu entfernen. Angeblich gibt der Bär sich damit oft zufrieden.

• Auf einen Baum zu klettern, das hilft nur bei einem Grizzly, dem Bären mit dem Buckel, der nicht klettern kann. Doch Grizzlies und Schwarzbären auseinanderzuhalten, das fällt selbst Kennern auf Distanz nicht leicht. Verlass dich nicht zu sehr auf deine Kletterkünste, aber wenn nichts mehr geht, probiere es aus.

Einmal wollte uns ein Radler glatt einen Bären aufbinden. Dieser tolle Typ war einem Bären einfach davongeradelt. Ich habe da so meine Zweifel. Die Tiere beschleunigen von 0 auf 60 km/h, und zwar schneller als du. Wahrscheinlich hatte der Supermann vergessen zu erwähnen, dass der Bär sowieso in die andere Richtung lief.

Plagegeister – kleine Feinde in Mutter Natur

Neben großen Tieren werden vor allem kleine Tierchen deinen Radler- und Campingalltag erheitern. Vor allem zur Zeit der Dämmerung wird Amerikas Tierwelt lebendig. Tierische Besuche an Radlers Zelt sind keine Seltenheit, und nicht immer ein Vergnügen. Hier sei all derer gedacht, die es auf uns abgesehen hatten.

Waschbären

So putzig wie Racoons aussehen mit den weißgeränderten Augen und den gestreiften Schwänzen, sie sind eine wahre Plage auf Zeltplätzen, egal wo auf dem Kontinent. Sie ziehen Packtaschen aus dem Vorzelt, zerschlitzen mit ihren Krallen die Wände der kostbaren Nylonhütte, öffnen Klettverschlüsse und Beutel im Handumdrehen. Gott sei Dank sind

sie überwiegend zwischen Abend- und Morgendämmerung aktiv, also dann, wenn du wahrscheinlich eh im oder am Zelt bist und ihre Aktivitäten bremsen kannst. Haben die Brüder allerdings einmal Lunte gerochen, so kommen sie garantiert wieder. Verpackt daher grundsätzlich eure Lebensmittel möglichst geruchsdicht in Zip Locs bzw. Zipper-Plastiktüten.

Stinktiere

Auch Skunks streunen in der Dämmerung auf Zeltplätzen umher. Ebenso wie racoons sind sie auf Nahrungssuche und machen vor deinem Zelt nicht halt. Störst du sie bei ihrem Vorhaben, so tu es behutsam, damit sie dir nicht eine Ladung ihres Abwehrsprays ans Zelt spritzen. Dieser penetrante Gestank hält sich für Wochen. Besondere Vorsicht! Skunks sind Tollwutüberträger Nr. 1 in Nordamerika!

Schlangen Schlangen gibt es überall in den USA. Wie haben einige wenige zu Gesicht bekommen, doch waren sie stets so schnell verschwunden, dass wir kaum Gelegenheit hatten, sie anzuschauen. Am bekanntesten sind

Klapperschlangen, die vor allem im Süden der USA häufig vorkommen. Dort bist du als Radler am besten im Winter unterwegs, und, mal abgesehen von Südflorida, sind die Rattlesnakes dann nicht aktiv. Ein Ranger erklärte mir, sie kämen erst aus ihrer Winterstarre, wenn die Temperaturen auch des nachts nicht mehr unter 77 °F sänken, das sind etwa 25 °C. Weitere Beweise für diese Aussage habe ich allerdings keine gefunden. Wenn man das Innenzelt geschlossen hält und mit einer Taschenlampe den Weg ableuchtet, falls man nachts draußen herumläuft, ist das Risiko einer unangenehmen Überraschung durch Schlangen äußerst gering.

Helwig Lenz: „Heute hatte ich mein erstes Schlangenerlebnis. Ich fuhr mit relativ hoher Geschwindigkeit an einem Ding am Straßenrand vorbei, das ich zunächst für ein Stück Autoreifen hielt. Im Vorbeifahren fiel mir jedoch ein schwarz-gelbes Muster auf, das für Autoreifen untypisch ist. Meine Neugierde war geweckt, und ich fuhr zurück. Es war tatsächlich eine Schlange, doppelt so dick wie mein Daumen. Sie lag leblos am Straßenrand. In der Annahme, das Biest sei tot, ging ich ganz dicht heran und wollte gerade meinen Fotoapparat zücken, da verschwand sie im Gras. **Merke:** Autoreifen sind nicht immer Autoreifen und tote Schlangen sind nicht immer tot! Im weiteren Verlauf meiner Reise habe ich noch öfters Schlangen gesehen. Sie suchen vor allem in den Nachmittags- und Abendstunden die Wärme des Asphalts. Auch wenn die Mehrzahl der Schlangen harmlos ist, sollte man vorsichtig sein und Abstand halten."

Kojoten Den Coyotes (*kojótihs* oder *kaijots* ausgesprochen) wird viel Übles nachgesagt, und viele Menschen fürchten sich vor diesem Zwischending zwischen Wolf, Hund und Fuchs. Jährlich werden Tausende von ihnen abgeschossen. In alten Indianergeschichten gilt der Kojote als Sinnbild der Verschlagenheit, als nicht gefährlich, aber mit Geschick stets auf seinen Vorteil bedacht. Lebensraum, einst auf den Südwesten der USA begrenzt, ist inzwischen überall in Nordamerika verbreitet. Man findet sie in den Wüstenregionen ebenso wie in Alaska oder im Großstadtdschungel

von Los Angeles. Anpassungsfähigkeit ist das große Plus dieser Überlebenskünstler. Sie haben mich fasziniert. Unangenehm aufgefallen sind uns die sonst stets scheuen Tiere nur im Big Bend National Park in Texas, wo einige auf den Zeltplätzen lästig wurden. Die Horden von Wildschweinen, die dort mitunter auftauchten, fanden wir allerdings störender.

Skorpione / Spinnen	Skorpione leben in Wüstenregionen. Man bekommt die nachtaktiven Insektenfresser jedoch selten zu Gesicht. Sie verstecken sich gerne zwischen Zelt und Unterlage. Beim Abbauen ist Vorsicht geboten. Einmal eingequetscht setzen sie ihren Giftstachel ein, der schmerzhafte Schwellungen und Lähmungen verursachen kann.

       Schwarze Witwen. Sie lieben den Südwesten der USA. Eine große schwarze Spinne zwischen Kreuzspinne und Tarantel mit einem Zeichen unter dem Bauch, das einer orangefarbenen Eieruhr gleicht. Kinder und Allergiker können durch ihren Biss sterben. Sonst ist er höchst schmerzhaft und unangenehm, aber nicht lebensgefährlich. Gesehen haben wir keine. Nur die Konterfeis, die in Museen ausgestellt sind.

Sonstige Tiere	*Chipmunks,* die niedlichen, winzigen Streifenhörnchen, und *Squirrels,* Verwandte unserer Eichhörnchen (einige Sorten leben auch unter der Erde), versuchen ebenfalls, es den Waschbären gleichzutun, doch richten sie weniger Schäden an. *Craws,* große Krähen, und *Blue Jays,* in etwa eine blaue Version des uns bekannten Eichelhähers (und wegen seiner Dreistigkeit Namenspate für zahlreiche US-Football-Teams), sind Spezialisten im unerwünschten Aufhacken von allem, was Nahrung enthält.
Giftige Pflanzen	Nicht nur Tierlein, auch Pflanzen haben es auf euch abgesehen. Am ehesten werdet ihr mit *Poison Ivy,* einer giftigen Efeuvariante, Bekanntschaft machen, die in allen Waldgebieten heimisch ist. Ich bin nie in Kontakt damit gekommen, aber die Reaktionen scheinen denen der heimischen Brennessel sehr ähnlich zu sein. Nur dass Juckreiz und Bläschen noch etwas länger andauern. Cremes dagegen gibt es in jedem Drugstore und oft auch im kleinsten Tankstellenlädchen. Vorbeugen ist besser. Die Pflanze gehört zu den Bodendeckern, erreicht aber durchaus Wadenhöhe. Die Blätter haben mit unserem Efeu nichts gemeinsam, sondern gleichen im Aussehen denen des Brombeerstrauches, sind aber glatt. Immer drei wachsen an einem Stiel. Daran kannst du den Feind erkennen. „Five Fingers are good, three fingers are bad".

Summ-Jets – Insekten, der tägliche Großangriff

Wer das Leben draußen liebt, wird Amerikas Insektenschwärme mit Abstand mehr fürchten lernen als Bären, Waschbären, Wildschweine, Kojoten und Schlangen zusammen. Insekten werden in Werbeprospekten geflissentlich verschwiegen. Als Radler und als Wanderer bist du ihnen jedoch erbarmungslos ausgeliefert. Und das nicht nur beim Camping, sondern auch auf der Straße.

       Die minimale IFG („Insekten-Flucht-Geschwindigkeit") von 15 km die Stunde haben wir zumindest an mancher Steigung unterschritten. Genau dann, wenn du ackern musst, der Schweiß das Insektenschutzmittel längst fortgespült hat, beide Hände verkrampft den Lenker fassen, genau dann bist du ihr Opfer, und genau dann, wenn du dich nicht wehren kannst, fallen sie gnadenlos über dich her. Ich hasse den unnötigen Einsatz von Giften. Aber wenn es um mein Blut geht, werde ich rabiat. Besonders gewarnt werde vor Mücken, Zecken, Pferdefliegen, „deerflies", „blackflies", „noseeums" und „fireants"!

Gemeine Blutsauger	Die ersten drei der genannten sind auch bei uns bekannt, die anderen will ich kurz vorstellen, damit ihr wenigstens wisst, wie der Feind aussieht:

Deerflies, „Rehfliegen", sehen aus wie moderne Kampfbomber: Ihre schwarz-gläsern gemusterten Flügel formen ein nahezu gleichschenkliges Dreieck. Sie lieben feuchte, kühle Waldregionen, umkreisen dich mehrfach, bevor sie sich irgendwo unerreichbar niederlassen. Kleidung bedeutet für sie kein Hindernis. Die Stiche werden hart und jucken teuflisch etwa 7 Tage lang.

Blackflies, „Schwarzfliegen", vermehren sich in fließendem Wasser, in dessen Nähe man sie stets findet. Sie sind kleiner als Mücken, haben einen leicht geknickten Körper und beißen mit einer Mini-Zange, die am Kopf sitzt, winzige rote Löcher in die Haut. Diese Bisse jucken „tierisch". Kratzt man, schwellen sie heißglühend an und nässen.

Noseeums (ugs. für „You don't see them") sind, wie der Name vermuten lässt, so winzig, dass man sie kaum sehen kann, und nur feinste Moskitonetze halten sie auf. Sie kommen hauptsächlich in den wasserreichen Gebieten des Nordens vor. Ihre Bisse sind wegen der hohen Anzahl, mit der sie einen überfallen, unangenehm, jucken aber nicht allzulang.

Fireants, Feuerameisen, sind bekannt für besonders schmerzhafte Attacken und gelten als ein lebendes Beispiel für den biblischen Kampf zwischen David und Goliath, allerdings nach dem Grundsatz „Gemeinsam sind wir stark". Sie sollen sogar Rinder umbringen können. Sie bekrabbeln ihr ahnungsloses Opfer, beißen wie auf ein geheimes Kommando alle gleichzeitig zu. Die plötzlich freigesetzte große Menge Gift bringt auf jeden Fall Unheil, wenn auch nicht gleich den Tod. Fireants sind winzig klein und rötlich. Sie bevorzugen sandhaltige Böden als Lebensraum. Man erkennt ihre Bauten an kleinen runden Löchern im Erdreich, um die herum sie kleine, körnig verklumpte Wälle aufgeworfen haben. In der Nähe solcher Löcher baust du dein Zelt besser nicht auf.

Zecken

Zu Zecken sei vor allem bemerkt, dass sie inzwischen in allen Staaten des nordamerikanische Kontinents die sogenannte „Lyme disease", eine arthroseartige Gelenkerkrankung, übertragen. Symptome sind ein roter Ring um die Bisswunde herum, der aber auch oft ausbleibt, grippeähnliche Gliederschmerzen und Probleme, die in den Gelenken auftreten. Wenn die Krankheit rechtzeitig mit Antibiotika behandelt wird, bleibt sie in der Regel ohne langfristige Folgeschäden. Nicht jede Zecke überträgt den Erreger, aber der Prozentsatz von 10% ist hoch genug, um im Zweifelsfall einen Arztbesuch anzuraten.

Hilfe bei Zeckenbissen

Zecken sind besonders im Frühjahr aktiv. Vorbeugungsmaßnahmen: Nicht ohne Unterlage ins Gras setzen, Waldpfade meiden. Wer auf den Wald nicht verzichten will, sollte sich anschließend gründlich absuchen. Zecken gibt es überall, aber in Florida, Arkansas und Kentucky treten sie invasionsartig auf. Dank unserer Hunde, die stets willkommene Opfer waren, hatten wir mehr mit den Biestern zu tun, als uns lieb war. Es gibt viele Tips, wie man am besten eine Zecke beseitigt. Von allem, was wir ausprobiert haben, hat es sich am besten bewährt, die Zecke direkt über der Haut mit einer gutgeformten Pinzette (kneifzangenähnlich gebogener Kopf) zu greifen und mit einem beherzten Ruck gerade nach hinten wegzuziehen. Die Bisswunde, wenn möglich, desinfizieren und Biss im Tagebuch vermerken. Falls Anzeichen von Lyme Disease auftreten, kann man genaue Angaben machen und erinnert sich eher an den Vorfall.

**Insekten-
schutz**

Besser man lässt es gar nicht erst zu Bissen kommen. Das Zelt geschlossen halten und zum Schutz dichtgewebte Kleidung tragen, das sind die beiden besten und ungiftigsten Vorsichtsmaßnahmen. Aber ich garantiere euch, sie reichen nicht aus.

Mückenschutzmittel gibt es in Supermärkten, Department Stores, Drugstores und Sportgeschäften für Angler und Jäger. Am preiswertesten sind sie in Supermärkten und Department Stores. Bekannte Markennamen sind *Off* und *Muskol*. Jedoch nicht der Name, sondern der Prozentsatz des darin enthaltenen Giftes (Deet, Dietytoluamid) ist für die Wirkung und Dauer ausschlaggebend. Meist steht er außen auf der Verpackung an erster Position unter den Zutaten der Zusammensetzung. Wir raten zu härtesten Waffen, wenn möglich 30% oder mehr. Bei längerer Anwendung sind dann aber Hautirritationen möglich. Und: Die Mittel greifen bei direktem Besprühen die Kunstfasern der Radhosen etc. an. Es gibt auch Öko- Mittelchen mit Zitronenmelisse und Anspielung auf das Rezept eines lieben Opas, der die Erde für seine Enkel retten will. Das geht ans Gemüt, den Plagegeistern aber nicht an die Wäsche.

Alle Insektenschutzmittel riechen ziemlich intensiv. Wenn möglich, wasch im Bärenland alle Spuren vor dem Schlafengehen ab. Sonst musst du dich entscheiden, ob du dich von den kleinen oder von den großen Feinden fressen lassen willst.

KAP. 11:

VOM REGEN IN DEN TROCKNER –
Wetter extrem

♥ **STORY**   **Vom Winde verweht ...**

Rückenwind! Was für eine Seltenheit. Den ganzen Morgen hatte er uns in Richtung Minnesota geschoben. Unentwegt zeigte der Tacho 40 km/h, ohne dass meine Beine großartig arbeiten mussten. „Sieht aus, als sollten wir Iowa schneller verlassen als geplant", rief Harald mir zu. „Sieht aus, als sollten wir vorher noch ordentlich nass werden", brüllte ich zurück, denn ich hatte nur Augen für die pechschwarzen Wolkentürme, die sich rasch wachsend rund um uns herum aufbauten.

Wir rollten gerade in den nächsten Ort ein, als die ersten dicken Tropfen fielen. So satt, als würde jemand aus einem Fenster im vierten Stock auf die Straße spucken. Wir steuerten rasch die Garage einer Tankstelle an, deren Besitzer uns freundlich hereinwinkte. Doch nur ganz wenige Tropfen ploppten weiter hart auf den Asphalt. Schon war der Spuk vorbei und die Sonne lugte wieder hervor. „Hey Leute!" brüllte uns der Tankwart hinterher, als wir gerade weiterradeln wollten, „hört Ihr Radio?" – „Manchmal schon, meist abends", antwortete ich artig und wunderte mich, warum er sich wohl für meinen Walkman interessieren könnte. „Ich meine ja nur, wir haben Tornado Warnung", fügte der freundliche Mensch hinzu. „Fünf Meilen von hier ist gerade einer durchgezogen, und es soll angeblich noch nicht der letzte sein für heute. Also achtet lieber darauf, was sie im Radio sagen. Mit dem Fahrrad im Tornado – guys, that's really no fun."

Ein Tornado!? Werden da nicht ganze Landstriche evakuiert und überall heulen die Sirenen? Du lieber Himmel! Wir radeln am Rande einer Naturkatastrophe. Rasch kramte ich meinen Walkman hervor, schob die Knöpfe ins Ohr und suchte den Lokalsender. Es dauerte nicht lange, schon erwischte ich eine Durchsage: „There is a Tornado warning for Hancock, Winnebago and Cerro Gordo County. Wrigth and Franklin County are under Tornado Watch." Aha, wir sind im Cerro Gordo County, für das Tornado Warnung besteht, Tornado Beobachtung, offenbar die schwächere Stufe, liegt weiter südlich vor. Huch!

„There is a Tornado warning!"

Dem weiteren Kommentar lauschte ich mit Staunen: „Ein außergewöhnlich heftiges Gewittergebiet zieht über Nord-Iowa hinweg. In der Nähe solcher Gewitterzonen können sich völlig unverhofft Tornados bilden. Alle Bewohner der Counties mit Tornado Warnung: Suchen Sie die Schutzkeller auf. Bewohner von Mobile Homes begeben sich in das nächstliegende Gemeindegebäude. Wenn Sie keine andere Möglichkeit haben, suchen Sie Zuflucht unter einem schweren Möbelstück im Erdgeschoss. Ich wiederhole ..." – „Den Eichentisch oder die Mahagonivitrine – welches unserer Möbelstücke nehmen wir denn?" fragte Harald grübelnd, als ich ihm von der Durchsage berichtete.

Erst einmal gönnten wir uns eine Kaffeepause und beobachteten, was um uns herum geschah. Nicht das geringste Anzeichen von Panik. Alles ging seinen gewohnten Gang. Die Nachrichten im Radio variierten etwas, blieben aber im Wesentlichen unverändert. Bleiben oder weiterfahren, hieß die Frage. In der Stadt hätten wir Schutz; andererseits, diesen herrlichen Rückenwind zu verschenken, welch eine Schande! In allen gefährdeten Regionen haben die Farmhäuser unterirdische Tornadokeller. Das wissen wir von Freunden aus Kansas und aus der berühmten Geschichte des „Wizard of Oz".

Sehen wir einen Tornado heranziehen, so beschlossen wir nach etwas Bedenkzeit, müssen wir es bis zum nächsten Farmhaus schaffen. Auf freiem Feld hilft höchstens ein Sprung in einen tiefen Graben oder in eine Senke. Ob das reicht, ist allerdings fraglich. Tornados heben schließlich ganze Häuser in die Luft.

Wir radelten weiter, behielten die riesigen Wolkentürme, die drohend über der flachen, kahlen Ebene im Norden Iowas hingen, misstrauisch im Auge. Ich radele sonst nie mit Walkman. Aber ich machte eine Ausnahme. Der Lokalsender spielte Countrymusik, ein Horror für mich. Ich blieb trotzdem am Ball. Die Tornados zogen vorüber, uns voraus Richtung Minnesota. Nicht einmal aus der Ferne bekamen wir einen zu sehen. Aber der Wind drehte, als sie abgezogen waren. Mit der traumhaften Beschleunigung, dank der Tornados im Rücken, war es leider auch vorbei.

■ Gleich bricht hier die Hölle los ...

Wetterbericht – the American version

Nie wieder werde ich zu Hause über das Wetter klagen. Ich habe es mir fest vorgenommen, denn ich war dabei, habe hautnah erlebt, was Wetter in den USA für „Qualitäten" haben kann. Tage, die bei uns dramatisch genannt werden, sind Komödien im Vergleich zu den Wettertragödien, die in Amerika häufig aufgeführt werden. Da zieht nicht nur ein Gewitter auf, sondern gleich ein Unwetter. Die ganze Erdatmosphäre vibriert unter Spannung. Gerade als Radler bist du nicht Zuschauer, sondern potentielles Opfer im Zentrum der Entstehung von Naturgewalten. Was da vorgeht, ist kein Spiel. Es kann tödlich sein. Respekt kann nicht schaden.

Für Europäer besonders ungewohnt sind die krassen Temperatursprünge. Erzählte mir ein Student aus Nebraska: „Anfang November bin ich in Shorts mit dem Rad zum Einkaufen zur Mall gefahren. Als ich nach gut einer Stunde rauskam, lagen 15 cm Schnee." Zu extremen Temperatursprüngen kommt es immer bei Gewittern und beim Drehen des Windes zwischen Nord und Süd. Es gibt in den USA und in Canada keine Ost- West-Gebirgskette, die den im Winter eiskalten Nordwind blockieren oder die schwülwarmen Luftmassen vom Golf von Mexico herauf bremsen könnte. Fast der gesamte nordamerikanische Kontinent (Küsten und Gebirge ausgenommen), wird klimatisch von diesen beiden Windrichtungen geprägt und beherrscht. Und auch in den amerikanischen Bergen gilt: je höher, desto kälter. Planungs-Faustregel: eineinhalb Grad Celsius weniger pro 300 m Höhe.

Tip: bei Motelübernachtungen und dergleichen sucht euch im Fernsehprogramm den *Weather Channel* heraus. Es gibt keine bessere Informationsquelle, was das Wetter der nächsten paar Tage angeht.

Tornados und Hurricanes – Risiko mit Grenzen

Den genauen meteorologischen Unterschied zwischen den beiden Wirbelstürmen kenne ich, ehrlich gesagt, nicht, und was ich nachgeschlagen habe, widerspricht sich. Ich habe mir einfach gemerkt: Hurricanes entstehen über dem Meer (meist über dem Golf von Mexiko), Tornados über Land.

Hurricanes verwüsten meist den Süden der Vereinigten Staaten mit Staaten wie Florida, South Carolina etc. In Florida stößt man immer wieder auf *Evacuation Route*-Schilder für den Ernstfall. Der tritt dann üblicherweise im Spätsommer auf, also Ende August bis Ende September. Ein alter Hurricane-Merkspruch der Amis heißt: „September? Remember! October? All over!"

Tornados kommen in ganz Nordamerika vor. Besonders stark betroffen ist die Region der *Great Plains,* aber auch Kalifornien oder New Hampshire sowie die südlichen Provinzen Canadas bleiben nicht verschont. Die Wirbelstürme, die meist in der Nähe starker Gewitter entstehen, sind an der Basis oft relativ klein, können aber auch einen Durchmesser von 2 km erreichen. Sie sind äußerst heftig, aber örtlich begrenzt. Die große Saison der Gewitterstürme im mittleren Westen ist der Sommer, aber auch in Frühjahr und Herbst bilden sich vereinzelt Tornados. Wir gerieten in zwei Jahren nur dieses eine Mal wirklich ernsthaft in Tornadonähe. Das Risiko hält sich also in Grenzen.

Der Wind hat mir ein Lied erzählt – woher er weht

Winde sind des Radfahrers beste Freunde und schlimmste Feinde. „Tailwind" lässt dich jauchzen, „Headwind" macht dich schon nach wenigen Stunden mürbe. Starke Winde wehen in Wüsten (das hohe Temperaturgefälle zwischen Luft und Boden bringt die Luft praktisch an allen Tagen zum wehen), in Prärien, auf Hochebenen, an Küsten (immer vom Meer her) – überall dort, wo sich dem Wind kein Hindernis in den Weg stellt. Fast immer steigern sich Winde mit fortschreitender Tageszeit. Ist Gegenwind zu erwarten, dann lohnt das zeitige Aufstehen, damit ihr bei Sonnenaufgang schon zwanzig verkehrsarme und windstille Kilometer abgespult habt.

Viel eher als Tornados und Hurricanes werden euch z.B. kräftige Fallwinde zu schaffen machen, die aus den Bergen hinab über die Plains bzw. über das amerikanische Flachland wehen. Logischerweise wehen sie aus Westen, so dass viele empfehlen, Coast to coast-Touren von Westen nach Osten zu fahren.

In New Mexico und West Texas geht es üblicherweise im Frühjahr besonders stürmisch zur Sache. Wir erlebten zur Windsaison in Texas einen extremen Tag. Mühelos blies der Sturm die Büsche reihenweise über die Fahrbahn und kippte uns in Böen locker vom Rad. Nichts ging mehr. Wir schoben zur nächsten Ranch, um Schutz zu suchen. Der Sturm dauerte einen Tag. In manchen Jahren aber bläst der Wind im Süden der USA angeblich wochenlang in unverminderter Stärke, meist zu Frühlingsanfang Ende März/Anfang April.

Entlang der Atlantikküste weht es in den warmen Monaten überwiegend aus südlichen Richtungen, zur kalten Jahreszeit aus Norden. An der Pazifikküste ist es umgekehrt. Dort bläst es im Sommer aus Norden und im Winter kommen Wind und Regen aus Süd/Südwest.

Rutschpartien – cool bleiben in Schnee und Eis

Jahreszeiten wechseln in Nordamerika nicht gemächlich. Wintereinbrüche kommen abrupt und unerwartet, oft nur als Temperaturstürze, oft gleich mit Schnee. Vor allem wer hoch im Norden (Yukon, Alaska) oder im Gebirge unterwegs ist, muss mit unverhofften Schlitterpartien rechnen. Wir hatten Schneefall im März in West Texas und im August in Jasper, Canada. Überraschende Schneeschauer sind schöne Erlebnisse, denn bald darauf ist alles wieder beim alten. Wenn dich jedoch im Herbst

■ *Colorado Baxter Pass: Im Sommer im Schnee steckengeblieben …*

die ersten bitterkalten Tage erwischen, kehrt das Wetter oft nicht mehr kurzfristig zum gewohnten Trott zurück. Mit starren Fingern bei Minustemperaturen auf vereisten Straßen radeln und im froststeifen Zelt schlafen, das keine Chance hat je zu trocknen, ist kein Vergnügen.

Gebirgspässe und alle nördlichen Regionen können rasch zur Schnee-falle werden. Spätestens Ende September geht es in der Cascade Range in Washington State und in den Bergen Montanas zur Sache. Der be-rühmte Tioga Pass in der Sierra Nevada Kaliforniens ist meist ab Mitte Oktober wegen Schneefalls gesperrt. Auch andere sind zu. Nur die Hauptverkehrsadern durch die Berge werden geräumt.

Besser du meidest die gefährdeten Regionen mit Beginn der kalten Jahreszeiten. Wenn du festsitzt, geht es nur noch per Schieben oder per Anhalter weiter. Das kann leicht schiefgehen, denn in kalten Regionen ist es im Winter verdammt einsam.

Wasserschlachten – bei Regen den Bach runter?

Dem Schnee kann man sich noch durch Planung entziehen, dem Regen hingegen nicht. „Die Niederschlagsmengen in den USA sind, abgesehen von regionalen Ausnahmen, geringer als in Mitteleuropa." So hieß es in einem Reiseführer. Wir hingegen hatten das Gefühl: Nordamerika säuft ab! Während unserer Tour entwickelten wir den absoluten Riecher für Ka-tastrophen. Wo immer es nass zur Sache ging, wir waren dabei.

Rechnet mit dem Schlimmsten und kauft eure Packtaschen unter dem Gesichtspunkt: wasserdicht. Es reicht ja, wenn man selbst nass wird. Und man freut sich, wenn man wenigstens abends noch eine trockene Wäschegarnitur hervorholen kann.

Amerikas Regenloch Nr. 1 ist die Pazifikküste von Herbst bis Frühjahr, normalerweise nur nördlich von San Francisco. Im Sommer schüttet es gern an der Atlantikküste, aber auch im Heartland, wie Iowa und in allen gebirgigen Staaten.

Bei Regen heißt der Helfer in der Not: Laundromat. Waschsalons sind ein Segen. Es waren unsere liebsten Zufluchtsstätten an regenreichen Tagen. Den Toilettenraum nutzten wir als Körperpflege und Umkleideka-bine. Ein herrliches Gefühl, endlich aus der nassen Pelle zu steigen und dann im Warmen sitzend den Klamotten beim Trocknen zuzusehen. In der Härtezeit eines dreiwöchigen Dauerregens haben wir auch Zelt und Schlafsäcke bei jeder Gelegenheit mit in den Trockner gesteckt.

Good morning sunshine … – UV-Strahlen, Ozonloch und Hitze

Bevor es so aussieht, als wäre das Wetter grundsätzlich schlecht, das heitere Thema: Sonnenschein. Wenn die Sonne scheint, dann immer gleich prächtig. Strahlend blauer Himmel, kein Wölkchen und Tempera-turen, dass du dich augenblicklich nach einem Freibad sehnst. Man ver-gisst leicht, dass NYC auf der Höhe von Neapel liegt, breitengradmäßig.

Im Sommer heizt sich die Atmosphäre tagsüber derartig auf, dass in vielen Teilen des Kontinents keiner mehr draußen sein will. Alles sucht Zuflucht in Räumen mit Air-Condition. Es gibt Tage, an denen hältst du es in der Mittagszeit auf dem Rad einfach nicht aus. Da bleibt nur, mor-gens ganz früh zu starten, wenn die Luft noch angenehm kühl ist und von 11 Uhr bis 15 Uhr irgendwo im Schatten ein Päuschen einzulegen. Zeit zum Kochen, Lesen, Tagebuchschreiben. Zu dieser Tageszeit ist auch die UV-Strahlung besonders intensiv, so dass man sie besser meidet. Selbst Kanada hat sein Ozonloch und die Hautkrebsrate dort steigt.

Sonnen-schutz

Was ist toller, als dem Dauerregen in Europa den Rücken zu kehren und unter Utahs kobaltblauem Himmel mit dem Rad durch die Gegend zu heizen? Abends dann leichte Übelkeit, Schweißausbrüche, Kopfschmerzen und Kreislaufstörungen – Sonnenstich. Beim Radreisen ist man der Sonne gleich für viele Stunden ausgeliefert. Schweiß und Fahrtwind kühlen, so dass man die Schäden oft erst merkt, wenn es zu spät ist.

Einem Sonnenstich kann man vorbeugen, indem man den Kopf vor direkter Sonneneinstrahlung schützt. Viele Helme haben ein abtrennbares Schild zu diesem Zweck, falls nicht, lohnt es nachzurüsten. Besonders wichtig ist es, die Augen zu schonen. Eine gute Sonnenbrille, die die UV-Strahlung ausfiltert, ist ein absolutes Muss. Achtet beim Kauf darauf, dass sie dem Stirnverlauf entsprechend gebogen ist. Nur dann schützt sie die Augen auch gegen Wind und schließt störende Reflexionen weitgehend aus. Der obere Rand der Gläserfassung sollte recht schmal sein, da ihr sonst bei sportlicher Sitzposition – Oberkörper etwas nach vorne geneigt – ständig darauf starrt. Die Bügelenden sollten, wenn man die Brille zusammenlegt, auf keinen Fall die Gläser berühren, weil diese sonst rasch verkratzen.

Sonnencreme

Besonders anfällig für einen Sonnenbrand sind Gesicht, Nacken und Schultern, Arme und Handrücken, Oberschenkel und die Fußrücken (für alle, die mit Sandalen in die Pedale treten). Diese Körperpartien sollte man eine Weile vor dem Start, z.B. vor dem Frühstück, im Schatten mit Sonnenschutzcreme einreiben, damit sich der Lichtschutzfaktor ungehindert aufbauen kann. Der braucht seine Zeit und entwickelt sich am besten außerhalb der Sonne. Braun wird man sowieso, also wählt ruhig einen hohen Lichtschutzfaktor (amerik.: SPF), die Mittel sind in den USA auch nicht allzu teuer. Nach einigen Stunden muss der Schutz erneuert werden, denn auch wasserfeste Mittel werden vom Schweiß locker weggespült. Den vorwitzigen Nasenrücken schützt man am besten mit einem Sun-Blocker, der gar keine Strahlung durchlässt.

Hitze und Körper

Im Sommer erreichen Wüstentemperaturen 40 °C und mehr im Schatten. Besonders berüchtigt ist das Death Valley in Kalifornien für flirrende Hitze. Wer hier radelt, muss mit mindestens 8-10 Liter Wasser pro Tag kalkulieren. Besser dann sehr früh losfahren, über die heißeste Tageszeit irgendwo im Schatten rasten und am späten Nachmittag nochmals kurbeln. Evtl. längere Anstiege auf die Morgen- oder Abendstunden verschieben oder gar Nachtetappen einplanen. Mit dem Wasser möglichst auch Mineralien (Kalium, Magnesium) einnehmen oder salzige Brühen trinken. Es ist nötig, immer mehr zu trinken als das Durstgefühl vermittelt, der trockene Wüstenwind entzieht dem Körper über Haut und Schleimhäute enorme Wassermengen. In der Hitze langsam und stetig radeln.

♥ **STORY**
von
Stefan
Voelker

Auszug aus dem Roadbook NYC – LA:

Am Morgen, nach einem deftigen, typisch amerikanischen Western-Frühstück mit Rührei, gebratenem Speck, Bohnen, Toast und Kaffee satt geht's dann auf die bislang heißeste Meile. Wir füllen pro Person acht Liter Wasser ab und starten von Kingman Richtung Las Vegas. Das wollen wir in zwei Tagen erreichen. Unser heutiges Ziel ist der Hoover Dam, ein grandioses Bauwerk an der Grenze zwischen Arizona und Nevada.

Am Ortsausgang von Kingman erklimmen wir eine leichte Anhöhe und blicken hinab in eine von Gebirgszügen am Horizont flankierte Senke. Erst kurz vor zehn Uhr und trotzdem flirrt die Hitze bereits über dem Asphalt. Dazu null Wind.

Im Nu ist das Wasser in unseren Plastikflaschen und -kübeln so warm, dass ich es nicht direkt in mich hineinschütten kann. Vielmehr trinke ich es wie heißen Tee: Schluck für Schluck in den Mund, zwei Sekunden warten, dann hinunter damit. Das Wasser ist bei diesen Temperaturen nicht unbedingt erfrischend, aber was soll's. Und von „geschmacksneutral" will ich schon gar nicht reden.

Die 40-°C-Marke ist noch am Vormittag erreicht, und ich lerne meinen Körper und die Warnsignale, die er mir gibt, von einer ganz neuen Seite kennen. Kurzfristig verwischt mein Sichtfeld, die Muskelspannung sackt ab, ein untrügliches Zeichen, dass es meinem Körper zu heiß wird. Die Steigerung wäre ein Ohnmachtsanfall. Also äußerste Vorsicht! Immerhin bin ich noch nie bei solch einem Extremklima geradelt. Hauptsache genug trinken, und bei den leichten Anstiegen, die dieses weite Tal von Zeit zu Zeit zu bieten hat, bloß nicht zu kräftig in die Pedale treten. Den Puls immer schön gleichmäßig halten. Ohnmächtig vom Rad auf den Asphalt zu kippen, womöglich Verletzungen davonzutragen, und das keine tausend Kilometer vor dem Ziel, das wäre schon äußerst dämlich.

Auf halber Strecke zur Staatsgrenze nach Nevada, kurz hinter der Abzweigung nach Dolan Springs, steht ein Erfrischungskiosk. Hier gibt's alles für den durchreisenden Touristen, sogar einen echten Büffelkopf für 4000 $. Wer's braucht ... Selbstverständlich brummen auch ein paar großvolumige Kühlaggregate in der Ecke und die ziehen uns geradezu magisch an. Ah, cold drinks! Jetzt nur nicht den Fehler machen und die eiskalten Getränke einfach hineingießen, das würde der Kreislauf sofort übelnehmen. Wir setzen uns draußen vor der Türe in den Schatten, denn der Laden ist soweit heruntergekühlt, dass ein längerer Aufenthalt dort für unsere verschwitzten Körper nicht gesund sein kann.

Ich betrachte einen alten Planwagen – oder besser das, was noch davon übrig ist. Das Holz ist restlos ausgeblichen. Ich bin überrascht; wie klein doch

■ *Hier ging es dann rechts ab ...*

so ein Wagen ist. Und dennoch haben es die Siedler vom Mississippi bis hierher geschafft. Was hätten die wohl dafür gegeben, wenn es diesen Kiosk hier schon vor hundertfünfzig Jahren gegeben hätte?

Potz Blitz – Gefahr bei Gewitter

Heiße Luft in den Tälern, kühle Strömungen im Gebirge. Wo die unterschiedlichen Luftströme aufeinanderprallen sind Gewitter angesagt. „Thunderstorms" nennen sie die Amerikaner, und das ist genau der treffende Ausdruck. Sturm ist die erste Warnung. Blitze, Donner und Hagel treffen meist gleichzeitig ein. Regen beginnt erst später, manchmal gar nicht. Gewitter sind im Sommer an der Tagesordnung und sie gehören grundsätzlich zu der Sorte, die einen das Fürchten lehrt. Oft sind es einzelne Wärmegewitter, doch häufig auch weitläufige Gewitterfronten. Autofahrer sitzen im Faradaykäfig, Radler nicht. Dein Rad ist aus Metall und auf der Fahrbahn bist du immer der höchste Punkt. Damit treffen zwei Fakten auf dich zu, die Blitze regelrecht anziehen. Aber die Reifen isolieren doch? Denkste! Davon lässt sich kein Blitz abhalten, auf dich und dein Rad einzuschlagen.

Bei Gewitter heißt es also runter vom Rad und außerdem möglichst weit weg vom Drahtesel. Wenn es möglich ist, suche Schutz auf. Ein Waldstück mit niedrigem Bewuchs zum Beispiel, aber keine einzeln stehenden Bäume, egal welcher Art.

Wenn du in der Ebene unterwegs bist, sind nahe Berge meist ein gewisser Schutz, denn die Gewitter toben sich bevorzugt dort aus. Du kannst zusehen. Rund um Tucson ist das ein wahres Vergnügen, wenn abends die Schatten der Riesenkandelaberkakteen schweigsam Wacht halten vor der flackernden Blitzkulisse der Gewitterstürme, die sich in den Rincon Mountains austoben.

Bist du im Gebirge unterwegs, hast du schlechtere Karten. Für uns waren die Radeltage in den Bergen von Arizona, Utah und Colorado oft schon früh am Nachmittag zu Ende. Locker und entspannt waren wir während dieser Mini-Unwetter nie. Aber mit zunehmender Erfahrung wurden wir ein gelassener, spannten unsere Plane in einem günstig gelegenen Waldstück zwischen die Bäume und hielten darunter Kaffeepause.

Bei den Gewittern über den Plains hingegen bist du besonders schutzlos. Hinzu kommt die Tornadogefahr. Dort solltest du unbedingt das nächste Farmhaus ansteuern und fragen, ob du dich dort unterstellen kannst. Sollte gerade kein Haus in der Nähe sein, mach es dir im Straßengraben bequem, wo du immer noch besser aufgehoben bist als auf der Fahrbahn.

Gewitter auszählen Wie nah ein Gewitter ist, kann man bekanntermaßen durch Zählen abschätzen, weil der Donnerschall sich langsamer fortbewegt als das Licht. Zähle die Sekunden, die zwischen Blitz und Donner vergehen und teile die Zahl durch drei. Das ergibt die Kilometer, die dich noch von dem Gewitter trennen. Oft sind es allerdings mehrere Gewitterzonen gleichzeitig und die Blitze folgen so schnell aufeinander, dass du nicht mehr weißt, welcher Blitz zu welchem Donner gehört.

Wenn du das Gefühl hast, du bist mittendrin, gehe in die Hocke, umschließe beide Knie mit den Armen und lege den Kopf auf die Knie. Länger als ein paar Minuten habe ich diese Stellung allerdings nie durchgehalten.

Das Sympathische an Gewittern ist, dass sie zeitlich relativ berechenbar sind. Selten überraschen sie dich am Vormittag. Gebirgspässe in Gewitter-Gefahrengebieten solltet ihr deshalb unbedingt morgens fahren.

KAP. 12: # ISS WIE EIN BÄR UND TRINK WIE EIN FISCH –
Versorgung unterwegs

Essen im Restaurant – oder lieber selbst kochen?

Koche ich selbst, kann ich mich ausgewogen ernähren mit sinnvoll zusammengestellten, schmackhaften Zutaten. Im Restaurant muss ich essen, was es gibt und eventuell den Rest des Nachmittags mit Sodbrennen radeln. Keine Frage, was ich persönlich vorziehe. Das Restaurantessen in den USA konnte mich insgesamt nicht begeistern. Sicher gibt es edle Lokale und Haute Cuisine in Nordamerika für Eingeweihte. Wurden wir zum Essen eingeladen, haben wir oft köstlich gespeist, so dass ich die amerikanische Küche hier nicht generell abkanzeln möchte.

Doch auf der Durchreise kann man nicht wählerisch sein. Wer keine großen Ansprüche stellt, Fett gut verträgt und sauren „coleslaw" (Krautsalat) mit vielen Konservierungsstoffen als Vitaminreserve betrachtet, der kann gerne auf Restaurants ausweichen. Vegatarische Restaurants als empfehlenswerte Alternative finden aber auch in den USA immer mehr Zuspruch.

Selbstversorgende Radelcamper kommen mit ihren Dollars etwas weiter als reine Restaurant-Radler, doch es lässt sich nicht allzu viel sparen, wenn man in halbwegs preiswerten Restaurants einkehrt. Rechnet für selbstzubereitetes Camping-Essen am Tag mit etwa 10 Dollar.

Restaurant-Tips

Da Speisekarten kaum aushängen, lasst euch ein Lokal zuvor empfehlen. „Licensed Restaurants" dürfen auch alkoholische Getränke ausschenken. „Non-licensed"-Restaurants nur alkoholfreie. Übrigens bekommt man in US-Restaurants von der Empfangsdame oder dem -herrn einen Tisch zugewiesen. Wenn kein Tisch frei ist, setzt man sich niemals irgendwo dazu, sondern wartet an der Bar bei einem Drink bis man an der Reihe ist! Bestelle zum Essen lieber Iced Tea oder Ice Water. Das ist preiswerter als Softdrinks oder Bier und es gibt kostenlose *refills*, gerade richtig für den Riesenradlerdurst.

„All you can eat"

„Every Monday All You Can Eat – $ 4.99". Man könnte fast meinen, diese Angebote wären für ausgehungerte Radfahrer erfunden worden. Natürlich gibt es keinen Hummer zu diesem Preis, aber meist hast du die Auswahl zwischen zwei Tagesgerichten mit chips und Getränk als Beigabe. Von diesen beiden Gerichten kannst du nachbestellen, bis du platzt, wirklich ohne dass sich der Preis erhöht.

Fast food – manche schwören drauf

Am beliebtesten sind die Fast food-Ketten wie McDonald's oder Burger King, Wendys, Hardeys usw. Morgens bis 11 Uhr gibt es überall Frühstück. Hamburger sind zu dieser Zeit noch „out". Am günstigsten fährt man mittags meist mit „value meals", meist eine Hamburgerspezialität, Pommes und Soft Drink. Wendys hat stets eine gute Salatbar.

Pizza

Pizza (die übrigens von einem Italiener in den USA erfunden wurde und von dort aus Neapel eroberte) wird meist anders bestellt als bei uns. Nicht jeder bestellt seine eigene, kleine Pizza, sondern man ordert zusammen eine große, die in Schnitzel unterteilt geliefert wird. Im Vergleich zu Fast food ist Pizza bei Ladenketten teuer. An Straßenständen wird sie oft auch per „slice" verkauft, stückweise, zu vernünftigen Preisen. Wer in der Nähe von Städten übernachtet, kann sich übrigens auch eine Pizza zum Motel oder Campingplatz ausliefern lassen! Grad an Regentagen eine manchmal angenehme Alternative, wenn man zu mehreren unterwegs ist.

TexMex

Burritos, Enchiladas, Nachos und Tacos – die mexikanische Küche hat längst Einzug gehalten in den USA und erfreut sich wachsender Beliebtheit. Allerdings hat man die Zutaten ein wenig abgewandelt und entschärft. Das, was dabei herauskam, läuft im allgemeinen unter „Tex Mex- Food" und wird sowohl in Ladenketten wie Taco Bell als auch in Restaurants angeboten. Solltet ihr auf jeden Fall mal probieren.

Chinesi-sche Küche

China-Kost unterscheidet sich weniger in der Zubereitung als in der Darbietung. Vergiss die Wärmeplatten mit Teelicht. Die fertigen Gerichte werden in Edelstahlwannen aufbewahrt, an denen man sich meist selbst bedient. Abgerechnet wird nach Teller oder Schüsselgröße, manchmal auch nach Gewicht. Einige Supermärkte an der Pacific Coast haben Deli-Abteilungen mit China Express. Die fertigen Gerichte sind preiswerter als die Zutaten. Wer hat da noch Lust zu kochen?

Shop till you drop – Einkaufen, wann und wo?

♥ STORY

Lebensfreude

Ungläubig rappelte ich wieder und wieder an der Tür des Grocery Stores in Escalante, Utah. Ein Laden, der samstags geschlossen ist? Das war mir in all den Monaten in den USA noch nie vorgekommen. Meist hatte ich Auswahl zwischen mehreren großen Supermärkten. Ich hatte mich gewöhnt an den bequemen Service: „Open 24 hours 7 days a week". Und ausgerechnet im Süden von Utah, wo Lebensmittelläden sowieso dünn gesät sind, hatte dieses verflixte Geschäft am Samstag zu? Unsere Futterpacktaschen waren leer, der nächste Laden dieser Größe ein paar Tagesreisen weit weg. Das sonst immer so einladende Schild „Come in ... we're open" zeigte mir seine gemeine Kehrseite „Sorry, we're closed". Die ältere Dame im Tourist-Office, die ich dann noch ganz fassungslos zu Rate zog, half mir auf die Sprünge: „Normalerweise ist hier nur sonntags zu. Aber dieses Wochenende halt alle drei Tage."

Drei Tage? – Heiliger Bimbam! Seit Wochen hatte ich mir vorgenommen, daran zu denken, dass der Memorial Day ins Haus stand. Wie konnte ich das nur vergessen?

Bloß nicht drei Tage an einem Ort festhängen! Der ewige Ausweg lag auf der Hand: Auf zum nächsten Tankstellenladen. Die sind zwar viel teurer und haben kein berauschendes Lebensmittelangebot, Konserven und Snacks halt, aber besondere Bedingungen verlangen Verzicht.

Die Regale des Tankstellenladens sahen aber dann aus wie geplündert. Ein wenig gab es schon noch, aber weit kommen konnten wir damit nicht. Das Wichtigste fehlte: Brot, oder wenigstens ein Pfund Mehl. Die weiteren Orte an der Strecke sahen alles andere als vielversprechend aus. Aber mit dem Gedanken: Irgend etwas wird es schon geben, trösteten wir uns über die noch immer fast leeren Lebensmitteltaschen hinweg.

Einige Meilen hinter dem Ort hustete ein altersschwacher Dodge mit einer großen Fuhre Brennholz auf der Ladefläche an uns vorbei. Der Fahrer lenkte den Wagen an den Straßenrand und stieg lachend aus. Das ist der Opa von den Waltons persönlich – schoss es mir durch den Kopf: braungebranntes Gesicht, schlohweißes Haar, Bart und die unverzichtbare Latzhose. „Where are you folks going to?" fragte er freundlich, und wir erzählten ihm, dass wir noch nicht wüssten bis wohin, und wie dumm es doch sei, dass wir Memorial Day vergessen hätten.

„Genau deshalb habe ich ja angehalten", meinte er vergnügt. „Ich habe mir nämlich gedacht, die wollen bestimmt zum Calf Creek Campground und haben keine Ahnung, was da los ist. Der Zeltplatz ist rappelvoll. Aber keine Bange. Wir sind da mit 'ner ganzen Meute. Und bei uns zwischen den Wohnwagen ist noch jede Menge Platz. Euer Zelt ist doch nicht so groß, oder? Also, lasst Euch blicken. Platz 8, 9 und 10. Und was das Brot angeht: Wir haben soviel zu essen angekarrt! Euch kriegen wir auch noch satt."

Der alte Herr war im Krieg in Deutschland gewesen. Ein Wort auf Deutsch hatte er behalten: Lebensfreude. Dass es ausgerechnet dieses Wort war, das er aus grausamen Zeiten hinübergerettet hatte, entsprach vollkommen seinem Charakter. Leben ist ihm wichtig und Menschlichkeit. Wir hatten ein Ziel gefunden für den Tag und außerdem einen neuen Freund – einfach so auf der Straße.

Shop around the clock

Die USA sind natürlich ein Einkaufsparadies, die Supermärkte haben schon in mittelgroßen Orten sieben Tage in der Woche offen, auch an wichtigen Feiertagen, und manche auch Tag und Nacht. Doch andererseits gibt es in bevölkerungsschwachen Staaten wenige bzw. nur sehr weit auseinanderliegende Ortschaften mit spärlichen Einkaufsmöglichkeiten! Berücksichtigt dies bei den Tagesetappen! Auch Tankstellen haben fast immer kleine Läden mit den wichtigsten Dingen wie Brot, Milch, Konserven, Cheddar Cheese (dort gibt es auch immer Toiletten).

In Canada sieht die Sache anders aus. Regionale Unterschiede machen allgemeingültige Aussagen schwierig. Insgesamt ist früher Ladenschluss, in Shopping Malls mitunter schon um 17 Uhr. Sonn- und feiertags sind alle Zweigstellen großer Ladenketten zu. Nur kleine Läden sind offen.

Ladenlehre

Supermärkte haben sich fast ausschließlich auf Lebensmittel spezialisiert. Ein paar Haushaltsartikel dazu und Kosmetika – das wär's.

Department Stores, wie WAL-Mart, K-Mart usw. haben sich auf den non-food Bereich spezialisiert. Sie haben oft eine Campingabteilung mit einfachen Artikeln und eine Radabteilung, in der man sich für den Notfall ausrüsten kann. Es gibt keine Markenartikel, nur Billigware aus Fernost, die einen aber schließlich auch weiterbringt, wenn kein Radladen in der Nähe ist. Eine Medikamentenabteilung gehört meist auch noch dazu.

Drug Stores, das sind heute meist Ketten wie Walgreens oder Payless, eine Mischung aus Apotheke, Drogerie, Schreibwarenladen und Süßwarengeschäft.

Hardware Stores sind Eisenwarenläden, stets mit kleiner Camping- und Fahrradabteilung. In ganz ländlichen Regionen für beide Bereiche oft die Rettung. **Malls** sind große, überdachte Einkaufszentren mit ein paar Handelsketten à la Karstadt, vielen Einzelhandelsgeschäften, Cafés, Bistros und Snack-Bars, Kinos und anderen verkaufsfördernden Attraktionen. Normalerweise gibt es in Malls das, was du nicht brauchst. Manchmal gehören auch Supermärkte dazu, oft aber nicht.

Shopping Center oder Shopping Plazas sind rund um einen großen

Parkplatz herum angeordnete Ladenlokale, oft mit Supermarkt und Department Store.

Grocery Store (oder *Grocer)* werden Lebensmittelläden schlechthin genannt, besonders in ländlichen Regionen. Dahinter kann sich ein kleiner, gut ausgestatteter Supermarkt verbergen oder ein dürftig sortiertes Geschäft. Besser ihr fragt nach einem „guten" Grocery Store.

Convenience-, Country- und **Corner Store,** unter diesen Begriff fallen eigentlich die kleinen Lädchen, die hauptsächlich Snacks verkaufen und Läden der Tankstellenketten (Shoppettes).

General Stores sind Relikte aus der guten alten Zeit. Ursprünglich waren es Kramläden, vollgestopft bis unters Dach mit allem was man braucht an Lebensmitteln, Nützlichem vom Zahnstocher bis zur Schaufel. Immer häufiger wird der Name General Store aber zum Tarnbegriff für Touristenfallen, vor allem „far west".

Food-Preise Die Lebensmittelpreise unterscheiden sich nicht von denen in Deutschland. Vieles ist sogar billiger. In kleinen Läden bezahlt man natürlich mehr als im großen Supermarkt.

Wer sparen will, lässt sich anstecken vom Coupon-Fieber. Coupons sind Gutscheine. Hausfrauen sammeln sie aus Zeitschriften etc., oft findet man sie in Packungen. Diese Gutscheine, mit denen sich meist etwa 50 ct pro Artikel sparen lassen, beziehen sich immer auf ein bestimmtes Produkt. Oft liegen Coupons schnibbelbereit in den Blättern mit Sonderangeboten aus. Wer sparen will, kauft also mit Schere ein.

Tips: Kauft anstatt teurer Markenlebensmittel auch mal billigeres *generic food,* das sind „no name"-Lebensmittel (meist in weißer Verpackung) oder Eigenmarken der Supermarktketten. Doch erst mal probieren, ob es schmeckt! In Supermärkten gibt es meist auch eine Ecke mit angestoßenen (damaged) Dosen und Packungen oder mit Backwaren, deren Haltbarkeitsdatum bald abläuft, mit erheblichem Preisnachlass! Bestimmte Sonderangebote, *special offers,* werden von den Supermarktketten oft nur an Inhaber ihrer Kundenkarten abgegeben. Kein Problem: Geht einfach zur Kasse oder zum *customer service* und lasst euch eine Karte ausstellen. Die bekommt jeder, auch „wohnsitzlose" Reiseradler. Wenn das Angebot bspw. heißt: „Buy two – pay one", dann könnt ihr auch nur eins nehmen und bezahlt auch nur den halben Preis. Achtet in Drugstores auf Körbe mit „trial sizes", das sind Körperpflegeartikel in Minigrößen.

Steuern u. Taxes Der Preis auf der Packung ist nicht der Nettopreis. Anders als bei uns werden in den USA zusätzlich zum ausgewiesenen Preis Verkaufssteuern aufgeschlagen. Sie liegen je nach Staat zwischen 4% und 12%. Bei bestimmten Lebensmitteln entfällt die Steuer. Das Ganze ist zu kompliziert, um ins Detail zu gehen, aber rechne damit, dass sich an der Kasse die Endsumme noch einmal um ein paar Prozent erhöht.

In Canada gibt es die GST (Goods and Services Tax), eine 7%ige Steuer und die Provincial Sales Tax, eine je nach Provinz unterschiedliche Umsatzsteuer. Ausländer, die in Canada Waren (Kleidung, Ersatzteile, etc., doch keine Verbrauchsgüter wie Lebensmittel oder Benzin) kaufen, die sie innerhalb von sechs Wochen aus dem Land ausführen, bekommen auf Antrag die GST zurück. Auch für Steuern auf Motelkosten gilt die Rückerstattung. Formulare in Heftform mit allen wichtigen Informationen dazu gibt es in jedem Welcome Center und für alle, die es bis dahin verbummelt haben, im Duty Free Shop bei

Ausreise am Flughafen. Anträge werden innerhalb eines Jahres schriftlich eingereicht beim Visitor Rebate Program, Summerside Tax Centre, 275 Pope Rd., Summerside, PE CIN 6C6, Canada. Nach frühestens 2 Monaten bekommt man einen Scheck, für dessen Einlösung indessen hohe Gebühren anfallen. Wer von Canada in die USA reist, kann den Antrag auf Steuerrückerstattung (bis 500 $) bei vielen Duty Free Shops abgeben und bekommt gebührenfrei innerhalb weniger Minuten sein Geld. Mehr dazu unter www.ccra.gc.ca/visitors.

Junk food oder Vollwert – die richtige Ernährung

■ *Selbst Gorillas mögen Hamburger*

„You're surely on a special diet?" Wetten, dass man euch irgendwann fragen wird, ob ihr eine bestimmte Diät einhaltet, um in Form zu bleiben? Es gibt sie wirklich, diese überdrehten Ernährungsapostel. Angesichts all der unglaublich fetten Menschen, denen man immer wieder begegnet, würde ich wohl auch beginnen, ernsthaft über eine Alternative zu „Coke 'n chips" nachzudenken, die in kaum einem Einkaufswagen fehlen.

Amerika wäre nicht Amerika, gäbe es nicht von allem etwas. Fast food für die einen und makrobiotische Lebensmittel für die anderen. In großen Supermärkten ist das Warenangebot allumfassend. Wurstwaren und Käsesorten sind weniger variantenreich als bei uns (in Kanada ist das Angebot vielfältiger!), aber dafür quellen Gemüsetheken nur so über, und wer's mag, ernährt sich von Peanut Butter. Tofu gibt es überall und Rindfleisch ist spottbillig im Vergleich zu heimischen Preisen. Wer Lust hat auf Import-Produkte aus Europa, stöbert am besten in der Deli-Abteilung. Dort findet man in den Kühltheken Exotisches wie Briekäse oder Gouda, und auf den Simsen vor den Glasvitrinen der Bäckerei versteckt sich nicht selten „Vollkornbrot".

Für mehrtägige Touren durchs Backcountry steigt man außerdem am besten auf dehydrierte Lebensmittel um (s.a. „Bulk Food und Naturkost"). Milchpulver, Kartoffelpüree, Suppen, etc. Ramen-Nudelsuppen (diese sind mit viel MSG – Monosodiumglutamat – gewürzt, eventuell weglassen, macht extrem durstig!) und Macaroni Cheese-Mischungen sind spottbillig, leicht und sehr beliebt. In vielen Läden gibt es fertige „Trail Mixes", Mischungen aus Trockenfrüchten, die sich als Energiefutter und auch als Anreicherung fürs Müsli bestens eignen. In Outdoorläden und manchem Supermarkt gibt es auch spezielle Gerichte, dehydrierte Astronautenkost, eine Alternative für dicke Geldbeutel.

Mein einziges Problem ernährungsmäßig war das Brot. Dieser fade Toastbrot-Papp ist zwar packtaschenfreundlich, denn er lässt sich durch Zusammendrücken prima auf ein Drittel seines ursprünglichen Volumens reduzieren, aber nach einigen Wochen konnte ich ihn nicht mehr sehen. Manchmal hat man Glück und erwischt ein frischgebackenes French Bread bevor es in die Plastikhüllen geschoben wird. **Bagels** sind eine einiger-maßen erträgliche Brotvariante. Diese jüdischen Teigkringel haben etwas mehr Dichte und sind recht lange frisch zu halten, falls man fürs Backcountry mal einen größeren Brotvorrat braucht. Ansonsten backt man sich halt selbst ein paar Fladenbrote aus Mehl mit Salz, Backpulver und Wasser in Öl aus. Die sind wenigstens „crunchy".

Aufgewärmte Tortillas geben bestes Radlerfutter ab. Mit Füllung aus Veggies (Gemüse), Käse, Thunfisch oder was ihr sonst mögt und Salsa Picante sind sie eine volle Hauptmahlzeit. Mit Honig und Nüssen, Peanut Butter, Banane oder Marmelade sind sie Frühstück oder Snack.

♥ STORY   **Energiefutter**

Ich kratzte gerade die letzten Reste irgendeines chinesisch angehauchten Gebrutzels aus meinem Teller, als jemand mir von hinten zurief: „You want a powerbar?" – „Nein, danke. Ich esse lieber etwas, das schmeckt", gab ich bissig zurück, und es tat mir gleich leid, dass ich die freundliche Geste so fies abgeblockt hatte, als ich den Rennradler hinter mir entdeckte, der gerade einen gut durchgeweichten Energieriegel aus seiner Trikottasche zog. Harald, von Natur aus mit mehr Feingefühl ausgestattet als ich, reagierte prompt und rief: „Aber ich!" – „Du kannst noch mehr haben als diesen, wenn du willst", meinte der ungewöhnlich kleine Sportsfreund erleichtert und klinkte seine Schuhe aus den Pedalen. „Setz dich doch zu uns", versuchte ich mein schlechtes Benehmen wiedergutzumachen. „Eine kleine Pause kann nicht schaden", meinte Yanni, der soeben sein heutiges Morgentraining, die steile Strecke zum Mount Evans hinauf, beendet hatte. Ich schielte auf seine Beine – reine Muskelpakete! Er bekam es mit und lachte: „Das ist schließlich mein Job. Ich trainiere für das Radrennen in Casper, Wyoming, nächste Woche."

Yanni ist Radprofi, so stellte es sich heraus. Ursprünglich kommt er aus Nicaragua, wohnt aber schon lange in Los Angeles und lebt vom Radfahren. Gesponsert von einer Sportdrinkfirma und der regionalen Baptistenkirche zieht er ins Feld. „Radreisen, das muss das reine Vergnügen sein", meinte er. „Wenn ihr nach California kommt, würde ich gerne ein Stück mit euch radeln, nur so zum Spaß", fügte er hinzu und drückte uns seine Adresse in die Hand. Dann schleppte er uns mit zum Kofferraum seines Autos. Ein einziges Warenlager an Energiefutter tat sich vor unseren Augen auf. „Bedient Euch!" rief Yanni vergnügt und packte uns, als wir zögerten, jede Menge Powerbars, Exceed und einen 2 kg-Eimer Cytomax (Sportgetränkpulver) auf den Arm. Wir waren gerührt, wussten aber nicht nicht wohin mit dem Zeug, und so reduzierten wir sein großherziges Angebot auf ein packtaschenfreundliches Maß.

In Kalifornien haben wir uns dann leider doch nicht mehr getroffen, und selbst wenn wir uns ausschließlich von Energieriegeln und Sportdrinks ernährt hätten, wäre uns Yanni zweifellos immer davongeradelt.

Alternativen zu Power Bars

„Fig Newtons" (Feigenkekse) oder Bananen sind geheime Energiebomben für Radler. US-Ernährungswissenschaftler haben zumindest herausgefunden, dass sie in der Zusammensetzung das gleiche enthalten wie Power Bars, nur dass sie wesentlich billiger sind. Power Bars bringen es, will die Reklame weismachen. Diese Energieriegel sehen aus wie Lehm und schmecken trotz künstlicher Aromen auch nicht viel besser. Wir haben des öfteren welche geschenkt bekommen und sie natürlich auch gegessen. An Tagen mit besonders viel Strapazen helfen sie zumindest für lange Zeit das flaue Gefühl im Magen auszuschalten, das bei besonderer Anstrengung gern auftritt.

Bulk Food, Naturkostläden

Bulk Food ist eigentlich mehr eine kanadische als eine US-Errungenschaft. Es gibt Läden oder ganze Abteilungen mit losen, unverpackten Lebensmitteln, die in Tonnen oder Plastikfächern aufbewahrt werden.

Ideal für Radler und Hiker, denn dort braucht man nur so viel zu kaufen, wie man will, nicht wie es die Verpackung vorschreibt. Grundnahrungsmittel, Süßwaren, Knabbermischungen, Nüsse, Trail Mix, oft auch Pickles und Marmelade sowie viele dehydrierte Lebensmittel gehören zum Bulk Food Angebot.

In den USA findet man Bulk Food am ehesten in guten Naturkostläden. Naturkostläden wiederum findet man am ehesten in Uni-Städten und Orten mit alternativer Szene. *Whole Foods,* eine Naturkost-Supermarktkette ist eine gute Adresse (120 Filialen, z.B. in Austin, TX, Berkeley und Mill Valley bei San Francisco). Aber auch viele der kleineren Läden können ein recht gutes Angebot vorweisen. Wer auf Öko-Kost steht, findet in allen größeren Supermärkten ebenfalls entsprechende Abteilungen und manchmal sogar Produkte aus ökologischem Anbau.

Sekt oder Selters – trinken, aber was?

Wasser

In unseren Trinkflaschen befand sich immer das beste und billigste Getränk – Wasser. Keine Zusätze, nicht mal einen Spritzer Zitrone. Clever wie wir waren, hatten wir uns schicke, schwarze Alutrinkflaschen besorgt, in denen das Wasser bei großer Hitze fast zu sieden begann. Wir hätten nur noch die Teebeutel reinzuhängen brauchen. Ganz im Ernst, diese Wahl war kein weiser Entschluss! Wir konnten uns in heißen Gegenden nur helfen, indem wir einen nassen, hellen Socken über die Flasche zogen, der mit Verdunstungskälte das Wasser eine Zeitlang auf erträglichen Temperaturen hielt.

Trinkwasserqualität

Woran man sich gewöhnen muss: Nicht aus jedem Wasserhahn in den USA und Canada kommt Wasser in Trinkwasserqualität. Fragt sicherheitshalber immer nach. In einigen Regionen ist das Wasser stark eisenhaltig, so dass es beim Kochen oxydiert und plötzlich braun wird. Nicht erschrecken, das ist wohl in Ordnung. Andere Regionen haben Probleme mit dem Salzgehalt des Wassers. Du merkst es an Schlieren auf dem Kaffee. Meist gilt, wenn in den Läden einer Region besonders viel *Drinking Water* vom Kauf angeboten wird, dass das Hahnenwasser nicht besonders gut ist. Ein- und zwei-Gallonen-Behälter kosten ab 70 ct/*Gallon*.

Citywasser ist immer stark gechlort, und so findet man vor oder in Supermärkten oft Trinkwasserautomaten, an denen man „purified water" bekommt, das dann allerdings oft auch kaum noch Mineralstoffe enthält. Und die brauchst du als schwitzender Radler besonders. Preiswerter und besser bedienst du dich an den Trinkwasserfontänen (water fountain, bubbler) öffentlicher Gebäude. Das Wasser ist gereinigt und gekühlt, aber oft nicht ganz leicht in die Flaschen zu bekommen, weil es in einem graziösen Bogen spritzt, aus dem man eigentlich nur mit dem Mund seinen Bedarf abschlürfen soll.

Private Haushalte auf dem Land haben meist ihren eigenen Brunnen und falls nötig auch eine Filteranlage. Das Wasser schmeckt wesentlich besser als in der Stadt, und wann immer wir an einem Haus um Wasser gebeten haben, hat man es uns gerne gegeben.

Wasser aus Mutter Natur

Wasser aus Quellen und Bächen im Backcountry kann man nur dann trinken, wenn man es zuvor entkeimt hat. Alles Oberflächenwasser in den „lower 48" und in Canada und Alaska ist inzwischen mit „Giardia lamblia" verseucht. Dieser hartnäckige Erreger verursacht ein heftiges Durcheinander im Verdauungstrakt, auf das jeder gewiss gern verzichtet. Auf einigen einfachen Zeltplätzen tauchen Wasserpumpen auf mit kleinen Hinweisschildern „water not safe for drinking". Auch Wasser aus diesen Quellen sollte unbedingt entkeimt, also abgekocht, behandelt oder gefiltert werden. (s. „Wasser und Mücken", KAP. 3)

Tip für trockene Zonen: Es ist selten, dass die Abstände zwischen Orten und Häusern so riesig sind, dass du dich nicht ausreichend mit Wasser eindecken kannst. Aber in West-Texas, Nevada oder Wyoming wird es schon mal knapp. Bester Ausweg: Ein RV stoppen. Diese Erholungslaster haben immer Vorräte in ihren Tanks.

Sportler-drinks

Gatorade, Exceed, Isostar, Cytomax und wie sie alle heißen, die Drinks mit denen man Sportlichkeit verkaufen will, bringen sie was? „Cytomax nimmt das Brennen aus den Muskeln, wenn du viel bergaufradeln musst. Aber die Hälfte der angegebenen Dosierung tut's auch", erklärte mit eine radbegeisterte Freundin und widerlegen kann ich es nicht. Für drei Dollar die Flaschenfüllung lasse ich meine Muskeln lieber brennen und außerdem enthalten all diese Drinks Fruchtzusätze und Zucker, was die Verschlussstopfen der Trinkflaschen schon nach kurzer Zeit schimmlig werden lässt.

Soft Drinks

Wenn uns danach war, steuerten wir einen der Tankstellenläden an, in denen es für 99 Cent am Soda-Fountain einen Becher mit 44 oz (ca. 1,35 liter) Cola gibt. Bei Selbstbedienung verzichte auf Eis im Becher. Bei Bedienung ruf beim Bestellen sofort „No ice, please!", sonst packt man dir den Becher randvoll mit Eis und nur die Zwischenräume werden mit Flüssigkeit aufgefüllt. Was aus den Automaten kommt, ist auch ohne Eis für heiße Radler kalt genug. Aber mit Erlaubnis des Personals haben wir an Tankstellen oft crashed-ice aus den Automaten in unsere Trinkflaschen gefüllt. Manche Eismaschinen sind allerdings in ihrem Inneren wahre Bakterienschleudern ...

Kaffee

Als gesellschaftlich akzeptiertes Lieblingsgetränk schießt in den USA eindeutig Kaffee den Vogel ab. Du wirst es aber nicht unbedingt als solchen erkennen. Diese dünne, schwarze Brühe hat mit dem, was bei uns als Kaffee verkauft wird, nicht viel gemeinsam. Wir hatten uns allerdings bald daran gewöhnt, so dass uns nach unserer Rückkehr der Kaffee in Deutschland anfangs nicht mehr schmeckte. Kaffee gibt es drüben überall. In jedem Lädchen steht irgendwo eine Kaffeemaschine herum und erst recht an jeder Tankstelle. Wer Kaffee im Café bestellt, hat meist auch Anrecht auf einen kostenloses „refill", meint, es wird nachgeschenkt. Manchmal steht alle fünf Minuten jemand mit der Kanne neben dir und fragt: „Some more Coffee?" und wenn du nicht irgendwann „Nein, danke" sagst, machen sie weiter bis du aufgibst.

Lieber ein Laster als dauernd lästern –
Beer, Booze & Tobacco

Beer & Booze

Unter den alkoholischen Getränken („Booze") ist Bier die Nummer 1. Die beliebten Sixpacks sehen überall gleich aus, unterscheiden sich aber von Staat zu Staat im Alkoholgehalt. Bier gibt es in den USA nur in Einwegflaschen oder Dosen, die allerdings häufig mit Pfand belegt sind (5-10 ct). In Canada ist die Einwegverpackung für Bier „eigentlich" seit langem abgeschafft. Man zahlt dort immer Pfand auf Flaschen wie Dosen.

Apropos Bier kaufen. Alkoholverkauf ist für viele ein heißes Thema in den USA. Es gibt Counties, in denen grundsätzlich kein Alkohol verkauft wird. In anderen Ecken gibt es Alkohol sonntags erst nach zwölf oder am Wochenende gar nicht, je nach County Beschluss. Es gibt Staaten, die Bier und Wein überall anbieten, Spirituosen jedoch nur in speziellen Liquor Stores. Anderswo steht alles wie selbstverständlich in den Regalen. Wundere dich auch nicht, wenn man dich beim Kauf von Alkohol an der Kasse wegen deines Alters nach deiner ID fragt. Das sind dann halt die geltenden Regeln.

In Canada erhält man Alkohol grundsätzlich nur in speziellen Liquor Stores der jeweiligen Provinz. Ausnahme Québec: Dort wird rund um die Uhr und überall Alkoholisches verkauft.

Auch der Alkoholkonsum unterliegt entsprechenden Beschränkungen. Alkoholika dürfen nur auf privaten Grundstücken (dazu gehören auch die Campsites und das Open-Air Lokal an der Straße) und in Räumen konsumiert werden. Öffentlicher Alkoholgenuss gilt in fast ganz Nordamerika als Vergehen und unterliegt sozialer Ächtung. Oft stehen Verbotsschilder an Orten, wo die Obrigkeit zu Recht den Konsum geistiger Getränke befürchten muss: *No Alcoholic Beverages on the Beach, in the Park* etc.

Rauchen   Als Raucher bist du arm dran in den USA und in Canada. In beiden Ländern – mit Ausnahme vielleicht von Québec – gelten fürs Rauchen in der Öffentlichkeit heute immer strenger werdende Restriktionen. Bahnhöfe, Flughäfen, Shopping Malls, Museen und Amusement Parks sind strikte Non-Smoking Zonen, öffentliche Gebäude sowieso. Gesellschaftlich anerkannt ist der Glimmstängel schon lange nicht mehr. Wer aufmerksam hinguckt, entdeckt zuweilen in den Bankvierteln der Großstädte die Büroangestellten in einer dunklen Ecke neben den Hochhäusern stehen, wo sie mal schnell verschämt eine durchziehen. Denn in allen 80 Etagen über ihnen gilt: No Smoking!

In Restaurants dürfen Raucher oft nur an wenigen Tischen irgendwo in der Nähe der Klos ihrer Sucht frönen. Rauchende Insider wählen italienische Cafés in New York City, die nicht zwischen Raucher und Nichtraucher, sondern zwischen Raucher- und Kettenraucher-Sektionen unterscheiden.

Um Nachschubprobleme unterwegs zu vermeiden, sollte sich der suchtgeplagte Radler beim Flug im Duty Free Shop eindecken.

KAP. 13:

BAD LUCK –
Pannen, Pech und Pleiten

Dies ist das Kapitel, mit dem eigentlich keiner direkt etwas zu tun haben möchte. Ich hoffe, es hilft dir, eventuelle Pechsträhnen zu meistern, wenn du weißt, wie du Probleme vermeiden und wie du dir helfen kannst.

Krank werden   Keiner wünscht es sich, den meisten passiert es nicht, treffen kann es dich trotzdem, und wenn es in den USA der Fall ist, dann ist „guter Rat teuer", im wahrsten Sinne des Wortes. Deshalb will man im Krankenhaus oft erst die Kreditkarte sehen, bevor man einen Blick auf dich wirft. Wenn die finanzielle Absicherung durch eine Reisekrankenversicherung gegeben ist, hast du mit der Kostenrückerstattung keine Probleme. Aber achte darauf, welche Bedingungen für den Schadensfall gelten! Eine Kopie der Vertragsbestimmungen gehört ins Reisegepäck oder zumindest auf den Schreibtisch deines „Managers" daheim.

In Städten wirst du umgehend Versorgung finden. Dort unterscheidet sich das Gesundheitswesen höchstens optisch von daheim, denn Arztpraxen sind oft integriert in Shopping Plazas oder befinden sich in irgendwelchen Gebäuden, denen man es kaum ansieht. Adressen findest du in den Gelben Seiten des Telefonbuches.

Für die ärztliche Versorgung auf dem Land sind hauptsächlich die Hospitäler in den County-Sitz-Städten zuständig. Den Landarzt gibt es selten. Wenn du Hilfe brauchst, kann das nächste Hospital jedoch auch 60 Meilen und mehr entfernt sein. Im Notfall stoppt Privatwagen. Viele haben „cellular phones", Mobilfunktelefone, und können rasch Hilfe holen. Highway Patrol oder Ambulanz helfen euch dann weiter. Wer irgendwelche gesundheitlichen Handicaps hat, z.B. starke Allergien, Diabetes, sollte sich dringendst mit Notfallmedikamenten versehen. Einmal im Krankenhaus angekommen, kannst du garantiert mit exzellenter ärztlicher Versorgung rechnen. Das zum Trost.

Pannenhilfe Pfffft! Platten. Für die kleinen Reparaturen wirst du vorgesorgt haben, und im allgemeinen sind Räder und Komponenten heute so gut, dass man nicht mit allzugroßen Schwierigkeiten rechnen muss. Trotzdem, mal bricht ein Pedal ab, mal kracht die Felge, und selbst von Lenkerbrüchen haben wir gehört. Wenn dein Rad nicht mehr manövrierbar ist, brauchst du einen Lift zum nächsten Bike Shop, und der kann verdammt weit weg sein.

Ein anderer Ausweg? Du arbeitest dich vor zum nächsten Telefon, rufst einen Bike Shop oder den nächstgelegenen REI-Laden (s. www.rei.com) an, gibst deine Kreditkartennummer durch und das Teil liegt dank UPS oder FEDEX am Tag drauf vor dir, fertig zum Einbau. Solch einen Ersatzteilservice bieten viele Radläden in den USA an.

Ersatzteilbeschaffung ist im allgemeinen kein Problem, es sei denn, du hast ein paar exotische Komponenten an deinem Rad. Die lassen sich oft auch durch einfache Versionen ersetzen. Im Falle einer telefonischen Bestellung musst du natürlich genau wissen und angeben können, was du brauchst, wobei es unter Umständen zu Verwirrung mit Größen kommen kann. Aber das lässt sich ja umrechnen. Übersetzungshilfen und amerikanische Bezeichnungen für „parts" (Ersatzteile) findest du im Bike-Bild im Anhang dieses Buches.

Falls das benötigte Teil nicht vorrätig ist, versuch es bei einem überregionalen Versandshop, z.B.: Bike Nashbar, 6103 State Rte. 446, Canfield, OH 44406, freecall 1-800-NASHBAR, Fax 1-877-778-9456, www.nashbar.com. Oder: The Colorado Cyclist, 3970 E. Bijou St., Colorado Springs, CO 80909-6806, freecall 1-800-688-8600, Fax 1-719-591-4044, www.coloradocyclist.com.

Diebstahl Tourenbikers Alptraum: Du holst dir nur eben eine Cola, kommst aus dem Laden und das Rad ist weg! Es gibt Länder, in denen du dein Bike grundsätzlich nicht aus den Augen lassen darfst, die USA und Canada gehören nicht unbedingt dazu.

Auf dem Land kannst du fast überall dein Rad sorglos abstellen, Wertsachen abnehmen und dann einkaufen oder essen gehen. Keiner wird sich an einem Bike vergreifen, höchstens ein paar bewundernde Blicke daraufwerfen.

Kommst du aber in Cities, Nationalparks oder an die Küste in Kalifornien, so sei wirklich auf der Hut! Großstädte und Touristenzentren haben immer Probleme mit Dieben, überall auf der Welt. In Kalifornien werden besonders viele Räder geklaut.

Ein gutes Sicherheitsschloss ist deshalb notwendig, mit dem du dein Rad anketten kannst, wenn du es irgendwo längere Zeit unbeaufsichtigt abstellen musst. Auch nachts auf Zeltplätzen. Man schläft dann ruhiger. Wenn kein Baum in der Nähe war, haben wir unsere Räder immer in Gegenrichtung aneinandergeschlossen.

■ *Immer das Rad sichern, wie dieses Hauswand-Gemälde in New York mahnt (Kette an Dachrinne …)*

In den meisten Motels und Herbergen wirst du dein Fahrrad mit auf's Zimmer nehmen können, andernfalls solltest du dich vielleicht nach einer anderen Bleibe umsehen. Dass du den Teppich nicht mit Kettenöl einsaust, ist wohl selbstverständlich! Nebenbei: du als Person repräsentierst nicht nur die Gruppe der Radler, sondern auch die der Gäste aus der „Alten Welt". Manche Jugendherbergen verfügen jedoch auch über richtige Fahrradkeller. Auch hier das Bike immer irgendwo anschließen.

Es muss ja nicht gleich das Rad weg sein. Auch Diebstahl von kleineren Wertsachen ist ärgerlich. Auf Zeltplätzen wird zwar generell wenig gestohlen, dennoch solltest du wichtige Sachen immer bei dir tragen und nicht unbeaufsichtigt im Zelt zurücklassen. Vorsicht ist auch in Jugendherbergen geboten. Traveller beklaut Traveller, das ist keine Seltenheit, sondern traurige Realität. Werden Schließfächer zur Verfügung gestellt, solltest du sie unbedingt nutzen. Bei kürzeren Reisen und edlem Rad solltest du überlegen, ob du eine Reisegepäckversicherung abschließt, die auch Sportausrüstungen miteinbezieht. Aber Aufpassen ist immer der bessere Weg.

Wanted!   Wir haben mit der Polizei eigentlich nur zu tun gehabt, wenn es darum ging, dass wir Hilfe brauchten. Solltest du irgendwie ernsthaft mit „cops" oder dem Gesetz in Schwierigkeiten geraten, so bleibt dir nur, die Botschaft oder das nächste zuständige Konsulat in den USA oder in Canada um Hilfe zu bitten. Deren Telefonnummern stehen auf der Website des Auswärtigen Amtes, www.auswaertiges-amt.de. USA: Vertretungen in Washington (Botschaft) und Generalkonsulate in Atlanta, Boston, Chicago, Houston, Los Angeles, Miami, New York, San Francisco und Seattle. Canada: Ottawa, Montréal, Toronto und Vancouver. Weitere Honorarkonsuln arbeiten in den größeren Städten beider Staaten.

TEIL III
REISETEIL

Einführung in den Reiseteil

Jetzt geht es endlich los. Der Reiseteil des Buches schickt euch durch alle Gebiete der USA und Canada mit dem Gütesiegel „sehenswert". Insgesamt sind das neun große Regionen bzw. Strecken in den USA und vier in Canada.

Wie umfangreich und ausführlich die einzelnen Routen beschrieben sind, das hängt gewiss ein bisschen von unseren persönlichen Vorlieben ab. Ein großes Anliegen ist es stets, euch detaillierte Informationen zu geben zu all den fantastischen Strecken, zu denen es bisher kaum radreisetaugliches Material gibt. Der gesamte Südwesten zum Beispiel ist noch ein absolut weißer Fleck, auch im ACA-Netz, während es reichlich gute Literatur gibt zur Pacific-Coast. Entsprechend fällt unsere Routenbeschreibung durch Utah z.B. viel umfangreicher aus als es unsere Hinweise zur Pazifikküste sind. Die guten Reiseführer für Hwy 101 stellen wir euch natürlich kurz vor, mit Bezugsadressen.

Der Westen der USA hat seine Attraktionen, der Osten hat sie. Aber wer spricht schon von Iowa oder Nebraska? Die landwirtschaftlichen Staaten ohne hervorstechende Touristenattraktionen machen jedoch den größten Teil der USA aus. Sorry, Routenbeschreibungen durch Iowa und Nebraska werdet ihr auch hier nicht finden. Stattdessen gibt es den **Staaten-Index** (Teil V). Dort haben wir die wichtigsten Informationen über jeden Bundesstaat der USA (und Canada) zusammengefasst, um euch Hilfen zu geben, wie ihr an Informationen herankommt und was euch dort erwartet, ganz grob als Überblick.

Worauf ihr außerdem im Reiseteil verzichten müsst, sind Hintergrundinformationen zur Geschichte einzelner Sehenswürdigkeiten, zum sozialen Umfeld und dessen Bedingungen usw. Wenn ihr solche Informationen wünscht, besorgt euch noch einen der handelsüblichen Reiseführer. Wirklich empfehlen kann ich euch die Grundmann-USA und Canada-Reiseführer. Dies ist ein Radreiseführer (und als solcher schon dick genug), der Straßen schildert, Versorgungsmöglichkeiten aufführt und euch erzählt, was es zu sehen und zu tun gibt unterwegs.

Jede Regionen- bzw. Routenbeschreibung im Teil III und IV beginnt mit dem **Ride Guide** (Ausnahme: Coast to coast). Dort findet ihr komprimiert stichpunktartig alle wichtigen Informationen zur Tour. Am besten einsteigen und nachvollziehen könnt ihr die Routen, wenn ihr eine gute Karte vor Augen habt. (s. KAP. 1, „Bücher, Karten, Internet"). Jeder Ride Guide umfasst jeweils 6 Punkte.

1. Tour-Info: Das Tour-Info vermittelt einen ersten Eindruck der beschriebenen Strecke, macht mit Besonderheiten vertraut und geht auf den konditionellen Schwierigkeitsgrad ein.

2. Start: Meist gibt es eine bestimmte City, die als Startpunkt besonders gut geeignet ist. Sie wird hier nur genannt. Unter dem Stichwort **Start und City-Guide** wird jeweils eine Stadt im Routenteil beschrieben.

3. Attraktionen: Hier findet ihr aufgezählt, was es an touristischen Höhepunkten zu sehen, zu erfahren und zu erleben gibt.

4. Travel-Infos: Unter diesem Abschnitt sind Tips zur Reisezeit, Ausrüstung, Straßen, Versorgung und Übernachtung aufgeführt. Die hier angegebenen Websites sollen Lust und Laune auf das Gebiet machen und enthalten *hoffentlich* die aktuellsten Infos. Leider wird sich die ein oder andere Internetseite nach Drucklegung dieses Buches schon verabschiedet haben. Bestimmt hilft in diesem Fall die Schlagwortsuche über Suchmaschinen weiter.

5. Routenprofil: Rundreise oder Streckentour? Das wird hier kurz vorgestellt, und wer sich die Innenseite des vorderen Buchcovers ansieht oder eine detaillierte Nordamerika-Karte zu Rate zieht, der findet schnell Kombinationsmöglichkeiten unter den einzelnen Routen. Je nach Lust und Laune, Budget und Windrichtung kann sich jeder sein individuelles Netzwerk über den gesamten Kontinent zusammenbasteln.

6. Routenverlauf: Ein Dschungel aus Namen und Zahlen, der sich erst mit Leben füllen wird, wenn du dort gewesen bist. Hier findest du die Einteilung in Streckenabschnitte mit Kilometer/Meilenangaben. Rechne, was die Distanzen betrifft, immer mindestens 10% dazu. Die Angaben sind nicht für alle Strecken hundertprozentig genau, und vor Ort wirst du manche Extrameile abradeln müssen zum Zeltplatz, zum Supermarkt, zu neuen Freunden usw.

7. Routenbeschreibung: Die Routenbeschreibung beginnt meist mit dem „Start und City-Guide". Dort sind preiswerte Unterkünfte mit Adressen zwecks Reservierung aufgeführt, beschrieben wird der Weg vom Airport nach „downtown" und „out of town" (soweit Infos vorhanden. Falls ihr bessere Strecken kennt, schickt eine Beschreibung an uns!). Anschließend geht's abschnittsweise ins Detail mit allen Infos, die wir erfahren haben und wichtig finden. **„L"** bei einem Ortsnamen taucht in schwach besiedelten Regionen auf und heißt **„Laden"** oder Versorgungsmöglichkeit (ohne Gewähr!). **„All services"** weist auf Orte mit Supermarkt, Post, Bank, Übernachtungsplätzen, medizinischer Versorgung und mehr hin.

Wie erwähnt, lassen sich die einzelnen Routen dieses Buches miteinander verknüpfen. Hinweise und Tips dazu findet ihr unter dem Stichwort **„❖ Netzwerk"**. Die Verbindungsstrecken werden als **„⟩⟩⟩ Connection"** beschrieben. Die **fett** gedruckten Ortsnamen sind dabei gleichzeitig die Stichwörter, unter denen ihr bei der Anschlussroute nachschlagen könnt. Kurze Ausflüge werden als **„➤ Abstecher"** erwähnt. Längere Touren, die von der Hauptstrecke abweichen, heißen **„● Extratour"**. Alternative Strecken sind durchnummeriert und detaillierter im folgenden Text erklärt.

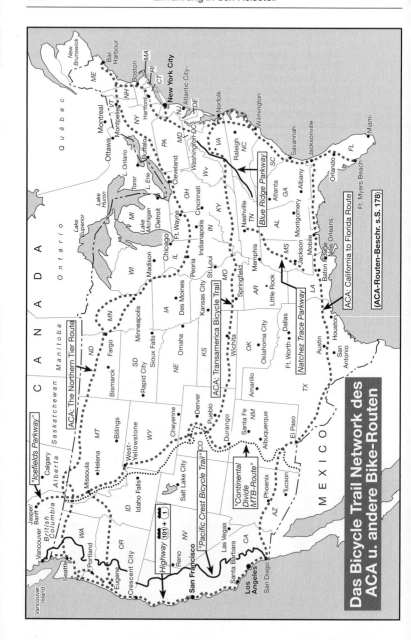

Das Bicycle Trail Network des ACA u. andere Bike-Routen

1. COAST TO COAST:
Transamerica, Big Cities, Parkways

Transamerica-Trails

Amerika wurde auf Trails, mit der Dampflok und später auf Straßen erobert. Wen wundert es da, dass viele der Routen Legende wurden und viele ehemalige Schienenstränge nunmehr als *Rails-to-Trails* der Freizeitszene dienen. Lewis & Clark, zwei Abenteurer, brachen einst von St. Louis auf, um einen Weg von Missouri zur Westküste zu finden. Aus ihren Spuren entstand der Oregon Trail, auf dem die Siedler Richtung Westen zogen. Der *Mormon Trail, Overland Trail, California Trail* und *Santa Fe Trail* zweigten später von der Route der Träume ab – lauter Wege des Aufbruchs ins Glück.

Später lösten Eisenbahnschienen die von zahllosen Planwagen ausgegurkten Wagenspuren ab. Im April 1884 bestieg der Amerikaner Thomas Stevens ein Hochrad, um auf sensationelle Weise den nordamerikanischen Kontinent von West nach Ost als erster Radler zu durchqueren. Er folgte überwiegend Eisenbahn-Tracks. Nach der Erfindung des Autos wurden die neuen Überland-Highways zum amerikanischen Symbol der Träume von Aufbruch, Freiheit und Glück. Die Route 66 ist die bekannteste Straße davon. Und wenn auch heute Flugzeuge die Bezwingung des Kontinents in Stunden möglich machen, der Mythos der alten Wege in den Westen bleibt und damit der Wunsch, den ganzen Kontinent kennenzulernen, von „Coast to coast, eastbound or westbound". Quer über den ganzen Kontinent mit dem Fahrrad? Genau das ist es, wovon die meisten Amerika-Radler träumen!

Wo gingen einst die Pioniere an Land? New York City. Wohin trieb es zunächst alle, die ihre Hoffnung auf den Westen setzten? Nach Kalifornien, nach San Francisco und Los Angeles. Für viele sind genau diese beiden Mega-Städte Start- oder Endpunkt ihres Coast to coast-Bikeabenteuers. Nicht zuletzt, weil es für diese beiden Großstädte von Europa aus günstige Flugtickets gibt. Deshalb die City-Infos zu New York und Los Angeles in diesem Kapitel.

CYCLING NEW YORK CITY

von Thomas Schröder

Was weiß Otto Normalverbraucher von „Big Apple" New York? Kramt er in seinem Kleinhirn, so kommt etwa folgendes zu Tage: eine der größten Städte der Welt, Verkehrschaos, Empire State Building, Harlem, Mord und Totschlag und natürlich auch Ground Zero. Ein paar Zahlen: 7,5 Mio. Einwohner allein in den fünf Boroughs (Stadtbezirken), 18 Mio. in der Region, mehr als 20% arbeitslose Jugendliche (davon 90% Farbige), 1 Mio. Wohlfahrtsempfänger, aber andererseits 26 Firmen mit mehr als 1 Mrd. Dollar Kapital, 400.000 Heroinsüchtige, über 11.000 Taxis, jeden Morgen 4 Millionen Berufspendler, mehr als 100.000 km Asphaltstraßen, von denen jährlich 100.000 kg Hundekot entfernt werden müssen ...

„Und in dieser Stadt wollt ihr radfahren," höhnten Freunde und Kollegen, als wir hatten verlauten lassen, dass wir zum Start unserer USA-Durchquerung in New York beginnen wollten.

Auch die Lektüre „City Biker" von Roger Paloma (Moby Dick Verlag) stimmte eher nachdenklich. Hier beschreibt ein Fahrradkurier seine täglichen Erlebnisse: „Ständig ist mit der hundsgemeinen Attacke eines motorisierten Nebenmanns zu rechnen". An anderer Stelle ist die Rede von Taxifahrern, die den Bike-Messengers mit Montiereisen das Fahrrad flachmachen, weil diese ihnen die Kurierjobs weggeschnappt haben; von absichtlich aufgerissenen Autotüren und Omis, die einem den Schirm zwischen die Speichen stecken. „Du küsst das Pflaster, und die Meute applaudiert. Bright lights. Big City."

■ Manhattan per Rad und dann auch noch im Regen …

Eindrücke So ist die Vorfreude also eher verhalten, als uns ein wortkarger Kleinbusfahrer vom John-F.-Kennedy-Airport zu unserem vorgebuchten Hotel nach Midtown Manhattan kutschiert. Der Van Wyck Expressway durch Queens ist eine Rumpelpiste zwischen vergammelten Einfamilienhäusern und aufgegebenen Autowracks. Wir und unsere Fahrräder, die verpackt auf den Sitzlehnen liegen, werden kräftig durchgebeutelt.

In dieser Hölle sollen wir also radfahren?

Doch dann ist alles halb so wild. Allein während des Frühstücks sehen wir durch die Fenster des Coffee-Shops in einer halben Stunde mindestens 50 Radfahrer aller Altersgruppen und Bevölkerungsschichten, viele Bike-Messengers, aber auch honorige Businessmen mit Anzug und Krawatte, das Fahrrad mit Spezial-Aktenkoffer-Halter ausgerüstet. Mutig stürzen wir uns also ins Gewühl der 7th Avenue.

Erster Eindruck: Der Verkehr ist sehr gemächlich. Das liegt schon in der Natur der gängigen Amischlitten. Stehst du an der Ampel und diese springt auf Grün, so hörst du, wenn alle Driver hinter dir gleichzeitig Gas geben, zunächst einmal ein Geräusch wie die Staten Island Ferry beim Ablegen. Dann vergehen so ca. zwei Sekunden, bis die Automatikgetriebe der Chevys greifen und diese sich langsam in Bewegung setzen.

Zweiter Eindruck: In jeder deutschen Großstadt halten die Autofahrer weniger Seitenabstand zu dir als in allen hier. Du hast ständig genügend Bewegungsfreiheit. Aufpassen musst du nur bei Spurwechseln, vor allem, wenn du auf der rechten Spur einer 8-spurigen Avenue bist und nach links abbiegen willst. Hier haben wir dann öfter gewartet, bis es rot wurde, und sind dann mit der Fußgängerphase gefahren.

Achte auch immer darauf, ob der Fahrer links von dir nicht plötzlich rechts abbiegen will. Das tut er dann auch, trotz deiner Anwesenheit. Aber nicht, weil er der Stärkere ist, sondern weil hier eben jeder auf seine Vorderleute achtet, etwa so, wie man das von Frankreich oder Italien kennt. Verkehrsregeln und Fahrspuren werden eher als Empfehlung denn als Vorschrift aufgefasst, aber von „hundsgemeinen Attacken" kann nicht die Rede sein. Solche Gerüchte sind auf die Cowboy-Einstellung der Bike-Messengers zurückzuführen, die kreuz und quer durch den Verkehr und mit Vorliebe falsch herum durch die Einbahnstraßen brettern. Damit würde man auch in Germany den Zorn der motorisierten Verkehrsteilnehmer auf sich ziehen.

Fazit also: Nur Mut! Wer schon über Großstadt-Radel-Erfahrung verfügt und nicht gerade leichtsinnig ist, soll es getrost probieren. Jedoch: Wie plant man seinen Aufenthalt? Wie kommt man von New York weiter?

Nach Downtown

Nachdem es uns bisher noch nie gelungen war, mit unbeschädigten Fahrrädern einem Flugzeug zu entsteigen, haben wir diese teilweise zerlegt und gut verpackt. Das bedingt natürlich ein vorausgebuchtes Hotel und einen Lift nach Manhattan, will man nicht im Gewühl vom J.F.K.-Airport zur Montage schreiten. Man wende sich nach Passieren der Zollkontrolle an den *Ground-Transportation-Counter*, eine Einrichtung des Flughafens, die einem das geeignete Transportmittel vermittelt, ohne dass man von halblegalen „Transportbetrieben" übers Ohr gehauen wird. Nach Midtown Manhattan muss man jedoch für einen Kleinbus mit Fahrer mit mindestens 60 $ zuzüglich Brückenmaut und 5 $ Trinkgeld rechnen, ein normales Taxi ist etwa um die Hälfte billiger (näheres unter www.ny.com/transportation/airports/JFK.html).

Die Subway-Station „JFK Airport" liegt ein gutes Stück vom Flughafen entfernt, die Flughafenbusse nehmen Fahrräder in der Regel nicht mit.

New York ist ein teures Pflaster, aber wir würden trotzdem zu vorgebuchtem Hotel und Van-Transport raten und lieber auf der Weiterreise wieder etwas hereinsparen.

Wer es trotzdem per Bike probieren will: Ein guter Stadtplan ist unabdingbare Voraussetzung. Gefallen hat uns die „Rand McNally New York City Map", ISBN 3-8283-0200-9 für 4,95 Euro, die alle fünf Stadtteile und jede Straße enthält.

■ *Radweg der Brooklyn Bridge*

Den East River konnte man als Radler lange Jahre nur auf der *Queensboro Bridge* und auf der *Brooklyn Bridge* überqueren. Seit Frühjahr 2001 sind alle Brücken nach Manhattan für Biker offen. Allerdings führen die Strecken über den Van Wyck Expressway und Flushing Meadow sowie auch die direkte Strecke zur Brooklyn Bridge über Southern Parkway und Conduit Blvd. durch die harlemähnlichen Slums von South Jamaica, East New York und Bedford-Stuyvesant und sind bestimmt nicht zu empfehlen!

Die beste Möglichkeit: Über den Southern Parkway und dann über den Shore Parkway am Wasser entlang. Diesen Weg empfiehlt der NYC Bicycle Coordinator des DOT. Er enthält zumindest teilweise Radwege. Nördlich von Coney Island biegt man dann in den Ocean Parkway ab, weiter über Prospect Park, Union St., 3rd Ave., Atlantic Ave. und Adams Street zur Brooklyn Bridge. Die Entfernung beträgt gut 30 km. Unter www.nyc.gov/html/dot/html/trans_maps/bikeroute.html kann man sich eine schöne Radkarte herunterladen.

Hotels Also: besser mit Van oder Taxi zum vorgebuchten Hotel. Wir haben mehrere Hotels angefaxt. Gut gefallen hat uns: *Hotel Pennsylvania,* 401 7th Ave., Ecke 33rd St (mit Pennsylvania-Station), www.hotelpenn.com.

Preise: Leider nicht billig, so um die 100 $ pro Nacht und Zimmer bei Direktbuchung. Bei Buchung im Internet über einen Hotel-Reservierungs-Service (z.B. www.hoteldiscount.com oder www.hrs.com) oder über ein deutsches Reisebüro eventuell billiger. Preisgünstigere Alternative: *Youth Hostel,* 891 Amsterdam Ave., www.hinewyork.org. Ein Bett im 8-Bett-Zimmer kostet aber auch immerhin 32 $.

Ohne Fahrradaufbewahrung im Zimmer kannst du übrigens Cycling New York City vergessen! Lass dein Rad nicht aus den Augen – sonst kannst du es gleich verschenken. Die Bike-Messengers führen stets martialische Schlösser und Ketten mit sich.

Manhattan Ist man dann tatsächlich in Manhattan, ist der Straßenbelag ein wichtiges Auswahlkriterium für die Routenwahl. Die 7th Ave. downtown und die 6th Ave. uptown rollen gut, ebenso der Broadway. Vor allem jedoch in Greenwich Village und in Soho sehen die Straßen oft aus wie Knäckebrot – unglaublich, sowas noch als Straße zu bezeichnen. Aber Big Apple ist eben ständig bankrott. An solchen Dingen merkt man dies. Sei auch vorsichtig an Straßenkreuzungen, dort gibt es oft mörderische Querrillen!

■ *Radweg der George Washington Bridge*

New York Ausfahrten

Wenn du von Manhattan genug hast und deine große Tour starten willst, hast du zwei Möglichkeiten: nördlich über die *George Washington Bridge* Richtung Niagara Falls und Neuengland-Staaten oder aus der Stadt südwestlich über *Staten Island* Richtung Pennsylvania, Chicago oder die Ostküste hinunter. Die Auswahl ist deshalb eingeschränkt, weil man als Radler nicht alle Brücken benützen darf, aber auch deshalb, weil du bestimmt nicht mit vollem Gepäck durch Central Harlem biken willst.

Nordroute Die Nordroute beginnt man über Central Park West. Fahre dann um das American Museum of National History herum, kurz zurück bis zur *79. Straße* und dann vor zum *Riverside Park*. Parallel zum Park führt der Riverside Drive nach Norden, eine wunderschöne Straße. Rechts ältere, teilweise gepflegte Apartmenthäuser, links der Park mit schönem Blick auf den Hudson. Hier verläuft sogar eine der wenigen Bike-Routen von NYC, die man sich als normale Straße vorstellen muss, die vom Stadtplanungsamt als Radstrecke empfohlen wird. Man folgt also dem Riverside

Drive so ca. 7 km, und obwohl man Harlem tangiert, ist von den Slums einige Blocks weiter östlich nichts zu spüren. Auf der *155. Straße* wechselt man parallel zum *Broadway* hinüber, um die Auffahrt zur Georg-Washington-Brücke nicht zu verpassen. Die nächsten paar Kilometer fährt man durch ein lebhaftes Hispanoviertel, dann muss man aufpassen, dass man den Geh- und Radweg zur *George Washington Bridge* nicht verfehlt. Die *177. St.* links bis zum *Cabrino Blvd.*, dann rechts und dann auf den Gehweg der *178. St.* überwechseln, der genau auf die Brücke führt. Fast 2 km lang ist die Überfahrt. Auch am schwülsten Tag ist es über dem Hudson immer etwas windig – einen angenehmeren Platz kann man sich dann in New York nicht vorstellen!

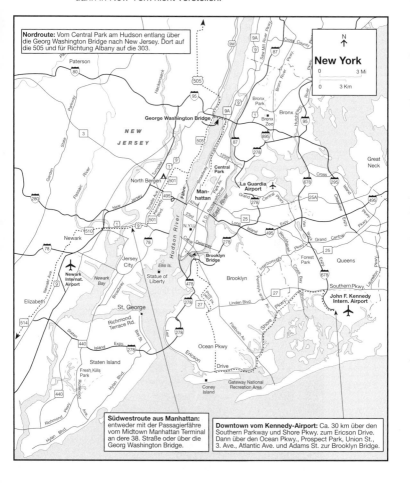

Nordroute: Vom Central Park am Hudson entlang über die Georg Washington Bridge nach New Jersey. Dort auf die 505 und für Richtung Albany auf die 303.

Südwestroute aus Manhattan: entweder mit der Passagierfähre vom Midtown Manhattan Terminal an dere 38. Straße oder über die Georg Washington Bridge.

Downtown vom Kennedy-Airport: Ca. 30 km über den Southern Parkway und Shore Pkwy. zum Ericson Drive. Dann über den Ocean Pkwy., Prospect Park, Union St., 3. Ave. und Atlantic Ave. und Adams St. zur Brooklyn Bridge.

Unmittelbar nach der George Washington Bridge wechselt man unter der Autofahrbahn durch auf die *County Road 505 North (Hudson Terrace Rd.)*. Man ist jetzt in einer anderen Welt mit gepflegten Einfamilienhäusern, wo es nach frisch geschnittenem Rasen und bürgerlichem Wohlstand riecht. Folgt man der 505 weiter, kommt man nach Englewood, dahinter wird es bald recht ländlich. Die 505 wird später zur 303 Richtung Albany. In Harrington Park kann man links auf die 502 überwechseln und später auf die 507 in grober Richtung der Niagarafälle. Spätestens hier sollte man keine Navigationsprobleme mehr haben.

Südwest-route

Für die Südwestroute nahm man früher an der Südspitze Manhattans die *Staten Island Ferry* und pedalierte entspannt über *Richmond Terrace Rd.*, *Western Ave.* und *Goethals Bridge* hinüber nach Elizabeth. Der Bike Path über die Goethals Bridge wurde jedoch 1995 geschlossen und bisher nicht wiedereröffnet. Komme jetzt nicht auf die Idee, die Goethals Bridge auf der Autofahrbahn zu überqueren. Das ist absolut lebensgefährlich und außerdem verboten!

Besser du pedalst also über die *Georg Washington Bridge* wie oben, nimmst dann jedoch die *County Road 505 South*, biegst also links statt rechts ab, bis die 505 nach ca. 7 km als „River Road" rechts bergauf führt und dann zur *60th St.* wird. Dann den *John F. Kennedy Blvd. (501)* nach links, ca. 10 km, dann rechts in die *Communipaw Ave.* Nun querst du auf der *Lincoln Hwy Bridge* (Radweg auf beiden Seiten) den Hackensack River und den Passaic River. Weiter über den *Raymond Blvd. (510)* nach Newark, dann *Market Street*, *Broad Street*, *Freylinghuysen Ave.* und *Newark Ave.* bis nach Elizabeth und Linden. Ohne New Jersey Road Map nicht zu finden! Ab Linden folgst du der *County Road 514 (Elizabeth Ave.)* nach New Brunswick und weiter zum Delaware River (Lambertville). Spätestens nach New Brunswick im Somerset County wird es ländlich und man rollt durch Wälder und parkartige Wohngebiete.

Ferry

Wer sich ein paar Meilen der Südwestroute sparen will, kann auch die Passagierfähre (New York Waterway) nehmen. Ablegestelle vom *Midtown Manhattan Terminal* an der *38. Straße*. Die Fähre nimmt außerhalb der Hauptverkehrszeiten, also von 9.30 bis 16 Uhr und von 19 bis 24 Uhr, Fahrräder mit. Am Jamestown Terminal in New Jersey dann rechts, bis zur *River Road*, spitzer Winkel nach links und dann weiter wie oben.

■ *Am New-Jersey-Ufer des Hudson River mit Blick auf Manhattan*

NY-Camp-ground
Was kaum einer weiß: Über dem Hudson, in North Bergen in New Jersey, in Luftlinie keine 5 km von Manhattan entfernt, gibt es einen recht passablen Campground. Adresse:

New Yorker RV Park & Campground, 4901 Tonnelle Ave., North Bergen, NJ 07047, Tel. (201) 866-0999 oder freecall 1-800-688-5080, Fax (201) 866-0149.

Man erreicht ihn auf der oben beschriebenen Südwestroute, also 60th St. und John F. Kennedy Blvd. (501) nach links wie oben, dann jedoch die 51st St. rechts bergab zur Tonnelle Ave. (US 1-9). Dort links halten. Nach wenigen Metern ist der Zeltplatz erreicht.

Auf dem Campground hatten sie noch nie auch nur einen einzigen Bike-Tourist, wie die Madam uns glaubhaft versicherte. Eigentlich unverständlich, denn billiger kann man sich New York kaum erschließen, zumal eine Buslinie direkt vor dem Platz nach Midtown Manhattan fährt (Rückfahrt bis nach Mitternacht). Platz gibt es auf dem Campground immer, Reservierung nicht erforderlich.

Weitere Tips
Zum guten Schluss noch ein paar Tips: Hilfreich ist die Webseite von Transportation Alternatives (www.transalt.org), einer sehr rührigen gemeinnützigen Bürgergruppe mit über 5000 Mitgliedern. Das Department of Transportation (DOT, www.nyc.gov/html/dot/home.html) ist zuständig für den Straßen- und Radwegbau. Haufenweise Informationen von Shopping über Hotels, Food & Dining und Entertainment bis zu Nightlife und Cheap Thrills findest du auf der guten kommerziellen Website www.ny.com. Und die offizielle Seite des Touristenbüros firmiert unter www.nycvisit.com. Extra-Tip für New York City-Greenhorns und Freunde von Gruppenreisen: Unter www.radreisen-weltweit.de organisiert ein Deutscher einwöchige Radurlaube in Big Apple.

So, jetzt steht dir nichts mehr im Weg, dass du dich unter Manhattans Citybiker einreihen kannst. Halte Augen und Ohren offen, sei ein bisschen vorsichtig, und Cycling New York City wird ein unvergessliches Erlebnis für dich werden. Für mich war das ein absolutes Highlight meiner Biker-Karriere, aber ich habe Big Apple eben immer gemocht und generell zu Großstädten eine positive Einstellung. Allein, wie man hier den 11. September 2001 verarbeitet hat und wieder positiv in die Zukunft blickt! Es gibt keinen besseren Platz, um in die USA einzusteigen, alle namhaften Neu-Amerikaner von Astor bis Zuckmayer sind hier gelandet – dieser Flair liegt für mich immer noch auf der Stadt.

Übrigens kann man auch heute noch mit dem Schiff hier ankommen, wie es die Auswanderer früher taten (Cunard Lines, Queen Elizabeth 2, ab Southampton, zu buchen in jedem besseren Reisebüro). Wenn die Skyline aus dem Dunst auftaucht und du an den Docks dein bepacktes Fahrrad an Land schiebst – das muss das Allergrößte sein! Würde es Sybille nicht beim Anblick jedes Schiffs gleich so entsetzlich schlecht – für mich gäbe es nichts anderes. Good Luck!

Nicht jeder, der in New York startet, liebt die Stadt auf Anhieb. Und wahrscheinlich hat auch nicht jeder 160 $ übrig für Radtransport und die erste Nacht vor Ort. Deshalb soll noch ein weiterer Radler zu Wort kommen, der seine Coast to coast-Tour ebenfalls in New York begann.

♥ STORY
von
Stefan
Voelker

Startpunkt New York

Bei miesem Wetter starten wir vom Flughafen weg Richtung Osten zum Rockaway Park an der Atlantikküste. Hier werden wir von gewaltigen Wellen begrüßt. Bei strömendem Regen – teils mit Hagel durchsetzt –, starkem Wind und tosender Gischt treten wir ans salzige Wasser des Ozeans, der Europa von Amerika trennt. Jetzt kann's also wirklich losgehen: nur noch westwärts bis an die Wasser eines anderen Ozeans. LET'S GO WEST!

Direkt am Ufer zeigt die Stadt New York ihr weniger bekanntes Vorstadtgesicht: statt Hochhäusern imponierende Grünflächen und viele kleine, verwinkelte Seitengassen mit gemütlichen Einfamilienhäusern. Wenn nur das bescheidene Wetter nicht wäre und der ungemütliche Seitenwind, der uns die Regentropfen ins Gesicht peitscht, dann könnte fast ein bisschen maritime Ostküstenromantik aufkommen. Breite, in Fahrtrichtung längsgeschlitzte Gullydeckel erfordern volle Aufmerksamkeit, zumal sie auch noch vom Regenwasser überschwemmt sind. Für Fahrradfelgen sind diese Dinger bestimmt tödlich. Ganz klar: Radfahrer sind im Land der unbegrenzten Möglichkeiten Exoten und die Straßenbeschaffenheiten stets nach den Belangen der motorisierten Verkehrsteilnehmer gestaltet. Sechs Stunden Zeitverschiebung, zum ersten Mal mit dem Rad in den USA und dann auch noch so ein tropfnasser Start ... Welcome in New York City!

Die erste Übernachtung in Big Apple haben wir telefonisch von Deutschland aus reserviert: YMCA, Jamaica Ave., Brooklyn, lautet die Adresse. Wir erreichen das 'Y' – wie die Young Men's Christian Association auch genannt wird – nach 37 km noch vor Sonnenuntergang. Glücklich und erleichtert, aber mit hoffnungslos nassem Schuhwerk. Großes steht uns in den kommenden Tagen bevor, wahrlich Großes haben wir uns vorgenommen. Zu großes? Der Blick auf die Karte von Nordamerika jagt mir Angst ein. Welch gewaltige Entfernung bis nach Los Angeles: wir werden vier Zeitzonen durchradeln, das ist ein Sechstel der Erdoberfläche!

Am nächsten Morgen gegen 6.30 Uhr starten wir Richtung Brooklyn Bridge und Manhattan. Im Stadtteil Bedford-Stuyvesant sollte man lieber keinen längeren Stop einlegen. Es ist eine sozial schwache Gegend mit hundert Prozent schwarzer Bevölkerung und extrem hoher Arbeitslosigkeit. Bereits vergangene Nacht waren wir im YMCA Brooklyn die einzigen Weißen. Eine ganz neue Erfahrung für uns Kleinstadt-Mitteleuropäer.

Das Wetter ist nebelig, aber trocken. Auf der Brooklyn-Bridge wechseln wir einige wenige Sätze mit ein paar Joggern und Radlern. Man freut sich über jeden, der sich sportlich betätigt, noch mehr bei so schlechtem Wetter. Brooklyns fragwürdiger Vorstadtflair verschwindet mit dem Erreichen dieser Brücke augenblicklich, die „Hauptstadt der Welt" beginnt für uns genau hier.

■ *Das Wahrzeichen von New York*

Ganz weit draußen im der Upper Bay ist die Freiheitsstatue im Dunst kaum noch auszumachen. Auch die 110 Etagen der Twin Towers sehen wir wegen der unfreundlichen Witterung nur wage. Nur die Spitzen des mächtigen World Trade Centers ragen in 412 Metern Höhe aus der Nebelwatte heraus. Unvorstellbar, was an dieser Stelle kein halbes Jahr später passieren sollte ...

Durch Manhattan mit dem Rad? Eigentlich nicht schlimmer als mit dem Taxi, denn die Geschwindigkeit der Autos ist aufgrund der Verkehrsdichte sehr moderat und die vorherrschende Einbahnstraßenregelung erleichtert die Orientierung und sorgt für ruhigen Verkehrsfluss, dem sich Radler problemlos anpassen können.

Natürlich ist ein Foto à la „Manhattan-Street-Jungle" Pflicht. Gerne stoppen wir auch bei einem der Kaffee- und Donuts-Händler, die ihre gesamten Backwaren nebst brodelnder Kaffeemaschine auf der Fläche eines winzigen, einachsigen Wägelchen unterbringen. Ah, tut der Kaffee gut! Wir holen uns noch einen zweiten und beobachten das Straßenleben von Big Apple. Es summt und brummt wie in einem Bienenkorb. Ein stetes Kommen und Gehen, Laufen und Fahren und Stoppen. Aber hektisch wirkt es erstaunlicherweise nicht, alles pulsiert und will irgendwo hin und geht doch in geordneten Bahnen. Langsam kommt wieder Gefühl in unsere kalten Hände und Füße. Wie schön die einfachen Freuden doch sind und wie gut der wegen seiner mangelnden Stärke oft verfluchte amerikanische Kaffee doch wirkt.

Transamerika Ost – West oder West – Ost?

Auch Bikecentennial, heute ACA, begann zur Zweihundertjahrfeier der USA mit einem Transamerica-Tour. Inzwischen gibt es drei mit Karten ausgearbeitete ACA-Transamerica-Routen und einige Publikationen und Webpages von Einzelkämpfern, die auf eigenen Wegen von Küste zu Küste radelten. Manche von Ost nach West („westbound"), wie einst die Pioniere, andere von West nach Ost („eastbound"). Welche Richtung die bessere ist, ist schwer zu sagen.

Ost – West Wer im Südosten der USA beginnt, kann sich in zunächst flachem, später hügeligem Gelände langsam einradeln und sich an das schwerere Hauptprogramm in den Bergen des Westens herantasten. Beim Start im Nordosten bekommt man gleich zu Beginn die kurzen, aber oft sehr steilen Hänge der Appalachen als Einstiegsprogramm.

The Great Plains, das klingt flach und einfach. Dummerweise gibt es da diese Winde, die meist aus Westen über die Ebenen fegen, dass es dich aus dem Sattel hebt. An bösen Tagen kannst du nur schieben, und böse Tage können auch eine Woche dauern. Es soll aber auch Leute geben, die hatten überwiegend Ostwind und fanden diese Richtung ganz prima.

Wer von der Ostküste aus startet, kann sich jedoch auf die großen Naturwunder im Westen freuen und sich wie ein Pionier im 19. Jahrhundert fühlen (in vergessenen Dörfern wirst du vielleicht auch ab und zu als solcher von den Amis gefeiert werden ...).

West – Ost Wer im Westen der USA startet, darf sich gleich durch die Barriere der höchsten Berge des Kontinents vorarbeiten, weniger krass im Norden und im Süden, besonders hart im Zentrum des Westens. Nur ein kleiner Trost: die Steigungen sind im allgemeinen nicht so heftig wie die z.B. der Alpen. Von Kalifornien geht es bald die steile Sierra Nevada hoch, und dann kommen auch schon die einsamen Wüstenstrecken, und die sind für „beginners" ganz schön hart. Die Straßen in Kansas jenseits der Rocky Mountains verlaufen auch nicht topfeben. Der Wind zettelt und dreht und wird dir, wenn auch weniger, dennoch zu schaffen machen. Wem „tailwind" sehr wichtig ist, fährt am besten vom Golf von Mexiko zu den Großen Seen, denn der Südwestwind bläst in den USA am konstantesten, wissen Meteorologen. Doch du kannst sicher sein, dass der Wind bei deiner Fahrt ausgerechnet von der anderen Richtung blasen wird ...

ACA-Bikerouten durch die USA

ACA bieten drei ausgearbeitete Routen durch die USA an, wobei die nördliche und die südliche am meisten gefahren werden. Für alle drei Routen gibt es präzise Kartenpakete. Den genauen Routenverlauf findest du unter www.adv-cycling.org/routes.

1. The Northern Tier Route

von Anacortes auf den San Juan Islands in Washington nach Bar Harbor in Maine (4415 mi/7065 km).

Über: Cascade NP in Washington, Sandpoint (Idaho), durch den Glacier und Waterton NP in Montana und Alberta/Canada, zurück in die USA, über die Great Plains von North Dakota und die Seenplatte von Minnesota entlang am Mississippi in Wisconsin nach Iowa; quer durchs Heartland von Illinois, Indiana und Ohio nah heran an die großen Seen; durch den Nordzipfel Pennsylvanias, die Adirondack Mountains in New York State nach Neuengland mit Vermont, New Hampshire und Maine mit Abschluss im Arcadia NP. Die Highlights der Strecke befinden sich ganz am Anfang und ganz am Schluss. Viel Plains und viel Farmland liegen dazwischen.

2. Transamerica Bicycle Trail

von Astoria, Oregon, nach Yorktown in Virginia (4250 mi/6800 km).

Von Astoria über Portland und Willamette Valley nach Eugene, durch die Kaskaden nach Baker City im Osten Oregons, durch Zentral-Idaho nach Missoula (Montana), durch den Yellowstone- und Grand Teton NP nach Rawlins (Wyoming), diagonal durch Colorado nach Pueblo, durch den Süden von Kansas, Missouri und Illinois; Kentucky in voller Breite und ebenso Virginia mit Abschluss im Historischen Dreieck von Williamsburg.

Dies ist der berühmte Radweg zur Zweihundertjahrfeier, mit dem alles begann. Die Highlights auch hier im Westen, aber insgesamt ist es garantiert die abwechslungsreichste Coast to coast-Tour.

Tip: Statt dem ACA-Trail in Colorado nach Norden in die Rockies zu folgen, wäre aber wohl eine Geradeaus-Weiterfahrt nach Kalifornien besser. Wer von Kalifornien aus starten will, kann also erst in Colorado oder in Kansas auf diesen mittleren Transamerica-Trail gehen. Für das erste Teilstück von Los Angeles/San Francisco bis nach Colorado würde ich deshalb eher der „Western Express Route" über die Sierra Nevada durch Nevada und Utah folgen. Sie führt von San Francisco nach Pueblo in Colorado.

3. California to Florida Route

von San Diego, California, nach St. Augustine, Florida (3135 mi/5016 km).

Von San Diego aus nach Phoenix, Arizona, durch den Gila National Forest im Süden von New Mexico nach El Paso, Texas; US 90 folgend nach Del Rio und durchs Texas Hillcountry vorbei an Austin nach Navasota; durchs Zentrum Louisianas nach St. Francisville, durchs Binnenland von Mississippi, Küstennähe in Alabama und erneut durchs Binnenland von Florida nach St. Augustine.

Es ist nicht ganz leicht, sich per Rad durch den Süden einen relativ sicheren Weg zu suchen. Diese Route allerdings lässt alles Interessante geflissentlich aus (weil ich den Süden sehr liebe, konnte ich es mir nicht verkneifen, Alternativen dazu aufzuzeigen in „2. Der Süden – Sonne, Wasser, Wüsten. Florida nach California").

Resümee

Das Gesamtstreckennetz des ACA spannt sich darüber hinaus über die gesamte USA. Teilstrecken können kombiniert werden. Das ist so wie beim sonntäglichen Frühstücksbuffet im Café um die Ecke: jeder stellt sich seine Lieblingshäppchen zusammen. Z.B. die „Western Express Route" für den Abschnitt Pacific Coast – Rocky Mountains, dann den „Transamerica Bicycle Trail" für den Mittleren Westen bis heran an die Ostküste und schließlich die „Atlantic Coast Route" für den Weg in's sonnige Florida.

Ob eine solche US-Tour letztendlich sinnvoll ist, muss jeder selbst bewerten, denn eine Transamericafahrt ist kein verlängerter Radurlaub, sondern harte Arbeit. In die Route sollten möglichst die bekannten landschaftlichen Sehenswürdigkeiten miteingearbeitet werden, denn einfach so von Küste zu Küste zu fahren bringt ja wenig, zumal die Transamerica-Strecken über weite Teile langweilig und ohne Besonderheiten sind.

■ *Bei der mittleren Transamerica Bicycle Route geht es durch Kansas*

Coast to coast-Bücher

Außer den Strecken der Adventure Cycling Association gibt es noch einige andere beschriebenen Routen, wobei der populäre und sehr gute Radführer „Bicycling Across America" des Autors *Robert Winning* nicht mehr erhältlich ist. Aber vielleicht könnt ihr ja noch in irgendeinem Secondhand-Bookshop ein gebrauchtes Exemplar „abstauben". Die ausgeklügelte Route führt vornehmlich über Secondary-Roads leicht südlicher als die mittlere ACA-Route quer durch die USA, von Los Angeles bis nach Washington DC. Mit den präzise und genauen Angaben, mit den vielen Karten und Steigungsprofilen ein ideales Routenbuch für alle West-Ost-Radler. Wer dann von den fünfeinhalbtausend Kilometer in mindestens ca. 45 Tagen noch nicht genug hat, kann ja noch nach New York kurbeln und noch weiter in die Neuengland Staaten, zum Indian Summer. Das Buch liefert auch sonstige sehr gut brauchbare Tips für Fahrradreisen in den USA.

Alternativ könnt ihr auf „Bicycling Coast to Coast" von *Donna Ikenberry* zurückgreifen. Das bei The Mountaineers erschienene Guidebook beschreibt eine Durchquerung von Ost nach West, von Virginia durch Kentucky, Illinois, Missouri, Kansas, Colorado, Wyoming, Montana, Idaho bis Oregon und hält sich ziemlich genau an die mittlere ACA-Route. Halten eure Beine durch, habt ihr es in 77 Tagen geschafft. Zahlreiche Karten, Km-Angaben und Übernachtungs- und Ausrüstungsempfehlungen runden den sehr guten Guide ab.

Lue und Shannon Christian leiten die Cross-America-Biker dagegen vom Südwesten in den Nordosten, von Kalifornien durch Arizona, New Mexico, Texas, Oklahoma, Kansas, Missouri, Illinois, Indiana, Michigan über die kanadische Grenze nach Ontario und Québec. Damit umfahrt ihr zwar die größten Hürden (Sierra Nevada, Rockies, Appalachen) und die Hauptwindrichtung stimmt ebenfalls (s.o.), aber ihr lasst dann die meisten Sehenswürdigkeiten aus. Der Bike-Guide heißt „Cycling Across North America – A Leisurely Route From Coast To Coast".

Eine gute Sammlung englischsprachiger Literatur zu diesem Thema findet sich bei www.hcba.us/bibliography.html.

Wer lieber eine auf deutsch verfasste Trans-America Bikeroute zur Hand nehmen möchte: In dem Buch **„Von South Carolina nach Kalifornien"** (Pietsch-Verlag 1992) beschreibt Martin Winkelmann seine 6500 km Tour von South Carolina, Georgia, Alabama, Mississippi, Louisiana, Texas, New Mexico, Arizona, Nevada nach Kalifornien (seine Route verläuft etwas nördlicher als die Südroute vom ACA). Ein guter Erlebnisbericht mit ausführlichen Reise- und Radtechnik-Tips und genauen Einzeletappen. Für jeden USA-Radler eine empfehlenswerte Lektüre, aber leider nur noch im Antiquariat erhältlich.

„Get your kicks on Route 66 ...", dieser berühmte Song von Bobby Troup muss Thomas Schröder öfters durch den Kopf gegangen sein, als er mit dem Fahrrad auf der „Mother Road", auf der Straße der Flucht knapp 4000 km von Chicago nach Los Angeles radelte. Herausgekommen ist ein sehr guter Rad- und Erlebnisbericht (**„Cycling 66"**, Biber-Verlag Stuttgart, leider mittlerweile vergriffen), der mit seinem genauem Logbuch und den vielen Tips im Anhang jedem USA-Crosser empfohlen werden kann. Und noch etwas: Auf der Route 66 radelt ihr wohltuend abseits all der ACA-Biker.

Stefan u. Tobias Micke: **„Biker's Barbecue – Die Wiederentdeckung Amerikas"**, Orac Verlag 2000. Radtour von Boston nach San Francisco.

Viele gute und aktuelle Berichte – vielleicht die besten – mit teils überraschenden persönlichen Eindrücken und auch sehr guten Informationen tummeln sich natürlich auch im Netz! Lasst die Suchmaschine rattern, z.B. mit Stichwörtern wie „Fahrradtour USA"!

Coast-to-Coast-Tips
1. Genaues Timing der Jahreszeit. Als **Winter-Transkontinentalroute** ist einzig und allein die Südroute von Florida nach Südkalifornien bzw. vice versa am Golf von Mexiko entlang zu empfehlen. In den Südstaaten ist es im Sommer so heiß, dass man höchstens in den frühen Morgen- und späten Abendstunden radfahren kann! Als **Sommerfahrt** kommt allein die Nordroute in Betracht. Im Frühjahr oder Herbst geht es durch die zentrale Route. In den einzelnen Staaten durch dauernd komfortables Wetter zu fahren ist nicht möglich! Robert Winning (s.o.) empfiehlt bei seinem West-Ost Ride als besten Kompromiss die Abfahrt von LA in der letzten April- oder in der ersten Maiwoche.

2. Überwiegend auf Nebenstraßen fahren.

3. Übernachtung: Campen, alle paar Tage ein Motel oder Hostel.

4. Genügend Zeit lassen (50 bis 80 Tage).

Route 66 – die „Main Street of America" per Rad?

„Get your kicks on Route 66", so heißt der Song, und immer wieder taucht der Name in Zeitschriften und Reiseführern auf, oft geschmückt mit Fotos von dicken Harleys, die dahinbrausen auf der „Straße der Hoffnung", wo man irgendwie nur auf derbe, urwüchsige Typen mit Bärten trifft. Kein anderer US-Highway übt eine ähnlich magische Anziehungskraft aus, keine andere Strecke besitzt soviel historische Attraktivität. Doch kein anderes wichtiges Denkmal amerikanischer Geschichte ließ man in den letzten Jahrzehnten so treulos verfallen wie die Route 66. Doch der Mythos lebt. Das konnte auch *Thomas Schröder* feststellen, der 1994 zusammen mit seiner Frau die komplette „Route 66" von Chicago bis Los Angeles abradelte.

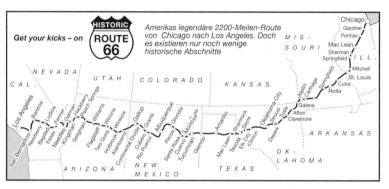

Amerikas legendäre 2200-Meilen-Route von Chicago nach Los Angeles. Doch es existieren nur noch wenige historische Abschnitte

♥ **STORY von Thomas Schröder**

Cycling 66 — Mit dem Fahrrad auf der „Mother Road"

Chicago, Ecke Jackson Drive/Michigan Ave. – Ehrfürchtig stehen wir mit unseren schwer beladenen Trekkingrädern an dieser berühmten Ecke, dem Startpunkt der **Route 66**. Die erste und älteste Fernstraße der USA, 1926 erbaut, ist längst ein Mythos. Bobby Troup, Nat King Cole, Manhattan Transfer und die Stones haben die Route 66 besungen. Man denkt unwillkürlich an schwere Harleys, Autos mit Heckflossen und eher weniger an eine Fahrradstrecke. Aber Sybille und ich wollen uns einen langgehegten Traum erfüllen, jetzt gibt es kein Zurück mehr. Mutig geben wir unseren Stahlpferden die Sporen.

Es gibt nur ein Problem: Wie sollen wir die Route 66 überhaupt finden? Anfang der 80er-Jahre hat man die letzten Schilder mit dem Doppelsechs abgebaut und der Fernverkehr donnert nun über autobahnähnliche Interstate Highways gen Westen. Aber rund 80% der alten Straße sollen auch heute noch existieren, so verspricht es die Fachliteratur, wenn auch mit anderen Straßennummern versehen bzw. als County Road zurückgestuft. Hin und wieder verläuft die Route 66 auch als sogenannte Frontage Road direkt neben der Interstate, doch manche Teile sind tatsächlich stillgelegt und abgesperrt, überbaut oder regelrecht von der Natur zurückgeholt. Für uns heißt das: Improvisieren – oft orientieren wir uns an der Eisenbahntrasse, an weit entfernten, teilweise uralten Telegrafenmasten oder wir fragen uns einfach durch. Und wir lassen wirklich keinen Meter des alten, bröseligen Betonbands aus – schließlich beginnt uns die „Fernstraßen-Archäologie" bald gewaltig Spaß zu machen.

Für die Amerikaner ist die Route 66 ein Stück nationale Identität. Als sie durch einen Federstreich der Bürokraten in Washington abgeschafft wurde, ging ein Aufschrei durch die Nation. „Go west, young man" war früher die Devise für jeden, der sein Glück machen wollte. Fast jeder Ami hat irgendwelche Jugenderinnerungen an die Route 66, und längst gilt sie als Mutter aller Straßen, als *Mother Road* und als Synonym für den American Dream, für das echte, bessere und unverfälschte Amerika vergangener Tage. Der Mythos lebt. So hat jeder Anrainerstaat zwischenzeitlich seine Route 66 Association, die sich der Erinnerung an die alte Straße verpflichtet und etliche nette Museen eingerichtet hat.

Zunächst rollen wir durch das gleichförmige Farmland des Maisgürtels. Einsame Getreidesilos und die Wassertürme weit verstreuter Dörfer markieren den Horizont. Touristische Glanzlichter: Fehlanzeige! Aber das ganz große Plus dieser Gegend sind die überaus freundlichen und liebenswürdigen Menschen.

■ *Illinois: Getreidesilos und weite Horizonte ...*

Für viele Anwohner der Route 66 waren die neuen Autobahnen der Ruin. Abgewirtschaftete Tankstellen, verfallene Motels und geschlossene Touristenattraktionen stehen heute dekorativ herum und verströmen einen morbiden Charme. Und diejenigen, die durchgehalten haben, brauchen einen starken Überlebenswillen, der sie wie eine Großfamilie zusammenschweißt. Als radelnde Exoten sind wir sofort Mitglieder dieser Familie und man bringt uns viel Sympathie und Unterstützung entgegen.

In Divernon treffen wir beispielsweise Matt Bolar. Wir haben uns mal wieder auf der Suche nach der alten Straße verfahren. Matt schwingt sich sofort auf seinen Dreigang-Beach Cruiser mit Mopedsattel, fährt mit uns einige Meilen zurück und zeigt uns die richtige Abzweigung. Und in Dwight lässt uns der Motelbesitzer Dave Moyemont umsonst in seinem eigenen Schlafzimmer übernachten, weil sein Motel voll ist. Er selbst verbringt die Nacht auf dem Sofa im Wohnzimmer. Wir lernen den Erfinder der panierten Bratwurst am Stiel kennen, und Glaida Funk, Inhaberin der Ahornsirupfabrik in Funks Grove, gibt uns eine ganze Menge Adressen von Freunden an der Route 66 mit, die wir unbedingt besuchen müssten. Die Lokführer der langen Güterzüge grüßen die ungewohnten Cyclists freundlich mit dem Horn, und so mancher Harley Biker hält für einen kurzen Plausch an.

Nach 500 Kilometern durch Illinois überqueren wir den Mississippi und gelangen nach St. Louis. Stuttgarts Partnerstadt ist von einem fürchterlichen Slumgürtel umgeben. „Der Vorort Venice", so lesen wir im (für Autofahrer geschriebenen) Streckenpilot, „ist kein Stadtteil, wo man mit leerem Benzintank

■ *Route 66: Heute wieder vielerorts gut ausgeschildert*

liegenbleiben, einen platten Reifen haben oder irgend jemand auf der Straße etwas fragen sollte". Im Klartext: Vielbefahrene Hauptstraßen sind sicherer als Nebenstrecken, Autowracks am Straßenrand und herumlungernde Jugendliche ein todsicherer Slum-Indikator. Dennoch biken wir problemlos durch die rough areas.

Drüben in **Missouri** rollen wir durch die bunten Herbstwälder des Ozark Plateaus, einem hübschen Mittelgebirge. Die Route 66 verläuft oft in einiger Entfernung zur Interstate. Einsame Briefkästen am Straßenrand künden von entfernt in den Wäldern liegenden Farmen. Die Menschen sind gewohnt freundlich, aber die scenic backroads haben auch ihre Tücken: Zuweilen heften sich freilaufende Farmerhunde an unsere Fersen und nötigen uns so zu mancher konditionsfördernden Sprinteinlage.

Einmal werden wir von einem ganzen Rudel gehetzt. Der „Leitwolf" will bereits nach meinem Turnschuh schnappen. Ich rufe: „Don't bite me, it's the law!" Das muss er wohl verstanden haben, denn er beißt dafür in Sybilles Packtasche. Zwei runde Löchlein sind dort seitdem zu besichtigen. Der Inhaber des General Stores in Doolittle gibt uns dann den entscheidenden Tip: Mit „Schmackes" wirft er ein paar Steine in Richtung des Köters an der Tankstelle gegenüber und brummelt gereizt, wobei er seinen Kautabak von der linken in die rechte Backentasche schiebt. Winselnd und mit eingezogenem Schwanz räumt der Hund das Feld. Wir sind sprachlos vor Staunen – aber: lag das nun am Ton, am Kautabak oder an den Steinen? Wir tippen mal auf die Steine und legen uns einen kleinen Vorrat an Munition in der Trikottasche an. Und tatsächlich – es wirkt! Vor allem Sybille entwickelt eine Präzision, von der die Köter in den Ozarks bestimmt noch lange bellen werden.

Ab Missouri ändern wir unser Übernachtungsverhalten. Bisher hatten wir meist gezeltet, aber im Oktober wird es bereits gegen 18 Uhr dunkel. Essen, Lesen und Tagebuchschreiben machen doch erheblich mehr Spaß im freundlichen Schein einer Tischlampe. So steuern wir immer häufiger abends eines der zahllosen kleinen Motels an, die als einfache und gemütliche Familienbetriebe überlebt haben. Oft erhält man schon für 20 $ ein sauberes Zimmer. Prächtige Neonschilder, teils regelrechte Kunstwerke und liebevoll restauriert, wetteifern um die Gunst des Reisenden. Clean Rooms! Low Rates! Cable TV!

Einen zusätzlichen Kick in den herbstlichen Wäldern Missouris versprechen die unzähligen Antiquitäten-Shops am Straßenrand. Ob restaurierter Oldtimer oder 50er-Jahre-Werbetafel, ob Original-Schwinn-Fahrrad mit Tankattrappe, alte Colaflaschen oder Kisten voller historischer Postkarten – alles kann man hier kaufen. Wir spezialisieren uns auf Autokennzeichen. Kein Schrottplatz und kein Antiquitätenladen sind mehr sicher vor uns, hin und wieder schicken wir die Ausbeute mit der US-Mail nach Hause, bevor der Gepäckträger bricht.

Dann Oklahoma. Bei den Amis als Dust Bowl, als Staubschüssel, verschrien. Endlos kurbeln wir durch sanft gewelltes, nahezu unfruchtbares Farmland. Zuweilen sieht man eine Ölförderpumpe sich träge auf und ab bewegen. Legendär sind die Staubstürme der 30er-Jahre, die viele der kleinen Farmer in den Ruin und mit Kind und Kegel in ihren schrottreifen, überladenen Autos über die Route 66 nach Southern California trieben, wo sie vielleicht als Obstpflücker ein paar Bucks verdienen konnten. „Die Route 66 ist die Mutterstraße, die Straße der Flucht" schrieb John Steinbeck in seinem Roman „Früchte des Zorns". Dieses Buch hat den Mythos der Route 66 entscheidend mitgeprägt: die „Okies" gelten noch heute als besonders hart und tough, Pioniere eben.

■ *Rostige Gitter-brücke bei Sa-pulpa, Oklahoma*

Ganz vereinzelt treffen wir noch Menschen, die sich an diese Zeiten erin-nern können. Lucille Hamons beispielsweise, die seit 1941 in Hydro eine kleine Tankstelle betreibt. Sie serviert uns an einem windigen Nachmittag in ihrer kleinen Wohnküche den besten Eintopf, den wir je gegessen haben, dazu end-lose Route-66-Anekdoten. Oder Howard Litch, 90 Jahre alt und Kurator des Heimatmuseums in Galena. Gegen eine kleine Spende für sein Museum ver-kauft er uns die Nummernschilder seines eigenen Trucks.

Wir erreichen die **Great Plains,** die trockenen Grasländer der Prärie, und überschreiten die Grenze nach Texas. 500 Kilometer baumloser Ebene liegen vor uns, so flach und unendlich, dass die ersten Siedler zur Orientierung Pfähle in den Boden rammten. Staked Plains, das gepfählte Land, nannte man es, auf Spanisch Llano Estacado. Erinnerungen an Karl Mays „Unter Geiern" werden wach, wo Banditen die Pfähle umsteckten und damit die Planwagentrecks der Siedler ins Verderben führten. Diese Sorgen hat man als Route-66-Biker nicht, schließlich leitet uns die Mother Road sicher nach Westen. Unser Problem ist der Wind, der hier geradezu unvorstellbar bläst, natürlich fast immer von vorn. Texas ist eine unglaubliche Wetterküche. Kaltluft aus Canada und Warmluft vom Golf von Mexico tauschen sich hier ungehindert aus. Es kann an einem Tag 40 °C haben und am nächsten einen Schneesturm geben. Endlos kurbeln wir in den kleinen Gängen und fühlen uns dabei wie Korken auf dem Ozean. Was wollen wir zwei Winzlinge eigentlich in dieser lebensfeindlichen Ecke? Die irre Weite der Plains kratzt an primitiven menschlichen Emotionen auf eine Weise, wie kaum eine andere Landschaft das tut. Verbringe mal einen Abend draußen bei Stanley Marshs *Cadillac Ranch*, nur mit dem grandiosen Himmel über dir, oder lege, so etwa Groome, dein Fahrrad auf den Boden und gehe bei Wind und treibenden Wolkenfetzen ein paar Schritte in die Unendlichkeit hinaus, dann weißt du, was ich meine.

Später kommen sie natürlich noch, die „echten" Sehenswürdigkeiten. Santa Fe beispielsweise, die Hauptstadt New Mexicos und älteste Stadt der USA mit ihren tollen Indian Art Shops. Dann Gallup mit seinen roten Sandsteinfelsen, eine traumhafte Kulisse für großartige Hollywoodfilme. Die versteinerten Baumstämme im Petrified Forest National Park. Die Painted Desert. Der Grand Canyon, der nur einen Katzensprung von der Route 66 entfernt liegt. Am Ca-nyonboden werden wir Mitte November von der Hitze fast gegrillt, während oben am South Rim in 2200 m Höhe ein Schneesturm tobt. Zwei Tage sitzen wir deshalb in Flagstaff, 120 Kilometer weiter südlich, fest.

Es sind kleine, eher unbedeutenden Dinge, die uns faszinieren. In Holbrook übernachten wir im Wigwam Motel, einem echten Klassiker der 1940er-Jahre.

■ *Die berühmte Cadillac Ranch*

Die Anlage besteht aus 16 Beton-Indianerzelten und war schon damals ein Hit bei den Route-66-Reisenden. Dann Winslow mit seinem uralten, von Charles Lingbergh persönlich konstruierten Provinzflughafen, auf dem dekorativ ein paar abgewrackte Propellermaschinen herumstehen. Unweit davon halb vergammelt im Dornröschenschlaf das prachtvolle La Posada, früher das Flaggschiff der Fred-Harvey-Eisenbahnhotels. Und die Menschen: John Gross etwa, der in einer stillgelegten Buick-Werkstatt haust und mit seinem Jaguar und seinen Harleys direkt bis vors Bett fahren kann. Oder Bob Waldmire, selbsternannter Route-66-Caretaker, der in Hackberry fantastische Federzeichnungen mit Route-66-Motiven fertigt, die man überall zwischen Chicago und LA als Postkarten kaufen kann. Selbstverständlich lassen wir uns auch von Angel Delgadillo in Seligman die Haare schneiden. Der wurde hier 1927 geboren und seine Route-66-Stories sind legendär. Angel, nebenbei Gründer der Historic Route 66 Association of Arizona, bearbeitet seine Kunden auch heute noch in dem historischen Friseursessel, den sein Vater 1929 aus St. Louis hat kommen lassen, und hinterher sieht Sybille aus wir mein Großvater väterlicherseits und ich wie eine Kreuzung aus Napoleon und Boris Becker ...

Bei Topock überqueren wir den Colorado River und die **Grenze nach California.** Das Tal ist eine liebliche Oase, aber dann zieht die Mother Road nochmals alle Register. Vor uns liegt der mit Abstand härteste Teil der Route 66 – die Durchquerung der **Mojave-Wüste.** Auf über 250 Kilometer nichts als Steine, Sand und ein paar genügsame Chreosotbüsche. 50 °C sind hier im Sommer keine Seltenheit und selbst Ende November kommen noch kurze Klamotten und Sunblocker zum Einsatz. Es gibt nur einen einzigen Campingplatz sowie ein derzeit geschlossenes Motel auf der gesamten Distanz, das sollte man bei der (Wasser-)Planung berücksichtigen.

Nach zwei Monaten, 3700 Kilometern, 9 Plattfüßen und 6 gebrochenen Speichen stehen wir endlich auf dem Cajon Summit, unserem letzten Pass. Was folgt, ist eine unvergleichliche Abfahrt über fast 1500 Höhenmeter hinab in die Mega-Stadt Los Angelopolis. Das Ziel der Reise präsentiert sich als 150-Kilometer-Siedlungs-Einheitsbrei. Die Route 66 verliert sich im Straßengewirr und über allem wabert die mieseste Luft, die wir je geatmet haben, ein geradezu erbärmlicher Smog. Seltsamerweise verspüren wir keine Euphorie, eher ein Gefühl innerer Leere. Homeless. No future. End of the trail. Wie wir gehört haben, geht es jedem so! Und so erteilt uns die Mother Road im Nachhinein noch eine letzte, jedoch nicht unwesentliche Lektion: Der Weg ist das Ziel! Die Route 66 keine Fahrradstrecke? Für jeden Westbound Bicyclist ist es mit Sicherheit die beste!

Seither waren wir noch mehrfach (etappenweise) auf der Route 66 unterwegs, zuweilen auch mit dem Auto. Manche Freundschaften haben bis heute gehalten, aber natürlich bleibt auch die Zeit auf der Route 66 nicht stehen. So leben einige der alten Haudegen schon nicht mehr: Howard Litch starb bereits kurz nach unserem Besuch, kürzlich auch Lucille Hamons. Angel jedoch trainiert immer noch für den „Bad Haircut Award", wie wir hörten. So manches Juwel wurde wieder instandgesetzt und neu eröffnet, das Hotel La Posada in Winslow zum Beispiel, wo wir zwischenzeitlich eine wunderbare Nacht verbracht haben. Und die Route 66 Associations sorgen in unermüdlichem Einsatz dafür, dass immer mehr Road Closed-Schilder verschwinden und dass die alte Straße heute meist wieder leicht zu finden ist – in Illinois beispielsweise ist sie jetzt mit braunen Historic Route-66-Tafeln perfekt ausgeschildert. Trotz Tourismus liegt noch vieles im Dornröschenschlaf und der alte Charme sitzt auch weiterhin in jeder Ecke.

Wir sind stolz, dass unser Bicyclist's Guidebook so manchem Radler den letzten Kick gegeben hat, sich selbst auf die lange Meile zu machen. Es heißt „Cycling 66 – Mit dem Fahrrad von Chicago nach L.A." (ISBN 3-9803774-3-1), leider mittlerweile vergriffen, aber allen Route-66-Interessierten helfen wir gerne weiter: www.bikeamerica.de oder Fon/Fax (07150) 4463.

Parkways – Straßen ohne Trucks

Es gibt in den USA (und auch Canada) ein paar richtig lange Straßen (auch über Staatengrenzen hinweg), auf denen der Privat- und Urlaubsverkehr unter sich bleibt, die sogenannten Parkways. Das sind Straßen ohne Truckverkehr, also künstliche Verkehrswege, „just for fun", hier sind Touristen unter sich. Viele der Parkways stehen unter Aufsicht des National Park Service.

Spezielle Radreiseziele sind die beiden bekanntesten Parkways sicher nicht. Der **Natchez Trace** (www.nps.gov/natr) folgt über 450 mi/720 km einem alten Pfad der Natchez-Indianer von Natchez (Mississippi) nach Franklin in Tennessee (nicht weit weg von Nashville, dem Eldorado der Country-Musik). Der **Blue Ridge** (www.nps.gov/blri) führt 469 mi/750 km vom Great Smokey Mountains National Park in North Carolina über den Kamm der südöstlichen Höhenzüge der Appalachen zum Shenandoah National Park in Virginia, gut 100 km entfernt von Washington DC.

Ich bin sie nicht geradelt, aber sie werden sich, mal abgesehen von der Distanz, nicht groß unterscheiden von den Scenic Drives in National Parks. Der Radler rollt zwischen immer wieder stoppenden Autos und dicken RV's dahin. Für sich genommen kein pures Vergnügen. Der Kontakt zum Alltagsleben und die wichtigen Begegnungen mit den Menschen vor Ort geraten aus dem Blickfeld. Sinn machen können die beiden Parkways jedoch wohl als Abschnitte einer Coast to coast-Tour oder im Rahmen einer Rundreise, die so führen könnte: Washington DC als Startpunkt, dann die Parkways abradeln, Weiterfahrt nach New Orleans, an der Golfküste entlang zum Atlantik und zurück entlang der Ostküste zum Ausgangspunkt. Wer das radelt, wird die truckfreien Strecken genießen und bekommt genug Kontakte in anderen Regionen.

Pacific Crest Bicycle Trail und andere Radrouten

Diese Strecke folgt einem der berühmten Langstreckenwanderwege Amerikas, dem **Pacific Crest Trail** (www.pcta.org) durch die Cascades in Washington und Oregon, durch die Sierra Nevada in Californien und die heißen Hügel im Hinterland von L.A. am Rand zur Mojave Desert.

2500 mi oder 4000 km durchs Gebirge – das ist eine Herausforderung besonderer Art! Eine Strecke für Menschenscheue als absolutes Kontrastprogramm zur Pazifikküste und den Massen auf Highway 101? Auf alle Fälle keine einfache Radreise. Und ob es sich lohnt, ist eine Frage, die ich nicht beantworten kann. Fast das gesamte Gebiet entlang der Strecke ist National Forest, oder zumindest bewaldet, mal abgesehen von Passagen, die durch Talzonen führen. Man radelt viel auf Forstwirtschaftswegen, die meist asphaltiert sind, manchmal auch nur mit Schotterbelag. Fast 4000 km Wald! Hält man das aus, frage ich mich? Es gibt Highlights wie den North Cascades National Park, den Mt. Rainier National Park, Mt. St. Helens, Crater Lake National Park und Lassen Vulcanic Park. Lake Tahoe, Yosemite, Kings Canyon und Sequoia National Park gesellen sich in Central California dazu. Die Strecke bewegt sich in Höhen zwischen 300 m und 3300 m, mit permanenten Passüberquerungen und ständigem Hinauf und Hinab. Das Wetter in diesen Höhenlagen ist launisch. Oft ist es angenehm kühl im Vergleich zu den heißen Tälern. Rechnen muss man aber auch mit Nebel, Regen und Schnee zur schönen Sommerszeit. Und das ist die einzige Jahreszeit, zu der man diese Tour in Angriff nehmen kann! Grad richtig für den Norden, zu heiß für den Süden. Southbound, von Nord nach Süd also, ist die wegen der Nord-Süd-Hauptwindrichtung von Mai bis September zu empfehlende Variante.

Genau das richtige Ding für dich? Beschrieben wird die Strecke in dem Buch: „The Pacific Crest Trail", von Bil Paul, Bittersweet Publishing Company, 1990.

Continental Divide

Du willst die Wälder der Rockies auf Mountainbikepisten ganz allein für dich, fern ab von Citystress und Auspuffgasen? O.K., just do it! Wenn Trekking-Fans in Träumen geraten, dann angesichts des Langstreckenwanderweges, der die Continental Divide von der kanadischen bis zur mexikanischen Grenze folgt. Entlang der Wasserscheide zwischen Pazifik und Atlantik geben die prächtigsten Gebirgszüge des Kontinents sich ein Stelldichein. Why don't we do it by bike? fragten sich die ACA-Leute und arbeiteten eine geeignete Nord-Süd-Mountainbikeroute durch die Rocky Mountains aus. Die längste MTB-Strecke der Welt: 2470 mi/3950 km. Mit Schotterstraßen, befestigten Wegen, Single-Tracks und entlang dem Schienenbett alter Eisenbahntrassen. Glacier, Yellowstone and Grand Teton National Park ebenso wie Ghost Towns, stillgelegte Minen und ausgelatschte Wagenrouten aus entfernten Jahrhunderten stehen im Programm. Wildlife ist ständig präsent: wilde Pferde, Adler, Bären und – aus direkter Nähe – eine Menge Mosquitos. Temperatur- und wettermäßig solltest du mit allem rechnen, 65.000 Höhenmeter gilt es auf der gesamten Tour anzugehen, nur alle zwei bis drei Tage geht's in ein kleines Kaff zum Wasser und Verpflegung fassen. Alles in allem ein echtes Abenteuer für trainierte Radler mit Campingerfahrung. Infos unter www.advcycling.org/routes/greatdivide.cfm oder besorge dir das Buch „Cycling the Great Divide" von Michael McCoy, The Mountaineers (www.mountaineersbooks.org).

Highway 101

Die dritte Nord-Süd Route an der Westküste Amerika ist der bekannt-berühmte Highway 101 (Pacific Coast Highway) an Meer entlang. Auf ihn wird ausführlich im Kapitel „6. Pacific Coast" eingegangen.

■ *Traumstraße*
HW 101

Der Icefields Parkway in Canada

Nun, das ist ein Kapitel für sich. Voller RV's ist auch er. Aber auch voller Attraktionen. Die 287 km von Banff nach Jasper gehören mit zum Schönsten, was die Rocky Mountains zu bieten haben! Breite Seitenstreifen machen das Radfahren zum Vergnügen. Die Versorgung ist mitunter spärlich und teuer, aber die Aussichten auf gletschergekrönte Rockies und Seen in allen Blautönen entschädigen auch entsprechend. (Genaueres dazu im Canada-Teil, „1. Canada-West")

Die Kettle Valley Railway (KVR) in Canada

von Michael Kristl Die Kettle Valley Railway ist eine stillgelegte, in eine Radstrecke umfunktionierte Eisenbahnlinie aus dem Beginn des 20. Jahrhunderts in British-Columbia. Auf über 600 km Länge führt sie mit moderaten Steigungen und Gefällen zwischen 500 m und 1270m Höhe von Hope über Midway bis nach Castlegar.

Der besondere Reiz der KVR liegt in der wilden Landschaftsszenerie und der teilweise abenteuerliche Streckenführung wie durch den Myra Canyon mit seinen 18 Brücken oder der Durchfahrung der 5 Tunnels (Quintette Tunnels) des Coquihalla Canyon. So sind einige Brücken völlig intakte Holzkonstruktionen, welche in schwindelerregender Höhe und teils ohne seitliches Geländer tiefeingeschnittene Täler überspannen. Zwischen den schmalen Holzplanken kann man dabei bis zu 80 (!) m in die Tiefe blicken. Auch wer keine Höhenangst verspürt, sollte sein Rad lieber über die beeindruckenden Holzbrücken schieben, da es schon genügend Aufmerksamkeit kostet, den Schritt auf die jeweils 20 cm voneinander entfernten Holzbalken zu konzentrieren. Für die teilweise stockdunklen Tunnels solltest du auf alle Fälle zumindest eine starke Taschenlampe mitbringen, einen Helm hast du ja eh auf (Steinschlag!). Selbst Rindviecher suchen gelegentlich vor der sengenden Hitze Schutz in den angenehm temperierten Tunnels.

Die KVR kannst du auch in Teilabschnitten oder Rundstrecken befahren, dazu verkehren Busse zwischen den meisten Ortschaften entlang der Strecke. Gutes Übernachtungsangebot mit Campsites, stilvollen Hotels und rustikalen Holzfällerhütten. (Genaueres dazu im Canada-Teil, „1. Canada-West")

Los Angeles by Bike

Los Angeles macht meistens Negativ-Schlagzeilen. Die autonärrischste Stadt der USA. Smogverhangener Himmel ab 6 Uhr früh. Rassenunruhen in den Elendsvierteln. Bandenkriminalität der Kindergangs. Mord, Totschlag, Drogenkriminalität. Doch das größte Problem für Radler sind eigentlich die unfassbaren Ausmaße dieser Stadt, die aus sieben Großstädten besteht, deren immer noch wachsende Trabantenstädte sich ins Umland krallen. Los Angeles ist nur eine der Gemeinden, wurde aber im Laufe der Jahre zum Sammelbegriff für den gesamten Ballungsraum. Aber locker bleiben: Radeln in LA kann bereichernder sein, als es auf den ersten Blick scheint.

Der Airport　Der Los Angeles International Airport (LAX) liegt ausgesprochen günstig direkt am Meer und damit auch direkt an der Pacific Coast Bicycle Route. Radlerherz, was willst du mehr? Nun ist die Pacific Coast Bicycle Route kein durchgehender Radweg, aber gerade in Los Angeles gibt es viele Abschnitte, die richtige Radwege sind. Und das kurz vor den Toren des Airports. (L.A.-Karte s.S. 339).

Übernachten　Ganz ehrlich: wenn ihr nach zwölf Stunden Flug aus dem Transatlantik-Flieger gepurzelt seid, dann sucht nicht lange in dieser smogverhangenen Gegend herum, sondern nehmt eins von den Motels in Airportnähe für die erste Übernachtung. Gleiches gilt bei Abflug aus L.A. für die letzte Übernachtung. Zwischen den Autovermietern, keine drei Kilometer von den Terminals entfernt, haben sich ein paar gängige Motelketten angesiedelt, das ist euer Ziel. Auch die großen Airport-Hotels mit ihren vielen Zimmern auf acht Etagen bieten sich mit einer Extra-Portion Luxus an, sie strapazieren aber deine Kreditkarte recht heftig. Von Deutschland aus vorgebucht sind diese Häuser wiederum durchaus günstig.

♥ STORY von Stefan Voelker　**Final Destination L.A.**
Was ist das? Nebel, tiefhängende Regenwolken oder der dichte Rauch eines nahen Waldbrandes? Nein, nichts dergleichen: Das Tal, in dem die Zehn-Millionen-Metropole Los Angeles zwischen Pazifik und den San Gabriel Mountains im eigenen Saft vor sich hinschmort, ist vollständig umschlossen von einer fetten Smog-Glocke! Es gibt keine Fernsicht, der Abgasdunst von schätzungsweise fünf Millionen Autos wabert ohne eine Ausweichmöglichkeit über der Stadt.

Nach dem Downhill hinab auf Meereshöhe halten wir an und blicken missmutig in die trübe, stickige Luft auf der Suche nach einem Stück Himmel und einer ersten frischen Meeresbrise vom Pazifik. Leider Fehlanzeige. Schweigend kurbeln wir die letzten noch als Route 66 erkennbaren Kilometer ab, bevor sich diese historische Straße im Gestrüpp des nun beginnenden Großstadtasphalts verliert. Zunächst geht es jedoch erst einmal durchs begrünte Hügelland von San Bernadino, der östlichsten Siedlung am Kesselrand. Hohe Bäume in üppigen Gärten werfen angenehmen Schatten, unser Weg windet sich in Serpentinen durch eine wohlhabende, aufgelockerte Villengegend. Die Straße, die unser Roadbook empfiehlt, ist zu schmal, als dass zwei Autos problemlos passieren könnten, aber das ist vielleicht auch so gewollt.

Irgendwann steht da eine Ampel am Ende der Straße und danach ist alles anders. Die ersten Helikopter in der Smog-Glocke sind zu hören, aber nicht zu sehen. Der Verkehr, die Bebauung und auch die Geräuschkulisse nehmen schlagartig zu. Vorbei ist's mit dem lockeren Dahinrollen durch begrünte Seitenstraßen. Höchste Konzentration ist nun beim Überqueren der Kreuzungen und Einmündungen angesagt, denn wie überall in den USA rechnen die Autofahrer nicht mit einem Radfahrer auf der Straße. Und mit zweien schon gar nicht. Im dichten Verkehr werden selbst Schlenker um die gefährlichen Gullydeckel zum haarsträubenden Fahrmanöver.

Die Motels hier sind teuer, man will uns nichteinmal das Zimmer zeigen, ohne dass wir vorher die Miete dafür bezahlt hätten. Entweder anmelden und gleich die Dollars abdrücken oder sich bitte unverzüglich vom Grundstück entfernen; so und nicht anders lautet die Regel.

Der nächste Tag: ein rastloses Dahinziehen durch die endlosen, tristen Straßenschluchten dieses gigantischen Molochs. Den Puls bestimmen die Grünphasen der Ampeln. Die Gosse, unsere zwanzig Zentimeter breite Verbindungslinie zum Pazifik, ist voller undefinierbarem Zeugs und vielfarbig schillernden Flüssigkeiten. Heute wollen wir die Tour vollenden, welche wir in New York City begonnen haben. Für mehr Kopfarbeit und Empfindungen reicht es in diesen Stunden der Erwartung nicht mehr. Selbst Hollywood mit seinen Flanier- und Einkaufsmeilen lässt uns kalt: Ein kleiner Snack, ein Foto mit dem berühmten Hollywood-Schild im Hintergrund und schon geht's weiter. Heute wollen wir es wissen, heute wollen wir das Wasser sehen und die salzige Luft schmecken. Da bleibt einfach keine Zeit und kein Sinn für den üblichen Touristenalltag.

Wir fahren durch diese Stadt, die sicher noch weiter nach Westen gewachsen oder besser gewuchert wäre, wenn da nicht das Festland zu Ende wäre. Erst kommt der Palisades Park, von wo aus man in dreißig Metern Höhe herrlich übers Meer gucken kann, dann führt ein kleiner Holzsteg hinunter zum Strand und wir sind umgeben von spielenden, ausgelassenen Kindern und einem kräftigen Meeresrauschen. Und als der neue Tag zu Hause in Deutschland gerade mal eine halbe Stunde alt ist, stehen wir beide mit den Füßen im salzigen Wasser des Pazifischen Ozeans und blicken Richtung Westen. An dieser Stelle ist der Kontinent zu Ende.

■ *Geschafft, der Pazifik ist erreicht: 5729 km von New York bis Los Angeles*

2. DER SÜDEN
Sonne, Wasser, Wüsten. Florida nach California.

Ride Guide

1. Tour-Info   Wohin im Winter? Auch in den USA bleibt da nur der tiefe Süden. Sunshine State Florida als Ausgangspunkt dieser Tour lässt graue Wintertage vergessen. Nach einem Hauch Südstaatenromantik von Alabama bis Louisiana warten von Texas bis Arizona Weite, Wüste und Einsamkeit. Zum Abschluss Beachlife und Badezeit in Südkalifornien.

Die nötige Kondition gewinnt man während dieser Tour von ganz allein, denn der Schwierigkeitsgrad steigert sich parallel zur Distanz, vom flachen Florida bis zu den Ausläufern der Rocky Mountains im Westen hat man längst seine Bestform erreicht. Von Floridas Ebenen geht es allmählich über zu sanften Hügeln in Louisiana und Osttexas, zu ersten längeren Steigungen in Westtexas, bevor im äußersten Westen des *Lonestar* States richtige Berge auftauchen. Auch das Klima wird auf dem Weg zum Pazifik schrittweise extremer. Wer also im Osten startet, kann sich nach einem relativ leichten Einstieg in den Radelalltag langsam an die etwas schwieriger werdenden Bedingungen im Westen gewöhnen.

Der Westen der USA mit seinen Wüstenregionen gleicht nicht der Sahara. Man sollte allerdings offene, leere Landschaften lieben, auch werdet ihr im Westen nicht immer ein Motel in Tagesetappen-Distanz finden. Zelten ist dagegen problemlos möglich. Macht euch auch vertraut mit den Bedingungen des Radfahrens in heißen Zonen und richtet eure Ausrüstung darauf aus.

2. Start   Miami, Fort Lauderdale, Orlando oder Tampa. In Gegenrichtung: San Diego oder L.A.

3. Attraktionen   Die Route führt durch die Staaten Florida, Alabama, Mississippi, Louisiana, Texas, New Mexico, Arizona und California. Zu sehen gibt's eine Menge unterwegs: Strände an Atlantikküste und am Golf von Mexico; Fun-Parks, die Keys und die Everglades in Florida; Swamps im Mississippi-Delta; Cajun Country (Land, Geschichte und Küche der Franzosen in Louisiana); Jazz-Town New Orleans; Austin, San Antonio und Big Bend NP im heißen Süden von Texas; Tropfsteinhöhlen des Carlsbad Caverns NP, White Sands NM; Tombstone, Arizona („the town to tough to die"); Tucson und Saguaro NM mit Riesenkandelaberkakteen, Red Rocks bei Sedona (Abstecher zum Grand Canyon möglich); Lake Havasu; Joshua Tree NP in Californien; und last but not least San Diego oder Los Angeles am Pazifischen Ozean.

4. Travel-Infos   **Reisezeit:** frühestens im Oktober beginnen und spätestens im April beenden

Besondere Ausrüstung: Sonnenschutz; Zelt und Schlafsack sollten leichten Nachtfrösten gewachsen sein; Wassersack oder *One-Gallon-Kanister*.

Straßen: Ihr radelt auf den besten (Texas) und den schlechtesten (Louisiana) Straßen der USA während dieser Tour. Fahren auf Interstates kann in Texas, New Mexico und Arizona sinnvoll sein. Der Süden der

USA ist im Osten und ganz im Westen sehr dicht besiedelt, nördlich der Grenze zu Mexiko jedoch recht schwach. Verkehrsstress gibt es also zu Beginn und ganz am Ende der Tour.

✖ Off-Road Riding: Im Osten und in der Region des Golfes von Mexico gibt es wenig, was das Herz eines Mountain-Bikers höher schlagen lässt. Weiter westlich werden die Bedingungen und auch die Szene besser. Entlang dieser Route bieten sich die besten off-road Möglichkeiten in Texas an (auf speziellen Bike Ranches und rund um Big Bend) und in Arizona (Mogollon Rim, Sedona).

Versorgung: Im Westen von Texas muss man schon einigermaßen gut vorausplanen und etwas Raum in den Packtaschen haben für zusätzliche Lebensmittel sowie reichlich Stauraum zum Wasserfassen. In den meisten Überland-Tankstellen gibt's Trinkwasser in praktischen Plastikgallonen.

Übernachten: Im Osten kann man problemlos von Motel zu Motel hüpfen, im schwachbesiedelten Westen wird das Netz etwas lückenhaft; wer Tagesetappen von mehr als 100 km locker bewältigen kann auch von Bett zu Bett radeln.

Camping: Zeltplätze sind ausreichend vorhanden, Ausnahme eventuell Anreise zum Big Bend, wo es eine Frage der Etappeneinteilung ist, ob man täglich einen Zeltplatz erreicht. *Wild campen:* Im Osten nicht leicht und des öfteren nicht anzuraten (Küste, Großstädte wie Miami, New Orleans z.B.). Texas liegt zwar im Westen, hat jedoch kaum Public Land, alles ist eingezäunt und auf Missachtung von „Privat Property" reagiert man sensibel. „We shoot first and ask questions later" ist zwar nicht mehr die gängige Devise, doch um Erlaubnis fragen ist trotzdem unerlässlich. New Mexico und Arizona verfügen über viel BLM-Land, auf dem man problemlos zelten kann. Südkaliforniens Binnenland ist ähnlich, aber nahe der Küste sind nahezu alle Ländereien in Pivatbesitz.

Literatur, Karten, Websites: Schaut euch um bei www.crcyclists.org/bibliography.html. Hier gibt's Südtour-Buchklassiker wie „Bicycling Across America" von Robert Winning, aber auch Lektüre zu jüngeren Unternehmungen. Marathonics fahren in knapp 10 Tagen das „Race across America", www.raceacrossamerica.org. Nicht ganz so schnell hat es M. Winkelmann geschafft: sein Buch „Von South Carolina nach Kalifornien" ist jedoch nur noch gebraucht zu bekommen. Der ACA bietet mit seiner „Southern Tier Route" einen Kartensatz für eine Coast to Coast-Tour durch den Süden an, siehe dazu www.adventurecycling.org/routes/southerntier.cfm. Ein Online-Blick in die Cyclists' Yellow Pages des ACA unter www.adventurecycling.org/cyp/us.cfm bietet euch - geordnet nach allen US-Regionen und Staaten - die ganze Palette zur Versorgung mit Infos, Hardware, Unterkunft und Streckenverlauf. Karten zu allen Ecken des Globus können bestellt werden bei Galaxy Maps, www.mapandglobe.com.

Bikepages Florida: www.floridabicycle.org und www.floridacycling.com; Alabama: www.dcnr.state.al.us und www.touralabama.org; Mississippi: www.mdwfp.com und www.visitmississippi.org; Louisiana: www.bikelouisiana.com und www.lastateparks.com; Texas: www.biketexas.org und http://www.lx.net/schizo/; New Mexico: www.bikenm.org und www.swcp.com/~nmts; Arizona: www.bikegaba.org und www.mbaa.net; California: www.calbike.org und www.corbamtb.com.

**5. Routen-
profil**

Als one way-Streckentour coast to coast von Ost nach West oder West nach Ost gleichermaßen gut machbar. Die Route führt durch die Staaten Florida, Alabama, Mississippi, Louisiana, Texas, New Mexico, Arizona und California.

**6. Routen-
verlauf**

FLORIDA: MIAMI – TAMPA (215 mi/344 km) --- TAMPA – TALLAHAS-SEE (270 mi/432 km) --- TALLAHASSEE – PENSACOLA (280 mi/448 km) --- **ALABAMA:** ALABAMAS KÜSTE (70 mi/112 km) --- **MISSISSIPPI:** MISSISSIPPIS KÜSTE (78 mi/125 km) --- **LOUISIANA:** LOUISIANA BORDER – NEW ORLEANS (35 mi/56 km) --- NEW ORLEANS – BATON ROUGE (130 mi/196 km) --- BATON ROUGE – DE RIDDER (220 mi/352 km) --- **TEXAS:** DE RIDDER – AUSTIN (300 mi/480 km) --- AUSTIN – MARATHON (444 mi/710 km) --- MARATHON – FORT DAVIS Nr. 1 (57 mi/91 km): via US 90 bis Alpine und TX 118; MARATHON – FORT DAVIS Nr. 2 (211 mi/338 km): via Big Bend NP (Minimalprogramm, nur Chisos Basin, TX 118); MARATHON – FORT DAVIS Nr. 3 (376 mi/602 km): via Big Bend NP und Camino Del Rio --- FORT DAVIS – KENT – VAN HORN (90 mi/144 km) --- VAN HORN – WHITE'S CITY (103 mi/165 km) --- **NEW MEXICO:** Abstecher: CARLSBAD CAVERNS (14 mi/22 km roundtrip) --- WHITES CITY – ARTESIA (56 mi/ 90 km) --- ARTESIA – ALAMOGORDO (110 mi/ 176 km) --- ALAMOGORDO – LAS CRUCES (65 mi/104 km) --- Abstecher: WHITE SANDS NM (16 mi/26 km) --- LAS CRUCES – TUCSON (236 mi/378 km) --- **ARIZONA:** TUCSON – GLOBE (102 mi/163 km) --- Abstecher: GLOBE – PHOENIX via US 60 (86 mi/138 km one way) --- GLOBE – ROOSEVELT DAM (31 mi/50 km) --- Abstecher: TONTO NM (2 mi/3km roundtrip) --- ROOSEVELT DAM – PAYSON (50 mi/80 km) --- PAYSON – CAMP VERDE – SEDONA (80 mi/128 km) --- SEDONA – PRESCOTT – PARKER (210 mi/336 km) --- **CALIFORNIA:** PARKER – PALM SPRINGS (ca. 175 mi/280 km) --- Abstecher: JOSHUA TREE NP (21 mi/33 km) --- PALM SPRINGS – SAN DIEGO (ca.150 mi/240 km) oder PALM SPRINGS – LOS ANGELES (210 mi/336 km)

Minimale Distanz: etwa 3550 mi/5680 km von Miami nach San Diego via Fort Davis (Nr. 1), ohne Abstecher.

■ *Typisches
Bild im Süden
der USA:
flaschenförmige
Zypressenbäume*

Floridas Westen
MIAMI – TAMPA (ca. 215 mi/344 km)

Von Ost nach West
Der Alligator Alley, der schnurgerade Freeway von Fort Lauderdale nach Naples an der Westküste ist bestens ausgebaut, aber – wie alle Florida-Interstates und Freeways – für Radfahrer natürlich gesperrt. Im Süden Floridas bleiben daher als Ost-West-Verbindung nur zwei Straßen zur Auswahl: der Tamiami Trail von Miami nach Naples oder die Strecke entlang Lake Okeechobee. Letztere startet in West Palm Beach, ist länger und nicht so empfehlenswert.

Lake Okeechobee
Die Landschaft ist öd. Vom hinter einem Deich versteckten See bekommt man nichts zu sehen, nur Zuckerrohrfelder und den entsprechenden Schwerlastverkehr dazu. Ab La Belle auf FL 78 wird die Landschaft etwas reizvoller und es lässt sich angenehm ruhig radeln. Zeltplätze bieten die Ortschaften Clewiston (Okeechobee Landings RV Resort, 420 Holiday Blvd., Tel. (863) 983-4144, 27 $ für's Zelt) und die Ortona Lock Recreation Area am Hwy 78A kurz vor La Belle (Ortona South Campground, Tel. (863) 675-8400 oder freecall 1-877-444-6777, www.ReserveUSA.com/nrrs/fl/orto/).

Der Tamiami Trail
Der Tamiami Trail führt über 107 Meilen/172 km durch die nördlichen Everglades und Big Cypress National Preserve. Da es die einzige gebührenfreie Ost-West-Verbindung im Süden ist, herrscht jede Menge Verkehr und es gibt keine Ausweichstrecke, die parallel verläuft. Insgesamt sind die Verkehrsteilnehmer zwar aus auf Touristen eingestellt, eine Vergnügungsfahrt wird das dennoch nicht. An der Einfahrt zum Big Cypress Naturschutzgebiet (www.nps.gov/bicy, hier auch gute Karte als Download) liegt eine Rangerstation. Dort ist eine Karte erhältlich, die gebührenfreie Zeltplätze an kleinen Sumpfseen aufzeigt, die jedoch zum Teil recht weit von der Straße entfernt sind. Nördlich von Everglades City, dem ersten richtig guten Versorgungspunkt seit Miami, zweigt eine Ausweichstrecke Richtung Norden ab. Aber wer nach Westen radelt, will wahrscheinlich möglichst direkt an die Golfküste.

Naples
Die ersten schönen Strände gibt es rund um Naples. Die Besiedlung wird wieder dicht und nur mit entsprechenden Karten kann man sich eine vernünftige Alternativroute zur vierspurigen und vielbefahrenen US 41 zusammenstellen, eventuell über Bonita Beach und entlang der schönen Strände von Estero Island.

Fort Myers, Sanibel, Captiva Island
In Fort Myers strömen alle Touristen zum Edison Haus, der Winterresidenz des berühmten Erfinders, und spätestens hier wird man dich auf eine weitere Attraktion der Region aufmerksam machen: Sanibel und Captiva Island, die noblen, reichen Vorzeigeinseln mit den schönsten Stränden weit und breit. Du erreichst die Inseln über die Summerlin Road. Diese geht in den Causeway Boulevard über und bringt dich nach drei Meilen trockenen Fusses nach Sanibel. Es gibt hier nur einen Zeltplatz: Periwinkle Park & Campground, 1119 Periwinkle Way, Sanibel Island, Tel. (239) 472-1433, www.sanibelcamping.com.

Pine Island
Die einfachste Ausfahrtsstrecke aus Ft. Myers führt wieder über den San Carlos Boulevard in Richtung Süden über den Caloosahatchee River

nach Cape Coral. Dort stößt du auf FL 78 nach Pine Island mit ihren kleinen Badebuchten. Der Großteil der Küste ist überwuchert von dichtem Mangrovengesträuch – ob dieser Abstecher wirklich lohnt?

Um weiter nördlich zu gelangen, empfiehlt es sich FL 765 zu wählen, auch Burnt Store Road genannt. Sie führt an Golfplätzen vorbei nach Punta Gorda, von wo aus man auf einer fantastischen Brücke den Peace River überqueren kann. Wer es ruhig mag, kann nun über Inlandrouten weiterfahren nach Tampa. An der Strecke liegt Myakka State Park, ein ruhiges Fleckchen mit flechtenbehangenen, immergrünen Eichen. Der Park hat zwei Eingänge, so dass man durch ihn hindurch Richtung Norden weiterradeln kann. Dann verpasst man allerdings Venice, Sarasota und die schönsten Strände an der Westküste Floridas. Sarasota hat auch einiges an touristischen Attraktionen zu bieten. Die Region steht bei Urlaubern sehr hoch im Kurs und das Verkehrsaufkommen ist enorm. Auf der 41 geht es grundsätzlich zu wie auf der Autobahn bei Ferienbeginn.

Tampa

Der Ballungsraum rund um Tampa lässt sich am besten über den Inlandweg ansteuern, da man so die zum Teil engen Brücken rund um Tampa Bay umgehen kann. Die gebührenpflichtige Sunshine Skyway Bridge über die Tampa Bay nach St. Petersburg ist eine Interstate und für Radler gesperrt.

Tri-City

Die Drillingsstadt Tampa, St. Petersburg und Clearwater präsentiert sich vor allem auf der Insellandzunge als eine Ansammlung von luxuriösen Wohnhäusern, an Kanälen gelegen, wo direkt neben dem Haus die dicke Motoryacht anlegen kann. Das Dali-Museum in St. Petersburg (www.salvadordalimuseum.org) ist einen Besuch wert. Im Downtown Bezirk von Tampa geht es erstaunlich beschaulich zu, was man von den Außenbezirken nicht unbedingt behaupten kann. Einmal dort, lohnt es sich an der Bayshore entlangzuradeln. Von der Promenade aus hat man eine schöne Aussicht auf den Downtown-Bezirk mit seinen modernen Hochhäusern. Busch Gardens (www.buschgardens.com) ist ein verrückter Amusement Park, der Szenen aus *Jenseits von Afrika* mit modernen Jahrmarkt-Fahrgeschäften verknüpft.

TAMPA – TALLAHASSEE (270 mi/432 km)

Beim nun folgenden Streckenabschnitt hoch zum Panhandle, zum Pfannenstiel, wie die Amerikaner die nordwestliche Region Floridas entlang der Golfküste getauft haben, handelt es sich um ein eher langweiliges Stück Florida. Zunächst kann man der Hauptstrecke US 19 auf Nebenstraßen entgehen, indem man sich an Brooksville, Inverness, Bronson und Trenton orientiert. Dort lernt man die ländliche Seite Floridas kennen, mit Ranches und Farmen. Später bestimmen monotone Kiefernwälder das Bild. Das gilt auch für US 19, auf den man ab Suwannee River überwechselt. Abstecher zur Küste lohnen sich nicht, denn dort gibt es nur Mangrovensümpfe, keine Strände, die so weite Umwege rechtfertigen würden.

Tallahassee

Tallahassee, die Hauptstadt Floridas, ist eine Stadt, die man nicht wirklich gesehen haben muss. Es gibt ein paar ältere Regierungsgebäude downtown, eine nette Allee mit Häusern im viktorianischen Stil und die üblichen Museen, das war's dann auch schon.

Floridas Panhandle
TALLAHASSEE – PENSACOLA (280 mi/448 km)

St. Marks Trail
Von der Stadt hinab zur Küste führt der St. Marks Trail (www.big-ring.com/Trail/trail.html), ein asphaltierter Radweg aus dem „rails-to-trails"-Programm. Vom Trail aus lohnt es sich, einen Abstecher nach Wakulla Springs (www.wakullacounty.com/wakulla-5.htm) einzulegen, der am kräftigsten sprudelnden Süßwasserquelle Floridas. Im Park, der dazugehört, kann man Bootstouren unternehmen und alligatorsicher baden, wie einst Johnny Weißmüller. Einige der frühen Tarzan-Filme wurden nämlich vor dieser Kulisse gedreht.

Strände
Die Strände des Panhandle gelten mit als die schönsten, die Florida zu bieten hat. Die sanft schwingenden Palmen fehlen hier größtenteils, aber der Sand hinter der schmalen Dünenkette ist schneeweiß, das Wasser knatschblau und glasklar. Anders als im Süden sind die Strände hier im Winter leer, denn die Temperaturen erreichen nicht so oft Werte, die einen Sonnenanbeter in die Badesachen springen lassen. Der enge US 98 führt zum Teil nah an der Küste entlang und seit der Schließung der Papiermühle in Port Saint Joe im Jahre 1998 muss man sich zumindest nicht mehr mit den schwerbeladenen Holzlastern herumschlagen, kann also den Meerblick großzügig genießen.

Apalachicola und Cape San Blas
Die sieben Meilen lange Brücke über die Apalachicola Bay hat Seitenstreifen und wird erst gegen Ende steil. Der alte Stadtkern des Ortes mit gut erhaltenen Holzhäusern ist für Florida ungewöhnlich malerisch und lohnt einen Abstecher. Vielleicht hast du auch Lust, im Museum etwas über eine der wichtigsten Erfindungen zu erfahren, die je in den USA gemacht wurde: die Eismaschine. Diesem Tatbestand wird mit einem kleinen Museum (Tel. 850-653-9347) Rechnung getragen. Hinter dem Ort kann man auf FL 30 ausweichen, der zu den dezenten, wohlhabenden Ferienanlagen bei Cape San Blas führt, dessen schneeweiße Landzunge wie eine Nadel ins türkisblaue Wasser sticht.

Panama City
Die Straße führt weiter über eine Landzunge, vorbei an der Tyndall Air Force Base nach Panama City. Dem Radfahrer bringt diese Stadt eine gehörige Menge Stress. Die Verkehrsführung ist unübersichtlich und die Straßen sind voll. Panama City Beach, der Badevorort, ist eine besonders lieblose, nicht enden wollende Ansammlung von Touristenfallen, kahl und gesichtslos an den Rand der Strände gesetzt.

Seaside
Du verbleibst in Strandnähe und erreichst westlich von Panama City über das beschauliche Seagrove Beach die kleine private Gemeinde Seaside. Der Ort sieht aus wie ein Baukastendorf in Bonbonfarben. Ruhige, gepflasterte Straßen mit baumbestandenen Inseln führen durch eine für Florida einmalige Ansammlung von hübschen Holzhäusern im Neuenglandstil. Grayton Beach State Recreation Area ist nicht weit entfernt, für alle die einen Zeltplatz suchen.

Elgin Air Force Base
Ab Destin prägt die riesige Elgin Air Force Base für eine Weile die Umgebung. Die Straße ist mehrspurig ausgebaut mit Seitenstreifen, schnurgerade und langweilig. Über zollpflichtige Brücken kann man auf Santa Rosa Island ausweichen. Die der Golfküste vorgelagerte Inselbarriere in

den Staaten Florida, Alabama und Mississippi wird zusammengefasst zum Gulf Islands National Seashore. Das Zusammenspiel von Wasser, Sand, Vegetation und Tierwelt in diesem Lebensraum wird man vielleicht auf den dem Mississippi vorgelagerten Inseln erfahren können, die nur per Boot zu erreichen sind.

Pensacola Die Pensacola Bay Bridge führt in die Stadt, deren alter, französisch anmutender Stadtkern noch Spuren vom Charme vergangener Tage zeigt. Am Ende der Brücke gibt es ein großes Visitor Center. Dort kann man sich über Sehenswertes im Seville District (altes Geschäftsviertel) und rund um North Hill (Villenviertel) informieren. Der Weg über Perdido Key ist die angenehmste Route, um nach Alabama weiterzuradeln.

Am Golf von Mexico entlang
ALABAMAS KÜSTE (70 mi/112 km)

Alabamas Küste ist schön, nur leider viel zu kurz. Im Vergleich zum schrillen Nachbarstaat Florida wirkt in Alabama alles ein wenig bescheidener, lockerer, selbstverständlicher. Die Supermärkte sind weniger pompös, die Menschen reagieren gelassener und die Preise sind niedriger. Nur was die Straßen betrifft, so lässt Alabama sich nicht lumpen. Auf allen betriebsamen Highways gibt es Seitenstreifen, die man in Florida meist vergeblich suchte. Nach dem hektischen Treiben auf Floridas Straßen kommt das Radfahren entlang der Küste Alabamas einer Spazierfahrt gleich, einer viel zu kurzen allerdings, die Strecke beträgt nur etwa 70 mi/112 km.

Mobile Bay Es gibt nur eine größere Stadt an der Küste Alabamas, Mobile, etwas im Inland an der gleichnamigen Bucht gelegen. Da der Ort nichts Besonderes zu bieten hat, kann man sich den Umweg rund um die Bucht sparen und stattdessen ab Pensacola FL via Perdido Key über die vorgelagerten Inselzungen fahren, die per Fähre mit der Festlandseite der Mobile Bay verbunden sind. In der Ferne türmen sich die Hochhäuser von Orange Beach auf, dem einzigen größeren Badeort Alabamas, der im Winter wie eine Geisterstadt wirkt.

Gulf State Park Gleich hinter Orange Beach liegt Gulf State Park, eine große, relativ preiswerte Erholungsanlage mit weiten Stränden und dem einzigen Campground dieser Gegend. Gut geeignet für einen kurzen Radltag und eine Verschnaufpause vom Floridastress. Ein paar Meilen weiter hat das Büro der Chamber of Commerce im 3150 Gulf Shores Parkway, Gulf Shores, Tel. (251) 968-6904 ganzjährig geöffnet, so dass man sich mit Karte und weiteren Informationen eindecken kann.

Fähre über Mobile Bay Ein interessantes Intermezzo bietet die Fähre von Fort Morgan nach Dauphin Island, die acht mal täglich hin- und hertuckert. Die Überfahrt dauert eine knappe halbe Stunde und ist preiswert. Dauphin Island ist durch eine gut ausgebaute Brücke mit dem Festland verbunden. Der sich anschließende Damm ist allerdings sehr eng und bei starkem Wind unangenehm zu radeln. In der Nebensaison ist das Verkehrsaufkommen aber so gering, dass es keine Probleme gibt.

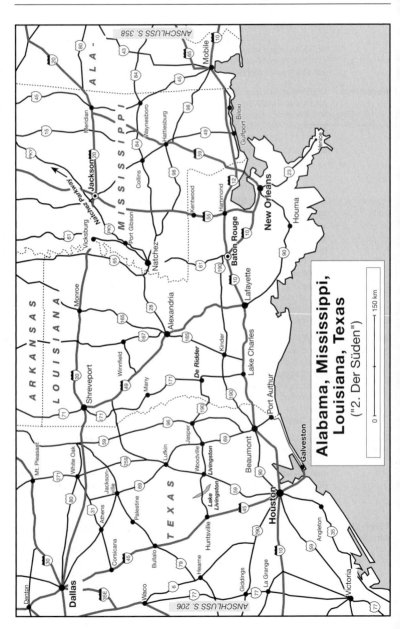

Bayou La Batre Von Alabama Port geht es über AL 188 nach Bayou La Batre. Bayous nennt man die meist kurzen Entwässerungsflüsse in den Sümpfen entlang der Golfküste. Bayou La Batre ist ein für die Alabama Swamps typischer Ort, mit Fischerbooten, die am Fluss anlegen, wettergegerbten Gestalten und einem urigen, bestens sortierten Kramladen. In Grand Bay stößt du jenseits der Eisenbahnlinie auf US 90, die Hauptstrecke entlang der Golfküste und für dich der Weg nach Mississippi.

MISSISSIPPIS KÜSTE (78 mi/125 km)

Mississippis Küstenabschnitt ist nicht viel länger als der Alabamas, bietet aber dennoch das totale Kontrastprogramm. US 90, der auf einigen Karten als Scenic Route bezeichnet wird, besitzt den Charme eines Autobahnzubringers durch ein Industriegebiet. Alles ist zubetoniert mit Shopping Plazas und den üblichen Ablegern der Fast food-Ketten. Der Verkehr ist dementsprechend geschäftig. Es lohnt sich, der Chamber of Commerce in Pascagoula (links des Highways: rein in die Pascagoula St. bis Ecke Krebs Ave., Tel. (228) 762-3391) einen Besuch abzustatten.

Campgrounds gibt es in den State Parks entlang der Strecke. Deckt euch unbedingt in Gulfport mit Lebensmitteln ein. Die nächsten Läden gibt es erst in New Orleans.

Louisiana und die Swamps

Vorfreude auf New Orleans Abends über Bourbon Street im French Quarter schlendern, wo Jazzmusik aus den überfüllten Kneipen auf die Straße quillt und verrückte Typen auf den Sidewalks unter den alten eisernen Balkonen ihre neuesten Kunststücke zum Besten geben. Mit einer der alten „streetcar"-Straßenbahnen der St. Charles Linie durchs Villenviertel schaukeln und am Mississippi entlangbummeln – all das gehörte zu den wenigen Dingen, die ich mir ganz fest vorgenommen hatte. Deshalb ließ ich mich auch nicht davon abbringen, obwohl uns so viele unterwegs warnten: „Um Himmels Willen, macht einen Bogen um New Orleans, am besten um ganz Louisiana!"

Louisiana – Radlers Alptraum in den USA Mal abgesehen von Großstadtregionen wie NYC, L.A. oder Chicago ist Louisiana wohl der Fleck auf Amerikas Landkarte, der alle Radler das Fürchten lehrt! Wäre da nicht eben dieses New Orleans, das man einfach kennenlernen will, wenn man durch die Südstaaten radelt, so würde ich jedem nur wärmstens ans Herz legen, Louisianas Süden möglichst weiträumig zu umfahren (die ACA-Route tut das auch.) Das unglückselige Zusammentreffen von zu engen Straßen, zu alten Brücken, zuviel Müll auf der Fahrbahn, zu dichtem Verkehr und zu ungeduldigen Fahrern ist einfach haarsträubend!

Doch trotz aller Schwierigkeiten, ich möchte den Besuch in New Orleans nicht missen. Louisiana und seine „Cajuns" (sprich: Kei-dschens), diese liebenswerten willensstarken Eigenbrötler im Süden, sind es wert, ein paar Probleme in Kauf zu nehmen. Mit etwas detaillierterem Wissen um das, was dich in Louisiana als Radfahrer erwartet, kannst du eine Menge Nervenkitzel vermeiden. Lass einfach die gröbsten Fehler, die wir gemacht haben, aus.

♥ **STORY**
von
Raphalea
Wiegers

Zehn unvergessliche Kilometer in Louisiana

Wir überquerten die Grenze nach Louisiana auf der Interstate 10, da wir dort ein Welcome Center vermuteten und ich auf keinen Fall ohne Karte oder Stadtplan nach New Orleans hineinradeln wollte. Interstates, so hatte ich schon des öfteren gesehen, haben schöne, breite Seitenstreifen, auf denen man auch bei starkem Verkehr äußerst sicher radeln kann, vorausgesetzt, man passt an Auf- und Abfahrten gut auf. Nach dem Welcome Center wollten wir eh gleich wieder abfahren. Pearl River hat dafür gesorgt, dass wir die 10 km Interstate, die wir durchhalten mussten, ewig in Erinnerung bleiben werden, und ich will alle davor warnen, auf der gleichen Strecke nach Louisiana einzureisen. Die Pearl River Wildlife Area direkt an der Grenze nach Mississippi ist ein verzweigtes Netz aus zahlreichen Flussarmen im Mündungsbereich am Lake Pontchartrain. So besteht die Interstate in diesem Abschnitt fast ausschließlich aus Brücken. Keine dieser Brücken hat einen Seitenstreifen. Dafür sammelt sich aller Müll und Schrott am Fahrbahnrand. Aus den Teilen, die auf diesem Abschnitt verstreut lagen, hätten wir prima ein Auto und mindestens zwei Fahrräder zusammenbauen können! Da für Ausweichmanöver kein Platz blieb, radelten wir so gut wir konnten über alles hinweg, über Kotflügel, Ölfilter, Radkappen und Fahrradfelgen, von Glassplittern ganz zu schweigen. Schweißgebadet trafen wir am Welcome Center ein, das nicht gleich hinter der Grenze, sondern kurz vor dem ersten Autobahnkreuz liegt. Offensichtlich hatte uns schon jemand angekündigt, denn ein Wagen der Highway Patrol rollte gleich auf uns zu.

„Well, you're not allowed to ride your bicycles on an Interstate Highway in Louisiana", brummte der Polizist uns gemütlich aus dem heruntergekurbelten Fenster zu. „Das ist mehr als vernünftig", pflichteten wir ihm bei und waren froh, als er uns erklärte, wie wir vom Welcome-Center aus über Nebenstraßen zurückfahren konnten zu US 90.

Tips für New Orleans und Louisiana

Tip 1:

Fahre in Louisiana auf keinen Fall auf Interstates!
Das Welcome Center an der Interstate ist das einzige, an dem man vorbeikommt, bevor man nach New Orleans gelangt. Für alle, die es auf Nebenstraßen ansteuern wollen, hier die Wegbeschreibung: Biege an der Kreuzung von Hwy US 90 mit Hwy US 190 rechts ab auf Hwy US 190 und radle Richtung Nordwest. Nach etwa 4 Meilen (6,4 km) führt eine County Road rechts ab. Sie heißt in ihrem späteren Verlauf erst South, dann North Military Road und führt über die Interstate hinweg. Direkt hinter der Interstate biege auf die nächste Straße rechts ab und radle parallel zur Autobahn bis zum Welcome Center Richtung Osten.

Tip 2:

Meide alle Brücken!
In Louisiana gibt es, bedingt durch die Swamps, so viele Brücken wie in kaum einem anderen Bundesstaat der USA. Dennoch gibt es nur wenige Stellen, an denen man die beiden größten Flüsse, den Mississippi und den Atchafalaya River, überqueren kann. An diesen Nadelören schieben sich ungeheure Fahrzeugmassen über die engen Trassen, die meist nicht über Seitenstreifen verfügen. Weiche, wann immer es geht, auf Fähren aus. Es gibt genug davon.

Tip 3:

Radle nicht durch die Swamps im Westen auf Höhe von Hwy US 90!
Dies war der einzige Ratschlag, den man uns gegeben hatte. Wir haben ihn befolgt, und ich kann ihn deshalb nur ungeprüft weitergeben. Dieser

stark befahrene Highway führt überwiegend auf einer extrem engen, brückenähnlichen Trasse Meilen um Meilen durch Sumpfgebiet. Eine Radlerin, die das Stück im Rahmen einer kommerziell organisierten Radtour zurückgelegt hatte, legte uns ans Herz, diese Strecke unbedingt zu meiden. Trotz der Polizeieskorte, die die Gruppe angefordert hatte, beschrieb sie diesen Abschnitt als den schlimmsten ihrer ganzen Reise von San Diego nach Tallahassee. Auch mehrere Motorradfahrer gaben uns ähnliche Hinweise.

LOUISIANA BORDER – NEW ORLEANS (35 mi/56 km)

New Orleans: Anfahrt zum French Quarter
Auf den ersten Meilen führt US 90 durch Sümpfe mit flechtenbewachsenen Zypressen, die mit ihren flaschenförmigen Stämmen majestätisch aus den schwarzen, stillen Wassern aufragen. Auf der Landzunge zwischen Lake Pontchartrain und Lake St. Catherine wird die Straße gesäumt von bunten „stilt houses", Strandhäusern, die zum Schutz vor Hochwasser auf Stelzen errichtet wurden. Je weiter man sich dem Zentrum nähert, um so mehr fällt der Kontrast auf zwischen schäbigen und gepflegten Wohnvierteln. Elend und Wohlstand liegen nah beieinander und der Kontrast entspricht dem der Hautfarbe der Bewohner.

◼ New Orleans: nüchtern durch die Bourbon Street ...

French Quarter
Wer mit Begeisterung von New Orleans spricht, meint kaum die Vororte, sondern eigentlich das French Quarter, auch „Vieux Carrée" genannt, den alten französischen Teil der Stadt am Mississippi. In direkter Nachbarschaft zum Business District (Canal Street), der mit seinen Büro- und Verwaltungstürmen aussieht wie jedes x-beliebige Cityzentrum in den USA, strahlt die Altstadt auch heute noch einen Charme aus, der sich aus einer anderen Welt hinübergerettet hat. Nicht nur optisch mit seinen blumengeschmückten, schmiedeeisernen Balkonen, auch moralisch scheint es sich um eine kleine Enklave in der sonst so prüden Nation der kaschierten Bierdosen und der verkrampften Sexualität zu handeln. Wo sonst in den USA gibt es ein Viertel, wo öffentlich auf der Straße Bier ausgeschenkt wird und es ganz normal ist, es aus einem Plastikbecher schlürfend umherzuschlendern? Wo sonst huschen biedere Touristen

leicht verschämt mal eben in einen der Sex-Shops, die als Rarität natürlich extreme Aufmerksamkeit genießen?

Wer Gelegenheit hat, nicht nur abends, sondern mal früh morgens zwischen den ersten Frühaufstehern und den letzten Nachtschwärmern durchs French Quarter zu streifen, gewinnt am ehesten ein Gefühl für die Energie, die das Leben in New Orleans so ungemein intensiv pulsieren lässt. Auch wenn der Kommerz längst Einzug gehalten hat in die Häuser und Lokale zwischen Bourbon Street und Jackson Square, das French Quarter hat sich trotz der Touristenflut noch nicht vereinnahmen lassen. Es wird übrigens davor gewarnt, bei Nacht durch die schummrigen Nebenstraßen zu bummeln, in denen es mitunter zu Überfällen kommt.

Tagsüber kannst du dich den übrigen Attraktionen widmen: den Streetcars von St. Charles, einem Riverwalk am *Ol' Man River,* den zahlreichen Museen und nebenbei die Mentalität, Geschichte und Lebensart der hier ansässigen Cajuns verstehen lernen. Ach ja: wer wirklich die Nacht zum Schlafen nutzen will, versucht es im International AYH-Hostel, 2249 Carondelet St., New Orleans, Tel. (504) 523-3014 (Reservierung erforderlich!).

NEW ORLEANS – BATON ROUGE (130 mi/196 km)

Plantation Route

Ich würde die Strecke umtaufen von „Plantation Route" (Pflanzungsroute) in „Plant Route" (Fabrikroute), denn wo einst die malerischen Anwesen der wohlhabendsten Pflanzungen die Landschaft prägten, drubbeln sich heute Fabrikanlagen großer Chemiekonzerne wie Ciba-Geigy, Union Carbide etc. Zwischen den stinkenden, metallenen Kolossen ducken sich schüchtern ein paar alte prachtvolle Antebellum-Häuser, und deren Schönheit erstickt in der direkten Nachbarschaft der abstoßenden Arbeitsplatz-Architektur der postwar-Generation. Reizvoll ist das Ambiente entlang des Mississippi River nun wirklich nicht.

Auch vom Fluss bekommt man nichts zu sehen. Der nämlich versteckt sich hinter einem hochaufgeworfenen Levee, einem Damm, der zu Hochwasserzeiten die anschwellenden Fluten unter Kontrolle hält.

Cajun-Style

Zur Weihnachtszeit kann man entlang des Levees Heiligabend im Cajun-Style erleben: Schon Tage zuvor beginnen die Familien hohe Holztürme auf dem Levee aufzuschichten. Heiligabend werden sie angezündet, um Santa Claus den Weg zu weisen. Das Ganze artet aus in eine riesige Freiluft-Bescherungsfete. Leider hatte uns keiner etwas von diesem Fest verraten. Wir kamen einen Tag zu spät und fanden nur die Spuren der wüsten Feier mit Unmengen von zerbrochenen Flaschen, die uns einen satten Platten bescherten.

Der Levee des Mississippi River

Zurück zum Levee. Obwohl der Damm den Blick auf den Fluss versperrt, hat er für Radler auch sein Gutes, zumindest für alle, die nicht ausgerechnet mit Rennrädern unterwegs sind. Über die Krone des Dammes führt ein Weg aus feinen Schottersteinchen, auf dem es sich zwar langsamer, aber wesentlich beschaulicher radeln lässt als auf der engen, unübersichtlichen Straße. Ab und zu muss man den Levee allerdings verlassen, weil Abfüllrohre und Sicherheitszonen der Chemieanlagen den Weg versperren. Dafür kannst du von oben zumindest zeitweise einen Blick auf den Fluss erhaschen.

Cajuns wohnen eigentlich weniger an der River-Road als im Südwesten des Staates. Doch in der gesamten Region nennen sich die Einwohner Louisianas, die ursprünglich französischer Abstammung sind, auch heute noch stolz Cajuns (der Name basiert auf einer etwas eigenwilligen Aussprache des Wortes „Acadians"). Die ehemaligen Einwohner ostkanadischer Provinzen waren von den Briten vertrieben worden. Als Alternative hatte man ihnen angeboten, sich in den Sümpfen Louisianas niederzulassen, davon ausgehend, dass es in der unwirtlichen Region niemand lange aushalten würde. Aber die Cajuns erwiesen sich als zäh und ausdauernd. Mit ihrer Mentalität prägten sie, zusammen mit Schwarzen und Einwohnern spanischer Abstammung, die Kultur im Süden Louisianas, die heute den Reiz der Region ausmacht. „Wir geben nur vor, Amerikaner zu sein", erklärte uns einer von ihnen schmunzelnd. „Alles Fassade. Wir sind Cajuns, wollen und werden immer Cajuns bleiben." Für Durchreisende offensichtlich ist die ungewöhnliche Lebenslust und Freude am Feiern, auch eine Art Zelebrieren des Alltags. Die typische Küche mit Flusskrebs- und Wels-Gerichten (crawfish und catfish), Gumbo (Art Eintopf) und besonders scharf gewürzten Beilagen ist eine angenehme Abwechslung zum Fast-food-Papp.

2 Der Süden

Baton Rouge   Baton Rouge, die Hauptstadt Louisianas, wirkt im Anschluss an das quirlig-lebendige New Orleans lahm und bietet außer einem schönen Regierungsgebäude, angenehm lockerer Atmosphäre und einem guten Fahrradladen nicht viel Erwähnenswertes.

■ *Ein Mississippi-Stern-Wheeler*

BATON ROUGE – DE RIDDER (220 mi/352 km)

Simmesport Bridge   Gleich nach dem Mississippi baut sich die nächste Wasserbarriere auf, der Atchafalaya River. Es gibt zwei sinnvolle Stellen, um den Fluss zu überqueren: Die Fähre von Melville oder die Brücke bei Simmesport (mit Seitenstreifen!). Wenn du den zweiten großen Fluss Louisianas überquert hast, stellt sich dir so schnell nichts mehr in den Weg. Kiefernwälder wechseln sich ab mit Farmland. Es wird zunehmend beschaulicher, mal abgesehen von den Jagdgesellschaften, die in der Gegend unterwegs sind. Auf Hwy US 190 Richtung Texas nimmt der Verkehr wieder zu; wen es nervt, weicht auf zweitrangige County Highways aus. Übrigens, ab Atchafalaya River wird es abschnittsweise hügelig.

Texas und Big Bend

♥ STORY
von
Raphalea
Wiegers

„We shoot first and discuss later"

Texas, das war der Staat der USA, durch den ich auf keinen Fall radeln wollte. Alles was ich über Texas wusste, war dazu angetan, mich abzuschrecken. Wirre Bilder spukten durch meinen Kopf, von „rednecks", diesen erzkonservativen Bürgern, die alles gewaltsam ablehnen, was ihrer Lebensart nicht entspricht. Wer erinnert sich nicht an die Schlussszene von „Easy Rider"? Harte Männer mit Cowboyhüten, die im Rückfenster ihres Pick-ups demonstrativ die Prunkstücke ihrer Gewehrsammlung zur Schau stellen. „Texaner leiden an Größenwahn", warnte man uns immer wieder. Neben Rednecks wimmelt es auch von Klapperschlangen. Festivals sorgen dafür, dass sie massenhaft abgeschlachtet werden, und gegrilltes Schlangenfleisch gilt neben saftigen Rindersteaks als Delikatesse. Dazu die platte, öde, staubige Landschaft, wo es außer grasenden Kühen und rostigen Ölpumpen nichts zu sehen gibt. Texas konnte uns gestohlen bleiben, das stand fest. Das schlechte Wetter machte unsere Vorsätze zunichte. Ich tröstete mich mit dem Gedanken, dass die beiden Texaner, die ich einst in Südamerika kennengelernt hatte, eigentlich ganz nett waren, und so beschlossen wir notgedrungen, Texas eine Chance zu geben – und heute steht der Staat unangefochten an der Spitze meiner persönlichen Hitskala für die USA!

Waren meine Vorurteile also alle unberechtigt? Nein, absolut nicht. Alles, was ich beschrieben habe, stimmt. Nur dass es eben nicht alles ist, sondern nur ein kleiner Ausschnitt dessen, was Texas ausmacht!

Um beim Größenwahn anzufangen: Texas ist flächenmäßig der größte Bundesstaat der „lower 48", mehr als 1500 km x 1300 km groß. Das platte Land der grasenden Kühe bestimmt die Landschaft vor allem im Nordwesten, im sogenannten Panhandle. Klapperschlangen gibt es zweifellos, aber wir sahen keine. Dasselbe gilt für die Rednecks. Gewehre im Autofenster konnten wir dauernd bewundern, aber dort sind sie sicher und viel ungefährlicher als das, was in Louisiana Autofahrer genannt wird und täglich mein Leben bedrohte. Und was die Menschen betrifft, so sollte man Stolz nicht mit Größenwahn verwechseln. Wir trafen fast nirgendwo auf soviel spontane Herzlichkeit wie in Texas. Ob es die Einladung zu Ice-Tea oder auf ein Bier war, eine rasch in die Hand gedrückte Dose Hundefutter für unsere vierbeinigen Begleiter oder das gemeinsame Frühstück nach nächtlichem Zelten im Garten – viele kleine Gesten bewiesen uns täglich aufs neue, „Ihr seid willkommen". Der Name Texas stammt übrigens vom indianischen Wort „tejas" – Freund. Nomen est omen.

DE RIDDER – AUSTIN (ca. 300 mi/480 km)

Seen und
Sümpfe

Der Osten von Texas gleicht landschaftlich eher Louisiana als dem, was man sich im Allgemeinen unter Texas vorstellt. Dichte Kiefernwälder wachsen rechts und links der Fahrbahn und in allen feuchten Zonen ragen flechtenbehangene Zypressen aus Sümpfen empor. Swamps wechseln sich ab mit Hügelketten, über die sich zum Teil nur enge Straßen schieben. Radfahren ist in den Regionen nahe der Grenzen zu Louisiana,

Arkansas und Oklahoma nicht besonders populär, und wer spezielle Ersatzteile braucht, schaut angesichts der nicht vorhandenen Radläden
ziemlich dumm drein.

Steinhagen
Lake

Richtung Westen ist die Strecke mal flach, mal hügelig, und US 190 leider nur auf den ersten Meilen gut ausgebaut. Martin Dies State Park
(www.tpwd.state.tx.us/park/martindi) am Steinhagen Lake lohnt einen
Zwischenstopp. Es gibt schöne Zeltplätze direkt am See und einen Kanuverleih. Einige Wanderpfade führen durch die gespenstische Sumpflandschaft.

➤ Ab-
stecher:
Houston

(180 mi/288 km one way). – Houston ist die viertgrößte Stadt der USA
und es gibt lohnenswertere Plätze während einer Radreise als ausgerechnet diese City. Wer sie dennoch gerne kennenlernen möchte, sollte
direkt hinter dem See auf Farm Road 92 Richtung Süden abzweigen und
bei Beaumont die Küste anpeilen. Wenn schon, dann ist es am schönsten, sich über Bolivar Peninsula und Galveston der Stadt zu nähern.
Zwischen den beiden Landzungen gibt es eine Fährverbindung und die I
45 über den Intracoastal Waterway darf hier von Radlern benutzt werden.
So erradelt man die City durch Vororte abseits der Hauptstraßen mit ihrem kommerziellen Verkehr.

Lake
Livingston

Der See, beliebtes Naherholungsgebiet für Houston, liegt außerhalb im
Sam Houston NF. US 190 bleibt bis Livingston eng und nervig. Die Stra-
ße führt direkt durch das kleine, unscheinbare Alabama- und Coushatta-
Indianerreservat, das sich von seiner Umgebung nicht viel unterscheidet.

Livingston

In Livingston fiel mir zum ersten Mal auf, dass der Baustil sich ändert. Zumindest die Stadtzentren bekommen zunehmend „Mainstreet"-Charak-
ter. Eine Hauptstraße, gesäumt von kastenförmigen Gebäuden mit
klobigen Backsteinfassaden, bestimmt das Bild. Alle wichtigen Einrichtungen wie Post, Bank, City Hall, Geschäfte und Cafés findet man dort
nah beieinander.

■ *„Kannst Du*
mir mal was
pumpen …?

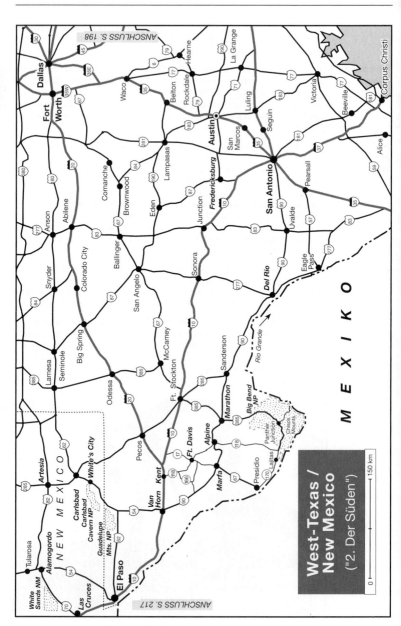

West-Texas /
New Mexico
("2. Der Süden")

0 ——— 150 km

Cattle Country   Östlich von Austin bekommt man endlich zu sehen, was jeder von Texas erwartet: Weiden und Rinder bestimmen die Landschaft. Nur ist die Gegend nicht flach, sondern sanft hügelig. Brenham ist eine lebhafte Collegestadt mit roten Klinkerschulgebäuden, die aussehen, als wären sie direkt aus England importiert. Wie in allen Ortschaften im Osten von Texas leben auch hier viele Schwarze. Das Wohlstandsgefälle zwischen Weißen und Schwarzen ist jedoch nicht überall so offensichtlich wie in Louisiana. Round Top und Bastrop sind Orte mit hübschen alten Häusern, die man via Road 389 von Brenham aus erreicht.

✖ Off-Road Riding: MTB-Ranches   Rund um Austin fährt mann/frau gerne Rad und noch lieber mit dem Mountainbike. Doch Public Land, auf dem man sich anderswo im Westen so herrlich austoben kann, gibt es in Texas kaum. Not macht erfinderisch. Radelnde Rancher lassen nun Räder nicht Rinder auf ihre Ranch. In Warda südlich von Giddings liegt die *Bluff Creek Ranch,* 537 Owl Creek Rd., Tel. (979) 242-5894, www.bcrwarda.com. An Ranch Road 153 bei Bastrop, Nähe Smithville, findet man die noch etwas größere und felsigere *Rocky Hill Ranch* (Tel. (512) 237-3112), www.rockyhillranch.com. An beiden Plätzen kann man zelten und sich für ein paar Dollar den ganzen Tag auf dem autofreien Gelände austoben.

Austin   Austin ist die Hauptstadt von Texas. Keiner macht viel Aufhebens um diese Tatsache, am wenigsten die Einwohner selbst, und dabei mausert sich die Stadt zu einem der Zentren ökologisch orientierter Querdenker in den USA. Radfahren, Spazierengehen oder im Park sitzen stehen hier höher im Kurs als das Umherfahren mit dicken Autos, und Ökoläden und vegetarische Restaurants sind ebenso gut besucht wie die üblichen Plätze. Wie kommt's? 50.000 Studenten, die an der University of Texas eingeschrieben sind, sorgen für eine dynamische Szene. Viele Maler, Musiker und Schriftsteller ließen sich seit den 60er Jahren in der Stadt nieder und trugen auf ihre Art zu einem geistig anregenden Klima bei. Übernachten: zentral südöstlich von Downtown liegt das Austin International AYH Hostel, 2200 S Lakeshore Blvd., freecall (800) 725-2331.

Radlertreffs in Austin   Austin liegt am Rande des Texas Hill Country, dessen Hügel im Westen das Bild der Stadt bestimmen. Radfahren ist sehr beliebt. Mountainbiker treffen sich im „Greenbelt", dem Grüngürtel entlang der steilen Straßen hinauf zum Lake Travis Stausee (alles, was du dazu brauchst, findest du unter www.texasoutside.com/austinguide.htm). Rennradler starten zu Ausflügen ins Hillcountry, alle benutzen die Radwege im Zilker Park. Der glasklare Naturpool der Barton Springs im Park wird vor allem während der warmen Monate zum Freizeittreffpunkt Nr. 1.

AUSTIN – MARATHON (444 mi/710 km)

Hill Country   Dunkelgrüne Wacholderbäume recken ihre knochigen Äste beschützend über den dünnen Pelz aus maisgelbem Gras zu ihren Füßen. Bäche stürzen tosend über sandfarbene Felsen zu Tal und stauen sich in Senken zu türkisfarbenen Pools. Die Region nordwestlich von Austin und San Antonio ist die anmutigste Gegend, die Texas zu bieten hat, und besonders gut zu genießen im Pedernales Falls oder Enchanted Rock State Park. Viele fahren lieber zur Ranch von Lyndon B. Johnson, dem einzigen USA Ex-Präsidenten aus Texas, nach Johnson City.

Deutsche im Lande der Comanchen
Das Hill Country war ursprünglich Comanchenland. Im vorigen Jahrhundert ließen sich viele deutsche Siedler dort nieder. Sie konzentrierten sich auf das Leben auf ihren Farmen und die Comanchen merkten bald, dass offenbar keiner dieser Siedler versuchte, sie weiter aus ihrem Lebensraum zu verdrängen. Auf einer solchen Basis war Völkerverständigung möglich und beide Gruppen lebten für Jahrzehnte in für die USA ungewöhnlicher Eintracht in derselben Region.

Fredericksburg und New Braunfels – dank seines jährlichen „Wurstfest" (www.wurstfest.com) über die Grenzen von Texas hinaus bekannt – heißen die beiden Hochburgen deutscher Einwanderer. Das auffällig Deutsche für mich an der Region war die vergleichsweise hohe Zahl der Daimler-Karossen, die auf den Straßen unterwegs sind.

Ebene von Del Rio
Das Hillcountry endet recht abrupt, und von Aussichtspunkten an seinem Rand aus kann man einen weiten Blick über das genießen, was Neues in den nächsten Tagen wartet: plattes Land bis hinüber nach Del Rio. Hondo und Uvade sind günstige Orte, um sich für die Fahrt bis dahin mit Lebensmitteln einzudecken.

Go West!
Hinter Del Rio beginnt der Wilde Westen. Die meisten Leute finden diese Region schrecklich langweilig. Wer kann, bleibt auf der Interstate und kann sich angesichts der Einöde rechts und links der Fahrbahn das permanente Gähnen nicht verkneifen. „Durch! Und das so schnell wie möglich", heißt eher die Devise. Wenn nur der verflixte Wind aus Südwest nicht wäre...

♥ STORY von Stefan Voelker
Wir beginnen den Tag, der sich himmelwärts bedeckt und trostlos gibt, mit heißem Kaffee und trockenem Zimtgebäck. Neben unserem Frühstückstisch steht als Gaudi ein geöffneter Sarg, darin in Lebensgröße die Puppe eines Cowboys, der in seinen Stiefeln gestorben ist ... **Texas** eben.

Der Wind nimmt im Laufe des Vormittags stetig zu, nach zwölf Uhr schließlich ist an Radfahren nicht mehr zu denken. Wir müssen absteigen. Vielleicht könnte man mit aller Kraft noch 10 km/h erreichen, aber oft drücken uns Böen einfach zur Seite. Radeln als Eiertanz. Selbst das Schieben des Rades wird am Ende mühsam. Der Wind hat am Nachmittag eine Geschwindigkeit von 70 Meilen aus Südwest, das sind 112 km/h! Eine unvorstellbare Macht ist das, eine erdrückende Naturgewalt, die hier auf der flachen Prärie, wo noch nicht einmal ein Baum oder Strauch zu finden ist, Angst einjagt.

Ich halte Ausschau nach einem Wassergraben und finde einen zwischen Straße und angrenzender Weide. Er ist nicht sehr tief, zwanzig Zentimeter vielleicht, aber es reicht, um sich für eine kleine Pause flach hineinzulegen.

Sollte die Situation sich verschlimmern – falls eine Steigerung überhaupt noch möglich ist – könnten wir in eines dieser großen Rohre, die bei T-Junctions immer als Wasserläufe unter die abgehende Straße verlegt sind, krabbeln und den Sturm abwarten. Mario und ich können uns nur noch schreiend unterhalten. Nach ein paar Minuten im Graben stehen wir schließlich auf, nehmen unsere Räder an die rechte Körperseite (damit sie uns nicht bei einer Böe mit umhauen) und gehen schweigend weiter. Auf einer Straße, die schnurgerade in den Horizont führt.

So laufen wir durch Texas Richtung Pazifik. Ein beklemmendes Gefühl ist das, ein Gefühl der Winzigkeit, ein Gefühl der Verlorenheit in einer Landschaft, die an fehlendem Abwechslungsreichtum nicht überboten werden kann. Texas macht uns das Ankommen wahrlich nicht leicht.

Frontier Town Del Rio

Del Rio ist ein Versorgungszentrum und wartet als Stadt nicht mit besonderen touristischen Reizen auf. Auf der anderen Seite des Rio Grande, der für Texas die Grenze zu Mexiko bildet, liegt Ciudad Acuna. Wer einen Ausflug ins benachbarte Mexiko unternehmen will, kann dies per Rundtour tun: Über die Brücke (Maut) nach Ciudad Acuna, auf mexikanischer Seite am Rio Grande entlang und über die nächste Brücke am Lake Amistad zurück nach Del Rio. Grenzformalitäten stehen in der Regel nicht an, wenn man die 20-Meilenzone nicht verlässt. Dennoch ist es ratsam, vorsichtshalber seinen Pass mitzuführen. Ich möchte allerdings behaupten, dass sich ein solcher Ausflug nicht besonders lohnt. Die mexikanischen Grenzorte haben den Charme einer Müllkippe und geben außer dem Anblick tiefen Elends nicht viel her. In Grenzorten bekommt man weniger als überall sonst im Nachbarland ein Gefühl für Kultur und Lebensart. Nebenbei bemerkt sind es Sammelpunkte für Drogenhändler, Diebe und andere weniger ehrenwerte Gestalten.

Lake Amistad

Lake Amistad, eine verzweigte Talsperre des Rio Grande, liegt gut 20 km hinter Del Rio. Das Wasser des sonst schlammig braunen Flusses leuchtet hier blaugrün, da sich die Sedimente in Ruhestellung am Boden des Sees ablagern. Auch wenn es anders scheint, selbst mit noch so guter Aufbereitung ist das Nass nicht als Trinkwasser geeignet. Der Rio Grande ist durch und durch verdreckt mit Industrieabfällen aus den Grenzstädten auf beiden Seiten, und in Mexiko gibt es keine Umweltschutzverordnungen. Am See liegen mehrere primitive Zeltplätze, die meist dem Corps of Engineers unterstehen und nichts außer Chemieklos bieten. Dafür sind sie gebührenfrei. Weiteres unter www.nps.gov/amis

Versorgung im Westen

Während Del Rio gut 30.000 Einwohner hat, liegen weiter westlich Gemeinden, die es mitunter nicht mal auf mehr als 6 Einwohner bringen! Vergleichbar gut sortierte Läden wie in Del Rio sind rar und höchstens entlang Interstate 10 und in Alpine zu finden. Recht brauchbare Geschäfte gibt es aber in Marathon, Marfa, Presidio, Fort Davis und Van Horn. Eher begrenzte Auswahl erhält man in Comstock, Sanderson, Lajitas, Study Butte und auf der Stillwell Ranch kurz vor dem Big Bend NP ein paar Meilen abseits von US 385. Auf der Ranch kann zudem für 5 $ pro Person gecampt werden.

Marathon

Bis Marathon (Höhe etwa 1500 m ü.M.) geht es kontinuierlich bergauf, allerdings so gemächlich, dass man es kaum wahrnimmt. Nach und nach tauchen in der Ferne die Silhouetten erster kleinerer Gebirgszüge auf, die im unwirklichen Licht der weiten Landschaft pink und violett schimmern. Kakteen und Yuccapalmen säumen die Zäune und der Duft gelb blühender Creosotebüsche erfüllt die Luft. Die *Chihuahuan Desert,* einer der größten Wüstengürtel der USA, kündigt sich an.

Marathon ist die letzte Station vor dem Big Bend National Park. Renner des Ortes ist das Gage Hotel (www.gagehotel.com), ein alter Backsteinbau, der einst von einem wohlhabenden Viehhändler zur Unterbringung seiner Geschäftspartner an der Bahnlinie errichtet wurde. Gönn' dir einen Blick in die Lobby mit den alten Rindslederstühlen oder genieße eine Tex-Mex Mahlzeit im Restaurant, in dem eine angenehm lockere Atmosphäre herrscht!

Drei Wege nach Fort Davis

Wie es weitergeht hängt, von der Zeit ab, die ihr zur Verfügung habt:

1. MARATHON – FORT DAVIS (57 mi/91 km): via US 90 bis Alpine und TX 118
2. MARATHON – FORT DAVIS (211 mi/338 km): via Big Bend Minimalprogramm (nur Chisos Basin, dann TX 118)
3. MARATHON – FORT DAVIS (376 mi/602 km): Stillwell Ranch, Rio Grande Village, Chisos Basin, Santa Elena Canyon, Lajitas, Camino del Rio, Presidio, Marfa.

● **Extratour: Big Bend National Park**
Wer Wüstenzonen liebt, sollte sich den Abstecher zum Big Bend NP gönnen und dort zumindest das Chisos Mountains Basin besuchen, um zum South Rim zu wandern. Viele weitere Infos unter www.nps.gov/bibe oder www.visitbigbend.com.

Stillwell Ranch
Von Marathon bis zu den Toren des Big Bend National Parks sind es 65 km. Kurz vor dem Nationalpark zweigt eine Straße ab, die zur Stillwell Ranch führt. Dem, der etwas über das Leben hier draußen im Westen erfahren will, sei ein Abstecher zur 10 km entfernten Ranch wärmstens ans Herz gelegt. Zu der Ranch gehört auch der Maravillas Canyon, eine wirklich unberührte Schlucht, zu der man nach Absprache mit den Besitzern per Rad einen Ausflug unternehmen kann. Nachts unterm Sternenzelt liegt über der gesamten Gegend eine für die USA ungewöhnlich tiefe Stille, durch die nur hin und wieder das Heulen umherstreunender Kojoten dringt.

Im Nationalpark nebenan ist dies die hohe Zeit der Generatoren, deren Gebrumm zumindest bis zehn keinen Gedanken an Schlaf aufkommen lässt. Wir haben uns auf der Stillwell Ranch, wo man in Freiheit tun und lassen kann, was man will, fast wohler gefühlt als im wunderschönen Big Bend.

Rio Grande Village und Sierra del Carmen
Hinter dem Parkbüro an der Persimmon Gap, dem Osteingang zum Big Bend, erwartet man nach so einer langen Anreise eine neue Welt. Doch vorerst unterscheidet sich nichts von der Stillwell Ranch, die nur durch einen Gebirgszug vom Park getrennt ist. Nach etwa 30 km verzaubert zum ersten Mal die ferne Wand der Sierra del Carmen die Landschaft. Je nach Tageszeit legt sie ein anderes Farbenkleid an, und sie wird dich gewiss hinablocken ins Rio Grande Village, dem Endpunkt der Straße am Fluss, von dem dich allerdings noch knappe 60 km trennen. Das Village besteht aus einem Zeltplatz und Versorgungseinrichtungen. Sieh zu, dass du hier wie auf den anderen Zeltplätzen dein Zelt in der Region mit dem Hinweis „no generator use" aufbaust.

Ein Fußpfad führt zum Mirador, der einen phantastischen Rundumblick bietet. Von dort aus kannst du aus nächster Nähe beobachten, wie die majestätische Felswand der Sierra del Carmen bei Sonnenuntergang im Abendrot erglüht. Der faszinierende Anblick ist eine Leihgabe Mexikos, denn der schöne Teil der Sierra liegt nicht mehr in Texas, sondern jenseits der Grenze, am südlichen Ufer des Rio Grande.

✖ Off-Road: Backcountry Bicycle-Camping

Das Visitor Center des Big Bend liegt an der Panther Junction, der zentralen Kreuzung aller Asphaltstraßen im Park. Hier kannst du dir die Erlaubnis für einen Backcountry-Zeltplatz holen. Anders als in den übrigen Nationalparks der USA kann man im Big Bend per Fahrrad primitive Zeltplätze im Hinterland ansteuern, da ein Netz von Schotterpisten den Park durchzieht. In der Regel liegt eine Liste aus, die beschreibt, welche der wenigen Bachquellen im Hinterland aktiv sind. Vom Wassernachschub hängt alles ab, und der Rio Grande kommt als Trinkwasserlieferant nicht in Frage.

Chisos Mountains

Im Zentrum des Parks liegen die Chisos Mountains, eine Gebirgskrone, die die kahlen Hügelketten zu ihren Füßen überragt. Im Talkessel hat sich aufgrund der besonderen Klimaverhältnisse ein eigenes Ökosystem entwickelt, das mit grünen Wäldern und Wiesen in krassem Gegensatz zur dürren Umgebung steht. Die Straße hinauf zum Basin ist eine Herausforderung, da sie auf wenigen Kilometern viele Höhenmeter überwindet. Im Basin angekommen gibt es kurze Abfahrten von 10% und 15%. Lass das Rad rollen, und freu dich schon mal auf die Rückfahrt, wenn du dieselbe Strecke bergauf in Angriff nehmen darfst. Vom Basin aus starten die schönsten Wanderpfade. Die Wege zum South Rim und der Lost Mine Trail lohnen sich besonders. Unter dem Aspekt Radfahren gibt es hier nicht viel zu tun.

Santa Elena Canyon

Per Schotterpiste (River Road) oder auch per Asphalt (Ross Maxwell Scenic Drive) erreicht man von Castolon, den Ausgangspunkt für einen Besuch des Santa Elena Canyon, dessen Schlucht viel beeindruckender ist als der Boquillas Canyon im Osten. Ein Wanderpfad führt ein gutes Stück am Fuß der steil aufragenden Felswände in den Canyon hinein.

Versorgung im Park

Zeltplätze und Läden gibt es im Rio Grande Village (Duschen!), im Basin und in Castolon. Trinkwasser außerdem an der Persimmon Gap, an Panther Junction und auf allen asphaltierten Straßen durch Anhalten eines RV.

Am sinnvollsten ist es, den Big Bend National Park im Westen bei Study Butte zu verlassen. Eilige können zurückradeln Richtung Alpine (78 mi/ 125 km) am Hwy US 90, sollten aber – wie überall hier im Wilden Westen – den Wassernachschub abklären.

Lajitas

Wer Zeit hat und gut in Form ist, der sollte auf jeden Fall die TX 170, den „Camino del Rio", wählen und über Lajitas und Big Bend Ranch nach Presidio (63 mi/ 100 km) fahren. Lajitas ist ein kleiner, optisch auf Western Town getrimmmter Ort mit 48 Einwohnern und liegt am Rand der Big Bend Ranch. Auf dem Territorium der ausgedehnten State Natural Area verbergen sich zahlreiche Pisten, die einfach ideal zum Mountainbiken sind. Leider ist das hier stattfindende „Chihuahuan Desert Challenge", ein kombiniertes Profi-Amateur-Radrennen mit bekannten Szene-Leuten, seit 2003 wegen finanzieller Engpässe bis auf weiteres ausgesetzt. Aber immer noch gibt es den Desert Sports Bike Shop in Terlingua (Tel. 915-371-2727 oder freecall 1-888-989-6900), der dir bei allen Hardware-Problemen, die die Wüste so mit sich bringt, hoffentlich aus der Patsche helfen kann.

2 Der Süden

„Camino del Rio"

In Lajitas beginnt der „Camino del Rio". Die Strecke ist anstrengend, aber die Mühe lohnt sich. Nirgendwo gibt es so phantastische Aussichten auf das Tal des Rio Grande und die reizvollen Felsformationen an seinem Ufer wie hier. Zelten kann man entlang der Strecke an den Stellen, wo die

■ *Auf dem Camino del Rio*

Rafting- und Kanugruppen ihre Boote zu Wasser lassen. Sie sind als „River Access" gekennzeichnet. Alle werden dich außerdem vor dem „Big Hill" warnen, dem langen, steilen Hügel, den man ja selbst mit dem Wohnmobil kaum schafft.

The „Big Hill"

Was wir mit Hunden im Gepäck bewältigen konnten, bringt ihr allemal. „Big Hill" heißt im Klartext eine Meile mit 15% Steigung. Manch kurzer Hügel entlang der Strecke ist mir schwerer gefallen. In Redford (ca. 5 Häuser) kann man sich im Lädchen kurz mit Fast food-Häppchen stärken, um dann in Ruhe Fort Leaton, eine historische Adobe-Festungsanlage, anzuschauen. Von dort aus ist es nicht weit bis Presidio, einem weiteren gesichtslosen Grenzort mit Brückenverbindung nach Ojinaga, Mexiko.

Fort Davis

Marfa (L) ist ebenso wie Alpine Ausgangspunkt für einen Besuch der Davis Mountains, benannt nach dem alten Fort (www.nps.gov/foda), das zu Füßen des Gebirgszuges liegt. Das Fort hat nur wenig gemeinsam mit dem, was man durch Western Filme geschult von einem solchen erwartet. Keine Holzzäune mit Wachtürmen, von denen man über die weiten Ebenen sehen kann, um angreifenden Comanchen rechtzeitig Widerstand zu leisten oder fliehenden Siedlern noch gerade rechtzeitig die

■ *Museums-Stadt Fort Davis*

Tore zu öffnen. Da sieht man mal wieder, was Hollywood einem so „Fort" flunkert. Eigentlich handelt es sich um eine kleine, ganz normale Siedlung für eine Garnison von ca. 300 Soldaten, die heute als Museum dient.

FORT DAVIS – KENT – VAN HORN (90 mi/144 km)

Davis Mountains

Davis Mountains State Park mit Lodge, Zeltplatz und Wanderwegen liegt in einem hübschen Seitental (Abstecher, 2 mi/3 km) in der Nähe des Ortes. Die Davis Mountains wirken eigentlich eher wie Hügel mit grünen Punkten. Letztere entpuppen sich bei genauem hinsehen als Alligator Junipers, Wacholderbäume also, die ihren Namen dem Muster ihrer Borke verdanken, das dem eines Krokodilrückens gleicht.

Star-Party

Dass die Hügel doch den Namen „Berge" verdienen, merkst du spätestens, wenn du TX 118 zum „McDonald Observatory" (www.as.utexas.edu/mcdonald/mcdonald.html). hinauffährst. Hamburger gibt es dort nicht, aber wir hatten von Sternenparties gehört und waren ganz versessen darauf, an einer teilzunehmen. Wie in allen Wüstenregionen ist auch in Westtexas der Sternenhimmel so atemberaubend klar, dass auch lichtschwache Konstellationen mit bloßem Auge gut zu sehen sind.

Madera Canyon

Hinter dem Observatorium schlängelt sich die noch immer steigungsreiche Strecke durch den dicht bewaldeten Madera Canyon, der weniger Schlucht als Talcharakter hat, zumindest nahe der Straße. Der Rastplatz dort ist übrigens auch gut zum Zelten geeignet.

In Kent trifft man auf die Interstate 10. Die 17 mi/27 km Interstate sind ein Klacks. In Kent beginnt nämlich eine Frontage Road, auf der du verkehrsfrei neben der Autobahn Richtung Westen radeln kannst. Easy biking, denn nennenswerte Steigungen gibt es nicht.

VAN HORN – WHITE'S CITY (103 mi/165 km)

Van Horn ist ein reiner Übernachtungsstopp für wüstenmüde Autofahrer direkt an der Interstate, die mit ihrem Verkehrslärm Schlaf allerdings rar werden lässt. Der Ort ist der letzte ernstzunehmende Versorgungspunkt vor Carlsbad in New Mexico. Creosotesträucher, Opuntienbüsche, Yuccas und Büschelgras wachsen auf der weiten, flimmernden Ebene zu Füßen der Sierra del Diablo, die mit schroffen Felsformationen die Straße im Westen säumt. Gegen 12 Uhr sahen wir in der Ferne ein Ranchhaus mit Wassertank auftauchen und beschlossen, dort gleich Mittagspause zu machen. 2 Stunden und 40 km später waren wir da. In solcher Weite versagt so mancher optische Erfahrungswert.

TX 54 führt Richtung Norden durch fast menschenleeres Land zu Texas zweitem, weitaus weniger frequentierten National Park, zum Guadelupe Mountains NP.

Guadelupe Mountains NP

Zehn Meilen sind es von der Kreuzung TX 54 mit US 62 bis zum Eingang des Guadelupe Mountains National Park (www.nps.gov/gumo), einer recht unberührten Berglandschaft an der Grenze nach New Mexiko, mit schönen Trails durch enge Canyons und über Bergkämme, die den Blick in die endlose Weite freigeben. Die schroffe Felsenkrone des „El Capitan" ist schon von der Straße aus gut sichtbar. Die Steigung hinauf zum Park ist unter normalen Umständen gut zu bewältigen. Aber die Ecke hat mitunter ihre Tücken. Fallwinde, die nicht selten Orkanstärke erreichen, fegen aus den Bergen zu Tal und nehmen dabei alles mit, was nicht niet- und nagelfest ist. Jährlich kommen so auf dem Campground mehrere Zelte abhanden. Also Heringe bombensicher verankern.

Durch den Süden von New Mexico
WHITE'S CITY – ARTESIA (56 mi/90 km)

White's City Nördlich der Guadelupe Mountains fällt die Straße hinab in eine Senke, in der man auf die Grenze zu New Mexico trifft: „Land of Enchantment", Land der Erbauung. Viele flache Hügel später erreicht ihr White's City.

Die Stadt verfügt über eine Monopolstellung bezüglich aller Übernachtungen und sonstigen Dienstleistungen in der direktem Umgebung der Carlsbad Caverns. Man merkt es an den Preisen, die vor allem im Anschluss an Texas übertrieben wirken. Wer aus Kalifornien kommt, wird die Preise normal nennen.

Carlsbad Caverns NP Der Eingang zu den Carlsbad Caverns (www.nps.gov/cave), den größten zugänglichen Höhlen der Welt, liegt etwa 7 mi/11,2 km von White's City entfernt. Die Strecke ist auch mit Gepäck recht gut zu radeln. Erst gegen Ende wird es für kurze Zeit richtig steil. Das Rad kann man während seines Besuchs am besten in der Nähe des abseits gelegenen Bürogebäudes abstellen, denn auch wenn die Länge der Touren weitaus weniger beträgt als angegeben, so wird man sich dennoch bei der großen Tour gut eineinhalb Stunden unter der Erde aufhalten, wenn man alles Sehenswerte in Ruhe betrachten will.

Gegen eine geringe Gebühr kann jeder im Visitor Center ein Kassettentelefon zur automatisierten Führung ausleihen, und die meisten Besucher können nicht widerstehen. Einem geheimen Kommando folgend bleiben sie dann unterwegs gleich in Gruppen stehen, blicken alle gleichzeitig hinauf zur Decke und rufen im Chor: „Really, like a liontail!". Das zu beobachten gehört zum amüsanten Teil des Besuches. Die Höhlen sind beeindruckend hoch. Selten sieht man einzelne Elemente, immer sind es gleich ganze Gruppen von Kalkgebilden, die wie gigantische Säulentürme aufragen oder fein wie Tücher von der Decke herabhängen. Von Mai bis Oktober gibt es noch eine weitere, ungewöhnliche Attraktion, den „Bat Flight". Täglich bei Einbruch der Dunkelheit beginnt ein Massenexodus der in der Höhle lebenden Fledermäuse, die alle gleichzeitig zur Futtersuche ausschwärmen.

Carlsbad Die Stadt Carlsbad verdankt ihren Namen einer inzwischen längst versiegten Heilquelle, deren Zusammensetzung der von Karlsbad in Tschechien ähnelte. Auf dem Municipal Campground kann man preiswert zelten und sich in Läden und Restaurants seit langem mal wieder auf relativ normalem Preisniveau verwöhnen. 12 mi/19 km hinter dem Ort kommt man an der Einfahrt zum Brantley State Park vorbei, der einen schönen Blick auf den Lake McMillan bietet. Dummerweise sind es vom Abzweig bis zum Zeltplatz selbst noch einmal 7 mi/11 km, die man am nächsten Morgen zurückradeln muss.

Hwy US 285 zwischen Carlsbad und Artesia ist erst kurvig und hügelig, später dann gerade und flach. Beiderseits der Fahrbahn wippen träge die Riesenhämmer quietschender Ölpumpen. Immer wieder treibt der Wind ein paar üble Geruchsschwaden vor sich her. Die Pumpen müssen aus Gründen der Druckerhaltung ständig mit Wasser versorgt werden und Tanklastzüge in beiden Richtungen sind ständig präsent. Wie alle Fahrer im Akkorddruck bremsen sie ungern wegen Bikern, Vorsicht!

ARTESIA – ALAMOGORDO (110 mi/176 km)

Von Artesia aus klettert Hwy US 82 langsam, aber stetig bergan in die Sacramento Mountains, Richtung Cloudcroft Ski Area. Dass das Radeln trotzdem sehr anstrengend ist, liegt am meist kräftig vorhandenen Gegenwind. Die Region ist zumindest zu Beginn relativ schwach besiedelt. Wasser gibt es in Hope, einem urigen, kleinen Ort. Je höher man kommt, um so grüner wird es. Nach einem freundlichen Hochtal erreicht man bei Elk den Lincoln National Forest. 3 km hinter Mayhill gibt es den kleinen James Canyon National Forest Campground (www.fs.fed.us/r3/lincoln/recreation/d2-camping.shtml). Die Benutzung ist kostenlos, aber man muss auch seinen eigenen Wasservorrat aus Mayhill mitbringen.

Hinter Mayhill machen sich nun auch die Steigungen richtig bemerkbar. Es wird zunehmend kälter. Ich weiß nicht mehr, welche genaue Höhe die Passstraße erreicht, aber als wir Ende März durch Cloudcroft radelten, lag auf den Skihängen rund um den Ort noch reichlich Schnee. Von Cloudcroft aus geht es dann in rasanter Abfahrt 16 mi/26 km bergab zum Hwy US 54 vor Alamogordo.

Alamogordo Alamogordo lebt hauptsächlich von Touristen auf dem Weg nach White Sands und von Dienstleistungen für die nahe Air Force Base. Einzige Attraktion ist das New Mexico Museum of Space History, eine Raumfahrtausstellung. Eine Erinnerung an die Ereignisse auf der per Luftlinie nur 80 km entfernten Trinity-Site verkneift man sich lieber. Dort wurde 1945 die erste Atombombe gezündet.

ALAMOGORDO – LAS CRUCES (65 mi/104 km)

➤ Abstecher: White Sands NM Schon bei der Abfahrt von Cloudcroft kann man bei klarem Wetter am fernen Horizont einen weiß schimmernden Streifen in der rötlichen Ebene des Tularosa Basins ausmachen. Umgeben von Zäunen und militärischen Sperrgebieten der angrenzenden Raketenversuchsgelände – zuweilen ist US 70 während Raketentests gesperrt – glaubt man nicht an eine nahe Sehenswürdigkeit. Von der Straße aus sieht man nichts, was die Welt der weißen Hügel auch nur erahnen ließe.

Aus Gipsablagerungen des nahen Lucero Sees entstandene Kristalle häuften sich in dieser Senke zu bis zu 15 Meter hohen, blütenweißen Dünen an. Genaugenommen ist es also kein Sand und der Name White Sands National Monument irreführend. Alles ist so weiß, als hätte es gerade geschneit und wie verharschter Schnee knirscht der Untergrund beim Laufen unter deinen Füßen. Aber Shorts sind angesagt. Auch zu kühleren Jahreszeiten wird es hier tagsüber tierisch heiß, und die reflektierte Strahlung lässt bei Sonnenschein eine Extraschicht UV-Schutz ratsam erscheinen.

■ Mit dem Fischaugen-Objektiv im White Sands MN

Eine Straße aus Asphalt, die später in eine Fahrbahn aus Gips übergeht, führt auf

2 Der Süden

8 mi/13 km zu einem Loop, an dem Picknicktische aufgestellt sind. Von dort aus kannst du zu einem Spaziergang durch die weißen Dünen starten. Markierte Wege gibt es nicht, und wer sich weit vorwagt, muss aufpassen, die Orientierung nicht zu verlieren. Und Vorsicht: 26 verschiedene Reptilienarten wurden hier bisher gezählt, Schlangen – auch die mit der Klapper – betrachten diese Gegend als ihr zu Hause. Desert-Centipedes, das sind Riesentausendfüßler, deren Berührung gefährliche Lähmungen hervorrufen kann, sind dagegen des Nachts unterwegs. Morgens siehst du nur noch die Spuren ihrer flinken Füße im Sand.

Fototip: wegen der gleißenden Helligkeit des Gipses Kamera auf „manuell" stellen und mindestens eine ganze Zeitstufe *länger* als gemessen belichten (also statt z.B. 1/250 nun 1/125 bzw. statt Blende 11 Blende 8 wählen)! Bei Automatikkameras die Filmempfindlichkeit eine Stufe *runter* (statt 100 ASA auf 50 ASA). Rückstellen nicht vergessen!

Übernachten   Wer das Besondere liebt, übernachtet in der Primitive Camping Area. Das Visitor Information Center vergibt die Permits dafür. Sollte die Army einen „Missile Test" durchführen, ist der Platz gesperrt. Doch „no pain, no gain", denn man muss das beladene Rad durch weichen Sand 800 m querfeldein schieben. Die Mühe lohnt, denn die schönsten Tageszeiten sind Sonnenunter- und -aufgang, wenn das warme Licht vor den Umrissen der fernen Gebirgsketten mit den Schatten der Sandwellen spielt. Eine Website: www.nps.gov/whsa

Las Cruces   Von der Ebene aus führt Hwy US 70 hinauf zum nächsten Gebirgszug, den zerklüfteten Felsentürmen der Organ Mountains, die bei Kletterern sehr beliebt sind. Die Strecke selbst ist öd, schnurgerade und bei Sonne brüllend heiß. Kurz vor der San Agustin Passhöhe (ca. 1900 m) zweigt links eine 8 km lange Zufahrtsstraße zur Aguirre Springs Recreation Area ab (Zeltplatz, kein Trinkwasser). Ob der schöne Blick über das weite Tularosa Valley die gnadenlosen Steigungen lohnt, bleibt euch überlassen.

Las Cruces auf der anderen Seite des Gebirgszuges ist mir als der Ort der schrägen Typen in Erinnerung geblieben. Selten habe ich so viele ungewöhnliche Leute an einem Fleck getroffen.

Arizonas Süden
LAS CRUCES – TUCSON (236 mi/378 km)

Von Las Cruces aus führt nur die Interstate 10 auf direktem Wege über Lordsburg Richtung Westen. Radeln auf den Interstates ist in New Mexico außerhalb von Ansiedlungen über 50.000 Einwohnern erlaubt, wenn keine Alternative vorhanden ist. Also kannst du locker den Seitenstreifen der I 10 bis nach Arizona hinein abrollen. Und auch hier, im Grand Canyon State, bleibst du auf der Interstate, denn du hast kaum eine andere Wahl in dieser Gegend. Wer ein wenig Zeit investieren kann, der nimmt eine der Abfahrten zwischen Willcox und Tucson und stellt sich sein individuelles Wild-West-Programm zusammen. Denn hier im tiefen Süden Arizonas waren die Wirkungsstätten der Gunslinger und Outlaws jener Zeit, als das Arizona Territory noch lange nicht zu den Vereinigten Staaten zählte (vgl. dazu den Beitrag von Clemens Carle unter Tucson). Bei Vail, 19 mi/30 km vor Tucson, sollte man die Schnellstraße auf jeden Fall verlassen.

2 Der Süden

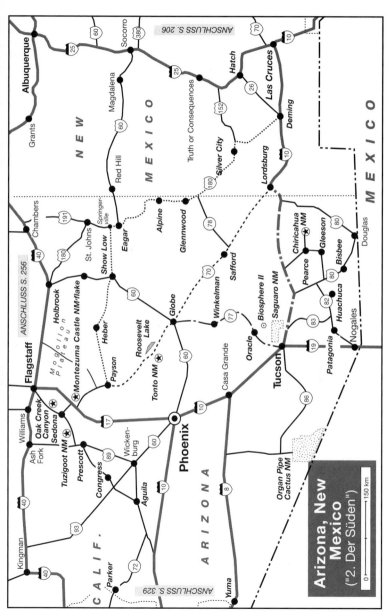

ANSCHLUSS S. 206

ANSCHLUSS S. 256

ANSCHLUSS S. 329

Arizona, New Mexico ("2. Der Süden")

0 —————— 150 km

Tucson   Vail ist ein kleiner, ländlicher Ort nördlich der Interstate 10 am „Old Spanish Trail" (www.azstarnet.com/destinations/outdoors/special/bikeoldspanish.html), dem angenehmsten Weg, um nach Tucson einzuradeln. Diese ungewöhnliche Stadt, die aussieht, als wäre sie mitten in einen Kakteengarten hineingebaut, war die erste wirklich radfahrverrückte City, die wir in den USA kennenlernten. Viele Biker sind daher vor allem am Wochenende auf dem „Old Spanish Trail" unterwegs. Ihr Ziel: Das Saguaro National Monument.

Saguaro NM   Der Park der Riesenkandelaber-Kakteen ist in zwei Gebiete aufgeteilt, einer befindet sich östlich, der andere westlich der Stadt. Der Ostteil ist der größere, der auch über Trails im Hinterland verfügt. Sein 8 mi/12,8 km langer „Cactus Forest Drive" ist bei Radlern sehr beliebt. Wir wählten den Cactus Forest Trail, einen kurzen, aber lohnenswerten Wander- und Mountainbike-Trail im Herzen des Loops, der direkt hineinführt in den Wald der Giganten, zu deren Füßen im Frühjahr üppige Blütenbüsche ei-

■ *Mit dem Tandem durch das Saguaro NM*

nen farbenprächtigen Teppich ausrollen. Bereits im Frühjahr hängen am späten Nachmittag oft schwere Gewitterwolken über den nahen Rincon Mountains. Vor der Kulisse gespenstisch zuckender Blitze zeigt sich der Kakteenwald von seiner unheimlichen Seite. Weitere Infos auf der Site www.nps.gov/sagu

Downtown Tucson   Tucson ist Unistadt. Und das prägt das Stadtbild. Der Campus ist erlebenswert. Tausende von Fahrrädern warten vor den Unigebäuden an speziellen Rohren angekettet auf ihre noch fleißigen Besitzer. Im Auto zur Uni zu fahren ist out, zumindest in Tucson. Ob Lehrer oder Schüler, alles fährt Rad. In Fahrradläden gibt es eine kostenlose Radroutenkarte, die für das gesamte Stadtgebiet Strecken durch ruhige Wohngebiete ausweist. Zwei empfehlenswerte Hostels: Roadrunner Hostel, 346 East 12th Street, Tel. (520) 628-4709, und Tucson International Hostel, 311 East Congress, Tel. (520) 622-8848. Es gibt ungewöhnlich viele Cafés, in denen man draußen sitzen kann, und einige Museen für Kulturfans runden die lockere, junge Atmosphäre der Wüstenmetropole ab. Peter Piper Pizza Service serviert die schärfste Chili-Pizza westlich von Texas. Flugzeugfans fahren zum wohl größten Flugzeugfriedhof der Welt: entlang Irvington und Kolb Road erstrecken sich immense Freiflächen voller eingemotteter Militärmaschinen, über 4.000 an der Zahl sollen es sein.

Old Tucson   Wer mag kann durch den westlichen Teil des Saguaro National Monuments aus der Stadt herausradeln. Die Steigung des Gates Passes, über den der Weg dorthin führt, ist allerdings erheblich. Alternativ könnte man den Ajo Way (Knoblauch Weg), AZ 86, wählen. In dieser Richtung liegt auch Old Tucson, eine Western-Kulissen-Stadt mit Schießereien, Post-

■ *Old Tucson*

kutschenfahrten usw.

Das Sonora Desert Museum zeigt in einer recht interessanten Mischung aus Botanischem Garten und Kleintierzoo viel Wissenswertes über den Lebensraum Wüste. Über Golden Gate, Picture Rocks und Ina Road erreicht man Hwy US 89.

2 Der Süden

Tucson und der wilde Südosten

von Clemens Carle

Du sitzt in Tucson, die Hoteldecke fällt Dir auf den Kopf? Du hast schon alles gesehen, angefangen beim „A" Mountain über die Mission San Xavier del Bac bis zum Arizona Historical Society Museum? Du kannst dich nicht entscheiden, ob nun Natur oder wieder Kultur folgen soll? Oder vielleicht beides?

Klar, auch das ist möglich: wie wäre es mit dem Saguaro National Monument als Aperitif, dann ein Schuss Ghost Town- und Goldgräberromantik, eine kräftige Prise Wilder Westen und das Chiricahua National Monument als Sahnehäubchen? Angereichert mit einigen Dirt Roads ergibt das einen abenteuerlichen Cocktail für Entdeckernaturen! Dazu gleich ein Tip: Philip Varneys Buch *„Arizona's Best Ghost Towns"* und die entsprechenden topographischen Karten sind bei der Suche nach den alten Städten ungemein hilfreich. Die gibts in der Uni-Bibliothek oder schaut euch um bei www.ghosttowns.com.

Auf Radwegen also ostwärts aus Tucson hinaus zum **Saguaro National Monument** (Km 30). Dort kann man auf dem 13 km langen Cactus Forest Drive die schönsten und ältesten Saguaros bewundern. Die Radtaschen deponiert man solange im Besucherzentrum.

20 km südlich ist die **Colossal Cave** einen weiteren Stopp wert. Immer weiter Richtung Süden geht's nun auf der AZ 83, mit einigen längeren Steigungen, Sonoita liegt immerhin auf knapp 5000 ft. inmitten einer wilden Szenerie aus schroffen Bergketten und weitem Grasland.

Folgt man der AZ 82 Richtung Nogales, erreicht man nach 20 km bei Patagonia ein Sträßchen in den Coronado National Forest hinein. Und da hat man die erste Sensation: dichte Laub- und Nadelwälder nach zig Kilometern Wüste! Und wunderbare, wilde Campingplätze zuhauf!

Die Ghost Towns **Harshaw, Mowry** und **Duquesne** liegen nicht weit voneinander entfernt an einer teilweise ausgewaschenen Dirt Road (die man bei Regenwetter besser meiden sollte). So ganz nebenbei nähert man sich noch auf wenige Kilometer der mexikanischen Grenze. Eine zerfurchte Erdpiste führt durch Prärieland wieder nordwärts nach Canelo, und erst in Ft. Huachuca nimmt der Verkehr wieder spürbar zu.

Tombstone, 40 km entfernt, hatte im Oktober 1881 zumindest Geschichte geschrieben. Eine gesetzlose Stadt war das ja schon zuvor, auf dem Boot Hill-Friedhof kann man die Grabkreuze all der Gehängten und Gelynchten bewundern, aber in jenem Monat fand im OK Corral die berühmte Schießerei zwischen den Earp-Brüdern und Doc Holliday auf der „guten" und den Clanton-Cowboys auf der „bösen" Seite statt. Cristal Palace Saloon und Bird Cage Theatre sind weitere „Muss" für den Wildwest-Fan. Und wahrscheinlich kommst du nach einem Tag in dieser Stadt in genauso breitbeinigem Gang auf den hölzernen sidewalks daher wie all die anderen auch: die Atmosphäre ist einfach ansteckend!

Bisbee ist eine der originellsten amerikanischen Städte überhaupt. Nur 40 km südlich von Tombstone gelegen, strahlt es noch heute den Charme eines viktorianischen Städtchens aus. Steile Gässchen ziehen sich die Hänge hinauf und ein uriges Café neben dem anderen führt einen in Versuchung, länger zu bleiben. Die Führung durch die Kupfermine sollte man sich nicht entgehen lassen.

Nordwärts lassen sich weitere Ghost Towns wie z.B. Gleeson und Pearce besuchen, bei Regen bleibt man allerdings auf diesen Pisten – so wie ich – in tiefem Lehm stecken.

Hat der Trip mit einem Naturerlebnis begonnen, so soll er auch wieder so enden. 150 Kilometer von Bisbee entfernt erreicht man auf dem guten Asphalt der AZ 181 das Chiricahua National Monument (www.nps.gov/chir). Vom Bonita Campground aus kann man bis zum Massai Point auf 6870 ft. Höhe hinaufpumpen. Von dort führen zahlreiche Wanderungen durch die Erosionslandschaft und an spektakulären Felsformationen wie „Big Balanced Rock" oder „Kissing Rocks" vorbei zum Zeltplatz zurück. Ein paar Tage vergehen da wie im Fluge, aber Achtung, der nächste Supermarkt ist erst in Willcox, 60 Kilometer im Norden an der Interstate 10.

➤ **Abstecher: Organ Pipe Cactus NM**

(131 mi/225 km, one way). – Hast du jetzt erst recht Lust auf noch mehr Kakteen? Oder willst du endlich mal ganz nah heran an Mexico? Direkt an der Grenze zu Mexiko liegt ein Kakteengarten besonderer Art, in dem große Büsche des Orgelpfeifenkaktus sich mit anderen Wüstenbewohnern, seltenen Vögeln, Schlangen, Kojoten, Langohrkaninchen und Eidechsen vieler Farbschattierungen ein Stelldichein geben. Nur wer sie nie gesehen hat, verwechselt die verzweigten, wuchernden Stachelsträucher hier mit den riesigen Saguaros, die es rund um Tuscon gibt. Saguaros bestechen durch ihre Größe, die Organ Pipes durch die Vielzahl ihrer Arme, die sie der Sonne entgegenrecken.

Eigentliche Hauptsaison sind die Wintermonate, wenn viele „snowbirds" mit ihren RV's den Park im warmen Süden ansteuern. Beeindruckend farbenprächtig ist die Region im Frühjahr nach regenreichen Wintern, die garantiert für einen dichten Wildblumenteppich am Fuße der Stachelhäuter sorgen. Die Kakteen selbst blühen in den heißen Monaten von Ende Mai bis Juli. Dann kocht förmlich die Luft im Park. Kakteen sind klug. Sie setzen ihre empfindlichen Blüten nicht den Strapazen der Hitze aus, sondern öffnen sie erst nach Sonnenuntergang bei Einbruch der Nacht.

Das Organ Pipe Cactus Monument erreicht man am einfachsten über AZ 86. Von Tucson aus sind es 117 mi/187 km bis zur kleinen Stadt Why (Motel, Grocery, Tankstelle, RV-Camp). Über AZ 85 sind es weitere 22 mi/35 km Richtung Süden bis zum Visitor Center. Der Campground (WC, Trinkwasser) liegt 2 km weit davon entfernt. Zwei Scenic Loops auf fester

Schotterpiste beginnen nahe dem Visitor Center und laden ein, das Binnenland des Parks näher zu erkunden.

Der *Ajo Mountain Drive* (21 mi/34 km) ist der kürzere, schönere, aber auch der anstrengendere Weg mit harten Steigungen über Hügel, durch tiefe, trockene Flusstäler und Geröllsenken am Fuße der „Knoblauch Berge".

Der *Puerto Blanco Drive* bringt es auf 53 mi/85 km im Westteil des Parks. Landschaftlich unterscheidet er sich nicht wesentlich vom Ajo Mountain Drive. Nur ist es hier die Kulisse der Puerto Blanco Berge, die das Bild bestimmt. Auch im Westteil gibt es Steigungen, doch sind sie hier weniger intensiv. In Lukeville (RV-Camp, Motel, Laden, Tankstelle, Post, Café), ganz im Süden des Parks, kann man die Grenze nach Mexiko überqueren. In Sonoita (Mex) stößt man auf Mex 2, die Hauptstrecke durch die Provinz Sonora im Norden des Nachbarlandes.

TUCSON – GLOBE (102 mi/163 km)

Am Highway 77, kurz vor Oracle am Milemarker 56.5, zweigt unverfehlbar eine Stichstraße zum „Biosphere 2000"-Komplex ab, wo für 2 Jahre Forscher aus verschiedenen Ländern abgekapselt von der Umwelt in einem eigenen Mini-Ökosystem lebten. Jetzt, nach Abschluss des Projektes, gibt es täglich Führungen durch die Anlage (www.bio2.com, Tel. 520-838-6200).

Winkelman – Globe, wer diesen Etappenabschnitt fährt, wird die beiden Namen nicht mehr vergessen. 16 Kilometer steilster, nicht enden wollender, heißester Passstraße – so etwas brennt sich dauerhaft ins Gedächtnis ein. Früh aufstehen und in der kühlen Morgenluft radeln, das macht die Angelegenheit vielleicht erträglicher. In der Rest-Area auf der Passhöhe kann man verschnaufen. Unter den heiß ersehnten Schattendächern dort weht immer ein erfrischender Wind, dessen Abkühlung man nutzen sollte, bevor man die Abfahrt nach Globe antritt.

Globe (all services) ist eine ehemalige Minenstadt, und zusammen mit Miami (AZ) Verkehrsknotenpunkt und Versorgungszentrum für die gesamte Region.

➤ **Abstecher: Phoenix**

Globe – Phoenix US 60 (86 mi/138 km one way)
Der direkteste, aber auch lebhafteste Weg von Globe nach Phoenix folgt US 60. Nadelöhr ist der Queen Creek Tunnel. Er ist gefährlich eng und durch den starken Verkehr brüllend laut. Auch der Fußweg durch den Tunnel ist zu schmal, um sein Rad entlang zu schieben. Alternativ könnte man den Apache Trail wählen, der in Roosevelt beginnt (77 mi/123 km one way).

GLOBE – ROOSEVELT DAM (31 mi/50 km)

Vom Ort aus erreicht man auf Nebenstrecken durch den Tonto NF den Roosevelt Stausee. Hinter Globe zweigt AZ 88 ab, die sich mit 9% Steigung durch die schütter bewachsenen Berge wieder gute 500 m an Höhe zu einem Pass zwischen Webster und Rockinstraw Mountain hinaufschraubt. Belohnt wird man mit einer phantastischen 6mi/10 km Abfahrt (9%) hinab zum Roosevelt Lake. Im gleichnamigen Ort gibt es den Spring Creek Store.

➤ Abstecher: Tonto NM

(2 mi/3 km roundtrip). – Bei der Abfahrt aus den Bergen sieht man schon von weitem inmitten des grünen Wacholderwaldes das Tonto National Monument (www.nps.gov/tont) in einer sandfarbenen Kliffhöhle an einer Felswand, hoch über dem Tal. Was du siehst, ist allerdings die obere Siedlung der Salado Indianer, die nur per Rangerführung von November bis April mit Voranmeldung zugänglich ist. Der untere Teil ist weniger einsam, aber ebenso interessant. Wer von der Siedlung aus zu Tal blickt, wird zugeben, dass Tonto NM auch heute noch eine Spitzen-Wohnlage wäre. Der Blick über die mit Riesenkandelaber-Kakteen bewachsenen Hänge auf den nahen, blau glitzernden Roosevelt Lake ist phantastisch, vor allem im Frühjahr, wenn alles blüht. Ein Stückchen Südarizona lebt hier am Ostteil des Sees auf. Wer unterhalb des Monuments auf dem Windy Hill Zeltplatz am See (2,5 mi) campen will, sollte sich am Visitor Center mit Wasser eindecken. Nach Überqueren des Roosevelt Dammes kann man auch auf Landzungen am See kostenlos zelten. Trinkwasser gibt es in dem Fall bei der Marina vor dem Damm. Übrigens, ein abkühlendes Bad im See war Anfang April bereits die pure Wonne!

ROOSEVELT DAM – PAYSON (50 mi/80 km)

Phoenix wird quasi abgetrennt vom Osten des Staates durch den hohen Gebirgszug der grünen Mazatzal Mountains. An ihrem Fuße schiebt sich Hwy 188 durch nahezu unbewohntes Gebiet nach Payson (all services). Hinter Rye, das auf ca. 1000 m Höhe liegt, klettert die vierspurige Straße nach Payson hinauf, gut 600 m höher am Fuße der Mogollon Rim gelegen. Im Ort gibt es einen guten Fahrradladen, der auch Info-Material bereithält zu den Mountainbike-Trails der Region. Weitere Informationen gibt es in der Ranger Station des Tonto National Forest in Payson, 1009 E. Highway 260, Tel. (928) 474-7900.

PAYSON – CAMP VERDE – SEDONA (80 mi/128 km)

Mogollon Rim über Strawberry

AZ 87/260 erklettert auf den nächsten 18 mi/29 km den Mogollon Rim bei Strawberry. Diese Straße ist – im Gegensatz zur Rim Road – das ganze Jahr über problemlos befahrbar. Strawberry ist der letzte Ort für die kommenden 40 mi/64 km, in dem man Wasser auffüllen kann. Am Rim angelangt zweigt AZ 260 ab Richtung Camp Verde. Im ersten Teil gibt es einige Steigungen und Abfahrten. Wald geht dann über in Weideland.

Camp Verde

Nach einer Linkskurve traut man dann plötzlich seinen Augen nicht mehr: Fernblick bis Flagstaff! Das grüne Tal von Camp Verde vor den leuchtend

■ *Montezuma Castle*

roten Felsformationen von Sedona am Fuße der schneebedeckten San Francisco Mountains. Genau das sind die Highlights der nächsten Tage. Schon geht es in rauschender Abfahrt hinunter nach Camp Verde. In Clear Creek tauchen die ersten Häuser auf. Hier führt ein Weg ab zum National Forest Campground (8 $).

➤ Abstecher: Montezuma Castle

(6 mi/10 km). – Von Camp Verde (all services) aus kann man Montezuma Castle besuchen, eine weitere Klippensiedlung aus den Tagen vor Kolumbus, die in einem sehr heißen Seitental liegt. Anders als beim Tonto National Monument kann man hier jedoch die Ruinen nur aus der Ferne von der Talsohle aus betrachten, und ganze Busladungen von Besuchern schieben sich über den Loop zu Füßen der ehrwürdigen Steine.

Richtung Sedona

Ab Camp Verde radelt ihr am besten ein Stück auf I-17 bis McGuireville. Über ruhige County Roads gelangt ihr von dort zur US 89A. Orientiert euch zunächst Richtung Cornville, biegt aber vor Erreichen des Ortes nach Norden ab (Richtung Page Springs). Die Strecke führt am kühlen Oak Creek entlang (Campgrounds, siehe Karte bei www.oakcreekcanyon.net/html/camping.html). Haltet Ausschau nach einem Badeplatz zwischen den Privatgrundstücken. Zwei Kilometer Steigung bringen euch zum stark befahrenen Hwy US 89A (keine Seitenstreifen). Trucks sausen euch nur so um die Ohren.

Sedona

Sedona (all services) liegt in einem wunderschönen Tal, umgeben von steil aufragenden roten Felsen. Im Red Rock State Park südlich vor den Toren der Stadt (www.go-arizona.com/Red-Rock-State-Park, kein Camping) kann man auf Schotterpisten Rundtouren durch die bizarren Felsformationen fahren und von den Zeltplätzen im Oak Creek Canyon aus starten Wanderwege. So nah bei Phoenix gelegen war die Region zunächst vor allem am Wochenende bei den Bewohnern der nahen Metropole wegen des herrlichen Badespaßes im nahen Oak Creek Canyon beliebt. Ein wahrer Run auf Sedona setzte ein, nachdem ein New Age-Guru dort einen Vortex, einen kraftspendenden Erdpunkt ermittelt hatte. Die Künstler kamen und die Avantgarde. Rote Felsen wichen schicken Einkaufszentren und die Grundstückspreise schnellten in die Höhe. Entlang einer auf Old Town getrimmten Ausfallstraße werden Kunstartikel neben Billigsouvenirs verkauft. Kein Touristenbus kommt an dieser Meile vorbei. Haltet lieber am Bike Shop: Mountain Bike Heaven, 1695 W Highway 89a, Tel. (928) 282-1312.

SEDONA – PRESCOTT – PARKER (210 mi/336 km)

Von Sedona nach Cottonwood wählt ihr am besten wieder die Nebenstrecke über Page Springs als Alternative zur gefährlichen US 89A. Fahrt über Cornville auf County Roads nach Clarkdale, das zusammen mit Cottonwood in einem Talkessel liegt. „Tuzigoot National Monument" (www.nps.gov/tuzi) heißt eine geheimnisvolle präkolumbische Ruinenstadt nahebei. Anders als bei den Kliffsiedlungen krönen die Ruinen hier die Kuppe eines Hügels. Zelten im Dead Horse Ranch State Park.

Die Strecke über Prescott zum Hwy US 60 ist übel: schön, aber kurvenreich, gebirgig, anstrengend, eng und voll. Also ganz früh morgens oder am frühen Abend radeln. Prescott ist der letzte große Ort für lange Zeit, es gibt aber ausreichend Versorgungsplätze entlang US 60. Parker (all services), etwa 170 mi/272 km von Prescott entfernt, erreicht ihr über den Abzweig AZ 72 kurz hinter dem Granite Pass. Mit dem Colorado River, der nördlich der Stadt zum Lake Havasu aufgestaut wurde, überquert ihr die Grenze nach Südkalifornien und die Zeitgrenze zwischen Mountain und Pacific Time.

Südkalifornien
PARKER DAM – PALM SPRINGS (ca. 175 mi/280 km)

San Diego oder L.A.?

Es gibt zwei Städte, die man als Endpunkt der der Südroute in Californien ansteuern kann: Los Angeles oder San Diego. Radfahren durch L.A.? Bevor ich es gemacht habe, war es eine Horrorvision für mich. Dank der Pacific Coast Bike Route ist es allerdings leichter als die Durchfahrt durch manche Kleinstadt. Allerdings solltet ihr genau wissen, wie die Route verläuft (Info dazu in „6. Pacific Coast", „Los Angeles" und im Buch „Go South" von Thomas Schröder).

San Diego ist nach L.A. die zweitgrößte Stadt Kaliforniens. Auch wenn die Stadt bei weitem nicht soviel Küstenlinie beansprucht wie San Francisco oder L.A., so gehört sie dennoch zu den Cities, die man aufgrund zahlreicher Trabantenstädte kaum an einem Tag bewältigen kann. Ruhige Straßen findet nur, wer sich auskennt. Meine Angaben zu San Diego sind daher etwas detaillierter.

Twentynine Palms

Ganz gleich, welche der beiden Städte man ansteuert, der Weg führt am Joshua Tree National Park vorbei, dessen Besuch man auf keinen Fall versäumen sollte. Von Parker aus führt CA 62 über mehrere kleinere Pässe nach Twentynine Palms, dem Nordeingang des Parks. Die 200 km Anfahrt wird dich bereits vertraut machen mit dem Klima der Region, in der es auch an Wintertagen mittags erbarmungslos heiß werden kann und nachmittags starke Winde wüten. Gerade hier, wo du viel Wasser brauchst, sind die Plätze, an denen du es nachfüllen kannst, rar. Frische Füllungen für den Wassersack sind deshalb bei jeder sich bietenden Gelegenheit unabdingbar. Du bist hier wirklich mitten im Nichts! Aller Abenteuerlust zum Trotz solltest du zu Beginn einer jeden Tagesetappe wissen, wo du dich versorgen kannst.

➤ Abstecher: Joshua Tree NP

(21 mi/33 km). – Eine seltsame Mischung aus glattgeschliffenen Felsblöcken und bizarren, yuccaähnlichen Kakteenbäumen, die auf der kahlen Bühne der kalifornischen Wüste wie erstarrte Tänzer wirken, macht den Besuch des Joshua Tree National Parks zu einem beeindruckenden Erlebnis. Besonders das ungewöhnlich klare Licht, das bei niedrigem Sonnenstand die Farben und Formen intensiviert, kreiert im Zusammenspiel von Licht und Schatten surreale Bilder.

Von Twentynine Palms aus führt eine 50 mi/80 km lange Straße durch den Park Richtung Süden zur Interstate 10 durch die faszinierende Landschaft. Entlang der Strecke gibt es einige pittoresk gelegene Zeltplätze, die jedoch leider kein Wasser haben. Landschaftlich reizvoll ist auch der 37 mi/59 km lange Park Boulevard vom Oasis Visitor Center nach Joshua Tree an CA 62. Wer ihn wählt, spart 16 mi/26 km auf CA 62 und erlangt auch so einen guten Einblick in die Parklandschaft. Black Rock und Cottonwood, die beiden Campgrounds in der Nähe der Visitor Center am Nord- und Südeingang bieten Trinkwasser an. Alle Fakten sind auf der Website www.nps.gov/jotr.

Palm Springs

Über eine Nebenstraße durch Desert Hot Springs erreicht man das berühmte Palm Springs (all services). Die Stadt der Reichen und Berühmten und all derer, die dazugehören wollen, besitzt ein etwas gekünstelt wirkendes Flair. Bilde dir selbst ein Urteil darüber, ob diese nahtlos grünen

Golfanlagen und parkähnlichen Vorgärten mit ihrem unermesslichen Wasserdurst inmitten der Mojave-Wüste noch irgendeiner ökologischen Grunderkenntnis standhalten können. Nach Jugendherbergen sucht man in solch nobler Umgebung vergebens.

PALM SPRINGS – SAN DIEGO (ca. 150 mi/240 km)

Im Anschluss an Palm Springs wartet ein Stück harte Arbeit. 1500 m Höhenunterschied trennen die Stadt vom Sattel des Santa Rosa Passes in den San Jacinto Mountains. Zunächst führt CA 111 durchs Tal, doch von der Kreuzung mit CA 74 an geht es permanent bergauf. Zwar wird die Luft etwas kühler, je höher du kommst, doch Anstrengung und Hitze machen das locker wett. Wer Glück hat, erwischt einen bewölkten Tag für diesen Aufstieg. Auf der Passhöhe wirst du wenigstens mit einem phantastischen Blick belohnt.

>>> Connection: **Los Angeles** (160 mi/256 km)
An der Kreuzung CA 74 und CA 371 trennen sich auch die Wege nach San Diego und L.A. Über CA 74 sind es noch abnehmend gebirgige 90 mi/144 km bis zum Pazifischen Ozean und weitere 70 mi/112 km etwa von Capistrano Beach bis Los Angeles Airport auf der Pacific Coast Route (vergl. **„6. Pacific Coast"**).

Santa Rosa Mountains 130 mi/208 km durch Ausläufer der Santa Rosa Mountains sind es bis zum Meer in San Diego. Dazu geht es auf CA 371 bergab bis Aguanga. CA 79 Richtung Südosten klettert erneut gut 1000 m höher. Dann geht es, mal abgesehen von ein paar kleineren Hügeln, bergab zum Meer. Die Strecke kreuzt I-8 per Unterführung und heißt ab dort Japatul Valley Rd. Vorsicht am Abzweig 6 mi/10 km weiter! Er liegt versteckt in einer Kurve, so dass man ihn im Abfahrtsrausch schnell verpasst. Biegt links ab und folgt der Lyons Valley Road bis zur CA 94, der ihr nach links folgt. Dann wieder rechts auf die Otay Lakes Rd., die ziemlich eben ist. Am Wochenende trifft man dort auf viele Rennradler aus der Stadt.

Wenn Otay Lakes Rd. einige Meilen weiter abzweigt, wähle Telegraph Canyon Rd. für die Einfahrt nach Chula Vista, wo sie zur L-Street wird. Auf der anderen Seite der Eisenbahnschienen am Ende der Straße wartet der Pazifik. Willst du an den offenen Ozean, dann umfährst du die San Diego Bay mit einem kleinen Schwenker erst nach Süden, dann nach Westen und wenn dann das Salzwasser deine Füße umspült, dann hast du den nordamerikanischen Kontinent mit eigener Muskelkraft durchquert! From Coast to coast – you made it!

SAN DIEGO

Auch wenn die Route nicht an einem besonders romantischen Fleck endet, wird dein Herz höher schlagen, wenn du den ersten Blick auf den Pazifik wirfst, dessen Küste ansonsten nirgendwo südlich von L.A. so schön und abwechslungsreich ist wie bei San Diego. Die Stadt der Surfer und Sunny Boys hat sich besonders in den letzten Jahren gemausert und bietet mit erstklassigen Museen, gutem Kulturprogramm, Seaworld, einem tollen Zoo und einzigartigem Strandleben einen ehrenwerten Abschluss für das Abenteuer einer Cross Country Tour durch den Süden der USA.

City-Radler Wer die Stadt per Rad erkunden will, sollte sich auf jeden Fall eine City-Map mit den Radwegen besorgen. Wo du sie bekommst, erfährst du über die spezielle Hot-Line für Radler/Radpendler: 1-800-COMMUTE (Option 3) oder bei www.ridelink.org oder www.sandiego.org. Frag auch gleich nach den Buslinien, die per Heckgepäckträger Fahrräder transportieren. San Diego International Airport liegt recht zentral am Harbor Drive zwischen Mission und San Diego Bay und ist per Rad leicht zu erreichen.

Übernach-ten Unterkünfte sind teurer als im sowieso schon teuren California. Gut, dass es vier Juhes gibt: International AYH-Hostel, Point Loma, 3790 Udall Street, Tel. (619) 223-4778, pointloma@sandiegohostels.com, 15-18 $. – HI - San Diego Downtown, 521 Market St., Tel. (619) 525-1531, downtown@sandiegohostels.com, 18-25 $ im Schlafsaal. – Imperial Beach International AYH-Hostel, 170 Palm Ave., Tel. (619) 423-8039 (weit außerhalb im Süden). – AYH-Hostel On Broadway, 500 West Broadway, Tel. (619) 232-1133. – Zeltplätze gibt es nur zwei im Stadtbereich: *Campland by the Bay,* 2211 Pacific Beach Drive, freecall 1-800-422-9386 war unfreundlich und schoss mit 30 $ für ein hässliches Kiesfleckchen als miesester teurer Zeltplatz der gesamten USA den Vogel ab. In der Nähe des Zoos gibt es einen KOA, der empfehlenswerter ist. Du kannst ihn von L- Street aus leicht erreichen, wenn du abbiegst auf 2nd Street und ca. 3 mi/5 km Richtung Norden fährst: 111 North 2nd Ave., Chula Vista, freecall 1-800-562-9877 oder Tel. (619) 427-3601, 28-39 $ fürs 2-Mann-Zelt.

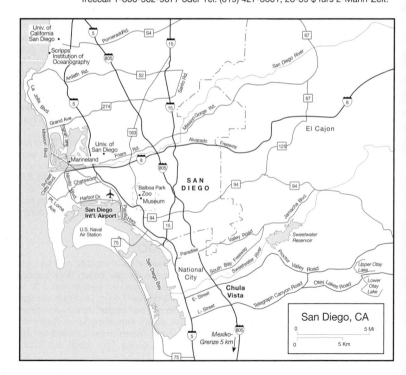

3. ROCKY MOUNTAINS:
Trails, Nationalparks, Indianerland

Ride Guide

1. Tour-Info   Colorado und der Norden von New Mexico, das ist die Region der USA, in der sich die höchsten Gipfel der Rocky Mountains mit der atemberaubenden Kulisse schneebedeckter Viertausender ein Stelldichein geben. In den trockenen heißen Tälern liegen als Kontrast dazu die alten Siedlungen der Anasazi- und Pueblo-Indianer.

Die Winterskireviere haben mit den Mountainbikern eine feste Sommerstammkundschaft aufgetan und sich mächtig ins Zeug gelegt, um optimale Bedingungen zum Ausüben dieser Sportart zu schaffen. Selbst in die Indianer-Reservate hat die Radbegeisterung Einzug gehalten, seitdem Stammesangehörige die Idee hatten, Touren zu leiten ...

Die Passstraßen in den Rocky Mountains sind höher als alles, was Europa zu bieten hat, aber dennoch angenehm zu radeln. Die Taleinschnitte sacken selten unter 1500 m ab und die Steigungen sind mit meist 7 bis 9% moderat. Die vielen Schotterpisten und Mountainbike-Strecken sind ideal für alle, die die Herausforderung suchen. Begeisterung für Berge und entsprechend trainierte Muskeln sollte schon mitbringen, wer diese Region der USA ansteuert, die auch die „Schweiz der USA" genannt wird. Gewisse Ähnlichkeiten sind vorhanden. Colorado ist also nicht die Gegend, in der man Wildwestromantik erwarten sollte, obwohl es einige Goldgräbercamps gibt. Wälder und gletschergekrönte Höhenzüge bestimmen die Landschaft. Doch in tiefergelegenen Tälern, die deutlich Halbwüstencharakter tragen, wird keiner mehr an die Alpen denken. Und erst recht nicht in den spanisch-mexikanisch angehauchten Städten im Norden von New Mexico.

Als Special-Trip werden hier zudem der Yellowstone und der Grand Teton NP vorgestellt: beide liegen in der Nordwestecke Wyomings und können damit als Extra-Abstecher in die Rockies-, aber auch in die Southwest- oder gar in die Westcanada-Tour eingebunden werden. Auch als Verknüpfung der genannten Touren sind diese Nationalparks interessant; An- und Weiterreise hierfür gilt es in Eigenregie zusammenzustricken!

2. Start   Denver (CO)

3. Attraktionen   Städte wie Denver, Boulder, Grand Junction, Santa Fe; Indianersiedlungen wie Mesa Verde NP und das Pueblo De Taos; Mountainbike-Zentren wie Durango, Crested Butte, Telluride und Winter Park; Naturgebiete wie Black Canyon, Curecanti NRA, Colorado NM, Rocky Mountain NP und vieles mehr.

4. Travel-Infos   **Reisezeit:** spätes Frühjahr bis früher Herbst.

Besondere Ausrüstung: „Granny Gear" (ein extragroßes Ritzel für die Berge), Plane als Schutz vor Gewitterschauern, regenfestes Zelt, Schlafsack bis mind. 0 ˚C, warme sowie dünne Kleidung und Regenzeug; Wasserentkeimung für Backcountry-Touren.

Straßen: Alles kommt vor, von Interstate bis Schotterpiste. Wer will,

3 Rocky Mounts.

kann auch ausschließlich Asphaltcowboy spielen. Das Verkehrsaufkommen ist saisonbedingt lokal sehr hoch, überwiegend aber radelt man auf ruhigen, gut ausgebauten Straßen.

✖ **Off-Road-Radeln:** reichlich und vom feinsten!! Colorado ist zusammen mit Utah die Zielregion Nr. 1 für Mountain-Bike Fans. *Wichtiger Hinweis: Die Tourdistanz umfasst keine der unter Off-road aufgeführten Strecken!!! Wer viele MTB-Trails abradeln will, sollte öffentliche Verkehrsmittel miteinbeziehen, falls die Zeit knapp wird!*

Übernachten: Motel- und B & B-Unterkunft in fast allen Orten möglich, AYH's rar, Zeltausrüstung ratsam für weniger besiedelte Regionen. **Camping:** viele Plätze, private und öffentliche. *Wild campen:* beste Bedingungen, reichlich Public Land, besondere Regeln in Indianer-Reservaten beachten!

Webpage: sehr zu empfehlen ist der Kartenteil vom Colorado Department of Transportation unter www.dot.state.co.us/bikeped/maps.htm. Hier „State Map" und „Legend" runterladen und ihr habt Infos über alle Straßen des Staates in der Tasche.

Literatur: unabhängig von der hier vorgestellten Tour sollte sich der eingefleischte Mountainbiker, der die Einsamkeit liebt und süchtig nach dem Abradeln wildromantischer Höhenzüge ist, das Buch „Cycling the Great Divide" von Michael McCoy besorgen, z.B. bei www.mountaineersbooks.org. Es geht 2.470 Meilen von Canada bis runter nach Mexico, immer entlang der kontinentalen Wasserscheide.

5. Routenprofil

Eine Rundtour durch Colorado, die erweitert werden kann mit einem Loop durch den Norden von New Mexico.

❖ **Netzwerk:** Verbindungen sind leicht herzustellen zum **Arches National Park** („4. Southwest") ab Grand Junction oder Durango; zum **Dinosaur NM** („4. Southwest", Salt Lake City Loop Ost) ab Grand Junction; zum **Monument Valley** („4. Southwest", Kayenta) ab Shiprock.

6. Routenverlauf

Colorados Süden (677 mi/1083 km von Denver bis Grand Junction via Durango)

DENVER – GUNNISON (235 mi/356 km) --- Abstecher: CRESTED BUTTE (56 mi/90 km roundtrip) --- GUNNISON – DURANGO (174 mi/278 km) --- DURANGO – CORTEZ (46 mi/74 km) --- Abstecher: MESA VERDE (48 mi/76 km roundtrip) --- CORTEZ – GRAND JUNCTION (222 mi/355 km) --- Abstecher: TELLURIDE (8 mi/13 km roundtrip)

Shortcut durch Colorado Tal (280 mi/448 km von Grand Junction bis Denver). GRAND JUNCTION – FRISCO (190 mi/304 km) --- FRISCO – DENVER (90 mi/144 km)

Colorados Norden (430 mi/688 km von Grand Junction bis Denver via Rocky Mountain National Park)

GRAND JUNCTION – KREMMLING (240 mi/384 km) --- KREMMLING – DENVER (190 mi/304 km)

New Mexico Loop (576 mi/921 km von Durango nach Cortez via New Mexico)

DURANGO (CO) – SANTA FE (NM) (300 mi/480 km) --- SANTA FE – SHIPROCK (235 mi/376 km) --- SHIPROCK (NM) – CORTEZ (CO) (41 mi/66 km)

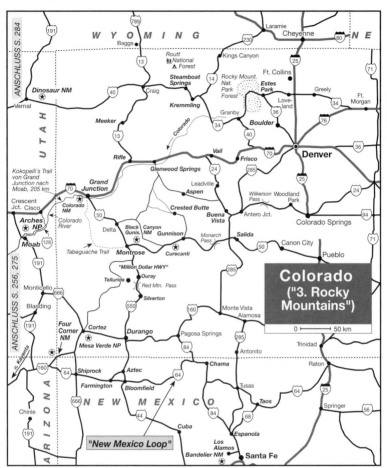

Start und City Guide Denver

Denver ist Dreh- und Angelpunkt des Westens östlich der Rockies. Der futuristisch gestaltete Denver International Airport (DIA) ist der zehngrößte weltweit. Die City selbst jedoch ist recht überschaubar, und dank eines guten Radwegenetzes kommt man von Beginn an gut zurecht. Viele Einwohner von Denver, vor allem die im Vorort Littleton, sind radfahrnärrisch und darüber hinaus total gastfreundlich.

Denver wird auch „Mile High City" genannt, denn die Stadt liegt auf 1600 m Höhe am östlichen Rand der Rocky Mountains, dort wo die Berge in die weite Ebene der Plains übergehen. Deshalb gönnt euch mindestens einen Tag Aufenthalt, damit sich der Körper an die Höhe gewöhnen kann.

**Übernach-
tung**

Offizielle Campingplätze gibt es am Chatfield Reservoir (Südausfahrt) und im Cherry Creek State Park, den man erreicht, wenn man nahe der City vom South Platte River Bikeway auf den Cherry Creek Bikeway abbiegt (http://denver.citysearch.com/profile/11362908).

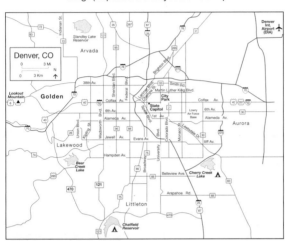

Besser kommt man im Melbourne International AYH unter, 607 22nd St., Tel. (303) 292-6386, www.denverhostel.com. Oder nehmt das *Hostel of the Rocky Mountains*, 1530 Downing St., Tel. (303) 861-7777. Um es zu erreichen, verlasst den South Platte River Bikeway nach etwa 4 km auf Höhe der 23rd Street, die den Radweg kreuzt, und arbeitet euch dann von dort zum nahen Hostel vor.

Sehenswert:
Downtown: Shoppingmeile (16th Street Mall) und Regierungsdistrict rund um die Civic Center Plaza. **Unterhaltung:** Veranstaltungen im Zoo oder im Red Rock Amphitheater. **Information Center:** Downtown Denver, 918 16th St Mall (zwischen Champa u. Curtis), Tel. (303) 892-1112; am Airport im Jeppeson Terminal Building.

Colorados Süden (677 mi/1083 km von Denver bis Grand Junction via Durango)
DENVER – GUNNISON (ca. 235 mi/356 km)

**Stadtaus-
fahrt Den-
ver-Süd**

Raus aus dem Flieger, Rad montieren, Packtaschen dran, durchatmen und aufsitzen. Ein separater Airport Bike Trail ist in Arbeit (siehe unter www.denvergov.org/admin/template3/forms/dia.jpg), bis zur Fertigstellung aber nehmt den SkyRide Bus in die Innenstadt oder radelt den Peña Blvd. bis zur Abfahrt 56th Ave. Hier geht's Richtung Westen zur Innenstadt, man radelt eine ganze Zeit lang am Rocky Mountain Arsenal National Wildlife Refuge entlang. Kurz danach beginnt auch schon der Downtown District, durch den gemächlich der South Platte River plätschert. Folgt dem South Platte River Trail Richtung Süden bis zum Nordwestufer des Chatfield Reservoir. Von dort vorarbeiten auf CO 121. Hinter der Kreuzung mit CO 470 rechts abzweigen auf die Deer Creek Canyon Road. Auf der S. Turkey Creek Road links erreicht man US 285 kurz vor Conifer.

US 285 ist zunächst 4-spurig ausgebaut, denn es geht auch, was Steigungen betrifft, gleich zur Sache. Wer den Highway bald leid ist, kann in Silver Springs links nach Pine, Buffalo Creek, Deckers und Woodland Park abbiegen. Der Hwy 126 führt durch den Pike National Forest. Entlang der Strecke liegen einige Campgrounds, die als Ausflugsziele an Wochenenden sehr beliebt sind. Hinter Decker klettert die zuvor hügelige Straße langsam u. stetig rauf nach Woodland Park (all services), dem sie sich erneut mit einigen Hügeln nähert.

**Durst-
strecke**

Die US 24, auf der es nach rechts weitergeht, kommt aus Colorado Springs und ist „busy". In den frühen Morgenstunden lässt es sich am besten aushalten. Der Ute Pass bietet mit fast 3000 m noch mal ein ganz nettes Stück Arbeit. Belohnung dafür ist die reizvolle Landschaft um den Ort Lake George. Gut 2 km vor dem Ort liegt auf der linken Seite ein netter Laden. Steuert ihn an, falls ihr etwas braucht, denn bis Hartsel sind es zum Teil steile 26 mi/42 km. In Hartsel zwei Grocers.

**Wilkerson
Pass**

Zwischen Lake George und Hartsel liegt der Wilkerson Pass, etwa 100 m höher als der Ute Pass. Auf der Passhöhe gibt ein Visitor Center mit phantastischem Blick auf die weite, gelbe Grasebene von Hartsel, die wie ein goldener Teppich vor den weißen Schneekronen der 14.000-Füßler (4200 m hoch) ausgerollt ist. 15 mi/24 km hinter Hartsel wartet der nächste Pass. Wer foxy ist, kann zuvor am Antero Reservoir zelten. Dort gibt es eine „South Boat Ramp Area" mit offiziellem Campground. Lasst euch den Weg dorthin in Hartsel beschreiben und nehmt genug Wasser mit. Der Aufstieg zum Trout Creek Pass ist nicht allzu anstrengend.

**✖ Off-Road
Riding:**

Kurz hinter der Passhöhe führt eine Stichstraße zu Mountainbike-Trails durch den Pike National Forest. Es dauert dann noch ein wenig, weil sich die Trailheads einige Meilen Dirt-Road von der Straße entfernt befinden.

**Arkansas
River**

Nach dem Pass gibt es als Belohnung eine atemberaubend schöne Abfahrt ins Tal des Arkansas River hinunter. Für mich ist das Tal des Arkansas River das schönste Tal in ganz Colorado! Versteckt hinter der Sägeblattreihe der schneebedeckten Giganten liegen die Orte, deren Namen Mountainbike-Fans auf der Zunge zergehen: Crested Butte, Aspen, Telluride. Und Rafting Freunde lockt der reißende Fluss, der unter Wildwasserfreunden als die Nr. 1 im Rocky-Mountain-Staat gilt. Entlang der Talstraße gibt es zahlreiche „outfitter" für Wasserspaß und mehr.

**Monarch
Pass**

Versorgungspunkte sind Buena Vista und Salida. Beide Orte liegen etwas abseits der Route, die als US 285 Richtung Süden führt. Ein Großeinkauf wäre ein Fehler. Die Auffahrt zum Monarch Pass (US 50 ab Poncha Springs) hat es in sich! Gut 17 mi/27 km insgesamt (davon 10 mi/16 km mit 6%) werfen einen Alpenradler vom Hocker, gehen aber trotzdem ganz nett in die Beine. Pause einlegen kann man im Cliffhanger Restaurant in Garfield, denn danach wird es noch einmal richtig gemein. Mit der Passhöhe von 11.312 ft (ca. 3447 m) überquert man gleichzeitig die „Continental Divide", die berühmte Wasserscheide zwischen Pazifik und Atlantik, die immer den höchsten Gebirgskämmen der Umgebung folgt. Gipfelstürmer mit Hang zum „Top of the World Feeling" können per Lift von der Passhöhe aus noch höher hinauf, falls das Wetter eine gute Aussicht auf die selten dichte Ansammlung von Fast-Fünftausendern gestattet. Nachmittags bauen sich nämlich regelmäßig dichte Gewitterwolken auf, die auch im Juni noch Schnee bringen können. Bei der Abfahrt geht es mit 7% bis 9%-Gefälle hinab nach Sargents, eine 5-Häuser Siedlung mit Zeltplatz im Nachbartal. Mit weitaus weniger Gefälle folgt die US 50 dann dem Tomichi Creek nach Gunnison (all services), dem Ausgangspunkt für einen Abstecher ins Mountain Bike-Paradies von Crested Butte, das von Liebhabern längst den Beinamen „Crested Beauty" erhielt.

3 Rocky Mounts.

➤ Abstecher nach Crested Butte (56 mi/90 km roundtrip)

✖ Off-Road Riding: Crested Butte sollte eigentlich als Skigebiet Furore machen, und um dem Platz angesichts der starken Konkurrenz im Umfeld einen besonderen Touch zu geben, schmückte man den Ort mit ungewöhnlich vielen Blumen und schuf ein Blumenfestival. Längst überholt. Heute strömen Radtouristen vom gesamten Kontinent zum wirklichen Festivalmagneten, zur Fat Tire Bike Week (www.ftbw.com), dem bedeutendsten Mountainbike-Festival der USA. Crested Butte, erst als Insider-Tip gehandelt, avancierte zum Fat Tire-Paradies Nr. 1 in Colorado. Schuld daran ist das teuflisch gute Netz von 50 first-class Mountainbike Trails in der Umgebung des Ortes, der, eingerahmt von schneebedeckten Bergen, zudem ein spektakuläres Panorama bietet. Die Trails umfassen alle erdenklichen Schwierigkeitsgrade, für jede Könnensstufe ist etwas dabei und die Wege sind bestens markiert. Billig übernachten kann man auf den Zeltplätzen entlang der Trails, die fast ausschließlich über Public Land führen. Wer keine Lust auf Schlafsack und Zelt hat, der nimmt ein Bett im Crested Butte International Hostel, 615 Teocali, Tel. (970) 349-0588.

Karten / Internetadressen Es gibt mehrere Karten, die Wissenswertes über das sagenumwobene Mountain Bike Revier verraten:

Aspen, Crested Butte, Gunnison Hiking Maps, über: Back Country Navigator, 131 Gunnison Ave., Lake City, Colorado 81235, Tel. freecall (888) 700-4174, www.bcnavigator.com/hmaps.htm. Crested Butte Bike Trails Map, 4 $, über: The Alpineer, 419 6th St., Crested Butte, CO, Tel. freecall (800) 223-4655, www.alpineer.com/home.cfm. Die Gunnison Area Mountain Biking Maps gibt's online bei www.co.blm.gov/recweb/southwestrec.htm. Auch das Gunnison County Chamber of Commerce, www.gunnison-co.com, kann mit Karten und weiteren Infos helfen.

Info-Surfen: http://bcn.boulder.co.us/transportation/bike.page.html oder www.visitcrestedbutte.com (Button *activities* anklicken, dann *Horsing Mountaineering*, dann *Mountain Biking*). Letztere bieten zu allen Trails in Crested Butte eine stets aktuelle Statusmeldung: *OPEN for the season* oder *CLOSED for winter*. Bike Shops in Crested Butte sind: „The Alpineer" (Adresse siehe oben), „Alternative Ski and Sports", Tel. (970) 349-1320 und „Syngletrax Cycles & Sports", Tel. (970) 349-5525.

Trails und Touren Die besten Trails zweigen ab von der Cement Creek Road. Als der härteste gilt Trail Nr. 409. Aber auch Trail Nr. 401 erfreut sich als Roundtrip größter Beliebtheit (vgl. Trail-Hitliste, Teil II, KAP. 8). Neben den Mountainbike Trails kannst du von Crested Butte aus auch auf Pisten durch die Berge andere Highways der Umgebung ansteuern. Z.B. über den Schofield Pass (10.707 ft/3262 m) nach Marble sind es 30 mi/48 km. Die Strecke ist der ultimative Fatburner, die Straßenführung nicht ganz ungefährlich. Der Trail ist natürlich erst ab Spätfrühjahr machbar. Unbedingt vorher mit dem Gunnison NF-Bureau Rücksprache halten.

Wer noch höher hinaus will, kann versuchen, den Cottonwood Pass nach Buena Vista zu überqueren. Die Strecke ist besser ausgebaut, die Anfahrt ab Almont sogar teilweise asphaltiert, dafür geht es aber auch rauf auf 12.126 ft/3695 m. Das sind schlappe 17 m weniger als der höchste asphaltierte Pass in den USA! Karten, Wegbeschreibungen u.v.m. unter www.mtnbikehalloffame.com/crestedbutte.cfm.

GUNNISON – DURANGO (174 mi/278 km)

Curecanti NRA

Westlich von Gunnison radelt man auf US 50 entlang eines schmalen, kobaltblauen Stausees, der von kahlen Hügeln gesäumt wird, durch die Curecanti National Recreation Area. Am Beaver Creek gibt es einen netten Picknickplatz direkt neben der Straße, sonst lädt die eher öde Landschaft nicht unbedingt zu längerem Verweilen ein. Eher etwas für Wassersportler. Es gibt nur wenige Häuser zwischen Gunnison und Montrose. Meist sind es vereinzelte, einfache Läden (snacks und Wasser). Weiter ab von der Straße gibt es einige einfache Zeltplätze, die nicht alle Wasser haben. Größere Anlagen liegen noch weiter weg und haben zum Teil gemein-steile Anfahrten. Hinter dem Black Mesa Reservoir wartet Black Mesa Summit (8704 ft/2652 m). Kurz vor Cimarron trifft man auf die eine oder andere nette Picknickecke und der Zeltplatz am Visitor Center im Ort liegt in Reichweite. Außer diesen Einrichtungen gibt es dort noch ein oder zwei Lädchen. Das war es dann schon. Nach dem Ort geht es wieder hinauf mit 360 m Höhendifferenz zum Cerro Summit (8010 ft/2440 m) und dann gut 600 m hinab ins Tal von Montrose.

Black Canyon of the Gunnison NM

Die Hauptattraktion der Region um Montrose ist neben dem jährlich stattfindenden Heißluftballon-Festival der „Black Canyon of the Gunnison", eine Schlucht mit schwarzen, 700 m tiefen, steilen Felswänden. Die Zufahrt liegt 8 mi/13 km vor dem Ort. Diesen 20 km langen Teil des ehemals 80 km langen Canyons erklärte man zum National Monument (www.nps.gov/blca), nachdem man den Rest im Curecanti Stauseeprojekt ertränkt hatte. Vor allem Kletterer zieht es in die steilen Wände der schwarzen Schlucht, für andere Aktivitäten ist der Ort weniger geeignet. Von der schlecht zugänglichen Nordseite aus gibt es einen steilen Wanderweg hinab zum Fluss. Das bloße Abradeln der Rim Road mit ihren Aussichtspunkten lohnt den mehr als 20 km Umweg nicht unbedingt. Wer nur durch Colorado fährt, sollte sich den schaurig schwarzen Taleinschnitt schon anschauen. Wer weiterradelt nach Utah, bekommt Beeindruckenderes zu sehen.

Million Dollar Highway

Montrose (all services) ist das Versorgungszentrum der Region, hat sich aber im Ortskern seinen Charme bewahrt. Von hier führt der berühmte **Million Dollar Highway** (US 550) durch eine der beeindruckendsten Gebirgslandschaften der Rockies über den Red Mountain Pass (11.008 ft/ 3354 m) und Molas Divide (10.910 ft/3324 m) nach Durango. Im Schottergrund dieser Straße, der aus den nahen San Juan Mountains herangeschafft wurde, befindet sich angeblich ein Vermögen in Form von Goldstaub, dem der Highway seinen kostbaren Beinamen verdankt (wahrscheinlich ist er deshalb so holperig, weil der eine oder anderen nachts Löcher buddelt, um die Kasse aufzubessern). Die Straße ist eng (Seitenstreifen nur in wenigen Abschnitten), kurvig, stark befahren und nervig.

Ouray

Der kleine Gebirgsort Ouray gilt als eines der schönsten Dörfer im Staate und verwöhnt mit einem Panoramablick auf die schneebedeckten Berge und Steilhänge. Neben der ungewöhnlich schönen Lage kann Ouray mit heißen Quellen aufwarten. Zwei solche Höhepunkte lässt sich kein motorisierter Coloradotourist entgehen. Rummel also, und natürlich gibt es auch hier inzwischen ein paar kurze Trails für Mountainbiker.

3 Rocky Mounts.

✖ Off-Road Tour: **Alpine Loop:** Besonders attraktiv ist jedoch der Alpine Loop, eine Jeep-piste, die heute mehr Mountainbiker als 4-WD-Fans anlockt. Je nach gro-ßer oder kleiner Runde ist die Strecke bis zu 65 mi/104 km lang und verbindet die Städte Ouray, Silverton und Lake City miteinander. Sie zweigt einige Meilen hinter Ouray vom Highway ab und führt durch das prachtvolle Gebirgsmassiv, das man sonst nur von der Passhöhe aus zu sehen bekommt. Auf der Strecke muss man in Schwerstarbeit die Cinna-mon- und Engineer-Gebirgspässe erklettern, die beide höher als 3600 m sind. Am besten man macht eine Zweitagestour daraus mit Zwischen-stop in Lake City, oder eine Dreitagestour mit Übernachtung in allen drei Orten.

Infos gibt es beim Tourist Office, im BLM-Gunnison Field Office, 216 N Colorado Ave., Gunnison CO 81230, Tel. (970) 641-0471 oder unter www.swcp.com/~nmts/rides/alpineLoop.htm bzw. www.travelbook-susa.com/co01.htm.

Silverton Silverton, eine ehemalige Goldgräbersiedlung, kann an landschaftlichen Reizen nicht mit Ouray konkurrieren. Bedeutung erlangt der Ort heute als Endstation der Durango – Silverton Narrow Gauge Railway, die jährlich tausende von Touristen in den Ort bringt, der entsprechend mit Cafés, Restaurants und Souvenirläden ausgestattet ist.

✖ Off-Road Riding: **Purgatory Ski-Area:** Auf halber Strecke zwischen Silverton und Durango folgt die nächste Radfahrattraktion. Purgatory Ski Area ist das Off-road Zentrum von Durango und bietet die besten Single Track Mountainbike-Trails der Region, unter anderem eine Weltmeisterschaftsstrecke. Wer sich austoben will, deckt sich am besten in Silverton mit Lebensmitteln ein und campt ein paar Tage in der Nähe des Skigebietes. Infos unter www.creativelinks.com/recreat/mtnbike.htm.

Durango Du radelst einen Trail nahe der Purgatory Ski Area ab. Plötzlich erschallt hinter dir ein lautes „left". Ein Biker zieht locker an dir vorbei. Der Typ ist in unfassbarer Spitzenform. Deshalb schaust du ihn dir etwas genauer an. Der sieht ja aus wie John Tomac, denkst du. Vergiss nicht: Du bist in der Nähe von Durango auf einem Mountainbike-Trail unterwegs. Da kannst du sicher sein, der sieht nicht nur so aus. Er ist es!

Zuerst kamen die Goldschürfer in diese Gegend, angelockt durch Gold- und Silberadern in den nahen San Juan Mountains. Später folgten dann zahlreiche Touristen, die mit der Durango – Silverton Schmalspur-bahn fahren wollten, die auf atemberaubender Streckenführung zu der Goldgräbersiedlung in den Bergen führt. Heute strömen Tausende von Bikern nach Durango. Jährlich trifft man sich zum berühmten „Iron Horse Bicycle Classic", bei dem Radler on- und off-road mit der berühmten Dampflok um die Wette keuchen. Die eigentliche Attraktion aber ist die Szene, die Tuchfühlung zu den „Pros", zu den professionellen Mountain-bike-Champions, die hier wohnen und trainieren. Homepage von Duran-go: www.durango.org.

Unterkunftsmöglichkeiten in Durango gibt es reichlich, z.B. das Duran-go Hostel, 543 E. 2nd Ave., Tel. (970) 247-9905. Im Durango Area Tou-rism Office, 111 S. Camino del Rio, Tel. (800) 525-8855 und beim Büro des San Juan NF kann man sich natürlich mit Info-Material über alle wichtigen Mountainbike Trails eindecken. Wer Auskünfte aus erster Hand vorzieht und auf Mitfahrgelegenheiten aus ist, steuert besser einen der zahlreichen Bike Shops an, z.b. die berühmten „Mountain Bike Specialists", 949 Main Avenue, Tel. (970) 247-4066.

❖ **Netzwerk**   Von Durango gelangt ihr zum **Arches NP** (UT) und „**4. Southwest**"; oder nach **Taos/Santa Fe** (NM) über „**3. Rocky Mountains**", **New Mexico Loop**" (s.u.)

⟩⟩⟩ Connection: **Arches NP** (162 mi/259 km)

Wer von Durango aus nach UTAH will, fährt ebenfalls über US 160 von Durango nach Cortez (s.u.), dann via US 666 nach Monticello (UT, 116 mi/185 km). *Weiterfahrt auf US 191 siehe* „**4. Southwest**", *Moab.* Viele kleine Ortschaften entlang der Strecke garantieren eine ziemlich lückenlose Versorgung. Mountainbiker kommen bei Dove Creek noch einmal auf ihre Kosten.

⟩⟩⟩ Connection: **Taos/Santa Fe** (NM) **via New Mexico Loop** (300 mi/480 km)

Durango liegt nah an der Grenze zu New Mexico, dessen landschaftlich und kulturell interessanteste Region im Norden des Staates liegt, in den Sangre de Cristo Mountains rund um Taos und Santa Fe. Es gibt nur eine relativ kurze Zeit, in der man den Norden New Mexicos bereisen kann. Die Höhe (bis ca. 3500 m) sorgt dafür, dass der Frühling spät eintrifft und der Winter früh. Obwohl schon so weit im Süden der Rockies kann man höchstens von Mitte Mai bis Mitte September mit guten Straßenbedingungen rechnen. *(Beschreibung siehe* „**3. Rocky Mountains**", *New Mexico Loop)*

DURANGO – CORTEZ (46 mi/74 km)

Wer New Mexico auslassen will und lieber in Colorado bleiben will, fährt von Durango aus auf US 160 Richtung Westen bis Cortez, vorbei am Mesa Verde National Park.

➤ Abstecher: Mesa Verde NP   48 mi/76 km roundtrip, *von Kevin Deutschmann.*

„Die berühmten Siedlungen der Anasazi Indianer im Mesa Verde National Park (www.nps.gov/meve) locken viele Touristen in die 4-corner-Region. Der Eingang zum Park liegt 10 mi/ 16 km östlich von Cortez. Schon aus der Tatsache, dass die Siedlungen äußerst versteckt inmitten einer Hochebene liegen und erst Ende des 19. Jhds. entdeckt wurden, folgt für den Biker: Dies ist eine höchst bergige Angelegenheit!

Vom Eingang aus geht es zunächst einmal 4 mi/6,4 km bergauf. Die Straße windet sich in mehreren Serpentinen bis auf ungefähr 7800 ft (2380 m). Der Blick in die Ebene zurück entschädigt aber für manches. Nach Erreichen der Höhe geht es ca. 2 km bergab, wobei man am einzigen Campground (Morfield CG) vorbeikommt. Nach Queren eines Tunnels und einer weiteren, 7 km langen Kletterpassage erreicht man das Far View Visitor Center. Von dort geht eine weitere Straße zur Wetherill Mesa. Hauptziel ist aber Chapin Mesa, wo sich auch das Museum befindet. Bis dahin fährt man ungefähr 8 km sanft bergab.

Die Ruinen sind über zwei Rundwege erreichbar, die beide spektakuläre Aussichten und Zugang zu den Siedlungen der Vorzeit bieten. Die Wetherill Mesa ist allerdings nur im Sommer geöffnet, die Chapin Mesa das ganze Jahr. An letzterer liegt der berühmte Cliff Palace, die Postkarten-

3 Rocky Mounts.

Siedlung der Anasazi, die sich harmonisch in Bauweise und Farbe an das überhängende Dach einer Sandsteinhöhle schmiegt. Wer die gesamte Strecke per Loop abradeln will, sollte sich einen ganzen Tag Zeit nehmen, denn zurück bis zum Parkeingang sind es 48 mi/76 km. Von Cortez aus sind es hin und zurück inklusive der beiden Rundstraßen ungefähr 120 km. Im Mesa Verde Park wird so ausführlich wie sonst wohl nirgendwo über das geheimnisvolle Volk der Anasazi unterrichtet, das vor 700 Jahren scheinbar spurlos verschwand. Im Park gibt es die Far View Lodge mit Restaurant. Sonst ist die Lebensmittelversorgung dürftig."

■ *Mesa Verde NP – Siedlung der Anasazi*

CORTEZ – GRAND JUNCTION (222 mi/ 355 km)

von Jens Willhardt

„Von Cortez aus führt die Route zurück auf den San Juan Skyway (www.byways.org/travel/byway.html?CX_BYWAY=2101), zurück in die grünen Berge Colorados. Der nächste größere und verflixt teure Versorgungspunkt ist Telluride. Doch zunächst kommt man nach Dolores, einem kleinen, gesichtslosen Ort am McPhee Reservoir, der neben einem privaten Campingplatz und einer Jugendherberge (Mountain View, 28050 County Rd, Dolores, CO 81323, Tel 970-882-7861) im wesentlichen eine Ranger Station und das Anasazi Heritage Center zu bieten hat.

Nach der eher heißen, trockenen Ebene dringt man wieder in die karge und kühle Bergwelt ein, vorbei an Stoner (Campingplätze nahe der Straße) und Rico (mit kleinem General Store), das schon fast die Qualität einer Geisterstadt hat. Gut 1000 Fuß höher (ab Dolores ca. 3000 ft) hat man den Lizard Head Pass erreicht, der mit 10.222 ft/3115 m der höchste Punkt der Strecke ist. Man hat einen phantastischen Blick auf die Viertausender der Umgebung, natürlich auch auf den namensgebenden Lizard Head Peak (13.113 ft/3996 m), der tatsächlich ein markantes Profil hat. Gemütlich rollt es sich dann Richtung Telluride abwärts, vorbei am Trout Lake und durch die enge Orphir Loop (dazwischen befindet sich ein Campground). In der Orphir Loop schaut man hinab auf den South Fork, in dessen Tal zu fahren sich als Alternative zur US 145 anbietet.

Wer die Kälte der Nacht nicht scheut und auf dem NF Campground beim Cashma Lake übernachtet, hat wie wir eventuell das „Glück", Bekanntschaft mit Meister Petz zu machen, der den Abfalltonnen mal wieder einen Besuch abstattet. Die Aussicht auf den Sunshine Mountain am nächsten Morgen entschädigt dann für die Schrecken der Nacht."

➤ Abstecher: Telluride

(8 mi/13 km roundtrip). – Versteckt in einem Seitental zu Füßen des Mt. Sneffels Massivs, eingerahmt von steilen Bergen und tosenden Wasserfällen, liegt die ehemalige Goldgräberstadt Telluride. Der Ortskern, geschützt als „National Historic District", hat im Aussehen wirklich noch einiges gemeinsam mit dem Bild des Goldrauschstädtchens 100 Jahre zuvor. Das Gold, das heute in Telluride geschürft wird, stammt nicht aus den Felsen, sondern aus den Geldbörsen der Touristen. Für fast alle steht der Ort weit oben auf der Liste der „Pflichtübungen" für Colorado. Entsprechend drängelt sich dichter Verkehr mit vielen extrabreiten RV's über die extrem schmale, kurvige Zufahrtsstraße (4 Meilen) hinein in den zauberhaften Talkessel. Grelle Kleidung und ein gesundes Maß an Vorsicht sind angebracht.

Übernachtung

Wer die hohen Übernachtungskosten im Ort vermeiden will, quartiert sich auf dem Campground ein oder besorgt sich im Tourist Office eine Karte mit den besten Mountainbike Trails und schlägt irgendwo entlang der Off-road Wege sein Zelt auf. Eine Übersicht der hiesigen Mountainbike-Trails bietet auch www.telluride.com/things_to_do/Biking.asp.

Unaweep/ Tabeguache Scenic Byway

Am Abzeig in Placerville wird der San Juan Skyway abgelöst vom Unaweep/Tabeguache Scenic Byway. Die Strecke führt vorerst nicht mehr durch National Forest Gebiete, sondern durch die etwas kargeren Minenregionen im Westen Colorados, wo hauptsächlich Uranerze abgebaut werden. Auf dem Plateau rund um den hübschen Ort Norwood (Supermarkt, B&B's) beherrscht jedoch zunächst Landwirtschaft das Bild. Hinter Redvale (Camping) fällt die Straße ab zum Naturita Creek. Naturita ist Versorgungspunkt für die nahen Minen in Nucla und wartet für die nächsten 100 mi/160 km mit dem letzten größeren Supermarkt auf.

An der Kreuzung hinter dem gesichtslosen Ort zweigt CO 90 ab Richtung Moab. CO 141 folgt dem Dolores River durch sein pappelgesäumtes Tal, was aber nicht bedeutet, dass nicht zwischendurch ein paar ordentliche Hügel zu bewältigen sind. Außer in Uravan kann man höchstens noch in Gateway oder in Privathäusern entlang der dünn besiedelten Strecke nach Grand Junction die Wasserflaschen problemlos füllen. Wer keine Möglichkeiten hat, sich per Wassersack auf eine längere Durststrecke einzustellen, fährt besser über Moab, was allerdings doppelt so weit ist (205 mi/328 km ohne Abstecher zum Arches NP).

Von Gateway aus geht es hinauf auf die Ausläufer des Uncompahgre Plateaus und von dort aus in angenehmer Abfahrt hinab ins Tal des Gunnison River. Zeltplätze könnt ihr entlang dieser einsamen Strecke nicht erwarten. Aber da es sich fast überall um Public Land handelt, entweder als NF- oder BLM-Land, ist es nicht weiter problematisch, einen Lagerplatz zu finden. Von Whitewater bis Grand Junction ist es nur noch ein Klacks und US 50 wird vierspurig.

Grand Junction

Grand Junction ist die erste größere Stadt seit langem und dazu noch eine mit mehr Charme im Downtown-Bereich als es die Vororte vermuten

3 Rocky Mounts.

lassen. Es gibt zahlreiche Motels aber auch RV-Parks in denen man übernachten kann. Außerdem ein Hostel: Hotel Melrose, 337 Colorado Ave., Tel. (970) 242-9636.

Colorado NM
Wer Lust dazu hat, kann einen Tag ohne Gepäck auf dem Rim Rock Drive des Colorado NM (www.nps.gov/colm) verbringen oder auch im Park auf dem Saddlehorn Campground (10 $, achtzig Plätze) sein Nachtlager aufschlagen. Auch wenn der Rim Rock Drive selbst nur 23 mi/37 km lang ist, so umfasst der gesamte Loop doch 35 mi/56 km. Ein Tagesprogramm also. Zu sehen gibt es wunderschöne Felsformationen mit steilen Cliffs und Monolithen. Zahlreiche Wanderwege führen vom Rundweg aus ins Binnenland des Parks. Die Anfahrt zum Rim Rock Drive erfolgt über CO 340, auch Broadway genannt.

✖ Off-Road Riding:
Kokopelli's und Tabeguache Trail
Grand Junction ist Start für zwei der Long-Distance Mountainbike Trails.

Kokopelli's Trail
Der wasserarme Kokopelli's Trail (www.co.blm.gov/gjra/kokopelli.html) windet sich 128 mi/205 km durch Wüstencanyons mit Sandsteinformationen und Sagebrush durch die Region am Colorado River entlang Richtung Westen nach Moab. Der Schwierigkeitsgrad der einzelnen Abschnitte variiert von leicht bis sehr anstrengend. Der Trail wird in der Regel nur abschnittsweise befahren, da die Wasserversorgung absolut nicht gesichert ist, es sei denn, man schafft sich zuvor per Auto Depots.

Tabeguache Trail
Der Tabeguache Trail (www.co.blm.gov/gjra/tabeguache.htm) ist noch länger als der Kokopelli's Trail. Er führt 142 mi/227 km durch Canyons, über Tafelberge und das Hochland des Uncompahgre Plateaus. Der Trail beginnt im No Thoroughfare Canyon nahe der Mündung des Gunnison in den Colorado River und endet in Montrose. Der Schwierigkeitsgrad variiert zwischen leicht und fortgeschritten. Trotz stärkerer Vegetation ist auch entlang des Tabeguache Trails die Wasserversorgung ein Problem. Also steuern auch hier die meisten Radler per Jeep-Zubringerpiste den Trail an, um ihn dann abschnittsweise abzuradeln. Auskünfte zu beiden Trails bekommt man im BLM-Büro: Grand Junction Field Office (GJFO), 2815 H Road, Grand Junction, Tel. (970) 244-3000.

❖ Netzwerk
zum **Arches NP** (UT) und „4. Southwest" über die Castle Valley Rd. (95 mi/152 km); zum **Dinosaur NM** und 4. Southwest Salt Lake City Loop über CO 139 (73 mi/117 km); zum **Dinosaur NM** und 4. Southwest Salt Lake City Loop via Baxter Pass und UT 45 (ca. 115 mi/184 km); **Shortcut Denver durchs Colorado Tal** (ca. 280 mi/448 km).

⟩⟩⟩ Connection:
GRAND JUNCTION (CO) – VERNAL (UT) (via Baxter Pass und UT 45) (ca. 115 mi/184 km)
Eine ziemlich gemeine Schotterpiste schlängelt sich von Mack aus über den Baxter Pass (8422 ft/2565 m) zur UTAH-Staatsgrenze und weiter zum White River. Ab hier könnt ihr Asphalt folgen, passiert Bonanza (kein Laden!), quert den Green River und erreicht Vernal (Anschluss an 4. Southwest Salt Lake City Loop und Dinosaur NM). Bestimmt die interessantere Alternative zur öden CO 139 über Rangely, allerdings ohne Ver-

sorgungsmöglichkeiten. Und: Der Pass wird frühestens Ende Juni nach der Schneeschmelze geöffnet!

Was *Joachim Fritz und Antje Kluger* hier Ende April erlebt haben, erzählen sie in ihrer Story.

♥ STORY
von
**Joachim
Fritz und
Antje Kluger**

Verschollen in den Rocky Mountains

„Die nächsten 110 km kommt keine Ortschaft und wir müssen auf Schotterpiste fahren!" Nachdenklich betrachte ich die Karte. „Und ob wir in diesem Bonanza etwas einkaufen können, wage ich noch zu bezweifeln. Danach gibt es weitere 50 km kein Anzeichen menschlicher Zivilisation. Das einzige, was hier eingezeichnet ist, ist die Grenze zwischen Colorado und Utah und ein Pass namens Baxter mit 8422 Fuß Höhe." Antje freut sich: „Ist doch genial, das hört sich nach einer einsamen und ruhigen Strecke an. Komm, los geht's!"

Wir füllen zur Sicherheit in einem Vorgarten noch unsere fast 20 Liter fassenden Wassersäcke auf und erzählen den Farmern von unserem Plan, über den Pass zu radeln. Zu unserem Erstaunen interessieren sie sich überhaupt nicht für uns, lassen uns regelrecht links liegen, was sehr untypisch ist für Amerikaner. Seltsame Gegend, ich habe ein schlechtes Gefühl.

■ *Kurz hinterm Baxter Pass – Campieren mitten auf der Straße*

Wir waren von **Moab** die beeindruckende Onion Creek Road nach Nordosten geradelt und dann ein Stück die Interstate 70 gefahren und wollen jetzt zur Flaming Gorge zwischen Utah und Wyoming. Als wir die Piste erreichen stellt sich bei uns mal wieder dieses Gefühl von Freiheit ein, das wir schon öfters in den USA empfunden haben. Grenzenlose Weite und wüste Gebirgsformationen in gelb-braunen Streifengewändern liegen vor uns im Abendlicht und außer einigen weidenden Kühen ist so gut wie kein Verkehr. So lieben wir das Radfahren. Wir stellen unser Zelt irgendwo in die Büsche und genießen die Einsamkeit und einen großen Topf voller Nudeln.

Der nächste Tag beginnt friedlich, die Piste windet sich sanft im Flusstal bergauf, immer tiefer führt sie uns in die Ausläufer der Rocky Mountains hinein. Je weiter wir vordringen, desto schlechter wird sie: tiefe Spurrillen machen das Fahren mit den schwer beladenen Rädern immer schwieriger. Doch was macht das schon, wenn man durch wunderschöne Landschaft fahren kann, fern vom motorisierten Verkehr? Auf einmal endet das verschlafene Tal und wir stehen vor einer unüberwindbar erscheinenden Bergwand, in der sich irgendwo die Straße steil nach oben windet. Auf halbem Weg legen wir eine Pause ein, um uns zu stärken, einige Momente lang lauschen wir der absoluten Stille. Kann man Ruhe hören?

„Sag mal", bricht Antje das Schweigen, „wann hat uns eigentlich das letzte Auto überholt?" – „Ich weiß auch nicht, ist schon eine Weile her, was? Dieser Pass scheint wirklich einsam zu sein. Von oben kommt überhaupt niemand."

Einige Kilometer weiter verwandelt sich die Piste plötzlich in eine zähe schlammige Masse. Munter plätschert ein kleines Flüsschen die Straße hinab. Ich bin der erste, der stecken bleibt, doch Antje hinter mir geht es nicht besser: „Verflixt noch mal! Der Matsch klebt wie Kleister zwischen Bremsen und Schutzblech, die Räder blockieren völlig! Ich kann nicht einmal mehr schieben!" Mit Stöckchen und Fingern pulen wir den Dreck aus den verstopften Zwischenräumen und zerren die Räder dann mühsam meterweise nach oben. Anhalten, durchschnaufen, putzen, kurz die Landschaft genießen, einige Meter weiter nach oben rutschen, anhalten ... „Gott sei Dank, die Piste wird wieder trockener!" jubele ich, „das war nur etwas Schmelzwasser, das die Straße nach unten floss." Schließlich ist erst Ende April und wir wollen einen 2500 Meter hohen Pass überqueren.

Als ich um die nächste Kurve biegen, bleiben mir die Worte im Halse stecken. Jetzt wissen wir, warum hier kein Auto fährt! Umgestürzte Bäume liegen quer über der Straße, die halbe Piste wurde von einem Erdrutsch nach unten in die Tiefe gerissen. Ich fasse mich als erster: „Was machen wir? Sollen wir umkehren?" – „Umkehren? Dann müssen wir ja einen ganzen Tag zurück und noch mal über einen Pass fahren. Nein, das schaffen wir schon", flößt Antje mir Vertrauen in unsere Stärken ein.

Wir balancieren Räder und Gepäck einzeln über Baumstämme und durch dichtes Astwerk, über Geröll und Felsbrocken und erreichen letztendlich heil die andere Seite. Das nächste Hindernis lässt nicht lange auf sich warten, ein kleines Schneefeld liegt vor uns. Antje freut sich wie ein Kind während sie im Schnee stecken bleibt: „Guck mal, das Rad steht ganz von alleine." Ich beginne zu zweifeln: „Ist dir eigentlich klar, dass wir uns auf der Südseite des Passes befinden? Was glaubst du, wie es erst auf der anderen Seite ausschaut?"

Das Geheimnis ist bald gelüftet. Nach einigen weiteren kleinen Schneefeldern stehen wir oben am Pass und versuchen das Ausmaß des Desasters einzuschätzen. Vor uns liegt eine wunderschön verschlafene Winterlandschaft, mit Langlaufskiern wäre es sicher toll hier. Immerhin ist der Schnee schon so weit von den Hängen getaut, dass man den Verlauf der Straße erkennen kann. „Jetzt müssen wir durch" sporne ich an, „ich möchte nicht hier oben übernachten." Doch schon nach wenigen Metern bleiben wir völlig im Schnee stecken, nichts geht mehr. Die Straße zieht sich in einer langen Schleife durch den Wald an einem Nordhang entlang, Schnee soweit das Auge reicht. Es bleibt uns keine Wahl, wir müssen das Gepäck abladen und alles einzeln tragen.

Eigentlich ist es ganz lustig: Wir stapfen in kurzen Hosen durch kniehohen Schnee und ziehen unsere Radtaschen wie einen Schlitten hinter uns her. Ich denke an Weihnachten. Ohne Gepäck lässt sich das Rad schieben und ich messe die Strecke bis zum Ende des Schneefeldes: Fast eineinhalb Kilometer! Das Lachen vergeht uns schnell, als wir wieder mühsam zum restlichen Gepäck zurückkehren. Der harsche Altschnee kratzt wie Schmirgelpapier über unsere Haut, schon bald ist sie wund und blutig, immer wieder sinken wir bis zu den Oberschenkeln ein. Langsam senkt sich die Sonne hinunter ins Tal und uns wird klar, dass wir uns beeilen müssen. Insgesamt laufen wir die Strecke siebenmal: viermal runter und dreimal rauf. „Das macht zehn Kilometer mit Gepäck durch tiefen Schnee!" rechne ich Antje vor. Beim letzten Abstieg zittern mir die Beine, die Schuhe sind völlig durchnässt, die Zehen steifgefroren, wir sind am Ende unserer Kräfte. Schnell bricht die Dämmerung herein, die Sonne zeichnet ein letztes Kunstwerk an den Himmel und macht Platz für die Nacht.

Wo schlafen wir jetzt? Wir stehen mitten in den Bergen auf einer Straße, links geht es runter, rechts geht es hoch. Die Antwort fällt leicht: natürlich auf der Straße. Antje zögert noch: „Und wenn nachts ein Jeep kommt und uns über den Haufen rollt?" – „Na ja, von oben kann nun wirklich nichts kommen und nach unten sichern wir unseren Zeltplatz ab." Wir legen unsere Räder einige Meter vor unserem Zelt quer auf die Straße und stellen unsere Radtaschen mit den Reflektoren nach vorne um unsere Schlafgemach herum. „Gibt es hier eigentlich Bären?" frage ich Antje besorgt mit Blick auf den Wald um uns und kann meine Angst nicht völlig verbergen. „Nein, keine Sorge" beruhigt sie mich, „eher schon mountain lions." – „Soll das ein Witz sein? Was ist denn das schon wieder? Wir sind doch nicht in Afrika!" „Berglöwen, auch Puma genannt" antwortet sie abgeklärt. Ein wenig unruhig schlafe ich ein, doch ansonsten liegt es sich prächtig auf der Straße.

Um Gegenverkehr hätten wir uns wahrlich keine Sorgen zu machen brauchen, zwei weitere lange Schneefelder warten am nächsten Morgen auf uns. Glücklicherweise ist der Schnee durch die Kälte der Nacht noch gefroren und wir können die Räder samt Gepäck in wärmere Gefilde steuern. Als wir endlich unten im Tal an einem einsamen Farmhaus einen Cowboy treffen guckt er uns an, als wären wir soeben vom Mond zur Erde geschwebt. „Wo kommt ihr denn her?" fragt er völlig entsetzt. „Na, vom Pass" versuchen wir ungezwungen zu klingen. „Aber der öffnet frühestens Ende Juni!"

Hätte er es uns nicht gesagt, es wäre uns niemals aufgefallen!

Shortcut durchs Colorado Tal
(280 mi/448 km von Grand Junction bis Denver)

Durch das zentrale Tal im Herzen Colorados führt eine ausgewiesene Bike-Route von Grand Junction nach Denver zum Teil parallel, zum Teil über Interstate Highway 70.

GRAND JUNCTION – FRISCO (ca. 190 mi/304 km)

von Jens Willhardt

Interstate 70: „Der I-70 ist zwar stark befahren, aber auf der Bike Route im Colorado-Tal findet man doch einige Höhepunkte und Kostbarkeiten abseits des Highways, denn das Tal ist mitnichten nur eine Autobahn. Wichtig ist, dass i.d.R. immer die Möglichkeit besteht, auf einer Service Road zu fahren, die meist gänzlich unbefahren und häufig ein ganzes Stück vom I-70 entfernt ist. Das Colorado-Tal besticht in erster Linie durch einen ständigen Wechsel des Landschaftsbildes. Normales Farmland, sumpfiges Gebiet, Karl-May-Kulisse und Savanne wechseln sich auf wenigen Kilometern ab. Hat man Grand Junction hinter sich gelassen, kommt man auf der US 6 (bis Exit 44 des I-70) zunächst durch die Obstplantagen des fruchtbaren Colorado (Vitamine tanken!). Vor kostengünstiger Selbstbedienung am Wegesrand sei jedoch angesichts der Vehemenz und Rücksichtslosigkeit, mit der Amerikaner ihr Eigentum verteidigen, nachdrücklich gewarnt ...

Colorado River Valley

Wenig später tritt das Tal enger zusammen und wird nahezu übergangslos karg und steinig. Für etwa 15 km ist man gezwungen, auf den Interstate auszuweichen, bis sich vor DeBeque das Tal wieder öffnet, seinen trockenen Charakter aber bis auf einen grünen Streifen entlang des Colorado bewahrt. Wer nicht weiter I-70 folgen will sondern durch Colorados Norden, zweigt in Rifle ab Richtung Meeker (s. „Colorados Norden").

Nach Chacra wird das Tal wieder sehr eng, bis man Glenwood Springs (zwei Campgrounds) erreicht. Dieser kleine, aber schmucke Nobelort ist der Ausgangspunkt des Glenwood Canyon Bike Path. Der schmale und wilde Colorado rauscht ab hier durch ein Tal, das für die Autobahn kaum

Platz lässt, und diese zeitweise auch in Tunnel drängt. Der Bike Path dagegen folgt immer dem Flusslauf, ist durchgehend ausgeschildert und von gutem Belag. Das folgende Stück bis zum Zusammenfluss von Eagle River und Colorado gehört mit zu den großartigsten Abschnitten dieses Flusses. Der Radweg und die Bahnlinie schlängeln sich durch das zerklüftete Tal nach oben, vorbei an Stromschnellen und kleinen Aufstauungen des Flusses. Leider verkehren hier keine alten Dampfrösser mehr, aber sechs brüllende Dieselloks vor einem viele hundert Meter langen Güterzug in geringer Entfernung zu sehen sind auch ein Erlebnis. Das Tal öffnet sich nach dem Zusammenfluss wieder weit und die Farbe der Vegetation neben der sanft ansteigenden Straße geht vom satten Grün in Gelbtöne über. Die ersten Berge rücken ins Blickfeld. Es ist fast immer eine Service Road vorhanden, die auch schon mal einen Kilometer vom Highway entfernt verläuft.

Vail

Vail kündigt sich schon lange vorher durch seine gettoartigen Villensiedlungen an. Beidseits der Straße liegen mehrere Villen auf großflächigem Gelände, natürlich mit repräsentativem Eingangstor und Pförtnerhäuschen von der übrigen Welt abgegrenzt. Erleichtert schaut man sich um, wenn man sich hinter Vail wieder in unverschandelter Natur wiederfindet. Der I-70 strebt nun auf den Vail Pass (10.666 ft /3251 m), Biker müssen – besser: können – die Autobahn verlassen und haben einen eigenen Radweg zur Verfügung. Teilweise besteht dieser aus der alten Passstraße und windet sich unabhängig vom Interstate aufwärts. Zunächst hat der Weg noch halbe Straßenbreite, bis er sich später auf einen Meter verengt, aber immer noch asphaltiert ist. Einmal im Jahr findet hier ein Bergrennen statt, und wie in den Alpen ist die Straße mit den klangvollen Namen der großen Cracks beschriftet. Jäh wird man aus der Begeisterung durch eine kräftige Steigung gerissen. Zur Passhöhe läuft der Weg wieder parallel zum Highway, auf dem altersschwache Trucks auch nicht viel schneller vorankommen als man selbst. Unterhalb der Passhöhe befinden sich zwei kristallklare Seen. Wer hier allerdings laut Karte Campingplätze erwartet, wird von dem Schotterparkplatz an dieser Stelle schwer enttäuscht; immerhin gibt es Tisch und Bänke, Trinkwasser und Toiletten hat es auf der Passhöhe. Vor der Übernachtung auf dem Parkplatz sei noch daraufhingewiesen, dass mit einer bitterkalten Nacht zu rechnen ist! Der erste Schnee fällt bereits um den ersten September, wie man einer Ausstellung im Info-Pavillon entnehmen kann. Doch die Abfahrt am nächsten Tag entschädigt für alles – man könnte glatt vergessen, dass man im Land der Highways ist. Die Bike Route führt durch äußerst malerisches Gelände – sofern man nicht durch Nebel tauchen muss – durch Blumenwiesen, über Wildbäche und vorbei an ein paar Holzhütten. Etwas später tauchen Ferienhäuser auf, die – man glaubt es kaum – das Landschaftsbild nicht stören. An der Wheeler Junction biegt man ab und braust durch duftende Wälder abwärts nach Frisco.

FRISCO – DENVER (ca. 90 mi/144 km)

Von Frisco aus führt die Strecke weiter bis nach Denver. Wir sind den Abschnitt von Empire bis Denver gefahren, haben dabei zum Teil Frontage Roads benutzt oder auch den Seitenstreifen des Interstate Highways, den die offiziell ausgeschilderte Radroute sogar hin und wieder kreuzt.

Colorados Norden (430 mi/688 km von Grand Junction bis Denver via Rocky Mountain National Park)

GRAND JUNCTION – KREMMLING (ca. 240 mi/384 km)

Von Grand Junction aus einen sinnvollen Rückweg durch den Norden Colorados nach Denver zu finden ist nicht ganz leicht. Im Nordwesten des Staates ist, mal abgesehen vom Dinosaur NM, das man besser mit einer Utah-Tour verbindet, nicht viel los. Die Strecke über den Douglas Pass (8268 ft/2519 m) ist recht öde und führt durch karges Land mit Öl-pumpen nach Rangely, einem trostlosen, nach Petrochemie stinkenden Ort, den wir „Chevron City" tauften.

Östlich von Meeker ist die Landschaft hingegen lieblicher. Asphaltierte Querverbindungsstraßen führen allerdings durch betriebsame, wenig ma-lerische Täler mit viel Verkehr und viel Industrie. Wer per Mountainbike unterwegs ist oder zumindest gemäßigte Schotterpisten fahren kann – und das sollte man, wenn man nach Colorado fährt –, kann sich wie wir über National Forest Roads vorarbeiten, wo das Radfahren naturverbun-dener ist und viel mehr Spaß macht.

Interstate 70 Die von Grand Junction aus sinnvollste Weiterfahrt führt zunächst über I-70. Bis Exit 44 hinter Palisade könnt ihr auf US 6 ausweichen. Dann fol-gen 15 km Autobahn bis De Beque. Von Rifle aus führt CO 13 nach *Meeker*. Meeker ist kein besonders großer Ort, aber immerhin County-Sitz. In den Büros von National Forest und BLM, 73544 Highway 64, Tel. (970) 878-3601, kann man sich Informationen holen, in den Supermärktchen mit Lebensmitteln für die Tour über die Flat Tops und Ripple Creek Pass ausstatten. Die Piste entlang der Flat Tops gilt als eine der schönsten Ge-birgsstrecken Colorados. Direkt aus dem Sattel geworfen hat uns die Aussicht allerdings nicht. Aber die Strecke war interessant zu fahren.

Flat Top Road Von Meeker aus geht es zunächst über Country Road 8 an der North Fork, der nördlichen Gabel des White River entlang hinauf ins Gebirge. Die Straße ist nur schwach befahren, klettert aber mitunter recht an-spruchsvoll über Hügel und Berghänge des Tals. Buford ist eine kleine Ansammlung von Häusern und Ferieneinrichtungen mit einem winzigen Laden. Der Asphalt endet 15 mi/24 km weiter an der Grenze zum Natio-nal Forest. Dort liegt ein Campground nah an der Straße. Es gibt keine Duschen, aber Trinkwasser und eine Telefonnummer für weitere Infos: (970) 878-4039. Die Schotterpiste klettert nicht besonders steil, aber kontinuierlich die Berghänge hinauf, bis zu einem Aussichtspunkt ober-halb des Tales, „Ripple Creek Overlook" genannt. Solange noch Schnee auf den Flat Tops liegt, ist der Ausblick wunderschön und ungewöhnlich. Die Gipfel sehen aus, als hätte jemand die Zackenkronen rigoros abge-schnitten oder plattgeklopft.

Kurz hinter dem Aussichtspunkt erreicht man mit 10.343 ft/3150 m den Scheitelpunkt des Ripple Creek Passes. Einmal über den Berg, geht es durch eine zauberhafte Hochgebirgslandschaft hinab ins Tal.

Dunckley Pass An der Talsohle verlässt man den National Forest für kurze Zeit. Was man auf keiner Karte sieht: Dort gibt es Häuser, sogar einen Outfitter für Tou-ren durchs Hinterland. Frischt den Wasservorrat auf, denn danach geht

3 Rocky Mounts.

es wieder für eine Weile ins Nichts. Die Strecke nach Phippsburg zweigt kurz hinter den ersten Häusern rechts ab und führt gleich recht steil bergauf. Überraschung! Dunckley Pass findet man auf keiner Karte, dabei ist seine Anfahrt steiler als die des Ripple Creek Passes, und mit 9764 ft/ 2975 m hoch genug. Zum Trost geht es nach der Passhöhe wirklich fast kontinuierlich bergab. Direkt hinter dem Schild, das das Ende des National Forests verkündet, führt eine Piste links ab nach Oak Creek entlang des gleichnamigen Flusses. Wer über Gore-Pass weiterradeln will Richtung Rocky Mountain NP, sollte geradeaus weiterfahren nach Phippsburg. Richtung Steamboat Springs folgt man besser der Straße nach Oak Creek. Der Ort mit einer unerwartet hübschen Main Street hat einen Supermarkt, den Stagecoach State Park, in dem man – vorher über Tel. (970) 736-2436 angemeldet - zelten kann und zwei Kneipen. Die CO 131 von Oak Creek fällt parallel zum Fluss langsam ab ins weite Tal von Steamboat Springs (all services), ein hübscher Skiort mit netten Cafés, einigen interessanten Trails in der Umgebung und einer excellenten Radabteilung im „Ski-Haus", 1450 S Lincoln Ave., Tel. (970) 879-0385, einem Ski und Mountain-Bike-Laden. Info-Material zu den Mountainbike Trails der Umgebung gibt es bei der Steamboat Springs Chamber Resort Association, 1255 Lincoln Ave., Tel. (970) 879-0880, beim Parks & Recreation Office, 245 Howelsen Parkway, Tel. (970) 879-4300 oder im „Ski Haus".

Routt NF
Viele Radler fahren von Steamboat Springs aus mit dem Auto hinauf zum Rabbit Ears Pass, um auf den Pisten im Routt National Forest zu biken. Uns haben die Pisten durch die Colorado National Forests so gut gefallen, dass wir auch im Routt NF die Off-road Strecken dem engen Highway 40 vorzogen. Kurz vor der Passhöhe zweigt der Buffalo Park Trail Richtung Süden von US 40 ab. Die Strecke ist im Sommer einwandfrei und leicht zu befahren, führt durch satte Wiesen und dichten Wald, bietet aber wegen des dichten Baumbestandes nicht viel Fernsicht. Am Ende trifft die Piste auf CO 134, ca. 5 mi/ 8km von der Kreuzung mit US 40 entfernt. Wer diese NF-Route kennenlernen will, sollte auf jeden Fall zunächst in der Hahns Peak/Bears Ears Ranger Station in Steamboat Springs, 925 Weiss Dr., Tel. (970) 879-1870, die National Forest Karte studieren.

Alternative Gore Pass
Bei Rennradlern ist der Gore Pass (9570 ft/3137 m) sehr beliebt. Wer ihn radeln will, sollte Steamboat eventuell links liegen lassen, nach Dunkley-Pass Phippsburg ansteuern und von CO 131 abzweigend über CO 134 und ein kurzes Stück auf US 40 nach Kremmling spurten. Diese Strecke ist auf jeden Fall besser als die Verbindung von Steamboat nach Kremmling ausschließlich auf US 40. Die Distanz bis Kremmling beträgt von Phippsburg aus 48 mi/77 km.

Kremmling
Durch Kremmling führt eine ACA-Route hindurch. Somit also ein Ort, wo nicht nur zufällig, sondern ganz gezielt ein paar Langstreckenradler mit angenehmer Regelmäßigkeit durchfahren und gegebenenfalls obendrein auch noch hier übernachten wollen. Gebt euch also beim Besuch der Chamber of Commerce & Visitor Center in der 113 Spruce Street (Tel. 970-724-3472 oder freecall 1-877-573-4263) am Westende der Stadt als Radfahrer zu erkennen und fragt nach günstigen Serviceleistungen speziell für euch. Sicher hat's irgendwo in der Stadt einen „Free Campground for Cyclists only" oder vergleichbares.

KREMMLING – DENVER (190 mi/304 km)

Rocky Mountain NP

Der Rocky Mountain NP (www.nps.gov/romo) hat nach Einschätzung vieler Reisender außer dem höchsten asphaltierten Pass der USA am Scheitelpunkt der Trail Ridge Road in 3600 m Höhe nichts Außergewöhnliches zu bieten. Nichtsdestotrotz ist der Park dafür berühmt und berüchtigt, dass er in den Sommermonaten nur so aus den Nähten platzt und der Verkehr zeitweise zum Erliegen kommt. Wer eben kann, quält sich am liebsten mit dickem RV die Passstraße hinauf, von Aussichtspunkt zu Aussichtspunkt. Die Strecke ist nur 45 mi/72 km lang.

Für **Jens Willhardt** hingegen war der Park einer der Höhepunkte in Colorado. Er schildert seine Eindrücke so:

„Der Rocky Mountain National Park wird von einer Passstraße, der Trail Ridge Road, durchquert. Diese führt über die Continental Divide, die Wasserscheide zwischen Atlantik und Pazifik, und besteht aus zwei Pässen. Sie erreicht ihren höchsten Punkt (12.183 ft/3713 m) aber erst an einer dritten, nicht weiter gekennzeichneten Stelle. Insgesamt erwarten den Radfahrer ca. 4000 ft/1200 m Höhendifferenz. Die Straße ist je nach Schneelage vom Memorial Day (letzter Montag im Mai) an bis Mitte Oktober befahrbar. Letzter Ort vor dem Park ist Granby, hier solltet ihr euch nochmals mit Lebensmitteln eindecken. Im Park gibt es kein Restaurant, nicht einmal eine Tankstelle. Bis zum Parkeingang und zur Rangerstation am Grand Lake sind es 14 mi/23 km, davor liegt noch ein NF-Campground.

Nach unseren Erkenntnissen ist die Straße durch den Park zeitweise von RVs überbevölkert, Ende August ist der Verkehr aber erträglich und wird bei weitem durch das landschaftliche und sportliche Erlebnis wettgemacht. Wer aus dem Osten kommt und sich erst seit kurzer Zeit in großer Höhe befindet, sollte bedenken, dass die Luft in der Höhe von 3700 m ziemlich dünn wird. Aus eigener Erfahrung sei gesagt, dass eine Überquerung trotzdem möglich ist, man muss eben öfter mal ein Päuschen einlegen. Die Passhöhe solltet ihr nach Möglichkeit vor dem Nachmittag überwinden, da dann häufig schwere Gewitter niedergehen, vor denen die Parkranger eindringlich warnen.

Von Grand Lake aus erreicht man den Rocky Mountain NP am Kawuneeche Visitor Center. Dort gibt es die üblichen Karten, kurze Informationen über Flora und Fauna und die immer freundlichen Ranger. Wenige Meilen später kommt man an einem Trailhead (Timber Creek) vorbei, der bezeichnenderweise zur sogenannten „Never Summer Ranch" führt. Ein kurzes Stück weiter liegt ein NF-Campground; wer dort nächtigt, sollte unbedingt an einer der Veranstaltungen der Ranger teilnehmen, man wird unter Umständen um eine Erfahrung mit dem Prädikat „typisch amerikanisch!" reicher. Beispielsweise kann ein angekündigter Diaabend leicht zu einer Show unter Einbindung aller Zuschauer ausarten – nicht zu vergessen die atemberaubenden Stories der Ranger (eventuell sollte man sich auch auf die kumpelhafte Art der Teilnehmer einstellen, die sich manchmal für Pioniere der ersten Front zu halten scheinen, auch wenn sie nach der Veranstaltung im wohlgeheizten RV mit allen Annehmlichkeiten verschwinden und ihre Hamburger verdrücken).

Kurz nach dem Campingplatz beginnt dann der eigentliche Aufstieg. In sieben langen Serpentinen windet sich die Straße aus dem Kawuneeche

3 Rocky Mounts.

Tal zum Milner Pass auf 10.758 ft/3279 m empor – dort überquert die Straße bereits die Continental Divide, obwohl noch 1400 ft ausstehen. Etwa einen Kilometer vor dem Pass hat man in der „Farview Curve" tatsächlich einen weiten Blick auf die umliegenden Viertausender – allerdings sollte man damit rechnen, auch selbst Mittelpunkt einiger verwunderter, anerkennender oder entgeisterter (Kamera)-Blicke zu werden!

Hinter dem Pass beginnt dann die vegetationslose Tundrenlandschaft des Hochgebirges. Ungefähr ein Kilometer hinter der „Medicine Bow Curve" erreicht man dann keuchend den Fall River Pass (11.796 ft/3595 m) mit dem Alpine Visitor Center. Hier mündet auch die geschotterte Fall River Rd., die nur aus der Richtung von Estes Park befahren werden darf (Ranger verstehen da keinen Spaß ...) und eigentlich nur wenige Höhepunkte bietet. Ein Besuch des Visitor Centers lohnt sich unter anderem auf Grund der Aussicht durch große Glasscheiben ins dahinterliegende Tal; wer mehr für das Praktische ist, entkommt hier dem scharfen Wind.

Nun sind es immer noch knapp 400 ft bis zum höchsten Punkt mit 12.183 ft bzw. 3713 m. Dieser ist gänzlich unmarkiert, und muss mehr erahnt werden, da die Strecke an einem Berghang entlangläuft. Wer glaubt, es ginge danach nur noch bergab, der irrt, denn die Straße bringt noch einiges an Auf und Ab, bis sie sich dann endgültig nach Estes Park hinabstürzt. Am dortigen Parkeingang steht das Ranger Headquarter, das, wie üblich, mit einer Ausstellung und einer Diashow aufwartet."– Soweit Jens.

Estes Park Übernachten könnt ihr vor den Toren des National Parks in der Touri-Stadt Estes Park (all services). Hostel: H-Bar-G Ranch AYH-Hostel, 3500 H-Bar-G Rd., Estes Park, CO 80517, Tel. (970) 586-3688. Auf den Zufahrtsstraßen von Denver aus, CO 7 und US 36, geht es ebenso lebhaft zu wie im Park selbst. CO 7 und CO 72 sind ruhiger, aber im Verhältnis zum Verkehrsaufkommen zu eng. Über die Bike Route, die parallel zu US 6 und I-70 verläuft, kann man anschließend sicher nach Denver City zurückradeln.

Boulder Manchen mag es auch reizen, einen Abstecher nach Boulder zu unternehmen. Boulder ist Colorados Yuppie Spielwiese, Treffpunkt der Trendsetter in Sachen Buddhismus, Sport und Ökologie, von Spöttern auch „Tofu-Town" genannt. Boulder ist stolz auf seine durchtrainierten 95.000 Einwohner, wurde sie doch zur „Thinnest City of America" gewählt. Big Macs in der Öffentlichkeit zu verdrücken ist out, *Walk-to-Work* ist in. Die Straßen wimmeln von Rollerblade-, Skateboard- und Fahrradfans. Karambolagen zwischen den Anhängern der einzelnen Sportrichtungen kommen schon mal vor. Flucht nach draußen hieß daher die Devise. Alles heizte wie besessen nach Feierabend über die citynahen Trails. Wenn etwas auf Boulder zutrifft, so ist es, dass dort alles auf die Spitze getrieben wird, bis an die Grenze des Erträglichen. Natur verkraftet keine Maßlosigkeit. Auch nicht in Boulder. Und so sind inzwischen fast alle Trails im Einzugsbereich der Stadt gesperrt. Die Schäden, die in kurzer Zeit angerichtet wurden, sind so massiv, dass es Jahrzehnte dauern wird, ehe sich die Umgebung der Stadt von den Sport-Verwüstungen erholt. Peinlich oder auch gut, dass es ausgerechnet dort geschah, denn kaum ein Stadtrat in den USA ist so strikt in Sachen Umwelt wie der von Boulder.

Andere Radler wiederum mögen die Stadt, unter http://bouldercolora-dousa.com kannst du dir mal selbst ein Bild machen.

Null Bock auf RV-Staus und Yuppie-Szene? Dann kommt für dich vielleicht eine Strecke durch den Arapaho National Forest und durch Winter Park in Frage, das inzwischen Boulder längst den Rang als Denvers Wochenend-Mountain-Bike-Mekka abgelaufen hat.

Arapaho National Forest Route

Wer diese Strecke fährt, sollte sich zunächst bei der Rangerstation in Kremmling informieren. Gut 14 mi/22 km hinter Kremmling und gut 3 km vor Hot Sulphur Springs zweigt die Beaver Creek Rd., eine Schotterpiste, die auch als FR 50 bezeichnet wird, von US 40 ab. Die Strecke steigt und steigt und steigt endlos aus magerem Weideland hinauf in die sattgrünen Wälder des Arapaho NF. Es scheint Ewigkeiten zu dauern, bevor man den Scheitelpunkt erreicht. Bald darauf eine Kreuzung mit der Crooked Creek Rd. Wenn man links abzweigt und damit auf der FR 50 verbleibt, geht es am Bach entlang (mit vielen schönen Fleckchen zum Campen) hinab nach Fraser ins Tal des gleichnamigen Flusses. In Fraser (wieder zurück auf US 40) und in Winter Park gibt es einen Supermarkt.

✖ Off-Road Riding: Winter Park

Winter Park ist eine dieser künstlichen Freizeitstädte, von denen es in Colorado so viele gibt. Schicke, neue Gebäude mit Übernachtungsmöglichkeiten am Fuße eines Skihangs. Es gibt keine gewachsene Ortsstruktur, weil dort meist nur Angestellte der Tourismusbranche leben und arbeiten. Für Studenten sind es die beliebtesten Ferienjobs.

Das Besondere an Winter Park ist der Arapaho National Forest mit malerischen Höhenzügen. Ein Netz von inzwischen 600 Meilen (960 Kilometer!) Erdstraßen und Single Track Trails ist dem Wochenendansturm aller Mountainbiker aus Denver und Umgebung gewachsen, ohne dass man sich groß in die Quere kommt. Wochentags hat man die Pisten fast für sich allein. Auskünfte über das Trailnetz des Arapaho National Forest gibt es in den Radläden oder im Fraser Visitor Center, 120 Zerex Ave., Tel. (970) 726-8312. Übernachten: Winter Park AYH-Hostel, 29 Wanders Way Rd. an der US 40, Winter Park, CO 80482, Tel. (970) 726-5356. Weitere Infos auf der Website www.winterpark-info.com/info/224.html.

Bike-Route nach Denver

Hinter Winter Park klettert US 40 in langen Steigungen und kurzen Kehren hinauf zum Berthoud Pass mit immerhin 11.315 ft/3448 m. Von der Passhöhe geht es in rasanter Fahrt hinab ins Tal von Empire. In Empire stößt man auf die I-70, die durch enge Felsentäler nach Denver führt. Abschnittsweise fehlt eine Frontage Road, dann musst du den Seitenstreifen der stark befahrenen Schnellstraße nutzen. So von Empire bis Exit 240, hier geht CO 103 ab, und dann wieder von Exit 252 bis Exit 254 kurz vor Golden. Mehr über die Bike-Route erfährst du unter www.dot.state.co.us/bikeped/maps.htm.

Mount Evans

Wer Lust auf Rekorde verspürt, kann von Idaho-Springs aus den höchsten Straßenpunkt der USA erradeln, am Gipfel des Mount Evans (14.260 ft). CO 103/5 führt aus dem Ort hinauf durch immer dünner werdende Luft bis fast hinauf zum Top des Berges auf 4345 m Höhe.

Golden

Von Idaho Springs aus führt die Bike Route über den Lookout Mountain (vorbei an Buffalo Bills Grab) in Serpentinen hinab nach Golden. Golden ist ein netter Vorort von Denver mit hübschem Ortskern und dem besten

Radladen weit und breit. Falls ihr irgendwelche Schwierigkeiten habt, Portia Masterson, Besitzerin von Self-Propulsion Inc. und erstklassige Mechanikerin, hilft euch garantiert weiter (1212 Washington Ave., Tel. 303-278-3290). Über CO 26 geht es von Golden aus zurück nach Denver.

New Mexico-Loop (576 mi/921 km von Durango nach Cortez via New Mexico)
DURANGO (CO) – SANTA FE (NM) (300 mi/480 km)

Zur US 64

Hauptverbindungsstraße zwischen Durango und New Mexico ist US 550 nach Aztec. Entsprechend lebhaft geht es auf der Straße zu. Wer genug Platz hat, um sich für eine längere Distanz mit Lebensmitteln einzudek-ken (146 mi/237 km), fährt geruhsamer und landschaftlich reizvoller über CO 172, die 3 Meilen östlich von Durango von US 160 abzweigt und durch die San Ignacio Indian Reservation zum Navajo Reservoir führt. Gleichzeitig mit der Staatengrenze endet auch das Reservat und die Straße wechselt ihren Namen in NM 511. Der Navajo Lake State Park in der Nähe des Staudamms bietet nach 53 mi/85 km einen willkommenen Übernachtungsplatz, denn eine Erholungspause sollte man sich unbe-dingt gönnen, bevor man US 64 (schön, aber anstrengend und „busy") in Angriff nimmt. Kürzeste Anfahrt vom State Park zum Highway sind 5 Mei-len auf NM 539.

Über die Continental Divide

US 64 führt dich direkt hinein in den Gobernador Canyon, von dem aus es zunächst langsam, später krass bergauf geht bis zur Continental Divi-de. Die Höhe am Beginn des Canyons beträgt etwa 1950 m. Zum Vaque-ros Canyon, der sich direkt anschließt, geht es noch einmal ein wenig bergab, dann lockt Burns Hill. 13mi/20 km bergauf für ca. 400 m Höhen-unterschied, also kein so harter Brocken.

Carson National Forest gehört hier den Jicarilla Apache Indianern. An der Ausfahrt des Reservates liegt der kleine Ort Dulce. Am nahen Dulce Lake gibt es einen Zeltplatz, auf dem übernachten kann, wer eine gültige Angellizenz vorweist! Mit ein wenig Smalltalk und einer Prise „Radlerla-tein" lässt sich da sicher auch ohne die *License to fish* etwas regeln ...

Bis Lumberton rollt ihr zunächst einmal bergab. Der Ort liegt gute 300 Meter tiefer als Dulce Lake. Von Lumberton klettert US 64 hinauf zur Continental Divide, die auch nicht viel höher liegt als Burns Hill, und im-merhin hast du eine Anlaufstrecke von 20 mi/32 km bis zum Top. Aber Vorsicht – Falle! Glaube nicht, du wärst schon oben, wenn auf 2343 m Höhe das Schild „Continental Divide" auftaucht! Nach einer kurzen Ab-fahrt geht es erneut aufwärts, noch 30 m höher als zuvor.

Chama

Aber dann hast du es wirklich geschafft, und das liebliche Tal von Chama mit schneebedeckter Bergkulisse liegt vor dir. Chama ist Endstation der Cumbres & Toltec-Schmalspureisenbahn (freecall 1-888-CUMBRES), die über den Cumbres Pass und durch die Toltec-Schlucht hinüberführt nach Antonito in Colorado. Wenn deine Beine nicht mehr wollen, musst du halt das Personal davon überzeugen, dass sie dein Rad mitnehmen und du radelst von Antonito aus über die US 285 weiter. Die Bahnfahrt ist allerdings nicht gerade billig.

Dennoch, so könntest du dir zumindest einen harten Radeltag ersparen, denn hinter Chama wartet der höchste Punkt entlang US 64, mit 3192 m gut 800 m höher als Chama, von wo aus es 33 mi/53 km Anreise sind. Steil bergauf geht es erst ab Tierra Amarilla, so dass nur etwa 10 mi/16 km bleiben für den harten Aufstieg in dünner Luft. Die Abfahrt ist weniger rasant als der Aufstieg es erhoffen lässt, und bevor du das Tal mit US 285 erreichst, darfst du gar noch einmal klettern. Der Ort an der Kreuzung „Tres Piedras" (span. „Drei Steine") besteht aus zwei Felsbrokken! – und dem Stein, der dir vom Herzen fällt, wenn du siehst, dass es doch wenigstens eine Tankstelle gibt, wo du dich mit 'ner Cola für die harte Arbeit durch die Berge belohnen kannst.

Rio Grande Gorge Bridge

Vor der Kulisse schneebedeckter Berge geht es auf US 64 hinab zur Rio Grande Gorge, die man im Geschwindigkeitsrausch fast verpassen würde, ständen nicht meist ein paar Schaulustige auf der Brücke, die drittehöchste in den USA ist und von View Points den Blick freigibt auf den Fluss tief unter dir. Auf holpriger Straße sind es noch 15 mi/24 m mit mäßiger Steigung bis Taos.

Taos / Taos Pueblo

Taos Aufstieg begann in den 20er Jahren, als es viele Künstler in den Ort zog, der in der Nähe des Taos Pueblo liegt, einer ungewöhnlichen Indianersiedlung, die sich über 800 Jahre hinweg erhalten konnte. Der pittoreske Adobe-Baustil von Taos Pueblo (Lehmbauten, deren Flachdachkonstruktion auf Holzbalken ruht, die vorn die Mauern überragen) beeinflusste die Architektur der gesamten Region. Die reizvolle Optik und das besonders intensive Licht lockten viele Künstler an, die sich nur zu gern im angenehmen Klima zu Füßen der Sangre de Cristo Mountains niederließen.

Taos Pueblo wird seit Menschengedenken von den Pueblo-Indianern bewohnt. Einen Besuch ihres attraktiven Dorfes, also den Massenüberfall der Touristen auf ihren Lebensraum, lassen sich die Indianer zu Recht mit barer Münze bezahlen: 10 $ Eintritt und 5 $ für die Foto-/Videoerlaubnis!

In Taos (http://taospueblo.com; im Winter mondäner Ski-, im Sommer Luftkurort) wirkt der Touri-Nepp weniger befremdlich. Die ganze Stadt quillt über mit Galerien, Restaurants und Läden. Die Adobe-Bauten und die prachtvolle Plaza vermitteln das Gefühl, man befinde sich in Lateinamerika. Der Lebensrhythmus scheint anders zu pulsieren. Genieße die ungewöhnliche Stimmung. Spätestens bei der Rechnung im Restaurant wirst du merken „This is still the USA"!

✖ Off-Road Riding:

Mountainbiker gehören in Taos zum Stadtbild wie in anderen Winterskigebieten auch. Das Taos Ski Valley (www.taosskivalley.com) befindet sich allerdings 15 mi/24 km außerhalb des Ortes in den Sangre de Cristo Mountains, die auch andernorts mit ihren Forest Roads gute Möglichkeiten zum Radfahren bieten. Alle Infos über Mountainbiking erhältst du in den Bike Shops vor Ort und in den Büros des Carson National Forest, Community Affairs Office, 208 Cruz Alta Rd., Taos, Tel. (505) 758-6200.

Alternativrouten

Zwei Wege führen von Taos aus nach Santa Fe: NM 68, ab Espanola US 84, geschäftig, aber schön durch den reizvollen Rio Grande Canyon; oder NM 518, 75, 76 bis Chimayo, 503 und 4 durch Nambe, ruhig, ebenfalls pittoresk, aber auch anstrengender über die Hänge der Sangre de Cristo Range im Carson National Forest Gebiet. Von der Kreuzung US 84 mit NM 4 aus ist es ein 16 mi/26 km Abstecher nach Santa Fe.

Santa Fe　Santa Fe wurde im Jahr 1610 gegründet und ist damit die älteste Hauptstadt eines US-Bundesstaates überhaupt. Der erste Eindruck ist aber enttäuschend. Die Vororte von Santa Fe sind ebenso gesichtslos wie die aller amerikanischen Städte. Geschäftsbauten und Shopping Center. Dazwischen hin und wieder Wohnanlagen im echt nachgemachten Adobe-Baustil.

Interessanter wird es im Zentrum. Santa Fe boomte in den 80er Jahren. Die Schickeria traf sich plötzlich dort, wo sich zunächst ein paar übriggebliebene Hippies bevorzugt niedergelassen hatten. The Western Style of Living – ein Inneneinrichtungstrend, ausgerichtet an traditionellen Formen und Farben des indianischen Handwerks mit Navajo-Teppichen und wunderschönen Keramikwaren – wurde hier geboren. Die Stadt putzte sich entsprechend heraus. Trends flachen ab, wenn der Markt gesättigt ist. Die Schickeria sucht sich eine neue Spielwiese, und so ist es um Santa Fe seit Beginn der 90er Jahre bedeutend ruhiger geworden. Geblieben sind jedoch die hohen Preise für Kost und Logis. Gut, dass es ein Youth Hostel gibt, das nicht weit von der Plaza, dem unbestrittenen Zentrum des City-Lebens, entfernt ist: 1412 Cerillos Rd., Tel. (505) 988-1153 (Reservierung erforderlich!). Es gibt auch einige private Campgrounds in Stadtnähe, die aber insgesamt eine schlechtere Ausgangsbasis als das Hostel bieten, um den Ort kennenzulernen.

✘ Off-Road Riding:　Auch Santa Fe ist Skigebiet und bei Szene-Typen steht Mountainbiken hoch im Kurs. Die besten Trails befinden sich in der Nähe der Liftanlagen, 16 mi/26 km nordöstlich und 1400 m höher als die Stadt. Anreise per Rad ist also ebenso wie in Taos etwas anstrengend (vgl. „Windsor Trail", Trailhitliste, Teil II, KAP. 8).

➤ Abstecher nach Albuquerque

■ *Albuquerque*

Hurra, auch New Mexico hat sein Herz für Radler entdeckt! Denn vor ein paar Jahren hat man die Interstates außerhalb von Städten größer als 50.000 Einwohnern für Radler geöffnet. Näheres über einen I-25 Abstecher nach Albuquerque weiß das New Mexico State Highway and Transportation Department, 1120 Cerillos Road, Santa Fe, Tel. (505) 827-5100, in direkter Nähe der Santa Fe-Jugendherberge.

Wer Großstadt schnuppern, eine weitere mexikanisch-geprägte Old Town sehen, die Sandia Mountains bewundern und in Szene-Cafés an der Central Avenue mit den Studenten plaudern will, der fährt nach Albuquerque. Für alle anderen lohnt's nicht.

SANTA FE – SHIPROCK (235 mi/376 km)

Die sinnvollere Lösung ist es, auf US 84, besser noch über Los Alamos, den Rückzug Richtung Norden anzutreten. Letztere Strecke ist hart, aber beeindruckend. Der Weg windet sich durch den National Forest, vorbei an schneegekrönten Gipfeln, führt jedoch auch hinab in die Wüstentäler in der Nähe des berühmten Chaco Canyons und vermeidet so eine Wiederholung des Abschnittes zwischen Tierra Amarilla und Navajo Lake auf US 64.

Los Alamos   16 mi/26 km nördlich der Stadt zweigt NM 4 ab Richtung Los Alamos. Der Name kommt euch gruselig vertraut vor? Los Alamos gibt es mehrere in den USA, aber dieses erlangte traurige Berühmtheit als Wiege der Atombomben, die auf Hiroshima und Nagasaki abgeworfen wurden. Die Museen vor Ort stellen Geschichte dar, schildern die Bombe als folgerichtige Entwicklung und unvermeidbare Strategie. Der gesamte Ort auf dem abgeschiedenen Plateau ist eine Art Kunstsiedlung, aufgebaut als Infrastruktur für die Forschungsanlagen der „National Laboratories", in denen auch heute noch militärische High-Tech Projekte entwickelt werden. Es ist eine Region, in der man über alles sprechen kann, aber nicht über seinen Beruf. Für Radler ist Los Alamos nebenbei auch der letzte größere Versorgungspunkt. Die weiteren Orte an der Strecke sind eher winzig, manchmal nicht mehr als ein verlorener Trading Post, ehemalige Tauschhandelsposten, heute meist eine Tankstelle mit winzigen Lädchen.

Bandelier NM   Einige Meilen südlich von Los Alamos liegt das Bandelier NM (www.nps.gov/band), eine der malerischsten Siedlungsruinen der Pueblo Indianer. Um sie zu erreichen, muss man allerdings tief hinab ins Tal des Rio de los Frijoles. Wer mag, kann die Nacht auf dem Juniper Campground (94 Plätze) verbringen, der oberhalb der Trümmer in einem schattigen Wacholderwald liegt und am kühleren späten Nachmittag per Fußmarsch zu den Ruinen hinabsteigen.

Cuba Continental Divide   Am Ende der einsamen Strecke liegt Cuba. Nein, Fidel Castro wohnt nicht dort, aber ihr habt US 550 erreicht, auf der es wieder lebhafter zugeht. Sieh es positiv! Schließlich gibt es hier etwa alle 30 km eine Tankstelle mit kalten Getränken. Die brauchst du auch, denn die Region ist verflixt kahl und heiß. Am besten, du trinkst in Cuba eine Cola – keinen Cuba Libre bitte – im Voraus, denn hinter dem Ort geht es wieder kräftig bergauf und erneut über die Wasserscheide, die Continental Divide. Nach 95 mi/152 km durch weites, karges Land mit zerknitterten Hügelketten mündet US 550 bei Bloomfield in US 64. Von dort an geht es stufenweise langsam bergab entlang am San Juan River nach Shiprock. Ihr passiert dabei Farmington, das Versorgungszentrum der „Four Corner"-Region mit 38.000 Einwohnern, „a BIG City" im Vergleich zu dem, was es seit Santa Fe zu sehen gab und im Vergleich zu dem, was es vorläufig zu sehen geben wird, erst recht.

Kirtland ist ein kleiner Ort am Highway. Von dort aus kann man einen Abstecher zum Zia Pueblo machen, das viele sehenswerter finden als das von Taos, weil es ebenso pittoresk, aber nicht annähernd so überlaufen ist. Bald darauf überquert ihr die Grenze zur Navajo Indian Reservation.

Shiprock   Shiprock mit 7000 Einwohnern liegt bereits im Reservat. Durch seine Nähe zum „Four Corners Monument" könnt ihr gleich zwischen drei Staaten wählen, in die ihr eure Reise fortsetzt.

〉〉〉 Connec- **Kayenta via US 64** (102 mi/163 km)
tion:　　　　Wer weiter will Richtung Moab, steuert das Monument Valley am besten von Süden her an. US 64, auch als NM 504 gehandelt, führt weiter Richtung Westen über einen satten „Hill" nach Teec Nos Pos in Arizona (vor dem Hahnenwasser dort wird gewarnt. Nicht trinken! Abkochen oder Cola aus der Trading Post.) Gleich hinter Red Mesa geht es dann hinauf auf den ersten Tafelberg. Oben bleibt das Terrain relativ flach, bis die Straße bei Mexican Water abfällt. Nach 44 mi/70 km erreicht ihr Kayenta und die Route **„4. Southwest"** (siehe dort unter „Kayenta").

〉〉〉 Connec- **Kayenta via Four Corners NM und Monument Valley** (148 mi/237 km)
tion:　　　　Wer weiter will Richtung Arizona, steuert das Monument Valley am besten von Norden her an und nimmt auch gleich das Four Corners NM mit. Der Weg führt euch zunächst nach Teec Nos Pos (kein Wasser trinken! s.o.). Über US 160 könnt ihr dann am „Four Corners National Monument" entlangradeln, der einzigen Stelle in den USA, an der man mit einem Fuß gleichzeitig in vier Staaten stehen kann. Die Grenzlinien sind in eine Betonplatte eingegossen, an deren Schnittpunkt du das „Four Corner Feeling" bekommst – oder auch nicht, denn ansonsten ist der Platz, mal abgesehen von ein paar traurigen, indianischen Souvenirständen, öde und am ehesten dazu geeignet, die Flaggen der vier Staaten kennenzulernen. Der Weg nach Utah führt durch einen Zipfel Colorado. An der Kreuzung mit CO 41 biegst du links ab. An der Staatengrenze taucht per Bienenkorbschild die Bezeichnung UT 262 auf. Die Straße trägt auch den Beinamen „Trail of the Ancients". In Montezuma Creek gibt es einen Trading Post. UT 262 klettert über die Berge, bietet einen schönen Überblick über das Tal und trifft nach 22 mi/25 km etwa 11 Meilen nördlich von Bluff auf US 191. UT 163 folgt dagegen ab Montezuma Creek dem San Juan River 17 mi/27 km nach Bluff (ca. km 128). 46 mi/74 km trennen euch vom Abzweig zum Monument Valley und weitere 22 mi/35 km von Kayenta (Weiterfahrt s. **„4. Southwest"**, Monument Valley).

〉〉〉 Connec- Colorados Süden und weiter „3. Rocky Mountains"
tion:

SHIPROCK (NM) – CORTEZ (CO) (41 mi/66 km)

US 666 führt von der wichtigsten Kreuzung aus in Richtung Norden nach Colorado, wechselt mit der Staatengrenze über von der Navajo- in die Ute Mountain Indian Reservation. Von Shiprock bis Cortez sind es 41 mi/66 km durch einen hügeligen, vegetationsarmen Landstrich, der entlang der Straße nahezu unbesiedelt erscheint. Deckt euch für die Strecke entsprechend mit Wasser ein.

4. SOUTHWEST:
Canyons, Cowboys, Kakteen

Ride Guide

1. Tour-Info   Der Südwesten der USA, das ist der Stoff, aus dem Träume sind. Die gesamte Region rund ums Colorado Plateau ist gespickt mit legendären Landschaften und Naturwundern. Mit dem Rad durch die Redrocks heizen, die man aus berühmten Western kennt, der Gedanke allein lässt jedes Radlerherz schneller schlagen. Die Bedingungen zum Radfahren und Mountainbiken sind optimal. Ein Stück Globus voller Extrema: Berg- und Talfahrt, T-Shirt und Faserpelz, Wüste und Schneeballschlacht. Ein absoluter Genuss, der Wechsel vom intensiven Rot der Felsen zum sanften Grün der Wälder, von dürrem Sand zu fruchtbaren Tälern, von trockenen Senken zu tosenden Bächen. Was ihr braucht ist ein perfektes Timing. Denn wenn die Pässe in Utah soeben schneefrei sind, ist es in den Tälern von Arizona bereits tierisch heiß. Der ständige Wechsel von Berg und Tal, Hitze und Kälte ist reizvoll, aber auch anstrengend und verlangt eine gute physische Kondition.

2. Start   Phoenix (AZ), Salt Lake City (UT), Las Vegas (NV)

3. Attraktionen   Alles, was den Südwesten aufregend macht: Grand Canyon NP, Zion NP, Bryce Canyon NP, Cedar Breaks NM, Mountainbike Szene Brian Head, Capitol Reef NP, Arches NP, Mountainbike-Mekka Moab, Canyonlands NP, Monument Valley Tribal Park, Canyon de Chelly, Petrified Forest NP, Mogollon Rim; Salt Lake City Loop: Dinosaur NM, Flaming Gorge State Recreation Area; Las Vegas Loop: Route 66, Las Vegas, Lake Mead, Valley of the Fire State Park.

4. Travel-Infos   **Reisezeit:** Rundreise am besten im frühen Frühjahr, von März bis Mai; vorher sind die Pässe nicht offen, später ist es zu heiß. Canyonlands und Moab alleine: perfekt ab Februar. Auch der Herbst ist von den Temperaturen her angenehm, aber dann ist alles knochentrocken.

     Besondere Ausrüstung: Granny Gear; Plane für überraschende Gewitter; Wassersack und Wanderschuhe.

     Straßen: Die Straßen sind überwiegend sehr gut ausgebaut und der Verkehr hält sich dank der geringen Besiedlung trotz vieler Touristen in Grenzen. Auch vom Verkehrsaufkommen her eine der angenehmsten Radelregionen in den USA.

     ✖ **Off-Road Radeln:** Die Region rund um Moab und Canyonlands genießt weltweit den Ruf als eines der spektakulärsten Mountainbikegebiete überhaupt – und das zu recht!

     Versorgung: Im Südwesten Utahs muss man ein bisschen vorausplanen, wenn man z.B. längere Aufenthalte in einem der National Parks plant. Insgesamt gibt es in jedem der kleinen Orte ein Café und einen Tankstellenladen. (L) = Laden

     Übernachten: Rund um die National Parks und entlang der Verbindungsstrecken gibt es Motels mehr als genug. Etwas knapper bemessen ist ihre Zahl im Navajo Land. **Camping:** Private und öffentliche Plätze sind ausreichend vorhanden. Engpässe wieder im Navajo Land. *Wild*

campen: Meist kein Problem; Genehmigung erforderlich in den Indianer-reservaten.

Literatur, Karten, Websites: Bewährt und äußerst detailliert die Travel Handbooks von Moon Publications, Chico, CA (www.moon.com); es gibt sie zu den US-Staaten Arizona, Utah, Nevada und auch speziellere für den Grand Canyon sowie Zion und Bryce NP. Sie führen sogar Über-nachtungsmöglichkeiten, Bike Shops und -Trails auf.

„The Mountain Bikers Guide to Utah", von G. Bromka, Falcon Press, Helena. Beschreibt 80 Trails mit Karten und Fotos.

Sehr nützlich ist der **„Bicycle Utah Vacation Guide",** für Straßentou-ren und MTB-Trails, mit Bike-Shops, Veranstaltungen, Karten, Unterkünf-ten. Kostenlos von: Bicycle Utah, POB 738, Park City, UT 84060. Auch der Internetauftritt unter www.bicycleutah.com/Welcome.htm ist sehr in-formativ. Das MTB-Festival „Canyonlands Fat Tire Festival" findet alljähr-lich im Oktober in Moab statt, alle weiteren Details auf der Website www.moabfattirefestival.com. Kontakt: CFTF, 71 East 2050 North, Pro-vo, UT 84604, USA.

Bereits 1988 erschienen, aber immer noch informativ: „Bicycle Touring in Arizona" von D. Coello, 9 Rundtouren inkl. Grand Canyon, Petrified For-est u.a., mit Karten, Hintergrund-Infos etc.

Weitere detaillierte Nationalpark- und Anfahrtsbeschreibungen finden sich im Grundmann-Buch „USA – der ganze Westen".

Karten: Empfehlenswert sind die bereits oben erwähnten „Atlas and Gazetteer" von DeLorme. Das Nevada Department of Transportation, Map Section, Room 206, 1263 South Stewart St., Carson City, NV 89712, Tel. (775) 888-7MAP (7627), www.nevadadot.com/traveler/maps, verschickt auf Anfrage einen Katalog und Karten, darunter den „Nevada Map Atlas" (12 $ plus Porto). Utah: Department of Transportation, Com-munity Relations Department, Calvin Rampton Complex, 4501 South 2700 West, Salt Lake City, UT 84119, Tel. (801) 965-4000, Fax (801) 965-4391, www.udot.utah.gov/public/community_relations.htm.

Die Homepages der staatlichen Tourismusbehörden sind schön bunt, aber dennoch informativ (Veranstaltungen etc.): Arizona (www.Arizo-na.com), Nevada (www.travelnevada.com) und Utah (www.utah.com). (Tages-)Tourenvorschläge unter www.pedaling.com. Ganz hervorragend gemacht und **besonders empfehlenswert ist** das „Public Lands Infor-mation Center", es informiert auf der Website www.publiclands.org über alle National und State Parks, National Forests und BLM-Land u.a.m. in Arizona, Utah, Nevada, Idaho, Wyoming und New Mexico, über Cam-pingmöglichkeiten, Aktivitäten, Anfahrtswege, Gebühren etc.; der Online Shop hat eine riesige Auswahl an Büchern, Guide Books und Karten zu allen Themen rund um die Public Lands. Das Bureau of Land Manage-ment Nevada State Office führt auf seiner Website www.nv.blm.gov und über den ,All-State-Link' www.recreation.gov viele Freizeitmöglichkeiten auf, hilfreich ist auch das herunterladbare Campingverzeichnis.

Bikepages Arizona: Mountainbiker können auf der Website www.mountainbikeaz.com den Trail passend zur Tagesform suchen, sehr informativ aufgemacht. Auf „Mountain Biking in Arizonas White Mountains" beschränkt sich die Infosite www.swlink.net/~hokans/in-dex.html auf die Bergkette nahe der Staatengrenze zu New Mexico, ist aber sehr schön gemacht.

Bikepages Nevada: Die „Bicycle Nevada Homepage" www.bicycle-nevada.com listet Tourenvorschläge, Bike Shops und Clubs, Kontaktadressen und Links auf.

Bikepages Utah: Ähnlich aufgebaut und ähnlich informativ sind die beiden Infosites www.redrocks.com des Utah Cycling Networks und www.cyclingutah.com der Utah Bicycling Information. Unter der Adresse www.cyclingutah.com/core/shops.html findet ihr eine Auswahl von Bike Shops in Utah, gut!

5. Routen-profil

Das, was ich hier zusammengestellt habe, ist eine Rundtour, die die interessantesten Punkte des Südwestens miteinander verbindet. Es gibt viele Anknüpfungspunkte, die zahlreiche Kombinationen mit anderen Strecken möglich machen. Die Hauptroute beginnt und endet in Phoenix. Verbindungen nach Salt Lake City und dem Nordwesten via Yellowstone findet ihr im Abschnitt „Salt Lake City Loop". Die Route von und nach Las Vegas schließt die Lücke Richtung Westen.

6. Routen-verlauf

PHOENIX – PAYSON via AZ 87 (ca. 85 mi/136 km) --- PAYSON – CAMP VERDE – SEDONA (80 mi/128 km) --- Abstecher: MONTEZUMA CASTLE (6 mi/10 km) --- SEDONA – FLAGSTAFF (40 mi/64 km) --- FLAGSTAFF – GRAND CANYON – JCT. US 89/US 160 (150 mi/140 km) --- JCT. US 89/ US 160 – JCT. US 89/US Alt. 89 (43 mi/69 km) --- JCT. US 89/US Alt. 89 – KANAB via US 89 Alt. (92 mi/147 km) --- Abstecher: NORTH RIM OF THE GRAND CANYON (45mi/72km) --- oder JCT. US 89/US Alt. 89 – KANAB via PAGE auf US 89 (97 mi/155 km) --- KANAB – ZION NP – CEDAR CITY (100 mi/160 km) --- Abstecher: ZION CANYON SCENIC DRIVE (20 mi/32 km roundtrip) --- CEDAR CITY – TORREY (178 mi/285 km) --- Abstecher: BRYCE CANYON NP (10 mi/16 km oder 40 mi/64 km roundtrip) --- TORREY – MOAB (172 mi/275 km) --- Abstecher: ARCHES NP (38 mi/60 km roundtrip) --- Abstecher: CANYONLANDS NP, Island in the Sky ab JCT. UT 313, 20 km nördl. von Moab (60 mi/96 km roundtrip) --- Abstecher: DEAD HORSE POINT STATE PARK ab JCT. UT 313 (44 mi/70 km roundtrip) --- Abstecher: SLIP ROCK TRAIL (17 mi/27 km roundtrip) --- MOAB – BLUFF(100 mi/ 160 km) --- BLUFF (UT) – KAYENTA (AZ)(68 mi/109 km) --- Abstecher: MONUMENT VALLEY Navajo Tribal Park (14 mi/22 km roundtrip) --- KAYENTA – CHINLE – CHAMBERS (178 mi/285 km) --- Abstecher: CANYON DE CHELLY (62 mi/99 km) --- CHAMBERS – PETRIFIED FOREST NP SÜD (49 mi/78 km) --- Alternativstrecken PHOENIX: Nr. 1: PETRIFIED FOREST – PHOENIX via PAYSON (206 mi/ 330 km) --- Nr. 2: PETRIFIED FOREST – PHOENIX via HOLBROOK, SHOW LOW und GLOBE (250 mi/400 km)

Salt Lake City Loop:

Ost: SALT LAKE CITY – WOODRUFF (ca. 126 mi/201 km, viele Steigungen) --- Extratour nach Wyoming: Jackson – Grand Teton NP – Yellowstone NP (364 mi/582 km) --- WOODRUFF (UT) – EVANSTON (WY) – MANILA (117 mi/187 km) --- MANILA – VERNAL (79 mi/127 km) --- Abstecher: Dinosaur National Monument (18 mi/one way) --- VERNAL – DUCHESNE (72 mi/115 km) --- DUCHESNE – GREEN RIVER (117 mi/187 km).

West: SALT LAKE CITY – ELBERTA (ca. 80 mi/128 km) --- ELBERTA – GUNNISON (82 mi/131 km) --- GUNNISON – TORREY (85 mi/136 km)

Las Vegas Loop: FLAGSTAFF – KINGMAN (146 mi/234 km) --- KING-MAN – LAS VEGAS (102 mi/163 km) --- **Nr. 1:** LAS VEGAS (NV) – ST. GE-ORGE (UT) (120 mi/176 km) via I-15 **oder Nr. 2:** LAS VEGAS (NV) – ST. GEORGE (UT) (138 mi/220 km) via Lake Mead Drive.

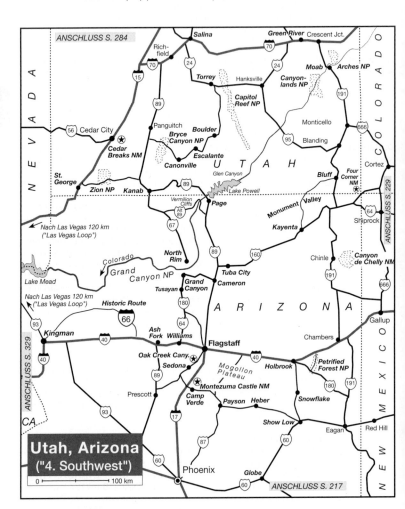

4 South-West

National-parks im Westen der USA und West-canada

British Columbia

Strathcona Pk.

Jasper NP

Alberta

Saskatche-wan

Vancouver Island

Vancouver

Yoho NP
Glacier NP
Banff NP
• Calgary

Victoria •

Mt. Revelstoke NP
Kootenay NP
Mannings Pk.

Olympic NP

Seattle

North Cascades NP

Waterton Lakes NP

Mt. Rainer NP

WA

Spokane

Glacier NP

Portland •

Mt. St. Helens Vulc. Mon.

• Helena

MT

• Salem

Butte •

OR

• Eugene

Crater Lake NP

• Boise

ID

Yellowstone NP

• Billings

Redwoods NP

CA

Lassen Vulcanic NP

Idaho Falls

Grand Teton NP

WY

• Reno

Sacramento

Ogden

NV

Salt Lake City

UT

Cheyenne •

Rocky Mountain NP

Oakland

San Francisco

Yosemite NP

Provo •

CO

Denver

Fresno •

Kings Canyon NP

Capitol Reef NP

Arches NP

Colorado Springs •

Sequoia NP

Death Valley NP

Bryce NP

Canyon-lands NP

Black Canyon of the Gunnisson NM

Santa Barbara

Las Vegas •

Monument Valley

Mesa Verde NP

Los Angeles

Grand Canyon NP

Santa Fe •

• Long Beach

AZ

San Diego

NM Albuquerque

•

Organ Pipe NM

• Phoenix

Mexicali

White Sands NM

Carlsbad Caverns NP

• Tucson

El Paso
•

Guadelupe Mts. NP

■ *Grand Canyon State Arizona (Grenze Las Vegas – Zion NP)*

Start und City-Guide Phoenix

Phoenix in Arizona ist ein günstiger Startpunkt für eine Radreise durch die Wüstenregionen des Südwestens: Sonne, Palmen, Swimmingpools – ist das nicht genau das, wovon du den ganzen Winter lang geträumt hast? Doch Vorsicht – pass dich nicht zu sehr dem lockeren Lebensstil an, sonst kommst du per Rad nur bis zum Motel, und der Rest der Reise fällt aus Bequemlichkeit flach ...

Phoenix wuchs seit Beginn des Jahrhunderts in rasendem Tempo. Eine Boomtown, mehr eine aus dem Boden gestampfte als langsam gewachsene Stadt. Zwei Dinge haben dazu beigetragen, Phoenix aus der Asche aufsteigen zu lassen: eine oberflächlich zumindest erfolgreiche Wasserpolitik und die Erfindung der Klimaanlage zu Beginn des Jahrhunderts, die die alles lähmende Sommerhitze auf ein erträgliches Niveau drosseln kann. Heute ist die Region mit ihrer trockenen Luft ein idealer Standort für sensible Produkte der High Tech- und der Rüstungsindustrie. Sehenswürdigkeiten, mal abgesehen von ein paar Museen, gibt es nicht sehr viele. Radfahren in Phoenix ist kein Problem, wenn du dir möglichst rasch eine Bike Route Map für die Stadt besorgst. Die Arizona Touring Map für Radler bekommst du vielleicht schon am Airport-Infoschalter. Auf der Rückseite findest du ganz grob empfohlene Citystraßen. Für diejenigen, die länger bleiben wollen, empfiehlt sich ein Besuch im Downtown Phoenix Visitor Information Center, 50 North 2nd Street (Ecke Second & Adams Streets), Tel. (602) 452-6282.

Airport – Downtown
Der Sky Harbor International Airport liegt quasi in der City. Das Metcalf House American Youth Hostel, 1026 North 9th St., Phoenix, AZ 85006, Tel. (602) 254-9803 (keine Reservierungen, keine Kreditkarten, max. Aufenthalt 5 Nächte) ist kaum 10 km entfernt. Folgt der 24th St Richtung Norden vom Airport aus und biegt auf Thomas Rd Richtung West ab. Alle Nord-Süd-Verbindungen östl. der Central Ave heißen Street, alle westlich Ave. Die 9th St. liegt also östlich der Central Ave. Campgrounds findet ihr unter www.southwestdirectory.com/Phoenix/campgrounds.htm.

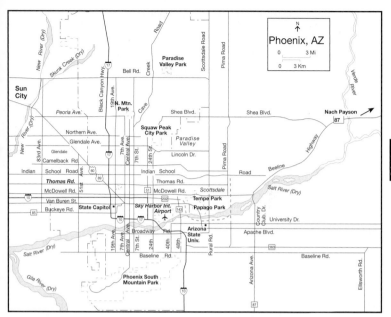

Raus aus der City

Man merkt, dass Phoenix trotz seiner 1,3 Millionen Einwohner eine relativ junge Stadt ist. Die Straßen sind großzügig angelegt und gut in Schuss. Da der Ort in einer Senke liegt, ist alles relativ flach. Wenn du nicht gerade zur rush hour startest, ist die Ausfahrt aus der City ein Klacks. Ich würde dir empfehlen, Richtung Osten zu fahren, auf diesem Weg kommst du auch außerhalb der Stadt am besten voran.

PHOENIX nach PAYSON via AZ 87 (ca. 85 mi/136 km)

Ausfahrt Richtung Osten

Im Osten stößt man im Vorort Mesa auf AZ 87, auch „Beeline Highway" genannt. Anders als die westlichen Ausfallstraßen führt diese Strecke durch die dicht bewaldeten Mazatzal Mountains, eine wunderschöne, wilde Gebirgslandschaft mit steilen Hängen und tiefen Schluchten. Ein paar Steigungen bleiben da natürlich nicht aus und auf die Fahrbahn fällt nur Schatten, solange die Sonne tief steht. Zumindest sind alle kniffligen Ecken vierspurig ausgebaut. Rye wartet auf mit einem Restaurant, ein paar Mobile Homes und dem vermutlich weltgrößten Zweiradladen, vollgepfropft mit alten Fahr- und Motorrädern: All Bikes Sales, Highway 87 Rye, Tel. (928) 474-2526, Montag und Dienstag Ruhetag. Nächst größerer Versorgungspunkt hinter Mesa ist Payson (all services). Von dort aus geht es auf zwei Strecken hinauf auf den Mogollon Rim, ein beliebtes, waldreiches Wander- und Mountainbike-Revier für Wochenendausflügler aus Phoenix. Die Temperaturen auf dem Hochplateau liegen immer einige Grad unter denen in der Hauptstadt. Im Winter kann man dort Ski laufen. Die schöne Off-road Strecke entlang der westlichen Rim Road (www.azcentral.com/travel/Arizona/features/articles/archive/mogollon.html) ist erst ab Mitte Mai befahrbar.

PAYSON – CAMP VERDE – SEDONA (80 mi/128 km)

Mogollon Rim über Strawberry
AZ 87/260 erklettert auf den nächsten 18 mi/29 km den Mogollon Rim bei Strawberry. Diese Straße ist – im Gegensatz zur Rim Road – das ganze Jahr über problemlos befahrbar. Strawberry ist der letzte Ort für die kommenden 40 mi/64 km, in dem man Wasser auffüllen kann. Am Rim angelangt, zweigt AZ 260 ab Richtung Camp Verde. Im ersten Teil muss man mit Steigungen ebenso rechnen wie mit Abfahrten. Wald geht langsam über in Weideland.

Camp Verde
Nach einer Linkskurve traut man dann plötzlich seinen Augen nicht mehr: Fernblick bis Flagstaff! Das grüne Tal von Camp Verde vor den leuchtend roten Felsformationen von Sedona am Fuße der schneebedeckten San Francisco Mountains. Genau das sind die Highlights der nächsten Tage. Schon geht es in rauschender Abfahrt hinunter nach Camp Verde. In Clear Creek tauchen die ersten Häuser auf. Hier führt ein Weg ab zum National Forest Campground (8 $).

➤ Abstecher: Montezuma Castle NM
(6 mi/10km). – Von Camp Verde (all services) aus kann man Montezuma Castle besuchen, eine weitere Klippensiedlung aus den Tagen vor Kolumbus, die in einem sehr heißen Seitental liegt. Anders als beim Tonto National Monument kann man hier jedoch die Ruinen nur aus der Ferne von der Talsohle aus betrachten, und ganze Busladungen von Besuchern schieben sich über den Loop zu Füßen der ehrwürdigen Steine.

Richtung Sedona
Ab Camp Verde radelt ihr am besten ein Stück auf I-17 bis McGuireville. Über ruhige County Roads gelangt ihr von dort zur US 89A. Orientiert euch zunächst Richtung Cornville, biegt aber vor Erreichen des Ortes nach Norden ab (Richtung Page Springs). Die Strecke führt am kühlen Oak Creek entlang (Campgrounds, siehe Karte bei www.oakcreekcanyon.net/html/camping.html). Haltet Ausschau nach einem Badeplatz zwischen den Privatgrundstücken. Zwei Kilometer Steigung bringen euch zum erbärmlich stark befahrenen Hwy US 89A (keine Seitenstreifen). Dikke Trucks sausen euch nur so um die Ohren und der Fahrstil lässt Wild West Gefühle aufkommen.

Sedona
Sedona (all services) liegt in einem wunderschönen Tal, umgeben von steil aufragenden roten Felsen. Im Red Rock State Park südlich vor den Toren der Stadt (www.go-arizona.com/Red-Rock-State-Park, kein Camping) kann man auf Schotterpisten Rundtouren durch die bizarren Felsformationen fahren und von den Zeltplätzen im Oak Creek Canyon aus starten Wanderwege. So nah bei Phoenix gelegen war die Region zunächst vor allem am Wochenende bei den Bewohnern der nahen Metropole wegen des herrlichen Badespaßes im nahen Oak Creek Canyon beliebt. Ein wahrer Run auf Sedona setzte ein, nachdem ein New Age-Guru dort einen Vortex, einen kraftspendenden Erdpunkt ermittelt hatte. Die Künstler kamen und die Avantgarde. Rote Felsen wichen schicken Einkaufszentren und die Grundstückspreise schnellten in die Höhe. Ent-

lang einer auf Old Town getrimmten Ausfallstraße werden jetzt Kunstarti-
kel neben Billigsouvenirs verkauft. Kein Touristenbus kommt an dieser
Meile vorbei. Haltet lieber am Bike Shop: Mountain Bike Heaven, 1695 W
Highway 89a, Tel. (928) 282-1312.

>>> Connection: Verbindung über „2. Der Süden" mit San Diego oder
Miami ab Sedona.

SEDONA – FLAGSTAFF (40 mi/64 km)

Oak Creek Canyon

Das kalte Wasser des Oak Creek sammelt sich in natürlichen Pools am
Boden des Canyons. Diese Pools sind es, von denen an heißen Tagen jeder träumt. Am Wochenende schwimmt im Bach soviel Sonnenöl, dass
er als Trinkwasser nicht mehr taugt. Auch die NF Campgrounds direkt
neben der Straße haben kein Trinkwasser. Für einen Radler wird es in einem der Motels oder Läden am Straßenrand wohl Wasser geben, wenn
man ganz nett fragt.

Am Ende des Canyons wartet „The Wall – Der Schrecken aller Radler".
Alles nicht so schlimm: Es geht 8 km kontinuierlich in Kehren bergauf, die
Straße ist gut ausgebaut und die Autos müssen wegen der Kurven langsam fahren. Man sollte halt nur nicht gerade mit der prallen Mittagssonne
starten. Website: www.oakcreekcanyon.net

Flagstaff

Flagstaff liegt inmitten herrlicher Kiefernwälder zu Füßen der meist
schneebedeckten San Francisco Mountains an der berühmten Route 66.
Die Stadt besitzt einen überraschend schönen, alten Stadtkern mit char-
manten Cafés, Restaurants, Backpacker-Läden und Bike-Shops rund um
die San Francisco Street. Die Jugendherberge (Grand Canyon International Hostel, 19 South San Francisco Street, Tel. 1-888-44CANYON oder
928-779-9421, www.grandcanyonhostel.com/GCindex.htm) liegt direkt
downtown in Fußnähe des alten Bahnhofs, in dem auch das Visitor Center untergebracht ist.

■ *Die San Fran-
cisco Peaks bei
Flagstaff*

✖ Off-Road Riding:

Mountainbiker tummeln sich im Coconino National Forest zu Füßen der
San Francisco Peaks auf Forest Roads. Auskünfte zu den Trails bei der
Peaks Ranger Station, 5075 N US Highway 89, Tel. (928) 526-0866, in

Flagstaff. Liftanlagen befinden sich in der Snow Bowl zu Füßen von Humphreys Peak. Dort gibt es ebenfalls ein paar tolle Trails.

FLAGSTAFF – GRAND CANYON – JCT. US 89/US 160 (150 mi/240 km)

Flagstaff liegt auf 7000 ft/2135 m Höhe. US 180 legt noch einiges an Höhenmetern zu, wie du an den Schildern am Straßenrand ablesen kannst, die jeweils die 1000 ft Schritte angeben. Es geht hinauf bis auf 8.046 ft, also gut 2.400 m! Die Straße wird als Zufahrt zur in den Bergen versteckten Arizona Snow Bowl rund um Humphrey Peak jedoch auch im Winter freigehalten. Im Frühjahr musst du mit kaltem Wind und Schnee am Straßenrand rechnen. Nächster Versorgungspunkt ist Valle, dort wo die US 180 auf die AZ 64 trifft.

Im Kaibab National Forest gibt es bis Tusayan Möglichkeiten, in den Wald hineinzufahren und wild zu zelten. Allgemein gilt der Ten-X NF Zeltplatz (www.fs.fed.us/r3/kai/recreation/camp_tnx.html) nahe des Ortes als Auffangcamp, falls im Grand Canyon alles belegt ist. Keine Bange. Radler finden auf den Hiker-Biker Sites des Mather Campground garantiert einen Platz, auch wenn sonst alles ausgebucht ist.

Tusayan   Tusayan, das Tor zum Grand Canyon, war für uns der übelste Platz weit und breit. Laut, aber beeindruckend sind die Helikopter, die in atemberaubendem Manöver das Bürogebäude ihres Unternehmens umkurven, kurz stoppen, um die alten Fluggäste abzusetzen und den nächsten Schwung einzuladen. Und das geht ununterbrochen so. Wenn du einsteigen willst, musst du rund 100 $ investieren. Glücklicherweise fliegen die Helis nur Teile des Grand Canyons an, die weit ab von den Rim-Wegen liegen, so dass man von ihnen außer in Tusayan kaum belästigt wird. Für 10 $ gibt es einen tollen Film über den Grand Canyon zu sehen im IMAX-Kinocenter für alle, die ihn auf Celluloid und „live" sehen wollen. Nice!

■ *Blick in den Grand Canyon*

Grand Canyon National Park

♥ STORY
von
Raphalea
Wiegers

Grand Canyon – eines der Weltwunder

Ich war skeptisch, was die Amerikaner daraus machen würden. Downtown Grand Canyon? Vor allem nach dem Auftakt in Tusayan hatte ich keinen Zweifel daran, dass es mir nicht gefallen würde. Regen, der kontinuierlich aus tiefhängenden Regenwolken nieselte, die alles in gruseliges Grau hüllten, deutete darauf hin, dass es wohl rundum eine Enttäuschung werden sollte. Dennoch steuerten wir Mather Point, den ersten Aussichtspunkt entlang der Strecke an. Auto an Auto an Auto ... Surrende Videokameras, Nikons, Canons, Minoltas im Großeinsatz. Wir schoben die Räder zum Gitter an der Rimkante und warfen einen skeptischen Blick in die Tiefe. Woww!! Das war unfassbar! Unfassbar schön! Ich hatte schon so viele Fotos vom Grand Canyon gesehen, dass ich geglaubt hatte, alles zu kennen, übersatt zu sein. Aber diese Schlucht ist so gigantisch und so zauberhaft in ihrem Farbenspiel selbst bei Regen.

Nach unseren bis dahin und auch fernerhin eher zwiespältigen Erfahrungen mit National Parks im allgemeinen und Rangern im besonderen rechneten wir hier erst recht mit trouble. Aber dieser Canyon war Ärger wert. Ärger, den man uns erstaunlicherweise gar nicht machte. Kein National Park kam uns so souverän vor in der Handhabung des Touristenstroms. Wir waren angenehm überrascht. Der Supermarkt im Village ließ nichts zu wünschen übrig, und das zu erstaunlich moderaten Preisen. Selbst echtes Pumpernickel lag im Brotregal (man hat wohl an die vielen deutschen Urlauber gedacht ...). Mit der Vorfreude auf ein köstliches Mittagsmahl steuerten wir Mather Campground an. „Ah, ihr kommt per Rad", hieß es dort freundlich. „Wollt ihr einen regulären Platz oder lieber ins Backpacker Camp"? Ich erkundigte mich freundlich nach dem Unterschied. „Mehr Privatsphäre für 10 $, oder einen großen Platz mit anderen Backpackern teilen, für 2 $ pro Person", lautete die Antwort. Welch eine Frage! Mehr Spaß für weniger Geld. Da gab es nichts zu überlegen. Das Zelt unserer nächsten Nachbarn, ein Pärchen aus Holland auf Weltreise, stand etwa 30 m weit weg. Soviel Privatsphäre hatten die anderen Plätze bei weitem nicht zu bieten. Die Preisdifferenz bezog sich lediglich auf eins – auf den Einstellplatz fürs Auto.

Den Wanderweg entlang der Rimkante darf man sogar per Rad befahren und dabei die Hunde mitnehmen. Soviel Freiheit hatten wir sonst nirgends. Rechtzeitig zu unserer Spazierfahrt blinzelte die Sonne aus ihren dicken Wolkenkissen hervor. Grand Canyon zeigte sich von seiner liebenswertesten Seite. Das Radeln auf dem Rim Trail erwies sich allerdings als Flop. Bei soviel Andrang schoben wir zumeist, konnten dafür aber zumindest später den Rückweg auf der Straße per Rad antreten. So betrachteten wir ziemlich cool die aufziehenden schweren Gewitterwolken, die sich spät nachmittags über dem North Rim bildeten. Blitze zuckten vom Himmel. Sonnenflecken spielten Lichtorgel auf den zerfurchten Hängen, spannten mit Hilfe zarter Schauerschleier kitschig bunte Regenbogen über das tiefe Tal. Das war zuviel an Schöpfungszauber, fast mehr, als man aushalten kann. Ein kräftiger Regenguss erlöste uns aus unserer Ehrfurcht. Wir sprangen in die Sättel, brausten zurück zu unserem Zelt. Als wir es erreichten, blinzelte die rote Sonne zum Abschied noch einmal zu uns herüber und begab sich sanft unter ihrer Wolkenbettdecke zur Ruh.

Bright Angel Trail

Stefan Voelker ist dem **Bright Angel Trail**, dem meistbegangenem Hikingtrail im Grand Canyon NP, von der Rimkante bis hinunter zum Colorado River gefolgt. Eine Tortur:

„Nach einer kalten Nacht im Zelt bei unter 0 ˚C machen wir uns morgens um halb sechs fertig für den Marsch. Wenig später stehen wir am Einstieg des

Bright Angel Trails. Und befinden uns in bester Gesellschaft von langen Maultier-Treks und auch erstaunlich vielen jungen, durchtrainierten Menschen, die uns auf den ersten paar Kilometern das Gefühl geben, irgendwie zu dieser Gemeinschaft der naturverbundenen Sportler dazuzugehören. Aber nach und nach werden es immer weniger, die meisten kehren nach ein oder zwei Stunden wieder Richtung Oberkante um.

Da Mario und ich unterschiedliche Schrittgeschwindigkeiten haben, verabreden wir uns an bestimmten Wegpunkten. Als Einzelwanderer überkommt mich noch viel mehr das erhabene Gefühl, mit der Natur, die sich mir so weitläufig und ungetrübt durch jeden Baum und jeden Felsvorsprung offenbart, in Einklang zu sein. Hitze, Windstille und totale Ruhe verschmelzen mit Gedanken an Unvergänglichkeit und Ewigkeit. Die Kulisse ist atemberaubend: ein Stück tiefblauer Himmel überspannt wilde Felsformationen, die mit kleinen und großen Plateaus und eigenartigen Schluchten gespickt sind. Eine Traumkulisse in Brauntönen. Nur ab und zu sorgt ein Kaktus, ein Strauch oder Baum für Abwechslung. Unzählige Eidechsen flitzen durch die Gegend.

Nur das Trinken nicht vergessen! Die Luft steht zwischen den immer näher zusammenrückenden Felsen. Mit meinen beiden 1-l-Trinkpullen bin ich auf die Wasserversorgungsstationen unterwegs angewiesen.

Kurz nach zwölf Uhr mittags erreichen wir den Wendepunkt der heutigen Wanderung, die schäumenden Wasser des Colorado River. Mario springt gleich hinein. Geschafft! Nach einigen obligatorischen Fotos müssen wir aber schon wieder aufbrechen. Denn das Riskante bei dieser Wanderung, die erst hinab und dann hinauf führt, ist, dass während der folgenden fünf Stunden die Kraft nicht mehr reichen könnte.

Fünf weitere Wanderer haben heute den Bright Angel Trail bewältigt. Ein jeder weiß, der anstrengende Part kommt erst noch. Nach zwanzig Minuten brechen wir wieder auf. Nun blickt man beim Marschieren von unten nach oben. Und der quälende Gedanke wird zur Gewissheit: Da muss ich wieder hoch!

Der Durst ist höllisch, die Zunge klebt am Gaumen. Hoffentlich reichen die Wasserreserven bis Indian Gardens, der nächsten Wasserversorgungsstation. Mit schweren Schritten erreichen wir unseren Ausgangspunkt. Gerade verschwindet die Sonne hinter dem weit entfernten Horizont im Westen. Nach sechzehn Meilen und rund acht Stunden Fußmarsch sitzen wir an der oberen Kante des Grand Canyon und blicken in die Schlucht hinunter. Licht und Schatten jagen in atemberaubender Geschwindigkeit über die Felswände. Da waren wir! Noch viel weiter unten als man von hier aus sehen kann. Was für ein Erlebnis!"

Grand Canyon Village

Es ist nicht nötig, Lebensmittel aus Flagstaff heranzukarren. Supermarkt, Waschsalon, Bank, Post, Restaurants, Souvenirshops und Unterkünfte der gehobenen Preiskategorie sind vorhanden (Reservierung erforderlich). Die Nächte sind übrigens sehr kühl. Über lohnende Hikes in den Canyon erteilt das Visitor Center Auskunft (no dogs!). An verschiedenen View Points des South Rim entlang (Grand View ist besonders hübsch) führt AZ 64 über 22 mi/35 km zum Desert View (www.kaibab.org/gc/maps/gc_east.htm) am Osteingang des Parks, wo es den nächsten Zeltplatz gibt und noch einmal einen kleinen Laden.

Navajo Indian Reservation

Der Abschied aus dem touristischen Wunderland wird dir erleichtert durch eine phantastische, ca. 20 km lange Abfahrt Richtung Osten, die genau dort endet, wo du den Kaibab National Forest verlässt. Dann geht es über gemäßigte Hügel hinein in die Navajo Indian Reservation. Andenkenstände mit „rags and jewelry" säumen immer wieder den Fahrbahnrand. Die Hälfte des Schmucks gleicht dem üblichen Ramsch mit Hong

Kong-Touch, der Rest ist nur zu Höchstpreisen zu haben, die an „Raub" erinnern. Was die Authentizität des echten Schmucks angeht, so bedarf es schon eines Expertenauges, um Wertvolles von Imitationen zu unterscheiden. Außerdem sind deine Packtaschen doch eh' zu voll, oder?

Cameron   Cameron, die nächste Ansiedlung und an der Junction AZ 64/US 89 gelegen, besteht im Wesentlichen aus einem Trading Post mit Motel, Restaurant, einem Mini-Lebensmittelladen und Riesen-Andenkenshop (www.camerontradingpost.com). Trinkwasser bekommst du nur in der Restaurantküche.

Shortcut: **Grand Canyon – Monument Valley: Jct. AZ 89/US 160 – Tuba City – Kayenta** (86 mi/138 km)

Für Eilige eine Abkürzung Richtung Osten: 16 mi/26 km hinter dem Ort zweigt US 160 ab, die nach Tuba City (18 km) und Kayenta führt, dem Abzweig zum Monument Valley. Tuba City's Jugendherberge ist der günstigste Übernachtungspunkt in diesem Teil der Indian Reservation (Greyhills Inn, Tuba City, direkt im Stadtzentrum, Tel. 520-283-6271). Hinter Tuba City steigt die Strecke sanft, aber stetig an bis Marsh Pass (monoton, doch meistens Rückenwind !) und fällt dann ab zur Jct. mit US 163 bei Kayenta (all services). Zelten kannst du unterwegs im Navajo NM (www.nps.gov/nava) mit seinen guterhaltenen Klippendörfern der Anasazi-Kultur. Der Campground liegt 16 km abseits des Highways. Der Abzweig liegt 85 km hinter Tuba City, 34 km vor Kayenta.

JCT. US 89/US 160 – JCT. US 89/US Alt. 89 (43 mi/ 69 km)

US 89 führt am Fuße naher Tafelberge, die hier außerhalb des Hopi Reservates unbewohnt zu sein scheinen, durch karge, rote Landschaft. Der Verkehr ist mäßig, die Temperaturen liegen bedeutend höher als am South Rim. Erst wenn du dich nach einer langgezogenen Steigung The Gap näherst, werden die Hänge grüner, wachsen niedrige Bäume und Kakteen aus dem Boden. In The Gap gibt es einen kleinen Trading Post (Tel. 928-283-8932), ein paar Häuser, nicht mehr. Kleine Ortschaften, einzelne Gehöfte sesshaft gewordener Navajos, werden nun sichtbar. Zwischendurch tauchen vereinzelt „Hogans" auf, die früher runden, heute oft sechs- oder mehreckigen traditionellen Hütten des Stammes. Bitter Springs ist weniger ein Ort als ein Straßenabzweig. US 89 Alternate führt zum North Rim des Grand Canyon, US 89 nach Page. Wir wollten auf der Hauptstraße bleiben, entschieden uns angesichts der Mittagshitze und des steilen Anstiegs von US 89 dann spontan für US 89 Alt. Später lernten wir auch die Strecke über Page kennen. Sie ist weiter, einsamer und weniger reizvoll, aber auch weniger anstrengend. Die Strecke via Page findet ihr weiter unten beschrieben, unter: „JCT. US 89/US Alt. 89 – KANAB via PAGE auf US 89"

JCT. US 89/US Alt. 89 – KANAB via US 89 Alt. (92 mi/147 km) (North Rim)

Landschaftlich hat diese Route mehr zu bieten und kürzer ist sie auch, als der Weg über US 89. Aber es steckt auch ein hartes Stück Arbeit darin, denn du musst von knapp 4000 ft/1200 m hinauf aufs Kaibab Plateau mit 7921 ft/2413 m. Doch als Entschädigung gibt es einiges zu sehen.

Zunächst geht es etwa 14 mi/22 km bergab zum Marble Canyon. Die tiefe Sandsteinschlucht, durch die der smaragdgrüne Colorado River rollt, wird von der nüchternen Stahlkonstruktion der Navajo Bridge überspannt, ein aufregender Kontrast zwischen natürlicher und künstlicher Architektur. Der nahe Ort besteht aus einem Motel mit Trading Post. Hier starten, ebenso wie in Lees Ferry, die bekannten Rafting-Touren durch den Grand Canyon. „Zur Hochsaison geht es auf dem Colorado River zu wie auf den Freeways rund um L.A.", bemerkte ein Ex-Teilnehmer mir gegenüber einmal recht bissig. Sportflugzeuge beginnen hier ihre Rundflüge. Sie bringen auch die Rafter am Ende des feuchten Trips zu ihrem Ausgangspunkt zurück.

Colorado River

Der Colorado River war einst ein Kraftprotz, der mit seinen reißenden Fluten die Entstehung grandioser Canyonlandschaften möglich machte. Heute steckt er in einer Zwangsjacke und ist der gezähmteste aller Flüsse. 160 Staudämme warten im Laufe seiner 2300 km aus den Rocky Mountains bis zum Golf von Mexico auf ihn. Vorzeigeerfolg: Teile der Sonora Desert wurden in blühende Oasen verwandelt, was dieser Region, einst Bratpfanne Amerikas genannt, einen neuen Beinamen einbrachte: „Salatschüssel der Nation"! Fast die Hälfte des Wassers verdunstet unterwegs, und durch die extreme Verdunstung versalzt der kunstdüngerbelastete Boden, wird unfruchtbar. Aber mit diesem Wasser wird eine Menge Geld verdient. Staatlich subventionierte Säufer, die unbedingt Entzug brauchen, spotten die Kritiker über den künstlich hochgehaltenen Durst des Südwestens. Kein Volk ist so schnell und so rücksichtslos über die Umwelt seines Kontinents hergefallen wie die Amerikaner. Und der Südwesten ist eines der schlimmsten Beispiele für Raubbau an der Natur im Namen des Profits. Nur noch ein Viertel der Wüstenregion ist intakt. In Baja California/Mexiko versickert der Colorado River dann als ein armseliges Rinnsal, bevor er in den Golf von California mündet, wo einst seine breiten Mündungsarme für tropisches Wachstum sorgten.

■ Gezähmt und eingezwängt: der Colorado (Gooseneck)

Am Fuße der Vermilion Cliffs

Für Radler bahnt sich nichts Feuchtes, sondern eher eine Durststrecke an. Die Anfahrt zum Kaibab Plateau ist kahl und heiß. Oft musst du gegen starke Westwinde ankämpfen. Zum Glück gibt es zwei Waystations in Vermilion Cliffs und Cliff Dwellers mit Motels und Lädchen entlang der Strecke, alle zu Füßen der hohen, roten Mauer der Vermilion Cliffs, die hier besonders intensiv leuchten.

Aufstieg nach Jacob Lake

Jetzt wird es ernst. Stieg die Strecke bisher langsam, aber beharrlich an, so gilt es jetzt, gut 1000 m Höhendifferenz auf etwa 22 km zurückzulegen. Es geht gewaltig bergauf. Dafür lässt der Wind nach, er wird durch die kurvenreichen Strecke und die zunehmend dichte Vegetation gebremst. Am Abzweig zum North Rim des Grand Canyon gibt es einen Zeltplatz und ein kleines Café mit Laden.

➤ Abstecher: North Rim Grand Canyon NP

(45 mi/72 km). – Habt ihr Lust auf einen Abstecher zum North Rim des Grand Canyon? Der North Rim ist wilder, ursprünglicher und es geht dort immer ruhiger zu als auf der Südseite. Ein Abstecher lohnt aber nur in der Saison von Mitte Mai bis Mitte Oktober. Im Winter ist dieser Teil des Nationalparks gesperrt.

Abfahrt nach Utah

Von Jacob Lake bis hinab nach Fredonia ist es fast ein einziger Downhill aus den kühlen Bergen zurück ins heiße Tal. Fredonia ist ein Ort, wie man ihn sich vorstellt im Niemandsland zwischen Arizona, Utah und Indianerreservaten. Ein paar Häuser, Post, ein Texaco-Lädchen mit limitiertem Angebot. Also radel besser gleich durch nach Kanab in Utah.

JCT. US 89/US Alt. 89 – KANAB via PAGE auf US 89 (97 mi/155 km) (Lake Powell)

Page und Glen Canyon NRA

Page (all services) ist noch einmal ein sinnvoller Zwischenstopp vor der Durststrecke entlang am Lake Powell und durchs Tal der Vermilion Cliffs nach Kanab. Vorher eure Vorräte einkaufen! Auf den 74 mi/118 km bis Kanab gibt es nichts. Vom Ort aus fällt die Straße ab zum berühmten Glen Canyon Dam. Danach geht es gut 10 mi/16 km bergauf. Lake Powell beeindruckt mit seinem kobaltblau schimmernden Wasser und den aufragenden Felsen mit ihren weiß leuchtenden Salzkrusten. Er liegt verlockend und zugleich unnahbar am Fuß roter Sandsteinhänge. Eine recht lange Schotterpiste führt zum See hinab zur Wahweap Marina der Glen Canyon National Recreation Area, dem Ausgangspunkt für Bootstouren zur berühmten Rainbow Bridge (schön, aber teuer und sehr touristisch).

Paria Canyon

Die folgenden Meilen sind ziemlich öde. Big Water hat angeblich 330 Einwohner, jedoch erinnere ich mich lediglich an ein unscheinbares Restaurant. Die Vermilion Cliffs sieht man auch hier, aber überwiegend in diesiger Ferne. Eine Weile kannst du zwischen sanften Hügeln verschnaufen, dann beginnt eine langgezogene Steigung, 400 m Höhe auf 32 km sind allerdings so schrecklich nicht. Knapp 35 mi/56 km vor Kanab passiert man den Eingang zum Paria Canyon, der mit seinen geriffelten roten Sandsteingrotten Berühmtheit erlangte und tolle Photomotive bietet. Wenn du jedoch unbedingt per Rad dorthin willst, so musst du dein Bike unbeaufsichtigt am Beginn des Trails zurücklassen und ein ordentliches Stück wandern, bevor es interessant wird. Möglichkeiten, das Rad zu verstecken gibt es nicht, und die eh schon knappe Versorgungslage entlang der Strecke lässt Paria Canyon für Radler zur Expedition ausarten. Du solltest dir einen so aufwendigen Abstecher gut überlegen. Der Minizeltplatz dort hat kein Wasser, ist nur von Mai bis November geöffnet (für Autos).

KANAB – ZION NP – CEDAR CITY (100 mi/160 km)

Kanab

Kanab (all services) ist mit 3.500 Einwohnern der einzige größere Ort vor dem Zion National Park. Ein RV-Park (Kanab RV Corral, 483 South100 East, Tel. 435-644-5330) liegt direkt an der Hauptstraße und garantiert eine durch Verkehrslärm schlaflose Nacht. Die Straße klettert stufenweise auf eine Höhe von 6650 ft/2026 m und fällt dann wieder nach Mount Carmel Junction. Das ist ein hübsch herausgeputzter Trading Post mit kleinem Lebensmittelladen und Zeltplatz, auch nah an der Straße, aber die Straße hier ist ruhiger. An der Kreuzung verlässt du US 89 und radelst weiter auf UT 9 hinauf aufs Kolob Plateau, durch das sich der Virgin River seinen Weg gewaschen hat. Vor dem Eingang zum Park gibt es noch einmal einen Trading Post, gegenüber kann man kostenlos zelten.

Zion NP

Gleich am Osteingang des Zion National Parks (5700 ft/1737 m, www.nps.gov/zion) merkst du, dass du in eine besondere Welt hineintauchst. Die vorher schwarze Straße wird rot. Zwei enge Tunnel gibt es auf der Strecke hinab zum Virgin River. Der erste, relativ kurz, stellt kein Problem dar. Den zweiten, längeren Tunnel darf man *nicht* per Rad durchfahren. Autos müssen meist warten, bis der Gegenverkehr die enge Strecke passiert hat. Ranger kontrollieren auf beiden Seiten jedes RV auf seine Maße hin. Radfahrer lassen sie grundsätzlich nicht durch. Zu recht. Der Tunnel ist nicht nur eng, sondern auch stockfinster, die Fahrbahn holperig, ihr Verlauf unübersichtlich. In der Regel kannst du einen Lift organisieren, indem du einen der wartenden Pick-up Besitzer bittest, dich mitzunehmen. Manchmal erledigen das auch die Ranger für dich. Lass dir auf keinen Fall von der Sorge um die Tunneldurchfahrt den wunderschönen Ostteil des Parkes verderben.

Ostteil des Parks

Die rote Straße windet sich harmonisch durch einen einzigartigen von Wind und Wasser geschaffenen Skulpturenpark. Cremefarbene und rote Felswände wechseln sich ab. Ungewöhnliche Strukturen zieren ihre Oberfläche. Wie ein riesiges Blatt karierten Papiers ragt die Wand der Checkerboard Mesa auf, des „Rechentafel-Tafelbergs". *Hoodoos,* kleine Steintürme, sitzen wie Schornsteine auf den mächtigen Felsenstufen. Verkrüppelte Kiefern krallen ihre knorrigen Äste haltsuchend ins Gestein, sitzen wie Bonsai-Bäumchen in diesem gigantischen Steingarten. Der obere Teil des Zion-National Parks war für mich mit das Beeindruckendste, was ich in zwei Jahren Radreise durch die USA zu sehen bekam.

Wenn du auf einen Rangerlift durch den Tunnel warten musst, kannst du die Zeit nutzen und den relativ kurzen Wanderpfad zum Zion-Overlook hinaufkraxeln, der einen schönen Ausblick bietet auf den West Temple und die Towers of the Virgin, die Kronen der Berge, die das Tal des Virgin Rivers säumen.

■ *Im Zion NP*

Zion Canyon Auf der anderen Seite des Tunnels erwartet dich eine andere Welt, die der steil aufragenden Felsenkliffs mit biblischen Namen. Zunächst einmal geht's in Serpentinen hinab ins Tal des Virgin River (3290 ft/1002 m). An der Kreuzung dann ein lohnender Abstecher rechts in den Zion Canyon Scenic Drive, der nur für die offiziellen Shuttle-Busse und Fahrräder freigegeben ist (20 mi/32 km roundtrip). Es ist eine Sackgasse, aber dafür mal ohne die klobigen RVs, die sonst in Nationalparks die Straßenszene bestimmen. Die Shuttle-Busse sind mit Bike-Racks ausgestattet, einzelne Teilabschnitte lassen sich somit leicht überbrücken. Richtig ruhig geht es aber nur im Backcountry zu und am frühen Morgen. Angels Landing ist einer der schönsten Wanderwege, aber nur für Leute, die gut schwindelfrei sind, denn er führt über einen schmalen Grat, dessen Kliffs zu beiden Seiten gut 300 m steil abfallen.

Zu den beiden NP-Zeltplätzen biegst du an der Kreuzung links ab. Sie liegen recht nah am Westeingang, knapp zwei Meilen entfernt von Springdale, dem kleinen Ort vor den Toren des Parks. Einen weiteren privaten Campingplatz mit heißen Duschen findest du kurz vor dem Parkeingang. Der Supermarkt am Ortseingang ist recht gut bestückt, so dass man sich getrost für ein paar Tage im Zion NP einrichten kann.

♥ STORY **Kolob Terrace Road**
von   UT 9, der durch den Park hindurchführt, folgt dem Virgin River durch sein
Raphaela Tal, an dessen Ende die Straße auf die I-15 trifft. Wir entdeckten auf der Karte
Wiegers eine Nebenstrecke über das Kolob Plateau, die interessant aussah. Der untere Teil ist asphaltiert, jenseits der nördlichen Parkgrenzen jedoch geht die Piste in eine Dirt Road über. Wir besorgten uns eine Karte des Dixie National Forests und nahmen die Strecke in Angriff. Der Hinweis „Dirt roads are impassable when wet. Closed in winter", hätte uns warnen sollen. Jedoch war es Mitte Mai, was sollte da schon passieren? Wir starteten früh, denn im Tal des Virgin River ist es heiß. Eine Baustelle hielt uns unnötig auf. Hinter dem Abzweig in Virgin begann nach einigen sanften Kilometern eine der steilsten Pisten, die ich den ganzen USA geradelt bin. Wir gerieten in die Mittagshitze. Unser Wasservorrat wurde knapp. Nur dürre Felsen rundumher. Der Blick zurück war allerdings beeindruckend schön. Asphalt ging über in Gravel. Nach viel Plackerei wurde beim Kolob Reservoir die Piste ein bisschen weniger anspruchsvoll. Dafür verwandelte sich die Strecke bald darauf in eine recht zerfurchte steile Dirt Road, die wir nur schiebend bewältigen konnten.

Oben auf dem Plateau angelangt gab es eine herrliche Aussicht. „Top of the world feeling", aber auch den Schock einer vom Schmelzwasser total vermatschten Piste. Schlammschlacht für Meilen. Auf unserer Karte entdeckten wir eine Abkürzung, die uns angesichts der verlorenen Zeit günstig erschien. Wir verfuhren uns. Unser Hund küsste unterwegs ein Stachelschwein. Wir mussten Notarzt spielen. Nach einer fünftägigen, einsamen und kraftraubenden Odyssee erreichten wir endlich unser Ziel, den UT 14. Also, wer das Abenteuer sucht, lässt die Kolob Terrace Road nicht aus.

CEDAR CITY – TORREY (178 mi/285 km)

Wir hätten es einfacher haben können: über UT 9 Richtung Hurricane weiter zur I-15. Dort Richtung Norden nach Cedar City mit evtl. Abstecher zum Kolob Canyon, dem Nordteil des Zion NP. Nach einem Zwischenstop mit Einkauf in Cedar City auf UT 14 bis hinauf zu dem Punkt, an dem wir rauskamen, sind es etwa 80 mi/128 km auf Asphalt. Dies ist eine Empfehlung für alle, die es reibungslos lieben. No pain, no gain! Von Cedar City bis Cedar Breaks sind auf einer Strecke von 18 mi/29 km 4000 ft/1200 m Höhendifferenz zu bewältigen (Passhöhe 9900 ft/3017 m).

Cedar Breaks NM   Cedar Breaks (www.nps.gov/cebr) sieht aus wie ein kleiner Bruder des Bryce Canyon, nur dass man den Felsformationen hier nicht so nahekommt, sondern sie nur von einer Aussichtsplattform aus bewundern kann. Bryce Canyon vor Augen lohnt sich ein Abstecher nicht unbedingt. Wer nur auf Asphalt bleiben will, folgt UT 14 bis Long Valley Junction und zweigt dann ab Richtung Norden auf US 89. Freude! Bis zur Kreuzung mit UT 12, der zum Bryce Canyon führt, geht es bergab. Wer allerdings das Mountainbike-Zentrum Brian Head ansteuert, kommt zwangsläufig durch Cedar Breaks auf UT 148.

✘ Off-Road Riding: **Brian Head** (25 mi/40 km roundtrip zum Ort)
Brian Head ist, wie könnte es anders sein, ein Skiort mit einem engen Netz von Single Track Trails und Downhills im Dixie National Forest. Brian Head zieht vor allem dann Mountainbiker an, wenn es im Mekka Moab mit Temperaturen um 100 °F/38 °C zu heiß wird. In den Bergen sind es stets 30 °F/16 °C weniger. Am Gipfel, der dem Ort den Namen gab und den man auch per Rad-Lift erreichen kann, bildet der Ridge Trail das Rückgrat zahlreicher Abfahrten, die in alle Richtungen abzweigen. Sehr beliebt ist der Left Hand Canyon Trail, auch die „Vertikale Meile" genannt. Er startet am Sidney Peak und fällt 5400 ft/1645 m aus den grünen Wäldern 8 mi/13 km hinab in die Felsenwüste am Left Hand Canyon. Der Dark Hollow Trail bietet denselben drop-off auf 14 mi/23 km. Wer mehr Informationen über Brian Head haben will, schaut mal nach unter www.brianheadchamber.com/mountainbiking.html, mailt an info@brianheadutah.com oder ruft an: (435) 677-2810.

Waldweg   Aber auch für alle, die sich nicht nach Brian Head vorarbeiten wollen, gibt es alternative Strecken in Richtung Panguitch. UT 14 führt nach dem Abzweig nach Brian Head vorbei am tief liegenden Navajo Lake und in sanft abschüssiger Fahrt zum Duck Creek Village. Hinter dem Ort zweigt eine gut befahrbare Piste, die Mammoth Road, in den National Forest ab. Sie führt durch den Wald und als kleine County Road nach Hatch (L), eine winzige Ansammlung von Motels und Restaurants.

Red Canyon Road UT 12 zweigt einige Meilen **vor** Panguitch ab. Da es kurz hinter der Kreuzung und im Bryce Canyon National Park ein paar kleine Läden gibt, kann man sich den Umweg über Panguitch sparen.

➤ Abstecher: Bryce Canyon NP (10 mi/16 km oder 40 mi/64 km roundtrip). – Bryce Canyon (www.nps.gov/brca/pphtml/basics.html) ist eigentlich ein natürliches Amphitheater und gar kein richtiger Canyon. Aus einer riesigen steinernen Schüssel ausgewaschen ragen unzählige graziöse Sandsteinsäulen auf wie das gigantische Meisterwerk eines größenwahnsinnigen Zuckerbäckers. Doch auch hier waren es Wind und Wasser, die als Steinmetze phantastische Arbeit geleistet haben. Die einzelnen Türme variieren in ihrer Farbe. Für Gelb, Orange und Rot sind Eisenoxide verantwortlich, Lila und Blaustiche entstanden durch Mangan. Abends darf man es sich nicht entgehen lassen, von einem der Aussichtspunkte aus zu beobachten, wie die untergehende Sonne die sonst sanften Farben der Felsenzacken wie ein gewaltiges Flammenmeer auflodern lässt. Fototip: Die schönste Stimmung herrscht bei Sonnenaufgang (Gegenlicht)!

4 South-West

■ *Teil des Bryce Canyons im Morgenlicht*

Aufenthalt im Park Mit dem Fahrrad kann man nur, wie die Autos auch, die 35 mi/56 km der Rim Road abfahren und damit würde man Bryce Canyon wahrhaftig nicht gerecht. In keinem anderen National Park ist es so einfach, Tageswanderungen zu unternehmen wie hier, denn die schönsten Pfade hinab in den Zauberwald der bizarren Skulpturen beginnen direkt am North Campground in der Nähe des Visitor Centers. Also keine umständliche Anreise zum Trailhead per Rad. Der Fairyland Loop Trail ist besonders empfehlenswert. Man braucht etwa 3 bis 4 Stunden für den Rundweg, auf dem es viel ruhiger zugeht als auf den Trails unterhalb von Sunrise und Sunset Point, die permanent von Busreisenden gestürmt werden. Im General Store nahe Sunrise Point bekommt man den nötigen Proviant für die Wanderungen. Ganz in der Nähe befindet sich auch die Lodge und der zweite Campground namens Sunset. Reservierungen für Campsites sind nicht möglich, ‚First come-first served' ist das Motto und den Platz gibt's für 10 $. Wer nur 5 $ übrig hat und den Canyon hautnah erleben will, nimmt das Backcountry Camping Permit, welches zum Zelten an bestimmten Plätzen am Fuße der Felsen berechtigt.

Wetterfalle   Wichtig!!! Im Bryce Canyon, dessen Rim zwischen 8000 und 9000 ft (2400 m bis 2700 m) verläuft, ist es im Vergleich zu den übrigen National Parks in Utah ungewöhnlich kühl, bei Regen selbst im Sommer tierisch kalt. Wer schlechtes Wetter erwischt, kann auch am Tag danach Wanderpläne streichen. Der Lehmboden der Trails wird bei Feuchtigkeit total schlüpfrig und pappt eine dicke, glitschige Kruste unter die Schuhe, die das Laufen unmöglich macht.

Rim Drive   Vom Zeltplatz aus kann man als Alternativprogramm den Rim Drive hinunter zum Rainbow Point als 40 mi/64 km Rundtrip abkurbeln. Der Höhenunterschied ist mit ca. 300 m nicht besonders fordernd. Lediglich im Bereich von Whiteman's Bench, gut 7 km südlich des Campgrounds, gibt es eine bemerkenswerte Steigung. Vom Bryce Canyon bekommt man auf der gesamten Strecke jedoch nur an den 5 Aussichtspunkten etwas zu sehen. Besser du erkundest die Landschaft von unten zu Fuß.

Abfahrt nach Canonville   Vom Pausnagunt Plateau des Nationalparks fällt UT 12 ab ins Tal von Tropic. Zum Motel dort gehört ein Laden, in dem man weitaus preiswerter seine Lebensmittel aufstocken kann als im Park. Parallel zum Paria River führt die Strecke dann durch eine karge Landschaft, die man als langweilig empfindet, im Anschluss an das, was man gesehen hat. In der Nähe von Canonville liegt der Kodachrome Basin State Park, ein weiteres farbenprächtiges Red Rock Revier, das man aber nur per Abstecher erreicht (12 km, Campground mit heißen (!) Duschen). Wer Zeit hat: Es lohnt sich!

Escalante   Die nächsten Highlights entlang UT 12 lassen nicht lange auf sich warten. Man muss sie sich allerdings erarbeiten, denn hinter Henrieville lauert ein gemeiner Hügel mit ungewöhnlich harten 12% Steigung. Da jubeln die Beine, wenn du endlich die Passhöhe auf 7400 ft/2255 m erreicht hast! Belohnung ist die kühlende Fahrt durchs Tal nach Escalante, in dem es gleich zwei Lebensmittelmärkte und einige Restaurants gibt. Im Visitor Center kannst du dich über das angrenzende Grand Staircase-Escalante NM informieren, das erst 1996 von Präsident Bill Clinton als flächenmäßig größtes National Monument der USA aus der Wiege gehoben wurde. Kurz vor Escalante zweigt ein Sträßchen links zum Escalante State Park ab (1 mi ab der Straße, schöner Campground oberhalb eines Reservoirs).

Einige Kilometer weiter fällt die Straße ruckartig ab in die Escalante Slick Rock Region, eine wunderschöne Felsenlandschaft mit erodierter Sandsteinformation („hoodoos") und farbig ausgewaschenen Bachläufen. Nun geht's fast ausschließlich bergab bis zum Calf Creek, der durch sein steiniges Bett neben der Straße plätschert. Am Fuße der Abfahrt liegt ein BLM-Campground, von dem aus ein schöner Wanderweg durch den Calf Creek Canyon mit seinen gestreiften Sandsteincliffs beginnt. Der etwa 3 km lange Pfad endet an einem Pool, in den ein tosender Wasserfall herabstürzt. Ein Bilderbuch-Badeplatz! Gut erfrischt sollte man schon sein. Hinter dem Zeltplatz wartet ein fieser Hügel, der wohl die meisten Biker zum Schieben bringt. Oben angekommen könnt ihr auf dem Plateau Utahs Kontraste mit Weitblick erfassen: Calf Creek Canyon und kahle Felsen links, die grünen Wiesen und Wälder von Boulder rechts. Boulder Mountain ist ein Hexenkessel, der mit seinem extremen Gewitterpotential schon viele Radler in Angst und Schrecken versetzte.

Boulder (UT) Im Ort Boulder gibt es ein kleines Motel, ein noch kleineres Motel, zwei Tankstellen mit Mini-Lädchen und drei Restaurants. Pferde und Kühe laufen von Zeit zu Zeit quer und unachtsam über die Straße, aber das war hier schon immer so. Arzt, Zahnarzt, Apotheke und dergleichen sucht der Durchreisende vergeblich. Ist hier die Zeit vielleicht stehen geblieben? Wenn ja, dann ist das genau das Richtige für Boulder ... im Süden von Utah.

✖ Off-Road Riding: Der **Burr Trail** ist eine zum Teil recht anspruchsvolle, bis auf 30 km asphaltierte Jeep-Piste, die durch grandiose Felsen- und Canyonlandschaft hinabführt zur Waterpocket Fold im Herzen des Capitol Reef National Parks und weiter südlich in die Glen Canyon National Recreation Area. Wasser ist das Hauptproblem, die unbeständige Wetterküche des Boulder Mountain ein weiteres. Nach Regenfällen ist die Lehmpiste im Capitol Reef NP unpassierbar. Jedenfalls sollten die 80 mi/128 km off-road durch menschenleeres, knochentrockenes Wüstengebiet bis zum Lake Powell gut geplant sein. Heraus kommt ihr an der UT 276, die südwärts zur Bullfrog Marina am Lake Powell führt. Von hier Fährverbindung nach Halls Crossing Marina (Campground, Laden).

Torrey Die grünen Espenwälder von Boulder Mountain haben auch ihren Reiz, und auf der gut ausgebauten UT 12 herrscht kaum Verkehr. Die Abfahrt nach Torrey lässt einen den mühsamen Aufstieg hinauf auf 9200 ft/2772 m dann glatt wieder vergessen.

Torrey besteht aus ein paar Häusern, einer Hamburgerbude und einem ganz gut bestückten Laden am RV-Park. Über UT 24 erreicht ihr den Capitol Reef National Park auf glattem Asphalt nach einer relativ kurzen Steigung von 8%.

TORREY – MOAB (172 mi/275 km)

Capitol Reef NP Nach Zion und Bryce hat dieser National Park (www.nps.gov/care) es schwer. Seine reizvollen Ecken sind recht verborgen und schwer zugänglich. Die Sandsteinformationen sind weniger pittoresk, überzeugen mehr als Gesamtwerk in der Landschaft als im Detail. Entsprechend ist der Park weitaus weniger beliebt als die berühmten Nachbarn. Den Goosenecks Aussichtspunkt am Eingang des Parks sollte man sich anschauen. Zum Campground Fruita, dem einzigen hier mit Wasserversorgung, ist es vom Visitor Center aus nicht weit.

Fremont River UT 24 führt weiter durch das felsengesäumte Tal des Fremont River. Es geht rauf nach Caineville. Von dieser Oase bis nach Hanksville ragen aschengraue, bizarr erodierte Berge auf, zwischen denen ganz selten mal ein Haus auftaucht. Perfekt angepasst an diese Mondlandschaft lebt dort eine besondere Sorte bissiger Insekten mit recht großen Flügeln, ganz in Grau. Sie werden dein Tempo bis Green River kräftig anheizen.

Green River In Hanksville kannst du dich nochmal versorgen, bleibst auf UT 24 und erreichst über I-70 und einen wunderschönen langgezogenen Hügel den Ort Green River. Der Fluss gab der Stadt den Namen. Wasser für einen wunderschönen City-Park, unter dessen schattigen Bäumen du dich ausruhen kannst. Selbstversorger können den Supermarkt gegenüber ansteuern. Am Ortsende nahe dem Fluss liegt Green River State Park mit

Campingmöglichkeit. Hinter der Stadt führt eine Frontage Rd (Old Highway) parallel zur I-70 bis Floy. Eine kurze Etappe von Exit 173 bis Exit 180 auf I-70, dann zweigt US 191 ab Richtung Moab. Auf dieser Straße herrscht das Dreifache an Verkehr wie auf der Autobahn. Ein Drittel der Fahrzeuge transportiert Mountainbikes per Gepäckträger. Rate mal, wohin sie wollen ...?

Moab – Mountainbike-Mekka Nr. 1

Moab – seit Jahren ist der Name in aller Mountainbiker-Munde, wird im gleichen Atemzug genannt mit dem nächsten Zauberwort: Slick Rock Trail. Der Ansturm auf Moab (all services) ist gigantisch, für Utahs Südosten ist es der zentrale Punkt für alle Freizeitaktivitäten rund ums Colorado-Plateau: Rafting, Reiten, Radfahren, Wandern, Jeep-Touren. Zwei der schönsten National Parks liegen vor den Toren der Stadt. Überraschenderweise blieb Moab dennoch bisher vom Touristenrummel der nervigen Sorte relativ verschont. Keine Hektik, kein stockender Verkehr. Zwar säumen die Läden der Outfitter für Touren durch die Umgebung die Hauptstraße, Bike Shops gibt es zuhauf, Fast food-Läden (aber auch einen Naturkostladen: Jimbo's Country Market in der 495 West 400 North Street gegenüber Rim Cyclery), viele RV-Parks, viele Motels – aber alles in allem ist Moab eine ganz sympathische Stadt mit Kleinstadtcharme geblieben, die jedem sofort das Gefühl vermittelt, zur Szene der absoluten cracks dazuzugehören. Zum ersten Beschnuppern ist ein Besuch im Visitor Center, Ecke Main und Center Street, sicher hilfreich und auf der Website www.discovermoab.com kannst du dich schon einmal vorab informieren. Organisierte, mehrtägige Bike-Trips mit dem Ausgangspunkt Moab bietet Western Spirit, 478 Mill Creek Dr., Moab, UT 84532, freecall 1-800-845-2453 oder (435) 259-8732, www.westernspirit.com.

■ *Auf dem Slick-rock Trail*

Where to stay? Die meisten Touristen zieht es in den Arches National Park vor den Toren der Stadt. Wunderschön ist er, mit seinen graziösen, rotbraunen Felsenbögen, die für die schneebedeckten La Sal Mountains wie Bilderrahmen wirken. Und deshalb ist er meistens voll! Besonders wer sich länger in der Region austoben will, ist besser bedient, nicht im National Park zu zelten. Den könnt ihr leichtfüßiger per Tagesausflug kennenlernen ohne Vollgepäck.

Direkt in Moab gibt es einen „autofreien" Walk-In-Zeltplatz für 10 $ („Up the creek Campground", 210 East mit 300 South, www.moab-utah.com/upthecreek mit origineller Wegeskizze, Tel. 435-259-6995). Mit seiner Nähe zu Town, Action und Slick Rock Trail die beste Wahl. Nobler, aber weniger Szene: „Slickrock Campground" nördlich des Ortes (17 $), 1301-1/2 North Highway 191, Tel. (800) 448-8873 oder (435) 259-7660. Das Lazy Lizard International Hostel liegt etwa 8 km südlich des Ortes an US 191 und bietet ein Bett für 8 $, einen nicht sonderlich schönen Platz zum Zelten für 6 $ und Shuttle-Busse in die City (Tel. 435-259-6057).

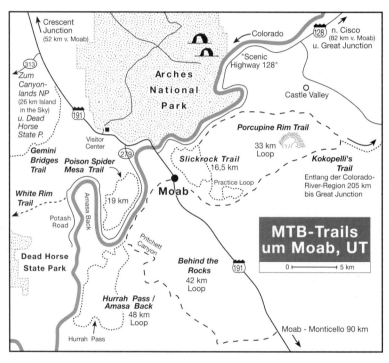

4 South-West

What to do? Trails rund um Moab

Slick Rock Trail   Eigentlich wurde er für Motor-Cross-Räder angelegt, der berühmte Parcours auf den blassorangenen Sandsteinfelsen über der Stadt. Der örtliche Motorrad-Club zeichnete 1969 weiße und gelbe Markierungen auf und legte damit den auch heute noch gültigen Verlauf des 10,3 mi/16,5 km langen Roundtrips fest. Für Motorräder erwies sich der Trail im Nachhinein als weniger ideal. Aber 1984 entdeckten die Mountainbiker den steinernen Irrgarten über dem Colorado River, dessen rauhe Oberfläche den Reifen einen so sagenhaften Halt gibt, dass auch riskant steile Passagen per Rad zu bewältigen sind. Zunächst als Geheimtip gehandelt, ist der Slick Rock Trail mit jährlich ca. 100.000 Besuchern inzwischen weltberühmt. Weniger Geübte versuchen ihr Glück zunächst nur auf dem kürzeren Übungs-Loop, als Einstieg sozusagen. Die Faszination der im Abendrot leuchtenden kahlen Felsen vor der atemberaubend schönen Kulisse der schneebedeckten La Sal Mountains lässt auch ohne Radelherausforderung jedes Herz schneller schlagen.

Die Zufahrt zum Trail Head ist ebenfalls atemberaubend. Der Startpunkt liegt 4 mi/6,4 km außerhalb der Stadt an der Sand Flats Road. Und damit du richtig warm wirst, geht es natürlich bergauf. Website: www.utah.com/bike/trails/slickrock.htm.

„Tiptoe through the crypto" Wo soviel Räder rollen, bleiben Schäden nicht aus. „Cryptogamic Soil" heißt das Opfer, das sind winzige Sporenpflanzen, Algen, Flechten, Moose, Bakterien und Erde, die Wasser und Nährstoffe binden. Sie bieten die Lebensgrundlage für andere Pflanzen, die wiederum der Erosion vorbeugen. Was ein einziger durchrollender Fahrradreifen an Schäden verursacht, braucht Jahre, um zu regenerieren. Mit dem heißen Slogan „tiptoe through the crypto" versucht man, Radler zu einem möglichst **naturschonenden Verhalten** zu erziehen. Ob das klappt?

Andere Trails vom Feinsten Der **Slick Rock Trail** ist der berühmteste, aber nicht der einzige. Moab strotzt nur so vor wunderschönen Off-road Strecken. Einige beginnen nah beim Ort, andere erfordern einen shuttle per Taxi, Mitfahrgelegenheit etc. In allen Bike-Shops bekommt ihr dazu Infos, Broschüren, Bücher, Angebote über Touren etc. Übrigens – die Trails durch die Felswüste sind zum Teil mit farbigen Holzpflöcken, mit aufgemalten Jeeps oder auch einfach nur mit kleinen Steinhäufchen markiert.

Gemini Bridges (13,5 mi one way, Info und Trailmap bei www.utah.com/bike/trails/gemini_bridges.htm) ist einer der beliebtesten, **Hurrah Pass** wartet als wilde Panorama-Tour für konditionsstarke Biker. **Behind the Rocks** bietet tolle Landschaften, Downhills und schwierige Trailabschnitte, gleichfalls eine beeindruckende Tour (Anfahrt: auf dem Highway 191 ca. 21 km nach Süden – evtl. auch Anfahrt per Auto/Taxi –, dann kurz nach dem Meile 113 nach rechts in einen Trail abbiegen und das Cattle Guard überqueren; Startpunkt ist einen knappen Kilometer nach dem Abzweig von Hwy 191).

An den Rand des Canyonland National Park führt der **Jughandle Loop** (bei www.go-utah.com/travel/activities.cfm auf „biking", dann „destination: Moab" und „Search" klicken; hat auch viele andere Trails, leider ohne Karten). Der 50 km-Rundkurs beginnt am Jughandle Arch Parkplatz am Hwy 279, am Colorado River. Die Strecke erfordert kein besonderes technisches Können, ist einfach nur schön. Höhepunkt: Die Aussichtskanzel der Mesa „Island in the Sky" mit grandiosem Ausblick. Dejà vu? Die Abschlussszene des Kultfilms „Thelma & Louise" wurde hier gedreht.

Den schönsten Rundtrail findet man am **Porcupine Rim,** wo man hin und wieder Stachelschweine trifft, die dem Gebirgszug den Namen gaben. Anfahrt: South St., rechts in die East St. abbiegen, den Mill Creek Drive bergan. Weiter bergauf die Sand Flats Road, die ganz schön Kraft kostet. Dann den Parkplatz beim Slickrock passieren und weiter bis hinauf auf 2000 m zum Aussichtspunkt des Porcupine Rim (Moab liegt ca.

1250 m hoch), mit grandiosem Blick auf das „Tal der Schlösser" – Castle Valley. Buchtip: „Above and Beyond the Slickrock", von Todd Campbell; beschreibt lohnende Trails und vermittelt etwas feeling für die Canyonlands Philosophie.

➤ Abstecher: Arches NP

(38 mi/60 km roundtrip). – Der Eingang zum Park zweigt 6 mi/10 km nördl. v. Moab ab. Wer dort zelten will und Lebensmittel braucht, muss erst die Stadt ansteuern. Der einzige Zeltplatz im NP liegt nahe Devils Garden, ganz am Ende der 19 mi/30 km langen Stichstraße durch den Park. Die Strecke dorthin führt fast ausschließlich bergauf. Bereits morgens um 6 Uhr drehen die ersten RV's auf Platzsuche ihre Runden, es gibt nur 52 *First-Come-First-Serve*-Plätze à 10 $. Spätestens um 9 Uhr ist der gesamte Campground belegt. Hiker-Biker Sites gibt es nicht. Radler haben eigentlich keine Chance, dort unterzukommen. Es sei denn, du radelst aus Geratewohl hinauf und bittest jemanden, den Platz mit dir zu teilen.

Die Trails zu den einzelnen Arches zweigen entlang der gesamten Strecke ab. Mal abgesehen von Devils Garden kommst du nur zu Fuß dorthin. Wer die wirklichen Schönheiten des Parks kennenlernen will, radelt zum Trailhead und läuft. Abseits des Asphalts radeln darf man auf den Schotterpisten, die für Autos freigegeben sind. Sie zweigen ab am Balanced Rock, im Salt Valley und als Zufahrt zum Delicate Arch Trail. Delicate Arch kennt ihr von den zahllosen Werbeprospekten zum Südwesten. Er wirkt besonders pittoresk, wenn er vor der Kulisse der schneebedeckten La Sal Mountains im letzten Licht der untergehenden Sonne aufglüht. Website: www.nps.gov/arch.

4 South-West

■ *Arches at sunset*

Canyonlands NP

Dort, wo sich der Colorado River und der Green River in tiefen, mäandernden Schluchten ihren Weg durch das Felsplateau gewaschen haben, liegt der Canyonlands National Park. Mit seinen farbigen Felsformationen, die wie immer neue Skulpturen über den leuchtenden Wassern der Flüsse aufragen, gehört er mit zum Feinsten, was Utah zu bieten hat. Das Gebiet des Nationalparks ist in drei Regionen unterteilt: „Island in the

Sky", „The Needles" und „The Maze". Die Ausmaße des Parks sind riesig, die Zufahrten sind lang, die Wasserversorgung ist mehr als dürftig. All dies macht es „Nur-Radlern" schwer, diese phantastische Landschaft auf eigene Faust zu erkunden. Canyonlands ist daher eher ein Reiseziel für organisierte Radreisen. Website: www.nps.gov/cany.

■ *Im Canyonlands NP*

➤ **Abstecher: Canyonlands NP, Island in the Sky**

ab JCT. UT 313, 20 km nördl. v. Moab (60 mi/96 km roundtrip). – „Island in the Sky" ist am besten zu erreichen. Biker-Traumziel dort ist der 100 Meilen lange White Rim Trail (s.a. Teil II, KAP. 8, „Long Distance Trails"). Wer unter allen Umständen vorhat, ihn auf eigene Faust abzuradeln, sollte auf jeden Fall zuvor Moab ansteuern und sich dort detaillierte Informationen beschaffen. Oder ihr geht ins Visitor Center an der Zufahrtstraße zum „Island in the Sky", Tel. (435) 259-7164 (menügesteuerte Bandansage). 30 mi/48 km sind es vom Abzweig bis zum Grand View Point im Park. Wasser vom Visitor Center mitbringen.

➤ **Abstecher: Dead Horse SP**

ab JCT. UT 313 (44 mi/70 km roundtrip). – Auf halber Strecke zum Island in the Sky (15 mi/24 km vom Abzweig) biegt eine Straße ab zum Dead Horse State Park (7 mi/11 km). Auf dem Zeltplatz dort gibt es Wasser, und die Aussicht gehört mit zum feinsten rund um Moab. Der State Park bietet sich daher sinnvollerweise als Basis für Tagesausflüge nach Canyonlands an.

〉〉〉 Connection:

Grand Junction (CO) (95 mi/172 km) **via Castle Valley Road**
    Die Castle Valley Road bei Sonnenuntergang – das sind Szenen aus dem Westen, wie du sie aus tausendundzwei Bildern kennst. Absolut sehenswert. Alle, die von Utah aus nach Grand Junction, CO, weiterradeln wollen, sollten auf jeden Fall diese ruhige, landschaftlich schöne Strecke am Colorado River entlang wählen, die UT 128. Bei Cisco geht es noch einmal für eine kurze Weile auf die Interstate, die man aber am Exit 225 verlässt, um nördlich der Interstate auf Hwy No.6 weiterzurollen. Wer mag, kann von Fruita aus einen Loop Colorado National Monument anschließen. Beeindruckend, aber steil.

MOAB – BLUFF (100 mi/160 km)

Bis zum Ort Monticello (all services) auf halber Strecke bleibt US 191 landschaftlich reizvoll, aber leider auch lebhaft befahren. La Sal Junction bietet keinerlei Versorgungsmöglichkeiten, im Notfall sind's als Abstecher neun Meilen einfache Strecke bis La Sal Richtung Colorado. In Monticello biegt der Hauptanteil des Verkehrs auf US 666 nach Colorado ab, Richtung Arizona wird es ruhiger. Frischwasser, Kalorienzufuhr und Campmöglichkeit gibt's in Monticello, Blanding und Bluff. Hinter Bluff zweigt US 163 ab zum Monument Valley.

⟩⟩⟩ Connection: Mesa Verde NP oder Shiprock und den New Mexico Loop via Four Corners NM siehe in „3. Rocky Mountains"

BLUFF (UT) – KAYENTA (AZ) (68 mi/109 km)

Goosenecks SP
Kurz vor Mexican Hat führt eine Stichstraße zum Goosenecks State Park (Infotelefon 435-678-2238 oder http://parks.state.ut.us/parks/www1/goos.htm), wo der San Juan River einige tiefe Kehren ins Colorado Plateau gefräst hat. Man kann dort zelten, aber es gibt nur Picknicktische, Plumpsklos und kein Wasser. Allein für die Aussicht lohnt sich der lange Weg nicht.

Mexican Hat besteht aus ein paar Häusern und der San Juan Inn & Trading Post. Der Ort erhielt seinen Namen von einem kleinen *hoodoo* vor den Toren der Stadt mit der Form eines mexikanischen Sombreros.

Monument Valley
In der Ferne kann man ganz klein einzelne Felsentürme ausmachen. Monument Valley. Hurra, hier ist sie also: die Heimat von John Wayne, Clint Eastwood und Lucky Luke! Die riesigen roten Monolithen sind das Erkennungszeichen des Wilden Westens schlechthin und für viele ein absolutes Highlight einer Tour durch die USA. Während die Straße schnurgerade langsam ansteigt zum Monument Pass auf der Grenze zwischen Utah und Arizona, rückt die beeindruckende Kulisse mit jedem Kurbeltritt ein wenig näher. Rechts und links der Fahrbahn tauchen zwei ähnlich geformte Türme auf. „The Mittens", die Fäustlinge, nennen die Amerikaner sie, weil bei jeder Figur ein einzelner Finger am Rande aufragt, wie ein Daumen neben der Faust. Website: www.americansouthwest.net/utah/monument_valley

Gouldings Trading Post
Goulding – Trading Post, Motel und Restaurant – ist einer der bekanntesten Handelsplätze im Wilden Westen. Wenn du deine Packtaschen leergefuttert hast, solltest du ihn auf jeden Fall ansteuern, denn im Monument Valley gibt es zwar Andenken zu kaufen, aber nichts zu essen. Du erreichst ihn über die Monument Valley Road, die einen knappen Kilometer **vor** der Grenze zu Arizona rechts abgeht. Es sind von dort nur 2,5 Kilometer. Website: www.gouldings.com/german/index.htm

➤ Abstecher: Monument Valley Navajo Tribal Park
(14 mi/22 km roundtrip). – Die berühmteste aller Westernkulissen ist kein US-National Park, sondern untersteht der Aufsicht des Navajo-Stammes. So gibt es nur eine asphaltierte Stichstraße, keinen autogerechten Scenic Loop mit Vista Points, wohl aber ein Visitor Center (Tel. 435-727-5874, Website: www.desertusa.com/monvalley) mit Aussichtsplattform und Souvenirshop. Mit dem Blick von dort aus wollt ihr euch hoffentlich nicht

4 South-West

zufriedengeben. Der 17 mi/27 km lange Valley Drive, eine Schotter- und Sandpiste, führt hinab ins Tal am Fuß der roten Felsen. Das Visitor Center wird Rad- und Autofahrern, die ohne 4-Wheel-Drive angereist sind, das Mieten eines Geländefahrzeugs inklusive indianischem Fahrer für diese Tour dringend anraten! Damit verdient der Stamm sein Geld und die Pick-Ups dafür stehen am Visitor Center bereit. Also bitte: entscheide selbst, ob dein beladenes Rad ohne Fat Tire der Sandpiste gewachsen ist oder nicht!

Die richtige Stimmung kommt mit dem richtigen Licht. Am späten Abend und am frühen Morgen zeigt sich das Valley von der besten Seite. Übernachten kann man auf dem Mitten View-Zeltplatz nahe dem Visitor Center. Wer einen Platz mit guter Aussicht erwischen will, muss allerdings schon frühzeitig eintreffen. Übernachtungen im Valley selbst gibt es nur im Rahmen von Rundtouren per Jeep oder Pferd in Begleitung eines Navajo Guide.

■ Im Monument Valley

Weiterfahrt   Monument Valley ist für eine Weile das Schönste, was es zu sehen gibt. Das restliche Reservat der Navajo Indianer ist eine vegetationsarme Halbwüste, endlos, heiß und monoton. Die plötzliche Leere steht in krassem Kontrast zu all den Highlights, die die Strecke bisher bot. So ist es auch nicht ganz leicht, eine abwechslungsreiche Route zurück nach Phoenix zu finden. Am reizvollsten wäre die Weiterfahrt über New Mexico und Colorado nach Denver (siehe „3. Rocky Mountains").

Wer es eilig hat, könnte über Flagstaff auf kürzestem Wege die Rückfahrt nach Phoenix antreten. Bei dem Versuch, entsprechend der Meilenzahl noch möglichst viel kennenzulernen, böte sich die Rückfahrt über Canyon de Chelly, Petrified Forest und Lake Roosevelt an. 60 mi/96 km weiter, aber eine ganze Menge mehr zu sehen.

Und die Mesas der Hopi Indianer? Die Hopi gelten allgemein als der interessanteste Stamm, der am besten von allen seine Ursprünglichkeit bewahren konnte. Doch denke ich, dass es recht schwierig ist Einblicke zu gewinnen, wenn man nicht vorhat, längere Zeit dort zu bleiben, oder, besser noch, auf Beziehungen zurückgreifen kann (siehe zu Indianern auch Teil II, KAP. 5, „Melting Pot USA").

KAYENTA – CHINLE – CHAMBERS (178 mi/285 km)

Kayenta Kayenta ist einer dieser völlig gesichtslosen Flecken, die es in der Navajo Indian Reservation überall gibt. Sozialer Wohnungsbau Typ Mobile Home mit Toyota Pick-Up vor der Tür und einer Menge frei umherlaufender Jagdhunde, die dir in der Regel aber nicht weiter gefährlich werden. Ein Ort zum Essen, Einkaufen, Wasserholen und Weiterradeln. An der JCT. US 160 fahrt Richtung Osten nach Mexican Water. Überwiegend eine sanfte Abfahrt, vom Hügel vor Mexican Water einmal abgesehen. Aber den braucht ihr nicht ganz hinaufzuradeln, denn kurz vorher trefft ihr wieder auf US 191, die weiterführt Richtung Süden nach Chinle, dem Ausgangsort für einen Besuch des Canyon de Chelly (sprich: de sche-i). Die Orte entlang der Strecke bestehen meist nur aus ganz wenigen Häusern mit höchstens einer Tankstelle mit Lädchen. Many Farms und Chinle sind etwas größer. Erkundige dich auf jeden Fall bei jedem Stopp, wo du das nächste Mal Wasser bekommen kannst. Vorsichtshalber entkeimen.

➤ Abstecher: Canyon de Chelly NM (62 mi/99 km). – Chinle, der Ort vor den Toren des National Monuments, wirkt wie eine staubige Retortenstadt aus Fertigbauteilen. Immerhin Taco Bell, ein paar Motels und Fast food-Restaurants sowie ein Waschsalon verbergen sich hinter den Fassaden.

Der Canyon liegt hinter der Siedlung und man beginnt seinen Besuch am besten mit einem Stopp beim Visitor Center (Tel. 928-674-5500) nahe dem Eingang, wo sich auch der Cottonwood Campground befindet. In den Canyon hinein kommt man, mit Ausnahme des White House Ruin Trails (4 km), nur im Rahmen einer gebuchten Tour, an der man für 15 $ pro Stunde bei eine Gruppe bis zu 15 Personen teilnehmen kann. Sonst muss man sich mit einem der beiden Rim Drives begnügen. Der 29 mi/46 km lange South Rim Drive (eine Strecke) ist der beliebtere. Auf der Talsohle des Canyons betreiben die Navajo auch heute noch Ackerbau und Viehhaltung. Website: www.nps.gov/cach

Bleibt auch nach dem Besuch des Canyons US 191 Richtung Süden treu. Die Strecke führt über Ganado auf 75 mi/120 km nach Chambers, einem kleinen Ort an der I-40 außerhalb des Navajo Reservats.

■ *Canyon de Chelly NM, White House Ruin*

♥ STORY
von
Michael
Giefer

Mit dem Mountainbike auf den Spuren der Anasazi-Indianer

Chinle: Ausgangspunkt für den Besuch des Canyon de Chelly. McDonald's und Burger King lassen grüßen. Schon von weitem erblicke ich das große gelbe Markenzeichen des weltgrößten Fast Food Konzerns. Vor einem Supermarkt blicke ich in das von Wind und Sonne gezeichnete, faltige Gesicht einer alten Dinéfrau. Ganz nahe kommt sie an mich ran und bettelt um einen Dollar. Nachdenklich fahre ich vorbei an einer Umerziehungsanstalt für delinquente Jugendliche Richtung Canyon de Chelly. In diesem Canyon, wie auch in weiteren in dieser Gegend der USA, lebten einst die Anasazi-Indianer. Zwischen 700 und 1300 erlebten sie ihre Blütezeit und bauten zahlreiche Puebloanlagen in teilweise schwer zugänglichen Canyons, bevor ihre Kultur auf bisher unerklärliche Weise um 1300 verschwand.

Fasziniert vom Anblick des Canyons, fahre ich immer wieder dessen steile Ränder an. Am White House Overlook erkenne ich von weit oben die Felsensiedlung tief unten im Canyon. Ich schließe mein Rad ab und gehe den 2,5 Meilen langen Rundweg zur White House Ruine hinunter. Nach Luft ringende Kinder einer Schulklasse kommen mir auf halben Weg entgegen. Unten angekommen laufe ich durch eine traumhafte Canyonlandschaft, an dem nur wenig Wasser führenden Chinle Wash entlang, bis ich vor der Ruine stehe: Aufgeteilt in zwei Gebäudekomplexe, einer direkt am Fuß der Felswand und der andere einen Stockwerk höher, schmiegt sich das Pueblo in eine Felsnische an die steile Felswand. Auf der befestigten Straße fahre ich bis an das Ende des National Monuments und folge dann einer unbefestigten Piste, die mich durch dichten Kiefernwald über einen Gebirgszug führt. Gegen 19 Uhr erreiche ich den kleinen Ort Sawmill.

CHAMBERS – PETRIFIED FOREST NP (49 mi/78 km)

Petrified Forest NP

Petrified Forest National Park erreicht man über I-40 Richtung Westen. Die Abfahrt nach 22 mi/35 km ist auch gleichzeitig die Einfahrt. Im Park gibt es zwar Rangerstations und ein Museum, aber keinen Campground! Fragt beim Visitor Center nach einem kostenlosen Backcountry Camping-Permit. Concho, der nächste kleine Ort, liegt 25 mi/40 km weiter südlich. Wer mal wieder Lust auf einen größeren Ort verspürt, kann einen kleinen Umweg über Holbrook (18 mi/29 km östlich) fahren.

♥ STORY
von
Stefan
Voelker

Der Petrified Forest National Park (www.nps.gov/pefo) ist durchzogen von einer schmalen, 43 km langen Straße, die wir uns natürlich nicht entgehen lassen. Na dann mal Wasserflaschen auffüllen und los ...

Überall liegen versteinerte, bis zu zwanzig Meter lange Stammsegmente herum, Überbleibsel von Bäumen, ja ganzen Wäldern, die hier vor 200 bis 250 Millionen Jahren durch eine Laune der Natur nicht einfach vermoderten, sondern durch Hitze und Druck zu buntschillernden Quarzkristallen verwandelt wurden. Die Straße windet sich teils durch skurrile Felsformationen hinauf und hinunter, dann geht's wieder über Sandgestein und auch an einem ausgetrockneten Salzsee entlang.

Bei der Ausfahrt aus diesem vom Massentourismus bisher verschont gebliebenen Nationalparks kehren wir noch kurz im Restaurant des Tourist Centers ein. Der angrenzende Shop bietet unter anderem handliche Bruchstücke der versteinerten Bäume an. Das eigene Auflesen und Mitnehmen solcher Exemplare ist strengstens verboten! Konsequenterweise wird bei der Ausfahrt dann auch kontrolliert.

Außerhalb des Parks biegen wir rechts ab und fahren Richtung Holbrook, unserem heutigen Tagesziel. Zu unserer Verwunderung gibt es auf den nun folgenden 29 km noch reichlich Möglichkeiten, Versteinerungen käuflich zu erwerben. Da aber der Transport von Steinen in unseren bis aufs letzte unnötige Gramm ausgehungerten Packtaschen völlig irrsinnig wäre, verschwenden wir keinen Gedanken an derartige Einkäufe.

Es gibt zwei Wege nach Phoenix:

Nr. 1:   **PETRIFIED FOREST – PHOENIX via PAYSON** (206 mi/330 km)

Diese Strecke führt über das Mogollon Plateau und greift die Etappe Phoenix – Payson vom Anfang der Tour in entgegengesetzter Richtung auf. In diesem Fall lohnt es sich auf jeden Fall, zunächst Holbrook anzusteuern. Von dort aus fährt man über AZ 377 nach Heber, Forest Lakes und weiter nach Payson. Heber besteht aus einer Kreuzung mit ein paar Restaurants. AZ 260 führt von dort nach Forest Lakes (General Store) und weiter durch wohltuend grüne Wälder bis zur Mogollon Rim, dem spektakulären Rand des Plateaus.

Mogollon Rim   Wo AZ 260 die Plateaukante erreicht, kann man weit über die Hügel zu Füßen der Hochebene schauen und auf die fernen Mazatzal Mountains. Rechts der Straße gibt es einen lohnenswerten asphaltierten Weg, der mehrere Aussichtspunkte miteinander verbindet, links einen Parkplatz mit Visitor Center. Etwas weiter entlang der zunächst asphaltierten Straße Richtung Wood Canyon Lake liegt ein „primitive campground" (ohne alles) direkt am Rim. Seine Plätze bieten einen phantastischen Talblick. Von allen Zeltplätzen im NF und an den Seen der Umgebung ist dies der spektakulärste.

AZ 260 führt für einige km bergab, doch haben sich noch ein paar Hügel auf dem Weg nach Payson eingeschlichen. Einige Zeltplätze liegen an der Strecke, euren Großeinkauf solltet ihr noch in Forest Lakes erledigen.

✷ Off-Road Radeln: Die Wälder rund um Mogollon Plateau und Mogollon Rim sind beliebte Mountainbike-Reviere. Auf dem Plateau gibt es ein dichtes Netz von Schotterpisten, die durch den Coconino- und Apache Sitgreaves-NF führen. Auch wenn Plateau nach Flachland klingt, so sorgen doch einzelne steile Hügelketten für reichlich Steigung, z.B. im Ostteil des Rimtrails. (Strecke Payson – Phoenix vgl. „Phoenix – Payson" am Anfang von „4. Southwest")

Nr. 2:   **PETRIFIED FOREST – PHOENIX via HOLBROOK, SHOW LOW und GLOBE** (250 mi/400 km)

Die Alternativstrecke führt auch über das Mogollon Plateau, jedoch bei Show Low, dann durch die Apache Indian Reservation nach Globe. Von Holbrook aus erreicht man Show Low über AZ 77. Mehrere kleine Orte liegen an der Strecke, die relativ stark befahren ist. Wesentlich ruhiger ist der Weg über Concho, doch gibt es entlang der 45 mi/72 km nach Show Low nur vereinzelte Ranches, sonst nichts.

Pinetop Lakeside   Show Low ist das Versorgungszentrum der Region, Pinetop Lakeside ein paar Meilen südöstlich das Erholungsgebiet. Dort gibt es dann auch County Parks, Zeltplätze und einen Rimrundweg, von dem aus man einen schönen Blick ins Tal und auf die nahen White Mountains, Arizonas Skigebiet Nr. 2, werfen kann. Pinetop Lakeside erreicht man allerdings nur per Abstecher.

Weiter dann auf der kurvenreichen US 60 durch grüne Wälder, über gurgelnde Flüsse und leider auch ein paar Hügelketten ins 1000 m tiefer gelegene Globe, ein ehemaliges Bergbauzentrum. Es gibt viele Rastplätze am Wegesrand sowie einen Zeltplatz am Salt River Canyon (www.wmonline.com/attract/camping/saltriv.htm). Wenn ihr alles richtig machen wollt, ruft unter Tel. (520) 338-4385 das White Mountain Apache Tribe Game & Fish Dept. wegen der Übernachtungsgebühr an.

Salt Lake City-Loop

Dieser Loop ist weniger eine Strecke der Höhepunkte als vielmehr ein Bindeglied zu anderen Routen im Westen und Kurzbeschreibung für alle, die evtl. von Salt Lake City zu einer Tour durch den Südwesten starten.

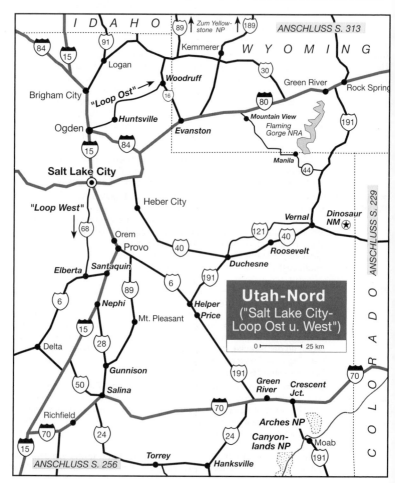

START UND CITY-GUIDE SALT LAKE CITY

Salt Lake City (Höhe 1300 m) ist eine recht wohlhabende, sehr aufge-
räumt wirkende Metropole mit äußerst freundlichen Bewohnern. Bis auf
die historischen Stätten der Mormonen hat die Stadt keine großen Höhepunkte kultureller Art zu bieten. Die Möglichkeit zu allen erdenklichen
Freizeitaktivitäten macht eher den Reiz aus.

Als Zentrum der weltweiten Mormonengemeinde, auf deren Mitglieder
man überall in den USA stößt, besonders aber natürlich in Utah, sollte
man sich ein wenig vertraut machen mit dem Hintergrund der Kirche der
„Heiligen der letzten Tage", kurz LDS (Latter Day Saints) genannt.

Nirgendwo sonst im Staate ist es so voll wie im Salt Lake Valley zu Füßen der Wasatch Mountains. Deshalb habe ich Strecken ausgesucht, die
möglichst schnell aus der Metro-Region herausführen. Wer die Strecke
Salt Lake City-Loop West wählt, bleibt zunächst erst in flachem Gelände,
Salt Lake City-Loop Ost führt sofort ins Gebirge.

Airport –
Downtown-
Unterkunft

Der Internationale Flughafen liegt recht zentral, nur wenige Meilen entfernt vom Stadtzentrum. Das Youth Hostel liegt fünf Häuserblocks östlich
vom zentralen Temple Square (Richtung Uni): Avenues Youth Hostel, 107
F Street, Tel. (801) 359-3855, 14 - 17 $. Alternativ: Hostel Utah Internatio-
nal, 50 South 800 West, Tel. (801) 359-4525, 12 $, oder International Ute
Hostel, 21 East Kelsey Ave., Tel. (801) 595-1645, 15 $. *Camping:* VIP
Campground, 1400 West North Temple Street, freecall 1-800-226-7752,
zentrumsnah, aber verkehrslärmgeplagt und wenig Schatten.

Salt Lake City-Loop Ost (511 mi/818 km ohne Abstecher
von Salt Lake City bis Green River)
SALT LAKE CITY – WOODRUFF
(ca.126 mi/201 km, viele Steigungen)

Richtung Wyoming führt die unkomplizierteste Ausfahrt aus der City vom
Hostel in der F Street durch den Emigration Canyon, den man erreicht,
wenn man den Schildern „Zoo" oder auch „This is The Place State Park"
folgt. Die Strecke führt kräftig bergauf in die Wasatch Mountains und
mündet in UT 65 Richtung East Canyon Reservoir. An der Kreuzung am
Ende des Sees zweige ab auf UT 66, Richtung Morgan. Vor Evanston
(WY) ist dies der letzte größere Ort. Folge der Ausschilderung zur Interstate, fahre aber nicht auf die Autobahn, sondern nimm die nördliche
Frontage Road über Stoddard und Enterprise nach Mountain Green. Von
dort aus führt UT 167 (als „Trappers Loop" Lieblingsstrecke der Rennradler aus der Hauptstadt) mit spektakulären Blick auf die Wasatch Berge
und ihre espenreichen Täler über einen Gebirgszug hinweg nach Huntsville, einem kleinen Ort in den Bergen östlich von Ogden.

✖ Off-Road
Riding:

Der Skyline Trail, einer der schönsten Single Tracks in Utah (vgl. Trail-Hitliste Nr. 4 im Teil II, KAP. 8; ausführlicher bei www.go-utah.com/travel/
activities.cfm), verläuft auf 30 Meilen durch die Berge westlich von
Huntsville. Erkundige dich am besten schon in Salt Lake City, wo überall
es die Möglichkeit gibt, auf den Trail zu kommen.

Huntsville

Huntsville ist ein winziger Fleck (mit Motel) am Rande eines Reservoirs,
der hauptsächlich als Wochenendausflugsziel Bedeutung erlangt. UT 39

(gesperrt im Winter!) folgt der südlichen Gabel des Ogden River. Die Strecke ist landschaftlich sehr reizvoll. Östlich von Huntsville wimmelt es daher nur so von NF-Zeltplätzen, die von Mitte Mai bis Ende Oktober geöffnet sind. Am Wochenende sind die Plätze voll belegt. Zwischen Huntsville (1613 m) und Woodruff (2080 m) liegt der Monte Cristo Pass (2700 m). Woodruff ist winzig, denn es besteht aus nicht viel mehr als ein paar Häusern.

● **Extratour: Jackson – Grand Teton NP – Yellowstone NP** (364 mi/582 km)
Wyoming   US 89 (364 mi/582 km) und US 189 (377 mi/603 km) führen über Hoback Junction nach Jackson vor den Toren des Grand Teton National Park. US 89, zu erreichen über Garden City, ist landschaftlich sehr reizvoll, aber auch stark befahren. US 189 bietet wenig Spektakuläres, wird erst schön, wenn die Bergkette der Wind River Range in Sichtweite rückt. Die Strecke ist aber sehr ruhig und sehr gut zu fahren. Offizielle Campgrounds sind jedoch rar.

Ob die beiden Nationalparks die weite Anfahrt lohnen, bleibt dahingestellt. Auf dem Weg nach Canada oder durch die nördlichen Rocky Mountains zur Pacific Coast wird man aber ganz sicher auch diese Parks erkunden wollen, nicht zuletzt auch, weil der Yellowstone National Park der erste US-Nationalpark war und für viele Amerikaner der National Park Nr. 1 ist.

Jackson   Jackson (all services), meist *Jackson Hole* genannt, ist die Tourismusmetropole im sonst so ländlichen Wyoming (ob der Beiname wohl aus der Tallage resultiert oder aus dem Loch, das ein Aufenthalt dort in die Reisekasse reißt?). Als südliche Basis für Grand Teton und Yellowstone auch noch am tosenden Snake River gelegen, wo sich Rafting Fans und Kajakfahrer in Scharen versammeln, hat sich der Ort zu einer Boomtown für den Sommerurlaub entwickelt. Das Angebot an Souvenir- und Freizeitläden ist umwerfend, und die Preise für Übernachtungskosten sind es auch. Ein Verzeichnis der Campingplätze in der Umgebung findest du unter www.jacksonholedirectory.com/jacksonholecamping.htm. Dafür kannst du nach viel Natur und Gegenwind mal wieder Night-Life genießen; abends ist Stadtbummel angesagt. Es gibt acht Radläden im Ort, falls du etwas brauchst, besorg es hier.

Grand Teton NP   Als kleinerer Nachbar des berühmten Yellowstone wird der Grand Teton Nationalpark (www.nps.gov/grte) gerne von den Touristenströmen mal eben so mitgenommen. Wer mit alpinen Felsformationen ein wenig Europa-Heimweh lindern möchte, der bleibt ein paar extra Tage hier. Eine Gruppe zerklüfteter Gipfel überragt die Landschaft mit ihrer Felsenkrone. Grand Teton heißt der höchste, der mit 4197 m alle anderen überragt. Die nördliche Region des Parks rund um den großen Jackson Lake ist mehr für Familien- und Bootsurlaub konzipiert. Die Berge hingegen sind ein Eldorado für Wanderer und Bergsteiger. Der beste Ausgangspunkt auch für Radler ist Jenny Lake Campground, 13 km von Moose entfernt. Nur dort gibt es Hiker-Biker Sites. Die 49 Plätze sind nicht selten schon morgens um 8 Uhr belegt!

Die Wanderwege beginnen gleich am Zeltplatz. Es gibt lohnenswerte Tageswanderungen, Loops rund um die Seen und one-ways in die nahen Täler, sowie anspruchsvollere Mehrtageswanderungen durchs Hinterland, für die man sich bei der Ranger Station nebenan eine Erlaubnis holen muss.

Läden: Colter Bay, South Jenny Lake und Moose.

Yellowstone NP

Yellowstone National Park, das ist der National Park Nr. 1 für Amerikaner. Vielleicht weil es – 1872 gegründet – der erste Nationalpark der Welt war? Vielleicht, weil es der berühmteste ist? Vielleicht, weil man einmal im Leben Old Faithful speien sehen will, den bekannten Geysir, der alle 45-90 Minuten seine Fontänen bis zu 55 m hoch ausbläst? Vielleicht, weil Yellowstones Attraktionen mit Seen, Wäldern, Wasserfällen, heißen Quellen, Fumarolen und Geysiren so vielfältig sind? Oder wegen der mehr als 1000 Meilen Wanderwege? Zugegeben, ich hab den Enthusiasmus nicht so ganz teilen können. Aber ich habe auch nur den Westteil des Parks gesehen und es waren nicht meine ersten Geysire. Allein diese dampfenden Hexenküchen sind die moderaten 10 $ für ein 7-Tages-Ticket schon wert, falls man sie noch nie gesehen hat. Alle denkbaren Informationen zum Leben und Überleben im Yellostone finden unter www.yellowstone-natl-park.com und www.nps.gov/yell. Übrigens: heute noch können die Spuren des verheerenden Feuers von 1988 an einigen Stellen im Park besichtigt werden.

Saisonprobleme

Der größte Teil des Parks im Nord-Westen Wyomings liegt über 2000 m hoch. Auch wenn die heißen Quellen noch so dampfen, selbst im Hochsommer wird es mit Temperaturen unter 10 °C überraschend kühl, sobald das Wetter sich verschlechtert. Die Straßen des Yellowstone NP sind aus Witterungsgründen nur von Anfang Mai bis Ende Oktober befahrbar. Vom Klima her richtig angenehm ist es hauptsächlich im Juli und August, zur Hauptferienzeit also, und genau dann waren wir dort. In keinem anderen Nationalpark der USA war der Massenandrang so offensichtlich. Nicht, dass die Zeltplatzkapazitäten nicht ausgereicht hätten. Organisatorisch hat man alles gut im Griff. Aber die Straßen halten den Fahrzeugansturm einfach nicht aus.

„Wir haben keine Chance, diesen Zustand zu verbessern", bemerkte ein Ranger, der mitbekam, wie wir am holprigen Fahrbahnrand ums Überleben kämpften. „Straßenarbeiten können wir kaum durchführen. Vom Wetter her bleiben uns nur knapp vier Monate, und genau in dieser Zeit herrscht hier Hochbetrieb. Das Stück zwischen Grant Village und Old Faithful (das am besten ausgebaute im Park mit Seitenstreifen!) haben wir letztes Jahr erweitert. Gearbeitet wurde nachts! Das war die einzige Möglichkeit."

■ Im Yellowstone Park: Tierwelt hautnah

Vor allem der Straßenabschnitt zwischen Old Faithful und Madison Jct. ist katastrophal. Für die breiten RV's, die zahlreich in beiden Richtungen unterwegs sind, reicht die Fahrbahn kaum aus. Als dann auch noch eine Herde Bisons auftauchte, war das Verkehrschaos perfekt. Das Stück ist echt nervig!

Video- und Fotofreunde rangeln an Aussichtspunkten um die besten Plätze. Brüllen. Gröhlen. Kreischen. Freudenrufe. Eine Geräuschkulisse wie im Freibad. Stellt euch darauf ein. Wer mit Rucksack ins Hinterland fliehen kann, lernt den Park wahrscheinlich von seiner besseren Seite kennen, auch in der Hochsaison.

Touren im Park

Am beliebtesten ist die Südwestroute durch den Park. Entlang der Strecke kann man verschiedene, farbenprächtige Geysirbecken bewundern, Old Faithful einen Besuch abstatten, dreimal die Continental Divide überqueren (Craig Pass, 2518 m, und zwei Namenlose, 2558 m und 2435 m, erfreulich der gute Straßenzustand dort) sowie den Yellowstone Lake kennenlernen. Das ist schon eine ganze Menge.

Wer mehr Zeit investieren will, sollte sich die Minerva-Sinterterrassen bei Mammoth Springs ganz im Norden nicht entgehen lassen. Dafür schiebt ihr am besten von Madison Junction aus einen Loop durch den Norden ein. Über das Norris Geyser Basin geht es nach Mammoth Hot Springs (57 km). Dort solltet ihr euch Zeit nehmen und übernachten. Richtung Westen gelangt man zur Roosevelt Lodge (29 km). Die Strecke Richtung Süden führt zu den Tower Falls und den Unteren und Oberen Wasserfällen im Grand Canyon of the Yellowstone (31 km). Östlich der Straße liegt das für Menschen gesperrte Gebiet, die Zufluchtsstätte der Grizzlybären. Ab und zu verirrt sich auch mal einer auf die Fahrbahn. Allerdings bekommt man eher Bison als Bären zu sehen. Diese Mammutochsen jagten mir ganz gehörigen Respekt ein. Da man im Canyon Village nicht zelten darf, tretet am besten den Rückweg nach Madison an (32 km). Am zweiten Tag sind das 92 km plus Programm. Früh aufstehen! Von Madison bis zum Südausgang sind es 88 km. Vom nächsten Nationalpark trennen euch nur 8 mi/13 km. Auch das ist einmalig für die USA.

✖ Off-Road Riding:

Bunsen Peak Road (bei Mammoth Springs), Fountain Flat Drive (bei Madison), Slough Creek und Blacktail Plateau Drive (bei Roosevelt-Tower) sind Schotterpisten, die beiden letztgenannten dürfen auch von Autos befahren werden. Speziell für Mountainbiker wurden einige der Feuerwehrstraßen freigegeben. Welche, das erfahrt ihr im Visitor Center oder im Radladen in West Yellowstone.

Übernachten / Verpflegung

Auf allen Zeltplätzen im Park gibt es Hiker-Biker Sites, **außer** in Slough Creek und im Fishing Bridge RV Park am Yellowstone Lake, wo Zelte grundsätzlich nicht zugelassen sind. Mit fairen 4 $ pro Person und Nacht bist du dabei, first-come-first-serve-Basis ist die Regel. Für Madison, Grant Village, Canyon und Bridge Bay können Reservierungsversuche (!?) bei Xanterra unter Tel. (307) 344-7311 unternommen werden. Infos auch unter www.yellowstone-natl-park.com/camping.htm. Läden: Mammoth Hot Springs, Old Faithful, Canyon Village, Grant Village und Lake Village, kleinere Shops zudem in Tower, Roosevelt und Fishing Bridge. West Yellowstone, Montana, ist das westliche Versorgungszentrum vor den Toren des Parks.

WOODRUFF (UT) – EVANSTON (WY) – MANILA (117 mi/ 187 km)

UT 16 Richtung Süden erreicht nach 10 mi/16 km die Grenze zu Wyoming und wird zu WY 89, die nach Evanston (all services) führt. Man kommt nicht drumherum, ein wenig über die I-80 zu fahren, allerdings nur 4 mi von Evanston Ost bis zur nächsten Ausfahrt. Dann gibt es eine Frontage Road. Vor Fort Bridger kann man die Autobahn dann endgültig verlassen. Ein Abstecher zum Fort (State Historic Site), eines der ältesten am Oregon Trail, lohnt sich. Weiter geht es über Mountain View. Durch kahle Ebenen, graue Hügel und jede Menge sagebrush führt WY 414 über die State-Border zurück nach Utah in das grüne Tal von Manila. Bei der Abfahrt in den Ort hinein kannst du nur einen kurzen Blick auf das grellblaue Wasser des Reservoirs erhaschen.

Manila   In Manila gibt es mehr Boote als Häuser. Eine Tankstelle mit kleinem Laden, Cafés mit Fast food-Snacks und ein paar Motels. Das Leben konzentriert sich auf die Wochenenden, wenn die Wassersportfreunde aus Salt Lake City kommen, um sich am Flaming Gorge Reservoir auszutoben. Wochenend- An- und Abreisezeiten solltest du meiden. Die irre langen Gespanne aus Pick-up, Wohnaufleger und Motoryacht habe ich nirgendwo sonst gesehen und sie sind schlimmer als jeder Truck.

MANILA – VERNAL (79 mi/127 km)

Flaming Gorge NRA   UT 44 führt mit wunderschöner, aber anspruchsvoller Streckenführung am Stausee entlang. Nicht auf Wasserhöhe, sondern durch Schluchten und über steile Berghänge. Sheep Creek Canyon ist hübsch und bietet nette Wildcampingplätze unter Pappeln und Weidenbäumen. Anschließend klettert die Strecke in switchbacks hinauf zum nächsten Plateau. Ab und zu mal umdrehen. Von den Kehren aus hat man einen phantastischen Blick auf den See. Oben angekommen geht es wieder hinauf und hinab – ich erinnere mich nicht, wie oft. Aber ich weiß, dass vor dem Red Canyon Visitor Center eine lange Steigung liegt, die etwas erträglicher wird durch die kühleren, schattigen Gefilde des Ashley NF.

Red Canyon   Vom Visitor Center aus, das ein ganzes Stück unterhalb der Straße liegt, sieht man den Teil der Felsformationen, der dem Gebiet den Namen gab. Bei günstigem Licht scheint es, als stände die tiefe Schlucht der roten Felsen in Flammen. Nahe Red Canyon gibt es auch ein paar Zeltplätze.

✖ Off-Road Riding: 1993 begann der National Forest Service, zusammen mit einigen Helfergruppen, Mountainbike Trails durch die Schlucht zu markieren und zu katalogisieren. Inzwischen dürfte das Programm recht interessant sein. Ansonsten lohnt es sich auf jeden Fall, den Canyon Rim Trail, einen 5 mi/ 8 km langen Single Track durch Wiesen und Wald zu einem Aussichtspunkt zu fahren.

Ashley NF   Wie schon bisher bekommst du weiterhin vom See selbst nicht allzuviel zu sehen. UT 44 mündet in US 191, der vorerst weiterführt durch dichten Wald, grüne Wiesen und an Bächen vorbei. Hinter dem Schild, das auf das Ende des Ashley-NF hinweist, bekommst du einen Vorgeschmack auf Utahs heißen Süden. Schlagartig wird es kahl. In vielen switchbacks

(Kehren) geht es hinab in eine rote Felsenschlucht und wieder hinauf, bis die Straße ein ausgewogenes Niveau erreicht, auf dem es sich bis Vernal leicht dahinrollt. Dina-Campground vor der Stadt ist dort die preiswerteste Möglichkeit unterzukommen. Aber vielleicht zieht es euch ja auch nach einem kurzen Zwischenstopp bei den lebensgroßen Dinos im Vorgarten des Utah Field House of Natural History State Park gleich weiter zum Dinosaur National Monument. US 40 führt über Jensen dorthin.

➤ **Abstecher: Dinosaur NM**

(18 mi/29 km one way). – Lust auf Szenen aus „Jurassic Parc"? O.k., Dinosaurier interessieren nicht jeden. Was das Dinosaur NM (www.nps.gov/dino) interessant macht, sind nicht nur die Dinos, sondern die phantastischen Felsformationen, die die Wasser des Green River aus den hohen Sandsteinwänden der Schlucht modelliert haben. Vom Feinsten, und das im eh schon verwöhnten Utah! Nahe dem Visitor Center gibt es den einzigen Zeltplatz mit Wasser. Wer genug Geld hat, sollte sich außer Radfahren noch ein anderes Vergnügen gönnen: eine Rafting-Tour durch die Dinosaur-Schlucht! Angebote in Vernal oder Jensen einholen.

✖ **Off-Road Riding:** Vom unteren Parkplatz am Visitor Center aus startet ein markierter 24 mi/38 km Loop auf Schotterpisten durch die (heißen!) Schluchten und Berge, der allerdings auch für Autos geöffnet ist.

〉〉〉 **Connection:**

Rocky Mountains NP via Meeker (CO) und „3. Rocky Mountains" (95 mi/152 km)

Vom Dinosaur Monument aus führt US 40 nach Dinosaur (Café und Welcome-Center), CO 64 nach Rangeley (all services). Von dort aus kann man über CO 64 weiterradeln nach Meeker.

〉〉〉 **Connection:**

Grand Junction (CO) (138 mi/221 km) und „3. Rocky Mountains" oder „4. Southwest" via CO 139

CO 139 (73 mi/117 km, einsam, heiß und trocken!) zweigt kurz hinter Rangeley ab und führt über den endlosen Douglas Pass (8268 ft/2519 m) nach Grand Junction.

VERNAL – DUCHESNE (72 mi/115 km)

Bis Duchesne verlaufen US 40 und US 191 auf derselben Strecke, Nordschiene zugleich nach Salt Lake City und dementsprechend hektisch. Besser man fährt ab Vernal auf UT 121 zunächst nach Roosevelt (all services), ein kleines Stück US 40, dann gleich wieder ab auf UT 87 Richtung Upalco am Rand der Indian Reservation, biegt aber vor Erreichen des Ortes ab Richtung Bridgeland im Süden. Dort führt eine Parallelstraße zur US 40 nach Duchesne. Das schönste an Duchesne ist das Starvation Reservoir im Westen der Stadt. Wer Lust auf ein Bad im See verspürt, kann im State Park (3 Meilen außerhalb, Tel. 435-738-2326) übernachten.

DUCHESNE – GREEN RIVER (117 mi/187 km)

US 191 führt landschaftlich reizvoll durch Teile der Indian Reservation und die Berge des südlichen Ashley NF nach Price. So schön es ist, endlich mal wieder Grün zu sehen, ohne Anstrengung klappt das in Utah nie! Etwa 1200 m Höhendifferenz liegen zwischen Duchesne (ca. 1800 m) und dem höchsten Punkt der Strecke, bevor es in rauschender Abfahrt hinabgeht nach Price (all services).

US 191 und US 6 folgen von dort aus derselben Strecke am Fuße der Book Cliffs nach Green River. Die letzten 50 mi/80 km ab Wellington sind sehr einsam. Kurz vor Green River geht es für ein kurzes Stück über die Interstate, bei der nächsten Abfahrt jedoch schon in den Ort.

⟩⟩⟩ Connection: Ab Green River folgt „4. Southwest" nach Moab oder Bryce Canyon NP

Salt Lake City-Loop West (261 mi/418 km max. von Salt Lake City bis Torrey)

SALT LAKE CITY – ELBERTA (ca. 80 mi/128 km)

Je nach Jahreszeit kann es sinnvoll sein, von Salt Lake City aus Richtung Süden zu starten und die Berge zunächst zu meiden, weil dort noch zuviel Schnee liegt. Die günstigste Ausfahrt aus Salt Lake City Richtung Süden führt über UT 68, die man auf Nebenstrecken vom Stadtzentrum aus über UT 181 und UT 71, vom Flughafen aus über UT 154, 171 und 111 erreichen kann. Wenn man ab Riverton am Westufer des Utah Lake entlang Richtung Süden nach Elberta fährt, entgeht man der Hektik des Salt Lake Valleys rund um Provo.

ELBERTA – GUNNISON (82 mi/131 km via UT 28, sonst 96 mi/154 km)

In Elberta erreicht man US 6, auf der man Richtung Osten über Goshen den Ort Santaquin erreicht. In Santaquin gibt es auch Läden etc., mit denen man sonst erst in Nephi rechnen kann. Von Santaquin aus führt eine landschaftlich sehr reizvolle Strecke durch den Uinta-NF östlich der I-15. Die Straße, auch bekannt als Mount Nebo Road, klettert hoch hinauf in die Berge und streift ein Red Rock Feld namens Devil's Kitchen. Im Winter ist die Strecke gesperrt. Dann hält man sich besser an die Talstraße von Goshen am Mona Reservoir entlang nach Nephi. UT 28 führt auf 41 mi/66 km mit Möglichkeit zum Zwischenstopp in Levan (ein Fast food-Café) und Zeltplatz im Painted Rock State Park nach Gunnison.

Landschaftlich reizvoller ist die 55 mi/88 km lange Strecke über UT 132 und US 89 ebenfalls nach Gunnison. Mehrere kleine Ortschaften entlang des Weges am Fuße der Wasatch Mountain Range sorgen für etwas mehr Abwechselung als die dürre UT 28. Übernachten könnte man in Ephraim, mit 3000 Einwohnern der größte Ort an der Strecke. Gunnison ist halb so groß, verfügt aber ebenfalls über die wichtigsten Versorgungseinrichtungen. Vorläufig wird es keinen vergleichbar gut ausgestatteten Ort mehr geben.

GUNNISON – TORREY (85 mi/136 km)

24 mi/38 km weiter südlich und erreichbar von Salina aus über UT 135 liegt eine winzige Gemeinde mit dem germanischen Namen „Sigurd". Von dort aus klettert UT 24 in ein Hochtal, das auf beiden Seiten vom Fishlake-NF eingerahmt wird, hinauf bis zur Passhöhe von 8406 ft/2561 m auf dem Awapa Plateau. Bis Loa geht es dann langsam bergab. Hinter

dem Ort kann man die ersten Blicke auf die Red Rock-Regionen im Südosten des Staates erhaschen. Nach 15 mi/24 km erreicht ihr Torrey, den
kleinen Ort vor den Toren des Capitol Reef NP.

>>> Connec- nach Moab oder Bryce Canyon siehe „TORREY – MOAB".
tion:

Las Vegas Loop
FLAGSTAFF (AZ) – LAS VEGAS (NV) – TORREY (UT) (593 mi/949 km)

Wer Lust und Zeit hat, kann statt vom Grand Canyon aus durch die Navajo Indian Reservation nach Utah zu radeln Las Vegas ins Programm
aufnehmen und auf dem Weg dorthin noch eines der wenigen erhaltenen
Teilstücke der berühmten Route 66 kennenlernen.

FLAGSTAFF – KINGMAN (146 mi/234 km)

Beginnen müsste man diesen Abschnitt eigentlich in Valle, auf halber
Strecke zum Grand Canyon. Zumindest für die, die Flagstaff bereits kennen, ist es sinnvoller, von dort aus Williams an der I-40 anzusteuern (28
mi/45 km). Im Stadtzentrum von Flagstaff springen sie direkt ins Auge,
die schwarz-weißen Schilder „Route 66". Sie hängen sehr hoch und sind
sehr fest verschraubt, denn viele können einem kleinen „Souvenirsdelikt"
nicht widerstehen angesichts dieses charismatischen Verkehrszeichens.
Im weiteren Verlauf heißt die Straße dann wieder ganz profan BUS 40,
Business Loop, zur Interstate. Richtung Westen bringt dich BUS 40 zur I-
40, der du über 28 mi/45 km bis Williams ausgeliefert bist.

Route 66 – I-40 hat heute in weiten Teilen die berühmte Route 66 abgelöst, hat die
get your Straße der Hoffnung zur Legende degradiert. Einst war es die Wagenspur
kicks! der vom kalifornischen Goldrausch angelockten Glücksritter. Später wurde es die Straße der Flucht, auf der arme Farmer der Plains den Weg aus
der Armut ins verheißene Land suchten (nachzulesen in John Steinbecks
„Früchte des Zorns"). Mit der Zeit wurde Route 66 das Symbol des hoff-
nungsvollen Aufbruchs in den Westen schlechthin.
　　Erst einmal gib deinem Rad die Sporen auf den 28 mi/45 km von Williams bis Seligman, die du zum Teil auf I-40, ab Exit 139 jedoch auf einer
Frontage Road abkurbeln kannst. Nach der zentralen Kreuzung im Ort
kannst du dann singen „I get my kicks on Route 66 ...", die Reifen deines
Rades rollen ab hier wirklich auf geschichtsträchtigem Asphalt.

Versorgung Viele Häuser entlang der 90 mi/142 km langen Strecke stehen leer, von
ihren Bewohnern aufgegeben und verlassen. Seligman bemüht sich um
seine wirklich beneidenswert niedliche *Old Town* und ist der letzte ernst
zunehmende Versorgungspunkt bis Kingman, wo man wieder die Auswahl zwischen mehreren Restaurant, Motels und Supermärkten hat. In
Peach Springs – sozusagen halbe Strecke – ist's einseitig: Motel, Café
(beides Tel. 928-69-2238) und ein dürftiges Angebot an Lebensmitteln.
Sonst säumen nur stumme Zeugen einer lebhafteren Vergangenheit den
Weg.

♥ **STORY**
von
Stefan
Voelker

Von Seligman nach Kingman

Was soll man vom heutigen Tag sagen? Es passiert einfach nichts. Ein Routinetag ohne Abwechselung, vielleicht gerade deshalb repräsentativ für die Fahrt durch den großen, weiten Westen mit seiner kargen Vegetation und seinen wenigen, kleinen Ortschaften. Kurz stoppen wir in dem bescheidenen Supermarkt an der größten Straßenkreuzung von Seligman, die mangels Durchgangsverkehr ohne Lichtzeichenanlage auskommt. Wir verlassen die Route 66 zugunsten einer kürzeren Verbindung nach Kingman und bleiben auf der schnurgeraden Interstate 40. Mit 35 °C im Schatten erleben wir den bisher wärmsten Tag unserer Tour. Laut *Weather Channel* soll es morgen über 100 °F, also 38 °C heiß werden. Willkommen in der Wüste!

Es geht wie gewohnt durch weite Täler, die Anstiege ziehen sich über eine Stunde hin, dafür sind die Abfahrten um so erfrischender. Beim Abzweig der US 93 Richtung Phoenix hoffen wir auf eine kleine Tankstelle oder ähnliches. Denn nach gut 80 km durch die flirrende Hitze sind unsere Wasservorräte restlos aufgebraucht. Vielleicht waren wir da mit unseren dreieinhalb Litern Vorrat pro Mann bei unserem Start heute früh ein bisschen zu blauäugig.

Die Einöde um mich herum verführt mich zu Tagträumen von klimatisierten Tankstellenshops mit einer bunten Auswahl an eisgekühlten Erfrischungsgetränken, mit Schokoriegeln, süßen Früchten und leckerem, amerikanischem Speiseeis. Zum ersten Mal ereilen mich ernsthafte Befürchtungen bezüglich der Wasserversorgung: Was wäre wenn nichts kommt, um die Wasserflaschen aufzufüllen?

Wie eine Fata Morgana tut sich da bei Km 92 ein riesiger Truckstopp vor uns auf. Ein Heer von Macks und Freightlinern steht, teils mit laufendem Motor, auf der Parkfläche, die die Ausmaße zweier Fußballfelder hat. Der Servicebereich umfasst ein stattliches Restaurant, einen Kiosk, einen Lebensmittelmarkt, Telefonzellen, eine Art Postfiliale, Duschen und Toiletten. Es ist ein reges Treiben hier. Und wer als Radler essen will, sollte darauf achten, nicht an den ausschließlich für Fernfahrer gekennzeichneten Tischen Platz nimmt. Denn die Asphaltcowboys schätzen es nicht, wenn sie sich mit dem restlichen Volk, was sich noch auf den Highways so rumtreibt, zusammentun müssen. Das hat jedoch auch seinen Grund, denn die *Truck Drivers Only*-Tische sind mit Telefon ausgestattet, so dass beim Warten aufs Steak gleich die Firma oder der Auftraggeber kontaktiert werden kann. *Time is Money!* Und dabei stören gespitzte Touristenohren nur.

KINGMAN – LAS VEGAS (102 mi/163 km)

US 93 wirkt in weiten Teilen wie mit dem Lineal durch die Landschaft gezogen, ist aber leider nicht so eben, wie die Gerade glauben macht. So bekommt das Auge ab und zu doch einmal ein wenig geboten, und die Beine auch. Es ist ein relativ junger, gut ausgebauter Highway, der den Verkehr erträglich erscheinen lässt, nicht aber die meist gnadenlose Hitze. Laut Karte liegt an der Strecke kein einziger Ort. Orte sind es auch nicht, eher quick-stops, wie etwa Santa Claus, eine Art Kiosk auf halber Strecke Kingman-Hoover Dam. Oder das Roadcafé 30 km weiter, wo der Anblick deines schweißnassen Radler-Shirts den Preis für die Gallone Wasser in Sekundenschnelle in die Höhe treibt.

Hoover Dam Erneut trifft man auf den Verwandlungskünstler des Südwestens, auf den Colorado River, hier als Lake Mead. Hoover Dam, ein Meisterwerk des Corps of Engineers. Böse Zungen behaupten, damit wäre es in den 30er Jahren endgültig gelungen, den Mexikanern das Wasser abzugraben. Ein Staudamm der Superlative, 221 m hoch, du merkst es schon an den

Kehren, die dich hinaufbringen auf die Krone der gigantischen Mauer, die ihren Bogen durch die unglaublich tiefe Schlucht spannt.

■ *Blick auf den Hoover Dam*

♥ STORY von Stefan Voelker

Hier am Staudamm ist eine Menge los. Das Restaurant bietet überhöhte Preise, trotzdem aber mehrere kapitale Warteschlanken für Eis, Pommes und Cola. Auch viele Deutsche folgen der dringenden Empfehlung ihrer Reiseführer und planen beim mehrtägigen Besuch der Großstadt Las Vegas gleich noch einen Ausflug hierher ein. Mit dem Auto ist das ein Katzensprung. Touristen aus Hannover sprechen uns auf Englisch an und sind erstaunt und auch entzückt, dass Landsleute so eine verrückte Idee mit dem Fahrrad haben. Und dann diese Hitze, sagt die Frau, da kann man doch nicht Rad fahren! Eigentlich hat sie ja recht. Andererseits will man auch mal seine Grenzen und damit sich selbst besser kennenlernen.

Der Flusslauf des Colorado bildet die natürliche Westgrenze Arizonas zu Nevada und Kalifornien. So befindet sich erwartungsgemäß in der Mitte des Damms, über den die US 93 verläuft, ein dicker, gelber Strich. Wer Richtung Westen darüber fährt, so wie wir, rollt in den Bundesstaat Nevada ein.

Nach einer guten halben Stunde Pause steigen wir wieder auf die Räder. Der kleinste Gang ist angesagt. Teilweise können wir nur im Stehen fahren, denn es geht steil bergauf: ein paar Kilometer Serpentinen vom Feinsten. Nur selten gibt es mal Schatten, und einen kühlen Luftzug schon gar nicht. Ich habe das Gefühl, schneller das Wasser auszuschwitzen, als dass ich es trinken kann. *Push harder,* bloß nicht stehen bleiben, diese mörderische Steigung muss irgendwann einmal ein Ende haben.

Die Straße ist in den Berg hineingesprengt. Als wenn eine überdimensionale Axt hier eine Kerbe hinterlassen hätte. Es gibt keinerlei Vegetation, alles ist nackter, heißer Stein. Rechts und links neben der Straße geht der Fels für gut dreißig Meter steil in die Höhe.

Plötzlich ist der Höhenzug, der uns an diesem Tag nach über 115 km durch die Wüste noch mal alles abverlangt, vorbei. Ein buntes Märchenschloss steht da mutterseelenallein inmitten der unfruchtbaren Einöde: ein Spielcasino. Es gibt einen Hubschrauberlandeplatz neben dem riesigen Parkplatz, bewässerte Grünflächen mit herrlichen Palmen, mehrere, natürlich auch am Tage eingeschaltete Neons und ein Hotel mit gut zehn Stockwerken. Willkommen im Spielerparadies Nevada! Bitte Einchecken!

♥ STORY
von
Raphaela
Wiegers

Las Vegas

Hättet ihr mich vor der Reise gefragt, so hätte ich steif und fest behauptet: Las Vegas? Das ist wohl nicht der richtige Ort für mich. Einmal dort, erlag ich auf Anhieb den vielfachen Reizen dieser ungewöhnlichen Stadt. Was an Kitsch und Glimmer auf engstem Raum versammelt ist, stellt alle Disney-World-Erfahrungen in den Schatten. Und dort musst du hohen Eintritt bezahlen, hier wirst du mit Lockangeboten verwöhnt. Das Motelzimmer (lang lebe der Luxus!) kostete 29 $ für zwei Nächte. All-you-can-eat-Buffets mit feinster Auswahl zu Tiefstpreisen bringen Radlers Energiehaushalt in Schwung. Spezielle After Midnight Offerten, Steak n' Egg n' Chips für 1 $, das Bier dazu für 50 cent. Für Nicht-Spieler ist Las Vegas das amerikanische Schlaraffenland.

Der Tag ist nicht die rechte Zeit für diese Stadt. Avenues und der Strip erscheinen leblos, langweiliger als jede Kleinstadt, ohne Charme. Erst wenn die Nacht hereinbricht, wird Las Vegas munter. Dann drängt alles aus den Zimmern zum Bummel durch die Spielhöllen und über den Strip. Welch eine Verschwendung an allen Orten! Drinnen wie draußen Maßlosigkeit.

In den Palästen die verschiedensten Gestalten, von Angesicht zu Angesicht mit der Slot-Machine. Wie Roboter baggern ihre Hände unentwegt coins aus den Plastikeimerchen, die gierig verschlungen werden vom unersättlichen Schlitz. Lässig, ohne eine Miene zu verziehen, kassieren Glückspilze den großen Gewinn. Das Geräusch der ausgespuckten Münzen macht weniger Erfolgreiche nervös. Mit noch mehr Nachdruck werfen sie ihren Einsatz in die bunten Kästen. Man will das Glück zwingen. Leichtgeschürzte Zigaretten-Call-Girls in zum Motto des Hauses passenden Kostümen bieten mit eingefrorenem Lächeln auf Zuruf ihre Dienste an.

Auf den hell erleuchteten Straßen eine andere Art von Trugschluss. Cesar's Palace, klein Rom à la Ben Hur. Tosende Kaskaden stürzen in blassblaue Brunnenbecken, gesäumt von antiken Skulpturen. Wasser in der Wüste. Geld macht alles möglich. Zukunftsoptimismus hart an der Grenze zur Gefahr. Nebenan beim Mirage speit ein Vulkan viertelstündlich auf Kommando Feuer – bis Mitternacht zumindest alle 15 Minuten Weltuntergangsstimmung von der idyllischen Seite. Millionen von blinkenden Glühbirnen auf Erden machen derweil den Sternen am Himmel ernsthaft Konkurrenz.

Las Vegas heißt Versuchung. 5 $ für jeden hatten wir ausgemacht. Unsere Reisekasse gestattete uns keine Extravaganzen. Oder etwa doch? Der Traum vom Supergewinn! Im Morgengrauen fielen wir todmüde in die Betten. 10 $ ärmer natürlich, dafür um ein paar tolle Eindrücke reicher. Las Vegas ist durch und durch unmoralisch, aber gerade deshalb erlebenswert.

■ *Las Vegas – tagsüber ziemlich leblos*

Unterkunft
Las Vegas International AYH-Hostel, 1208 South Las Vegas Boulevard, Tel. 702-385-9955, Bett für 28 $. Zumindest die Szene ist dort anders als in den Hotelklötzen nahe dem Strip. Ansonsten hilft euch der Freecall 1-800-332-5333 des Convention Centers bei der Zimmervermittlung.

Die vielen Tourist Infos in der Stadt haben eher kommerziellen Charakter, arbeiten oft mit verschiedenen Casinos zusammen. Doch sind ihre Angebote deshalb nicht schlecht. Auch das Counterpersonal in den Hotel-Casinos ist überraschend gut informiert und fungiert als Infocenter für die verschiedensten Belange der Kundschaft. Übrigens: wenn das Bike nicht gerade frisch mit einer Lehm- und Schmutzschicht überzogen ist – wie sollte das sein, mitten in der Wüste? – und ihr nicht gerade an diesem Abend die Kette reinigen und die Schaltung ölen wollt, dann scheut euch nicht, euer Vehicel auch hier mit aufs Hotelzimmer zu nehmen.

Nr. 1: LAS VEGAS – ST. GEORGE via I-15 (UT) (120 mi/176 km)

Wüste ist genau das, was nach einem Las Vegas Aufenthalt guttut. Egal in welche Richtung du fährst, sie erwartet dich überall. Heiß und trocken. Etwas ergiebigere Wasservorräte sind wichtig. I-15 führt als direkte Verbindung über Mesquite (80 mi/128 km, all services) weiter nach Utah. Bis auf eine härtere Steigung gut 20 mi/32 km hinter der City und einen steilen Anstieg hinter Glendale geht es bis Mesquite in sanften Wellen bergab. Die Strecke ist gut zu fahren, bietet aber nichts Besonderes.

Nr. 2: LAS VEGAS – ST. GEORGE (UT) (138 mi/220 km)

Lake Mead Road
Ein landschaftlich netter Highway mit wenig Verkehr, NV 169, führt durch malerische Berghänge in vielen Farbtönen oberhalb von Lake Mead nach Overton am Nordende des Sees und von dort aus wieder zur I-15 bei Glendale. Zu erreichen ist er von North Las Vegas aus über NV 147.

Valley of Fire State Park
Möglichkeit drei: Man fährt erst ein Stück auf der I-15 und zweigt den Schildern zum Valley of Fire State Park (www.desertusa.com/nvval) folgend ab Richtung Overton. Im State Park, der mit wunderschönen Felsformationen und Farbenspielen aufwartet, kannst du auf einem der beiden Zeltplätze übernachten, dann weiterradeln zum See und im Bogen zurückkehren zur I-15. Die Distanz ist dieselbe wie die der Lake Mead Rd.

Aufwärts nach Utah
Kurz hinter Mesquite überquert man die Grenze nach Arizona. Von nun an geht es bergauf. Gemächlich, aber kontinuierlich. 500 Höhenmeter auf langen 100 km. Im Welcome Center Utah bekommt man alles Wichtige für die Orientierung im Mormonenstaat. St. George ist die letzte größere Stadt für lange Zeit.

>>> Connection:
Zion NP, Bryce NP und die Hauptstrecke „4. Southwest"
Über I-15 und UT 9 erreicht ihr nach 17 mi/27 km die Route durch Utahs Süden. Die Strecke durch den Zion NP ist unbestritten die schönste Fortsetzung (vgl. dazu Zion NP in Gegenrichtung). Von Carmel Junction aus kann man über den Pass bei Long Valley (7513 ft/2289 m) die Weiterfahrt zum Bryce Canyon sinnvoll verkürzen. Bis Torrey sind es dann 225 mi/360 km.

5. FAR WEST:
Frisco, Felsendome, Feuertaufe. Die Extremtour

Ride Guide

1. Tour-Info Von der Pazifikküste hinauf in die Sierra Nevada zu den gigantischen Felsendomen am Rande des Yosemite Valley, dann über den Tioga Pass vorbei am Mono Lake hinab ins Death Valley. Sonnenaufgang am Zabriskie Point und krönender Abschluss Las Vegas. Eine sympathische Mischung von Highlights versammelt sich entlang dieser Route, und dennoch fällt es mir schwer, sie ernsthaft zu empfehlen: Der Weg von der Küste hinauf in die Sierra Nevada ist beschwerlich; die Temperaturen wechseln zwischen Eisfach und Bratspieß. Der Tioga Pass ist mit 9945 ft/ 3030 m der höchste und auch der kälteste Pass Kaliforniens. Death Valley ist mit seinen 282 ft/84 m unter dem Meeresspiegel der tiefste und mit der heißeste Punkt der gesamten USA. Wenn der Tioga-Pass offen ist, wirst du also im Death Valley kostenlos gegrillt. Ist es im Death Valley angenehm, ist der Tioga-Pass zu (Okt. bis Juni). Die Rechnung geht also nie glatt auf. Es gibt keinen Weg, die beiden Highlights von Central California angenehm miteinander zu verknüpfen. Ein Trostpflaster gibt es: Meist habt ihr Rückenwind, wenn ihr aus Westen anrollt.

2. Start San Francisco („Frisco")

3. Attraktionen San Francisco, Golden Gate und die Pazifikküste; das Küstengebirge; das Central Valley; Yosemite NP (sprich: josémmiti); Tioga Pass; Mono Lake; Death Valley NP mit Zabriskie Point; Las Vegas mit seinem 24-Stunden-Amüsierbetrieb.

4. Travel-Infos **Reisezeit:** Das Zeit-Fenster ist eng, sehr eng. Yosemite, Tioga Pass *und* Death Valley sind machbar 1. Hälfte Oktober. Versuch nicht, die gesperrte Passstrecke zu fahren, was mit dem Rad ja durchaus möglich wäre, solange noch kein Schnee gefallen ist. Der Winter in den USA kommt schnell und heftig. Alljährlich sterben ein paar unvernünftig Mutige.

Besondere Ausrüstung: Warmer Schlafsack für die Berge, Sunblokker für Death Valley, große leere Packtaschen für Lebensmittel und einen Reservetank für Wasser, Zelt.

Straßen: Viele Berge und lange Steigungen von Beginn an. Die Straßen sind entweder voll oder eng. Manchmal auch beides, zumindest auf dem Weg zum Yosemite NP. Richtung Death Valley wird es vergleichsweise leer, fast zu leer, und rund um Las Vegas sind die Überlandstraßen, falls du sie benutzt, gut ausgebaut. Sieh zu, dass du auf keinen Fall am Wochenende auf CA 120 oder CA 140 nahe Yosemite unterwegs bist. Die Straßen sind eng, steil, kurvig und dann viel zu voll.

Versorgung: Das Küstengebirge südlich von San Francisco ist überraschend schwach besiedelt, und rund ums Death Valley herrscht absolut tote Hose. Vor allem der Wassernachschub wird rasch knapp. Vorräte transportieren ist erforderlich. (L) = Laden vorhanden.

Übernachten: Motelfreunde sind hier nicht ganz richtig. Auch wenn vielerorts Indoor-Übernachtungen möglich sind und in Las Vegas fast ein Muss, so ist das Netz der Herbergen rund um Death Valley eher knapp. **Camping:** Es gibt zahlreiche Zeltplätze an der Strecke. Dennoch nicht so

5 Far West

lückenlos wie anderswo. *Wild campen:* Kein Problem, und in einigen Abschnitten wird gar nichts anderes übrigbleiben.

5. Routen-Info   Streckenroute durch California und Nevada.
  ❖ **Netzwerk: Grand Canyon NP, Phoenix** oder **Zion NP** über „**4. Southwest**" ab Las Vegas; in Gegenrichtung Anschluss an „**6. Pacific Coast**".

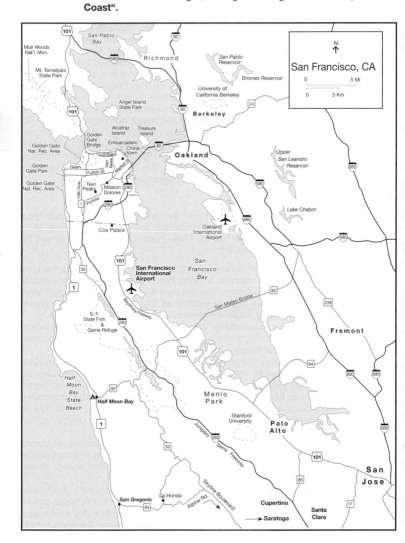

**6. Routen-
verlauf**

SAN FRANCISCO – SAN GREGORIO BEACH (45 mi/72 km) --- SAN
GREGORIO BEACH – SARATOGA – SAN JOSÉ (45 mi/72 km) --- SAN
JOSÉ – PATTERSON – TURLOCK – MARIPOSA (135mi/216 km) --- MA-
RIPOSA – YOSEMITE VILLAGE (46 mi/74 km) --- YOSEMITE V. – CRANE
FLAT – LEE VINING – LONE PINE (196 mi/314 km) --- LONE PINE – STO-
VEPIPE WELLS – FURNACE CREEK (106 mi/170 km) --- FURNACE
CREEK – SHOSHONE – PAHRUMP – LAS VEGAS (146 mi/234 km)

Start und City-Guide San Francisco

San Francisco gehört zu den US-Cities mit dem Prädikat „absolut sehenswert". Wer sofort vom Airport aus durchstartet, verpasst was. Auch
wenn die Stadt mit ihren steilen Straßen (bis zu 20%!) nicht unbedingt
radfahrfreundlich erscheint, so kommt man auch mit bepacktem Drahtesel ganz gut zurecht. Eine, was die Steigungen anbelangt, sehr informative Radkarte zum Herunterladen bekommt ihr bei www.sfbike.org/
biking_resources/maps (klickt auf „Download a bicycle map ..."). Das
gute Stück gibt's auch vor Ort zu kaufen.

Euch machen Städte aber nun mal nicht an? San Francisco ist keine
Stadt, sondern ein Lebensgefühl. Also auf ins Getümmel! Youth Hostels
gibt es einige in und um San Francisco. Vorab zu reservieren ist ratsam. –
Weitere San Francisco Tips s. bei Tour „6. Pacific Coast".

**Airport –
Downtown**

Der Internationale Flughafen liegt etwa 20 km südlich des Downtown
Districts in San Bruno an der San Francisco Bay. Eine fast fertige Bike
Route führt direkt an der San Francisco Bay entlang bis zur Innenstadt
und über die Golden Gate Bridge hinaus. Die aufwendige pdf.Karte dazu
könnt ihr euch bei www.baytrail.org/map.html beschaffen. Nicht ganz so
romantisch, aber schneller die Route aus dem Pacific Coast Buch „Go
South" von Th. Schröder (siehe Reiseteil USA, KAP. 6, „Pacific Coast")
vom Airport Terminal bis nach Downtown: runter vom Airport via des üb-

■ *Über die
Golden Gate
Bridge*

lichen Loops, der die einzelnen Terminals miteinander verbindet, rechts
in die McDonnell Rd. Richtung Norden, nach einer langgestreckten

Rechtskurve um die Flughafenbegrenzung herum
links in den South Airport Blvd., der bald in den Gateway Blvd. mündet, links in den Oyster Point Blvd.,
Überquerung der US 101, rechts in den Airport/
Bayshore Blvd., Unterquerung US 101, schließlich
heißt die Straße dann 3rd Street und dann geht's
links in die 4th Street bis zum Union Square. Einen
Block weiter westlich – die Geary gemäß Einbahn-
straßenrichtung folgend – stoßt ihr auf die Mason
und hier findet sich das AYH-Hostel Union Square
(s.u.), beste Wahl für Stadterkundungen. Verwirrend? Eigentlich nicht, aber o.k.! Nach 10 Stunden
Flug könnt ihr auch gerne die BART, die U-Bahn,
nehmen. Sie hält direkt am Abflugschalter des International Terminal, bringt euch ebenfalls bis zum
Union Square und außerhalb der Rush-Hour ist die
Mitnahme eines Rades kein Problem. Eine weitere
Möglichkeit: Besorgt euch eine gute San Francisco
City Map mit Bike Routen, z.B. die von Krebs. Die

5 Far West

Fahrt in die Stadt hinein ist also ein lösbares Problem.

Ein neuzeitlicher Stadtpark ist der 100 ha große, vom Militär geräumte historische „Presidio de San Francisco" am Pazifik mit 23 km Radwegen, siehe dazu www.nps.gov/prsf/maps/images/trails.gif.

**Übernach-
ten**   Am besten nächtigt man in einem der zahlreichen Hostels. Adressenliste und alles weitere im KAP. „6. Pacific Coast".

SAN FRANCISCO – SAN GREGORIO BEACH (45 mi/72 km)

Der beste Weg aus San Francisco heraus führt Richtung Süden, denn die Brücken über die San Francisco Bay sind alle für Radler gesperrt. Man könnte per BART (U-Bahn) auf die andere Seite der Bucht übersetzen, doch erwartet euch dort eine Höllenfahrt durch das Vorstadtgewirr von Berkeley, Oakland und San Mateo. Die Berge des Küstengebirges beginnen fast auf Meeresspiegel, und es gibt nur wenige Straßen, die die steilen Hänge hinauf Richtung Stockton oder Central Valley führen.

Einmal in San Francisco unterwegs, solltet ihr euch auch ein Stückchen der Pacific Coast Route gönnen. Ihr werdet euch wundern, wie rasch nach der Metropole die Landschaft wieder wild wird. Verbringt ruhig eine Nacht am Ozean an der Halfmoon Bay State Beach (Rad unbedingt am Tisch anketten!). Schon vor San Gregorio fängt dann die einsame Graslandschaft an, die diesen Küstenabschnitt nur wenige Meilen vom Ballungsraum entfernt fast unwirklich erscheinen lässt.

SAN GREGORIO BEACH – SARATOGA – SAN JOSÉ (45 mi/72 km)

Im Hinterland gibt es einige waldreiche County Parks. Zweig in San Gregorio ab auf CA 84 Richtung La Honda. Wie wäre es mit einem Frühstück im Café von San Gregorio, Ecke Highway 84 and Stage Road? Sonntags gibt es oft eine Matinee mit Musik und urigen Typen. Die Strecke führt weiter als Alpine Road zum CA 35, der dich Richtung Süden zum CA 9 und nach Saratoga bringt. Am Citydschungel von San José führt kein Weg vorbei. Am günstigsten bleibt ihr bis Los Gatos auf CA 9, zweigt kurz ab Richtung Norden auf Los Gatos Boulevard und biegt anschließend rechts ab auf County Road G 10. G 10 stößt nach ein paar Meilen auf CA 82. 5 mi weiter nördlich zweigt Tully Rd. rechts ab, 3 mi weiter geht's rechts ab in die Quimby Rd. Richtung Osten.

SAN JOSÉ – PATTERSON – TURLOCK – MARIPOSA (ca. 135 mi/216 km)

Quimby Road mündet auf CA 130, der durch Joseph Grant County Park und die kahlen Berge in seiner Umgebung ins Central Valley hinüberführt. CA 130 klettert ganz schön. Insgesamt sind es recht einsame 71 mi/114 km durch heiße Graslandberge. Vorsicht! In der gesamten Ecke gibt es viele Klapperschlangen!

Patterson (L) liegt jenseits der I-5. Turlock (all services) ist etwas größer. Ihr erreicht es via J 17. J 16 verläuft etwas weiter nördlich und ist euer nächstes Ziel. Ihr könnt diese County Rd von Turlock aus Richtung Keyes ansteuern. J 16 bringt euch durch das hügelige Farm- und Ranchland des südlichen Central Valley direkt auf CA 49 und nach Mariposa.

MARIPOSA – YOSEMITE VILLAGE (46 mi/74 km)

Mariposa (all services) ist eines der Tore zum Yosemite National Park. Wir selbst sind über CA 120 in den Park hineingefahren. Dort gibt es nur wenig Versorgungspunkte, auch wenn es auf der Karte anders aussieht. Eine Alternative wäre CA 140, aber beide Strecken lassen an Steigungen nichts zu wünschen übrig. Je höher, desto kühler wird es? Das trifft nur bedingt zu in der Sierra Nevada, denn auf der Straße herrscht an den Steigungen pralle Sonne trotz des Waldes. Wie kalt es im Gebirge wird, merkst du nachts oder bei schlechtem Wetter.

Yosemite NP

Das wunderschöne Tal des Merced River am Fuße der steilen Granitfelsen, über die im Frühjahr tosende Wasserfälle in die Tiefe stürzen, steht bei Amerikanern ganz weit oben auf der Hitliste der National Parks! Anselm Adams, der berühmte amerikanische Fotograf, hat mit seinen stimmungsvollen Bildern nicht zuletzt dafür gesorgt, dass Yosemite weit über die Grenzen Kaliforniens hinaus berühmt wurde. Yosemite NP ist das Wunschziel aller Outdoor-Freunde aus den nahen Metropolen San Francisco und L.A. Das nur als Warnung an alle, die Natur gerne für sich allein genießen wollen. Nicht hier. Am Wochenende stehen die Autos im Valley Stoßstange an Stoßstange, die Campingplätze sind trotz enormer Kapazitäten voll ausgebucht, auf den Trails wandern Hiker im Gänsemarsch, es ist schwer was los, auch nachts. Faustregeln: 1. nicht am Weekend eintreffen und 2. eine Wanderung ins Backcountry einlegen. Dort lernt ihr die reizvolle Seite des Nationalparks kennen. Die Website des Parks ist www.nps.gov/yose

5 Far West

Yosemite-Info

Dreh- und Angelpunkt ist das Yosemite Village, eine pdf-Detailkarte ist einsehbar unter www.nps.gov/yose/pphtml/maps.html.

Ihr erreicht das Village über den Southside Drive, denn die Straßen im Valley sind Einbahnstraßen. Die Zeltplätze an der Südseite sind für euch uninteressant, denn für Radler und Hiker (ohne Hund!) gibt es Walk-in Campsites (Sunnyside Campground, Tel. 209-372-8502) nahe der Lodge. Ein Glück! Dort kommt ihr immer unter, auch wenn alles ausgebucht ist. Also fahrt getrost weiter ins Village und macht euch im Visitor Center kundig, auch wenn überall Schilder stehen: „Campground full". Was auch möglich ist: schiebt einfach auf einem der Trampelpfade zu einem der großen Zeltplätze und schlagt irgendwo mittendrin das Zelt auf. Es wird nicht weiter auffallen. Im Village gibt es Cabins und noble Unterkünfte, einen Grocery Store, Restaurants und Pizzeria.

Schöne Trails gibt es viele. Welche sich besonders lohnen, hängt gewiss von der Jahreszeit ab. Die Wasserfälle sind im Frühjahr besonders schön. Versucht mal, ob ihr einen Shuttle zum Glacier Point bekommt. Die Aussicht von dort oben ist faszinierend schön! Per Rad ist es wohl eher was für Konditionsbären, bergauf zumindest.

YOSEMITE VILLAGE – CRANE FLAT – LEE VINING – LONE PINE (200 mi/320 km)

Zum Tioga Pass

Der Northside Drive bringt dich auf 6 mi/10 km aus dem Valley heraus. Nach weiteren 10 mi/16 km (11 km bergauf!) auf der steilen Big Oak Flat Road erreichst du bei Crane Flats CA 120, die Strecke zum Tioga Pass. Das härteste Stück Arbeit hast du jetzt hinter dir. Mal rauf, mal runter, heißt die Devise. Eine Berühmtheit wie der Tioga Pass will schließlich erobert werden. Aber der Steigungswinkel ist gemäßigter. Elevation Schilder am Straßenrand erlauben es dir, mitzuzählen. In Tuolumne Meadows (L, Camping) kannst du eine Rast einschieben und den Blick über die ausgedehnteste Wiese der Sierra Nevada schweifen lassen. Ab jetzt geht es noch einmal 11 km stramm bergauf. Auch im Sommer säumen noch ausgedehnte Schneeflecke die Fahrbahn, und die Gipfel haben das ganze Jahr über ihre weiße Mütze auf. Wenn die Rangerhütte auftaucht mit dem Schild Tioga Pass 9945 ft – 3030 m bist du wirklich oben auf dem höchsten Pass der Sierra Nevada!

Mono Lake

Der Yosemite Nationalpark liegt damit hinter dir, und am besten ziehst du dich etwas wärmer an für die rauschende Abfahrt durch den Sierra National Forest hinab nach Lee Vining (L) zum Mono Lake (mir fiel der See mit den bizarren Fels- und Salzskulpturen zum ersten Mal auf dem Plattencover von Pink Floyd's „Wish you were here" auf). Was so reizvoll aussieht, hat allerdings einen traurigen Hintergrund: Der See ist eines der Trinkwasserreservoirs für L.A. und droht aufgrund der hohen Verdunstung total zu versalzen. Nachschub und Nachfrage sind nicht mehr im Gleichgewicht. Mono Lake trocknet aus. Immerhin, das Problem wurde erkannt und verschiedene Maßnahmen, angefangen mit ernstgemeinten Tips zum Wassersparen in Haus und Garten, eingeleitet. Aber ob's hilft?

US 395 wird für die nächste Zeit deine Heimat. Deadman Summit wartet mit 8036 ft (2450 m), dann Sherwin Summit mit schlappen 7000 ft (2130 m), und dann geht es wirklich 900 Höhenmeter bergab, nach Bishop (best services), Big Pine, Independence und Lone Pine! Wenn es dir unterwegs zu heiß wird, kannst du dich in einem der kalten Bäche aus der Sierra abkühlen, die der Highway überquert.

Lone Pine – Stovepipe Wells – Furnace Creek
(106 mi/170 km)

Hoppla! Dies ist der Abzweig ins **Death Valley.** Jetzt wird es ernst.

♥ STORY
von
Joachim
Fritz

Im Duett mit den Kojoten

„Why are you doing this!?" Ein reichlich beleibter Amerikaner starrt uns völlig fassungs- und verständnislos aus dem Inneren seines klimatisierten Pick-ups an: „Warum um alles in der Welt fahrt ihr **mit dem Fahrrad durchs Death Valley,** ihr seid doch völlig übergeschnappt!?" – „Nun, zu Fuß wäre es uns dann doch ein wenig zu mühsam gewesen, mit all dem Gepäck und die Wanderwege sind ja auch nicht gerade die tollsten" liegt uns als Antwort schon auf der Zunge. Statt dessen halten wir uns nicht länger mit tiefschürfenden Antworten auf, die hier sowieso niemanden interessieren und antworten amerikanisch-lakonisch: „It's fun!"

■ *Von Lone Pine*
auf dem Weg
zum Death Valley

„Why are we doing this?" Zumindest der sehr freundliche und hilfsbereite Ranger im Visitor Center an der Kreuzung zum Highway 136 kurz hinter Lone Pine (Tel. 760-876-6222) scheint uns noch in die Kategorie „seltsame, aber harmlose Verrückte" einzustufen und klärt uns geduldig mit breitem Akzent über die Wasserversorgungsmöglichkeiten im „Tal des Todes" auf, dessen Name ja schon verwirrend genug ist. Denn weder rollt man dort gemütlich durch ein Tal, sondern überquert drei mühsame Pässe auf dem Weg nach Pahrump, außerdem ist es gar nicht so tot, wie der Name verspricht, sondern es sollen dort ungefähr 1000 verschiedene Pflanzen- und mehrere Tierarten leben.

Ein letzter Blick zurück auf die königliche Sierra Nevada, die sich hier bis auf fast viereinhalbtausend Meter aufbäumt, und die wir erst vor zwei Tagen fröstelnd und bei Schneegraupelschauern überquert hatten. Und jetzt soll es heiß werden? Oh ja, schon nach wenigen Kilometern brennt die Mittagshitze ohne Erbarmen auf uns herab und wir verbringen erst einmal unsere Siesta im Halbschatten eines verdorrten Baumes liegend und besseren (Tages-) Zeiten harrend.

Glücklicherweise haben wir unseren eigenen „tourguide" dabei: Antje hatte das vergangene halbe Jahr hier als Reiseführerin für Touristengruppen gearbeitet und die Touris im Van durch die Gegend geschippert, sie kennt die Strecke also wie ihre Westentasche. Als wir in der Nachmittagshitze keuchend und schwitzend immer weiter bergauf fahren, beruhigt sie uns, dass schon bald ein Aussichtspunkt kommen müsse und dann ginge es lange bergab. 20 km später radeln wir – bei inzwischen tief stehender Sonne – immer noch leicht, aber stetig bergauf durch eine staubtrockene Landschaft und sind nun um eine Gewissheit reicher: „Glaube niemals einem Autofahrer!". Exakt 30 km nach Antjes beruhigender Nachricht stehen wir im schönsten Abendlicht an dem irgendwie abenteuerlich wirkenden Schild „Death Valley National Park", was fast klingt wie „Überlegt es euch noch mal, ab jetzt gibt es kein zurück!" und erreichen besagten Aussichtspunkt. Marc fuchtelt hinter uns mitten auf

5 Far West

der Straße stehend wie von der Tarantel gestochen in der Luft herum, wir sollen zurückkommen! Und tatsächlich genießt dort gerade eine beinahe tellergroße haarige Tarantel friedlich die Wärme der aufgeheizten Straße. Ich muss haarscharf an ihr vorbeigeradelt sein, ohne sie zu bemerken!

■ *Blick ins Tal des Todes*

Nun geht es wirklich bergab, in vielen Kurven und Serpentinen rollen wir immer weiter nach unten mit herrlichen Ausblicken auf die Knitterberge vor uns. Auf dem Campingplatz in Panamint Springs, das eigentlich nur aus einem Motel besteht (Tel. 775-482-7680, www.deathvalley.com/reserve/reserve.shtml), schlagen wir unser Nachtlager auf und auch bei Dunkelheit will es einfach nicht kühler werden. Ich hole eisgekühlte Coke vom Restaurant gegenüber, werde dafür zwar gerügt, doch sie findet rasenden Absatz. Abenteuer Wüste auf US-amerikanisch.

Am nächsten Morgen sind wir schon lange vor Sonnenaufgang auf den Beinen, der steilste Pass liegt vor uns und wir wollen die leichte Morgenfrische nutzen. Als wir unsere Wasservorräte auffüllen wollen, kommt zu unserem Entsetzen kein Tropfen Wasser aus dem Hahn. Soll ich etwa einen Kasten Coke auf mein Fahrrad schnallen? Zum Glück hatten wir am Abend noch die Radflaschen aufgefüllt, Wasser ist eben wertvoll in der Wüste!

Schon kurz nach dem Start geht es stramm bergauf, die Morgenluft ist frisch und klar und der Berg vor uns verdeckt noch die aufgehende Sonne. Unaufhaltsam und gleichgültig schiebt sich das „Feuer der Wüste" nach oben über den Bergrücken, um uns zu quälen, und wir schauen, dass wir vorwärts kommen. Marc ist schon hinter der nächsten Kurve verschwunden, doch Antje, die ziemlich untrainiert in diese Tour gestartet ist, muss merklich mit dem steilen Anstieg kämpfen. Ich versuche sie aufzumuntern: „Schau, da vorne, das Schild! Wir sind schon 1000!" Leider sind es Fuß und keine Meter und ich muss ihr ein Eis in Stovepipe Wells versprechen, um sie bei Laune zu halten. Hätte ich einen Sonnenhut auf, spätestens jetzt würde ich ihn vor ihr ziehen. Kilometer um Kilometer schleichen wir weiter nach oben durch eine wüste und felsige Gebirgslandschaft, tief unter uns ein karges staubiges Tal, und schon bald verlieren wir den Wettlauf mit der Sonne, als diese die morgendlichen Schatten verdrängt. Nach schweißtreibenden 16 km erreichen wir endlich den Towne Pass, mit 1510 Metern der höchste Punkt auf dem Weg zum Death Valley. „Why are we doing this!?" Warum quälen wir uns freiwillig durch eine völlig menschenfeindliche Landschaft? Könnte man es nicht viel leichter und angenehmer haben? Doch kann man Natur wirklich erleben, wenn man müde und verschlafen durch ein Fenster blickt und abgeriegelt in einem gekühlten Raum ohne Anstrengung durch die Gegend schwebt? Aus dem

Auto heraus muss diese Landschaft eintönig und öd erscheinen, fast langweilig, wenn man sich ihr nicht mit all seinen Sinnen aussetzt. Selbstverständlichkeiten wie einen Schluck kühles Wasser empfindet man hier viel bewusster. Als wir fast 30 km bergab sausen, uns im Fahrtwind toasten lassen und in Stovepipe Wells ein Eis schlecken, denken wir nicht mehr über diese Fragen nach.

Es stellt sich aber gleich eine neue, als wir wenig später den Park-Eintritt bezahlen. 5 $ pro Radfahrer ist eigentlich nicht viel, doch warum muss ein mit fünf Personen vollbesetztes Auto nur insgesamt 10 $ zahlen? Sind wir es nicht, die umwelt- und nationalparkfreundlich mit eigener Körperkraft den Nationalpark besuchen und damit die Natur schonen? Die Diskussion mit dem Ranger bleibt fruchtlos und ich dränge zur Weiterfahrt, schließlich wird es so langsam Mittag und richtig heiß. Das Thermometer zeigt fast 40 °C im Schatten und das im Oktober! Wie heiß muss es hier erst im Sommer sein? Gnadenlos brennt jetzt die Sonne auf uns herab und weit und breit nichts, das uns Schatten spenden könnte, kein Baum, kein Strauch, einfach nichts. Sanddünen erscheinen in der Ferne und wir durchqueren eine knochentrockene hitzeflirrende Landschaft, die in ihrer Leere und Weite faszinierend und angsteinflößend zugleich wirkt. Amerikaner empfinden ein heimliches Wohlwollen gegenüber Verrückten wie uns, sie winken aus den Autos heraus, hupen, grüßen, strecken den Daumen nach oben und es halten sogar Fahrer an, die um unser Wohl besorgt sind: „Do you need fresh water? Can we help you?" Es ist nicht das einzige Mal, dass wir diese amerikanische Hilfsbereitschaft zu spüren bekommen und es beeindruckt uns sehr, mit welcher Selbstverständlichkeit uns Essen oder Hilfe angeboten wird und lässt bei uns das Gefühl entstehen, dass wir willkommen sind: „You are always welcome!"

Nach 90 km erreichen wir ausgedörrt und glühend vor Hitze mit hochroten Köpfen Furnace Creek, das touristische Herz Death Valleys. Auf den letzten Kilometern hatte ich schon Angst, dass einige Autofahrer vor uns stoppen würden, weil sie uns für rote Ampeln halten könnten. Immerhin gibt es auf dem Campingplatz einige schattenspendende Bäume, wir können es gebrauchen und beim Einkauf im voll klimatisierten Laden lassen wir uns besonders lange Zeit. Wer wird denn schwitzen in der Wüste? Am Abend wagen wir uns wieder in die Sonne und wandern in den nahegelegenen Golden Canyon, der im Abendlicht – wie der Name verspricht – zauberhaft in den schönsten Goldtönen schimmert. Zum Abendessen gibt es etwas Frisches: Joghurt, Salat und Eis. Nur Marc möchte gerne etwas „Richtiges" für seinen Radlermagen und verdrückt sage und schreibe zwölf „scrambled eggs" ganz alleine!

Nun sind wir also mittendrin im Tal des Todes, Schilder zeigen an, dass wir uns unter Meereshöhe befinden. Der tiefste Punkt Nordamerikas (-86 m) ist zwar – wie wir gelesen haben – noch ein gutes Stück entfernt, doch die Hitze reicht uns auch so schon, die umliegenden Berge schließen das Death Valley von allen Seiten her ein, schirmen es von Regen ab und heizen es auf wie die Wände eines Backofens. Entsprechend ungemütlich wird die Nacht im Zelt zu dritt, selbst die Erste-Hilfe-Decke, die wir am Nachmittag als Sonnenschutz darüber gespannt hatten, hilft da nicht mehr. Über uns funkelt ein Meer aus Sternen in der stockfinsteren Nacht, kein Lüftchen geht, kein dumpfes Grollen, kein Schleier trübt die Sicht und in der Ferne heulen die Kojoten und singen uns in den Schlaf.

Nach einer Stunde Fahrt am nächsten Morgen würden wir am liebsten auch heulen, denn bereits jetzt ist es unerbittlich heiß. 1913 soll hier in der Gegend die zweithöchste Temperatur gemessen worden sein, die jemals aufgezeichnet wurde (134 °F). Und das glaube ich jetzt gerne, schließlich müsste es gerade herbstlich frisch sein. Wir werden mit einem atemberaubenden Blick vom „Zabriskie Point" getröstet, die Hügel vor uns leuchten in den verschiedensten Farben und werfen im Morgenlicht besonders schöne Schatten.

Wieder geht es bergauf, der letzte Pass zieht sich 30 mühsame Kilometer wie Kaugummi an einer Schuhsohle. „Es könnte viel schlimmer kommen", versuche ich meine Mitreisenden aufzumuntern, „der Legende nach irrte zu Zeiten des großen Goldrausches eine ganze Gruppe Pioniere auf dem Weg nach Kalifornien mit Kind und Kegel mehrere Monate durchs Death Valley und am Ende kamen sie fast unversehrt im Westen an!" – „Wieso fast?" kommt prompt die Frage. Ich bleibe die Antwort schuldig.

Vom Pass geht es eine eintönige Strecke nach unten, schon Ewigkeiten im Voraus kann man auf die Kreuzung starren, nach der der nebenan liegende Geisterort sogar benannt wurde. So sehr man auch in die Pedale tritt, die Kreuzung will einfach nicht näher rücken. Durch die trockene und klare Luft schrumpfen Entfernungen teleskopartig zusammen. „Aah, gleich sind wir da", denkt man, und das mindestens siebenmal, bis man es aufgibt und einfach nur kurbelt.

Death Valley Junction ist wirklich ein elendes Kaff, nicht einmal eine Tankstelle gibt es dort, die sonst im einsamen Westen an jeder Kreuzung steht. Doch immerhin gibt es ein Motel mit kalten Getränken (Anm. des Buchautors: ist mal geöffnet, mal geschlossen ... Info unter Tel. 760-852-4441). Ein begeisterter deutscher Bustourist drückt uns 20 $ in die Hand und meint, wir sollen uns einen schönen Abend machen. Schauen wir schon so bedürftig und heruntergekommen aus? Oder wollte er einfach seiner Begeisterung Ausdruck verleihen, dass man es auch ohne Klimaanlage und Motor durchs Death Valley schaffen kann? Wie auch immer, wir beherzigen seinen Rat und erliegen in Pahrump dem Kaufrausch eines gefüllten Supermarktes, der schon so manchen Wüstenradler heimgesucht haben soll.

Death Valley-Info

Von Panamint Springs (mit Kneipe zum Wasserfassen) nach Stovepipe Wells sind es 43 km. Towne Pass ist mit 4956 ft (1510 m) das Tor zum Death Valley. Von dort aus geht es in Kurven hinab nach Stovepipe Wells: ein paar Gebäude mit schattenlosem Zeltplatz und Sani-Container, ein Laden mit mehr Souvenirs als Esswaren, aber Trinkwasser und Internet-Zugang! Wer es eilig hat, fährt am besten auf der anderen Seite des Tals über den Daylight-Pass gleich wieder heraus nach Beatty (58 km, 300 m Höhendifferenz, Motels, Supermarkt).

Eine gelungene Website ist www.death.valley.national-park.com; Top-Infos unter www.ridgecrest.ca.us/~matmus/DeathV.html.

Furnace Creek

Im Death Valley selbst ist Furnace Creek Ranch das eigentliche Zentrum, und es sei jedem als Aufenthalt ans Herz gelegt, der im Winter dort ist und etwas Zeit hat. Furnace Creek („Schmelzofen-Bach") ist eine Mini-Oase mit Palmen, grünem Rasen, einer Lodge mit Duschen, Internet-Zugang in der Lobby der Ranch und einem sehr trockenen, sehr staubigen Zeltplatz, auf dem man unter ein paar Tamariskensträuchern eventuell sogar ein Schattenplätzchen erwischen kann. Ein naher, schöner Wanderweg ist der durch den Golden Canyon. Doch selbst im November wird es dort mittags tierisch heiß. *Zabriskie Point*, der Schauplatz des berühmten Antonioni-Films, weiß vor allem bei Sonnenaufgang mit seinen farbenprächtigen Hügelketten zu bezaubern. Ein Grund mehr, bei der Weiterfahrt früh aufzustehen oder einen frühen Tagesausflug einzulegen.

Death Valley an einem Tag, das halte ich für Energieverschwendung. Rund um Furnace Creek gibt es genug kühle Indoor-Plätze, in die man eine Weile flüchten kann, wenn es zu heiß wird. Ein sehr früher Start am nächsten Morgen garantiert dir die härtesten Kletterpassagen bei noch erträglichen Temperaturen. Perfektes Timing ist im Death Valley wichtig.

■ Morgenstimmung am Zabriskie Point

5 Far West

FURNACE CREEK – SHOSHONE – PAHRUMP – LAS VEGAS (146 mi/234 km)

Von Furnace Creek bis Death Valley Junction sind es anstrengende 30 mi/48 km. Zabriskie Point erreicht ihr nach etwa 9 km. Death Valley Junctions Motel ist hoffentlich noch geöffnet (Info unter Tel. 760-852-4441, Doppelzimmer 45 $), denn der nächste Stop heißt sonst Shoshone („schuschuni"). In der ehemaligen Mini-Minenortschaft gibt es eine Tankstelle mit Motel und Chips & Cola-Laden, das ist alles für die nächsten 26 mi/42 km auf CA 178 und NV 372 nach Pahrump. Die Grenze nach Nevada liegt irgendwo im Niemandsland.

Panne gehabt? In Pahrump gibt es einen Fahrradladen: The Bicycle Warehouse, 3360 S Blagg Rd., Pahrump, Tel. (775) 751-1710. Der Ort liegt an NV 160. Auf diesem Teilstück geht es jetzt etwas lebhafter zu. Auch in bezug auf die Steigungen: bis zum Mountain Springs Summit klettert die Piste auf 5493 ft/1674 m an.

Links könnt ihr einen tollen Blick auf die roten Felsen der Spring Mountains erhaschen, bevor es hinabgeht in den Hexenkessel Las Vegas (all services), das ihr am schönsten über NV 159, aber am unkompliziertesten auf der NV 160 verbleibend erreicht. Interstatebenutzung innerhalb des Großraums Las Vegas ist tabu. In Nevada ist zwar so einiges erlaubt, aber Radeln auf den Interstates, wenn es denn eine sinnvolle Alternative gibt, ist strikt verboten! Also verzichtet lieber auf die Belehrung oder gar schlimmeres durch die Highway Patrol und nutzt die Nebenstraßen.

>>> Connection: Zu Las Vegas und zur Weiterreise schaut nach unter „4. Southwest" bei „Las Vegas Loop".

6. PACIFIC COAST:
Strände, Wälder, Hwy 101. Vancouver – San Diego
Ride Guide

1. Tour-Info Die Pacific Coast der USA, das ist Faszination pur für alle, die die Küste lieben. Highway 101 zählt zu den „Traumstraßen", und der Name, liebevoll „one-o-one" ausgesprochen, zergeht Radlern in aller Welt auf der Zunge, ist berühmt wie der Karakorum Highway oder die Panamericana, deren Teilabschnitt in Kalifornien mit dieser Strecke identisch ist.

Meeresblick fast Tag für Tag, steile Felsküste, an deren Klippen sich gigantische Wogen donnernd brechen, Leuchttürme, die sich an steinerne Hänge schmiegen, das muntere Gebell der Seehunde, der gleitende Flug der Pelikane über der Brandungszone in der Dämmerung, Sonnenuntergänge wie im Bilderbuch und wohlklingende Städtenamen wie Mendocino, San Francisco, San Diego – die Pazifikküste geizt nicht mit Reizen. Das Extrabonbon für Radler: Hier gibt es eine weltweit einzigartige Radreise-Infrastruktur mit speziell ausgearbeiteter Bike Route, Biker-Zeltplätzen, Bike Shops. Purer Spaß unter perfekten Bedingungen, das ist es, was diese Pacific-Coast Bicycle Route zum attraktivsten Radreiseziel der USA macht! Ich würde glatt zustimmen, wenn der Autoverkehr nicht teilweise so verdammt dicht wär ...!

US 101 und CA 1, auf die die Route in Kalifornien ausweicht, sind in vielen Abschnitten recht gebirgig und anstrengend zu fahren. Wo es keine Kaps gibt, sorgen Plateaus für Abfahrten und Anstiege, weil sie von Bachläufen durchbrochen werden, die dich immer wieder auf Meeresspiegelhöhe schicken. Die vielen Steigungen zehren auf Dauer an deinen Kräften. Ebene, flache Abschnitte sind selten und am ehesten in Washington und in Südkalifornien zu finden. Wer die Küste radeln will, sollte sich entweder zu Beginn in kurzen Tagesetappen eingewöhnen oder mit bereits zu Hause erradelter, guter Kondition starten.

Als Alternativroute durch Washington – streiche Nordteil der 101 und setze dafür Mt. Rainier und den Vulkan Mt. St. Helens – haben wir eine Binnenlandstrecke mit Seattle als Startpunkt aufgenommen. Ist für diejenigen, die ein paar Wälder und Berge als Kontrast zur salzigen Meeresluft des Pazifik gerne noch mitnehmen wollen.

Ausschilderung: Die ganze Strecke über werden dich grün-weiße Schilder begleiten: **Pacific Coast Bicycle Route** mit Richtungspfeilen, die den Weg weisen. Sie sind beliebte Souvenirs, manche zieren als Dekoration Radlers Trophäenecke, deshalb kannst du dich auf die nahtlose Ausschilderung nicht immer verlassen. Dennoch, die Infrastruktur für Biker hat an der Westcoast einen Grad erreicht, bei dem sich bei manchem erfahrenen Tourenradler das traurige Gefühl einschleicht, man radle ferngesteuert durch die Gegend, weil eigene Entscheidungen kaum noch nötig sind. *Wer Abenteuerspielwiesen per Fahrrad sucht, ist hier an der falschen Adresse. Wer zum ersten Mal im Ausland unterwegs ist, wird sich über all die Hilfen freuen, und wir haben es einfach genossen, zur Abwechselung mal völlig sorglos und bequem drauflosradeln zu können.*

2. Start Auf jeden Fall **von Nord nach Süd radeln,** denn zur Hauptreisezeit drehen die Winde auf und erreichen bis zu 100 km/h aus Nord-West!! Vancouver oder Seattle sind als Startstädte perfekt.

3. Attraktionen   Vancouver, Sunshine Coast, Vancouver Island und Gulf Islands in British Columbia (Canada); San Juan Islands und Olympic National Park in WA; die Kaps und Buchten der Küste und die höchsten Sanddünen der USA in OR; Redwood National Park, Mendocino, Point Reyes NS, San Francisco, die Steilküste von Big Sur, Santa Barbara, Malibu Beach, Los Angeles und San Diego in CA.

4. Travel-Infos   **Reisezeit:** Ein wenig richtet sich das danach, ob du die ganze Küste oder nur Abschnitte bereisen willst. Die Route führt durch sehr unterschiedliche Klimazonen, grobe Einteilung: kühler Norden bis Santa Barbara, milder Süden von dort bis San Diego (mex. Grenze).

Im Sommer ist Nebel in den Morgenstunden meist die Regel. Der Wind kann recht hohe Geschwindigkeiten erreichen. Von Juni bis September bläst es meistens aus Nordwest. Nordwest-Wind wird stets begleitet von gutem Wetter. Dann wird es auch im Norden der Pacific Coast sehr heiß, mit Temperaturen um die 25 °C, die ruckzuck abstürzen auf Werte um 10 °C, falls es zu regnen beginnt.

April, Mai und Oktober sind wechselhaft. Glückskinder erwischen es sonnig und warm mit Nordwestwind, Pechvögel regnerisch kalt mit Südwestwind.

Zwischen November und März kannst du den gesamten nördlichen Bereich vergessen. Dann herrscht fast ausschließlich Südwestwind mit kräftigen Stürmen und heftigsten Regengüssen, die sich keiner freiwillig antun sollte. Dies gilt für die gesamte Küste nördlich von Santa Barbara.

Erst hinter Santa Barbara beginnt das milde Klima Südkaliforniens, wo es dennoch regnen kann zur Winterszeit, aber das Risiko ist geringer. Im Sommer ist der Süden sehr heiß, auch wenn das Meer für kühle Brisen sorgt. Die Winter sind sehr angenehm.

Die beste Reisezeit für die gesamte Strecke ist Ende August bis Anfang Oktober. Die Temperaturen sind dann gemäßigt, die Winde kommen sicher aus NW, der Niederschlag ist gering wie sonst nie und die Hauptferienreisewelle ist soeben verebbt. Beste Bedingungen also rundum – rein statistisch zumindest.

Besondere Ausrüstung: Grelle Kleidung und batteriebetriebene Diodenlichter wegen des Küstennebels; Regenkleidung wegen möglicher Regenschauer; wasserdichte Packtaschen oder -säcke; Schutzbleche.

Straßen: Die Pacific Coast Bike Route ist eine „**On road**"-**Bike Route**, die Highway 101 von BC in Canada bis hinunter nach Mexico folgt. „**Bike Route**" bedeutet also **nicht Radweg,** sondern Radfahren auf einer speziell ausgewiesenen Strecke. Ab Nordkalifornien weicht die Bike Route immer häufiger auf CA 1 aus, weil dieser Hwy ruhiger und beschaulicher ist. Die Strecke verläuft in Küstennähe, was aber nicht bedeutet, dass man immer den Ozean vor Augen hat. Oft weicht die Straße ins Inland aus, Kaps, Buchten oder andere Hindernisse umgehend.

Der Straßenzustand ist sehr unterschiedlich und in vielen Abschnitten alles andere als radfahrfreundlich. Seitenstreifen variieren von 2 m Breite bis nicht vorhanden. Die Strecke ist in vielen Abschnitten sehr kurvenreich und unübersichtlich. Logging-Trucks brettern im Akkord zur nächsten Papiermühle, und Urlauber in riesigen Wohnmobilen steuern unsicher durch enge Passagen. Im Süden Kaliforniens ist es überall voll. Doch no problem! Hier weicht die Bike Route häufig auf Radwege aus, auf denen du unbeschwert drauflosradeln kannst.

✖ **Off-Road Riding:** Wirklich gute Trails, was Ausblicke und Herausforderungscharakter angeht, gibt es entlang der Strecke nur in Sonoma und Marin County, gleich nördlich von San Francisco. Hier solltet ihr nachfragen in Radläden von Fairfax und San Rafael. Die Pacific Coast ist ansonsten kein ausgesprochenes Mountainbike-Revier, auch wenn du in Mill Valley am Tamalpais Mountain vorbeikommst, wo Gary Fisher einst seine ersten Prototypen ausprobierte.Trostpflaster: Ab und zu kann man Waldwege oder Schotterpisten der Coast Range abradeln.

Versorgung: Kein größerer Ort ohne seinen Safeway-Supermarkt! Auf Olympic Peninsula, in Nordkalifornien und rund um Big Sur gibt es nur kleinere General Stores mit entsprechend geringerer Auswahl („L" = Laden). Genaue Hinweise geben „Go South!" von Thomas Schröder und die ACA-Karten.

Übernachten: Motels bzw. Jugendherbergen (Verzeichnis: www.hostels.com/us.west.html) für die knappere Reisekasse sind reichlich vorhanden. **Camping:** Die Hiker-Biker Sites wurden für diese Route erfunden; hier wird kein unmotorisierter Reisender weggeschickt, selbst wenn draußen das Schild *Campground full!* hängt. Du findest sie in jedem County, State- oder National Park Campground an der Küste (in Canada gibt es National- und Provincial Parks („PP"), eventuell mit walk-in sites). Viele private Campingplätze und die National Forest Campgrounds haben nachgezogen. Einen Platz zu bekommen ist kein Problem. Die billigen Radlerplätze warfen jedoch andere, unerwartete Schwierigkeiten auf. Sie wurden zum Dauerwohnsitz Obdachloser. Deshalb ist der Aufenthalt – je nach Campground – auf wenige Tage begrenzt! *Wild campen:* Außerhalb der State- und National Parks ist die Küste entweder steil oder in privater Hand. Wild zelten ist möglich für alle, die ein Auge für Nischen haben. Wer auch abends vom Zelt aus Meerblick genießen will, muss schon wild campen, denn Campgrounds mit Meerblick sind äußerst rar.

Literatur, Karten, Websites: Tom Kirkendall & Vicky Spring: „Bicycling the Pacific Coast", A complete Route Guide, Canada to Mexico, The Mountaineers 1998, www.mountaineersbooks.org. Die (englischsprachige) Bibel für alle Pazifikküstenradler ist wirklich zu empfehlen. Stadtdurchfahrten, Läden, Campgrounds und Hostels sind aufgeführt mit genauen Distanzangaben.

Aktueller – und darüber hinaus deutschsprachig – ist „Go South!" von Thomas Schröder, zu beziehen bei www.bikeamerica.de oder im Handel. Von Seattle bis San Diego ist alles drin: Stadtdurchfahrten, Läden, Campgrounds und Hostels, gespickt mit Karten, Wegebeschreibungen und genauen Distanzangaben in Kilometern.

ACA- Kartensatz: „The Pacific-Coast Bicycle Route" (www.adventurecycling.org/routes/pacificcoast.cfm), 1830 mi, 5 Karten, ohne Sunshine Coast in British Columbia und die Inseln. Mitglieder: 32,50 $, Nichtmitglieder 47,50 $.

Für Kalifornien, Oregon und Washington gibt es jede Menge Radführer und Radkarten, die „Yellow Pages" listen alle auf. Eine riesige Online-Liste zu Road- und Mountain-Bike Guides findet ihr auf der Website des Buchversenders „Pete & Ed Books", www.peteandedbooks.com/bbooks.htm. Mit den „Official Rails-to-Trails Conservancy Guidebooks" (www.railroadbookstore.com) entdeckt ihr alle stillgelegten Eisenbahnstrecken im Westen und auch anderswo. Biking in National Parks, geht das? David Story stellt die schönsten Road- und MTB-Trails in Kalifornien und Oregon/Washington in zwei Guide Books vor: *„Bicycling Americas National Parks"*, California (92 Trails) und in Oregon/Washington (58 Trails), www.wwnorton.com/orders/wwn/150425.htm.

In Kalifornien gibt jeder Distrikt entlang der Küste einen „Bicycling Touring Guide" heraus, doch sie sind überdetailliert und bringen deshalb wenig.

Oregon offeriert zwei nützliche Rad-Publikationen, die „Oregon Coast Bike Route" und den „Oregon Bicycling Guide", beide erhältlich vom Oregon Department of Transportation, www.odot.state.or.us/techserv/bikewalk/orbikgudold.htm oder www.odot.state.or.us/techserv/bikewalk/ocbr.htm. Informativ ist für Washington State die Einteilung in die entsprechenden Counties bei www.wsdot.wa.gov/Bike. Für den Großraum Seattle gibt es ein paar „Seattle Bicycling Maps". Online bei www.seattle.gov/transportation/bikeprogram.htm oder vor Ort bei Seattle Department of Transportation, Key Tower, Suite 3900, 700 Fifth Avenue, Seattle, WA 98104-5043.

Offizielle Homepages der staatlichen Tourismusbehörden: Kalifornien (www.gocalif.ca.gov/state/tourism/tour_homepage.jsp); Oregon (www.traveloregon.com); Washington (www.tourism.wa.gov). Infos über die 125 State Parks mit ihren über 8.000 Campsites in Washington unter www.parks.wa.gov. Tote Hose in Seattle, Frisco oder sonstwo? Geht doch auf die Website http://peteandedbooks.com/bclubs.htm oder auf die der League of American Bicyclists (www.bikeleague.org) und sucht einen Radclub in eurer Nähe. Da wird immer etwas auf die Beine gestellt, ob Barbecue oder Bike Ride ...

Bikepages California: Auf der Suche nach einem „Bike Buddy"? Im „Bike Calendar" sind 300 bis 500 Radausfahrten in ganz Nord-Kalifornien gesammelt, übersichtlich sortiert nach Datum: www.bikecal.com.

Bikepages Oregon: Die „Bicycle Transportation Alliance" versteht sich als Interessenvertretung der Alltagsradler. Programm, Links und Events auf ihrer Website www.bta4bikes.org. Regelmäßige Tourenausfahrten unternimmt der „Portland Wheelmen Touring Club" (www.pwtc.com, sehr interessante Links).

Bikepages Washington: Eine Liste aller Bike-Koordinatoren und brauchbares Kartenmaterial gibts auf der Homepage des Washington DOT unter http://wsdot.wa.gov/TA/PAandI/PAIHP.html. Die Linkliste des Cascade Bicycle Clubs (http://cascade.org, hilfreich ist die interne Suchmaschine) lässt keine Fragen offen: Radvereine und -geschäfte, Trails in ganz Washington, Bücher und Karten usw.

5. Routenprofil   Die Original-Route ist eine Streckentour und führt durch die Provinz British Columbia in Canada, die Staaten Washington, Oregon und Kalifornien in den USA. Viele radeln nicht die ganze Tour sondern nur einzelne Abschnitte. Maximale Distanz: 1987 mi/3180 km.

❖ **Netzwerk:** Verknüpfen könnt ihr die Route mit Jasper NP und **„1. Canada West"** ab Vancouver; mit Las Vegas via **„5. Far West"** ab San Gregorio Beach (San Francisco); mit Miami via **„2. Der Süden"** ab Capistrano Beach (L.A.) oder San Diego.

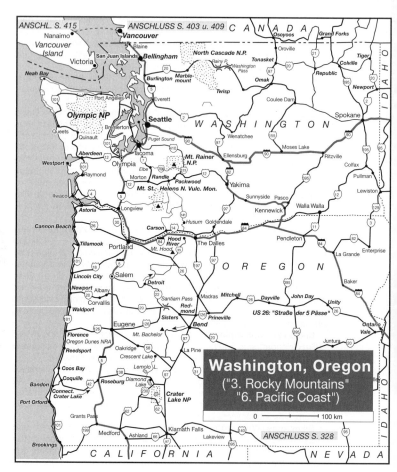

Washington, Oregon
("3. Rocky Mountains"
"6. Pacific Coast")

0   100 km

6. Routen-
verlauf

British Columbia: VANCOUVER – POWELL RIVER (128 km) – Abste-
cher: Lund (23 km one way) --- Vancouver Island: LITTLE RIVER – NA-
NAIMO – SWARTZ BAY – VICTORIA (225 km) --- Abstecher: SWARTZ
BAY – SIDNEY (8 km)

    Washington: PORT ANGELES – OLYMPIC NP – WESTPORT (251 mi/
402 km) --- Alternative: FRIDAY HARBOR – SAN JUAN ISLANDS – ANA-
CORTES – SHELTON – WESTPORT (290 mi/464 km) --- WESTPORT –
ASTORIA (96 mi/154 km) --- Binnenlandroute: SEATTLE – MT. RAINIER
NP – MOUNT ST. HELENS NATL. VULCANIC MONUMENT – ASTORIA
(236 mi/378 km) ---

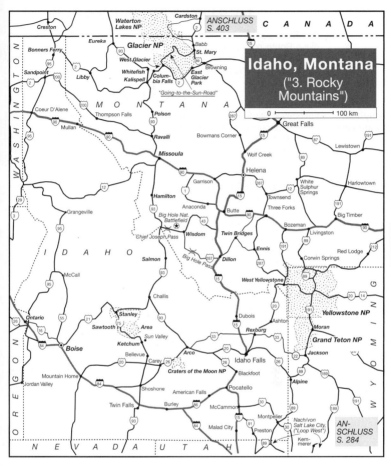

Oregon: ASTORIA – FLORENCE (207 mi/331 km) --- FLORENCE – BANDON (72 mi/116 km) --- BANDON – CRESCENT CITY (108 mi/172 km)

California: CRESCENT CITY – EUREKA – LEGGETT (200 mi/320 km) --- LEGGETT – FORT BRAGG – MENDOCINO – GUALALA – SAN FRANCISCO (216 mi/346 km) --- SAN FRANCISCO – MONTEREY – BIG SUR – SAN LUIS OBISPO – PISMO BEACH (276 mi/442 km) --- PISMO BEACH – SANTA BARBARA – SANTA MONICA – LOS ANGELES (202 mi/ 323 km) --- LOS ANGELES – CAPISTRANO BEACH (45 mi/72 km) --- CAPISTRANO BEACH – CARLSBAD – SAN DIEGO (88 mi/ 141 km)

DIE PAZIFIKKÜSTEN-ROUTE

Das Buch „Go South!" geht so ausführlich auf alle Details ein, dass ich diese Route nur relativ kurz beschreiben möchte. Meine Anmerkungen zur Pacific Coast sollen ein bisschen Vorfreude bringen und helfen, Schwerpunkte zu setzen, mehr nicht.

British Columbia

City-Info Vancouver

Vancouver Start und City-Guide findet ihr in Teil IV, „1. Canada-West", denn Vancouver ist sowohl Ausgangspunkt für die meisten Pacific-Coast-Radler als auch für den Westen Canadas. Für diese City als Einstieg sprechen viele Gründe: Zum einen ist Vancouver wunderschön, zum anderen beginnt Hwy 101 in Lund (B.C.). In B.C. könnt ihr zunächst entlang der Strecke über die Inseln der Strait of Georgia (Vancouver Island, Gulf Islands, San Juan Islands) Richtung US 101 hüpfen und so vor der harten Arbeit an der rauhen Küste ein Häppchen Erholung genießen.

Sunshine Coast

Eigentlich beginnt der berühmte Pacific Coast Highway „one-o-one" in Lund nördlich von Powell River in British Columbia in Canada. Aber kaum einer startet exakt dort. Trotzdem, Radler mit Hang zur Vollständigkeit beginnen ihre Reise auf Highway 101 von Vancouver aus Richtung Norden, folgen der Küste an der Strait of Georgia bis Powell River und noch weitere 23 km bis Lund. Sunshine Coast nennen die Kanadier dieses reizvolle Stückchen am Meeressaum. Als wir dort waren, machte die Gegend mit strahlend blauem Himmel ihrem Namen alle Ehre, doch kann es ebenso selbst zur Sommerszeit kräftig regnen. Besser ihr habt eure Friesennerze griffbereit.

VANCOUVER – POWELL RIVER (128 km)

Die Reise Richtung Norden beginnt im Stanley Park, dem grünen Herz Vancouvers und führt über die Lions Gate Bridge und den prächtigen Marine Drive zum Fährhafen nach Horseshoe Bay. Auf der anderen Seite der Bucht streckt das Küstengebirge seine Hänge ungebremst bis zum Pazifik aus und beschert Radlern gleich nördlich von Vancouver ein nettes Trainingspensum mit vielen kurzen, steilen Hängen, die ungeübten Beinen zum Einstand einen Muskelkater bescheren. Dichter Regenwald mit alten Baumriesen und üppigen Farnen im Unterholz reicht oft bis an die Küste heran. Nicht immer gut für die Aussicht, aber nett als Schattenspender.

Verkehr

Auf dem Highway geht es stoßweise sehr lebhaft zu, wenn die Ankunft einer Fähre naht. Nördlich von Horseshoe Bay ist die Straße fast ausschließlich zweispurig ohne Seitenstreifen, und wegen der vielen Hügel recht unübersichtlich. Am besten ihr gönnt euch eine Pause, wenn mal wieder ein Wagenpulk frisch von der Fähre heranrollt.

Fähren

Die Strecke nach Powell River wird von zwei Fährpassagen unterbrochen. Die erste führt von Horseshoe Bay nach Langdale durch die inselreiche Bucht des Howe Sound (40 Min.), die zweite durch die Skookumchuck Meerenge mit ihren beeindruckenden Gezeitenstrudeln von Earls Cove nach Saltery Bay (50 Min.).

Sechelt

Besonders hübsch ist die Region um Sechelt (L), das auf einer schmalen Landzunge zwischen dem Ozean und einem Inlandfjord liegt. Auf den Gewässern rund um die Stadt kann man interessante Kanutouren unternehmen, auch für mehrere Tage. Übernachtungstip: Porpoise Bay Provincial Park (Provincial Park-Abkürzung: PP), schön gelegen an dem Inlet, wie die verzweigten Fjorde genannt werden, mit speziellen „Walkin" Campsites für Radfahrer.

Saltery Bay PP sollte man auf jeden Fall einen Besuch abstatten. Der hübsche kleine Strand eignet sich bestens für eine Pause. Wer über Nacht bleiben will, muss vorher in Sechelt oder Madeira Park einkaufen.

Powell River (L) wird weithin von den Schornsteinen einer Papiermühle überragt. Viel mehr gibt es nicht zu sehen.

➤ **Abstecher: Lund (**23 km)

Wer nach Lund (L) weiterradeln will, weil er unbedingt ein Foto haben will vom Startschild des berühmten Hwy 101, folgt einfach der Hauptstraße. Die Strecke ist nicht besonders spektakulär, aber es gibt ein paar Campgrounds am Wasser (www.vancouverisland.com/Campgrounds/ campgrounds_sunshine.html).

Fähre nach Little River (auf Vancouver Island)

Wer lieber gleich den Fährhafen (Westview Terminal) ansteuert, kann sich in den Imbissbuden nahe dem Anleger bei fish'n chips die Wartezeit vertreiben. 75 Minuten benötigt die Fähre für die Fahrt über die Strait of Georgia. Bei klarem Wetter hat man vom Schiff aus einen schönen Blick zurück auf die Gipfel der Coast Range.

Vancouver Island

Dies hier ist *nur eine knappe Zusammenfassung* im Zusammenhang mit der Pacific Coast Route. Wenn ihr genauere Informationen über Vancouver Island sucht, so schaut im Canada-Teil dieses Buches unter „1. Canada West", **„Vancouver Island Special"** nach. Dort finden sich noch ergänzende Tips zu den nachfolgenden Strecken, allerdings von Süd (Victoria) nach Nord (Little River u. weiter) beschrieben!

LITTLE RIVER – NANAIMO (123 km)

Little River heißt der schmucklose Anleger auf Vancouver Island. In Comox, südlich des Airports und direkt am Wasser im Stadtteil Point Holmes, kann im Seaview Tent & Trailer Park, 685 Lazo Road, Tel. (250) 339-3946, gecampt werden. Ab jetzt geht es Richtung Süden und ihr entweicht dem allzu starken Verkehr der BC 19 Richtung Nanaimo, indem ihr über Hwy 19A Richtung Bowser fahrt (Camping: Bowser Bill's Family R.V. & Beach Resort, Tel. 250-757-8363 oder freecall 1-800-641-3329).

Der reizvollste Abschnitt der Strecke ist der entlang Qualicum Bay. Sonst gibt es viel Wald und wenig Blick. Der beste Zeltplatz für Nanaimo liegt im Nachbarort Lantzville, auch hier wieder direkt am Wasser und unter herrlichen Kirschbäumen (Shoregrove Campground & R.V. Park, 6990 Dickinson Rd., Tel. 250-390-4032).

NANAIMO – SWARTZ BAY (69 km)

Saltspring Island

Südlich von Nanaimo wird es hektisch. Besser ihr weicht aus auf Saltspring Island, das ist die größte Insel der Gulf Islands und dabei zugleich die, die am nächsten an Vancouver Island liegt. Zumindest wochentags geht es auf den Inseln weitaus beschaulicher zu als auf dem Festland. Eine garantiert willkommene Abwechslung zur Rennstrecke CAN 1 Nanaimo – Victoria. Ein Umweg ist es nicht. Es gilt lediglich die Fähren abzuwarten (Crofton – Vesuvius Bay 20 min; Fulford Harbour – Swartz Bay 35 min). Ruckle Provincial Park hat uns besonders gut gefallen mit Walk/Cycle-In Zeltplätzen direkt am Wasser für 14 C$/Nacht. Nachts hört man nichts als das gelegentliche Brummen der vorbeidümpelnden Schiffe und das laute Gurgeln ihrer Heckwellen in den Felsenbuchten. Mouat PP hat ebenfalls Campingmöglichkeiten und liegt direkt an der Strecke und nicht wie Ruckle 10 km abseits der Hauptroute.

Saanich Peninsula und weiter in die USA

>>> Connection:

San Juan Islands via Sidney (8 km)

Wer weiterhin über Inseln hüpfen will, diesmal über die kleinen San Juan Islands in den USA, sollte gleich hinter dem Anleger in Swartz Bay der Ausschilderung an Hwy 17 nach Sidney folgen. Von dort bringt euch eine Fähre nach Friday Harbour (WA), Abfahrtszeiten unter www.ferrytravel.com.

SWARTZ BAY – VICTORIA (33 km)

Port Angeles/USA auf der Olympic Peninsula hingegen erreicht man per Fähre von Victoria aus. Von Swartz Bay aus ist die Strecke über die Saanich Peninsula auf Hwy 17 mehrspurig ausgebaut und du kannst geruhsam auf den Seitenstreifen radeln. Landschaftliche Reize stehen hier weniger im Mittelpunkt.

Victoria

Die Bewohner der Hauptstadt von Vancouver Island genießen das bevorzugt milde Klima in diesem Teil der Insel. Mir war es so, als herrsche dort auch ein besonders britisches Flair – dezent, gediegen und *very different* vom urwüchsig-lauten Treiben jenseits der Straße von Juan de Fuca in Port Angeles (USA). Mehr zur Stadt erfahrt ihr im Teil IV, „1. Canada-West".

Pazifikküste Washington

Die „Olympischen Disziplinen" rund um Washingtons Mt. Olympus heißen Inselhüpfen, Regenwaldwandern und Balancieren auf Treibholz. Washingtons Küste ist wirklich wild. Vergesst ganz wacker die Bilder von weißem Sand, Beach Boys, Bikini-Girls und Sonnenschirmen. Hebt euch das für Kalifornien auf. In Washington bekommt ihr vielleicht ein paar scheue Küstenvögel zu sehen, ein paar Seelöwen und jede Menge Treibholz. Treibholz, das sind in Washington nicht die willkommenen Holzstücke, die man für das abendliche Lagerfeuer sammeln kann. Treibholz im Nordwesten, das sind ganze Bäume, deren nackte, silbergraue Stämme wie ein riesiges Mikadospiel an den Stränden herumliegen. Mit Einsetzen der Flut beginnen sie zu schaukeln und zu knarren. Bei neblig feuchtem Wetter werden sie glitschig und selbst zum Klettern zu glatt. Aber wetten, dass ihr auf der Olympic Peninsula Glück habt und keine Nebeltage erwischt, sondern ein paar der 60 Tage pro Jahr mit Sonnengarantie ...?

♥ **STORY**
von
Thomas
Schröder

Highwaytour 101 von Seattle nach San Diego

An einem wolkenverhangenen Morgen geben wir unseren wohlbepackten Iron Horses die Sporen und rollen zügig durch Downtown Seattle, Home of Boeing, Microsoft, Starbucks Coffee, Jimi Hendrix (lang, lang ist's her) und „Rain Capital of the USA". „Trocken" bedeutet hier schönes Wetter, heißt es, und den Regen nennt man „Liquid Sunshine". Na, dass der flüssige Sonnenschein genau heute beim Frühstück aufgehört hat, das ist doch schon mal sehr positiv. Und als wir am Fauntleroy Ferry Pier auf die Fähre über den Puget Sound warten, da haben wir schon fast Kaiserwetter, kaum zu glauben.

■ *Auf der Kitsap Peninsula*

Drüben auf der Kitsap Peninsula sind wir in einer anderen Welt. Weit weg ist die Großstadt. Stattdessen radeln wir zwei Tage lang durch eine wunderschöne, an Skandinavien erinnernde Harmonie aus Wald, Wasser und fantastischen Holzhäusern, vom Blockhaus in Garagengröße bis zur mehrstöckigen Holz-Glas-Konstruktion. Glücklich, wer hier leben kann! Vor allem entlang dem Hood Canal und der stillen Willapa Bay gibt es Ecken, die kommen nahe an unsere Vorstellung von Paradies. Manchmal träumen wir von einem Ferienhaus mit Lachs-Barbecue auf der Terrasse und Blick auf vorbeiziehende Radler. Übrigens, Gleichgesinnte, also Radler, gibt es auf dem Pacific Coast Highway zuhauf! Vor allem sonntags ... Vom Carbonrenner über das Sporttandem bis zu Gruppen fröhlicher Rentner auf Beach Cruisern ist alles unterwegs, viele Gepäckradler auch. Oft ergeben sich nette Gespräche, und fast jeder zweite hat die Westküste schon auf eine längere Distanz beradelt, wenigstens hinunter bis Frisco.

Das einzige, was das Washington-Radler-Idyll stört, sind eigentlich nur die Logging Trucks, die oft mit der Intensität einer Naturkatastrophe heranbrettern. Die Trucker kennen wohl nur zwei Motoren-Betriebszustände: Vollgas und Aus ... Gebremst wird wohl nur zum Anhalten. Aber fast immer hat die Straße einen schönen Seitenstreifen, und so ist es gerade noch auszuhalten. Auch das Idyll der scheinbar endlosen Wälder ist nicht so intakt, wie die Prospekte der Tourismusindustrie glauben machen wollen. Meist sind die schönen Fichtenbestände nichts anderes als Plantagen für die Bauholz- und Papierindustrie und oft sieht man an der Straße Schilder der Papiermühle Weyerhaeuser mit den Jahreszahlen der Pflanzung und des nächsten Kahlschlags.

In Fort Canby stehen wir zum ersten Mal direkt an der offenen See. Das ist schon etwas anderes als die Beschaulichkeit am Puget Sound! Riesige, ausgebleichte Treibholzstämme liegen wild durcheinandergewirbelt am Strand und demonstrieren die geballte Kraft des so genannten „Stillen Ozeans", von dem keiner weiß, wie er zu seinem Namen gekommen ist. So still wie heute ist er nämlich selten, vor allem hier an der Mündung des riesigen Columbia River, dem zweit-wasserreichsten Fluss der USA nach dem Mississippi.

Im letzten Abendlicht wandern wir hinüber zum Cape Disappointment. Dort steht bereits seit 1856 der älteste Leuchtturm der gesamten amerikanischen Westküste, und das mit gutem Grund. Die gefährliche Brandung und einige tückische Sandbänke ließen hier nämlich nahezu 2000 Schiffe zerschellen. Viele verschwanden mit Mann und Maus und wurden nie gefunden. Die Listen im nahen Museum lesen sich wie eine Aufstellung aus Lloyd's Schifffahrtsregister, und drüben in Fort Stevens, auf der anderen Seite der Flussmündung, liegt auch heute noch das Wrack des Seglers „Peter Iredale" auf dem Strand, festgefahren an einem nebligen Abend des Jahres 1906 …*(Fortsetzung S. 325)*

San Juan Islands und Inland-Route
FRIDAY HARBOR – SAN JUAN ISLANDS – ANACORTES – SHELTON – WESTPORT (290 mi/464 km)

Wer Strand liebt aber Baumstämme nicht mag, der wählt als Einstieg am besten die Inlandroute, die von Vancouver oder Seattle über die Inseln zur Ostseite der Olympic Peninsula führt. Die San Juan Islands im Puget Sound, geschützt von der Unbill der Brandung, sind idyllisch mit ihren kleinen, sauberen Stränden und den steinigen Buchten, vor denen Boote auf den sanften Wellen dümpeln. Aber seht zu, dass ihr nicht grad zum Wochenende dort eintrefft. Wer die San Juan Islands kennenlernen will, sollte pro Insel etwa einen Tag einplanen. Fährverbindungen gibt es reichlich.

Anlegestelle für die Weiterreise auf der Olympic Peninsula ist dann Port Townsend, von wo aus man auf US 101 an der Inlandseite oder auch im Westen um die Peninsula herum radeln kann (ca. 50 mi/80 km bis Port Angeles). Was gibt es zu sehen? Auf der Inlandseite nicht viel. Ein paar hübsche Ausblicke auf den Hood Canal, eine schmale Wasserstraße, ab und zu mal ein Stückchen Regenwald bis dicht heran an den Fahrbahnrand und sonst Weideland und Washingtons Alltagsgesicht. Der Vorteil ist, dass diese Seite der Halbinsel wesentlich weniger Regen (825 mm) abbekommt als die Küste und dass die Versorgungslage weitaus besser ist. Man braucht nur mahlzeitenweise einzukaufen und nicht auf Vorrat.

Küstenroute Olympic Peninsula
PORT ANGELES – OLYMPIC NP – WESTPORT (251 mi/ 402 km)

Olympic NP   Die Olympic Peninsula beherbergt auf ihrer Westseite ein paar Raritäten, die sehenswert sind. Aber man muss sie sich erarbeiten! Sie liegen nicht einfach so am Wegesrand. Die Olympic Mountains mit ihrem gut 2600 m hohen Mt. Olympus sorgen für kräftige Niederschläge im Westen, wenn warme Pazifikwinde auf die eisigen Gipfel treffen (3600 mm). Am Fuße der Berge entstand ein immerfeuchter Regenwald mit uralten Bäumen, gigantischen Farnen, zauberhaften Moosen und gespenstischen Flechten – eine in sich geschlossene Welt in Grün.

Deckt euch vor der Abfahrt aus Port Angeles ausreichend mit Lebensmitteln ein, damit ihr euch Zeit lassen könnt. Besuchen kann man den Olympic National Park (www.nps.gov/olym) in drei Tälern: im Elwha Valley (Abstecher, 4 Meilen) und im Sol Duc Valley mit Hot Springs (Abstecher, 4 Meilen). Am schönsten aber ist der grüne Dschungel des Hoh River Valleys, für den sich der 18,6 mi/30 km Umweg lohnt. Den schönsten Gesamtüberblick über die Peninsula bekommt man von der Hurricane Ridge, ein Extra-Trainingsprogramm von 1600 m Höhenunterschied auf 18 mi/29 km. Die schönsten Strände des NP findet ihr bei Mora und La Push (Abstecher, 12 mi/19 km), wo leider Diebstähle an der Tagesordnung sind und man nichts unbeaufsichtigt lassen soll! Die Strecke nach La Push zweigt kurz vor dem Ort Forks ab.

Wer den Strand oder den Nationalpark erwandern will, sollte sich zwecks Infos, Kartenmaterial und Wilderness Permit an eine der Visitor Center oder Ranger Stationen wenden. An der Küste liegen einige Indianerreservate. Anstands- und sicherheitshalber sollte das Okay für eine Durchquerung vorher eingeholt werden. Als Basislager für Strandtouren empfiehlt sich das Städtchen Forks, hier hat's gleich 2 Rangerstationen: Kalaloch Ranger Station, 156954 Highway 101, Tel. (360) 962-2283, und Mora Ranger Station, 3283 Mora Road, Tel. (360) 374-5460.

Tatsächlich ist die Peninsula Route nichts für Leute, die es eilig haben. Aber die Erkundungsfahrten, Abstecher und Ausflüge lohnen sich und etwas Zeit solltet ihr mitbringen. Allein schon, weil ihr immer wieder von der Fahrbahn springen müsst, wenn ihr einen der röhrenden Logging-Trucks heranbrausen hört. Die sind in ganz Washington häufig unterwegs, besonders aber auf der Olympic Peninsula. Deckt euch übrigens bei jeder Gelegenheit mit Lebensmitteln ein. Läden sind rar und Duschen auf staatlichen Plätzen gibt es erst als Belohnung, wenn man die Peninsula verlassen hat. Mit 6 $ für die Hiker-Biker Sites seid ihr in Washington State dabei.

WESTPORT – ASTORIA (96 mi/154 km)

Der Rest von Washingtons Küste ist im Vergleich zur Olympic Peninsula regelrecht „ordentlich". Läden gibt es genug. Die Strände sind richtige Strände mit Sand. Meist sind sie schnurgerade und am beliebtesten in Westport, das Weekend-Urlauber aus Seattle regelmäßig stürmen. Die Fähre über Grays Harbour ist von Mai bis Mitte Juni nur an den Wochenenden, danach bis Labor Day (Anfang September) täglich 6 mal im Einsatz; Fahrräder kosten 2 $.

Im Süden führt die Bike Route rund um Willapa Bay. Besonders schön am Morgen zu radeln, wenn die Gerüste der Austernbänke aus dem stillen Wasser ragen. Abschnittsweise geht es immer wieder mal durchs Inland und bald durch einen Radfahrer-Blinklicht-Tunnel: ‚Push Button' heißt es da für einfahrende Radler, dadurch wird ein Blinklicht aktiviert und Motorisierte auf die dahinzuckelnde Straßenverengung im Tunnel rechtzeitig aufmerksam gemacht. Ruckzuck hat man bald den Columbia River und die gegen Ende unangenehm steile, enge Brücke nach Oregon erreicht. Vorher solltet ihr aber noch einen Besuch im Fort Canby einlegen (mit Hiker-Biker Campground direkt am Wasser). Dort wird anschaulich wie sonst selten die Geschichte von Lewis & Clark erzählt, die den Weg von San Louis nach Oregon erforschten und deren Abenteuern man auf dem gesamten amerikanischen Kontinent immer wieder begegnet.

Binnenlandroute:
SEATTLE – MT. RAINIER NP – MOUNT ST. HELENS NATL. VULCANIC MONUMENT – ASTORIA (236 mi/378 km)

Start und City-Guide Seattle

Seattle, das ist nicht irgendeine Stadt, sondern die Szene des Nordwestens. Hin- und hergerissen zwischen Fortschrittsorientierung und Aussteigermentalität besitzt die Metropole in Washington State vor allem einen enormen Freizeitwert mit ihrer phantastischen Lage zwischen Puget Sound, dem ruhigen Meeresarm mit vielen hübschen Inseln, und gleich am Fuße der schönsten Gipfel des Gebirgszuges der Cascade Range. Die „Rain Capital of the USA" – wie die Stadt mit den milden Wintern und hohen Niederschlägen gerne tituliert wird – bietet abschnittsweise ideale Bedingungen zum Radfahren, da im Einzugsbereich zahlreiche Radwege auf ehemaligen Schienensträngen angelegt wurden. Das aktuelle Besichtigungsprogramm kann man jedem Reiseführer entnehmen, der alles über die Boeing Werke, Museen und die Geburtsstadt von UPS erzählen wird, sowie über „the needle", die Kopie des Stuttgarter Fernsehturms downtown.

Schlaflos in Seattle? Das soll schon mal vorkommen, auch wenn man nicht verliebt ist. Schließlich gibt es überall Espresso-Lädchen und Coffee Shops, die ein so starkes Gebräu anbieten, wie man es sonst nirgendwo in den USA unter dem Namen „Kaffee" vorgesetzt bekommt. Zahllose Musikkneipen sorgen außerdem für ein äußerst abwechslungsreiches Nachtprogramm. Dort geht die Post erst nach Mitternacht ab. Mancher macht gleich durch, um morgens früh über den berühmten Farmermarkt am Pike Place zu bummeln, dort zu frühstücken und dann erst an Schlaf zu denken.

Übernachten Wer dennoch auf ein Bett aus ist, kann auf eines dieser Angebote zurückgreifen: „College Inn", im lebhaften Uni-District, gilt als die beste Wahl (4000 NE University Way, Tel. 206-633-4441). Mit Frühstück 60 $, 2 Pers.
„Green Tortoise Backpackers Guest House", 1525 2nd Ave., Tel. (206) 340-1222, 3 Blocks vom Zentrum, ab 20 $ für „6- and 8-bedded dorms", also 6- und 8-Bett-Zimmer.
Der YMCA liegt zentral in der 909 4th Ave., Tel. (206) 382-5010, ist im Gegensatz zur Jugendherberge sauberer und „sicherer" und bietet Zimmer, nicht nur Schlafsaalbetten an.
Die Jugendherberge am Pike Place Market, 84 Union St., Tel. (206) 622-5443, mit Internet-Zugang, und auch das American Backpackers Hostel, 126 Broadway E., Tel. (206) 720-2965, zwischen Downtown und der Seattle University, liegen zentral.
Weitere Übernachtungsadressen unter http://seattle.about.com/library/special/blseattlehostels.htm.

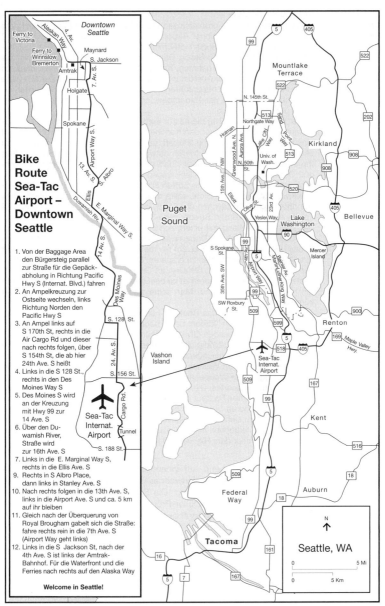

Bike Route Sea-Tac Airport – Downtown Seattle

1. Von der Baggage Area den Bürgersteig parallel zur Straße für die Gepäckabholung in Richtung Pacific Hwy S (Internat. Blvd.) fahren

2. An Ampelkreuzung zur Ostseite wechseln, links Richtung Norden den Pacific Hwy S

3. An Ampel links auf S 170th St, rechts in die Air Cargo Rd und dieser nach rechts folgen, über S 154th St, die ab hier 24th Ave. S heißt

4. Links in die S 128 St., rechts in den Des Moines Way S

5. Des Moines S wird an der Kreuzung mit Hwy 99 zur 14 Ave. S

6. Über den Duwamish River, Straße wird zur 16th Ave. S

7. Links in die E. Marginal Way S, rechts in die Ellis Ave. S

9. Rechts in S Albro Place, dann links in Stanley Ave. S

10. Nach rechts folgen in die 13th Ave. S, links in die Airport Ave. S und ca. 5 km auf ihr bleiben

11. Gleich nach der Überquerung von Royal Brougham gabelt sich die Straße: fahre rechts rein in die 7th Ave. S (Airport Way geht links)

12. Links in die S Jackson St, nach der 4th Ave. S ist links der Amtrak-Bahnhof. Für die Waterfront und die Ferries nach rechts auf den Alaska Way

Welcome in Seattle!

6 Pacific Coast

♥ STORY
von
Helwig
Lenz

Startpunkt Seattle

Nach einem ebenso problemlosen wie unbequemen Flug war ich auf dem Seattle Tacoma International Airport angekommen und erreichte nach 12 Fahrrad-Meilen das St. Regis Hotel mitten im Zentrum Seattles. Für 45 $ bekam ich ein Zimmer im 7. Stock. Das freundliche Personal empfahl mir, das Rad mit aufs Zimmer zu nehmen. Kein Hotelgast störte sich daran, dass ich mich mit Bike und voller Ausrüstung in den Fahrstuhl zwängte. Zur Not hätte ich wohl auch ein Pferd hereinführen können, wenn es die Räumlichkeiten erlaubt hätten. Diese Art der Radaufbewahrung wurde im weiteren Verlauf der Reise übrigens zur Regel.

Der darauffolgende Tag diente zur Vorbereitung und Einstimmung auf meine lange Radtour quer über den Kontinent. Dabei verzichtete ich bewusst auf eine Besichtigung bei Boeing (Everett, ca. 30 Meilen nördlich von Seattle) und Microsoft (Redmond, ca. 12 Meilen ostwärts von S.), normalerweise ein Muss für jeden Besucher dieser Stadt. Statt dessen stromerte ich über den Fisch- und Gemüsemarkt, der vor allem wegen des üppigen Angebotes an Frischfisch – sechs unterschiedliche Sorten allein an Lachs habe ich gezählt! – eindrucksvoll ist. Bei guter Sicht sollte man auf jeden Fall den phantastischen Rundblick vom Wahrzeichen der Stadt, der Space Needle (184 m hoch, 219 Fourth Ave. North/Broad Street), genießen. Am Nachmittag bummelte ich an der Waterfront entlang mit einem schönen Blick über den Puget Sound und die vorgelagerte Inselwelt. Dabei reservierte ich einen Platz auf der Fähre nach Friday Harbor/San Juan Island, um mir die komplizierte und stressige Ausfahrt aus Seattle Richtung Norden zu ersparen. Diese Entscheidung kann ich jedem nur empfehlen, der keinen Gefallen an Großstadtverkehr, Straßenlärm und -gestank findet. Bei den Fähren ist zu beachten, dass sie in den Sommermonaten häufig ausgebucht sind. Man sollte sich also rechtzeitig um ein Ticket kümmern.

Früh um 7 Uhr legte das Boot ab. Für 37 $ ging es 3 Stunden lang durch den Puget Sound nach Norden. Dabei begleiteten uns im Westen die im sonnigen Dunst zu erkennenden Olympic Mountains und im Osten die Cascades. Der Blick wechselte ständig zwischen engen Inseldurchfahrten, kleinen Fischersiedlungen, geschwungenen Buchten, einsamen, zerklüfteten Küstenabschnitten und offenem Wasser. Hier gibt es auch heute noch den Weißkopf-Seeadler, das stolze Wappentier der USA. In Friday Harbor stieg ich um auf die Fähre nach Anacortes. Die Überfahrt ist umsonst. Anacortes war der Startpunkt für meine Radtour quer über den amerikanischen Kontinent. Dabei folgte ich dem Touren-Vorschlag der ACA, die hier den Start für die Nordroute vorsieht. Dies hat sich als sehr sinnvoll erwiesen, weil man sich bis zu den ersten größeren Steigungen in den Cascades in schöner Landschaft, bei geringem Verkehr, immer dem Highway 20 folgend einradeln kann.

Stadtaus-
fahrt Seattle

Seattle setzt zunehmend auf innerstädtischen Fahrradverkehr, da die „Seattleites", wie man die Einwohner der Stadt per Spitznamen nennt, begeisterte Freizeitsportler sind. Die Stadtverwaltung hat in den 90er-Jahren in einem Millionen-Dollar-Projekt den Ausbau eines bikerfreundlichen Radwegenetzes in Angriff genommen, das Ergebnis ist als Radfahrplan beim Tourist Information Center am Flughafen erhältlich oder kann eingesehen werden bei www.cityofseattle.net/transportation/bikeprogram.htm. So ausgerüstet sollte es kein Problem sein, die Stadt per Fahrrad zu erkunden.

Seattle
Airport

Seattle Tacoma International Airport, kurz Sea-Tac genannt, liegt 15 mi/ 24 km südlich des Stadtzentrums. Die Fahrt hinein in die Stadt ist etwas kompliziert. Wer in Seattle startet und wem unsere Karte hier nicht genügt, sollte sich deshalb vor Reisebeginn die City-Fahrradkarte bei www.cityofseattle.net/transportation/bikemaps.htm besorgen bzw. ausdrucken. Für Städtehasser besteht die Möglichkeit, von der Fauntleroy Cove im Süden der Stadt eine Fähre über den Puget Sound zu nehmen und nach Southworth loszuradeln, ohne die City auch nur eines Blickes zu würdigen.

SEATTLE – MT. RAINIER NP (70 mi/112 km)

Der Mount Rainier gilt als der Hausberg Seattles und ist zudem das Erkennungszeichen der Stadt. Hält man euch das Panoramabild einer amerikanischen Großstadt-Skyline mit einem einzigen weißen Riesen im Hintergrund unter die Nase, dann wisst ihr: es kann nur Seattle sein!

Raus aus der Stadt
Um den Berg zu erreichen, fahrt aus der City wieder zum Seatac-Airport zurück oder startet gleich nach der Ankunft von dort. Man nehme nun: 188th St. nach Osten unter I-5 hindurch, rechts in die Orillia Rd. S. für knapp 2 km, nach links folgend in die S 212th St., nach ca. 3 km rechts in die 84th Ave. S und da bleibt ihr immer Richtung Süden. Nach der Unterquerung der WA 167 heißt die Straße Central Ave. S, in Auburn dann Auburn Way. Kurz vor der Auffahrt zur WA 18 biegt rechts in die „A"-Street, die übergeht in den E Valley Hwy. Am Lake Tapps, 2 km östlich der Route, betreibt die Puget Sound Energy (PSE) einen Campingplatz. Nach Sumner heißt die Route WA 162 und führt am Puyallup River entlang zum Lake Kapowsin, danach links in die County Rd. nach Eatonville (L) und dann ist Schluss mit dem verträumten dahinradeln: die Route trifft auf WA 7 und der pulsierende Autoverkehr hat euch wieder! Es geht links nach Alder und weiter nach Elbe (L), wo ihr auf die WA 706 trefft, die über Ashford – mit letztem General Store vor der Parkeinfahrt – kontinuierlich steigend zum Mount Rainier NP führt.

Mount Rainier NP
Mount Rainier ist mit 14.410 ft/4390 m der höchste und der beeindruckendste Berg der Cascade Mountains. Bei klarem Wetter sieht man ihn selbst aus großer Distanz von der Pazifikküste aus. Üppig grüne, mit Wildblumen übersäte Almwiesen bedecken die schneefreien Hänge nahe der ausladenden Gletscherzungen. In Vegetation und Klima ein willkommenes Kontrastprogramm zum Sagebrush in den warmen Tälern des Nordwestens. Website: www.nps.gov/mora

Wege durch den Park
Gleich am Nisqually Entrance gibt es eine Ranger Station und den Sunshine Point Campground. Wer Zeit hat, sollte die Paradise Rd. wählen. Es geht gewaltig bergauf, doch die Mühe lohnt sich wegen der umwerfend schönen Aussicht. Ihr passiert Cougar Rock Campground ein paar Kehren unterhalb des zentralen Henry M. Jackson Memorial Visitor Centers in Paradise. Wer Lust hat, legt von hier einen Wandertag zu einem der nahen Gletscher ein. Zu Fuß lernt man die Landschaft noch intensiver kennen, kann beobachten, wie der kalte Riese im Laufe des Tages immer neue Wolkenbilder aus der warmen Meeresluft erschafft. Lebensmittel können im Store beim Longmire Museum beschafft werden.

MOUNT RAINIER NP – MOUNT ST. HELENS NATL. VOLCANIC MONUMENT (60 mi/96 km)

Auf WA 123 Richtung Süden erreicht man den Parkausgang und das Ohanapecosh Visitor Center mit angegliedertem Campingplatz. Der Weg nach Randle (L) führt auf US 12 durch das Tal des Cowlitz River und bleibt für die nächsten 24 mi/38 km flach. Über FR 25 geht es stetig bergauf zum Vulkan. Iron Creek Campground bietet sich als Nachtlager an.

Mount St. Helens National Volcanic Monument

Drei Tage ununterbrochener Eruptionen und kleinere Nachbeben führten 1980 zu Gletscherschmelze und Schlammfluten. Waldflächen in weitem Umkreis wurden total vernichtet. Das Ergebnis der vulkanischen Aktivitäten war ein um 400 Höhenmeter reduzierter Berg mit einem 1,5 km breiten, nach Norden aufgebrochenen Krater. Website: www.fs.fed.us/gpnf/mshnvm

➤ Abstecher:

Windy Ridge Viewpoint (16 mi/26 km, eine Strecke).

Von FR 25 zweigt FR 99 ab zum Windy Ridge Viewpoint, von dem aus man den besten Eindruck gewinnt, wie Naturgewalten Landschaftsgärtner spielen. Für den Blick muss man allerdings hart arbeiten, denn es gilt zweimal 300 m zu erklettern auf 16 mi/26 km Hinweg und einmal auf der Strecke zurück. Manchem Radler reicht dann die Aussicht vom Bear Meadow Overlook auf dem ersten Kamm. An der Strecke gibt es kleinere Versorgungspunkte, vielleicht macht das Mut. Nur für den Blick auf den Berg lohnt sich der Abstecher kaum. Aber die kilometerweise wie Streichhölzer umgeknickten Bäume, die breiten, erstarrten Lavaströme und das Wiederaufleben erstickter Vegetation bieten eine beeindruckende Dokumentation des noch immer aktiven Schöpfungsdramas auf Mutter Erde.

Echte Vulkanier gönnen sich die eine oder andere Wanderung. Die Wege sind allerdings recht anspruchsvoll und führen durch die Restricted Area des Vulkans hinüber zum Johnston Ridge Observatory an der Westseite. Mountain Biking ist hier im Zentrum des Natl. Monuments natürlich nicht zulässig.

MOUNT ST. HELENS – ASTORIA (106 mi/170 km)

Wieder auf dem Rad rollt man vom Windy Ridge Viewpoint zurück nach Randle und von dort aus über US 12 nach Westen. In Morton (L) zweigt WA 508 ab, hat weniger Verkehr bei gleichem Ziel: rüber über I-5 auf WA 6. Der Rainbow Falls State Park am Chehalis River bietet Zeltplätze für 10 $. Weiter in Raymond (L) kann man schon das Plätschern der Pazifikwellen erahnen ... et voilà, ihr seid auf dem Hwy 101 an der Willapa Bay! (Zur weiteren Tourenbeschreibung s. Westport – Astoria weiter oben in diesem Kapitel.)

Pazifikküste Oregon

Sanddünenschlittern, Felsenklettern und Leuchttürme zählen heißt das Vergnügungsprogramm für Oregon. Im Sommer ist das Wetter meist freundlich, und die Küste weiß besonders zu bezaubern mit einer Mischung aus Sonne, Nebel und dramatischen Wolken. Oregons State Parks sind wundervoll gelegen, einen ersten Eindruck bekommt man beim Stöbern auf der Website www.oregonstateparks.org.

♥ STORY
von
Thomas
Schröder

(Fortsetzung von S. 318)

Am nächsten Morgen queren wir dann den Columbia River gigantischen, 6 km langen Brückenkonstruktion. Jetzt sind wir in Oregon und fetzen mit gutem Rückenwind die Küste entlang, als hätten wir einen Hilfsmotor am Rahmen. Der stramme Tailwind aus Nordwest wird uns übrigens auf dem ganzen Trip zum guten Kumpel. Northbound Bicyclists, und das ist kein Witz, erkennt man abends auf dem Campground immer sofort am verbissenen Gesichtsausdruck.

Die Küste von Oregon hatte uns schon zu Hause beim Blick in den Atlas fasziniert. Schroffe Bergzüge bilden Kaps, die wie Finger hinaus ins Meer ragen, dazwischen liegen stille Buchten und Strände. Die US 101 gleicht einer Kreuzung aus Strandpromenade und Achterbahn, pendelt ständig zwischen 0 und 300 Metern Höhe von State Park zu State Park und wurde zum Teil regelrecht in die Felsen gefräst. Das beginnt schon bei Cannon Beach, wo die Straße sich durch schöne Wälder, wilde Gesteinsformationen und einen Push-Button-Blinklicht-Tunnel zum Oswald West State Park hinaufschraubt. Eine mühsame Angelegenheit, aber der grandiose Ausblick entschädigt für jeden vergossenen Schweißtropfen.

Die nächsten 500 Kilometer sind für uns das absolute Sahnestück des Pacific Coast Highways. Zum Rasen viel zu schade. Jeden Abend schlagen wir auf einer der genialen Hiker Biker Sites unser Zelt auf, suchen uns einen Logenplatz am Strand und schauen zu, wie der Sonnenball in einer irren Farborgie aus Türkis, Orange und Violett in der Brandung versinkt. Unser persönlicher Favorit: Cape Lookout State Park! Oft streichen von irgendwoher die Finger eines Leuchtfeuers über den Abendhimmel. Die Blinkintervalle strahlen eine Ruhe aus, als gehöre ihnen alle Zeit der Welt. Den Abend beschließt dann eines unserer traditionellen Camping-Candlelight-Dinners: zum Beispiel Chili Marke Wolf (con carne with beans), dazu Sybilles leckere Outdoor-Salatplatte (lettuce, onion and tomato) und ein kühles Bier. Dann eine Runde Obst und zum Nachtisch Schokoladenkekse (Chips Ahoy) mit Kaffee. Das gibt Power, und die brauchen wir auch, denn am nächsten Morgen folgt unweigerlich der Anstieg zum nächsten Kap.

Nicht immer hat man an der Pazifikküste so ein Glück mit dem Wetter wie wir in den ersten Wochen unseres Trips. Häufig zieht eine zähe, undurchdringliche Nebelsuppe vom Meer herein und verschluckt binnen Minuten das Land. Cape Foulweather erhielt seinen Namen von James Cook, als der 1778 die Küste hinaufsegelte und offensichtlich ganz übles Wetter hatte. Nebelfrei ist es hier selten, und im Winter misst man Windgeschwindigkeiten bis zu 170 km/h. Fast alle Kaps sind deshalb mit einem hübschen Leuchtturm bestückt, und einige davon kann man besichtigen. Am schönsten fanden wir den Leuchtturm auf Yaquina Head.

Wegen der bunten Vogelvielfalt sollte auch ein Fernglas ins Gepäck. Und wenn dann noch ein großer Grauwal draußen in der Bay seine Fontäne aufspritzen lässt, dann ist unser Glück perfekt. *(Fortsetzung S. 330).*

■ *... jeden Abend schlagen wir in einem der Hiker Biker Sites unser Zelt auf ...*

6 Pacific Coast

Highway 101 in Oregon Manche Teilstücke, die in die felsigen Kaps geschlagen wurden, sind einfach sehr eng, und sie extra für Radfahrer zu verbreitern würde Unsummen verschlingen. Über die verfügt ein relativ industriearmer Staat wie Oregon nicht. Oft ist deshalb nur Platz für einen Seitenstreifen, der dann sinnigerweise in Nord-Süd-Richtung angelegt wurde. Wer klug ist, radelt diese Richtung, nicht umgekehrt. Die Tunnel an der Strecke wurden mit Blinkanlagen ausgestattet, um die Autofahrer vor Radlern in der Röhre zu warnen. Also nicht vergessen: *„Push Button Before Entering"*!

Logging-Trucks gehören auch in Oregon zum Alltag. Holzverarbeitende Industrie gibt es reichlich an der Küste, in Gardiner und North Bend zum Beispiel. Die Hiker-Biker Sites sind vorbildlich. Sie sind preiswert und schön mit richtig heißen Duschen, ein Umstand, den man vor allem an kühlen Tagen schätzen lernt. Die hübschesten, strandnahen Plätze fanden wir im Cape Lookout und im Beach State Park. Schön für alle, die einen Pausentag einlegen wollen.

Strandleben Wer nur auf dem Highway dahinradelt, behandelt Oregons Küste ungerecht. Auch hier braucht man Zeit. Denn selbst, wenn die Aussichten vom Highway schon beeindruckend sind, mit etwas Zeit für Spaziergänge und dem Blick für die Welt im kleinen eröffnen sich weitaus vielseitigere Erinnerungen. Die Tide-Pools, die kleinen Gezeitentümpel, die nur im Wechsel des Wasserstandes gedeihen können, sind voll mit bunten Meeresbewohnern und wunderschön anzuschauen. Es lohnt sich, sie zu suchen. So mancher Leuchtturm will erwandert werden und zeigt sich nicht von der Fahrbahn aus, ebenso wie manche Bucht.

ASTORIA – FLORENCE (207 mi/331 km)

Cannon Beach Der schönste Strand im Norden ist zweifellos Cannon Beach! Sauber und adrett säumen Ferien- und Appartementhäuser, Andenkenläden und Restaurants die weiße Sandbucht, in deren Zentrum ein einsamer Monolith in Küstennähe aus dem Wasser aufragt. Man bekommt gleich das Bedürfnis nach einem Sonnenbad oder einem geruhsamen Bummel am Strand entlang. An einem Abstecher in den Ort hinein kommt keiner vorbei. Schön ist der Blick über die Bucht vom Ecola State Park aus, aber auch die View Points am Hwy 101 hinter dem Ort sind mit wettergekrümmten Fichten im Vordergrund recht pittoresk.

Eine völlig andere Küstenwelt findet ihr an der langen Nehrung von *Nehalem,* deren weiße Sandbank das Festland schützt. Rund um Bay City dümpeln im Spätsommer zahlreiche Boote wie Tupfen auf der *Tillamook Bay.* Lachsangler versuchen geduldig ihr Glück. Tillamook ist eigentlich berühmt für seinen Käse (www.tillamookcheese.com). Es gibt selfguided tours, viele Touristen begeben sich büchleinlesend auf den Rundweg durch die Käsefabrik und gönnen sich eine Kostprobe im Anschluss, ohne jemals das Geheimnis zu ergründen, wie es möglich ist, einen Käse herzustellen, der absolut geschmacksneutral ist ...

Three Capes Route Hinter dem Ort beginnt die Capes Scenic Route nach Cape Meares – malerisch, eng, kurvig, steil und je nach Jahreszeit sehr voll. Vorsicht ist angesagt, es sei denn, man lässt Cape Meares mit seinen Felsbrocken sausen (da es eh noch schönere gibt), wählt die alternative Inlandstrecke und gönnt sich statt des Kaps ein paar schöne Stunden im *Cape Lookout*

State Park mit den ruhigsten und schönsten 4 $-Hiker-Biker Sites der gesamten Küste! Nur über die Böschung, und schon ist man am endlos weiten Strand! Wer dort verweilen will, sollte sich vorher mit Lebensmitteln eindecken. *Cape Kiwanda* ist das dritte und schönste der Kaps, ein riesiger, im Abendlicht warm leuchtender Sandsteinfelsen.

In Yachats fängt der Rummel um die Wale an, die man saisonweise (November und März) weit draußen vor der Küste vorbeiziehen sehen kann, wenn man ein gutes Fernglas besitzt oder sich einer Bootstour anschließt. Versprecht euch nicht zuviel davon.

Sea Lion Caves

Näher heran kommt ihr an die Seelöwen. Wer bisher noch keine Chance hatte, sie auf den Felsen herumlümmeln zu sehen, sollte sich einen Ausflug in die Unterwelt gönnen, bei der Sealions Cave (www.sealioncaves.com/2root/where.html). Nicht zu verpassen gleich hinter Devils Elbow, einem der schönsten Abschnitte an Oregons Küste mit dem wohl schönsten Leuchtturm auf verschachtelten Felsenklippen.

Bis Florence geht es durchs Binnenland ungewohnt geradeaus.

FLORENCE – BANDON (72 mi/ 116 km)

Nation's highest dunes

Hinter Florence beginnt Oregons Dünengürtel, der so weit ist und so hoch, dass man sich spielend darin verlaufen kann. Bis zum Meer zu gelangen ist ein hartes Stück Arbeit. Das Laufen im Sand ist mal eine nette Abwechslung für Radlerbeine, und Sandhügel runterrutschen für viele ein Spaß. Andere ziehen die lärmig stinkenden Sandbuggies vor, die mir meine Ausflüge in den Dünengürtel verdarben. Insgesamt fand ich diesen Teil der Küste eigentlich eher langweilig.

Wenn es plötzlich heftig stinkt, so seid ihr in Gardiner, wo *International Paper* eine riesige Papiermühle betreibt. Auch in North Bend – 44 km weiter südlich – ist die Luft nicht besser. Die Logging Trucks fahren ihre Ladung ja nicht spaßeshalber spazieren ... Also am besten Vorräte auffüllen und weiter geht's.

BANDON – CRESCENT CITY (108 mi/172 km)

Bandon und Cape Sebastian

Die „sea stacks", Felsennadeln, die wie ein mythischer Skulpturenpark vor Bandon aus dem Wasser aufragen, sind zauberhaft. Der Ort ist schmuck und beherbergt neben einem idyllisch gelegenen Hostel in der 370 1st Street, Tel. (541) 347-3781, einen fudge-Laden, in dem es amerikanisches Konfekt gibt, das einen für vieles entschädigt. Die Abfahrt hinter Cape Sebastian ist atemberaubend mit dem Blick auf die von Gischt umtosten und von Vögeln umschwärmten Felsbrocken in der weiten Bucht. Port Orford wiederum lockt Sensationstouristen mit dem Superlativ „westlichste Stadt der USA südlich von Alaska". Die Straße schiebt sich hoch über der Bucht von einem schönen Aussichtspunkt zum nächsten, ehe Humbug Mountain den Blick auf die Felsentupfen im blauen Wasser versperrt.

Kalifornien ist zum Greifen nah ...

6 Pacific Coast

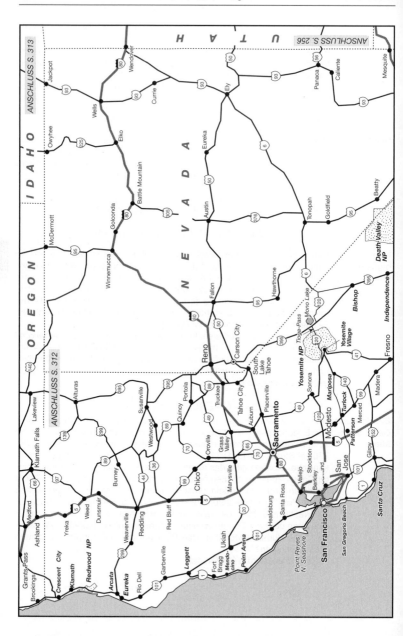

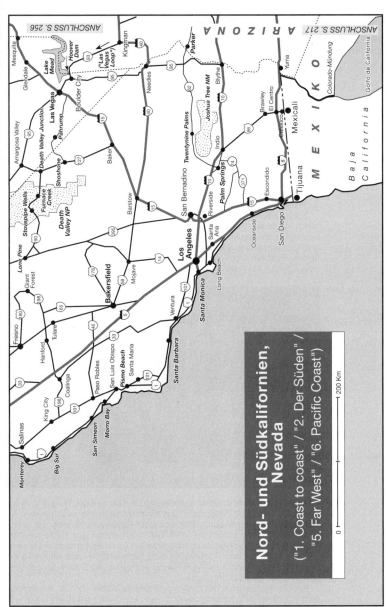

ANSCHLUSS S. 256

ANSCHLUSS S. 217

Nord- und Südkalifornien, Nevada

("1. Coast to coast" / "2. Der Süden" /
"5. Far West" / "6. Pacific Coast")

6 Pacific Coast

Pazifikküste Kalifornien

Welcome to California! Beach Boys, Bikinimädchen und easy-going? Darauf musst du noch eine ganze Weile warten. Nordkalifornien ist wilder noch als Oregon und ebenso regenreich. Die Küste ist abschnittsweise dünn besiedelt und einsam. Unterbrochen vom geschäftigen San Francisco und seiner lebhaften Umgebung beginnt erneut die Einsamkeit rund um Big Sur. San Luis Obispo wirkt schon sehr spanisch, Pismo Beach lockt zum Baden und wenn du das nächste Mal aus dem Binnenland an die Küste kommst, verkünden die Palmen am Strand von El Refugio, dass du endgültig das Tor zu einer anderen Welt durchradelt hast.

♥ STORY

T. Schröder schreibt zu Nordkalifornien *(Fortsetzung von S. 325)*:

In Crescent City kaufen wir Proviant für die nächsten Tage. US 101 wendet sich nun von der Küste ab, schlängelt sich über tausend Hügel hinein in beeindruckende Wälder. Redwoods tauchen auf, erst vereinzelt, später in immer dichteren Beständen.

Solche Bäume haben wir noch nie gesehen! Gigantischen Elefantenfüßen gleich stehen die Redwoods an der Straße, 100 Meter hoch und bis zu 2000 Jahre alt, archaisch und unverändert wie schon zu Zeiten der Dinosaurier, und doch nur entstanden aus einem Samen in der Größe eines winzigen Tomatenkernes. Fast kein Licht dringt zum Boden durch, zum Fotografieren bräuchte man eigenlich ein Stativ.

■ *... wie durch einen Wald gigantischer Elefantenfüße ...*

Wohl die schönste Etappe in den Redwoodwäldern ist der *Newton B. Drury Scenic Parkway*. Gut 15 Kilometer führt die schmale Straße zwischen himmelhohen Baumpfeilern hindurch. Hier wird jeder Radler zum Winzling, zur unbedeutenden Laus im Garten der Welt. Wer sich nahebei eine Nacht auf dem stillen Elk Prairie Campground gönnt, der kann sogar allabendlich direkt vorm Zelt eine Herde äsender Roosevelt-Hirsche beobachten — und vielleicht auch Schwarzbären, weshalb man vom Ranger angehalten wird, seine ganzen Vorräte auf einen Baum hochzuziehen.

Hat das faszinierende Ökosystem der Redwoodwälder vor 100 Jahren noch ganz Northern California bedeckt, sind heute keine 5% davon mehr übrig, und selbst dieser kümmerliche Rest unterliegt noch immer intensiver holzwirtschaftlicher Nutzung. Ein Bild davon kann man sich bei der Besichtigung des nahen PALCO-Sägewerkes machen, wo haushohe Bandsägemaschinen innerhalb von Sekunden zu Kleinholz zerlegen, was tausend Jahre und mehr zum Wachsen brauchte. Der Anblick trieb uns die Tränen in die Augen.

Bei Leggett verlassen wir die gute alte 101 und biegen ein in die CA 1, den berühmten Highway One. Über den berüchtigten Leggett Hill (halb so wild ...) geht es nach längerer Abstinenz wieder hinunter zum Meer, ein faszinierender Landschaftswechsel auf nur wenigen Meilen. Ab sofort bestimmen weite Grasländer und kleine Eukalyptuswäldchen das Bild. Für uns ist die CA 1 vor allem die Zielgerade nach San Francisco, direkt auf die Golden Gate Bridge zu. Aber mit der „Geraden" ist das so eine Sache ... Meist verläuft die Straße hoch oben auf bröseliger Steilküste, taucht zig mal in kleine Canyons hinunter und steigt mit bis zu 20% wieder ans Tageslicht. Ohne unsere „AOK-Ritzel" wären wir hier so manches Mal aufgeschmissen.

■ *Auf und Ab – der HWY 1 bei Mendocino*

6 Pacific Coast

Wir passieren verschlafene Städtchen wie Mendocino und Bodega Bay, versorgen uns in urigen Kramläden, wo es von Hosenknöpfen über Konservendosen, Leihvideos und Angelruten bis zur Gebisshaftcreme alles gibt, bloß kein frisches Obst, queren dann den San-Andreas-Graben und radeln kilometerweit an Sausalitos Hausbootsiedlungen entlang. Aber plötzlich, am 19. Tag unseres langen Ritts, sehen wir hinter einer Kuppe den nördlichen Pfeiler der Golden Gate Bridge aufragen, fast wie eine überirdische Erscheinung. Weiß und zerbrechlich zeichnet sich dahinter San Francisco ab, wie ein von Nebeln getragenes Luftschloss. Einfach gigantisch, wie diese Stadt sich in Szene setzt, praktisch von einem Pedaltritt zum nächsten.

Unsere Hotelreservierung in San Francisco gilt leider erst ab morgen. Wir vertagen deshalb das Top Event unserer Tour und verbringen die Nacht auf einem kleinen Campground droben in den Marin Headlands. Morgen packen wir's – vor lauter Vorfreude können wir kaum schlafen. Doch das war ein Fehler: Am nächsten Morgen ist es dann so nebelig, dass wir die Brücke fast nicht wiederfinden.

Nicht wenige Pacific Coast Biker beenden ihren Trip in San Francisco. Wir finden, das wird der Sache nicht ganz gerecht, denn ohne ein bisschen Southern-California-Lebensgefühl ist der Westküsten-Eindruck einfach nicht komplett ... *(Fortsetzung S. 337)*

CRESCENT CITY – EUREKA – LEGGETT (200 mi/ 320 km)

Highway 101 in Kalifornien Kalifornien beginnt dennoch an der nördlichen Grenze wie ein fremdes Land. Die großzügigen Seitenstreifen enden ganz abrupt und die Straße führt zu einem Haus mit check-point. Den Pass braucht keiner hervorzukramen. Man ist Obst und Gemüse mit Schädlingen auf der Spur. Radler werden meist nicht kontrolliert, aber das Einkaufen verschiebt ihr am besten auf das Shopping Center von Crescent City (all services). Wer weise ist, fährt die offizielle Pacific Coast Bike Route dorthin, das sind die County Roads D 5, dann D 4 und letztlich D 3. Ist zwar kräftezehrender, aber die US 101 als Alternative ist extrem gefährlich in diesem Abschnitt. Gleich hinter Crescent City beginnt die Einsamkeit. Leider nicht auf der Fahrbahn, die sich über steile Berge vorbei an den ersten Redwood Riesen schiebt. Eine gute Fahrradstunde hinter Crescent City und noch eine bis zum Redwood NP liegt links an der Wilson Creek Road das Redwood Hostel (auch als DeMartin Hostel verzeichnet, Tel. 707-482-8265).

■ *Morgennebel als Begleiter*

Die Redwoods Die besondere Witterungsbeständigkeit des Holzes dieser phantastischen Bäume wurde ihr Schicksal. Nur noch Bruchteile des Waldes der Giganten, der ehemals diesen Küstenabschnitt überwucherte, sind erhalten, und der Kampf um die letzten Bestände geht weiter. Am besten folgt ihr der Beschilderung „Prairie Creek Redwood State Park" und informiert euch am dortigen Visitor Center, nahebei gibt es auch gleich – wie praktisch! – einen Hiker-Biker-Campground. Wanderer schrumpfen am Fuße der Baumriesen zu Zwergen, die Akustik ist einzigartig: Kein Geräusch ist wahrzunehmen, nur das der eigenen Schritte auf dem leicht federnden Waldboden. Bitte nicht vergessen: die Bären- und Waschbärenwarnungen sind auch hier ernst gemeint!

    Die Straße, die sich durch den Redwood State und National Park windet, ist ebenfalls beeindruckend. Noch schöner allerdings ist die „Avenue of the Giants" etwas weiter südlich. Isolierte Redwood-Bestände tauchen bis weit in den Süden hinein auf, doch hier im Norden sind sie am urwüchsigsten. Das finden auch die Chainsaw-Künstler, die per Kettensäge hässliche Skulpturen aus dem edlen Holz fertigen, die wie groteske Wachsfigurenkabinetts am Straßenrand aufgereiht sind. Website des Redwood NP's: www.redwood.national-park.com

Menschliches Strandgut

Überall an der Küste stößt man auf das Strandgut der amerikanischen Gesellschaft, auf „transients" – Asphaltnomaden und Obdachlose. Vietnam-Veteranen nennen sich einige, auch wenn sich herausstellt, sie waren damals erst 14 Jahre alt. Als wahre Hippies sehen sich andere. Viele Mitglieder dieser Randgruppe tauchen auf Hiker- Biker Sites auf. Manchmal ruhig und scheu, oft laut und permanent schnorrend, lassen sie meist nicht die vertrauensvolle Atmosphäre aufkommen, in der man sein Gepäck unbeaufsichtigt auf dem Zeltplatz zurücklässt, was manchen vergnügten Ausflug blockiert.

Arcata bietet nicht viel Ansehnliches, dafür aber das Arcata Youth Hostel unweit der US 101 in Downtown, Ecke 14th/1st St., Tel. (707) 822-9995. Eureka hat außer einem teuren KOA, einer guten Brauereikneipe in der 617 4th Street und dem berühmten Carlson-Mansion, einem grünen Ungetüm in übertriebenem verschnörkeltem victorianischen Stil, nicht viel Charme zu bieten. Die Szene trifft sich im Nachbarort Arcata. Mancher campt gleich dort auf dem Unigelände und der Supermarkt in Arcata ist besser zu erreichen als das Shopping-Center am Ortsende von Eureka.

LEGGETT – FORT BRAGG – MENDOCINO – GUALALA – SAN FRANCISCO (216 mi/346 km)

6 Pacific Coast

Die Leggett Mountain-Legende

US 101 vereint hinter Eureka beste und unangenehmste Eigenschaften. Mal breit ausgebaut, mal nicht, wird der Verkehr immer wieder gezwungen, sich auf zwei enge Fahrspuren zu quetschen, wo für Radler zwischen Trucks und RV's kaum noch Platz bleibt. Man sehnt Leggett herbei, wo die Radroute auf CA 1 zur Küste abzweigt. Läden sind dort rar, also deckt euch noch an 101 mit Lebensmitteln ein. Der Tankstellenladen gegenüber Standish Hickey State Recreation Area ist vorläufig der letzte. Wer mag, kann im Eel River Redwoods American Youth Hostel, US 101, Leggett, Tel. (707) 925-6469, Kräfte sammeln für den berüchtigten Berg. Leggett Mountain hat einen legendären Ruf, dem die Steigung, wenn auch lang, nicht gerecht wird. Rockport Mountain, der dann folgt, ist viel kürzer aber mit 10% Steigung viel gemeiner.

Back to the Ocean

Endlich wieder Ozean! Die Küste, die sich hier besonders gern in Nebel hüllt, hat „End of the World"-Charakter, denn ganz steil fallen die Klippen ab ins tosende Meer. Auf den Grasplateaus der Felsen kann man herrlich zelten. Nun bestimmt Gras, nicht mehr Wald, die Landschaft auf Klippen und Hängen. Viel Fernsicht, falls das Wetter mitspielt. Wer hier nass wird kann sich freuen auf die Wäschetrockner in Fort Bragg (all services). Eine alte Eisenbahn namens Skunk Railroad (Stinktier-Bahn, weil die Lokomotiven einst ähnlich dufteten), gilt als Attraktion der geschäftigen Holzhandelsstadt.

Mendocino und Elk

Nicht weit davon ein Szene-Treffpunkt besonderer Art: Mendocino. Der kleiner Ort auf einer Klippe mit gingerbread-verzierten Holzhäuschen, die an Neuengland erinnern, war in den Achtzigern noch verwahrlost und lediglich bewohnt von einer portugiesischen Familie. Inzwischen hat Mendocino sich zur Künstlerkolonie entwickelt mit Galerien, Cafés und schicken Läden.

Freuen kann man sich auch auf Elk, einen Miniort aus ein paar Häusern mit einem witzigen Naturkost-General-Store. Die Steigung hinter Elk ist unvergesslich für alle, die hier lang kommen: 20% auf einem ganzen Kilometer!

Sonoma Coast

Die Orte werden etwas dichter mit Point Arena (echt steile Main Street) und Gualala, an das ich mich gern erinnere, weil sich nach endlosen Regentagen hier endlich die Sonne durchsetzte und wir spontan eingeladen wurden in ein Haus in The Sea Ranch, einer endlos langen Siedlung alternativer Holzhäuser auf einer Wiese oberhalb der Küste, durchzogen mit Freizeitwegen und Strandzugängen. Zwischen The Sea Ranch und Bodega Bay gibt sich die Küste, die hier Sonoma Coast heißt, zur Abwechselung mal ganz lieblich, mit Seehunden und -löwen, die sich auf Sandbänken räkeln, und mit kleinen, romantischen Buchten, in denen man zelten kann. Bodega Bay und Bodega verdanken ihren Ruhm Alfred Hitchcock, der seinen Film „Die Vögel" hier drehte. Auf dem Campingplatz im Bodega Dunes State Park lauern keine Krähen, aber dreiste Waschbären, die nachts die Packtaschen öffnen. CA 1 führt über Hügel ins Inland und kehrt über das hübsche Tomales und weitere Hügel zur Küste zurück, zur Tomales Bay, unter der der Andreasgraben verläuft, die berühmte Spalte der kontinentalen Platten, die irgendwann für den großen Bruch und ein verheerendes Erdbeben sorgen wird.

Point Reyes National Seashore

Point Reyes National Seashore (www.nps.gov/pore/home.htm) ist eine strandreiche Insel, auf der viele seltene Küstenvögel heimisch sind. Es gibt eine Jugendherberge: Point Reyes AYH, Limantour Rd, Tel. (415) 663-8811, www.norcalhostels.org/pointreyes.html. Gut für alle, die noch ein bisschen Natur schnuppern wollen vor San Francisco.

✖ **Off-Road Riding:** Für Mountainbiker hat es auf den Kämmen der Halbinsel ein paar exzellente Trails mit phantastischem Blick, die mit zum besten gehören, was die Bay Area auf diesem Sektor zu bieten hat. Info im Visitor Center.

Marin County

Ab Fairfax merkst du, dass **San Francisco** nicht mehr weit ist und spätestens ab Sausalito braucht ihr nur dem Strom der Radler über Straßen und Radwege zu folgen. Vorher solltest du allerdings ein bisschen über die Bootsanleger dort bummeln, wo viel freundliche Schickeria mit Sinn für Stil auf Hausbooten lebt.

◼ *Beschauliches Sausalito*

Direkt am Bike-Path liegt übrigens ein guter Radladen, der mehr kann als nur die Platten der Wochenendradler zu reparieren: A Bicycle Odyssey, 1417 Bridgeway, Sausalito, Tel. (415) 332-3050.

San Francisco

(Übersichtskarte für San Francisco s. Tour „Far West", San Francisco, s.S. 298. Dort auch ein paar Sätze mehr zur Stadt).

Golden Gate Bridge und Bay Area

Über die Golden Gate Bridge radeln – das ist einer der absoluten Höhepunkte jeder Pazifikküstentour! Diese Brücke ist ein Traum aus rot gestrichenem Stahl, egal, ob bei Sonne oder in Nebelschwaden gehüllt. Ein phantastischer Anblick, der das Herz höher schlagen lässt, ebenso wie die City, die hinter dem „Goldenen Tor" wartet.

Die Windsurfer und Segler, die die Düse am Eingang der Bay bei Sonne gerne ansteuern, deuten schon auf manchmal kräftige Böen hin. Du wirst sowieso teilweise schieben, um Augenblick und Ausblick zu genießen. An Wochenenden und Feiertagen von 5 bis 21 Uhr und Montag bis Freitag von 15.30 bis 21 Uhr müssen Radler den westlichen, dem Meer zugewandten Bürgersteig benutzen, weil die pittoreskere Seite den Fußgängern vorbehalten ist. Zu allen anderen Zeiten hat man die östliche, zur City gewandte Seite zu benutzen.

San Francisco hat mehrere Jugendherbergen, in denen man für die Dauer des Aufenthaltes – und Aufenthalt in dieser Stadt ist ein Muss!- preiswert unterkommen kann. Hier die Adressen (weitere Infos unter www.norcalhostels.org oder www.hiayh.org, alle Preise pro Bett):

HI-S.F. City Center, 685 Ellis Street (zwischen Larkin & Hyde Streets), sfcitycenter@norcalhostels.org, Tel. (415) 474-5721, 22 - 24 $ (downtown);

HI-San Francisco-Downtown, 312 Mason Street (zwischen Geary & O'Farrell Streets, Nähe Union Square), Tel. (415) 788-5604 oder 1-800-909-4776 #02, sfdowntown@norcalhostels.org, 22 - 25 $ (downtown);

HI-San Francisco-Fisherman's Wharf, Upper Fort Mason, Building 240 (zwischen Fisherman's Wharf & the Marina, Nähe Golden Gate), Tel. (415) 771-7277, sfhostel@norcalhostels.org (allgemein), 22 - 29 $;

HI-Marin Headlands, Building 941, Fort Barry, Sausalito (in the Marin Headlands section of the Golden Gate National Recreation Area), marinhdl@norcalhostels.org, Tel. (415) 331-2777 oder 1-800-909-4776 #168, 18 $;

Point Montara Lighthouse AYH-Hostel, Hwy 1/Montara, Tel. (650) 728-7177, 20 Meilen weiter südlich, aber an der Buslinie und schön gelegen.

Reservierungen sind bei allen AYH's dringend anzuraten.

Zur Orientierung und prima geeignet für Radtouren in der gesamten Bay Area sind die Karten von Krebs: http://members.cruzio.com/~krebsmap. „The Bay's best Bike Rides" findet ihr bei http://bayinsider.ktvu.com/recreation/guides/biking, und die Interessenvertretung aller hiesigen Alltagsradler stellt sich umfassend auf www.sfbike.org dar. Auch das für die Metropolen allgegenwärtige *Darf-ich-diese-Brücke-befahren?-Problem* wird hier ständig aktualisiert behandelt.

Wer nach Berkeley oder Oakland will, darf nicht die Brücken über die Bay benutzen, sondern muss auf die BART – Bay Area Rapid Transit – umsteigen, die U-Bahn. Ist aber nur außerhalb der Rush-Hour erlaubt. Zur Rush-Hour steht ausschließlich für Fahrräder ein 14-Mann-Fahrradshuttle für 1 $ zur Verfügung, Abfahrzeiten unter Tel. (510) 286-0876 oder -0669.

6 Pacific Coast

In San Francisco selbst Rad zu fahren ist ein ausgezeichnetes Trainingsprogramm. Angesichts der Straßen mit bis zu 20% Steigung steigt mancher dennoch lieber auf öffentliche Verkehrsmittel um. Meistens sind diese dem BART oder der MUNIcipal Railway angeschlossen und bieten vorbildliche Fahrradmitnahmemöglichkeiten wie z.B. Bike-Racks an Bussen an. Inhaber des *City-Pass* haben sieben Tage Zugang zu allen öffentlichen Verkehrsmitteln incl. Cable Car und fünf weiteren Attraktionen, z.B. das Museum of Modern Art. Das gute Stück ist für 36 $ erhältlich beim *San Francisco Convention & Visitors Bureau* in der untersten Etage der Hallidie Plaza, Ecke Market & Powell St. in der Nähe der Powell Street BART Station, Tel. (415) 391-2000, www.sfvisitor.org. Hier gibt's natürlich auch Infos für die Highlights Chinatown, Fisherman's Wharf, Cable Car Barn oder Telegraph Mountain, dem Aussichtspunkt hoch über der Stadt. Man kann sich sogar ein kostenloses Besucherpaket mit Hotellisten usw. nach Deutschland schicken lassen. Gut Organisierte bestellen auch außerhalb der Wochenenden die Tickets für die Überfahrt zur Gefängnisinsel Alcatraz ein paar Tage im voraus.

SAN FRANCISCO – MONTEREY – BIG SUR – SAN LUIS OBISPO – PISMO BEACH (276 mi/442 km)

Zurück zur Küste

San Francisco zu verlassen fällt schwer, aber man ist überrascht, wie schnell man wieder in ländliche Zonen gerät. Gleich hinter Halfmoon Bay wird es wieder wild: keine Läden, keine Zeltplätze, kaum Häuser. Dafür reichlich Gras und Fels bis Davenport und viel, viel Wind.

>>> Connection:

Las Vegas (via Yosemite NP, Death Valley) über „5. Far West"
Die vernünftigste Route aus der Bay Area heraus hinauf in die Sierra Nevada führt über Backroads südlich von San José, die ihr am leichtesten hier über den Abzweig bei San Gregorio erreicht. Beschrieben ist die Strecke unter Teil III, „5. Far West".

Santa Cruz

Wer bisher noch keine Seelöwen gesehen hat, sollte die Ano Nuevo State Reserve ansteuern, wo die Tiere im Winter ihre Jungen aufziehen und es sich im Sommer gutgehen lassen. Die Tidentümpel sind schön an der Natural Bridges State Beach in Santa Cruz (all services). Hinter Santa Cruz nervt die Bike Route mit einer total irren Streckenführung ohne Schilder.Hier verfranst sich offensichtlich jeder und mancher landet gar auf dem „freeway".

Monterey und Carmel

Monterey, der Küstenort mit Flair und dem Veterans Memorial Park Campground auf dem höchsten Hügel über der Stadt, hat den Touristen einiges zu bieten: die meistfotografierte Pinie der Welt am 17-Mile Drive, diesem berühmten Rundweg zwischen den Villen der Reichen und aufwendiger Golfanlage, der wunderschön gelegen ist auf den Klippen über dem Meer; oder Fisherman's Wharf, wo sich Gift Shop an Café an Gift Shop reiht und alle die fetten Seehunde füttern; oder Cannery Row, berühmt durch John Steinbecks gleichnamigen Roman („Die Straße der Ölsardinen"), einst Schauplatz eines sozialen Dramas, heute rausgeputzt mit schicken Boutiquen und teuren Restaurants. Das Aquarium und Point Lobos Lighthouse sind wirklich sehenswert. Übernachten kannst du auch im Monterey AYH Hostel, 778 Hawthorne Street, Tel. (831) 649-0375.

Carmel ist noch schicker als Monterey mit Galerien und Boutiquen und Lädchen, nur vom feinsten. Ein ganz normaler Supermarkt liegt am Ende des Ortes, und einkaufen solltet ihr, denn anschließend wird es wieder wild romantisch und je nach Jahreszeit einsam rund um Big Sur. Läden sind rar und ihr Angebot ist dürftig.

Big Sur *Big Sur* – der Name bringt Augen zum Glänzen! CA 1 in diesem Abschnitt gilt als die schönste Küstenstraße des Kontinents (vor dem Cabot Trail in Nova Scotia), und dies unbestritten zu recht. Die Landschaft ist unerwartet rauh und gleichzeitig voller Energie. Im Sommer schiebt sich ein dichter Autotouristenstrom nebst Ausflugsbussen über die steilen, engen Hänge, so dass nur eins hilft, wenn ihr eine gute Erfahrung machen wollt: bei Sonnenaufgang starten. Vergesst die bescheidene Henry Miller Bücherei, radelt und genießt bevor die Massen kommen. Ein toller Platz für die Nacht ist Kirk Creek Campground, mit 18 $ jedoch alles andere als ein Schnäppchen.

Hearst Castle Kurz vor San Simeon wird die Küste flach. Gelbgrünes Grasland übernimmt wieder die Regie. Hoch oben, versteckt in schütterem Wald auf einer Hügelkuppe, blinzelt Hearst Castle sekundenlang auf den Highway des einfachen Volkes. Das Schloss des Zeitungskönigs ist ein Besucherhit (www.hearstcastle.org/welcome.asp). Das Visitor Center bei San Simeon, ein steriler Kasten der Neuzeit, steht in direktem Kontrast zum barocken Sammelsurium des Schlosses. Wir haben uns mit einem Rundgang durch die Ausstellung im Visitor Center begnügt. Was es dort an Fotos zu sehen gab, sagte mir deutlich, dass ich den Anblick der Inneneinrichtung des berühmten Gemäuers nicht aushalten würde.

♥ STORY **T. Schröder zur Strecke San Francisco – Baja California** *(Fortsetzung von S. 331)*:

Nach bisher konstanter Schönwetterperiode begleiten uns nun tiefhängende Wolken und ausdauernder Nieselregen — aber auch das gehört dazu. Jeder Küstenradler bekommt einmal seine graue Packung, alles andere wäre nicht normal. In Sweatshirt und langer Hose kurbeln wie zügig gen Süden, mit rundem Tritt, auf dass es uns warm werde. Und als das Wetter langsam besser wird, sind wir schon hoch über den Felsstürzen von Big Sur.

Die folgenden 120 Kilometer sind wohl das berühmteste Stück des Highway One überhaupt. Erst 1937 wurde die Straße nach endlos langer Bauzeit fertig. Die Ingenieure und Arbeiter hatten vor allem mit dem extrem krümeligen Gestein zu kämpfen. Für die gefährlichsten Arbeiten rekrutierte man Freiwillige aus dem Knast von San Quentin, denen man dafür Straffreiheit versprach. Wie viele von ihnen damals verschüttet wurden, das weiß heute keiner mehr genau. Oft ist die Straße auch heute noch wegen Erdrutschen gesperrt und es kommt zu weiträumigen Umleitungen.

Wir aber haben Glück und kurbeln euphorisch zwei Tage lang um enge Kurven und vorbei an fantastischen Vista Points, während Brandungstosen und Seelöwengebell heraufdringt. Dann kommt eine berauschende 20-Kilometer-Abfahrt, vorbei am verrückten Schloss des Zeitungsverlegers William Randolph Hearst (muss man mal gesehen haben! Das Ding ist auf so skurrile Weise hässlich, dass es schon fast wieder schön und auf jeden Fall beeindruckend ist). Die Berge machen einer sanften Hügellandschaft Platz, und – zack! – man ist in Southern California.

Unglaublich, wie genau man das merkt, geographisch und emotional! Ab

6 Pacific Coast

sofort ist es dauerhaft warm und trocken. Wir hatten absolut null Nebel von hier bis San Diego.

Im Hinterland wird intensive Landwirtschaft betrieben. Kilometerweit radeln wir durch bewässerte Gurkenfelder, auf denen man mexikanische Tagelöhner im Ernteeinsatz sieht. Auch die Architektur ist deutlich spanisch-mexikanisch geprägt; die Orte haben oft ein hübsches Missionskirchlein sowie eine Plaza Central, auf der abends das Leben pulsiert, und tragen klangvolle spanische Namen wie San Luis Obispo, Guadalupe – oder auch Los Angeles. Dazu die Strände! Immer schöner werden sie, je weiter man in den Dunstkreis von L.A. hineinradelt. Siedlungsdichte und Verkehr allerdings nehmen gewaltig zu, und so kämpfen wir uns mit angelegten Ohren auf schmalen Fahrspuren durch so mondäne Seebäder wie Ventura und Malibu. Zum Glück zweigt bald ein schöner Strand-Radweg ab und bringt uns nach Santa Monica.

■ *L.A., Bike Path in Redondo Beach*

Los Angeles kann man nur lieben oder hassen, das dachten wir immer, und tendierten nach 150 Kilometern Stadtdurchfahrt auf unserem Route-66-Trip einige Jahre vorher eindeutig zu letzterem. Doch dem Pacific Coast Biker präsentiert sich Megalopolis eindeutig von seiner angenehmsten Seite. Ein Easy-Going-Abend am Santa Monica Pier gehört unbedingt dazu, komplett mit fantastischem Sunset, und das tolle Getty Center (für uns das beeindruckendste Kunstmuseum der Welt) ist leicht mit dem Linienbus zu erreichen. Weiter geht es dann fast smogfrei am Strand entlang, man passiert die Open-Air-Muckibude Venice Beach, das geschäftige Redondo Beach, Surfer's Paradise Huntington Beach, und in Long Beach grüßt malerisch der alte Dampfer Queen Mary herüber, der hier seit 1967 vor Anker liegt. Und irgendwann zieht die Straße zum letzten Mal den Berg hinauf, das ist dann der Universitätshügel von San Diego, Sports Town USA, last frontier vor Mexico und, nebenbei bemerkt, (neben Albuquerque, NM) die Stadt in den USA, wo wir am liebsten leben würden.

Natürlich wollen wir den Tortillavorhang, die berühmt-berüchtigte mexikanische Grenze, auch noch sehen und besteigen die hübsche rote Straßenbahn hinaus nach San Ysidro. Von dort machen wir zu Fuß einen Abstecher hinüber zu Uncle Sam's armen Vettern, ein verwinkelter Marsch durch martialische Zäune und Absperrgitter. Ich weiß noch genau, wie wir geschockt waren von der völlig anderen Welt, die drüben mit der Intensität eines Kinnhakens beginnt, laut, brutal, aber auch bunt und faszinierend. Wie gut, dass unser Trip jetzt in San Diego endet, so dachten wir noch auf dem Heimflug. Aber es dauert nicht lange, da stehen wir wieder hier. Und seither wissen wir: Auch Baja California ist ein absoluter Radlertraum.

PISMO BEACH – SANTA BARBARA – SANTA MONICA – LOS ANGELES (202 mi/323 km)

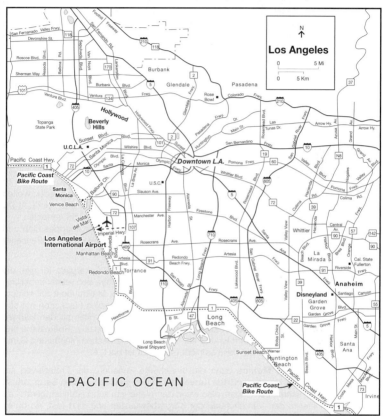

■ *Bike Route bei Santa Barbara*

Sunny California! Vom offenen Grasland bei San Simeon ist es nicht weit bis Pismo Beach. Ab Pismo wird das Land zweisprachig und man hört ebenso oft spanische wie englische Töne. Nun ist es nicht mehr weit bis zum Kalifornien der Beach-Boys, auch nicht mehr weit zum Kalifornien des gewaltigen Häuserdschungels, wo Freeways mit Straßenlärm dem Meeresrauschen Konkurrenz machen und State Beaches auf schmalen Küstenstreifen zwischen Ozean und Autobahn deine Tagesziele sind. Auf manchen lässt es sich erstaunlich gut aushalten. „El Refugio" mit seiner Palmenbucht z.B. ist wunderschön. Das Radeln ist insgesamt weniger nervenaufreibend, als man annehmen mag. Die Bike-Route führt, nicht sehr romantisch, aber dafür ohne Autostress, vorbei an oder gleich mitten durch Militäranlagen und durch die Nachbarschaft eines Atomkraftwerks.

Körperkult und Gesellschaftskrüppel Southern Californians sind erlebenswert: angenehm schräg, schillernd bunt und lebenslustig. Selbstverliebter Körperkult steht hoch im Kurs. Surfen, Skaten, Joggen, Radfahren und Bodybuilding – Fitness ist Trumpf und Ziel allen Handelns, egal wo und wie. Dabei sind die Typen, die bewusst alles auf die Spitze treiben, ganz schön lustig anzuschauen, und schließlich haben sie jede Menge Spaß. So, what's wrong with it? Das Zentrum der Aktivitäten aller, die sehen und gesehen werden wollen beim täglichen Schönheitsprogramm, ist, klar, *Venice Beach* bei L.A. Du radelst mitten durch die bunte Schar, kannst sie also nicht verfehlen.

Sicher wirst du auch all die anderen sehen, die ihr knappes Hab und Gut in Einkaufswagen durch die Lande schieben. Auch die Außenseiter der Gesellschaft zieht es nach Venice Beach.

Nobelvororte im Norden von L.A. Das feudal angehauchte Ventura ist der richtige Ankerplatz für alle, die eine Reise zu den Channel Islands einlegen wollen, den relativ unberührten (da unter Naturschutz) Inseln vor der Küste. Malibu lockt mit seinem exotischen Namen, ist sicher immer noch ein nobles Fleckchen mit seinen schicken Strandhäusern und den pompösen Villen an den Hängen über dem Ort. Der Strand ist im Vergleich dazu reizlos. Spätestens hier setzt der Großstadtverkehr ein. Kein Zweifel, zwischen Malibu und Santa Monica weißt du, dass es nicht mehr weit ist bis L.A.

Beach-Bike-Path In **Santa Monica** dann die unverhoffte Erlösung: der Freizeitweg am Strand, der in sinnlosen Kurven durch den gleißend weißen Sand torkelt. An schlechten Tagen, also wenn das Wetter am schönsten ist, gerätst du hier in den Verkehrsstau der Körperbewussten und sitzt fest. An guten Tagen nimmst du die Kurven befreit vom Autoverkehr vergnügt im Walzerwiegeschritt – für mehr als 30 km!

Anschluss Airport Die Bike Route durch L.A. führt quasi hinter der Rollbahn des Internationalen Flughafens (LAX) her. Leichtes Spiel für alle, die ihn ansteuern wollen (s. „Los Angeles by Bike", Teil III, „1. Coast to coast").

Ende des Bike-Paths Der Radweg *endet in Redondo Beach,* und dann geht es auf den 8-spurigen Pacific Coast Highway, der viele Ampeln und keinen Seitenstreifen hat. Horror nur! Fragt mich nicht, wieso es keine Ausweichroute gibt! Ein Freund aus Long Beach hat uns über Nebenstraßen und Radwege an einem Kanal entlang zur Küste nach Seal Beach geleitet, ganz friedlich, während die offiziell ausgewiesene Bike Route weiter dem brodelnden Highway folgt.

LOS ANGELES – CAPISTRANO BEACH (45 mi/72 km)
CAPISTRANO BEACH – CARLSBAD – SAN DIEGO (88 mi/ 141 km)

Southern California

Wer südlich von L.A. weiterradelt, sollte nicht mehr viel erwarten. Dicht besiedelt verliert die Küste hier viel von ihrem Reiz. Aber die Meilen im wilden Norden haben halt verwöhnt. Zu fahren ist die Strecke erstaunlich gut, bis auf den letzten Abschnitt in und um San Diego.

San Diego

San Diego beginnt in La Jolla, Surfer's Paradise! Dort radelst du hinauf auf das Plateau, auf dem die Uni liegt, und verlässt von nun an das Häusermeer nicht mehr. Die Stadtdurchfahrt ist trotz Beschreibung total verwirrend. Nicht umsonst könnt ihr euch bereits vor Anbruch der Reise die offizielle Bikerouten-Karte für den Raum San Diego gratis nach Europa schicken lassen: www.ridelink.org oder 1-800-COMMUTE (Option3) oder (619) 231-BIKE. Vorbildlich sind die Busse mit den Fahrradgepäckträgern am Heck. Sie verkehren nur auf bestimmten Linien, können aber eventuell deine Rettung sein.

Die Weiterfahrt bis zum Grenzübergang nach Mexico tun sich die meisten nur der Vollständigkeit halber und wegen des Abschlussfotos an. 3200 km Pazifikküste! Das muss man doch gebührend feiern. Falls du deine Party in Tijuana in Mexiko abhalten willst, lass das Rad lieber stehen und steig auf öffentliche Verkehrsmittel um.

Weitere wichtige Informationen für den Aufenthalt in der Stadt findet ihr in Teil III, „2. Der Süden" am Ende der Route unter San Diego.

〉〉〉 Connection:

Grand Canyon NP und Miami (FL)

Jetzt weiter zur Atlantikküste? **Teil III, „2. Der Süden"**, in Gegenrichtung abgeradelt, bringt euch schnurstracks nach Miami (FL). Unterwegs könntet ihr via **„4. Southwest"** ab Sedona auch noch einen Abstecher zum Grand Canyon NP einschieben.

〉〉〉 Connection:

Baja California (Mexiko)

Wenn schon California, dann ganz? Auf nach Mexiko also! Die Welt jenseits des Tortilla-Vorhangs sieht schockierend anders aus. Verschafft euch deshalb einen möglichst sanften Übergang, indem ihr nicht in Tijuana, sondern in Tecate die Grenze überquert. Dafür fahrt die in „2. Der Süden" beschriebene Einfahrt nach San Diego über die Otay Lake Route in Gegenrichtung und zweigt auf CA 94 Richtung Tecate ab. Stark befahren am Wochenende! Die Grenzer in Tecate sind freundlicher als im hektischen Tijuana, die Tacos sind excellent, es gibt Cerveza Tecate und einen kleinen RV Park im Ort. Die Mex 3 bringt euch wesentlich geruhsamer nach Ensenada als es die Küstenstrecke tut.

6 Pacific Coast

7. HAWAII:
Beachlife, Surfing, Tanz auf dem Vulkan. Island-Hopping

Ride Guide

1. Tour-Info Der 50. Bundesstaat der USA besteht nicht nur aus Honolulu und dem Strand bzw. der Hotelzone von Waikiki, sondern aus einigen Inseln mehr. Die fünf wichtigsten von etwa 20 größeren Inseln sind: *Big Island* (Hawaii), *Maui, Oahu, Kauai* und *Molokai*, und alle lassen sich mehr oder weniger gut mit dem Rad erkunden. Charakteristisch für die Inseln sind steil aufragende Regenwaldberge (mit noch aktiven Vulkanen), tiefe Schluchten, Wasserfälle und weiße Sandstrände (surfen!). Die Hawaii-Inseln sind das andere, das exotische Amerika, schon geographisch völlig auf sich gestellt. Dass die Hawaii-Inseln ein Urlaubsparadies „mit allem" sind,

braucht hier nicht weiter ausgeführt zu werden, man muss nur den Kommerz auf Oahu verlassen, dann kommt man als Biker auf seine Kosten.

Radfahren auf Hawaii ist nichts für reine Kilometerfresser. Das liegt auch an der Größe der Inseln, deren Durchmesser zwischen ca. 60 km (Kauai) und 150 km (Big Island) liegt. Außerdem sollte man bei einem Aufenthalt unbedingt einige Tage zum Schnorcheln (oder Surfen) und Wandern abzweigen.

Doch auch im vermeintlichen Paradies gilt: Wo viel Licht, da auch Schatten. Man muss sich damit abfinden, dass die Traumkulisse auf den Inseln auf bestimmte Bereiche begrenzt ist, dass die Temperaturen bei hoher Luftfeuchtigkeit den Schweiß in Strömen rinnen lassen, und dass das Preisniveau deutlich über dem des Festlands liegt. Außerdem gibt es neben dem Luxusleben der Reichen immer wieder unerwartete Armut.

2. Start Die Hawaii-Inseln erreicht man am besten und billigsten von Los Angeles, San Francisco, San Diego oder Las Vegas aus, und wer gerade an der Westküste der USA tourt oder von Australien bzw. Neuseeland in die Staaten will, sollte sich nach einem günstigen bzw. einem Flug mit Zwischenstopp umsehen. Transpazifikflüge landen fast alle in Honolulu auf Oahu, daneben gibt es aber von der US-Westküste aus auch Flüge nach Kailua-Kona auf Big Island und nach Kahului auf Maui.

3. Attraktionen Na Pali Coast State Park und Waimea Canyon S.P. auf Kauai, Waikiki Beach auf Oahu, Beachlife, Surfen oder besser den Profis dabei zusehen, Regenwald und aktive Vulkane.

4. Travel-Infos

Reisezeit: Das Klima auf Hawaii ist das ganze Jahr über ausgeglichen und schwülwarm. Die Lufttemperaturen bewegen sich tagsüber zwischen etwa 27 °C und 30 °C. Selbst nachts und bei Regen, der auch ohne Regenkleidung oft eine Wohltat ist, fällt das Thermometer kaum unter 21 °C. Immer mit Schauern rechnen. Die häufig aufziehenden Wolken sind besonders den Radlern als Schattenspender willkommen. Erträglich wird die Wärme durch den dauernd wehenden Wind. Zum Jahresende ist es etwa von 6.30 bis 18 Uhr hell. Touristenhochsaison von Dezember bis Januar.

Besondere Ausrüstung: Wasserdichte Radtaschen empfehlen sich wegen der regelmäßigen Niederschläge. Für guten Sonnenschutz sorgen! Eine winddichte Jacke und Beinlinge sind für Ausflüge in die Berge sinnvoll. Für die teils starken Steigungen im Innern der Inseln eine Übersetzung unter 1:1 wählen. Bei Touren in abgelegenere Gebiete besser einen Faltreifen und Ersatzschlauch einpacken.

Straßen: Die Straßen sind exzellent bis schlecht, wenn sie ins Hinterland bzw. zu abgelegenen Stellen führen. Radfahren auf den Interstates ist verboten! Für Schotterstrecken breite Bereifung (mind. 32 mm) aufziehen.

In den Städten starker Verkehr, außerhalb ein wenig schwächer. Einsame Abschnitte findet man jedoch nur auf Nebenstrecken oder reinen Touristenrouten. Die Autofahrer nehmen viel Rücksicht auf Radler, Lkw sind eher selten.

Transport: Auf Oahu fahren Busse bis in den hintersten Winkel der Insel („TheBus", www.thebus.org), Radtransport ist auf Bikeracks am Bus möglich. Auf allen anderen Inseln ist der öffentliche Nahverkehr auf wenige Strecken beschränkt. Maui hat zwar ein neues öffentliches Verkehrsnetz, aber noch ohne Fahrradmitnahme.

Der Schiffsverkehr beschränkt sich auf ein paar Fähren zwischen den Inseln Maui, Molokai und Lanai, der Transport wird ansonsten ausschließlich mit Flugzeugen abgewickelt. Lokale Fluggesellschaften sind „Aloha Airlines" (www.alohaairlines.org) und „Hawaiian Airlines" (www.hawaiianair.com), die sich preismäßig nicht groß unterscheiden. Schaut ein wenig herum, die beim Ticketdiscounter gekauften Einzeltickets können billiger sein als regulär angebotene. Frühbucher werden mit Preisabschlägen belohnt. Die angebotenen Airpässe, z.B. der „Island Pass" von Aloha Airlines, lohnen nur für Vielflieger (bis zu vier Flüge täglich für einen bestimmten Zeitraum, meist zwischen fünf Tagen und zwei Wochen). Macht euch bewusst, dass Fliegen auf Hawaii ähnlich einfach ist wie Busfahren in Deutschland. Buchungen sind im allgemeinen außerhalb der Ferien und der Weihnachtszeit nicht notwendig, bereits in Deutschland vorgebuchte Flüge zwischen den Inseln können ohne Probleme vor Ort umgebucht werden. Hinzu kommt noch eine Transportgebühr von 25 $ für jedes Rad. Die Verpackungsbestimmungen differieren je nach Airline! Die Flugzeit zwischen den Inseln beträgt ca. 15 - 45 Min.

Rent-a-Bike: Man braucht auf die Hawaii-Inseln nicht unbedingt sein Rad mitnehmen, da es etliche Bike-Shops mit Ausrüstung und Rad-Leihmöglichkeiten gibt. Auf Oahu: Bikefactory Sportshop, 740 Ala Moana Blvd., Honolulu, Tel. (808) 596-8844, www.bikehawaii.com/bikefactory, sowie Hawaiian Pedals, 75-5744 Alii-Drive, Kailua-Kona, Tel. (808) 329-2294, www.hawaiianpedals.com. Auf Maui: Island Biker, 415 Dairy Rd,

Kahului, Tel. (808) 877-7744, www.maui.net/~rjn. Auf Big Island: in Hilo. Oder evtl. eins gebraucht kaufen, s. Zeitungsanzeigen. Hier sind auch alle Ersatzteile erhältlich.

Versorgung: Die Entfernungen vom Inland zur Küste und damit zu besiedelten Regionen sind im Vergleich zu denen in anderen US-Staaten eher bescheiden. Wer immer eine Tagesration Wasser mit einpackt, wird keine Versorgungsprobleme bekommen. Essen, Trinken, Zahnbürste und Ersatzschlauch: alles ist teurer als anderswo.

Übernachten, Verpflegung: Die Übernachtungen werden wohl das größte Loch in eure Reisekasse reißen. Das Angebot an Hotels und Resorts ist ganz klar auf das gehobene Urlauberklientel ausgerichtet, preiswerte Unterkünfte wie Jugendherbergen findet ihr nur auf Oahu (Honolulu, Waikiki) und Big Island (Volcano). Am günstigsten sind noch die Campingplätze in den State Parks und Beach Parks, oft traumhaft gelegen, von der Ausstattung europäischer Anlagen jedoch vielfach weit entfernt. Die Duschen liegen häufig außerhalb von Gebäuden, teilweise am Strand, und die sonstigen sanitären Anlagen sind nicht gerade üppig. Duschwasser ist selten heiß und wird fast immer nur durch die Tageswärme auf laue Temperaturen gebracht. Ein Manko für spontan Reisende sind die Anmeldeformalitäten für die Campingplätze: Auf jeder Insel muss man im voraus bei den betreffenden staatlichen Büros (für die Hauptinsel Oahu im Honolulu Municipal Building, 650 S. King St., Honolulu, Tel. 808-523-4525, geöffnet Montag bis Freitag) buchen oder sich Permits besorgen. Einige Plätze sind sogar an bestimmten Wochentagen geschlossen. Eine Ausnahme bilden die wenigen privaten Campgrounds. Wer viel zelten möchte, sollte sich unbedingt das u.g. Buch von Klaus Kaufmann oder einen anderen Reiseführer besorgen, der alle Plätze und die Lage der Buchungsbüros beschreibt! Wildes Zelten ist auf Grund der Bevölkerungsdichte nur selten möglich, in State und Nationalparks außerhalb ausgewiesener Campgrounds strikt verboten. **Achtung:** Gebiete oder Grundstücke mit dem Schild „Kapu" sollten auf keinen Fall betreten werden!

Die US-amerikanische Esskultur dominiert zu spürbar höheren Preisen als auf dem Festland. Hervorzuheben ist die Fülle an tropischen Früchten, die vielfach an kleinen Straßenständen angeboten werden. Coffeeshops fürs Frühstück und kleinere Supermärkte gibt es fast in jedem Ort.

Literatur: Reiseführer zu Hawaii oder einzelnen Inseln gibt es fast so viele wie Sandkörner am Strand von Waikiki. Empfohlen sei „Hawaii" von Klaus Kaufmann, JOE-Verlag 1996. Ein Reise-, Camping- und Wanderführer mit Beschreibung aller Zeltplätze und Angabe der Buchungsbüros. Nicht mehr in allen Punkten aktuell, aber unentbehrlich für die Planung preiswerter (Zelt-) Übernachtungen. Aktueller ist „Hawaii", von Alfred Vollmer, Reise Know-How. Ganz hervorragend sind die englischsprachigen Travel Handbooks von Moon Publications, Chico, USA, auf Hawaii in jedem gut sortierten Buchladen erhältlich („Hawaii Handbook", von J. D. Bisignani, eine dicke Schwarte mit über 1000 Seiten, weitere zu Big Island, Kauai und Maui). Zum Träumen mit Schwerpunkt auf schönen Bildern: GEO-Special „Hawaii", Globo Sonderheft „Südsee und Hawaii" und HB-Bildatlas Special „Hawaii", Band 24. Ein ordentlicher Radführer ist „Hawaii by Bike", von Nadine Slavinski, The Mountaineers, Seattle, USA. Beschreibt ausführlich 20 ein- bis fünftägige Touren auf Maui, Molokai, Lanai, Oahu, Kauai und Big Island, die auch zu größeren Touren kombiniert werden können. Weitere Infos zu Camping, Radmitnahme, Wanderungen etc. DAS Standardwerk für alle Toureros. Liebhaber von Singletrails und rasanten Downhills werden bei John Alford's „Mountain Biking the Hawaiian Islands" eher auf ihre Kosten kommen. Erhältlich in Buchläden auf Hawaii oder online unter www.bikehawaii.com.

Karten: Vom AAA („Triple A") gibt's eine vollkommen ausreichende Straßenkarte mit Detailkarten von Big Island, Maui, Molokai, Lanai, Kauai und Oahu sowie Stadtplänen. Dazu viele weitere Broschüren, Tour-Books, Campingführer etc., alles kostenlos für Mitglieder der hiesigen Automobilclubs. Zur Vorbereitung: Nelles-Karte „Hawaiian Islands", versch. Maßstäbe, und vier weitere Detailkarten (Bl. 1: Kauai, 1:150.000; Bl. 2: Honolulu, Oahu, 1:125.000; Bl. 3: Maui, Molokai, Lanai, 1:150.000; Bl. 4: Hawaii, 1:330.000). Hawaii 1:200.000 von RKH.

Internetadressen: Der „Information Guide" ist hervorragend aufgemacht und bietet eine Fülle präziser Informationen zu den großen Inseln (www.hawaii.com). Nach meiner Einschätzung die beste Website zu Hawaii! Wer hier nicht fündig wird, kann ja mal die Regierungs-Website www.state.hi.us aufrufen oder zu den offiziellen Homepages der Visitor's Bureaus surfen: für ganz Hawaii: www.gohawaii.com; für Big Island: www.bigisland.org; für Oahu: www.visit-oahu.com; für Kauai: www.kauaivisitorsbureau.org. Weitere interessante Websites: www.kauai.com, www.waikiki.com, www.mauimapp.com (mit einem Campingguide für alle State Parks auf Maui!). Und viele, viele mehr, jede der obigen Sites enthält zahlreiche Links zu speziellen Themen. Alles Wissenswerte über die National Parks in Hawaii unter www.us-nationalparks.net/state/ha.htm.

Bikeclubs: Die *Hawaii Bicycling League* ist mit Infos behilflich und organisiert jedes Wochenende Ausfahrten (jährlich im September auch ein großes Rennen, der Honolulu Century Ride). Adresse: 3442 Waialae Ave. 1, Honolulu, Tel. (808) 735-5756; Termine und viele Links unter www.hbl.org. Nicht nur für Mountainbiker interessant ist die Website der *Big Island Mountain Bike Association* in Hilo, Tel. (808) 961-4452, www.interpac.net/~mtbike, mit einem recht ausführlichen Trail Guide.

5. Routenprofil   Steigungen und Höhenmeter sind keine Mangelware. Die Inseln bestehen aus den Gipfeln ertrunkener Vulkane und werden meist von einer Ringstraße in Ufernähe erschlossen. Macht euch ein wenig mit der Größe einer jeden zu beradelnden Insel anhand einer Karte vertraut und ihr seid, was eine selbstorganisierte Tour anbelangt, auf der sicheren Seite. Wegen der Passatwinde und hohen Bergzüge fällt Regen hauptsächlich auf die nordöstlichen Teile der Inseln. Daher ist hier die tropische Vegetation besonders üppig, während die übrigen Bereiche vergleichsweise trocken wirken.

6. Routenverlauf   Von Oahu kann man sich in wenigen Tagen einen guten Einblick verschaffen. So bekommt ihr bei einem kurzen Stopover auf eurem Transpazifikflug schon einen ersten Eindruck von Hawaii. Bringt ihr mehr Zeit mit, würde ich die meisten Tage auf den Inseln Maui und Kauai verbringen. Big Island würde ich bei eingeschränktem Zeitbudget zugunsten der drei erstgenannten Inseln zurückstellen, insbesondere wenn der Kilauea gerade mal keine Vulkanologen durch vulkanische Aktivitäten erfreut.

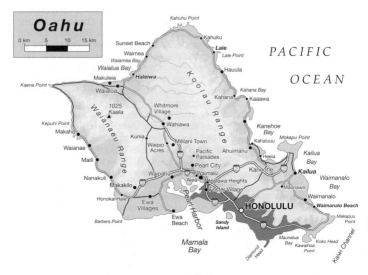

Oahu

Honolulu International Airport

Zur Orientierung auf dem Flughafen von Honolulu eignen sich gut die Flughafenpläne in den Bordmagazinen vieler Fluggesellschaften. Die Hotels in Waikiki und andere Unterkünfte liegen ca. 20 km vom Flughafen entfernt. Bei Ankunft am späten Nachmittag und Weiterflug zu einer Nachbarinsel am nächsten Morgen empfiehlt sich wegen der früh einsetzenden Dunkelheit eine Übernachtung im kleinen Airport Mini Hotel (8 Stunden für 35 US$), das im Flughafengebäude innerhalb der Sicherheitszone liegt. Reservierung unbedingt erforderlich, Tel. 808-836-3044; (die Übernachtung im Flughafengebäude wird geduldet, jedoch stört das fortwährende Hawaii-Gedudel). Die Räder dürfen nicht mit in diesen Bereich des Flughafens. Man kann sie aber problemlos im bewachten „Baggage Storage" im Parkhaus gegenüber für 6 $ pro Nacht deponieren.

Für Oahu empfiehlt sich eine viertägige Rundtour (ca. 220 km) durch den mittleren und östlichen Teil der Insel. Beachtet, dass die Interstates H-1 bis H-3 für Biker tabu sind! Von Honolulu Richtung Nordwesten nach Haleiwa (Übernachtung in Camp Mokuleia), weiter zum Sunset Beach mit Riesen-Surfwellen und nach Laie (Zeltplatz „Friends of Malaekahana"). Bis Kailua folgt der schönste Teil der Rundtour, Übernachtung im Waimanalo Beach Park. Zurück nach Honolulu. Unterwegs kann man das Polynesian Cultural Center und, wenn Oahu das einzige Ziel ist, den Hanauma Beach am frühen Morgen zum Schnorcheln besuchen. Historisch Interessierte könnten im benachbarten Pearl Harbor die 1941 versenkte USS Arizona (www.nps.gov/usar) besichtigen, die als Memorial im Hafenbecken liegt. Krönender Abschluss jeder Hawaii-Tour ist ein Sonnenuntergang bei einem Drink und Hawaiiklängen auf einer Hotelterrasse am Strand von Waikiki. Preiswerte, zentrale Unterkunft: Waikiki Prince Hotel.

Maui

Diese Insel bietet dem Radler einmalige Sehenswürdigkeiten und viel Abwechslung. Neben sehenswerten Orten wie Lahaina oder der Surferstadt Lower Paia ist vor allem die Straße nach Hana mit ihren über 600 Kurven durch den Regenwald und die Bezwingung des 3050 m hohen Vulkans Haleakala ein absolutes Muss! Daneben gibt es viele tolle Strände zum Baden und Schnorcheln.

Tourenvorschlag für 8 Tage (450 km): Fahrt von Kahului über Wailuku (Iao Valley) auf dem Hwy 30 nach Mopua (Zeltplatz „Camp Pecusa"). Weiter über Lahaina zur Napili Bay mit schöner Bade- und Schnorchelmöglichkeit (Appartements im „Napili Beach Resort"). Ab Lahaina könnte man auch per Fähre einen Abstecher zu den Inseln Molokai (Kaunakakai) und Lanai (Manele Bay) machen. Umrundung der einsamen Nordwestküste und Weiterfahrt über Kahului und Lower Paia, dort auf den Hwy 390 abbiegen bis kurz vor Haliimaile (Hostel „Peace of Maui", einfach und sauber). Hier überflüssiges Gepäck deponieren und am nächsten Morgen über Makawao in Richtung Haleakala aufbrechen. Auf dem Hwy 377 nach ca. 16 km unbedingt beim Restaurant Kula Lodge fürs zweite Frühstück stoppen. Tolle Aussicht auf West-Maui! Dann beginnt die kurvenreiche, aber gute Straße auf den Haleakala. Nach etwa 40 km Übernachtung auf dem schön gelegenen „Hosmer Grove Campground". Am nächsten Morgen früher Aufbruch ohne Gepäck, nach weiteren 20 km kräftiger Steigung irre **Aussicht vom Gipfel des Haleakala** auf 3050 m Höhe. Downhill zum Hosmer Grove Zeltplatz, Zelt abbauen und zurück zum Peace of Maui Hostel. Über die Hwys. 365 und 360 auf kurvenreicher Traumstraße (Road to Hana) bis zum Waianapanapa State Park (schöner Zeltplatz an schwarzen Lavaklippen, vorher an's County Permit denken, s.o.). Von hier aus Tagestrip nach Hana und evtl. nach Kipahulu. Unbedingt Abstecher zum Hamoa Beach unternehmen (Traumstrand). Am nächsten Tag zunächst auf gleicher Strecke vorbei am Hookipa Beach (Windsurfing) zurück nach Lower Paia (mehrere Unterkünfte). Weiter nach Kahului und Abflug. Zum Baden eignet sich gut die Gegend südlich von Kihei, besonders schön sind die Strände am Kamaole Beach Park 2 und 3 sowie Mokapu Beach Park.

Alles zu Camping, Hiking etc. im Haleakala National Park erfahrt ihr auf der Website www.haleakala.national-park.com.

Kauai

Kauai ist ähnlich sehenswert wie Maui und bietet mit dem *Waimea Canyon* und der wilden *Na Pali Coast* ebenfalls unvergleichliche Sehenswürdigkeiten. Besonders im Norden fährt man durch eine tolle Südseekulisse mit vielen Traumstränden, die zu einer längeren Radpause einladen. Radfahrer sollten auf die Hühner achten, die zu Hunderten frei umherlaufen (kein Witz!). Die Insel kann nicht umrundet werden, daher sind einige Strecken doppelt zu fahren. Teilweise haben die Hauptstraßen einen Seitenstreifen.

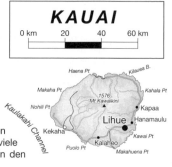

Tourenvorschlag für 5 bis 6 Tage (ca. 360 km): Von Lihue nach Hanapepe, Camping im Salt Pond Beach Park (ca. 60 km). Bei Waimea auf den Hwy 550 ins Landesinnere abbiegen (Steigungen!), an der Straße viele Lookouts mit grandiosem Blick in den gewaltigen Waimea Canyon.

■ *Radeln durch sattgrüne Palmenwälder an der Nordostküste von Kauai*

Übernachtung auf dem Kokee State Park Campground oder in Cabins in der nahen Kokee Lodge (über 1000 m hoch), nachmittags noch durch Regenwald zum Kalalau-Aussichtspunkt (ca. 60 km). Zurück über Lihue zum Hanamaulu Beach Park (Campingplatz, ca. 95 km). Nächstes Ziel ist der Haena State Park im Norden, den man nach einer Fahrt durch Kokospalmenhaine und Passieren des Hanalei Lookout erreicht (ca. 70 km). Hier tolle Südseeflora und ruhiger Zeltplatz „YMCA Camp Naue". Einen Tag Pause mit Strandwanderung oder Kurztrip per Rad zum Kee Beach ist sehr zu empfehlen. Dann zurück nach Lihue, „Tiptop Motel" bei frühem Weiterflug.

Big Island   Für die Umrundung der Insel mit kurzen Abstechern ca. 500 km voranschlagen. Hauptsehenswürdigkeit auf Big Island ist der nur Wanderern zugängliche aktive Teil des **Vulkans Kilauea (Lavafluss).** Aber auch sonst gibt es im Hawaii Volcanoes National Park reichlich schwarznackten Lavafels, Canyons und Regenwälder, eine Herausforderung für jedes MTB (viele Infos rund um den National Park unter www.hawaii.volcanoes.national-park.com). Die Insel ist über weite Strecken von öden Lavafeldern geprägt, die Landschaft fällt nach meinem Empfinden gegenüber den vorgenannten Inseln doch sehr ab. Im Norden von Hilo lohnt für Regenwaldfreunde der Peepekeo Scenic Drive einen kurzen Abstecher. Gut für ein paar Tage zum Baden und Schnorcheln eignet sich die Stadt des Ironmans, Kailua-Kona (auch Direktflüge von der USA-Westküste). Bemerkenswert ist der nahe Kahaluu Beach Park, wo man mit leuchtendbunten Fischen und Riesenschildkröten im glasklaren Wasser schwimmen kann ... *Aloha!*

**♥ STORY
von
Andreas
Bugdoll**

Schon beim Anflug auf Maui begeistert uns der Anblick des giganti-schen, über 3000 m hohen erloschenen Vulkans Mt. Haleakala, der die Inselsilhouette beherrscht. Beim Blick zum Gipfel kommen uns insgeheim doch leichte Zweifel: Ist das trotz der Hitze bis ganz nach oben überhaupt zu schaffen? Nach Umrundung des Flughafens steuern wir zunächst das Städtchen Lower Paia an, um uns in einem Straßenrestaurant ein wenig zu stärken. Der Ort ist ein richtiges Szenekaff für Windsurfer mit entsprechend vielen Lokalen. Einige Wellenreiter empfehlen uns das „Peace of Maui" als preiswerte Bleibe.

Bald darauf sitzen wir wieder im Sattel, um die letzten 10 km bis zur Unterkunft hinter uns zu bringen. Bei starkem Gegenwind quälen wir uns fast 300 Höhenmeter zum Haus hinauf. Wir sind begeistert, denn das Peace of Maui hat eher den Charakter einer kleinen Jugendherberge, mit wenigen einfachen Zimmern und einem Aufenthaltsraum mit Küche. Hier treffen wir beim Abendbrot neben Carlos aus Rio auch andere nette Globetrotter aus aller Welt. Selten haben wir an einem Abend so viel Reisegarn gesponnen, erst spät fallen wir müde ins Bett.

■ *Lavafeld auf
Big Island*

Sept. 1982
Lava flow

Nur mit nötigstem Gepäck kurbeln wir am nächsten Morgen Richtung Vulkan. Auf erträglicher Steigung erreichen wir bald das „Westernstädtchen" Makawao, wo wir nochmals Getränke und Proviant für die nächsten zwei Tage bunkern. Auf dem *Haleakala Highway* geht es dann durch eine wunderschön grüne Weidelandschaft weiter bergauf. Bereits jetzt, am frühen Vormittag, ist es über 25 °C warm, aber die Sonne versteckt sich zum Glück öfter hinter dünnen Wolken. Der Haleakala ist seit Sonnenaufgang frei zu sehen, und so können wir bereits unser Ziel, die Gipfelstation, erkennen.

Nach 16 km liegt die Kula Lodge am Weg und wir beschließen spontan, uns hier ein zweites Frühstück zu gönnen. Doch Toast und Eier werden zur Nebensache, der Blick über halb Maui ist einfach zu phantastisch. Kaum treten wir wieder in die Pedale, zieht sich der Himmel auch schon zu, bald befinden wir uns in dicker Nebelsuppe mit vielleicht 100 m Sicht. Leichter Nieselregen setzt ein, mehrere Stunden pumpen wir ohne jegliche Aussicht in endlosen Kehren durch die Waschküche weiter bergauf. So haben wir uns die Fahrt eigentlich nicht vorgestellt. Immerhin lassen die entgegenkommenden offenen Cabrios auf ein baldiges Ende der Waschküche hoffen. Doch erst kurz vor dem Nationalparkeingang stoßen wir fröstelnd durch den Nebel und sehen wieder stahlblauen Himmel über uns. Wir berappen 5 US$ Parkeintritt und freuen uns, dass die nasse Kleidung in der Sonne schnell wieder trocken wird. Auf dem wunderschön gelegenen „Hosmer Grove Campground" bauen wir das Zelt im Schatten hoher Bäume auf und sinken erschöpft in die Daunen.

Schon bei den ersten Anzeichen der Dämmerung sitzen wir anderentags wieder auf den Rädern. Die kühlen 4 °C lassen trotz der Steigung dem Schweiß keine Chance. In weiten Kehren schwingt die gute Straße den kahlen Vulkanhang hinauf. An einer Kehre genießen wir den spektakulären Sonnenaufgang, die Temperatur steigt gleich wieder in angenehme Regionen. Bald kommen uns die ersten Gruppen johlender Downhillbiker entgegen – das kann ja jeder, 100 US$ zahlen, sich in aller Herrgottsfrühe mit dem Pickup zum Sonnenaufgang auf den Kraterrand karren lassen und nun ohne jegliche Anstrengung übermütig in die Tiefe rauschen … Auf den letzten 3 Meilen spüren wir die dünner werdende Höhenluft, die Pausenabstände werden immer kürzer. Endlich geschafft! Noch ganz außer Atem genießen wir das wunderbarste Panorama, das wir jemals von einem Berg aus erblickten: In der Ferne sieht man deutlich Big Island mit den alles überragenden Vulkanen Mauna Kea und Mauna Loa, beide sind über 4000 m hoch. Lange bleiben wir sitzen und staunen. Aber auch die Vulkanlandschaft im Bereich des Gipfels ist wirklich sehenswert. Im Gegensatz zum dreistündigen Aufstieg ist die Schussfahrt zurück zum Zeltplatz viel zu kurz. Nach dem Abbau des Zeltes erfreuen wir uns auf dem Rückweg zum Peace of Maui an der schönen Landschaft, die auf dem Hinweg im Nebel verborgen blieb.

Nach einem Tag Pause wollen wir den nächsten Höhepunkt der Insel unter die Räder nehmen. Vor uns liegen die 600 Kurven des *Hana Hwy* Richtung Ostküste. In Makawao packen wir die Radtaschen voll mit Proviant und biegen auf die *Baldwin Ave.* ab Richtung Küste. Der Haleakala ist heute wolkenlos und bildet die majestätische Kulisse für die nächsten Kilometer. Bald stoßen wir auf den Hwy 36. Ab den Twin Falls fühlt man sich wie in einem tropischen Garten, die wuchernde Vegetation des *Koolau Forest Reserve* zur Rechten und der blau schimmernde Pazifik zur Linken. Die Straße besteht wirklich fast nur aus aneinandergereihten Kurven. Zahllose Wasserfälle neben der Strecke platschen in kleine in den Felsen modellierte Pools, eingerahmt von großen lianenbehangenen Bäumen. Dazwischen entdecken wir riesige Blumen, die zuhause ein kümmerliches Dasein fristen würden. Ab und zu laden Obststände zur Rast ein, und immer wieder suchen wir vor einem Regenschauer Schutz unter dem Blätterdach. Der Wald wird dichter und ist mit großen Farnen durchsetzt, einmal rollen wir gar durch einen Bambushain. Dann ist der einmalig gelegene *Waianapanapa State Park* erreicht, wo wir unser Zelt für die nächsten Tage in Sichtweite der hellgrün bewachsenen, brandungsumtosten Lavaklippen aufschlagen. Nach einem ausgiebigen Bad im warmen und klaren Meer lassen wir den Tag am tiefschwarzen Strand langsam ausklingen.

Die nächsten Tage verbringen wir mit Radtouren in die Umgebung und einer Wanderung zum nahegelegenem *Heiau,* einer heiligen Stätte der Ureinwohner. In Hana versorgen wir uns mit Lebensmitteln und statten dann dem Hamoa Beach einen Besuch ab. Im Schatten fotogener Palmen genießen wir ein letztes Mal das unbeschreibliche Wasser und die tropische Traumkulisse, bevor es zurück zum Flughafen geht. Ein kurzer Stopp noch bei den Windsurfprofis am *Hookipa Beach*, dann heißt es auch schon Abschied nehmen von Maui, der für uns schönsten Insel Hawaiis.

8. ATLANTIC COAST:
Seashores, Bluegrass, History. Florida nach Maine

Ride Guide

1. Tour-Info   Eine Tour entlang der Atlantikküste ist räumlich als auch zeitlich eine Reise durch die amerikanischen Kontraste, die die Geschichte des Landes prägten: Die Differenzen zwischen Staaten im Süden und im Norden von der Vergangenheit bis heute. Alte Villen mit säulengetragenen Veranden säumen die Straßen, tunnelartige Alleen aus flechtenbehangenen Eichen wachsen entlang der Auffahrten zu versteckten Plantagen, manches erinnert an Szenen aus „Fackeln im Sturm". Trotz des modernen, hektischen Autoverkehrs spukt im Süden noch eine Menge Romantik durch geschichtsträchtige Straßen und Viertel.

Während man in anderen Regionen der USA den Eindruck haben könnte, es gäbe nur wenig Schwarze in diesem Land, so beträgt ihr Anteil an der Bevölkerung in den südlichen Staaten an der Ostküste bis zu 50% und mehr. Wer mag, sollte einen der Gottesdienste besuchen. Beim vielstimmigen Gospel entwickelt man auch als Außenstehender am besten ein Gefühl für die Kraft, die in den Kirchen des Bible Belt in Zeiten der Unterdrückung gesammelt wurde. Und heute? Na, das seht ihr schon selbst.

Neben Erinnerungen an vergangene Zeiten bestimmt das Erholungsbedürfnis der gestressten Neuzeitler Leben und Landschaft entlang der Küste, besonders auffällig in Florida. In sogenannten „Beach Resorts" ziehen sich schmucklos in den Sand gesetzte Ansammlungen von stereotypen Motels, kahlen Fast food-Plätzen, geschmacklosen Andenkenläden und grellen Stätten allgemeiner Volksbelustigung meilenweit an langweiligen Stränden entlang. Die Badeortmagneten gleichen sich wie ein Ei dem anderen, ganz gleich ob sie nun Myrtle Beach, Ocean City oder Fort Lauderdale heißen. Im Zentrum der Strecke stoßt ihr auf die City Giants Washington D.C. und „Big Apple" New York City. Im Norden wird es dann wieder ruhiger, fast romantisch mit sanften Hügeln, Neuenglandhäusern und verschlafenen Meeresbuchten. Man beginnt die Reise am besten im Süden. „Northbound" radelt ihr auf der Straßenseite mit dem besseren Ausblick, die Mittagssonne im Rücken und auch die steife Brise, die in den Sommermonaten überwiegend aus südlichen Richtungen bläst. Bis Virginia bleibt die Küste flach, mal abgesehen von ein paar wirklich sanften Hügelchen in North Carolina. Kontrastprogramm weiter nördlich: Ab Delaware River gibt es viele steile, aber kurze Hügel.

2. Start   Alle großen Airports in Florida kommen in Frage. Start ist Miami. Fort Lauderdale oder Orlando (günstige Flüge vom und zum Walt Disney World Resort) wären ebenso, wenn nicht besser, geeignet.

3. Attraktionen   FL: Spaceport USA bei Cape Canaveral, Abstecher zu den Keys, den tropisch anmutenden Inseln mit ihren Korallenriffen am südlichen Zipfel der Ostküste; Everglades NP mit Sümpfen, Alligatoren und seltener Vogelwelt; Disney World bei Orlando;

Historische Städte und Stätten: St. Augustine (FL), Savannah (GA), Charleston (SC), Williamsburg (VA), Boston (MA), Newport (RI).

Strände: Cape Hatteras National Seashore (NC), Cape May (NJ), Cape Cod National Seashore (MA), Martha's Vineyard und Nantucket (MA), Acadia NP (ME).

4. Travel-Infos

Reisezeit: Am besten ihr startet Ende März bis Anfang April im Süden, weil dann auch das Timing für den Rest der Tour stimmt. Im Sommer gibt es in den südlichen Staaten viel Regen. Was das Baden im Atlantik betrifft, so tobt ihr euch am besten zu Beginn aus. Nördlich der Carolinas ziehen kalte Meeresströmungen an der Küste entlang und der Kontrast zwischen heißer Radlerhaut und der Wassertemperatur ist nur für Abgehärtete ein Vergnügen.

Besondere Ausrüstung: Sonnenschutz, Badekleidung.

Straßen: Anders als an der Westküste gibt es an der Ostküste keinen Highway, der in seinem gesamten Verlauf der Küste folgt. Bis Virginia kann man sich an US 17 orientieren, der aber meist zu eng und zu stark befahren ist, um darauf selbst zu radeln. Man weicht besser auf ruhigere Parallelstrecken aus. Besonders an Wochenenden wimmelt es in den beliebten Badeorten von Ausflüglern, die immer per Auto anreisen und ein wahres Verkehrschaos hervorrufen. Ganz früh starten oder gleich zum Strand gehen und bis Montag warten.

Meeresarme, Buchten, Flussmündungen – immer wieder gilt es, entlang der Küste Wasserwege zu überwinden, was mal per Fähre, mal per Brücke geschieht. Die Preise der Fähren sind für Radler und Gefährt meist moderat, und die überwiegend stündlich ausgerichteten Abfahrtszeiten schließen allzu langes Warten aus.

✖ **Off-Road Radeln:** Mountainbiker kommen nur in der **Delaware Water Gap** (NJ + PA, www.nps.gov/dewa) und im **Acadia NP** (ME, www.nps.gov/acad) auf ihre Kosten. Abschnittsweise gibt es asphaltierte Rad- und Erholungswege, wie z.B. nahe Cape Cod.

Versorgung: Entlang der Küste tauchen in der Regel keinerlei Versorgungsengpässe auf. Bei Ausweichstrecken durchs Hinterland liegen oft nur kleine Dörfer an der Strecke, in denen weder Läden noch sonstige Dienstleistungseinrichtungen vorhanden sind. Deckt euch im Binnenland immer rechtzeitig mit Lebensmitteln ein.

Übernachten: Motels gibt es in allen größeren Orten. In Küstennähe herrscht Überangebot. Im Binnenland ist das Motelnetz dichter als das der Zeltplätze. In Orten wie Savannah, Cape May und anderen historischen Flecken sind besonders schöne alte Häuser oft zu romantischen B & B-Inns umgebaut worden. Wer nicht aufs Geld achten muss, kann so manch traumhaftes Fleckchen kennenlernen. **Camping:** Entlang der Küste besteht kein Mangel an Zeltplätzen. Hiker-Biker Sites gibt es im Osten jedoch nur in Ausnahmefällen. Außer in Binnenlandregionen des Südens, wo Tourismus nicht zum Alltag gehört und in der Region um Boston herum, wo man auf Jugendherbergen ausweichen kann, wird man ohne Probleme auch bei kürzeren Etappen täglich auf Zeltplätzen übernachten können. Auch in privaten Marinas, Yachthäfen und Fishing Camps gibt es Möglichkeiten zu campen. *Wild campen:* Nicht ganz einfach. Public Land gibt es wenig, und wenn, dann in Form von National Forests, für die im Osten z.T. engere Vorschriften gelten als im Westen. In dichter besiedelten Regionen solltet ihr aus Sicherheitsgründen äußerst vorsichtig sein! Bittet Farmer und Privatleute um Hilfe bei der Suche nach einem Fleckchen fürs Zelt für eine Nacht und setzt dabei euer sympathischstes Lächeln auf. Wenn ihr Glück habt, bieten sie euch ihr eigenes Stück Land an.

Bücher, Karten, Websites: Donna Ikenberry Aitkenhead: „Bicycling the Atlantic Coast", A complete Route Guide Florida to Maine, The Mountaineers Books, 1993. Etwas in die Jahre gekommen, aber immer noch gut.

ACA-Kartensatz „Atlantic Coast Route" von Maine bis Florida, 7 Karten, Preis 56 $ für Mitglieder, 77 $ sonst. Online zu bestellen über www.adv-cycling.org für 2 $ Versand- und Portokosten bis Deutschland.

Die ACA-„Atlantic Coast Route" startet in Bar Harbor, Maine, und beschreibt 2525 mi/4040 km bis Fort Myers Beach in Florida, während Donna ihre Bike-Heroes in Miami gen Norden, bis Bar Harbor, auf die Reise schickt (2697 mi/4315 km). Diese Route folgt eher dem Küstenverlauf, die ACA-Maps lotsen die Radler auch einmal für längere Strecken durchs Inland.

„Best Bike Rides in the Mid-Atlantic", von Trudy E. Bell. Beschreibt 42 Touren von 20 bis 100 Meilen in New York, Pennsylvania, New Jersey, Delaware, Maryland, Washington, and West Virginia.

„Best Bike Rides in the South", von E. und C. Skinner. 44 Touren in variierenden Längen bis 100 Meilen unter anderem in Virginia, North Carolina, South Carolina, Georgia und Florida.

„The Official Rails-to-Trails Conservancy Guidebook to Maryland, Delaware, Virginia, West Virginia", von Barbara A. Noe, Globe Pequot Press. Stellt alle zu Radwegen umfunktionierten Eisenbahnstrecken vor.

Weitere Trail-Books zu Florida mit allein 100 Rails-to-Trails und zu Pennsylvania sind erhältlich.

„Bicycling in Florida", von Tom Oswald (71 On- und Off Road Touren).

Alle Bücher verfügbar bei www.amazon.com oder bei http://shop.store.yahoo.com/wildernet-com/bicycling.html, viele interessante Literatur zum Thema auch bei http://northeastnet.com/cyclebooks/midatlantic.htm oder – für sämtliche Staaten der USA – bei www.a1trails.com/books/bks_bkus.html.

Allgemeine Webpages für den interessierten Globetrotter finden sich bei der Eingabe des jeweiligen US-Staates in eine Suchmaschine. Ergebnisse sind dann z.B. für Florida: www.flausa.com und www.spacecoast.com; für Georgia: www.georgia.org/tourism/tourism.html; für South Carolina: www.discoversouthcarolina.com; für North Carolina: www.visitnc.com; für Virginia: www.virginia.org; für New Jersey: www.state.nj.us/travel; für Pennsylvania: www.pacvb.org; für Massachusetts: www.mass-vacation.com/jsp/index.jsp und für Maine: www.visitmaine.com.

Bikepages für „Florida – Maine"

Bikepages Florida: Gut ist die Homepage der „Florida Bicycle Association", (www.floridabicycle.org) mit vielen Links zu Radclubs und -geschäften, Tourenvorschlägen etc. Eine der größten Radclubs in Florida sind „The Florida Freewheelers", auf ihrer Website (www.floridafreewheelers.com) findet ihr neben geplanten Events auch Links zu weiteren Radclubs. Tourenvorschläge auch auf www.floridacycling.com. County Maps gibt es beim Florida Department of Transportation, Maps & Publications Sales unter www.dot.state.fl.us/MapsAndPublications/manuals/

pub-cmap.htm. Gute Infos z.B. auch zu den für Radler gesperrten Highways und Interstates auf der Website www.gorp.com/gorp/location/fl/biking/bik_intr.htm.

Bikepage Georgia: Auf der Suche nach einem Bike Shop oder Bike Club, nach Trails oder Greenways in Georgia? Dann schaut auf die Webpage der „Georgia Bicycle Federation" (www.serve.com/bike/georgia/).

Bikepages Carolina: Schaut auf die Website des Department of Transportation, falls ihr Routenvorschläge, Karten, Bike Shops und -Clubs sucht: www.ncdot.org. Einen Überblick über „North Carolina Rail-Trails" liefert die Infosite www.ncrail-trails.org. Ein prima Trailverzeichnis findet sich bei der „North Carolina Mountain Biking Trails Authority" unter http://members.aol.com/NCMBA/Home.html.

Bikepages Virginia: Empfehlenswert ist die Webpage der „Virginia Bicycle Federation" (www.vabike.org/) mit zahlreichen Tourenvorschlägen. Weitere Touren und auch die Adressen der Bike-Koordinatoren findet ihr unter „Links". Die Infosite www.wvrtc.org des „West Virginia Rails-to-Trails Councils" gibt eine Übersicht über alle umfunktionierten Eisenbahnstrecken.

Bikepages Pennsylvania: Das „Department of Transportation" bietet auf seiner Homepage www.dot.state.pa.us/BIKE/WEB/tour_routes.htm mehrere Bikeroutes als File zum Herunterladen an. Trails für Mountainbiker unter www.mountainbikepa.com.

Bikepage New York State: Ein Hauch von New Yorker Lebensart kommt rüber bei www.nycc.org; weitere Links zu state-wide bike clubs.

Bikepage Rhode Island: Auf der Webpage des Department of Transportation, www.dot.state.ri.us/WebTran/bikeri.html, könnt ihr euch eine Karte mit allen Bike Paths und MTB-Trails herunterladen. Events, Links und mehr auf der Homepage des Radclubs „Narragansett Bay Wheelmen", www.nbwclub.org.

Bikepages Massachusetts: Die Website der „Bicycle Coalition of Massachusetts", www.massbike.org/bikeways/resource.htm, quillt über vor Informationen. Hier findet ihr alles, vom Radweg über Tagestouren und Radclubs bis zu Buchempfehlungen und Links. Auch der „Cape Cod Bike Guide", www.capecodbikeguide.com, stellt einige Road- und MTB-Trails vor und liefert zu jedem Routenvorschlag gleich die passenden Radgeschäfte.

Bikepages Maine: Auf der Website http://outdoors.mainetoday.com/biking findet ihr Events, Zeitungsartikel und einige Links. Dasselbe auf der Homepage der „Bicycle Coalition of Maine", www.bikemaine.org. Toll ist das Angebot des „Maine Department of Transportation", auf deren Website www.state.me.us/mdot-old/bike_tours/index.html könnt ihr 25 Routenvorschläge als File herunterladen, darunter die Küstenroute von Kittery bis Calais mit immerhin 618 Meilen.

5. Routenprofil   Es handelt sich um eine Streckentour durch 15 Staaten an der Ostküste: Florida, Georgia, South Carolina, North Carolina, Virginia, Maryland, Delaware, New Jersey, Pennsylvania, New York, Connecticut, Rhode Island, Massachusetts, New Hampshire und Maine.

❖ **Netzwerk:** Verbindungen sind leicht herzustellen mit New Orleans, San Diego **(Teil III, „2. Der Süden")** ab Miami (FL); mit Nova Scotia in Canada **(Teil IV, „Die Maritimes")** ab Bar Harbor (ME).

6. Routen-verlauf

Florida: Abstecher: MIAMI – KEY WEST (170 mi/272 km) --- Extratour: MIAMI – EVERGLADES (76 mi/122 km, one way) --- MIAMI – WEST PALM BEACH (75 mi/120 km) --- WEST PALM BEACH – MERRITT IS-LAND – CAPE CANAVERAL (150 mi/240 km) --- Abstecher: CAPE CANA-VERAL – KISSIMMEE/DISNEY WORLD (63 mi/101 km) --- CAPE CANAVERAL – DAYTONA BEACH (ca. 70 mi/112 km) --- DAYTONA BE-ACH – ST. MARYS RIVER (ca.135 mi/216 km) --- **Georgia:** ST. MARYS RIVER – SAVANNAH (ca. 180 mi/288 km) --- **South Carolina:** SAVAN-NAH RIVER – MYRTLE BEACH (265 mi/424 km) --- **North Carolina:** MYRTLE BEACH – KNOTTS ISLAND (360 mi/576 km) --- **Virginia:** KNOTTS ISLAND – REEDVILLE (200 mi/320 km) --- Shortcut: KNOTTS ISLAND – MARYLAND via CHESAPEAKE BAY BRIDGE TUNNEL (100 mi/160 km) --- **Maryland, Delaware, New Jersey, Pennsylvania, New York State** (450 mi/720 km) --- **Connecticut:** (135 mi/216 km) --- **Rhode Island:** (63 mi/101 km) --- **Massachusetts:** (251 mi/402 km) --- **New Hampshire:** (20 mi/32 km) --- **Maine:** (287 mi/459 km)

Start und City-Guide Miami

Miami macht häufig Negativ-Schlagzeilen. Garantiert ist es eine schwierige Metropole, in der Gewalt zum Alltag gehört. „Miami Vice" lässt grüßen. Wer mit dem Fahrrad in Miami startet, sollte daher bei der Reiseplanung einen besonderen Stellenwert der Sicherheit einräumen. Die meisten Flugzeuge aus Europa landen am Spätnachmittag oder frühen Abend. Im Winter ist es ab 17 Uhr dunkel. Dann ist es garantiert ratsam, zunächst ein Motel in Flughafennähe per Taxi anzusteuern, um dort die erste Nacht zu verbringen. Auf jeden Fall am Informationsschalter in der Flughafenhalle erkundigen, welche Stadtbezirke ihr grundsätzlich besser meiden solltet. Einige Viertel in Flughafennähe sind berüchtigt.

Wer früh genug landet, kann versuchen, das Miami Beach International Youth Hostel (auch „The Clay Hotel" genannt), 1438 Washington Ave., Miami Beach, Tel. 305-534-2988, www.clayhotel.com), zu erreichen. Zimmer müsst ihr dringend vorab reservieren. Die Jugendherberge ist etwa 23 km vom Airport entfernt und liegt in Miami Beach, nur ein paar Blocks entfernt vom attraktiven Art Deco District.

Anreise vom Miami Inter-national Air-port zum YH

Folgt zunächst der Hauptstraße zum Ausgang des Flughafengeländes. Nehmt Exit 1, N.W. 21st St., (Richtung downtown Miami, Hwy 836 und Key Biscayne). Biegt nach 1,3 km rechts ab auf N.W. 37th Ave., und gut 600 m später links ab auf N.W. 17th St. Dort wird es etwas ruhiger. Etwa 1,5 km später biegt links ab auf den Unity Blvd. Die Strecke kreuzt bald darauf den Miami River. Nach gut 1 km biegt rechts ab in ein ruhiges Wohngebiet auf die N.W. 28th St. Nach 3,5 km geht es rechts ab auf N.W. 7th Ave., 800 m später links auf N.W. 20th St., unter I-95 hindurch. Wenn ihr nach 1,5 km N.E. 2nd Ave. erreicht, biegt rechts ab in den Innenstadtbereich von Miami. Gut 600 m weiter erneuter Richtungswechsel: links ab auf N.E. 15th St. Jetzt geht es erst einmal 5,5 km geradeaus. Die Straße ändert ihren Namen, wird zum *Venetian Causeway* und führt über verschiedene Inseln hüpfend mit phantastischen Ausblicken auf City und Luxusschiffe über den *Intercoastal Waterway,* die Wasserstraße, die sich an der gesamten Atlantikküste entlangzieht.

8 Atlantic Coast

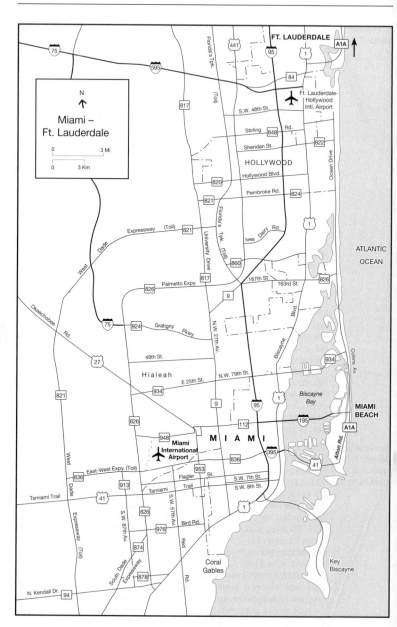

N

Miami –
Ft. Lauderdale

0 _____ 3 Mi
0 _____ 3 Km

Auf Miami Beach Island angelangt gabelt sich die Straße. Biegt links ab auf den *Dade Boulevard*. Schon 300 m später heißt es rechts ab auf *Alton Rd.*, dann links auf *Hank Meyer Blvd.* und rechts auf *Washington Ave.* Die Jugendherberge liegt nur wenige Blocks vom Hwy A1A entfernt, der hier *Collins Ave.* heißt. Das ist die Strecke, der ihr vorläufig Richtung Norden folgen werdet. Beim Verlassen des Stadtbereichs von Miami Beach ist es sinnvoller, zunächst zurück auf die ruhigere Alton Rd. zu fahren und von dort Richtung Norden, bis ihr automatisch nach rechts über Allison Island nach Hwy A1A geleitet werdet.

What to do?   In Miami wird euch gewiss einiges einfallen, was ihr unternehmen wollt. Sicher hilft euch ein Besuch im Greater Miami Convention and Visitor's Bureau, 701 Brickell Ave., sozusagen die südliche Strandavenue (freecall 1-800-933-8448, www.miamiandbeaches.com) auf die Sprünge. Alternativ bietet sich das Miami Beach Chamber of Commerce, 420 Lincoln Rd., westlich der Alton Road, s.o., in Miami Beach (Tel. 305-672-1270, www.miamibeachchamber.com) als Info-Börse an.

Berühmt ist der Art Deco-Bezirk, der vor wenigen Jahren erst restauriert wurde und gleich nah bei der Jugendherberge liegt. Die Strände dürft ihr nicht verpassen (die schönsten gibt es auf Key Biscayne) und die „Calle Ocho" in Little Havanna ist ebenfalls einen Besuch wert. Schön, wenn auch teuer, vergnügt man sich im Coconut Grove mit den sonst seltenen Straßencafés, die das Leben im Süden doch so angenehm machen.

● **Extratour:**   **MIAMI – KEY WEST** (170 mi/272 km)

Die Keys   Der Küste am südöstlichen Zipfel Floridas ist eine Kette aus vielen kleinen Koralleninseln vorgelagert. Das sind die berühmten Keys. Ein großer Teil von ihnen ist durch stolze 42 Brücken miteinander verbunden, so dass man, von Insel zu Insel auf dem Overseas Highway 1 fahrend, sich weit aufs Meer hinaus vorarbeiten kann, bis hin zur bekannten Endstation Key West. Dort angekommen, kannst du in Hemingways ehemaliger Stammkneipe ein teures Bier trinken, wenden und dieselbe Strecke zurückradeln.

Ob es sich lohnt? Zumindest wird dich jeder Amerikaner, dem du erzählst, dass du in Florida warst, fragen „Did you cycle the Keys?" und dir prompt versichern, wenn nicht, dann hast du das Beste an Florida verpasst.

Keys-Info   Wer in Florida per Auto unterwegs ist, der besucht auch die Keys. Daher muss man auf der gesamten Strecke mit viel Verkehr rechnen. Die ersten 28 mi/46 km von Miami bis Homestead sind die schlimmsten, vorausgesetzt, du fährst auf Highway 1. Danach lässt zwar der Verkehr nicht nach, aber es gibt breite Seitenstreifen. Übernachten ist kein Problem, denn Campingplätze sind zahlreich entlang der gesamten Strecke. Die Preise für alle Dienstleistungen auf den Keys sind gesalzen, oft doppelt so hoch wie auf dem Festland.

Als Gegenleistung kannst du im John Pennekamp Coral Reef State Park auf Key Largo Korallenriffe sehen, die mit zu den schönsten der Welt gehören; kannst hin und wieder an hübschen, palmengesäumten Buchten ein Päuschen einlegen; kannst versuchen, ein Gefühl für die „vi-

8 Atlantic Coast

brations" der Szene von Key West zu bekommen und den legendären Sonnenuntergang an der Waterfront miterleben. Mit Schatten während des Radfahrens darfst du auf der gesamten Strecke nicht rechnen, aber wenigstens weht eine leicht kühlende Brise vom Wasser her. Ob dir das einen 540 km Loop wert ist, musst du dich selbst fragen, und auch, ob du es aushalten kannst, dass dir alle sagen werden, du hättest das Schönste von Florida verpasst ...

Key Biscay-ne-Schnor-cheltour   Eine Schnorcheltour kannst du dir übrigens auch ohne Reise zum schö-nen, aber überlaufenen John Pennekamp Coral Reef vor Key Largo gön-nen. Vor der Küste östlich von Homestead liegt der autofreie Biscayne National Park (www.nps.gov/bisc) mit seinen Korallenriffs. Die Anlege-stelle – zugleich das Convoy Point Visitor Center – ist zu erreichen über die 15 km lange SW 328 Street östlich von Homestead. Auch von der Touristenhochburg Fort Lauderdale aus gibt es Ausflugsangebote mit Glasbodenbooten.

Florida
("2. Der Süden" / "8. Atlantic Coast")

0 |———————|———————| 200 km

■ *Heißes*
Florida

● **Extratour:**
Everglades

Miami – Flamingo, Everglades (76 mi/122 km, one way)

Was gibt es zu sehen? Willst du wissen, wie der Süden Floridas ursprünglich aussah, bevor die Sümpfe mit Erdreich aufgefüllt wurden für
Golfplätze, Ferienanlagen und Tomatenplantagen? Dann musst du die
Everglades besuchen, eine für den Kontinent einmalige Naturlandschaft,
die durch die Folgen der steigenden Zivilisationsdichte, vor allem durch
den hohen Wasserbedarf der Städte, zunehmend gefährdet wird. Eine 15
cm dicke, 80 km breite und 160 km lange Schicht aus porösem Kalkstein
im Süden Floridas wird überspült von den langsam fließenden Wassern,
die vom Lake Okeechobee aus den Weg zur Florida Bay suchen. In den
regenarmen Wintermonaten sinkt der Wasserstand soweit ab, dass einige Regionen des Sumpfes nahezu austrocknen. Alligatoren auf der Suche nach Wasser schlagen dann Mulden mit ihren Schwänzen aus, in
denen sich das verbleibende Wasser sammelt. Diese „alligator holes"
werden zu Treffpunkten der gesamten Tierwelt und bieten dem Besucher
die seltene Gelegenheit, einen ungeheuren Artenreichtum an Sumpfbe-
wohnern auf engem Raum zu beobachten. Website: www.nps.gov/ever

Vorbereitun-
gen

Noch vor deinem Besuch solltest du dich reichlich mit dem härtesten
Mückenschutzmittel eindecken, das du finden kannst, und versiegel alle
Löchlein im Moskitonetz deines Zeltes. Schwärme von Moskitos warten
auf dich. In den trockenen Wintermonaten von November bis März sind
es nicht ganz so viele, aber immer noch mehr als genug. Nimm soviel Lebensmittel mit wie du brauchst, denn im Park ist alles teuer.

Anreise

Die Strecke zu den Everglades zweigt ebenso wie die zu den Keys in Homestead ab. Du kannst den ersten haarsträubenden 28 mi/46 km von Miami nach dorthin nicht entgehen. Der Weg nach Flamingo an der Florida
Bay, zum Zentrum für weitere Aktivitäten im Everglades National Parks,
ist eine 48 mi/77 km Sackgasse. In einigen Regionen des Parks führen
„boardwalks", Holzstege, unter moosbehangenen Zypressen durch Pal-
mendickicht, Schlingpflanzen und Mangrovensümpfe, doch der größte
Teil der Everglades ist eine auf den ersten Blick eher langweilige platte
Sumpfgraslandschaft.

Weiterreise per Kanu? Erst von einem Kanu aus erschließt sich der wahre Reiz der Everglades und du solltest dir auf jeden Fall, und sei es nur für Stunden, ein Kanu leihen. Wer genug Erfahrung im Umgang mit Kanus hat, könnte versuchen, für sich eine alternative Rückreise zu organisieren. Die Lösung heißt „Wilderness Waterway" (www.nps.gov/ever/visit/canoe-ww.htm). Dieser 160 km lange Wasserweg führt in ca. 9 Tagen mal durch ruhige Kanäle, aber auch durch gezeitenabhängig strömungsreiche Flussmündungen, und in einem Abschnitt sogar übers offene Meer entlang der Golfküste. Erfahrung im Umgang mit Kanus, vor allem was die Steuerung betrifft, ist schon nötig, wenn man diese Tour in Angriff nehmen will. Man kann aber nicht nur auf eigene Faust lospaddeln, sondern sich organisierten Touren anschließen.

Willst du die Tour selbständig durchführen, so musst du Lebensmittelvorräte, Brennstoff etc. für gut eine Woche in den Park mitbringen. In Flamingo gibt es nur einen Laden, der natürlich teuer ist, auch nur über ein begrenztes Lebensmittelangebot verfügt. Für Kanumiete (z.B. bei www.evergladesadventures.com in Everglades City oder in der Flamingo Lodge Marina & Outpost Resort, Tel. 941-695-3101, freecall 1-800-600-3813) musst du mit mindestens 30 $ am Tag rechnen. Backcountry-Zeltplätze gibt es auf Holzpodesten („Chickees") oder auf einem Stück trockenem Land, eingerichtet entlang der Strecke. Aber für die Trinkwasserversorgung bzw. -aufbereitung musst du selber sorgen. Das Rad packst du vorne ins Boot und ab geht die Post.

Ist dir das zu abenteuerlich, so schließt du dich besser einer durchorganisierten Tour an. In dem Fall müsstest du allerdings vorher mit dem Veranstalter den Transport des Rades besprechen.

Atlantikküste Florida
MIAMI – WEST PALM BEACH (75 mi/120 km)

Highway A1A In Florida wählt man am besten Highway A1A, um sich möglichst geruhsam nach Norden vorzuarbeiten. Anfangs zugebaut mit Hotels, Motels, Fast food-Läden und allem, was Urlauber sonst noch brauchen könnten oder sollen, ist es trotzdem die attraktivste Strecke an der Ostküste. In den meisten Abschnitten führt er über die Barriere von langgezogenen, schmalen Inseln, die der Atlantikküste Floridas vorgelagert sind.

Über die Inseln Aufatmen kann man ab Jensen Beach, dann nämlich führt die Strecke über die dem „Indian River" vorgelagerten Inseln. Der 160 mi/260 km lange Meeresarm ist schmal wie ein Fluss und bietet Lebensraum für eine Menge selten gewordener Tiere, die jedoch meist durch Palmengestrüpp oder Wohnanlagen deinen Blicken verborgen bleiben werden. Die Strecke führt durch viele noble und einige weniger noble Wohngebiete. Dazwischen gibt es Strandparks mit erfrischenden Duschen und überdachten Picknicktischen, unter denen du vor gelegentlichen, nachmittäglichen Regengüssen Zuflucht suchen kannst. Geschäfte sind rar auf diesen Landzungen, mit Lebensmitteln deckt man sich am besten auf dem Festland in den Supermärkten entlang US 1 ein. Dorthin muss man sowieso von Zeit zu Zeit hinüberwechseln, da **Inlets,** Unterbrechungen in der Landmasse der Inselkette, den Weg abschneiden.

WEST PALM BEACH – MERRITT ISLAND – CAPE CANAVERAL (150 mi/240 km)

In Palm Beach kann man ein wenig das Flair der Oberen Zehntausend schnuppern, indem man die Ferienhäuschen, Typ Palast, etwas genauer unter die Lupe nimmt. West Palm Beach ist weniger nobel, aber sehr geschäftig, so dass du froh sein wirst, wenn du auf A1A wieder über die Inseln radeln kannst.

Spaceport USA

Merritt Island, das den Spaceport USA mit den Raketenparks von Cape Canaveral und das John F. Kennedy Space Center beherbergt, ist das nächste interessante Ziel. Das beeindruckendste Schauspiel, das der Spaceport zu bieten hat, ist ein „Shuttle-Launch". Vielleicht hast du soviel Glück wie wir und triffst gerade dann dort ein, wenn eine Raumfähre startet. Unter www.ksc.nasa.gov kannst du dich informieren, wann das Donnern der Antriebsaggregate das nächste Mal meilenweit die Luft vibrieren lässt und der Nachthimmel beim Abheben der Raketen urplötzlich taghell erleuchtet wird.

➤ Abstecher: Walt Disney World Resort

CAPE CANAVERAL – KISSIMMEE (Disney World, 63 mi/101 km)

Ein Freizeit- und Erlebnispark der Superlative ist hier im Herzen Floridas entstanden. Mittlerweile hat's vier Themen Parks: das Magic Kingdom mit Mickey Mouse und seinen Freunden, das Epcot Center mit der Prä-

sentation von zukunftsweisenden Lebens- und Arbeitswelten, die MGM-Studios für den Blick hinter die Kulissen der Filmwelt und das Animal Kingdom, welches allen lebenden, ausgestorbenen und märchenhaften Tieren gewidmet ist. Ob es sich lohnt, ca. 200 $ pro Person für 4 Tage auszugeben, um sich allzu oft von einer Warteschlange in die nächste zu begeben? Vielleicht informierst du dich bei einem Bekannten, irgend jemand war sicher schon mal dort und gibt dir reale, ungeschönte Informationen dazu. Die offizielle Homepage lautet: http://disneyworld.disney.go.com.

Wer also Lust hat, biegt am besten in Cocoa Beach nahe Cape Canaveral auf Hwy FL 520 Richtung Inland ab. Das erste Stück bis zum Abzweig links in den Hwy FL 532 ist sehr eng und zumindest an Wochenenden extrem stark befahren. Am besten lässt es sich früh morgens radeln. Weiter geht es über Hwy FL 532 Richtung St. Cloud. Eigentlich ist nicht Orlando, sondern Kissimmee das Versorgungszentrum für Disney World. Das erspart dir die Anreise über die hektische Großstadt. Die Straßen nach Kissimmee sind mehrspurig und haben zumindest im außerstädtischen Bereich Seitenstreifen.

Kissimmee

Der Ort selbst stellte alles in den Schatten, was wir bis dahin an Anhäufung von Touristenfallen gesehen hatten. Souvenirladen an Souvenirladen, dazwischen Motels en masse, Fast food-Tempel jeder Sorte und Minigolfanlagen in kitschig bunten Fantasiedekorationen mit giftgrünen Wasserfällen.

Unterkunft und Zubringerbusse

Die Konkurrenz zwischen den Motels ist groß. Die Preise sind entsprechend günstig, und bei mehrtägigen Aufenthalten Verhandlungssache. Ein Motelzimmer kann für Singles billiger sein als ein Zeltplatz auf dem Kissimmee KOA (www.koa.com/where/fl/09329.htm), dessen Preise mit 27 $ die Nacht nicht einmal übertrieben hoch sind. Ansonsten bietet der KOA für Radler recht guten Service. Für 1.25 $ nimmt dich der City-Bus zum Disneyworld-Komplex mit und gleich um die Ecke ist ein Supermarkt. Disneyworld bietet auch selbst einen sehr schönen, wenn auch teureren Zeltplatz mit Busservice an, „Fort Wilderness Resort" (Tel. 888-782-9722, www.ineedavacation.com/disneyworld/FortWildernessHomes.html).

CAPE CANAVERAL – DAYTONA BEACH (ca. 70 mi/ 112 km)

Zwischen Titusville und Daytona Beach folgen Highway 1 und A1A derselben Streckenführung. Mach dich dort auf einen harten Überlebenskampf gefasst! Seitenstreifen wirst du selten finden, und je weiter du an Daytona herankommst, um so schlimmer wird der Verkehr.

Daytona Beach

Daytona Beach erlangte Berühmtheit durch die Geschwindigkeitsrekorde, die in den Kindertagen des Automobils dort am Strand aufgestellt wurden. Auf dem feinkörnigen weißen Sand, dessen Oberfläche steinhart und glätter als Asphalt ist, wurden schon 1935 Rekordwerte von 445 km/h erreicht. Heute ist der Strand noch immer die Attraktion und mehr Autopiste als Erholungsort, aber die Geschwindigkeitsgrenze liegt bei 10 Meilen pro Stunde. Da musst du dich selbst als Radfahrer zurückhalten. Während des „spring-break", der einwöchigen Collegeferien zu Frühjahrsbeginn, ist Daytona der absolut-verrückte Studententreffpunkt Nr. 1 von Florida, und hin und wieder finden riesige Motorradwochen statt, bei denen das ohrenbetäubende Geknatter der schalldämpferberaubten Harleys die gesamte Stadt erfüllt. Ein wahrhaft irres Volk ist da versammelt.

DAYTONA BEACH – ST. MARYS RIVER (135 mi/ 216 km)

St. Augustine

Nördlich von Daytona kann man wieder direkt am Meer entlangradeln und St. Augustine besuchen, die erste, seit 1565 auch ständig bewohnte, einst von Europäern gegründete Siedlung in den USA. Der alte Stadtkern mit seinen engen Straßen ist erhalten geblieben und besitzt viel Charme. Glücklicherweise bleibt Highway 1A1 auch nach dem Ort der Küste treu, so dass du nicht durch die Großstadtschluchten von Jacksonville zu radeln brauchst. 450 Meilen/720 km nördlich von Miami überquerst du St. Marys River und damit die Grenze zum wesentlich ruhigeren, ländlichen Georgia.

Atlantikküste von Georgia bis New York
GEORGIA: VON SAINT MARYS RIVER BIS SAVANNAH
(ca.180 mi/288 km)

Georgia

Georgia hat über die Jahrhunderte hinweg seinen überwiegend ländlichen Charakter bewahrt, in dem die moderne Hauptstadt Atlanta, Coca Cola City und Austragungsort der Olympischen Spiele 1996, fast wie ein Fremdkörper wirkt. Auf dem Land gehen die Uhren noch anders, und als Weißer auf dem Fahrrad bist du hier allemal ein Hingucker. Auch entlang der Küste blieb der überwiegend ländliche Charakter erhalten, mal abgesehen vom attraktiven Savannah an der Grenze nach South Carolina.

Immergrüne Eichen mit Moos behangen säumen die Auffahrten zu einzelnen Antebellum-Häusern, den schmucken, ehemaligen Domizilen der Plantagenbesitzer. Leider wachsen zu wenige dieser schattenspendenden Riesen entlang der Fahrbahn. Hin und wieder gibt es ein altes Fort zu besichtigen oder Museen, die die Geschichte der Plantagen aufarbeiten, die einst das Leben der Region bestimmten.

Die Inseln

Georgia beherbergt sogar eine kleine, fast unbekannte Sensation: *Cumberland Island* (www.nps.gov/cuis/index.htm), eine Insel, auf der ausschließlich Fußgänger, nicht einmal Radfahrer, geschweige denn Autos erlaubt sind. Wenn du diesen zumindest für die USA ungewöhnlichen Ort kennenlernen willst, so musst du gleich hinter der Grenze zu Florida, die du nur auf Höhe der Interstate 95 überqueren kannst, einen Abstecher nach Saint Marys einlegen, von wo aus die Fähre übersetzt.

Zum Radfahren ist eher Jekyll Island (www.jekyllexperience.com) geeignet, eine der schönsten Ferieninseln entlang der Atlantikküste. Im State Park auf der Insel gibt es 20 Meilen Radwege, zur Entspannung abseits des Verkehrs. Die einst den oberen Zehntausend vorbehaltene Ferieninsel lohnt mit den Villen der Goodyears und Pulitzers gewiss einen Abstecher und ist auch einen längeren Aufenthalt wert, für alle die sich in Ruhe umsehen wollen. Im Norden der Insel bei Driftwood Beach gibt es einen Campingplatz gegenüber der Clam Creek Picnic Area für 16 $ die Nacht, Reservierungen unter freecall 1-866-658-3021. Ein General Store versorgt dich dort mit dem nötigsten. Wer mal wieder im Bett schlafen möchte, kann die Jugendherberge in Brunswick ansteuern: Hostel in the Forest, am US Hwy 82, Brunswick, Tel. (912) 264- 9738, www.foresthostel.org, Hinweisschild zum Hostel steht am Hwy 82 Fahrtrichtung Osten.

Savannah

Hauptattraktion an Georgias Küste ist die Stadt Savannah, 1733 Wiege der britischen Kolonie Georgia. Von der Altstadt, die einst 24 Blocks umfasste, sind heute noch 21 erhalten. Von all den „Historic Districts" auf dieser Ostküsten-Tour sollte man den von Savannah keinesfalls auslassen. In die Häuser entlang der „Waterfront" sind inzwischen längst Kommerz und Touristenfallen eingezogen, aber in den anderen Bezirken des Stadtzentrums ist der Charme alter Zeiten erhalten geblieben. So gibt es Kopfsteinpflasterstraßen, und viele der historischen Häuser werden heute noch von Schwarzen bewohnt. Das Visitors Bureau befindet sich in der 101 East Bay Street, freecall 1-877-SAVANNAH, www.savcvb.com. In einem alten victorianischen Gebäude ist auch das Youth Hostel untergebracht: 304 E. Hall St., Tel. (912) 236-7744, Übernachtung für 15 $.

8 Atlantic Coast

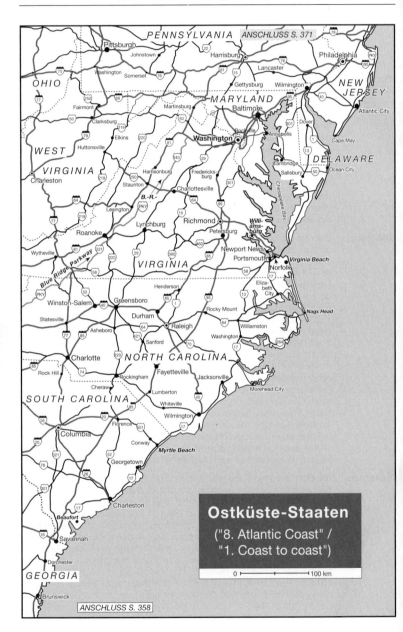

ANSCHLUSS S. 371

ANSCHLUSS S. 358

Ostküste-Staaten

("8. Atlantic Coast" /
"1. Coast to coast")

0 |⊢——————⊣ 100 km

SOUTH CAROLINA: SAVANNAH RIVER BIS
MYRTLE BEACH (265 mi/424 km)

South Caro-
lina

Blühende Magnolienbäume, farbenprächtige Azaleen und Rhododendronbüsche im Schatten flechtenbehangener Eichenbäume in den Vorgärten altehrwürdiger Häuser – auch in South Carolina wird noch einiges an Südstaatenromantik geboten. Allerdings findet man Bilder wie diese eher im Binnenland als an der Küste, deren pulsierende Hauptschlagader Hwy 17 nicht gerade als Radlertraum bezeichnet werden kann. Es handelt sich um einen der ärmsten Staaten des Südens. Die Spannungen zwischen weißer und schwarzer Bevölkerung treten in diesem Staat, in dem heute mehr Schwarze als Weiße leben, besonders deutlich zu Tage. Unter dem Aspekt Tourismus konzentriert sich in South Carolina alles auf die Küste, die südlich von Charleston wunderschöne Strände beherbergt, während das Binnenland sehr ländlich und touristisch unterentwikkelt ist. Und in einigen Ecken gibt es wegen mangelnder Nachfrage gar keine Campgrounds. Wenn ihr einen Abstecher dorthin mit einbauen wollt, werdet ihr das eine oder andere Mal um Erlaubnis zum Zelten im Vorgarten bitten müssen. Keine Angst, auf dem Land sind die Leute viel freundlicher als an der touristenüberladenen Küste.

Küsten-
straße

Leider ist die Verkehrssituation entlang der Küste alles andere als erfreulich. US Hwy 17 ist schlecht ausgebaut, hoffnungslos überfüllt, voller Trucks und bietet keinerlei Raum für Radfahrer. Die einzige Alternative heißt Verzicht und Ausweichen durchs Inland, was bedeutet, dass du Attraktionen wie Charleston und Myrtle Beach, aber auch die schönen Strände wie z.B. auf Edisto Island, verpasst. Auch ein näheres Kennenlernen der dem Festland vorgelagerten Inseln, auf denen sich viele selbständige Gemeinden von Schwarzen seit dem vorigen Jahrhundert erhalten haben, fällt den Straßenverhältnissen zum Opfer. Der Verkehr im Süden des Staates wird dir einen Vorgeschmack geben und deine Entscheidung gewiss beeinflussen. Wer will, kann ja Abstecher zur Küste einlegen.

Charleston
und Myrtle
Beach

Die hübsche Hafenstadt Charleston, gegründet 1670, gilt als **das** Kleinod der US-Ostküstenstädte. Die kompakte Ansammlung alter Prachtvillen auf engem Raum ist schon recht beeindruckend. Viele der alten Häuser sind in Privatbesitz, können also nur von außen bestaunt werden.

Von all der Eleganz vergangener Tage haben bis heute vor allem die eleganten Preise gehalten. Charleston hat mit die schönsten B & B Häuser der Ostküste. Deren Raten für eine Übernachtung gehören allerdings auch in die Kategorie der Superlative. Es geht aber auch billiger. Ab 15 $ pro Nacht könnt ihr euch im Charleston Hostel, 194 Saint Philip St., Tel. (843) 478-1446, www.charlestonhostel.com, betten. Der Online-Zugang im Hostel ist umsonst! Alternativ: NotSo Hostel, 156 Spring St., Tel. (843) 722-8383, www.notsohostel.com, 15-19 $. Das Visitor Center in der 375 Meeting Street, freecall 1-800-774-0006, hilft bei der Organisation des Tagesablaufs. Wenn du das Bedürfnis nach Abendprogramm hast, dann kram' ein faltenfreies T-Shirt aus den Packtaschen hervor und genieße die Südstaatenromantik nach Sonnenuntergang in den Straßen der Old Town. Auf ein vergleichbar interessantes Nachtleben wirst du wieder lange warten müssen.

8 Atlantic Coast

Während sich ein Abstecher nach Charleston noch lohnt, ist es kein Drama, wenn man das ebenfalls berühmte Myrtle Beach verpasst: 80 Kilometer Vergnügungsmeile mit Unterhaltungsangeboten auf unterstem Niveau an einem eher langweiligen Strand.

■ *Biken unter Bäumen mit spanish moss*

NORTH CAROLINA: MYRTLE BEACH BIS KNOTTS IS-LAND (360 mi/576 km)

Küstenstra-ßen

Die Route durch North Carolina bietet den gerechten Ausgleich für all die entgangenen Küstenstreifen im südlichen Nachbarstaat. Albemarle und Pamlico Sound, New River und Bogue Inlet schieben ihre verzweigten Meeresarme und zipfeligen Buchten landeinwärts. Draußen vor der Küste liegt eine Barriere aus langgezogenen Sandbänken, die **Outer Banks.** Sie sind durch Fähren mit dem Festland verbunden und als *Cape Lookout* und *Cape Hatteras* National Seashore unter Naturschutz gestellt vor der Bebauung weitgehend bewahrt geblieben, so dass man auch heute noch hinter dem Dünenwall nahezu unberührte Strände finden kann.

Vergiss nicht, ein Bad im Ozean zu nehmen. So warmes Meerwasser wie hier gibt es nirgendwo sonst an der US-Atlantikküste. Auf dem Festland bringen sanft rollende Hügel etwas Abwechslung ins schnurgerade, flache Einerlei. Die Straßen sind allerdings nur zweispurig ausgebaut und haben keine Seitenstreifen.

Wilmington

Wilmington liegt nordwestlich am Cape Fear River. Es ist eine der wenigen größeren Städte, die es entlang der Küste gibt. Wer Teile für sein Rad braucht, sollte sich hier eindecken. Es gibt mehrere Radläden im Ort. Dort oder in der Tourist-Info in der 24 North Third Street (freecall 1-800-222-4757) gibt es eine Wilmington Bike Map für die Stadt und ihre nähere Umgebung. Wer Schiffe liebt, kann sich im Hafen das Showboat „USS North Carolina", ein Schlachtschiff aus dem zweiten Weltkrieg, für 9 $ auf eigene Faust anschauen.

Über die Inseln von Cape Hatteras

An den Stränden von *Topsail Island* (http://topsailcoc.com/visitor_center/index.htm) verbuddeln jedes Jahr von Mitte Mai bis Mitte August Meeresschildkröten ihre Eier. Die Sandbankinsel ist die erste, über die man parallel zum Festland radeln kann. Nach einem kurzen Abstecher zurück zur Küste kann man dasselbe auf *Emerald Isle* tun, bevor man von *Cedar Island* aus per Fähre nach *Ocracoke Island* übersetzt, der ersten und der hübschesten Insel von Cape Hatteras National Seashore (www.nps.gov/caha).

Nördlich von Nags Head säumen die höchsten Sanddünen der Atlantikküste die Straßen und versperren den Blick aufs Meer. Die ersten Pioniere der Luftfahrt auf amerikanischem Boden, die Brüder Wright, zwei Fahrradmechaniker aus Ohio, unternahmen von den Dünen dieser Gegend aus ihre ersten Flugversuche. Das mit einem Motor angetriebene Flugobjekt hielt sich stolze 12 Sekunden in der Luft. Mit typisch amerikanischer Bescheidenheit heißt es auf dem Denkmal für die beiden Brüder in Kitty Hawk: „In Erinnerung an die Bezwingung der Lüfte ...".

Für dich gilt es, Currituck Sound zu bezwingen, einmal per Brücke und einmal per Fähre hinüber zu Knotts Island, dann lässt du den schönsten Küstenabschnitt hinter dir und steuerst auf ein paar Probleme in Virginia zu. Die ACA-Route biegt daher schon hier ins Inland ab.

VIRGINIA: KNOTTS ISLAND BIS REEDVILLE (200 mi/320 km)

Chesapeake Bay Bridge Tunnel

Virginias Falle für Radfahrer heißt Chesapeake Bay. Die verzweigte Bucht mit Grenze nach Maryland kann von Autos auf verschiedenen, raffinierten Tunnel-Brücken-Kombinationen überquert werden. Die längste, bekannt als Chesapeake Bay Bridge Tunnel, ist 21 mi/33,6 km lang (www.cbbt.com/index.html). Eine ingenieurtechnische Meisterleistung, die trotz Kosten von 250 Millionen Dollar keine Steuergelder verschlungen haben soll. Nur leider sind weder hier noch auf den anderen Brückenkombinationen Radfahrer zugelassen. Sackgasse also?

Shortcut: Über den Chesapeake Bay Bridge Tunnel nach Maryland (100 mi/160 km)

Statt nun aber die ganze Bucht auf dem Landweg zu umradeln und Washington D.C. zu durchqueren, was nicht jedem behagt, rufst du ein paar Stunden oder besser am Vortag deiner Überfahrt unter Tel. (757) 331-2960 an und bestellst dir einen **Bike-Shuttle**, der dich und dein Gerät in Virginia Beach auflädt und auf die andere Seite bringt. Anschließend kannst du dann auf Hwy 13 oder deren Nebenstraßen problemlos weiter Richtung Norden radeln.

Virginia Beach

Aber der Staat Virginia hat's dir irgendwie angetan und diese Brücken, auf denen du nicht biken kannst, lehnst du aus Prinzip schon ab? O.k., dann musst du von Virginia Beach aus weiter Richtung Binnenland nach Williamsburg. Virginia Beach ist einer der farblos hektischen Strandvergnügungsorte und zugleich Startpunkt der Chesapeake Bay Bridge.

Williamsburg

Neben Virginia Beach lockt zweifellos das berühmte Williamsburg (www.visitwilliamsburg.com/visit.htm oder www.nps.gov/colo) die meisten Touristen an. Am 13. Mai 1607 (das wird hoffentlich kein Freitag gewesen sein), trafen hier an der Küste Virginias die ersten englischen

■ *Williamsburg*

Siedler ein. Sie tauften die erste permanente britische Siedlung an der Küste des neuen Kontinents Jamestown. Das benachbarte Williamsburg entwickelte sich jedoch im Laufe der Kolonialzeit zum kulturellen Zentrum der Region. Heute ist *Old Williamsburg,* zusammen mit den Vorposten *Jamestown Historic Site* und *Yorktown Battlefield* „Historic Triangle" genannt, das wohl am stärksten frequentierte „Living Museum" in den USA und zugleich historisches Aushängeschild. In Kostümen des 17. Jahrhunderts gehüllt spielen Studenten und andere Saisonmitarbeiter den umherspazierenden Touristen das Leben in der guten alten Zeit vor. Man kann manchen Einblick in alte handwerkliche Zünfte gewinnen oder sich einfach an einem Spaziergang durch eine Kulisse aus längst vergangenen Tagen erfreuen. Nebenbei: Mir fällt in solchem Ambiente immer besonders unangenehm auf, wie tolpatschig und ungraziös moderne Menschen der Gattung „Homo-Touristicus" mit Shorts, Turnschuhen, Baseballmützen und umgehängter Kamera durchs Leben latschen. Die drei Stätten des Colonial Parks werden durch den Colonial Parkway verbunden, eine nur dem Privatverkehr und Radfahrern zugängliche wunderschöne Straße, die an York River und James River entlangführt.

Wer von Yorktown aus weiterfährt auf Hwy US 17 Richtung Gloucester, den Rappahannock River per VA 3 überquert und auf VA 200 einbiegt, gelangt nach Reedville, dem Ausgangspunkt für die private Fährverbindung nach Maryland.

Fähren nach Maryland   Tatsächlich gibt's in der Bay eine – und das im Land des unbegrenzten Automobileinsatzes – kraftfahrzeugfreie Insel: Tangier Island (www.tangierisland-va.com). Nur ein Zwischenstopp hier oder auf Smith Island ein paar Meilen weiter nördlich bringt euch nach Maryland und die Fährverbindungen sind bewusst so gelegt, dass es euch schwer fallen wird, nicht mindestens eine Nacht auf der Insel zu verbringen. Man will euch das Geldausgeben so einfach wie möglich machen; mit einem Campingplatz könnt ihr also nicht rechnen. Die Fährpreise sind gewaltig: 50-60 $ musst du investieren, um mit deinem Bike via *Tangier Island* von Reedville über die Chesapeake Bay an's gegenüberliegende Festland zu kommen. Am Wochende werden Fahrräder darüber hinaus nicht befördert! Die Telefonnummer (804) 453-BOAT von Tangier & Chesapeake Cruises (www.tangiercruise.com) hilft für die Überfahrt von Reedville nach Tangier Island. Tangier Onancock Cruises, Tel. (410) 968-2338 oder Courtney Thomas, Tel. (757) 891-2240, sind zuständig für die Weiterfahrt nach Onancock.

Smith Island Cruise, Tel. (804) 453-3430, www.cruisetosmithisland.com, schippert zu vergleichbaren Preisen nach *Smith Island*. Start ist am KOA nördlich Reedville in der 382 Campground Road.

MARYLAND bis CONNECTICUT (450 mi/720 km)
Vorgriff auf New York City

Radlers Alptraum?

Der „Big Apple" New York City beherrscht die Atlantikküste in einem Umfeld von vielen Meilen. New York City ist der Traum eines jeden Stadtfanatikers, doch als Großstadtdschungel für manchen Auto- und Motorradfahrer ein Alptraum. Man braucht nicht über besondere Phantasie zu verfügen, um sich vorstellen zu können, dass auch das Radfahren in einer solch riesigen Stadt nicht ganz einfach sein dürfte. Da der größte Teil New Yorks auf Inseln erbaut ist, die durch Brücken und Tunnel miteinander verbunden sind, von denen nun wiederum die allermeisten für Radfahrer gesperrt sind, gibt es allein verkehrstechnische Probleme genug. Wer die Metropole am Hudson River nicht unbedingt erradeln will, sucht am besten im Inland ein Plätzchen, wo man das Fahrrad für ein paar Tage unterstellen kann, packt den Rucksack und macht sich per öffentlichem Nahverkehr auf nach Manhattan. In Connecticut, wo viele Pendler wohnen, müssten günstige Bedingungen dafür herrschen, aber auch jenseits des Hudson in New Jersey oder vom *Staat New York* aus.

〉〉〉 Connection:

Downtown Manhattan New York City

Was ist schon die ganze Atlantikküste wert, wenn's nicht mit dem Rad über die Brooklyn Bridge oder durch den Central Park geht? Wer so denkt, der sollte sich **Teil III, „1. Coast to Coast"** mit den Infos zu New York City ansehen.

New York Umgehungsstrecken

Nach dem historischen Williamsburg wartet wieder die Neuzeit. Die Ausweichmöglichkeiten sind vielfältig, die ACA-Route oder die im Buch „Bicycling the Atlantic Coast" beschriebene Strecke sind nur zwei davon.

Ganz gleich, für welche Strecke man sich entscheidet, von nun an geht es in die Berge. Die Ausläufer der Appalachen machen sich bemerkbar. Im Inland und auch entlang der Küste weiter nördlich geht es mitunter kräftig zur Sache. Nicht, dass endlos lange Steigungen auftauchen, aber kurze, enorm steile Hügel wechseln mit sanften Passagen ab und werden einiges an Kondition verlangen.

Im gesamten Ballungsraum zwischen Washington D.C. und Boston muss man immer wieder mit Regionen rechnen, in denen das Verkehrsaufkommen sehr hoch ist und die Straßen zu eng sind. Pennsylvania ist extrem geschäftig, während im Nachbarstaat New York weitaus weniger Verkehr herrscht.

Sightseeing

Betreffend Sehenswürdigkeiten wird es, abgesehen von speziellen Wünschen im Bereich Städtetourismus, etwas ruhiger. Wer über Maryland fährt, wird *Assateague Island National Seashore* (www.nps.gov/asis) mit seinen wilden Ponys und unberührten Stränden lieben, vielleicht einen der Regenbogensonnenuntergänge im Delaware Seashore State Park (DE, www.destateparks.com/dssp/dssp.asp) mitbekommen und die ruhige Küste von Cape Henlopen (DE, www.destateparks.com/chsp/chsp.htm) genießen. *Cape May* (NJ) mit Häusern wie vom Zuckerbäcker und *Lewes* (DE), ein altes Walfangstädtchen, sind zwar auch historische Orte am Meer, locken heute jedoch weitaus mehr Sonnenanbeter als Geschichtsfreaks an. Die Fähre zwischen beiden Orten präsentiert sich unter www.capemaylewesferry.com, oder ruft Tel. (302) 644-6030 an.

8 Atlantic Coast

Im Binnenland geht es eher beschaulich zu und spektakuläre Höhepunkte gibt es wenige. Vereinzelte historische Gebäude und kleinere Naturschutzgebiete bestimmen das Bild. Die ersten Cranberry-Felder säumen die Straße, und sowohl Wassersportler wie auch Vogelliebhaber treffen sich in der Delaware Water Gap Recreation Area (PA und NJ, www.nps.gov/dewa). Dort gibt es übrigens auch ein paar ausgezeichnete Mountainbike-Trails. Am Hudson River kann man die Villen der Roosevelts und der Vanderbilts bestaunen.

Campingplätze sind im Binnenland wieder dünner gesät, so dass die eine oder andere Nacht im Vorgarten oder im Motel angesagt sein mag.

Atlantikküste Neuengland
CONNECTICUT (135 mi/216 km)

Connecticut Connecticut wird mit seinen gerade mal 3,5 Millionen Einwohnern von vielen heute eher als ein äußerst konservativer Vorort von New York City – zum Vergleich: über 8 Millionen Einwohner – betrachtet. Viele Pendler machen sich Tag für Tag per Auto, Bahn oder Bus auf den Weg zu ihrem Arbeitsplatz in der Metropole. So ist die Küste bis hinauf nach New Haven dicht besiedelt, und das Häusermeer wird nur ab und zu unterbrochen von hässlichen Industrieanlagen und einigen luxuriösen Yachthäfen. Wer die Atlantikküste entlangradelt und dabei New York City weiträumig umfährt, hat also nicht viel verpasst, wenn er auch gleich den Süden von Connecticuts Küste auslässt.

Im Binnenland könnt ihr gelassen über ruhige Nebenstraßen durch beschauliches Farmland radeln. Allerdings muss man sich den Weg von Tal zu Tal über zahlreiche atemraubende Hügelketten erarbeiten. Das trainiert die Muskeln, die sich später in gemäßigteren Regionen entlang der Küste wieder erholen können. Es empfiehlt sich, auf dem Land stets ein paar Lebensmittel in Reserve zu haben, denn viele der kleinen Ortschaften haben weder Läden noch Restaurants. State Parks in CT sind in der Regel vom 15. April bis zum 30. September geöffnet.

New Haven New Haven ist Sitz der weltweit berühmten Yale University und verfügt, wie viele Unistädte, über den Charme einer bunten Mixtur aus jugendlicher Kreativität und ethnischer Vielfalt. Vier Colleges und neben Yale noch zwei weitere Unis tummeln sich im Stadtgebiet. Für ausreichend intellektuelle Bewegung beim abendlichen Plausch in einer der zahlreichen Kneipen der Stadt ist also gesorgt.

Nördlich von New Haven wird die Küste wesentlich idyllischer. Der Hauptschwerlastverkehr rast über die Interstate, was leider nicht bedeutet, dass es auf Highway 1 wesentlich geruhsamer zuginge.

Mystic Touristenattraktion Nr. 1 in CT ist das Küstenstädtchen Mystic. Es ist nicht zu verfehlen, weil alles im Umkreis von vielen Meilen den Beinamen Mystic trägt: Mystic Motel, Mystic Hamburgers, Mystic Drugstore usw. Das Mystic Seaport Museum (www.mysticseaport.org/home.htm), ein altes Fischerstädtchen mit viel authentischem Flair und einer betagten Schiffssammlung im Hafen, die ihresgleichen sucht, ist indes weit über die Landesgrenzen hinaus berühmt, und lädt, zusammen mit dem Mystic Marine Life Museum dazu ein, dem Fahrradsattel mal für einen Tag ade zu sagen. Zelten kann man auf dem Seaport Campground (www.seaportcampground.com), gut drei Meilen entfernt.

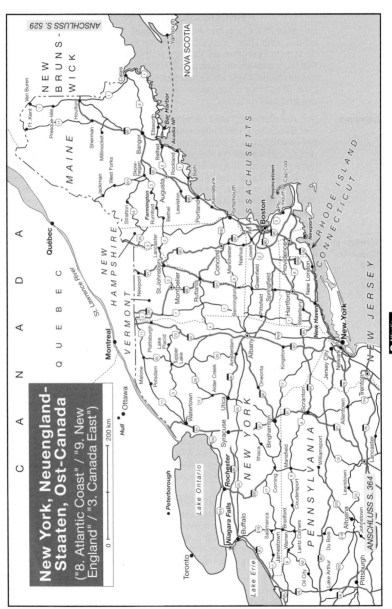

ANSCHLUSS S. 529

New York, Neuengland-Staaten, Ost-Canada
("8. Atlantic Coast" / "9. New England" / "3. Canada East")

0   200 km

ANSCHLUSS S. 364

8 Atlantic Coast

RHODE ISLAND (63 mi/101 km)

Ist ganze 75 km lang und max. 64 km breit. Damit ist Rhode Island (wird oft wie „Ruh Dilan" ausgesprochen) der kleinste Staat der USA, hat jedoch mehr Einwohner als Vermont oder Delaware. Einfluss und enormen Reichtum erlangte der Zwergstaat in längst vergangenen Tagen auf weniger rühmliche Weise als Zentrum des Sklavenhandels. Auch heute noch zehrt Rhode Island von seinem Image als „Land der Reichen, der Schönen und der Freidenker".

Newport

Vor allem Newport, einst Sommerfrische des Geldadels, lockt noch immer Bewunderer des Lebensstils der oberen Zehntausend an. So kann der geschichts- und architekturinteressierte Besucher derzeit elf herausgeputzte Anwesen, die *Newport Mansions* (www.newportmansions.org), gegen ein sattes Entgelt von 31 $ für fünf zusammengehörige Objekte bewundern. Neben den prunkvollen Attraktionen solltet ihr es auf keinen Fall versäumen, auch die Altstadt Newports eines Blickes zu würdigen. 1639 gegründet ist sie eine der ältesten Kolonialsiedlungen Amerikas. Und all die Luxussegelyachten in den Marinas entführen euch in die Welt der Teilnehmer des berühmten Admirals Cup.

Straßen in Rhode Island

Die Welt der Reichen in Newport umgibt sich mit den schlechtesten Straßen ganz Neuenglands. Man holpert von Teerflicken zu Teerflicken, von Schlagloch zu Schlagloch. Seitenstreifen sind selten. Abgesehen von ein paar kurzen, steilen Hügeln kurz vor der Grenze nach Massachusetts ist es flach. US 1 ist voll wie immer. Man tut gut daran, bei jeder sich bietenden Möglichkeit auf Hwy 1A auszuweichen, der ruhiger ist und mehr zu bieten hat.

Wer der Atlantic Coast Richtung Norden folgt, radelt von der US 1 kommend auf Route 138 über die Jamestown/Verrazano und danach die Pell (Newport) Bridge nach Newport. **Die Brücken sind für Biker gesperrt.** Also musst du versuchen, einen „Lift" zu bekommen. So mancher Autofahrer erbarmt sich gerne eines verzweifelt dreinschauenden Tourenradlers. Das Rad ist schnell auf eine Pick-up-Ladefläche gehoben und das Angebot als Gegenleistung die ca. 3 $ Mautgebühr zu bezahlen Ehrensache. Oder rufe die Rhode Island Public Transit Authority (www.ripta.com) unter Tel. (401) 781-9400 oder 1-800-244-0444 an und arrangiere einen Transport via *Rack n' Ride Service*, also mit dem Bus.

Von Newport weiter Richtung Norden könnt ihr die Insel nur mit der Fähre oder über die Mt. Hope Bridge nach Bristol verlassen. Für Letzteres fahrt von Newport aus über die Route 138 nach Portsmouth und dann weiter nach Bristol Ferry, von dort aus geht's rüber.

MASSACHUSETTS (251 mi/402 km)

Im Süden von Massachusetts stößt man gleich auf ein rauhes Kapitel Geschichte um den berühmtesten Wal aller Zeiten: Moby Dick. Das Buch von Herman Melville spielt in New Bedford, wo auch das Whaling Museum zu bewundern ist. Die Stadt wirkt recht trist und man muss das Buch schon sehr lieben, damit ein Abstecher in den Ort sich wirklich lohnt.

Cape Cod

Cape Cod Peninsula (Kap Kabeljau getauft 1602, als wirklich noch Schwärme von Kabeljau vor der Küste standen), das ist die Insel bzw. große Halbinsel etwa 100 Meilen südlich von Boston, die aussieht wie der angewinkelte Arm eines Bodybuilders. An sonnigen Wochenenden pilgert alles, was ein Auto hat, zu den herrlichen Stränden dort. Wer es voll mag, ist dann genau richtig. Wer es beschaulich mag, besucht besser die Inseln Martha's Vineyard oder Nantucket.

Claire Saltonstall Bikeway oder Boston – Cape Cod Bikeway

Zwischen Boston und Provincetown an der Nordspitze auf Cape Cod gibt es den 135 Meilen langen „Boston – Cape Cod Bikeway", der auch „Claire Saltonstall Bikeway" heißt. Freut euch nicht zu früh, denn es ist eine „on road"-Route! Claire Saltonstall kam auf ihrer Fahrradtour von Boston nach Cape Cod bei einem Verkehrsunfall ums Leben. Ihr Tod brachte den Stein ins Rollen. Es wurde endlich eine Radroute ausgearbeitet. Die Vorzüge eines von der Fahrbahn getrennten Radweges besitzt der Bikeway nicht, obwohl alle entlang der Strecke vorhandenen „bike paths" integriert wurden. Notgedrungen wich man sonst auf ruhigere Nebenstraßen aus, doch gehören auch stärkstens befahrene Highways zum Bikeway dazu.

Cape Cod Rail Trail

Um einen wirklichen Radweg handelt es sich dann bei dem „Cape Cod Rail Trail" (www.state.ma.us/dem/parks/ccrt.htm, mit Karte). Der „Recreation Path" führt von der Kreuzung von US 6 mit County Road 134 über knappe 30 km nordöstlich nach Eastham. Besonders an Wochenenden erfreut sich der Pfad auch bei Rollerskatern, Joggern, Spaziergängern mit Hunden und Radausflüglern mit kleinen Kindern größter Beliebtheit. Ein exzellentes Training fürs Slalom fahren und freundliche Umgangsformen!

Strände und Cranberries

Die Südküste von Cape Cod ist recht verbaut, und wirklich schöne Strände gibt es nur im Bereich des *Cape Cod National Seashore*. Im Herbst sieht man an sumpfigen Stellen, den sogenannten „bogs", Teppiche aus rot-gelben Beeren. Es sind Cranberries, Moosbeeren, die am ehesten den bei uns bekannten Preiselbeeren ähneln. Sie sind die typische Beilage zum Thanksgiving-Truthahn. Wer von Provincetown nach Plymouth aufs Festland per Fähre übersetzt – Mitte Juni bis Ende August täglich für 33 $ incl. Rad, Tel. (508) 747-2400 oder 1-800-242-2469 –, kann dort Cranberry World besuchen, wo man alles, was mit dieser Pflanze zu tun hat, erfahren kann – kostenlos. Zu finden in der 225 Water Street, Tel. (508) 747-2350. Ganz in der Nähe liegt auch die „Plimoth Plantation", ein rekonstruiertes Dorf des Jahres 1627 nach Art eines *Living Museums*.

Provincetown

Provincetown – das ist High Life auf Cape Cod. Künstler und Möchtegern-Künstler, Exoten des Großstadtdschungels und viele, viele „gays" treffen sich hier. An Sommerwochenenden verzehnfacht sich die Zahl der 3500 Einwohner spielend. Fährverbindungen nach Plymouth und Boston.

➤ Abstecher: Martha's Vineyard und Nantucket

Die Fähren zu beiden Inseln legen in Hyannis ab. Personenfähren fahren auch von New Bedford auf dem Festland, und vielleicht nehmen sie auch Räder mit. Im Sommer gibt es zudem eine Fährverbindung zwischen den beiden Inseln durch die Steamship Authority. Für Fahrräder wird im allgemeinen neben der Personenpassage eine Extragebühr verlangt.

Auf Martha's Vineyard kann man gemächlich von Oak Bluffs aus durch den State Beach Park nach Edgartown radeln, der ältesten Inselsiedlung, die sich für Touristen extra fein herausgeputzt hat. In West Tisbury finden sich nette Leute und preiswerte Unterbringung im Martha's Vineyard Ho-

8 Atlantic Coast

stel, Edgartown-West Tisbury Road 525, West Tisbury, www.usaho-stels.org/cape/marthas_index.htm, Tel. (508) 693-2665 oder (888) 901-2087.

Nantucket ist besonders schön zur Zeit der Blütenmonate, wenn die üppigen Heckenrosen ihre duftende Pracht über die Gartenzäune der sil-bergrauen Schindelhäuser schieben. Hostel dort: Robert B. Johnson Me-morial AYH-Hostel (wird auch ‚Star of the Sea Youth Hostel' genannt), 31 Western Ave., Surfside, Nantucket, www.usahostels.org/cape/nantucket_index.htm, Tel. (508) 228-0433.

Boston und der Norden   Boston wird als „Start und City-Guide" unter „9. Neuengland" ausführli-cher beschrieben. Nördlich von Boston gibt es noch einige nette Orte wie Salem (US 1A) oder Manchester by the Sea (MA 127). Wer die Nordküste von MA etwas ursprünglicher kennenlernen will, für den lohnt sich ein Umweg über Cape Ann.

Straßen in Massachu-setts   In Massachusetts können sich die Muskeln mal ein wenig erholen. Neben sanft rollenden Hügeln gibt es nur hin und wieder ein paar steile An- und Abstiege, die es in sich haben. Wer die Strecke über Cape Cod wählt, muss nur im Bereich von Provincetown mit ein paar Steigungen rechnen. Sonst ist das Radfahren auf Cape Cod zumindest wochentags relativ an-genehm. Zwischendurch kann man auf dem Cape Cod Canal Path und dem Cape Cod Rail Trail verschnaufen. US 6 kann man meiden, indem man dem Claire-Saltonstall-Bikeway folgt, der viel auf US 6A ausweicht.

NEW HAMPSHIRE (20 mi/32 km)

Ganze 20 mi/32 km lang ist der Anteil New Hampshires an der Atlantikkü-ste, und jeder kann sich denken, dass nicht allzuviel Wildnis übriggeblie-ben ist. Zumindest zwischen Seabrook und Hampton Beach sieht man Motels, nicht Meer. Nördlich von Hampton Beach läuft Hwy 1A direkt an der Küste entlang. Auf diesem Abschnitt folgt ein State Beach Park dem anderen, day-use versteht sich, mit Picknicktischen, Toiletten, Stränden und manchmal gar Duschen.

Portsmouth ist die größte Stadt an der Küste. Neben Prescott Park, der mit seinem Blumenmeer beeindruckt, kann man sich hier Strawbery Banke, eines der zahlreichen Museumsviertel entlang der Küste, an-schauen. Wer Lust hat, schiebt noch einen Abstecher in den alten Down-town-Bezirk ein, bevor er per Memorial-Bridge den Piscataqua River überquert, den Grenzfluss nach Maine.

MAINE: KITTERY POINT – BAR HARBOR (287 mi/ 459 km)

Natur und Wildnis   Unter allen Staaten Neuenglands ist Maine noch immer das Land mit dem Image weiter Wildnis. Das Land der dunklen, unerforschten Wälder mit klaren Bächen und spiegelnden Seen, mit Bären und Elchen, die durchs Unterholz stromern. Der waldreiche Norden des Staates ist wirk-lich äußerst dünn besiedelt und birgt nicht enden wollende Wege durch grüne Einsamkeit. Die Wälder aber sind längst nicht mehr unerforscht, sondern durchsetzt mit Holzfällercamps, die Nachschub liefern für die unersättlichen Papiermühlen. Nebenbei vermieten die Papierhersteller ihre noch intakten Waldgebiete an Jagdgesellschaften, die zum abenteu-erlustigen Bärenschießen ausrücken.

Die Küste   Eigentlich ist die Küste Maines die touristische Hauptattraktion, die dem Staat den Beinamen „Vacationland" einbrachte. Wie unwillkürlich verspritzte Tintenkleckse schieben sich unzählige Halbinseln und Inseln ins tiefblaue Meer hinaus. Skandinavienfans fühlen sich hier zu Recht wohl. Die wirkliche Küstenlinie ist mit 2400 Meilen mehr als zehnmal so lang wie die Entfernung von Kittery Point nach Eastport, von der südlichsten zur nördlichsten Stadt im Staate an US 1. Bei Urlaubern besonders beliebt ist die Südküste (South Shore) mit ihren schneeweißen Buchten entlang der Casco- und Muscongus-Bay, während die Nordküste (North Shore), die mit ihren rauhen, wasserumtosten Felsenklippen eher wild als beschaulich wirkt, eher optische Reize hat. Nahezu die gesamte Küste ist in Privatbesitz und das bedeutet, dass durchreisenden Touristen nur die 2% an öffentlichem Besitz bleiben, um ans Meer zu gelangen. Schwimmen im Atlantik hier ist nur etwas für Abgehärtete. Das Wasser erreicht auch im Hochsommer selten Temperaturen über 17 Grad C.

     Da gönnt euch lieber einen frischen Hummer. Was in Europa und auch im Rest der USA ein teurer Spaß ist, hat entlang der Küste in etwa den Stellenwert einer Currywurst. Zugegeben, ein wenig kostspieliger sind die Kameraden schon. Doch wer kann schon widerstehen, zumal man überall auf „Lobster Ponds" stößt. Diese urigen Garküchen mit ihren dampfenden Holzzubern, in deren brodelndem Meereswasser du den noch lebenden Hummer deiner Wahl zubereiten lassen kannst, sind typisch für Maine und verzeichnen zu Lunch- und Dinnerzeiten regen Zulauf. Mancher denkt an Tierquälerei, andere finden es einfach nur köstlich. Also: Opfer aussuchen, 15 Minuten kochen lassen und gleich am Holztisch daneben verzehren. Guten Appetit!

■ *Frischer Hummer bei Lobster Ponds*

South Shore   Ein Punkt, den kein Besucher Maines auslässt, ist Freeport mit seinem legendären Outdoor-Versandladen L.L. Bean. Man spricht von internationalem Ruf, doch wenn ich ehrlich bin, so hatte ich nie zuvor von diesem Laden gehört.

L.L. Bean   *Mit der Erfindung spezieller Gummistiefel für Jäger in den feuchten Sumpfgebieten der Wälder im Norden machte sich der Besitzer einst einen Namen, und weil die ersten 100 Paar erhebliche Mängel aufwiesen, musste er sie allesamt* zurücknehmen. *Diese ungewöhnliche Garantieleistung sprach sich herum, und auch heute noch sind die großzügig gehandhabten Reklamationen ein Basisprinzip des Geschäfts. Der „Store" ist 24 Stunden an 365 Tagen im Jahr geöffnet, und wen wundert es, dass er das gesamte Leben von Freeport, Maine, bestimmt. Der Ort selber ist eine Anhäufung von Factory Outlets, wie sich Zweite Wahl Läden bekannter und weniger bekannter Markenhersteller nennen. An regnerischen Julinachmittagen oder auch zur Hochsaison der Fall Foliage (Laubfärbung) halten sich oft mehr als 50.000 Einkäufer in Freeport auf. Also, wenn du Sorgen mit der Ausrüstung hast, ein Schnäppchen machen willst oder dich nach einem Bad in der Menge sehnst, nichts wie hin.*

Acadia NP Maines Aushängeschild heißt Acadia National Park (www.nps.gov/acad). Er liegt auf Mount Desert Island, einer gebirgigen Insel, die man per Brükke erreicht. Das attraktive, aber total überlaufene Bar Harbor am Rande des Parks und seine Umgebung ist für Radler im Nordosten der absolute Hit. Alles, was im Umkreis von 500 Meilen Fahrräder besitzt, scheint zur Hochsaison anwesend zu sein, und an Wochenenden wimmelt es von Autos aus NYC und Boston.

Alles reist per Auto an, um auf autofreien Wegen zu radeln. 45 mi/72 km „Carriage Roads", ursprünglich „Kutschenstraßen" mit feinem Schotterbelag, hat der Park seinem Hauptgönner Rockefeller zu verdanken, der einst aus Protest gegen die zunehmende Verbreitung der Höllenmaschine „Auto" diese Wege auf seinem ehemaligen Privatbesitz anlegen ließ. Der Mann wird mir fast sympathisch.

Beliebte Startpunkte für das Wegenetz sind die Trailheads am Parkplatz des Visitor Centers und am Eagle Lake.

Für Freunde des Asphalts lohnt sich die 20 Meilen lange Park Loop, der größtenteils Einbahnstraße ist und auch zu Aussichtspunkten an der Küste führt. Früh Starten ist wegen des Andrangs ein Muss. Vor allem in den Sommermonaten ist es morgens jedoch oft neblig und die dichten Schwaden lösen sich erst mittags auf. Auf den Trails und Wegen *im* Park herrscht spätestens ab 9 Uhr High-Life, egal wie das Wetter ist.

Eine Tour zum Höhepunkt des Acadia NP und Radlerherausforderung Nr. 1 lohnt sich nur bei klarem Wetter: eine Auffahrt zum 466 m hohen Cadillac Mountain mit phantastischem Rundblick über die Region mit ihren malerisch verstreuten Inselgruppen. Keine Bange, die Steigung ist eher gemächlich als hart. Eine brauchbare Karte des gesamten Wegenetzes könnt ihr bei www.nps.gov/acad/maps/crummap.gif herunterladen.

Bar Harbor Um Unterkünfte sollte man sich zu Hauptsaisonzeiten rechtzeitig bemühen. Es gibt mehrere Campingplätze. Der, der Bar Harbor am nächsten liegt (vier Meilen nördlich auf Highway 3), ist teuer, aber gut, besonders wenn man morgens um 8 Uhr die Fähre nach Nova Scotia/Canada erwischen will. Bis zum Fähranleger sind's drei Meilen. Campground-Tel. (207) 288-5185, Reservierungen sind jedoch nicht möglich!

Die beiden Nationalparkzeltplätze Blackwoods und Seawall liegen weit ab vom Schuss. Blackwoods – 306 Plätze zu 20 $ die Nacht, Reservierungen von Mai bis Oktober nötig unter freecall 1-800-365-CAMP (dieses ist die sog. Biospherics-Sammelnummer, gilt auch für andere NPs der USA) oder online unter www.nps.gov/acad/pphtml/camping.html – befindet sich noch in Reichweite der Park Loop Road. Seawall dagegen – 214 Plätze zu 14 $ fürs Zelt, keine Reservierungen möglich, Island Shuttle Bus Stop – liegt quasi am anderen Ende der Insel.

Fähren nach Yarmouth, Nova Scotia	Von Bar Harbor aus legt auch eine der Fähren ab, die nach Nova Scotia hinüberfahren. Übrigens, die Insel der kanadischen Maritimes hat mehr an Küste, Stränden und geruhsamem Radeln zu bieten als Maine! Die Überfahrt mit *The Cat*, der schnellsten Autofähre Nordamerikas, dauert nur knapp drei Stunden. Allerdings zu satten Preisen von 58 $ incl. Rad! Fahrplan unter www.catferry.com.
Straßen an Maines Küste	In den Sommermonaten, besonders an Wochenenden, und zur Zeit der „fall foliage" sind Maines Straßen extrem voll. Ab Brunswick, wo die I-95 ins Inland abzweigt, schiebt sich der gesamte Fern- und Ausflugsverkehr über Highway 1, der nicht gut genug ausgebaut ist, um solchem Andrang standzuhalten. Wann immer es möglich ist, sollte man diese Straße daher meiden. Ausweichstrecken sind im „Atlantic Coast"-Buch oder in den ACA-Karten vermerkt oder du stellst dir die Strecke entsprechend der Straßenkarte selbst zusammen.
	Für alle, die Bar Harbor ansteuern, gibt es keine Möglichkeit, dem Nadelöhr Ellsworth zu entgehen. Highway Alt.1 von Bangor Richtung Ellsworth ist eine Katastrophe. Die Strecke ist unübersichtlich, hat erhebliche Steigungen und alles rast wie verrückt dem nahen Ziel Bar Harbor entgegen. Die Ausweichstrecken Hwy 3 von Bucksport bzw. Hwy 9 und 180 von Bangor aus haben auch ihre Tücken, sind jedoch insgesamt sicherer und reizvoller.
Bucksport und Penobscot Bay	Lust auf Meer? Erlebnisreich ist eine Seekajaktour über den Maine Island Trail, eine 520 km lange Seekajakroute, die ca. 100 Inseln streift. Routenkarten erhältlich bei der Maine Island Trail Association, 328 Main St., Rockland, ME 04841, Tel.(207) 596-6456 oder 41A Union Wharf, Portland, ME 04101, Tel. (207) 761-8225, www.mita.org. In der Penobscot Bay lohnt es sich, kürzere Ausflüge per Boot zu unternehmen. Hinweise zur Vermietung von Ausrüstung bei den Tourist Infos der Umgebung.
Weiter durch Neuengland?	Wer so richtig Geschmack an Neuengland gefunden hat, kann sich auf der Binnenlandroute austoben: „9. Neuengland".
Weiter nach Canada? ⟩⟩⟩ Connection	**Nova Scotia.** Wer weiter will nach Neuschottland, ist auf jeden Fall mit der Fähre von Bar Harbor nach Yarmouth auf Nova Scotia am besten bedient, näheres siehe oben. Wer will, kann auch schon von Portland (ME) aus übersetzen, eine 12- Stunden-Schiffsreise mit Mini-Las Vegas und Unterhaltungsprogramm an Bord, weiteres unter www.scotiaprince.com/index.php. – Routen für Nova Scotia findet ihr in **Teil IV, „4. Maritimes: Inseln, Lobster, Einsamkeit".**

8 Atlantic Coast

9. NEUENGLAND:
Colonial-Villages, Indian Summer, Yankees

■ *Typisch für Neuengland-Staaten: weiße Holzkirchen*

Ride Guide

1. Tour-Info Es ist nicht nur der Spielzeugcharakter der Landschaft, der die Attraktivität der Neuengland-Staaten ausmacht. Es ist der kleine Unterschied. Keine andere Region der USA trotzt dem Begriff der Weite und der Offenheit so sehr, wie diese 6 Staaten im äußersten Nordosten, die zusammen genommen gerade einmal halb so groß sind wie Montana. Wenn das warme Licht des „Indian Summer" die Wälder in Gummibärchenfarben aufleuchten lässt und die schmucken, weißen Dörfer am Fuß der bunten Hänge wie das zerbrechliche Werk eines Zuckerbäckers wirken, dann zeigt sich Neuengland von seiner malerischsten Seite. „Fall Foliage" nennen die Einheimischen die Zeit der Laubfärbung. Die Intensität der Farben ist berauschend und die „leafpeeper", wie die Blättertouristen spöttisch genannt werden, geraten in helle Begeisterung.

Neuengland ist eine der Regionen des Kontinents, die sich besonders für einen Kurztrip anbieten, weil die 6 Staaten eine kleine, in sich geschlossene Einheit darstellen. Radlern wird dabei einiges geboten. Die Steigungen in den Green und White Mountains können ganz schön anstrengend sein und besonders in der schwülen Sommerszeit kosten sie Kraft. Diese Rundtour hier überschneidet sich mit dem nördlichsten Abschnitt der Atlantic Coast-Tour. Alles, was Neuenglands Küste betrifft, findet ihr deshalb genauer beschrieben unter „8. Atlantic Coast" unter „Boston und der Norden".

2. Start Boston

3. Attraktionen Fall Foliage, die krasse Laubfärbung nach den ersten Frösten; der Acadia NP mit zerklüfteten Felsenbuchten, Stränden, Papageientauchern und mehr als 70 km Radweg; Baxter State Park, eines der letzten Wildnisziele im Nordosten der Staaten; Boston mit Harvard Universität, Pubs und viel Geschichte. Green und White Mountains mit romantischen kleinen Dörfern; Appalachian Trail – einer der berühmtesten Wanderwege in den USA; Old Sturbridge Village – ein besonders gutes „Living Museum"; Mystic – Museum und Schiffssammlung besonderer Art; Cape Cod mit verlockenden Stränden. Und wer das Rad mal für ein paar Tage stehen lassen will, kann per Seekajak einen Ausflug zu den Inseln vor der Küste Maines einplanen.

4. Travel-Infos

Reisezeit: relativ problemlos machbar von Mai bis Oktober; im Frühjahr gibt es viele Insekten und Matsch durch die Schneeschmelze im Binnenland; die Sommermonate sind sehr heiß und stickig; schönste Reisezeit ist „Indian Summer", Mitte September bis Mitte Oktober.

Besondere Ausrüstung: Zelt mit Moskitonetzfenstern

Straßen: Im Binnenland gibt es, besonders in Vermont (VT) und New Hampshire (NH), aber auch in Massachusetts (MA) und Connecticut (CT), viele ruhige Nebenstraßen. In Maine (ME) ist eher der Süden erschlossen, im Norden gibt es nur wenige Verbindungsstrecken, die alle nach Canada führen. Die Pisten im Binnenland befinden sich z.T. im Privatbesitz der Papiermühlen und sind manchmal sogar gebührenpflichtig.

Der Autoverkehr entlang Neuenglands Küste orientiert sich hauptsächlich an Hwy US 1, und der ist zum Radfahren denkbar ungeeignet. Alternative Nebenstraßen sind in der Küstenregion relativ selten und ohne Ortskenntnis oder entsprechendes Karten- und Informationsmaterial schlecht zu finden. Viele Abzweigungen sind nur Stichstraßen, manchmal Rundwege, die zu vorgelagerten Kaps führen, also viele Kilometer schlucken und wenig Raumgewinn bringen. Dafür bekommt man dort aber wenigstens ab und zu einen Blick aufs Meer geboten, denn die Atlantikküstenroute führt in ihrem nördlichen Abschnitt nicht allzu oft direkt am Ozean entlang.

✖ Off-Road Radeln: Wo Berge sind, gibt es auch Möglichkeiten für Mountainbiker. In den White und Green Mountains und rund um Baxter State Park gibt es viele Forstwege, auf denen kaum Autos unterwegs sind. Im Acadia National Park gibt es ein gutes Netz von Mehrzweckwegen (Radler, Wanderer und Reiter). Markierte Single Track Trails gibt es in den Green und White Mountains. Fragt in Radläden nach.

Versorgung: Die überall im Land verstreuten Ortschaften und Siedlungen machen die Versorgung im großen und ganzen unproblematisch. Märkte und einfache Restaurants findet man in allen Orten mit mehr als 1000 Einwohnern. Achtet bei der Etappenplanung darauf, dass ihr möglichst einen größeren Ort pro Tag ansteuert.

Übernachten: Für alle mit entsprechendem Reisebudget bietet Neuengland eine große Auswahl an wunderschönen B & B-Inns und Privatunterkünften. In allen Orten mit ca. mehr als 1000 Einwohnern sind in der Regel Motels vorhanden. **Camping:** Es gibt viele private und öffentliche Zeltplätze, sowohl entlang der Küste als auch im Inland. *Wild campen:* In ländlichen Gegenden findet man abseits der Orte eingezäuntes Weide- oder offenes Ackerland, auf dem man zelten kann, aber nur mit Erlaubnis. Public Land gibt es nur als State- oder National Forest. Querwaldein ist das Unterholz undurchdringlich und der Boden oft mit Felsquadern übersät.

9 Neu-England

Literatur, Karten, Websites: Für die einzelnen New England States sind die „Atlas & Gazetteer" (zu beziehen über www.delorme.com/atlasgaz) am besten, sie empfehlen auch Rad-Rundtouren. Oder besorgt euch die ACA-Karten oder das Buch „Bicycling the Atlantic Coast". Ohne diese Hilfe wird das Radfahren im Bereich der dicht besiedelten Region ziemlich stressig. Weitere: „25 Bicycle Rides in Maine", Howard Stone, über W.W.Norton & Company, www.wwnorton.com/orders. „The North Shore & Cape Cod Bike Map", Rubel Bike Maps, Cambridge, MA, www.bikemaps.com. „25 Bicycle Tours in Vermont", „30 B. T. in New Hampshire"; Backcountry Publications, beide Bücher mit Karten, Infos über das Umland, Accommodations. „Great Rail-Trails in the Northeast", Craig Della Penna. „The Best Bike Rides in New England", von Paul Thomas, Globe Pequot Press, 40 Touren von 20 bis 100 Meilen und „Best Bike Paths of New England", von Williams, 45 Radwege und „Touring New England By Bicycle", von Peter Powers, 40 Strecken in Maine, Vermont und Massachusetts, mit Karten und Service, alle über www.latta-outdoors.com oder www.necartographics.com.

Homepages der staatlichen Tourismusbehörden: New England: www.discovernewengland.org; Rhode Island: www.visitrhodeisland.com; Massachusetts: www.mass-vacation.com; Vermont: www.1-800-vermont.com; Maine: www.visitmaine.com; New Hampshire: www.visitnh.gov mit brauchbaren regionalen Karten. – Über den aktuellen Stand des **Indian Summer** informiert www.weather.com/outdoors/fall (Button „Fall Foliage" und „Northeast" anklicken).

Bikepages New England: www.pedaling.com ist eine Art Suchmaschine für Tagestouren und berücksichtigt sogar eure individuellen Wünsche. Für Mountainbiker ist die Website der „New England Mountain Bike Association", www.nemba.org, eine wahre Fundgrube. Klickt auf „Riding Zone"/„places to ride" und ihr erhaltet viele **Tourenvorschläge für alle New England-Staaten!** Wer auf stillgelegten Bahnstrecken radeln möchte, sollte sich o.g. Guidebook zulegen oder zumindest mal auf die Infosite „New England Rail-Trails" (http://members.fortunecity.com/railtrails) gehen.

Bikepage Connecticut: Schön gemacht ist die private Homepage „Cycle Connecticut", www.cyclect.com, mit Radclubs und vielen Daytrips bis 100 Meilen und genauen Roadbooks.

Die Bikepages aller anderen New England-Staaten findet ihr in **Teil III, „8. Atlantic Coast".**

5. Routen-profil   Eine variable Rundreise je nach Streckenwahl durch 4 oder 6 Staaten: Massachusetts, Maine, New Hampshire, Vermont, (Connecticut, Rhode Island).

     ❖ **Netzwerk:** Verbindungen sind möglich mit **Teil IV, Canada – „4. Maritimes"** sowie mit **„8. Atlantic Coast" (Teil III)** in Richtung Süden.

6. Routen-verlauf   **HAUPTROUTE**

     BOSTON – BAR HARBOR (355 mi/568 km) --- BAR HARBOR – FARMINGTON (150 mi/240 km) --- FARMINGTON (ME) – CONWAY (NH):

     Nr. 1: FARMINGTON (ME) – CONWAY (NH) via backroads: (86 mi/138 km);

     Nr. 2: FARMINGTON (ME) – CONWAY (NH) via GORHAM und US 2 (105 mi/168 km) --- CONWAY (NH) – BRADFORD (VT) (70 mi/112 km) ---

BRADFORD – CHELSEA – STOCKBRIDGE – BRANDON (76 mi/122 km) -
-- BRANDON – WESTON – EAST JAMAICA – JACKSONVILLE – CHARLEMONT (MA) (120 mi/192 km) --- CHARLEMONT – GREENFIELD –
BARRE – STOW – BOSTON (111 mi/178 km)

ERWEITERUNGSVORSCHLÄGE

● **Extratour Baxter State Park:** BAR HARBOR – MILLINOCKET –
BAXTER STATE PARK – GREENFIELD – FARMINGTON (265 mi/424 km)
--- FARMINGTON (ME) – CONWAY (NH)(86 mi/138 km)

● **Extratour Vermonts Norden:** BRADFORD – GROTON – BARTON –
NEWPORT – RICHFORD – ENOSBURG FALLS – WATERBURY – BRISTOL – BRANDON (270 mi/432 km)

● **Extratour Boston By Coast:** CHARLEMONT – NORTHAMPTON –
OLD STURBRIDGE VILLAGE – BROOKLYN (CT) – MYSTIC (CT) (160 mi/
256 km) --- MYSTIC – BOSTON (ca. 250 mi/400 km)

Die Yankees

Die Uhren gehen anders in Neuengland. Hier gingen die berühmten Pilgrim
Fathers an Land. Hier wurde Geschichte geschrieben. Hier begann die kulturelle Entwicklung der USA (... denn die Indianer waren ja nur „Wilde", oder?).

Und deshalb meinen auch heute noch manche Neuengländer, sie seien etwas Besonderes. Mit manchmal an Arroganz grenzendem Stolz betrachten
sich besonders die, die ihren Familienstammbaum bis in die Reihen der Mayflower-Ankömmlinge zurückverfolgen können, als die Urväter der Nation, die
wahren Amerikaner eben (dabei gab es schon europäische Siedlungen auf
dem Kontinent, bevor die Pilgrims ans Auswandern dachten).

Mal schmunzelnd, mal zornig nennt man die Nachfahren der Puritaner auch
heute noch „Yankees" (der Name soll sich von „Jan Kees" ableiten, es war der
Spitzname bzw. das Schimpfwort der Engländer für die Holländer im anfänglich holländischen „Nieuw Amsterdam", dem späteren New York). Man unterstellt den Yankees gerne starre Ansichten und Prüderie, besondere
Sparsamkeit, Wortkargheit, aber auch einen besonders trockenen Humor. Und
letzterer ist es, den du am ehesten zu spüren bekommst, wenn du als Radler
dort unterwegs bist. Mit besonderer Vorliebe nämlich nehmen Neuengländer
alle die auf die Schippe, die als Touristen auf rascher Durchreise in ihr Revier
vordringen (man könnte fast meinen, es sei böse Absicht, dass die Straßen so
verdammt schlecht ausgezeichnet sind).

„In New Hampshire zeigt man nicht gern jemandem den Weg", heißt es in
John Irvings Buch „Owen Meany", das in Neuengland spielt: „Wer nicht weiß,
wo er hin will, der gehört auch nicht dahin, wo er ist, findet man."

Als wir uns in Pittsfield in Maine bei einem Tankwart und einer Nebenstrecke über Detroit (ME) erkundigten, um US 2 mit seinem nervenraubenden Verkehr zu entgehen, schickte uns der gute Mann wortkarg die Straße weiter
runter und dann links.

Für Neuengland ist eine solche Auskunft schon ziemlich genau, doch wir
verfuhren uns glatt, landeten zwar auf einem Highway, doch leider auf dem falschen. Ich wandte mich mit der Bitte um Hilfe an einen Herrn, der am Fahrbahnrand seinen Hund ausführte. Doch anstelle einer Antwort warf er mir
einen verstörten Blick zu, schüttelte den Kopf und ging weiter. Also lehnten wir
unsere Räder an den kleinen Laden gegenüber, und nachdem ich geduldig
das Schwätzchen mit der Kundin vor mir abgewartet hatte, fragte ich die Verkäuferin nach dem Weg nach Detroit auf dem Highway 69.

„Highway 69 – Highway 69? Wo soll der gleich noch mal hinführen?" Sie gab sich sichtlich Mühe, doch dann beschloss sie, dass es das Sicherste sei, ich frage an der Tankstelle im Ortskern nach. Leicht verwirrt verließ ich das Geschäft.

In diesem Augenblick fuhr eine schwarze Limousine vor. Ich erkundigte mich bei dem jungen Mann am Steuer.

„Highway 69 sagen Sie? Kenn ich nicht."

Langsam wurde ich ein wenig ungeduldig und bemerkte: „Verflixt noch mal. Hier gibt es doch gar nicht so viele Highways. Wieso kennt denn keiner Highway 69?" –

„Wir brauchen doch die Zahlen nicht", sagte der Fahrer schmunzelnd, „wir wissen auch so, wo wir herfahren müssen."

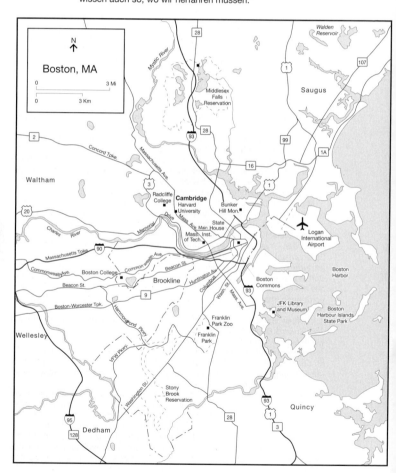

Start und City-Guide Boston

Boston in Massachusetts ist die siebtgrößte Stadt der USA, genießt aber dennoch den Ruf gemütlich zu sein und wesentlich übersichtlicher als die nicht allzu ferne Metropole New York. Bei der Ankunft per Flugzeug ist es ein großer Vorteil, dass der Logan Airport nur knappe 5 Meilen vom Stadtzentrum entfernt liegt. Man braucht sich keine großen Sorgen über lange Anfahrtswege bei spätem Eintreffen zu machen. Doch dummerweise liegt zwischen Airport und Stadtzentrum der Sumner Tunnel, den man per Rad nicht durchqueren darf. Ihr könnt aber auf Bus oder U-Bahn umsteigen, die den Flughafen direkt mit der City verbinden. Es gilt die Regel: ein aufgrund des Fluges noch verpacktes Rad wird immer mitgenommen, denn es handelt sich um ein Gepäckstück. Ein unverpacktes Rad wird nur außerhalb der Stoßzeiten, z.B. an Wochenenden akzeptiert. Aktuelle Infos für fahrradspezifische Fragen zum Airport erhaltet ihr bei freecall 1-800-23-LOGAN oder www.massbike.org/info/airport.htm.

Wer gleich nach der Ankunft selbst losradeln will, verlässt den Airport Richtung Norden auf der Chelsea Street und nimmt dann die gleichnamige Brücke zum Stadtteil Chelsea. Alternativ bietet sich die Meridian Street mit daran anschließender Andrew P. McArdle Bridge an. Weiter geht's bei beiden Varianten Richtung Westen über: Marginal, Williams, Beacham, links in die Robin, rechts in die Dexter und links auf die Alford St. (Hwy 99). Den Mystic River überqueren, direkt danach Abfahrt zur Main St., die übergeht in die Warren St. Dann Richtung Central Boston wieder auf den Highway 99 schwenken, um den Charles River zu überqueren. Nebenbei bist du damit schon auf dem Freedom Trail, dem Pfad, der alle wichtigen Sehenswürdigkeiten Bostons miteinander verbindet (weiteres dazu s.u.).

Wer sich vor dem Städtebesuch rundum informieren will, geht zum Massachusetts Office of Travel & Tourism, 10 Park Plaza, Suite 4510, Tel. (617) 973-8500 oder freecall (800) 227-MASS. Vielleicht hilft auch schon die Website www.bostonusa.com oder die Infoline 1-888-SEE-BOSTON.

9 Neu-England

■ Co-Autor Helwig Lenz am Bostoner Hafen

Boston

(von Christiane Tobias). – Für die Fahrt vom Logan Airport in die Stadt ist das Taxi am empfehlenswertesten, denn es transportiert Fahrräder, wenn es groß genug ist (station wagon) und spart Nerven, die man sonst braucht, um mit dem Fahrrad ins Zentrum zu kommen.

Obwohl Boston eine typisch amerikanische Großstadt mit Wolkenkratzern, gigantischen Autobahnkreuzungen etc. ist, lassen sich auch viele Ecken entdecken, die mehr an Europa erinnern als in jeder anderen amerikanischen Großstadt: Quincy Market beispielsweise, den angeblich meistbesuchtesten Platz Amerikas mit Hunderten von Cafés, Imbissständen und Straßenkünstlern; Beacon Hill, das vornehme Wohngebiet mitten in der Stadt mit engen Kopfsteinpflasterstraßen und vielen sehenswerten Haustüren, oder das „italienische" Northend. Am besten lassen sich die Bostoner Sehenswürdigkeiten in der Innenstadt und ein wichtiges Stück Geschichte der Stadt und der USA auf dem sogenannten „Freedom Trail" erkunden, der an der Tourist-Information im Stadtpark „Boston Common" beginnt und sich als roter Strich 2,5 Meilen quer durch die Innenstadt windet. Mit dem Fahrrad diesen „Trail" abzufahren ist größtenteils (bis auf kleinere Treppen) zwar möglich, jedoch aufgrund der Menschenmassen entlang des Weges und der Menge der Sehenswürdigkeiten, die teilweise auch von innen besichtigt werden können, nicht unbedingt empfehlenswert.

Einen guten Überblick über radfahrtaugliche Stadtbezirke in Boston bekommt man mit der „Boston Bike Map", die für ein paar Dollar in jedem größerem Buch- und jedem Fahrradladen erhältlich ist. Wer Interesse hat, detailliertere Informationen über das Radwegeangebot in Boston und Umgebung sowie über Veranstaltungen und Aktivitäten örtlicher Fahrradclubs zu bekommen, dem sei empfohlen, sich mit Mitgliedern dieser Clubs in Verbindung zu setzen.

Gute Fahrradgeschäfte gibt es einige in Boston; empfehlenswert fanden wir „Back Bay" auf der 336 Newbury Street, Tel. (617) 247-2336, „Bike International", 89 Brighton Ave., Tel. (617) 783-5804 (größtes Angebot innerhalb der Stadt), und „Ace Wheel Works" in der 145 Elm St., Somerville, Tel. (617) 776-2100 mit sehr guter fachlicher Beratung.

Übernachten

Massachusetts ist mit das teuerste Pflaster, das man in den USA finden kann. Relativ preiswert und gut kommt man im berühmten Uni-Vorort Cambridge unter. Dort bieten der YMCA, 820 Massachusetts Ave., Tel. (617) 661-9622 und der YWCA, 40 Berkeley Street, Tel. (617) 375-2524 für 56 $ incl. Frühstück Übernachtungsmöglichkeiten an. Beide Häuser sind nach Geschlechtern getrennt. Für Paare gibt es das Greater Boston YMCA Haus, 316 Huntington Ave, Tel. (617) 927-8040 (40-45 $). Bei ganz knappem Reisekapital weicht auf die Jugendherberge Boston International AYH Hostel, 12 Hemenway St., Tel. (617) 536-9455 aus, die Schlafsaalbetten für 32-38 $ anbietet, oder nehmt das Irish Embassy International Hostel, 233 Friend St., Tel. (617) 973-4841. Weitere Budget-Accommodations unter der Internet-Adresse www.emigrantadvice.ie/boston_accommodation.html. B & B-Unterkünfte gibt es reichlich. Camping kommt nicht in Betracht, denn der nächste Zeltplatz liegt mehr als 40 km entfernt weit außerhalb der Stadt.

Nachtprogramm

Boston ist die Stadt der Iren, die hier vor allem nach 1840 Fuß fassten, als eine Hungersnot die Zeiten im Heimatland unerträglich hart werden ließ. Damit ist die Stadt eine Bastion der Katholiken im Lande der Urprotestanten des Kontinents. Den Iren ist es zu verdanken, dass es pro Meile des Stadtbezirks mindestens ein Pub gibt, in dem man unter Umständen sogar ein echt irisches Guiness schlürfen kann. Ob Guiness oder Budweiser, eine derartig dichte Ansammlung von Kneipen ist allemal eine Seltenheit für die USA. Infos über Boston und die dazugehörige Kneipentour: www.boston.com. Festtag Nr. 1 in Boston ist der St. Patrick's Day am 17. März.

Mountain- Biking: Middlesex Fells Reservation, 6 km nordöstlich von Boston, mit 30 km Trails, Fire Roads und Loop Trail (siehe www.state.ma.us/mdc/fells.htm).

BOSTON – BAR HARBOR (355 mi/568 km)

Die Weiterfahrt entlang der Küste von Boston nach Bar Harbor (ME) könnt ihr nachschlagen in **„8. Atlantic Coast"** unter „Boston und der Norden". Dieses Kapitel hier beschäftigt sich nur mit dem Binnenland der Neuenglandstaaten mit der Streckenbeschreibung ab Bar Harbor (Mount Desert Island) Richtung Vermont.

Das Binnenland der Neuenglandstaaten

Grüne Hügel, viel Farmland, stille Seen, quirlige Bäche und ländliche Idylle – das sind die Bilder, auf die man sich in Neuengland freuen kann. Es sind Landschaften, wie man sie auch auf unserem Kontinent findet. Doch der Baustil ist völlig anders. Alle Amerikaner schwärmen vom „Indian Summer" im Nordosten, der die Blätter der Bäume so prächtig entflammt. Die Farben leuchten wirklich ungewöhnlich intensiv. Dennoch, ein Europäer wird buntes Herbstlaub wahrscheinlich etwas weniger aufregend finden als ein Texaner zum Beispiel, der fast ausschließlich Nadelwälder kennt.

■ *New Hampshire Dorfkirche*

9 Neu- England

Maine

Per Rad gibt es im nördlichen Binnenland Maines nur wenig besonders Reizvolles aufzuspüren. Die Wildnisattraktion, der Allagash Wilderness Waterway, verbirgt sich tief im Herzen der Wälder und ist nur erreichbar über endlose Schotterpisten durch die Einsamkeit. Wer Geld und Zeit hat und für eine Woche mal etwas anderes als Radfahren machen will, für den lohnt es sich, einen der „outfitter" aufzusuchen (z.B. www.allagashoutfitters.com). Sie bieten Kajak- und Wildernesstouren durch diese Region an.

■ *Boote an Maines Küste*

Baxter SP   Maine setzt eigentlich voll auf die Küste als Ferienziel im Staate. Baxter State Park, die Attraktion Nr. 2, ist das beliebteste Kontrastprogramm zum Küsten- und Badetourismus. Das riesige Waldgebiet mit Seen und Bergen östlich der I-95 im Zentrum von Nord-Maine ist ein Geschenk des Millionärs Percival Baxter an den Staat Maine, verbunden mit der Auflage, dass das Areal auf gar keinen Fall in einen National Park umgewandelt werden dürfe.

Aufgrund der recht abgeschiedenen Lage Maines muss man schon sehr ein Wald-, Wildnis- oder Appalachenfreund sein, damit es sich lohnt, den Park per Rad anzusteuern. Die Zufahrtsstraßen sind zum Teil Schotterpisten. Nur die 30 km von Millinocket aus sind größtenteils geteert.

● **Extratour**   **Baxter State Park: BAR HARBOR – MILLINOCKET – BAX-TER STATE PARK – GREENFIELD – FARMINGTON** (265 mi/424 km)

Da es innerhalb des Parks keine Läden oder Restaurants gibt, radelt ihr am besten über dieses Millinocket, wo ihr nochmals einkaufen könnt. Neben Angelfreuden und Wanderungen ist das Highlight des Aufenthaltes im Park die Besteigung des Mount Katahdin (1606 m), zu dessen Gipfel hinauf der Cathedral Trail führt oder auch der bekanntere, wenngleich nicht ganz ungefährliche *Knife Edge Trail*. Der Rundumblick vom Gipfel des ehemaligen Vulkans über die unberührten Seen und Wälder des Baxter ist beeindruckend. Mount Katahdin ist berühmt vor allem als das

Ende oder der Start des berühmten *Appalachian Trails,* eines Langstrekken- Wanderweges (2144 Meilen), der von hier bis zum Springer Mountain in Georgia führt (man könnte ihn ja schon mal beginnen, für 10 Meilen oder so ...).

Im Park gibt es Bären, und mancher von ihnen gilt als Bettelbär, der aufgrund von Erfahrungen im Park oder in Holzfällercamps Menschen durchaus mit Nahrung in Verbindung bringt. Vorsicht also! Mehr Infos bei: Baxter State Park Authority, 64 Balsam Dr., Millinocket, Tel. (207) 723-5140, www.baxterstateparkauthority.com.

Straßen zum Baxter SP   Wer von Bar Harbor aus Baxter State Park ansteuert, sollte ME 3 und US 1, die Rennstrecke zum Acadia NP, möglichst meiden. Um US 2 Richtung Norden zu entgehen, kann man im Wesentlichen auf ME 178 und ME 116 ausweichen.

Wenn euer Ziel Baxter State Park Richtung New Hampshire ist, dann vorher im Visitor Center des Parks über den Zustand der Strecke nach Greenville erkundigen. Regenfälle oder zu starker Loggingverkehr können das Fahren auf diesem Abschnitt sehr unerfreulich werden lassen. Von Greenville aus kann man über Abbot Village bei Guilford auf ME 16, 234 und 27 Richtung Farmington am Hwy 2 radeln. Dieser Abschnitt ist sehr gebirgig und kostet viel Puste, so dass du vielleicht geneigt bist, von dort an auf US 2 zu bleiben.

BAR HARBOR – FARMINGTON (150 mi/240 km)

Wer von Bar Harbor aus auf direktem Wege Richtung Osten weiterfährt, sollte Bangor und Umgebung nach Möglichkeit meiden. Ab Ellsworth fährt man besser Richtung Bucksport auf ME 174 nach Waterville, weiter auf ME 137, ME 225 und ME 27 nach Farmington. Besondere Höhepunkte gibt es entlang der Strecke nicht. Kleine Orte, mal schmuck herausgeputzt, mal vernachlässigt, Felder, Weiden, viel Wald und viele Sägewerke.

FARMINGTON (ME) – CONWAY (NH)

Nr. 1: FARMINGTON (ME) **– CONWAY** (NH) **via backroads** (86 mi/138 km)

Die Hauptroute nach New Hampshire führt über US 2. Sicherer fährt man auf Nebenstrecken weiter, wechselt etwas weiter südlich über die Staatengrenze und genießt die White Mountains an ihrer Sonnenseite. Von Farmington aus bringen dich ME 133, ME 140, ME 117 und US 302 nach Conway, einem schmucken Erholungsort am Fuße der Weißen Berge in New Hampshire, in dem man bestens für ein paar Tage sein Basislager einrichten kann, um die Gegend zu erkunden.

Nr. 2: FARMINGTON (ME) **– CONWAY** (NH) **via GORHAM und US 2** (105 mi/168 km)

US 2 ab Farmington ist recht flach, aber dennoch wenig erholsam. Ab Bethel wird die Strecke landschaftlich reizvoll, da sie durch den White Mountain National Forest führt. Leider ist das kurvenreiche Stück extrem unübersichtlich, total eng und viele Trucks machen das Radeln dort gefährlich. Kurz vor und dann wieder hinter Gorham kreuzt der Appalachian Trail die Straße.

New Hampshire

Rund um Mount Washington

Mount Washington, der höchste Berg der White Mountains, ist mit Garantie das bekannteste Stück Granit des Staates. Auf dem Gipfel des 1917 m hohen Riesen herrscht angeblich das rauheste Wetter der USA. Mit extremen Winden von mehr als 150 km/h an durchschnittlich 104 Tagen im Jahr ist es dort zumindest meist recht ungemütlich. 1936 wurde der Rekordwert von 372 km /h gemessen. Also packe vorsichtshalber deine Windjacke ein, falls du den Plan hast, die Spitze zu erklimmen. Drei Möglichkeiten bieten sich dazu an:

a. Du folgst dem Appalachian Trail, zu Fuß versteht sich.

b. Du fährst den Scenic Drive, eine 8 mi/14 km lange Maut-Piste, die zum Top des Berges hinaufführt. Einmal im Jahr ist genau diese Piste Schauplatz eines Radrennens – mit Rennrädern wohlgemerkt –, das als das Härteste der Ostküste gilt. *Urs Zinniker* hat jedoch folgende Erfahrung gemacht: „Der Mount Washington kann nur einmal im Jahr mit dem Fahrrad bezwungen werden, während des Rennens. Sämtliche sonstige Versuche werden von der Polizei rigoros abgebrochen."

c. Du lässt dich von der Cog Railway (www.thecog.com) hinaufbringen, der mit Baujahr 1869 ältesten und zweitsteilsten Bergbahn der Welt. Bei 37% Steigung hilft nur noch Vertrauen in die Technik, wenn die stampfende Lok während der Auffahrt alles um sich herum in stinkend schwarzen Rauch hüllt. Die Fahrt ist mit 49 $ sehr teuer und der Startpunkt liegt ein wenig abseits an einer Stichstraße östlich von Fabyan in Bretton Woods an NH 302. Wesentlicher Bestandteil des Ortes ist das palastartige Mount Washington Hotel.

■ *Die Cog Railway (beachte die Vorneigung der Lok)*

Gorham

Ausgangspunkt für die meisten Aktivitäten rund um den Mount Washington ist Gorham an US 2, das auf der Karte aussieht wie ein kleiner Vorort vom benachbarten Berlin (NH), aber viel attraktiver ist als der langweilige Namensvetter der deutschen Hauptstadt. In Gorham triffst du auf das übliche Sammelsurium aus Fast food-Lokalen, Supermärkten, Motels, Gift Shops etc. am Highway und auf ein nettes kleines Stadtzentrum südlich davon. Ein Ski- und Radladen mit dem etwas ungewöhnlichen Namen „The Mens Room at 101" befindet sich in 101 Main Street, Tel. (603) 466-5050. Dort gibt es auch weitere Informationen über Aktivitäten, Trails etc. per Rad in der Umgebung. Man sollte sich auf keinen Fall den *Kangamagus Highway* (NH 112) von Conway aus entgehen lassen. Zu erreichen von Gorham aus über NH 16 Richtung Süden.

CONWAY (NH) – BRADFORD (VT) (70 mi/112 km)

Kancama-gus High-way (NH 112) In den Flüssen, die längs des Kancamagus Hwy neben der Straße plätschern, kann man bestens baden, oder, wer Lust hat, der reiht sich in die Scharen der „tubing-fans" ein, die sich auf Autoschläuchen von der Strömung treiben lassen. Abseits des Badespaßes ist es eine optisch schöne Straße durch kühle Täler mit herrlichem Mischwald. Nahe Conway ist die erste „covered bridge" der Tour zu bewundern. Diese alten Brücken erinnern mit ihrem hölzernen Dächern an Schutzhütten. Im Winter hält das Dach den Weg schneefrei und bewahrt die Konstruktion auch vor zu schwerer Schneelast. Ihr werdet noch viele davon sehen in Vermont. NH 118 und NH 25C nach Bradford sind eine günstige Ausgangsposition für Vermont. Wer die Extra-Tour durch den Norden einlegen will, kann auch NH 112 treu bleiben und über US 302 weiterradeln nach Groton.

■ *In Vermont oft zu sehen: covered bridges*

Vermont

Von Christiane Tobias „Vermont", sagen die Amerikaner, „ist ein Radfahrparadies". In gewisser Weise stimmt das auch; die meisten Straßen sind nicht überfüllt und die Entfernungen im Bundesstaat nicht zu groß. Dazu gibt es einige kleine nette Orte und eine schöne Landschaft. Wer jedoch Naturwunder wie den Grand Canyon erwartet, der wird enttäuscht sein und sich eher an den Schwarzwald erinnern fühlen.

Das Netz an Stateparks mit Campgrounds und anderen Unterkunftsmöglichkeiten ist in Vermont sehr dicht, und so ließen wir uns bei den Tagesetappen auf dem Weg von Bennington (Südwestecke Vermont) Richtung Norden ziemlich treiben. Am ersten Tag ging es über die schöne „Historic Route 7A" und danach auf der Route 7 zum Emerald Lake Statepark (36 mi). Von hier aus fuhren wir am folgenden Tag über die Route 7/7B nach Rutland und weiter Route 7 nach Brandon. In Brandon geht es rechts auf die Straße 73 und nach 3 km links in die Straße 53 zum Bradbury Statepark am Lake Dunmore (54 Meilen). Auf einem riesengroßen Rasenplatz direkt am See gab es insgesamt nur 15 Campsites – Ausdruck des amerikanischen Wunsches nach Platz und Individualität.

Entlang der Green Mountains führte uns der Weg am nächsten Tag zunächst über die Straße 53 (2 mi), dann die 7 (3 mi) und in East Middlebury auf der 116 bis nach Burlington (insgesamt 66 Meilen). Lohnenswert ist ein Abstecher über den Hwy 7 nach Middlebury, einer netten Kleinstadt, und einige Umwege über die kleineren Nebenstraßen parallel zum Hwy 116, die teilweise noch etwas hügeliger sind, dafür mitten durch die „Vermont Countryside" führen.

In Burlington blieben wir gleich drei Tage, weil es uns so gut dort gefiel. Als größte Stadt in Vermont und Universitätssitz besitzt Burlington ein nettes Zentrum mit Fußgängerzone (!) und kleinen Cafés etc. Direkt am Lake Champlain gelegen gibt es jede Menge weiterer Freizeitmöglichkeiten. Einen Tag nutzten wir für eine Radtour ohne Gepäck über die traumhaft schöne Grand Isle (Hwy 2) bis hoch zur kanadischen Grenze (Hwy 78), und dann zurück nach Burlington zum größten Teil direkt am See entlang auf Hwy 36. Insgesamt war diese Tour 100 Meilen lang.

Noch weitere zwei Tage fuhren wir von Burlington aus parallel zum Highway 2 auf dem 302 (nicht sehr empfehlenswert!) nach South Barre südlich von Barre bzw. Montpelier (58 Meilen). Von dort aus ging auf dem sehr schönen Hwy 14 am Second Branch White River entlang bis nach White River Junction (60 Meilen). Leider reichte unsere Zeit nicht mehr, um nun am Connecticut River entlang bis nach Brattleboro weiterzufahren (ca. 70 Meilen), eine Strecke, die uns mehrere sehr empfohlen hatten. Stattdessen ging es für uns von White River Junction aus mit dem Bus der Vermont Transit Line zurück nach Boston. Für die Fahrräder benötigten wir bei dieser Busgesellschaft, die mit Greyhound kooperiert, unbedingt einen Fahrradkarton.

Radlerparadies mit kleinen Schwächen

Das mit dem „Radlerparadies" kann man auch differenzierter sehen ... Kommt man von Norden aus dem geruhsamen Quebec nach Vermont, dann ist der US-Verkehr mit seinen vielen Pick-ups, deren betont sportlichen Fahrern und den vielen Trucks erst einmal gewöhnungsbedürftig. Auch wenn Vermonts Besiedlung nicht dicht ist, Ausflugs- und Durchgangsverkehr lassen die Straßen mitunter sehr eng werden.

Das DOT von Vermont warnt Radler ausdrücklich vor einigen Streckenabschnitten: US 7 zwischen Manchester (Südwesten) und Burlington; US 9 (ganz im Süden) zwischen Brattleboro und Bennington; im südlichen Zentrum US 4 zwischen Rutland und White River Junction; US 2 im Zentrum zwischen Montpelier und St. Johnsbury. (Wir fanden die US 2 in allen Neuenglandstaaten verdient das Prädikat „meidenswert".)

Auch die Hauptattraktion des Staates, der 43rd Infantry Division Memorial Highway, ist mit Vorsicht zu genießen. Der Highway, den man auf Karten als VT 100 findet, gilt als die schönste Straße Vermonts. Meist den Flüssen am Fuße der Green Mountains folgend, verbindet er die besonders idyllisch gelegenen kleinen Ortschaften miteinander. Eng und durch kurvenreichen Verlauf unübersichtlich, wird die Straße wegen des hohen Ausflugsverkehrs und der durch Sightseeing abgelenkten Fahrer für Radler echt gefährlich. Auf Dauer kann man der Strecke nicht ausweichen, weil es keine brauchbare Alternative gibt.

● **Extratour**   **Vermonts Norden: BRADFORD – GROTON – BARTON – NEWPORT – RICHFORD – ENOSBURG FALLS – WATERBURY – BRISTOL – BRANDON** (270 mi/432 km)

Die Seenplatte von Vermont

Der Norden Vermonts ist mal pittoresk, mal alltäglich ländlich, auf jeden Fall aber geruhsamer als die Green Mountains. Nördlich von Bradford liegt eine Seenplatte mit vielen Lakes und Ponds, zwischen denen es sich geruhsam radeln lässt. VT 25 führt nach East Corinth, eine County Road von dort nach Groton. Ein kurzes Stück auf der lebhaften US 302, dann kann man abbiegen auf VT 232, die an vielen der ruhigen, baumgesäumten Seen entlangführt zu US 2. Wenn du Glück hast, hörst du hier einen abenteuerlichen Ruf der Wildnis, den Schrei des Loon. So heißen die schwarz-weißen Schwimmvögel mit den weißen Punkten, deren schaurig schöner Lockruf besonders in der Dämmerung oft erklingt.

9 Neu-England

Auf der Meile US 2 nach Marshfield kannst du erfahren, welcher Stress dir auf den Nebenstraßen entgeht. Im Ort zweigt VT 215 ab, das Verbindungsstück zu VT 15 und VT 16, die dich vorbei an weiteren kleinen Seen, auf denen stets Angler in Booten dahindümpeln, nach Barton bringt. VT 16 und VT 5A bringen euch zum wichtigsten Highway im Norden, zu VT 105. Nicht leer, aber trotzdem ganz gut zu fahren, führt er nach Newport, einem beliebten Ferienort an Lake Memphremagog, dessen recht steiles Nordufer bereits in Canada liegt.

Durch die Berge des Nordens

Dieser See war dann auch der letzte für einige Zeit. Danach gibt es Berge. Die höchsten im Norden sind die Jay Peaks, die VT 105 erklettert. Am Wochenende trifft man hier viele Radler aus der benachbarten kanadischen Provinz Quebec. Wer es lieber gemütlich als anstrengend haben möchte, kann ein kleines Stück durch Quebec radeln, auf dem fast flachen Hwy 105A. Falls ihr Hunger habt, deckt euch in North Troy ein. An Hwy 105A gibt es nichts.

In East Richford stoßen die beiden Strecken wieder aufeinander und führen durch ein nettes Flusstal weiter nach Westen. VT 105 folgt der Eisenbahntrasse und ihr folgt VT 105 am besten bis Sheldon Junction. Ein schnurgerades Stück Straße ohne Höhepunkte.

Backroads! Das sind die guten Wege durch Vermont. Abseits von VT 108 auf Nebenstraßen, wo man mehr Trecker als Autos sieht, geht es Richtung Süden nach Jeffersonville. Dort ist es wieder vorbei mit der Radleridylle. Der 10th Mountain Division Memorial Highway, kurz VT 108, klettert durch die Berge hinauf zur Smugglers Notch auf 2162 ft/700 m. Im Winter heißt es hier „Ski und Rodel gut". Im Sommer wartet eine schwungvolle Abfahrt per Rad nach Stowe, in eines der Bilderbuchörtchen. Wetten, dass ihr die Covered Bridge nahe der Straße glatt verpasst? In Stowe trefft ihr zum ersten Mal auf VT 100. Es sind nur noch 10 mi/16 km bis Waterbury und dort wartet eine echte Belohnung auf euch.

Exkurs

Ben & Jerrys Treats
Mancher munkelt, in Vermont gäbe es mehr Kühe als Menschen. Milch ist Haupteinnahmequelle der Landwirtschaft, ist aber weniger als in früheren Jahren gefragt. Was kann man Gutes tun mit Vermonts Milch, fragten sich zwei pfiffige Köpfe und bestellten sich ein Buch, aus dem sie lernten, wie man Eiskrem macht. Ben & Jerry heißen die zwei und ihr Speiseeis gehört heute zum Feinsten, was die USA auf diesem Sektor zu bieten haben. Wer spricht da noch von Häagan Das! Der Laden der beiden Eiskremkönige liegt nahe der Kreuzung von US 2 mit VT 100 in Waterbury. Manchmal binden die Spaßvögel eine Kuh draußen an, ihr Erkennungszeichen. Schon angesichts der Namen für die Sorten läuft das Wasser im Munde zusammen. Wir kamen immer wieder auf „Chunky Monkey" zurück, falls es nicht mal wieder vergriffen war.

Südlich von Waterbury warten Vermonts Berühmtheiten, die **Green Mountains,** deren Mischwald so wunderschön bunt leuchtet im Herbst. An der Appalachian Gap, mit 2377 ft etwas höher noch als der letzte Pass, kann man gut auf die Westseite hinüberwechseln nach Bristol (L). VT 116 führt an der Westseite der Green Mountains entlang bis US 7. Nach einer kurzen Kostprobe des Verkehrs dort biegt ihr gewiss gerne ab auf VT 53, eine ruhige Straße, die an den hübschen Häusern von Lake Dunmore entlang mit Seeblick und über VT 73 nach Brandon (L) führt.

BRADFORD – CHELSEA – STOCKBRIDGE – BRANDON
(76 mi/122 km)

Genau an der Picknickecke am VT 25 nördlich von Bradford zweigt östlich, dem South Branch des Waits River folgend, eine ruhige County Rd. Richtung Chelsea ab, die kurz vor dem Ort auf VT 113 stößt. VT 110 Richtung Süden weist eine der komplettesten Sammlungen an Covered Bridges auf, die mal rechts, mal links der Straße den First Branch White River überspannen. Über VT 14 und VT 107 erreicht man die Green Mountains bei Stockbridge, einer kleinen Ortschaft am Fuß der „Grünen Berge".

Shelburne Center/Killington

Zu den schmuckesten Dörfern ganz Vermonts gehört Shelburne Center, auch Killington genannt. Es liegt weiter südlich und lockt den einen oder anderen vielleicht zu einem Abstecher, auch wegen der zahlreichen Bike- und Ski-Shops. Das Nadelöhr bei Shelburne Center ist der härteste Verkehrsknotenpunkt der Green Mountains und nicht geeignet, mal auf die Ostseite hinüberzuwechseln.

Eine Durchquerung der Green Mountains ist aber schon ein Muss bei einer Neuenglandtour per Rad. Eine der günstigsten Strecken ist VT 73, die bei Rochester wenig weiter nördlich abzweigt. Die Straße klettert langsam hinauf zur Brandon Gap auf 2170 ft/661 m. Von dort aus habt ihr einen herrlichen Blick auf die grünen Gipfel. Mehrere Erholungsanlagen säumen den Weg oder laden zu kürzeren Abstechern ein. Brandon ist dann seit langem mal wieder ein größerer Ort.

BRANDON – WESTON – EAST JAMAICA – JACKSONVIL- LE – CHARLEMONT (MA) (120 mi/192 km)

Rutland zu umgehen ist empfehlenswert und der beste Weg sind die namenlosen County Roads, die von Brandon aus über Florence nach Center Rutland führen. 3 km auf US 4 und ihr könnt aufatmen, wenn ihr in West Rutland abzweigt auf VT 133. Clarendon River folgend führt eine County Rd. nach Clarendon und Wallingford. VT 140 kreuzt auf dem Weg nach East Wallingford noch einmal den Appalachian Trail, niedriger hier, und VT 155 trifft auf der Ostseite der Green Mountains wieder auf VT 100, die Touristenroute. Man merkt es an den Picknickplätzen, Gift Shops, Golfanlagen und State Parks. Im Süden geben sich noch einmal die höchsten der Green Mountains ein Stelldichein. Ab Jacksonville führt der ruhige Hwy 8A hinüber nach Massachusetts.

Massachusetts

9 Neu-
England

CHARLEMONT – GREENFIELD – BARRE – STOW – BOSTON (111 mi/178 km)

Auch das Binnenland des Pilgrim-Father-Staates bringt mehr Landleben als touristische Attraktionen, besticht aber durch Beschaulichkeit. Vorerst radelst du noch in der Nähe der Appalachen, deren Ausläufer dir mit steilen Hügeln ein paar anstrengende Meilen bescheren. Hwy 8A trifft bei Charlemont auf MA 2, eine landschaftlich schöne, wenn auch nicht ganz ruhige Strecke, die durch das Tal des Deerfield River führt. Wer auf dem kurzen Weg nach Boston zurück will, folgt MA 2 Richtung Greenfield. Es gibt von dort aus ein paar Nebenstraßen, auf die man ausweichen kann, aber Achtung, das Quabbin-Reservoir ist im Weg! Da kann man auch gleich auf MA 2 weiterradeln und erst hinter Ervin Richtung Orange und Athol abbiegen, wo MA 32 kreuzt. MA 32 führt nach Barre, wo MA 62 abzweigt, in Kombination mit MA 117 der beste Rückweg nach Boston. Wer noch Zeit hat, kann von Princeton an der 62 aus einen Abstecher einlegen in die Wachusett Mountains, sich einen Badetag gönnen am Wachusett Reservoir und Berlin (MA), ein Nest unter den Nestern, durchbummeln.

● **Extratour**   **Boston by Coast: CHARLEMONT – NORTHAMPTON – OLD STURBRIDGE VILLAGE – BROOKLYN (CT) – MYSTIC (CT) (160 mi/256 km) --- MYSTIC – BOSTON** (ca. 250 mi/400 km)

Wer nach soviel Binnenland und Neuenglanddörfern Lust auf Küste verspürt, kann seine Neuenglandreise noch um ein paar Höhepunkte bereichern und den Rückweg nach Boston via Meeressaum ansteuern. Von Vermont stößt Hwy 8A südlich von Charlemont auf MA 9, ebenfalls eine „scenic route" durchs Binnenland, zumindest bis Northampton (all services). Dann lassen die Hügelketten nach, das Land wird offener, weniger malerisch die Örtchen, die MA 9 bleibt die beste Wahl Richtung Osten bis Brookfield. Dort zweigt MA 148 ab nach Süden Richtung Sturbridge.

Old Stur-bridge Villa-ge

Old Sturbridge Village ist das schönste und lohnenswerteste Living Museum in ganz Neuengland. Über 40 guterhaltene Häuser aus den Gründertagen wurden hier zusammengetragen und zu einem durch und durch idyllischen Neuenglanddorf mit Teichen, Hügeln und Ahornbäumen gruppiert. Leute leben dort wie in alten Zeiten, gehen altem Handwerk nach, dessen Produkte man kaufen kann. 20 $ Eintritt sind ein stolzer Preis, aber soviel Gelegenheit, sein Geld zu verpulvern hat man ja während einer Neuenglandtour nicht und hier ist es bestens angelegt. Weitere Informationen unter www.osv.org oder freecall 1-800-SEE 1830.

Küste von Connecticut

Von Sturbridge aus ist es ein Katzensprung hinüber nach Connecticut über MA 131 und CT 169. Ab North Woodstock geht es durch die landschaftlich schönste Region des gesamten Staates nach Lisbon und via CT 164 zur Küste nach Mystic, dem touristischen Highlight in Connecticut. Für den Rückweg nach Boston locken noch ein paar Höhepunkte der Atlantikküste.

〉〉〉 Connec-tion:

Boston via Atlantic Coast (250 mi/400 km)
Was es dort zu sehen gibt und wo es langgeht, findet ihr beschrieben ab „Mystic" in Teil III, „8. Atlantik Coast". Von Mystic nach Boston sind es noch ca. 250 mi/400 km.

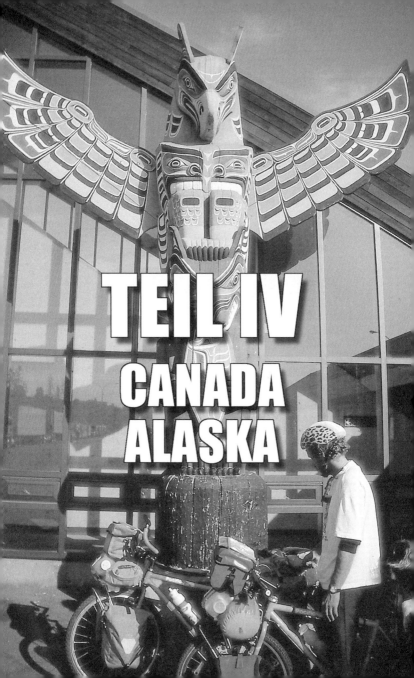

TEIL IV
CANADA
ALASKA

Canada ist anders

■ *Willkommen im Elch-Land ...*

Canada ist das zweitgrößte Land der Erde (28 mal so groß wie Deutschland) – riesig sind die Entfernungen, gewaltig ist das Potential an Natur und Wäldern. Wenngleich in Canada vieles ähnlich wie in den USA ist – gesittet, nett, gut organisiert –, so ist Canada doch nicht einfach die Fortsetzung seines südlichen Nachbars. Man gibt sich mehr britisch-europäisch als US-amerikanisch, man ist weniger hektisch als in den USA, und vielen gefällt Canada besser als die USA. Im Osten Canadas, in der Provinz Québec, dominiert die französische Vergangenheit, dort wird fast ausschließlich französisch gesprochen.

Die Bergketten der amerikanischen Rocky Mountains setzen sich in Westkanada fort, ziehen sich bis nach Alaska hoch. Und diese Region zwischen den Rockies und der Westküste Canadas ist landschaftlich sehr beeindruckend und abwechslungsreich, hier findet man, **in den Provinzen British Columbia und Alberta, das Beste und Schönste von Canada:** Einsames Bergland, klare Flüsse und Seen, Strände und Fjorde, Wildnis und Zivilisation ...

Der Mittelteil Canadas – also die Provinzen Ost-Alberta, Saskatchewan und Manitoba – besteht aus endlosen Prärien und monotonen Straßen. Im Osten, in den Provinzen Ontario, Québec und New Brunswick sowie auf Nova Scotia, Newfoundland und Prince Edward Island lassen sich für Canada-Liebhaber aber auch interessante Touren machen.

Quer durchs Land – von Küste zu Küste, von Neufundland bis Vancouver – verläuft der **Trans Canada Highway, die längste zusammenhängende Straße der Welt** (THC, Streckenverlauf und Beschreibung siehe Grundmann-Buch „USA/Canada"). Wer die knapp 8000 km abkurbeln will – was aber für ein Canada-Erlebnis nicht unbedingt die beste Idee ist, weil der TCH nur selten durch die landschaftlich schönsten Gebiete einer

Region führt –, sollte sich zur Planung den Rad-Führer „The Canadian Cycling Association's Complete Guide to Bicycle Touring in Canada" von Elliott Katz (1994) zulegen. Auch der Bike-Guide **„Cycling Canada", von** Smith, beschreibt neben vielen kürzeren Touren eine Strecke quer durch ganz Canada. Wer Canada durchqueren will, sollte es wegen des überwiegenden Rückenwinds **im Sommer von West nach Ost machen!**

Ambitioniert ist das Vorhaben der *Trans Canada Trail Foundation,* einen zusammenhängenden Weg für Wanderer, Radler, Reiter und Ski-Langläufer, den **Trans Canada Trail**, fernab des motorisierten Verkehrs, quer durch alle Provinzen Canadas zu legen, im Herbst 2005 soll der über 18.000 km (!) lange Mammut-Trail komplettiert sein. Aktuelle Infos unter www.tctrail.ca/index.php oder vor Ort bei The Trans Canada Trail Foundation, 43 Westminster North, Montréal, Québec, Canada H4X 1V8. Weitere Infos zu Canadas einzelnen Provinzen s. „Staaten-Index", Teil V.

Canada und Alaska
Überblick

Anreise   Von Deutschland gibt es zahlreiche Linien- und Charterflüge direkt nach Vancouver, Calgary, Toronto, Montréal, Edmonton, Whitehorse, Halifax und zu anderen Destinationen. Ab Frankfurt fliegt Condor/Thomas Cook direkt nach Whitehorse, Anchorage, Fairbanks, Halifax und Vancouver, LTU steuert Toronto ab Düsseldorf an. Auch der Charterflieger Air Transat (www.airtransat.com) bietet einige interessante Routen.

Radmitnahme im Flieger und alles zum Thema Einreise, Pass und Geld s. Teil I und II.

Geld　　Die Währung heißt zwar auch Dollar ($) aber es sind *Canadian Dollars* (C$). Reiseschecks werden wie Bargeld akzeptiert, man kann fast überall damit bezahlen. Kreditkarten sind wie beim südlichen Nachbarn weit verbreitet und nötig.

Unterkunft　　**Hostels:** Youth Hostels gibt es etwa 70 in Canada, die meisten davon in und um die Banff/Jasper-Nationalparks, aber auch in Québec und ganz im Osten, in New Brunswick und Nova Scotia, sind sie zahlreich. Anschrift des Verbandes: Hostelling International – Canada, 205 Catherine St, Suite 400, Ottawa, Ontario, Canada, K2P 1C3. Auf der Homepage www.hihostels.ca könnt ihr nach Hostels suchen und weitere Infos zu jedem Hostel oder Regionalverband abrufen. In Deutschland: Deutsches Jugendherbergswerk, Postfach 1455 in 32704 Detmold, Tel. (05231) 74010 (www.djh.de).

In den „Yellow Pages" vom ACA sind die kanadischen Hostels gleichfalls aufgelistet. Bei Vorlage des Jugendherbergsausweises erhaltet ihr bei manchen Tourveranstaltern und in einigen Geschäften Rabatt, erkundigt euch vor Ort oder auf den Websites nach den Adressen. Manche Regionalverbände betreiben auch einen Hostel-Shop, der verbilligte Ausrüstungsgegenstände anbietet.

Beliebt und Treffpunkte sind die **Backpacker-Hostels,** von denen es immer mehr gibt. Sehr viele Häuser listet die Seite www.backpackers.ca, weitere findet ihr unter www.hostelcanada.com.

Camping: Es gibt ein sehr dichtes Netz an staatlichen und kommerziellen Campgrounds in den National-, Provincial- und Regional-Parks (die Provincial Parks in Canada entsprechen den US-State Parks, sind aber oft nur saisonal geöffnet). Die Tourist Information Centers an den Provinzgrenzen versorgen euch mit Gratismaterial über ihre Provinz, dabei ist auch meist eine Liste mit den Provincial Campgrounds und ein Accommodation Guide.

Für das Campen gilt mehr oder weniger das gleiche wie bereits das bei den USA gesagte. Die meisten Plätze gibt es im Westen, in British Columbia und Alberta, wo viele kostenfrei (doch die werden immer weniger) und schön angelegt sind, mit fertig gesägtem Feuerholz, mit Tisch, Grillrost etc. Sommers sind sie schnell belegt. In British Columbia sind die allermeisten der Provincial Park Campgrounds kostenpflichtig (7-15 C$), doch es gibt auch sehr viele National Forest Campgrounds, wo man gratis campen kann. Karten mit diesen Plätzen bekommt man von den lokalen National Forest Behörden. Oder fragt bei Tourist Offices danach.

Kommerzielle Campgrounds (etwa 12-20 C$ für Zelte) sind in erster Linie für motorisierte Camper-Reisende gedacht, bieten Komfort und heiße Duschen. Im Bedarfsfall fragen, ob ihr sie auch ohne Übernachtung benutzen dürft. Bei manchen Hostels könnt ihr euer Zelt aufschlagen und die Gemeinschaftseinrichtungen nutzen. Weiteres unter www.tenting-hostels.com.

In vielen Orten und Städten findet ihr auch Municipal Campgrounds, die je nach Ausstattung und Lage von nichts bis ca. 17 C$ kosten. In den Moon-Handbooks sind diese Plätze aufgeführt, oder ihr erkundigt euch beim lokalen Tourist Office bzw. bei der Chamber of Commerce. Eine Liste von Campingplätzen findet man unter www.campsource.com.

Wild Campen bringt überhaupt keine Probleme. In den Parks sollte man aber nur auf den offiziellen Campgrounds zelten. Auf den Provincial-Picknickplätzen darf zwar nicht campiert werden, doch kann man es schon mal machen. Vorsicht wegen der Waldbrandgefahr, man wird immer darauf hingewiesen!

„You Are In Bear Country" Auch solche Schilder sieht man immer wieder, doch die Gefahr eines Angriffs ist sehr, sehr gering. Ihr müsst sie nur in Ruhe lassen (ich meine die Bären ...). Die Warnungen sollen vor allem daran erinnern, keine Lebensmittel vor oder im Zelt liegen zu lassen, die Campgrounds haben dafür Einrichtungen (Container), die „bear-proofed" sind und wo man Lebensmittel zu deponieren hat. Keine Abfälle hinterlassen! Beim wilden Campen ein Seil über einen Ast werfen und seine Vorräte hochziehen – natürlich in einigem Abstand vom Lager (weiter Wichtiges und Interessantes über Bär und Mensch z.B. in den Reisetips des Buches „Mit dem Fahrrad durch Alaska", s. bei „Alaska"). Und um an dieser Stelle gleich mit der Hoffnung aller durchtrainierten Reiseradler aufzuräumen: Bären erreichen in vollem Galopp bis zu 45 km/h! Nur bergab sind sie durch ihre kürzeren Vorderläufe etwas langsamer.

Verpflegung Nachschubprobleme gibt es in Canada keine, vieles ist jedoch teurer als in den USA. Wegen weit auseinanderliegender Ortschaften immer genügend Vorräte dabeihaben, besonders im hohen Norden!

Alkoholische Getränke sind für deutsche Verhältnisse äußerst teuer und schwer zu beschaffen. Ähnlich wie in den USA gibt es beim Kauf und Konsum regional unterschiedliche Vorschriften. Unter 21-jährige sind in ganz Nordamerika aber gesetzlich vom Alkoholkonsum ausgeschlossen, und das wird auch streng überprüft. Alkohol in der Öffentlichkeit ist stets verpönt, unzulässig und vor allem für dich als Sportler keinesfalls zu empfehlen. Als Verkehrsteilnehmer, der ohne Knautschzone und Airbag über den Asphalt rollt, musst du zum Überleben ohnehin einen klaren Kopf bewahren.

Telefon Telefonieren kann man mit Münzen, Calling Cards (wie in den USA) und in einigen Großstädten findet man auch öffentliche Fernsprecher, die reguläre Kreditkarten akzeptieren. Ein R-Gespräch nach Deutschland mit dem Service eines deutschsprachigen Operators ist furchtbar teuer, aber wenn's die Lieben daheim bezahlen wollen: einfach ran an's nächstbeste Telefon, 1-800-465-0049 (alternativ: 011800-33-0049-00) eintippen und los geht's. Vorwahl von Deutschland aus ist – wie für die USA – 001. Der Country-Code – je nach Anbieter vorweg mit 011.., 01.. o.ä. – ist für Deutschland die +49, die Schweiz +41 und Österreich +43. Also alles wie gehabt für solche, die aus den USA nach Canada einreisen.

Nutzer von Triband-Handies für das GSM-Netz sollten bedenken, dass die Netzabdeckung im vergleichsweise bevölkerungsarmen Canada lausig ist. Weiteres dazu s. Teil II, KAP. 4, des Buches. Internetcafés gibt es in allen größeren Städten Canadas; die Messlatte liegt bei Ansiedlungen mit mehr als 5.000 Einwohnern.

Post Die Postleitzahlen (zip codes) bestehen in Canada aus einer Kombination von 3 Buchstaben und 3 Zahlen. Unterschieden werden damit Stadtteile und Straßenzüge.

Feiertage in Canada	Neujahr, St. Patrick's Day (Neufundland) 17. März, Nunavut-Day (Nunavut) 1. April, St. George's Day (Neufundland) 20. April, Karfreitag, Ostern, Ostermontag, Victoria Day (Montag vor dem 25. Mai), Discovery Day (Neufundland und Labrador) 23. Juni, Féte Nationale (eine Woche vor Canada Day, nur Québec) 22. Juni, St. Baptiste (Québec) 24. Juni, Canada Day 1. Juli (wenn das ein Sonntag ist, dann 2. Juli), Orange Man's Day (Neufundland) 13. Juli, Civic Holiday (erster Montag im August, nur regional), Labour Day (1. Montag im September), Thanksgiving (zweiter Montag im Oktober), Remembrance Day 11. November, Weihnachten 25.12. und Boxing Day 26.12.

Halloween wird auch in Canada am 31. Oktober gefeiert, es ist jedoch kein offizieller Feiertag.

Rad und Ausrüstung	Wer von den USA kommt, wird sein Fahrrad dabei haben. Ansonsten empfiehlt sich für Canada ein robustes Touren- oder Trekkingrad mit großem Übersetzungsbereich, für unasphaltierte Nebenstrecken auch ein MTB. Westcanada und die dortigen schönen Radelgebiete in den Rokkies sind auf Radfahrer eingestellt, auch in kleineren Ortschaften gibt es Händler und Reparatur-Möglichkeiten. In den Nationalparks Banff und Jasper können auch Räder geliehen werden (Mountainbikes). Räder und Radteile sind teurer als in den USA. Die Adressen der Bike Shops findet ihr am ehesten auf den Homepages der Bikeclubs oder der Cycling Associations. Sollte euch in abgelegenen Gebieten ein Radteil kaputtgehen, könnt ihr euch immer noch ans nächste Telefon hängen und das Teil bei einem Radladen bestellen; ein paar Telefonnummern aus www.out-there.com (Button „Gear/Equipment", dann „Retailers") herauszuschreiben kann nicht schaden. Zusendung erfolgt dann per Greyhound-Bus. Eine Kreditkarte ist für solche Aktionen unabdingbar!

An Ausrüstung für Westcanada das Übliche mitführen, doch nicht zu vieles, da man alles nachkaufen kann. Kleidung: Im Sommer sowohl auf heiße Tage als auch auf kalte Nächte (und Regen) eingestellt sein. Immer genügend Insektenmittel gegen die Moskitos und die lästigen *black flies* dabeihaben!

Achtung: wegen den in ganz Nordamerika verbreiteten Wasser-Parasiten **Giardia lamblia,** die Durchfall, Übelkeit und Fieber verursachen können, sollte man Wasser, gerade aus klaren Bächen, Flüssen und Seen, nicht unabgekocht bzw. ungefiltert trinken, wie Warnungsblätter der National Parks immer wieder empfehlen. Die Wasserbehandlung mit Entkeimungsmitteln auf Silberbasis (Micropur o.ä.) tötet die Erreger nicht ab, nur Mittel auf Jod-(Iodine-)Basis oder neurere Kombimittel! Kleine Handfilter gibt es in den USA und Canada in Ausrüstungsläden (Outfitting-Shops).

Straßen / Verkehr / Transport	Die Straßen sind gut und haben oft sehr breite Seitenstreifen, auf denen es sich auch nebeneinander radeln lässt. Auf dem Land darf man mit dem Rad überall auf den Haupt-Highways fahren, doch wegen des weitmaschigen Straßennetzes sind Autos und Lkw in manchen Regionen recht zahlreich, und es wird auch recht rasant gefahren!

Gravel-Roads führen ins Hinterland, Vorsicht vor herandonnernden Trucks, die schleudern oft hinten Steine raus, die dich treffen könnten! Bei Pannen wird bald ein Pickup anhalten und Hilfe anbieten.

Bahn: Canada hat ein sehr langes Schienennetz, VIA Rail ist das Gegenstück zur AMTRAK in den USA. Die Durchquerung Canadas auf der Strecke der alten Canadian-Pacific ist ein Erlebnis! Räder können für eine Pauschale von 15 C$ im Gepäckwagen in Kartons oder bike-bags, die unentgeltlich verliehen werden, mitgeführt werden. Für längere oder wiederholte Zugfahrten empfiehlt sich der gut 600 C$-teure CANRAIL-Pass, damit könnt ihr gegen einen Pauschalpreis an 12 von 30 Tagen das gesamte Streckennetz nutzen. Für satte 1000 C$ gibt's den North America Rail Pass: 30 komplette Tage auf der Schiene deiner Wahl in allen VIA Rail Zügen in Kanada und in fast allen AMTRAKs in den USA. Einzelheiten, Karten und Fahrpläne in Canada bei Travel-Agents, bei CRD International GmbH, Fleethof, Stadthausbrücke 1–3 in 20355 Hamburg, Tel. (040) 30061670 (www.crd.de) oder unter www.viarail.ca.

Bus: Mit Greyhound Bussen und einem Greyhound-Pass („Discovery-Pass", von 4 bis 60 Tagen, regional oder gesamt Canada, z.B. 7 Tage für 244 C$) lassen sich große Entfernungen überbrücken. Radbox erforderlich. Preise, Fahrpläne, Discounts und mehr unter www.greyhound.ca/. Infos in Deutschland bei: MESO Reiseveranstalter, Wilmersdorferstr. 94, 10629 Berlin, Tel. (030) 8814122.

Schiff: Schiffe der „B.C. Ferries", der „Washington State Ferries" und weiterer privater Fährgesellschaften pendeln zwischen der Sunshine Coast und den Gulf Islands sowie Vancouver Island im Westen, mehrere kleine Fährunternehmen zwischen New Brunswick, Nova Scotia, Labrador, Newfoundland und Prince Edward Island im Osten. Überlegt eingesetzt könnt ihr so eher uninteressante bzw. verkehrsüberlastete Abschnitte, z.B. zwischen Seattle und Vancouver, überbrücken, für Hwy 101-Biker sind vor allem die Routen Powell River – Comox und Victoria – Port Angeles (www.northolympic.com/coho/) interessant. Warum nicht einmal ein Wochenende mit Island-Touring zubringen? Alle Preise und Routen unter www.wsdot.wa.gov/ferries/index.cfm und www.bcferries.bc.ca/, Reservierung für Biker nicht erforderlich. Auf der Website „The Ferry Traveller", www.ferrytravel.com, könnt ihr alle Fährverbindungen zu ausgewählten Häfen suchen lassen und auch gleich ausdrucken, oder ihr kauft das gleichnamige Heftchen (im Buchhandel oder bei „The Ferry Traveller," 2250 York, Suite 301, Vancouver, B.C., V6K 2C6).

Für die Fernstrecken zuständig und Straßenersatz gleichermaßen sind die Fähren des „Alaska Marine Highway System – AMHS". Fahrpläne, Preise etc. unter www.dot.state.ak.us/amhs. Nehmt für die tagelangen Fahrten ein gutes Buch und genügend Proviant mit, das Angebot an Bord ist nur mäßig, und bucht den billigsten Platz. Nachts könnt ihr euren Schlafsack auf Deck oder zwischen den (unbequemen) Schlafsesseln ausrollen (manche Schiffe gestatten gar Camping an Deck). Weiteres dazu im Teil IV, **„2. Yukon und Alaska".**

Karten / Bücher / Adressen / Websites

Allgemeine Reiseführer: „USA/Canada" von Hans Grundmann, Reise Know-How. Im selben Verlag erschienen sind „Canadas großer Westen mit Alaska" und „Canadas Osten, USA Nordosten". Bei den englischsprachigen Reiseführern halten wir die Travel Handbooks von Moon Publications, Chico, CA, mit am besten (www.moon.com). Erschienen sind das „British Columbia Handbook", das „Alberta And The Northwestern Territories Handbook", das „Atlantic Canada Handbook", das „Canadian Rockies Handbook" und das „Vancouver Handbook".

1 Canada-West

Radführer: für Westcanada: „Backcountry Biking in the Canadian Rockies", Doug Eastcott, www.rmbooks.com/books/easbac.htm. Für Ostcanada: „The Best Bicycle Tours of Eastern Canada", Jerry Dennis, www.navnet.net/~quest/bookstore/bicyletours_eastcan.html. Für ganz Canada: „The Canadian Cycling Association's Complete Guide to Bicycle Touring in Canada" v. Elliott Katz (1994). **„Cycling Canada", v. Smith.**

Kauderwelsch-Sprachführer: „Canadian Slang – das Englisch Canadas" und „Franko-Kanadisch – Québécois", beide Reise Know-How.

Karten: Canada-Karten gibt es in reichlicher Auswahl in allen Buchhandlungen oder bei Landkartenhäuser wie Geo-Center in Stuttgart, Tel. (0711) 7819-4610 (www.geocenter.de) oder Versandbuchhandel Schrieb, Tel. (07145) 26078, www.karten-schrieb.de. Als Übersichtskarte zur Planung genügt die RV-Karte „Kanada", 1:4 Mio. Eine große Auswahl an Detailkarten hat ITM Publishing (www.itmb.com), 530 West Broadway (bei Cambie St.), Vancouver, B.C. V5Z 1E9, Tel. (604) 879-3621 oder auch 539 West Pender (Downtown Vancouver), Tel. (604) 687-3320. In Canada erhält man kostenlose, brauchbare Provinzkarten bei Reisebüros, auch ganze Kartenwerke bei den Provincial Parks.

Online-Karten sind erhältlich bei Tourism British Columbia, http://wlapwww.gov.bc.ca/bcparks/index.htm oder bei www.bikeways.com. Das Canada Map Office, 711 - 615 Booth St., Ottawa, Ontario K1A OE9, Tel. 1-800-465-6277, verkauft topografische Karten nur noch über regionale Kartenläden, eine Liste der Distributoren findet man auf deren Homepage unter http://maps.nrcan.gc.ca/cmo/rdc.html. In Canada bekommt man (Auto)Karten überall an Tankstellen und in Buchläden.

Canada-Adressen und -Websites

Auskunft für Canada erteilt das Canada Tourismus Programm, Postfach 200247, 63469 Maintal, Tel. (06181) 45178, Fax (06109) 61598. Interessante Websites in deutscher Sprache sind www.canadajournal.ca und www.kanada-[Provinz].de/, z.B. www.kanada-british-columbia.de/. Die Webpage von Tourism British Columbia, www.hellobc.com, gewährt einen ersten Einblick in diese für Radler wohl attraktivste Ecke Canadas.

Auf der empfehlenswerten Website www.canadianparks.com der kanadischen Nationalparkverwaltung könnt ihr Details zu jedem der 45 Parks abrufen.

Der kanadische Radler-Dachverband, die Canadian Cycling Association, 702 - 2197 Riverside Drive, Ottawa, Ontario, K1H 7X3, Tel. (613) 248-1353, bietet auf seiner Website www.canadian-cycling.com leider nur wenig Informatives. Viel ergiebiger sind deutschsprachige Canada-Suchmaschinen wie www.kanadasuche.de/index.php.

Viele kanadische Internetseiten bieten die Sprachoption Englisch, Französisch und auch Deutsch an. Vielleicht auch ein Zeichen dafür, dass Canada nicht nur geographisch ein kleines Stückchen näher an Europa liegt als die Vereinigten Staaten ...

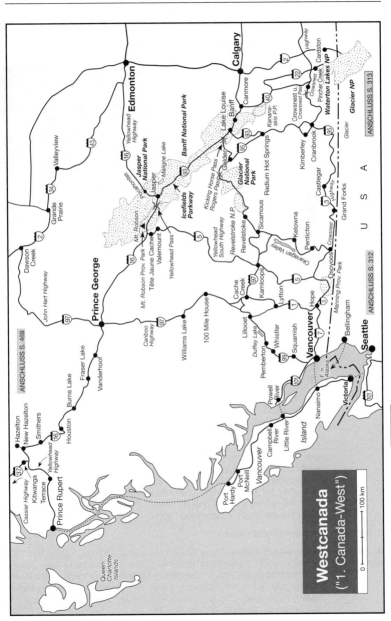

Westcanada
("1. Canada-West")

0 — 100 km

ANSCHLUSS S. 469
ANSCHLUSS S. 313
ANSCHLUSS S. 312

1 Canada-West

1. CANADA-WEST:
Prärien, Mountains, Totempfähle

Ride Guide

1. Tour-Info Der Südwesten Canadas von der Grenze British Columbias mit Alberta in den Canadian Rocky Mountains bis zur fjordreichen Küste der Strait of Georgia am Pazifik gehört mit zum Spektakulärsten, was der gesamte Kontinent zu bieten hat – viel fürs Auge auf relativ kurzer Distanz. Mit ihren Nationalparks, Wäldern, Küsten, Flüssen und Bergen bieten diese beiden Provinzen all das, was man sich unter unverbrauchter, nicht überlaufener Natur vorstellt.

Wer nicht gerade die heißesten Mountainbike-Trails abradeln will, kommt mit mittelprächtiger Kondition gut klar. So wie die Route hier beschrieben ist, habt ihr schon ein bisschen Training hinter euch, bevor die ersten harten Steigungen kommen.

Westkanada lernt man von seiner schönsten Seite per Rad und per Fähre kennen. Die Fähren sind preiswert und komfortabel. Als Radler einen Platz zu bekommen ist kein Problem. Überland gibt es sehr interessante und eher langweilige Abschnitte, was manchen dazu bewegt, auf Greyhound umzusteigen. Bei wenig Zeit: Viele Radler hätten am liebsten verzichtet auf Hwy 19 von Campbell nach Port Hardy auf Vancouver Island und auf die Strecke über die Interior Plains am Yellowhead 16. Man speckt seine Tour am besten dort ab.

2. Start Vancouver oder Calgary

3. Attraktionen Vancouver, Sunshine Coast, Vancouver Island, Victoria, Pacific Rim NP, Strathcona PP, Yellowhead Highway durch die Coastal Range, Jasper und Banff National Park in den Rocky Mountains via Icefields Parkway, Glacier NP, Yoho NP, Waterton Lakes NP, Revelstoke NP, Okanagan Valley, Kananaskis Country, Fraser River Valley, Duffey Lake Road (Hwy 99), Whistler, Garibaldi PP, Manning PP

4. Travel-Infos

Reisezeit: Juni bis September. Sehr schöner Herbst ab September, doch in den Bergen kann da bereits Schnee fallen, der bis in den Juni hinein liegen kann! Nachtfröste ab Mitte September. In British Columbia muss auch im Sommer – der dort erst so ab Juli beginnt – öfter mit Regen gerechnet werden, Moskitozeit und Touristen-Hochsaison ist im Juli und August. Je höher man nach Norden kommt, desto länger werden die Tage.

Besondere Ausrüstung: Rucksack für Wanderungen; Zelt mit Moskitonetz; Campingküche, warme, atmungsaktive Funktionskleidung

Straßen: Yellowhead, Crowsnest oder Klondike Highway. Nördlich der USA unterscheidet man die Straßen eher nach Namen als nach Ziffern. Die Hauptstraßen im Westen Canadas sind bestens ausgebaut, mit breiten Seitenstreifen. Der fehlende Verkehrsstress macht das Radeln zur reinen Wonne und gibt reichlich Gelegenheit, die Landschaft zu genießen. Das gilt leider nicht für Vancouver Island. BC 19 von Nanaimo nach Port Hardy hat nur in wenigen Abschnitten Seitenstreifen und der Verkehr ist dicht. Viele Trucks und Holzlaster sorgen für Nervenkitzel.

✖ **Off-Road Radeln:** Rund um Banff und Jasper gibt es einige excellente MTB-Pisten und Single Tracks, die sich auch für Overnight-Touren anbieten (Infos unter www.parkscanada.gc.ca). Ein ebenso beliebtes Revier sind die Trails durchs Kananaskis Country (www.cd.gov.ab.ca/enjoying_alberta/parks/featured/kananaskis/activities.asp) und im Garibaldi Provincial Park bei Whistler (www.bcadventure.com/adventure/mbike/vancouver/index.html, hier auch Telefonnummern der Bikeshops und -clubs dieser Region).

Versorgung: Generell gilt – je weiter nördlich, desto knapper und teurer. Ein paar Vorräte in den Packtaschen sind in einsameren Regionen schon sinnvoll. Und einsam wird es bereits kurz hinter Vancouver, wenn man so will.

Übernachten: Indoor: Entlang der Hauptstraßen gibt es genug Übernachtungsmöglichkeiten. Zwischen Jasper und Banff ist aber zur Saisonzeit dringend rechtzeitiges Reservieren angesagt. Radler und Reisende gibt es dann reichlich, und Jugendherbergen wie auch Lodges sind fast immer rappelvoll.

Camping: Private Plätze und BC-Provincial Parks („PP", http://wlapwww.gov.bc.ca/bcparks) bilden ein Netz, das dicht genug ist, auch für alle, die keine riesengroßen Tagesetappen abstrampeln wollen.

Wild campen: Im allgemeinen kein Problem, da es genug Land gibt, das frei zugänglich ist. Egal wo du zeltest, nicht vergessen: Meister Petz ist sehr aktiv im Westen Canadas.

Organsisiertes Radeln: Viele Anbieter von Gruppenreisen, die euer Gepäck, eure Bordküche und auch alle weiteren Begleitumstände des Radfahrens übernehmen, bemühen sich um eure Urlaubskasse. Zwei Beispiele: Valhalla Tours, Tel. (02102) 155783, www.valhallatours.de, tourt unter anderem den Icefield Parkway in Gruppen bis zu 12 Teilnehmern entlang. West Canada Bike Tours (Kontakt in Deutschland über BE SUNNY Touristik Service, Tel. (07667) 933783, www.kanada-bike.com) nimmt die stillgelegten Trassen der Kettle Valley Railway unter die Reifen.

Literatur, Karten, Websites: Gute, radtaugliche Karten für B.C. zu finden ist nicht leicht. Es gibt Freizeitatlanten, die geben aber keine Entfernungen an, und die Forstkarten z.B. sind so ungenau, dass wir nie einen der ausgewiesenen primitiven Zeltplätze gefunden haben. Weiterhelfen können euch: „Vancouver Bicycle Map" (online bei www.city.vancouver.bc.ca/engsvcs/transport/cycling/routes.htm). Tom Kirkendall & Vicky Spring: „Bicycling the Pacific Coast", A complete Route Guide Canada to Mexico, The Mountaineers (wenig Canada-Infos. Nur Vancouver, Sunshine Coast und Vancouver Island). Weitere Karten und Literatur s. o. Viele brauchbare Tips und eine umfassende Tourensammlung findet ihr unter http://dmoz.org/Sports/Cycling/Regional/North_America/Canada/British_Columbia.

5. Routenprofil

Ich habe alles Sehenswerte, was man so abradeln kann, zusammengepackt in eine Rundroute mit verschiedenen Verbindungsstrecken und Anschlussmöglichkeiten. Sieht aus wie ein Programm für den Jahresurlaub. Geschickt kombiniert mit Fähren und Greyhound Bus ist es allemal eine Supertour, auch für Leute mit nur 6 Wochen Sommerurlaub.

6. Routenverlauf

VANCOUVER – POWELL RIVER (128 km) --- Fährüberfahrt nach Little River (auf Vancouver Island) --- VANCOUVER ISLAND SPECIAL mit 5 Touren --- Fähre nach Prince Rupert

PRINCE RUPERT – PRINCE GEORGE (717 km) --- PRINCE GEORGE – TÊTE JAUNE CACHE (266 km) --- Shortcut: TÊTE JAUNE CACHE – KAMLOOPS via YELLOWHEAD Hwy #5 (340 km) --- TÊTE JAUNE CACHE – JASPER (103 km) --- JASPER – LAKE LOUISE (230 km) --- Abstecher: Jasper-Maligne Lake (ca. 55 km one way); Abstecher: Jasper – Edith Cavell Lake (30 km one way) --- LAKE LOUISE – BANFF (57 km) --- BANFF – CROWSNEST HWY via CALGARY (ca. 382 km) --- BANFF – CROWSNEST HWY via KANANASKIS COUNTRY (230 bis 280 km) --- Abstecher: Pincher Creek – Waterton Lakes National Park (57 km, one way) --- PINCHER CREEK – OSOYOOS (635 km) --- OSOYOOS – HOPE (246 km) --- HOPE – VANCOUVER (160 km).

Alternative Nr. 1 zum Crowsnest Highway: CASTLEGAR – HOPE via KETTLE VALLEY RAILWAY TRAIL (640 km) oder Alternative Nr. 2 zum Crowsnest Highway: LAKE LOUISE – GOLDEN – REVELSTOKE – SICAMOUS (270 km) --- SICAMOUS – KELOWNA – PENTICTON – OSOYOOS (250 km) oder SICAMOUS – KAMLOOPS – LILLOOET – WHISTLER – VANCOUVER (520 km)

Start und City-Guide Vancouver

Vom Flughafen nach Downtown

Deckt euch nach der Ankunft im Airport beim Tourist-Center mit Info-Material (Fährenpläne) und Karten ein. Das Bett schon im Jericho Beach Hostel (ehemals Vancouver International Hostel) reserviert? 1515 Discovery St., Vanc., Tel. (604) 224-3208.

Vom Flughafen aus, der auf Sea Island liegt, radelt ihr auf der Hauptstraße (Grant MacConache Way) über die Arthur Laing Bridge über den North Arm des Fraser River nach Vancouver. Auf der anderen Seite der Brücke nehmt den Granville St. Exit. Verlasst Granville und fahrt links in den S.W. Marine Drive. Dieser führt euch nach einigen Kilometern zu den Gebäuden der Uni of B.C. und über den N.W. Marine Drive weiter zum Jericho Beach Park. Nicht weit davon ist das Jericho Beach Hostel. Wie ihr in die City kommt und was ihr dort unternehmen könnt, hat Michael Kristl für euch zusammengestellt.

Vancouver und Umgebung (Greater Vancouver Area)

von Michael Kristl

Vancouver, Westcanadas Millionenmetropole am Pazifik, wird vielfach als eine der schönstgelegenen Städte der Welt bezeichnet. Das liegt sicherlich nicht zuletzt an ihrer reizvollen Meereslage und dem hohen Freizeitwert (z.B. in den umliegenden Bergen Ski laufen und anschließend auf dem Pazifik eine Bootsfahrt unternehmen). Auch für Biker bieten sich viele Touren an, vom gemütlichen Radausflug in einem der vielen Parks bis zur abenteuerlichen Mountainbiketour in die Berge des North Shore.

Ein weiterer Höhepunkt ist Radfahren entlang der zahlreichen Küstenabschnitte mit oft herrlichen Ausblicken auf das offene Meer. Und dies alles in Radlerreichweite vom Stadtkern in einer fahrradfreundlichen Großstadt. Hinweise über Strecken innerhalb der City könnt ihr evtl. von einem der zahlreichen Fahrradkuriere bekommen, die mit eiliger Post kreuz und quer durch die Innenstadt brausen.

Noch ein Tip: Um die Entfernungen innerhalb Vancouvers abschätzen zu können, dessen Straßen nach amerikanischem Bild schachbrettförmig angelegt sind, gilt folgende Faustregel: 10 Blocks oder 1000 Hausnummern entsprechen etwa 1 Kilometer (z.B. 12th bis 22th Avenue oder 500 Robson St. bis 1500 Robson St). Ein Problem kann es dennoch in Vancouver geben: tagelange Regenfälle sind auch im Sommer keine Seltenheit! Die Topographie dieser Metropole sorgt für interessante, unterschiedliche Witterungsbedingungen innerhalb des Stadtgebietes: Wetterauskünfte am laufenden Band unter Tel. (604) 664-9010.

■ Vancouver, Blick von der Fähre nach Vancouver Island

1 Canada-West

Wichtige Radlerinfos

Bike Shops In der Stadt gibt es zahlreiche Bike Shops, viele davon auch auf hochwertige Mountainbikes und Trekkingräder spezialisiert. Zudem werden in und um Vancouver Mountainbikes von höchster Qualität gefertigt. Wer sich preisgünstig so ein Edelbike zulegen und mit nach Hause nehmen möchte, muss mit heimatlichen Zollproblemen rechnen. Die Tricks mit einem auf „gebraucht" getrimmten Bike sind den Zöllnern bekannt, auch jene „elegante" Art, indem man ein altes, wertloses Fahrrad nach Canada mitnimmt und dafür auf dem Rückflug ein teures Canada-Bike im Fluggepäck hat.

Für preisgünstiges und hochwertiges Radlerzubehör kann ich euch

MEC (Mountain Equipment Co-op), 130 West Broadway (zwischen Manitoba St. und Columbia St.), Tel (604) 872-7858, www.mec.ca, empfehlen Ansonsten einfach einen der zahlreichen Biker in der Stadt nach dem nächsten Shop fragen oder im Telefon-Branchenbuch (Yellow Pages) nachschlagen. *Radführer und Karten* bekommt ihr ebenfalls bei Mountain Equipment Co-op.

Übernach-tung

Neben dem oben erwähnten Jericho Beach Hostel gibt es weitere günstige Übernachtungsmöglichkeiten: zentraler (aber nicht schöner) gelegen ist Hostelling International Vancouver Downtown, 1114 Burnaby St., Tel. (888) 203-4302. Weitere erschwingliche Unterkünfte in Citynähe findet ihr unter www.bcpassport.com/lodging/hi, Campingplätze bei www.bcpassport.com/lodging/camp.html. Am günstigsten gelegen ist der Capilano RV Park, 295 Tomahawk Ave., North Vancouver, Tel. (604) 987-4722, www.capilanorvpark.com, leider recht laut wegen direkter Nähe zum Straßenverkehr der Lions Gate Bridge am Nordende der Stadt.

Auch ein YMCA und ein YWCA hat's in der Stadt: ersteres in 955 Burrard Street, Tel. (604) 681-0221 und das ‚Y' für die Mädels (Männer nur in Damenbegleitung!) in 733 Beatty Street, Tel. (604) 895-5830. Oder wollt ihr eher ein bisschen akademisches Flair genießen? Dann versucht ein Bett in den Studentenwohnheimen der beiden ortsansässigen Unis zu bekommen: Uni of B.C., 2329 West Mall Vancouver, Tel. (604) 822-1010, www.housing.ubc.ca, oder – östlich vom eigentlichen Vancouver, auf der Kuppe des Burnaby Mountain – Simon Fraser Uni Campus, 8888 University Drive, Burnaby, Tel. (604) 291-4503, www.sfu.ca/conference-accommodation/accommodations.html (Einzelzimmer 20 C$/Nacht).

Brücken und Fähren in Vancouver

Das Burrard Inlet wird am bequemsten mit dem „Seabus" überquert. Dessen Fähren pendeln täglich zwischen Waterfront Station und Lonsday Quay (North Shore). Straßenbrücken sind die Lions Gate Bridge, die vom Stanley Park ausgeht, und weiter östlich die 2nd Narrows Bridge, wobei Radfahrer schmale Gehwege in jeder Fahrtrichtung benützen können. Beim Überqueren tolle Aussicht, doch immer die teilweise heftigen Windböen beachten.

Der Meeresarm False Creek wird von drei Brücken überspannt. Die westliche Burrard Bridge können Radler auf einem Gehweg mit max. zulässigen 15 km/h überqueren, die Granville Bridge (Hwy 99) kann nur auf der äußerst verkehrsreichen Straße befahren werden und die östliche Cambie Bridge hat Richtung Norden einen kombinierten Rad-/Fußweg, Richtung Süden ist die Straße zu benutzen. Gemütlicher ist da die Überfahrt mit der kleinen Fähre „Aquabus" (www.aquabus.bc.ca) vom Sunset Beach nach Granville Island.

Weiter südlich bilden der Nord- und Südarm des Fraser River für Fahrradfahrer ein Hindernis. Den Nordarm überquert man über die Arthur Laing Bridge zur Sea Island (Flughafen). Die geschäftige Straße verfügt größtenteils über einen Seitenstreifen. Über die Oak Street Bridge (Hwy 99) und weiter östliche Knight Street Bridge gibt es Fußgängerstreifen.

Unter dem Fraser-Südarm hindurch in Richtung Tsawwassen verläuft der für Fahrräder gesperrte George Massey Tunnel, durch den aber mehrmals täglich ein saisonabhängiger Fahrradtransportdienst besteht (www.vbc.bc.ca/tunnel.shtml). Alternativ fahren die Stadtbusse #401 und #601 durch den Tunnel, diese können jeweils 2 Fahrräder mitnehmen.

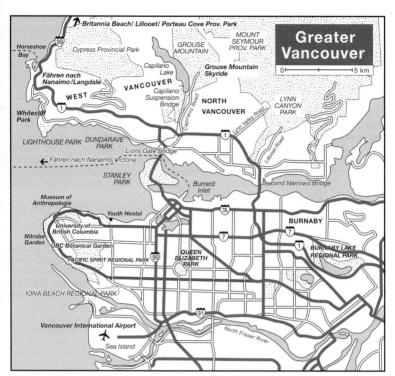

Highways and Trains

Verkehrsreiche Highways zu befahren wird man trotz vieler ruhigerer Nebenstreckenalternativen manchmal nicht ganz vermeiden können. Für Fahrräder gesperrt sind: Highway 1 (Ausnahme: 2nd Narrows Bridge), Hwy 91/91A (Ausnahme: Alex Fraser Bridge) und Hwy 99 (Ausnahme: Oak Street Bridge, Lions Gate Bridge).

Der Rocky Mountaineer Zug (www.rkymtnrail.com) fährt drei Mal wöchentlich durch traumhafte Landschaften von Vancouver über Kamloops nach Jasper/Banff/Calgary und zurück. Vorab-Infos (über alle Züge in Canada) bei CRD International GmbH, Fleethof, Stadthausbrücke 1–3 in 20355 Hamburg, Tel. (040) 30061670 (www.crd.de) oder unter www.viarail.ca.

Vancouver-Citytouren

1. Stanley Park

Der westlich der Innenstadt auf einer Halbinsel liegende Stanley Park ist der populärste Erholungspark Vancouvers. Die 11 km lange Küstenumrundung auf dem geteerten Fahrstreifen der Seawall Promenade, die am äußersten Rand des Parks entlang der Küste verläuft, teilen sich Fußgänger und Radfahrer. Radfahrer dürfen nur in eine Fahrtrichtung (entgegen dem Uhrzeigersinn) strampeln. Am schönsten ist die Fahrt morgens oder am frühen Abend, mit vielen schönen Ausblicken auf die Skyline von Vancouver, den Schiffsverkehr und die steilen Berge des North Shore jenseits des Burrard Inlet.

Den überwiegend dicht bewaldeten inneren Parkbereich durchziehen mehr als 80 km Wege und Straßen. Die meisten davon sind für Fahrräder zugelassen, man fährt auf Schotterbelägen oder einem gut zu befahrenden Waldboden. Der den Stanley Park in der Mitte zerschneidende, vielbefahrene Highway 99 kann mit dem Rad bequem auf einer Fußgängerbrücke überquert werden.

2. Pacific Spirit Regional Park

Unweit des Campus der University of British Columbia (UBC) befindet sich der weniger bekannte Pacific Spirit Regional Park. Das im Vergleich zum alles andere als winzigen Stanley Park fast doppelt so große Gegenstück stellt den größten Stadtpark Nordamerikas dar. Bis auf wenige Ausnahmen („Environmental Sensitive Zones") sind die vielen Rundstrecken auch für Fahrräder zugelassen („Multi-use Trails"). Aufgrund des empfindlichen Waldbodens unbedingt auf den ausgewiesenen und eigens beschilderten Pfaden bleiben.

Spezielle Radlerinformationen zum Pacific Spirit Regional Park sind unter Tel. (604) 224-5739 erhältlich.

3. Sonstige Touren in Citynähe

Von dem Jericho Beach Hostel aus könnt ihr in westlicher Richtung kilometerlang am Meer entlang fahren. Auf dem South West Marine Drive müsst ihr dann am äußersten Nordrand des Pacific Spirit Regional Park einige Höhenmeter auf eine Anhöhe zur schöngelegenen Universität von British Columbia überwinden. In der Umgebung ist neben den UBC-Botanical Gardens ein Besuch des Anthropologischen Museums empfehlenswert (Totempfähle).

Wer in die andere Richtung nach Osten entlang des Jericho Beach kurbelt, dem geraten die Hochhausfassaden der Downtown ins Blickfeld. Abwechselnd auf Radwegen und schwach befahrenen Nebenstraßen geht es immer mit „Meereskontakt" vorbei an den Sandstränden von Kitsilano Beach Richtung City. Nächste Station ist der Vanier Park, wo im Vancouver Museum (www.vanmuseum.bc.ca) die Besiedelung und Entwicklung der Pazifikküste studiert oder im HR McMillan Space Center (auch ‚Pacific Space Center', mit Planetarium, http://pacific-space-centre.bc.ca) eine Lasershow besucht werden kann. Von hier die Möglichkeit, über die Burrard Bridge direkt zum Einkaufsbummel in die Downtown zu gelangen oder zum Stanley Park entlang der English Bay zu pedalen. Oder wie wärs mit einem Besuch von Granville Island (www.granvilleisland.bc.ca/en) mit seinen eigenwilligen Restaurants, Galerien, Theatern und Geschäften unter der mächtigen Granville Street Bridge? Die kleine Aquabus-Fähre setzt einen von dort mitsamt Fahrrad für 2,50 C$ über den False Creek-Meeresarm (Ablegestelle zwischen Arts Club Theatre und Public Market). Auf einer Länge von etwa 10 km könnt ihr False Creek größtenteils auf wunderschönen Radwegen umfahren. Wer einen der schönsten Ausblicke auf die Innenstadt und die umliegenden Berge von Vancouver erleben möchte, fährt an einem sonnigen Tag zum 50 Hektar großen Queen Elizabeth Park, auch Little Mountain genannt.

Falls eine Kneipentour eher euer Ding ist, dann besucht die Gegend östlich von Downtown in Richtung Chinatown. Auf dem Weg kommt man durch Gastown, dem ältesten Bezirk der Stadt mit seinen zwei Wahrzeichen: die Statue des Stadtgründers *Gassy Jack* auf einem Whiskyfass und die originelle *Steam Clock,* die viertelstündlich pfeift und einmal stündlich Dampf ablässt. Alles weitere im Greater Vancouver Touristinfo Waterfront Centre, 200 Burrard St (Downtown) Tel. (604) 683-2000//0.

4. Nördliches Vancouver (North Shore)

Das Burrard Inlet und der Indian Arm trennen die Nordküste vom übrigen Vancouver. Topographisch steht das Nordufer in starkem Kontrast zum südlichen Vancouver. Der North Shore ist die Region der schroffen Berge, die größtenteils bewaldet sind und bis zu einer Höhe von 1450 Meter aufragen. Dieses Hinterland beherbergt riesige Naturparks, wie Mt. Seymour Provincial Park, Grouse Mountain oder Cypress Provincial Park. Zu Letzterem schlängelt sich die Cypress Bowl Road kilometerweit in weiten Schleifen bis auf eine Höhe von 900 Metern am Black Mountain empor. Vom Parkplatz am Ende der Skipisten beginnt dann ein 8 km langer Downhill über Stock und Stein eigens für Mountainbiker. Unten mündet die Strecke dann wieder in die Cypress Bowl Road.

Eine weitere, eigens für MTB'ler und Reiter angelegte Strecke am Fuße des **Mt. Seymour** ist der „Old Buck Trail". Dieser beginnt an der zweiten Kehre der Mt. Seymour Road. Vor allem am Beginn ist der zeitweise grobgeschotterte Weg verdammt steil und auch technisch anspruchsvoll. Auf einer Länge von 5 km werden etwa 500 Höhenmeter überwunden. Weitere an- und aufregende Trails durchziehen den gesamten Park.

Die **Capilano Suspension Bridge** gilt mit über 70 Metern als die höchste nur zu Fuß zugängliche Hängebrücke der Welt und ist eine der größten Touristenattraktionen des North Shore. Den teuren Eintritt von 13,95 C$ und den vielen Rummel kann man sich sparen, unweit im **Lynn Canyon Park** gibt es über eine tiefeingeschnittene Schlucht eine fast ebenso hohe Hängebrücke mit einem Wasserfall, die in Ruhe kostenlos besichtigt werden kann. Die Anfahrt beginnt nicht weit entfernt von der 2nd Narrows Bridge über einige steile Straßen des North Shore, um dann über die Lynn Valley Road das Ecology Centre zu erreichen, wo es Infos und Diavorführungen zur Natur des Lynn Canyon Parks gibt.

■ *Toll: die Lynn Canyon Park Suspension Bridge*

Entlang der Küste West Vancouvers kann man eine lohnende Radtour zum Fährhafen nach Horseshoe Bay unternehmen. Vom Ambleside Park an der Nordseite der Lions Gate Bridge verläuft der vielgewundene Marine Drive in westlicher Richtung mit schönen Ausblicken auf das Meer und die City. Besonders schön sind die etwa 20 km in den Abendstunden, wenn der Verkehr auf der engen Straße abnimmt und die tiefstehende Sonne die Skyline Vancouvers anstrahlt. Von Horseshoe Bay könnt ihr mit der Fähre nach Vancouver Island oder nach Norden die Sunshine Coast hinauf fahren.

1 Canada-West

Hilfreiche Adressen für Radler in Vancouver, British Columbia und Alberta

Bücher: Wagner/Grundmann: „Canadas großer Westen mit Alaska", Reise Know-How, das wohl beste deutsche Handbuch für diese Gebiete. Jane King: „British Columbia Handbook" und Andrew Hempstead: „Alberta And The Northwest Territories", beide Moon Publications.

„Kanada: Rocky Mountains Radtouren", von Andreas Bugdoll, Band 61, Conrad Stein Verlag.

„*Bicycling Vancouver*", von Volker Bodegom, mit 32 Touren in und um Vancouver, die wohl bereits einen Urlaub füllen würden.

Weitere Rad-Publikationen, Adressen von Radfahr-Clubs, Kartenbezugs-Anschriften etc. stehen in den „Yellow Pages" vom ACA (s. USA).

Webpages: Für den ersten, vorsichtigen Bildschirmkontakt mit dem Westen Canadas genügen die offiziellen Homepages der Tourismusbehörden: www.hellobc.com und – informativer – www.travelalberta.com. Ein bisschen sportlicher – sprich fahrradtauglicher – geht's zu bei www.britishcolumbia.com/sport/. Campingplätze satt findet ihr bei www.campsource.ca/eureka. Auf der Suche nach einem ganz bestimmten Thema? Versucht es mit www.searchbc.com, der Internetsuchmaschine von British Columbia. Bei den Fährverbindungen kommt ihr um die BC Ferry Corporation, 1112 Fort St., Victoria, B.C., V8V 4V2, Tel. (250) 386-3431, www.bcferries.bc.ca, nicht herum. Karten der bekannten Nationalparks Banff, Jasper, Yoho und Kootenay können bei www.canadianrockies.net/maps/index.html runtergeladen werden.

Bikepages: Die Websites der British Columbia Bicycle Association, www.cycling.bc.ca/index.shtml, und die der Alberta Bicycle Association, www.albertabicycle.ab.ca, bieten überwiegend Clubnachrichten, aber auch einige Links zu Bikeshops etc. Bei spezielleren Fragen sollte man die Jungs vor Ort besuchen: Cycling B.C., 332-1367 West Broadway, Vancouver, B.C., Canada V6H 4A9, Tel. (604) 737-3034 und Alberta Bicycle Association, 11759 Groat Road, Edmonton, Alberta, Canada T5M 3K6, Tel. (780) 427-6352. Informativer, mit einer Unmenge von Trails und Links zu weiteren Trailverzeichnissen, mit Listen von Bike Shops und -Clubs in B.C., mit Tips zu Radkarten und -büchern, ist die empfehlenswerte Website „The British Columbia Mountain Bike Directory" (www.mtb.bc.ca/trails). Auch http://mountainbike.about.com/cs/britishcolumbia/ ist in diesem Zusammenhang einen Besuch wert. Sehr kooperativ sind auch die Mitglieder des Vancouver Bicycle Club, P.O. Box 2235, Vancouver, B.C., V6B 3W2, www.vbc.bc.ca mit den E-Mail-Adressen der dortigen Ansprechpartner. Welche Highways und Brücken sind für Radler gesperrt? Die Website des Ministry of Transportation and Highways, www.th.gov.bc.ca/bchighways/cycling/bicycle.htm, gibt Auskunft. Interessant ist auch die Linkliste auf der Website der British Columbia Cycling Coalition, www.bccc.bc.ca. Noch nicht genug gesurft? Über http://peteandedbooks.com/bclubs.htm könnt ihr euch in alle registrierten Bikeclubs in Canada und anderswo auf dem Globus reinklicken; ein abendfüllendes Programm ...

VANCOUVER – POWELL RIVER (128 km) – Fährüberfahrt
nach Little River (auf Vancouver Island)

Raus aus der Stadt, rein ins Abenteuer. Auf dem 101 nach Powell River. Aus der Stadt über die Burrard Bridge, Stanley Park, Lions Gate Bridge und den Marine Drive zum Fährhafen nach Horseshoe Bay, nach Langdale/Gibsons übersetzen und weiter den 101 rauf (man könnte von Horseshoe Bay auch gleich nach Nanaimo bzw. Departure Bay zur Vancouver Island übersetzen und dann dort den Hwy 19 weiter nach Norden hoch). Oder Vancouver Island von „ganz unten machen", von der Südspitze beginnen, Überfahrt dazu von Vancouver-Tsawwassen aus (s. „Vancouver Island Special").

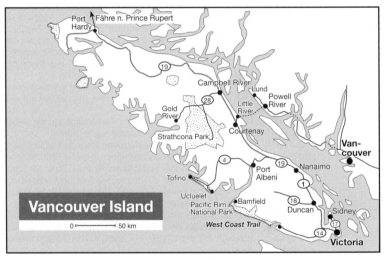

Ich empfehle Fahrt auf dem 101 nach Powell River und von dort die Überfahrt zur Vancouver Island nach *Little River,* weil der Shuttle durch den George Massey Tunnel heikel ist, die Fahrt nach Tsawwassen öde, und an windigen Tagen rollt ihr dort die Anfahrt zum Anleger glatt rückwärts oder schiebt.

Alles über die weitere 101-Strecke entlang der Sunshine Coast von Vancouver nach Powell River findet ihr in „6. Pacific Coast" (Teil III), denn die 101-Route ist keine geringere als die Fortsetzung des berühmten amerikanischen Highway 101 an der Pazifikküste entlang.

Die Fährfahrt von Powell River (Westview Terminal) nach Little River (Courtenay) dauert ca. 75 Min. In Little River gibt es einen ziemlich miesen RV-Park. Besser, ihr radelt noch ca. 25 km nördlich bis zum Miracle Beach PP mit nettem Campground. Erkundigt euch in Little River nach der Nebenstrecke, die parallel zum Hwy 19 Richtung Merville führt. Dann braucht ihr nur das kurze Stück bis Black Creek auf der geschäftigen Straße zu verbringen. Dort führt eine weitere Nebenroute zum Miracle

Beach PP. Weiter Richtung Norden gibt es dann keine Chance mehr, Hwy 19 zu entgehen. Miracle Beach bis Campbell River ca. 30 km. Die weitere Routenbeschreibung auf dem Hwy 19 von Campbell River nordwärts zum Fährhafen Port Hardy findet ihr im „Vancouver Island Special".

Wer von Little River zur Südspitze der Vancouver Island fahren will (also nach Vancouver zurück oder weiter in die USA), findet diese Tourbeschreibung gleichfalls in „6. Pacific Coast" (Teil III).

Die Gesamtdurchquerung der Vancouver Island von Süd nach Nord ist nachfolgend im „Vancouver Island Special" beschrieben.

Vancouver Island Special und Gulf Islands
von Michael Kristl

Wissenswertes

Vancouver Island, die größte nordamerikanische Pazifikinsel, liegt wie ein mächtiger Wellenbrecher vor Vancouver und dem kanadischen Festland. Sie weist viele landschaftliche Kontraste auf. Im Süden, wo mehr als drei Viertel der Bevölkerung um das viktorianisch geprägte Victoria wohnen, sind die Distanzen überschaubar und nötige „facilities", wie Campingplätze, Supermärkte oder Fahrradgeschäfte zahlreich vorhanden.

Oben im Norden pedalt ihr dagegen durch eine fast gänzlich unerschlossene Wildnis ohne Versorgungsmöglichkeiten, man ist fast auf sich alleine gestellt.

Reizvoll sind auch die vielen kleinen Inseln *(„Gulf Islands")* in der „Strait of Georgia" wo ihr mit Fähren von Insel zu Insel hüpfen könnt.

Die rauhe und oft stürmische Westküste bietet tosende Pazifikwellen, atemberaubende Küsten- und Fjordlandschaften (Pacific Rim National Park!), aber auch viel Regen, Nebel und grauen Himmel. Über der „zahmeren" Ostküste spannt sich eher ein blauer Himmel und scheint die Sonne, weil die ganzjährig schneebekränzten „Vancouver Island Mountains" die Wolken aus dem Westen abwehren.

Auf den Ostteil konzentriert sich fast auch das gesamte Straßennetz, der Highway 19 ist die einzige Nord-Südverbindung der Insel (das südliche Stück ist identisch mit dem TCH). Vor allem in den Ferienmonaten auf dieser Straße starker Verkehr. Passt als Radler auch auf die mächtigen Holz-Trucks auf, die sich, mit riesigen Baumstämmen beladen, oft als die „King of the Roads" aufspielen und in gefährlich knappem Abstand überholen. Alternativ könnte man auch evtl. den Bus nehmen (Island Coach Lines, Victoria – Port Hardy, www.grayline.ca/victoria/schedules/main_schedule.shtml).

Fährverbindungen

Die beiden Fährterminals in Vancouver sind **Tsawwassen** (südlich der Stadt) und **Horseshoe Bay** (nordwestlich der Stadt). Von Tsawwassen geht es stündlich nach Swartz Bay nördlich von Victoria. Dazu muss man fast durch den gesamten Südteil Vancouvers biken, doch sowohl der Hwy 99 als auch der „George Massey Tunnel" unter dem südlichen Arm des Fraser-River ist für Fahrräder gesperrt. Ein „Bicycle Shuttle Service" transportiert euch und das Bike kostenlos, s. dazu „Brücken und Fähren Vancouver".

Anfahrt-Alternativen aus der City zum Tunnel: per Taxi, als Anhalter oder über die Knight Street Bridge und Road No. 5 zum George Massey Tunnel Bicycle Service. Auf Hwy 17 weiter nach Tsawwassen.

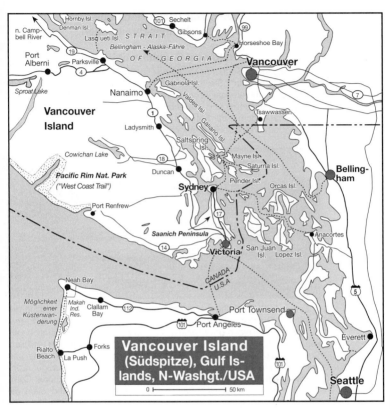

Horseshoe Bay: über die Lions Gate Bridge vorbei am Ambleside Park zum Marine Drive, der entlang der Küste verläuft, vorbei am Dundarave Park und Lighthouse Park. Nach etwa 20 km ist dann die Bucht an der Horseshoe Bay erreicht. Fähren nach Nanaimo (Departure Bay), den Bowen Island und Langdale (Hwy 101).

Fahrpreise kosten bei den B.C. Ferries ca. 10 C$ pro Fahrt, das Fahrrad 2,50 C$. Reservierung für Radfahrer auch während der Hauptsaison nicht nötig. An Bord am Radabstellplatz das Bike mit eigenem Spanngurt oder Riemen festmachen, Wertsachen dabei unbedingt vom Rad mitnehmen. Überfahrt jeweils ca. anderthalb Stunden.

Die Fahrplanbroschüre „Mainland – Vancouver Island" ist bei allen Tourist Offices erhältlich. Weitere Informationen und Fahrpläne (Southern Gulf Islands, Northern Gulf Islands, Inside Passage nach Prince Rupert usw.) bekommt ihr bei B.C. Ferries in Victoria, 1112 Fort Street, Tel. (250) 386-3431, www.bcferries.bc.ca/schedules.

Vancouver Island Radlgebiete und Streckenbeschreibungen

1. Halbinsel Saanich mit Victoria

Die im äußersten Südosten Vancouver Islands liegende Landzunge heißt „Saanich Peninsula". Sie ist die mit Abstand am dichtesten besiedelte Region. Wer nur ein paar Tage für Vancouver Island eingeplant hat, findet hier ein interessantes und abwechslungsreiches Radgebiet vor. Falls ihr erst spät abends mit der Fähre in Swartz Bay ankommt, könnt ihr im nur 2 km entfernten McDonald Park campen.

■ *Michael Kristl am Hafen von Victoria*

Eine schöne Tour führt vom Fähranlegehafen Swartz Bay entlang der gesamten Ostküste der Halbinsel bis zum Südzipfel **nach Victoria** (ca. 60 km). Nach einigen unvermeidlichen Kilometern auf dem ziemlich verkehrsreichen Hwy 17 in Höhe des Elk Lake nach links Richtung Golfplatz *Cordova Bay Ridge Course* abbiegen. Entlang der Cordova Bay und durch den Mount Douglas Park wird es wieder bedeutend ruhiger. Lohnenswert ein Abstecher zur Universität von Victoria, deren schöner Campus sich auch gut für eine Rast eignet. Weiter südlich führt euch die Straße dann direkt an die buchtenreichen Küste mit Aussicht über den schmalen „Juan de Fuca-Meeresarm" auf die amerikanische Küste (mit dem schneebedeckten Mt. Baker vor Augen). Endstation ist dann der 75 Hektar große Beacon Hill Park, von dessen Südzipfel man bei einem Bad im Meer den Blick auf die Olympic Peninsula genießt, bevor durch den Naherholungspark Victorias direkt ins Zentrum hineingeradelt werden kann. In Victoria ist das Royal BC Museum (675 Belleville Street, Tel. 250-356-RBCM, http://rbcm1.rbcm.gov.bc.ca/index.html) sehenswert, das sehr anschaulich über Geschichte, Kunst und Kultur British Columbias und vor allem der Indianerstämme der kanadischen Pazifikküste informiert (Salish, Kwakiutl, Nootka).

Wer Lust auf Strand hat, fährt am besten von Swartz Bay an der Westküste der Saanich Peninsula entlang nach Brentwood Bay (30 km). Alle, die gleich weiter nach Norden radeln wollen, können durch die 25 Min. dauernde Fährüberfahrt von Brentwood nach Mill Bay (Duncan) den 8 km langen, steilen Anstieg von Victoria über den Malahat Summit umgehen. Lohnenswert bei Brentwood: Die Butchart Gardens. Schön, aber teuer und sehr, sehr touristisch.

Infos Travel InfoCenter in Victoria direkt am Hafen gegenüber vom Empress Hotel, 812 Wharf Street, Tel. (250) 953-2033. Zahlreiche Bike Shops in und um Victoria, Sidney, Sooke.

Übernachtungen in Downtown Victoria: Jugendherberge in Victoria, 516 Yates St., Tel. 1-888-883-0099 oder (250) 385-4511, 16,50 C$ für Mitglieder. Turtle Refuge Victoria Backpackers Hostel, 1608 Quadra St., Tel. (250) 386-4471, 12-13 C$. Camping: McDonald Park, Goldstream Park, Thetis Lake, 1-1938 West Park Lane (10 min. von Downtown Victoria), Fort Victoria Park (5 km nordwestlich von Victoria).

2. Südteil Vancouver Island, Victoria – Nanaimo

Von Victoria den Norden rauf gibt's bis Nanaimo nur selten Alternativen zum vielbefahrenen Trans-Canada-Highway (19). Als Campingplatz vor dem Malahat Summit (500 m) ist der **Goldstream Provincial Park** zu empfehlen. Nach dem Bamberton Park und Mill Bay erreicht ihr den für seine 60 bunten Totempfähle bekannten Ort Duncan.

Nach Westen lohnt ein Abstecher zum **Cowichan Lake** („The Big Lake"). Der über 30 km lange See ist das größte Süßwasserreservoir auf Vancouver Island. Über die Campingplätze entlang des Sees erteilt das InfoCenter in Lake Cowichan Village Auskunft, Tel. (250) 749-3244. Die Sunset Bay ist bekannt für ihre schönen Sonnenuntergänge.

Tip für einen Wochenendtrip: Von Crofton – nördlich von Duncan – nach Vesuvius auf Saltspring Island übersetzen. An deren Südzipfel Fähre von Fulford Harbour nach Swartz Bay. Weiterfahrt bis Brentwood Bay. Fähre nach Mill Bay und wieder zurück nach Crofton.

Nicht versäumen solltet ihr ein paar Kilometer südlich von Nanaimo den **Petroglyph Provincial Park** (www.ohwy.com/bc/p/petrogly.htm) mit jahrtausendealten, von den Ureinwohnern in den Fels gehauenen Mensch- und Tierskulpturen. Auf der Weiterfahrt bis Nanaimo entlang der Küste besteht eine Fährverbindung nach **Gabriola Island** mit interessanten Sandsteinformationen (Malaspina Galleries).

Nanaimo, mit über 75.000 Einwohnern zweitgrößte Stadt auf Vancouver Island, ist das Zentrum der Region. Hauptfährverbindung mit dem Festland. Zahlreiche Bademöglichkeiten in den umliegenden Seen (Colliery Dam, Westwood Lake, Long Lake) und an Stränden (Departure Bay, Page's Lagoon).

Infos *Infocenter* in Duncan (Tel. 250-746-4636), Chemainus (Tel. 250-246-4701), Ladysmith (Tel. 250-245-2112); Nanaimo Tourist Info Beban House, 2290 Bowen Road, Nanaimo, Tel. 1-800-663-7337 oder (250) 756-0106. *Bike Shops* in Duncan: Copper Canyon Cycles (511 Canada Ave, Tel. 250-746-0688), Experience Cycling Ltd. (482 Trans Canada Hwy, Tel. 250-746-4041), Howling Dawq Cycle Ltd. (141 Jubilee St., Tel. 250-748-0404); in Nanaimo: Hank's Cycle Shop (2220 Bowen Rd., Tel. 250-758-1344) und Pedal Pusher Bicycle Centre (194 Cliff St., Tel. 250-753-5555).

Übernachtung: Chemainus Hostel, 9694 Chemainus Road, Tel. 246-2809. Camping: Goldstream Park, Bamberton Park, Lake Cowichan, Skutz Falls, Ivy Green Park (Ladysmith), Lantzville.

Fähren: alles unter www.bcferries.bc.ca

3. Von Nanaimo über Port Alberni bis zum Pazifik an die Westküste (Pacific Rim National Park)

➤ **Ab-stecher: Pacific Rim NP**

Die einsame, aber wunderschöne Strecke des Highway 4 zum Pacific Rim National Park ist 150 km lang und wird euch durch den bergigen Verlauf konditionell einiges abverlangen, bevor ihr die faszinierende Westküste erreicht. Hinter Port Alberni entlang des Kennedy River ist die vielgewundene Straße sehr schmal und unübersichtlich – immer auf entgegenkommende Fahrzeuge achten! Wem dieser Streckenabschnitt zu gefährlich oder die Gesamttour zu lang ist, kann von Port Alberni mit dem nostalgischen Fährschiff „M.V. Lady Rose" durch das Alberni Inlet und durch die Broken Group Islands bis nach Ucluelet am Pazifik schippern.

■ *Radeln auf Vancouver Island*

Die 15 km von Nanaimo bis Nanoose Bay solltet ihr unbedingt auf dem verkehrsarmen Island Highway befahren. Anschließend folgt man der Umfahrung von Parksville auf dem Hwy 4B (Parksville Bypass), welcher dann in den Hwy 4 (Port Alberni Highway) überleitet. Einen Abstecher wert sind sowohl die Englishman Falls (km 15) als auch die Little Qualicum Falls (km 30, mehrere kleine Wasserfälle und Canyons). Beide Male Campmöglichkeit. Die Straße führt dann am Südufer des wunderschönen Cameron Lake vorbei. Ein absolutes Muss ist ein Halt am **Cathedral Grove Forest** im McMillan Park. Rundpfade führen zu mächtigen Douglasien, die vor 300 Jahren einem gewaltigen Waldbrand entgangen sind. Etliche von ihnen sind an die 800 Jahre alt und ragen bis 80 m in den Himmel. Sattes Grün beherrscht den immerfeuchten Boden und die aromatische Luft ist schlichtweg ein Genuss.

Danach kommt die etwa 5 km lange Steigung zum Arrowsmith Summit und die Abfahrt hinunter nach **Port Alberni.** Gleich an der Kreuzung am Ortseingang ein Tourist Office, Tel. (250) 724-6535, wo man sich gegebenenfalls auf der erwähnten „Lady Rose" nach Ucluelet (oder vice versa) einschiffen kann. Port Alberni hat 27.000 Ew. und lebt von der Holzverarbeitung und vom Lachsfang.

Hinter Port Alberni ist für die nächsten 20 km das glasklare Wasser des **Sproat Lake** der ständige Begleiter, es gibt Rastplätze und einen Campingplatz am Ufer. Die Straße quert mehrere Flüsse, steigt 5 km bis zum Sutton Pass und folgt dann in vielen Windungen dem Kennedy River. Diesen Abschnitt wegen der vielen scharfen, extrem unübersichtlichen Kurven und dem hügeligen Verlauf mit besonderer Vorsicht befahren! Campground am Ufer des Kennedy Lake.

Nach 150 km kommt man an eine Weggabelung. Links geht es nach 8 km ins kleine Fischerdorf Ucluelet (sprich Ju-clú-let), Ausgangspunkt zu Ausflügen zu den über 100 Broken Group Islands, zwischen denen im Frühjahr und Spätherbst Grauwale vorbeiziehen. Sehenswert ist auch der einsame Leuchtturm am Amphitrite Point (www.fogwhistle.ca/bclights/amphtrt/).

Rechtsab geht es zum ersten maritimem Nationalpark Canadas, zum **Pacific Rim National Park** (www.bcadventure.com/adventure/wilderness/parks/pacrim.htm), der aus den Broken Group Islands, den Sandstränden von **Long Beach** und dem legendären (aber auch total überlaufenen) **West-Coast Trail** besteht. Letzterer ist ein 77 km langer Küstenpfad, den man in 5-7 Tagen abmarschieren kann. Auf der Straße nach Tofino könnt ihr beiderseits des Highway auf Naturlehrpfaden ein Stück in den Regenwald mit seinem üppigen Baum- und Pflanzenwuchs eindringen. Höhepunkt ist dann der über 20 km lange Sandstrand Long Beach. Schon von weitem ist das Rauschen der gewaltigen Brandung hörbar, am Strand liegen mächtige Treibholzstämme herum.

Der Sand ist so fest und kompakt, das ihr ohne weiteres ein Stück mit dem Rad darauf entlangfahren könnt.

Tofino ist eine der ältesten Siedlungen der Westküste mit einem hohen Anteil an Bevölkerung mit indianischer Abstammung. Kurz vor dem kleinen Fischerort könnt ihr noch einen fantastischen 360-Grad-Rundumblick vom „Radar Hill Lookout" genießen. Die steile Auffahrt lohnt sich natürlich nur bei entsprechend gutem Wetter. In Tofino selbst gibt es ein gutes Backpacker-Hostel (ganz am Ende der Main Street, Tel. 250-725-3443). Lohnend ist das Rainforest Interpretive Center und das Whale Center (mit echtem Grauwalschädel!). Der „Common Loaf Bake Shop" verkauft köstliches selbstgebackenes Brot, hausgemachte Muffins und auch Pizza.

Infos   *Camping:* Englishman Falls, Little Qualicum Falls, Stamp Falls PP, Sproat Lake, Ucluelet. Hostel in Tofino.

Fähre: die „Lady Rose" verkehrt montags, mittwochs und freitags von Anfang Juni bis Mitte/Ende September. Abfahrt Port Alberni 8 Uhr, Ankunft Ucluelet 12.30 Uhr. Abfahrt Ucluelet 14 Uhr, Ankunft Port Alberni 19.00 Uhr. Pro Strecke 23 C$ und 5 C$ für das Fahrrad, Anmeldung erforderlich.

Verbindungen mit Bamfield (Ausgangsort für den **West Coast Trail)** dienstags, donnerstags und samstags, Abfahrt in Port Alberni 8 Uhr, Ankunft Bamfield 12.30 Uhr. Abfahrt Bamfield 13.30 Uhr, Ankunft Port Alberni 17.30 Uhr. Infos: Lady Rose Marine Services, P.O. Box 188, Port Alberni, B.C., Canada V9Y 7M7, Tel. (250) 723-8313 oder 1-800-663-7192 (April bis Sept.).

4. Zentrum Vancouver Island: Parksville – Campbell River und Strathcona Provincial Park

Auf den 120 km von Parksville nach Campbell River auf dem Hwy 19 radelt ihr abwechselnd an schroffen Felsküsten und feinen Sandstränden der Ostküste vorbei. 20 km nördlich von Buckley Bay erreicht man die Ortschaft **Courtenay** im Comox Valley, mit 20.000 Einwohnern ein wirtschaftliches Zentrum. Das Comox Valley hat eine fantastische Lage zwischen der Strait of Georgia und den schneebedeckten Bergen im Westen und bezeichnet sich gerne als „Recreational Capital of Canada". Hier ist neben Strand, Golf und Fischen auch Skilaufen angesagt. Wer nach Vancouver zurück will, nimmt von **Little River** die Fähre nach Powell River (Westview) und radelt auf dem 101 entlang der Sunshine Coast zurück nach Vancouver (Beschreibung in „6. Pacific Coast", Teil III).

Auf halber Strecke zwischen Courtenay und **Campbell River** liegt nur 3 km vom Highway entfernt ein toller, ruhiger Campingplatz im Miracle Beach Provincial Park mit schönem Strand und vielen Bäumen.

50 km nördlich von Courtenay erreicht ihr Campbell River (31.000 Ew.), Ausgangspunkt zum Besuch des ausgedehnten Strathcona Parks im Westen (s. „Ausflug S.P."). Interessant das Campbell River Museum mit Infos über die Kunst der Indianer aus dem Norden Vancouver Islands. Empfehlenswert auch der geschichtsträchtige Trip zur Quadra Island, auf der Käpt'n Vancouver 1792 gelandet ist und wo ihr dem Kwakiutl Indian Museum einen Besuch abstatten solltet. Südlich am Cape Mudge gibt es einen Leuchtturm zu besichtigen. Ansonsten ist Erholung am Strand angesagt. Von der Heriot Bay leitet eine Fähre weiter auf Cortes Island (Camping im Smelt Bay Park am Südzipfel). Die Straßen sind dort überwiegend geschottert.

Ausflug Strathcona Provincial Park

Landschaftlich schön mit schneebedeckten Berggipfeln im Hintergrund verläuft der Hwy 28 durch den Strathcona PP nach Gold River am Muchalat Inlet (100 km). Mit 2200 qkm größter Nationalpark der Insel. Am Parkeingang befindet sich, am Ufer des Campbell Lake, die Strathcona Park Lodge (www.strathcona.bc.ca). Hier werden Abenteuertouren in allen nur vorstellbaren Outdoor-Sportarten organisiert. Übernachtungsmöglichkeit im Hostel oder auf einem der drei Campgrounds ein paar Kilometer weiter südlich zwischen Buttle Lake und Campbell Lake.

Der weitestgehend unerschlossene Strathcona Park stellt wegen etlicher steiler Strecken hohe Ansprüche an eure Radlerkondition. Der Gold River Hwy (28) quert zunächst den Elk Falls PP (Wasserfälle, mächtige Douglasien, Campingmöglichkeit), folgt dann dem Ostufer des Upper Campbell Lakes mit schönen Ausblicken. An dessen Südzipfel teilt sich die Straße nach einigen steilen Abschnitten in zwei Richtungen (km 50, Buttle Lake Campingplatz). Am Ostufer des schmalen und langgezogenen Buttle Lake kann man auf einer interessanten, 40 km langen und von schroffen Bergen gesäumten Straße in einem beliebten Wandergebiet bis zur Südspitze zu den Western Mines weiterradeln (Vorsicht vor schwerbeladenen Trucks auf der kurvigen Straße).

Folgt man ab der Gabelung weiterhin dem Gold River Highway (28), wird zunächst das Südufer des Upper Campbell Lake umfahren. Zum kleinen Crest Lake müsst ihr dann gegen die kontinuierlich ansteigende Straße ankämpfen. Nun verlässt man den Strathcona PP und radelt durch unberührte Wildnis. Zur Holzfällersiedlung **Gold River** (1.500 Ew., Campingplatz „Peppercorn RV Park" direkt am Gold River) geht es dann steil bergab. Von hier sind es noch 15 km bis zum Muchalat Inlet . Hier könnt ihr von Ende Juni bis Anfang September mit dem ehemaligen Minensuchboot „Uchuck III" (www.mvuchuck.com) zur fast verlassenen Indianersiedlung nach Friendly Cove auf Nootka Island übersetzen und für einen Tag in die Fußstapfen des 1778 hier gelandeten Weltumseglers Kapitän Cook treten.

Infos

Fahrradläden: Parksville, Courtenay, Comox, Campbell River

Camping: Rathrevor Beach, Fillongley Park auf Denman Island, Comox Lake, Miracle Beach PP, Quadra Island, Smelt Bay Park auf Cortes Island, Elk Falls, Buttle Lake, Gold River.

Fähren: Buckley Bay – Denman Island, Denman Island – Hornby Island. Comox – Powell River, Powell River – Texada Island. Campbell River – Quadra Island, Quadra Island – Cortes Island. Gold River – Nootka Island (nur Ende Juni bis Anfang Sept.).

5. CAMPBELL RIVER – PORT HARDY Terminal (240 km)

Zwischen Campbell River und Port Hardy hat es nur sehr wenige Versorgungsmöglichkeiten, da sich die Straße überwiegend durch endlose Wälder schlängelt. Häufig muss auch mit nasskaltem, stürmischem Wetter und Nebel gerechnet werden. Reparaturteile sind unterwegs keine erhältlich (Fahrradläden in Campbell River u. Port Hardy). Alternativ könnte man den Bus nehmen (Island Coach Lines, Victoria – Port Hardy).

Die einsame Straße führt durch eine beeindruckende Landschaft, vorbei an schneebedeckten Bergen, dichten (oft auch kahlgeschlagenen) Wäldern, wilden Flüssen und grandiosen Seen. Es gilt, mehrmals kilometerlange, steile Anstiege zu überwinden. Obwohl der Schutz der Baumriesen auf Vancouver Island gerne als vorbildlich herausgestellt wird, rauschen viel zu oft flachgelegte Exemplare direkt an dir vorbei. Achtet also auf die großen Holzfällertrucks!

70 km nördlich von Campbell River ist eine Abzweigung, über Sayward geht es zur Kelsey Bay ans Meer.

Die folgenden 130 km auf dem Hwy 19 bis Port McNeill sind durch die vielen steilen Anstiege der konditionell anspruchsvollste Teil. Wunderschöne Ausblicke entlang des über 20 km langen Nimpkish Lake.

Von Port McNeill mittels Fähre möglicher Abstecher nach Alert Bay auf der kleinen Cormorant Island oder nach Sointula auf Malcolm Island. Cormorant Island besitzt nicht nur den weltgrößten Totempfahl, sondern lässt sich auch toll mit dem Fahrrad erkunden. Auf der Insel ein Reservat der Nimpkish-Indianer (Kwakiutl). Auf der weitaus größeren Nachbarinsel Malcolm Island leben Nachfahren finnischer Auswanderer, die sich im Jahre 1901 hier niedergelassen haben.

20 km nördlich von Port McNeill zweigt am Beaver Lake links vom Hwy 28 eine 35 km lange Straße nach Port Alice am Nereutsos Inlet ab. Nach 15 km an der Nordspitze des Alice Lake Campmöglichkeit im Marble River Campground.

Zurück auf dem Highway erreicht man dann schließlich nach weiteren 25 km **Port Hardy** (5.300 Einw.). Schöner und ruhiger Campingplatz am

Quatse River, 1 km südlich der Stadt. Infotelefon Port Hardy: Tel. (250) 949-7622. Camping auf der Strecke: McCreight Lake, Woss Lake, Alice Lake.

Der Fähranleger liegt auf der dem Ort gegenüberliegenden Seite der Bucht (5 km). Das Fährschiff „Queen of the North" verkehrt in der Hauptsaison von Ende Mai bis Ende September zwischen Port Hardy und Prince Rupert alle zwei Tage, die Tagespassage dauert 15 Stunden (7.30–22.30, siehe www.bcferries.bc.ca/schedules/inside/ip-current.html). Schön ist sie nur, wenn es ausnahmsweise mal nicht regnet. Verheißungsvollen Ankündigungen aus Werbeprospekten zum Trotz findet mancher die Inside Passage eher eintönig. Fjorde, Berge, Wald – die Aussicht wiederholt sich. Wenn du die ersten „narrows" hinter dir hast, kannst du ruhig zu anderen Aktivitäten übergehen.

■ *Einsame Strände mit Treibholz*

Gulf Islands

Die Gulf Islands vor der Südostküste Vancouver Islands in der „Strait of Georgia" bestehen aus über einhundert Inseln. Die 5 Hauptinseln Saltspring, Galiano, Mayne, Pender, Saturna sind allesamt durch ein gut funktionierendes Fährsystem miteinander und mit Vancouver verbunden, so dass hier gutes „Inselhüpfen" möglich ist. Die Inseln ähneln sich landschaftlich, gemeinsam ist die reizvolle maritime Pflanzen- und Tierwelt, schöne Strände, mildes Klima und merklich geringerer Niederschlag im Vergleich zur Küste Vancouvers. Die San Juan Islands befinden sich bereits auf US-Territorium. Sie können ohne Grenzformalitäten von Sidney-Terminal (nördlich von Victoria auf Vancouver Island) erreicht werden.

Buchtip: „Bicycling Vancouver Island and the Gulf Islands", von Simon Priest, erhältlich bei der Canadian Cycling Association. 108 Touren, viele Toureninformationen und Radkarten, gut zur umfassenden Vorausplanung geeignet, sei es ein Tagesausflug, ein Wochenendtrip oder eine mehrwöchige Reise.

Durch Canadas Westen

PRINCE RUPERT – PRINCE GEORGE (717 km)

Prince Rupert

Die Fähre von Port Hardy/Vancouver Island legt etwa 2 km südlich der Stadt auf dem Festland an. Etwa auf halbem Weg zwischen Anleger und Ortskern liegt der Zeltplatz, Park Avenue Camping, Tel. 1-800-667-1994 oder (250) 624-5861. Weiterfahrt nach Alaska (Juneau, Skagway) mit der Alaska Marine Highway möglich (Preis etwa 125 US$).

Prince Rupert für Touristen

Touristische Bedeutung erlangte der Ort erst als Zwischenstopp für die BC-Fähren auf dem Weg durch die Inside Passage nach Alaska. Auch die Fähren zu den Queen Charlotte Islands legen hier ab. Das Visitor Center findet ihr an der 1st Ave. Der Ort selbst strotzt nicht gerade vor touristischen Attraktionen. An einem der vielen Regentage wird man das Ambiente aus Hafenanlagen und Eisenbahnschienen eher als trostlos empfinden. An schönen Tagen lohnt sich eine Klettertour auf den nahen Mount Hays (732 m/2 Std.), schöne Ausblicke auf die nahe Coast Range. Für Eilige gibt es einen Gondellift.

Yellowhead Highway

Die wahre Attraktion der Region ist der Yellowhead Highway Nr. 16 durch das Küstengebirge mit seiner Serie von phantastischen Ausblicken. Trotz seiner hohen landschaftlichen Attraktivität ist Highway 16 von Prince Rupert über Edmonton nach Winnipeg auch die wichtigste Ost – West Verbindung im „kleinen" Norden West-Canadas. Doch keine Sorge! Die Straße hat durchweg breite, gut ausgebaute Seitenstreifen und ist angenehm zu radeln.

Mr. tête jaune

Ihren ungewöhnlichen Namen verdankt die Strecke Pierre Bostonais, einem Halbblutindianer mit blonden Haaren, der von den meist französischen Trappern „tête jaune" – Gelbkopf – genannt wurde. Tête Jaune arbeitete als Expeditionsleiter für die Hudson Bay Company und überquerte die kanadischen Rockies bevorzugt über den Pass in der Nähe Jaspers, der später nach ihm „Yellowhead Pass" getauft wurde. Yellowhead Highway Nr. 5 ist lediglich eine Nebenstrecke gleichen Namens von Tête Jaune Cache nach Kamloops.

Highlights

Besonders schön ist das erste Teilstück (ca. 290 km) bis zu den Hazletons, auf dem der Yellowhead dem Verlauf des Skeena River folgt. Der tosende Fluss, die steil aufragenden Berghänge mit unzähligen Wasserfällen, die zu Tal stürzen – ein Kanada-Highway vom Feinsten, wenn man mal von den allgegenwärtigen Eisenbahnschienen absieht.

Versorgung

Die Versorgungsmöglichkeiten entlang des Yellowhead sind ausreichend. Auch für „Langsamradler" gibt es alle zwei Tage die Möglichkeit, die Lebensmittelvorräte aufzufrischen. Große Vorratskäufe in Prince Rupert stehen also nicht an, denn bis Terrace (20.000 Ew.), dem nächsten guten Versorgungspunkt, sind es etwa 150 km. Der Zeltplatz dort auf Terry Island, Tel. (250) 615-6267, liegt günstig, ist aber nachts laut. Wer noch Lust auf weitere 12 km hat, kommt im Lakelse PP südlich der Stadt ruhiger und schöner unter. Beliebt ist der PP auch wegen der Spaßbade-anlage Mount Layton Hot Springs ein paar Kilometer weiter am Südende des Sees.

Kitwanga dann ist ein wichtiger Punkt für alle, die weiter Richtung Norden radeln möchten oder einen Miniabstecher nach Alaska einlegen wollen.

>>> Connection:

Stewart-Cassiar Highway

In Kitwanga zweigt der Stewart-Cassiar Hwy nach Watson Lake im Yukon-Terr. ab, der auch nach Stewart und Hyder, der südlichsten Stadt Alaskas, führt. Näheres dazu unter **„2. Yukon und Alaska"**.

Hazelton

New und Old Hazelton sind eine Attraktion. Wunderschön gelegen in einem weiten Tal am Fuße der schneeweißen Gipfel der Hazelton Mountains lohnen sie einen längeren Aufenthalt. Nahebei gibt es auch eine kommerzielle Touristenattraktion, das Ksan Historic Indian Village. Die nachgebaute Anlage eines Dorfes der Gitksan Indianer, in der drei Häuser von innen besichtigt werden können (Eintritt, Führer Pflicht) erreicht man über eine spektakuläre Hängebrücke, die den Bulkley River überquert. Wer das Dorf nur von außen bewundern will, wird Spaß haben an den besonders schönen Schnitzarbeiten der Totempfähle. Zelten kann man auf dem Ksan Campground.

Abschied vom Skeena River

Der Yellowhead Highway folgt ab jetzt nicht mehr dem Skeena River. Er knickt nach Süden ab, wird begleitet vom Bulkley River. Moricetown (auch Moristown), gut 30 km weiter südlich, liegt nahe einem 15 m engen Canyon, durch den sich das tosende Wasser zwängt. Nahebei gibt es einen RV-Park incl. Zeltplatz.

Der nächste größere Ort ist Smithers (5600 Ew.), ein bisschen auf Alpenimage getrimmt. Das Visitor Center ist – wie so oft in kleineren Gemeinden – an einer der Main Street Kreuzungen. In der Nähe des Ortes gibt es ein paar schöne Trails für kürzere Wanderungen. Zelten kann man im Riverside Recreation Center oder im Tyhee Lake PP, dessen lange Zufahrt 10 km südlich der Stadt abzweigt.

Das Interior Plateau

Houston liegt 64 km südlich von Smithers. Hier verabschiedet sich der Yellowhead vom Küstengebirge und nach einem kurzen Ausklang bis Topley auch vom Bulkley River. Ab jetzt radelt ihr über die sanft rollende Ebene des Interior Plateau mit seiner weitläufigen Seenplatte. Das Anglerparadies bietet wenig für das bisher verwöhnte Auge. Monotonie zwischen Tannenbäumen und Tümpeln auf nahezu 600 km von hier bis Tête Jaune Cache und Mount Robson. Dieser Abschnitt hat schon manchen Radler mit Zeitmangel dazu motiviert, auf Greyhound oder Via-Rail umzusteigen. Dank des hohen Freizeitwertes gibt es viele Zeltplätze und auch kleinere PP's entlang Highway Nr. 16.

Tweedsmuir PP

Tweedsmuir PP gehört zu den riesigen Naturparks, und ein Abstecher mag euch reizen. Der Park bietet durch seine lange Seenkette im Norden tolle Möglichkeiten für Kanutouren. Der Zugang liegt allerdings sehr im Abseits, auch die Distanzen per Boot sind riesig. Der nötige Nahrungsmittelnachschub für eine solche Mammuttour ist per Rad kaum zu organisieren.

Vanderhoof, der letzte größere Ort vor Prince George, dient als Versorgungspunkt für die Landwirtschaftszone des Nechako Valley und als Ausgangspunkt für eine Tour zum Fort James.

➤ Ab-stecher: Fort St. James

(60 km, one way). – Kann ein Living Museum einen solchen Umweg lohnen? Fort St. James, ehemaliger Handelsstützpunkt der Hudson Bay Company, ist wohl eher etwas für attraktionshungrige Wohnmobilfahrer, die nebenbei noch einen Badestopp in den Provincial Parks am Stuart Lake einlegen wollen.

Prince George

Am wichtigen Kreuzungspunkt von Yellowhead, Caribou- und John Hart Highway gelegen, gilt Prince George (75.000 Ew.) als „the hub of the north", als Nabe des Nordens. Die Wirtschaftsmetropole der Region ist umzingelt von verdächtig vielen Sägewerken und Papiermühlen, die Waldbarone lassen grüßen. Besondere Attraktionen hat Prince George nicht zu bieten, mal abgesehen von seinen über 120 City Parks. Campgrounds und Motels gibt es reichlich an den Ausfallstraßen, denn vor allem wer weiter Richtung Norden oder Richtung Jasper reist, wird in den Supermärkten noch einmal so richtig zuschlagen. Das gilt auch für Radler, denn ab Prince George wird es auf dem Yellowhead Hwy wirklich einsam. Von Prince George aus Zugverbindungen nach Vancouver, Fort Nelson, Dawson Creek (mit BC Rail), Jasper und Edmonton. Greyhound-Canada-Busse nach Vancouver, Prince Rupert, Calgary, Edmonton und weiter hoch in den Norden nach Dawson Creek.

PRINCE GEORGE – TÊTE JAUNE CACHE (266 km)

Die Straße folgt dem Tal des Fraser River vor der Kulisse der Caribou Mountains. Dennoch ist der Abschnitt nicht besonders attraktiv, da dem Auge außer viel Grün und gelegentlichen Stromschnellen hinter Eisenbahnschienen nichts Nennenswertes geboten wird.

Auf dem ersten Stück bis zum Purden Lake PP (Camping/Tankstellenlädchen) gibt es noch Häuser am Straßenrand, aber danach geht es 145 km durch fast nichts bis zum kleinen Ort McBride mit dem vorletzten Laden vor Tête Jaune Cache, ein weiterer gut 40 km entfernt in Dunster. Wasser bekommt man in Privathäusern der Minisiedlungen wie Dome Creek, Crescent Spur oder Lamming Creek.

Tête Jaune Cache war früher einmal ein Vorratsversteck der Trapper. Wer die Wanderung zum Berg Lake im Mt. Robson PP (s.u.) mit längerem Aufenthalt einschieben will, sollte den Laden im Ort ansteuern.

Shortcut:

Tête Jaune Cache – Kamloops via Yellowhead Hwy Nr. 5 (340 km)

Für alle, die eine ruhige Nord-Süd Verbindung brauchen, ist dies gewiss die optimale Wahl. Die gesamte Region ist schwach besiedelt, hat aber genug Örtchen mit kleinem Laden, der Verkehr ist mäßig.

Das erste Stück ist nicht weiter anstrengend, sanft hügelige Kiefernwälder auf sandigem Boden rechts und links erinnern an Heidelandschaften in Europa. Die längste Distanz ohne Zwischenstopp ist die anfangs von Valemount nach Blue River. Zeltet nicht wild an der Rest area vor dem Ort und auch nicht gegenüber. Es ist eine echt bärenstarke Ecke! Blue River beginnt dann ganz unverhofft mit einem Helicopter-Skiing Zentrum eines Mike Wiegele, das in prunkvollen Blockhütten Chalets am Ortseingang residiert. Hier zweigt auch die – zuweilen wegen gewaltigen

1 Canada-West

Washouts gesperrte – Piste zum Murtle Lake ab, einem beliebten Kanu-Revier im Wells Gray Provincial Park. Man braucht jedoch die Hilfe eines Outfitters, um Touren dorthin zu organisieren. Die meisten Veranstalter sitzen in Clearwater, dem wahren Tor zum großen Provincial Park 107 km weiter südlich. Von dort kann man in den Park hineinfahren, um die Helmcken Falls, einen besonders schönen Wasserfall zu bewundern oder auf den Seen zu paddeln. Wer dazu Informationen sucht findet sie im Grundmann Reiseführer „Canadas Westen".

Ab dem Ort Barrière öffnet sich die Landschaft, die Bergwelt gibt den Blick frei auf die sonnengebleichten, trockene Hänge rund um Kamloops. Die Strecke wird vierspurig mit breiten Seitenstreifen und bleibt eben bis zum Ortseingang.

TÊTE JAUNE CACHE – JASPER (103 km)

Von Tête Jaune Cache aus geht es dann kontinuierlich und auch zuweilen steil bergauf. Und es wird einsam.

Mount Robson Provincial Park

Die letzten 60 km in BC radelst du durch den Mount Robson Provincial Park. Mount Robson ist mit 3954 m der höchste Berg in British Columbia. Wie alle attraktiven Gipfel versteckt auch er seinen schneeweißen Helm meist in Wolken.

Die wahre Attraktion liegt der Schönheit zu Füßen und heißt Berg Lake. Dieser Fleck gehört mit zum schönsten, was Westkanada zu bieten hat. Also mach dir die Mühe und lauf hin.

Be prepared!

■ *Bikes mit Mt. Robson*

Unterkommen kannst du auf einem der zahlreichen Provincial Park Campgrounds, siehe www.out-there.com/robson/rob-cmp.htm. Günstig ist der Emperors Ridge Campground. Er liegt direkt am Trailhead neben dem Park Headquarter, nicht zu verfehlen an Hwy 16. Entweder dort oder auch im Visitor Center kannst du dein überflüssiges Gepäck für eine Weile deponieren. Im Park Headquarter besorgst du dir am besten gleich die Backcountry Permit für den Berg Lake Trail für 5 C$ pro Nacht und Person. Gegenleistung dafür: 7 Wilderness Campgrounds mit 98 Plätzen, zum Teil mit Feuerholz, Axt und Küchenhaus, aber alle mit bärensicheren Foodcontainern ausgestattet. Auch wenn die Wanderung zum Berg Lake an einem Tag zu schaffen ist – plane mehrere Übernachtungen ein, denn zum Rasen ist die Landschaft viel zu schade.

Berg Lake Trail

Bis zum Berg Lake sind es 23 km. Die ersten 7 km sind für Mountainbiker freigegeben. Zunächst geht es auf relativ breiten Holperwegen hinauf zum smaragdgrünen Kinney Lake. Der Pfad wird eng, steil und windet sich über Felsbrocken und Baumwurzeln durch dichten Regenwald am See entlang. Eine Pause kann man einlegen am Kinney Lake Wilderness

Camping. Hier ist auch Endstation für euer Bike. Lock it – or loose it!

Durchs Tal der 1000 Wasserfälle geht es per pedes hinauf bis zu den mächtigsten, den Emperor Falls, dann über eine weite Geröllebene am Fuße des Mist Glacier. Der kobaltblaue Berg Lake versteckt sich zwischen Tannen. Spektakulär schiebt der Berg Glacier seine eisig gezackte kalte Zunge in den stillen See. Das Camp liegt direkt gegenüber der grandiosen Kulisse. Aber alles trifft sich in der Cabin, einem echt starken Küchenhaus mit buena vista-Veranda.

Der Berg Lake Trail im Internet: www.realbigadventures.com/Articles/ BergLakeTrail/berglaketrail.htm, hier die Karte unter *getting there* aufrufen.

Zum Yellow- Hwy 16 klettert von nun an langsam, aber stetig hinauf zum Yellowhead
head Pass Pass. Ihr passiert mehrere Seen, die letzten Kilometer werden noch einmal steiler. Yellowhead Pass liegt 1146 m ü. M. Good Bye BC. Welcome to Alberta! Die 24 km vom Pass hinab nach Jasper rollt das Rad fast von allein.

JASPER – LAKE LOUISE (230 km)

Jasper An der Nationalparkgrenze wird's dann ernst für die Bordkasse: die Nationalparks Jasper, Banff, Yoho und Kootenay erheben gemeinsam einen Eintrittspreis von 6 C$ pro Tag. Ab einem Aufenthalt von 7 Übernachtungen lohnt der Kauf eines *Annual Pass* zu 38 C$, der für *alle* kanadischen Nationalparks ein Jahr Gültigkeit hat.

Jasper hat ca. 4700 Einwohner, von denen Dreiviertel direkt oder indirekt vom Tourismus leben. Am besten ihr steuert wie immer zunächst das Visitor Center an, diesmal nicht das Tourismusbüro von Alberta Travel sondern das *National Park Townsite Info Centre,* Tel. (780) 852-4767 oder (780) 852-6176, das zentral in Jasper am Connaught Drive liegt. Das rustikale Steinhaus gegenüber dem Bahnhof, das sich hinter prächtigen Blumenbeeten versteckt, ist gar nicht zu verfehlen, allein schon wegen der Menschenansammlung auf dem Rasen davor. Traveller aus der ganzen Welt hocken dort im Schatten der alten Bäume, tauschen Erfahrungen aus und schmieden Pläne für die nächsten Tage.

■ *Wecome to Jasper National Park*

Zeitplanung   Ein paar Tage Zeit solltet ihr euch schon nehmen für Jasper, denn es lohnt sich, die Umgebung näher kennenzulernen. Besorgt euch folgende Broschüren:

The Icefields Parkway Map, mit Kilometerangaben und Hinweisen zu Zeltplätzen, Hostels, Läden, Sehenswertem, Trails etc. Dann die *Explorer's Map* für alle 4 Parks Jasper, Banff, Yoho und Kootenay und – nicht vergessen – die Karten der Mountainbike Trails rund um Jasper. Fragt gleich nach Plätzen mit Bärenwarnung und schaut euch den neuesten Wetterbericht an, der stets aushängt.

Weitere wichtige Stationen in Jasper: *Freewheel Cycles,* vielleicht der beste Radladen in Alberta, 681 Patricia St., Tel. (780) 852-3898. *Nutter's Bulk Foods* in der Poplar St. einen Block weiter nördlich hat ein perfektes Angebot an dehydrierter Nahrung, Vollkornbrot und anderen Schlemmereien.

Übernachten   Die beste Adresse für preiswerte Nächte in Jasper heißt zweifellos Whistler Campground (2 km vom Ort). Die Walk-in-Plätze sind besonders gut. In den Food Lockers, die hier und auf vielen anderen Campgrounds vorhanden sind, kann man bei Ausflügen gut überflüssiges Gepäck lagern. Sie haben zumeist Münz-Pfand-Schlösser.

Das Jasper International Hostel mit 84 Betten liegt weiter außerhalb entlang Whistler's Mountain Road und hat eine verdammt steile Auffahrt – Tel. (780) 852-3215 oder 1-877-852-0781. Die erste Telefonnummer gilt übrigens für *alle* Hostels im Jasper National Park.

➤ Abstecher: Maligne Lake   (ca. 55 km, one way). – Bis zu dem traumhaft schönen türkisblauen Bergsee am Fuße eines bizarren Bergmassivs sind es etwa 55 km von Jasper aus. Ohne Gepäck ein prima Tagesausflug. Übernachten kann man nämlich am See nicht, es sei denn per Trick. Dazu müsst ihr euch im NP-Büro in Jasper oder per Telefonanruf dort (Tel. 780-852-6177) einen Wilderness Pass für 6 C\$ pro Person und Nacht für einen der ersten Zeltplätze an den Wanderwegen oder einen der Kanu-Zeltplätze am See besorgen; Vorbestellungen sind möglich und sinnvoll. Mit diesem Wisch können kontrollierende Ranger euch nicht zurückschicken und wo ihr letztendlich wirklich abends zeltet oder schlaft, ist dann euer Problem. Pro Backcountry-Campsite ist jedoch nur ein Zelt erlaubt. Wer Lust hat auf ein paar Tage Wilderness kann es im Park kaum besser treffen als auf einer der Kanu-Wilderness Campsites am zauberhaften See. Nahe Maligne

■ *Der mysteriöse Medicine Lake ...*

Canyon, noch ziemlich weit weg vom See, gibt es ein Youth Hostel, Tel. (780) 852-3215. Deine Dollars kannst du bei einer Bootsfahrt nach Spirit Island, beim Kanuverleih oder im Café mit Seeterasse loswerden.

Die Strecke Den ersten Teil der Tour zum Maligne Lake kann man auf Radwegen zurücklegen (vgl. u., „Mountainbike Trails um Jasper", Maligne Canyon). Auf dem Highway herrscht Ausflugsverkehr, aber es ist genug Platz. Empfehlenswert: Abstecher zum Maligne Canyon und eine Pause am mysteriösen Medicine Lake. Hinter dem See klettert die Strecke bis auf eine Höhe von gut 1900 m am Maligne Lake. Mitte August brachten uns dort die ersten „flurries" – stundenlanges Radeln im Schneegestöber.

➤ Abstecher: Jasper – Edith Cavell Lake (30 km, one way). – Alle, die es nicht geschafft haben, zum Berg Lake zu wandern, sollten versuchen, den Edith Cavell Lake zu erreichen. Der See am Fuße des gleichnamigen Gletschers ist gespickt mit kleinen Eisbergen, die sich wie Gondeln auf dem graublauen Wasser drehen. Die Zufahrt zweigt 16 km südlich von Jasper vom Hwy 93A ab und führt dann 14 km stramm bergauf. Traumhaft gelegen am See ist die Edith Cavell-Jugendherberge, auch hierfür die Sammel-Telefonnummer für alle Hostels im Jasper NP: (780) 852-3215.

Mountainbike Trails um Jasper

Michael Kristl ist sie gefahren

Jasper inmitten des riesigen Jasper National Parks ist schon seit Jahren ein „Top-Spot" unter den Mountainbike-Revieren der Rockies. Auch die Nationalparkbestimmung, wonach die Biker zum Schutze der Natur nur auf bestimmten Pfaden („designated trails") unterwegs sein dürfen, stellt bei der Fülle der sich von Fahrradsattel aus bietenden Erkundungsmöglichkeiten kaum eine Einschränkung dar. Die Wildheit ist für den Park charakteristisch und die Wahrscheinlichkeit, in den Wäldern um Jasper einen Elch oder Bären anzutreffen auffallend größer als etwa in der Region um Banff.

Am besten, ihr besorgt im Infocenter den „Trail Bicycling Guide Jasper National Park", in dem ihr aus 13 Touren zwischen 5 und 48 km auswählen könnt. Dort sind auch immer die aktuellsten Infos übers Wetter oder eventuell wegen Bärenwarnungen gesperrte Gebiete zu bekommen, welche regelmäßig von „Park Wardens" überwacht werden. Die Touren findet man auch unter www.pc.gc.ca/pn-np/ab/jasper/activ/activ19_e.asp im Internet.

Maligne Canyon Diese Tour führt zu einigen bezaubernden kleinen Seen und dem tiefeingeschnittenen Maligne Canyon (s.u. *Medicine Lake „by trails"*).

Man verlässt Jasper in südlicher Richtung und überquert auf dem Highway (93A) zunächst die Eisenbahngleise, um anschließend auf einer Brücke über den still dahinfließenden Athabasca River zu radeln. Der kleine Annette Lake inmitten eines Waldgebietes und der smaragdgrüne Edith Lake mit schroffen Bergen im Hintergrund (Sandstrand!) laden zum relaxen ein. An der 5. Brücke (Fifth Bridge) über den Maligne River beginnt der schmale Pfad durch den Maligne Canyon, einer der größten Touristenattraktionen der Jasper Area. Obwohl in diesem Abschnitt Radfahren nicht erlaubt ist, lohnt es sich auf jeden Fall, das Fahrrad durch den sich stromaufwärts extrem verengenden und bis zu 50 m tiefen Canyon zu schieben. Der Maligne River zwängt sich dabei teilweise in Wasserfällen durch die in den Kalksandstein eingefräste Schlucht. Ich sah einige Dickhornschafe.

■ Dickhorn-schafe am Maligne Canyon

Für den Rückweg folgt man am besten dem Maligne River stromabwärts. Man kann dann am linken Ufer des Athabasca River auf einem schmalen Waldweg (Trail Nr. 7) bis zurück nach Jasper kurbeln. Wer auf eine asphaltierte Strecke will, wählt als Alternative Hwy 16.

Pyramid Lake / Pyramid Mountain Fire Road

Der lange Anstieg auf dem Pyramid Mountain zum Palisades Lookout auf knapp über 2000 m stellt enorme Anforderungen an eure Kondition, entschädigt dafür aber mit einem tollen Rundblick.

Nördlich von Jasper führt eine geteerte, kurvenreiche Straße mit moderater Steigung die ersten 200 Höhenmeter zum Patricia Lake auf 1200 m Höhe am Fuß des über 2700 m hohen Pyramid Mountain. Man fährt am Seeufer entlang und am Seeende geht die geteerte Straße an einem Parkplatz nach einer Schranke in einen Schotterweg über. Von hier heißt es nochmals gut überlegen, ob ihr euch die fast 1000 Höhenmeter und 11 km bis zum Aussichtspunkt zutraut, oder den Tag über lieber am Pyramid Lake relaxen möchtet.

Wer sich für den anstrengenden Anstieg entschließt, sollte nach etwa 8 km an einer Weggabelung nach rechts auf den steileren Weg abzweigen, um zum „Palisades Lookout" zu gelangen. Von dort schweift der Blick weit über das Athabasca Valley und die umliegenden Berge. Auf der anschließenden, rasenden Abfahrt solltet ihr ein wenig auf Schwarzbären achtgeben, die sich in diesem Gebiet recht zahlreich aufhalten. Ich habe hier meinen einzigen Bären während meines Aufenthalts in Canada so richtig aus der Nähe zu Gesicht bekommen. Er saß beerenpflückend im Gebüsch und trottete durch das Gebimmel meiner „bearbell" gewarnt langsam über den Weg, um auf der anderen Seite wieder im Dickicht zu verschwinden.

Valley of the Five Lakes

Diese Tour führt euch in ein Tal mit 5 aufeinanderfolgenden, jadegrünen Seen und kann mit einem Abschnitt auf der geteerten Straße des Icefields Parkway zu einem knapp 35 km langen Rundkurs kombiniert werden.

Der Startpunkt ist wie bei der Tour zum Maligne Canyon das Südende von Jasper am Old Fort Point. Der teilweise steinige und wurzelreiche Pfad teilt sich an den Seen öfter in mehrere Richtungen auf, welche aber alle wieder an der Kreuzung zum Wabasso Lake zusammentreffen.

Am Wabasso Lake steht dann die Entscheidung an, ob ihr noch etwa 7 km auf einem felsigen und mit vielen Wurzeln übersäten Pfad bis zum Wabasso Lake weiterradeln wollt oder euch aber nach all der Rüttelei über Stock und Stein gleich auf den geteerten Icefields Parkway zurücksehnt, auf dem es sich angenehm die letzten 10 km zurück nach Jasper rollt.

Sechs-Seen-Tour

Um den Ausgangspunkt zu dieser anspruchsvollen Seentour (Cabin-, Saturday Night-, High-, Minnow-, Caledonia- und Majorie Lake) zu erreichen, biegt man von der bereits genannten Straße zum Pyramid Lake (Pyramid Lake Road) in die Cabin Lake Fireroad ab. Die knapp 30 km lange Rundstrecke führt an zahlreichen Seen westlich von Jasper vorbei. Immer wieder werdet ihr es auf dem gesamten Rundkurs mit steilen Teilabschnitten zu tun bekommen. Dabei sind auf dem ersten und anstrengendsten Teilstück zum High Lake satte 500 Höhenmeter zu überwinden. Südlich des Minnow Lake ist die Strecke dann aber bedeutend einfacher zu befahren, wobei auf dem letzten Abschnitt der Caledonia Lake und der Majorie Lake zu einem Sprung ins kühle Nass einladen, bevor es bis zurück nach Jasper fast nur noch schwungvoll bergab geht.

Overlander Trail

Der Name dieses schmalen Mountainbikepfades stammt von einer Gruppe von Siedlern, den „Overlandern", die diesen Weg in Verbindung mit der Überquerung des Athabasca Pass auf ihrer Suche nach Gold in den Caribou Mountains benützten.

Der beschilderte Startpunkt ist 20 km westlich von Jasper auf dem Hwy 16, wo der Highway an einem Parkplatz den Athabasca River überquert. Von hier an ist der Athabasca River auf der linken Seite euer ständiger Begleiter. In Richtung auf das 15 km entfernte Nordende wird der anfangs einfach zu befahrene Pfad dann zusehends schmaler und kniffliger, was aber die Tour erst so richtig interessant macht. Steigungsmuffel werden gerne den Hinweis vernehmen, dass gravierende Höhenunterschiede nicht zu überwinden sind. Auf dem Hwy 16 sind es anschließend wieder knapp 18 km an der Seite des Athabasca River bis zurück zum Ausgangspunkt.

Medicine Lake „by trails"

Diese von Raphaela bereits beschriebene Tour zum Medicine Lake kann alternativ auch mit diversen Schotterwegen kombiniert werden. So könnt ihr von Jasper bis zum Maligne Canyon auch die oben beschriebene und wirklich lohnenswerte *Maligne Canyon-Tour* befahren, welche abseits vom lärmenden Highwayverkehr auf erholsamen Schotterpfaden an der Jasper Park Lodge und den reizvollen Seen Lac Beauvert, Lake Annette und Lake Edith vorbeiführt.

Nach einigen Kilometern auf Asphalt könnt ihr dann noch einmal vom südöstlichen Ende des wegen seines schwankenden Wasserstandes schon den Indianern mysteriösen Medicine Lake auf geschotterte Erkundungstour zu einigen türkisfarbenen Seen aufbrechen. Nach nur 2 km kann man dabei den tollen Anblick des blaugrünen Beaver Lake am Fuße mächtiger Felswände genießen. Daraufhin folgen nach weiteren 3 km die wie der größere Medicine Lake ebenfalls unterirdisch entwässerten Summit Lakes. Wer noch die nächsten 7 km bis zum Jaques Lake (Campingmöglichkeit) weiterradeln möchte, muss sich auf einem oftmals schlammigen, felsigen und mit Wurzeln übersäten Pfad abkämpfen. Hier ist dann aber für die meisten Biker endgültig Endstation. Der Pfad folgt anschließend dem Verlauf des Rocky River und führt schließlich über den 1950 m hohen Rocky Pass bis zu einer Schotterstraße, die weiter nördlich bis nach Cadomin leitet. Die Entfernung vom Jaques Lake bis Cadomin beträgt aber fast 100 (!) km ohne jede Abkürzungsmöglichkeit durch vollkommene Wildnis und ist unglaublich anstrengend.

1 Canada-West

♥ STORY
von
Robert
Stephan
(Zak) und
Mathias
Hoeschen
(Maze)

Biketouren auf dem Icefields Parkway
Pocahontas – Athabasca Falls

Am Ortseingang von Jasper wird erst einmal das obligatorische Foto geschossen. Dann holen wir uns beim Visitor Center aktuelle Informationen über die Zeltplätze in den zwei angrenzenden Nationalparks, kaufen ein und gehen gemütlich eine Pizza essen. Einige Fotos später fahren wir schließlich auf dem berühmten **Icefields Parkway** Richtung Süden weiter. Bei einer erneuten Parkkontrolle müssen wir unsere Tickets vorweisen. Der Wind ist inzwischen schwächer geworden und so kommen wir gut voran. Leider hat sich der Himmel zugezogen und es fallen auch ein paar Tropfen.

Weiter entlang des Athabasca Rivers geht es flussaufwärts einen kleinen Anstieg hinauf, bevor die Athabasca Wasserfälle erreicht sind. An den Wasserfällen herrscht natürlich viel Trubel. Jede Menge Reisebusse kommen an und fahren weiter. Der Wasserfall selbst ist mit seinem Regenbogen zwar ganz nett anzusehen, doch relativ klein. Wir quartieren uns in der nah gelegen Jugendherberge ohne fließend Wasser ein. Im Aufenthaltsraum machen wir es uns gemütlich und kommen mit anderen Reisenden ins Gespräch, während draußen ein heftiger Schauer vorbeizieht.

Obwohl wir heute mitten in die Rocky Mountains gefahren sind, war es die flachste Etappe überhaupt: Der Höhenmesser zeigt nur 383 Höhenmeter an.

■ *Robert und Stephan am Icefields Parkway*

Athabasca Falls – Wilcox Creek

Die ersten Kilometer sind ziemlich flach mit nur kleinen Anstiegen. Ein größerer Anstieg erwartet uns erst bei Kilometer 63. Abseits der Straße können wir ein paar Elche entdecken, doch bis die Kamera gezückt ist, sind sie über alle Berge. Die Landschaft ist einfach super, das Panorama mit den schneebedeckten Bergspitzen wunderschön. Nur das Wetter spielt nicht mit: Es ist sehr stark bewölkt und obendrein recht kühl, das Thermometer steigt nicht über 7 °C. Glücklicherweise weht nur ein leichter Wind. Und so schieben wir uns hinauf zum Columbia Icefield. Oben angekommen wie erwartet Touristen wohin das Auge reicht. Nach ein paar Fotos geht es schnell weiter. Da die heute angepeilte Jugendherberge ausgebucht ist, bauen wir unsere Behausung auf dem Wilcox Creek Campground auf. In der Kitchen Shelter machen wir es uns bei einem Lagerfeuer gemütlich und schauen in die tolle Landschaft. Abends klart es etwas auf und wir erleben noch ein schönen Sonnenuntergang.

Wilcox Creek – Mosquito Creek

Mit –2 °C ist das unser bislang kältester Tagesbeginn. Zelt und Plane zum Abdecken der Fahrräder und Ausrüstung sind mit Frost überzogen. Aber bei knapp über 2000 Meter Höhe und Anfang September brauchen wir uns auch nicht zu wundern. Dafür ist aber wenigstens keine Wolke am Himmel. Zum Aufwärmen geht es noch ein paar Meter hinauf zum Sunwapta Pass, der die

Grenze zwischen den Jasper und Banff Nationalparks markiert. Völlig einge-mummt ist die anschließend rasante Abfahrt doch ein Genuss. Für etliche Kilo-meter geht es in der Ebene weiter. Heute stimmt eigentlich alles: Das Wetter mit Sonnenschein und Wärme ist der Hammer, die Landschaft mit von der Sonne beschienen schneebedeckten Bergen der Wahnsinn und die Beine spielen auch richtig gut mit.

Am Saskatchewan Crossing machen wir eine längere Pause und essen et-was in dem Restaurant. Locker geht es anschließend weiter. Doch bald folgt ein längerer Anstieg auf den 2135 m hohen Bow Pass. Nach einer kleinen Stär-kung schauen wir uns den wunderschönen Peyto Lake an. Wie an jedem Aus-sichtspunkt in diesen Nationalparks ist es natürlich auch hier mal wieder rappelvoll und man muss schon etwas warten, um ein personenfreies Foto machen zu können. Der Ausblick entschädigt allemal die gewaltigen Strapa-zen des Anstieges. Ziemlich geschafft rollen wir dann auf den heutigen Camp-ground am Mosquito Creek. Wegen des Namens haben wir zwar anfangs bedenken, aber Mücken gibt es eigentlich kaum welche. Wahrscheinlich ist es einfach schon zu kalt.

Mosquito Creek – Lake Louise

Gemütliches Frühstück am warmen Ofen. An den Mirror Lakes treffen wir zwei Radfahrer. Aus Japan. Nach einem kurzen Gespräch fahren wir gemein-sam ein Stück zusammen. Doch am Hector Lake trennen sich unsere Wege wieder und wir trödeln gemütlich weiter.

In Lake Louise checken wir in der noblen Jugendherberge, die wir vor zwei Tagen telefonisch reserviert hatten, für eine Nacht ein. Nach Abladen des Ge-päcks schauen wir uns die kleine verträumte Stadt Lake Louise an. Anschlie-ßend fahren wir noch zum gleichnamigen See. Also hier sind die ganzen Touristen ... Ein Stück am See entlang wird es aber angenehm leer. Am Ende des Sees genießen wir die herrliche Aussicht. Wäre bloß dieser schreckliche Betonklotz von Hotel nicht ...

The Icefields Parkway

Uneingeschränkt ist der Icefields Parkway die Traumstraße Nr. 1 des ka-nadischen Westens. Es geht 230 km von Jasper nach Lake Louise durch tiefe Täler am Fuße riesiger Gletscherfelder! Tosende Flüsse, Seen in al-len Blautönen, Adler, Elche und Bären (mit etwas Glück in Sichtweite) be-gleiten euch. Man könnte ehrfürchtig stumm werden, angesichts solch majestätischer Landschaften. Doch den Icefields Parkway muss man mit vielen Menschen teilen, bei denen sich die Begeisterung eher in lautstar-ken Ahhhs! und Ohhhs!, Kameraklicken und Videosurren ein Ventil sucht. Wer ruhigere Erfahrungen sammeln will, sollte ein paar der Wanderwege fest ins Programm aufnehmen. Lohnenswert sind der *Wilcox Pass Trail* am Columbia Icefield, der Parker Ridge Trail am Sunwapta Pass und der *Plain of Six Glaciers Trail* am Lake Louise.

Straße   Für die Trasse des Parkways hat man, ziemlich rücksichtslos im Hinblick auf Mutter Natur, eine breite, gerade Schneise durch die Landschaft ge-schlagen, genug Platz für Fahrbahnen mit breiten Seitenstreifen. Gefahr-loses Radeln auf der ganzen Strecke ist garantiert. Im Norden bei Jasper besteht nach wie vor ein Stück der alten Straße, heute 93 A genannt. Die engere Fahrbahn dort vermittelt etwas mehr Kontakt zur Natur. Der Belag ist zwar schlechter, aber dafür geht es auch wesentlich ruhiger zu. Aller-dings muss man, egal aus welcher Richtung, einen langen, ziemlich stei-len Anstieg über die Ausläufer des Mt. Edith Cavell bewältigen.

■ Landschaft am Icefields Parkway

Übernach-ten

Es gibt viele Zeltplätze in den National Parks, alle auf der Basis „First come – first serve"; Reservierungen sind also nicht möglich. Radler zahlen auf allen Plätzen den vollen Preis. Wartet am Eingang auf den nächsten Backpacker und bietet ihm an, die Campsite zu teilen. Früher gab's mal kostenloses Feuerholz, heute zahlt ihr für die Lagerfeuerromantik ein paar Dollar extra. Generell ist es kein Problem unterzukommen. Ausnahme: Die beiden Campgrounds am Columbia Icefield sind zur Hauptsaison spätestens ab 16 Uhr voll. Dann bleibt nur: Ein Zeltplatz mit Solozelt suchen und um Hilfe (Camp-Erlaubnis) bitten. Es sind allerdings nur eine begrenzte Anzahl von Zelten pro Site erlaubt! (Campgrounds gibt es bei Kilometer 32, 51, 77, 105, 106, 127, 142, 173, 206, 230).

Außerdem hat es ein paar besonders schön gelegene Hostels. Sichert euch unbedingt euren Platz per Telefonanruf vorab. Die Telefonnummer für alle Hostels im Bereich des Jasper NP lautet (780) 852-3215 (Whistler Mountain, Maligne Canyon, Edith Cavell, Athabasca Falls – km 31, Beauty Creek – km 86). Die Nr. für alle Hostels im Banff NP: (403) 670-7580 (Hilda Creek am Athabasca Glacier – km 112, Rampart Creek mit Sauna – km 142, Mosquito Creek – km 206, Lake Louise – km 230, Castle Mountain-Hwy 1A – km 257, Banff Alpine Centre – km 292).

Welche Richtung?

Michael Kristl meint dazu: „Bei der Streckenplanung war ich mir lange nicht sicher, in welche Richtung ich den Icefields Parkway befahren sollte. Da mich die Landschaft ungemein beeindruckt hat, habe ich die Strecke schließlich komplett in beide Richtungen abgeradelt. Bei der Fahrt Richtung Norden wunderte ich mich, dass mir so viele Radler entgegenkamen. Beim kurzen Gespräch hieß es ständig: „Ah, you do it the tough way". Als ich dann Richtung Süden unterwegs war, fiel mir das Radeln wesentlich leichter. Richtung Jasper hatte ich ständig Gegenwind (nicht die Ausnahme, sondern die Regel). Die Steigungen waren zudem angenehmer und außerdem radelte ich jetzt auf der Seite der Sehenswürdigkeiten und die landschaftlichen Eindrücke sind Richtung Süden weitaus beeindruckender."

■ *Du bist hier im Bären Land …*

Auf dem Parkway

Direkt nach den Highlights rund um Jasper wird es erst einmal ein wenig ruhiger am Icefields Parkway. Die Straße folgt zunächst dem Athabasca, später dem Sunwapta River durch ein zunehmend enger werdendes Tal. Zu Beginn locken spektakuläre Wasserfälle (Athabasca und Sunwapta Falls), und Honeymoon Lake (mit Campground) wartet auf alle, die gern baden. Hinter Jonas Creek (km 77) säumen Felswände die Fahrbahn zur linken, das Tal verengt sich, die Straße klettert langsam aber stetig mit 8% Steigung auf die seit langem sichtbaren Gletscherkronen des Athabasca Glacier zu, der eingerahmt wird von den Gipfel des Mt. Athabasca und Mt.Kitchener.

Der Blick vom Icefield Centre auf den Gletscher ist enttäuschend, denn das, was sich mit schmutziggrauen Sedimentschleiern zu Tal schiebt sieht aus wie eine Großbaustelle. Der Eindruck wird noch unterstrichen durch die 20 Mann-Touristenbusse, die auf gigantischen Gummireifen wie Baumaschinen über den Eispanzer rollen. Dennoch machen sich viele auf, um ein wenig über das Eis der unteren Gletscherzunge zu laufen oder stehen Schlange für ein 30 C$ Snowbusticket für einen 5 km-Roundtrip.

Wilcox Pass Trail

Wer gutes Wetter erwischt, sollte sich den Weg zum Wilcox Pass gönnen. Der Trail beginnt in der Nähe des Wilcox Creek Campground. Er führt hinauf in weite Felder von Alpenwiesen. Von der Kammhöhe aus hat man faszinierend schöne Ausblicke auf die glitzernden Weiten des oberen Columbia Eisfeldes, des größten zusammenhängenden Eisfeldes südlich der Arktis, das man von der Straße aus gar nicht sieht. Es ist aber nicht nötig bis zum Pass selbst zu laufen, denn dort gibt es nichts Interessantes zu sehen (Zeitbedarf: etwa 3 Std.)

Hat man den Athabasca Glacier erreicht, so ist man fast schon auf gleicher Höhe mit dem Sunwapta Pass (2035 m), der Grenze zum **Banff National Park.** Gleich dahinter gibt es ein großartiges, sehr gefragtes Hostel (Hilda Creek, Tel. 403-762-4122 oder 403-670-7580; reservieren, hat nur 21 Betten!). Auf der Passhöhe geht es für eine Weile auf etwa selbem Niveau weiter bis zum großen Viewpoint und Startpunkt des Parker Ridge Trails.

Parker Ridge Trail

Der Trail selbst (Zeitbedarf: anderthalb Std.) ist eher uninteressant. Die Aussicht, die man von der Kammhöhe aus plötzlich vor sich sieht, wirft einen hingegen glatt um. Vogelperspektive. Zu deinen Füßen taucht wie aus dem Modellbaukasten das tiefe Tal des Saskatchewan River auf, mit der riesigen blauen Zunge des Saskatchewan Gletschers, die aus endlosen Eismassen im Westen ins Tal hinabrutscht.

Saskatchewan River Valley

Per Rad geht es dann in Kurven mit spektakulären Ausblicken hinab zu eben diesem Saskatchewan River. Die Talsohle wird getupft von Seen in allen Blau- und Grüntönen. Ab North Saskatchewan Crossing klettert die Straße zunächst gemächlich wieder bergan. Waterfowl Lake hat einen Campground am See. Alternative Zeltmöglichkeit: Am Ende des Sees gibt es einen Overflow (Überlauf)-Zeltplatz für Zeiten des Massenandrangs, der selten geöffnet ist. Die Sanitäreinrichtung sind aber angeschlossen und Radler kommen leicht um die Sperren herum. Leise und preiswert.

Danach geht es richtig bergauf, ca. 7 km mit 8%, diesmal zum höchsten Punkt des Parkways, dem Bow Summit (2069 m). Der Pass selbst ist nicht spektakulär. Nicht verpassen: kurz vorher zweigt eine hundsgemein steile Straße ab zum Peyto Lake Viewpoint. Auch wenn sich der innere Schweinehund zu Wort meldet, es lohnt sich. Die Aussicht auf Gletscher, See und das Tal des Mistaya River ist absolute Sahne.

■ *Auf dem Bow Summit, Blick auf den smaragdgrünen Peyto Lake*

Bow River Valley

Bow Summit rollt ganz sanft aus ins Tal des Bow River. Der Blick über Bow Lake auf die mächtigen Hängegletscher und Crowfoot Mountain ist grandios. Lake Louise ist nun schon greifbar nah. Wer noch einmal abseits des Rummels übernachten will, bleibt am besten am Mosquito Creek.

Lake Louise Village

Das Hostel in Lake Louise (Tel. (403) 670-7580) ist natürlich edler, aber wie alles dort auch voller und teurer. Trotzdem, wir haben den Rummel ausnahmsweise mal genossen. Man trifft halt eine ganze Menge interessanter Leute, kann Erfahrungen austauschen und hat reichlich Spaß. Treffpunkt ist das Village rund um das teure, aber brauchbare Ladenzentrum mit Internet-Shop, Lebensmittelmarkt und Bike/Ski-Shop. Gleich nebenan das Visitor Centre (Tel. 403-522-3833). Die Zeltplätze sind nicht allzu weit entfernt. Lake Louise schon. Per Straße sind es 5 km, per Fußweg am Louise Creek entlang 3 km oder über die Tramline 4,5 km.

■ *Das tolle*
Hostel in
Lake Louise

Vom See bekommt ihr so schnell nichts zu sehen. Erst einmal taucht ein riesiger Parkplatz voller Blechkisten auf, dann die Hochhauswand des Chateau Lake Louise, ein angeblich „romantischer" Nobelschuppen, der aussieht wie ein Komplex mit 08/15-Eigentumswohnungen. Augen zu, dran vorbei und erst wieder blinzeln, wenn ihr am See seid (er liegt 1730 Meter hoch). Die Aussicht dort ist unbestritten sagenhaft. Dieser smaragdgrün leuchtende Tümpel zu Füßen der gigantischen Felswand, die aussieht wie ein Stück Baumkuchen mit Puderzucker, gehört zu dem, was man einfach gesehen haben muss am Icefields Parkway.

Fotografen sollten früh morgens für das richtige Licht starten, denn die Felswand ragt am Westende des Sees auf und liegt nachmittags im Schatten. Früh morgens ist auch die beste Zeit für den schönen Hike zur „Plain of Six Glaciers" (6 Std. ab dem See, hin und zurück). Wer lieber mit dem Rad umhersausen möchte, sollte sich an die Tips von Michael Kristl halten ...

Mountainbiking in der Lake Louise Area

von
Michael
Kristl

„Bikes only on designated trails!" das gilt für den Biker auch in Lake Louise. Damit bleiben nur wenige Strecken vom weitverzweigten Wandernetz für den Radler übrig. Deshalb die Empfehlung, sich die im Infocenter erhältliche Broschüre „Lake Louise and Vincinity – Drives and Walks" (auch unter www.canadianrockies.net) zu besorgen, in der einige lohnenswerte Bike-Trails ausgewiesen sind. Alleine die Radtour ins „Valley of the ten Peaks" zum tief türkisen Moraine Lake mit einem Abstecher zum Lake Louise ist derart spitzenmäßig, dass es sich für alle Banff-Jasper-Radreisenden lohnt, zumindest einen Tag Halt zu machen, und nicht nur den Icefields-Parkway vor Augen durch das wenig attraktive Lake Louise Village zu kurbeln.

Moraine Lake und Lake Louise

Ausgangspunkt ist eine Fußbrücke über den Bow River, die sich in der Nähe der Jugendherberge gleich hinter dem Bahnhof von Lake Louise Village befindet. Von hier radelt ihr entlang der „Tramline" (auf der früher

1 Canada-West

einmal Touristen zum mondänen „Chateau Lake Louise" befördert wurden). Der breite Schotterweg ist nur 4% steil. Auf den insgesamt 5 km bis zum 200 Meter höher liegenden See müsst ihr zweimal die vielbefahrene Hauptstraße überqueren. Seid dabei verdammt vorsichtig! Wer sich den tagtäglichen Rummel am Lake Louise nicht antun möchte, sollte schon am frühen Morgen oder kurz vor Sonnenuntergang mit dem Rad heraufstrampeln, um den wirklich schönen Landschaftskontrast des dunkelgrün schimmernden und vom 3500 m mächtigen Mount Victoria umrahmten Lake Louise auch genießen zu können. Danach aber nichts wie weiter auf die Lake Moraine Road (vom Lake Louise zunächst kurze Abfahrt, dann scharf rechts weiter bergauf). Die Straße steigt stetig an. Wenig später zweigt ein beschilderter Mountainbikepfad rechts ab. Dieser schmale Waldweg ist überaus steil und wirklich sehr anspruchsvoll. Belohnt werdet ihr dafür 300 Höhenmeter weiter oben mit fantastischen Ausblicken auf den von über zehn Dreitausendern überragten Moraine Lake. Der je nach Jahreszeit in verschiedensten Farbnuancen schimmernde See ist übrigens durch einen mächtigen Felssturz am Mount Babel aufgestaut worden.

Nun ist der Trail bergauf aber wirklich nur etwas für zähe Genossen, die sich so richtig in die Anstiege reinkrallen wollen. Eine weniger extreme Alternative wäre es, „on the road" bei mäßiger Steigung bis zum knapp über 2000 Meter hoch liegenden Moraine Lake emporzuradeln und auf dem unter den mächtigen Felswänden des Mount Temple verlaufenden MTB-Trail abzufahren. Die Kombination von gemäßigten Anstiegen und schnellen, holprigen Abfahrten ist schlichtweg berauschend. Für den 15 km langen Rückweg auf dem Schotterpfad müsst ihr aber mindestens eine Stunde einkalkulieren, da es zu Beginn des Pfades einige Gegensteigungen zu überwinden gilt, bevor es schließlich richtig bergab geht.

〉〉〉 Connection: **Über den TCH ins Okanagan Valley oder via Kamloops und Whistler nach Vancouver** (vgl. LAKE LOUISE – GOLDEN – REVELSTOKE – SICAMOUS)

LAKE LOUISE – BANFF (57 km)

In Lake Louise endet der Icefields Parkway, denn er stößt hier auf den Trans Canada Highway, kurz TCH oder Can 1 genannt. Der Highway ist bestens ausgebaut, aber im Vergleich zum Icefields Parkway extrem stark befahren und bietet weiter nichts.

Bow River Parkway

Beschaulicher geht es auf dem schmalen, aber nur von Pkws benutzten Bow Valley Parkway zu, auch 1A genannt. Von dort aus habt ihr auch direkten Zugang zu den Zeltplätzen und dem Castle Mountain Hostel entlang der Strecke nach Banff. Die 58 km wird allerdings an einem Stück radeln wollen, wer nicht einen bestimmten Zwischenstopp plant. Johnston Canyon ist oft sehr voll und wohl eher für Schluchtenfans lohnend. Ihr könnt ihn auch per Tagesausflug von Banff aus ansteuern.

Banff

Das Mekka in Canadas Rocky Mountains lebt von seiner phantastischen Lage in einem Talkessel umringt von wuchtigen Felsmassiven, die in der meist kristallklaren Luft zum Greifen nah erscheinen. Dazu kommt der Kurortcharakter dank der sehenswerten Hot Springs mit ihrer wunderschönen Hotelanlage in den endlosen Wäldern rund um die Stadt. Banff gibt sich mondän und international. Dies im Kontrast zur Wildnis macht seinen besonderen Reiz aus. Eine Unmenge lohnenswerter Langstreckenwanderwege und MTB-Trails beginnt hier.

Übernachten

Der Zeltplatz liegt außerhalb des Ortes. 4 km geht es den Tunnel Mountain hinauf zu dem riesigen Campinggelände (1127 Plätze!), in dessen Nähe sich auch die Jugendherberge befindet (216 Betten, Reservierung erforderlich! Tel. 403-670-7580). Es gibt eine Busverbindung zum Ort. In der 102 Spray Avenue ist ein YMCA (60 Betten, Tel. 403-762-3560).

Versorgung

Für die knappe Reisekasse ist der Safeway in der Squirrel St. die preiswerteste Futterkrippe (Bushaltestelle direkt daneben). Am besten morgens einkaufen, denn nachmittags sind die Regale mit preiswerter Backpacker-Nahrung nicht selten total geplündert. Restaurants gibt es in jeder Güte- und Preisklasse.

Adressen

Günstige Ausrüstungsläden mit Fahrradabteilung: Mountain Magic Equipment in der Bear Street (Tel. 403-762-2591) und – ebenfalls in der Bear Street – The Ski Stop (Tel. 403-760-1650). Visitor Centre, 224 Banff Ave., Tel (403) 762-1550.

Mountain Bike Trails rund um Banff

von Michael Kristl

Banff ist Zentrum für Mountain-Biking. In die tolle Umgebung lassen sich eine Vielzahl von Touren aller nur erdenklichen Schwierigkeitsgrade unternehmen. Eine aufwendige Tourenvorplanung könnt ihr euch in und um Banff sparen, da ihr vor Ort alle nötigen Infos und Kartenmaterial bekommt. Im Tourist Office in der Banff Avenue ist das Büchlein „ Mountain Biking and Cycling Guide – Banff National Park" erhältlich, in dem 17 Tourenvorschläge für die insgesamt 190 km Biketrails gemacht werden. Infos auch bei www.pc.gc.ca/pn-np/ab/banff/. Ebenfalls für Radler interessant ist die Broschüre „Banff and Vicinity – Drives and Walks" (im Netz bei www.canadianrockies.net), in der auch eine brauchbare Kartenübersicht über Radstrecken in der Umgebung von Banff enthalten ist.

Mt. Rundle-Umfahrung

Der annähernd 3000 m hohe Mt. Rundle ist ein markantes Wahrzeichen von Banff und die knapp 50 km lange Umfahrung des mächtigen Gebirgsstocks eine landschaftlich ungemein lohnende Tagestour. Ausgangspunkt ist das Banff Springs Hotel. Ein breiter Schotterweg folgt auf den ersten Kilometern in schwungvollem Auf und Ab dem friedlich dahinfließenden Spray River bis zu einer Weggabelung. Dann biegen wir links in östlicher Richtung auf den Goat Creek Trail in Richtung Canmore ab. Kurz darauf geht's auf einer Holzbrücke über den Spray River und nach einem kurzen, aber steilen Anstieg verläuft die Strecke als angenehmer Schotterweg durch lichte Fichten- und Kiefernwälder.

Nach insgesamt etwa 20 km stoßt ihr auf eine breite ungeteerte Straße (SR 742). Auf dieser links halten. Dabei durchfährt man am Ufer eines Stausees den „Whiteman's Gap", einen tiefen Einschnitt zwischen dem Mt. Rundle-Massiv und Chinamans Peak (Ausblick auf das tief im Tal liegende Canmore). Die breite Staubstraße senkt sich dann auf über 6 km Länge steil hinab bis zum Canmore Nordic Centre. Seid vorsichtig auf der langen Gefällstrecke! Der Naturbelag hüllt euch nicht nur permanent

1 Canada-West

in eine dichte Staubwolke ein, sondern ist zudem alles andere als griffig. Übrigens: Die Benutzung der mit farbigen Pfeilen beschilderten Rundkurse zwischen 2,5 km und 15 km ist für jedermann erlaubt und macht eigentlich einen weiteren Tagesausflug nach Canmore lohnenswert.

■ *Mt. Rundle-Umfahrung am Bow River*

Auf dem beschilderten „Banff Trail" gelangt ihr dann nach weiteren 5 km wieder an die südliche Grenze des Banff National Parks, der im bereits zum Kananaskis Country (K-Country) gehörigen Canmore für kurze Zeit verlassen wurde. Die letzten 15 km werdet ihr auf einem mit groben Steinen und Wurzeln gespickten Pfad ordentlich durchgeschüttelt. Nach einer holprigen Abfahrt durch dichten Wald ist dabei das letzte Stück entlang des rechts des Weges fließenden Bow River besonders schön. Die Rundtour endet nach über 50 km am Golf Course von Banff. Von hier sind es nur noch wenige Minuten auf geteerter Straße zu den Bow Falls und anschließend über den letzten Anstieg die Straße hinauf nach Banff.

Lake Minnewanka Diese MTB-Strecke am Ufer des herrlich zwischen steilen Felswänden gelegenen Minnewanka-Sees (indianisch: „Teufelssee") wird von radbegeisterten Einheimischen vielfach als eine der schönsten Touren im gesamten Banff-Nationalpark bezeichnet. Der Lake Minnewanka liegt etwa 10 km nordöstlich von Banff und ist mit fast 20 km Länge der größte See innerhalb des Nationalparks. Ausgangspunkt ist der Bootshafen und Picknickplatz am Nordufer, den ihr von Banff auf der Lake Minnewanka Road erreicht. In östlicher Richtung leitet ein Anfangs breiter Pfad zur Brücke über den Stewart Canyon. Danach gilt es durch dichten Wald einen der wenigen steilen Anstiege zu überwinden, bevor ihr auf einem schmalen Pfad hoch über dem See weiterradelt. Der teilweise recht exponiert in steilem Gelände verlaufende Pfad gewährt eine herrliche Aussicht auf den sich weit unter einem ausbreitenden See und die schroffen Berge der Fairholm Range am gegenüberliegenden Ufer. Nach 17 km erreicht der Normalradler an der Warden Cabin den Umkehrpunkt der Tour. Hartgesottene Biker können sich noch weitere 15 km in östlicher Richtung auf dem zusehends technisch anspruchsvoller werdenden Pfad über die Ghost Lakes und Devil's Gap bis zur Ghost River Road weiterkämpfen (Achtung: Flussüberquerung am Ghost River nötig – bei hohem Wasserstand problematisch).

Sulphur
Mountain

Eine Tour besonders für Frühaufsteher! Vom Sundance Trail führt die alte Cosmic Ray Station Road auf den 2270 Meter hohen Sulphur Mountain. Auf dem sehr steilen Schotterweg sind zwar Fahrräder erlaubt, aber die Auffahrt ist extrem anstrengend und wenig abwechslungsreich. Weitaus lohnender ist es, vom Banff Springs Hotel auf einem Wanderweg bis zu den heißen Quellen der Upper Hot Springs zu radeln, das Fahrrad dort abzuschließen und die 700 Höhenmeter auf den Aussichtsberg von Banff auf dem für Fahrräder gesperrten Wanderweg zur Abwechslung zu Fuß zurückzulegen. Wer übrigens vor der ersten Gondel am Morgen den Gipfel erreicht, kann nicht nur einen vom später heraufschwebenden Touristenstrom ungestörten Rundblick genießen, sondern bekommt im Gipfelrestaurant auch ein extra billiges und ausgezeichnetes Frühstück serviert!

BANFF – CROWSNEST HWY via CALGARY(ca. 382 km)

Für manchen von euch wird die Reise durch die Rockies in Calgary (820.000 Ew.) enden. Deshalb ein Kurz-Info zum Weg dorthin und Anschluss an die Hauptroute. Dies ist eine technische Verbindungsroute ohne besondere Highlights.

Banff – Calgary, das ist ein Katzensprung von ca. 125 km bis Downtown. Zwei Wege bieten sich an:

1. der gut ausgebaute TCH. Er ist voll, laut und sehr hügelig, aber relativ sicher durch breite Seitenstreifen. Am Wegesrand – 21 km hinter Banff – ein Visitor Centre in Canmore. Dann schließlich Calgary, die Wirtschaftsmetropole am Bow River mit angenehmem Klima und zahlreichen Hochhäusern. Am Calgary Olympic Park, Wintersportfreunde riskieren hier einen Blick auf Skischanze und Bobbahn, passiert ihr die ausgeschilderte Zufahrt zum Calgary KOA Campground (Tel. 403-288-0411), Exit 101 Street. Das ist der einzig citynahe Zeltplatz, mit mehr als 12 km trotzdem recht weit außerhalb. Zentral Downtown gelegen ist das International Youth Hostel, 520 7th Ave. SE, Calgary, Alberta T2G 0J6, Tel. (403) 269-8239. Ein Visitor Center befindet sich am Fuße des Calgary Tower mitten in Downtown, Tel. (403) 263-8510.

2. die „Old Banff Coach Rd.", Hwy 1A. Ihr könnt ihn ab Canmore (km 23, all services) befahren. Er ist enger, aber nur schwach befahren und weniger steigungsreich als der TCH. Insgesamt sind es etwa 15 km mehr. Dafür liegen kleine Ortschaften (Läden in Exshaw und Cochrane) und zwei Seen (km 77 Ghost Centre RV Campground nahe Cochrane, Tel. 403-932-3553) an der Strecke, was Radeln und Versorgung abwechslungsreicher macht. Nicht verpassen: MacKay's Eisdiele in Cochrane! Die Kalorienbombe könnt ihr am folgenden 3 km-Hill abarbeiten. Der Verkehr wird natürlich lebhafter hinter dem Ort, jedoch gibt es breite Seitenstreifen bis **Calgary.** Einfahrtsschneise ins Zentrum ist Crowchild Trail, der nach der 16th Ave. unerträglich wird. Ausweichmöglichkeit ab km 126 über Brisbois Dr., km 135 Northmouth Dr., km 137 Cambrian Dr., 10th und Louise Bridge in den Downtown district. Das Youth Hostel ist ganz nah bei. Unter http://2hwy.com/ab/c/camping.htm findet ihr 6 weitere Campgrounds in und um Calgary. Auch die University of Calgary, 2500 University Drive NW, Tel. (403) 220-3203, bietet zeitweise Unterkunft für Durchreisende.

1 Canada-West

Calgary Stampede
Achtung zu Zeiten der berühmten Calgary Stampede! Dann steht die ganze Stadt Kopf und Unterkünfte sind Mangelware. Diese weltberühmte Mammut-Rodeo-Show findet *jährlich im Juli* statt (www.calgary-stampede.com). Wer zum Abschied noch einmal Wild-West-Gefühle wünscht, plant sein Timing entsprechend.

Zum Airport
Calgary Airport liegt etwa 18 km nördlich des Stadtzentrums. Zu erreichen über Edmonton Trail Richtung Norden, 32 Ave. N.E. Richtung Osten und Barlow Trail Richtung Norden. Für alle die in Calgary starten: Von Calgary in Richtung Banff auf starke Westwinde gefasst machen.

Calgary–Longview (ca. 72 km)
Anschluss an die Rundroute Richtung Süden via Elbow Dr. aus der Stadt raus und nach Millarville an Hwy 22. Bis Longview sind es etwa 35 km nach Süden. Von Longview aus sind es 110 km bis zum Crowsnest Hwy (s.u. bei „The easy way").

BANFF – CROWSNEST HWY via KANANASKIS COUNTRY
(230 bis 280 km)

Von Banff zum Crowsnest Highway
Crowsnest Highway, das ist die südliche Ost-West-Verbindung alternativ zum TCH. Die Strecke von Banff dorthin führt entweder über Calgary und lebhafte Highways oder durch die zauberhafte Bergwelt des Kananaskis Country und Longview. Tough-ones, die gerne mal für eine Weile auf sich selbst gestellt durchs Hinterland radeln, können die Forestry Trunk Road wählen, eine Schotterpiste durch wunderschöne Gebirgsregionen, die aber schwach bzw. gar nicht besiedelt ist. Wer es ganz bequem liebt, radelt Hwy 40 und weiter auf Asphalt.

Kananaskis Country
Während sich in Banff und Jasper Touristen aus aller Welt tummeln, verkrümeln sich die Einheimischen ganz stiekum in ihr kleines Paradies vor der Haustür, das von ausländischen Besuchern kaum beachtet wird, ins Kananaskis Country, kurz K-Country genannt. (Informationen: Kananaskis Country, www.kananaskis.com/main.htm, Tel. 403-678-1295). Mit vier Provincial Parks, Bergen (höher und schöner noch als bei Banff), einem dichten Netz von Wander- und MTB-Wegen (1300 km!) und weniger restriktiven Auflagen als im National Park nebenan ist diese Region der absolute Magnet für Wochenendsportler aus Calgary. Wer die Ruhe liebt, sollte wochentags dorthin aufbrechen und Wochenenden meiden.

Canmore
Ausgangspunkt fürs K-Country ist Canmore, ein Ort, der etwa 20 km östlich von Banff liegt. Infos bei Alberta Community Development, Suite 201, 800 Railway Ave., Canmore, Alberta T1W 1P1, Tel. (403) 678-5508. Mountainbiker fiebern garantiert dem Ausflug in den Mount Assiniboine PP (www.bcrockies.com/parks/mtassiniboine.htm) entgegen, den man von dort aus unternehmen kann.

Der Mt. Assiniboine Pass Trail

Von Michael Kristl
Mt. Assiniboine (das „Matterhorn Canadas") liegt in einem wilden, wenn auch nicht sehr großen Naturschutzgebiet zwischen dem Kootenay und dem Banff National Park. Radfahren ist nur auf dem Assiniboine Pass Trail erlaubt. Eine Tour mit hohen Ansprüchen an Kondition und Fahrtechnik, aber von grandioser Schönheit. Ausgangspunkt ist das Spray

Lakes Reservoir. Für die Anfahrt folgt man südlich von Canmore auf etwa 40 km Länge der staubigen SR 742. Nachdem die Straße kilometerweit auf der linken Uferseite der langgestreckten Spray Lakes vorbeiführt, biegt man in westlicher Richtung nach rechts ab und erreicht nach weiteren 5 km den Startpunkt an einem Parkplatz auf 1700 m Höhe. Der Endpunkt ist der am Fuße des markanten Mt. Assiniboine liegende Lake Mekog auf 2180 m, der größte See innerhalb des Parks und bereits in BC gelegen. Mit Hin- und Rückfahrt ist die Strecke ab hier rund 50 km lang und überwindet bei der Auffahrt zur Passhöhe über 500 Höhenmeter. Die technischen und konditionellen Anforderungen auf dem zweiten Abschnitt sind aber weitaus höher, als es die nackten Zahlen ausdrücken!

■ Hart: der Mt. Assiniboine Pass Trail

Nördlich des Wartridge Lake senkt sich die Strecke zunächst einmal auf einem gut zu befahrenden Schotterweg zum Spray River und folgt dann dem Bryant Creek Trail, der über den Allenby Pass bis nach Banff führt. Der folgende Streckenabschnitt, der an einer Schutzhütte mit Wasserstelle vorbeiführt, ist durch das wellenförmige Auf und Ab auf dem weichen Waldboden sehr schwungvoll zu befahren und stellt einen absoluten Genuss dar. Ab dem Anstieg zum Assiniboine Pass wird der nun schmaler und steiler, ist mit groben Steinen und Wurzeln gespickt. Auf den letzten ein bis zwei Kilometern zur Passhöhe muss das Fahrrad immer öfter geschultert werden. Letzte 3 km durch Wiesen und Wälder. Am Endpunkt eine einmalige Hochgebirgsszenerie. Riesige Gletscher erstrecken sich an den steilen Bergflanken des über 3600 m hohen Bergriesen fast bis in den tiefblauen Lake Mekog hinunter.

Wem die Rückfahrt am gleichen Tag übrigens zu anstrengend ist, kann versuchen, in der Assiniboine Lodge oder den daneben befindlichen Schutzhütten, die von den BC Provincial Parks unterhalten werden, eine Unterkunft zu bekommen (vorher informieren!). Ansonsten muss man auf der Abfahrt vom Assiniboine Pass auf dem teilweise extrem steilen und felsigen Schotterpfad sehr vorsichtig sein!

Obwohl es auf der Rückfahrt tendenziell abwärts geht, sind dennoch einige Gegenanstiege zu berücksichtigen. Alles in allem war die Tour an den Fuß des Mt. Assiniboine trotz der Strapazen eine meiner schönsten in den Rockies, an die ich noch häufig und gerne zurückdenke.

Be Prepared!

Am Hwy 1A in Canmore gibt es ein Clubhaus des Alpine Club of Canada, in dem man günstig unterkommen und obendrein seine E-Mails abschikken kann (Tel. 403-678-3200), oder ihr nächtigt im Restwell RV Park & Campground am Policeman's Creek bei Canmore, Tel. (403) 678-5111. Vielleicht könnt ihr auch in der Nähe des Nordic Centre wild zelten.

Den Peter Lougheed PP kann man über eine Dirt Road oder über Asphalt ansteuern. Alle, die durchs Backcountry reisen wollen, sollten sich in Canmore mit dehydrierten Lebensmitteln eindecken und sich entsprechende Weginfos im Visitor Centre geben lassen. Und checkt euer Bike gründlich, bevor ihr aufbrecht ins Niemandsland. Bis zum Crowsnest Highway sind es je nach Strecke zwischen 230 und 280 km.

✖ Off-Road Riding:

The Tough Way – Smith Dorrien/Spray Trail

Viele behaupten: Der Smith Dorrien/Spray Trail kann optisch mit dem Icefields Parkway mühelos konkurrieren. Nur, dass dies eine Schotterstraße ist. In Canmore folgt ihr zunächst der Ausschilderung Nordic Ski Centre. Das Langlaufzentrum der Olympiade 86 war Austragungsort der MTB Meisterschaften 91 und stellt seitdem das 56 km lange Loipennetz im Sommer kostenlos Off-road Radlern zur Verfügung.

Wer ohne Abstecher der Straße folgt, stößt auf eine Allwetterpiste, die am Ostufer des Spray Lakes entlangführt. Dies ist der schönste Abschnitt. Nach gut 60 km erreicht ihr den Peter Lougheed Provincial Park, das organisierte Herz des Kananaskis Country. Dort gibt es Trails, Campingplätze, Duschen etc. Das Zentrum des Parks befindet sich an den Kananaskis Lakes im südlichen Teil rund um Boulton (Laden). In allen Visitor Centres der Region gibt es aktuelle Infos über lohnenswerte Wege, Karten usw. Details zu vielen weiteren Trails unter www.cd.gov.ab.ca/enjoying_alberta/parks/featured/kananaskis/plpp.html.

Highwood Pass

Wer weiterfahren will Richtung Süden folgt dem asphaltierten Hwy 40. Ab km 7 geht es bergauf mit ständigem Blick auf die nahen Dreitausender. Highwood Pass (km 21 ab K-Lakes) ist die höchste asphaltierte Straße in ganz Kanada (2253 m). Im Winter ist die Strecke gesperrt (spätestens ab 1.12. bis 15.6.). Auf der Passhöhe gibt es Wanderwege (1 bis 5 km) durch die Highwood Meadows, subalpine Wiesen feinster Art. Von der Passhöhe aus sind es leichte 37 km bis Highwood Jct. (L) und dem Abzweig der Forestry Trunk Road. Die gut ausgebaute Schotterpiste führt 112 km durch einsame Gebirgslandschaft entlang der Continental Divide mit viel Wald, verträumten Seen und zauberhaften Ausblicken bis Coleman. Mehrere einfache Forest Campgrounds liegen am Weg.

✖ Off-Road Riding:

Zum Verwöhnen in Coleman: Grand Union Hostel, 7710 17th Ave., Tel. 403-563-3433. Ein Zwischenstopp lohnt sich für Mountainbiker, denn rund um den Ort gibt es einige sehr beliebte Trails. Infos dazu im Hostel.

The Easy Way – Kananaskis-Country für Asphaltfreunde

Alternativ kann man statt in Canmore auch erst im Ort Kananaskis vom TCH auf Hwy 40 abzweigen. Die Straße ist bestens ausgebaut, mit breiten Seitenstreifen, und nur am Wochenende voll. Bis zu den Kananaskis Lakes im Peter Lougheed Park sind es geruhsame, überwiegend langsam ansteigende 55 km durch das schöne Tal des Kananaski River. In

Ribbon Creek gibt es ein gemütliches Youth Hostel (Tel. 403-762-4122). Zelten kann man in Mt. Kidd (Kanadas exklusivster RV-Park, L), Eau Claire und Boulton (guter Laden). Es lohnt sich, im Park die Bike Paths rund um die Seen abzuradeln. Bei der Weiterreise geht es auf 21 km zum Highwood Pass (s.o.), nur biegt ihr in Highwood Jct. auf Hwy 541 ab. Langsam rollt ihr aus der Bergwelt hinab in die heißen Prärien rund um Longview (all services). Auf Hwy 22 geht es durch die „foothills" der Rokky Mountains und den Chain Lakes Provincial Park (Campground) am Fuße der Berge zum Crowsnest Highway. 〉〉〉 **Connection: mit Calgary ab Longview (72 km, s.o.)**

♥ STORY von den Weltumradlern Susi und Daniel

Südwärts in die USA

Etwa 30 km hinter dem kleinen Ort „Milk River" war es endlich so weit. Drei Wochen waren wir nun schon durch die kanadische Prärie geradelt und hatten seit Tagen auf irgendwelche Anzeichen wie leichte Hügel oder Anstiege gewartet. Zunächst war nur eine kaum erkennbare, hellblaue Silhouette am Horizont zu sehen. Je näher wir kamen, desto klarer wurde die Sicht und es gab keinen Zweifel mehr: Vor uns lag der mächtige von Nordwest nach Südost über den Kontinent verlaufende Gebirgszug, die Rocky Mountains.

Im **Waterton Nationalpark** bekamen wir endlich die Gelegenheit, unseren ersten Bär zu sehen. In nur 5 Metern Entfernung sättigte er, völlig desinteressiert an seinen Zuschauern, seinen Hunger und tapste dann gemütlich durch den Stau der Autofahrer über die Straße. Einen „Bear-Jam", wie ihn die Ranger hier nennen.

Ein schöner Abschluss in Canada. 8000 km immer Richtung Westen hatten wir schon auf unserer „großen Reise" zurückgelegt, drehten von den Lenker um 90 Grad nach links und näherten uns zum zweiten Mal der amerikanischen Grenze. Unsere weitere Route sollte uns von Norden nach Süden quer durch die Rocky Mountains bis an die mexikanische Grenze führen. Spätestens im Glacier National Park, dem amerikanischen Nachbarn des Waterton, war es endgültig vorbei mit der „Flachlandradlerei". Die Straße mit dem verheißungsvollen Namen **„Going-to-the-sun-road"** führte quer durch den Park und uns direkt zu ihrem höchsten Punkt, dem Logan Pass auf über 2000 m Höhe. Nach der flachen Prärie war uns die Abwechslung ganz recht und wir meisterten den Pass ohne größere Anstrengung. Gab es auf dieser eindrucksvollen Gebirgsstrecke doch viel zu sehen, was uns ablenkte. Aber auch hier im Glacier NP haben sich Eis und Schnee im Laufe der Zeit immer mehr zurückgezogen, so dass kaum noch größere, sichtbare Gletscher, wie der Name vielleicht vermuten ließe, zu finden sind. Wir legten hier im Park einen Tag Pause ein und verbrachten die Zeit mit wunderschönen Wanderungen zu tiefblau-schimmernden Gebirgsseen, umringt von dunkelgrünen Nadelwäldern.

■ Montana heißt uns willkommen

➤ Abstecher: Pincher Creek – Waterton Lakes NP

(57 km). – Der wunderschöne Waterton Lakes National Park in Canada und der Glacier National Park in Montana/USA werden zusammen „International Peace Park" genannt. Beide Parks sind sehenswert. Hier die Anreise aus Canada:

Der Crowsnest Highway hat breite Seitenstreifen, ist also gut zu befahren, zunächst in Richtung Osten bis Pincher Creek. Hwy 6 zweigt hier nach Süden zum Park hin ab. In Pincher Creek (all services) gibt es einen kleinen Municipal Zeltplatz am Bach. Yarrow Creek, ein einfacher PP Campground mit Küchenhaus, liegt etwa 24 km weiter südlich direkt neben der Straße, die mit vielen kurzen, steilen Hügeln durch offenes Ranchland nach Süden führt. Vom Abzweig zum Waterton NP aus sind es noch gut 10 km zum Zentrum des Parks.

Waterton Lakes verblüfft mit einem abrupten Übergang von kahler, heißer Prärielandschaft zu waldreicher, kühler Gebirgsregion. Schon von weitem glitzern und funkeln die Seen vor der wirklich spektakulären Kulisse des grandiosen Bergmassivs. Wie ein Spielzeughaus wirkt davor das an und für sich monumentale „Prince of Wales Hotel", das sich reizvoll in die Landschaft integriert.

Im Zentrum des Nationalparks liegt Waterton Townsite, ein kleines Dorf in Nähe des Campingplatzes (Duschen!). Auch in diesem Park kann man im Visitor Reception Centre für 6 C\$/Nacht einen Wilderness Pass erwerben, der zum Campen im fantastischen Backcountry berechtigt. Bärenwarnungen beachten! Lohnenswerte Tagesausflüge per Rad führen zum Redrock Canyon (16 km one way) oder zum Cameron Lake (gl. Distanz). Weitere Infos, Trails usw. unter www.watertonpark.com.

Waterton NP – Glacier NP (75 km)

Vom Abzweig zum Waterton Lakes NP aus radelt man über den Chief Mountain International Highway (im Winter gesperrt) anspruchsvolle 65 km via Babb nach St. Mary, am Eingang zum Glacier National Park, USA. Drei gemeine Steigungen warten. Die erste führt 7 km hinauf ins höher gelegene Belly River Valley (NP-Zeltplatz); die zweite endet erst hinter dem Grenzübergang (offen v. 9 – 18 Uhr); der dritte Anstieg führt 12 km hinter der Grenze 3 km hinauf zum Chief Mountain Overlook. Von da an geht es bergab bis zur Kreuzung mit Hwy 89. Rechts ab führt die Straße nach St. Mary. An der Strecke der Ort Babb. Der Grocery Store hier ist vorläufig die preiswerteste Nachschubmöglichkeit. In Babb zweigt die Stichstraße nach Many Glaciers ab, in den schönen Nordteil des Glacier NP am Lake Sherburne (13 km one way). In St. Mary, dem östlichen Einstieg in die Going-to-the-Sun-Road mit entsprechendem Visitor Center, könnt ihr euch einen der drei Campgrounds aussuchen: Chewing Blackbone Cg., Johnsons Restaurant and Cg. und KOA St. Mary-Glacier Park.

Glacier NP

Der Name ist ein wenig irreführend, denn Gletscher bekommt man anderswo besser zu sehen als ausgerechnet hier. Gletscher haben einst vor Millionen Jahren die reizvollen tiefen Täler ausgefräst, sich inzwischen jedoch völlig zurückzogen bis auf den schmutzigbraunen St. Mary's Gletscher, den man vom Sun Point aus besichtigen kann (falls man vor lauter knipsenden Touristen überhaupt etwas sieht). Ihr merkt, der Park ist überlaufen. Wie Yellowstone hat auch der Glacier NP eine knappe Sommersaison, von Mitte Juni bis Mitte Oktober. Spätestens dann ist die berühmte Hauptstraße („Going-to-the-Sun-Road", einfache Strecke 83 km) wegen Schneefalls gesperrt. Website: www.nps.gov/glac

Fahrrad-bann

Der Traum vieler amerikanischer Rennradler: einmal im Leben auf der Going-to-the-Sun-Road über den Logan Pass radeln! Aber auch die RV- und Pkw-Besitzer träumen davon. Es wird also eng. Deshalb gibt es Einschränkungen. Und für wen? Für die Radler natürlich. „Radfahrer dürfen zwischen Logan Creek und Logan Pass bergauf – das ist ostwärts – zwischen 11 und 16 Uhr nicht unterwegs sein. Gleiches gilt für den Abschnitt Apgar Campground bis Sprague Creek Campground für beide Richtungen." So lautet die Vorschrift für die Sommersaison vom 15. Juni bis Labour Day. Autos dürfen immer fahren. Und dieser Tatbestand schränkte meinen Going-to-the-sun-Genuss ganz gewaltig ein.

♥ STORY
von
Raphaela
Wiegers

Going-to-the-sun-road

Halb sechs aufstehen! Besondere Tage verlangen Opfer. Unsere netten Zeltnachbarn kochten Kaffee für uns, damit wir rechtzeitig starten konnten. Die ersten Meilen durch die kühlen Täler, aus denen sich langsam die Nebelschwaden hoben, waren phantastisch. Keine Autos. Nur Vogelgezwitscher, Bachrauschen. Ab und zu mal das Summen schnellerer Fahrradreifen. Fast alle anderen Radler fuhren ohne Gepäck, wir mit zuviel. Als wir die unteren Kehren der steiler werdenden Zufahrt zum Pass erreichten, erschien Frau Sonne zum ersten Mal. Sie ließ die bunten Blumenhänge der Garden Wall aufleuchten und jagte die letzten Nebelschwaden über die Gipfel davon. Ein phantastisches Naturschauspiel.

Die Landschaft wurde schöner, die Straße enger und kurviger, die Steigung härter, die Sonne heißer. Leider hatten inzwischen auch die Autotouristen ausgeschlafen. Der Verkehr nahm zu. Zögernd zuerst. Rentner am Steuer zu großer RV's umkrallten verkrampft das Lenkrad. „White Nuckle Driver", hatte ein Freund sie genannt, weil man nicht die Gesichter, nur die angespannten, weißen Fingerknöchel sieht. Für sie ist diese Straße einfach überall zu eng. Dazwischen Pkws. Bald schoben sich die Fahrzeuge Stoßstange an Stoßstange Richtung Logan- Pass. Statt wie zuvor frische Morgenluft atmeten wir Auspuffgase ein. Die schicken alten, roten Busse, mit denen der National Park Service Rundtouren anbietet, stanken besonders zum Himmel. Anhalten und die Landschaft genießen? Das war kaum noch drin, denn alle Aussichtspunkte waren längst zugeparkt. Was friedlich und stimmungsvoll begonnen hatte, verwandelte sich nicht erst um 11 Uhr, sondern schon vor 10 Uhr in ein für die USA seltenes Verkehrschaos. Wir waren heilfroh, als wir endlich den Pass und das Visitor Center mit seinem riesigen Parkplatz erreichten. Vor dem eisig kalten Wind suchten wir hinter einer Mauer Schutz. „You made it!" riefen uns aufmunternd ein paar der Radler zu, die uns vor langer Zeit schon überholt hatten. „We survived!" meinte Harald etwas bissig.

Die „Going-to-the-Sun-Road" wäre auch eine meiner Traumstraßen, das steht fest. Die Aussicht ins tiefer gelegene Tal, die blumenübersäten Hänge der Garden Wall, an deren Mauern die schmale Straße klebt, all das ist wunderschön. Einen Wunsch hätte ich allerdings: Dass die Straße bis 11 Uhr und ab 16 Uhr nur den Radlern gehört und dann die Autos verbannt werden ...

„Going-Sun"-Info

Die Strecke ist, mal abgesehen von der Verkehrssituation, nicht weiter schwierig zu fahren. Ost-West Radler haben zwar weniger Höhenmeter zu bewältigen (656 statt 1066 m), doch müssen sie meist gegen starke Fallwinde ankämpfen. Bei der Abfahrt radeln sie an der überhängenden Felswand entlang, ohne Ausweichen, ohne Viewpoints. Zudem ist die Fahrbahn mit vielen kleinen Steinen verunreinigt, die aus der Felswand absplittern. Wenn „Going to the Sun", dann in Richtung Osten.

Zunächst geht es sanft ansteigend am Logan Creek entlang. Steil wird

1 Canada-West

es erst von der großen Kehre an, die „The Loop" genannt wird. Von dort aus sind es 19 km mit max. 9% Steigung bis zur Passhöhe (6646 ft/2025 m) auf der Continental Divide. Dies ist der Streckenabschnitt mit Radlerbann von 11–16 Uhr. Die Abfahrt hinunter zum St. Mary's Lake ist vergleichsweise langwierig, und dank Rückenwind ein Klacks. Der Blick vom St. Mary's Campground zurück auf die Bergkulisse ist so zauberhaft, dass es sich lohnt, dort zu übernachten, auch wenn man den Platz schon vormittags erreicht. Wem das zu früh ist, der sollte oben am Logan Pass den lohnenswerten Hidden Lake Trail wandern.

Übernach-ten

Hiker-Biker Sites gibt es am Apgar (Tel. 406-888-7800, 16 $) und St. Mary's Campground (Tel. 1-800-365-CAMP, 17 $). Dennoch solltest du lieber Avalanche Creek (Tel. 406-888-7800, 16 $) ansteuern, damit du die 26 km zum Logan Pass möglichst früh in Angriff nehmen kannst. Warum nicht morgens wandern und abends zum Pass hinauffahren? Weil dann die schönste Aussicht im Gegenlicht liegt!

✘ Off-Road: Im Glacier NP hat man nicht nur die Rush-Hour-Verbannung für Radler beschlossen, man will sie auch nicht im Backcountry umherfahren sehen. Schade. Anders da der kanadische Teil des International Peace Parks: im Waterton Lakes NP gibt es ausgewiesene Trails für Mountainbiker (www.watertonpark.com/activities/biking.htm).

PINCHER CREEK – OSOYOOS via CROWSNEST HIGH-WAY (655 km)

Eine Touristenroute ist er nicht gerade, der Crowsnest Highway. Er windet sich in Schlangenlinien mal Nord mal Süd, mal näher, mal weiter entfernt von der amerikanischen Grenze, umkreist so die krasseren Gebirgshänge, umläuft extreme Steigungen. Doch es bleiben auch so noch genug Anstiege übrig, gemäßigte allerdings, mit mehreren Pässen meist so um 1000 m. Die Strecke zieht sich allerdings durch die vielen Schleifen gewaltig in die Länge. Es gibt ein paar besonders sehenswerte Abschnitte, wie z.B. durch den Manning PP.

Von Pincher Creek aus Richtung Westen bleibt es zunächst angenehm eben, bevor die Straße ganz gemächlich, vorbei an den hübschen Orten der Municipality of Crowsnest Pass den eigentlichen Pass mit 1396 m erklettert. Man merkt es kaum. Ihr seid wieder in BC. Sparwood Visitor Center informiert euch über alles Sehenswerte in den Kootenays, wie dieser Landstrich heißt. Nächste Attraktion:

➤ Ab-stecher: Fort Steele

(5 km one way). – Fort Steele ist ein als Living Museum wiederbelebtes historisches Gelände. Es macht Spaß, ein paar Stunden durch Impressionen aus dem Kanada der Pioniertage zu streifen. Eintritt: 8,50 C$. Vielleicht steht euch der Sinn nach Bayerischem? Kimberley gilt als Klein-Bayern in Kanada mit Biergarten, Trachtenverein und Oktoberfest. Dann wird aus eurem Abstecher allerdings ein 75-km-Loop.

Cranbrook, Creston und Trail heißen weitere größere Etappenpunkte. Alles nette Orte, auf europäische Touristen aber weniger eingestellt. Die Pocket Desert von Osoyoos mit Kanadas wärmstem Badesee und weißen Stränden lässt das Herz dann wieder schneller schlagen.

OSOYOOS – HOPE via CROWSNEST HIGHWAY (246 km)

Hinter Richter Pass (682 m) folgt der Highway dem Tal des Similkameen River. Besonders ab Princeton geht es in längeren Steigungen etappenweise bergauf, um das Massiv der „Three Brothers" herum.

Manning Provincial Park

Östlich von Hope schieben die kanadischen Ausläufer der Cascades ihre gebirgigen Vorboten Richtung Norden. Radlern auf dem Crowsnest Highway bescheren sie eine besonders im Sommer zauberhafte Landschaft mit üppig blühenden Wildblumenwiesen vor den Schneekronen der Berge als Trostpflaster für die lange Kletterpartie aus dem Tal hinauf zum Allison Pass auf 1352 m. Der Pass liegt mitten im Manning Provincial Park, der in dieser Region die Infrastruktur für Freizeitsportler liefert. Auf dem Gelände des PP gibt es vier Zeltplätze, die alle vor der Passhöhe liegen (den letzten Anstieg zum Pass hebt ihr euch also besser als Frühsport auf). Am einfachsten zu erreichen ist der Coldspring Campground (63 Plätze) nahe Hwy 3. Schöner ist der Zeltplatz am Lightning Lake (144 Plätze). Das bedeutet allerdings eine erneute Steigung über den Gibson Pass hinweg zum Erholungsgelände am See.

Alle, die noch immer nicht genug bergauf geradelt sind, können als „Abendausflug" den extra steilen Weg zum Cascade Lookout antreten (15 km Asphalt). Weitere 6 km auf Schotterpiste locken im Sommer (oft bis Juli gesperrt!) zu einem Ausflug in die zauberhafte Welt der subalpinen Wiesen am Fuße des Blackwall Peak.

Wer den Beinen zur Abwechselung lieber ein Laufprogramm bieten möchte, kann vom Zeltplatz aus einige besonders schöne Wanderwege entlang der Lightnings Lake Kette in Angriff nehmen (auch Kanu-Verleih am See). Über Trails u.v.m. gibt die Webpage www.britishcolumbia.com/ParksAndTrails/Parks/details/?ID=142 Auskunft.

Die paar Kilometer zum Pass sind am Morgen schnell geschafft. Ins Tal nach Hope gibt es dann eine nahezu durchgehende, berauschende Abfahrt.

HOPE – VANCOUVER (160 km)

Hope

Bald darauf ist Hope erreicht, ein geschäftiger Verkehrsknotenpunkt, der einst als Drehort für einen Rambo-Film Karriere machte. Touristenattraktion sind dennoch heute nicht Rambos Spuren, sondern die Othello Quintette Tunnel (www.thekvr.com/othello.cfm) mit ihrem parkähnlichen Erholungsgelände incl. Zeltplatz. Einst donnerten Züge knapp neben den tosenden Wassern des Fraser River durch die wundersam anmutenden Konstruktionen am Fuße der Schlucht.

Highway 7

Beste Wahl von Hope aus Richtung Vancouver ist Hwy Nr. 7. Mehrere Highways führen durch das weite Tal des Fraser River nach Vancouver. Alle sind stark befahren. Da sollte man dann wenigstens die reizvollste, interessanteste Strecke wählen, und das ist zweifellos Highway 7. Er passiert Harrison mit seinem altmodischen Hot Springs Thermalbad und mehrere beliebte Provincial Parks. Auch wer nicht den Golden Ears Park besuchen will, sollte ab Mission auf die Parallelstrecke zum Highway ausweichen, die über Rolley Lake zu den Toren von Golden Ears führt und weiter nach Pitt Meadows, einer Trabantenstadt von Vancouver.

Alternative Nr. 1 zum Crownsnest Highway: CASTLEGAR – HOPE via KETTLE VALLEY RAILWAY TRAIL (640 km)

♥ STORY

Sabine & Robin Lippmann befuhren den Kettle Valley Railway Trail:

Im Süden von British Columbia befindet sich der Kettle Valley Railway, eine stillgelegte ca. 600 km lange Bahnlinie. Die Gleisanlagen sind entfernt worden und der KVR bietet abenteuerlustigen Bikern mit einer max. Steigung von 2,2% ein Eldorado durch die Wildnis. Die Strecke führt über teilweise geländerlose Brücken, durch dunkle Tunnels, vorbei an Bergen mit atemraubenden Aussichtspunkten, vorbei an Seen, durch Wälder, wüstenartige Landschaften, aber auch Obst- und Weinanbaugebiete. Viele historische Gebäude (alte Hotels, Bahnhöfe, Wassertürme, rote Werkzeughäuser, Museen) entlang der Trasse versetzen den Radler zurück in längst vergangene Zeiten. Wild zelten ist fast überall möglich, jedoch sollte man sich vor den Bären in Acht nehmen.

Abenteurer, Draufgänger, Naturfreaks, Glückskinder – die Bemerkungen sind vielfältig und kontrovers, als wir von unserem Plan schwärmen, den KVR zu Zweit mit kompletter Camping-Ausrüstung zu beradeln. Von Calgary aus buchen wir einen Inlandsflug zu unserem Startpunkt Castlegar. „Meldet euch bei der örtlichen Polizei ab – nur für den Fall, dass unterwegs etwas passiert." Dieser gut gemeinte Tip aus dem Railway Station CPR Museum beunruhigt uns mehr als dass er Sicherheit gibt. Trotzdem brechen wir am nächsten Morgen voller Vorfreude mit unseren schwer beladenen Fahrrädern auf. Bereits auf den ersten Metern spüren wir die totale Einsamkeit. Keine Autos, keine Menschen. Weit entfernt das Kreischen einer Motorsäge. Vögel zwitschern. Der Schotter knirscht unter den grobstolligen Geländereifen. Gleichmäßig kurbeln wir die erste Steigung hinauf und die Gedanken wandern zu der Geschichte des KVR:

Früher transportierten Dampfzüge die im Kootenay-Gebirge abgebauten enormen Mineralienvorkommen wie z.B. Silber, Kupfer, Kohle und Blei an die Küste nach Vancouver. Chefingenieur Andrew McCulloch gelang es, den KVR durch teilweise äußerst schwieriges Gelände von 1910 – 1916 mit Einsatz von bis zu 5000 Arbeitern zu bauen, so dass man von „McCullochs Wonder" sprach. Die KVR Strecke über die Cascade Mountains nach Hope war das

■ *Echt spektakulär: der Myra Canyon*

schwierigste und teuerste Projekt in der Geschichte des Eisenbahnbaus. Rekordschneefälle von bis zu 20 m z.B. im Jahr 1915 machten es äußerst schwierig und teuer, den KVR in diesem Streckenabschnitt (hatte ursprüngl. 43 Brücken, 12 Tunnels, 15 Schneeabweiser) zu erhalten.

Auch heute ändert sich der Zustand der KVR aufgrund von Erosion, Steinfall, Umzäunungen, Holzfällarbeiten etc. ständig. Aber gerade diese Umstände machen eine Tour auf dem KVR so abenteuerlich. Gespannt warten wir auf die erste Brücke, die McCormack Creek Bridge. Der Geruch von altem Holz steigt uns in die Nase. Vorsichtig betreten wir die alten Schwellen, die über eine 58 m tiefe Schlucht führen. Die Bohlen liegen etwa 10 cm auseinander und sind 3 m breit. Das Fehlen eines Geländers ist anfangs gewöhnungsbedürftig und man sollte einigermaßen schwindelfrei sein. Weiter geht es zum nächsten Highlight des heutigen Tages, dem Bulldog Tunnel. Mit 912 Metern Länge ist er der längste Tunnel der gesamten Strecke. Da er am Ende eine leichte Biegung aufweist, kann er nur mit Licht befahren werden. Wir erreichen den Ort Christina Lake und im Gegensatz zur bisherigen Strecke hört man hier ständig den Verkehr der nahen Highway. Weiter geht es auf einem kaum erkennbaren schmalen Pfad, der durch ca. 1 m hohes Unkraut führt. Die vorderen Packtaschen bleiben immer wieder hängen und das Gestrüpp verfängt sich ständig in Kette, Kettenblatt und Ritzel. Durchgeschwitzt und etwas zerkratzt kommen wir in Grand Forks Station an.

■ *Die McCormack Creek Bridge (58 m hoch, ohne Geländer ...)*

Der CPR Bahnhof in Grand Forks ist der älteste und steht unter Denkmalschutz. Er wurde restauriert und ist heute ein Pub. Auch hier hören wir die üblichen Bärengeschichten: „Passt auf, dass sie euch nicht zu nahe kommen. Dieses Jahr sind sie besonders hungrig, da aufgrund des außergewöhnlich heißen Sommers in den oberen Lagen kein Futter mehr zu finden ist. Aber in dieser Gegend ist schon lange kein Bär mehr gesichtet worden." Das beruhigt uns. Jedoch nur bis zum nächsten Morgen. Keine 2 Kilometer nach dem Bahnhof werden wir von knackenden Geräuschen aus dem Unterholz aufgeschreckt. Sekunden später rennt ca. 10 Meter vor uns ein kleines Bärchen über den Weg und verschwindet sofort wieder im Wald. Die gestrigen Worte gehen uns durch den Kopf und wir hoffen, nicht die Beschützerinstinkte der Mutter geweckt zu haben. An diesem Morgen reden wir besonders laut miteinander und klingeln viel, um die Bären abzuschrecken.

Von Eholt bis Midway geht es auf sandigen Etappen abwärts. Die Trasse führt durch Greenwood, einer ehemaligen Kupfer-Minenstadt. Zahlreiche historische Gebäude aus dem späten 18. und frühen 19. Jh. und das Greenwood Museum zeigen dem Besucher das Leben und Arbeiten in den frühen Tagen. Bis Midway radelt man auf einfacher Strecke, jedoch leider immer in der Nähe der Highway. In Midway besichtigen wir das schöne Eisenbahnmuseum und tragen uns in das „Buch der Radfahrer" ein.

Noch etwa 150 km sind bis zum Myra Canyon zurückzulegen. Sicherlich einer der spektakulärsten Streckenabschnitte auf dieser Reise wartet auf uns. 18 Brücken und 2 Tunnels führen durch die 650 Meter lange Schlucht. Bei vielen der Brücken musste das Holz erneuert werden, zwei davon sind nun aus Stahl. Dieser eindrucksvolle Teilabschnitt der KVR ist sehr gut restauriert worden. Die Brücken haben Geländer und über den Bahnschwellen wurden Bretter montiert. Entsprechend stark wird dieser Teil von Touristen frequentiert. Nach dem Canyon folgt eine ziemlich sandige Holperstrecke. Eine 238 m lange geländerlose Eisenbrücke führt über den Bellevue Creek. Wir trauen unseren Augen nicht, als uns auf dieser Brücke ein Geländewagen entgegen kommt. Autos – hier? Noch weniger trauen wir unseren Ohren, als er uns durch die runtergekurbelten Scheiben anspricht und uns fragt: „Are you lost? Can I help you?". Wer von uns hat sich hier eigentlich verfahren?

Auf holpriger, sandiger Strecke mit schönen Ausblicken auf den Okanagan Lake geht es am nächsten Tag abwärts nach Penticton. Dann soll es durch ein Indianerreservat gehen. Brauchen wir hierfür eine Erlaubnis? Der Reiseführer sagt ja. Vor Ort ist man eher erstaunt und weiß nicht allzu viel damit anzufangen. Und so fahren wir ohne die „erforderliche" Erlaubnis los. Auf dem Weg zum Osprey Lake kommen wir über die höchste Stahlbrücke Nordamerikas: Trout Creek Bridge (73 m hoch, 76 m lang, geländerlos!), die über einen tiefen Canyon nach Summerland führt. Hier sind die Schienen noch für 16 km vorhanden, denn ein historischer Kettle Valley Passagier-Dampfzug fährt regelmäßig durch das Prairie Valley. Am Trout Creek sind von der ehemaligen Brücke nur noch 2 große Betonblöcke vorhanden. Ein steiler Pfad führt abwärts zum Fluss und bei niedrigem Wasserstand kann man diesen entweder furten oder – mit etwas Gleichgewichtssinn – über einen Baumstamm balancieren. Am Osprey Lake wurden vor 1920, als es noch keine Kühlschränke gab, riesige Eisblöcke geschnitten und per Zug nach Penticton transportiert. Dort wurden sie im Eishaus gelagert und im Sommer zur Kühlung von Obsttransporten und von Passagierzügen verwendet.

Bei Princeton am Tulameen River ist die Strecke an einigen Stellen weggeschwemmt. Das Bike und die einzelnen Gepäckstücke tragen wir durch das Flussbett und über große Steine hinweg. In Brookmere befinden sich einige restaurierte KVR Gebäude und ein Wasserturm sowie ein privates Museum voll mit KVR Sammelstücken. Harry Fontaine führt uns durch das Museum und kann die Funktion von jedem Exponat genau erklären, da er selber bei der Bahn beschäftigt war. Zum Abschied schenkt uns Harry noch ein Glas selbst gefangenen Lachs.

Die restliche Strecke führt uns über hohe Brücken durch felsiges und sehr rauhes Gelände mit hohen Bergen durch das Coquihalla Tal. Man sagt, dass die Passagierzüge damals diesen Streckenabschnitt nur nachts befuhren, damit die Fahrgäste nicht die Steilwände und den tiefen Canyon weit unten sehen konnten. Heute kann man nur noch die Hälfte der Strecke auf der ursprünglichen Bahnstrecke fahren. Viele Brücken sind nicht mehr vorhanden und einige Tunnels eingestürzt. Je nach Wasserstand ist das Tragen von Rad und Ausrüstung durch das Flussbett oder sogar das Ausweichen auf den Highway angesagt. 10 km vor Hope hat der Coquihalla River einen hufeisenförmigen Pfad durch einen 91 m tiefen, gradwandigen, engen Canyon geschnitten – zu eng für eine Eisenbahnlinie. McCulloch und einige weitere Ingenieure haben sich bei der Suche nach einer Lösung in Körben in den Canyon abgeseilt und McCulloch kam die Idee: 4 eng aufeinanderfolgende Tunnels, später die Quintette Tunnels genannt. 1981 wurde hier der Film Rambo 1 gedreht; diese sensationelle Kulisse ist entsprechend stark von Touristen besucht. Nach Hope ist leider so gut wie nichts mehr von der KVR vorhanden. Auf der Highway 7 radeln wir durch Farmland am Fraser River entlang Richtung Vancouver. Ab Mission wird der Verkehr immer stärker und wir sind froh, als wir endlich den flughafennahen Campingplatz erreichen.

Nach rund 600 km Einsamkeit, Natur, Nostalgie und viel Improvisation trifft uns das pulsierende Leben von Vancouver wie ein Schlag ins Gesicht. Am Rande des Zeltplatzes erhoffen wir uns etwas Ruhe. Das schwere Brummen eines gewaltigen Dieselmotors reißt uns in der Nacht aus den Träumen – dieses Gleis ist definitiv nicht stillgelegt!

Strecken-profil

Hope (45 m; km 0) – Coquihalla Canyon mit Quintette Tunnels (180 m; km 10 ab Hope) – Coquihalla Station (1115 m; km 58) – Brookmere (960 m; km 90) – Princeton (650 m; km 150) – Osprey Lake (1095 m; km 205) – Penticton (341 m; km 265) – Chute Lake (1191 m; km 310) – Myra (1270 m; km 346) – Myra Canyon mit 18 Brücken! auf 11 km Strecke – Ruth (1250 m; 357 km) – Carmi Station (850 m; km 405) – Midway (580 m; km 480) – Eholt (950 m; km 508) – Cascade (460 m; km 552) – Farron (1210 m; 590 km) – Castlegar (440 m; km 640).

Zusatzstrecken: Brookmere – Merrit (570 m, km 47) – Spencer Bridge (240 m ; km 112) und Penticton – Osoyoos (280 m; km 58).

Zahlreiche Veranstalter haben **organisierte Radtouren** auf dem Kettle Valley Railway im Programm. Ein Beispiel (mit deutscher Betreuung): West Canada Bike Tours, South Slocan, B.C., Tel. (250) 359-5032, www.kanada-bike.com. Infos auch bei *Be Sunny Touristik-Service*, Andrea Löwl, Tel. (07667) 933783.

Buchtip: „Cycling The Kettle Valley Railway", von Dan und Sandra Langford, Rocky Mountains Books. Der Autor hat auch eine sehr informative **Website** rund um die KVR unter http://www.planet.eon.net/~dan/kvr.html zusammengestellt (Km-Angaben, Updates u.v.m.).

Alternative Nr. 2 zum Crowsnest Highway: LAKE LOUISE – GOLDEN – REVELSTOKE – SICAMOUS (270 km)

Rückweg nach Vancouver via TCH

Die beliebteste Rundtour im Westen Canadas führt nicht direkt durch Banff, das viele von Lake Louise aus nur per Abstecher besuchen. Die meisten Radler fahren nach dem Icefields Parkway Richtung Westen und radeln auf dem TCH weiter durch den Yoho National Park. Denn das ist die günstigste Ost-West Verbindung.

Yoho NP

Der Ausruf „Yoho" bedeutet unter Cree-Indianern *höchste Ehrfurcht und Erstaunen*, dennoch lässt der TCH mit seinen enormen Verkehrsmassen, Trucks inklusive, entlang dieser Strecke nicht so recht ein Nationalpark-Gefühl aufkommen. Aber die Straße ist gut ausgebaut mit breiten Seitenstreifen. Als Verschnaufpause sollte man sich im Yoho NP einen Abstecher ins Hinterland gönnen. Am besten geeignet: Takakkaw Falls für Konditionsstarke oder Emerald Lake für Steigungsmuffel.

Kicking Horse Pass

Der TCH klettert zunächst gemächlich hinauf zum Kicking Horse Pass (1647 m) – Welcome to BC! 8 km westlich des Passes gibt es einen beliebten Viewpoint. Er gilt der ungewöhnlichen Eisenbahntrasse, die über den Pass führt. Um den enormen Prozentsatz der Steigung in Richtung Osten auszugleichen, musste man die „spiraltunnels" anlegen, Tunnel in Form riesiger Schleifen. Bei den überlangen kanadischen Güterzügen macht es riesig Spaß, dem Schauspiel des Passerkletterns zuzuschauen.

Yoho Valley Road und Takakkaw Falls

Nach den Tunnels, aber noch vor dem Visitor Centre, zweigt die Yoho Valley Road zu den Takakkaw-Wasserfällen ab. Vorsicht! Staus in den engen Kurven! Lange Busse und RVs bleiben oft stecken, weil sie die spitzen Winkel nicht auf Anhieb schaffen. Obwohl es nur 14 km sind, solltet ihr am besten gleich planen, in der Nähe zu übernachten. Erstens vereinigt die Strecke ein paar äußerst gemeine, steile Hügel, die mit zum

Härtesten gehören, was die kanadischen Rockies zu bieten haben, zweitens sind die Tageswanderungen von dort aus äußerst lohnenswert und drittens sind alle übrigen Zeltplätze des Parks, eingeklemmt zwischen Bahnlinie und TCH, tierisch laut. Übernachtungsmöglichkeiten gibt es auf dem Takkakaw Campground oder – direkt daneben – im phantastisch gelegenen Whiskey Jack Youth Hostel (Tel. 403-726-4122). Ohne Gepäck könnt ihr euch dann besser umschauen. Die Takkakaw-Wasserfälle, die vom Schmelzwasser des Daly Gletscher gefüttert werden, stürzen 384 m tosend in die Tiefe. Schöne Trails führen zum Emerald Lake und zu den Twin Falls. Als Kurzausflug lohnt sich besonders der Iceline Trail. Schaut doch mal rein unter www.pc.gc.ca/pn-np/bc/yoho.

➤ Abstecher: Emerald Lake

(9 km one way). – Über Field (L), vorbei am Park Headquarter, geht es weiter auf dem TCH. 4 km später erreicht ihr die Stichstraße zum Emerald Lake per Asphalt. Ein 5,2 km langer Rundwanderweg führt um den See herum. Ansonsten mehr was für Leute, die gerne auf der Seeterrasse ein Kännchen Kaffee trinken wollen. Alle anderen rauschen in einem Rutsch hinab ins Tal nach Golden.

Loop: The Golden Triangle

Nein, dies ist kein Festlandzwilling des Bermuda Dreiecks, auch wenn man immer wieder Radler im „Golden Dreieck" verschwinden sieht. Genaugenommen ist es die Rundstrecke Golden – (95) Radium Hot Springs (93) – Castle Junction – Lake Louise – Golden, die sich bei Radlern größter Beliebtheit erfreut. 313 km beträgt dieser Loop und dauert etwa 3–4 Tage. Drei Pässe gibt es zu überwinden: Kicking Horse, Yoho N.P. (1647 m), Vermilion (1650 m) und Sinclair (1485 m), beide im Kootenay NP. Attraktion am Wegesrand sind vor allem die Radium Hot Springs mit seinen Thermalpools, das Tal des Vermilion River und Lake Louise.

Golden

Am Hwy 1 liegt am Zusammenfluss von Kicking Horse River und Columbia River der 4300 Einwohner zählende Ferienort Golden am Fuße der Selkirk Mountains. Golden war in Goldrauschtagen goldiger. Allerweltsort, der versorgungsmäßig aber alles bietet, was das Herz begehrt, außer einem Campingplatz auch einen Radladen (Summit Cycle, Ceeg Rd., Tel. 250-344-6600).

✖ Off-Road Riding: In der Umgebung Goldens gibt es eine Vielzahl von Mountainbiketouren. Diese verlaufen größtenteils auf für dieses Gebiet charakteristischen Holzfällerpfaden, welche teilweise auch für den motorisierten Verkehr zugelassen sind. Die zu überwindenden Höhenunterschiede sind vom nur 800 m hoch gelegenen Golden oftmals beträchtlich. Auf den besten Aussichtsberg in der Umgebung Goldens, den knapp 2000 m hohen Mt. Seven (herrlicher Blick auf Golden und das Columbia Valley) sind dies auf einer Strecke von 10 km satte 1200 Höhenmeter. (M. Kristl)

Rogers Pass Von Golden geht es weiter zur nächsten Herausforderung. No fear! Die ersten 25 km sind easy, mal abgesehen von den Mücken im Tal des Columbia Rivers. Der Rogers Pass ist trotz seiner 1325 m berühmt. Nein, nicht nur weil es hier im Sommer an zwei von drei Tagen regnet. In dieser Region und weiter südlich sind die Berghänge und Taleinschnitte der Rockies wesentlich steiler als im Norden. Auch wenn Alpenradler nur müde lächeln können, diese Straße durch die Selkirk Mountains gilt als der härteste Pass in Canadas Westen! Beeindruckend ist allein schon die

Straßenkonstruktion, denn wegen heftiger Lawinen und des im Winter total verrückten Wetters war es nicht leicht, eine räumbare Piste durch diesen Teil der Rockies zu bauen. Wer mehr darüber wissen will, erfährt es im Visitor Centre auf der Passhöhe, das auch zugleich über den Glacier National Park informiert, in dem der Rogers Pass liegt. Abgekämpfte Radler interessiert vielleicht eher die dortige Cafeteria.

Von den Gletschern, die dem Park den Namen gaben, sieht man allerdings vom TCH aus so gut wie nichts. 2 km westlich der Passhöhe zweigt die Zufahrt zum Illecillewaet-Campground (60 Plätze) ab. Von dort aus kann man zu den Gletscherzungen laufen, die der Illecillewaet und der Asulkan Gletscher in die Landschaft schieben.

Hot Springs Wer bei der anschließenden Talfahrt durch wilden Regenwald ausgekühlt ist, wird sich auf die Albert Canyon Hot Springs freuen, in deren 40 °C warmen Pools man sich für 6,50 C$ aufwärmen kann. Sie liegen auf halber Strecke nach Revelstoke (35 km). Nebenan ein Campground – privately owned.

Revelstoke National Park Auch Revelstoke kann mit einem Mini-Nationalpark aufwarten, der sich auf den Hausberg gleichen Namens beschränkt (nur Backcountry-Campingplätze, die lediglich zu Fuß erreichbar sind). Ist das Wetter schön und ihr habt Lust auf 26 km bergauf? Dann wird sich die Auffahrt zum Gipfel über den Meadows-in-the-Sky-Parkway sicher lohnen. Ihr durchquert mehrere Vegetationszonen, von Wäldern über blühende Wiesen bis hin zum kahlen Gipfel. Euer Gepäck lasst ihr allerdings besser auf einem der Zeltplätze, die dummerweise alle südlich der Stadt liegen, während die Summit Road (Meadows-in-the-Sky-Parkway) im Norden abzweigt. Informationen gibt es im Warden's Office in Revelstoke, Tel. (250) 837-5155 oder unter www.bcadventure.com/adventure/wilderness/parks/revel.htm.

Sunny Okanagan Valley oder Duffey Lake Road? Gehörst du etwa zu den Pechvögeln, die schon die ganze Zeit schlechtes Wetter haben? Dann ist Rettung in Sicht und die Route durch das Okanagan Valley genau das Richtige.

Oder ist dir das Wetter eh viel zu heiß und du kannst von Canadas Bergen einfach nicht genug kriegen? Dann kann ich dir nur die Route über Kamloops, Lillooet, die Duffey Lake Road und Whistler empfehlen. So oder so solltet ihr zunächst einmal dem TCH Richtung Westen treu bleiben bis zum Shuswap Lake. Die Entscheidung fällt in Sicamous, wo Hwy 97A Richtung Süden abzweigt. Sonne und baden oder in die Berge und ackern?

Variante 1: SICAMOUS – KELOWNA – PENTICTON – OSOYOOS (250 km)

Okanagan Valley – das Rad-Revier der Sonnenanbeter Das Okanagan Valley verdankt sein ungewöhnlich mildes Klima der Tatsache, dass es landschaftlich und klimatisch ein Ausläufer des heißen Great Basin ist, das sich nördlich von Nevada zwischen den Gebirgzügen der Rockies sowie der Sierra Nevada und den Cascades breitmacht und für warme Luft auch an seiner Nordkante sorgt. Mit seiner ungewöhnlich hohen Sonnenscheindauer gehört das Tal rund um den langgestreckten Okanagan Lake (mit kilometerlangen Sandstränden) zu Westcanadas be-

1 Canada-West

liebtesten Urlaubszielen, vor allem für Wassersportler und sonnenhungri-ge Familien mit Kindern. Neben dem Tourismus ist der Obstanbau die Haupteinnahmequelle. Im Frühjahr zur Baumblüte und im Herbst zur Ern-te ist das Tal optisch besonders reizvoll. In den schwülheißen Sommer-monaten mit ihrem Touristenrummel verzieht ihr euch am besten für eine Weile auf die Trails im Hinterland. Dort kann man das Okanagan Valley von einer anderen reizvollen Seite kennenlernen.

Okanagan Valley

Von Michael Kristl

Das Okanagan Valley stand bezüglich Mountainbiking lange Zeit im Schatten von Banff oder Jasper. Dies hat sich allerdings seit der Eröff-nung der Kettle Valley Railway (KVR) als Radstrecke grundlegend geän-dert. Dennoch fehlt es weiterhin an Kartenmaterial in für Radler geeignetem Maßstab. Aber ohnehin bekommt ihr Tips für die besten „Trails" häufig direkt in den Radshops, denn wer tagsüber an Drahteseln herumschraubt ist oft selbst begeisterter Mountainbiker. Mir ist es dabei übrigens nicht nur einmal passiert, dass eine vorsichtige Anfrage gleich mit einer Einladung für eine abendliche Ausfahrt verbunden war.

Als „Basislager" für Touren in der Umgebung bietet sich **Kelowna** an, mit 89.000 Einwohnern drittgrößte Stadt in BC. Es liegt zentral in land-schaftlich reizvoller Umgebung in die man zahlreiche interessante Touren machen kann.

Adressen

Unterkunft: Backpackers Hostel, 2343 Pandosy Street, Tel. (250) 763-6024, www.kelowna-hostel.bc.ca, ab 13 C$. Kelowna Travel InfoCentre, 544 Harvey Avenue (Hwy 97), Tel. (604) 861-1515. Hier gibt es auch In-formationen für Radler über Tourenmöglichkeiten in der Umgebung von Kelowna. Auch Infos über die „Kettle Valley Railway"! Fahrradläden: „Kelowna Cycle", 2949 Pandosy Street, Tel. (250) 762-2453. „Fresh Air Experience", 2070 Harvey Ave (Hwy 97), Tel. (250) 763-9544.

■ *Kettle Valley Railway Biker*

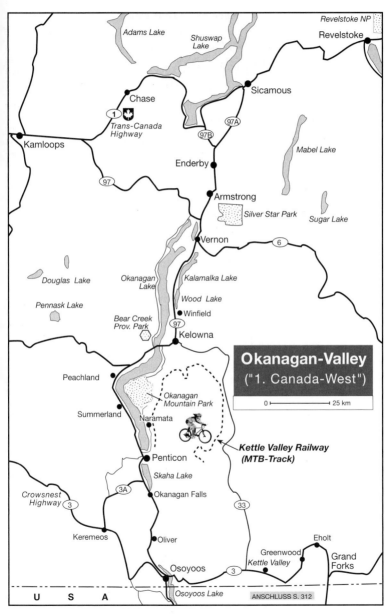

ANSCHLUSS S. 312

Nachfolgend nun einige Trails:

1. Kettle Valley Railway (KVR) Ob es sich lohnt, die zähen 800 Höhenmeter von Kelowna bis hinauf zur Kettle Valley Railway mit dem Rad zu bewältigen, müsst ihr für euch selbst entscheiden. Der Anstieg verläuft in endlosen Kehren auf einer staubigen und eintönigen Naturpiste. Da die Strecke größtenteils durch dichten Baum- und Sträucherbestand führt, ist auch die Aussicht sehr eingeschränkt.

In etwa 1200 m Höhe geht es ohne nennenswerte Steigungen oder Gefälle weiter. Der besondere Reiz dieses 48 km langen Trails ist die Überquerung einer mächtigen alten Eisenbahnbrücke. Die 250 Yard lange „Bellevue Creek Trestle" ist eine völlig intakte Holzkonstruktion, die in schwindelerregender Höhe ohne seitliches Geländer ein tiefeingeschnittenes Tal überspannt. Zwischen den schmalen Holzplanken könnt ihr 80 (!) m in die Tiefe blicken. Auch wer keine Höhenangst verspürt, sollte sein Rad lieber über die beeindruckende Holzkonstruktion schieben, da es genügend Aufmerksamkeit kostet, den Schritt auf die jeweils etwa 20 cm voneinander entfernten Holzbalken zu konzentrieren.

Viel interessanter ist es, die Trasse in ihrer vollen Länge abzuradeln, entweder organisiert (s.o., auch deutsche Tourveranstalter) oder auf eigene Faust.

2. Radtouren im Hinterland von Kelowna Das bergige und stark bewaldete Hinterland des Okanagantales wird von vielen ungeteerten Straßen durchzogen, die vornehmlich für den Abtransport von eingeschlagenem Holz angelegt worden sind. Hier können individuell einige interessante Rundstrecken in einsamer Natur unternommen werden. An Sommertagen wird es hier mörderisch heiß. Vergesst also auf keinen Fall die gutgefüllten Wasserflaschen und startet früh am Morgen, um euch in der Mittagshitze an einem See oder Bachlauf ausruhen zu können! Eine der vielen lohnenden – wenn auch meist sehr anstrengenden – Rundtouren führt euch zunächst am Westufer des Okanagan Lake wenige Kilometer nördlich von Kelowna entlang. An einer Abzweigung in der Nähe des Campingplatzes im Bear Creek Provincial Park klettert ihr auf einer außerordentlich langen Steigungsstrecke bis auf über 1000 m Höhe zum romantisch inmitten dichter grüner Wälder liegenden Bear Lake (wird manchmal auch Lambly Lake genannt). Nach dem Befahren einer weiten Schleife bekommt ihr mit einer nicht enden wollenden Abfahrt bis hinunter nach Westbank für eure Mühen dann den Nachtisch serviert. Auch hier gilt wieder: Auch im Sommer Regenkleidung und Pulli mitnehmen!

Weitere lohnende Trails führen auf den Knox Mountain, den „Hausberg" von Kelowna mit großartigen Rundblicken oder in die Wildnis des Okanagan Mountain Park. Fragt in den Bikeshops!

3. Mehrtägige Rundtour durch das Okanagan-Gebiet (Süd–Nord) Unter Tourenradlern sind auch die Straßen beiderseits des langen Okanagan Lake zwischen Vernon und Penticton und weiter südlich bis Osoyoos am gleichnamigen See sehr beliebt (in der Umgebung von Osoyoos befindet sich übrigens auch die einzige Wüste in Kanada mit Eidechsen, Schlangen und den sonstigen „Wüstenbegleiterscheinungen", welche die Kanadier wegen ihrer bescheidenen Größe „pocket desert" nennen). Zwischen Osoyoos und Oliver könnt ihr entlang des Okanagan River im „Okanagan Valley International Peace Park" viele verschiedene

Vögel- und Pflanzenarten beobachten. In dem etwa 30.000 Einwohner zählenden Penticton erreicht ihr dann den Südzipfel des Okanagan Lake. Am Ortseingang mehrere Campingplätze. Am Westufer des Sees werden auf Hwy 97 bis nach Summerland einige kleine Parks passiert (Kickininee Provincial Park, Sun-Oka Beach Provincial Park). Um ins Zentrum von Kelowna zu gelangen, radelt ihr auf der längsten schwimmenden Brücke Kanadas über den See. Weiter geht es nun am Ostufer nach Winfield am Wood Lake und auf dem Hwy 97 entlang des herrlichen Kalmalka Lake („Lake of the thousand colors"). Am Nordzipfel des Lake erreicht ihr das 32.000 Einwohner zählende Vernon.

Okanagan Valley Tour Nord–Süd

Für Tourenradler mit Bedarf an Sonne ist das Okanagan Valley eine angenehme Abwechslung zu den kühlen Rockies und der nassen Selkirk Range. Hwy 97A führt ab Sicamous Richtung Süden und fädelt wie Perlen eine ganze Kette von Campgrounds, Strandbädern und Vergnügungsparks auf. Besonders dicht ist es um Kelowna.

Zuviel Rummel? Highway 97 windet sich wie ein Fragezeichen um den See. Parallel dazu in Form eines S gibt es eine weniger gut ausgebaute Strecke jeweils am gegenüberliegenden Ufer. Man kann den See also theoretisch in Form einer „8" umrunden. Wer es ruhiger mag, wählt zumindest im Norden die Gegenseite des Hwy 97. Allerdings einsam ist es dort nicht! Im Süden müsstet ihr durch den wilden **Okanagan Mountain Park** radeln (Karte etc. unter http://wlapwww.gov.bc.ca/bcparks/explore/parkpgs/okanmtn.htm). Die Pferde-, Rad- und Wandertrails sind gespickt mit Backcountry-Campingplätzen. Anschließend geht's über Schotterpisten weiter nach Naramata. Da wird mancher den Highway vorziehen. Nach Penticton am Südzipfel des Sees bleibt nur noch Asphalt. Was es entlang der Strecke zu sehen gibt steht gleichfalls oben bei der MTB-Tour 3. Falls ihr das ganze Tal kennenlernen wollt, das im äußersten Süden nahezu exotisch wüstenhaft wird, radelt bis Osoyoos. Die Seen dort sind besondern warm, die Sandstrände am Ufer schneeweiß. Vereinzelt blühen Palmen und Opuntienbüsche wie im Südwesten der USA. Aus der *pocket desert* kannst du über den Crowsnest Highway in den kühlen Manning Park und weiter nach Vancouver radeln.

Variante 2: SICAMOUS – KAMLOOPS – LILLOOET – WHISTLER – VANCOUVER (520 km)

Shuswap Lake

Alle, die nicht durchs Okanagan Valley abzweigen wollen, müssen den TCH noch weitere 140 km aushalten. Die sind allerdings landschaftlich zum Teil auch recht reizvoll, zumindest rund um den Shuswap Lake. Näher zu Kamloops hin machen sich auch hier die Ausläufer des Great Basin bemerkbar, mit strohtrockenen Hängen und erstaunlich hohen Sommertemperaturen.

Kamloops

Kamloops, eigentlich ganz reizvoll am Zusammenfluss von Thompson und North Thompson River gelegen, ist dennoch weit davon entfernt, ein Tourismusmagnet zu sein. Zwei Gründe sprechen dagegen: die riesige Weyerhaeuser Papierfabrik und der Verschiebebahnhof im Zentrum der Stadt, der in einem Talkessel liegt. Letzterer sorgt mit kreischenden und bollernden Waggons, vor allem nachts, für einen irren Lärmpegel im gesamten Tal. Am stärksten kriegt man den Krach auf dem sonst so netten

Silver Sage Campground am anderen Ufer mit. Besser ihr steuert das „Old Courthouse"-Hostel an, 7 West Seymour St., Tel. (250) 828-7991. Ein paar Radläden sind im Ort, z.B. Spoke 'N Motion, 194 Victoria St W, Tel. (250) 372-3001.

Ausfahrt Kamloops

Auch wenn die Verbotsschilder für Fahrräder allerorten etwas anderes behaupten, bleibt für euch Richtung Cache Creek nur der Hwy 1. Kein Problem, die Seitenstreifen sind breit und auch der Hauptverkehr zweigt 6 km hinter dem Ort auf den Coquihalla Hwy 5 Richtung Vancouver ab. Danach radelt es sich zum ersten Mal richtig geruhsam auf dem TCH oberhalb des Kamloop Lake und über unerwartet viele steile Hügel am Thompson River entlang nach Cache Creek.

Cache Creek

Cache Creek war ehemals ein wichtiger Knotenpunkt von TCH und Caribou Hwy. Die beiden Straßen treffen dort noch immer aufeinander, aber der Riesenansturm bleibt aus, seit viele über den Coquihalla Hwy 5 nach Vancouver fahren. Den Motels fehlt es an Gästen, die Waren verstauben in den Regalen der Supermärkte, alles sieht etwas verwahrlost aus. Der Zeltplatz Brookside Campsite liegt östlich des Ortes am TCH.

Der Caribou Hwy ist noch immer die wichtigste Verbindungsstraße von Vancouver nach Prince George. Deshalb waren wir auch nicht versessen darauf, länger als nötig auf ihm zu radeln sondern zweigten lieber etwas weiter nördlich von Cache Creek auf Hwy 99 nach Pavilion ab. Die Strecke ist zunächst dicht bewaldet und recht einsam. Am Wegesrand der einfache Marble Canyon PP (Zeltplatz), nicht weit entfernt vom malerischen Pavilion Lake. Leider sind die alte Bahnstation und der General Store in Pavilion abgebrannt.

Fraser River Valley

Mit Pavilion erreicht man zugleich das Tal des Fraser River, der hier eine tiefe kahle Schlucht in die Hänge gefressen hat, an deren oberer Kante man mal auf, mal ab entlangradelt. Viele Ginseng-Plantagen am Wegesrand. Schön ist es, wenn ganz unten im Tal kilometerlange Güterzüge auf Flusshöhe vorbeirattern. Bei Lillooet quert eine Brücke den Fluss.

♥ STORY von Raphaela Wiegers

Die Duffey Lake Road

Von Lillooet aus gibt es eine Straße, die nicht wie alle anderen um die Coast Range herum, sondern mitten hindurch nach Squamish nördlich von Vancouver führt. Wir hatten lange versucht, etwas über die Strecke herauszubekommen. Sie war jedoch noch so neu, dass keiner uns etwas sagen konnte. Gut so. Wahrscheinlich hätten wir sie sonst nie kennengelernt.

Mit Lebensmitteln für zwei Tage in den Packtaschen verzichteten wir auf die steile Auffahrt in den Ortskern von Lillooet, verpassten die zu Goldrauschzeiten zweitgrößte Stadt BCs, die heute gewaltig zurechtgeschrumpft ist und nahmen die unbekannten 81 km noch am späten Nachmittag in Angriff. Gleich zwei Zeltplätze zu Beginn: der Fraser Cove Campground unter der Brücke des Highways, ein zweiter, kostenloser, nahe dem Damm des dunkelgrünen Seton Lake. Zu früh, sagten wir uns und radelten weiter, als die Straße dann einen Kurve nahm und vor uns steil wie eine Wand aus Asphalt aufragte. Frohen Mutes machten wir uns ans Werk. Dass die Straße durch die Berge führte, wussten wir ja. Als wir oben angekommen, war ich so fertig, dass ich nur noch zelten wollte, weiter nichts. Morgen kann ja alles nur noch besser werden, mein Motto. Morgen kam, aber es wurde nicht besser. Die erste Steigung war nur ein Vorgeschmack gewesen auf die, die noch folgen sollten. Und das waren viele, vor allem im ersten Teil der 80 km hieß es stets: 13% bergauf für 3 km, 11% bergab für 3 km usw. Die Landschaft phantastisch, wild und unberührt, ein kleines Trostpflaster für die enorme Plackerei. Hier bekamen wir die einzigen Schneeziegen auf unserer gesamten Tour zu sehen. Weit oben in den Berghängen auf der anderen Seite des Tals.

Gerade als ich soweit war, dass ich das Radfahren drangeben und nun endgültig aufs Schieben umsteigen wollte, ging es etwas sanfter und dafür kontinuierlich bergauf. Das liegt mir mehr als dieses sinnlose Auf und Ab. Wir hatten bis nachmittags knappe 40 km geschafft, als ein besonders verlockender Zeltplatz am Wegesrand auftauchte, mit tosendem Gebirgsbach als Schlafbegleiter. Trotz drohender Ebbe in der Lebensmittelabteilung beschlossen wir, sofort den gemütlichen Teil des Tages beginnen zu lassen.

Wir suchten uns die ruhigste Nische und bekamen prompt Nachbarn. Ein laut grölendes, deutsches Herrenquintett sprang aus einem Uralt-Winnebago, um ohne langes Fackeln den Wald zu plündern. Ganze Baumstämme wurden herangeschleppt. Mit etwas Benzin in Fahrt gebracht stand der Scheiterhaufen alsbald in Flammen. Das erste Kronkorkenzischen ließ eine feuchtfröhliche Party vermuten. Lorbas, unser ewig gefräßiger Hund, begab sich umgehend auf Flirttour. Das Grillfleisch war ihm nicht entgangen. Wir pfiffen den Abstauber vorsichtshalber zurück, doch er brachte jemanden mit, einen der Herrn, der uns in äußerst gebrochenem Englisch mit stark bayrischem Akzent fragte, ob der Hund die Reste haben dürfe. Dieser Satz brach das Eis. Obwohl wir „Saupreißn" sind, wurden wir sofort auf ein Bier eingeladen, und in die geheime Geschichte des ungewöhnlichen Klassentreffens der fünf Herren eingeweiht, von denen einer seit 25 Jahren in Canada lebt.

Die Burschen, alles total solide Existenzen so um die Mitte 50, halt mal ohne Frauen und Kinder unterwegs, nutzten die Gelegenheit, mal so richtig die Sau rauszulassen. Zu fortgeschrittener Stunde erschien das Bier nicht mehr flaschen- sondern gleich kistenweise; der Schorsch rauchte unter Anleitung seines kanadischen ex-Schulkameraden seine erste „Marrriee"(huana)-Zigarette, und der Wutz kramte seine Gitarre hervor und spielte Freddy-Songs. „Indianer kleines Feuer, weißer Mann großes Feuer", meinte Charly, der Ex-Bayer und warf einen weiteren Stamm in den riesigen Haufen Glut. Normalerweise wären das wahrscheinlich genau die Leute, die ich meiden würde. Doch mit der Duffey-Lake Road in den Knochen und einer unerwarteten Ladung Bier auf fast nüchternen Magen wirft man so manches Vorurteil über Bord und lernt dazu. Eins stand fest: Morgen kann es ruhig noch besser werden.

Morgen kam, aber es wurde nicht besser. Der anspringende Winnebago riss mich aus tiefstem Rausch. Es reichte gerade noch für einen kurzen Abschied. Eisiger Nieselregen setzte ein. Das Frühstück war dürftig und der „Kater" das härteste, was sich seit Jahren wohl in meinem Kopf und Körper zugetragen hat. Da freut man sich so richtig, wieder aufs Rad steigen zu dürfen. Aber Hunger macht stark. Noch so eine Steigung wie am Vortag und ich glaube, ich hätte geweint. Doch ab jetzt ging es eher sanft bergauf, grad mal genug, um den Körper im kalten Nieselregen warmzuhalten.

Der Wechsel kam an der Joffre Lakes Recreation Area, wo einige durchnässte Hiker noch leicht nervös von ihrer Begegnung mit einem Schwarzbär in ihre Autos stiegen. „Ab jetzt geht es nur noch bergab", verkündeten sie uns froh. Am Vortag hätte ich gejubelt. Nun kam bei diesem Hinweis nicht so recht Freude auf. Meine Finger waren bereits trotz dicker Handschuhe eiskalt, die Füße auch.

Und es ging bergab. Lockere 15 km mit oft 15% Steigung. Bremsen, bremsen, bremsen. Irgendwann konnte ich mich entscheiden zwischen Unterkühlung und Pause. Pause. Ich lehnte mein Rad an die Mauer einer Aussichtsplattform. Kleine grüne Bläschen brodelten qualmend an den Nippelösen der Felge. 30 Sekunden lang. Ich war noch lange nicht warm, aber mein Reifen platt. „Slime", eine sonst total effektive Schlauchflickflüssigkeit, sie hatte zu kochen begonnen und alle Ex- Platten-Löcher gleichzeitig geöffnet. Murphy's Gesetz. Aber Rettung nahte in Form einer Limousine mit Sonntagsausflüglern. Sie luden uns in ihr Auto ein zum Aufwärmen, solange sie die Landschaft bewunderten, von der eh nichts zu sehen war. Ich glaube, sie taten es nur uns zuliebe. Die Wärme brachte die Wende vom Pech zum Glück. Der Schlauch, inzwischen abgekühlt, erklärte sich nach erneutem Aufpumpen wieder zur Kooperation bereit, noch eine Abfahrt mit 15% und wir hatten die Talsohle erreicht. Da störte es uns auch nicht mehr, dass es in dem Mini-Indianerreservat Mount Currie außer Tabak nichts zu kaufen gab. Es konnte nur noch besser werden. Es wurde besser und das schon bald. Ein paar Kilometer weiter erreichten wir Pemberton. Das Schild „Pizza" brachte alle Lebensgeister zurück.

Ein edles Bike mit Minigepäck lehnte an der Wand. Der Besitzer setzte frisch gestärkt seinen Helm auf. „Weißt Du eigentlich, was Dich erwartet?" fragte ich ihn ungläubig, als er erklärte er wolle die Duffey Lake Road radeln. „Aber sicher! Schließlich wohne ich in Whistler", lachte er. „Aber wisst ihr, ich muss einfach ein wenig trainieren, fürs Cheakamus MTB-Race in 14 Tagen." Sprachs und schwang sich aufs Rad, als ginge es hinein ins schönste Wochenendvergnügen.

Merke: Duffey Lake Road ist etwas für Konditionsbären. Einen Tag später, als die Sonne sich wieder durchgesetzt hatte, erhaschten wir noch einmal einen Blick zurück auf die frisch verschneiten Gipfel hinter uns, die sich tags zuvor so bedeckt gehalten hatten. Toll!

Duffey Lake Road Info

81 km ist sie lang und schwingt sich in vielen Anläufen aus dem Tal des Fraser River auf 1273m Höhe hinauf am namenlosen Pass kurz vor Joffre Lake. Schöne, einfache Zeltplätze, ehemalige Loggingcamps, alle mit Bachwasser, alle kostenlos, gibt es mehrere entlang der Strecke. Sonst nichts. Zu Goldrauschzeiten hieß der Trail Nugget Route als Zubringer von Vancouver nach Lillooet, dann wurde es eine reine Forstpiste, und heute ist es eine beliebte Touristenstrecke.

Nächster Versorgungspunkt ist Pemberton. Dort gibt es keinen Zeltplatz, aber nette Picknickparks. Nairn Falls Provincial Park liegt 10 km hinter Pemberton am Highway.

Durch dichte Waldgebiete führt die Straße parallel zur Eisenbahntrasse, aber dennoch steigungsreich durch das Hinterland von Vancouver. Landschaftlich interessanter wird es kurz vor Whistler, wo eine kleine Seenplatte sich auf dem Hochplateau ausbreitet.

Whistler

Whistler- that's the „place to be" in British Columbia. Der Traumwohnort aller zwischen 15 und 40. Hier trifft sich die Szene. Hier sind die tollen Typen und der Geldadel. Trotzdem oder gerade deswegen, Whistler sollte man sich nicht entgehen lassen. Der Ortskern selbst, ein schickes Retortenstädtchen mit schmucken Geschäftszeilen im Wintergarten-Look platzt im Sommer vor bunt gemixter Szene aus allen Nähten. Busladungen stoppen, um sich unters Volk zu mischen, das tagsüber aber hauptsächlich aus Touristen besteht. Restaurants gibt es reichlich, tolle Eiskrem und einen guten Grocery Store. Übernachten kann man im Whistler Hostel, 5678 Alta Lake Rd, Tel. (604) 932-5492. Mit ein bisschen Glück und Geschick kann man gewiss auch privat unterkommen. Wer die Szene sucht, findet sie bei Rock und Country Music im Longhorn Pub, einem verräucherten Western Saloon gegenüber der Seilbahn zum Whistler Mountain. Ein paar Tage Aufenthalt lohnen sich vor allem für MTB-Begeisterte, die ganz rasch viele Gleichgesinnte treffen.

✖ Off-Road Riding: Whistler ist allem voran ein Wintersportort. In den Bergen hinter dem Village gibt es jede Menge Loipen, die im Sommer als Mountainbike Trails freigegeben werden. Weitere Trails im Whistler Mountainbike-Park. Auskunft und Karte im Visitor Centre. Besonders beliebt für einen etwas längeren Ausflug sind die Mountainbike Trails rund um Cheakamus Lake und Cheakamus Mountain im nahen Garibaldi Provincial Park, wo auch jährlich das wichtigste MTB-Festival der Region ausgetragen wird. Der Trailhead zweigt zunächst als Schotterpiste etwa 14 km südlich von Whistler vom Hwy 99 ab und geht erst im Park selbst in einen Single Track über. Backcountry-Camping auf der Basis von *first come – first serve* im Park ist möglich.

Übernachten vor Vancouver Ein paar km südlich des Trailhead liegt Brandwyne Falls PP, direkt neben dem Highway. Weiter unten, im zunehmend dichter besiedelten Tal Alice Lake PP, einen guten Hügel oberhalb des Hwy 99, mit Duschen. Bald darauf beginnt Squamish, das Zentrum am nördlichen Zipfel des Howe Sound mit beeindruckend steilen Felswänden im Osten des Ortes. Die Main Street ist nett und hat preiswertere Bike Shops als Whistler. Z.B. Corsa Cycles, 34200 Government Rd, Tel. (604) 892-3331.

Porteau Cove Hwy 99 schlängelt sich, zusammen mit der unvermeidlichen Eisenbahn, zwischen steilen Felswänden und Howe Sound eingequetscht Richtung Süden. Netter Stopp: die urigen Teehäuser von Britannia Beach. Traumhaft gelegen der Porteau Cove Provincial Park. Es gibt 15 Walk-in Campsites für Radler und andere ohne Auto zum halben Preis, ganz toll am Strand gelegen. Von Porteau Cove nach Vancouver via Lions Gate Bridge ist es gerade noch eine Tagesreise. – Alles weitere siehe „Vancouver".

2. YUKON UND ALASKA:
Rad-Abenteuer zur Last Frontier

■ *„Welcome to Canadas Yukon, the Magic and the Mystery ..."*

Ride Guide

1. Tour-Info Alaska? Ausgerechnet Alaska! Gibt es da nicht 49 US-Staaten, die wesentlich sonniger, zivilisierter und insgesamt angenehmer für den Radler sind als das kalte Land im hohen Norden?! Und was ist mit Yukon, wo die Anzahl an Bären und Elchen größer ist als die der dort lebenden Menschen, und das auf einer Fläche ausgedehnter als Kalifornien!? Zudem sollen dort oben die Straßenverhältnisse für nordamerikanische Verhältnisse oft kläglich und die Versorgung mit Bikeshops gefährlich dürftig sein ...

Cycling Yukon and Alaska ist geprägt durch solche Vorurteile und Mythen. Aber nicht nur Reiseradler werden beim Gedanken an Klondike-, Dalton- und Top of the World-Highway von der Abenteuerlust infiziert, sondern auch die motorisierten Zeitgenossen fasziniert der Gedanke an fantastische Landschaften, viel unberührte Natur, beeindruckendes Licht, extremes Klima und die Einsamkeit im Land des letzten Goldrauschs in Amerika.

Die Weltkugel ist rund, und deswegen ist die Saison nördlich des 60. Breitengrades kurz. Vor allem für dich, der du ohne Klimaanlage und Schneeketten unterwegs bist. Ob nun allerdings mit dem Rad oder anders: der Touri-Ansturm ballt sich in den Sommermonaten Juni bis September. Vor allem auf der Strecke Anchorage – Denali National Park freut sich der Biker über die Investition in einen ordentlichen Rückspiegel, um den anrollenden rückwärtigen Verkehr im Auge zu behalten.

Die Infrastruktur ist bemerkenswert übersichtlich. So gibt es keine einzige Interstate hier oben, vielmehr hat man den einzelnen Highways schlichtweg Eigennamen gegeben; sehr praktisch und einprägsam. Der 2.237 km lange Alaska-Highway zum Beispiel beginnt schon im Norden

British Columbias und windet sich durch die tiefen Wälder des Yukon bis nach Delta Junction, Alaska. Ob ihr nun zu einem Rundkurs aufbrecht – dabei gegebenenfalls Fähren oder andere Transportmittel mit einbezieht – oder eine der unasphaltierten Stichstraßen für eine Fahrt in die Wildnis nutzt: Just give it a try! Und du wirst sehen: Alaska und der Weg dorthin kann das I-Tüpfelchen deiner Nordamerikareise werden.

2. Start   Anchorage

3. Attraktio- Denali NP und Mount McKinley (6194 m, höchster Berg Nordamerikas);
nen   Kenai Peninsula mit dem Portage Gletscher; St. Elias Mountains; Skagway – Haines Loop; Kluane NP mit Mount Logan (5959 m, höchster Berg Canadas); Top of the World Highway; Klondike Highway; Dalton Highway; Dempster Highway, Alaska Highway; Inside Passage; Glacier Bay NP; Stewart und Hyder; Bären beim Lachsfang; Wale; kalbende Gletscher und Eisberge; das Wissen, am oberen Ende Amerikas angekommen zu sein.

4. Travel- **Reisezeit:** Sommermonate Juli – August; Juni/September unsichere
Infos   Wetterverhältnisse; vereinzelte Nachtfröste sind immer möglich, beginnen aber regelmäßiger ab Mitte August.

Geographie: Lasst euch nicht täuschen: Auf US-Karten ist Alaska fast immer im kleineren Maßstab als die Lower 48's dargestellt!

Besondere Ausrüstung: Windstabiles, regendichtes Zelt mit feinem Moskitonetz, eventuell Kopfschutz aus Moskitonetz gegen Mücken, hochprozentiger Moskitoblocker (nagt an Plastik und auch an der Haut, aber wirkt), Bärenleine, Wasserentkeimung per Filter oder Abkochen, Regenkleidung, warme Kleidung und Handschuhe, großzügiges Fahrradersatzteilset, evtl. Angel und *fishing licence*.

Straßen: Die Straße der Straßen ist der 2237 km-lange ALCAN (ALaska-CANada Highway) von Dawson Creek in B.C. nach Delta Jct. in AK, meist *Alaska Highway* genannt. In **Alaska** kann man ansonsten nur im südlichen Kernland von Straßennetz reden. Die Hauptstraßen sind asphaltiert mit teils breiten Seitenstreifen, der Straßenbelag ist aber oft nach den harten Wintern aufgebrochen, wellig und schartig, irgendwo wird immer repariert, und ihr müsst staubige *detours* oder *one-way-traffic* in Kauf nehmen. Nebenstrecken wie der Denali Hwy und Stichstraßen in den hohen Norden (Dalton Hwy) sind ganz überwiegend nur Schotterpisten mit teils miserablem Belag und Wellblechabschnitten, nach Regen versinkt ihr im knöcheltiefen Morast und Schneefälle im Winter machen sie dann vollends unpassierbar. Die Panhandle-Städte Alaskas sind, abgesehen von Skagway, Haines und Hyder, nur per Schiff zu erreichen. Ein Straßennetz gibt es hier nur in der Nähe der Ortschaften und zu einzelnen attraktiven Punkten. **Yukons** Straßen konzentrieren sich, mal abgesehen vom Dempster Hwy, auf den Südwesten. Das Verkehrsaufkommen in Yukon und Alaska ist ganz allgemein gering und macht das Radeln zum stressfreien Erlebnis.

Versorgung: Supermärkte gibt es in allen größeren Orten, selbst kleinere Läden sind gut sortiert und führen auch dehydrierte Lebensmittel für die unerlässlichen Notrationen. Es gibt auch genügend Cafés, Lodges und Roadhouses um sich durchzuschlagen. Je entlegener, desto teurer. „Homemade" heißt das Zauberwort. Überall, wo gekocht wird, solltet ihr nachfragen, ob und was ihr kaufen könnt. Oft Eier und Brot, hin- und wieder etwas Gemüse aus dem Garten.

Übernachten: Motels in allen größeren Orten. Jugendherbergen in Anchorage, Ketchikan, Ninilchik, Sitka, Tok (alle unter www.hiayh.org/hostels/mapindx.htm) und Dawson City (unter www.hihostels.ca). Wegen der großen Entfernungen zwischen den Orten wird man öfters campen müssen.

Camping: private und staatliche Zeltplätze mit überwiegend einfachster Ausstattung. Alle Campingplätze in Alaska, Yukon und Northern British Columbia findet ihr bei www.karo-ent.com/index.htm. *Wild campen:* In den dichten Wäldern ist es nicht leicht, einen geeigneten Platz zu finden. Mückenplage. In Tundra-Regionen gibt es schon mal Probleme, Lebensmittel bärensicher zu lagern. Trotzdem, wer etwas Erfahrung hat, kommt klar. Viele nicht offizielle Plätze findet man an Bachläufen.

Communications: die sonst in den USA üblichen Triband-Handys sind in Alaska und Yukon wertlos, selbst in Anchorage ist kein Netz verfügbar. Sollte die Erreichbarkeit wirklich dringend erforderlich sein, dann wendet euch an Summit Cellular & Paging, 403 West Northern Lights Blvd., Anchorage, AK 99503, Tel. (907) 227-9997. Bergsteiger und andere Abenteurer lassen sich hier mit Elektronik ausrüsten.

Internet-Cafés findest du in Anchorage, Fairbanks und im Denali Park Visitor Center. Yukon bietet in Whitehorse („Holodeck" in Downtown), Haines Junction, Old Crow, Dawson City und Watson Lake Internetzugang. Noch besser: man kann in allen Public Libraries in Alaska und Yukon kostenlos E-Mails abrufen und versenden. Meist muss man sich vorab in eine Warteliste eintragen. Campingplätze, Cafés oder Souvenirläden bieten gegen Gebühr Internetbenutzung an.

Karten, Literatur, Internet: Das beste Kartenwerk: der „Alaska Atlas & Gazetteer", von DeLorme (Bezug: s. „Atlas, Maps and Gazetteers", Teil II, KAP. 7). Als Ergänzung zum Touring Guide oder zur Milepost reicht auch eine preiswerte Autokarte (von Rand McNally, Gousha u. a.) oder die AAA-Karte.

Das beste Buch, um in Alaska mit dem Rad herumzukurven, sozusagen die Bibel für Alaska- und nordwestliche Canada-Radfahrer, ist der „Alaska Bicycle Touring Guide". Es gibt kein zweites in dieser Art, mit viel Wissenswertem, mit Höhenprofilen, Karten und Entfernungs-Logbuch. Leider stammt die aktuellste Auflage von 1992 und viele Angaben sind mittlerweile veraltet, aber zusammen mit der Milepost (s.u.) und einer guten Karte eingesetzt ist es noch immer für Radfahrten in diesen Regionen unentbehrlich. „Alaska Bicycle Touring Guide" von P. Praetorius und A. Culhane, The Denali Press, http://home.gci.net/~denalipress/denali/books.html.

„The Milepost" heißt die Highway-Bibel für die Alaska/Yukon-Reise. Erscheint alljährl. ca. Mai neu und enthält knapp 800 Seiten Reise-Infos über alle nordischen Highways u. Straßenkarten für Alaska und Nordwestcanada, dazu Fahrpläne der Inside Passage Ferrys, aktuelle Flugverbindungen, den entlegensten Tante-Emma-Laden in Alaska und Tips aller Art, auch für Begegnungen mit Meister Petz. Leider ist die Milepost so dick wie ein Telefonbuch und voller Werbung. Wer es sich leisten kann, kauft zwei: eins für zu Hause als Erinnerung und eins für unterwegs. Abgeradeltes wird rausgerissen. Zum Mal-Reinschauen sind unter

www.themilepost.com einige Seiten einzusehen, dazu Entfernungsanga-
ben, Karten usw. Man bekommt das Buch für 25.50 $ incl. Versand bei
www.amazon.com (mit Kreditkarte kein Problem) oder für 30,- Euro bei
Versandbuchhandlung J. Schrieb, Schwieberdinger Str. 10/2, 71706
Markgröningen, Tel./Fax 07145/26078, www.Karten-Schrieb.de (haben
auch sonstige nordamerik. Karten und Reiseführer, Versand 2 Euro) oder
vor Ort in allen größeren Buchhandlungen in Westkanada und Alaska.
Das gute Stück liegt auch unterwegs in etlichen Public Libraries aus.

Der beste und aktuellste allgemeine Reiseführer – allerdings in Englisch – ist immer noch das „Alaska Handbook". Es stellt jeden Highway
im Detail vor, mit Campgrounds, Backpackers, Hiking Trails, Versor-
gungspunkten, Transportalternativen u.v.m., enthält eine Fülle von Hin-
tergrundstories und vor allem auch sehr gute Karten. Ist mittlerweile in
der 8. Auflage erschienen. „Alaska", Don Pitcher, Moon Handbooks,
www.moon.com.

Und wer nicht nicht genau weiß, ob der nordwestlichste Zipfel des
amerikanischen Kontinents auch sein *Biker's Paradise* werden kann und
wer zudem ein Fan von rustikalen Rad-Erlebnisbüchern mit einer anstän-
digen Prise Pioniergeist ist, der kann sich zum nächsten Anlass „Mit dem
Fahrrad durch Alaska" von Christian E. Hannig, Verlag Frederking & Thaler, schenken lassen. Das „Bärenkapitel" ist sehr aufschlussreich und hat
nichts an Aktualität eingebüßt.

Homepages Allgemeine Infos zum Straßenzustand, Fotos und Links neben viel Werbung auf den Webpages der „Milepost" (http://themilepost.com/) und
des „Alaska Magazine" (www.alaskamagazine.com). Das „Alaska Department of Natural Resources (www.dnr.state.ak.us/parks/) informiert
über alle Stateparks in Alaska.

Infos insbesondere über Fährverbindungen, außerdem „all about Alaska" unter www.alaskan.com. Highway-Roadbooks für alle Überlandstraßen Alaskas unter www.bellsalaska.com, für den Yukon
www.bellsalaska.com/myalaska/ykhwy9_10.html. Oder einfach den Namen des Highways, z.B. „Stewart Cassiar Highway" in eine Suchmaschine, z.B. www.google.de o.a. eingeben und rauf aufs Surfbrett!

Bikepages Tourentermine, Bikeshop-Adressen in Anchorage, Links und mehr auf
der empfehlenswerten Homepage des „Arctic Bicycle Club Anchorage
(www.arcticbike.org).

Alaska-Infos in D: Nette Leute mit viel Wissen über *The Last Frontier*
trifft man bei ATIA (Alaska Travel Industry Association), Herzogspitalstr.
5, 80331 München, Tel. (089) 2366-2179, Fax (089) 260-4009, www.tra-
vel-alaska.de, und bei Tourism Yukon, c/o Bergold Promotions, Hochstr.
47, 60313 Frankfurt/M., Tel. (069) 219367-0, Fax –77, www.touryu-
kon.com.

5. Routen- Strecken durch den Norden von British Columbia und Yukon Territory in
profil Canada und Alaska mit verschiedenen Kombinationsmöglichkeiten. Im
Panhandle sind Fähren das Haupttransportmittel.

❖ **Netzwerk:** Weiterradeln könnt ihr ab Prince Rupert, Kitwanga oder
Prince George auf der Strecke, die in **Teil IV, „1. Canada-West"** beschrieben wird.

6. Routen-
verlauf

Kernland: Alaska Highway Dawson Creek – Tetlin Jct. (2237 km) --- Ste-wart-Cassiar Highway (741 km) --- Anchorage – Denali NP via Glenn und George Parks Highway (382 km) --- Abstecher: Wonder Lake (136 km one way) --- Denali Highway (218 km) --- Richardson Hwy. Paxson – Del-ta Junction (130 km) --- Alaska Hwy Delta Jct. – Tok (173 km) --- Tok Cu-toff und Richardson Hwy Tok – Valdez (410 km).

Kenai Peninsula: Seward Highway Anchorage – Seward (203 km) --- Sterling Highway Anchorage – Homer (363 km) --- Portage – Prince Willi-am Sound – Cordova.

Polarkreisrouten und Wege in den hohen Norden

Dalton Highway: Fairbanks – Prudhoe Bay (850 km); Dempster High-way: Dawson City – Inuvik (742 km); Taylor und Top of the World High-way (281 km); Klondike Highway Nr. 2: Dawson City – Whitehorse (539 km).

Alaska Panhandle: Haines – Skagway Loop (591 km)

■ Dawson Creek, Beginn des Alaska HWY

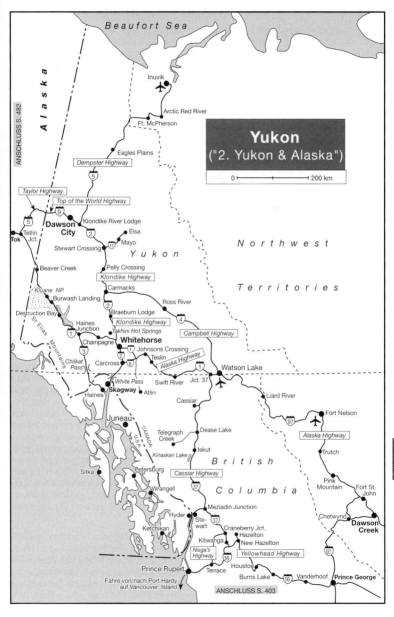

Anreise nach Alaska

Der Weg hoch nach Alaska ist weit, sehr weit. Von Vancouver aus über Land kommt ihr auf 3200 km. Allzu ereignisreich verlaufen diese 3200 km aber nicht, denn was du von der Straße aus zu sehen bekommst, ist nicht die Schokoladenseite des Nordens. Endlose Wälder säumen die Strecke. Grüne Tannen tagelang. Kein Wunder, dass viele, zumindest abschnittsweise, auf andere Verkehrsmittel umsteigen.

Alternativer Transport: Bus, Schiff und Flugzeug

Eher an Kurzzeitreisende ohne Fahrrad wendet sich der *Alaska Pass* und bietet eine Kombination aus Fähren, Überlandbussen und Eisenbahn (www.alaskapass.com). Ähnlich wie beim Interrail-Ticket für Europareisen kann hierbei für eine bestimmte Anzahl an Tagen das Transportsystem der Alaska Marine Highway (www.alaska.gov/ferry), der Alaska Railroad (www.akrr.com), der White Pass and Yukon Railroad (fährt von Whitehorse bis Skagway, www.whitepassrailroad.com) und der Gray Line/Holland America Tours-Motorcoach (Busse) genutzt werden. Leider akzeptiert dieses Unternehmens keine Fahrräder, also bleibt euch nur die Kombination Wasser-Schiene. Zum Beispiel könnt ihr für 749 US$ plus 75 US$ Kosten für das Ausstellen des Routentickets an 12 Tagen innerhalb eines Zeitintervalls von 21 Tagen das Angebot auskosten.

Busse   Greyhound Lines of Canada verkehrt täglich von Vancouver über Prince George (Verbindung von dort auch nach/von Prince Rupert) nach Dawson Creek und von dort dreimal die Woche (Montag, Mittwoch, Freitag) über Watson Lake nach Whitehorse im Yukon Territorium. Fahrzeit jeweils rund 20 Stunden. Für ein paar Dollar mehr wird auch dein Rad in einer Bikebox mitgenommen (vorher unbedingt anmelden, der Fahrradtransport wird in Canada anders als in den USA gehandhabt). Detaillierte Infos bei www.greyhound.ca bzw. www.greyhound.com. Ab Whitehorse im Yukon fährt die Gray Line mit dem Alaskon Express, die machen aber mehr in Richtung Sightseeing Tours und nehmen keine Fahrräder mit. Dagegen kannst du für 10 $ Aufpreis dein Rad in die Kleinbusse von Alaska Trails (www.alaskashuttle.com) verladen (nur nach Voranmeldung!). Bedient werden u.a. die Communities Anchorage, Denali Park, Fairbanks, Dawson City und Valdez. Zudem kann auf deren Website nach weiteren Verbindungen anderer Unternehmen gesucht werden.

Für spontane Busliebhaber gibt's noch eine Möglichkeit: bei der jeweiligen Tourist Info vor Ort nach einem lokalen Busunternehmen fragen. Fahrradmitnahme? Oft ist das dann Verhandlungssache mit dem Fahrer.

Bedenke: der Bus ist nicht gerade das Hauptverkehrsmittel des autoverliebten Durchschnittsamerikaners, insofern gibt's gerade in Alaska und Yukon eher eine Landebahn für Buschflieger als eine Bushaltestelle im Ort.

Fähren   Die 9 Fährschiffe des *Alaska Marine Highway System* (AMHS, www.dot.state.ak.us/amhs) verbinden in der Sommersaison von Mai bis September insgesamt 32 Orte und Städte an der Küste von Alaska und British Columbia. Informiert euch auf jeden Fall schon vor Reisebeginn über Preise, Konditionen und Abfahrtszeiten, denn manche Boote fahren nur einmal pro Woche und euer Timing muss stimmen.

Ein Beispiel: Zweimal pro Woche verbinden die Fähren „Columbia" und „Malaspina" Bellingham (bei Seattle, USA) mit Prince Rupert, Juneau, Haines und Skagway, in der Wintersaison nur einmal. Die einfache Fahrt durch die gesamte Inside Passage dauert 70 Stunden und kostet 306 $ und 47 $ fürs Bike. Zelten könnt ihr an Deck. Achtung! Keine direkte Fährverbindung zwischen Skagway/Haines (Panhandle) und den südlichen Alaska-Hafenstädten Cordova, Valdez, Seward, Anchorage etc.!

Von Prince Rupert startet täglich ein Schiff nach Skagway (159 $ u. 28 $ Bike). Prince Rupert hat zudem eine Fährverbindung mit Vancouver Island, der bequemste Weg, den Südwesten Canadas oder die Pacific Coast zu erreichen. Skagway und Haines sind untereinander ebenfalls per Fähre verbunden.

In Deutschland sind die genauen Fährzeiten (und die deutschen Buchungspreise) der Alaska Marine Highway für Haupt- und Nebensaison z.B. erhältlich bei „Nordland Touristik Int.", Scheibenstr. 3 (Im Outdoorhaus), 87435 Kempten, Tel. (0831) 5215911, www.outdoorhaus.de.

Flüge   Von Deutschland: Condor/Thomas Cook fliegt von Mai bis September mehrmals wöchentlich direkt von Frankfurt nach Anchorage, Fairbanks und Whitehorse. Von der Schweiz: ab Zürich samstags direkt nach Anchorage, gleiche Airline.

Für die Anreise aus Europa, Canada und den US-Lower 48 ist www.alaska-info.de sehr informativ. Suchbegriff „Anreise" eingeben und ihr erhaltet aktuelle Preise für Flug, Fähren und Bahntransport u.v.m.

Auch ein Gabelflug wäre überlegenswert: Hin nach Anchorage, von hier aus die Highlights erkunden, die es im Kernland und auf der Kenai-Halbinsel zu sehen gibt. Anschließend per Rad nach Haines oder Skagway und per Inselhüpfen weiter durch die Inside Passage nach Prince Rupert. Von dort mit der Fähre nach Vancouver Island oder mit dem Rad über den Yellowhead Hwy Richtung Rocky Mountains weiterreisen. Rückflug dann von Vancouver, Edmonton oder auch von den USA: Seattle, San Francisco, Los Angeles u.a. Natürlich auch umgekehrt möglich. Reisebüros wissen die aktuellen Flugverbindungen und Preise.

Auf dem Landweg nach Alaska   Ihr wollt radfahren und nicht rumhüpfen? O.k., o.k. Zwei Wege führen in den Norden: Der Alaska Highway ist die Hauptstrecke. Leider auch für die vielen anderen Touristen in ihren Pkw's und RV's (Recreational Vehicles, Wohnmobile). Beschaulicher, aber gespickt mit ca. 75 km Schotterpiste auf einer Gesamtlänge von 741 km, ist die Radelei auf dem Stewart-Cassiar Highway von Kitwanga, B.C., bis an die südliche Yukon-Grenze.

Der Alaska Highway

Zum Startpunkt   Zum Alaska Highway gelangt ihr auf direktem Wege von Vancouver aus über den Caribou Highway nach Prince George. Schöner kommt ihr von Calgary aus über den Icefields Parkway und den Yellowhead Hwy dorthin. Von Prince George aus bringt euch der John Hart Highway auf 406 km nach Dawson Creek, dem Ausgangspunkt des Alaska Hwy, auf dem ihr die nächsten 2237 km abkurbeln dürft. Wenn ihr unbedingt ein Foto vom Meilenstein 0 in Dawson Creek wollt, fahrt hin. Sonst seid ihr mit der landschaftlich schöneren, 50 km kürzeren Strecken von Chetwynd über

Hudson's Hope nach Charly Lake ca. 80 km hinter Dawson Creek besser bedient. Auf den ersten 460 km des Alaska Hwy bis Fort Nelson könnt ihr euch schon mal im Bäumezählen üben. Nach dem anfänglichen Farmland gibt es nämlich nicht mehr viel zu sehen. In Fort Nelson noch mal die Packtaschen auffüllen: die nächsten Supermarktregale seht ihr erst wieder in Watson Lake.

Watson Lake Region Die folgenden 525 km bis Watson Lake sind dafür wesentlich abwechslungsreicher mit spektakulären Aussichten, idyllischen Seen und den Liard Hot Springs. 150 km westlich von Fort Nelson erreicht ihr den höchsten Punkt des Alcan: den Summit Pass im Stone Mountain Provincial Park mit 1295 m Höhe. Einen Kilometer hinter der Ansiedlung Liard River (102 Einwohner) liegen, nach Überquerung der Brücke, die überaus populären Liard Hot Springs, klare heiße Quellen mit 60 °C warmem Wasser inmitten natürlicher Umgebung.

Der 60. Breitengrad, die Grenze zwischen British Columbia und dem Yukon Territory, ist kurz vor Watson Lake überschritten. Die eigentliche Attraktion des 1600-Seelen-Ortes mit immerhin drei Grocery Stores ist der berühmte Schilderwald, der Sign Post Forest. Hier stehen sie, die Pfähle mit den Nummernschildern, auf denen sich bereits über 30.000 Traveller verewigt haben. Du hast kein Nummernschild dabei? Vielleicht darfst du ja ein Pedal festnageln. An der Kreuzung hier zweigt der ungeteerte Campbell Highway nach Norden ab. Dieser führt über Ross River und stößt in Carmacks auf den Klondike Highway. Das war es dann auch, das Interessanteste für die nächsten 260 km bis nach Teslin, auf denen du wieder Bäume zählen darfst. Hinter Upper Liard, das gleich hinter Watson Lake liegt, zweigt links vom Alcan der Cassiar Highway nach Süden ab (n. Kitwanga). Der Teslin Lake ist für eine Weile der optisch angenehmste Wegbegleiter. In Jake's Corner könnt ihr nach Skagway abkürzen. Sonst startet ihr halt von Whitehorse aus zum Haines-Skagway-Loop, den ihr wirklich auf keinen Fall auslassen solltet.

St. Elias Mountains Hwy 1 wird erst ab Haines Jct. wieder schön, wenn ihr direkt auf die St. Elias Mountains zuradelt, die höchsten Berge Kanadas. Der Abschnitt bis zum Kluane Lake ist, zusammen mit dem Stück vor Watson Lake, der schönste auf der gesamten Strecke. Ab Burwash Landing wird es wieder öd, und das bleibt im wesentlichen so bis Fairbanks.

Versorgung, Übernachten „Tankstelle" heißt das Zauberwort. Meist sind ein Café und ein kleiner Grocery Store angeschlossen. Ihr könnt dort eine heiße Suppe in Größe XXL schlürfen und meist auch heiß duschen. Es gibt Zeltplätze, aber auch Abschnitte ohne solche. In diesem Fall den netten Tankwart fragen oder schlagt euch ins Unterholz, welches zuweilen recht dicht sein kann. Glücklich ist derjenige, der ein paar ebene Quadratmeter Waldboden zum Aufbau seines Zeltes findet. Und nie die Bären vergessen!

Bewertung Wer viel Zeit hat, wer die riesigen Dimensionen dieses Kontinents erradeln, wer einen Hauch grenzenloser Freiheit fühlen möchte, wird den Alaska Hwy genießen. Sonst aber überlegt euch, ob ihr eure Zeit nicht sinnvoller verbringen wollt als mit der Anreise auf dem Alaska Highway. Die schöne Region rund um die Elias Mountains bekommt ihr auch bei einem Rundtrip mit Fähranschluss ab Haines oder Skagway zu sehen. Eine Website in Deutsch: www.alaskahighway.de.

Der Stewart-Cassiar Highway

Zum Startpunkt
Unter Autofahrern wird die bis auf 75 km asphaltierte und insgesamt 741 km lange Strecke 37 von Kitwanga nach Watson Lake als Alternative zum südlichen Alcan gehandelt. Gilt das für Radler auch? Nun, zunächst einmal müsst ihr dazu nach Kitwanga. Das macht nur Sinn, wenn ihr von Prince Rupert auf dem Yellowhead Highway Nr. 16 anfahrt (s. „1. Canada-West", Strecke PRINCE RUPERT – PRINCE GEORGE), denn die weite Anreise von Prince George aus dorthin gehört ebenfalls zu den sehr langweiligen Strecken in Canada. Alternative: Ihr nehmt den Greyhound-Bus nach Kitwanga (www.greyhound.ca; vorher den Fahrradtransport klären, in Prince Rupert Tel. 250-624-5090, in Prince George Tel. 250-564-2877) und radelt ab dort weiter.

What's different?
Der Cassiar Highway ist landschaftlich schöner als der Alcan, wird jedoch stark frequentiert von Logging Trucks, und die bestehen, gerade auf einer solchen verkehrsarmen, teils auch engen Nebenstrecke auf ihr eingebautes Recht auf Vorfahrt. Auf Schotterabschnitten bombardieren sie euch zudem mit Steinen. Es gibt einige recht schöne und idyllisch ruhige Übernachtungsplätze, kostenlos, einsam und urwüchsig. Besorgt euch das Faltblatt, das alle Service-Leistungen des Cassiar Highway aufzeigt, in einem der Visitor Center. Fragen beantworten auch das Tourism Council, Tel. (866) 417-3737, das Ministry of Transportation, Tel. (250) 771-4511, oder Maintenance Hwy 37, Tel. (250) 771-3000.

Highlight: Stewart und Hyder
Der Höhepunkt der Strecke liegt auch hier im Abseits. Der schönste Teil ist Hwy 37A, der vom eigentlichen Hauptweg ab nach Stewart (B.C., 67 km) und Hyder (2 km weiter, schon in Alaska!) führt. Die ersten 160 km bis Meziadin Junction sind asphaltiert, dann geht's links ab in den ebenfalls asphaltierten Hwy 37A. Der Highway führt durch die herrliche Gebirgslandschaft der Coast Range zum Meer, vorbei an tosenden Wasserfällen und dem Bear Glacier, der seine blaue Zunge in den Strohn Lake schiebt. Über das Wasser hinweg könnt ihr beobachten, wie der Gletscher donnernd kalbt. Weiter geht es am Bear River entlang und steil

hinab durch seinen malerischen Canyon bis nach Stewart, das fantastisch am Ende des 145 km langen Portland Fjordes liegt. Nur zwei Kilometer entfernt liegt Hyder, eine Minigemeinde mit 100 Einwohnern im äußersten Winkel von Alaskas Panhandle, die sich selbst scherzhaft als „Friendliest Ghost Town in Alaska" bezeichnet. Stimmungsvolle Fotos und mehr über die Orte und den Gletscher findet ihr unter www.stewartbchyderak.homestead.com/homepage.html.

Die Grenzlage (besonders attraktiv wegen der unterschiedlichen Alkoholgesetze und -preise) und die Kulisse der nahen Gletscher machen dann auch den eigentlichen Reiz der beiden Orte aus. Zwischen dem 1.7. und dem 4.7. geht es besonders lustig zu. „Canada Day" und „Independence Day" werden mit verrückten Spielen und viel Bier gebührend gefeiert. Lohnenswert ist ein Tagesausflug zum Salmon Glacier und zum Fish Creek, wo man August bis Ende September Bären beim Lachsfang beobachten kann.

Leider wurde die regelmäßige Fährverbindung durch den Portland Fjord nach Ketchikan eingestellt, der Anschluss an die Inside Passage und den Rest des Nordens ist damit gekappt. Ihr müsst also den selben Weg durch die Coast Range zurückradeln. Immerhin ist der Campground in Meziadin Lake nur eine schöne Tagesreise (67 km) entfernt.

Stikine River Auf eurer Weiterfahrt Richtung Norden erwarten euch einige unasphaltierte Passagen, die aber nur nach starkem Regen Kummer bereiten. Nach rund 230 km ab Meziadin Lake erreicht ihr das Südufer des Kinsaskan Lake. Wer auf dem malerisch gelegenen Campground übernachtet, erlebt am nächsten Morgen eine Fahrt durch die Stikine River Recreation Area. Westlich der Brücke über den Fluss beginnt der 100 km lange Grand Canyon of the Stikine River, dessen Felswände bis zu 300 m hoch aufragen. Es ist damit Kanada's größter Canyon.

Telegraph Creek Road Der Ort Dease Lake bei km 495 ist der nächste Versorgungsstopp. Fans von fast vergessenen Goldgräbersiedlungen sollten sich gut überlegen, ob sie hier wirklich den Abstecher entlang der 113 geschotterten Kilometer nach Telegraph Creek (www.stewartcassiar.ca/telegraph.html, wieder ein im wahrsten Sinne des Wortes „Dead End Town") in Angriff nehmen sollen. Bei Regen pappen fette Schlammklumpen an den Bremsschuhen und bei Trockenheit pfeift eure Staublunge. 20%ige Steigungen versüßen dir die Anreise und machen Appetit auf die Rückfahrt. Ein kleiner Grocery und Übernachtungsmöglichkeiten in der Siedlung sind aber vorhanden.

Nördlich von Dease Lake passiert die Straße die unzähligen Seen und Bäche der Cassiar Mountains und läuft dann aus über die Liard Plains. Ist dir beim Kartenstudium der Ort Cassiar etwas abseits der Trasse in's Auge gefallen? Vergiss es: seit 1992 ist die dortige Asbestmine geschlossen und die Öffentlichkeit hat keinen Zugang mehr. Kurz vor Watson Lake hast du es dann geschafft: du stehst am Alaska Highway. An der dortigen Grenze British Columbia/Yukon kannst du dich bei der Tourist Info mit frischen Auskünften eindecken oder gleich zu den Supermärkten in Watson Lake abdrehen.

Versorgung, Übernachtung Die Orte Meziadin Van Dyke Camp, Meziadin Lake Junction, Iskut, Dease Lake und Good Hope Lake bieten zur örtlichen Tankstelle zumindest einen kleinen Einkaufsladen, größere Orte wie Dease Lake auch einen Supermarkt. Ein paar Restaurants und Cafés sind über die gesamte Strecke verteilt. Wegen der großen Entfernungen sollte auf jeden Fall für mehrere Tage Verpflegung mitgeführt werden. Keine Radshops entlang der Strecke. Zelten in den Rest Areas ist nicht gestattet, es gibt dafür aber reichlich schöne Campgrounds oder aber Lodges, die in fahrbaren Abständen guten Komfort bieten. Trinkwasser unbedingt vorbehandeln und an Meister Petz' nächtlichen Bärenhunger denken.

♥ STORY
von
**Mathias
Hoeschen
und Robert
Stephan**

Von Terrace (Yellowhead Hwy) nach Watson Lake (Alaska Hwy) (741 km)

Laut Vorhersage soll das Wetter auch in den nächsten Wochen nicht merklich besser werden. Die einzig angebrachte Schlussfolgerung wäre eigentlich, die Tour abzubrechen. Seit unserem Start in Seattle sind wir bereits einen Monat unterwegs, die meiste Zeit davon im Regen. Wenn es mal nicht schüttet, trüben tiefhängende Wolken den Blick und die umliegenden Berge existieren nur auf unserer Landkarte. Das kalte und feuchte Klima sei unüblich, beteuern die Einheimischen immer wieder, was uns aber nicht wirklich Trost spendet. Doch als weitaus unangenehmer empfinden wir die alltäglichen Mückenattacken. Je weiter nördlich wir kommen, desto schlimmer werden sie. Jeden Morgen und Abend halten uns die Plagegeister auf Trab und lassen einfach keine Zeit, in Ruhe etwas zu Essen. Nur im Zelt und auf dem Fahrrad sind wir vor ihnen sicher.

In **Terrace,** der für die nächsten drei Wochen größten Stadt mit 13.000 Einwohnern, biegen wir vom Yellowhead Hwy auf den **Nisga's Highway** ab. Die ersten 60 km sind noch asphaltiert, dann holpern wir auf gut fahrbarem Schotter weiter. Vorbei an längst erkalteten Lavafeldern, die bei einem Ausbruch vor 250 Jahren entstanden.

■ *... holpern wir auf gut befahrbarem Schotter weiter ...*

Nach 100 km Schotterstraße trifft die Nass Forest Service Road auf den gefürchteten **Cassiar Highway,** von dem viele unterschiedliche Meinungen kursieren. Gefährlich wegen der vielen Lkw, doch sehr schön wegen der Landschaft. Also abwarten, was da kommt. Doch momentan bleibt die Schönheit der Skeena Mountains im Osten und der Coast Mountains im Westen in dichte Wolken gehüllt. Etwa 80 Kilometer später erreichen wir den **Meziadin Lake** mit Campground direkt am See. Wenigstens hier, mitten in einem Gebiet, wo es von Bären nur so wimmelt, stehen sichere Stahlcontainer für die Nahrungsmittel bereit. Das ist leider überhaupt nicht selbstverständlich, was uns auf einem anderen Campground vor einigen Tagen eine unangenehme Begegnung mit einem Schwarzbären bescherte. Zum Glück lief es noch glimpflich ab und der Bär hinterließ nur ein paar Riefen in einer Fahrradtasche. Ansonsten versuchen wir uns an die immer wiederkehrende Warnung der Ranger „Keep all food in your vehicle" zu halten, doch bislang fand sich kein Weg, das Essen im Fahrrad zu verwahren ...

Die kommenden Tage werden wir den Cassiar Hwy verlassen und nach Westen in eine Sackgasse hineinfahren, die zu dem Ort **Stewart** führt. Wir können

2 Yukon & Alaska

es kaum erwarten, denn Stewart liegt direkt an der Grenze zum südlichsten Zipfel Alaskas und ist zugleich die südlichste Zufahrt per Straße nach Alaska. Kaum in Stewart angekommen, schwingen wir uns nach dem Zeltaufbau auf die vom Gepäck befreiten Fahrräder und fahren über die Grenze zur Beinahe-Geisterstadt **Hyder.** Eine richtige Grenze gibt es hier eigentlich nicht, denn die Straßen in Hyder verlaufen alle in Sackgassen, es besteht keine Verbindung zum Rest des Landes. Doch endlich ist ein langersehntes Ziel erreicht: Wir sind per Rad bis nach Alaska vorgedrungen!

Am nächsten Tag fahren wir nochmals ohne Gepäck nach Hyder, um einer irgendwo in den Bergen endende Schotterstraße bis hoch zum Salmon Gletscher zu folgen. Auf den nächsten 20 km gewinnen wir 900 Höhenmeter und werden oben mit einem tollen Blick auf den Gletscher belohnt. Die Wolken hängen wieder tief, aber endlich ist das zu sehen, weshalb wir eigentlich hergekommen sind – eine grandiose Landschaft. Der Salmon Glacier schlängelt sich, wie sein Name schon vermuten lässt, eindrucksvoll das Tal hinunter. Ein längerer Aufenthalt ist uns nicht möglich, bei 5 °C und viel Wind ist es affenkalt. Während der Abfahrt auf der engen Schotterpiste frieren uns die Finger fast ab, die dicken Handschuhe haben wir dummerweise im Zelt vergessen. Als Ausgleich gibt es heute eine schmackhafte warme Suppe auf dem Campground.

■ Seen wie Spiegel – es bleibt hell bis nach Mitternacht

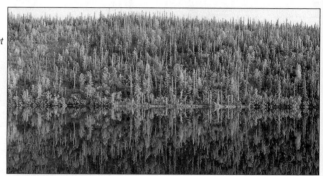

Am nächsten Tag radeln wir bei strömendem Regen die Strecke zum Meziadin Lake zurück. Wieder vorbei am bläulich schimmernden Bear Glacier, den nur ein Schmelzwassersee von der Straße trennt. Unterwegs sehen wir plötzlich einen Schwarzbären am Berghang oberhalb der Straße umherschlendern. In sicherer Entfernung warten wir ab und machen auf uns aufmerksam. Da der Bär sich nicht für uns zu interessieren scheint, setzen wir die Fahrt fort. Abends bekommen die sowieso vorhandenen Mücken noch Verstärkung durch Myriaden von Blackflies. So klein diese Viecher auch sind, so schmerzhaft ist ihr Biss in die Haut.

Auch am nächsten Morgen regnet es. Nach dem Frühstück und gewohnt feuchtem Zusammenpacken der Ausrüstung setzen wir die Reise auf dem **Cassiar Highway** fort. Kurz nach der Kreuzung beginnt eine 50 km lange Schotterpassage. Anfangs ist es durch einige Baustellen noch sehr matschig, doch im späteren Verlauf gut befahrbar. Zwischendurch setzt ein Hagelschauer ein, doch glücklicherweise finden wir eine Notüberdachung in der Nähe. Der Hagel scheint aus dem Nichts zu kommen, denn es befinden sich kaum Wolken am Himmel. Später wird es jedoch erheblich besser, der Himmel klart tatsächlich auf. Rundherum tauchen jetzt eindrucksvolle Berge auf. Auch heute ist der obligatorische Schwarzbär auszumachen, zusätzlich lassen sich noch ein paar Stachelschweine nahe der Straße beobachten. Bei Bell II zelten wir in einem RV Park. Außer kaltem Wasser gibt es hier keinerlei Service und außer uns ist niemand auf dem Platz, der eher einer plattgewalzten Parkfläche gleicht. Selbst abends scheint noch die Sonne auf das Zelt.

■ *Straßencamp*

Die Landschaft sieht frühmorgens besonders eindrucksvoll aus, obwohl der Himmel bewölkt ist. Wir sehen drei Stachelschweine, einen Fuchs, einen großen Specht und wahrscheinlich eine Raubkatze. Aber diese Blackflies ... Bei jedem Halt fallen sie über uns her. Hinter dem Thomas Creek führt die Straße durch ein 78.000 Hektar großes Waldgebiet, welches 1958 durch Feuer zerstört wurde. Ab hier verändert sich die Vegetation, die angepasst an die nördliche Kälte nicht mehr so üppig wächst wie weiter südlich. Auf dem Campground am **Kinaskan Lake** werden wir schon wieder von den Mücken attackiert.

Gleich morgens führt die Straße direkt entlang des Kinaskan Lake. Bei einem steilen Anstieg auf der Schotterstraße nutzen Mücken erbarmungslos die Gunst der Stunde. Schwitzend kämpfen wir jetzt nicht nur gegen die Steigung an, sondern müssen auch noch ständig nach diesen Mistviechern schlagen. Das Summen in den Ohren raubt uns den letzten Nerv und wir sind an dem Punkt angelangt, den sicher jeder Radreisende schon erlebt hat. Was zum Geier machen wir hier eigentlich? Am Ende der Welt, mitten in der Wildnis, nur kalter Regen und Millionen von Insekten, denen es nach unserem Blut dürstet? Doch das heutige Tagesziel macht uns Hoffnung. Bei sehr kühlen Temperaturen mit gelegentlichem Nieselregen verläuft die weitere Strecke hügelig bis zum International Youth Hostel „Red Goat Lodge" kurz vor **Iskut.** Die Lodge liegt ruhig an dem wunderschönen Eddontenajon Lake mit sich darin spiegelnden Bergen. Wir könnten auch zelten, aber heute bevorzugen wir ein angenehmes und zugleich preisgünstiges Bett in der Jugendherberge. Im drei Kilometer nordwärts gelegenen Iskut mit seinen 300 Einwohnern frischen wir die Vorräte auf.

Am nächsten Tag gehen wir zur Abwechslung wandern. Tony, der Herbergsvater, zeigt uns den Einstiegspunkt zu einem versteckten Trail, der auf den 2300 m hohen Todagin Mountain führt. Er windet sich durch dichtes Gebüsch mit sehr schlammigem Untergrund, jeden Augenblick könnte ein Bär aus dem Unterholz herausbrechen. Wir machen uns durch Sprechen und Klopfen mit Ästen auf die Baumstämme lautstark bemerkbar, um Überra-

2 Yukon & Alaska

schungen zu vermeiden. Hinter der Baumgrenze ist der Weg unter tiefem Schnee begraben. Die Gefahr, einzubrechen ist doch zu groß und wir müssen die Schneefelder weit umgehen. Vom Gipfel des Todagin Mountain bietet sich ein phantastischer Rundblick über das Tal und die umliegenden Berge. Faszinierend der Gedanke, dass dieses riesige Gebiet bisher kaum von Menschenhand beeinflusst wurde. Der Blick auf unsere zweckentfremdete Flugnavigationskarte bestätigt: nichts außer Bergen, Tälern und Flüssen! Nach einigen Orientierungsschwierigkeiten finden wir wieder den Einstieg in den Wald und treten den Rückweg an, der durch einsetzenden Regen jetzt noch schlammiger und glitschiger wird. Zurück in der Jugendherberge machen wir es uns gemütlich und beschließen noch zwei weitere Nächte zu bleiben, um neue Kraft für die Weiterfahrt zu tanken.

In der Jugendherberge braten wir fünf Lachse, die uns Tony geschenkt hatte. So ein exzellentes Essen hatten wir schon seit langem nicht mehr. Und als Nachtisch gibt es sogar eine große Portion Karameleis. Aber Halt! Wir sind immer noch in Bearcountry und wollen demnächst ja auch wieder in der freien Natur übernachten. Vor der Fischzubereitung wird daher die Kleidung gewechselt, nur das Nötigste bleibt am Körper. Nach der Mahlzeit wandert ausnahmslos alles Getragene in die Waschmaschine, um den Geruch zu beseitigen.

Bei strahlendem Sonnenschein und herrlicher Aussicht fahren wir endlich weiter auf dem Cassiar Highway. Über das Stikine Plateau hinauf zum 1241 m hohen Gnat Pass Summit. In der Ferne sind die Cassiar Mountains zu sehen. Kurz vor **Dease Lake** lädt ein einfacher Rastplatz am Tanzilla River zum Übernachten ein. Da unsere Vorräte nach den Fressorgien der letzten Tage ziemlich leer sind, kommt der große Supermarkt in Dease Lake gerade recht. Wieder unterwegs, bei einer schnellen Abfahrt, sieht Zak plötzlich einen Grizzlybären direkt am Straßenrand stehen. Der Bär ist wohl selbst sehr verblüfft, mal kein Auto zu sehen und deshalb wird die Situation nicht unnötig strapaziert und schnell weiter geradelt. Landschaftlich führt der Weg weiter ständig bergauf und bergab. Obwohl es anstrengend ist, macht es riesig Spaß auf dem Rad zu sitzen. Etwas später treffen wir doch tatsächlich zwei Reiseradler auf dem Weg Richtung Süden, ein deutsches Pärchen, das in Fairbanks gestartet ist. Ihre Schilderungen lassen unsere Motivation rapide steigen, denn es soll auf dem Weg nach Alaska noch wirklich interessant werden. Sie hatten bis jetzt fast ausnahmslos gutes und heißes Wetter, woraufhin wir von der Regenwolke berichten, die uns seit sechs Wochen begleitet. Ganz passend unterbricht der nächste Schauer unser Gespräch, wir fahren weiter. Insgeheim hoffen wir jetzt natürlich, dass sich der Spieß umdrehen wird, die Wolke mal zur Abwechslung mit den beiden mitfährt ...

Nach stetem Auf und Ab erreichen wir den **Boya Lake.** Eine Serpentinenstraße schlängelt sich tiefer ins Tal hinab zum Campground am Seeufer. Es ist erstaunlich, aber plötzlich fühlen wir uns wie in Australien! Die Vegetation, das Wetter, die staubtrockene Sandstraße – alles passt zusammen. Am See angekommen hört das Staunen nicht auf, der See strahlt in einem dermaßen tiefen Türkis, dass es uns beiden die Sprache verschlägt. Die besten Plätze sind schon belegt, aber weiter hinten findet sich dann noch ein sehr schöner Platz mit direktem Blick aus dem Zelt auf den Boya Lake. Kaum steht das Zelt, fängt es an zu regnen. Also beißen wir schnell in einen Müsliriegel und verkriechen uns ins Zelt, um den Schauer abzuwarten.

Wie ein Chamäleon hat der See nach dem Regen seine Farbe gewechselt und schimmert nun tiefschwarz. Abends laufen wir noch etwas um den See herum. Es ist der bisher schönste See auf der gesamten Tour. Beim Sonnenuntergang hat sich sein Gesicht nochmals gewandelt und nun reflektiert er die in der Mitte auf einer kleinen Insel stehenden Bäume in seinem dunklen Wasser. Ein Anblick, der alle Strapazen der vergangenen Wochen schnell vergessen lässt.

Früh gibt es tatsächlich keine Mücken und so können wir in Ruhe essen. Leider ist es uns nicht vergönnt, eine weitere Nacht an diesem wunderschönen See zu verbringen, denn die Essensvorräte neigen sich wieder dem Ende zu. Außer zwei Scheiben Toastbrot bleibt nicht mehr viel, abgesehen von der Notnahrung und den Müsliriegeln. Also noch ein paar Abschiedsphotos und weiter des Weges. Die Berge ringsherum flachen ab, am östlichen Horizont können wir die Ausläufer der Horseranch Range erblicken. Das Wetter ist super, den ganzen Tag nur Sonne. Wir verlassen die Provinz British Columbia und fahren das erste Mal in das **Yukon Territory.** Yukon – was für ein Gefühl! Und unweigerlich müssen wir an all die Abenteurer denken, die vor noch gar nicht allzu langer Zeit von weit her in die Goldfelder zogen, um hier ihr Glück zu suchen. Es war 1897, als alles begann, als eine Handvoll Männer im Klondike Gold fand. Doch die Gedanken werden abrupt unterbrochen, als es am Bein zwickt und schon reichlich blutet. Was war das denn? Eine Mördermücke oder vielleicht nur ein hochgeschleuderter Stein? Die Antwort folgt prompt: Mehrere kräftige Käfer haben es auf uns abgesehen! Sie landen während der Fahrt auf der Haut und beißen ein richtiges Loch, das sofort anfängt zu bluten. Jetzt langt's aber! Unter all den blutsaugenden Tieren ist das bislang das fieseste, was uns je untergekommen ist. Ein fleischfressender Käfer! Der Kampf geht auf dem Campground weiter und es zeigt sich, dass die Natur ganze Arbeit geleistet hat. Selbst nach einem kräftigen Schlag auf den Käfer fliegt dieser unbeeindruckt einfach davon. Sollte diese Kampfkäferart ab jetzt etwa zusammen mit den Mücken, Blackflies, Bremsen und anderen Viechern unser ständiger Begleiter werden? Ein grausamer Gedanke. Doch dies sollte zum Glück der einzige Tag mit dieser Bekanntschaft sein.

An der Kreuzung mit dem Alaska Highway endet der über 700 Kilometer lange Cassiar Highway, der uns auf unserem Weg nach Norden begleitet hat. Auf der verkehrsarmen Strecke begegneten uns verhältnismäßig wenige Autos, manchmal sogar nur zwei bis drei pro Stunde. Von den gefürchteten Lkw haben wir kaum etwas mitbekommen, dafür umso mehr von der unberührten Natur, den weiten Wäldern und von schneebedeckten Bergen. Bleibt zu hoffen, dass solche schönen Strecken nicht weiter ausgebaut werden und auch in Zukunft von Verkehr und Massentourismus verschont bleiben.

2 Yukon & Alaska

City-Info: Anchorage

Anchorage ist nicht nur die größte Stadt Alaskas, sondern auch der Dreh- und Angelpunkt für Touristen. Am Cook Inlet in der Nähe der reizvollen Kenai Peninsula und nicht allzuweit vom Denali NP gelegen ist Anchorage unbestritten der beste Ausgangspunkt für alle touristischen Aktivitäten im Kernland von Alaska. Die Innenstadt ist durchaus einen Besuch wert. Ein bisschen Last Frontier Feeling gibt es im Altstadtbezirk zwischen 3rd und 6th Ave. mit Boardwalks, Boutiquen, Cafes und Restaurants.

■ *Blick auf Anchorage*

Airport – Downtown
Anchorage International Airport liegt etwa 7 mi/11 km außerhalb der Innenstadt. Bikeroute: Fahrt über den Satellite Drive auf das Hauptpostamt neben dem Airport zu, biegt hier links ab auf den Postmark Drive, dem ihr bis zur Kreuzung mit dem Northern Lights Blvd. folgt. Wenn ihr an der Einmündung die Fahrbahn überquert, gelangt ihr nahe dem Earthquake Park auf den Coastal Biketrail, dem ihr rechts ab folgt. Er endet downtown etwa auf Höhe der 3rd Avenue.

Unterkünfte/ Camping
Die Jugendherberge, 700 H St., Tel. (907) 243-3844, liegt direkt in der Innenstadt in einer Parallelstraße zum Minnesota Thruway, jenseits der 15th Ave.
Camping: Ship Creek Landing RV Park, 150 Ingra Street, am Ende von 1st Ave., Tel. (888) 778-7700. Centennial Park Campground, Muldoon Rd. mit Glenn Highway, weiter außerhalb. Golden Nugget Camper Park, 4100 Debarr Rd., Tel. (800) 449-2012.

Infos
Die Besuche beim National Parks Office und dem Anchorage Convention & Visitor's Bureau (1600 A St. #200, Tel. (907) 276-4118, www.anchorage.net) fanden wir nicht so hilfreich. Information gab es dort nur unzureichend. Besorgt euch beim NP Service eine kostenlose Ausgabe des *Denali Alpenglow*, falls ihr den Park besuchen wollt. Gut zum Aufwärmen und für allgemeine Informationen ist das Starbucks Cafe im Büchermegastore Barnes & Nobles. Freien Internetzugang gibt es in der Stadtbücherei.

Shopping
Die Top-Adresse für Rad- und Outdoor-Ausrüstung ist zweifellos REI auf 1200 West Northern Lights Blvd. (Tel. 907-272-4565). Es gibt eine Handvoll weiterer Bikeshops in der City, manche führen nur in der Sommersaison Räder und Zubehör. Auf der Website des Arctic Bicycle Clubs (www.arcticbike.org/abc_lbs.htm) sind sie alle gelistet. Carr's und Safe-

way Supermärkte gibt es gleich mehrfach. Wer die Stadt Richtung Süden verlässt kauft am besten ein im riesigen Shopping Mall westlich des Seward Highway in South Anchorage.

Radwege-netz

Anchorage verfügt über ein gutes Radwegenetz. Viele Abschnitte kann man dank der Naherholungsgebiete richtig genießen, andere Passagen führen über Bürgersteige mit holprigen Baumwurzeln oder einfach als Seitenstreifen am Fahrbahnrand entlang. Das Faltblatt *Anchorage Bike Trails and Winter Running Routes* enthält eine sehr grobe Übersicht über die Radwege und ist beim Anchorage Convention & Visitor's Bureau erhältlich. Etwas genauer ist der *Anchorage Parks & Trails Plan* von Parks & Recreation im Outdoor Recreation Center am Campbell Point, das via Coastal Biketrail erreichbar ist (www.ci.anchorage.ak.us).

Der Coastal Biketrail zum Campbell Point sowie die Strecken entlang Campbell Creek oder Chester Creek zum Goose Lake sind erholsame Tagestrips. Immer schön langsam fahren! Bei Dämmerung rammt man sonst schnell mal einen der Elche, die in den Waldgebieten der Stadt ihr Revier haben.

Aus der Stadt

Richtung Norden (Glenn Highway)

An der Kreuzung 3rd Ave. mit A-Street beginnt eine Bikelane. Folgt dieser bis zur Bragaw St und wechselt dort etwas weiter südlich auf den Radweg, der euch parallel zum Glenn Highway bis Eagle River bringt. Nach kurzer Unterbrechung führt der Bikepath weiter bis zur Kreuzung mit Birchwood Loop Rd. Ab dort könnt ihr auf dem breiten Seitenstreifen des Glenn Highway bequem weiterradeln, denn jenseits der Vororte lässt die Verkehrsdichte nach. Der alte Glenn Highway bietet sich ebenfalls als Ausweichstrecke an, ist aber eng, hügelig und unübersichtlich.

Richtung Süden (Seward Highway)

Die C Street Richtung Süden bis Dimond Blvd radeln, dort links abbiegen und weiterradeln bis zum New Seward Highway. Westlich parallel zum Highway verläuft ein Radweg bis DeArmoun Rd. Ab dort könnt ihr auf dem Seward Highway weiterradeln.

Alaska-Highways

Der flächenmäßig größte Staat der USA mit einer Einwohnerdichte von 0,4 Einw./qkm (zum Vergleich: Deutschland hat 228 Einw./qkm) bietet viele Varianten für Rundfahrten. Bis auf wenige Streckenabschnitte sind die Straßen ein Radlerparadies für alle, die die Natur lieben. Nur an den Wochenenden in der Hochsaison wird es zuweilen eng auf der Straße. Ein Rückspiegel am Lenker oder am Fahrradhelm gibt da ein bedingtes Gefühl von Sicherheit. Alle wichtigen Highways südlich von Fairbanks sind asphaltiert. Die Ausnahmen sind der **Denali Highway** zwischen Cantwell und Paxson, der **Taylor Highway** nördlich von Chicken und der **Top of the World Highway** zwischen Jack Wade Junction und Dawson City sowie die meisten Stichstraßen zu abgelegenen Siedlungen. Nicht umsonst nennen sich die Fährverbindungen an Alaskas Küste *Alaska Marine Highway System*, denn diese „Highways" sind hier oben so selbstverständlich wie ihre asphaltierten Gegenstücke. Eine solche Schiffsreise ist ein einzigartiges Erlebnis und sollte in eurer Budget- und Streckenplanung nicht fehlen.

2 Yukon & Alaska

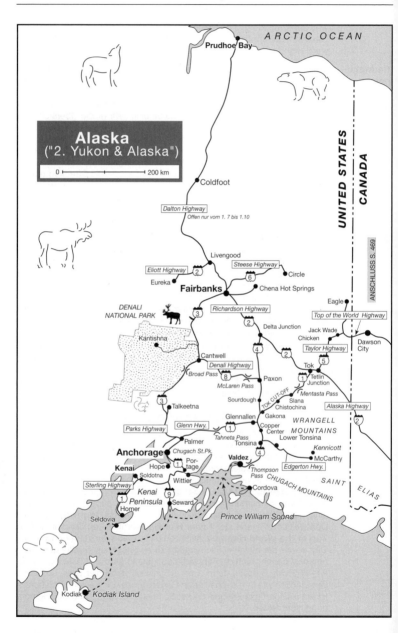

ARCTIC OCEAN

Prudhoe Bay

UNITED STATES

CANADA

Alaska
("2. Yukon & Alaska")

0 |————————| 200 km

Coldfoot

Dalton Highway
Offen nur vom 1.7 bis 1.10

ANSCHLUSS S. 469

Livengood

Eliott Highway (2)   *Steese Highway* (6)   Circle

Eureka   **Fairbanks**   Chena Hot Springs

*DENALI
NATIONAL PARK*

Eagle

Top of the World Highway

(3)   *Richardson Highway* (2)

Delta Junction   Jack Wade
Chicken   Dawson City

Kantishna   *Taylor Highway* (5)

Cantwell   *Denali Highway* (8)   Paxon   Tok

Broad Pass   *McLaren Pass*   (1) Tetlin Junction

Mentasta Pass

(3)   Talkeetna   Sourdough   Slana
Chistochina   *Alaska Highway*

Glennallen   Gakona   *WRANGELL*

Parks Highway   *Glenn Hwy.*   (1)   Copper Center   *MOUNTAINS* (2)

Palmer   *Tahneta Pass*   Tonsina   Lower Tonsina

Chugach St.Pk.   Por-   *Kennicott*

Anchorage   Hope   tage   **Valdez** (4)   McCarthy

Kenai   (1)   Wittier   *Thompson Pass*   *Edgerton Hwy.*

Soldotna   (9)   *CHUGACH MOUNTAINS*   SAINT

Sterling Highway   Seward   Cordova   ELIAS

(1)   *Kenai
Peninsula*

Homer

Seldovia   *Prince William Sound*

Kodiak   *Kodiak Island*

„Alaskas Heartland"
von Raphaela Wiegers

Über den Glenn-, Georg Parks-, Denali-, Richardson-, Alaska Highway und Tok Cutoff von Anchorage über Denali National Park, Delta Jct., Tok nach Valdez. Länge: 1449 km

Zum Mt. McKinley

Um 5 Uhr morgens weckt uns der Lärm des Wasserflugzeugs, das dröhnend auf dem nahen Spenard Lake startet. Müde pelle ich mich aus dem Schlafsack. Schon wieder hell oder immer noch? 1 Uhr früh waren wir auf dem Anchorage Airport eingetroffen und angesichts des immer noch ausreichenden Tageslichts gleich losgeradelt. Wild zelten in Anchorage – ein angemessener Start für eine Radreise durch den Last Frontier State, Amerikas Abenteuerspielplatz Nummer 1. Einsame Pisten, wilde Wälder, böse Bären, bärtige Männer, mutige Frauen, blutrünstige Mücken, Goldrausch, schießwütige Schurken, Regen, Kälte, Matsch und Eis – Alaska, ein Radreiseziel für die Sommerferien? Ich hatte da so meine Zweifel, aber mit jeder Meile wächst meine Begeisterung für Amerikas hohen Norden.

Jetlag-geschädigt rollen wir auf Hauptverkehrswegen nach Dowtown Anchorage. Noch ahnen wir nicht, dass Anchorage über ein ausgezeichnetes Radwegenetz verfügt (siehe City-Info). Supermärkte mit bulk-food Abteilungen, erstklassige Ausrüster, Büros für Parks und Fremdenverkehr – in der Hauptstadt findet der Alaskaradler mit etwas Geduld alles, was er braucht. Gerne verzichtet hätten wir auf die erste dicke Enttäuschung: Im Denali National Park sind alle Plätze auf Wochen hin ausgebucht, sagt uns der freundliche Ranger im NP Büro in Anchorage. Es ist doch erst Ende Juni! Sollen wir ihm das wirklich glauben? Wer wird denn gleich aufgeben! Seinen Unkenrufen zum Trotz radeln wir umgehend unserem ersten Highlight entgegen, dem Denali National Park. Schon nach wenigen Kilometern lösen blühende Margeritenwiesen die monotonen Häuserzeilen ab. Der Chugach State Park reicht bis an die Vororte heran. Wer mag, kann gleich in der Eagle River State Recreation Area eine Pause einlegen.

Easy Riding auf dem Glenn Highway! Und auch der George Parks Highway, dem wir ab Palmer folgen, ist auf dem Weg zum Park exzellent ausgebaut. Strahlender Sonnenschein und sommerliche Temperaturen locken uns in den warmen Badesee vor Wasilla. Die Supermärkte im Ort sind die letzten vor dem Denali Park. Für den Grundbedarf sind die noch folgenden Convenience Stores aber ausreichend.

Nachdem wir den Kashwitna River überquert haben, schwebt die Schneekrone des Mount McKinley wie ein riesiges Sahnehäubchen verheißungsvoll über der Landschaft. Wow, was für ein Berg! Gut 80% der 6194 m sind in voller Pracht zu bewundern, da keine nennenswerten Vorgebirge seinen Fuß verdecken. Wir treten gleich noch etwas schneller in die Pedale. Stopp! Erst einkaufen in Cantwell. Wer weiß schon, was es im Park zu kaufen gibt? Viel, stelle ich später fest, aber etwas teurer bei geringerer Auswahl.

2 Yukon & Alaska

Roadbook

Glenn und George Parks Hwy
Startpunkt Anchorage

Km 21: Eagle River SRS Campground
Km 42: Eklutna SRS Campground
Km 56: Jct. George Parks Hwy
Km 68: Wasilla
Km 84: Big Lake Road (mehrere SRS Campgrounds entlang der abzweigenden Strecke, erster nach 5,5 km)
Km 92: Houston (Campground nahebei)
Km 108: Nancy Lake Road (10 km bis South Rolly Lake Campground)
Km 111: Willow
Km 114: Willow Creek SRS Campground
Km 134: Kashwitna River
Km 159: Abzweig der Talkeetna Spur Road (23 km bis Talkeetna)
Km 186: Trapper Creek Trading Post (Laden, Café, RV Park)
Km 218: Denali Viewpoint
Km 221: Lower Troublesome Creek SRS Campground
Km 262: Denali View North Campground
Km 280: Hurricane Gulch mit einer 79 m hohen Brücke über die Schlucht des Hurricane Creek
Km 298: East Fork Chulitna BLM Camping
Km 303: Igloo Lodge (mit Laden und Café)
Km 324: Broad Pass (701 m)
Km 338: Jct. Denali Hwy (Cantwell Postoffice, Tesesya Service, Laden und Lazy J Cafe)
Km 360: Carlo Creek Cafe, leckerer Kuchen und Espresso
Km 372: Grizzly Bear Cabins und Campground (Duschen!)
Km 382: Einfahrt zum Denali National Park.

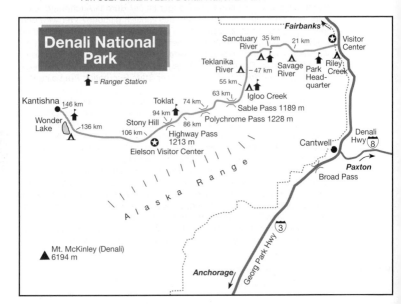

Erlebnis Denali National Park

Die Spannung steigt, als wir uns dem Visitor Center nähern, um unsere Übernachtungen im Park zu buchen. Und siehe da: Alle Plätze sind belegt – für Autos, aber nicht für Radler. Der Morino Walk-in-Campground am Headquarter, angelegt für alle, die auf ihre Blechkiste verzichten können, ist weitläufig, fast mückenfrei und so gut wie leer. Im Park wählen wir Igloo Creek CG (7 Plätze) bei km 54,7 und Wonder Lake CG (28 Plätze) bei km 136. Backcountry Camping ist Radlern auch erlaubt, die aber dann den Regeln für Backpacker folgen müssen, heißt: Fahrrad auf dem nächsten Zeltplatz anketten und per Rucksack weiter. Ein System von Wanderwegen gibt es nicht. Man kann die Erlaubnis bekommen, zu Fuß einen der freigegebenen Abschnitte des Parks querfeldein zu erkunden, muss aber in reichlich Abstand zum Hauptweg zelten. Wir zahlen lieber unsere Gebühren für die regulären Zeltplätze und entdecken erfreut vor dem Gebäude des Headquarters Schließfächer. In denen deponieren wir vor dem Start alles, was wir für den Aufenthalt im Park nicht benötigen werden. Dann noch heiß duschen nahe dem Laden und wir sind fit für ein paar Tage Wildnis.

■ *Der 6194 m hohe, heute wolkenfreie Mt. McKinley*

Vorfreude treibt uns früh aus den molligen Schlafsackfedern. Ich bin gespannt. Schließlich halten nicht alle National Parks in den USA, was die bunten Werbebroschüren versprechen. Attraktiv am Denali NP finde ich auch, dass nur die ersten 24 Kilometer der Zufahrt asphaltiert und für Privatfahrzeuge freigegeben sind. Später trifft man lediglich auf die urigen Schulbusse, die Touristen durch den Park kutschieren. Einige Shuttlebusse nehmen auch Fahrräder mit, aber: „Don't kill the thrill!" Ihr wollt doch die wilden Tiere nicht enttäuschen, die euch dann nur durch die Autofenster betrachten können.

Mittagspause halten wir am Sanctuary River Campground. Mmmh-Spaghetti mit Thunfischsauce. Die findet auch der blonde Grizzly bärenstark, der plötzlich aus den Uferbüschen auftaucht. Will er Harald etwa beim Abwasch im Fluss helfen? Mit Herzklopfen treten wir vorsichtig den Rückzug an. Freundlicherweise schleckt Meister Petz dann aber doch lieber die Kieselsteine im Flussbett ab als uns.

2 Yukon & Alaska

Schon bald erreichen wir Igloo Creek CG. Auf allen Walk-in Zeltplätzen im Park gibt es stabile, begehbare Metallcontainer, in denen man seine Lebensmittel lagern kann. Den Gedanken, darin zu übernachten, verwerfe ich, denke aber zumindest ab jetzt wieder daran, dass durch Kochen nah am Zelt im Bärenland schon mancher zu früh sein Ende fand.

Die 82 km Schotterpiste am zweiten Tag zwacken ganz schön in meine noch untrainierten Waden: Sable, Polychrome, Highway Pass, Stony Hill und Thorofare Pass heißen die fünf Steigungsstrecken auf dem Weg zum Eielson Visitor Center. Macht nichts. Wir haben ja Zeit, denn dunkel wird es erst morgen früh um 2 oder so. Beim langsamen Bergaufkurbeln haben wir ausreichend Gelegenheit, mit den Augen die Hänge zu scannen auf der Suche nach weiteren wilden Ureinwohnern. Szenen begleiten unseren Weg, die man sonst nur aus Naturfilmen im Fernsehen kennt. Karibu grasen am Toklat River, arktische Füchse schleichen durch die Büsche, Wölfe huschen über die Piste und über die Wiesen trollt eine Bärenmutter mit ihrem Nachwuchs, der übermütig Mücken fängt und Purzelbäume schlägt. Der Höhepunkt heute: Radlers Elchtest. Bei einer kurvigen Abfahrt kann Harald nur per Vollbremsung verhindern, dass ihn die Elchmama knutscht, die ihr Junges im Gebüsch bewacht.

Nur Mount McKinley will sich nicht so recht blicken lassen. Ein brodelndes Gemisch aus Nebel, Dampf und schwarzen Wolken verschluckt die funkelnde Glitzerkrone. Eine Pinnwand im Eielson Visitor Center verheißt an 3 bis 6 Tagen pro Monat Sicht auf den weißen Riesen. Also morgen? Vom Wonder Lake Campground aus ist der Blick spektakulär. Wir allerdings blicken am nächsten Tag auf Nebelbänke, Regengardinen oder Mückenwolken. Gut, dass es einige Picknicktische mit Schutzdächern gibt und im Bärencontainer ein Extraregalfach für „leftover items". Mit den dort hinterlegten Spenden von Trail Mix, Schokolade, Coleman Fuel und Moskitospiralen können wir auch den langen Tag unterm Regendach genießen. Wir sind uns einig, dass sich der Besuch im Park auch ohne Bergblick lohnt und bereuen es ein bisschen, nur zwei Nächte am Wonder Lake gebucht zu haben.

Info Denali Nationalpark

Aufenthalt im Park   Radfahren ist nur möglich mit Zelterlaubnis. Alle Zeltplätze müssen vorab im Visitor Center am Parkeingang gebucht und bezahlt werden. Reservieren könnt ihr euren Zeltplatz sowie den Platz im Bus jedoch auch schon in den Visitor Centers von Fairbanks oder Anchorage. Über die Situation im Park informiert man sich beim Denali Superintendent über Tel. (907) 683-2294. Müll muss wieder ausgeradelt werden. Die Fahrt mit den Bussen der privaten Gesellschaft ARA zum Wonder Lake kostet 31,75 $ p.P. Vorausreservierungen in Alaska: Tel. (907) 272-7275, freecall 1-800-622-7275 oder online unter www.nps.gov/dena/home/visitorinfo/bus/reservations.html. Alles weitere zum Park erfahrt ihr auf der sehr übersichtlichen Website des National Park Service (www.nps.gov/dena), für einen ersten Überblick reicht auch der „Alaska Tourism and Travel Guide" (www.alaskanet.com/Tourism/parks/Denali).

Straße zum Wonder Lake   Die Straße ist auf den ersten 24 km asphaltiert und geht dann in eine Schotterpiste über. Auf den ersten 17 km klettert die Strecke gut 400 m. Sie bleibt auch weiterhin hügelig und erreicht bei km 63 den Sable Pass

(1189 m). Nach einer steilen Abfahrt steigt sie auf den nächsten 11 km erneut zum Polychrome Pass (1128 m). Rauf und runter mit bis zu 300 m Höhendifferenz klettert ihr über Highway Pass (1213 m), Stony Hill (1374 m) und Thorofare Pass (1189 m), bevor es hinabgeht zum 550 m tiefer gelegenen Wonder Lake. Der meist wolkenverhangene Mt. McKinley lässt sich übrigens recht selten auf sein 6194 m hohes, weißgekröntes Haupt blicken!

Übernachten und Versorgung   Außer dem Hotelkomplex, dem Youth Hostel und den beiden Zeltplätzen am Parkeingang gibt es am Parkweg fünf weitere Campgrounds, die meisten zu Streckenbeginn: Savage River (km 21; 50 Plätze); Sanctuary (km 36; 7); Teklanika (km 47; 50); Igloo Creek (km 55; 7); Wonder Lake (km 136; 28). Dort und am Eielson Visitor Center (km 106) bekommt ihr Wasser. Lebensmittel gibt es nur im kleinen Grocery Store vor dem Parkeingang. Post Denali Park: AK 99755.

Denali Highway, Eastbound (218 km)

Mount McKinley lässt sich erst wieder blicken, als wir auf dem Denali Highway unterwegs sind. Diese 218 km lange Piste gilt als eine der schönsten und urwüchsigsten im zentralen Alaska. Immer wieder gibt es Proteste gegen die Pläne, die Strecke durchgängig zu asphaltieren und damit der Besiedlung Vorschub zu leisten.

Nach unserem Besuch im Park radeln wir zurück nach **Cantwell,** wo wir uns mit Proviant eindecken. Eine Notration in der Futtertasche ist in Alaska immer eine gute Idee, denn ungewöhnlich oft sind Lodges, Läden oder andere Versorgungspunkte in einsamen Gegenden geschlossen oder auch abgebrannt (worden?). Offen ist der Highway nur von Mitte Mai bis Anfang Oktober. Mitte/Ende Juni hat man bis zu 20 Stunden Helligkeit. Kalkuliere für den Denali mindestens 3 Tage ein.

Bis zum berühmten Gracious House müssen wir einiges an Meilen abradeln. Fichten hocken in lockeren Gruppen in der weiten Tundralandschaft. Die Gletscher des nahen Eisfeldes strecken uns die Zungen raus. Nenana River schlängelt sich rauschend durchs Tal. An Tümpeln in den Senken der sattgrünen Hügel gönnen sich Luchs und Fuchs ab und zu einen Aperitif. Alaska vom feinsten. Und dann dieses urige „roadhouse". Eine Portion Lachseintopf (salmon chowder) dort ist ein Muss. Was von außen getarnt ist als zusammengeflicktes Blockhaus, überrascht uns innen mit türkisblauem Kunstleder aus den 50er Jahren, Serviererin mit Spitzenhäubchen und künstlichen Rosenranken im dem „outhouse" im angegliederten Motel. Geil! Die überschüssigen Omega-3-Fettsäuren können wir jenseits des Susitna River abarbeiten, wo es etwas hügeliger wird. Die 4 Meilen Steigung zum McLaren Summit (1245 m; oben gibt es einen schönen Wanderweg!) lehren mich inzwischen nicht mehr das Fürchten. Alle Steigungen und Pässe in Alaska sind relativ moderat.

Tangle Lake taucht auf im Anschluss an eine nette Schussfahrt auf knochentrockenem Lehm. Auf dem BLM Camping am See halten wir es glatt 2 Tage aus. Es gibt Wasser, in der nahen Minisiedlung ein Restaurant und heiße Duschen (für 5 \$!). Der See glitzert verschlafen, als bei nächtlichem Mondschein eine Elchkuh mit ihrem Jungen laut planschend ein Bad nimmt. In Alaska können selbst Campingplätze schön sein!

Eine letzte 11 km lange Steigung schlängelt sich über die Hügelkette vor dem Richardson Hwy. Purer Genuss, mal wieder über Asphalt zu rollen und die Aussicht ist wie überall grandios.

Roadbook   **Denali Highway**

Die ersten 100 km von Cantwell aus sind wirklich schlecht zu fahren. Selbst bei schönem Wetter verhindert der miserable Straßenbelag eine zügige Fahrt. Ihr habt die Wahl zwischen dem berühmten Waschbrett oder bis zu faustgroßen Steinen. Auf gerader Strecke läuft es noch einigermaßen, doch an den vielen Steigungen und bei den Abfahrten wird es übel. Ein Tourenrad mit schmaler Bereifung ist auf diesen ersten 100 km bestimmt überfordert. Sonst gilt generell: Es muss kein MTB sein, ein Tourenrad mit einer berggängigen Untersetzung tut es auch.

Km 0: Kreuzung mit dem Georgs Parks Hwy

Km 5: Asphalt endet

Km 30: Nenana River Parkplatz

Km 50: Brushkana Creek Campground (BLM Zeltplatz mit Küchenhaus)

Km 55: auf den nächsten ca. 10 km wunderbare Blicke auf die Alaska Range

Km 56: Adventures Unlimited Tour Veranstalter

Km 80: Alaska Range Aussichtspunkt (600 m bergauf, Blick über Mt. Deborah, Mt. Hess und Susitna River Valley; lohnt nur bei klarer Sicht)

Km 86: Gracious House (uriges Alaska Road House; Motel, sehr gutes Restaurant, warme Duschen)

Km 90: Susitna River

Km 138: Waterfowl Lakes (Biber, viele Wasservögel)

Km 150: Maclaren River Lodge, Maclaren Gletscher Aussichtspunkt und Brücke (die Lodge war zum Zeitpunkt unseres Besuches wegen Renovierung geschlossen)

Km 151: Kettle Lakes

Km 158: Maclaren Summit (Alaskas zweithöchster Straßenpass; 4,086 ft/ 1245 m); Aussicht auf den Mt. Hayes u. den McLaren Glacier

Km 182,5: Tangle Lakes Lodge mit Restaurant

Km 183: Wayside Park (rechts), Zufahrt zum kostenlosen BLM Campground

Km 184: Hurra, Asphalt beginnt!

Km 186: Tangle River Inn

Km 197: Wrangell Mountains Aussichtspunkt (SO)

Km 218: Kreuzung Richardson Hwy und **Paxson** Lodge.

Richardson Highway, Northbound

Paxson – Delta Junction (130 km) – Abzweig zum Alaska Highway

Lange Gesichter beim Betreten des Restaurants in Paxson: Fastfood zu Luxuspreisen und kein Lebensmittelladen weit und breit! Ein paar Candyriegel bringen uns den sanften Anstieg hinauf bis zur nächsten Lodge mit Restaurant am Summit Lake. Wie alle weiteren bis Delta Junction ist sie leider abgebrannt. Dann gibt es eben dreimal täglich Müsli. Das geht auch. Eine Besonderheit des nördlichen Richardson Hwy irritiert uns ein wenig: Hier führt die Fahrbahn bergauf zu Bächen und Flüssen, die aus

den Gletscherfeldern der Seitentäler beeindruckende Geröllwälle mitge-
schleppt haben. An den Brücken genießen wir die Aussicht in verschlafene Seitentäler mit Wildblumen und Eisgipfeln.

Delta Junction gilt offiziell als Ende des Alaska Highways, während
der Richardson Hwy weiterführt nach Fairbanks. Dank der Air Force Base
in der weiten Ebene vor den Toren der Stadt ist der Ort recht lebendig. Im
IGA kann ich meinen Kaufrausch austoben und Bergstad's RV Camp (2
km Richtung Tok) ist genau das richtige für die überfällige, ausgiebige
Reinigungsschlacht.

Roadbook

Km 0: Paxson Lodge (dürftiges Lebensmittelangebot!)
Km 20: Isabel Pass (914 m)
Km 24: Fielding Lake Road (2,5 km entlang der Schotterpiste liegt der
Fielding Lake Campground); ab jetzt geht es meist langsam bergab
Km 96: Abfahrt in die Ebene von Delta JCT beginnt
Km 130: Delta Junction (360 m, all services); Milepost DC 1422 markiert
das Ende des Alaska Highway, Visitor Center nahebei.

Alaska Highway
Delta Junction – Tok (173 km) – Abzweig des Tok Cutoff

Die Strecke von Delta Junction nach Tok ist bis auf 13 mi zwischen MP
1398 und MP 1357 gut ausgebaut und ziemlich flach, mal abgesehen von
den Hügelchen zwischen MP 1386 und Dot Lake (MP 1361, Tankstelle
mit kleinem Laden, Lodge und Campground). Mehr gibt es über die
Strecke nicht zu sagen, denn es ist eindeutig das langweiligste Stück
Straße, das wir in Alaska und Yukon kennengelernt haben. Aber genau
hier trafen wir die meisten Tourenradler! Auf der Suche nach dem sagen-
umwobenen Flair der Panamericana? Ob es deshalb bei Tanacross einen
wurzelüberwucherten Radweg gibt und State Parks wie Moose Lake hier
satte 10 US$ verlangen? Na ja, private Campgrounds sind mitunter noch
teurer mit Preisen zwischen 6 $ und 20 $ für ein Zelt und zwei Personen.

Tok

„TOK – Gateway to interior Alaska"! Als Attraktion gelten die Schlitten-
hundzuchten und deren Rennen. Wir finden allerdings, „Fast Eddy's" bei
MP 1313 mit seiner all-you-can-eat Salatbar – geöffnet year-round 6–23
Uhr, Tel. (907) 883-4411 – ist nach Wochen vitaminarmer Kost der wahre
Hit von Tok. Der Ort mit seinen „1415 warm and friendly people" ist nicht
gerade riesig, bietet aber dennoch alles, was man so in der Wildnis ver-
misst hat, angefangen beim gut bestückten Supermarkt. Auch das Visitor
Center („Tok Chamber of Commerce", Tel. 907-883-5775) direkt am Abzweig ist hilfreich und informativ. Hier erfahren wir dann, dass die Jung-
fernfahrt der Fähre „Kennicott" bevorsteht, die künftig regelmäßig
zwischen Seward, Valdez und Juneau in Alaskas Süden verkehren soll.
Da entlang dem Klondike Hwy großflächige Waldbrände wüten, werfen
wir unseren ursprünglichen Plan, durch den Yukon nach Dawson City zu
radeln, kurzerhand um und setzen stattdessen Valdez als unser nächstes
Nahziel fest. Berge, Gletscher und die fantastischen Küstenstreifen mit
ihrer berühmten maritimen Tierwelt bieten eine verlockende Alternative
zum Goldpanning am berühmtesten Fluss der Arktik.

Fotos und weiteres Wissenswerte über Tok findet man auf der Website
www.tokalaskainfo.com.

2 Yukon &
Alaska

Tok Cutoff und Richardson Highway, Southbound
(410 km)

Tok Cutoff – im Vergleich zu den namentlich berühmten Highways im hohen Norden klingt der Name der 201 km langen Verbindungsstrecke zum Richardson Hwy nicht verheißungsvoll. Spannend wird es trotzdem, denn zur linken leuchtet beeindruckend das weite Eisfeld am Ende der Nabesna Road rund um Mount Sanford, während wir uns durch die größte Baustelle Alaskas kämpfen dürfen. Über 100 km Schotterpiste in unterschiedlichster Qualität lassen sich aber ganz gut aushalten, da die Autos wegen der zeitweiligen Fahrbahnsperrung stets in Kolonnen anrollen. Straßenbau ist in Alaska halt nur im Sommer möglich und wird ausgiebig praktiziert.

Ab **Gakona Jct.** radeln wir wieder auf dem Richardson Hwy, diesmal in Richtung Süden und oft in Sichtweite der Alaska Pipeline. Ein gemeiner Wind fegt von der Küste her über die Berge und drückt uns voll auf die Nase. Für den Abstecher von Tonsina nach McCarthy auf der Rückseite der Wrangell Mountains bleibt so angesichts der nahen Fährpassage erst recht keine Zeit. Die malerische Kennicott Seilzugbrücke dort wurde nach mehreren Unfällen abgebaut. Somit ist der Ort am Fuße des weitläufigen Gletschers noch immer sehenswert, aber um eine beliebte Attraktion ärmer.

Hinter **Tonsina** wird auch der Richardson Hwy wieder malerisch. Erste Eiszacken schieben sich über Bergkuppen, lassen milchige Wasserfälle zu Tal tosen. Langsam schiebt sich die Straße durch ein immer enger werdendes Tal hinauf zum Worthington Gletscher, dessen Zunge bis ganz nah an die Fahrbahn heranreicht. Bis *Thompson Pass* gilt es noch stramm gegen den Wind anzukämpfen. Hinzu gesellt sich ein gemeiner, kalter Regen. Die Wetterküche brodelt wie so oft über den Chugach Mountains. Mit eisig steifen Fingern bremsen wir die steilen 7 mi hinunter ins Tal des Lowe River. Schade! Bei Sonnenschein muss der Blick während der Schussfahrt grandios sein. In Gegenrichtung sieht der Anstieg übrigens scheußlich anstrengend aus. Am Talboden rollen wir langsam durch die schmale, gewundene Schlucht des Keystone Canyon. Wasserfälle spucken schlammige Brühe über die Felsen. Woher das Wasser kommt, kann man nur ahnen, so tief hängen die Wolken. Vergebens hoffen wir auf ein Café, in dem wir uns etwas aufwärmen könnten. Einzig wilde Hütten umzingelt von Müllmassen im Vorgarten tauchen ab und zu aus dem Graugrün des triefenden Waldes auf. Es regnet noch weitere zwei Tage ununterbrochen.

Roadbook   **Tok Cut Off**

Km 0: Tok (498 m, all services)

Km 25: Eagle Trail State Recreation Site (SRS, manchmal kein Wasser an der Pumpe)

Km 73: Mentasta Pass (747 m)

Km 75: Mentasta Lodge (kl. Laden, Cafe, heiße Duschen)

Km 98: Porcupine Creek SRS (Campground, Trinkwasser)

Km 103: Midway Services und Athel's RV (Laden, Duschen)

Km 105: Nabesna Road zur ehemaligen Goldmine im Wrangell-St.Elias National Park (72 km einsame Schotterpiste ab Abzweig, landschaftlich sehr reizvoll, aber teils sehr schlechter Straßenzustand und nur bei gutem

Wetter machbar)

Km 148: Chistochina Lodge & Trading Post

Km 194: Gakona Lodge (Roadhouse, RV Park)

Km 201: Gakona Jct. (Abzweig zum Richardson Hwy, Cafes und Tankstelle)

Richardson Highway bis Valdez:

Km 203: Gulkana

Km 223: Glennallen (Abzweig des Glenn Hwy, am Abzweig Visitor Center; Dry Creek Campground; Laden 2 mi im Ort, teuer!)

Km 230: Tazlina River RV Park (einige Lebensmittel)

Km 238: Copper Center Business Loop (guter Laden; das George Ashby Memorial Museum informiert über die Geschichte des ehemaligen Goldrauschstädtchens)

Km 259: Grizzly Pizza

Km 275: Edgerton Hwy Junction (56 km lange geteerte Stichstraße in das sonst fast unerschlossene Gebiet des Wrangell-St. Elias National Park nach Chitina; die wilde McCarthy Road führt weitere 94 km bis McCarthy am Fuß des Kennicott Glacier)

Km 280: Squirrel Creek SRS Campground (Laden, nett, aber nahe Alaska Pipeline Pumpstation)

Km 281: Tonsina Lodge

Km 303: Little Tonsina Campground

Km 318: Tiekel River Lodge (Cafe, Duschen, Campground)

Km 366: Thompson Pass (829 m, rauschende Abfahrt ins Lowe River Valley beginnt)

Km 369: Zufahrt zum Blueberry Creek Campground (1,5 km; Regenloch, starke Winde möglich!)

Km 378: Sheep Creek

Km 384: Wasserfälle (Horsetail und Bridal Veil)

Km 405: gesperrte Zugangsstraße nach Old Valdez (1964 durch Erdbeben zerstört)

Km 410: New Valdez.

■ Auf dem Richardson Highway

VALDEZ

Valdez, eine ebenfalls äußerst nasse Hafenstadt, blühte auf als Zentrum des Katastrophentourismus im Anschluss an das Tankerunglück. „The nation's largest oil spill" traf eine der schönsten Regionen des Landes und ruinierte einen bis dahin völlig intakten Lebensraum für zahlreiche Arten. Heute sind keine offensichtlichen Schäden mehr sichtbar, Langzeitfolgen werden garantiert auftreten. Alles über die Geschichte des Ortes vom Karfreitagserdbeben 1964 bis zur Ölpest 1989 erfahrt ihr im Valdez Museum. Fortschrittsgläubige zieht es zum Pipeline Terminal der berühmten Trans Alaska Pipeline auf der Südseite der Bucht. Naturliebhaber vergnügen sich bei gutem Wetter lieber auf dem Shoup Bay Trail oder am Mineral Creek. Wer genug Geld hat, gönnt sich eine kommerzielle Ausflugstour zu den Gletschern im Prince William Sound. Eigentlich ein Muss für alle, die noch nie kalbende Gletscher gesehen haben. Recht nah heran gelangt man auch mit der Fähre nach Whittier. Die Verbindungen nach Seward oder Juneau geben nur einen Blick aus der Ferne frei auf die gondelnden Eisberge am Fuße der riesigen Gletscherwände.

Unterkünfte im Ort sind teuer. Wenn ihr großes Glück habt, wird das Hostel in der 139 Alatna Street noch oder mal wieder betrieben (Telefonversuch unter 907-835-2155). Besser aber, ihr steuert zuallererst das Valdez Visitor Information Center in der 200 Fairbanks Street an (Tel. 907-835-4636, freecall 1-800-770-5954, E-Mail: info@valdezalaska.org, Website: www.valdezalaska.org). Hier sollte man euch bezüglich der beiden städtischen Campingplätze Glacier Stream Campground am Ende der Airport Road und Allison Point Cg., Dayville Road direkt vor dem Pipeline Terminal, helfen können. Ansonsten bietet das Valdez Convention and Visitor's Bureau unter Tel. (907) 835-2984 und die City of Valdez unter Tel. (907) 835-4313 seine Dienste an.

Kommerzielle Campingplätze: Bear Paw Camper Park am Small-Boat Hafen in Downtown (Tel. 907-835-2530); Capt. Jim's Campgrounds am Allison Point (Tel. 907-835-2282); Bear Creek Park, 3181 Richardson Hwy (Tel. 907-835-2267). Preisvergleiche lohnen!

Kenai Peninsula

Neben dem Denali National Park und dem Alexander Archipel ist Kenai Peninsula ein besonders starkes Stück Alaska. Die Halbinsel vor den südlichen Toren von Anchorage hat landschaftlich auf engem Raum viel zu bieten und ist damit besonders für Kurzurlauber ein Muss. Fährverbindungen nach Valdez, Homer oder Kodiak bieten Anbindung zu anderen Highlights im Norden. Für alle, die neben dem Radfahren auch Trekkingtouren planen, bieten sich auf der Halbinsel die unkompliziertesten Möglichkeiten, sei es im Kenai Fjords Park oder auf dem Ressurrection Trail. Touristenzentrum der Insel ist die Stadt Seward, die relativ geschützt an der Resurrection Bay im Südosten der Halbinsel liegt.

Der Seward Highway (203 km)

Am Turnagain Arm entlang

Hat man die südlichen Vororte von Anchorage hinter sich gelassen, führt die Strecke auf breitem Seitenstreifen am Turnagain Meeresarm entlang. Die Bay des Turnagain Arm verfügt zusammen mit Fundy Bay in Nova Scotia über den höchsten Tidenhub auf dem nordamerikanischen Kontinent. Am Indian Creek beginnt ein State Bikepath, der geruhsam mal am Wasser, mal an der Bahnlinie entlangkurvt. Vorbei an der Bird Creek SRS (Camping) sollte die angestrebte Verknüpfung über den alten Highway bis nach Girdwood (Laden, Bikeshop) inzwischen fertiggestellt sein. Girdwood im Chugach State Park ist das beliebteste Skizentrum von Anchorage, der Ort in dem engen Seitental recht malerisch mit einem guten Fahrradladen an der Zubringerstraße.

Portage Der Abstecher von der Hauptstraße zum Portage Gletscher überrascht mit einer ebenen Strecke durch ein malerisches Tal mit Gletscherblicken auf die Kenai Mountains im Süden und Wasserfällen, die daraus zu Tal stürzen. In den Bächen tummeln sich Lachse in Massen. Ende August kann man hier bereits die intensive Laubfärbung bewundern, die über Nacht mit den ersten kalten Temperaturen Einzug hält. Wie spektakulär allerdings der Blick vom Visitor Center auf den Portage Lake ausfällt, hängt von Wind und Wetter ab, denn der Gletscher selbst – einer von 5000 in Alaska – versteckt sich hinter einem Felsvorsprung. Günstiger Wind aus Ost treibt Eisberge von Gletscherabbrüchen bis zum Visitor Center. Sonst muss man wohl eine Bootstour buchen, die beim nahen Anleger startet. Es gibt mehrere Zeltplätze und kurze Wanderwege im Tal. Nachts sahen wir hier unsere ersten und einzigen Northern Lights, ganz schön früh im Jahr, meinten Einheimische.

>>> Connection: **Durch den Prince William Sound nach Cordova und Valdez**
(s. „Portage – Prince William Sound – Cordova")

Hope Seward Hwy führt weiter am Turnagain Arm entlang und klettert durch alpine Landschaft langsam hinauf zum Summit am Turnagain Pass. Wer Zeit hat, sollte Hope besuchen. Die stille, alte Goldgräbersiedlung liegt am Turnagain Arm. Alte Holzhütten am Wasser beherbergen heute Wochenendgäste aus Anchorage und kleine Andenkenläden. Ein NF Campground liegt malerisch auf einer Klippe mit tollem Blick über den Turnagain Arm. Zwei kleine Lebensmittelläden sorgen für Kaloriennachschub.

Mehrere Seen stauen sich am Fuß der Gletscherberge, leuchten tiefblau im gelbgrünen Binsengras. Terns, eine Seeschwalbenart, taufte den See am Abzweig des Sterling Hwy, der nach Homer im Südwesten der Halbinsel führt. Am türkisblau schimmernden Trail Lake verabschiedet sich dann der angenehme Seitenstreifen, um sporadisch ab und zu wieder aufzutauchen. Unangenehm bei regem Verkehr, deshalb sollte man nicht unbedingt an Wochenenden nach Seward radeln. 16 km vor Seward weitet sich das Tal, die Besiedlung wird dichter und der Seitenstreifen kehrt zurück.

Seward Malerisch an der Ressurrection Bay gelegen, lockt Seward auch große Kreuzfahrtschiffe an. Der Ort besitzt den geruhsamen Charme einer amerikanischen Kleinstadt. Es gibt gemütliche Cafés, eines in einer alten Kirche, und das Glacier Grain Bread aus Miller's Daughter Bakery ist eine willkommene Alternative zum allgegenwärtigen Toastbrot. Bei Hardware-Problemen hilft der Seward Bike Shop, 411 Port Ave., Tel. (907) 224-2448. Beste Übernachtungsmöglichkeit in Downtown ist das Moby Dick Hostel (432 Third Avenue, zwischen Madison und Jefferson Ave., Tel.

907-224-7072). Der Beachfront Camping an der Resurrection Bay liegt malerisch, sehr zentral, ist nicht gerade ruhig und mitunter so extrem windig, dass selbst Qualitätszelte zerfetzt werden. An milden Tagen könnt ihr dort Seehunde beobachten, die im Meeresarm spielen.

Lowell Point Wer Spaß hat, weitere tierische Küstenbewohner zu besuchen, radelt bis zum Ende der Straße am Lowell Point. Dort beginnt die Caines Head State Recreation Area, geeignet für Tageswanderungen und Hüttenübernachtung nach 7 Meilen Küstenwanderweg.

Eilige können von Seward aus per Bus zurück nach Anchorage. Die Fähre nach Kodiak kostet 84 $ (incl. Rad) und fährt nur nachts, bietet also kein „sightseeing". Für 140 $ incl. Rad geht's noch weiter nach Homer. Von Seward aus ist man dann inklusive zweier Zwischenstops 28,5 Stunden auf dem Dampfer unterwegs.

Exit Glacier Keinesfalls verpassen solltet ihr einen Besuch des Exit Glacier. Die blaue Zunge des Gletschers reicht bis weit ins Tal hinab. Ein Eisfeld zum Anfassen ohne weite Wege oder teure Bootsfahrten. Die Zufahrtsstraße zweigt ca. 6 km nördlich der Stadt ab und endet nach 14,5 km am Eingang zum NP. Hier könnt ihr auf einem kostenloser Zeltplatz (Schutzdach, Küchenhaus) campen. Der kleine NP bietet außerdem die Möglichkeit, per Tagesausflug hinauf zum Harding Icefield zu wandern. Ein grandioser Anblick – vorausgesetzt man sieht etwas. Sollte euch wie uns einsetzender Dauerregen den Spaß verderben, gibt es zum Trost in der Rangerstation einen Bollerofen zum Abtropfen und Aufwärmen. Achtung Bären! Eines der Kuscheltiere saß im Gebüsch direkt am Trail und hätte mir fast ermutigend auf die Schulter geklopft.

Roadbook ### Seward Highway
Die Stadtausfahrt Richtung Süden erfolgt auf dem Old Seward Hwy oder über das Richtung Süden etwas verwirrend angelegte Bikeroutennetz.

Km 0: Anchorage Gamble St. mit 15th Ave.
Km 3,5: Jct. Tudor Rd.
Km 19: Jct. Old und New Seward Hwy
Km 20: Seitenstreifen beginnt
Km 38: Indian Creek, Beginn Bikeroute bis Girdwood
Km 41: Bird Creek Campground
Km 59: Jct. Girdwood Access Road (Tankstelle mit Snacks, Laden im Ort, 3,5 km ab Abzweig)
Km 77: Jct. Portage Glacier Access Road (das Begich Boggs Visitor Center liegt 8 km entfernt am Portage Lake, drei Zeltplätze entlang der Gletscherstraße)
Km 83: Ingram Creek (Beginn der Steigung zum Turnagain Pass)
Km 94: Turnagain Pass (320 m)
Km 99: Bertha Creek Campground
Km 103: Granite Creek Campground
Km 113: Jct. Hope Hwy (asphaltiert, 28 km bis Hope)
Km 128: Summit Lake
Km 144: Abzweig des Sterling Hwy
Km 145: Tern Lake (Campground)
Km 153: Upper Trail Lake, Seitenstreifen endet
Km 157: Moose Pass (Siedlung, Laden)

Km 165: Trail River Campground (2 km abseits der Straße, schön)
Km 167: Ptarmigan Creek Campground
Km 198: Jct. Exit Glacier Road
Km 203: Seward

Der Sterling Highway (363 km)

von Herbert Litschke

Beim Durchqueren der Kenai-Halbinsel auf dem Sterling Highway bis zur Küste am Cook Inlet gehören zu den landschaftlichen Höhepunkten der **Summit Lake** (dort Restaurant Summit Lake Lodge, Zeltplatz) und der Kenai River mit seiner intensiven hellblauen Färbung. Diese stammt von Mineralien aus den Kenai Mountains. Der Kenai River gehört mit seinem Nebenfluss, dem Russian River, zu den fischreichsten Flüssen Alaskas. Auf einigen Campingplätzen in Flussnähe riecht man die Nähe zur Fischerei sehr deutlich, denn nützlicherweise sind oft Tische zum Ausnehmen der Tiere vorhanden. Reste, so wird gebeten, sollen wieder in den Fluss gegeben werden – Nährstoffe sind in der arktischen Natur knapp.

Nähert man sich dem Cook Inlet, so kann man bei günstigen Luftschichtungen bereits vor Soldotna den Mount Redoubt sehen, einen markanten Vulkankegel jenseits des Meeresarms. Noch von der Küste des Cook Inlets aus sind die höchsten Spitzen der Vulkane auf der anderen Seite 100 Kilometer entfernt. Viele Reisende, die hier Pech mit dem Wetter hatten, empfanden die Fahrt entlang der Westküste der Kenai-Halbinsel als eintönig. Hat man allerdings gute Sichtverhältnisse, so bieten insbesondere die Sonnenuntergänge hinter den Vulkanen, über das Wasser gesehen, traumhafte Naturschauspiele. Mount Redoubt und Mount Iliamna sind hier die markantesten Berge, und sogar die kleine Insel Augustine ist im Süden zu sehen.

Die Steilküste der Kenai-Halbinsel ist das ideale Jagdrevier für den Weißkopfseeadler, den Wappenvogel der U.S.A. Auf den Bäumen entlang der Küste halten die Vögel Ausschau nach Fischen, die sie im Flug fangen. Ihr klarer, heller Ruf ist eine bleibende Erinnerung.

Der Ort Kenai liegt an der Mündung des Kenai Rivers in das Cook Inlet. Schön ist hier die alte russische Kirche. Aber auch der Strand und die Steilküste sind einen Spaziergang wert. Von der Küste oberhalb der Mündung des Flusses kann man die auftauchenden weißen Rücken von Belugawalen sehen, die sich hier aufhalten. Die Fahrt nach Kenai bietet allerdings, verglichen mit anderen Strecken, recht wenig Abwechslung.

Der Sterling Highway führt schließlich – immer entlang der Küste – nach **Homer** im Süden der Halbinsel. Markenzeichen des Ortes ist der „Spit", eine sieben Kilometer lange Landzunge. Homer nennt sich selbst „Halibut fishing capital of the world", und für uns Landratten ist es in der Tat erstaunlich, die Fischerboote mit ihren zwei bis drei Zentner schweren Fischen zu sehen. Aber auch die Pfahlbauten, Geschäfte und urigen Saloons des Hafenbereichs laden zum Schlendern und Schauen ein. Radladen im Örtchen Kachemak City, fünf Meilen östlich von Homer: Wheelsmith, 59415 E End Rd. # C34, Tel. (907) 235-4241. Visitor Information Center: 3735 Homer Spit Road, Tel. 907-235-5300, www.homeralaska.org.

Auch die Campingplätze von Homer liegen auf dem windigen Strand des Spit. Vorwiegend für Wohnmobile ausgelegt, sind diese Plätze sehr steinig, aber dafür auch wesentlich preiswerter als der Platz in Ortsmitte. Ein Tip ist das Restaurant „The Fresh Sourdough Bakery" kurz vor Beginn des Spits. Hier gibt es nicht nur ausgezeichnete Sauerteigwaren zu kosten, sondern auch ein Gericht aus gegrilltem Lachs, Heilbutt und Huhn, dessen Komponenten in freier Wahl nach dem all-you-can-eat-Verfahren nachbestellt werden können.

■ *Homer Camping*

In Homer ist die Welt noch nicht zu Ende, sondern von hier aus kann man mit dem Schiff weiterreisen. Ein erschwingliches Ziel, das von mehreren Bootsfirmen angefahren wird und sicher einen zweitägigen Ausflug wert ist, ist der Ort **Seldovia,** von Homer durch die Kachemak Bay getrennt. Die Bootsfahrt selbst ist nicht nur ein reines Übersetzen, sondern eine lehrreiche Fahrt, auf der viele Tiere gezeigt und erklärt werden. So tummeln sich die Seeotter hier in großer Zahl, und viele Seevögel, u.a. Papageientaucher, sind zu sehen.

Da Seldovia nur per Schiff oder Flugzeug zu erreichen ist, scheint die Zeit hier ein wenig stehengeblieben zu sein – abgesehen von den Lebensmittelpreisen. Worauf man beim Bezahlen der Überfahrt nach Seldovia tunlichst achten sollte, ist die Vereinbarung über den Tag, an dem man zurückfahren möchte!

Anstatt nun dieselbe Strecke von Homer auf dem Sterling Highway nach Anchorage zurückzuradeln, macht es bestimmt mehr Spaß, von Kenai die Reise per Boot nach Seward fortzusetzen und dann von dort auf dem Seward Hwy nach Portage unter die Räder zu nehmen.

Kenai Halbinsel/Kodiak: Die Fähre „Tustumena" bedient dreimal monatlich die Strecke auf der Kenai-Halbinsel zwischen Seward, Homer und Seldovia zur Kodiak-Insel (Straßennetz 100 km). In der vierten Woche fährt sie über Kodiak weiter nach Dutch Harbour auf den Aleuten. Frühzeitige Buchung ratsam! Den Fahrplan der „Tustumena" könnt ihr unter www.akmhs.com/schedules einsehen.

Portage – Prince William Sound – Cordova
von Herbert Litschke

Portage

In Portage sucht man vergebens nach so etwas wie einer Siedlung. Und selbst das in einer Containerhütte residierende Bahnhofsgebäude hat an Bedeutung eingebüßt, seit im Sommer 2000 der kombinierte (einspurige!) Eisenbahn- und Straßentunnel nach Whittier eingeweiht wurde. Als „North America's Longest Highway Tunnel" hat der über 4 km lange Anton Anderson Memorial Tunnel nur einen entscheidenden Nachteil: Er ist für Radler gesperrt! Also bleibt für euch alles beim alten: Ihr müsst den Zug nehmen und das Fahrrad im Gepäckwagen verstauen. Der Zug fährt ab Portage von Mitte Mai bis Anfang September, allerdings nur noch einmal täglich, und kostet 15 $ plus gesalzene 20 $ für das Rad.

In Portage zuvor auf keinen Fall versäumen, die etwa neun Kilometer lange Straße zum **Portage Glacier** abzufahren. Der Gletscher endet in einem See, in dem bizarre kleine und größere Eisberge dümpeln. An der Straße liegen auch mehrere Campingplätze. Vielleicht findet ihr ja auch hier einen hilfsbereiten Pick-up Fahrer mit Fahrtziel Whittier, der euch – unter Mautbeteiligung, versteht sich – durch den Tunnel karrt. Wen technische Meisterleistungen interessieren, der darf gern mal die zwei Websites anklicken: www.dot.state.ak.us/creg/whittiertunnel/index.htm und www.worldhistory.com/wiki/A/Anton-Anderson-Memorial-Tunnel.htm.

■ *Am Portage Glacier*

2 Yukon & Alaska

Prince William Sound

Whittier besteht aus einigen nicht sehr sehenswerten Baracken, ist Anleger der „Aurora"-Fähre, die zweimal wöchentlich die Orte Whittier, Cordova und Valdez miteinander verbindet. Die Fahrt durch den Prince William Sound ist ein tolles Erlebnis, selbst bei weniger gutem Wetter. Zwischen schwimmenden Eisbergen hindurch geht es vorbei an krachend kalbenden Gletschern. Die Fährlinien halten dabei allerdings gebührend Abstand, während sich private Ausflugsboote näher an die Gletscherwände heranwagen. Diese Fahrten erfordern in der Regel eine Übernachtung an Bord. Deshalb sollte man nicht vergessen, seinen

Schlafsack vom Rad zu nehmen, das im Laderaum bleibt. Unter einem Schutzdach an Deck schläft es sich auf bereitstehenden Liegen vorzüglich, während es unter Deck eher stickig ist.

An Bord werden informative Alaska-Videos gezeigt, voller Schönwetteraufnahmen, während es draußen mit einiger Wahrscheinlichkeit regnet.

Wer Cordova und Umgebung besuchen will, sollte den Regen lieben. Eine Jahresniederschlagsmenge von über vier Metern (!) bringt es mit sich, dass es oft tagelang pausenlos wie aus Eimern schüttet. Sehr zu empfehlen für ein letztes trockenes Frühstück, bevor es dann wirklich in die Natur und Einsamkeit geht, ist das Restaurant „The Reluctant Fisherman" in Cordova, 407 Railroad Ave.

Eine Sehenwürdigkeit ist dort auch die „Million Dollar Bridge", eine ehemalige Eisenbahnbrücke. 1964 wurde bei dem großen Erdbeben ihr letzter Bogen zerstört. Da sie die Verbindung zu der inzwischen stillgelegten Kupfermine von Kennicott war, lohnte sich ihr Wiederaufbau nicht, und sie wurde nur behelfsmäßig repariert. Kurz dahinter verläuft sich der Rest des Highways dann schließlich im Wald.

Nach Cordova geht man aber vor allem, um den **Copper River Highway** bis zu seinem Ende am Copper River zu bewältigen. Die Straße ist größtenteils schlecht, und bei den hier üblichen Regenmengen ist es nicht erstaunlich, dass der Schotterbelag schnell ausgewaschen ist. Die Moorlandschaft, durch die der Weg führt, bietet dem Wind, der den Regen oft unerbittlich vor sich herpeitscht, keinen Einhalt, und der trinkwasserfreie Zeltplatz am Alaganik Slough, zu dem ein fünf Kilometer langer Schotterweg abzweigt, bietet als maximalen Wetterschutz nur ein Toilettenhäuschen.

Um so imposanter ist das, was uns am Ende des Copper River Highways erwartet. Hier fällt die 100 Meter hohe Steilwand des **Childs Glacier** in den Copper River ab. Man steht auf der anderen Seite des Flusses, 400 Meter entfernt unter einem Schutzdach und kann beide Zahlen nicht glauben, weil jeglicher Größenvergleich fehlt. Erst wenn plötzlich ein Eisbrocken abbricht und tosend in den Fluss stürzt, fällt auf, wie langsam dieser Klotz zu fallen scheint. Hier wird ausdrücklich davor gewarnt, sich nahe am Wasser aufzuhalten oder gar zu zelten, denn große Eisblöcke haben bereits Flutwellen ausgelöst, so dass man schon Lachse in den Bäumen gefunden hat. Doch auch aus gebührendem Abstand betrachtet ist der Blick auf den gigantischen Gletscher den Abstecher nach Cordova wert.

Die Fähre fährt zweimal wöchentlich von Cordova nach Valdez. Ab dort könnt ihre dann auf dem Richardson Highway (hoffentlich) sonnigeren Gefilden entgegenradeln.

Polarkreisrouten und Wege in den hohen Norden

Dalton- und *Dempster Highway* bringen Rad-Abenteurer an den Rand des Kontinents zur Beaufort Sea. Top of the World und Klondike Highway sind wichtige Verbindungsstrecken dorthin und werden deshalb in diesem Kapitel knapp vorgestellt. Der südliche Teil des Klondike Highway wird im Haines Loop detaillierter beschrieben.

City-Info: Fairbanks

Fairbanks hat außer 24 Stunden Sonnenschein im Sommer (wenn's Wetter stimmt!) und den Nordlichtern (sind am besten im März und Ende September zu beobachten) nicht so arg viel zu bieten, ist eher Nachschubbasis für die unermüdlichen Bodenschatzplünderer im hohen Norden. Aber für alle, die „Ausflüge" in den ganz hohen Norden planen, ist es der wichtigste Versorgungspunkt. Deshalb ein Kurzinfo an dieser Stelle.

Unterkommen könnt ihr z.B. in Grandma Shirley's Home Hostel, PO Box 73661, Fairbanks, AK 99707, Tel. (907) 451-9816 oder in Billie's Backpackers Hostel, 2895 Mack Rd., Fairbanks, AK 99709, Tel. (907) 479-2034. Informationen gibt es im Fairbanks Convention and Visitors Bureau, 550 First Ave. (nahe Cushman St.), Tel. (907) 456-5774 oder freecall 1-800-327-5774, www.explorefairbanks.com. Läden mit Outdoor Equipment und Supermärkte mit dehydrierten Lebensmitteln für Backpacker sind vorhanden.

Interessant für alle mit Studentenausweis: das Wood Center der UAF (University of Alaska Fairbanks, www.uaf.edu/woodctr/, Tel. 907-474-7034). Mit ein wenig Überzeugungsarbeit könnt ihr auf dem Campus sicher preiswert campen, duschen und essen. Camping ist außerdem möglich im Tanana Valley Campground, 1800 College Rd., Fairbanks, AK 99709-4173, Tel. (907) 451-5560 und im Norlite Campground & RV Park, 1660 Peger Rd., Fairbanks, AK 99709, Tel. (907) 474-0206, nahe Alaskaland. Ganz amüsant für diejenigen, die sich für Alaskas Vergangenheit interessieren, ist ein Besuch in diesem Alaskaland. Ende Juli geht's in Fairbanks international zur Sache: da finden die World Eskimo-Indian-Olympics statt (www.weio.org). Geschicklichkeits- und Ausdauerwettkämpfe mal nicht europäisch orientiert, sondern vielmehr an der ursprünglichen Überlebensstrategie für die Kulturen der Polarregion.

Um das Fahrrad für die Knüppeltour jenseits der Siedlungsgrenze auszurüsten oder noch mal gründlich durchzuchecken schaut vorbei bei: Beaver Sports, 3480 College Rd., Tel. (907) 479-2494; Great Land Sports,

■ *Trading Post in Talkeetna (Anchorage – Denali Park)*

261 College Rd., Tel. (907) 479-8438 oder – speziell für Reparaturen am Rad – Fairbanks Bicycle Tech, 1540 Hayes Ave. (kreuzt sich mit der College Road), Tel. (907) 474-8184.

✖ **Off-Road Riding:** Birch Hill Recreation Area.

2 Yukon & Alaska

Der Dalton Highway

Als einmal ein Ölprospektor namens James William Dalton auf der Suche nach dem Schwarzen Gold hier mit jedem Schritt Myriaden von Moskitos aufwirbelte, ahnte er noch nicht, dass sich schon Mitte der Siebziger Jahre ein silbrig-glänzender Bandwurm durch die Tundra und über die Wrangell und Chugach Mountains winden würde, von Prudhoe Bay quer durch Alaska bis nach Valdez hinunter. Die zum Pipelinebau notwendige Straße walzte man kurzerhand durch die Wildnis und, voilà, fertig war die North Slope Haul Road alias Dalton Highway.

Seit 1995 wurde die Strecke in ihrer gesamten Länge für Privatfahrzeuge freigegeben, Permits sind nicht mehr erforderlich. Was geblieben ist, ist der rauhe, wilde Charakter. So gibt es keinerlei Infrastruktur für Biker. Organisierte Campingplätze und Bikeshops wirst du vergeblich suchen, in den zwei Truckstops (Yukon River Crossing, km 220 und Coldfoot, km 420) gibt es kräftige Mahlzeiten, rauhbeinige Typen und – heiße Duschen! Wer glaubt, er braucht eine, ist für fünf Dollar dabei.

In den acht Pumpstationen am Highway und den Straßenbauarbeiter-camps ist nur im Notfall Hilfe zu erwarten. Immer mit Grizzly-Begegnungen rechnen! Mache dich mit den Verhaltensregeln vertraut! Das Wasser aus Flüssen und Seen wegen der Giardia abkochen oder filtern! Und natürlich zuvor ausreichend in den Supermärkten von Fairbanks Lebensmittel einkaufen und ggf. ein „Fresspaket" nach Coldfoot vorausschicken.

■ *Die Alaska Öl-Pipeline*

Straßenlogbuch Von Fairbanks bis zur Prudhoe Bay sind es 850 Kilometer. Die ersten 65 Kilometer sind asphaltiert, gefolgt von einer staubigen, aber gut ausgebauten Schotterpiste bis Livengood (km 130, no services). Viel Verkehr!

Nach Livengood beginnt der eigentlich Dalton Highway. Eng, viele Kurven und sehr steile Anstiege und Gefälle. Der Streckenzustand hängt vom Wetter und den Instandsetzungstrupps ab, also mal staubig, mal verschlammt, mal mit tiefen Spurrillen und riesigen Schlaglöchern, mal washboard, mal feiner Gravel.

Versorgungs- und Servicefahrzeuge der Alyeska Pipeline Co. stellen den größten Teil des Verkehrs, die Truckdriver fahren meist am Limit, sind aber in der Regel sehr rücksichtsvoll gegenüber (seltenen) Bikern. Dennoch: besser immer Platz machen!

Bei Kilometer 320 überquerst du den Arctic Circle, hier gibt's einen wunderbaren Rastplatz, auf dem du auch gleich zelten kannst.

Einzige Lodges bei Kilometer 220 und 420. Weiter nördlich passierst du den „Letzten Baum am Highway", dann den letzten Pass (Atigun, 1463 Meter, Alaskas höchster Straßenpass). Dann befindest du dich mitten in der Tundra. Caribou-Herden und Grizzlies sind keine Seltenheit.

Und schließlich – horridoo! – Deadhorse! Eine hässliche Container-City für angeblich 10.000 Leute. Der Highway endet am Eingangstor einer Öl-gesellschaft, zehn Kilometer vom Eismeer entfernt. Bis zur Beaufort Sea geht's nur im Touri-Bus weiter. Infos unter www.daltonhighwayex-press.com, alternativ bei Tour Arctic/NANA, Tel. (907) 659-2368, oder bei Prudhoe Bay Hotel Tours, Tel. (907) 659-2449.

Du hast nun doch keine Lust mehr, die Rüttelpiste und all die Steine aus der Gegenrichtung anzuschauen? Die Busse vom Dalton Highway-Express fahren auch Radler-plus-Rad zurück nach Fairbanks. Hauptver-kehrsmittel an diesem Ende der Welt ist jedoch das Flugzeug. Vielleicht kannst du vor Ort einen günstigen Deal bzgl. Rückflug machen, Fahrrad-transport rechtzeitig erfragen. Der Blick aus dem tiefliegenden Flugzeug auf Tundra und Berge ist jedenfalls allererste Sahne, der krönende Ab-schluss deines Bikeabenteuers „Dalton Highway".

Adressen   Auskunft über Streckenbeschaffenheit: Department of Transportation in Fairbanks, Tel. (907) 456-7623, oder http://aurora.ak.blm.gov/dalton/. Über die – zum Vergleich anregenden – Erlebnisse eines Autofahrers liest du unter http://lynnsroadtrip.homestead.com/Dalton.html.

Der Dempster Highway

Der Dempster Highway im Yukon Territory/Canada von Dawson City nach Inuvik beinahe am Eismeer ist auch bekannt als die längste Sack-gasse der Welt. Keine Kreuzung. Eine Tankstelle. 742 km Schotterpiste durch einsame Tundra. Und ein Wetter, das dich im Sommer mit Schnee-ballschlachten überrascht. Wenn du in regelmäßigen Abständen Restau-rants, Läden und eine Dusche brauchst, vergiss es! Du bist zwar nicht grundsätzlich von allen guten Geistern verlassen, aber weitgehend auf dich selbst gestellt. Die legendäre Schotterpiste hat Herausforderungs-charakter und ist nur etwas für tough-ones, Hartgesottene.

Vegetation und Land-schaft   Zu Beginn säumen dichte Wälder die Strecke, vom Hochtal des Black-stone River an gibt es offene, weite Perspektiven mit kleinen Fichten-gruppen verstreut über die flachen Gewächse der Tundra, die in der zeitweise frostfreien Zone, vor allem zum arktischen Herbstbeginn, die Landschaft in lodernden Farben aufflammen lassen. Aussichten zum Luftanhalten! Die Strecke frisst sich durch zwei Gebirgszüge, die der Ogolvie und Richardson Mountains. Diese fantastischen Bergmassive sind dank der kargen Vegetation schon von weitem sichtbar und bieten dem Auge Impulse und Abwechslung in der Endlosigkeit. Den Beinmus-keln liefern sie ein gutes Stück Aufwärmtherapie – und die ist besonders wichtig, weil es dort meist ziemlich kalt ist.

■ *... man sieht nur Wald und hört nur Stille ... – Dempster Highway*

Straße, Ausrüstung   Um den Straßenbelag ranken sich Legenden. Mal knochenhart wie Beton, mal weich wie Sand, mal wadentiefe Spurrillen, mal feine spitze Steinchen, mal kopfgroße Brocken. Mit grobstolliger Bereifung ist alles fahrbar, solange es trocken ist. Regen auf dem Dempster hat bisher noch jeden zum Fluchen gebracht. Da taucht auch das beste Mountainbike bis zur Felge im Schlamm ab. Weil man immer mit Regen rechnen muss, ist es sinnvoll, wenigstens auf Schutzbleche zu verzichten, die unter solchen Bedingungen sofort mit festgebackenem Lehmkuchen blockieren. Zweimal geht's rauf auf die Fähre: Peel River und Mackenzie River, die Benutzung ist bei beiden umsonst. Nach einem Fahrradladen hält man vergeblich Ausschau. Das Reparaturset sollte auf Notfälle ausgelegt sein. Zur weiteren Ausrüstung dringend anzuraten: ein Mückenschutznetz fürs Gesicht und „stichfeste" Kleidung. Da streckenweise Bäume fehlen, um die Nahrung nachts bärensicher zu lagern, geruchsarme Waren wählen, alles in Zip-Loc Tüten verstauen und weit vom Zelt entfernt abstellen. Entlang der Strecke gibt es 11 einfache Campingplätze in annehmbaren Abständen, siehe dazu www3.sympatico.ca/billh56/docamp.htm. Ein Wassersack hilft über die Durststrecke von Eagle Plains hinweg.

Klima   Besonders die beiden Gebirgsregionen sind stets für eine Überraschung gut. Schnee im August ist nichts Ungewöhnliches. Wer etwas mehr Glück hat, erwischt nur Regen. Der Wright Pass, der die Grenze zwischen Yukon und den Northwest Territories bildet, liegt auf der Continental Divide, der Wasserscheide, und die gilt auch als Wetterscheide. Aber mit Veränderungen kann man erst rechnen, wenn man wieder im Flachland radelt. Beste Zeit: Juli/August (meinen auch die Mücken!).

Versorgung   Deckt euch am besten in Whitehorse mit den nötigen dehydrierten Lebensmitteln ein. Letzte Gelegenheit dazu wäre Dawson City. Doch in dem Goldrausch-Ort ist alles teurer und das Angebot begrenzt. Unterwegs auf dem Dempster gibt es nicht viel mehr als ein paar Schokoriegel zu kaufen. Und die auch erst nach ein paar Hundert Kilometern. Auf den letzten 60 Meilen vor Eagle Plains gibt es kein Wasser. Entsprechend vorsorgen. Man kann sich ein Fresspaket an die Adresse des Eagle Plains Motel (Bag Service 2735, Whitehorse, Yukon Y1A 3V5) schicken lassen. Aber es ist sehr teuer.

Anreise mit Bus und Flugzeug

Von Edmonton oder Vancouver nach Whitehorse mit Greyhound, dann mit Nahverkehrsbus nach Dawson City, von Inuvik mit Air North oder Alkan Air zurück nach Whitehorse oder Dawson City (Flughafen 18 km entlang dem Klondike Highway).

Infos

Tourism Yukon, Box 2703, Whitehorse, Y1A 2C6, Yukon, Canada, freecall 1-800-661-0494, www.touryukon.com, und Western Arctic Visitors Association, Box 1525, Inuvik, NWT Canada, X0E 0T0 (www.inuvik.net), gegenüber vom Hospital. Unter www.mvermeulen.com/yukon.html erfahrt ihr mehr über das Biken auf dem Dempster Highway. Allgemeines und Topaktuelles unter www.gov.yk.ca/roadreport.

Roadbook

Dempster Hwy
Km 0: Dawson City
Km 73: Zeltplatz Tombstone Mountain
Km 194: Zeltplatz Engineer Creek
Km 371: Eagle Plains (719 m; Zeltplatz, Hotel und Tankstelle). Der Zeltplatz ist nicht mehr als ein Schotterparkplatz für Autos.
Km 403: Arctic Circle, der Polarkreis
Km 447: Zeltplatz Rock River
Km 474: Richardson Mountains
Km 545: Fähre über den Peel River
Km 546: Nutuiluie Campground
Km 557: McPherson (760 Ew.; kleiner Laden, Cafés; teuer)
Km 615: Fähre über den Mackenzie River; Red River (110 Ew., Miniladen)
Km 738: Chuk Park Territorial Campground
Km 742: Inuvik (3400 Ew., all services).

„South to Alaska"
Von Volker Spettel

Über den Taylor-, Top of the World-, Alaska- und Cassiar Highway von Tetlin Junction über Dawson City, Whitehorse nach Kitwanga (Yellowhead Highway, Canada). Länge: ca. 1990 km.

Ein in der Sonne schimmerndes, grünes Schild am Straßenrand des Alaska Highway beflügelt meine Phantasie. Die Aufschrift: „Dawson City 165 Miles".

Der größte Teil der Strecke unbefestigte Fahrbahn. Nicht gut für einen Radler. Doch die Namen „Taylor Highway" und „Top of the World Highway" riechen nach Abenteuer.

Bevor ich zu dem legendären Goldgräberstädtchen Dawson City am Yukon aufbreche, tanke ich im „Forty Mile Roadhouse" an der Tetlin Junction noch einmal Kräfte in Form von Kaffee und Muffins. Der Taylor Highway beginnt unmittelbar nach der Kreuzung mit dem Alcan anzusteigen. Für Alcan-Biker sind ungewohnt wenig Autos unterwegs. Apropos Autos: Da das Wasserangebot auf dieser Strecke sehr gering ist, traut euch, einen Wohnmobilfahrer nach solchem zu fragen. Ich machte gute Erfahrungen.

2 Yukon & Alaska

Die erste Steigung gibt euch einen kleinen Vorgeschmack der kommenden Meilen. Wer Bergauffahren nicht mag, kann hier noch umkehren. Wer aber wildes, unberührtes Land erleben möchte, aus dem Jack London den Stoff für seine Geschichten holte, der ist hier richtig. Der Highway windet sich in unzähligem Auf und Ab als braune Schlange über Berg und Tal und durch einsames Waldgebiet, vorbei an Chicken, einer „Stadt", die stolz ihre 14 Häuser als ‚Historical Places' vorzeigt und als besondere Radlerattraktion den einzigen Supermarkt bis Dawson City aufweist. Direkt hinter der kanadischen Grenze, nach 175 Kilometern, erreicht ihr mit 1320 m den höchsten Punkt. Da seid ihr aber auch schon auf dem „Top of the World", welcher ab der Jack Wade Junction (Kilometer 154), den Weg bis Dawson fortsetzt. Der Taylor Highway indes geht weiter Richtung Norden und endet in Eagle, nach insgesamt 260 Kilometern.

Der Top of the World verläuft zum großen Teil über der Baumgrenze. Verglichen mit dem Taylor ab Chicken ist die „Dach der Welt"-Straße gut instandgehalten. Auch wenn es keine spektakulären Ausblicke auf schöne Seen oder schroffe Berge gibt, so seid gewiss, dass die scheinbar endlose Weite des hügeligen, bewaldeten Landes, welches zu euren Füßen liegt, sehr beeindruckend sein kann. Ich war an noch keinem ruhigeren Ort! In einem bestimmten Abschnitt begegnen euch seltsame, von Erosion gezeichnete Felsformationen, als „Castle Rock" bezeichnet. Nach 263 Kilometern, seit dem Verlassen des Alcan, beginnt die lange Talfahrt zum Yukon River und nach Dawson City. Auf diesen letzten 18 Kilometern habt ihr genügend Zeit Pläne zu schmieden, wie ihr euch in Bälde kulinarisch und noch sonst wie nach den Anstrengungen verwöhnen könnt. Eine kostenfreie Fähre schippert euch über den Yukon River nach Dawson City hinüber.

■ *Dawson City*
am Yukon River

Roadbook   **Taylor Highway**
Km 0: „Forty Mile Roadhouse" (Kaffee, Snacks)
Km 38: Asphalt endet
Km 78: West Fork Campground
Km 106: Chicken (Saloon, Café, Laden, RV-Park)

Km 132: Walker Fork Campground

Km 139: „Dredge" Jack Wade Nr.1 (mit dieser wurde in den 30er Jahren Gold gewaschen)

Km 144: Überreste vom Jack Wade-Goldsuchercamp (in der Region wird noch immer geschürft. Von Claims wegbleiben!)

Km 154: Jack Wade Junction; km 0 des Top of the World Highway („TW")

Top of the World Highway:

Km 169/TW 15: Boundary Lodge (kleine Speisen, Camping auf Anfrage, Wasser)

Km 175/TW 21: Staatsgrenze USA/Canada, Yukon Territory (geöffnet vom 15. Mai bis 15. September, 8–20 Uhr Alaska-Time)

Km 281/TW 127: Dawson City (all services available)

Camping Wie man aus dem Straßenlogbuch ersehen kann, sind Campgrounds am Taylor- und Top of the World Highway nicht allzu dicht gesät, doch es lässt sich ohne Mühen ein Plätzchen im Gelände neben der Straße finden. 2 km hinter der Jack Wade Jct. kommt ihr z.B. an einen Aussichtspunkt, der ideal zum Zelten ist.

Ein genaues Roadbook inkl. Campingplätze findet ihr bei www.bellsalaska.com/myalaska/ykhwy9_10.html.

Dawson City Das einstige Synonym für das Wort „Goldrausch" zählte Ende des 19. Jahrhunderts rund 30.000 Einwohner und verfügte damals über allen nur erdenklichen Luxus. Geschäfte, Saloons, Theater, Spielhöllen, Bars, Hotels und Restaurants verschafften den damaligen Goldsuchern viele Möglichkeiten, ihr Gold schnell wieder loszuwerden. Begonnen hatte der Boom am 17. August 1896, als im Bonanza Creek, der in den Klondike River mündet, Gold gefunden wurde. Jack London lebte in der Nähe der Stadt in einer Blockhütte und brachte seine Erlebnisse auf dem „Trail of '98" zu Papier. Der „Trail of '98" war die berüchtigte Route zu den Goldfeldern des Klondike. Mit dem Schiff ging es von Seattle nach Skagway/Alaska und anschließend zu Fuß über den Chilkoot Trail. Heute leben in Dawson City nur noch ca. 2000 Menschen, und das Gold der Neuzeit heißt Tourismus. Abgesehen von den Autos hat es Anschein, als ob die Uhren vor hundert Jahren stehengeblieben wären. Sämtliche Häuser sind aus Holz, die Straßen naturbelassen, Asphalt ist nicht erwünscht. Und die hölzernen Gehsteige erzählen ihre eigene Geschichte. Zweifellos ist Dawson City ein Höhepunkt einer Yukon/Alaskareise.

Adressen und Tips Für den Biker gibt's das volle Programm an Annehmlichkeiten, außer einem Bikeshop. Schaut euch um bei www.yukoninfo.com/dawson/index.htm.

Der Yukon River Campground (www.yukonhostels.com) liegt unmittelbar am Fluss gegenüber der Stadt.

Das Western Arctic Visitor Center, Ecke Front und King Street, hat auch neueste Informationen über den Dempster Hwy. Daneben das Chief Isaak Hale Building.

Dawson City Museum: 5th Ave./Mission St. (sehenswert, Film „City of Gold" nicht versäumen). Jack London's Cabin, 8th Ave. (Carmarcks Claim-Urkunde u.a.) Im Internet Saloon, Ecke Second/Queen St., Tel. (867) 993-5346, könnt ihr den Daheimgebliebenen von euren Gold-Schürferfolgen berichten.

Klondike Highway Nr. 2
Dawson – Whitehorse (km 544) – Abzweig zum Cassiar Hwy

Nachdem ihr in Dawson City wieder Kräfte gesammelt und eure Vorräte wieder aufgestockt habt, dürft ihr euch auf dem Weg gen Süden auf eine angenehm ebene (asphaltierte) Straße freuen. Die Straße wurde 1950 als Landverbindung zwischen den Minen um Mayo und Whitehorse angelegt und fünf Jahre später bis Dawson City ausgebaut.

Im Wesentlichen habt ihr keine größeren Steigungen zu erwarten. Es geht durch bewaldetes, sanft hügeliges Land, dessen Charme nur der erfährt, der auch einer Routine und den weniger außergewöhnlichen Dingen des Radreisens etwas Schönes abgewinnen kann. Die oftmals einzige Abwechslung sind die kleinen Seen und Teiche unweit der Straße.

Entlang der Strecke stoßt ihr hin und wieder auf die Überreste alter Roadhouses. Zu Goldrauschzeiten waren es Schutzhütten, die im Abstand von ca. 30 km den Winterpfad von Whitehorse nach Dawson City säumten. Das waren noch Zeiten! Jack London lesen! Erwähnenswert aber auch die „Five Finger Rapids" (bei km 338) des Yukon-River, auf welche ihr von einem Aussichtspunkt hinabblicken könnt. Fünf Felsen, die den Fluss in fünf „Finger" teilen, waren für damalige, den Yukon per Boot befahrende Menschen ein gefährliches Hindernis. Eine kräftige, 8 km lange Abfahrt führt euch eine Stunde später an den historischen Versorgungsposten Carmarcks, den auch heutzutage noch wichtigsten zwischen Dawson und Whitehorse! Nach weiteren 165 km – und insgesamt seit Dawson nunmehr 527 Kilometern – stößt ihr dann wieder auf den Alcan Nr. 1

Roadbook   **Klondike Hwy Nr. 2 von Dawson City bis Whitehorse**
Km 0: Dawson City
Km 4,3: Abzweig Bonanza Creek Road zum Discovery Claim und der Dredge Nr. 4 (hier begann der Goldrausch am 17. Aug. 1896); am Abzweig RV Park (Laundry, Duschen)
Km 19: Rock Creek Campground
Km 41: Dempster Corner (Abzweig zum Dempster Highway. Klondike River Lodge, Café, Lebensmittel)
Km 157: Moose Creek Yukon Government Campground
Km 158: Moose Creek Lodge (hier spricht man Deutsch; kleinere Mahlzeiten, Zimmer, nette Atmosphäre)
Km 182: Stewart Crossing Lodge (Camping, Speisen)
Km 254: Pelly Crossing (Lebensmittel, Post, Camping. Baden am Fluss, gegenüber dem Store)
Km 287: Minto Resort (Zufahrtstraße zweigt rechts vom Highway ab, 2 km), am Yukon River (Camping, Duschen, Laundry, Café u. Restaurant)
Km 333: Zufahrt Tatchun Lake Yukon Gov. Campground (9 km ab Hwy)
Km 335: Tatchun Creek Yukon Gov. Campground
Km 358: Jct. Campbell Hwy
Km 361: Carmarcks (Camping, Restaurant, gutes Lebensmittelangebot!)
Km 410: Twin Lakes (Camping)
Km 437: Braeburn Lodge (Speisen, hervorragende cinnamon buns in Topfgröße!)

Km 470: Fox Lake (Camping, überdachte Kochecke mit Sitzgelegenheiten, Baden im See)

Km 494: Lake Laberge (Zufahrtstraße n. links), nach 3 Kilometern Camping

Km 520: Takhini Hot Springs Road (10 km Zufahrt; Camping, Café, Mineralbad)

Km 527: Alaska Highway. Nach weiteren 12 Kilometern zweigt links die North Access Road Richtung downtown Whitehorse ab. Skagway ist noch rund 180 km entfernt.

Alle Campgrounds und noch vieles mehr findet ihr auch im ausführlichen Roadbook www.bellsalaska.com/myalaska/klondikehwy2.html.

Auf dem Alaska Highway von Whitehorse bis zum Cassiar Highway (436 km)

Zwei Abschnitte des Alaska Highways hatte ich während meiner Biketour befahren. Einmal von Fairbanks bis zur Tetlin Junction und dann von der Kreuzung des Klondike Highways Nr. 2 vor Whitehorse bis zum Cassiar Highway. Von diesen beiden Strecken war die letztere die bei weitem schönere. Jetzt habt ihr wieder ganz tolle Berge im Visier, trotzdem recht wenig schwere Steigungen. Hinter Whitehorse führt die Straße zunächst am Yukon River entlang, bis zu dessen Ursprung, dem Marsh Lake. Der Marsh Lake Campground (ca. 40 Kilometer hinter Whitehorse, rechts der Straße) ist ein idyllisches Fleckchen und durchaus einen Stopp wert. Überhaupt sollte es nun kein Problem mehr sein, einen Campground zu finden, sie sind recht zahlreich und liegen entlang der Strecke (Ausnahme: zwischen km 319 und 430), auch wenn es nicht immer die romantischsten sind.

Beim Fahren werdet ihr dafür aber voll auf eure Kosten kommen. Der Highway bietet viel Abwechslung und erlaubt schöne Blicke auf Berge, Wiesen, Seen und mäandernde Wasserläufe. Zu beiden Seiten der Straße gibt es noch etwas typisch-nordisches – unzählige rosablühende Weidenröschen *(fire weed)*, eines der Naturwahrzeichen Alaskas und des Yukons. Aufpassen müsst ihr beim Radeln über die *Teslin River Bridge* bei Johnson's Crossing (Km 123). Die mit 539 Metern drittlängste Brücke auf dem Alcan hat keine asphaltierte Decke – ihr fahrt über Eisengitter, die durch vorbeifahrende Autos und Trucks spürbar unter euren Reifen vibrieren.

Da wir gerade beim Thema Vorsicht sind: Packt ja abends alles Essbare und Duftende weit weg vom Zelt! Meine Gedankenlosigkeit wurde eines Nachts von einem Bären als Einladung missverstanden, der aber glücklicherweise nur am Zelt schnupperte und sich dann mit einem der unter der Apside abgestellten Schuhe begnügte!

Nachdem der Highway sich vom Rancheria River abgewendet hat (etwa bei Km 390), verliert die Umgebung etwas an Reiz. Von da an seid ihr fast ausnahmslos von dichtem Nadelwald umgeben, der euch bis zum Cassiar Highway gefangen hält (Abzweig ist bei Km 430). Den 21 Kilometer-Abstecher (einfach) nach Watson Lake solltet ihr in Kauf nehmen, um den berühmten „Sign Forest" zu sehen und um wieder die Vorräte aufzubessern, bevor es auf den Cassiar geht.

2 Yukon & Alaska

Informationen Whitehorse

Visitor Center: 100 Hanson Street, Tel. (867) 667-5036, und City of Whitehorse, 2121 2nd Ave., Tel. (867) 668-8687, www.city.whitehorse.yk.ca

Essen: „Sam n' Andy's", 506 Main Street („... *delicious!*")

Greyhound Bus & Ticketing Station: 2191 2nd Ave., Tel. (867) 667-2223

Waschsalon: Norgetown Laundry, 4213 4th Ave., und im Stop In Family Hotel, 314 Ray Street

Postamt: 100-211 Main Street

Unterkünfte: Robert Service Campground (2 km südlich der Stadt, Nebenstraße der South Access Road, 48 Plätze, Tel. 867-668-6678); zentraler gelegen das Hide on Jeckell Hostel, 410 Jeckell St. (nahe South Access Road), Tel. (867) 633-4933, E-Mail: info@hide-on-jeckell.com, Website: www.hide-on-jeckell.com; eine Straße weiter nördlich das Beez Kneez Bakpakers Hostel, 408 Hoge Street, Tel. (867) 456-2333, E-Mail: hostel@klondiker.com, Website: www.bzkneez.com.

Roadbook

Alaska Hwy von Whitehorse zum Cassiar Highway:
Km 0: Whitehorse, Abzweig South Access Road
Km 12: Wolf Creek Campground (1 km ab Hwy)
Km 15: Kreuzung mit dem Klondike Hwy Nr. 2
Km 17: Sourdough Country Campsite (Camping, Duschen, Laundry)
Km 40: Marsh Lake Recreation Site (Camping)
Km 57: Zufahrt Lakeview Resort & Marina (2 km ab Hwy, Camping, Restaurant, Duschen, Lebensmittel, Laundry)
Km 78: Jake's Corner (Kreuzung mit der Atlin Road; Speisen, Muffins u.a.)
Km 102: Squanga Lake Campground
Km 123: Johnson's Crossing (unmittelbar an der Teslin River Bridge; Camping, Speisen, Lebensmittel, Duschen, Laundry)
Km 161: Teslin Lake Campground
Km 163: Mukluk Annie's Salmon Bake (Camping, Duschen; Speisen wie Lachs, Steaks, Salate und Pfannkuchen – „all you can eat")
Km 175: Teslin (480 Ew., 5 km ab Hwy, im Ort Nisutlin Trading Post mit Lebensmitteln)
Km 213: Morley River Lodge (Camping, Duschen, Speisen)
Km 282: Swift River Lodge (Speisen)
Km 300: Continental Divide (Camping, Café)
Km 305: Rancheria River Wasserfall (kurzer Fußweg)
Km 318: Rancheria Campground
Km 319: Rancheria Hotel (Restaurant, Camping)
Zwischen km 399 (Funkturm) und 409: freier Platz links der Straße, wo man gut ein Zelt aufbauen kann
Km 436: Kreuzung mit dem Cassiar Hwy (Café, Lebensmittel, Laundry, Duschen, Camping)

Zur Strecke Cassiar Highway (Hwy 37) – Kitwanga (Yellowhead Hwy) vgl. „Auf dem Landweg nach Alaska" s.S. 471 und „Der Steward-Cassiar Hwy, s.S. 473. Statt eines Berichts hier nur ein Roadbook:

Verpflegung am Highway Watson Lake und seine Supermärkte sind 21 km one way von **Junction 37** entfernt, dort nochmals kräftig einkaufen!

Km 0 (am Alcan): Junction 37 (Café, Lebensmittel)

Km 99: Good Hope Lake (Lebensmittel, bescheidene Auswahl)

Km 123: Jade City (12 Ew., evtl. Lebensmittel in der Tankstelle – falls offen)

Km 238: Dease Lake (Lebensmittel; gutes Angebot; warme Küche)

Km 309: Forty Mile Flats (warme Küche, sehr gute Pizzen)

Km 321: Iskut (Lebensmittel)

Km 335: Tatogga Lake Resort (warme Küche)

Km 374: Willow Ridge Resort (Lebensmittel, bescheidene Auswahl)

Km 481: Bell II (warme Küche)

Km 577: Meziadin Jct. (Café), Hwy 37a-Abzweig nach Stewart, 67 km: dort gibt es fast alles (Tip: „Brother's Bakery")

Km 594: Van Dyke Camp (Lebensmittel, Angebot bescheiden)

Km 733: Kitwanga (am Yellowhead): Lebensmittel, warme Küche

Camping

Km 86: Boya Lake, herrlicher Badesee

Km 153: Moose Meadows Resort (u.a. warme Duschen)

■ *Hinweistafel an der Junction 37 mit Voker Spettel*

Km 309: Forty Mile Flats (u.a. warme Duschen)

Km 321: Iskut (Jugendherberge)

Km 335: Tatogga Lake Resort

Km 362: Kinaskan Lake

Km 374: Willow Ridge Resort (Laundry)

Km 577: Meziadin Lake Stewart (Hwy 37A): Lion's Campground (saubere Duschen)

Km 730-733: Kitwanga

2 Yukon & Alaska

Alaskas Panhandle

**von
Michael
Fleck**

Wer Alaska auf dem Alaska Highway verlässt, kommt zwangsläufig durch das kanadische Yukon Territory. Spätestens in Haines Junction müsst ihr euch entscheiden, entweder weiter auf dem Alaska Highway Richtung Whitehorse zu bleiben oder den Haines Highway zu Alaskas „Pfannenstiel" runterzufahren und die Küstenroute weiter nach Süden mit den Alaska State Ferries zu nehmen. Wenn das Wetter mitspielt, ist dieser Teil Alaskas ein Traum, ansonsten ist Südost-Alaska statistisch mit 250 Regentagen extrem feucht.

Von Haines aus kann man die einstündige Fährfahrt nach Skagway machen, dann den Klondike Highway hochpedalen, der wieder auf den Alcan stößt. Es ist landschaftlich der lohnendste Umweg auf dem gesamten Alcan! Wer einen Eindruck von Alaskas Fjorden, Gletschern, die bis ans Meer reichen und einem ursprünglichen Küstenregenwald haben möchte, sollte sich unbedingt hierfür Zeit nehmen. Ab Whitehorse weiter nach Süden glänzt der Alcan nicht gerade durch landschaftliche Vielfalt. Diesen Eindruck haben uns mehrere Radfahrer, die wir in Alaska trafen, bestätigt. Nur wer viel Zeit hat oder den gesamten Alcan aus Prinzip biken möchte, der sollte sich davon nicht abhalten lassen. Unsere Route ging von Haines Junction nach Haines und dann mit Fähren weiter den Marine Highway runter bis nach Port Hardy auf Vancouver Island.

Der Haines Highway ist 246 km lang, 65 km vor Haines kommt man wieder nach Alaska. Er ist nur wenig befahren. Wir hatten im September, am Ende der Saison, die Straße fast für uns. Am Grenzübergang bekamen wir ein neues US-Dreimonatsvisum. Anfangs geht es am Kluane National Park vorbei. Die Straße ist die westliche Parkgrenze. Der im Park gelegene Kathleen Lake mit seinem Campground ist ein idealer Ausgangspunkt für Tageswanderungen und längere Treks ins Hinterland. Dezadeash Lake, Klukshu Native Village und der Three Guardsmen Pass sind einige weitere Höhepunkte auf dem Weg nach Haines. Die Abfahrt vom Pass runter an den Chilkat River ist wie ein Flug durch verschiedene Klimazonen. Auf 20 km fahren wir von 1000 m auf N.N. hinab. Oben ist es schon herbstlich kühl, und die Farbenpracht des Indian Sommers begeistert uns. Im Tal und an der Küste ist es dagegen noch sommerlich warm, und die Straße führt durch einen dichten grünen Regenwald.

Haines ist für uns die „Perle" Alaskas. Eingeschlossen von mehreren Gebirgszügen liegt es in einem Schönwetterloch. Der 1500-Seelen-Ort ist bisher vom Massentourismus verschont geblieben. Nur einmal in der Woche ankert vor Haines im Lynn Canal ein großes Kreuzfahrtschiff. Für einen Abend sind dann 700 Touristen an Land, aber danach ist der Spuk wieder vorbei. In Haines kennt jeder jeden, und nach einer knappen Woche haben wir das Gefühl, schon ein bisschen dazuzugehören.

■ *Haines*

Der Ort ist Ausgangspunkt verschiedenster Aktivitäten. Ein Muss sind Tageswanderungen auf die beiden Hausberge Mt. Riley und Mt. Ripinsky. Von oben bieten sich Panoramen auf die schöne Lage von Haines und auf die umliegenden Berge, Gletscher und Fjorde. Per Rad kann man die zauberhafte Mud Bay mit Wasser in der Farbe von Milchkaffee erkunden oder den Chilkat State Park kennenlernen, dessen Campground einer gewaltigen Gletscherfront gegenüberliegt (Zufahrt mit Extremgefälle!).

Haines ist auch Ausgangspunkt für Flüge ins Gebiet des Glacier Bay National Park. Da nur bei schönem Wetter geflogen wird, kann man fast keinen Reinfall erleben. Die Eindrücke sind überwältigend, ab 129 $ pro Person, Tel. (907) 766-3007, http://flyglacierbay.com.

Ein Erlebnis ist auch eine **Paddeltour im Glacier Bay Nationalpark.** Nur mit der Flut kommt man hier voran. Boote auszuleihen ist jedoch teuer, und es ist schwierig, überhaupt welche zu bekommen. Mit Glück kann man Wale, Seehunde und viele andere Tiere beobachten.

Selbst in der Hochsaison gibt es keine Probleme, auf die Fähren zu kommen. Stand-by klappt fast immer. Das Rad kostet einige Dollar extra.

An Bord gibt es die Möglichkeit, auf dem Sonnendeck zu campieren. Wessen Zelt ohne Heringe steht, kann dies aufbauen und sich so ohne Aufpreis eine Outdoor-Kabine verschaffen. Einfacher ist es aber, seinen Schlafsack auf den bequemen Drahtgestell Liegestühlen auszurollen. Heizstrahler sorgen bei kühler Witterung auf dem überdachten Deck für eine angenehme Temperatur. Eine Cafeteria sowie ein Restaurant sind vorhanden, heißen Kaffee gibt es gratis.

Skagway ist noch überschaubarer als Haines. Die Fassaden der Häuser stammen teils noch aus der Zeit des „Klondike Gold Rush". Der Ort ist Ausgangspunkt für den berühmten Chilkoot Trail, den Weg, den 1897-98 die Goldsucher nahmen, um in die Goldfelder des Klondike zu gelangen. Ein toller Trek für 2 bis 3 Tage. Mit der Bahn kann man wieder über den White Pass nach Skagway zurückfahren.

Von Skagway gehen Fährschiffe 5 x pro Woche nach Haines, Juneau, Petersburg, Wrangell, Ketchikan, Prince Rupert. Von dort Anschluss n. Vancouver. Beschreibung der Fahrt s.u., „Durch das Insel-Archipel".

Der Haines – Skagway Loop (591 km)

Haines – Haines Jct. (246 km)

Nachfolgend eine Streckenbeschreibung in umgekehrter Richtung, von Haines nach Haines Jct. und weiter über Whitehorse nach Skagway. Dieser Haines Skagway-Loop umfasst 369 mi/591 km und führt durch ein eine der schönsten Landschaften Alaskas. Von Haines aus führt die Route zunächst vorbei an Klukwan, einer überwiegend von Indianern bewohnten Siedlung, zur Grenze von Alaska nach British Columbia. Dort beginnt bald die ziemlich mörderische Steigung hinauf zum Chilkat Pass, vor dem es gemeinerweise einen falschen Sattel, den Three Guardsmen Pass gibt. Immerhin habt ihr jetzt breite Seitenstreifen, purer Luxus für eine Straße, auf der fast kein Verkehr herrscht. Der Chilkat Pass selbst wartet mit 1065 m Höhe auf, meist stürmischen Winden und einer sanften Abfahrt hinein ins Yukon Territory, an dessen Provinzgrenzen ein Schild auf Grizzlies in dieser Region hinweist. Das wundert nicht in dieser einsam wilden Landschaft am Fuße der Elias Mountains, die weithin die

Landschaft mit ihrem Panorama verzaubern. Besonders erbauliche Ausblicke bieten sich am Dezadesh Lake. Achtung! Am See kann es extrem windig werden.

Roadbook   **Haines Highway**
Km 0: Haines
Km 15: Alaska Chilkat Bald Eagle Preserve
Km 34: Abzweig nach Klukwan
Km 44: RV-Park und Abzweig zum Mosquito Lake Campground (4 km Zufahrt)
Km 65: Grenze U.S.A. – Canada (British Columbia, Zeitzonenwechsel)
Km 67,7 – Km 87,7: Three Guardsmen Pass (926 m)
Km 96: Chilkat Pass (1065 m)
Km 145: B.C.-Yukon Territory Provinzgrenze
Km 159: Million Dollar Falls Campground
Km 183: Abzweig zum Klukshu Native Village, Café im Ort
Km 196: Dezadeash Lake Campground (windig, kein Trinkwasser!)
Km 220: Abzweig Kathleen Lake Campground (Kluane NP, 1 km) und Kathleen Lake Lodge
Km 246: Haines Junction (800 Ew., all services)

Haines Jct. –   Nach 151 mi/246 km fast purer Wildnis taucht Haines Junction auf und
Whitehorse   damit der berühmte Alaska Highway Nr. 1. Wer von den Elias Mountains
(165km)   fasziniert ist, sollte sich die Dia-Show im Headquarter des Kluane National Park nicht entgehen lassen. Das Radeln auf dem Alaska Highway mit seinem sanftem Auf und Ab ist weniger anstrengend. Nicht ganz auf halber Strecke nach Whitehorse liegt eine Ortschaft mit dem verheißungsvollen Namen Champagne. Sekt oder Selters? Weder noch. Insekten in Helikoptergröße, viel Staub, verwahrloste Häuser. Kein Champagner in Sicht und, was schlimmer ist, kein Wasser! Deckt euch vorher ein! Auch Campgrounds fehlen, und so werdet ihr froh sein, Whitehorse zu erreichen.

Whitehorse   Whitehorse, die Hauptstadt des Yukon Territory, bietet den perfekten
– Skagway   Zwischenstopp in der Zivilisation nach Tagen relativer Einsamkeit. Sight-
(180 km)   seeing gefragt? Die „SS Klondike", ein aufgemotztes Shuffle-Boot, wartet auf euren Besuch ebenso wie die Old Log Church und das MacBride Museum.

9 mi/15 km hinter dem Ort geht es rechts ab zurück in die Wildnis auf dem Klondike Highway Nr. 2, der allerdings etwas dichter besiedelt ist als die Strecke von Haines zum Alaska Highway.Trotzdem ist die Fahrbahn auf kanadischer Seite nicht besonders gut in Schuss. Schlaglöcher, Frostbeulen, Rubbelasphalt und Schotter wechseln sich ab. Seitenstreifen fehlen meist.

Kookatsoon Lake lockt mit schlammigem, aber warmem Badewasser als angenehme Erfrischung, bevor ihr beim Anstieg zum nächsten Pass ins Schwitzen geratet. Wer mag, kann sich zuvor noch in Carcross ausruhen. Früher einmal hieß der Ort Caribou Crossing. Heute haben die Autos die Caribou-Herden verdrängt. Hinter dem Ort rechnet mit starkem Gegenwind, der nicht selten über Tagish und Bennett Lake fegt. Eine Erholungspause gibt es am Tutshi Lake und im Tal des Tutshi River, dessen sanften Windungen die Straße folgt, vorbei an Tümpeln, Seen und Marschen und einem abschließenden spektakulären Blick in die Tutshi River Schlucht. White Pass bringt es auf 3992 ft. Wie hoch das ist, werdet ihr auf den folgenden, unvergesslichen, weil haarsträubenden 11,5 mi/18 km hinab nach Skagway merken. Die Straße mit ihren breiten Seitenstreifen fällt extrem steil ab zur Stadt auf Meeresspiegelhöhe. Skagways Blütezeit war zu Zeiten des Goldrausches und ist seitdem zunehmend verblasst. Trotzdem gibt es seit langem mal wieder jene kulinarische Köstlichkeiten, von denen ein hungriger Radlermagen in der Wildnis nur zu gerne träumt.

Außer in Haines kann man unterwegs Lebensmittel kaufen in Pleasant Camp, Haines Junction, Mosquito Lake Junction, Whitehorse, an der Kreuzung von Highway Nr. 1 und Nr. 2 sowie in Carcross.

Roadbook   **Klondike Highway Nr. 2**
Km 0: Whitehorse, Abzweig South Access Road
Km 12: Zufahrt Wolf Creek Campground (1 km ab Hwy)
Km 15: Kreuzung mit dem Klondike Hwy Nr. 2
Km 55: Emerald Lake Viewpoint
Km 58: Spirit Lake Lodge (warme Mahlzeiten, Camping, Duschen)
Km 66: Jct. Tagish Road (Yukon Hwy No. 8 nach Jake's Corner am Alaska Hwy)
Km 67: Carcross Yukon Gov. Campground
Km 67,5: Carcross (420 Ew., Lebensmittel, Cafe, RV-Park)
Km 93: Yukon Territory – B.C.-Provinzgrenze
Km 150: Grenze Canada – U.S.A. (Zeitzonenwechsel!)
Km 151: White Pass Summit (1003 m), Downhill nach Skagway beginnt (18,5 km!)
Km 174: Skagway

Informationen vor Ort

Haines   Visitor Center, 122 2nd Ave., Tel. (907) 766-2234 oder freecall 1-800-458-3579, www.haines.ak.us
Post: 145 Haines Cutoff Hwy, Tel. (907) 766-2930
Unterkünfte: Salmon Run Campground, Lutak Road (7 Meilen zur Stadt, 2 Meilen zum Fährterminal), Tel. (907) 723-4229 oder 766-3240; Haines Hitch Up RV Park, Main Street (Innenstadt), Tel. (907) 766-2882 (nur Pop-Up-Zelte erlaubt!); Bear Creek Camp & Intl. Hostel, 1 Mile Rd & 1,5 Small Tracks, Tel. (907) 766-2259.
Bikeshop: Sockeye Cycle Co., 24 Portage Street in Fort Seward (oberhalb des Port Chilkoot Docks), Tel. (907) 766-2869, www.cyclealaska.com.
Gute Radlerkost gibt es im Mountain Market, 289 3rd Ave., oder im Howsers IGA Supermarket in der Main Street No. 335.

Skagway   Skagway Convention and Visitor Bureau: 2nd Ave. mit Broadway (großes „A" und „B" an der Fassade), Tel. (907) 983-2854, www.skagway.org. Dort gibt es auch brauchbares Kartenmaterial. Informationen zur Anreise per Bus nach Whitehorse über: Whitehorse Visitor Center, 100 Hanson Street, Tel. (867) 667-5036.
Post: 6th Ave. mit Broadway, Tel. (907) 983-2330
Unterkünfte: Pullen Creek RV Park, 14th Ave. mit Broadway, Tel. (907) 983-2768; Skagway Mountain View RV Park, 12th Ave. mit Broadway,

2 Yukon & Alaska

Tel. (907) 983-3333; Skagway Home Hostel, 456 3rd Ave., Tel. (907) 983-2131. – Bikeshop: Sockeye Cycle Co., 5th Ave. mit Broadway, Tel. (907) 983-2851 (geöffnet Mai bis September).

Anreise per Schiff nach Haines oder Skagway: mit der Alaska State Ferry, die zweimal pro Woche in Bellingham, Washington/USA, ablegt. Für diese Anfahrt ist Reservierung grundsätzlich anzuraten. Die Bootsreise alleine dauert drei Tage und führt durch die Inside Passage, bei klarem Wetter angeblich eine der schönsten Schiffahrtsrouten der Welt durch langgestreckte, schmale Meeresarme vor der Kulisse tosender Wasserfälle am Fuße gletschergekrönter Berge. Das Ticket kostet 306 US$ plus 47 US$ fürs Bike (s. a. „Fähren" bei „Anreise nach Alaska").

Haines Junction – Tok (480 km)

Falls ihr den Alaska Hwy Richtung Norden nur für den Skagway – Haines Loop verlassen habt, könnt ihr **ab Haines Jct.** wieder den berühmten Alcan unter die Räder nehmen. Hier ein Bericht von *Raphaela Wiegers:*

„Ein paar Tage lang hatte das Licht unseren Rhythmus bestimmt. Dass in Yukon Pacific Time (+1 h) gilt, merke ich erst als ich vor der verschlossenen Tür der Bücherei in Haines Junction stehe. Welcome back to Civilisation! Muss die E-Mail eben noch einen Tag warten. Alles Wichtige wollen wir in Haines Junction erledigen, denn auf den fast 500 km bis Tok gibt es viel Natur pur, von einigen Cafés mal abgesehen.

Der Alcan, öde zwischen Delta Junction und Tok, präsentiert in den kommenden Tagen deutlich attraktivere Reize. Die Luft riecht immer öfter herbstlich frisch. Erste Blätter schminken sich mit leuchtenden Farben. Dramatische Wolken hängen über der Weite, bündeln die Sonnenstrahlen wie Scheinwerfer. Graue Regenvorhänge machen Cristo Konkurrenz. Nur dieses blaue Loch bleibt beharrlich direkt über uns und über zahlreiche Hügel schiebt uns der Wind zum Kluane Lake, der wie ein dicker Türkis zwischen kupferroten Bergen und samtgrünen Wäldern ruht. Wow! Echt schön. Wir erkundigen uns nach den Möglichkeiten, den Kluane National Park zu erkunden. Alles sieht so gnadenlos verlockend aus. Ein Hubschrauberrundflug über die Saint Elias–Wrangell Mountains im Park kostet allerdings richtig viel Geld. Für mehrtägige Wanderungen müsste man sich aus Haines Junction, besser Whitehorse vorab ein Fresspaket schicken. Tagestouren könnte man von den nahegelegenen Zeltplätzen aus unternehmen. Die sind allerdings oft gesperrt, weil Campgroundgrizzlies ab und zu für böse Überraschungen sorgen. Im Yukon laufen uns mehr Bären über den Weg als im Denali National Park. Vor einem verstecken wir uns in der Koidern River Lodge, zu der ein uriger Laden gehört, der neben einigen Lebensmitteln einen schier unglaublichen Krimskrams verkauft. Der heiße Bollerofen, um den sich alle Kunden versammeln, ist allein einen Aufenthalt wert. Auf gut ausgebauter Strecke schiebt sich die Straße über einige Hügel zur Ebene von Beaver Creek, dem letzten Ort vor der US Grenze. Auch ein paar RV-Parks, Restaurants und ein Backpackers scharen sich um Kanadas Grenzstation. Bis zum US Zoll sind es etwa 30 km. Ich staune: Waschbecken mit heißem Wasser. Toller Service im Land der duschfreien Campgrounds. Diesen Tip geben wir gleich an die Radler weiter, die uns bei MP 1300 entgegenkommen. Auf dem Alcan trifft man sie wieder, die Langstreckenpedaler mit kleinen Zielen, wie Vancouver oder auch ganz großen, wie Patagonien. Alle haben Zeit für eine Plauderei am Fahrbahnrand und so manche gute Info parat. Unsere Ratschläge zu Tok kommen für die beiden Taiwanesen natürlich zu spät. Aber für uns steht eines fest: MP 1313 – Fast Eddy's – wir kommen!"

Roadbook   **Alaska Hwy von Haines Junction bis Tok**
Km 0: Haines Junction
Km 11: Bear Creek Lodge (Restaurant, Camping, warme Duschen)
Km 25: Bear Creek Summit (1004 m, höchster Punkt zw. Whitehorse und Fairbanks)
Km 55: Boutillier Summit (1003 m, zweithöchster Punkt)
Km 82: Cottonwood RV Park (schöne Zeltplätze am Kluane Lake)
Km 90: Zufahrt zum Congdon Creek Campground (0,5 km ab Hwy)
Km 108: Destruction Bay (100 Ew., Tankstelle mit Laden, Duschen, Mahlzeiten)
Km 124: Burwash Landing Resort (kostenloses Camping vor der Lodge, gutes Essen und heiße Duschen)
Km 162: Kluane Wilderness Village (mieser Campground, nettes Motel, Restaurant und kl. Laden)
Km 210: Pine Valley Motel (Cafe, Camping, Duschen)
Km 215: Koidern River Fishing Lodge (Laden)
Km 218: Lake Creek Campground
Km 245: White River Lodge (kl. Laden, Campground und Cabins)
Km 278: Zufahrt zum Snag Junction Campground (0,5 km ab Hwy)
Km 300: Beaver Creek (100 Ew., kl. Laden mit Obst und Gemüse im 1202 Motor Inn, daneben Buckshot Betty's Bakery)
Km 302: Kanadische Grenzstation
Km 331: U.S. Grenzstation (Zeitzonenwechsel)
Km 332: Alaska's First Cafe und Tankstelle mit Laden
Km 338: Border City Lodge (Mahlzeiten)
Km 375: Zufahrt Deadman Lake Public Campground (kein Trinkwasser! 2,5 km ab Hwy)
Km 387: Lakeview Public Campground (kein Trinkwasser!)
Km 399: Northway Junction (400 Ew., Laden, Cafe und Duschen beim Naabia Nign Campground; der Ort selbst liegt ca. 7 mi. südl. des Hwy)
Km 460: Tetlin Junction (Taylor Highway)
Km 472: Tok River SRS Campground
Km 480: Tok (all services)

Durch das Insel-Archipel

von M. Fleck Während Haines und Skagway eine Straßenanbindung ans Festland haben, sind alle anderen Orte auf Alaskas Pfannenstiel nur per Schiff oder Flugzeug zu erreichen. Unsere nächste Station per Schiff von Skagway kommend war Alaskas **Hauptstadt Juneau.** Mit 31.000 Einwohner ist sie Alaskas drittgrößte Stadt. Hinzu kommen an einigen Tagen drei- bis viertausend Touristen, wenn mehrere Schiffe gleichzeitig im Hafen liegen. Die Läden in der Stadt sind gut auf das Geschäft mit den Touristen eingestellt. Wer an einem der vielen Regentage nicht nur die „Touristenmeile" ablaufen möchte, geht in das Alaska State Museum. Ausstellungen über Indianer-, Eskimo- und Aleutkulturen, Alaskas Tierwelt, die Besiedlung durch die Russen und vieles mehr füllen leicht einen Tag aus.

Wer einen Sonnentag in Juneau erwischt, sollte sich auf den Weg zum Mendenhall Gletscher machen und den West Glacier Trail laufen. Dieser Weg führt anfangs am Mendenhall Lake vorbei, auf dem kleinere Eisberge schwimmen. Danach verläuft er neben der Seitenmoräne durch dichten Regenwald mit tollen Ausblicken auf den Gletscher. Spektakulär wird es nach zwei Stunden Aufstieg.

Am Mendenhall Gletscher kommt ihr fast automatisch vorbei, da der Fähranleger nicht Downtown Juneau ist, sondern im über 20 km entfernten Auke Bay. Einerseits praktisch, da es am Gletschersee einen sehr schön gelegenen Campground gibt. Auf der Straße müsst ihr euch auf städtisches Verkehrsaufkommen einstellen. Die einzige Möglichkeit, dem zu entgehen, ist der Old Glacier Highway. Von Juneau kommend geht er auf halber Strecke zum Gletscher rechts ab. Von Auke Bay bis zum Straßenende ist es landschaftlich sehr schön. Besonders bei Sonnenuntergang ist diese Strecke zu empfehlen.

Informatio-   Visitor Information Center: 134 3rd Street, Tel. (907) 586-2201, www.tra-
nen Juneau   veljuneau.com

Unterkünfte: Juneau International Hostel , 614 Harris Street (Ecke 6th St.), 13 Meilen zum Fährterminal, Tel. (907) 586-9559; Spruce Meadow RV Park, 10200 Mendenhall Loop Rd. (zwischen Fährterminal und Downtown Juneau), Tel. (907) 789-1990, E-Mail: juneaurv@gci.net, Zelt 22 $.

Roadbook   **Glacier Highway**
Km 0: Juneau
Km 15: South Jct. Mendenhall Loop Rd (11 km; zum Mendenhall Glacier 6km ab Jct., Bike Trails, Mendenhall Lake Campground)
Km 19,5: North Jct. Mendenhall Loop Rd.
Km 22: Auke Bay Fähranleger
Km 25: Auke Village Campground
Km 44: Herbert Glacier Trail (4.6 mi, MTB)
Km 45: Amalga Trail (Eagle Glacier 7 mi, MTB)
Km 46: Eagle Creek Picnic Area
Km 65: Hwy endet

Der Egan Drive genannte Abschnitt des Glacier Hwy darf nicht per Rad benutzt werden! Ausweichstrecke ab Mendenhall Loop parallel zur Ausbaustrecke.

Wir fuhren mit der Fähre weiter nach **Sitka.** Vom Schiff aus sahen wir den Mendenhall Gletscher noch einmal für eine Stunde. Auf dieser Fahrt konnten wir einige Buckelwale beobachten. Langeweile kam auf der 17-stündigen Fahrt nicht auf, die Landschaft bleibt einzigartig schön. Man kommt dabei auch durch eine sehr enge Passage.

Im Gegensatz zu Haines und Juneau gibt es in Sitka für den Fahrradfahrer nur wenig zu tun, zu kurz ist das Straßennetz, doch als Verkehrsmittel ist das Rad bestens geeignet. Sitka ist entlang der gesamten Küstenstraße verstreut. Auch wenn für Sitka mit „Russland in Alaska" geworben wird, ist davon nicht mehr viel vorhanden. Sehenswert mit seinen vielen Totem Poles ist der Sitka National Historic Park. Auch das aus einer privaten Sammlung hervorgegangene *Sheldom Jackson Museum* ist gut für einen halben Regentag.

Indianer der Tlingit People aus Sitka und Umgebung haben sich zur „Sitka Tribal Enterprises" (www.sitkatribal.com) zusammengeschlossen und pflegen ihre Kultur im „House for the people of Sitka", 200 Katlian St. Einheimische wie Touristen können an Walking und Hiking Tours, an Tanzdarbietungen und Vorträgen teilnehmen. Wer es mag: Tel. (907) 747-7137 oder freecall 1-888-270-8687.

Von den vielen Wanderwegen haben uns die zum Gaven Hill und zum Harbor Mountain besonders gut gefallen. Den Harbor Mountain fuhren wir mit unseren Rädern hoch, eine 8,5 km lange Schotterpiste, 700 m hoch. Gaven Hill und Harbor Mountain lassen sich auch zu einer langen Tagestour kombinieren. Sinnvoll ist dies aber nur zu Fuß, es sei denn, man möchte sein MTB für einige Stunden tragen.

Wir mussten unseren Stopp in Petersburg streichen und fuhren durch bis Ketchikan. Die Fähre hält jeweils nur zwei Stunden in **Petersburg** und **Wrangell.** Natürlich ist dies viel zu kurz, um etwas zu sehen. Aber mit unseren Rädern waren wir im Vorteil. Während die Autos auf dem Schiff bleiben mussten, konnten wir mit den Rädern von Bord. So kriegten wir zumindest einen kleinen Eindruck von beiden Städten.

In Wrangell entdeckten wir in der Kürze der Zeit nichts, was wir nicht schon in den anderen Städten gesehen hätten. In Petersburg erinnert einiges an die norwegische Vergangenheit. Der Hafen und die schöne Lage hätten uns gereizt, einige Tage zu verbringen. Aber dann dröhnte schon wieder das Nebelhorn unserer Fähre.

Ketchikan ist neben Juneau die zweite Touristenhochburg. Hier legen viele Kreuzfahrtschiffe an, der Touristenrummel ist entsprechend. Mit kleinen Beibooten werden sie auf kleine Tourschiffe, direkt ans Wasserflugzeug oder auch an Land gebracht. Die Bezeichnung „Touristenfischer" gehört bei den Einheimischen schon zum Sprachgebrauch.

Uns gefällt besonders gut die historische Creek Street. Der ehemalige Rotlichtbezirk ist auf hölzernen Pfählen im Flussbett des Ketchikan Creeks erbaut. Für das Fahrradfahren gilt hier das Gleiche wie in Sitka: Wenig Strecke, aber praktisch ist es, es dabei zu haben. Schnell waren wir mit unseren Rädern in Saxman, einer Indianersiedlung mit Alaskas größtem Totem Park. Totem Poles aus verschiedenen Dörfern sind hier aufgestellt. Sie zeigen die unterschiedlichen Stilrichtungen der indianischen Kunst. Uns gefiel besonders das kunstvoll verzierte Versammlungshaus. Sehenswert ist auch die 10minütige Dia-Multivisions-Show über indianische Bräuche und Kultur.

Ketchikan ist Ausgangspunkt zum Besuch der Misty Fjords. Mit dem Wasserflugzeug oder dem Tourboot sind teure Tages- oder Halbtagesausflüge möglich. Infos über alle Sport- und Freizeitmöglichkeiten sowie Karten beim U.S. Forest Service Office for Misty Fjords, 3031 Tongass Avenue, Ketchikan, AK 99901, Tel. (907) 225-2148.

Dann gings für uns weiter über Prince Rupert nach Port Hardy auf Vancouver Island. Alaskas Pfannenstiel per Schiff ist bei gutem Wetter mit Sicherheit einer der Höhepunkte jeder Alaskareise!

3. CANADA-EAST:
Lakes, Rivers, French Canadians

Ride Guide

1. Tour-Info Die Region der Großen Seen gehört zu den am dichtesten besiedelten Zonen nicht nur Canadas, sondern des gesamten Kontinents. Es ist nicht unbedingt das richtige Reiseziel für Naturfreunde, doch es verwundert immer wieder, wie abrupt in Nordamerika Ballungsräume enden und das Land beginnt. Auf dieser Tour kann man mit Großstädten wie Toronto, Ottawa und Montréal und einem Loop durch New York State viel Big-City-Szene schnuppern und gleichzeitig eine der kulturell interessantesten Regionen Nordamerikas kennenlernen. Mit dem Schmelztiegel Toronto, dem Regierungssitz Ottawa und der Provinz Québec (nicht nur sprachlich ein Stück Canada für sich) ist Canada dabei am internationalsten. Es geht entlang am schönsten Abschnitt des St. Lawrence River durch New York State zu den Niagara Falls und zurück nach Toronto.

2. Start Toronto

3. Attraktio-nen Niagara Falls, Toronto mit CN-Tower, Chinatown, Kensington Market, Queen Street, Harbourfront und Royal Ontario Museum (ROM). Ottawa mit dem Parliament Hill, Royal Canadian Mounted Police (RMP)-Wachwechsel, der Nationalgalerie, dem Rideau Canal und dem Museum of Civilization in Hull. Montréal mit dem Gelände der Weltausstellung 1967 auf der Isle St. Helène, der Altstadt rund um den Place Jacques Cartier und dem Mont Royal Park.

4. Travel-Infos **Reisezeit:** Mai bis Oktober. Die Sommer können sehr heiß werden. Die Übergangszeiten sind angenehmer. Im Frühjahr muss man verstärkt mit Insekten rechnen.

    Besondere Ausrüstung: gute Karten.

    ✖ **Off-Road Radeln:** Mountainbiking ist zwar sehr populär, aber dies ist nicht die optimale Region. Man trifft aber oft auf Radwege im Stadtbereich.

    Versorgung: unproblematisch;

    Übernachten: Unterkünfte in allen größeren Orten. **Camping:** Kein besonders dichtes Netz, nicht ganz billig. Vorab-Infos über www.campsource.com. *Wild campen:* Gute Möglichkeiten, aber viele Anbauflächen. Erlaubnis einholen.

    Bücher, Karten, Internet: „Ontario Cycling Association", 1185 Eglinton Ave. E., Ste. 408 North York, Ontario M3C 3C6, Tel. (416) 426-7242, www.ontariocycling.org, vertreibt Karten und Bücher zum Radfahren in Ontario. Harvey Botzman: „Round Lake Ontario – A Bicyclist's Tour Guide", Cyclotour Guide Books (www.cyclotour.com). Einmal rund um den See in zwei Wochen und 965 km, serviert als 20-75 Meilen-Häppchen auf verkehrsarmen Nebenstraßen. Seitenabstecher führen am Rideau-Kanal entlang von Kingston nach Ottawa und am St. Lawrence River entlang von Cape Vincent nach Montréal. Vom selben Autor im selben Verlag: „Erie Canal Bicyclist & Hiker Route Guide"; beschreibt eine 1000-km-Tour von den Niagara Falls bis Montréal, immer auf oder neben historischen Treidelpfaden entlang des Erie-, Lake Champlain-, Seneca/Cayuga- und Oswego-Kanals in NYS und des Chambly-Kanals in Québec. Informationen über das fast 400 km Trails umfassende New York State Canalway Trail System gibt auch die New York State Canal Corporation unter www.canals.state.ny.us/exvac/trail/.

„Cycling in Ontario", von John Lynes, Ulysses Books. 37 Touren unterschiedlicher Länge in ganz Ontario, dazu 75 MTB-Trails, Karten, Logbücher etc. Zu beziehen z.B. über www.allbookstores.com.

„The best Bicycle Tours of Eastern Canada", Jerry Dennis (www.navnet.net/~quest/bookstore/bicyletours_eastcan.html).

Eine Sammlung von Toronto-City-Maps findet ihr unter www.tbn.on.ca/other/gtamaps.htm, sie sind auch teilweise kostenlos erhältlich in den Civic Centres und in der City Hall Toronto.

Webpages: Ontario im Internet unter www.ontariotravel.net, Québec unter www.bonjour-quebec.com. Wer mal sein Fahrrad gegen ein Kanu eintauschen möchte, findet auf der Website www.paddlingontario.com viele Tips und Routenvorschläge.

Bikepages: Bücher und Karten, Routenvorschläge und Tips gibt es direkt bei den lokalen Rad-Organisationen oder teilweise auch auf deren Homepages: Saskatchewan Cycling Association, 2205 Victoria Avenue, Regina, Saskatchewan, Canada S4P 0S4 (www.saskcycling.ca); Manitoba Cycling Association, 309 - 200 Main St., Winnipeg, Manitoba, Canada R3C 4M2 (www.cycling.mb.ca); Ontario Cycling Association, 1185 Eglinton Ave., E., Ste. 408, North York, Ontario, Canada M3C 3C6 (www.ontariocycling.org); Fédération Québécoise des Sports Cyclistes, 4545, avenue Pierre-de Coubertin , Montréal, Québec, Canada H1V 3R2 (www.fqsc.net, Seite in Französisch); Vélo Québec, La Maison des cyclistes, 1251, rue Rachel est, Montréal, Québec, Canada H2J2J9 (www.velo.qc.ca). Brian Hedney stellt auf seiner Webpage www.hedney.com/bike.htm einige interessante Touren detailliert vor, u.a. die Strecke von Toronto nach Ottawa und jene von Toronto nach Montréal. Knackige Touren nicht nur im Osten Canadas: www.peteandedbooks.com/breg.htm.

5. Routenprofil	Rundroute durch Ontario, Québec und New York State (USA) via Toronto – Ottawa – Montréal – Niagara Falls ohne genaue Streckenangabe mit grober Kilometerangabe und Vorschlägen zu lohnenswerten Abstechern.

6. Routenverlauf TORONTO – PETERBOROUGH (ca. 135 km) --- PETERBOROUGH – SMITH FALLS – OTTAWA (ca. 300 km) --- Extratour: Toronto – Ottawa via Algonquin Park (600 km) --- OTTAWA – HULL – MONTRÉAL (ca. 200 km) --- MONTRÉAL – MASSENA/ USA (190 km) --- MASSENA – ROCHESTER – NIAGARA FALLS (600 km) --- NIAGARA FALLS – TORONTO (130 km)

Foto: Der Kings Highway in Ontario

3 Canada East

City-Info Toronto

Toronto ist, zusammen mit Vancouver, die interessanteste City Canadas und gilt aufgrund ihrer *Skyline* als „amerikanischste" aller kanadischen Großstädte. Nach dem 2. Weltkrieg, als sich der Sprachkonflikt in Québec verschärfte, zogen viele englischsprachige Bürger und Firmen von Montréal nach Toronto um. Ethnische Vielfalt, gemischt mit interessanten Sehenswürdigkeiten und zahlreichen Parkanlagen, garantieren trotz allen Großstadttrummels einen angenehmen Aufenthalt. Eine moderne Stadt mit modernen Menschen, da steht Freizeit hoch im Kurs. Und mit diesem Trend machten sich auch in Torontos Straßen zunehmend Fahrräder breit. So entstand ein ganz passables City-Radroutennetz, über das ihr euch unbedingt vor eurer Ankunft Unterlagen besorgen solltet. Allein schon deshalb, weil der Pearson International Airport gut 30 km außerhalb Downtown liegt und der Weg zur Jugendherberge in der Innenstadt durch das Großstadtstraßengewirr führt.

Übernachten   Toronto International Hostel, 76 Church Street, Toronto, Ontario M5C 2G1, Tel. (416) 971-4440 oder 1-877-848-8737, Toronto@hihostels.ca (Reservieren!). Das Hostel ist nur ein paar Minuten vom *Eaton Centre,* eines der größten Shopping Centers in Canada, entfernt.

Es gibt lediglich einen Campingplatz in der City, und der ist schon fast 30 km nordöstlich vom Zentrum entfernt: Glen Rouge Park Campground, Nähe Old Kingston Road (Hwy Nr. 2) und Hwy Nr. 401, Tel. (416) 392-2541 oder (416) 338-CAMP.

What to do   Da das Hostel ganz günstig im Zentrum liegt, könnt ihr von dort aus alles Sehenswerte problemlos erreichen:
– die Harbourfront mit dem Canadian National (CN)-Tower, mit 553 m eines der höchsten Gebäude der Welt
– den Toronto Islands Park, dem Tower gegenüber (Fähre, Hotline 416-392-8193), toller City-Panoramablick, Abfahrt vom Bay Street Ferry Dock
– Chinatown (Dundas St. mit Spadina Ave.) und der Vielvölkermarkt am Kensington Market etwas weiter nördlich
– das Eaton Centre, die City Hall und der lebhafte Nathan Phillip Square
– das Yuppie-Viertel Yorkville mit seinen grünen Wohnstraßen und das Royal Ontario Museum (ROM).
Visitor Info: Toronto Newcourt Centre, Queen's Quay Terminal an der Harbour-front 207 Queens Quay West, Suite 590 Toronto, ON, M5J 1A7, Tel. (416) 203-2500 oder www.city.toronto.on.ca.
Übrigens: es muss nicht immer Radfahren sein! Das öffentliche Verkehrssystem Torontos gehört zu den besten Nordamerikas. ·

TORONTO – PETERBOROUGH (ca. 135 km)

Raus aus der Stadt   Die Hauptverkehrsrouten für motorisierte Fahrzeuge folgen dem Ufer des Lake Ontario oder führen Richtung Norden. Nordosten ist für euch die günstigste Richtung. Zwischen Toronto und Peterborough (ca. 150 km nordöstl.) ist das Straßennetz noch recht dicht ausgebaut. Am besten, ihr folgt Nebenstrecken südlich von Hwy 47 und 7A nach Osten. Vor den Toren der Stadt liegen Farmland, Weiden, Äcker, Bauernhäuser. Peterborough hat ein sehenswertes Schiffshebewerk (Lift Lock).

PETERBOROUGH – SMITH FALLS – OTTAWA (ca. 300 km)

Von Peterborough aus Richtung Osten sind günstig Hwy 2 (Hastings), 35 (Campbellford), 8 (Stirling), 13 und 14 (Verona), 8 (Westport), 15 (Smith Falls). Dort stoßt ihr auf den Rideau River and Canal, dem ihr bis Ottawa folgen könnt. Rideau River und einige Seen werden durch den Kanal miteinander verbunden und schiffbar gemacht. Ruhiges Radeln in schöner Landschaft bis zur Endstation Downtown Ottawa.

● **Extratour:**   ### Toronto – Ottawa via Algonquin Park (600 km)

Allen, die gerne eine längere Kanutour (lohnt ab 5 Tage) unternehmen wollen, lege ich den Algonquin Park (www.algonquinpark.on.ca) mit seiner ausgedehnten Seenkette ans Herz. Und *nur* denen. Denn allein per Rad gibt der Park absolut *nichts* her. Für mehrtägige Kanuwanderungen ist er hingegen ideal, mit ausgewiesenen See-Zeltplätzen, kurzen Portagen (wenn es nur noch zu Fuß weitergeht) und einem akzeptablen Kanuverleih und Outfitter direkt vor Ort, der auch euer Rad für die Zeit sicher unterstellt. Bootsreservierungen über The Portage Store, Box 10009 Algonquin Park, Huntsville, Ontario PIH 2H4, Tel. (705) 633-5622 (Sommer), (705) 789-3645 (Winter), E-Mail: info@portagestore.com, Homepage: www.portagestore.com/contact.htm. Etwas problematisch ist der Lebensmitteltransport. Am besten wäre, ihr findet in Huntsville jemanden, der euch ein Fresspaket per Auto in den Park mitnimmt und beim Portage Store deponiert bis ihr es dort abholt. Beste Chancen für solche Aktionen habt ihr am Wochenende, allerdings ist es dann auf den Zufahrtsstraßen und auf den ersten Seen sehr voll. Sonst müsst ihr eventuell per Bus zum Einkaufen fahren. Huntsville hat Bike Shops (z.B. Algonquin Cycle Tours, PO Box 1636 Stn Main, Tel. 705-789-1500) und einen Bulk food-Laden (Country Bulk Food, 131 Hwy 60).

Zu erreichen ist der Provincial Park von Toronto aus am einfachsten, aber ohne Idylle, über Nebenstrecken zum Hwy 11 nach Huntsville. Ottawa erreicht ihr problemlos via Hwy 60 oder auch über Nebenstrecken.

City-Info: Ottawa

Kanadas Hauptstadt ist sauber, ordentlich, gepflegt, bürgerlich und radfahrfreundlich. Mit seinem Zuhause am breiten Ottawa River, dem Grenzfluss zwischen Ontario und Québec, ist auch die Lage des Regierungssitzes ein kleines Zugeständnis an die einflussreiche Minderheit der „French-Canadians".

Auf beiden Seiten des Flusses gibt es einen beliebten Grüngürtel mit Rad- und Fußwegen (und Wasserfountains für durstige Sportler), in dem sich auch Ottawas Radler nur zu gerne tummeln. Am Wochenende ist der Andrang so groß, dass zumindest Sonntag vormittag der Ottawa River Parkway – und auch einige andere Parkways – für den Autoverkehr gesperrt ist und nur Radfahrern zur Verfügung gestellt wird, die davon regen Gebrauch machen. *Sunday Bikedays* nennt sich das dann; man ist stolz auf seine fahrradbegeisterte Bevölkerung (mehr darüber unter www.ottawakiosk.com/sunday_bikedays.html). Auch am Rideau Kanal kann man entlangradeln.

Übernach-ten   Das richtige Ottawa-Feeling bekommt man auf dem Le-Breton-Zeltplatz in der 84 Bayview Road, einem reinen Backpacker-Zeltplatz direkt Down-

3 Canada East

town (Tel. 613-236-1251). Feuerholz gibt's hier noch „for free". Wenn du dein Zelt dort nicht in der Senke, sondern auf der Hügelkuppe aufbaust, campst du mit herrlichem Blick auf die ehrwürdigen Gebäude auf dem Parliament Hill am Fuße der modern City-Skyline. Unvergleichlich schön. Ein Hostel gibt es natürlich auch: Ottawa International Hostel, 75 Nicholas St., Ottawa, Tel. (613) 235-2595. Das Gebäude nennt sich *Ottawa Jail,* die früheren Knastzellen wurden in Schlafräume umgemodelt ...

What to do? Im Zentrum des allgemeinen Interesses steht natürlich der *Parliament Hill* mit den Regierungsgebäuden, die – wie kommt es nur – an England erinnern. Wie eine Festung im alten Europa liegen sie auf einem Hügel hoch über dem Ottawa River. Jeden Morgen um 10.00 Uhr ist Wachablösung der berühmten RCMP (Royal Canadian Mounted Police; trotz der roten Uniform erinnern sie mich immer an Pfadfinder). Den schönsten Blick auf die Gebäude, die man auch von innen besuchen kann, hat man von Hull aus. Der *Interprovincial Loop* ist deshalb die populärste Besuchertour in der Stadt. Hebt ihn euch für die Abenddämmerung auf. Auf Höhe des Rideau Kanals radelt ihr über die Interprovincial Bridge, und auf dem östlichen Flussufer auf das hypermoderne, hässliche Gebäude zu, das im totalen Kontrast steht zum romantischen Regierungspalast mit seinen grünen Kupferdächern. Der Inhalt des Betonklotzes ist übrigens durchaus sehenswert: Es ist das *Canadian Museum of Civilization.* Evolution aus Sicht der Kanadier, aber gut dargeboten. Zurückradeln könnt ihr etwas flussaufwärts über die Pont-du-Portage Bridge.

■ *Ottawa, Parliament Hill*

Allein vom Gebäude her sehenswert, aber auch mit akzeptablem Inhalt bestückt, ist die *Nationalgalerie* (7 C$) am Rande des Major's Hill Park, von dessen Brüstung aus man gut die Schiffe beobachten kann, die durch die Rideau-Kanal-Schleuse tuckern. Kommerzielles Zentrum ist Bank Street, Shopping Meile die Sparks Street Mall. Alles Weitere erfahrt ihr im hilfreichen Visitor Center, 90 Wellington Street (bei Metcalfe, gegenüber dem Parliament Hill), Tel. (613) 239-5000. Solltet ihr sie nicht schon haben, lasst euch dort eine Radwegenetzkarte von Ottawa geben.

OTTAWA – HULL – MONTRÉAL (ca. 200 km)

Raus aus der Stadt Am schönsten über Sussex Drive, dann Rockcliffe Parkway durchs Villenviertel und am Fluss entlang auf Radwegen nach Orléans. Wir sind auf ruhigen Nebenstrecken in Ontario bis Hawkesbury geradelt und dann weiter in Québec auf der engen, aber schönen 344 in Richtung Montréal.

City-Info: Montréal

Knapp 4 Mio. Einwohner, zweitgrößte Stadt Canadas und Hauptstadt der Provinz Québec (und nach Paris zugleich zweitgrößte französisch sprechende Stadt). Sie liegt auf der gleichnamigen Insel im St. Lawrence River, die ihr über die Nachbarinsel Île Jésus erreicht. Hwy 344 führt euch direkt an die Brücken zu den Inseln heran. Von nun an gilt es, etwaige Französischkenntnisse einzusetzen. Wer die nicht hat, kann's trotzdem angehen. Englisch wird notfalls auch akzeptiert. Es dauert dann eben alles ein bisschen länger ...

Übernachten Die Jugendherberge (Auberge de Montréal) findet ihr unter 1030, Rue Mackay, Montréal, Québec H3G 2H1, Tel. (514) 843-3317. Ein preisgünstiges Hostel: *Auberge de l'Hotel de Paris,* 901 Sherbrooke East, Tel. (514) 522-6861.

What to do? Da gibt es zum einen die Altstadt rund um den Place Jacques Cartier. Für Europäer nicht ganz so aufregend wie für Nordamerikaner, aber dennoch sehenswert. Die künstliche Insel St. Helene lohnt (Weltausstellung 1967, altes Fort und Museum of Nature and Environment im *Biodôme*) und Park Mont Royal, von dem aus man einen herrlichen Panoramablick genießen kann. Blickt schon mal Richtung Süden. Über La Salle, die Pont Honoré Mercier und Nebenstraßen zu Hwy 132 und 236 erreicht ihr bequem und problemlos New York State am Grenzübergang Dundee/Fort Covington.

Auskünfte erteilt das Centre Infotouriste in Downtown (Dorchester Sq. zwischen Peel/Metcalfe St.) oder in *Vieux Montréal* am Place Jacques Cartier, Notre Dame St. East, Tel. (514) 873-2015.

>>> Connection: **Wer weiterradeln will über Neuengland,** steuert am besten Lake Champlain und Alburg in Vermont an, am unkompliziertesten am Ostufer des Rivière Richelieu entlang.

>>> Connection: **Québec City** (240 km)**, Matane – Gaspé Peninsula** (640 km) **oder Havre-Saint-Pierre** (1080 km)

Besorgt euch für diese Strecke die Kartensammlung „Québec's Route verte Official Guide" bei Velo-Quebec (www.velo.qc.ca/english/home.lasso). Das Südufer des St. Lawrence River ist flach und ziemlich langweilig. Da der Strom zunehmend Ausmaße annimmt, die es unmöglich machen, das andere Ufer zu sehen, geht es am Nordufer etwas gebirgiger und aufregender zu. Ihr braucht euch nicht sofort zu entscheiden, denn zunächst ermöglichen Brücken, später dann Fähren einen Seitenwechsel.

3 Canada East

Québec City

Zweifellos findet ihr hier die romantischste Altstadt ganz Nordamerikas mit alten Wallanlagen, Türmen, Torbogen, engen Gassen hoch über dem Fluss und der Traumaussicht für Liebespaare. In Québec City wird nicht „auf französisch gemacht", hier ist Frankreich! Treffpunkt für Traveller ist der Place Royal.

Infos im *Maison du Tourism* in der 12 Rue Sainte Anne (am Place d'Armes/Chateau Frontenac).

Übernach-
ten   Am interessantesten im Centre International de Séjour de Quebec, 19 Rue Ste. Ursule, Quebec, Tel. 418-694-0755. Außerdem möglich in den University Residences der Lavalle Universität (Tel. 418-656-3994).

Ab Quebec City wird die Strecke **am Nordufer des St. Lorenz-Stroms** extrem gebirgig, und im wesentlichen führt nur noch eine einzige Straße (138) Richtung Osten. Nach der Wallfahrtskirche Baie-Saint-Paul sind die Herausforderungen eher landschaftlicher und natürlicher Art, denn dort beginnt das touristisch unbekannte Québec. Die steilen Passagen bieten mitunter tolle Aussichten, aber auf Dauer verbraucht man power. Fähren, die einen Wechsel zur langweiligeren, aber flacheren Südseite ermöglichen, verkehren zwischen Saint-Siméon und Rivière-du-Loup, Les Ecoumins – Trois Pistoles, Baie – Comeau nach Matane. Wer mag, kann sich in Tadoussac an der Mündung des Saguenay am organisierten *Whale Watching* beteiligen.

Die Abenteurer unter euch radeln die gesamte Strecke bis Havre-Saint-Pierre, organisieren von dort aus eine Weiterfahrt mit Fracht- und Versorgungsschiffen an der Küste entlang nach Blanc-Sablon (Grenze Québec/Labrador bzw. Neufundland) und setzen dann zur Newfound-land-Insel über. Informationen über Schiffsverbindungen in Neufundland erhaltet ihr über www.gov.nf.ca/ferryservices. Achtung! Wer sich in Québec soweit ins Abseits vorwagt, sollte über ein paar Französischkenntnisse verfügen.

MONTRÉAL – MASSENA/USA – ROCHESTER – NIAGARA
FALLS (790 km)

USA: New
York State   Nach den ruhigen Nebenstraßen von Québec ist der hektischere Straßenverkehr in den USA erst ein wenig gewöhnungsbedürftig. Aber bis Massena ist es nicht weit, und ab dort könnt ihr auf eine ausgearbeitete Bike-Route zurückgreifen. Von Fort Covington kann man auf die Nebenstrecke über Bombay ausweichen, von Hogansburg über Helena nach Massena radeln.

Seaway Trail   Informationen über die Bike-Route gibt es unter www.great-lakes.net/ tourism/circletour/ontario oder unter www.seawaytrail.com; wer hier die ‚Members Directory' anklickt, bekommt eine Liste aller möglichen Servicepunkte auf dem 320 km langen Abschnitt des New York State Seaway Trail zwischen Massena und Fair Haven, nahe Rochester. Unterwegs könnt ihr dann Karten kaufen. Die Strecke führt über verschiedene State Parks stets möglichst nah am St. Lorenz Strom entlang. Wer mag, kann an verschiedenen Punkten nach Ontario hinüberwechseln. Dort verläuft jedoch ein lärmig-lauter Freeway parallel zur radelbaren Straße. Bei Cape Vincent erreicht die Strecke den Lake Ontario und endet dann in Fair Haven, von wo aus man dann aber wieder sehr schön auf Nebenstrecken am Ufer des Ontario-Sees entlang bis Rochester radeln kann.

Rochester

Rochester lässt sich leicht in den Vororten durchqueren, wenn ihr euch an der Küste entlang Richtung Braddock Heights orientiert. Oder wollt ihr etwa eure Diafilme direkt beim Hauptsitz von KODAK abgeben? Hinter der Stadt führt der Lake Ontario State Parkway, eine Freizeitstraße, am Ufer entlang. Anschließend könnt ihr wieder auf Nebenstraßen dem See treu bleiben. Via Hwy 18F radelt ihr am Niagara River entlang nach Niagara Falls hinein, zu den berühmtesten und entsprechend vermarkteten Wasserfällen des Kontinents.

Niagara Falls

Canada und die USA teilen sich das Naturwunder, das längst keines mehr ist. Die Fälle verfügen nur noch über ein Drittel ihrer natürlichen Kapazität, seit man die Kraft des hinabstürzenden Wassers durch vorheriges Absaugen und Umleiten über Turbinen hydroelektrisch nützt. So werden 14% des gesamten elektrischen Stroms für New York State dort produziert. Nichts desto trotz sind die Niagara Falls auch mit der verbleibenden Wassermenge beeindruckend. Es gibt zwei Fälle, die durch eine Insel voneinander getrennt sind: Die breiteren Horseshoe Falls auf der kanadischen Seite und die zierlicheren Bridal Veil Falls auf amerikanischer Seite. Am Fuß der Fälle starten die berühmten Maids of the Mist. Die abenteuerlichen Nussschalen bringen euch direkt in die Gischtnebel am Fuß der Fälle. Regenkleidung mitnehmen! Wenn ihr dann noch zur Goat Island marschiert, habt ihr die beeindruckendsten Perspektiven gesehen. Auf der kanadischen Seite geht es wesentlich rummeliger zu; als Übergang USA-Canada nehmt ihr am besten die Whirlpool Bridge.

Übernachten

Im Niagara Falls International AYH-Hostel, 1101 Ferry Ave., Niagara Falls, NY 14301, Tel. (716) 282-3700 (USA) oder im Niagara Falls International Hostel, 4549 Cataract Ave., Niagara Falls, Ontario (Canada), Tel. (905) 357-0770. Camping in der Nähe der Falls ist möglich auf der kanadischen Seite: Niagara Glenview RV Resort, 3950 Victoria Ave., Ontario, Tel. (905) 358-8689 oder 1-800-263-2570 (liegt nördlich der Whirlpool Bridge) oder – im Westen von Niagara Falls – Campark Resorts, Best Holiday Trav-L-Park, 9387 Lundy's Lane (Hwy 20), Niagara Falls, Ontario, Canada, Tel. (905) 358-3873 (mit Shuttlebus-Verbindung zu den Wasserfällen). Diese Straße ist zudem mit allerlei Motels zugepflastert.

♥ STORY

Die Weltumradler Susi und Daniel näherten sich den Falls von der US-Seite und schreiben dazu:

Je weiter wir nach Westen kommen, desto größer wird die Hitze. Der Asphalt glüht. Wir erreichen den Lake Ontario, einen der fünf großen Seen. Wir folgen seiner Südküste und haben so ab und an die Möglichkeit uns abzukühlen. Das Wasser fließt in östlicher Richtung von See zu See und schließlich über den Saint Lawrence River in den Atlantik ab. Zugleich bilden die Seen die natürliche Grenze zwischen den USA und Canada. Zwischen den Seen besteht ein erheblicher Höhenunterschied. Das spektakulärste Gefälle des Wassers auf dem Weg zum Meer ist unser Ziel: Die Niagara Falls.

■ *Niagara Fälle*

Auf unserem Weg dorthin treffen wir nur offene und freundliche Menschen. So ist es kein Problem einen Schlafplatz zu finden. Wir dürfen in Vorgärten zelten, in Gästezimmern nächtigen, dürfen duschen und werden zu Pizza, Bier und American Breakfast eingeladen. Die amerikanische Gastfreundschaft ist schlicht überwältigend!

Bei den Niagarafällen angekommen haben wir auch wieder Glück und können unser Lager in Lewiston aufschlagen, nur 7 Meilen von den Fällen entfernt.

Die **Wasserfälle** sind unglaublich. Den besten Blick hat man wohl von der kanadischen Seite. Mit kleinen Passagierbooten, den „Maids of the mist" (Jungfrauen der Gischt) tuckert man direkt an die Fälle heran. Natürlich wird der Touristenmagnet „Niagara" kommerziell kräftig ausgeschlachtet, eigentlich kein Wunder bei jährlich 14 (!) Mio. Besuchern. Wir begnügen uns mit einem Bummel durch das Casino, dann haben wir von dem Rummel genug und radeln zurück nach Lewiston. In angenehm ruhiger Atmosphäre mampfen wir hier im „Silo Restaurant" einen der wohl besten Burger der Welt. Am nächsten Tag heißt es dann schon Abschiednehmen von unseren großzügigen Gastgebern – und von den USA. „Bye, bye America! See you again soon."

In Niagara Falls radeln wir über die Whirlpool Bridge nach Canada hinüber. „Welcome to Canada" heißt man uns willkommen. Der Gegensatz zu Niagara Falls/USA ist schon krass: Dort waren viele Geschäfte geschlossen, mitunter auch die riesige Outlet Hall. Und hier auf kanadischer Seite ist nun alles viel sauberer, viele Geschäfte sind geöffnet, die Slot Machines in den Casinos arbeiten auf Hochtouren, das Leben tobt. Nach einer lustigen Stunde in der Visitor Information (holen uns eine Straßenkarte) machen wir uns auf den Weg. Immer Richtung Westen bzw. zunächst einmal hoch in den Norden.

Canada hält bis jetzt was wir erwartet haben. Dieses riesige Land hat soviel Outdoor zu bieten, vor allem wird es, je nördlicher wir kommen, immer unbesiedelter. Manchmal denken wir, wir befinden uns in der Mitte von Nirgendwo. Nur Bäume, Seen, Hügel, viele Tiere und sehr, sehr nette Menschen. Auch hier sind die Leute sehr offen und freundlich, wir haben sehr viel Glück, all diesen Menschen zu begegnen. Wenn es abends spät wird und wir noch in einem Ort einkaufen, kommen sie einfach auf uns zu, um ein bisschen etwas über unsere Tour zu erfahren. Meist dauert es nicht lange und sie laden uns ein, bei ihnen im Garten zu zelten, bieten uns Bier oder Kaffee an. Und so verbringen wir meist schöne, unterhaltsame Stunden am Abend.

NIAGARA FALLS – TORONTO (130 km)

In Ontario belegt der QEW – der gut ausgebaute Queen Elizabeth Way – das Seeufer. In vielen Abschnitten gibt es jedoch Frontage Roads, auf denen man einen Teil der 130 km zurück nach Toronto radeln kann. Wer noch etwas mehr Zeit hat, sollte sich einen Abstecher zum Ufer des Lake Erie gönnen. Dort rollt ihr geruhsam auf stillen Landstraßen Richtung Westen und erreicht später durch Farmcountry Richtung Brantford Toronto durch die Hintertür.

4. MARITIMES:
Inseln, Lobster, Einsamkeit
Ride Guide

1. Tour-Info Canadas östlichste Atlantik-Provinzen bzw. -Inseln, nämlich New Brunswick (NB), Nova Scotia (NS), Newfoundland (NF), Labrador (L) und die Prince Edward Island (PEI) sowie die Gaspé Peninsula sind eine Art Geheimtip für Radfahrten in Canada. Dort locken Fischerdörfer, Leuchttürme, wilde Küsten, ein reiches Vogelleben, rauhe Einsamkeit. Radtouren dort sind etwas für Kenner, die sich auch nicht von vielem Wind und schottischen Wetterverhältnissen (Nebel) abhalten lassen. Zwischen den Inseln bestehen Fährverbindungen und erlauben interessante Rundtouren durch alle Provinzen. Da die Straßen generell schlechter als im restlichen Canada und viele Nebenstrecken erst gar nicht asphaltiert sind – Labrador hat z.B. ganze 65 km Asphaltstraßen –, solltet ihr für Touren auf MTBs zurückgreifen. Verpflegung und Übernachten stellen dagegen kein Problem dar, in allen größeren Städten gibt es Supermärkte, auf dem Land gut bestückte Groceries. Campgrounds sind vorhanden und auch wildes Zelten ist kein Problem, am Meer finden sich viele wildromantische Plätzchen. Die Leute im rauhen Osten gelten als besonders herzlich, fragt ihr die Einheimischen nach einem Zeltplatz, werdet ihr oft spontan eingeladen werden.

Nachfolgend kann man sich Strecken entsprechend seiner Kondition und Zeit zusammenstellen, denn es gibt für jeden Radlertyp das richtige Herausforderungspaket.

2. Start: Halifax

3. Attraktio-nen NS: Southshore, Halifax, Cape Breton NP mit dem Cabot Trail, die Bay of Fundy mit „The World's Highest Tides", die windgeschliffenen Felsen von Peggy's Cove. PEI: Prince Edward Island NP, Badestrände mit dem wärmsten Atlantikwasser nördlich der Carolinas. NF: Avalon Peninsula, Gros Morne NP. NB: Fundy NP, Kouchibouguac NP. Das ursprüngliche Labrador und Gaspé Peninsula mit Percé Rock und Forillon National Park

4. Travel-Infos **Reisezeit:** Mai bis Oktober

Besondere Ausrüstung: windstabiles Zelt mit Moskitofenstern; Granny Gear; Wanderschuhe.

Straßen: Die Straßen im Osten Canadas sind um Klassen schlechter als die im Westen. Die Qualität unterscheidet sich aber je nach Provinz.

Foto: *Leuchtturm auf Prince Edward Island (PEI)*

NS: Etwas im Binnenland gibt es einen Schnellstraßenring, der alle Teile der Provinz miteinander verbindet. Die Strecke ist überwiegend zweispurig ausgebaut, mit breiten Seitenstreifen oder doppelten Steigungsspuren. Die schönen Strecken über die vielen Landzungen mit romantischen Meeresbuchten werden durch diesen Schnellstraßenring vom Durchgangsverkehr befreit. Beste Bedingungen also für Radler auf Nebenstrecken.

PEI: Gut ausgebautes, dichtes Straßennetz mit gemäßigten Steigungen. **NF:** Nicht so gute Bedingungen. Die Hauptverbindungsstraße, auch für Radler, ist der TCH. Nebenstrecken sind, abgesehen vom Avalon Loop, meist Stichstraßen. **NB:** Highways führen rund um die Provinz. Positiv ist, dass es auf den meisten Abschnitten parallel verlaufende Nebenstrecken gibt. **Gaspé:** Ein wildes Stück Québec mit vielen Bergen und wenig Straßen. Auf den Hauptrouten ist es dementsprechend voll und Seitenstreifen gibt es nur manchmal.

✖ **Off-Road Radeln:** Forststraßen gibt es überall im Binnenland, aber die wirst du wegen der vielen Mücken oft lieber meiden. Die besten MTB-Trails in NS findet ihr auf Cape Breton rund um den Cabot-Trail und an der Küste der Highlands sowie auf der Gaspé Peninsula.

Versorgung: Schicke Supermärkte findet man nur in größeren Städten, aber die kleinen Läden (L) auf dem Land sind recht gut sortiert. Wer genug in der Reisekasse hat und auf Restaurants ausweichen kann, hat keinerlei Probleme.

Übernachten: Viele Bed & Breakfast-Häuser und ausreichend Motels oder Cabins in NS, auf PEI und auf der Gaspé. In NF und NB sollte man lieber mit Zelt im Gepäck radeln.

Camping: Neben den National Parks gibt es zahlreiche Provincial Parks (meist ohne Duschen), die allerdings nur zur Hauptsaison geöffnet sind, und die variiert von Provinz zu Provinz (etwa Mitte April bis Anfang September, auf PEI erst ab Anfang Juni). Radler können natürlich um die Schranken herumfahren. Die Toilettenhäuschen sind manchmal schon zugeschraubt und das Wasser wird Anfang Oktober abgedreht. Wer Komfort will, muss auf private Zeltplätze ausweichen, die meist noch etwas länger geöffnet sind. *Wildes Zelten:* Wir fanden traumhaft schöne wilde Zeltplätze direkt am Meer. Wenn wir bei Leuten fragten, ob wir im Garten etc. aufbauen dürften, brachten sie uns noch Stühle, Feuerholz oder luden uns gleich ins Haus ein.

Karten, Literatur: Alle Provinzen geben kostenlos brauchbare Highway Maps heraus, die – mal abgesehen vom riesigen Quebec, das nur in entsprechend kleinem Maßstab auf Papier zu bannen ist –, auch für Radler voll ausreichen.

Ganz hilfreich – allerdings mit Drucklegung 1992 schon reichlich abgegriffen – das Buch „The Best Bicycle Tours of Eastern Canada", v. Jerry Dennis, Henry Holt Company. Es beschreibt 12 Touren durch die oben genannten Provinzen.

„Nova Scotia & The Maritimes By Bike", von Walter Sienko, Verlag The Mountaineers, Seattle, WA, USA. Das empfehlenswerte Buch stellt 21 ein- bis siebentägige Routen – davon 15 Rundtouren – auf der Insel genau mit Logbuch und Höhenprofilen vor. Erhältlich bei www.addall.com.

„Nova Scotia by Bicycle", von Bicycle Nova Scotia (www.bicycle.ns.ca/touring/tourbook.htm).

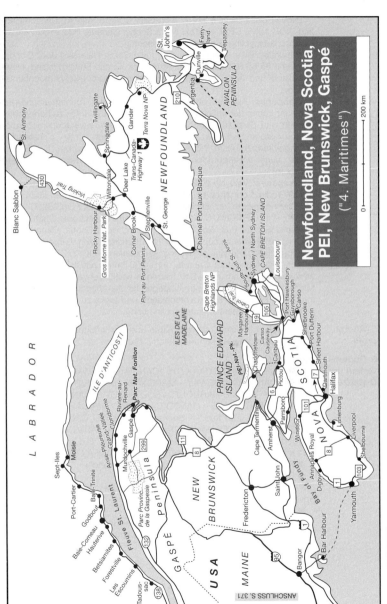

Newfoundland, Nova Scotia, PEI, New Brunswick, Gaspé

("4. Maritimes")

0   200 km

ANSCHLUSS S. 371

4 Maritimes

„Nova Scotia Bicycle Book", von Gary Conrod, Atlantic Canada Cycling, POB 1555, CRO, Halifax, Nova Scotia, Canada, B3J 2Y3 (www.atlanticcanadacycling.com/books/novascotia).

„Mountain Bike Atlantic Canada", von Sarah Hale und Jodi Bishop, empfiehlt 85 MTB-Trails in New Brunswick, Prince Edward Island, Newfoundland und Nova Scotia (www.outdoorns.com/reviews/mountainbike.htm).

Webpages: Auf den offiziellen Homepages der Tourismusbehörden findet ihr neben der üblichen Werbeprosa auch gute Infos zu Fährverbindungen und Straßenzuständen. New Brunswick: www.tourismnbcanada.com/web/english/main.asp; Newfoundland & Labrador: www.gov.nf.ca/tourism; Nova Scotia: http://explorens.com, für Aktivurlauber auch www.outdoorns.com; Prince Edward Island: www.peiplay.com.

Bikepages: Velo New Brunswick Bicycling Information, P.O.Box/CP 3145, Fredericton, New Brunswick, Canada, E3A 5G9, Tel. (506) 773-7542 (www.velo.nb.ca); Cycling Prince Edward Island, POB 302, Charlottetown, Prince Edward, Canada, C1A 7K7 (http://cpei.homeip.net/); Bicycle Nova Scotia, P.O. Box 3010 S, Halifax, Nova Scotia, Canada, B3J 3G6 (www.bicycle.ns.ca); Bicycle Newfoundland and Labrador (BNL), Newfoundlands Provincial Cycling Association, POB 2127, Stn. C, St. John's, Newfoundland, Canada, A1C 5R6 bringt auf seiner Homepage www.infonet.st-johns.nf.ca/bnl/ hingegen wenig Verwertbares für Nicht-Mitglieder. Äußerst informativ hingegen ist die Atlantic Canada Cycling Information Site mit Tourenvorschlägen und Links zu den vier Atlantikprovinzen (www.atlanticcanadacycling.com).

5. Routenprofil

Mehrere Rundstrecken, die per Fähre und Festlandabstecher miteinander kombiniert werden können, durch 5 Provinzen im Osten Kanadas.

6. Routenverlauf und Distanzen

Nova Scotia

The Marine Drive DARTMOUTH – CANSO CAUSEWAY (385 km) – *Ceilidh Trail* CANSO CAUSEWAY – MARGAREE HARBOUR (120 km) --- *Cabot Trail* MARGAREE HARBOUR – SOUTH GUT ST. ANNS (216 km) --- SOUTH GUT ST. ANNS – CANSO CAUSEWAY VIA CABOT TRAIL UND CEILIDH TRAIL (200 km) --- *Sunrise Trail* CANSO CAUSEWAY – AMHERST (316 km) --- *Evangeline Trail* BEDFORD – YARMOUTH (325 km) --- Shortcut: Annapolis Royal – Liverpool via Hwy 8 durchs Binnenland (114 km) --- *Lighthouse Route* YARMOUTH – HALIFAX (525 km)

● **Extratour 1:** Newfoundland (sprich: „nufunland")

● **Extratour 2:** Prince Edward Island

Kings Byway Drive (323 km), Blue Heron Drive (192 km), Lady Slipper Drive (300 km), Heritage Drive

● **Extratour 3:** Gaspé Peninsula

ANSE PLEUREUSE – MURDOCHVILLE – GASPÉ (133 km) --- ANSE PLEUREUSE – RIVIÈRE-AU-RENARD (110 km) --- Parc National de Forillon-Loop: RIVIÈRE-AU-RENARD – GASPÉ (64 km) --- GASPÉ – PERCÉ (76 km)

Nova Scotia

Neuschottland verfügt von allen Provinzen der Maritimes über die günstigsten Direktflugverbindungen nach Europa. KLM fliegt ab Amsterdam zu recht günstigen Tarifen. Von der Halbinsel aus verbinden zahlreiche Fähren mit den übrigen Radelgebieten der Region (PEI, NF, NB), die als Extratouren zu dieser Route beschrieben sind. Man kann sich also ganz nach eigenen Vorlieben von hier aus seine Wunschroute zusammenstellen. Nova Scotia selbst ist geradezu ideal für einen kürzeren Trip, bei dem nicht nur das Radfahren, sondern auch Relaxen auf dem Programm steht. Kein Ort ist mehr als 50 km vom Meer entfernt. Überwiegend bewaldet und hügelig, nur der nördlich Teil, Cape Breton Island, ist gebirgig. Das Straßennetz bietet viele Möglichkeiten zu Abkürzungen oder Abstechern. Es gibt reichlich Möglichkeiten, zwischen aktiven Tagen und Lümmelperioden abzuwechseln. Als geschlossene Einheit bietet es für eine begrenzte Reisezeit einen überschaubaren Rahmen, die Flugzeit von Europa aus ist kurz, das Klima angenehm und verlangt keine Umstellung und der Atlantik ist, zumindest abschnittweise, auch hier so warm wie sonst nur südlich der US-Carolinas. Besucht doch mal die offizielle Website von Nova Scotia Tourism (www.nstourism.com).

Start und City-Guide Halifax

Ich liebe Nova Scotia sehr. Aber ich muss zugeben, das einzig Unerfreuliche an der gesamten Provinz war für uns Halifax. Layed back – entspannt –, das ist das Motto für die Leute auf dem Land. Halifax hingegen wirkt trotz seiner nur knapp 330.000 Einwohner hektischer als eine Millionencity. Radwege gibt es fast keine und die Autofahrer sind betont unfreundlich. Dabei hat die Hauptstadt einiges zu bieten, was anzuschauen sich lohnen würde: Eine alte Zitadelle hoch über der Stadt, ein lebhaftes Kneipen- und Restaurantviertel an der Waterfront, ein Boardwalk, der das ganze mit dem nicht minder attraktiven Pier 21 verbindet, einige Museen und allsommerlich das *Buskers Festival,* das größte Fest der Gaukler und Straßentheater in Canada. Die Tourist Info ist in einem der *Historic Properties* an besagter Waterfront untergebracht.

Airport –
Downtown
Halifax Airport liegt 35 km außerhalb der Stadt auf einem Binnenlandplateau, und um es gleich vorweg zu sagen: die Fahrt in die Stadt ist etwas tückisch. Besorgt euch gleich eine Nova Scotia Karte und den Doer's & Dreamer's Free Nova Scotia Guide am Informationsschalter des Airports.

Wer abends ankommt und nach Downtown Halifax will, dem bleiben nur Taxi oder Bus, denn die Einfahrt in die Stadt über Hauptstraßen ist nervig und über Nebenstraßen noch etwas weiter als 45 km. Die großen Highways sind sehr voll, einer der Knotenpunkte ist zudem für Radler gesperrt. Es gibt ein Flughafenhotel, das aber mit gut 100 C$ so teuer ist, dass ihr euch dafür Taxi *und* Jugendherberge Downtown leisten könnt. Wer aber nach Flug, Einreiseformalitäten und Zusammenschrauben von Lenker, Gepäckträger und Pedalen keine Lust mehr auf das Organisieren eines fahrradfreundlichen Taxis hat, der radelt 8 km auf Hwy 102 Richtung Truro nach Norden bis Exit 7. Dort zweigt Hwy 2 ab, dem ihr nach Süden (Grand Lake, Waverley Halifax) folgt. Die Strecke ist eng, aber hier nicht sehr stark befahren und führt über sanfte Hügel überwiegend bergab mit Blick auf den See ab und zu. Nach etwa 8 km taucht links der

Fahrbahn der Laurie PP auf, den man über eine alte Eisenbahnbrücke erreicht. Dort könnt ihr für 14 C$ zelten (Tel. 902-861-1623, ab April jeden Jahres). Wenn euch weniger als 2 Stunden bis zur Dunkelheit bleiben, übernachtet hier. Am nächsten Tag den Hwy 2 weiter bis nach Waverley.

Wer hingegen noch frisch ist und gleich weiter will nimmt Hwy 102 direkt Richtung Süden nach Halifax – vorbei an Exit 5A – bis Waverley, Exit 5. Ab hier ist Radeln auf dem Hwy 102 verboten. Nehmt an der Ausfahrt den Hwy 2 südlich bis Waverley und dann rein in den Hwy 318 (hügelig) nach Dartmouth. Unterwegs ändert die Straße ihren Namen von Waverley Road in Braemar Drive und Prince Albert Road. Wer im Metrogebiet zelten will, bleibt besser in Dartmouth. Shubie Park (Tel. 902-435-8328, Jaybee Dr., an Route 318) liegt leise an einem hübschen See mit Spazierwegen rund um den Shubieacadian Canal. Am Ende von Prince Albert Rd., ca. 4 km weiter, stoßt ihr auf den Fähranleger zur „Waterfront Downtown Halifax". Möglich ist der Sprung über's Wasser auch via MacDonald Bridge (gebührenpflichtig).

Übernachten

Das Halifax Heritage House Hostel, 1253 Barrington Street, Tel. (902) 422-3863, liegt nur wenige Blocks entfernt. Ebenfalls zentral gelegen: Halifax Backpackers, 2193 Gotingen St., Tel. (902) 431 3170, www.halifaxbackpackers.com, und – mit 45 C$ fürs Einzelzimmer deutlich teurer – das YMCA International House, 1565 South Park St., Tel. (902) 423-9622, www.ymcahrm.ns.ca/ihouse. Eine Liste aller NS-Hostels enthält die Online-Ausgabe des Hostel Handbooks (www.hostelhandbook.com/canada/nslist.htm).

Raus aus Halifax

Wenn man Nova Scotia auf den touristisch ausgearbeiteten Routen umradeln will, so wie wir es bis auf einen kleinen Abschnitt getan haben, dann kommt man auf stolze 2622 km. Meine Favoriten sind *South Shore* und *North Shore*, die Atlantikküste südlich und nördlich von Halifax noch vor dem Cabot Trail auf Cape Breton. Das Schöne ist, dass man die Länge seiner Tour durch Nova Scotia individuellen Vorlieben entsprechend problemlos variieren kann. Entlang der Küste gibt es zahllose Landzungen, die man abradeln oder weglassen kann, je nach Zeit, je nach Lust. Nicht alle Abstecher führen direkt am Wasser entlang, sondern eher durchs ufernahe Binnenland. Das lohnt sich weniger, denn was den Reiz ausmacht, ist der stets neue Blick auf schöne Buchten, die getupft sind mit idyllischen Felseninselchen, in deren Zentrum Miniwälder aus Zwergfichten gedeihen. Bunte Holzhäuser säumen die Strecke, in deren Vorgärten neben bunten Bojen leere Hummerreusen gähnen und auf ihren nächsten Einsatz warten. Hummer, einst Alltagsnahrung der einfachen Leute in Neuschottland, ist inzwischen auch hier zu einer Delikatesse geworden, auf die vor allem Touristen abfahren. Nur einige der Buchten am Meer haben Sandstrand und laden zum Baden ein. Je nach Region wird die Wassertemperatur aber erst ab August so richtig warm.

Der Einfachheit halber beginne ich die Rundreise mit der Ausfahrt Richtung Nordost von Halifax aus zum Marine Drive, beschreibe zuerst Nova Scotia rundum und schiebe alle möglichen Extratouren der Reihenfolge nach geordnet ans Ende dieses Kapitels. Auf geht's. Am bequemsten wieder mit der Fähre nach Dartmouth oder über die MacDonald Bridge zum Marine Drive. Die Ausfahrt Richtung Süden findet ihr am Ende der „Lighthouse Route Yarmouth to Halifax".

The Marine Drive von Dartmouth zum Canso Causeway
via Eastern Shore (385 km)

Östlich von Halifax ist die Küste rauher und ursprünglicher als weiter südlich. Das mag auch mit am Klima liegen, denn im Süden sind die Gutwetterlöcher eindeutig dichter gesät. Am Marine Drive säumen viele verschlafene Fischerorte die Küstenbuchten, manche sind nur per Abstecher zu erreichen. Trotzdem führt die Strecke häufiger am Wasser entlang als man aus der Karte nach vermuten sollte.

Küste bis Sherbrooke
Der Marine Drive wendet sich hinter Dartmouth als Highway 207 gleich wieder der Küste zu. Im Stadtbereich folgt der Ausschilderung Cole Harbour. Oberhalb eines ruhigen Meeresarmes geht es auf sanften Hügeln zurück zu Hwy 7 nach Musquodoboit Harbour (L). Das dortige Eisenbahnmuseum ist ganz urig und eignet sich gut für ein kurze Pause. In Oyster Point grüßt noch einmal der Ozean, den man dann erst wieder in Ship Harbour zu sehen bekommt. Die Straße führt ab dort sehr nahe und malerisch an der steilen Küste entlang. Wer wild campen will, wird kaum einen Platz finden. In Sheet Harbour solltet ihr gut einkaufen, aber sonst nicht zuviel Zeit verbringen, denn Port Dufferin ist viel schöner. Der Campingplatz ist preiswert und liegt direkt an der Bucht, so dass es sich lohnt, auch früher dort einzutreffen und den Nachmittag am Meer zu verbringen. Bis Sherbrooke (L) führt die Strecke dann häufig durch Wald.

Sherbrooke Village
Sherbrooke Village ist eines der beiden Living Museums in Nova Scotia (http://museum.gov.ns.ca/sv/). Es ist kleiner, weniger spektakulär, aber recht gemütlich. So kann man zuschauen, wie Dory-Boote, besonders robuste Holzkähne, gebaut werden. Ein Zeltplatz mit Snack Bar liegt etwas außerhalb des Ortes an der Sonora Rd. (Tel. 902-522-2913/2584).

Tor Bay PP
Der Marine Drive führt am langgestreckten Indian Harbour Lake entlang zurück zur Küste bis nach Port Bickerton und per Fähre weiter zum nächsten Punkt, auf den man sich freuen kann. Er heißt *Tor Bay PP* und gehört mit seinen beiden einsamen Stränden mit zum schönsten, was Eastern Shore zu bieten hat! Mit etwas Geschick könnt ihr in der Nähe wild zelten, denn es lohnt sich, einen sonnigen Nachmittag an diesem magischen Küstenstreifen zu vertrödeln. An der ruhigen Bucht von Larrys River (L) entlang geht es weiter durchs Binnenland zur Chedabucto Bay. Die Straße führt hoch über der Küste nach Guysborough, dippt aber zwischendurch ganz gemein auf Meereshöhe ab.

Guysborough
Man sieht es dem kleinen Guysborough (L) mit seinen vielen Kirchen nicht an, aber dies ist das Zentrum der gesamten Region. Läden sind ab jetzt Mangelware. Stellt euch darauf ein. Zelten könnt ihr im nicht besonders attraktiven *Boylston PP* knapp hinter dem Städtchen. Bis Melford bleibt die Strecke recht ansprechend und schön. Immer wieder gibt es nette Siedlungen, schöne Ausblicke auf Meer und Buchten, und mit etwas Glück könnt ihr Bald Eagles, Weißkopfadler, kreisen sehen. Ab Melford beginnt das Kontrastprogramm zu all der unverbrauchten Natur an der Küste. Gegenüber von Cape Breton begleitet euch der Anblick der riesigen Petrochemieanlagen von Port Hawkesbury, und mit etwas Pech riecht ihr sie auch. Mulgrave ist der letzte Ort an der Strait of Canso, bevor Hwy 344 hügelreiche Kilometer durchs Binnenland zum Canso Causeway führt, der euch nach Cape Breton und zum Cabot Trail bringt.

4 Maritimes

Cape Breton Island Trails

Touristisches Vorzeigestück Neuschottlands ist Cape Breton, das mit seinen zerklüfteten Highlands den schottischen Einwanderern zur neuen Heimat wurde, aber auch den Acadians, die sich an den Ufern des riesigen Bras d'Or Sees und nahe Cheticamp niederließen. Heute zieht es besonders viele Künstler und Kunsthandwerker in den nördlichsten Zipfel der Provinz, der mit einem oft rauhen Klima stets wechselhaftes Wetter garantiert.

Ziele auf Cape Breton
Touristen steuern auf Cape Breton hauptsächlich vier Ziele an: den *Cape Breton Highlands National Park* mit Canadas berühmtester Küstenstraße, dem legendären **Cabot Trail;** das *Graham Bell Museum* in Baddeck am Bras d'Or Lake; das spektakuläre *Living Museum Fort Louisbourg,* das französisch angehauchte Gegenstück zum amerikanischen Williamsburg; wichtig auch der Fährhafen von Sidney zur Weiterfahrt nach Neufundland.

Cabot Trail-Info
Die Insel im Norden Nova Scotias ist durch den Causeway über die schmale *Strait of Canso* mit dem Festland verbunden. Sie hat die Form einer rechten Hand mit ausgestrecktem Zeigefinger. Auf eben diesem liegt der National Park, den keiner verpassen will, weil der spektakuläre Rundweg durch die steil abstürzenden Klippen der grünen Highlandhügel Küstenpanoramen bietet, wie man sie sonst nur am Pacific Coast Highway findet. Der Cabot Trail ist kürzer und steiler. So wird dir wieder mancher Wohnmobilbesitzer stolz erzählen, dass er „ihn" geschafft hat. Ratsam ist es, die Strecke über die Kaps im Uhrzeigersinn abzuradeln, auch wenn man in Gegenrichtung automatisch die schöneren Ausblicke genießt. An der Westküste blasen jedoch häufig Winde in Sturmstärke, die ihr dann frontal mitbekommt. Auch erspart ihr euch die lange 15% Steigung am Cape Smokey, in der anderen Richtung geht es gemächlich mit nur etwa 6% bergauf.

■ *Achterbahn am Meeressaum – Cabot Trail*

Start zum Startpunkt auf Cape Breton ist Port Hastings auf der anderen Seite des
Cape Breton Canso Causeways. Im Visitor Center (Tel. 902-625-4201) kurz hinter der
Brücke erhält man alle noch fehlenden Informationen. Ein paar Restaurants und Gift Shops runden das Bild ab. Groceries? Fehlanzeige. Die
gibt es im 10 km entfernten Port Hawkesbury. Auf jeden Fall solltet ihr
den Ceilidh Trail (www.novascotia.com/howtogetaround/ceilidh/de-
fault.htm) – in Port Hastings ist das der Hwy 19 – der Strecke durchs Binnenland vorziehen, wo ihr außer Wald nicht viel von Cape Breton zu
sehen bekommt.

Ceilidh Trail: Canso Causeway nach Margaree Harbour
(120 km)

Auch entlang dieses Highways gibt es keinen Aufmarsch der Höhepunkte. Bei guter Sicht blickt man aber im Westen auf die roten Sandstein-
kliffs des Festlands jenseits der Georges Bay. Die Straße führt ziemlich
hoch durch die Küstenhänge über dem Meer, das so fern bald langweilig
wird in seinem gleichmäßig glitzernden Blau. Die ersten Ortschaften sind
winzig und wenig attraktiv. Kleine Läden gibt es fast überall. Besonders
gut Pause machen kann man im Long Point PP zwischen Craigmore und
Campell (kein Camping).

Port Hood Hinter Judique führt eine ruhige Nebenstraße in Küstennähe nach Port
Hood. Durch besondere Strömungsverhältnisse ist das Badewasser dort
besonders warm. So gibt es im Ort, der etwas abseits der Straße liegt, einige Restaurants, Hotels, Campgrounds und Läden. Hwy 19 führt nun
durchs hügelreiche Binnenland. Die schmale Bucht von Mabou hat eher
Flusscharakter und der Blick auf den Ozean wird noch für eine Weile von
hohen Hügelkuppen versperrt. Zwar führen Schotterstrecken auch durch
küstennahe Regionen, doch sind es nur Stichstraßen und sie sind verdammt steil. Interessant für Mountainbiker!

Inverness In Inverness (all services) stattet der Highway dem Meer wieder einmal einen kurzen, meist windstarken Besuch ab. Ein Strandspaziergang bei
Sonnenuntergang an der wilden Küste ist ein tolles Abendprogramm für
alle, die auf dem Zeltplatz hinter dem Ort campen. Ganz anders als der
weite Sandstrand ist die schroffe Felsenküste der Klippen von Whale
Cove vor Margaree Harbour (L), wo der Ceilidh Trail in den Cabot Trail
mündet.

Cabot Trail: Margaree Harbour to South Gut St. Anns
(216 km)

Wer Margaree Harbour erreicht, wird gleich mit einem tollen Blick auf die
hier noch kahle Küste am Fuße der Cape Breton Highlands belohnt. Die
Straße verläuft zunächst flach, später schlängelt sie sich über ein Plateau
oberhalb des Ozeans.

Cheticamp Cheticamp (all services) ist das Zentrum der französischen Einwanderer
auf Cape Breton. Der Fischerort an der Westküste wird zwar zur Hochsaison von Touristen bestürmt, doch haben die bunten Holzhäuser entlang der felsigen Küste ihren Charme bewahrt. Von allen Orten rund um
den Nationalpark besitzt Cheticamp die stimmungsvollste Atmosphäre.

4 Maritimes

Vor dem Ortseingang der „Must"-Stopp für Bustouren. Flora's wurde bekannt durch Häkelteppiche. Wer mag, kann im Innern des Ladens bei der Herstellung der echt kitschigen Lappen zuschauen. Vom Hafen aus starten Exkursionsboote für alle, die Wale oder die Felsenwohnungen der „puffins", der Papageientaucher, besuchen wollen. Einige km hinter dem Ort biegt die Straße ins Inland ab, zum Haupt-Visitor Center des Cape Breton Highlands National Park (www.out-there.com/cape-bh.htm).

Cape Breton Highlands NP

Das schönste Stück der Küstenstraße erwartet euch gleich auf den ersten Kilometern im National Park. Die ersten Hügel am Meer sind aber auch besonders hart. Hier führt die Strecke steil mit spektakulären Ausblicken über Felsvorsprünge und Kaps. Vor allem im unteren Bereich des French Mountain solltet ihr die Viewpoints nicht links liegen lassen. Die Straße klettert ab hier etwa 6 km lang von n.N. hinauf auf 455 m und wendet sich dabei ins Binnenland. Die Steigung erreicht 12%, ist weniger gemein als die der ersten Hügel, aber länger. Oben rollt das Gelände sanft aus, ehe es nach kurzer Abfahrt erneut hinaufgeht zum MacKenzie Summit mit 355 m. Von dort stürzt die Straße in 12%-Kehren mit wunderschönem Ausblick wieder hinab zum Meer bei Pleasant Bay.

Pleasant Bay

Das winzige Nest besteht hauptsächlich aus Fish & Chips-Fressbuden, dem Cabot Trail Hostel (Tel. 902-224-1976, 20 C$ p.p.), 2 Motels, einem Internet-Café, Timmons General Store mit mehr Postkarten und Souvenirs im Sortiment als du jemals brauchen wirst und den *Whale-Watching-Touren.* Der Anbieter *Wesley's* macht's so: gibt's keinen Wal zu sehen, ist die Fahrt umsonst!

Nun könnt ihr den Granny Gear mal richtig ausreizen: North Mountain ist mit 457 m zwar nur 2 m höher als der letzte Pass, doch wartet er im mittleren Abschnitt mit einer steilen Meile auf, deren 15% keiner leugnen wird. Nicht zu früh jubeln. Es gibt einen falschen Gipfel. Nach kurzer Abfahrt geht es noch einmal rauf und erst dann in rauschender Abfahrt hinab nach Big Intervale am Fuße einer steil abfallenden, grünen Hügelwand. Ein Zeltplatz mit 10 Sites und ohne Duschen befindet sich hier genau auf halber Strecke zwischen den beiden NP-Einfahrten.

The North

Die Straße verlässt bald darauf den Nationalpark für eine Weile. Über Hügel, die zunehmend steiler werden bevor sie den Blick freigeben auf Aspy Bay, gelangt man nach Cape North (L). Im Ort zweigt eine Straße Richtung Norden ab, die nach Bay St. Lawrence bzw. über eine steilere Schotterpiste noch weiterführt nach Meat Cove, einer der schönsten Buchten auf Cape Breton. Ein Picknick-Park am Strand erinnert unterwegs an die Stelle, an der John Cabot, der Entdecker italienischer Herkunft, 1497 an Land ging und damit Nova Scotia zur weiteren Besiedlung erschloss. Von der gesamten Küste aus kann man mit etwas Glück Wale beobachten, die sich weiter draußen tummeln.

✖ Off-Road Riding:

Der Zeltplatz in Meat Cove ist wunderschön gelegen, ganz offen am Meer. Allerdings ist es eines der windigsten Fleckchen in Nova Scotia, und bei schlechten Bedingungen können schon die 27 km Anreise dorthin eine wahre Herausforderung sein. In der Umgebung gibt es einige lohnenswerte Mountainbike Trails mit Meerblick. Das gibt es sonst nur am Pazifik! Kenneth, der Besitzer des Campgrounds, gibt gerne Auskunft (Tel. 902-383-2379).

Scenic Loop Der Cabot Trail wendet sich von Cape North aus wieder Richtung Süden. Die eigentliche Strecke führt durchs Binnenland. Es lohnt sich auf jeden Fall, den Scenic Loop hinter South Harbour einzuschlagen. Die Straße ist etwas holperig, kurvig und ab und zu ganz schön steil, zumindest bis zum Abzweig nach White Point, einer kleinen Siedlung inmitten der Küstenfelsen. Als Belohnung erhält man einen schönen Ausblick über die Bucht von Aspy und eine sanft ausrollende Abfahrt nach New Haven (L). Hinter Neils Harbour, einem winzigen Fischerort mit Badestrand und Seafood- Restaurants, mündet die Straße wieder auf den Cabot Trail.

**Die Ost-
küste** Der Trail führt über Hügel ein Stück durchs Binnenland zur sehenswerten Black Brook Beach. Der „Schwarze Bach" stürzt am Ende eines schmalen Canyons in einem kleinen Wasserfall über die Felsen zum Meer. Die ganze Bucht wird eingerahmt von glattgeschliffenen roten Felsen, in die Gesteinsadern in feinen schwarzen Linien Muster eingezeichnet haben. Der Laden in Ingonish ist der letzte brauchbare für die nächsten 100 km. Da es sich lohnt, in Ingonish Beach einen längeren Aufenthalt einzuschieben, solltet ihr euch hier entsprechend mit Lebensmitteln eindecken.

**Ingonish
Beach** Schon von weitem sieht man die Middle Head Peninsula ins Meer hinausragen. Auf dem Landzipfel thront eine noble Lodge mit edlem 18-Loch Golfplatz. Schön, um sie sich anzuschauen und dann auf dem Ingonish Campground zu übernachten. Bei Sonnenschein lohnt sich die Wanderung zum Kap des Middle Head oder einfach nur Ausspannen am wunderschönen Strand.

Der Cabot Trail führt in weitem Bogen um die Bucht herum und erklimmt dann ganz gemächlich Cape Smokey in einer langen, leichten Steigung. Oben der Provincial Park mit toller Fernsicht. Checkt die Bremsen, denn die Abfahrt vom Cape Smokey hinunter zum Meer ist haarsträubend und garantiert heiße brakeshoes.

Die Highlights des Cabot Trails liegen nun hinter euch. Die Strecke zweigt ins hügelreiche Binnenland ab und kehrt erst in St. Anns, dem Zentrum der gälischen Einwohner, zum Ozean zurück.

South Gut St. Anns – Canso Causeway via Cabot Trail und Ceilidh Trail (200 km)

**Weiter auf
dem Cabot
Trail** Für Baddeck (all services) wählt am besten die erste Abfahrt von Hwy 105. Die Strecke führt auf 10 km hinab zum Bras d'Or Lake mit schönen Ausblicken und wenig Verkehr. Bras d'Or Lake ist das beliebteste Segelrevier der Provinz und im Sommer getupft von Segelyachten. Attraktion in Baddeck: Das Alexander Graham Bell Museum. Der berühmte Erfinder schottischer Abstammung, dem wir angeblich das Telefon verdanken, erfand bevorzugt hier im Ort und wird deshalb anschaulich geehrt. Campingplätze hinter der Stadt.

Der Cabot Trail führt wieder hinüber zum Westufer durch das nicht sonderlich interessante Binnenland zurück Richtung Norden. Wer den Ceilidh Trail nicht doppelt radeln will, hat Hwy 105 als Alternative, der auch nicht viel zu bieten hat, aber mit 110 km Gesamtlänge kürzer ist als die Route via Ceilidh Trail.

4 Maritimes

➤ Ab-
stecher:
Fort Louis-
bourg

An den Stadttoren der alten Gemäuer fangen dich die Wachen ab. Du wirst der Spionage für die englische Krone bezichtigt. Nur wenn du deine Unschuld beteuerst, lässt man dich hinein in die Welt hinter den Mauern, in der die Zeit seit 1750 stillzustehen scheint. Marktweiber, Handwerker, Hirten und Bauern drängen sich in den engen Gassen. Ein dreckiger, besoffener Soldat haut dich an und klagt dir sein Leid, erzählt vom Leben und dem schlechten Sold in dieser gottverdammten Garnison …

In der *National Historic Site von Louisbourg,* dem größten und beeindruckendsten Living Museum Canadas versucht man, so echt wie möglich den Alltag aus der guten alten Zeit nachzustellen. Eigene Versorgung und leben wie in alten Zeiten, das gehört für die Akteure des historischen Theaters dazu. Alles soll möglichst echt wirken. Allerdings nur während der Sommermonate. Im Winter ist das Museum ausgestorben. Während der Hauptsaison jedoch drängeln sich die Besucher vor den Toren des alten französischen Forts. Nach dem Highland National Park ist dies der zweite Touristenmagnet auf Cape Breton.

Ein Besuch in der guten alten Zeit macht gewiss Spaß. Die Anreise via North Sydney und Glace Bay ist jedoch enorm, mit einem Umweg von fast 300 km im Vergleich zur direkten Rückfahrt nach Port Hastings. Mit dem Rad direkt zum Fort radeln könnt ihr nicht, denn es wird regelrecht abgeschottet und ist nur per Shuttlebus vom Visitor Centre aus zu erreichen. Der Eintritt beträgt ca. 12 C$ p.p. Man muss schon mindestens einen Tag für den Besuch einplanen. Übernachtungsmöglichkeiten gibt es im nahen Ort namens Louisbourg. Weiterradeln könntet ihr dann auf dem Marconi- und dem Fleur de Lis-Trail, eine Strecke, die noch nicht durchgehend asphaltiert ist und durch ein recht abgeschiedenes Stück Neuschottlands führt. Die Distanzen zwischen Läden und Zeltplätzen sind allerdings groß und erfordern gute Planung.

Sunrise Trail: Canso Causeway – Amherst via Northumberland Shore (316 km)

Die Küste im Nordwesten Neuschottlands unterscheidet sich deutlich von den Uferregionen, die dem offenen Atlantik zugewandt sind. Immer wieder ragen rote Sandklippen aus dem Meer empor. Kies und Strand leuchten in Ocker und Braun. Es gibt weniger Badebuchten als im Süden, obwohl die Wassertemperaturen hier durchweg sehr angenehm sind.

Die beiden größeren Städte, die der sogenannte *Sunrise Trail* (www.nova-scotia-kanada.de/sunrise_trail/) via Northumberland Shore miteinander verbindet, sind **Antigonish** (all services) im Osten und **Amherst** (all services) an der Grenze nach New Brunswick im Westen. Der Trail folgt der Küstenlinie nur abschnittsweise und ist daher auch nur in einzelnen Teilabschnitten interessant. Das Terrain ist überwiegend sanft hügelig.

Mini-Trail

Die steigungsreiche Strecke rund um das eher verschlafene Cape George wird „Mini-Trail" genannt und gilt als Zwergenausgabe des Cabot Trails. Kein Vergleich, meine ich. Bei Ballantines Cove ist die Aussicht sehr malerisch. Im Hafen dümpeln Fischerboote, leider keine Whiskeyfässer, und den Ausblick auf die weite St. Georges Bay muss man sich zuvor an vielen Steigungen erarbeiten. Rund ums Kap geht es sehr verschlafen zu. Kleine Läden gibt es in Malignant Cove, richtig einkaufen könnt ihr erst wieder in New Glasgow. Nicht weit entfernt, nämlich in Caribou bei Pictou legt die Fähre ab, die euch zu Canadas Badeinsel Nr. 1 bringen kann, nach Prince Edward Island, kurz PEI genannt.

Pictou

Pictou wirbt mit dem „Hector Heritage Quay". Dank Rezession war der Ort nahezu bankrott. In der Innenstadt gähnten sich die nackten Schaufenster leerstehender Ladenlokale an. „Touristen müssen her!" rief der Stadtrat und beauftragte einen Wirtschaftsberater. Der wühlte in den Geschichtsbüchern und fand heraus, dass es Pictou gewesen sein musste, wo einst die ersten Schotten an Land gegangen sind. Das Skelett eines Einwanderungsschiffes wurde im Hafen rekonstruiert und 1993 eingeweiht, zusammen mit einer brandneuen Shopping-Meile, dem Hector Heritage Quay. Soviel zum „revival" historischer Stadtviertel in den USA und Canada. Übernachten könnt ihr im Hostel Pictou (14 Chapel Street, Tel. 902-485-8740). Ruhig, unkommerziell und schön ist es im Caribou Provincial Park, nur wenige Kilometer vom Fähranleger entfernt. Kurze Trails führen zum Strand mit riesiger Lümmelwiese an der Northumberland Strait. Die Fähre nach P.E.I. braucht ca. 75 min. Was ihr dort unternehmen könnt, findet ihr unter dem Stichwort „● **Extratour 2: PEI**" weiter unten in diesem Kapitel.

Glooscap Trail: Amherst – Windsor via Fundy Shore
(365 km)

Der Glooscap Trail, benannt nach einem allmächtigen Gott in den Liedern der Micmac Indianer, ist weniger berühmt als der Cabot Trail, aber was die Herausforderung an Radler betrifft, so steht er ihm in nichts nach. Die härtesten Steigungen geben sich entlang dieser Strecke ein Stelldichein. Belohnungen durch fantastische Ausblicke sind etwas rarer. Dafür fehlt hier die Touristen-Lala. Keine Andenkenläden, keine Künstler, aber manches Entdeckenswerte am Wegesrand und viel Arbeit für die Beine.

Chignecto Bay

Von Amherst aus seid ihr besser bedient, wenn ihr nicht der lebhaften, offiziellen Route, sondern der Nebenstrecke nach Amherst Point folgt. Ihr stoßt dann in Nappan auf den Glooscap Trail. Folgt Hwy 302 und biegt in Maccan auf Hwy 242 ab. Die Besiedelung wird dünner. Der Co-op Supermarkt vor River Hebert ist vorläufig der letzte dieser Größe.

Auf den ersten 80 km von Amherst nach Advocate Harbour, einem winzigen Nest am hohen Cap d'Or, bekommt ihr vom Meer nicht allzuviel zu sehen. Zunächst gibt es viel Landwirtschaft mit Blick auf den Ozean in der Chignecto Bay jenseits der Äcker. Nach Joggins wird es richtig einsam. An den nun folgenden Steigungen könnt ihr die Extra-Kalorien vom Frühstück verbrennen.

Cape d'Or

Rund um Advocat könnt ihr eure Beine etwas ausruhen oder auf dem Fundy Tides Campground, 95 Mills Rd., Tel. (902) 392-2066, übernachten. In East Advocat gibt es einen Laden mit Tankstelle.

✘ Off-Road Riding:

Eine irre steile Schotterstrecke führt auf das markante Kap hinauf zum Cape d'Or Lighthouse Lookoff mit schöner Aussicht über Minas Basin und die Bay of Fundy, die große Bucht zwischen Neuschottland und dem Festland (www.ednet.ns.ca/educ/heritage/nslps/cap_dor.htm).

Das Südufer Am Südufer gibt es dann insgesamt etwas öfter das Meer zu sehen, hauptsächlich von jeder steilen Hügelkuppe aus, die ihr eine nach der anderen hinaufkurbeln dürft. Nicht verzweifeln, die Ausblicke von oben sind spitze! Nicht den Abzweig nach Spencer's Island Beach verpassen. Dort gibt es einen kleinen Tankstellenladen und einen Campground direkt an der Bucht. Die Straße führt im Bogen wieder auf die Hauptroute zurück.

Die steilen Hügel bleiben euch weiterhin treu bis Port Greville (L). Hinter dem Ort gibt die Straße den Blick frei auf Cape Blomidon und Cape Split jenseits des Minas Channel.

Parrsboro In Parrsboro ist auf eurer Seite das Tor zum Minas Basin. Die Strände nördlich des Meeresarmes sind sehr beliebt bei Sammlern von Kristallen, Halbedelsteinen und Fossilien. Bernstein, Onyx und Amethyst kann man finden. Ehemals war dieser Küstenabschnitt mit dem afrikanischen Kontinent verbunden, so heißt es zumindest in neuesten geologischen Untersuchungen. Wer Lust hat auf einen Ausflug in die Tage des Jurassic-Zeitalters und wissen will, wie man Halbedelsteine poliert, sollte das wirklich sehenswerte Fundy Geological Museum in Parrsboro besuchen.

Welcome to Hwy 2. Die Versorgung wird besser, aber aus ist es mit der Ruhe von Hwy 209. Insgesamt geht es aber nicht allzu wild zu, weil der Schwerlastverkehr zwischen Truro und Festland bei Glenholme ins Binnenland abzweigt auf Hwy 104. Hwy 104 ist in dieser Ecke grausam: voll, eng und steil. Meiden!

Five Islands Freuen könnt ihr euch auf die Bucht der Five Islands. Weite Sandstrände säumen die steile Küste, die unterbrochen wird von grellgrünen Marschlandschaften an Flussmündungen. Beeindruckend der Ausblick auf die steilen Kuppen der fünf Inseln, die in der Bucht verstreut liegen.

„The Worlds Highest Tides" Bay of Fundy heißt die Meeresbucht zwischen dem Festland von New Brunswick und der Halbinsel von Nova Scotia. Die Küste hier gleicht der im Norden und hätte an sich nicht viel Aufregendes zu bieten, wären da nicht die Gezeiten. Nirgendwo auf der ganzen Welt kann man ihre ungeheure Macht mit bloßem Auge so eindringlich verfolgen wie hier. Am eindrucksvollsten beobachten kann man den Tidenwechsel am Minas Basin, dem ausgedehnten Meeresarm vor den Toren der Stadt Truro. Flüsse fließen rückwärts, und Buchten mit zuvor tosendem Wellengang verwandeln sich in zerfurchte Schlammwüsten. Tide Rafting, Schlauchbootfahren flussaufwärts wird angeboten bei einsetzender Flut. Besonders anschaulich verfolgen kann man den verrückten Weg des Wassers an Brücken in Strandnähe. Empfehlenswert sind der Shubenacadie River zwischen Green Oaks und South Maitland, der Walton River und die breite Mündung des Avon River nahe Windsor.

Minas Basin Hwy 215 Zwischen Truro (all services, Camping: Scotia Pine Campground, RR#1, Brookfield, Nova Scotia, B0N 1C0, Tel. 902-893-3666, off-season 902-895-4969, www.scotiapine.ca/) und Windsor (all services) radelt ihr auf den Highways 236 und 215 meist mit Meerblick. Aber der Ozean ist dennoch nur selten zum Greifen nah. Der Verkehr ist, mal abgesehen von Truro und Umgebung, schwach. Gut so, denn anstrengende Passagen mit gemeinen Steigungen auf enger Fahrbahn gibt es hier genug. Kleine Läden findet ihr reichlich, Zeltplätze sind dagegen rar. Nachfragen bei Privat, ob im Garten aufgebaut werden kann, lohnt allemal.

Evangeline Trail: Bedford – Yarmouth via Annapolis Valley (325 km)

Evangeline ist der Name eines Gedichtes von Mr. Longfellow, das die Geschichte der Vertreibung der Acadians aus Nova Scotia in Reime packt. Es gibt viele französische Siedlungen, besonders an der Küste im Nordwesten von Yarmouth. Eigentlich beginnt diese Route in Bedford, einem Vorort von Halifax. Da die Strecke durchs Binnenland nicht sonderlich spektakulär ist, spare ich mir die Beschreibung und beginne lieber mit den attraktiveren Abschnitten.

Annapolis Valley

Ganz Neuschottland schwärmt vom Annapolis Valley. Ganz nett, fanden wir, aber eng und emsig. Das weite Tal zwischen den Hügeln des Binnenlandes und einem kleinen Küstengebirge hat ein besonders mildes Klima. Vielleicht ist es dort im Frühjahr besonders schön, wenn die riesigen Apfelbaumplantagen blühen. Wir waren zur Zeit der Apfelernte da und haben uns gütlich getan an den wirklich köstlichen, rotbackigen Früchten. So oder so, die Strecke liegt abseits der Küste und das gesamte Tal ist recht dicht besiedelt, was man vor allem am starken Autoverkehr merkt. Hwy 1 hat schmale oder gar keine Seitenstreifen und ist voll.

Ausweichstrecken

Schöner radeln kann man auf dem nördlich und parallel verlaufenden Hwy 221. Dort ist auch nicht alles zugebaut und die hochliegende Straße gibt den Blick frei auf die landschaftlichen Reize des Tals. Zur Hauptstraße müsst ihr aber des öfteren zurück, denn Läden, Zeltplätze etc. findet ihr nur dort.

Wirklich sehenswert sind die Orte Wolfville am Ostende des Tales (schöne Uni-Stadt mit viel Atmosphäre, B & B's, Campground etwas außerhalb am Grand Pré National Historic Site: Land of Evangeline Family Camping Resort, 84 Evangeline Beach Rd., Tel. 902-542-5309) und Annapolis Royal am Westende (Fort, schöne Lage). Beide Städte beherbergen prachtvolle Villen im victorianischen Stil. Die dazugehörigen uralten Bäume auf den Parkgrundstücken sorgen für den romantischen Touch: Südstaatenflair im hohen Norden.

➤ Abstecher: Cape Split Trail

(34 km one way). – Die Top-Wanderung auf Nova Scotia führt zum Cape Split. Um zum Trailhead zu gelangen, müsst ihr allerdings wirklich anstrengende 34 km von Wolfville nach Scots Bay abkurbeln. Anstrengend, weil sie durchs kleine Küstengebirge führen. Natürlich gibt es dafür eine Belohnung: The Lookoff bietet einen tollen Blick über die Mündung des Avon River. Besonders schön bei Ebbe, besonders schön im Herbst mit bunten Bäumen. Am Lookoff gibt es einen Campground. Zweiter Höhepunkt ist die Schussfahrt aus dem Küstengebirge hinab nach Scots Bay. Die Bucht sieht an windigen Tagen aus wie eine Torte mit tausend Sahnehäubchen. Der Cape Split Trail beginnt, wo die Straße endet. Bis zum Aussichtspunkt sind es 4 Stunden Fußmarsch – one way. Da solltet ihr schon ein Lunchpaket einpacken. Der Marsch lohnt übrigens nur bei Sonnenschein, denn die Felssplitter im Ozean liegen vor der Küste und werden bei schlechter Witterung vom Dunst verschluckt.

Hwy 221 nach Bridgetown

Im kleinen Laden von Sheffield Mills oder Centreville könnt ihr euch fürs weitere eindecken und braucht dann Hwy 221 gar nicht erst wieder zu verlassen. In Middleton führt der Highway aber auf jeden Fall kurz zur

4 Maritimes

Hauptroute zurück. Shopping Center liegen dort an Hwy 201. Ab Bridgetown geht es weiter auf Hwy 1, der hier, entlastet durch die Schnellstraße, recht ruhig ist und zudem einen schönen Ausblick auf das grüne Tal des Annapolis River bietet. Der letzte Zeltplatz vor Annapolis Royal ist in Granville Ferry, 2,5 km außerhalb der Stadt in der 62 Delaps Cove Road, Tel. (902) 532-7711.

Annapolis Royal

Für Annapolis Royal sollte man sich unbedingt einen Tag Zeit nehmen. Das alte Fort ist sehenswert. Falls ihr das Besichtigungsprogramm zu schnell durchhabt, radelt doch einfach nach Victoria Beach an der *Digby Gut,* einer superschmalen Meerenge. Widersteht der Versuchung rüberzuschwimmen. Die Strömungen sind irrsinnig stark und gefährlich!

Shortcut:

Annapolis Royal – Liverpool via Hwy 8 durchs Binnenland (114 km)
Wer die Strecke zum South Shore abkürzen will, kann es hier am sinnvollsten tun. Die Strecke hat einige längere Steigungen. Die schlimmste gleich zu Beginn erklettert die Hänge von South Mountain, um nachher wieder ins Tal zu stürzen zur Mickey Hill Pocket Wilderness (Wasser). Einige Hügel um Milford (Raven Haven Hostel am Ufer des Sandy Bottom Lake, 3 km ab South Milford Richtung Bear River, Tel. 902-532-7320), die aber nicht so krass sind. Im Zentrum der Strecke liegt der *Kejimkujik National Park*, der keine besonderen Höhepunkte bietet, aber ganz nett ist, um auszuruhen. Eine kleine Seenplatte lädt zum Schwimmen und Kanufahren ein, das Hinterland wird von einem Netz aus Wanderwegen und über 40 Backcountry Campsites durchzogen. Spektakuläre Aussichtspunkte fehlen allerdings, auch der Baumbestand ist insgesamt noch sehr jung. Die offizielle Website von Parks Canada (http://www.pc.gc.ca/pn-np/ns/kejimkujik/index_e.asp) informiert über Campingplätze, Mehrtages-Wanderungen und –Kanutouren, Wetter u.v.m., einen ersten Überblick bietet http://www.out-there.com/kejimku.htm.

➤ Abstecher: New Brunswick

In Digby legt mehrmals täglich die Fähre nach Saint John's, NB, ab; Fahrzeit knapp 3 Std.; Fährpreis 35 C$ plus 10 C$ fürs Fahrrad. Fahrpläne und aktuelle Preise auf der Webpage von Bay Ferries Ltd. (www.nfl-bay.com) oder Tel. **1-888-249-7245**. An der Küste dort könnt ihr *Fundy Bay NP* besuchen, um die Gezeitenunterschiede mal von der anderen Seite zu betrachten. Die Steilküste im National Park ist recht ansprechend, aber es gibt nur wenige Straßen und Wege zu radeln. Nicht der aufregendste Abstecher!

Digby

Digby ist ein größerer Fischerort mit Promenade und Yachthafen. Highway 1 führt um das Annapolis Basin herum. Zum Ort muss man einen kleinen Abstecher einschieben. Man kann ein bisschen umherbummeln oder auch hier zur *Digby Gut* hinausradeln. Vielleicht hast du auch eher Lust auf die großen Wasserrutschen im Fundy Summer Park?

Evangeline Coast

Den Küstenabschnitt von Digby nach Yarmouth fand ich am langweiligsten. Die Strecke führt in einiger Distanz zum Meer und Blick auf den vorgelagerten Digby Neck, eine schmale Landzunge, ziemlich schnurgerade nach Yarmouth. Weder die Ortschaften noch die Strände sind besonders ansprechend. Die Versorgung ist kein Problem. Zeltplätze gibt es in Church Point und Darling Lake. Alternative am „Herzblatt-See", dort liegt das Ice House Hostel, Hwy 1, 44 Old Post Road, Tel. (902) 649-2818.

Lighthouse Route: Yarmouth – Halifax via South Shore
(525 km)

Yarmouth

Falls ihr dort per Fähre von Bar Harbour/Maine (USA) eintrefft, deckt euch im Welcome Center am Anleger mit Karten und dem hilfreichen Nova Scotia Guide ein. Das Stadtzentrum ist schnell erreicht. Manser's Bicycle Repair, 165 Pleasant St., Tel. (902) 742-0494, kann euch bei Problemen mit der Hardware weiterhelfen. Nächtigen könnt ihr für 20 C$ p.P. im Yarmouth Backpackers, 6 Trinity Place, Tel. (902) 749-0941, Zelten ist möglich in Arcadia, 4 km Richtung Süden an Hwy 3, Tel. (902) 742-4848.

Die Main Street von Yarmouth (all services) mit ihren klobigen, roten Backsteinhäusern strahlt einen urwüchsigen Charme aus, und es lohnt sich, ein bisschen umherzubummeln. Die Shopping Center liegen alle an der Ausfallstraße Hwy 3.

Die Strecke Richtung Halifax trägt den Beinamen Lighthouse Route, wegen der vielen Leuchttürme, die man unterwegs besuchen kann. Sie führt zunächst durchs Binnenland und stößt erst in Tusket auf die Küste, die hier besonders zerklüftet ist (toll für sea-kayaking). In Tusket könnt ihr Kanadas ältestes Court House bewundern.

Die Pubni-cos

Mit dem Ideenreichtum für Ortsnamen scheint es in dieser Region nicht allzu weit herzusein. Die „Pubnicos" beherrschen zwei ganze Landzungen. East Pubnico, Middle East Pubnico, Lower East Pubnico – ihr lernt sie alle kennen auf dem Weg zum Cape Sable Island im Süden. Irish Moss, das als natürliches Bindemittel verwandt wird, gedeiht besonders üppig in den Meeresbuchten hier. Barrington Passage ist Verkehrsknoten und Einkaufszentrum der Region. Von dort aus führt ein Landsteg hinüber zum Cape Sable Island, das mit wunderschönen weißen Naturstränden überrascht, die voller kleiner Kostbarkeiten sind für Strandläufer mit Sammlertick.

Sand Hills Beach

Wenn das Wetter schön ist, solltet ihr jedoch lieber auf direktem Weg Sand Hills Beach PP ansteuern. Hier findet ihr nach 2 km Schotterpiste einen fantastischen Sandstrand mit seichtem warmem Badewasser. Wenn ihr auf den unteren Holzstegen rechts rollt, könnt ihr das Rad bis zur Beach mitnehmen. Bei den Umkleidekabinen am Eingang kann man kalt duschen.

Shelburne

Shelburne heißt der nächste attraktive Ort. Vergesst den Ortskern und radelt gleich zum Dock. Die Loyalisten der englischen Krone während des Unabhängigkeitskrieges suchten einst hier ein neues Zuhause. Der historische Stadtteil liegt wunderschön und ist bestens restauriert. Die Leute im Visitor Center sind sehr hilfreich (Shelburne Town Hall, 168 Water Street (2nd floor), Tel. 902-875-3873), auch falls ihr einen Rastplatz im Schatten sucht. Zelten kann man im The Islands PP auf der anderen Seite der Bucht.

Liverpool (all services) bietet keine besonderen Attraktionen, mal abgesehen von den Leuten dort, die wir riesig nett fanden. *Übernachten* könnt ihr im Liverpool Hostel, Main St., Tel. (902) 354-3533. Fast alle Bewohner der Region arbeiten übrigens in der nahen Bowater Papiermühle. Ihr solltet bei der Weiterfahrt die nächste Landzunge auslassen, wenn ihr den unvermeidbaren Logging Trucks entgehen wollt.

Shortcut: **Annapolis Royal** (114 km)
In Liverpool endet die unter „Evangeline Trail" empfohlene Abkürzung durchs Binnenland. Für alle, die einen kurzen Neuschottland-Loop an einen Neuengland-Trip anhängen, bietet sich hier die Möglichkeit, die Nordküste an der Bay of Fundy anzusteuern und von Annapolis Royal aus nach Yarmouth zurückzukehren.

Cherry Hill Beach   Hinter Medway Harbour lohnt es sich, wieder zur Küste zurückzukehren, die besonders reizvoll ist an der Cherry Hill Beach. Zelten könnt ihr im Rissers Beach PP, der auch tagsüber einen Aufenthalt lohnt mit interessanter Ausstellung zum Leben in den Salzwassermarschen, tollem Strand, Snack Bar und heißen Duschen.

Lunenburg   Das nächste lohnenswerte Ziel lässt nicht mehr lange auf sich warten und der Weg dorthin wird angenehm verkürzt durch die Fähre von La Have. Bekannt wurde der Fischerort Lunenburg durch die romantischen Fassaden seiner viktorianischen Häuser, die bunt gestrichen auch in Deutschland einst als Reklameseite für Lacke durch Zeitschriften geisterten und mittlerweile als UNESCO Weltkulturerbe gelistet wurden. Im großen Hafen gibt es neben einer Fischereiflotte das „Fisheries Museum of the Atlantic" zu bewundern. Unterkunft auf dem Zeltplatz neben der Tourist Information oben auf dem Blockhouse Hill. Radprobleme löst ihr im Lunenburg Bicycle Barn, 579 Blue Rocks Rd., Tel. (902) 634-3426.

Peggy's Cove   Ab Lunenburg wird es hügelig, mal abgesehen von der flachen Passage entlang Mahone Bay (L). Der kleine Ort wirbt für sich als Künstlerkolonie, hat jedoch, zumindest oberflächlich betrachtet, wenig Charme. Auf jeden Fall jedoch lohnt sich ein Abstecher nach Peggy's Cove. Deckt euch allerdings in Hubbards mit Lebensmitteln für die Strecke bis Halifax ein. Es gibt nur noch Minilädchen und Restaurants unterwegs. Allein an den vielen RV's werdet ihr merken, dass ihr euch offensichtlich einer Touristenattraktion nähert. Gewiss habt ihr den Leuchtturm schon zuvor auf Postkarten gesehen. Wie ein seltsames Denkmal ragt er aus den von Wind und Wellen glattgeschliffenen kahlen Felsplateaus auf, die für Nova Scotia einmalig sind. Wer Glück hat, erwischt einen windigen Tag. Dann umtost die Brandung spektakulär die kahlen Klippen. Zelten könnt ihr auf dem King Neptune Campground, 8536 Peggy's Cove Rd., Indian Harbour, 3 km vor Peggy's Cove.

■ *Fisherman's friend: Stockfisch*

Die Straße führt weiter über einige gemeine Hügel hinweg, an verträumten Buchten entlang, ehe sie sich wieder dem Binnenland zuwendet und am Long Lake vorbei in Margarets Bay Road mündet, den direkten Zubringer nach Downtown Halifax.

● Extratour 1:
Newfoundland

„The piece of rock, we're living on", so nennen die Neufundländer ihre Insel augenzwinkernd. Und optisch gesehen liegen sie damit teilweise ganz richtig. In vielen Zonen ist die Vegetation karg und dürftig. Niedrige Flechten und Moose, kleinwüchsige Sträucher und Fichten krallen sich ins Gestein, gruppieren sich um die vielen kleinen Tümpel, die wie blaue Tupfen auf unterschiedlichen Ebenen über die Landschaft verstreut sind.

Auf der Insel Newfoundland beginnt (oder endet) der Trans Canada Highway, von ihm führen viele Stichstraßen ans Meer und zum **Gros Morne National Park,** unbestritten dem wohl schönsten Fleckchen auf Neufundland mit erstklassigen Wanderwegen. Ansonsten ist Neufundland nicht so toll zum Radeln geeignet: Der Trans Canada Highway ist stellenweise recht eng, verkehrsüberlastet und gebirgig, die hauptsächlichen Stichstraßen lassen sich nur mit viel Improvisationsgabe zu Rundtouren verbinden, das öffentliche Transportwesen ist lückenhaft, das Klima noch rauher als auf den übrigen Inseln mit stürmischen Südwestwinden. Rundkurse sind nur möglich auf der Avalon und Burin Peninsula sowie nördlich von Gander. Anreise von Nova Scotia mit Schiffen der Marine Atlantic (www.marine-atlantic.ca).

Ein Tip für Heimwehpatienten: kein Punkt in Nordamerika liegt rein geographisch so nah an Europa wie Cape Spear nahe der Hauptstadt St. John's. Die Uhrzeit der Insel ist den anderen Provinzen der Maritimes deshalb auch eine halbe Stunde voraus. Erste Eindrücke und weitere Links findet ihr auf der Homepage der Tourismusbehörde unter www.gov.nf.ca/tourism/.

● Extratour 2: Prince Edward Island (PEI)

Die Prince Edward Insel (nördlich von Nova Scotia) ist ziemlich flach, durch ihre geschützte Lage wärmer als die restlichen Maritimes und ideal fürs Radfahren. Manchem mag nach einer Runde durch Neuschottland hier der Reiz des Neuen fehlen, andere suchen nach Herausforderungen wie der Gaspé Peninsula (weiteres s.u.) einfach gute und dazu noch verkehrsarme Straßen zum Ausrollen, zum Genießen, zum Abschalten. Wer das will und nicht mehr, ist auf PEI richtig und sollte sich nach der Ankunft im Visitor Center in Charlottetown Info-Material und Karten zu den schönen Scenic Drives besorgen. Es gibt den *Kings Byway Drive* von Charlottetown in den Osten der Insel (323 km), den *Blue Heron Drive* durch das Zentrum der Insel (192 km) und weitere wie den *Lady Slipper Drive* (300 km) oder den *Heritage Drive.* Im Norden umfasst der Prince Edward Island National Park eine Postkarten-Dünenlandschaft und 40 km Sandstrände. Die bei den Einheimischen sehr umstrittene, 13 km lange Confederation Bridge von New Brunswick über die Northumberland Strait ist für Radler gesperrt. Fragt andere Autofahrer wegen einer Mitfahrt oder meldet euch beim Kontrollposten wegen eines Shuttles. Einzige Fährverbindung mit Northumberland Ferries von Caribou, Nova Scotia, nach Wood Island, Fahrpläne und Preise unter www.nfl-bay.com. Allgemeinere Infos unter www.gov.pe.ca/visitorsguide/.

● Extratour 3: Gaspé Peninsula

Wenn ein French-Canadian sich radelnd ein paar Tage so richtig auspowern will, mit der Belohnung eines erfrischenden Bades im kühlen Atlantik am Abend, so gibt es nur ein Ziel: Die Gaspé Peninsula im Osten der Provinz Québec. In Europa weiß kaum jemand, dass dies der Name der Landzunge ist, die sich am Südufer des Saint Lawrence River in den Ozean hinausschiebt. Gaspé Peninsula, das ist das härteste, anstrengendste Radrevier Ost-Canadas. Auf den Straßen rund um die Halbinsel, die mit spektakulären Ausblicken über die hohen Kliffs der felsigen Steilküste führen, geht es permanent auf und ab. Achterbahn mit Selbstantrieb und vielen gemeinen Steigungen zwischen 12% und 15%. Ja, und wenn dir dann noch der Wind sein Lied erzählt ... besser, du hast ihn auf deiner Seite. Meist weht er aus westlichen Richtungen. Empfohlene Fahrtrichtung für eine Umrundung auf den Highways 132 und 198: Uhrzeigersinn.

Sehenswertes

Neben dem Herausforderungscharakter für Radler lockt vor allem die beeindruckende Küste Touristen in dieses abgelegene Fleckchen Ostcanadas. Steile Felsenkliffs mit grünem Pflanzenpelz, von Wind und Wellen zu Skulpturen gemeißelt, unterbrochen von romantischen Sandbuchten hier und da, das ist der Stoff, aus dem Gaspé-Reiseträume gemacht sind. Besonders beliebte Spots sind Percé mit seinem berühmten Felsen und der Parc National Forillon am östlichsten Landzipfel. Umrunden kann man den schönsten Teil der Peninsula in gut einer Woche auf den Highways 132 und 198 zwischen Anse Pleureuse, Parc National Forillon, Gaspé und Murdochville.

Übernachten / Verpflegung

Um Campingplätze ist es schlecht bestellt. Im und um den Parc National de Forillon sowie bei Percé besteht kein Mangel, dafür aber überall sonst. Bleibt nur wildes Campen am Strand. Doch der besteht mitunter aus Felsbrocken oder dickeren Kieselsteinen. Haltet rechtzeitig Ausschau, vor allem am Nordufer, sonst landet ihr zwangsläufig im nächsten Motel, denn an den steilen Kliffs sind ebene Plätze zum Zelten selten. Auf den 110 km von Anse-Pleureuse nach Riviére-au-Renard (L) vor den Toren des Nationalparks gibt es Läden in L'Anse-à-Valleau, Pointe-à-la-Frégate und Gros-Morne. Nahe dem Nationalpark gibt es Nachschub in L'Anse-au-Griffon und Cap-aux-Os.

Binnenland: Anse Pleureuse – Murdochville – Gaspé (133 km)

Der anstrengendste Abschnitt führt durchs Binnenland. Dort gibt es eh nicht viel zu sehen, so dass man sich voll auf den Kampf gegen die Schwerkraft konzentrieren kann. Murdochville (all services) ist bis 1999 eine Minenstadt gewesen, deren Tagebaukrater und Abraumhalden die gesamte Landschaft immer noch verschandeln. Nur gut zum Einkaufen und zum Zelten auf dem Centre de Pleine Air du Lac York Campground, Tel. (418) 784-3755.

Nordküste Gaspé: Anse Pleureuse – Rivière-au-Renard (110 km)

An der Küste im Norden der Landzunge reiht sich Fischerdorf an Fischerdorf. Vielerorts kann man lange Drahtgittertische sehen, auf denen der frisch gefangene Kabeljau zum Trocknen ausgelegt wird. Hübsch sind sie, die kleinen Fischersiedlungen. Doch liegt zwischen den einzelnen Ortschaften stets mindestens ein Felsenkap mit einer Höhe zwischen 60 und 100 m ü.M. Mehr oder minder harte Steigungen werden mit schönen Ausblicken belohnt, bevor es sofort zur nächsten Bucht hinuntergeht.

Parc National de Forillon-Loop: Rivière-au-Renard – Gaspé (64 km)

Auch auf der Gaspé gehen grandiose Landschaft, National Park und Kommerz Hand in Hand. So wird das geschützte Territorium immer wieder von kleinen Gemeindenenklaven unterbrochen, deren Leben vom Tourismus abhängt. Service 'n Souvenirs. Das Reizvolle am National Park (www.out-there.com/forillon.htm) ist die Küstenstraße, die auf einer Strecke von 64 km zwischen Brandung und Kliffs nach Gaspé führt. Zeltplätze gibt es in Cap-des-Rosiers, Cap Bon Ami (nur für Zelte) und in Petit Gaspé. Das unbestrittene Highlight des Parks ist Cap Bon Ami. Dort ist es meist leider dementsprechend voll. Die Straße, die zur spektakulären Bucht führt, wartet mit 15% Steigung über 1 km Länge auf. Den schönsten Badestrand mit goldenem Sand findet ihr auf der Landzunge bei Penouille.

✖ Off-Road Riding: Insgesamt sind im Park 19 km der Trails für Mountainbiker freigegeben. Am lohnenswerten ist sicher die 3 km Schotterpiste hinauf aufs Cap Gaspé. Die anderen Strecken führen rund um die alte Anse-au-Griffon Portage-Road durch das waldreiche Binnenland.

Gaspé – Percé (76 km)

Gaspé (all services) ist mit seinen 16.000 Einwohnern das unbestrittene Geschäftszentrum der Peninsula. Hwy 132 führt weiter an der Küste entlang zum zweiten Touristenmagneten, der in Form eines beeindruckkenden Sandsteinfelsens hinaus in die Brandung des Ozeans ragt: Rocher Percé. Zwei Torbögen haben Wind und Wellen im Laufe der Jahrhunderte in den Stein gemeißelt. Einer brach jedoch im 19. Jhd. zu-

sammen. Es gibt Bootstouren zu Aussichtsplattformen und allerlei Touri-
stenschnickschnack. Sehr beliebt sind auch Ausflüge zum
Vogelschutzgebiet der Île Bonaventure 4 km vor der Küste. Man darf die
Insel allerdings nur per Kahn umrunden und eine kurze Rast an der Snack
Bar mit Gift Shop einlegen. Startpunkt für alle Aktionen ist Percé (all ser-
vices).

〉〉〉 Connec-   **Prince Edward Island**
tion: Hwy 132 führt von Percé aus auf 260 km immer der Küste folgend
nach Campbellton, New Brunswick. Bis Cape Tormentine und zur Confederation Bridge nach PEI sind's etwa 380 km.

〉〉〉 Connec-   **Montréal.**
tion: Bis Montréal sind es auf Hauptstrecken etwa 800 km von Anse
Pleureuse aus. Dazu und zur Möglichkeit am Nordufer des St. Lawrence-
Stromes weiterzuradeln und zu schippern Richtung Labrador/Newfound-
land siehe Teil IV, „3. Canada-East".

TEIL V
STAATEN-
INDEX

Auf einen Blick

Braucht ihr geballte Information? Hier ist sie. Um euch bei der Grobplanung stundenlanges Blättern zu ersparen, habe ich zu jedem Staat in den USA und bei den Provinzen Canadas Wissenswertes in Kurzform hier zusammengestellt, zum Beispiel ob biken auf den Interstate-Autobahnen erlaubt oder verboten ist. Klar, dass Hinweise zu Attraktionen und Leuten subjektiv zu sehen sind (für die nächste Auflage warten wir auf eure Tips).

Eine Liste aller State Bicycle Coordinators bietet www.bicyclinginfo.org/cps/coordinators.htm. Für staatenübergreifende Angelegenheiten könnt ihr euch gerne wenden an:

1) USDOT / FHWA, John C. Fegan, Bicycle & Pedestrian Program Manager, U.S. Department of Transportation P-15, 400 Seventh St. SW, Washington, DC 20590, (202) 366-5007, E-Mail: john.fegan@fhwa.dot.gov.

2) Barbara McMillen, Transportation Specialist, Federal Highway Administration, HEP-10 Room 3222, 400 Seventh St. SW, Washington, DC 20590, (202) 366-4634, E-Mail: barbara.mcmillen@fhwa.dot.gov.

3) Andy Clarke, Transportation Specialist, Federal Highway Administration, HEP-10 Room 3222, 400 Seventh St., SW, Washington, DC 20590, (202) 366-4071, E-Mail: andy.clarke@fhwa.dot.gov.

4) Christopher B. Douwes, Recreational Trails Program Manager, Federal Highway Administration, HEP-10 Room 3222, 400 Seventh St., SW, Washington, DC 20590, (202) 366-5013, E-Mail: christopher.douwes@fhwa.dot.gov.

5) National Bicycle & Pedestrian Clearinghouse, 1506 21st St, NW, Suite 210, Washington, DC 20036, (202) 463-8405, freecall: (800) 760-6272, E-Mail: nbpc@bikefed.org oder bikefed@aol.com, Webpage: www.bikefed.org.

Das Pedestrian and Bicycling Information Center (www.bicyclinginfo.org) hat Antworten auf viele administrative Fragen parat. Verkehrsbüros in Deutschland für die amerikanischen Bundesstaaten bzw. Feriengebiete klickt ihr an mit www.hauns.de/info/adressen.htm.

Abkürzungen DOT = Departement of Transportation. NP = National Park; NM = National Monument; Hwy = Highway (weitere Abkürzungen s. im Glossar).

ALABAMA
AL

Nickname: Yellowhammer State
Hauptstadt: Montgomery
Charakteristika: viele Rednecks, viel Ruhe, unentdeckt und billig
Attraktionen: Gulf State Park und ein Ministück Natchez Trace Parkway im Nordwesten; Lookout Mountain Parkway von Gadsden (AL) nach Chattanooga (TN); Huntsville Space Center
Geographie: Das Land der sanft rollenden Hügel hat im Süden rund um Mobile einen recht kleinen Küstenabschnitt. Im Norden am Fuße der Appalachen gebirgig mit tosenden Wasserfällen.
Wildlife: Rehe, Waschbären, Stinktiere, Alligatoren
Plagegeister: Insekten, Schlangen
Klima: Im Winter wie im Sommer ist die Luftfeuchtigkeit ausgesprochen hoch. Die Sommer sind daher sehr heiß und extrem stickig mit wenig kühlendem Wind. Nachmittägliche Wärmegewitter treten häufig auf. Die Winter sind überwiegend mild, wenn sich auch bei Nordwind schon mal recht kühle Temperaturen einschleichen können, die in Hügellagen sogar gelegentlich für Schneeschauer sorgen.
Leute: Südstaatler mit wenig Sinn für romantische Scarlett O'Hara Idylle. Alles wirkt etwas vernachlässigt, vergessen, gewinnt dadurch jedoch seinen eigenen Charme. Ein Viertel der Bevölkerung ist schwarz und kommt mehr schlecht als recht über die Runden. Viel Lässigkeit und Freundlichkeit Fremden gegenüber. Take your time!
Wichtige Adressen: L. Dee Rowe, Bureau of Multimodal Transportation, Alabama DOT, 1409 Coliseum Boulevard, Montgomery, AL 36130, Tel. (334) 242-6085.
Alabama Bureau of Tourism & Travel, 401 Adams Ave., POB 4927, Montgomery, AL 36103-4927, Tel. 1-800-ALABAMA oder (334) 242-4169.
Interstate: Für Biker verboten
Straßennetz: viele ruhige Nebenstrecken; Schwachpunkt das Überqueren der vielen Flüsse. Oft sind nur wenige Brücken vorhanden und Umwege erforderlich.
Bewertung: Keine herausragenden Attraktionen, doch sympathisches Durchreiseland.

ALASKA
AK

Nickname: The Last Frontier
Hauptstadt: Juneau
Charakteristika: viel Wildnis, viel Nordlicht, viel Einsamkeit
Attraktionen: Natur pur, Wälder, Denali National Park, Gletscherfelder, Highways zum Eismeer, Inselhüpfen, Inside Passage per Schiff, fischende Grizzlies, viel Weite jenseits der Baumgrenze in der Tundrazone.
Geographie: Viele Fjorde mit zerklüfteten Buchten und vorgelagerten Inseln an der Küste. Einzelne Siedlungen dort sind nur per Seeweg und Island-Hopping zu erreichen. Im hohen Norden Tundraregionen mit Permafrost. Die nördlichen Ausläufer der Rocky Mountains sorgen weiter südlich für gebirgige Abschnitte ebenso wie die Coast Range.
Wildlife: Grizzlies und Schwarzbären, Wölfe, Caribous, Elche, Wale
Plagegeister: Zu Beginn der warmen Jahreszeit atmet man Mücken statt Sauerstoff.
Klima: Der Sommer kommt spät und der Winter früh. Beides kommt plötzlich ohne gemäßigte Übergangsphasen und erreicht Extrema.

Staaten-index

Nachts Frost und tagsüber Sonne gilt während der ersten Herbstwochen für alle Glücklichen. Es kann aber auch ununterbrochen regnen. Wann immer es regnet, kühlt es sich gleichzeitig enorm ab. Ebenfalls starken Einfluss auf die Temperatur hat der Wind. Bei ungünstiger Richtung sorgt er für unangenehme Kälte auch bei Sonnenschein. In den Küstenregionen zwischen Ketchikan und Haines regnet es viel, jenseits der Coastal Mountains schon weniger.

Leute: „Sourdoughs" nennt man sie, da sie ihr Brot meist selbst backen und das mit Sauerteig. Man muss schon anders sein als Durchschnittsbürger, um soviel Wildnis auszuhalten. Die urigsten Typen trifft man. Eigenbrödler halt, Wildnisfreunde, Abenteurer, Ureinwohner, aber auch Arbeiter und Spezialisten für Extremjobs auf Ölfeldern und in Minen, rekrutiert aus dem gesamten Rest der USA.

Wichtige Adressen: Bob Laurie, Bicycle & Pedestrian Coordinator, Alaska DOT & PF 3132 Channel Drive, Room 200, Juneau, AK 99801-7898, Tel. (907) 465-6989, E-Mail: robert_laurie@dot.state.ak.us.

Juneau Freewheelers Bicycle Club, P. O. Box 21816, Juneau, Alaska 99802-1816, www.juneau.com/freewheel/.

Reisemagazin Alaska: The Milepost, 301 Artic Slope Ave., Suite 300, Anchorage, Ak 99518, Tel. (907) 272-6070, www.themilepost.com.

Interstate: Es gibt keine Interstates in Alaska. Fahrradverbote auf Highways bestehen zwischen Anchorage und Eagle River sowie bei Fairbanks. In allen betroffenen Bereichen sind Radwege vorhanden.

Straßennetz: Verglichen mit der Größe des Territoriums ziemlich dünn, und viele der Highways sind Schotterpisten unterschiedlichster Qualität. Der legendäre ALCAN ist durchgehend asphaltiert. Der Dalton Highway zur Beaufort See, der Top of the World und andere Highway-Legenden sind auch vom Belag her abenteuerlich.

Bewertung: Eines der attraktivsten Radfahrziele des Kontinents. Das Richtige für alle, die etwas Nervenkitzel lieben.

ARIZONA
AZ

Nickname: Grand Canyon State
Hauptstadt: Phoenix
Charakteristika: viele Kontraste – viel Wüste, viele Wälder, viel Wilder Westen, viel zu sehen
Attraktionen: Grand Canyon NP; Saguaro Riesenkandelaber-Kakteen; die roten Felsen von Sedona; Organ Pipe NM; Petrified Forest NP; Canyon de Chelly; San Francisco Mountains; Mogollon Rim; Tombstone und Old Tucson.
Geographie: Die Landschaftsstruktur AZ's ist recht vielfältig. Ebene, tiefliegende Sandwüsten im Südwesten, das Colorado-Plateau im Nordosten, Mogollon Plateau im Südosten und gebirgige Ausläufer der Mojave Wüste im Nordwesten.
Wildlife: Kojoten, Waschbären, angeblich auch Schwarzbären
Plagegeister: schwarze Witwen, Gila Monster (rar) und Skorpione, Klapperschlangen, in Waldregionen auch Mücken
Klima: Je nach Höhenlage variiert das Klima auch innerhalb einer kleinflächigen Region mitunter enorm. Am wärmsten ist es stets in der Region um Yuma und in Phoenix, wo die Temperaturen im Sommer mühelos auf 45 °C im Schatten klettern. In den Wüstengebieten gibt es dann gefährli-

che Sandstürme. Im Winter hingegen ist es mild, trocken und angenehm warm. Niederschläge, und die oft als Schnee, fallen in den Wintermonaten im Gebirge, also in Höhenlagen des Navajo Staates, auf dem Kaibab Plateau des Grand Canyon, auf dem Mogollon Plateau im Osten. Sommerniederschläge beschränken sich auf kräftige Gewitterschauer am Nachmittag, die meist in den Berge ausregnen und das Flachlang gar nicht erreichen. Gewitter in Arizona, vor allem in der blitzträchtigen Region um Tucson, sind sehr pittoresk, enden aber jährlich für rund 10 Personen tödlich. Vorsicht also!

Leute: Der Bevölkerungszuzug in AZ setzte erst mit Erfindung der Klimaanlage ein, die den Alltag auch im Sommer erträglich werden ließ. Der Hauptanteil der weißen Bevölkerung lebt in Städten wie Tucson und Phoenix. Viele Rentner beziehen in der angenehmeren Jahreszeit ihre Winterquartiere oder steuern billige RV-Quartiere rund um Yuma an. Ein sehr großer Teil des Staatsgebietes untersteht der Verwaltung durch die Indianerstämme der Navajo, Hopi und Apachen.

Wichtige Adressen: Mark Mansfield, Bicycle & Pedestrian Coordinator, Transportation Planning Division, Arizona DOT, 206 South 17th Ave., #340B, Phoenix, AZ 85007, Tel. (602) 255-8010, E-Mail: mmansfield@dot.state.az.us. Arizona Office of Tourism, 1110 W. Washington, Suite 155, Phoenix, AZ 85007, Tel. (602) 364-3700, www.Arizonaguide.com. Greater Arizona Bicycling Association, GABA Inc., P.O.Box 43273, Tucson, Arizona 85733, www.bikegaba.org.

Interstate: erlaubt. Ausnahmen: alle Stadtbereiche und die I-10 zwischen Tucson und Phoenix

Straßennetz: relativ dünn, aber überwiegend gut ausgebaut. Es ist gar nicht so leicht, im Süden eine Ost-West-Verbindung auszuarbeiten, die nicht über Interstates führt! Barry M. Goldwater Air Force Range und Yuma Proving Ground, zwei riesige Militärgebiete entlang Interstate 8, sind undurchdringbare Bollwerke ohne öffentliche Straßen. Es gibt keine sinnvolle, lohnenswerte Route südlich von Tucson.

Bewertung: Einer der interessantesten Staaten der USA, für viele das Synonym für den Südwesten der USA. Arizona wird meist nur am Rande gestreift auf dem Weg zum Grand Canyon. Dabei hat der Staat viel Eindrucksvolles zu bieten und er wäre alleine schon eine längere Radtour wert. Natürlich am besten zwischen November und April.

ARKANSAS
AR

Sprich: Or-kn-ßah (nicht: Ahkenses!).
Nickname: The Natural State
Hauptstadt: Little Rock
Charakteristika: viel Farmland, viel bieder, viel Unbekanntes
Attraktionen: Ozark Mountains; Buffalo National River (ein Flusspark); Hot Springs National Park; Eureka Springs; Talimena Drive (Kammstraße durch den Ouachita NF).
Geographie: Die Ozark Mountains ziehen sich in Ost-West-Richtung durch den Nordwesten des Staates, gehen im Nordosten über in die Ouachita Berge. Der Süden ist überwiegend flach und wird landwirtschaftlich intensiv genutzt. Grenze im Osten ist der Mississippi.
Wildlife: Mehr Farmtiere als wilde.
Plagegeister: besonders viele Zecken im Frühjahr!

Staaten-index

Klima: Schwülwarme Sommer, regenreiche, milde Winter mit gelegentlichen Schneefällen in den Ozark Mountains.

Leute: Man lebt auf dem Land in Arkansas, in vielen kleinen Ortschaften mit Farmern und Ranchern. Da es kaum touristische Attraktionen gibt, bleibt man meist unter sich. Dementsprechend trifft man auf viel Ursprünglichkeit und wenig Nepp. Leider auch auf wenig Radfahrbegeisterung.

Wichtige Adressen: Steve Weston, Bicycle Coordinator, Planning Division, Highway and Transportation Dept., P.O. Box 2261, Little Rock, AR 72203, Tel. (501) 569-2020, E-Mail: srwd165@ahd.state.ar.us.

Interstate: verboten

Straßennetz: Sehr dicht mit Ausnahme der gebirgigen Regionen und in unmittelbarer Nähe der drei großen Flüsse.

Bewertung: Die schönste Region sind die Ozark und Ouachita Mountains. Eher ein Durchreiseland als ein Reiseziel.

CALIFOR-NIA
CA

Nickname: Golden State

Hauptstadt: Sacramento

Charakteristika: viel Strand und Wüste, viele verrückte Vögel, viel teuer und an der Südküste viel voll! Große mexikanische Minderheit.

Attraktionen: San Francisco mit Golden Gate Bridge; die National Parks: Redwood NP, Yosemite NP, Sequoia NP, Kings Canyon NP, Death Valley NP, Joshua Tree NP, Mojave Wüste NP; Point Reyes National Seashore; Mono Lake; Lake Tahoe.

Geographie: Geographisches Zentrum Kaliforniens ist das Central Valley, das seitlich von den Gebirgszügen der Coastal Range im Nordwesten und der Sierra Nevada im Nordosten begrenzt wird. Im Norden ist diese Talwanne wesentlich deutlicher ausgeprägt als im Süden, wo die Küstenregion flacher wird und sich die Gebirgszüge mehr ins Binnenland zurückziehen. Der Südosten ist wegen seines extremen Wüstenklimas schwach besiedelt.

Kalifornien ist bekannt für Erdbebenanfälligkeit. Der berühmte Andreas-Graben, von dem irgendwann ein größeres Beben ausgehen wird, verläuft in der Nähe von San Francisco.

Wildlife: Schwarzbären, Wapiti Hirsche, Wale

Plagegeister: Insekten aller Art, Klapperschlangen im Süden

Klima: Süd- und Nordkalifornien unterscheiden sich klimatisch recht deutlich, vor allem, was die Niederschlagsmenge an der Küste betrifft. Während es am Pazifik im Norden morgens häufig neblig ist und es oft regnet, ist es im Süden zwar manchmal diesig, jedoch fast immer auch schon am Morgen sonnig. Im Central Valley wird es im Sommer heiß und trocken, mit zahlreichen Gewittern und gelegentlichen Tornados. Auch ohne Wirbelstürme weht dort sehr oft ein unangenehm starker Nordwest-Wind.

In den Bergen der Sierra Nevada bleibt es meist kühl. Die Pässe dort (Tioga, Sonora, etc.) sind nur in den Sommermonaten geöffnet! Anfang November fällt normalerweise der erste Schnee in den Bergen.

Südkaliforniens Binnenland hat Wüstencharakter (Mojave Desert). Krasse Bedingungen herrschen rund um Palm Springs und Yoshua Tree NP sowie für Death Valley NP, wo mit Temperaturen von 56 °C im Schatten Rekordwerte gemessen wurden.

Leute: Kalifornien galt von jeher als der Staat der Glücksritter, der Splee-nies und der Kreativen. Kein Wunder, dass auch das erste Mountainbike hier entwickelt wurde (Gary Fisher). Kontakte findet man auf Anhieb. Sport und Fitness spielen eine große Rolle in der Freizeit, und Beach Life bestimmt den Alltag in den Küstenorten des dicht besiedelten Südens. Im Norden, wo Meerwasser und Klima recht kühl sind, gibt man sich eher zugeknöpft. Ab San Francisco, so kann man sagen, wird das Land zwei-sprachig, denn in Südkalifornien leben besonders viele Mexikaner bzw. Lateinamerikaner.

Wichtige Adressen: Richard L. Blunden, Chief Bicycle Facilities Unit, California Dept. of Transportation MS1, 1120 N St., Room 2400, Sacra-mento, CA 95814, Tel. (916) 653-0036.

CABO, California Association of Bicycle Organizations, bietet unter www.cabobike.org Kartenmaterial, Bike-Events in CA und Streckeninfos.

Interstate: nur erlaubt, wenn es keine Alternative gibt (z.B. I-15 von der Grenze zu Nevada bis Barstow).

Straßennetz: relativ dicht im Zentrum des Staates; dünn in allen Ge-birgszügen (Coastal Range, Sierra Nevada) und in Wüstenregionen des Südostens.

Bewertung: Das beste an Californien sind die Leute, dieses bunte Ge-misch von altem und neuem Zeitgeist. Touristisch ist alles bestens orga-nisiert. Freiraum für Entdeckungen auf eigene Faust findet man eher im Gebirge als an der Küste. San Francisco ist eine der Top-Citys in den USA, sowohl optisch als auch vom Flair.

COLORADO
CO

Nickname: Centennial State
Hauptstadt: Denver
Charakteristika: viele Berge, viele Pässe, viel Spaß
Attraktionen: die Ski- und Fat Tire-Zentren sind: Crested Butte, Duran-go, Telluride, Winter Park; Rocky Mountain NP; Mesa Verde NP; Denver.
Geographie: Der Osten Colorados ist ein Teil der Great Plains. Im We-sten befinden sich die höchsten Gebirgszüge der gesamten Rocky Mountains. Bergketten und Täler verlaufen meist in Nord-Süd-Richtung. Im Nordosten bestimmen trockene Hügel mit sagebrush die Land-schaftsszenerie.
Wildlife: Bären, Stachelschweine, Kojoten und Timberwölfe
Plagegeister: stechende Insekten, Schlangen in niedrigeren Regionen
Klima: Die höchsten Berge der Rockies und 300 Sonnentage im Jahr, heißt es. An vielen Tagen sieht man diese Sonne allerdings nur vormit-tags. Nachmittags verfinstern, zumindest im Sommer, dicke Gewitterwol-ken den Himmel. Besonders im Gebirge führen die begleitenden Hagel- und Regengüsse zu krassen Temperaturstürzen. Vergleich der Nieder-schlagsmenge pro Jahr: fast 6000 mm in den Bergen, nur 2000 mm im Flachland. Für die Temperaturen gilt: Sommer: Flachland heiß (38 °C, lok-ker) mit Gewittern, starken Winden und gelegentlichen Tornados, Gebir-ge zwischen „angenehm warm" und „zu kalt", je nach Wetterlage. Winter: eisig kalt in den Bergen (-25 °C und darunter). Zahlreiche Schneestürme. In den östlichen Ebenen kann es je nach Windrichtung angenehm mild sein, aber genauso gut sehr kalt (-15 °C).

Leute: Mountainbiken und Skifahren, das sind die beiden wichtigsten Freizeitaktivitäten für die Einwohner Colorados, vor allem für die, die in der Nähe der Berge wohnen. Da man viele Radfahrer trifft und viele davon träumen, mal auf große Tour zu gehen, ist es besonders leicht Kontakte zu knüpfen.

Wichtige Adressen: Gay Page, Bicycle & Pedestrian Coordinator, Colorado DOT, 4201 E Arkansas Ave., Room DTD, Denver, CO 80222, Tel. (303) 757-9982, E-Mail: gay.page@dot.state.co.us. Detailliertere Informationen gibt es über das Colorado Bicycle Manual (www.dot.state.co.us/BikePed/bike%20manual.htm). Ein Verzeichnis aller Colorado Bicycle Organizations findet ihr unter http://bcn.boulder.co.us/transportation/bike.org.html.

Interstate: verboten, wenn Ausweichmöglichkeiten vorhanden; sonst erlaubt.

Straßennetz: Im Osten sind viele der Strecken Schotterpisten und die Zahl der asphaltierten Ost-West Verbindungen ist begrenzt. Empfehlenswert im Süden: US 160, CO 96; im Norden CO 14 und US 138. In den Rockies gibt es genug ruhige Nebenstrecken. Alle Pässe sind leicht zu erradeln. Gefährlich: der Million-Dollar-Highway!

Bewertung: Neben Utah der Top-Staat für alle Mountain-Bike Fans, die mal reinschnuppern wollen in die Fat Tire-Szene der USA! Optisch der Schweiz sehr ähnlich, aber was die Straßen betrifft nicht so anstrengend.

CONNECTI-CUT
CT

Nickname: Constitution State
Hauptstadt: Hartford
Charakteristika: viele Protestanten, viele Hügel, viel konservativ
Attraktionen: das Museumsdorf Mystik Seaport und das angeschlossene Marinelife Aquarium; Yale Universität in New Haven
Geographie: Gebirgige Ausläufer der Appalachen bestimmen mit ihren Hügelketten und Quertälern in Nord-Süd-Richtung das Binnenland. Die Küste ist nur im Norden attraktiv.
Wildlife: mehr Haustiere als wilde
Plagegeister: Stechfliegen
Klima: schwül heiße Sommer und und eiskalte Winter mit Hauptniederschlagsmengen in den Sommermonaten
Leute: Fast ländlicher Vorort von NYC; viel Großstadt-Pendler, die es ins Grüne zieht. Connecticuts Bewohner sind darüber hinaus berühmt für ihren Erfindungsreichtum und gelten als die „Yankees" schlechthin.
Wichtige Adressen: David Head, Bicycle Coordinator, Department of Transportation, 2800 Berlin Pike, Box 317546, Newington, CT 6131-3028, Tel. (860) 594-2145. Department of Economic Development, 505 Hudson Street, Hartford, CT 06106-7107, Tel. 1-860-270-8000, www.ct.gov/ecd.
Interstate: verboten
Straßennetz: dicht, mit vielen Ausweichmöglichkeiten im Binnenland und zu wenigen an der Küste.
Bewertung: Der Staat, auf den man bei einer Neuenglandreise wahrscheinlich am ehesten verzichten kann. Am idyllischsten ist noch der Norden nahe Massachusetts.

DELAWARE
DE

Nickname: Diamond State oder First State
Hauptstadt: Dover
Charakteristika: ganz klein, ganz nett, ganz schön am Meer – aber viel DuPont Chemie
Attraktionen: Delaware Seashore State Park und Cape Henlopen an der Küste
Geographie: Ein sanft hügeliger Winzling unter den Staaten auf der Halbinsel zwischen Chesapeake Bay (MD) und Delaware Bay.
Wildlife: Küstenvögel
Plagegeister: Mücken
Klima: wie Maryland
Leute: Offen und besonders stolz auf ihren Staat. Angeblich Zuflucht für unlautere Geschäftsleute.
Wichtige Adressen: Elizabeth Holloway, Bicycle & Pedestrian Coordinator, Delaware DOT, P.O. Box 778, Dover, DE 19903, Tel. (302) 760-2453, E-Mail: eholloway@mail.dot.state.de.us, Webpage: www.state.de.us/deldot/bike. Delaware Tourism Office, 99 Kings Highway, Dover, DE 19901, Tel. (302) 739-4271 oder 1-866-2-VISIT-DE, www.visitdelaware.net.
Interstate: verboten
Straßennetz: relativ dicht, nur die eh wenig interessante Küste an der Delaware Bay kann man nicht entlangradeln, da es dort hauptsächlich Stichstraßen gibt.
Bewertung: Ganz nett, um an der Küste durchzureisen. Mehr aber nicht.

DISTRICT OF CO-LUMBIA
DC

Hauptstadt: Washington
Attraktionen: Das Weiße Haus, das Capitol
Wildlife: hauptsächlich Schoßhunde
Plagegeister: eher menschlichen als tierischen Ursprungs
Klima: wie New Jersey
Leute: Washington DC steht, was Statistiken über Mord und Kriminalität angeht, mit an vorderster Stelle. Neben der etablierten Politprofi-Szene und zahlreichen Angestellten des Öffentlichen Dienstes hat sich wohl auch die Mafia hier niedergelassen. Großstadt halt und daher mit Vorsicht zu genießen, mehr Schwarze als Weiße.
Wichtige Adressen: Gilbert Williams, Bicycle & Pedestrian Coordinator, D.C. Department of Public Works, 2000 14th St. NW, 7th Floor, Washington, DC 20009, Tel. (202) 939-8016. Washington Area Bicyclist Association, 733 15th Street N.W., Suite 1030, Washington, DC 20005-2112, Tel. (202) 628-2500, www.waba.org. Washington, DC Convention and Tourism Corporation, 901 7th Street, NW, Washington, DC 20001-3719, Tel. (202) 789-7000, www.washington.org.
Interstate: Es gibt nur 24 km Interstate, und keiner käme auf die Idee, dort mit dem Rad zu fahren.
Bewertung: Eine zwielichtige City, aber falls du das Vorzeigefoto „ich, mein Fahrrad und das Weiße Haus" schießen willst, nur Mut.

FLORIDA
FL

Nickname: Sunshine State
Hauptstadt: Tallahassee
Charakteristika: viel Sonne, viel Strandleben, viel Touri-Nepp, viel Verkehr

Staaten-index

Attraktionen: Spaceport USA am Cape Canaveral; Disney World; Sea World; Palm Beach; Daytona Beach (allj. größtes und verrücktestes Treffen der Motor-Biker – Harleys; die „Keys"; Everglades National Park und Strände, Strände, Strände!

Geographie: Florida ist überwiegend flach. Brücken, die in hohem Bogen über die Bays führen, werden dich entzücken, denn zusammen mit ein paar Hügeln rund um Orlando und Tallahassee sind es die einzigen „Berge", die der Sunshine State zu bieten hat.

Wildlife: mehr als man vermuten würde: Alligatoren, Seekühe, viele Vogelarten, Waschbären, Schildkröten, Unterwasser-Lebensgemeinschaften der Korallenriffs

Plagegeister: Moskitos, Zecken und Schlangen

Klima: Auch wenn Florida ein relativ kleiner Bundesstaat ist, so unterscheidet sich das Klima zwischen Norden und Süden doch erheblich. Südlich von Miami herrschen eher tropische Bedingungen mit hoher Luftfeuchtigkeit und warmen Temperaturen das ganze Jahr über. Nördlich von Miami haben Tiefausläufer aus dem Norden und eisige Winde aus derselben Richtung bereits starken Einfluss. Sie können zuvor angenehme Temperaturen in wenigen Stunden in Gefrierpunktnähe drücken. Auch wenn der Winter als trockene Jahreszeit gilt, so kommt es dennoch zu Regenfällen. Im Süden sind es hauptsächlich kurze kräftige Regengüsse, im Norden kann auch Dauernieselregen einsetzen, der für Tage alles in Grau einhüllt, und bei Zusammentreffen von Regen und kaltem Wind kann es sogar schneien. Die weiße Pracht hält sich jedoch meist nur Stunden.

Für den Süden sind die Monate November bis April die beste Reisezeit. Die Temperaturen sind dann überwiegend angenehm und die Mücken mit Giften noch in Schach zu halten. Auch für den Norden ist es die beste Reisezeit, allerdings mit stärkerer Betonung der Monate Februar bis April. Der Sommer lässt sich mit Durchschnittswerten von 29 ℃ in Südflorida besser aushalten als im Zentrum oder im Norden, wo die Hitzeextrema krasser sind. Sommer ist Regenzeit und Moskitos beherrschen das Land. Nur Masochisten unternehmen dann eine Radtour. Spätsommer und früher Herbst sind wegen der vielen Stürme als Reisezeit weniger zu empfehlen. Längst nicht jedes Jahr fegen Hurricanes über Florida hinweg, doch das Risiko besteht immer zwischen August und Mitte Oktober.

Leute: Luxusvillen, Motoryachten, Beach Life, heiße Schlitten, smarte Typen und relaxte Atmosphäre – soviel zu den kunterbunten Fernsehbildern. Florida ist das Traumziel vieler, die dem unsrigen und dem US-/Canada-Winter entfliehen wollen. Doch der unbeschwerte Lebensstil bleibt Rentnern und Reichen vorbehalten. Florida ist sehr geschäftig. Wer dort lebt und arbeitet hat viel Stress und wenig Zeit. Miami hat extrem viele Probleme im sozialen Bereich (Kuba/Haiti-Flüchlinge). Die Kriminalität in Touristenzentren ist hoch. Doch wenn man andererseits bedenkt, wie viele Touristen jahrein jahraus nach Florida strömen, ist die Kriminalitätsrate im Vergleich zu anderen Regionen nicht fürchterlich bemerkenswert. Trotzdem: Vorsichtig in den Städten sein!

Wichtige Adressen: Theo Petritsch, State Pedestrian & Bicycle Coordinator, Florida DOT, 605 Suwannee St., MS-82, Tallahassee, FL 32399-0450, Tel. (850) 487-1200, E-Mail: theo.petritsch@dot.state.fl.us. Florida Department of Transportation, 605 Suwannee Street, Tallahassee, Florida 32399-0450, Tel. (850) 414-4100, www.dot.state.fl.us.

Interstate: verboten

Straßennetz: Der Verkehr ist dichter als das Straßennetz. Ruhige Landstraßen gibt es nur im Zentrum. An der Küste ist es immer voll und hektisch mit wenigen Ausnahmen in reinen Wohngebieten. Rentner auf Urlaub fahren sehr unsicher, Einheimische sehr hektisch und Radfahrer sind im Straßenverkehr nicht gern gesehen.

Bewertung: Florida hat einiges an organisiertem Touristenspass zu bieten. Ein feines Fleckchen für Leute mit dicken Autos und dicken Brieftaschen. Wenig für Anhänger des alternativen Erfahrens, zumindest nicht im Winter während der Saison. Quintessenz: Für Radreisende gibt es in den USA lohnenswertere Ziele.

GEORGIA
GA

Nickname: Peach State

Hauptstadt: Atlanta

Charakteristika: viel Sonne, viel Musse, viel Blues

Attraktionen: Savannah als Küstenort mit besonderem Charme; Jekyll Island als Ex-Sommerresidenz der Reichen; Stone Mountain Park mit dem Mount Rushmore der Südstaaten und viel Plantagen-Nostalgie-Kulisse; die Okefenokee Sümpfe; der Antebellum-Trail bei Macon

Geographie: Das flache Land am Meeressaum geht über in sanft rollende Hügel des Binnenlandes. Salzmarschen säumen die Küste, der viele kleine Inseln vorgelagert sind. Im Nordosten gebirgige Ausläufer der Appalachen.

Wildlife: Alligatoren, Schildkröten, Küstenvögel, Schlangen

Plagegeister: gierige Mücken in Nähe der Marschen und Sumpfgebiete

Klima: Ungewohnt ist die hohe Luftfeuchtigkeit zu jeder Jahreszeit. In den warmen Monaten herrscht eine bleierne Hitze. Nachmittags ziehen kräftige Gewitter auf mit sintflutartigen Regengüssen. Kurz darauf scheint wieder die Sonne und es ist noch schwüler. Die Winter sind angenehm mild, aber etwas trostlos. Attraktivste Reisezeit ist das Frühjahr.

Leute: Südstaatler haben den geschichtlich gewachsenen Hang, sich von den „Yankees" zu distanzieren. Reisenden aus Übersee begegnet man mit viel Interesse, denn allzuviele verirren sich nicht in diesen Teil der USA. Ein hoher Anteil der Bevölkerung ist schwarz und nach wie vor sozial benachteiligt. Der Lebensrhythmus ist dem Klima entsprechend langsam und eher träge. Man hat Zeit und lässt sich Zeit.

Wichtige Adressen: David Crites, Bicycle & Pedestrian Coordinator, Georgia DOT, No. 2 Capital Square, Room 347, Atlanta, GA 30334-1002, Tel. (404) 657-6692, E-Mail: david.crites@dot.state.ga.us. Georgia on Your Mind ...? Click: www.georgia.org/tourism/tourism.html.

Interstate: verboten

Straßennetz: dicht im Binnenland, ausgenommen Okefenokee Swamps und Apallachen. Die Küste ist in Abschnitten nicht zu erradeln. Besser man weicht aufs küstennahe Binnenland aus.

HAWAII
HI

Nickname: Aloha State

Hauptstadt: Honolulu

Charakteristika: viel Lava, viel Beach, viel Tropical Life, wenig Island Paradise

Staaten-index

Attraktionen: Hawaii Vulcanoes NP, Mount Haleakala drop-off: 50-km-Schussfahrt von 3000 m auf Meereshöhe, wow! Außerdem Waikiki Beach und die übliche Touri-lala.

Geographie: Hawaii ist eine Inselgruppe aus 8 bewohnten und vielen unbewohnten Inseln im Pazifik. Man findet alles: unzugängliche Felsenkliffs und weite Strände, azurblaue Lagunen und versteckte Höhlen, üppige Regenwälder und trockene Lavasandwüsten, verträumte Dörfer und lebhafte Cities. Meist ragt im Zentrum eines jeden Eilands ein von dichtem Regenwaldhängen begrünter, noch aktiver Vulkan auf. Größte Insel und Regierungssitz ist Hawaii; gebirgig im Binnenland mit Lavapisten, gut zum Radfahren. Außerdem gibt es Oahu, die Hauptinsel mit 80% aller Einwohner (busy!), Maui mit dem Haleakala-Krater und schöner, aber regenreicher Nordostküste. Kauai ist landschaftlich sehr reizvoll, jedoch voller Sackgassen! Lohnenswert: 20 mi bergauf zum Kalalau Lookout.

Klima: Hawaii hat immer angenehmes Wetter, mal abgesehen von vereinzelten Nieselregentagen in den Bergen. Ganzjährig mildes Meeresklima, mit Durchschnittstemp. v. 24 °C. Kurze Regenschauer üblich im Winter (Nov.–März). Hauptsaison: Mitte Dez. bis Feb. und Juli-August. Schönste Zeit mit viel Blütenpracht von April bis Juni. An den Nordostküsten aller Inseln regnet es besonders viel.

Leute: Blumenkranz und Hula-Mädchen allerorten? In Honolulus lebhaften Straßen trifft man auf ein buntes Gemisch von Polynesiern, Asiaten, Amerikanern, Europäern und Mischlingen. Daneben schlichtes Landleben oder fancy beach life mit Surfern, die sich im first class Revier tummeln, Seglern, Künstlern, Aussteigern hier und dort.

Wichtige Adressen: Michael K. Medeiros, State Bicycle Coordinator, Department of Transportation HWY-T, 869 Punchbowl Street, Room 120, Honolulu, HI 96813, Tel. (808) 587-2321. Hawaii Visitors Bureau, Waikiki Shopping Plaza 2250 Kalakaua Avenue, Room 502, Honolulu, HI 96815, Tel. (808) 924-0266, www.gohawaii.com. Hawaii Bicycle League, 3442 Waialae Avenue, #1 Honolulu, HI 96816, Tel. (808) 735-5756, www.hbl.org.

Interstate: verboten

Straßennetz: Überwiegend gut ausgebaute, geteerte Straßen, aber auch einige off-road Pisten just for fun! Viel Verkehr auf der Hauptinsel Oahu. Rundtouren bieten sich an auf Molokai und Hawaii.

Bewertung: Tolles Kurztripziel für Wintermüde. Gut auch im Anschluss an Pazific Coast Touren (von L.A. und Frisco) oder als stop-over auf der Weiterreise nach Australien.

IDAHO
ID

Nickname: Gem State

Hauptstadt: Boise

Charakteristika: viele Kartoffeln, viele Berge, viel Staub

Attraktionen: die Sawtooth Range; Craters of the Moon Nat. Monument; Sun Valley/ Ketchum mit Hemingways Grab.

Geographie: Idaho zählt 87 verschiedene Gebirgszüge. Nicht die höchsten, nicht die berühmtesten, aber viele. Der Süden schwankt zwischen sanft hügelig und eben mit weiten Lavafeldern nördlich des Snake River. Viel Public Land mit besten Möglichkeiten fürs Mountainbiken.

Wildlife: Bären, Skunks und Stachelschweine

Plagegeister: Mücken und Stechfliegen

Klima: Kühl und angenehm im Sommer im Gebirge, heiß im wüstengleichen Süden und rund um Boise. Frühe Winter in den Bergregionen mit trockener, eiskalter Luft.

Leute: Wenig ist das erste, was mir dazu einfällt. Der Staat ist relativ dünn besiedelt und gehört zu den Regionen, in die es nur die zieht, die genau das lieben.

Wichtige Adressen: Mark McNeese, Bicycle & Pedestrian Coordinator, Idaho DOT, Box 7129, Boise, ID 83707-1129, Tel. (208) 334-8272, E-Mail: mmcneese@itd.state.id.us. Idaho Department of Commerce + Division of Tourism Development, 700 West State Street, P.O. Box 83720, Boise, ID 83720-0093, Tel. (208) 334-2470, www.visitid.org.

Interstate: erlaubt

Straßennetz: relativ dünn mit wenigen Alternativen wegen der vielen Gebirgszüge. Etwas flexibler zu nutzen von allen, die auch Schotterpisten fahren. Insgesamt mehr Nord-Süd als Ost-West-Verbindungen.

Bewertung: Idaho hat gemeinsamen Grenzen mit sechs interessanten US-Staaten und mit Canada. Hier wohnen weniger Menschen als in München – der amerikanische Westen hat sich hier ein Stück seiner Ursprünglichkeit bewahrt. Idaho ist eine Reise wert!

ILLINOIS
IL

Nickname: Land of Lincoln

Hauptstadt: Springfield

Charakteristika: Alles dreht sich um Chicago

Attraktionen: Chicago und die Küstenorte an Lake Michigan

Geographie: Der weite, flache Präriestaat grenzt nur in der Nähe von Chicago an den Lake Michigan. Ein paar verlorenen Hügel tummeln sich recht einsam als Shawnee Hills im Süden, an der Grenze zu Kentucky.

Klima: Stechend heiße, überwiegend trockene Sommer mit gelegentlicher Tornadogefahr; knackig-kalte Winter mit viel Schnee, am angenehmsten im Frühjahr oder Herbst.

Leute: Mal abgesehen von Chicago ist Illinois ein Agrarstaat und ein Großteil der Bevölkerung lebt auf dem Land, abseits von Hektik und Kriminalität. 75% wohnen jedoch in Reichweite der Metropole.

Wichtige Adressen: Craig Williams, Bikeway & Pedestrian Program Manager, DOT, 2300 S. Dirksen Parkway, Rm. 330, Springfield, IL 62764, Tel. (217) 782-3194 oder (217) 785-2148, E-Mail: williamscl@nt.dot.state.il.us, Webpage: www.dot.state.il.us. Touring und Bike-Infos: Illinois Department of Natural Resources, http://dnr.state.il.us.

Infos in Deutschland: Wiechmann Tourism Service, Scheidswaldstr. 73, 60385 Frankfurt/Main, Tel. (069) 443353, www.chicago-illinois.de.

Interstate: verboten

Straßennetz: Es gibt viele asphaltierte Nebenstraßen, die den Staat wie ein dichtes Raster überziehen. Ruhiges Radeln dort ist garantiert.

Bewertung: Keiner kümmert sich um Illinois. Man reist und radelt offensichtlich möglichst schnell hindurch. Ein Staat noch zum Entdecken vielleicht.

Staaten-index

INDIANA
IN

Nickname: Hoosier State
Hauptstadt: Indianapolis
Charakteristika: viel Landwirtschaft, viel Hauptstadt, wenig Attraktionen
Attraktionen: Indiana Dunes National Lakeshore und die Indianapolis Motor Speedway
Geographie: 50 Meilen Seeufer am Lake Michigan, endlose Maisfelder auf der zentralen Hochebene und ein paar waldige Hügel im Süden – Indiana geizt mit Reizen. Die hübschen Dünenstrände am Lake Michigan werden eingerahmt von Industriekomplexen. Da haben die kleinen Binnenlandseen mehr Reiz.
Klima: Stechend heiße, überwiegend trockene Sommer mit gelegentlicher Tornadogefahr; knackig kalte Winter mit viel Schnee, am angenehmsten im Frühjahr oder Herbst.
Leute: Viel Zugereiste aus dem Süden, die sich hier niedergelassen haben und etwas vom lockeren Lebensstil bewahren konnten. Viel Landbevölkerung rund herum um den Riesenmoloch Indianapolis.
Wichtige Adressen: Michael O'Loughlin, State Bicycle/Pedestrian Coordinator, Planning and Programming Div., Indiana DOT, 100 North Senate Ave., Room IGCN-901, Indianapolis, IN 46204-2249, Tel. (317) 232-5653, E-Mail: michael_oloughlin@indot.ibmmail.com. Indiana Bicycle Coalition, Inc., P.O. Box 20243, Indianapolis, IN 46220, Tel. (317) 466-9701 oder 1-800-BIKE-110, www.bicycleindiana.org.
Interstate: verboten
Straßennetz: dicht, mit vielen Ausweichmöglichkeiten überall, wenn es nicht grad am Lake Michigan ist.
Bewertung: Wie heißt es gleich in einem Lied: Indiana wants me, but I won't go back there ...

IOWA
IA

Nickname: Hawkeye State
Hauptstadt: Des Moines
Charakteristika: viel Kleinstadtleben, viel Herzlichkeit, viel Gastfreundschaft
Attraktionen: RAGBRAI (Register's Annual Great Bike Ride Across Iowa – Register ist die Tageszeitung von Des Moines, die dieses alljährliche intern. Fun-Race Ende Juli für jedermann veranstaltet); Amana Colonies – Siedlungen einer ehemals deutschen, protestantischen Sekte; Filmorte wie „The Field of Dreams" und das Ambiente von „Gilbert Grape"
Geographie: Sehr hügelige Regionen im Süden und entlang des Mississippi gehen über in ebene Landstriche im Norden.
Wildlife: Kühe, Schweine und lauter nützliches Vieh
Plagegeister: Mücken
Klima: Normalerweise sind die Sommer heiß mit gelegentlichen Regengüssen am Nachmittag. Unser Iowa Sommer brachte wochenlangen Dauerregen und Jahrhundert-Überschwemmungen, dann plötzlich Sonne und Tornados. Die Winter sind berechenbarer. Nämlich sehr frostig.
Leute: Small-town People mit viel Herz und einer unglaublichen Freundlichkeit. Man kommt vor lauter Plauderei und herzlichem Interesse kaum zum Radfahren.
Wichtige Adressen: Nancy Burns, Trails & Bikeways Coordinator, Iowa DOT 800 Lincoln Way, Ames, IA 50010, Tel. (515) 239-1621, E-Mail:

nburns@iadot.e-mail.com. Infos über das berühmte Radrennen bei www.ragbrai.org. Hawkeye Bicycle Association, P.O. Box 223, Cedar Rapids, Iowa 52406, Tel. (319) 398-9653. Iowa für alle: www.iowaccess.org.

Interstate: verboten

Straßennetz: Beste Bedingungen dank eines dichten Netzes von ruhigen Nebenstrecken. Außerdem 40 rails-to-trails Radwege, die 600 mi/960 km Strecke abdecken.

Bewertung: Iowa ist das typische Beispiel für das Kleinstadt-Amerika abseits der touristisch ausgelatschten Pfade. Die Menschen lassen diesen Staat zu einem Erlebnis werden, das man auf keinen Fall missen möchte, das länger in Erinnerung bleibt als die Redrocks von Utah oder der Yellowstone National Park.

KANSAS
KS

Nickname: Sunflower State

Hauptstadt: Topeka

Charakteristika: viel Wind, viel Weite, viel menschliche Wärme

Attraktionen: Lawrence ist eine nette Unistadt mit einem Spitzenbier und viel Atmosphäre in der Freestate Brewery; der Osten hat Neuengland-Charme, die Superhighlights gibt es hier nicht, aber die Menschen machen Kansas erfahrenswert.

Geographie: Im Westen endlose Weite mit Mais- und Kornfeldern im Reich der Great Plains, wenig Schatten und wenig Reiz fürs Auge. Im Osten gibt es hübsche Hügelketten mit einigen Stauseen.

Wildlife: viele Skunks!

Klima: Sehr heiß im Sommer, egal wo. Sehr kalt im Winter, egal wo. Extrem starke Winde und viele Tornados, für die Kansas berühmt und berüchtigt ist.

Leute: Mit die freundlichsten in den USA. Auch dafür ist Kansas berühmt. Wo kaum einer hinwill, um Urlaub zu machen, empfängt man Reisende mit viel Interesse, Wohlwollen und Gastfreundschaft.

Wichtige Adressen: Mark Bechtel, Bicycle and Pedestrian Coordinator, Kansas DOT, 2nd Floor Thacher Bldg., 217 SE 4th St., Topeka, KS 66603, Tel. (785) 296-7448, E-Mail: markb@dtthpo.wpo.state.ks.us, Webpage: www.ksdot.org. Kansas zum Reinschnuppern: www.accesskansas.org.

Interstate: verboten, außer bestimmte Brückenabschnitte der I-70

Straßennetz: dicht im Osten, magerer im Westen; wenig Diagonalverbindungen, fast alles läuft rechtwinklig ab. Voll höchstens auf Überlandrouten, doch dort hat es meistens Seitenstreifen.

Bewertung: Den oft harten Kampf gegen die kräftigen Winde machen die freundlichen Leute wieder wett. Kansas ist nicht besonders hübsch, aber man vergisst es nie wieder.

KENTUCKY
KY

Nickname: Bluegrass State

Hauptstadt: Frankfort

Charakteristika: viel blue grass, viele Hillbillies, viele Pferdenarren

Attraktionen: Vielleicht eine Bluegrass-Tour durch Georgetown, Danville, Lexington, Louisville, Bardstown und Harrodsburg. Louisville, Heimat von Philipp Morris, dem Tabakgiganten und Boxchampion Mohammed

Ali, spektakulär dort auch das Kentucky Derby, das berühmteste Pferderennen mit Riesenbegleitparty am ersten Wochenende im Mai; Mammoth Caves National Park und Land der Zehntausend Grübchen im Südwesten; Land between the Lakes Recreation Area an der Grenze zu TN.

Geographie: Gebirgig im Osten, eben entlang der Bluegrass Downs rund um Lexington

Wildlife: normales, aber besonders viel Pferdezucht

Plagegeister: viele Zecken im blue grass

Klima: Der feuchtheiße Einfluss des Südens macht die Sommerzeit unangenehm. Die Winter sind kalt und schneereich. Am angenehmsten zum Radeln das Frühjahr, wenn das blue grass seinem Namen Ehre macht, und der Herbst.

Leute: Viele kleine Ortschaften sorgen für small-town Charme. Man arbeitet als Pferdezüchter und Tabakpflanzer, als Farmer oder Rancher auf dem Land. In der Freizeit gibt es viel Musik und Square Dance.

Wichtige Adressen: Mark Q. Lee, Bikeway & Pedestrian Coordinator, Division of Multimodal Programs, Kentucky Transportation Cabinet, Frankfort, KY 40622, Tel. (502) 564-7433, E-Mail: mlee@mail.kytc.state.ky.us, Webpage: www.kytc.state.ky.us. Chain Reaction Cycling Club, P.O. Box 2462, Paducah, KY 42002-2462, Tel. (270) 488-2367, www.crcc.net.

Interstate: verboten

Straßennetz: Sehr dicht, nur in den Gebirgszügen des Südostens etwas dünner.

Bewertung: Kentucky hütet sorgsam eine Menge verborgener Reize. Kein Staat, der sich aufdrängt, aber durchaus sehenswert für alle, die auf Durchreise sind.

LOUISIANA
LA

Nickname: Pelican State

Hauptstadt: Baton Rouge

Charakteristika: viel Jazz, viel Sumpf, viel Blues und grauenhafte Brükken

Attraktionen: New Orleans mit Bourbon Street im French Quarter; Mardi Gras-Karneval im Delta; die Swamps; Antebellum Nostalgie; Cajun Gerichte.

Geographie: Die Deltalandschaft im Süden des Staates wird von zahlreichen Mündungsarmen des Mississippi River und des Atchafalaya River in eine einmalige Sumpflandschaft verwandelt, die Swamps. Flaches Schwemmland findet man im Cajun Country rund um Lafayette. Im Nordwesten und im Nordosten tauchen unverhofft Hügelketten auf.

Wildlife: Alligatoren, catfish – Welse

Plagegeister: Mücken im Überangebot, Schlangen

Klima: Bleierne Hitze mit einer Luftfeuchtigkeit, die das Atmen schwerfallen lässt, prägt die Sommermonate. Permanente Schweißausbrüche, ohne dass man sich bewegt. Die Luftfeuchtigkeit ist auch in Frühjahr und Herbst hoch, aber die Temperaturen sind erträglicher. Regenzeit mit überwiegend nasskalten, grauen Tagen hält Einzug von Januar bis März.

Leute: Vielseitig, bunt und freundlich. Die Spanier waren zuerst da. Die Cajuns, Abkommen der französischen Acadians, brachten viel ihrer Tradition ein in Kultur und Küche Louisianas. Die Schwarzen steuerten Gospel, Blues und Jazz bei. Die Briten brachten Plantagen und Herrenhäuser. Die Stimmung hat etwas Energiereiches, Magisches, das man erfühlen, aber schwer beschreiben kann.

Wichtige Adressen: Mitchell Lopez, Bicycle & Pedestrian Coordinator, Louisiana DOT, P.O. 94245 Capitol Station, Baton Rouge, LA 70804-9245, Tel. (225) 358-9115, www.dotd.state.la.us.

Interstate: verboten

Straßennetz: Radfahren in Louisiana ist gefährlich. Die Straßen sind schlecht und eng, der Fahrstil mörderisch, die Brücken eine Katastrophe. Besondere Probleme ergeben sich in den Sumpfgebieten des Südens, wo Straßen oft nur enge Trassen sind. Am besten sind die Bedingungen im Norden, doch dort ist es relativ langweilig.

Bewertung: Louisiana ist grauenvoll und attraktiv, auf jeden Fall atemberaubend. Wegen der schlimmen Verkehrssituation fällt es schwer, den Staat zu empfehlen. Aber, im Gegensatz zu Florida z.B., hat es Charakter und ich möchte auf keinen Fall versäumt haben, dort gewesen zu sein.

MAINE
ME

Nickname: Pine Tree State
Hauptstadt: Augusta
Charakteristika: viel Wald, viel Meer, viele Hummer
Attraktionen: die Küste; Acadia NP; Baxter State Park; Appalachian Trail.
Geographie: Die zerklüftete Küste wird gesäumt von sanften Hügeln, die mitunter jedoch recht steil werden können. Hier überwiegt Landwirtschaft. Auch das Binnenland ist recht gebirgig und dabei dicht bewaldet. Nur wenige Hauptverkehrsrouten verlaufen durch Täler von Ost nach West. Zwischen Portland und Waterville erstreckt sich eine Ebene entlang Kennebec River, die einzige bemerkenswerte im Staate Maine.
Klima: Die Sommer sind überwiegend heiß, feucht und stickig mit Temperaturen um 35 °C im Binnenland. An der Küste ist es wegen der frischen Brise angenehmer, aber auch sehr warm. Im Frühjahr ist das Klima besser, doch sind die Insektenschwärme unerträglich. Der Winter hält spätestens November Einzug mit unvorstellbar kalten Temperaturen für europäische Verhältnisse und viel Schnee. Die angenehmste Jahreszeit ist der Herbst mit warmen, klaren Tagen, bereits kühlen Nächten und wenig Niederschlag.
Wichtige Adressen: John Balicki, Bicycle & Pedestrian Coordinator, Office of Passenger Transportation, Maine DOT, 16 State House Station, Augusta, ME 04333-0016, Tel. (207) 287-6600, E-Mail: john.balikki@state.me.us. Preise und Fahrzeiten der Fähren nach Nova Scotia: www.scotiaprince.com.
Interstate: verboten
Straßennetz: Dicht mit Möglichkeiten zum Ausweichen auf Nebenstrecken zwischen US 2 und Küste. An der Küste selbst wenig alternative Strecken machbar. Nördlich von Bangor wird das Straßennetz total dünn, das Verkehrsaufkommen aber auch. In Nähe der Touristenzentren und der Küste, die zum Naherholungsbereich für Wochenendausflüger der Metropolen NYC und Boston gehören, ist der Verkehr mitunter sehr hektisch.
Bewertung: Maine kann kribbeliger sein als seine Hummer, und zur Saisonzeiten ist es an der Küste brechend voll. Das Binnenland ist nicht so

Staaten-index

reizvoll und typisch wie das anderer Neuenglandstaaten. Mein Tip: Man kann Ähnliches ruhiger und schöner erleben, wenn man durch das benachbarte Nova Scotia in Canada radelt.

MARYLAND
MD

Nickname: Old Line State
Hauptstadt: Annapolis
Charakteristika: viele Radler, viel Wasser und kaum Wege über die Chesapeake Bay
Attraktionen: Annapolis mit schöner Altstadt, Assateague Island Naturschutzgebiet
Geographie: An seiner schmalsten Stelle am Panhandle ist Maryland 5 km breit, denn die Südgrenze folgt dem Potomac River bis weit hinein nach West Virginia. Gleich hinter Washington und Baltimore wird es gebirgig. Der Osten hat eher sanfte Hügel. Maryland teilt sich die Halbinsel jenseits der Chesapeake Bay mit Delaware.
Klima: Ostküstenklima mit warmen, aber regenreichen Sommern und kalten Wintern.
Leute: Yankee Country beginnt für die Südländer schon hier. Der Einfluss der nahen Metropole Washington macht sich im geschäftigen Alltagstempo bemerkbar. Radfahren als Freizeitsport steht hoch im Kurs.
Wichtige Adressen: Harvey J. Muller, Bicycle & Pedestrian Coordinator, Maryland State Highway Admin., 707 North Calvert St., P.O. Box 717, Baltimore, MD 21203-0717, Tel. (410) 545-5656, freecall: 1-800-252-8776, E-Mail: hmuller@sha.state.md.us.
Interstate: verboten
Straßennetz: Am besten ausgebaut rund um Baltimore. Rund um die Chesapeake Bay gibt es viele Stichstraßen.
Bewertung: Kein direktes Ziel für Radler, aber Startpunkt für Transamerika Touren oder Durchreisestaat der East-Coast Tour. Wer die Küstenroute fährt, wählt den Weg über die Halbinsel. Wer eine Cross-country Tour hier beginnt, folgt am besten dem C&O-Canal Path.

MASSA-
CHUSETTS
MA

Nickname: Bay State
Hauptstadt: Boston
Charakteristika: viel Guiness Bier, viel Strand, viel Tradition
Attraktionen: Boston, mit traditioneller Altstadt und irischem Charme; Cape Cod, Nantucket und Martha's Vineyard an der Küste; das Museumsdorf Old Sturbridge im Binnenland.
Geographie: Die Appalachen sorgen für Steigungen im Binnenland. Platt bis hügelig ist es an der Küste, auffällig der markante „Ellenbogen" von Cape Cod.
Klima: Schwülwarme, feuchte Sommer mit vielen Wärmegewittern im Binnenland, eiskalte Winter mit viel Schnee selbst an der Küste.
Leute: Hier gingen die ersten Puritaner an Land, so dass man sich als Wiege Amerikas betrachtet. Die Elite des Landes entspringt noch immer den Eliteschulen, auch wenn Innovationen eher im Westen oder in Texas entstehen. Zentrum der irischen Einwanderer ist Boston.
Wichtige Adressen: Josh Lehman, Bicycle-Pedestrian Program Coordinator, Massachusetts Highway Dept., 10 Park Plaza, Room 4150, Boston, MA 02116-3973, Tel. (617) 973-7329, E-Mail: jlehman@state.ma.us,

Webpage: www.state.ma.us/mhd/home.htm. Massachusetts Office of Travel & Tourism, 10 Park Plaza, Suite 4510, Boston, MA 02116, Tel. (617) 973-8500 oder freecall 1-800-227-MASS, www.mass-vacation.com.

Interstate: verboten

Straßennetz: nicht allzu dicht, aber brauchbar. Küstenradler sollten sich vorab informieren. Im Binnenland gibt es keine größeren Probleme. Meiden: MA 2, US 6, US 7, US 20 und US 202.

Bewertung: Einer der sehens- und erlebenswerten Neuenglandstaaten!

MICHIGAN
MI

Nickname: Great Lakes State

Hauptstadt: Lansing

Charakteristika: viel Wald, viel Wasser, viele Mücken

Attraktionen: Detroit mit Greenfield Village; Sleeping Bear Dunes National Seashore; die Upper Peninsula; die Seen; Ann Arbor; Pictured Rocks National Lakeshore.

Geographie: Michigan grenzt an 4 der 5 großen Seen im Nordosten der USA. Der südliche Teil, der die Form eines Fingerhandschuhs hat, wird dabei durch Wasser getrennt von der Upper Peninsula. Insgesamt ist es hügelig, aber selten lange steil.

Wildlife: Bären

Plagegeister: Mücken, wurden zum inoffiziellen Staatsvogel ernannt

Klima: Die Sommer sind angenehm warm, selten zu heiß, denn es weht stets eine sanfte Brise vom Wasser her. Die Winter extrem kalt auf der Upper Peninsula. Niederschläge fallen das ganze Jahr über, am meisten im späten Frühjahr und dann nach Ende des Indian Summer im Herbst.

Leute: Lauter Wassersportler und Angelfanatiker, die sich im Winter auf dem Land bevorzugt per Snowmobil fortbewegen. Detroit mit seinen Autoschmieden ist hingegen eines der härteren Industriezentren.

Wichtige Adressen: Michael D. Eberlein, Non-Motorized Coordinator, Bureau of Transportation Planning, Michigan DOT, P.O. Box 30050, Lansing, MI 48909, Tel. (517) 335-2823, E-Mail: meberlein@mdot.state.mi.us. League of Michigan Byciclists, 410 S. Cedar, Suite A, Lansing, MI 48912, Tel. (517) 334-9100, www.lmb.org.

Interstate: verboten

Straßennetz: Bestens in Lower Michigan, dünn, aber streckenweise relativ gut ausgebaut auf der Upper Peninsula.

Bewertung: Einer der sympathischsten Staaten rund um die Great Lakes. Wer sich entscheiden kann zwischen Canadas Highway 17 oder Michigan, ist mit der Upper Peninsula besser dran. Schön auch die waldreiche Region um Traverse City.

MINNESO-
TA
MN

Nickname: North Star State

Hauptstadt: St. Paul

Charakteristika: viele Seen, viele Mücken, viel Urwüchsigkeit

Attraktionen: die Seen und Lake of the Woods, etwas abseits Voyageurs NP; Lake Superior

Geographie: Sanft rollende Hügel allerorten. Grenzt im Norden an Canada auf der Höhe von Lake of the Woods. Beherbergt den Westzipfel des Lake Superior. Außerdem viele kleine Seen in unberührter Natur. Der Sü-

Staaten-index

den wird stark als Farmland genutzt, im Norden gibt es mehr Wald.
Wildlife: vereinzelt Bären
Plagegeister: Mücken und Stechfliegen reichlich!
Klima: Heiße Sommer mit hoher Luftfeuchtigkeit. Im Winter der durchschnittlich kälteste Staat der „lower 48".
Leute: Angeln und Wassersport stehen hoch im Kurs bei Einheimischen und Touristen. Einzig dichter Ballungsraum die twin city Minneapolis-St. Paul. Sonst sehr ländlich, sehr sicher, sehr freundlich.
Wichtige Adressen: Charles Cadenhead, Bicycle Coordinator, DOT, Mail Stop 315, Kelly Inn Annex, 395 John Ireland Boulevard, St. Paul, MN 55155-1899, Tel. (651) 296-9966, E-Mail: charles.cadenhead@dot.state.mn.us.
Interstate: verboten
Straßennetz: Im Süden dicht mit vielen Nebenstraßen, im Norden gibt es kaum Möglichkeiten abseits der Highways zu radeln. Ausschau halten nach Rails-to-Trails Strecken!
Bewertung: Am schönsten ist der Norden und als Südstrecke um die Great Lakes sind Minnesotas Straßen empfehlenswerter als Highway 17 in Canada.

MISSISSIPPI
MS

Nickname: Magnolia State
Hauptstadt: Jackson
Charakteristika: viele Baumwollfelder, viele Blacks, viel Blues
Attraktionen: Natchez Trace Parkway; Vicksburg National Military Park mit Bürgerkriegshelden-Denkmal; Port Gibson, „the town too beautiful to burn" überstand die Flammen des Bürgerkriegs; Nostalgieort Oxford; Clarksdale als Zentrum der Blues Musik.
Geographie: Die Westgrenze folgt den Windungen des Mississippi, die Ostgrenze ist ein gerader Strich, die Küste kurz und uninteressant. Im Zentrum dehnen sich heiße Ebenen aus, ideal für Baumwollplantagen. Nur wenige, meist sanfte Hügel unterbrechen die allgemeine Monotonie.
Klima: Mörderisch heiße Sommer und nasskalte, regenreiche Winter. Ansprechendste Reisezeit ist das Frühjahr.
Leute: Viele reizende Südstaatler mit breitem Akzent und freundlichem Lachen, die überaus hilfsbereit und absolut nicht kleinlich sind.
Wichtige Adressen: Jim Moak, Transportation Planner, Mississippi DOT, P.O. Box 1850, Jackson, MS 39215-1850, Tel. (601) 359-7685, E-Mail: jmoak@mdot.state.ms.us.
Interstate: verboten
Straßennetz: Das Straßennetz ist recht gut ausgebaut, mal abgesehen von einem leeren Dreieck nördlich von Vicksburg und Jackson.
Bewertung: Die beste Wahl für Mississippi ist garantiert der Natchez Trace Parkway, es sei denn, man will den harten Alltag verarmter Landstädtchen näher kennenlernen.

MISSOURI
MO

Nickname: Show Me State
Hauptstadt: Jefferson City
Charakteristika: viele Straßen, viele Zeltplätze, viel Outdoor-Begeisterung
Attraktionen: St. Louis, das Tor zum Westen mit seiner Altstadt und dem

Gateway Arch; Hannibal, die Heimatstadt Mark Twains; Branson, das Nashville Missouris und die Jazz Szene von Kansas City.

Geographie: Viele sanft rollende Hügel, mit steileren Partien nahe dem Mississippi River und südlich der I-44, wo man auf gebirgige Ausläufer der Ozark Mountains trifft.

Klima: Regenreiche Wochen im Frühjahr werden abgelöst von heißen Sonmmertagen, in denen dann früh abends gerne Gewitter toben. Eigentlich kann man Missouri zu den drei milden Jahreszeiten besuchen, da Niederschläge eh nach Laune fallen. Die Winter sind empfindlich kalt. Tornados kommen zur warmen Jahreszeit vor.

Leute: Viel Farmvolk mit riesigem Spaß am Outdoor-Leben, was hier besonders angeln, jagen, wandern heißt. Wie in allen Kleinstadtregionen wird man als Radtourist auf dem Land freundlich aufgenommen und nach Möglichkeit unterstützt.

Wichtige Adressen: Dennis Scott, Bicycle & Pedestrian Coordinator, Missouri DOT, P.O. Box 270, Jefferson City, MO 65102, Tel. (573) 526-2816, E-Mail: scottd@mail.modot.state.mo.us. Missouri Division of Tourism, P.O. Box 1055, Jefferson City, MO 65102, Tel. (573) 751-4133, www.visitmo.com.

Interstate: nicht ausdrücklich und überall verboten

Straßennetz: Sehr dicht mit vielen Ausweichmöglichkeiten. In den gebirgigen Regionen südlich der I-44 weniger gut mit Alternativstrecken versehen. County Roads werden mit Buchstaben benannt.

Bewertung: Ein sympathischer, freundlicher Staat am Nabel Amerikas, wo Alltagsgeschichten erzählt werden wie bei Mark Twain und ein exzellentes Straßennetz, das Radfahren ein Vergnügen werden lässt.

MONTANA
MT

Nickname: Treasure State

Hauptstadt: Helena

Charakteristika: viele Wildblumen, viele Bären, viele Berge

Attraktionen: Glacier NP; Bitterroot Range, Flathead Lake mit Bison Ranch; Bighorn Canyon; Missoula (Sitz des ACA).

Geographie: Gebirgszüge der nördlichen Rocky Mountains beherrschen Montanas Westen mit hohen Bergen und engen Tälern, Ausläufer der Great Plains prägen den Westen mit ihren Prärien.

Wildlife: Bisons im Park, Grizzlies und Schwarzbären

Plagegeister: Mücken und Stechfliegen in Maßen

Klima: Kontrastreich wie die Landschaft. Kühle Sommer mit Regenperioden im Gebirge, große Hitze im Osten mit der gnadenlosen Sonne der vegetationsarmen Plains und kräftigen Winden zu jeder Jahreszeit. Frühe Winter mit viel Schnee und Kälterekorden in den Bergen, kalte Winter mit Schneestürmen in der Prärie.

Leute: Die Winter sind sehr hart und nur wenige halten es in Montanas einsamen Bergen aus. Es gibt kaum Industriegebiete, keine Metropolen. Land und Leute sind schlicht, mit Sinn für das Wesentliche und der Freude an Kleinigkeiten.

Wichtige Adressen: Jennifer J. Dalrymple, Bicycle & Pedestrian Coordinator, Montana DOT, P.O. Box 201001, 2701 Prospect Ave., Helena, MT 59620-1001, Tel. (406) 444-9273, E-Mail: u0090@long.mdt.mt.gov. Travel Montana, 301 South Park, P.O. Box 200533, Helena, MT 59620-0133, freecall 1-800-VISIT-MT oder Tel. (406) 841-2870, www.visitmt.com. Adventure Cycling Association (ACA), 150 East Pine Street, P.O. Box 8308, Missoula, MT 59807, freecall 1-800-755-2453, www.adv-cycling.org.

Interstate: erlaubt außerhalb der Städte, wenn keine Alternative besteht

Straßennetz: Dünn im Osten, besser im Westen, wenige Ost-West-Verbindungen, mehr Straßen in Nord-Süd Richtung. Insgesamt ruhiges Radeln abseits der Touristenzentren.

Bewertung: Eindeutig der schönste Teil der nördlichen Rockies. Viel Geruhsamkeit und weniger scharfe Winde als in Wyoming.

NEBRASKA
NE

Nickname: Cornhusker State

Hauptstadt: Lincoln

Charakteristika: viel Weite, viel westwärts, viel Wind

Attraktionen: Chimney Rock, eine einsame Felsnadel bei Bayard; Harold Warp Pioneer Village, ein Minimuseum bei Minden; Fort Robinson State Park ganz im Nordwesten (hier wurde Sioux Häuptling Crazy Horse ermordet); Omaha als Stadt.

Geographie: Der Staat der zentralen Great Plains wartet auf mit weitläufigen Prärieebenen, die meist als Weideland genutzt werden. Lediglich im Westen und ganz im Südosten gibt es ein paar Hügel. Kleine Abfahrten und Steigungen tauchen auf, wenn Flüsse den Weg kreuzen.

Klima: Die Sommer sind trocken und tierisch heiß, es gibt Tornados und Wärmegewitter. Wald und Schatten sind rar. Die Winter sind ebenso tierisch, allerdings eiskalt. Ganz gleich, zu welcher Jahreszeit – es toben starke Winde!

Leute: Im Osten sind es nicht viele, und je weiter westlich man kommt, um so weniger werden es. Bei soviel Einsamkeit und Weite hält man zusammen und ist sehr hilfsbereit.

Wichtige Adressen: Ron Schlautman, Bicycle & Pedestrian Coordinator, Nebraska Department of Roads, P.O. Box 94759, Lincoln, NE 68509-4759, Tel. (402) 479-4338, E-Mail: dor5039@vmhost. Nebraska Division of Travel and Tourism, P.O. Box 98907, Lincoln, NE 68509-8907, freecall 1-877-NEBRASKA, www.visitnebraska.org.

Interstate: verboten

Straßennetz: Vielseitig im Osten, äußerst mager im Westen.

Bewertung: Touristische Diaspora. Your's to discover!

NEVADA
NV

Nickname: Silver State

Hauptstadt: Carson City

Charakteristika: viel Geld, viel Spaß, viel Glitzerwelt in der Wüste

Attraktionen: Las Vegas mit Spielhöllen; Lake Mead; Valley of Fire State Park; Reno, „the biggest little city in the world"; Lake Tahoe; Rhyolite, eine echte Ghost Town auf den Hügeln bei Beatty.

Geographie: The Great Nevada Basin ist so flach nicht, wie der Name glauben macht. Einige beeindruckende Gebirgszüge mit Dreitausendern verlaufen in Nord-Süd-Richtung und ihre Kämme zieren Waldgebiete, während die Vegetation sonst äußerst spärlich ist. Lake Mead im Südosten sowie die Seenplatte rund um Lake Tahoe wollen auch nicht recht ins Wüstenimage passen, aber ein paar Kilometer auf dem Rad bei prallem Sonnenschein machen klar, warum man von Desert spricht.

Klima: Brüllend heiße Sommer, milde warme Winter, in denen die Temperaturen nach Sonnenuntergang des öfteren in Gefrierpunktnähe rücken. Da merkt man die Höhenlage von mehr als 1500 m. Positiv ist der stets geringe Niederschlag.

Leute: Rund um Reno und rund um Las Vegas ist es voll. Aber sonst hast du Mühe, Leute zu finden, so dünn besiedelt ist das Land. Punkte auf der Karte sind oft nur Kreuzungen an denen nicht mal eine Tankstelle steht.

Wichtige Adressen: Eric Glick, Bicycle & Pedestrian Coordinator, Nevada DOT, Transportation Planning Division, 1263 South Stewart St., Carson City, NV 89712, Tel. (702) 888-7433, E-Mail: bicycle@dot.state.nv.us. Nevada Commission on Tourism, 401 North Carson Street, Carson City, NV 89701, freecall 1-800-NEVADA-8, www.travelnevada.com.

Interstate: erlaubt auf bestimmten Streckenabschnitten, z.B. I-15 Las Vegas Richtung Arizona; Informationen über das DOT oder bei den Highway-Cops.

Straßennetz: Es gibt nicht viele Straßen. Aber die, die es gibt sind, mal abgesehen von der Verbindung Las Vegas Reno und den Interstates, leer.

Bewertung: Per Rad durch das Herz von Nevada garantiert ein Abenteuer mit vielen Durststrecken! Las Vegas ist ein Erlebnis. Lake Tahoe und Reno sind für Radreisende etwas weit ab vom Schuss.

NEW HAMPSHIRE NH

Nickname: Granite State

Hauptstadt: Concord

Charakteristika: viel Wald, viel Schweigen und ein kleines Stück Atlantik

Attraktionen: White Mountains mit Mt. Washington; Lake Winnipesaukee für Wassersport

Geographie: Die Appalachen heißen hier White Mountains und beherrschen mit ihrem Mt. Washington den Norden des Staates. Auch im Süden entlang des Connecticut River geht es noch recht gebirgig zu. Zur kurzen Küste hin wird es eben und hügelig rund um Lake Winnipesaukee.

Wildlife: vereinzelt Bären

Klima: Fast jedes Haus hat einen Swimmingpool, und die sind voll im Gebrauch während der feuchtheißen Sommertage. 35 °C sind keine Seltenheit. Nachmittags und am frühen Abend schon mal Wärmegewitter. In den Bergen und an der Küste ist es etwas kühler. Die Region rund um den Mt. Washington ist berüchtigt für tollkühne Wettereskapaden. Im Winter ist es überall gleich kalt. Schön zum Reisen ist der Herbst.

Leute: Manche munkeln, hier wohnten die Schotten Amerikas. Sparsamkeit steht zumindest hoch im Kurs, und man gibt sich wortkarg, aber dennoch hilfsbereit.

Wichtige Adressen: Michelle Marshall, Bicycle & Pedestrian, Transportation Coordinator, New Hampshire DOT, Bureau of Transportation Planning, P.O. Box 483, Concord, NH 03302-0483, Tel. (603) 271-1622, E-Mail: n46@dot.state.nh.us. New Hampshire Division of Travel and Tourism Development, 172 Pembroke Road, P.O. Box 1856, Concord, New Hampshire 03302-1856, freecall 1-800-FUN-IN-NH (1-800-386-4664), www.visitnh.gov.

Interstate: verboten

Straßennetz: Recht gut ausgebaut mit Lücken nur im hohen Norden

Bewertung: Ein geruhsamer Neuenglandstaat mit viel Landleben, angenehmen Straßen und manchem zauberhaften Fleck.

NEW JERSEY
NJ

Nickname: Garden State
Hauptstadt: Trenton
Charakteristika: viel busy, viel Küste, viel NYC-Nähe
Attraktionen: Cape May als schönster Badeort; Atlantic City als die marode Stadt der Spieler; Princeton als Platz für Einsteins und die Delaware Water Gap als Outdoor Spaß.
Geographie: Eingerahmt von Delaware River, New York und dem Ozean gehört New Jersey zu den Zwergstaaten der USA. Schöne Strände säumen die Küste und im Nordosten geht es überraschend gebirgig zur Sache, so dass selbst Mountain-Biker auf ihre Kosten kommen.
Klima: wie in New York
Leute: Im Rest der USA haben sie einen zweifelhaften Ruf, die „Yankee-Snobs" aus New Jersey. Zu Hause hingegen zeigen sie sich von ihrer besten Seite.
Wichtige Adressen: Bill Feldman, Pedestrian & Bicycle Advocate, New Jersey DOT, 1035 Parkway Ave., Trenton, NJ 08625, Tel. (609) 530-8062, E-Mail: billatng@aol.com, Webpage: www.state.nj.us/transportation.
Interstate: Man muss eine Erlaubnis beim DOT beantragen. Info beim Bicycle Coordinator oder unter www.state.nj.us/njcommuter/html/hwyrestr.htm.
Straßennetz: Am besten ausgebaut im Norden.
Bewertung: NJ ist am schönsten an der Küste im Süden und in den Bergen im Nordwesten.

NEW MEXICO
NM

Nickname: Land of Enchantment
Hauptstadt: Santa Fe
Charakteristika: viel Western Style of Living, viele schöne Berge, viele Pueblos and spanish flair
Attraktionen: Carlsbad Caverns NP; White Sands NM; Pueblo de Taos; Four Corners NM; Santa Fe mit seiner Künstlerszene; Turqoise Trail (NM 14 von I-25 nach Albuquerque), die Kult-Straße, Domizil der Hippies und Aussteiger von heute.
Geographie: New Mexicos Süden hat mehr den Charakter einer Ebene, die vereinzelt von Gebirgszügen in Nord-Süd Richtung unterbrochen wird, so dass weite Becken entstehen. Der Norden des Staates wird geprägt von wesentlich höheren Bergketten, Ausläufern der Rocky Mountains, wie die San Juan Range.
Wildlife: Schwarzbären im Hochgebirge, Stachelschweine, Wildschweine
Plagegeister: Mücken, Klapperschlangen und Skorpione, giftige Tausendfüßler
Klima: Die starken Höhenunterschiede sorgen für extreme Wetterkontraste. Die Ebenen im Süden werden tierisch heiß, während es im Gebirge angenehm kühl bleibt. Die Gebirgszüge bestimmen auch was machbar ist per Rad im Winter: der tiefe Süden und nichts sonst. Für die nördliche Region um Santa Fe und Taos herum gibt es lediglich ein recht kurzes Klimafenster von Mai bis September. Wie im gesamten Südwesten sind

nachmittägliche Gewitter an der Tagesordnung. In den heißen Ebenen am Fuße der Bergketten stürmt es in Frühjahr und Sommer gewaltig!

Leute: Nach Texas hätte es jeder Staat schwer. Und so erscheinen die Leute allen, die von Osten kommen, ein wenig nichtssagend und distanziert. Es leben übrigens weniger Mexikaner in New Mexico, als der Name vermuten ließe. Die zweitgrößte ethnische Gruppe stellen die Indianer, die in verschiedenen Reservaten meist im Norden des Staates leben.

Wichtige Adressen: Ron Montoya, Bicycle Coordinator, New Mexico Highway and Transportation Dept., P.O. 1149 SB1, Santa Fe, NM 87504-1149, Tel. (505) 827-5248, freecall (800) 827-5514, E-Mail: ronald.montoya@nmshtd.state.nm.us. Fahrradvereinigung: The New Mexico Touring Society, P.O. Box 1261, Albuquerque, NM 87103-1261, Tel. (505) 237-9700, www.swcp.com/~nmts.

Interstate: erlaubt außerhalb von Ansiedlungen über 50.000 Einwohnern und wenn keine Alternative vorhanden ist (siehe dazu www.newmexico.org/outdoors/bikelaws.html).

Straßennetz: Recht dünn mit wenig Ausweichmöglichkeiten. Auch stark befahrene Straßen haben oft keine Seitenstreifen.

Bewertung: Das „Land des Entzückens" (siehe Nickname) ist am schönsten im Norden. Der Süden hat auch seine Reize aber auch einiges an Durststrecken dazwischen.

NEW YORK
NY

Nickname: Empire State

Hauptstadt: Albany

Charakteristika: viel City Life, viel Natur vor den Toren von Big Apple

Attraktionen: Big Apple NYC (New York City); die Catskill und die Adirondack Mountains mit viel Wald und Seen; Niagara Falls und Lake Ontario; Woodstock – das Nostalgie-Musik-Mekka; Hyde Park, der Ort mit den Luxusschuppen der Roosevelts und Vanderbilts.

Geographie: Zwischen NYC und Lake Ontario hat New York State eine Menge an Natur zu bieten mit den Andirondack Mountains im Norden und den Catskill Bergen gleich jenseits des Hudson River. Sanfter zum Radeln sind die Bedingungen rund um Rochester.

Wildlife: vereinzelt Bären

Klima: Heiße Sommertage in NYC erinnern sofort daran, dass die Stadt auf Höhe von Neapel liegt. In den schneereichen Wintern merkt man nichts davon. Im Binnenland geht es zur warmen Jahreszeit gemäßigter zu. Berge und Brisen vom Lake Ontario sorgen für angenehmere Bedingungen. Dafür sind die Winter dort härter. Schönste Reisezeit ist der Herbst, Spaß macht es von Mai bis Oktober.

Leute: Die absoluten Trendsetter der Szene in Big Apple und die urigsten Aussteigertypen aus echtem Schrot und Korn im Hinterland und ganz gewöhnliche Kleinbürger wie überall auf der Welt.

Wichtige Adressen: Bicycle & Pedestrian Program Manager, New York State DOT, 1220 Washington Ave., Albany, NY 12232, Tel. (518) 457-8307. The Adirondack North Country Association (ANCA), 20 St. Bernard Street, Saranac Lake, NY 12983, www.adirondack.org.

Interstate: verboten

Straßennetz: Ziemlich dicht mit Ausnahme der Gebirgszonen.

Bewertung: Überraschend viel Natur und Urwüchsigkeit im Hinterland von Big Apple. Die Straßen sind auf jeden Fall ruhiger und angenehmer als im Nachbarstaat Pennsylvania und zu sehen gibt es auch mehr. Auch NYC – man mag es kaum glauben – ist für vorausschauende und gut informierte Radfahrer machbar.

NORTH CAROLINA
NC

Nickname: Tar Heel State
Hauptstadt: Raleigh
Charakteristika: viel Ozean, viele Berge, viele Kontraste
Attraktionen: Great Smokey Mountains National Park; Blue Ridge Parkway; Asheville mit Luxusschuppen der Vanderbilts und der bescheidenen Hütte des Dichters Thomas Wolfe; Wilmington and „The Show-Boat"
Geographie: Die sanften Hügelchen nahe des Meeressaums gehen über in die ausgedehnte Ebene des Piedmont, bevor sich die Blue Ridge und die Great Smokeys im Westen auftürmen.
Klima: Sommerhitze im Piedmont mit lockeren 35 °C, kühler an Küste und im Gebirge mit 27 °C. Im Winter zieht man die Küste vor mit durchschschnittlich 15 °C. In den Bergen schneit es derweil. Schönste Reisezeit ist das Frühjahr, vor allem wegen der blühenden Azaleen im Binnenland.
Leute: Nahe an der Grenze zu den Yankees entwickelt man besonders viel Südstaatencharme, gemixt mit einer ordentlichen Portion Bibelfestigkeit.
Wichtige Adressen: Curtis B. Yates, Director, Division of Bicycle and Pedestrian Transportation, North Carolina DOT, 1 South Wilmington St., Room 304, P.O. Box 25201, Raleigh, NC 27611, Tel. (919) 733-2804, E-Mail: cbyates@mail.dot.state.nc.us. North Carolina Trails Program, N.C. Div. of Parks and Recreation, 1615 MSC, Raleigh, NC 27699 (Headquarters in 512 N. Salisbury Street, Archdale Building, 7th Floor, Room 732), Tel. (919) 733-4181, http://ils.unc.edu/parkproject/ncparks.html.
Interstate: Benutzung muss beim DOT beantragt werden
Straßennetz: Gut ausgebautes Straßennetz, mal abgesehen von einigen Lücken im Küstenbereich des Pamlico Sound. Besser man fährt über die Inseln von Cape Hatteras, falls man die Küste abradelt.
Bewertung: Schön an der Küste und in den Bergen im Westen. Dazwischen liegt der Piedmont, der recht monoton und voller Industrie ist.

NORTH DAKOTA
ND

Nickname: Peace Garden State
Hauptstadt: Bismarck
Charakteristika: viel Weizen, viel Wind, viel Monotonie
Attraktionen: Die Attraktion ist, dass es keine Attraktion gibt, außer dem Theodore Roosevelt NP mit dem Painted Canyon im interessanteren Südteil von ND.
Geographie: Great Plains pur! Weite Ebenen mit Weizen und Flachs, unterbrochen von Getreidesilos. Ein Staat zum Telegraphenmasten zählen. Kleinere Seen und der Missouri werden meist zu Bewässerungszwecken genutzt.
Wildlife: Antilopen und Bisons im T.-Roosevelt NP, sonst keine Bisons mehr!
Klima: Schutzlos den Wetterlaunen ausgeliefert mit Hitze im Sommer und permanentem Schattenmangel. Dafür gibt es kräftige Winde, die im

täglichen Trainingsprogramm glatt fehlende Berge ersetzen. Eisig kalt im Winter, wenn der Nordwind weht.

Leute: Wenn man welche sieht, dann in Autos oder auf Mähdreschern. Nicht ganz leicht, Kontakte zu knüpfen. Aber wenn, dann geht es immer gleich herzlich zu, auf eine etwas dröge Weise, die zur Landschaft passt.

Wichtige Adressen: Bennett R. Kubischta, Local Government Division, North Dakota DOT, 608 E. Boulevard Ave., Bismarck, ND 58505-0700, Tel. (701) 328-3555, E-Mail: ccmail.bkubisch@ranch.state.nd.us, Webpage: www.state.nd.us/dot. North Dakota Tourism Division, Century Center, 1600 E. Century Ave. Suite 2, P.O. Box 2057, Bismarck, N.D. 58503-2057, freecall 1-800-435-5663 oder Tel. (701) 328-2525, www.ndtourism.com.

Interstate: erlaubt

Straßennetz: Das gut strukturierte Straßenmuster des Ostens wird dünn im Westen und immer häufiger treten dort Schotter- statt Asphaltstraßen auf.

Bewertung: American Life abseits der Highlights. Nicht der attraktivste Staat der Plains für eine Coast-to-coast Tour. Grad der Mangel an Reizen macht den Reiz von North Dakota aus.

OHIO
OH

Nickname: Buckeye State
Hauptstadt: Columbus
Charakteristika: viel Seen, viel Ruhrgebiet, viel Radfahrhilfen
Attraktionen: Die Küste am Lake Erie in ländlicheren Abschnitten; die Inseln im See als Erholungsziel Nr.1 mit dem Cedar Point Amusement Park in Sandusky (der die meisten Achterbahnen der Welt beherbergt); Hopewell Culture National Historical Park, eine Ansammlung präkolumbianischer Grabhügel; Cincinnati als Stadt.

Geographie: Im Norden säumt der Eriesee das Land, im Osten und Süden folgt die Grenze großenteils den Schleifen des Ohio Rivers. Der Nordwesten des Staates ist relativ eben mit vereinzelten Hügeln, Süden und Osten sind gebirgiger, aber Bergketten fehlen. Ohios Nordosten ist eines der dichtesten Industriegebiete der USA! In Zentral- und Südwest-Ohio gibt Landwirtschaft den Ton an.

Klima: Ohio profitiert nicht mehr ganz soviel vom erfrischenden Einfluss der Great Lakes im Sommer. Die Temperaturen erreichen im Binnenland oft 35 °C, am Seeufer ist es angenehmer. Die Winter sind bitterkalt. Am schönsten im Herbst, aber machbar von Mai bis Oktober.

Leute: In Ohio leben besonders viele Amish, eine Splittergruppe der Mennoniten mit strengem Verhaltenskodex. Die starke Industrialisierung im Nordosten prägt auch die Menschen dort. Viele einfache Leute mit Schnauze und dem Herz auf dem rechten Fleck.

Wichtige Adressen: Karen Young, State Bicycle Coordinator, c/o Bicycle/Enhancements Program, Multi Modal Planning, Ohio DOT, P.O. Box 899, Columbus, Ohio 43216-0899, Street Address: 1980 W. Broad St., Tel. (614) 752-5359, E-Mail: stodd@odot.dot.ohio.gov, Webpage: www.dot.state.oh.us. Tourismusbehörde: www.ohiotourism.com oder freecall 1-800-BUCKEYE.

Interstate: verboten

Straßennetz: Gut ausgebaut mit Schachbrettstruktur in flachen Regio-

Staaten-index

nen und Krakenform im Hügelland. In Ballungsräumen geht es trotzdem streckenweise sehr lebhaft zu.

Bewertung: Am schönsten sind der waldreiche Süden und die Inseln am Eriesee. Aber auch dazwischen lässt es sich recht gut radeln, wenn man die richtigen Karten hat.

OKLAHOMA
OK

Nickname: Sooner State

Hauptstadt: Oklahoma City

Charakteristika: viel „Okies", viele Seen und viele Rasenmäher

Attraktionen: Tulsa als Stadt mit viel Art-Deco-Architektur; Fort Sill, der Platz an dem einst der sagenumwobene Jeronimo sein trauriges Ende fand.

Geographie: Der Staat, der aussieht wie eine Faust mit ausgestrecktem Zeigefinger reicht mit seinem schmalen Panhandle bis an New Mexico heran. Der Osten ist unerwartet waldreich, gebirgig und beherbergt zahlreiche Stausseen. Weiter westlich beginnen die Great Plains. Dort wird es offen und eben, mal abgesehen von River-Dips.

Klima: 40 °C im Sommer lassen die Nähe zu Texas spüren. Im Winter liegt man noch immer weit genug nördlich für gelegentlichen Frost und Schnee. Gut zu bereisen von März bis Mai sowie von Oktober bis Dezember.

Leute: Die Okies sind die Ostfriesen Amerikas. Dauernd reißt man Witze über sie. Making Money ist kein Thema. Die wirtschaftliche Lage des Staates ist nicht berauschend, und so findet man viel improvisiertes Leben, gepaart mit spontaner Herzlichkeit.

Wichtige Adressen: Tim Gatz, Bicycle Coordinator, Urban Design, Oklahoma DOT, 200 NE 21st St., Room 2-C2, Oklahoma City, OK 73105, Tel. (405) 521-2454. Oklahoma Bicycle Society, 7504 NW 12th Place, Oklahoma City, OK 73127-4148, www.oklahomabicyclesociety.com.

Interstate: erlaubt, wenn keine Alternative vorhanden ist

Straßennetz: Gut ausgebaut südlich von I-40 und östlich von I-35. Richtung Westen zum Panhandle hin wird es dünn, aber auch der Verkehr.

Bewertung: Zu Zeiten der Route 66 war noch mehr los in Oklahoma. Der Osten ist zweifellos der reizvollere Teil des Staates, aber was Leben in Oklahoma für die frühen Siedler hieß, erfährt man nur auf dem harten Weg Going-West.

OREGON
OR

Nickname: Beaver State

Hauptstadt: Salem

Charakteristika: felsige Klippen, sandige Dünen und bellende Seehunde

Attraktionen: die Küste mit Cannon Beach, Bandon, vielen Felstürmen und vielen Leuchttürmen; Städte wie Portland (schöner ist Eugene); Pacific Crest in den Kaskaden; Krater Lake NP; der gigantische Columbia River; Lavabetten und -höhlen.

Geographie: Zwischen der Coast Range und den Cascade Mountains breitet sich das Willamette Valley aus, der am dichtesten besiedelte Teil des Staates. Östlich der Kaskaden stößt man im Süden auf vegetationsarme Ausläufer des Great Nevada Basin mit zahlreichen Lavafeldern. Im Nordosten wechseln sich dürre Täler mit kleineren Waldgebieten auf Gebirgskämmen ab.

Wildlife: Bären in den Kaskaden, Seelöwen, Kormorane und saisonweise Wale an der Küste, farbenprächtige niedere Meereslebewesen in den Tide-Tümpeln.

Plagegeister: Stechfliegen in Waldgebieten

Klima: Dauerregen zur kalten Jahreszeit und Schauer, wenn der Wind auf SW dreht. Neblig am Morgen mit siegreichem Sonnenschein gegen Mittag, wenn der Wind auf NW dreht, was im Sommer meist der Fall ist. Heiß und trocken im Südosten des Staates. Viel Schnee, der früh fällt und sich in den Kaskaden an Nordhängen bis in den Juni hinein halten kann.

Leute: Wer Wälder liebt und lange Regenperioden gemütlich findet, den zieht es nach Oregon. Der Staat hat mit die härtesten Umweltgesetze der USA. An der Küste haben sich in Folge des Touristenstromes viele Kunsthandwerker niedergelassen. Oregon liebt Radfahrer und tut was für sie!

Wichtige Adressen: Michael P. Ronkin, Bicycle & Pedestrian Program Manager, Oregon DOT, Transportation Building, Rm. 210, Salem, OR 97310, Tel. (503) 986-3555, E-Mail: michael.p.ronkin@odot.state.or.us. First Contact über www.traveloregon.com/contact.cfm.

Interstate: erlaubt; Ausnahme: verboten im Stadtbereich von Portland und eine Meile in Medford

Straßennetz: Nicht allzu dicht. Dank der speziellen Radfahrkarten gibt es keine Probleme.

Bewertung: Oregons Küste gehört zu den Highlights für Radtouristen in den USA. Das Binnenland hat ebenfalls seine Reize, ist jedoch weniger stark frequentiert.

PENNSYL-
VANIA
PA

Nickname: Keystone State

Hauptstadt: Harrisburg

Charakteristika: viele Hügel, viel Stahl, viel Verkehr und Harrisburg

Attraktionen: Lancaster County mit Amish und Mennoniten-Gemeinden; Philadelphia als Stadt; Gettysburg, das Schlachtfeld des Bürgerkriegs und viel, viel Wochenend-Ausflugstourismus aus der Stadt hinaus ins Grüne!

Geographie: Fast so breit wie New York State erstreckt sich Pennsylvania von Philadelphia im Osten bis nach Ohio im Westen und schiebt ein winziges Stückchen im Norden verlangend ans Ufer des Eriesee. Das Zentrum des Staates ist Agrarland, mit grünen Hügeln im Osten, Seen und Tälern im Nordosten und ausgedehnten Wäldern im Westen.

Klima: vgl. Ohio

Leute: Philadelphia, die geistige Metropole, im Osten; Pittsburgh, die Arbeitermetropole im Westen, dazwischen Farmer und Kleinstadtszene. Von allem etwas also. Viele Amish, hier Pennsylvania Dutch genannt, leben im Lancaster County.

Wichtige Adressen: David Bachman, Bicycle & Pedestrian Program Coordinator, PennDOT Bureau of Highway Safety & Traffic Engineering, P.O. Box 2047, Harrisburg, PA 17105-2047, Tel. (717) 783-8444, E-Mail: dbachma@penndot.state.pa.us.

Interstate: Benutzung muss beim DOT beantragt werden

Straßennetz: Sehr dicht, ausgenommen der Norden, und dennoch sehr voll

Staaten-index

Bewertung: Die Amish, hier schon ziemlich touristisch orientiert, sind sicherlich ein Erlebnis. Was das Radfahren betrifft, so ist man eigentlich im Nachbarstaat NY besser dran, der weniger dicht besiedelt ist.

RHODE ISLAND
RI

Nickname: The Ocean State
Hauptstadt: Providence
Charakteristika: viel Adel, viel Flair, viele Segler
Attraktionen: Newport mit vielen Villen und als Segel-Metropole; Block Island mit Vorzeigedorf Old Harbor
Geographie: ein bisschen Festland und ein paar Inseln, überwiegend flach mit ein paar Hügeln an der Grenze zu Massachusetts, 75 km lang und 54 km breit, kleinster Staat der USA
Klima: wie Connecticut
Leute: Viel Noblesse und Geldadel, zu deren Sphären Touristen in Form von Führungen durch die Cottages der Reichen in Newport aufschauen. Viel Geschlossene Gesellschaft, aber die Normal-Sterblichen sind lustig und nett.
Wichtige Adressen: Constance V. Daniels, Bicycle Coordinator, Planning Div., Rhode Island DOT Planning, Two Capitol Hill, State Office Building, Providence, RI 02903, Tel. (401) 222-4203 x 4034, E-Mail: cdaniels@dot.state.ri.us.
Interstate: verboten; außerdem sind Fahrräder verboten auf den Newport und Jamestown Brücken!
Straßennetz: Dicht genug, aber sehr holperig
Bewertung: Trotz der problematischen Brücken der schönste Weg an der Küste nach Massachusetts.

SOUTH CAROLINA
SC

Nickname: Palmetto State
Hauptstadt: Columbia
Charakteristika: viele Kirchen, viel Schlichtes, viele Badestrände
Attraktionen: Charleston mit seiner sehenswerten Altstadt und einem Nachtleben, das im Süden seinesgleichen sucht; Fort Sumter NM als Schauplatz der Geschichte; die blühenden Rhododendren und Azaleen im Frühjahr als Farbenrausch der Natur im Binnenland; Badestrände mit sympathischer Wassertemperatur.
Geographie: Die weite Ebene des Piedmont reicht hier bis zur Küste, die recht verzweigt ist mit vielen Flussmündungen und Buchten, die besonders im Süden malerisch sind.
Plagegeister: Viele Mücken am Meer in den Marschen!
Klima: Der Piedmont ist schwülheiß im Sommer mit Mittelwerten um 37 °C. An der Küste lässt es sich dann besser aushalten. Allerdings kommt es sehr häufig zu kräftigen Regengüssen in der warmen Jahreszeit. Wer klug ist, reist im Frühjahr.
Leute: Mehr als die Hälfte der Bevölkerung ist schwarz. Der Rest äußerst reaktionär eingestellt. Gläubig sind sie alle, und so gibt es Orte mit mehr Kirchen als Häusern. Bible Belt halt mit alter Südstaatentradition.
Wichtige Adressen: Tom Dodds, Bicycle & Pedestrian Coordinator, Traffic Engineering Department, South Carolina DOT, P.O. Box 191, Columbia, SC 29202-0191, Tel. (803) 737-1052, E-Mail: doddsdt@dot.state.sc.us. SC Department of Parks, Recreation & Tou-

rism, 1205 Pendleton St., Room 05, Columbia SC 29201, Tel. (803) 734-1700, www.discoversouthcarolina.com.
Interstate: verboten
Straßennetz: Mager an der Küste und deshalb dort zu voll. Keine Alternativen. Besser im weniger frequentierten Binnenland.
Bewertung: Nicht viel Interessantes im Binnenland. Küste und Strände sind das, was lohnt. Wenn das kein Grund ist, durchs Innere zu fahren …

SOUTH DAKOTA
SD

Nickname: Mount Rushmore State
Hauptstadt: Pierre
Charakteristika: viel Weite, viel Grasland, viel Pioneer Country
Attraktionen: Black Hills, der Schwarzwald von South Dakota mit Mt. Rushmore NM, dem Giganten-Konterfei der vier Präsidenten; Custer State Park; Wind Cave NP und Badlands NP mit Mondlandschaftscharakter
Geographie: South Dakota ist der typischste Präriestaat in der Nachbarschaft der Great Plains mit seinen sanft rollenden Grashügeln im Westen. Der Missouri River unterteilt das Land in Ost und West. Ost heißt Landwirtschaft mit Weizenanbau auf riesigen Feldeinheiten. Der Westen zeigt zumindest ansatzweise noch, wie es früher einmal war.
Wildlife: Bisons, die ehemaligen Herren der Plains tauchen nur noch in Naturreservaten auf; Präriefüchse
Klima: Flimmernde Hitze und Tornados im Sommer. Eisige Kälte und Blizzards im Winter. Und stets zuviel Wind aus der falschen Richtung.
Leute: Farmer mit Riesenmaschinenpark und einsame Cowboys, die vergangenen Zeiten nachtrauern, zu finden an den Bars, den Wasserlöchern des modernen Westens mit Budweiser-Leuchtreklame im Fenster.
Wichtige Adressen: Craig McIntyre, Department of Transportation, Planning & Programming, 700 Broadway Ave. East, Pierre, SD 57501-2586, Tel. (605) 773-3155, E-Mail: craigm@dot.state.sd.us. South Dakotas Büffelherde, Mt. Rushmore und ein paar Webcams unter www.travelsd.com.
Interstate: erlaubt
Straßennetz: Dicht östlich des Missouri, dünn, aber ausreichend im Westen
Bewertung: Der Westen von South Dakota ist die ursprünglichste Region der Prärie mit Filmkulissencharakter. Wer in der Nähe ist, sollte die Region zwischen Badlands und Black Hills auf keinen Fall auslassen!

TENNESSEE
TN

Nickname: Volunteer State
Hauptstadt: Nashville
Charakteristika: viel Country, viel Elvis, viel Great Smokey Mountains
Attraktionen: Nashville als Kult-Stadt der Country-Musik; in Memphis und Graceland auf den Spuren von Elvis; Chattanooga für Bürgerkriegsinteressierte; Great Smokey Mountains NP für Outdoorfans; Natchez Trace Parkway Endstation; schöne Antebellum Häuser und saubere kleine Städtchen
Geographie: Die Smokeys, die höchsten Berge der Appalachen, gehen nur zögernd über in Hügellandschaft und kleinere Ebenen im Westen. TN misst ganze 100 Meilen von Nord nach Süd.

Staaten-index

Klima: Feuchtwarme Sommer mit Temperaturen um 35 ˚C und kräftigen Regengüssen. Die Winter variieren zwischen knackig kalt und mild, je nach Gesamtwetterlage und vorherrschender Windrichtung.

Wichtige Adressen: William R. Jacobs, Transportation Manager (State Bicycle Coordinator), Tennessee DOT, James K. Polk Building, Suite 900, 505 Deaderick St., Nashville, TN 37243-0334, Tel. (615) 741-5310, E-Mail: bjacobs@mail.state.tn.us. Tennessee Department of Tourist Development, 320 Sixth Avenue North 5th Floor, Rachel Jackson Building, Nashville, TN 37243, Tel. (615) 741-2159, www.state.tn.us.

Interstate: verboten

Straßennetz: Relativ dicht. Engpässe gibt es im Bereich der Flüsse Tennessee, Cumberland und Mississippi River.

Bewertung: Tennesse ist einer der meistbesuchten Staaten der USA. Ob das an Elvis liegt? Sicherlich eines der lohnenswertesten Ziele für alle Southern Heartland-Fans.

TEXAS
TX

Nickname: Lone Star State

Hauptstadt: Austin

Charakteristika: viel Platz, viel Spaß, viel Herzlichkeit

Attraktionen: Big Bend NP; Camino Del Rio; Davis Mountains mit McDonald Observatory und Starpartys; Austin, San Antonio, Hill Country mit deutsch angehauchten Siedlungen; LBJ Ranch; The Alamo in San Antonio.

Geographie: Eben, weit und trocken ist alles zwischen Dallas und Panhandle im N-NW. Im Osten grüne Hügel und Seen, platt entlang der Golfküste, dürr und zunehmend gebirgig jenseits von Lake Amistad im SW, mal abgesehen von einer weiteren Ebene entlang I-10.

Wildlife: Kojoten, Füchse, Wanderfalken

Plagegeister: Klapperschlangen, Skorpione, Mücken

Klima: Der Osten rund um Houston gleicht im Klima Louisiana, mit feuchtheißen Sommern und nasskalten Wintern. Entlang der südl. Golfküste herrscht ein mildes Winterklima. Die Sommer sind hingegen schwül und heiß. Je weiter westlich man kommt, desto trockener wird die Luft, wenn es auch in den Wüstenregionen im Winter durchaus zu längeranhaltenden Regenfällen kommen kann. Abseits der Golfküste sind die Sommer knochentrocken mit Temperaturen um und über 40 ˚C. Im Panhandle und in den Bergregionen kommt es im Winter gelegentlich zu Schneefällen. Nachtfröste sind keine Seltenheit.

Leute: Keine Westernhelden, auch wenn sie manchmal so aussehen. Viel Freundlichkeit und Kommunikationsfreude allerorten, viel Gastfreundschaft nach dem Motto „Eistee oder Bier?" Freundlich grüßen und ausweichen gehört zum Alltagsfahrstil. They really drive friendly – the Texas way!

Wichtige Adressen: Paul Douglas, Bicycle & Pedestrian Coordinator, Texas DOT, 125 E. 11th St., Austin, TX 78701-2483, Tel. (512) 416-2342, E-Mail: pdouglas@mailgw.dot.state.tx.us. Texas Bicycle Coalition, P.O. Box 1121, Austin, TX 78767, Tel. (512) 476-RIDE, www.biketexas.org.

Interstate: erlaubt, verboten nur im Einzugsbereich von Städten

Straßennetz: Bestens ausgebaut, auch wenn es im Südwesten dünner wird. Aber fast alle wichtigen Straßen haben breite Seitenstreifen, und

Nebenstraßen gibt es viele. Insgesamt sind die Straßenverhältnisse im Westen besser als im Osten, wo es manchmal noch eng wird.

Bewertung: Landschaftlich interessanter als man weithin annimmt, und die Leute so freundlich, dass man Texas einfach mögen muss.

UTAH
UT

Nickname: Beehive State

Hauptstadt: Salt Lake City

Charakteristika: viel Fels, viele Berge, viel zu sehen und viel zu erleben!

Attraktionen: Utahs Kapital sind die wohl extremen Kontraste von Wüste und grünen Hochgebirgslandschaften auf engstem Raum. Fünf National Parks und die riesige Fläche des Grand Staircase-Escalante National Monument! Dazu die einzigartigen Sandsteinformationen und Schluchten. Die Radfahrbedingungen sind recht perfekt, zumindest auf den leeren Highways im Süden. Außerdem gibt es eine Unmenge an Möglichkeiten zu Off-road Touren.

Geographie: Etwa der I-15, der zentralen Nord-Süd-Achse folgend, kann man Utah in zwei geographische Zonen unterteilen: Ausläufer der Great Basin von Nevada bestimmen den ebenen, heißen Westen. Die reizvollere Hälfte liegt im Osten, wo immer wieder Gebirgszüge in Nord-Süd-Richtung verlaufen. In den Tälern Wüste, in den Bergen üppiges Grün. Im Süden bestimmt das Colorado Plateau mit zahlreichen Canyons und roten Sandsteinfelsen die Landschaft.

Wildlife: Stachelschweine, Kojoten, Rehe, Bären (Rarität!), Wapitis, Wildpferde, Stinktiere

Plagegeister: Mücken und Deerflies in Waldgebieten, Klapperschlangen, Skorpione

Klima: In Utah trifft man auf krasseste Klimaextrema auf engstem Raum: Sahara und Nordkap. Wüstenklima herrscht in den Tälern, im Gebirge hingegen ist es stets mindestens 15 °C kälter als in Niederungen. Im Februar z.B., wenn in der Region um Moab herum die angenehmsten Bedingungen herrschen, kann man am Bryce Canyon und am Boulder Mountain Ski laufen. April und Mai sind relativ günstige Radelmonate. Ebenso September und Oktober. Stellt euch von Mai bis Oktober auf kräftige Gewitterschauer am Nachmittag ein. Besonders gefährdet ist dann, wer Bergstraßen radeln muss.

Leute: Utahs Hauptballungsraum liegt im Salt Lake Valley. In den übrigen Regionen trifft man überwiegend auf kleinere Ortschaften, in denen das Leben noch recht geruhsam und einfach zugeht. Alles ist sehr sauber und gepflegt, wohl auch zurückzuführen auf den hohen Anteil an Mormonen, denen Wohlstand und Ordnung viel bedeutet, ebenso wie Kinderreichtum. Sämtliche Genussmittel stehen für sie auf der schwarzen Liste. Liquor Stores findet man selten, auch weniger betrunkene Fahrer. Touristen werden freundlich aufgenommen, aber mit Distanz.

Wichtige Adressen: Jan Yeckes, Bicycle & Pedestrian Planner, Mail: UDOT Program Development, Box 143600, Salt Lake City, UT 84114-3600; Street address: 4501 South 2700 West, Salt Lake City, Tel. (801) 965-3897, E-Mail: jyeckes@dot.state.ut.us, Webpage: www.dot.state.ut.us/progdev/. Radlers Infoservice ist Cycling Utah, P.O. Box 57980, Murray, UT 84157-0980, Tel. (801) 268-2652, www.cyclingutah.com.

Staaten-index

Interstate: erlaubt außerhalb der Städte, bei Frontage Roads wird gebeten, diese zu benutzen.

Straßennetz: Es ist nicht besonders dicht, dafür aber gut ausgebaut und schwach befahren, vom Ballungsraum Salt Lake City mal abgesehen. Im Früh-Frühjahr und im Spätherbst erkundigt man sich vor dem Start ins Gebirge besser erst vor Ort nach den Straßenverhältnissen. Manche Pässe sind die ganze Schneesaison über gesperrt, andere werden dagegen geräumt.

Bewertung: Absolut lohnenswert. Utah ist einer der schönsten und interessantesten Staaten, was landschaftliche Attraktionen anbetrifft, vor allem im Süden und Süd-Osten. Das wissen die meisten USA-Reisenden natürlich auch und dementsprechend ist der Anteil an Touristen hoch, mitunter zu hoch.

VERMONT
VT

Nickname: Green Mountain State
Hauptstadt: Montpelier
Charakteristika: viele bunte Blätter, viele schweigsame Leute, viele Radler
Attraktionen: Green Mountains zur Zeit der Laubfärbung im Indian Summer, Lake Champlain und halt die hübschen weißen Neuenglanddörfer.
Geographie: Vermont bildet zusammen mit New Hampshire ein Rechteck, dessen Diagonale der Connecticut River die Grenze bildet. Der gesamte Staat ist hügelig, gebirgig wird es nur in den Green Mountains und den Cold Hollow Mountains.
Wildlife: Bären, zumindest im Nordosten rund um Essex County
Plagegeister: Mücken und Black Flies vor allem im Frühjahr
Klima: VT hat 9 Monate Winter und drei Monate, in denen man nicht so gut Schlitten fahren kann. Heißt: Kalte Winter mit viel Schnee, Schmelzwasserfluten mit Moskitoschwärmen im Frühjahr, stickig heiße Sommer und phantastische Spätsommerwochen bis in den Oktober hinein. Letztere sind unbestritten die beste Reisezeit.
Leute: „Yep... nope... and other Vermont Dialogues" heißt ein Buch, das humorvoll über die berühmte Wortkargheit der Vermonter witzelt. Viele Aussteiger auf Farmen, die versuchen, alternativ zu leben und auch davon zu leben. Die kleinen Dorfgemeinschaften haben Charme.
Wichtige Adressen: Amy H. Bell, Bicycle & Pedestrian Coordinator, Vermont Agency of Transportation, 133 State St., Montpelier, VT 05633, Tel. (802) 828-5799, E-Mail: abell@aot.state.vt.us. Vermont Dept. of Tourism and Marketing, 6 Baldwin St., Drawer 33, Montpelier, VT 05633-1301, Tel. (802) 828-3676, www.travel-vermont.com.
Interstate: verboten
Straßennetz: Viele Nebenstrecken, mal abgesehen von den Green Mountains.
Bewertung: Einer der schönsten Neuenglandstaaten und bei Radlern des gesamten Kontinents äußerst beliebt.

VIRGINIA
VA

Nickname: The Old Dominion State
Hauptstadt: Richmond
Charakteristika: viele Berge, viel Geschichte und viele Touristen
Attraktionen: Blue Ridge Trail; das historische Dreieck von Williamsburg,

Yorktown und Jamestown; Mount Vernon mit Wohnhaus George Washingtons; Shenandoah NP mit dem Skyline Drive über die Blue Ridge Mountains; Charlottesville als Stadt.

Geographie: Gebirgig im Westen mit tiefen Tälern und langsam ausrollenden Hügeln Richtung Küste, die erst auf der Halbinsel jenseits der Chesapeake Bay auf den Atlantik treffen. Dazwischen liegt ein weites Wattgebiet. Virginia ist quasi das Hinterland von Washington D.C.

Klima: Erhebliche Differenzen zwischen Küste, Binnenland und Gebirge. Während es im Sommer in Blue Ridge und am Meer erträglich ist, wird es im Binnenland sehr heiß. Im Winter Schnee in den Bergen und auch im Binnenland. Beste Reisezeit ist das Frühjahr. Wer durch die Appalachians will, startet besser im Mai.

Leute: Viele hohe Beamte aus Washington DC haben ihren Wohnsitz in Nord-VA, das von Beginn an mit zu den bedeutendsten Staaten der USA zählte, und viele Familien mit „historischem Stammbaum" beherbergt. Hier beginnt für viele „Yankee Country". Am Wochenende wird VA Naherholungsgebiet und ist stets überfüllt an allen attraktiven Plätzen.

Wichtige Adressen: Kenneth E. Lantz, Jr., Bicycle/Pedestrian Coordinator, Transportation Planning Division, DOT, 1401 E. Broad St., Richmond, VA 23219, Tel. (804) 786-7352/2985, E-Mail: lantz_ke@vdot.state.va.us. Eastern Virginia Mountainbike Association, P.O. Box 7553, Hampton, VA 23666, Tel. (757) 566-1121 (Privat!), www.evma.org.

Interstate: verboten, außer bestimmte Brückenabschnitte der I-66

Straßennetz: Sehr dicht, aber auch gut genutzt. Bei Radfahrern ist am beliebtesten das Gebiet zwischen den Blue Ridge und den Allegheni Mountains in West Virginia.

Bewertung: Eines der History-Highlights im Osten und gleichzeitig Ausgangspunkt für den ACA-Transamerica-Trail. Im Vergleich zu den Nachbarstaaten hat VA einiges zu bieten, ist aber zu Saisonzeiten total überfüllt.

WASHING-TON
WA

Nickname: Evergreen State
Hauptstadt: Olympia
Charakteristika: viele Bäume, viele Vulkane, viele Gletscher
Attraktionen: Die Regenwälder des Olympic NP; Mount Rainier NP und North Cascades NP mit gletschergekrönten Bergen; Mount St. Helen National Volcanic Monument; die San Juan Islands und die Pacific Coast Bicycle Route
Geographie: Abgesehen von den Ausläufern der Olympic Mountains im Nordwesten ist die Küste recht flach. Ein langer Meeresarm, der Puget Sound, trennt die Olympic Halbinsel vom Festland. Im Puget Sound liegen viele kleine Inseln, die San Juan Islands. Gut 70 mi/120 km landeinwärts ragen die Cascade Mountains auf mit bis zu 4700 m hohen, gletschergekrönten Gipfeln (Mount Baxter und Mount Rainier). Entlang der gesamten Grenze zu Kanada ist es recht gebirgig, während sich im Südosten des Staates eine trockene Ebene mit viel landwirtschaftlicher Nutzung breitmacht.
Wildlife: Bären, Seehunde, Kormorane, Pelikane
Plagegeister: Mücken und Stechfliegen, vor allem in Waldgebieten
Klima: Mit 5000 mm Niederschlag pro jahr ist die Olympic Peninsula die

Staaten-index

regenreichste Region der lower 48! Die gesamte Küstenregion ist sehr nass. Im Sommer gibt es dort dennoch viele Sonnentage, auch wenn der Morgen oft nebelig beginnt. In den Höhenlagen der Cascade Mountains herrscht Gebirgsklima mit frühen Wintern und spätem Frühling. Im Südosten des Staates gibt es heiße Sommer und wenig Niederschlag.

Leute: Seattle gilt als eine der Top-Szene-Städte der USA. Die Bewohner sind dynamisch und sehr fortschrittlich orientiert. Freizeitaktivitäten stehen hoch im Kurs. In ländlichen Regionen fanden wir die Leute mitunter ein wenig verschlossen.

Wichtige Adressen: Mike Dornfeld, Bicycle & Pedestrian Program Manager, Washington State DOT, P.O. Box 47393, Olympia, WA 98504-7393, Tel. (360) 705-7258, E-Mail: dornfem@wsdot.wa.gov, Webpage: www.wsdot.wa.gov. Cascade Bicycle Club, P.O. Box 15165, Seattle, WA 98115, Tel. (206) 522-3222, www.cascade.org.

Interstate: erlaubt, verboten im Einzugsbereich großer Städte, Info über DOT

Straßennetz: Am besten ausgebaut im weniger waldreichen und weniger gebirgigen Osten des Staates, mager an der Küste und in den Kaskaden. Viele Holzlaster brettern rund um die Olympic Mountains und in allen großen Waldgebieten. Es gibt viele rails-to-trails Wege, vor allem rund um Seattle.

Bewertung: Washingtons Küste ist wild und weniger pittoresk. Die schönsten Eindrücke gewinnt man auf den San Juan Islands. Die Cascade Range ist sehr urwüchsig und mit Mt. Baxter, Mt. Rainier und Mt. St. Helens sehr beeindruckend.

WEST VIRGINIA
WV

Nickname: Mountain State
Hauptstadt: Charleston
Charakteristika: sehr natürlich, sehr preiswert, sehr ehrlich
Attraktionen: Der Geheimtip im Osten! Wunderschöne Landschaften und viel unberührte Natur. Leider spricht sich das allmählich rum. Allegheny Mountains an der Westflanke der Appalachen, Harpers Ferry National Historic Park, die Seneca Rocks und New River Gorge bei Lewisburg.
Geographie: Im Osten säumen die Appalachen mit den Allagheny Mountains den Staat, im Westen geht es über in Hügellandschaft Richtung Ohio. Es gibt ein paar Kohlebergwerke im Süden, überwiegend aber ist WV ein Agrarstaat, der zunehmend Einnahmen aus dem Tourismusbereich schöpft.
Plagegeister: unangeleinte Hunde zur Bewachung der einfacheren Behausungen
Klima: wie Ohio
Leute: Von Logging- und Kohle-Companies ausgebeutet ist West Virginia auch heute noch der ärmlichste Staat des Ostens mit dem niedrigsten Pro-Kopf Einkommen.
Wichtige Adressen: Barry Warhoftig, Bicycle and Pedestrian Coordinator, WV DOT Division of Highways, 1900 Kanawha St. East, Building 5, Room A-550, Charleston, WV 25305-0430, Tel. (304) 558-3063, E-Mail: bwarhoftig@mail.dot.state.wv.us. The West Virginia Mountain Bike Association, P.O. Box 96, Slatyfork, WV 26291, Tel. (304) 572.5027, www.wvmba.com.

Interstate: verboten
Straßennetz: Dünn in den Bergen im Osten, dicht im Süden und im Westen mit vielen Nebenstraßen.
Bewertung: Als ein recht unbeschriebenes Blatt für Radler aus Übersee wird West Virginia viel von Mountainbikern angesteuert, die in den Allagheny Mountains gute Bedingungen vorfinden.

WISCONSIN   **Nickname:** Badger State
WI   **Hauptstadt:** Madison
            Charakteristika: viele Seen, viele Bäche, viel Geruhsamkeit
Attraktionen: Apostle Islands National Lakeshore, die Seenplatte im Norden, für Durstige: die Brauereien von Milwaukee.
Geographie: Mit Lake Superior im Norden und Lake Michigan im Westen sowie Mississippi River im Westen ist der Staat einer der schönsten Flekken in den USA. Die Landschaft der sanften grünen Hügel ist leicht zu erradeln ohne die totale Herausforderung, aber auch nicht langweilig flach.
Wildlife: manchmal, aber selten ist der Bär los.
Plagegeister: Mücken und Stechfliegen
Klima: Schön warm im Sommer, sehr kalt und frostig im Winter. Regen kann zu jeder wärmeren Jahreszeit fallen, und das auch schon mal für ein paar Tage. Dafür braucht man selten über kräftige Winde zu klagen.
Leute: Bei soviel Landschaft vor der Haustür stehen Freizeitaktivitäten hoch im Kurs. Insgesamt geht es sehr geruhsam, freundlich und unbeschwert zu. Die Vorfahren stammen zu großen Teilen aus Skandinavien, Deutschland und der Schweiz, das Erbe ist noch überall lebendig!
Wichtige Adressen: Tom Huber, State Bicycle Coordinator, Wisconsin DOT, Box 7913, Madison, WI 53707-7913, Tel. (608) 267-7757, E-Mail: thuber@mail.state.wi.us. Wisconsin Department of Tourism, P.O. Box 7976, Madison, WI 53707-7976, Tel. (608) 266-7621, www.tourism.state.wi.us.
Interstate: verboten
Straßennetz: Vom Feinsten! Viele Nebenstrecken, auch viele Rails-to-Trails Abschnitte (sind auf der State Highway Map eingetragen).
Bewertung: Nicht der Staat der großen Höhepunkte, aber angenehmes Radeln in hübschem Ambiente mit leichtem Schweden-Touch, wo man vom Rad mal aufs Kanu umsteigen kann.

WYOMING   **Nickname:** Equality State oder Cowboy State
WY   **Hauptstadt:** Cheyenne
            Charakteristika: viel weite Wüste, viel Wind und blubbernde Geysire
Attraktionen: Grand Teton NP und Yellowstone NP; die Windriver Range; Bighorn Mountains und Bufallo Bills Spuren bei Cody; Devils Tower.
Geographie: Zwischen Wüste und Wald. Im Westen zunehmend grüne, hohe Gebirgszüge und die Bighorn Mountains als Juwele im Nordosten. Im Süden und im Zentrum heiße Wüste, fast vegetationslos, soweit das Auge reicht, durchzogen von kahlen Canyons.
Wildlife: hauptsächlich in den Waldregionen der NP's, dort Grizzlies, Schwarzbären, Bisons, Elch und Wapiti-Hirsche
Klima: Sollte es regnen, wird es auch im Hochsommer im Yellowstone sehr kalt. Bei Sonnenschein ist das Klima dort höchst angenehm. Nicht

so im vegetationsarmen Teil von Wyoming. Der Temperaturkontrast sorgt für gemeine Winde, die ungebremst übers Land peitschen. Winter erbärmlich kalt. Im Frühjahr u. Herbst für Yellowstone warme Sachen u. Regenzeug!

Leute: Solche Landschaften lassen Menschen näher zusammenrücken. So sind die Leute in Wyoming besonders freundlich, selbst in der Touristenhochburg Jackson.

Wichtige Adressen: Jay Meyer, Bicycle & Pedestrian Coordinator, DOT, Building 6263, P.O. Box 1708, Cheyenne, WY 82003-1708, Tel. (307) 777-4719, E-Mail: jmeyer@missc.state.wy.us. Kurzinfo: www.wyomingtourism.org oder freecall 1-800-225-5996.

Interstate: erlaubt

Straßennetz: Nicht besonders dicht. Aber wir haben oft stundenlang kein Auto gesehen. Schlimm ist die Situation rund um Yellowstone. Alles andere als ein Radfahrparadies dort ... – ja, und dann der Wind ...!

Bewertung: Wyoming ist sehr reizvoll in seinen Kontrasten, besonders schön die Bighorns, die Windriver Range und all das ruhiger als Yellowstone. Die Versorgung vor allem im Osten vorausschauend planen!

Canadas Provinzen

ALBERTA
(ALTA)

Hauptstadt: Edmonton
Charakteristika: tolle Eisfelder, weite Prärie, Calgary Stampede!
Geographie: Die Rocky Mountains im Westen gehen über in flache, offene Prärielandschaft im Osten.
Attraktionen: Der Icefields Parkway mit Banff und Jasper National Park; Waterton Lakes International Peace Park; Kananaskis Country; Calgary Stampede
Wildlife: Bären, Elche, Wölfe
Plagegeister: Mücken
Klima: Im Gebirge ist es auch im Sommer kühl. Keine Sonnengarantie in Höhenlagen, aber der August ist überwiegend klar und warm. In der Prärie gibt es seltener Niederschlag, stattdessen wird es tierisch heiß. Starke Winde von Mai bis September, meist aus Westen. Die Winter sind sowohl im Gebirge als auch im Flachland eisig kalt und schneereich!
Leute: Auf dem Lande trifft man viele Rancher mit leichtem Western-Touch, der eher an Texas als an Canada erinnert. Modern City People in Calgary und Edmonton.
Wichtige Adressen: Calgary Bicycle Advisory Association Council, 1111 Memorial Dr. NW, Calgary, Alberta, T2N 3E4, Tel. (403) 270-2262. Alberta Bicycle Association, 11759 Groat Road, Edmonton, Alberta, T5M 3K6 oder ABA, 2nd Floor 818 16 Ave. N.W Calgary, Alberta, T2M 0K1, freecall 1-877-646-2453, www.albertabicycle.ab.ca.
Straßennetz: Gut ausgebaut mit Ausweichmöglichkeiten im Süden. Dünn und vermehrt als Schotterpisten nördlich von Edmonton.

BRITISH
COLUMBIA
(B.C.)

Hauptstadt: Victoria
Charakteristika: viel Wasser, viele Fähren, viel Wald.
Attraktionen: Vancouver; Vancouver Island mit Strathcona PP und Pacific Rim National Park; Gulf Islands in der Strait of Georgia; Manning PP; Garibaldi PP; Mount Robson PP mit Berg Lake; die Coast Range bei Prince Rupert; Glacier NP; Yoho NP; Kootenay NP.
Geographie: Fjorde schneiden tiefe Täler ins Küstengebirge, das im Norden durch das Interior Plateau von den Rocky Mountains getrennt wird. Im Binnenland bestimmen die Rocky Mountains die Landschaft, deren Gebirgszüge besonders im Süden steile Hänge haben. Täler verlaufen meist in Nord-Süd Richtung.
Wildlife: Bären, Elche, Wale
Plagegeister: Mücken en masse
Klima: Mild, aber leicht regnerisch an der Küste, vor allem an den Westhängen der Berge. Stets kühl in den Höhenlagen der Rocky Mountains. Das Wetter wechselt in der warmen Jahreszeit zwischen regnerisch verhangen mit Schneetreiben und sonnig klar in Minutenschnelle. In den Tälern rund um Kamloops und im Okanagan Valley ist es sehr trocken und heiß im Sommer. Im Winter sacken die Temperaturen ab bis auf -40 °C. Lediglich in Vancouver, Victoria und anderen Orten am Meer sinken die Temperaturen selten unter den Nullpunkt.
Leute: Wer sich in B.C. niedergelassen hat, verfügt meist über eine Menge Unternehmungsgeist. Früher zog der Goldrausch, heute sind es die dynamische Wirtschaftsentwicklung u. der hohe Freizeitwert der Provinz.
Wichtige Adressen: Tourism British Columbia mit www.hellobc.com

Staaten-index

und BC Ferrys mit www.bcferries.bc.ca. British Columbia Cycling Coalition, #1-1035 Pakington Street, Victoria, BC, Canada V8V 3A2, Tel. (250)
721-2800.
Straßennetz: Im Süden dichter als im Norden. Mehr Nord-Süd-Verbindungen als West-Ost. Die Mehrzahl der Straßen ist gut ausgebaut mit
breiten Seitenstreifen.

MANITOBA
(MAN.)

Hauptstadt: Winnipeg
Charakteristika: viel Wasser, viel Weizen, viel Gottesfurcht!
Attraktionen: Die Seen für Kanuten und Angler; Riding Mountain Natio-
nal Park; Churchill an der Hudson Bay als Meeting Point der Eisbären.
Geographie: Manitoba reicht von der Grenze zu den USA bis hinauf zur
Hudson Bay im Norden. Erschlossen ist hauptsächlich der Süden. Im
Zentrum des Staates liegt eine ausgedehnte Seenlandschaft. Tundra-
steppe findet man im hohen Norden.
Wildlife: Bären, Elche, Caribou und Eisbären im Norden
Plagegeister: Mücken
Klima: Heiße, trockene und windige Sommer. Eiskalte Winter.
Leute: Manitoba ist Canadas ärmster Staat. Es gibt viele Angehörige sel-
tener Religionsgemeinschaften, die sich hier im Staat niederließen.
Wichtige Adressen: Travel Manitoba, 7th Floor - 155 Carlton St, Winni-
peg, Manitoba, R3C 3H8, freecall 1-800-665-0040, www.travelmanito-
ba.com. Manitoba Cycling Association, 200 Main St., Winnipeg,
Manitoba R3C 4M2, www.cycling.mb.ca.
Straßennetz: Konzentriert sich auf die am dichtest besiedelte Region
südlich der Seen. Nur zwei Stichstraßen führen Richtung Norden. Kein
Zugang per Straße zur Hudson Bay.

NEW
BRUNSWICK
(N.B.)

Hauptstadt: Fredericton
Charakteristika: viel Wald, viele Bären, viele Jäger!!
Attraktionen: Bay of Fundy NP mit extremen Gezeitenunterschieden;
Kouchibouguac NP mit Küste und Dünenlandschaft.
Geographie: Sanft rollendes Hügelland mit ausgedehnten Wäldern im
Zentrum.
Wildlife: Bären, Seevögel
Plagegeister: Mücken
Klima: Warme, sonnige Sommer mit relativ wenig Niederschlag. Eiskalte
Winter mit viel Schnee. Frühjahr und Herbst wie bei uns.
Leute: Fischer und Farmer leben hauptsächlich in den ländlichen Gebie-
ten an der Küste
Wichtige Adressen: Government of New Brunswick, P.O. Box 6000,
Fredericton, N.B. CANADA E3B 5H1, freecall 1-800-561-0123, www.tou-
rismnewbrunswick.ca/Cultures/en-CA/welcome.htm.
Straßennetz: Gut ausgebaut rund um die Grenzen der Provinz. Dort gibt
es auch Ausweichmöglichkeiten auf Nebenstraßen. Im Zentrum haupt-
sächlich Forstwege.

NEW-FOUND-LAND und LABRADOR (N.F.)

Hauptstadt: Saint John's

Charakteristika: Viel Fels, viele Seen, viele Fischerdörfer!

Attraktionen: Gros Morne NP; Anse-aux-Meadows mit Wikingerhäusern; Terra Nova NP

Geographie: Im Westen die Berge der Long Range Mountains, im Osten Ebenen und Hügel mit vielen Seen und Sümpfen.

Wildlife: Caribou, Bären, Seevögel, Wale

Plagegeister: Mücken

Klima: Feuchter und nebliger als im Rest der Maritimes mit häufigen Küstennebeln an der Ostküste. Am schönsten sind Juli und August. Oktober bis April sehr kalt.

Leute: Die „Newfies" sind bekannt als freundliche Eigenbrötler und deshalb wohl auch erst 1949 als Provinz Canada beigetreten. Die Uhr geht eine halbe Stunde vor.

Wichtige Adressen: Newfoundland and Labrador Cycling Association, c/o John French, 35 Gower St., St. John's, NF A1C 1N2, www.bnl.nf.ca. Newfoundland and Labrador Tourism, P.O. Box 8700, St. John's, NL, Canada A1B 4J6, freecall 1-800-563-6353, www.gov.nf.ca/tourism.

Straßennetz: Hauptverkehrsweg ist der Transcanada Highway. Rundwege möglich auf der Avalon Peninsula südlich von St. Johns und nördlich von Gander.

NORTH-WEST TER-RITORIES (N.W.T.) und NUNAVUT (NU.)

Hauptstadt: Yellowknife (N.W.T.) und Iqaluit (NU.)

Charakteristika: viel Natur, viel Leere und viel Permafrost

Attraktionen: Nahanni National Park; Dempster Highway; Polarkreis

Geographie: Die riesigen, fast menschenleeren Tundraregionen im hohen Norden werden als „Northwest Territories" zusammengefasst. Östlich davon hat das Volk der Inuit nach 20 Jahre dauernden Verhandlungen 1999 mit Nunavut die jüngste Provinz Canadas gegründet. Dank der ungünstigen Witterungsverhältnisse sind beide Gebiete die wohl letzte Landschaft der Erde, in der der Mensch kaum Spuren hinterlassen hat.

Wildlife: Bären, Elche, Caribou, Eisbären, Wale

Plagegeister: Mücken

Klima: Kurze, warme trockene Sommer. Ganz im Norden Permafrost des Bodens. Winter mit arktischen Temperaturen.

Leute: Wenig, und von den wenigen die meisten Inuit

Wichtige Adressen: Parks & Tourism, Department of Resources, Wildlife and Economic Development, P.O. Box 1320, Yellowknife, NT X1A 2L9, Tel. (867) 920-8974, www.gov.nt.ca und www.nwttravel.nt.ca. Nunavut Tourism, Box 1450, Iqaluit, NU X0A 0H0, Tel. (867) 979-6551 oder freecall 1-866-NUNAVUT, www.nunavuttourism.com.

Straßennetz: Keines, bis auf ein paar Schotterpisten rund um Yellowknife und eine einzige asphaltierte Straße zum Great Slave Lake.

NOVA SCOTIA (N.S.)

Hauptstadt: Halifax

Charakteristika: viel Küste, viele Leuchttürme, viel Herzlichkeit!

Attraktionen: Cape Breton Highlands National Park; Cabot Trail; Kejimkujik National Park; die Gezeiten des Minas Basin; schöne Strände, viele Inseln.

Geographie: Die Halbinsel im Osten Canadas verfügt über zahlreiche Buchten mit Fels, Kies und Sandstrand entlang der Atlantikküste. Das Binnenland ist waldreich und gemäßigt hügelig. Die höchsten Erhebungen ragen auf der Cape Breton Insel im Norden aus dem Ozean auf.

Wildlife: Bären, Wale

Plagegeister: Mücken

Klima: Warme, überwiegend sonnige Sommer. Nebelschwaden nur am Cape Breton. Angenehme Temperaturen von Mitte Mai bis Mitte Oktober.

Leute: Nervöse Städter nur in Halifax. Sonst zelebriert man einen entspannten Lebensstil, Stichwort „laid back". Die Menschen sind total freundlich, kommunikativ und hilfsbereit.

Wichtige Adressen: Mountain Bike Nova Scotia, www.navnet.net/~quest/bike/ mit Events, Clubs und Trails. Nova Scotia Department of Tourism and Culture, P.O. Box 456, Halifax, Nova Scotia, Canada B3J 2R5, freecall 1-800-565-0000 oder Tel. (902) 425-5781, http://explore.gov.ns.ca/.

Straßennetz: Der Schnellstraßenring im Binnenland entlastet die Straßen an der Küste, auf denen man bestens radeln kann. Abkürzungen und verschieden lange Rundrouten sind möglich.

ONTARIO (ONT.)

Hauptstadt: Toronto

Charakteristika: viele Seen, viele Kanadier, viel Kultur!

Attraktionen: Niagara Falls und die Großen Seen; Toronto und Regierungssitz Ottawa; Pukaskwa und Georgian Bay Islands National Park; Algonquin Provincial Park

Geographie: Zwischen Hudson Bay und den Großen Seen erstreckt sich der Canadian Shield, ein felsiges Plateau, das jegliche landwirtschaftliche Nutzung wegen zu geringer Erdkrume sinnlos macht, aber mit Seen und Wäldern hohen Erholungswert besitzt. Besiedlung und Anbau konzentrieren sich in Ontario daher auf das fruchtbare Tiefland südlich von Hwy 17.

Wildlife: Bären, Elche, Loons im Norden

Plagegeister: Mücken und andere Insekten

Klima: Warme Sommer mit hoher Luftfeuchtigkeit und Temperaturen, die an den Mittelmeerraum erinnern. Der Jahreszeitenwechsel entspricht etwa unseren Breiten. Die Winter kommen früher, sind knackekalt und schneereich.

Leute: Business People und typische Großstädter mit ausgeprägtem Drang zur aktiven Freizeitgestaltung in den Ballungsräumen.

Wichtige Adressen: Ontario Cycling Association, 1185 Eglinton Ave. E., Ste. 408, North York, Ontario M3C 3C6, Tel. (416) 426-7242, www.ontariocycling.org.

Straßennetz: Im Norden gibt es nur wenige Hauptverbindungsstraßen und keinerlei Parallelrouten. Auch die Superhighways sind dort nur zweispurig ausgebaut und haben keine bzw. nur weiche Seitenstreifen, auf denen man nicht radeln kann. Ausweichmöglichkeiten gibt es nicht. Südlich von Hwy 17 ist das Straßennetz dicht genug, so dass man gut auf ruhigen Nebenstrecken unterwegs sein kann.

PRINCE EDWARD ISLAND (P.E.I.)

Hauptstadt: Charlottetown

Charakteristika: ganz klein, warmes Wasser und dicke Kartoffeln

Attraktionen: Die Strände des Prince Edward Island NP

Geographie: Eine sandige Insel mit fruchtbaren Böden, teilweise flach, doch auch mit sanft rollenden Hügeln, vor allem im Binnenland.

Wildlife: Wasservögel

Plagegeister: wenig

Klima: Angenehm warmes Meerwasser und Sonnenschein locken im Sommer viele Besucher an, hauptsächlich Mitte Juni bis Anfang September. Im Winter friert das Meer zwischen PEI und dem Festland zu.

Leute: PEI gilt als die Ökoprovinz Canadas. Es gibt viele landwirtschaftliche Cooperativen, Grundstücksspekulation ist per Gesetz blockiert und viele alternative Konzepte, z.B. im Bereich der Schädlingsbekämpfung, werden hier ausprobiert.

Wichtige Adressen: Atlantic Canada Cycling, P.O. Box 1555, Station Central, Halifax, Nova Scotia, Canada B3J 2Y3, Tel. (902) 423-BIKE, E-Mail: cycling@atlanticcanadacycling.com, Homepage: www.atlanticcanadacycling.com/pei/.

Straßennetz: Abgesehen vom TCH sind die meisten Straßen eng, aber so schwach befahren, dass man ruhig radeln kann. Das Wegenetz ist sehr dicht und bietet viele Routenmöglichkeiten.

QUEBEC (QUE.)

Hauptstadt: Cité de Québec

Charakteristika: viel Französisch, viele Separatisten, viele gemütliche Kneipen!

Attraktionen: Montréal, La Cité de Québec

Geographie: Das felsige Canadian Shield bestimmt die fast unbesiedelten Weiten des Nordens. Dort ist es recht gebirgig, wenn auch nicht vergleichbar mit den Bergen im Westen. Die meisten Québequois wohnen im Flachland, in den landwirtschaftlich fruchtbaren Regionen am St. Lorenz Strom. Dabei gilt: je weiter östlich, desto weniger Leute. Gebirgig ist die Gaspé Peninsula.

Wildlife: Je nach Region: Bären, Elche, Caribou und Wale

Plagegeister: Die üblichen

Klima: Heiße Sommer mit hoher Luftfeuchtigkeit. Angenehmer am Wasser und an der Küste. Je weiter östlich, desto früher kommt der Winter. Wenn es in den Maritimes noch angenehm ist, hat Québecs Osten bereits Minustemperaturen. Beste Zeit: Juni bis September.

Leute: Für die French Canadians, *Québequois* genannt, ist es ein recht harter Kampf, ihre kulturelle Eigenständigkeit gegenüber dem britisch und US-beeinflussten Rest des Landes zu bewahren. Im politischen Bereich versuchen sie jedoch so sehr ihr eigenes Süppchen zu kochen und Vorteile zu ergattern, dass mancher Canadier sie einfach nicht mag. In den sehr ländlichen Regionen gibt es übrigens noch einige Fleckchen, in denen wirklich niemand Englisch spricht! Viele Radler, wie in Frankreich.

Wichtige Adressen: Velo Québec, 1251 Rachel Street East, Montréal (Québec), Canada H2J 2J9, 1-800-567-8356, www.velo.qc.ca/english/home.lasso. Fremdenverkehrsamt Destination Québec, c/o Meks GmbH, Plögereistr. 14, D-32602 Vlotho, Tel. (05733) 91480, www.bonjourquebec.de.

Straßennetz: Gut ausgebaut mit vielen ruhigen Nebenstraßen und Ausweichmöglichkeiten nahe den Highways. Etwas mager wird es im Osten und auf der Gaspé Halbinsel.

SASKAT-
CHEWAN
(SASK.)

Hauptstadt: Regina
Charakteristika: viel Weizen, viel Prärie, viele Seen!
Attraktionen: Grasslands National Park, Prince Albert National Park
Geographie: Platte Prärielandschaft mit seltenen sanften Hügeln im Süden, Wälder, Seen und Sümpfe im Norden.
Wildlife: Bären, Elche, Caribou im Norden
Plagegeister: Mücken, was sonst
Klima: Heiße, trockene, windige Sommer. Eiskalte Winter.
Leute: Rancher und Farmer bestimmen, ähnlich wie in Alberta, das Bild auf dem Lande.
Wichtige Adressen: Tourism Saskatchewan, 1922 Park Street, Regina, SK, CANADA S4P 3V7, Tel. (306) 787-9600, www.sasktourism.com.
Straßennetz: Relativ dicht im Süden, dünn im Norden.

YUKON
TERRITORY
(Y.T.)

Hauptstadt: Whitehorse
Charakteristika: viel Gold, viel Tundra, viel Kälte.
Attraktionen: Goldrauschstädte wie Dawson City; Dempster Highway; Kluane NP mit den Elias Mountains und Mount Logan; Klondike Highway und Top of the World Highway
Geographie: Die nördlichsten Ausläufer der Rocky Mountains erreichen Yukon, den Tundrastaat mit weiten Permafrostregionen. Gebirgszüge verlaufen auch hier in Nord-Süd Richtung, zunehmend unterbrochen von offenen, kahlen Zonen.
Wildlife: Bären, Caribou, Wölfe, Elche, Biber
Plagegeister: Mücken, Blackflies
Klima: Trockenes Kontinentalklima. Kurze, heiße, plötzlich einsetzende Sommer mit 19 Stunden Sonnenschein und mehr. Akzeptable Bedingungen: Juni – August mit Tagestemperaturen bis 20 °C. Viele Insekten im Juli. In den Bergen ganzjährig Chance auf Schneefälle. Eiskalte, arktische Winter.
Leute: Wenige. Die meisten wohnen im Südwesten. Viele native people und Inuit im Norden.
Wichtige Adressen: Tourism Yukon, Government of Yukon, P.O. Box 2703, Whitehorse, Y.T., Y1A 2C6, Tel. (867) 667 5340, www.touryukon.com.
Straßennetz: Lediglich der Alcan ist durchgehend asphaltiert. Viele Abschnitte des Klondike Highway z.B. haben nur Split oder sind nur gewalzt.

ANHANG

GLOSSAR

ACA	Adventure Cycling Association, die größte Radlerorganisation der USA, früherer Name „Bikecentennial"
all services	alles da: Laden, Motels, Campground
Alt.	Alternate (z.B. 89), alternativ wählbarer (verkehrsschwächerer) Highway
Antebellum-Häuser	Herrensitze der Plantagen im Süden
backcountry	Hinterland, abseits der Straßen
backcountry permit	Erlaubnis fürs Hinterland, z.B. zum Übernachten an Wanderwegen in National Parks
BART	Bay Area Rapid Transit; U-Bahn v. San Francisco
Bayou	kurzer Entwässerungsfluss der Sümpfe im Süden
BLM	Bureau of Landmanagement; Verwaltungsbehörde für Staatsländereien
boardwalk	hölzerner Holzsteg am Strand (ins Meer raus)
BUS	Business-Loop; Geschäftsschleife
cajun	franz. Einwanderer in Louisiana
causeway	Damm(-straße)
Continental Divide	Wasserscheide in den Rockies
county	Verwaltungsbezirk, etwa wie Landkreis
courthouse	Gerichtsgebäude mit Countyverwaltung, Sheriff etc.
DOT	Department of Transportation; Verkehrsministerium
DOC	Department of Conservation; Umweltbehörde oder -Ministerium
FR	Forest Road; Forstwirtschaftsweg oder -straße
frontage road	Kleine Parallelstraße zur Interstate
„granny gear"	ein extragroßes Ritzel für Steigungen
hoodoo	erodierte Sandsteinformation
Hwy	Highway
I-40	Interstate 40; Ami-Autobahn
Jct.	junction; Straßengabelung/Einmündung/Kreuzung
(L)	Hinweis im Buch bei kleineren Orten = Laden vorhanden

Living Museum	Historisches Museum mit Schauspielern
Lower 48	die (unteren) 48 Festlandstaaten der USA, (von Alaska aus betrachtet), ohne Alaska und Hawaii
marsh	Marsch, vor Küsten angeschwemmter, fruchtbarer Boden
NF	National Forest; Nationalforst
NFS	National Forest Service; Nationalforstverwaltung
NLS	National Lake Shore; Nationales Seeufer
Nickname	Spitzname
NM	National Monument; Natur,- historisches u.a. Denkmal
NP	National Park
NRA	National Recreation Area; Nationales Erholungsgebiet
NS	National Seashore; Nationales Meeresufer
NVM	National Volcanic Monument
Outfitter	Laden mit Camp- und Outdoor-Ausrüstung; Wildnis-Tourvermittlung
Panhandle	Pfannenstiel; Zipfel eines Staates
Permit	Genehmigung, schriftliche Erlaubnis
PP	Provincial Park (Canada)
RV	Recreational Vehicle; Wohnmobil, Wohnwagen (meist „Landhausgröße")
sagebrush	Salbeistrauch
scenic drive	pittoreske Nebenstrecke
shortcut	Abkürzung
shoulders	(asphaltierte) Seitenstreifen am Fahrbahnrand
Sidewalk	Bürgersteig
singletrack	schmaler Mountainbike-Pfad
snowbirds	„Schneevögel", Rentner die mit Wintereinbruch Richtung Süden ziehen
SP	State Park (US-Bundesstaat-Park)
spring break	Collegeferien im Frühjahr
switchbacks	Kehren, Haarnadelkurven
TCH, auch Can 1	Trans Canada Highway
trailhead	Beginn eines Wander- oder Mountainbike Wegs
Yellow Pages	die Gelben Seiten des Telefonbuchs
	The Cyclists' Yellow Pages; die Gelben Seiten des ACA
#	Nummernzeichen

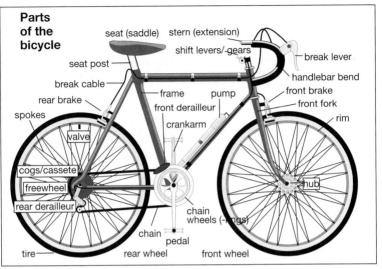

Parts of the bicycle

Birne		bulb
Bremsgummi		brake pads
Bolzen		bolt
Draht	wire (best: brass wire)	
Dynamo		generator
Ersatz		spare
Erste Hilfe Ausrüstung		first aid kit
Felgenband		rim strip
Fett		grease
Flickzeug		repair kit
Freilaufabzieher	freewheel cog remover	
Gepäckträger		carrier, rack
Gummiflicken		rubber patch
Handschuhe		gloves
Helm		helmet
Kettenglied		chain link
Klingel		bell
Kettenöffner		chain link braker
Kugellager		(ball) bearing
Kurbelkeil		cotter pin

Leuchtend	luminescent, reflective	
Mutter		nut
Nietendrücker		priprivet
Packtaschen	panniers, bike bags	
Platten / Loch	flat tire / puncture	
Regenzeug		raingear
Ritzel		sprocket
Rückspiegel		handlebar mirror
Schlauch		inner tube
Schloss		lock
Schlüssel		spanner, wrench
Schraube		screw, bolt
Schraubenzieher		screw driver
Spanner m. Haken	straps with hooks	
Speichenschlüssel		spoke wrench
Schutzblech		mudguard, fender
Umwerfer		changer
Ventiladapter	shrader/presta adapter	
Werkzeuge		tool kit
Zange		pliers

Camping

Dank von Stefan Voelker ...

Dieses Buch war nur möglich, weil viele Menschen, ob erwähnt oder nicht, uns voller Enthusiasmus bei der Arbeit unterstützt haben. Unser persönliches Dankeschön richtet sich an alle Co-Autoren und in ganz besonderem Maße an *Helmut Hermann* als Verleger, der den Mut hatte, dieses Riesenprojekt mit einer ersten Auflage anzugehen und auch vor einer zweiten nicht zurückschreckte. Seine Unterstützung hat es erst zu dem gemacht, was es ist. In dieser Hinsicht auch ein Dank an den Reise Know-How Verleger *Hans Grundmann* und besonders an **Clemens Carle,** der für diese 2. Auflage das Lektorat übernahm und dessen riesige Erfahrung (s.u.) das Buch nochmals besser werden ließ.

Raphaela: Mein privates Dankeschön gilt allen voran **Harald**, der mich sowohl unterwegs in den USA als auch bei der Arbeit an diesem Buch tatkräftig unterstützte, mit vielen kleinen unauffälligen und deshalb undankbaren Hilfen, die mir überhaupt erst den Freiraum verschafften, das „USA/Canada BikeBuch" Wirklichkeit werden zu lassen.

Danke auch an alle neugewonnenen Freunde in den USA und Canada, die uns während unserer zweijährigen Reise spontan mit ihrer Herzlichkeit und Unterstützung erfreuten, und, last not least, an meine Schwester **Barbara**, die als „Home-Manager" unsere Reise zu ihrer Sache machte, stets mit Dringlichkeitsstufe 1.

Stefan: Das größte Dankeschön an meine Frau **Bianca**, die, während ich mir meinen Radlertraum erfüllte, den heimischen Betrieb und unsere beiden Kinder pausenlos um sich hatte und diese Zeit trotz vieler Unwegsamkeiten bestens meisterte. Für die Arbeit an der zweiten Auflage hielt sie mir ständig den Rücken und dafür gibt's ein dicken Extra-Schmatzer. Danke auch an **Mario Engel**, der mit mir den ganzen Kontinent durchquerte, nie die Nerven dabei verlor und mir in vielen Gesprächen eine mir bis dahin unbekannte Sicht der Dinge offenbarte. „Thank you so much!" all unseren selbstlosen Helfern in den vielen misslichen Situationen auf der langen Reise an den Pazifik, unseren privaten Gastgebern, die uns einen unbezahlbaren Einblick in „ihr" Amerika gegeben haben, und den vielen Menschen auf beiden Seiten des Großen Teiches, die mit ihren Gedanken und guten Wünschen bei uns waren.

Stefan Voelker ...

... ist gebürtiger Berliner (Jahrgang 1968), verheiratet, 2 Kinder, Diplom-Kaufmann, USA/Canada-erfahren und vermietet zusammen mit seiner Frau Bianca Ferienappartements in Altenau/Oberharz. Als er noch nicht selbständig war gefiel ihm als immer schon das Feierabend-Radeln im Grunewald und auch anderswo. Für längere Biketouren als eine Deutschland-Durchquerung reichte aber die Urlaubszeit nie aus. Seit 1998 ist er nun sein eigener Chef und nahm sich irgendwann eine zweimonatige Auszeit von Job und Familie. „Let's Go West!" war sein amerikanischer Traum, der dann bei strömendem Regen in New York City begann und um vier Kilo Körpergewicht erleichtert nach 56 Tagen in Los Angeles endete ... Das komplette Roadbook dieser Fahrt kann bei ihm über die Web-Adresse 4-jahreszeiten@harz.de angefordert werden. Als nächstes USA-Highlight ist eine Wüstentour durch California, Nevada und Utah geplant.

Fotos   Alle von Harald & Raphaela Wiegers, Mario Engel und Stefan Voelker; außer:

Clemens Carle: S. 3, 131, 167, 418, 434, 500
Susi Bemsel & Daniel Snaider: S. 34. 35, 108, 287, 396, 445
Andreas & Marion Bugdoll: S. 113, 332, 348, 349
Joachim Deleker: S. 473, 499
Burkhard Dönnecke: S. 274
Michael Fleck: S. 116, 239, 510
Joachim Fritz & Antje Kluger: S. 122, 149, 151, 239, 258, 303, 307
Michael Giefer: S. 67, 68, 143, 218, 222, 236, 281
Dr. Hans Grundmann: S. 203, 219, 368
Roland Hächler: S. 43, 44
Helmut Hermann: S. 88, 94, 95, 101, 135, 158, 164, 176, 215, 262, 266, 271, 277, 278, 280, 304, 361, 385, 391, 404, 468, 476, 485, 502, 504
Mathias Hoeschen & Robert Stephan: S. 432, 464, 475, 477, 479
Michael Kristl: S. 136, 407, 411, 416, 422, 430, 435, 436, 437, 440, 443, 456, 480
Helwig Lenz: S. 96, 383
Herbert Litschke: S. 501, 496, 497
Sabine & Robin Lippmann: S. 110, 120, 450, 451
Felix Rieper: S. 24, 167, 301
Sybille & Thomas Schröder: S. 32, 69, 106, 107, 109, 114 o., 128, 142, 170, 172, 174, 182, 183, 184, 185, 317, 325, 330, 331, 338
Stefan Schulze: S. 427, 526
Volker Spettel: S. 509
Christiane Tobias: S. 389
Stefan Zehringer: S. 339

Co-Autoren

Clemens Carle   Jahrgang 59, wohnt in Sindelfingen. Studierte Betriebswirtschaftslehre, fühlte sich aber mehr von der Ferne als von Zahlen und Bilanzen angezogen. Nach kürzeren Biketrips durch Europa folgte 1988 sein erster sechsmonatiger Rad-Überlandtrip von Sindelfingen nach Pakistan, anschließend verbrachte er drei Jahre und 45.000 km im harten Fahrradsattel auf der Panamericana von Feuerland nach Alaska (nachzulesen im Buch „Rad-Abenteuer Panamericana", Reise Know-How). Dort lernte er **Silvia Rüger** kennen. Gemeinsam tourten sie durch Indien und SO-Asien, entlang der legendären Seidenstraße, durch Neuseeland, den Südwesten der USA und 2001-2003 zwei Jahre und 25.000 km von Sindelfingen nach Kapstadt.

Zwischenzeitlich hat er fast 70 Länder mit dem Bike bereist und mehr als 130.000 km abgekurbelt, arbeitet als selbständiger Journalist, Fotograf und Vortragsreisender, um sich weitere Bike-Träume erfüllen zu können. „Auch nach der Rückkehr in meine alte, geregelte Welt fühle ich mich dem Leben *on the bike* verbunden. Zu sehr habe ich die Freiheit und Unabhängigkeit eines Lebens als Radnomade lieben und schätzen gelernt." Homepage: www.clemens-carle.de.

Susi Bemsel Jahrgang 76, Krankenschwester, und **Daniel Snaider** (Jrg. 74, Gold-
schmied) starteten am 1. April 2002 zu ihrer großen Reise: Europa – Island – Nordamerika – Südamerika – Australien … Bei Drucklegung des
Buches sind sie immer noch unterwegs, wo gerade, kann man erfahren
bei www.grossereise.de. Susi: „Meine Arbeit zeigte mir immer wieder,
wie kurz das Leben sein kann und dass viele Menschen bedauern, im Leben nicht alles gemacht zu haben, was sie sich vorgenommen hatten.
Deshalb sollte man sein Leben leben, jeden Tag und jede Stunde, wie
man es selbst für richtig hält. Für mich bedeutet es, dass ich meine „sieben Sachen" packe und mir meinen Traum erfülle." Daniel: „Zwischen
der ersten Idee bis zum Start unserer Reise liegen fast 14 Jahre. Damals
ließ ich mir ein T-Shirt mit einer Weltkarte bedrucken, auf der ich vorher
eine Reiseroute um den Globus eingezeichnet hatte. Dann begann ich zu
träumen und zu planen." Von ihnen stammen die Tips zum Thema Reisepartner und Beiträge zu den Niagara Falls und den Rocky Mountains Nationalparks.

Andreas und Er (Jahrgang 60, Dipl. Ing. Maschinenbau) wohnt mit ihr (Jahrgang 62,
Marion Dipl. Geografin) in Marl/Westf. Beide radeln seit 1991 im Urlaub durch die
Bugdoll Welt und sonst mit dem Rennrad durchs Münsterland. Verfassten zwei
Bücher (Radwandern und Kanadische Rocky Mountains, beide Stein Ver-
lag) und mehrere Reiseberichte (u.a. im BikeBuch Europa, Reise Know
How). Schrieben mit am Hawaii-Kapitel. Homepage: www.bikedoll.de.

Michael Jahrgang 56, Elektrotechnik-Ingenieur, wohnt in Crailsheim, produziert
Fleck seit 1987 Dia-AV-Shows seiner Abenteuerreisen durch vier Kontinente.
Seit 1993 hauptberuflich Diashow-Vortragender. In jenem Jahr fand auch
die Rad- und Tandemreise Alaska – San Francisco mit Frau *Angela* und
den beiden kleinen Kindern statt, und die Einbeziehung von Kindern, die
seit 1989 auf allen Touren dabeiwaren, ist eine Besonderheit der Fleck-
Vorträge. Von Michael ist der – aktualisierte – Alaska-Beitrag.

Joachim leben zur Zeit in Wiesbaden bzw. Fürth. 2000 starteten sie zu einer halb-
Fritz und jährigen Tour durch Südamerika und radelten von Bolivien bis vor die Kü-
Antje Kluger ste Feuerlands. Da Geld, Zeit und Lust am Ende der Tour noch nicht
versiegt waren, machten sie beim Rückflug noch einen „Zwischenstopp"
in den USA und durchquerten diese von Süd nach Nord. Schon 1999 waren sie für einige Wochen im Westen der USA mit den Rädern unterwegs
gewesen. Den Jahreswechsel 2002/2003 verbrachten sie in dünner Luft
zwischen Argentinien und Chile. Sie schrieben zu den Rockies und zum
Death Valley.

Michael Der Sonderpädagoge und ehemalige Geschichtsstudent (geb. 1974) aus
Giefer Bad Münstereifel begann im Alter von 16 Jahren Radreisen in verschiedene Länder zu unternehmen. 1999 fuhr er zusammen mit Sebastian
Burger in 120 Tagen 14.400 km von Deutschland nach Peking. Seine vorerst letzte Radtour führte ihn in die USA. Hier fuhr er zusammen mit seiner Freundin **Daniela** 2200 km auf einem Tandem durch Arizona. Anschließend durchquerte er die Vereinigten Staaten solo auf einem Mountainbike. Von Phoenix aus folgte er den Spuren der Anasazi-Indianer, radelte durch Arizona, New Mexico, Utah und Colorado. Ab Colorado ging
die Reise über endlose Agrarfelder des mittleren Westens weiter bis an
die Ostküste. Nach 5500 km erreichte Michael Baltimore. Auch in Zukunft

plant er weitere Rad- und Wanderreisen, die er gerne mit einem historischen oder ethnologischen Aspekt verbindet.

Beiträge von ihm zum Thema Wetter, Tandemfahren und den American Indians. Homepage: www.michaelgiefer.de und www.michael-gie-
fer.de.

**Roland
Hächler**
Jahrgang 66, wohnt in Oberweningen, Schweiz, und arbeitet als Lkw-
Fahrer. Bereiste mehrmals Nordamerika. Seine Coast-to-Coast-Radreise
von Vancouver bis an die Ostküste der USA mit der Alaskan-Malamute-
Hündin *Sitka* war seine bisher größte Fahrradtour. Von ihm stammt die
Dog-and-Biker-Story: 9500 Kilometer durch Nordamerika.

**Mathias
Hoeschen ...**
„Maze", ist Jahrgang 1970 und Dipl.-Ing. Technische Informatik, derzeit
tätig als Softwareentwickler. Er gründete und betreibt die Homepage
www.bikefreaks.de und das unter deutschsprachigen Radreisenden be-
kannte „Radreise & Fernradler Forum". Der neue, internationale Abzweig
„International Bicycle Travel Forum" (http://globike.net) ist ein Versuch,
Radreisende weltweit zusammen zu bringen.

Kam 1992 auf seiner ersten Radreise durch den Bayerischen Wald in
Kontakt mit dem Radreisevirus. Ein Jahr später infizierte er sich bei einer
vierwöchigen Radreise durch Schweden erneut mit dieser Art des langsamen Reisens, die sich als geradezu ideal herausstellte, Land und Leute
intensiv kennen zu lernen. Seine bisher längste Reise führte ihn für vier
Monate durch Kanada und Alaska, von der einige Abschnitte in dem vorliegenden Buch beschrieben werden.

**... und
Robert
Stephan**
„Zak", Jahrgang 1971, Dipl.-Ing. Technische Informatik in fester Anstel-
lung im öffentlichen Dienst, Mitbegründer der erwähnten Webpage
www.bikefreaks.de und ständig auf Achse auf zwei Rädern. Er lebt in
Berlin und wurde 1992 bei einer Tour im Fichtelgebirge so richtig ange-
steckt. Es folgten Touren in Skandinavien, Kanada, USA und Neuseeland, aber fasziniert ist er von den weiten und einsamen Strecken in
Alaska und Kanada. Auch seine nächste Tour wird ihn wieder die kühleren Regionen der Erde führen.

**Michael
Kristl**
Jahrgang 68, lebt in Esslingen und arbeitet nach Studien des Wirt-
schaftsingenieurwesens und Umweltschutzes als Sales Engineer in der
Photovoltaikbranche. Unternahm ausgedehnte MTB-Touren durch den
Westen Canadas, durch Neuseeland und in Europa mit besonderer Vorliebe für den Alpenraum. Von ihm stammen Beiträge zu Vancouver, Vancouver Island, Jasper und Banff NP und anderen interessanten Spots
and Trails in British Columbia.

**Helwig
Lenz**
Jahrgang 1940, Berufssoldat im Ruhestand. Suchte den Kontrast zur militärischen Gemeinschaft, indem er 1999 als „Single" die USA durchra-
delte. Sein Fazit: „Der Erfolg von Langstreckentouren hängt nicht vom
Alter ab, sondern in erster Linie von der materiellen und vor allem menta-
len Vorbereitung. In diesem Sinne wünsche ich vielen Oldies ähnlich
schöne, unvergessliche Eindrücke auf und mit dem Bike wie ich sie sammeln konnte." Er schrieb für die Buchkapitel „Amerika ist anders", „On
the Road", „Wildlife", „Coast-to-Coast" und „Pacific-Coast". Kontakt:
Helwig Lenz, Wittinger Str. 38 A, 29223 Celle, Tel. (05141) 36488, HEL-
WIG.LENZ.@t-online.de.

Herbert   Jahrgang 67, Dipl. Physiker, wohnt in Pfungstadt. Tourte zusammen mit
Litschke   Mitradler Jörg Boczek (beide zog es zuvor immer wieder in den rauhen
                 Norden) durch das südl. Alaska. Von ihm stammt der für die 2. Auflage
                 überarbeitete Kenai- und Cordova-Beitrag.

Sabine und   Sabine (Jg. 1962, Fremdsprechenkorrespondentin) und Robin (Jg. 1964,
Robin   Betriebswirt) Lippmann stammen aus Bietigheim-Bissingen. Ihre 3- bis 4-
Lippmann   wöchigen Radtouren führten durch Madagaskar, Neuseeland, Canada,
                 USA, sowie Island und weitere europäische Länder. Wegen Nachwuchs
                 (Tim-Joscha, Jg. 2001, und Jeremy, Jg. 2003) haben sie vorerst die Bikes
                 gegen Kinderwagen eingetauscht. Von ihnen stammt ein Bericht zum
                 Kettle Valley Railway, einer stillgelegten Bahnlinie im Süden British Co-
                 lumbias. E-mail: rb.lippmann@tesionmail.de.

Sybille u.   Thomas Schröder, Jahrgang 1955, Lehrer, wohnt in Hemmingen nahe
Thomas   Stuttgart und hat zusammen mit seiner Frau Sybille zwischen New York,
Schröder   Alaska und Mexico gut 15.000 Nordamerika-Kilometer abgeradelt. Von
                 ihm stammen die Bücher „Cycling 66 – Mit dem Fahrrad von Chicago
                 nach L.A." und „Go South! – Mit dem Fahrrad auf dem Pacific Coast
                 Highway von Seattle nach San Diego". Beiträge zur Route 66, zum Paci-
                 fic Coast Highway und zum Biken in New York City. Im Moment rollen die
                 Reifen der beiden auf der Panamericana nach Süden. Homepage:
                 www.bikeamerica.de.

Volker   Jahrgang 1962, Umweltschutztechniker. Nach Radtouren durch die
Spettel   Schweiz und Frankreich 1992 große Tour von Alaska nach Oregon. Wei-
                 tere Touren durch Canada und Alaska sollten folgen. Er steuerte den –
                 aktualisierten – Beitrag „South to Alaska" bei.

Christiane   und *Martin Engelbrecht* sind beide in der Computerbranche tätig. Sie
Tobias   machten schon gemeinsame Radtouren durch etliche europäische Län-
                 der, bevor sie 1994 in die USA reisten. Von ihnen stammen zwei für die 2.
                 Auflage überarbeitete Neuengland-Beiträge.

Jens   bezeichnet sich als „wüstensüchtig". Tourte zusammen mit *Kevin*
Willhardt   *Deutschmann* („Kälte-Biker") durch die Rocky Mountains, Arizona, Utah
                 und Colorado, so dass bei dieser Tour jeder der beiden auf seine Kosten
                 kam.

Register / Ortsverzeichnis

Alle Reiseführer von Reis

now-How auf einen Blick

Wo man unsere Reiseliteratur bekommt:

Jede Buchhandlung der BRD, der Schweiz, Österreichs und der Benelux-Staaten kann unsere Bücher beziehen.
Wer sie dort nicht findet, kann alle Bücher über unsere Internet-Shops unter **www.reise-know-how.de** oder **www.reisebuch.de** bestellen.

Die Salzkarawane

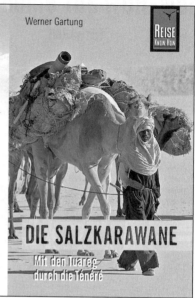

Werner Gartung

ist ein jahrhundertealtes, erprobtes Transportmittel der Tuareg durch die Ténéré.

W. Gartung nimmt den Leser mit auf diese Extremreise durch eine unbarmherzige Sahara-Wüste. Es ist nicht nur ein Abenteuerbericht, sondern beschreibt das Leben und die Kultur der Tuareg, die Begleiter der Karawanen-Schicksalsgemeinschaft und gibt Einblicke in die Tiefen ihrer Seelen: Eine literarische Reisereportage erster Güte, getragen vom Respekt vor der Wüste und den Tuareg, die das »Unbewohnbare bewohnbar machen« ...

Reise Know-How Verlag
ISBN 3-89662-380-X · 2. Auflage
288 Seiten, Hardcover mit Schutzumschlag, über 100 Farb- und s/w-Fotos sowie Abbildungen, Karte · € 17,50

DIE SALZKARAWANE
Mit den Tuareg durch die Ténéré

Rudi und Bettina Kretschmer

Südwärts
durch Lateinamerika

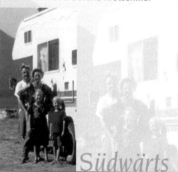

Rudi und Bettina Kretschmer

Eine Familie mit Wohnmobil auf ungewöhnlicher Route von San Francisco nach Feuerland.

Hautnah erzählt das Buch von einer fantastischen Reise in die „Neue Welt". Zwischen San Francisco und Santiago de Chile erlebt die Familie mit zwei Kindern den Dschungel Amazoniens, die unendlichen Steppen Patagoniens und die Metropolen ihrer Reiseländer. Zwei Jahre lang führen die vier ein Leben, das einzig dazu bestimmt ist, die nord- und südamerikanische Welt anzusehen und ihre Wunder zu bestaunen. Ein einfühlsamer und spannender Reisebericht mit einem überraschenden Ausgang ...

Reise Know-How Verlag
ISBN 3-89662-308-7 · € 17,50 · Hardcover mit Schutzumschlag, 320 S., 40 Farb- u. 70 s/w-Fotos, 4 Karten

Südwärts
durch Lateinamerika

Eine Familie mit Wohnmobil
auf ungewöhnlicher Route von
San Francisco nach Feuerland

Herbert Lindenberg
BikeBuch Europa

39 Länder für Tourenradler und Mountainbiker

Ein 500-Seiten-Kompendium von Tourenmöglichkeiten für ganze Europa – Routen und Regionen von Island bis Zypern, von den Kanaren bis Karelien. Das Buch bietet eine Fülle von Ideen und Anregungen, hilft bei der Auswahl optimaler Radziele, unterstützt mit praxisorientierter Infos die Verwirklichung einer Tourenidee. Mit zahlreichen Berichten von Radlern und Bikern.

„Der Verdienst des Werkes liegt in einem ausführlichen Serviceteil mit radspezifischen Informationen. Interessant für Reise-Routiniers vor allem die Beschreibung, 'exotischer' Ziele!" (TOUR). – „Ideal für alle, die noch nicht so recht wissen, wo's hingehen soll. Toll zu Schmökern!" (MOUNTAIN-BIKE)

Reise Know-How Verlag
ISBN 3-89662-306-0 · € 22,50 · 2. Auflage, 600 Seiten, über 50 Karten zu Ländern, Regionen und Routen, über 200 Fotos und Abbildungen

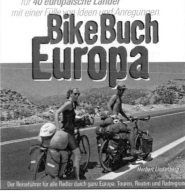

Ein **Rad- und Bikeführer** für alle Radnomaden, die in **Europa** auf die „lange Meile" gehen – von Island bis Zypern, von den Kanaren bis Karelien ... Das komplette REISE KNOW-HOW für **Touren, Routen** und **Radregionen** für **40 europäische Länder** mit einer Fülle von Ideen und Anregungen.

Herbert Lindenberg

Der Reiseführer für alle Radler durch ganz Europa. Touren, Routen und Radregione

---

Reinhard Pantke
BikeBuch Neuseeland

Der komplette Radreiseführer für die Kiwi-Inseln

Neuseeland mit seinen herrlichen Landschaften und der perfekten Infrastruktur ist Traumziel für Tourenradler. Ein bewährter Bike-Guide mit allem, was man für eine gelungene Radtour durchs Kiwi-Land auf der Nord- und Südinsel wissen muß: Planung, Ausrüstung, Routen, Streckenbeschreibungen, Outdoor-Aktivitäten, sehenswerte Naturwunder. Mit Südsee-Radtips.

„Auf den Band ist Verlaß, wenn es um die Beschreibung der Strecken geht" (FAZ). „Alles Wissenswerte ist in diesen Führer hineingepackt" (Südd. Ztg.). „5teiliger, materialreicher Spezialführer" (ekz).

Reise Know-How Verlag
ISBN 3-89662-303-6 · € 22,50 · 2. Aufl., 432 S., über 150 Fotos und Abb., 25 Karten, als Beileger eine große u. farbige NZ-Tourenplanungskarte

Ein **Rad- und Bikeführer** durch die faszinierenden **Landschaften** Neuseelands. Zehn große Touren auf der Nord- und Südinsel, **Backcountry Roads**, **Nationalparks, Outdoor-Aktivitäten** und das komplette REISE KNOW-HOW für **Traumtouren** am Ende der Welt.

Reinhard Pantke

Die Kiwi-Inseln für Tourenradler und Mountainbiker

Hartmut Fiebig
Bike-Abenteuer Afrika

Cairo – Capetown im Alleingang

Vierhundert abenteuerliche und aufregende Biketour-Tage und -zigtausend Kilometer Kurbelei über Afrikas Pisten von Ägypten bis nach Südafrika, durch Wüsten, Savannen und dampfende Regenwälder, in Hitze und Staub, in Lust und Leid, Frust und Freude, mit Staunen und Entsetzen – Afrika live, Afrika ohne Maske!

»...ist spannend beschrieben und vermittelt Eindrücke und Einsichten, Erfahrungen und Erlebnissse. Beeindruckender Reisebericht, der überall neben Reiseführern und Bildbänden empfohlen werden kann.« (ekz)

»Es begann als harmlos Tour mit Mountainbike und Gitarre am Bodensee - und steigerte sich zum dramatischen Trip durch Europa und Afrika. Für Fiebig war's ein Horrortrip und trotzdem schön« (Tour). „Mit viel Herzblut und Sympathie für den afrikanischen Kontinent geschrieben.« (Der Trotter)

Reise Know-How Verlag
ISBN 3-929920-15-8 · € 14,90
312 Seiten, 69 Farb- u. s/w-Fotos, 5 Karten

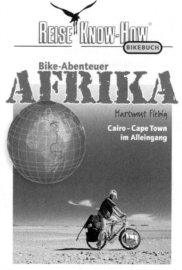

Helmut Hermann
Afrika Tour

10.000 km durch die Wüste, Busch und Urwald

Helmut Hermanns Afrikadurchquerung mit dem Sportrad von Algier nach Kapstadt 1973/74 ist der „Klassiker" aller Afrika-Radbücher. Mit einer Auflage von weit über 50.000 eines der erfolgreichsten deutschen Radbücher überhaupt. Lange vergriffen, jetzt wieder als Originalnachdruck erhältlich. Ein Zeitdokument.

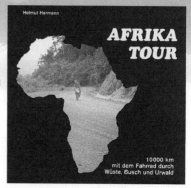

Wer nacherleben möchte, wie es damals war, als man als fernwehsüchtiger Radler beim Aufbruch in ferne Länder noch ohne Reiseführer, nur mit einfacher Ausrüstung, geringsten Geldmitteln und natürlich auch ohne High-Tech-Mountainbike auskommen mußte, der sollte sich dieses Lesevergnügen gönnen. Die Afrika Tour „hob" auch etliche, heute durch Bücher und Vorträge bekannte Biker wie Hartmut Fiebig (Buch „Bike-Abenteuer Afrika) „in den Sattel". Für alle Anhänger extremer Radabenteuer.

134 Seiten, 232 sw-Fotos, 2 Karten, Preis € 13 (nur gegen Scheck beim **Reise Know-How Verlag H. Hermann,** Anschrift s. Impressum)

Frank Mrotzek
Auf nach Asien

Hals- und Speichenbruch zwischen Bombay und Manila

Realistisch und ironisch erzählte Rad-
erlebnisse, die zwischen Pakistan,
Indien China, Singapur, Malaysia,
Sumatra und beim „Inselhüpfen" auf
den Philippinen und Sulawesi passier-
ten. Tempel, Paläste und traumhafte
Strände kommen in diesem Buch genauso vor wie Bettler, Diebe und gast-
freundliche Menschen. Zudem eingehen-
de Lebens- und Erfahrungsphilosophie,
gewonnen auf vier mehrjährigen
Radfernreisen rund um den Globus.

„... Endlich einmal ein Reisebuch, in dem der Autor
nicht nur erzählt, wo er überall gewesen ist, sondern
sich auch mit den Kulturen und den Lebensgewohn-
heiten der bereisten Länder auseinandersetzt."
(SZENE Total)

Reise Know-How Verlag
ISBN 3-89662-301-X · € 14,90
312 Seiten, 98 Farb- u. s/w-Fotos, 6 Karten

Tilmann Waldthaler
Die Äqua-Tour

Mit dem Mountanbike 35.000 km um die Erde

Die extremste und verrückteste Biketour
des bekannten Südtirolers rings um den
Bauch der Erde, möglichst immer nahe
am Äquator entlang, durch 27 Länder
und 4 Kontinente in 22 Monaten.

„...ein Buch für alle, die sich in der Schilderung außerg-
wöhnlicher Unternehmungen den Appetit für eigene Abenteuer holen! Das Buch erzählt von vielen einzigartigen Be-
gebenheiten mit Mensch und Natur" (TOUR-Radmagazin)

„Wenn einer eine Äquatour macht, dann kann er was erzählen. Spannender und interessanter Reisebericht" (Pedal)

„...locker aufgearbeitet, gewürzt mit Pointen u. persönlichen Erlebnissen. Lebendig geschrieben, läßt das Herz
eines jeden höher schlagen, der auf eigene Faust die Welt
erkunden will." (Sport Journal). „Eine Reise ins Innerste der
Gefühle u. Gedanken. Waldthaler läßt den Leser teihaben"
(OUTDOOR)

Reise Know-How Verlag
ISBN 3-929920-12-3 · € 14,90
300 Seiten, 32 Farb- u. 45 s/w-Fotos, 6 Karten

Joachim Held
Abenteuer Anden

Eine Radreise durch das Inka-Reich

Ein Jahr mit dem Fahrrad durch die faszinierende Welt der südamerikanischen Anden zwischen Chile und Peru – das sind 10.000 km durch Sturm, Sand und Schnee, über 5000 m hohe Gebirgspässe und staubtrockene Wüstenplateaus. Aber es sind auch 10.000 km durch das alte Inka-Reich, 10.000 packende Kilometer in die Vergangenheit.

Joachim Held entführt den Leser in den geheimnisvollen Zauber eine Kultur, in der noch immer Naturverbundenheit und uralte Mythen das Leben bestimmen. Zahllose Begegnungen verdichten sich zu einem einfühlsamen, vielschichtigen Porträt mit zahllosen historischen und kulturellen Aspekten. Eine aufrichtige Reportage, ein fesselndes Buch.

Reise Know-How Verlag
ISBN 3-89662-307-9 · Hardcover mit Schutzumschlag, 320 S., über 100 Farb- u. s/w-Fotos u. Abb., 5 Karten · € 17,50

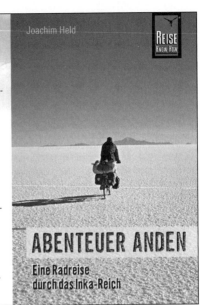

Clemens Carle
Rad-Abenteuer Panamericana

45.000 km von Feuerland bis Alaska

Startpunkt: Feuerland. Ziel: Das Eismeer in Alaska. Und wie Feuer und Eis war diese Bike (Tor)Tour auf – und noch viel öfter neben – der berühmten „Traumstraße der Welt", der Panamericana, der längsten Straße der beiden Amerikas, die für PanAm-Biker Clemens Carle erst nach 45.000 Kilometern, 17 Ländern und nach 3 Jahren zu Ende war! Informativ und realistisch geschrieben.

„... prallvoll mit Erlebnissen und unglaublichen Geschichten" (VELO). „Spannend geschrieben vermittelt das Buch nachhaltige Eindrücke und kann überall eindrücklich empfohlen werden." (ekz). „Ein Vertreter der Sparte 'Extremtourer', what a trip!" (MOVE). „Der Mann muß was erlebt haben." (OUTDOOR)

Reise Know-How Verlag
ISBN 3-929920-13-1 · 312 S., 80 Farb- u. s/w-Fotos, 5 Karten, € 14,90

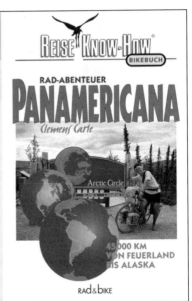

Sieben Jahre im Sattel:

Durchgedreht

Weltanschauung auf Rädern: Claude Marthaler verließ seine Heimatstadt Genf am 12. März 1994, Kurs Ostasien. Er radelte durch die südlichen Länder der ehemaligen Sowjetunion, durch Indien, Tibet, China und Südkorea. Über Japan erreichte er Alaska, von dort ging es durch Nord-, Mittel- und Südamerika, und bei Kilometerstand 87.750 wurde Ushuaia auf Feuerland erreicht. Von Buenos Aires gelang ihm der Sprung nach Südafrika, und danach rollte der **»Yak«**, wie Claude sein Fahrrad in Asien getauft hatte, weitere Zehntausende Kilometer über die staubigen Pisten Ost- und Westafrikas zurück nach Europa …

… der Kreis einer beispiellosen Bike-Odysee hatte sich geschlossen – nach 7 Jahren, 60 Ländern und 122.000 Kilometern.

*»Seit meiner Kindheit in der Schweiz habe ich davon geträumt, um die Welt zu fahren, sie mit eigenen Augen zu sehen und mit menschlicher Geschwindigkeit zu reisen … ich wollte nah dem Erdboden reisen, so dass ich ihn schmecken konnte … und das bedeutete, mit dem Rad zu gehen … es war meine **Velosophie**.*

Meine freundliche, langsame und lautlose Fortbewegungsart zog alle möglichen Leute unterwegs an: indische Bauern und chinesische Parteikader, Tagelöhner und nadelbestreifte Manager, verlebte Alkoholiker und ekstatische Mystiker … sie alle nahmen mich bei ihnen auf, in ihrem Heim, ihrer Schule, ihrem Heiligtum. Nach einem langen Tag auf einem großen Planeten wissen sie genau, was ich brauche: eine warme Mahlzeit, ein trockenes Bett und Menschen, die mich zum Lächeln bringen … man merkt, daß die einzigen Grenzgänge, auf die es ankommt, die des eigenen Geistes und der Seele sind …«

Leserstimmen zum Buch:

»Ich kann nur sagen, dass ich völlig fasziniert davon bin was er erlebt hat. Auch die Art, wie er seine Gefühle und Eindrücke den Menschen näherbringt, sind einmalig. Man hat wie beim Lesen des Buches eine ständige Gänsehaut.«

»Wer dieses Buch anfängt zu lesen legt es nicht mehr aus der Hand, bis er nicht die letzte Seite durchgelesen hat. Sehr gut geschrieben, und auch für Nicht-Radler zu empfehlen, die gerne von der weiten Welt träumen.«

»Eins der besten Reisebücher, das ich bisher gelesen habe.«

»Ein äußerst interessantes Buch, geradezu ein Muss für Langstreckenradler (und solche, die es werden wollen).«

»Ein ideales Buch für alle, die die Freiheit lieben und mehr in ihrem Leben wollen als das ‚Gewöhnliche‘.«

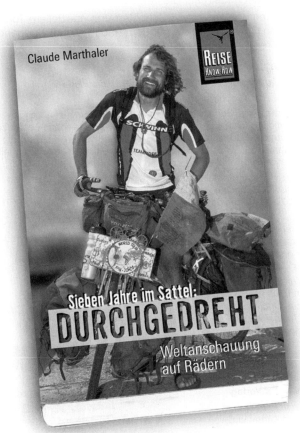

Reise Know-How Verlag
320 Seiten, 16 Seiten Farbfototeil, über 50 Fotos und Illustrationen, Karte,
Hardcover mit Schutzumschlag · ISBN 3-89662-305-2 · € 17,50 [D]

Helmut Hermann / Clemens Carle

FAHRRAD WELTFÜHRER

Der Reiseführer für Fernradler. Alles zur Vorbereitung, Planung und Durchführung für weltweites biken und Tourenradeln durch mehr als 80 Länder in Amerika, Afrika, Asien, Australien und Ozeanien. Ein spezieller Bike-Guide für alle Globe-Treter und Radnomaden, die querweltein auf die lange Meile gehen.

Mit interessanten »on the road«-Berichten und speziellem Touren-Know-How von Co-Autoren, die mit dem Rad in allen Erdgegenden unterwegs waren.

Pressestimmen:

»... wärmstens zu empfehlen. Pflichtlektüre für Radnomaden.« (Radl)

»... die Bibel für Rad-Globetrotter.« (Tour)

»Die Besonderheit des Bandes bilden weiterhin die über reine Länder- und Routeninformationen hinaus gehenden persönlichen Erlebnisberichte der zahlreichen Co-Autoren. Neu sind die vielen E-Mail- und www-Adressen, die die Kontaktaufnahme zu anderen Fernradlern ermöglichen bzw. aktuellste Länderinformationen beinhalten.« (ekz)

»... unzählige Tipps und, vielleicht mehr für Einsteiger, Infos über Rad und Ausrüstung sowie Gespräche mit bekannten Weltumradlern. Der 744-Seiten-Wälzer wiegt 700 g – jedes davon ist willkommen!« (Outdoor)

»... ein Ratgeber, Muntermacher und toller Schmöcker für alle schon-oder-erst-noch-Radler!« („Der Trotter", dzg)

»... noch einmal die Warnung: Dies ist kein Buch für Radltouren in der Heimat. Doch Togo, Tibet, Tahiti oder Tasmanien sind selbstverständlich drin!« (Bayrischer Rundfunk)

Reise Know-How Verlag

744 Seiten mit 100 Ländern, 160 Fotos und Karten und zahllosen Strecken und Routeninfos ... 2,. komplett aktualisierte Auflage

ISBN 3-89662-304-4 · € 23,50